# CURSO DE DIREITO CONSTITUCIONAL

WALBER DE MOURA AGRA

# CURSO DE DIREITO CONSTITUCIONAL

10ª edição

Belo Horizonte

FÓRUM
CONHECIMENTO JURÍDICO

2021

© 2006 Editora Forense
2007 2ª edição
2007 3ª edição
2008 4ª edição
2009 5ª edição
2010 6ª edição
2012 7ª edição
2014 8ª edição
© 2018 9ª edição Editora Fórum Ltda.
2021 10ª edição

É proibida a reprodução total ou parcial desta obra, por qualquer meio eletrônico, inclusive por processos xerográficos, sem autorização expressa do Editor.

## Conselho Editorial

Adilson Abreu Dallari
Alécia Paolucci Nogueira Bicalho
Alexandre Coutinho Pagliarini
André Ramos Tavares
Carlos Ayres Britto
Carlos Mário da Silva Velloso
Cármen Lúcia Antunes Rocha
Cesar Augusto Guimarães Pereira
Clovis Beznos
Cristiana Fortini
Dinorá Adelaide Musetti Grotti
Diogo de Figueiredo Moreira Neto (*in memoriam*)
Egon Bockmann Moreira
Emerson Gabardo
Fabrício Motta
Fernando Rossi
Flávio Henrique Unes Pereira

Floriano de Azevedo Marques Neto
Gustavo Justino de Oliveira
Inês Virgínia Prado Soares
Jorge Ulisses Jacoby Fernandes
Juarez Freitas
Luciano Ferraz
Lúcio Delfino
Marcia Carla Pereira Ribeiro
Márcio Cammarosano
Marcos Ehrhardt Jr.
Maria Sylvia Zanella Di Pietro
Ney José de Freitas
Oswaldo Othon de Pontes Saraiva Filho
Paulo Modesto
Romeu Felipe Bacellar Filho
Sérgio Guerra
Walber de Moura Agra

## FÓRUM
CONHECIMENTO JURÍDICO

Luís Cláudio Rodrigues Ferreira
Presidente e Editor

Apoio: Associação dos Magistrados Brasileiros

Coordenação editorial: Leonardo Eustáquio Siqueira Araújo
Aline Sobreira de Oliveira

Av. Afonso Pena, 2770 – 15º andar – Savassi – CEP 30130-012
Belo Horizonte – Minas Gerais – Tel.: (31) 2121.4900 / 2121.4949
www.editoraforum.com.br – editoraforum@editoraforum.com.br

Técnica. Empenho. Zelo. Esses foram alguns dos cuidados aplicados na edição desta obra. No entanto, podem ocorrer erros de impressão, digitação ou mesmo restar alguma dúvida conceitual. Caso se constate algo assim, solicitamos a gentileza de nos comunicar através do *e-mail* editorial@editoraforum.com.br para que possamos esclarecer, no que couber. A sua contribuição é muito importante para mantermos a excelência editorial. A Editora Fórum agradece a sua contribuição.

| | |
|---|---|
| A277c | Agra, Walber de Moura<br><br>Curso de Direito Constitucional / Walber de Moura Agra.–10. ed. Belo Horizonte : Fórum, 2021.<br><br>956 p.<br>ISBN: 978-65-5518-249-1<br><br>1. Direito Constitucional. 2. Direito. I. Título.<br><br>CDD 341.2<br>CDU 342 |

Informação bibliográfica deste livro, conforme a NBR 6023:2002 da Associação Brasileira de Normas Técnicas (ABNT):

AGRA, Walber de Moura. *Curso de Direito Constitucional*. 10. ed. Belo Horizonte: Fórum, 2021. 956 p. ISBN 978-65-5518-249-1.

# SUMÁRIO

APRESENTAÇÃO À DÉCIMA EDIÇÃO ................................................................... 25

APRESENTAÇÃO À NONA EDIÇÃO ...................................................................... 27

APRESENTAÇÃO À OITAVA EDIÇÃO .................................................................... 29

APRESENTAÇÃO À SÉTIMA EDIÇÃO .................................................................... 31

APRESENTAÇÃO À SEXTA EDIÇÃO ...................................................................... 33

APRESENTAÇÃO À QUINTA EDIÇÃO ................................................................... 35

APRESENTAÇÃO À QUARTA EDIÇÃO .................................................................. 37

APRESENTAÇÃO À TERCEIRA EDIÇÃO ............................................................... 39

APRESENTAÇÃO À SEGUNDA EDIÇÃO ............................................................... 41

APRESENTAÇÃO ...................................................................................................... 43

CAPÍTULO 1
ESTADO ..................................................................................................................... 45
1.1     Território ........................................................................................................ 46
1.2     Povo ................................................................................................................ 47
1.3     Governo .......................................................................................................... 47
1.4     Poder ............................................................................................................... 48
1.5     Origem e justificação do Estado .................................................................. 50
1.5.1   Estado Antigo ................................................................................................ 51
1.5.2   Estado grego .................................................................................................. 52
1.5.3   Estado romano .............................................................................................. 52
1.5.4   Estado medieval ............................................................................................ 53
1.6     Estado de Direito .......................................................................................... 54
1.7     O Estado Moderno ....................................................................................... 56

| 1.8 | O Estado Liberal e o Estado Social | 57 |
| 1.9 | A crise do Estado Social de Direito | 62 |
| 1.10 | Globalização | 65 |
| 1.11 | Pós-modernidade e a crise do direito legislado | 66 |
| 1.12 | O "estertor da democracia": crise do Estado Democrático de Direito | 69 |

## CAPÍTULO 2
## PODER CONSTITUINTE ......... 71

| 2.1 | Poder Reformador | 73 |
| 2.2 | Poder Decorrente e suas limitações | 74 |
| 2.3 | Modificação pela mutação constitucional | 78 |

## CAPÍTULO 3
## CONSTITUIÇÃO ......... 81

| 3.1 | Força normativa | 83 |
| 3.2 | Sistemas constitucionais | 85 |
| 3.2.1 | Sistema inglês | 85 |
| 3.2.2 | Sistema francês | 87 |
| 3.2.3 | Sistema norte-americano | 88 |
| 3.3 | Neoconstitucionalismo | 89 |
| 3.3.1 | O papel dos direitos humanos no neoconstitucionalismo | 91 |
| 3.4 | Visão sociológica da Constituição | 93 |
| 3.5 | Visão jurídica da Constituição | 94 |
| 3.6 | Visão política da Constituição | 95 |
| 3.7 | Características da Constituição | 96 |
| 3.8 | Classificações das Constituições | 98 |
| 3.8.1 | Quanto ao conteúdo | 98 |
| 3.8.1.1 | Constituição material | 98 |
| 3.8.1.2 | Constituição formal | 99 |
| 3.8.2 | Quanto à origem | 100 |
| 3.8.2.1 | Constituição promulgada | 100 |
| 3.8.2.2 | Constituição outorgada | 100 |
| 3.8.3 | Quanto à forma | 100 |
| 3.8.3.1 | Constituição costumeira | 100 |
| 3.8.3.2 | Constituição escrita | 101 |
| 3.8.4 | Quanto à estabilidade | 101 |
| 3.8.4.1 | Constituição rígida | 101 |
| 3.8.4.2 | Constituição flexível | 101 |
| 3.8.4.3 | Constituição semirrígida | 102 |

| | | |
|---|---|---|
| 3.8.4.4 | Constituição imutável | 102 |
| 3.8.4.5 | Constituição fixa | 102 |
| 3.8.5 | Quanto à extensão | 102 |
| 3.8.5.1 | Constituição sintética | 102 |
| 3.8.5.2 | Constituição analítica | 103 |
| 3.8.6 | Quanto ao modo de elaboração | 103 |
| 3.8.6.1 | Constituição dogmática | 103 |
| 3.8.6.2 | Constituição histórica | 103 |
| 3.9 | Outros tipos de classificações | 103 |
| 3.10 | Diferenciação entre fonte constitucional formal e material | 105 |
| 3.11 | Histórico das Constituições brasileiras | 105 |
| 3.11.1 | Constituição de 1824 | 105 |
| 3.11.2 | Constituição de 1891 | 107 |
| 3.11.3 | Constituição de 1934 | 108 |
| 3.11.4 | Constituição de 1937 | 109 |
| 3.11.5 | Constituição de 1946 | 110 |
| 3.11.6 | Constituição de 1967/1969 | 110 |
| 3.11.7 | Constituição de 1988 | 112 |
| 3.11.8 | A Constituição de 1988 e seu papel dirigente | 113 |
| 3.12 | Interpretação constitucional | 114 |
| 3.12.1 | Necessidade de uma interpretação sistêmica da Constituição | 116 |
| 3.12.2 | Peculiaridades da interpretação constitucional | 116 |
| 3.12.3 | Inicialidade da Constituição | 117 |
| 3.12.4 | Conteúdo político | 118 |
| 3.12.5 | Linguagem em forma sintética | 118 |
| 3.12.6 | Predominância das normas de estrutura na Constituição | 119 |
| 3.12.7 | Princípio da presunção de constitucionalidade das normas infraconstitucionais | 119 |
| 3.12.8 | Métodos clássicos de interpretação constitucional | 119 |
| 3.12.9 | Classificação da interpretação quanto à origem | 120 |
| 3.12.10 | A tópica de Theodor Viehweg | 120 |
| 3.12.11 | A metódica estruturante de Friedrich Müller | 121 |
| 3.13 | A Constituição analisada sob um aspecto sistêmico | 122 |

## CAPÍTULO 4
## EFICÁCIA DAS NORMAS CONSTITUCIONAIS ............ 127

| | | |
|---|---|---|
| 4.1 | Normas constitucionais de eficácia absoluta | 129 |
| 4.2 | Normas constitucionais de eficácia plena | 130 |
| 4.3 | Normas constitucionais de eficácia limitada | 131 |
| 4.4 | Normas programáticas | 131 |

| 4.5 | Normas de princípios institutivos | 133 |
|---|---|---|
| 4.6 | Normas de eficácia contida | 134 |

## CAPÍTULO 5
## APLICABILIDADE DAS NORMAS CONSTITUCIONAIS NO TEMPO ........137

| 5.1 | Desconstitucionalização | 137 |
|---|---|---|
| 5.2 | Repristinação | 138 |
| 5.3 | *Vacatio constitutionis* | 138 |
| 5.4 | Recepção das normas infraconstitucionais | 139 |

## CAPÍTULO 6
## PREÂMBULO CONSTITUCIONAL ........141

## CAPÍTULO 7
## PRINCÍPIOS FUNDAMENTAIS ........145

| 7.1 | Princípios e regras | 145 |
|---|---|---|
| 7.1.1 | "Conceitos jurídicos indeterminados" | 147 |
| 7.2 | Princípios fundamentais | 149 |
| 7.3 | Regime democrático | 149 |
| 7.4 | Formas de Estado: unitário e federal | 152 |
| 7.5 | Formas de governo: monarquia e república | 153 |
| 7.5.1 | Republicanismo | 155 |
| 7.6 | Sistemas de governo: parlamentarismo e presidencialismo | 158 |
| 7.7 | Fundamentos da República Federativa do Brasil | 160 |
| 7.7.1 | Soberania | 160 |
| 7.7.2 | Cidadania | 163 |
| 7.7.3 | Dignidade da pessoa humana | 163 |
| 7.7.3.1 | Fundamentação do princípio da dignidade humana | 165 |
| 7.7.4 | Valores sociais do trabalho e da livre iniciativa | 166 |
| 7.7.5 | Pluralismo político | 166 |
| 7.8 | Legitimação do poder | 167 |
| 7.9 | Separação de poderes | 168 |
| 7.10 | Objetivos fundamentais | 170 |
| 7.11 | Princípios constitucionais internacionais | 170 |

## CAPÍTULO 8
## TEORIA GERAL DOS DIREITOS HUMANOS ........173

| 8.1 | Introdução | 173 |
|---|---|---|
| 8.2 | Direitos humanos | 173 |

| | | |
|---|---|---|
| 8.3 | Tentativa de conceituação dos direitos humanos | 175 |
| 8.4 | Retrospectiva histórica dos direitos humanos | 180 |
| 8.5 | Evolução das principais declarações de direitos | 183 |
| 8.5.1 | *Magna Charta Libertatum* (1215) | 183 |
| 8.5.2 | A Carta da Virgínia (1606) | 185 |
| 8.5.3 | *Petition of Rights* (1628) | 185 |
| 8.5.4 | *Bill of Rights* (1689) | 186 |
| 8.5.5 | Declaração de Direitos da Virgínia (1776) | 187 |
| 8.5.6 | Declaração de Independência dos Estados Unidos (1776) | 188 |
| 8.5.7 | Declaração de Direitos do Homem e do Cidadão (1789) | 190 |
| 8.5.8 | Declaração de Direitos do Povo Trabalhador e Explorado (1917) | 191 |
| 8.5.9 | Declaração de Direitos do Homem (1948) | 192 |
| 8.6 | Classificação dos direitos humanos | 193 |
| 8.7 | Evolução dos direitos humanos | 194 |
| 8.8 | Dimensões subjetiva e objetiva dos direitos humanos | 198 |
| 8.8.1 | Dimensão subjetiva | 198 |
| 8.8.2 | Dimensão objetiva | 199 |
| 8.9 | Teoria dos quatro *status* de Jellinek | 199 |
| 8.10 | Funções dos direitos humanos | 200 |
| 8.10.1 | Função de defesa | 200 |
| 8.10.2 | Função de prestação | 200 |
| 8.10.3 | Função de proteção perante terceiros | 201 |
| 8.10.4 | Função de não discriminação | 201 |
| 8.11 | Características dos direitos humanos | 201 |
| 8.11.1 | Historicidade | 202 |
| 8.11.2 | Universalidade | 202 |
| 8.11.3 | Inalienabilidade | 202 |
| 8.11.4 | Imprescritibilidade | 203 |
| 8.11.5 | Irrenunciabilidade | 203 |
| 8.11.6 | Limitabilidade | 203 |
| 8.11.7 | Concorrência | 204 |
| 8.11.8 | Constitucionalização | 204 |
| 8.12 | Limitação horizontal dos direitos humanos e o princípio da proporcionalidade | 204 |
| 8.13 | Tolerância | 207 |
| 8.14 | Eficácia horizontal dos direitos humanos (*Drittwirkung*) | 208 |

CAPÍTULO 9

**DIREITOS INDIVIDUAIS E COLETIVOS** .......................................................................... 209

| | | |
|---|---|---|
| 9.1 | Direito à vida | 210 |

| | | |
|---|---|---|
| 9.1.1 | Quando começa a vida humana? | 211 |
| 9.2 | Direito à liberdade | 214 |
| 9.3 | Isonomia | 215 |
| 9.4 | Isonomia de gênero | 218 |
| 9.5 | Compatibilidade entre as ações afirmativas e o princípio da isonomia | 220 |
| 9.6 | Princípio da legalidade | 224 |
| 9.6.1 | Jurisprudencialização | 226 |
| 9.7 | Direito de resistência | 228 |
| 9.8 | Princípio da liberdade de locomoção | 229 |
| 9.9 | Princípio da liberdade profissional | 229 |
| 9.10 | Princípio da liberdade de pensamento | 230 |
| 9.10.1 | Pensamento | 230 |
| 9.10.2 | Direito à informação pelos órgãos públicos | 231 |
| 9.10.3 | Liberdade de expressão de pensamento | 231 |
| 9.10.4 | Restrições à liberdade de pensamento | 234 |
| 9.10.5 | Ressarcimento do dano | 235 |
| 9.10.6 | Liberdade de consciência | 237 |
| 9.10.7 | Liberdade de crença | 237 |
| 9.10.8 | Escusa de consciência | 238 |
| 9.11 | Direito de privacidade | 239 |
| 9.12 | Direito à inviolabilidade de domicílio | 241 |
| 9.13 | Direito à inviolabilidade de comunicação | 243 |
| 9.13.1 | O Marco Civil da Internet | 248 |
| 9.14 | Direitos coletivos | 248 |
| 9.14.1 | Direito de reunião | 248 |
| 9.14.2 | Direito de associação | 250 |
| 9.15 | Direito de propriedade e sua função social | 251 |
| 9.15.1 | Exceções ao direito de propriedade | 251 |
| 9.15.2 | Defesa da pequena propriedade rural | 253 |
| 9.15.3 | Direito à herança | 253 |
| 9.15.4 | Propriedade imaterial | 254 |

## CAPÍTULO 10
## GARANTIAS CONSTITUCIONAIS PROCESSUAIS ............ 257

| | | |
|---|---|---|
| 10.1 | Direito processual constitucional e direito constitucional processual | 257 |
| 10.2 | Direito de petição | 258 |
| 10.3 | Princípio da universalidade de jurisdição e princípio do acesso ao Poder Judiciário | 259 |
| 10.4 | Duplo grau de jurisdição | 260 |
| 10.5 | Princípio da irretroatividade mitigada | 261 |

| | | |
|---|---|---|
| 10.6 | Vedação de tribunais de exceção e juiz natural | 262 |
| 10.7 | Soberania do Tribunal do Júri | 264 |
| 10.7.1 | Garantias do Tribunal do Júri (art. 5º, XXXVIII, *a*, *b* e *c*, da CF) | 264 |
| 10.8 | Princípio da legalidade penal | 265 |
| 10.9 | Crime de racismo e crimes hediondos | 267 |
| 10.10 | Penas permitidas e proibidas | 269 |
| 10.11 | Princípio do devido processo legal | 270 |
| 10.12 | Vedação à extradição de nacionais | 273 |
| 10.13 | Garantias processuais dos presos (art. 5º, XLVIII, L e LXI a LXVII, da CF) | 278 |
| 10.14 | Prisão civil | 279 |
| 10.15 | Direito à duração razoável do processo | 281 |

## CAPÍTULO 11
## REMÉDIOS CONSTITUCIONAIS, GARANTIAS CONSTITUCIONAIS E *WRITS* CONSTITUCIONAIS ... 283

| | | |
|---|---|---|
| 11.1 | *Habeas corpus* | 284 |
| 11.2 | Mandado de segurança | 288 |
| 11.2.1 | Procedimento do mandado de segurança | 290 |
| 11.2.2 | Mandado de segurança coletivo | 293 |
| 11.3 | Mandado de injunção | 298 |
| 11.4 | *Habeas data* | 303 |
| 11.4.1 | Fase pré-processual | 305 |
| 11.4.2 | Fase judicial | 306 |
| 11.5 | Ação popular | 306 |
| 11.6 | Ação civil pública | 308 |
| 11.6.1 | Competência | 310 |
| 11.6.2 | Legitimidade | 310 |
| 11.6.3 | Inquérito civil | 312 |
| 11.6.4 | Compromisso de ajustamento de conduta | 312 |
| 11.6.5 | Coisa julgada | 313 |
| 11.6.6 | Da responsabilidade ambiental do réu e a sentença | 313 |
| 11.6.7 | Sucumbência | 314 |
| 11.7 | Da ação civil pública como instrumento de controle de constitucionalidade | 314 |

## CAPÍTULO 12
## APLICABILIDADE IMEDIATA DOS DIREITOS E GARANTIAS FUNDAMENTAIS E O SEU CARÁTER EXEMPLIFICATIVO ... 315

| | | |
|---|---|---|
| 12.1 | Aplicabilidade imediata dos direitos e garantias fundamentais | 315 |
| 12.2 | Princípio exemplificativo dos direitos e garantias fundamentais | 316 |

| | | |
|---|---|---|
| 12.3 | A constitucionalização dos tratados e convenções internacionais | 317 |
| 12.4 | O controle de convencionalidade e a interpretação pela norma mais favorável ao titular do direito | 318 |
| 12.5 | A jurisdição do Tribunal Penal Internacional | 319 |

## CAPÍTULO 13
## DIREITOS SOCIAIS .................................................................................................. 323

| | | |
|---|---|---|
| 13.1 | Definição dos direitos sociais | 325 |
| 13.1.1 | Enquadramento dos direitos sociais | 331 |
| 13.1.2 | Coercitividade dos direitos sociais | 333 |
| 13.1.3 | Direitos individuais dos trabalhadores | 336 |
| 13.1.4 | Garantia de emprego | 336 |
| 13.1.5 | Fundo de Garantia do Tempo de Serviço – FGTS | 336 |
| 13.1.6 | Seguro-desemprego | 337 |
| 13.1.7 | Salário mínimo | 337 |
| 13.1.8 | Condições dignas de trabalho, repouso e inatividade | 338 |
| 13.1.9 | Proteção | 339 |
| 13.1.10 | Estipulação da jornada de trabalho | 340 |
| 13.1.11 | Reconhecimento das convenções e acordos coletivos de trabalho | 341 |
| 13.1.12 | Assistência gratuita aos filhos e dependentes desde o nascimento até cinco anos de idade em creches e pré-escolas | 342 |
| 13.1.13 | Proteção em face da automação | 342 |
| 13.1.14 | Participação nos lucros e cogestão | 342 |
| 13.1.15 | Vantagens salariais | 343 |
| 13.1.16 | Vedações nas relações trabalhistas | 344 |
| 13.1.17 | Prazo prescricional | 346 |
| 13.1.17.1 | Da extensão dos direitos trabalhistas aos empregados domésticos | 347 |
| 13.2 | *Entrenchment* dos direitos sociais | 348 |
| 13.2.1 | Estabelecimento dos parâmetros do *entrenchment* | 351 |
| 13.2.2 | Extensão do *entrenchment*. O conteúdo mínimo dos direitos fundamentais | 352 |
| 13.2.3 | Reserva do possível | 356 |
| 13.3 | Direitos coletivos dos trabalhadores | 358 |
| 13.3.1 | Liberdade de associação profissional ou sindical | 358 |
| 13.3.2 | Liberdade sindical | 358 |
| 13.3.3 | Liberdade de adesão sindical | 358 |
| 13.3.4 | Liberdade de atuação sindical | 358 |
| 13.3.5 | Proteção aos dirigentes sindicais | 359 |
| 13.3.6 | Greve | 359 |
| 13.3.7 | Substituição processual | 360 |

| 13.3.8 | Participação laboral | 360 |
| 13.3.9 | Representação na empresa | 361 |

## CAPÍTULO 14
## NACIONALIDADE ................................................................. 363

| 14.1 | Exceções ao *jus soli* | 365 |
| 14.2 | Formas de naturalização | 366 |
| 14.3 | Princípio da reciprocidade | 367 |
| 14.4 | Exceções à igualdade entre brasileiros natos e naturalizados | 367 |
| 14.5 | Outras distinções entre brasileiros natos e naturalizados | 368 |
| 14.6 | Perda da nacionalidade do brasileiro | 368 |
| 14.7 | Casos de dupla nacionalidade permitidos pelo Brasil | 369 |
| 14.8 | Reaquisição da nacionalidade brasileira | 369 |
| 14.9 | Condição jurídica do estrangeiro residente no Brasil | 370 |
| 14.10 | Limites territoriais do Brasil para a configuração do *jus soli* | 371 |
| 14.11 | Língua oficial e símbolos nacionais | 372 |

## CAPÍTULO 15
## DIREITOS POLÍTICOS ........................................................... 373

| 15.1 | A soberania popular e a soberania da nação | 373 |
| 15.2 | Legitimação democrática | 374 |
| 15.3 | Institutos da democracia participativa | 375 |
| 15.4 | Representação política | 377 |
| 15.5 | Sistemas eleitorais | 381 |
| 15.6 | Alistamento eleitoral e voto | 381 |
| 15.7 | Condições de elegibilidade | 382 |
| 15.8 | Reeleição | 383 |
| 15.9 | Inelegibilidade | 384 |
| 15.9.1 | Da natureza jurídica da inelegibilidade | 386 |
| 15.9.2 | Inelegibilidade como situação jurídica | 387 |
| 15.10 | Elegibilidade do militar | 388 |
| 15.11 | Ação de impugnação de mandato eletivo | 388 |
| 15.12 | Perda e suspensão dos direitos políticos | 390 |
| 15.13 | Princípio da anterioridade eleitoral e impedimento da *vacatio legis* | 391 |
| 15.14 | Situação jurídica das "candidaturas coletivas" à luz da Constituição Federal | 392 |

## CAPÍTULO 16
## PARTIDOS POLÍTICOS .......................................................... 395

| 16.1 | Histórico | 396 |

| 16.2 | Criação | 397 |
| 16.3 | Princípios partidários | 399 |
| 16.4 | Quociente eleitoral | 402 |
| 16.5 | Da disciplina partidária | 402 |
| 16.6 | Fidelidade partidária | 404 |
| 16.7 | Fidelidade partidária e liberdade no exercício do mandato parlamentar | 409 |
| 16.8 | Processo de perda de cargo eletivo por infidelidade partidária | 411 |
| 16.9 | Fidelidade partidária antes da Resolução nº 22.610/2007 | 414 |

## CAPÍTULO 17
## ORGANIZAÇÃO POLÍTICO-ADMINISTRATIVA ............ 415

| 17.1 | Desmembramento dos estados-membros e dos municípios | 415 |
| 17.1.1 | Requisitos para o desmembramento de estado-membro | 416 |
| 17.1.2 | Requisitos para o desmembramento de município | 416 |
| 17.2 | Vedações aos entes federativos | 417 |
| 17.3 | Bens da União | 418 |

## CAPÍTULO 18
## COMPETÊNCIA FEDERATIVA ............ 421

| 18.1 | Competência exclusiva da União | 423 |
| 18.2 | Competência privativa | 425 |
| 18.3 | Competência comum | 425 |
| 18.4 | Competência concorrente | 427 |
| 18.5 | Competência dos estados federados | 429 |
| 18.5.1 | Competência residual | 429 |
| 18.5.2 | Competência de organização administrativa | 429 |
| 18.6 | Conflito na repartição de competência | 430 |
| 18.6.1 | A repartição constitucional de competências no enfrentamento à pandemia de Covid-19 | 431 |
| 18.7 | Bens dos estados-membros | 432 |
| 18.8 | Organização política dos estados-membros | 432 |
| 18.9 | A estrutura constitucional dos municípios | 433 |
| 18.10 | Competência municipal | 434 |
| 18.11 | Organização política dos municípios | 437 |
| 18.12 | Fiscalização municipal | 441 |
| 18.13 | Distrito Federal | 442 |
| 18.14 | Territórios | 443 |

## CAPÍTULO 19
## INTERVENÇÃO ............................................................................................... 445
19.1 Intervenção estadual e municipal ............................................................ 446
19.2 Tipos de intervenção ................................................................................ 447
19.3 Concretização da intervenção ................................................................. 448
19.4 Limites da intervenção federal ................................................................ 450
19.5 Natureza da intervenção .......................................................................... 451
19.6 Motivos da intervenção nos estados ....................................................... 451
19.7 Motivos da intervenção nos municípios ................................................ 453
19.8 Requisitos para a decretação da intervenção ........................................ 454

## CAPÍTULO 20
## ADMINISTRAÇÃO PÚBLICA ..................................................................... 457
20.1 Considerações preliminares .................................................................... 457
20.2 Princípios da Administração Pública ..................................................... 458
20.2.1 Princípio da legalidade ............................................................................ 458
20.2.2 Princípio da moralidade .......................................................................... 459
20.2.3 Princípio da impessoalidade ................................................................... 460
20.2.4 Princípio da publicidade ......................................................................... 460
20.2.5 Princípio da eficiência ............................................................................. 461
20.2.5.1 Características do princípio da eficiência .............................................. 462
20.3 Princípios implícitos da Administração Pública .................................. 463
20.3.1 Princípio da supremacia do interesse público ...................................... 463
20.3.2 Princípio da finalidade ............................................................................ 463
20.3.3 Princípio da motivação ............................................................................ 464
20.3.4 Princípio da responsabilidade estatal .................................................... 464
20.4 Investidura na Administração Pública .................................................. 464
20.5 Direito de greve dos servidores públicos .............................................. 468
20.6 Remuneração dos servidores públicos .................................................. 470
20.7 Vedação de acumulação de cargo, função ou emprego público ........ 471
20.8 Improbidade administrativa ................................................................... 473
20.9 Responsabilidade da Administração Pública ....................................... 476
20.10 Licitação para contratação de obras, serviços, compra e alienações pela Administração Pública ................................................................................ 478
20.11 Publicidade dos órgãos públicos ............................................................ 483
20.12 Responsabilidade civil decorrente de atos legislativos ........................ 484
20.12.1 Pressupostos necessários à sua configuração ....................................... 485
20.12.2 Hipóteses de responsabilidade civil por atos legislativos ................... 486

| | | |
|---|---|---|
| 20.13 | Perda de cargo ou emprego público | 487 |
| 20.14 | Dos militares dos estados, do Distrito Federal e dos territórios | 489 |

## CAPÍTULO 21
## REGIME PREVIDENCIÁRIO DOS SERVIDORES PÚBLICOS ............ 491

| | | |
|---|---|---|
| 21.1 | Regime previdenciário dos servidores públicos | 491 |
| 21.2 | Natureza do regime previdenciário dos servidores públicos | 493 |
| 21.3 | Previdência complementar | 494 |
| 21.4 | Aposentadoria dos futuros servidores | 495 |
| 21.5 | Requisitos para a aposentadoria com proventos integrais | 496 |
| 21.6 | Contribuição extraordinária (art. 149 da Constituição Federal) | 497 |
| 21.7 | Regras de transição do regime próprio de previdência | 498 |
| 21.8 | Abono de permanência | 499 |
| 21.9 | Novas regras das pensões | 499 |
| 21.10 | Teto salarial | 500 |
| 21.11 | Sistema previdenciário dos estados, municípios e Distrito Federal | 502 |
| 21.12 | Aposentadoria especial | 503 |
| 21.13 | Contribuição dos inativos | 503 |
| 21.13.1 | Proteção parcial dos direitos adquiridos | 504 |
| 21.14 | A contribuição dos inativos e o direito adquirido | 505 |
| 21.15 | Outras inconstitucionalidades da Reforma Previdenciária | 508 |
| 21.16 | Decisão do Supremo Tribunal Federal sobre contribuição previdenciária | 510 |

## CAPÍTULO 22
## REGIÕES ............ 513

## CAPÍTULO 23
## PODER LEGISLATIVO ............ 517

| | | |
|---|---|---|
| 23.1 | *Quorum* | 520 |
| 23.2 | Atribuições do Congresso Nacional | 521 |
| 23.2.1 | Atribuição legislativa imprópria | 522 |
| 23.2.2 | Atribuição legislativa própria | 522 |
| 23.2.3 | Direito de convocação | 523 |
| 23.2.4 | Direito de audiência | 524 |
| 23.2.5 | Direito de informação administrativa | 524 |
| 23.3 | Atribuições da Câmara dos Deputados | 524 |
| 23.4 | Atribuições do Senado | 525 |
| 23.5 | Imunidades parlamentares e perda de mandato | 526 |
| 23.5.1 | Requisitos para abertura de processo contra parlamentares (imunidade formal) | 530 |

| | | |
|---|---|---|
| 23.5.2 | Extensão da imunidade | 533 |
| 23.5.3 | Impedimentos dos parlamentares | 533 |
| 23.5.4 | Perda do mandato | 534 |
| 23.5.5 | Investidura, pelos parlamentares, em outros cargos | 536 |
| 23.5.6 | Licenças | 537 |
| 23.5.7 | Afastamento de parlamentares | 537 |
| 23.6 | Reunião | 538 |
| 23.6.1 | Sessões extraordinárias | 540 |
| 23.6.2 | Sessões conjuntas | 540 |
| 23.7 | Comissão representativa | 542 |
| 23.8 | Comissões | 542 |
| 23.9 | Comissões parlamentares de inquérito | 542 |
| 23.9.1 | Dever de comparecimento à Comissão Parlamentar de Inquérito | 545 |
| 23.9.2 | Transferência de sigilos bancário, fiscal, telemático e telefônico | 546 |
| 23.9.3 | Princípio da colegialidade | 547 |

## CAPÍTULO 24
## PROCESSO LEGISLATIVO ............ 549

| | | |
|---|---|---|
| 24.1 | Da não existência de hierarquização no art. 59 da CF | 550 |
| 24.2 | Emendas constitucionais | 551 |
| 24.2.1 | Limites materiais | 552 |
| 24.2.2 | Limites temporais | 554 |
| 24.2.3 | Limites circunstanciais | 555 |
| 24.2.4 | Procedimento das emendas | 556 |
| 24.3 | Leis complementares | 558 |
| 24.4 | Leis ordinárias. Procedimento ordinário | 559 |
| 24.5 | Procedimento sumário | 567 |
| 24.6 | Procedimento sumaríssimo | 567 |
| 24.7 | Procedimento legislativo abreviado | 568 |
| 24.8 | Procedimento legislativo concentrado | 568 |
| 24.9 | Procedimento legislativo especial | 568 |
| 24.10 | Leis delegadas | 569 |
| 24.11 | Medidas provisórias | 570 |
| 24.11.1 | Medidas provisórias editadas por governadores | 576 |
| 24.12 | Lei federal e lei nacional | 577 |
| 24.13 | Decretos legislativos e resoluções | 577 |
| 24.14 | Tratados internacionais | 578 |
| 24.15 | Leis orçamentárias | 579 |

## CAPÍTULO 25
### FISCALIZAÇÃO CONTÁBIL, FINANCEIRA E ORÇAMENTÁRIA .......... 583

## CAPÍTULO 26
### PODER EXECUTIVO .......... 591
26.1 Competência do presidente da República .......... 593
26.2 Ministros de Estado .......... 595
26.3 *Impeachment* .......... 596
26.3.1 Histórico .......... 596
26.3.2 Crimes de responsabilidade .......... 597
26.3.3 Crimes comuns .......... 598
26.3.4 Procedimento nos crimes de responsabilidade .......... 598
26.3.5 Procedimento nos crimes comuns .......... 600
26.3.6 Sanção .......... 601
26.3.7 Responsabilidade relativa do presidente da República .......... 602
26.3.8 Competência do STF para julgamento dos crimes comuns .......... 602
26.3.9 Competência do STJ para julgamento dos crimes comuns .......... 603
26.3.10 *Impeachment* da Presidenta Dilma Rousseff .......... 603
26.3.11 O *impeachment* de governadores e prefeitos .......... 604

## CAPÍTULO 27
### CONSELHO DA REPÚBLICA E CONSELHO DE DEFESA NACIONAL .......... 607
27.1 Conselho da República .......... 607
27.2 Conselho de Defesa Nacional .......... 608

## CAPÍTULO 28
### PODER JUDICIÁRIO .......... 611
28.1 Estrutura do Poder Judiciário .......... 611
28.2 Obrigatoriedade de três anos de exercício de atividades jurídicas .......... 615
28.3 Introdução de parâmetros objetivos de aferição por merecimento .......... 617
28.4 Recusa do juiz mais antigo .......... 619
28.5 Impedimento de promoção .......... 619
28.6 Critérios de acesso aos tribunais de segundo grau .......... 620
28.7 Cursos de preparação, aperfeiçoamento e promoção de magistrados .......... 621
28.8 Obrigatoriedade de residência na comarca .......... 621
28.9 Remoção, disponibilidade e aposentadoria dos magistrados .......... 622
28.10 Publicidade dos julgamentos e eleição para a composição do órgão especial .......... 623
28.11 Agilização da prestação jurisdicional .......... 625

| | | |
|---|---|---|
| 28.12 | Quinto constitucional nos tribunais | 627 |
| 28.13 | Juizados Especiais e Justiça de Paz | 628 |
| 28.14 | Autonomia do Poder Judiciário | 629 |
| 28.15 | Supremo Tribunal Federal | 630 |
| 28.16 | Extensão dos efeitos vinculantes da decisão | 634 |
| 28.17 | Súmula vinculante | 635 |
| 28.18 | Súmulas vinculantes publicadas pelo Supremo Tribunal Federal | 638 |
| 28.19 | Conselho Nacional de Justiça | 653 |
| 28.20 | A constitucionalidade do Conselho Nacional de Justiça | 656 |
| 28.21 | A Resolução nº 7 do Conselho Nacional de Justiça | 656 |
| 28.22 | Superior Tribunal de Justiça | 657 |
| 28.23 | Recurso extraordinário e recurso especial | 661 |
| 28.24 | Repercussão geral dos recursos extraordinários | 663 |
| 28.25 | Tribunais Regionais Federais e juízes federais | 665 |
| 28.25.1 | Julgamento de crimes contra direitos humanos pela Justiça Federal | 668 |
| 28.26 | Tribunais e juízes do Trabalho | 669 |
| 28.26.1 | Regulamentação do Superior Tribunal do Trabalho | 669 |
| 28.26.2 | Criação do Conselho Superior da Justiça do Trabalho | 671 |
| 28.26.3 | Varas da Justiça do Trabalho | 671 |
| 28.26.4 | Competência da Justiça do Trabalho | 671 |
| 28.26.5 | Tribunais Regionais do Trabalho | 679 |
| 28.27 | Tribunais e juízes eleitorais | 680 |
| 28.28 | Tribunais e juízes militares | 682 |
| 28.29 | Tribunais e juízes dos estados | 683 |
| 28.30 | Precatórios | 685 |
| 28.31 | Ativismo judicial e estado de coisa inconstitucional | 690 |

## CAPÍTULO 29
## JURISDIÇÃO CONSTITUCIONAL ............ 693

| | | |
|---|---|---|
| 29.1 | Conceito de jurisdição | 693 |
| 29.2 | Classificação da jurisdição | 694 |
| 29.3 | Definição de jurisdição constitucional | 696 |
| 29.4 | Natureza da jurisdição constitucional | 697 |
| 29.5 | Função da jurisdição constitucional | 699 |

## CAPÍTULO 30
## CONTROLE DE CONSTITUCIONALIDADE ............ 703

| | | |
|---|---|---|
| 30.1 | Fundamentação | 703 |
| 30.2 | Natureza do ato declarado inconstitucional | 704 |

| | | |
|---|---|---|
| 30.3 | Histórico | 706 |
| 30.4 | Retrospectiva do controle de constitucionalidade nas Constituições brasileiras | 707 |
| 30.5 | Órgãos de controle de constitucionalidade | 710 |
| 30.6 | Tipos de inconstitucionalidade | 711 |
| 30.7 | Momentos de incidência do controle de constitucionalidade | 715 |
| 30.8 | Controle das normas constitucionais no tempo | 718 |
| 30.9 | Extensão da inconstitucionalidade | 720 |
| 30.10 | Ação direta de inconstitucionalidade – ADIn | 720 |
| 30.11 | Ação direta de inconstitucionalidade por omissão | 725 |
| 30.12 | Ação declaratória de constitucionalidade – ADC | 733 |
| 30.13 | Ação direta interventiva | 736 |
| 30.14 | Arguição de descumprimento de preceito fundamental – ADPF | 737 |
| 30.14.1 | Competência | 739 |
| 30.14.2 | Inovações | 740 |
| 30.14.3 | Procedimento | 741 |
| 30.14.4 | Princípio da subsidiariedade | 743 |
| 30.14.5 | Analogia com o recurso constitucional alemão | 745 |
| 30.14.6 | Incidente de constitucionalidade e a sua inconstitucionalidade | 747 |
| 30.15 | Controle difuso ou por via de exceção | 748 |
| 30.16 | Modulação de efeitos em sede de controle difuso | 752 |
| 30.17 | Transcendência dos motivos em ações diretas | 754 |
| 30.18 | Efeito vinculante em sede de controle difuso? | 755 |
| 30.19 | O controle difuso e a reserva de plenário | 757 |
| 30.20 | Controle de constitucionalidade nos âmbitos estadual e municipal | 759 |
| 30.21 | Interpretação conforme a Constituição e inconstitucionalidade parcial sem redução de texto | 762 |
| 30.22 | Procedimento do sistema concentrado de controle de constitucionalidade. Lei nº 9.868/1999 (ação direta de inconstitucionalidade e ação declaratória de constitucionalidade) | 764 |
| 30.23 | Bloco de constitucionalidade | 770 |
| 30.24 | Inconstitucionalidade da coisa julgada | 772 |

## CAPÍTULO 31
## FUNÇÕES ESSENCIAIS À JUSTIÇA ... 777

| | | |
|---|---|---|
| 31.1 | Ministério Público | 778 |
| 31.1.1 | Natureza do Ministério Público | 779 |
| 31.1.2 | Princípios institucionais (art. 127, §1º, da CF) | 780 |
| 31.1.2.1 | Unidade | 780 |
| 31.1.2.2 | Indivisibilidade | 782 |
| 31.1.2.3 | Independência funcional | 782 |

| 31.1.3 | Garantias | 783 |
| 31.1.3.1 | Vitaliciedade | 783 |
| 31.1.3.2 | Inamovibilidade | 783 |
| 31.1.3.3 | Irredutibilidade de subsídios | 784 |
| 31.1.4 | Vedações | 784 |
| 31.1.5 | Autonomia administrativa e funcional | 785 |
| 31.1.6 | Autonomia financeira e proposta orçamentária do Ministério Público | 785 |
| 31.1.7 | Provimento | 786 |
| 31.1.8 | Funções institucionais | 786 |
| 31.2 | Controle "externo" do Ministério Público | 787 |
| 31.3 | Advocacia pública | 789 |
| 31.4 | Advogados | 792 |
| 31.5 | Defensoria Pública | 795 |
| 31.6 | Autonomia da Defensoria Pública | 797 |

## CAPÍTULO 32
## ESTADO DE EXCEPCIONALIDADE LEGAL ............ 799

| 32.1 | Histórico | 800 |
| 32.2 | Estado de defesa | 801 |
| 32.3 | Motivos para a instalação do estado de defesa | 801 |
| 32.4 | Medidas do estado de defesa | 802 |
| 32.5 | Estado de sítio | 803 |
| 32.6 | Motivos para a instalação do estado de sítio | 804 |
| 32.7 | Medidas do estado de sítio | 804 |
| 32.8 | Disposições gerais do estado de sítio e de defesa | 805 |

## CAPÍTULO 33
## FORÇAS ARMADAS ............ 807

## CAPÍTULO 34
## SEGURANÇA PÚBLICA ............ 813

## CAPÍTULO 35
## SISTEMA TRIBUTÁRIO NACIONAL ............ 817

| 35.1 | Tributo e espécies tributárias | 817 |
| 35.1.1 | Conceito de tributo | 817 |
| 35.1.2 | Espécies de tributos | 817 |
| 35.1.2.1 | Impostos | 818 |
| 35.1.2.2 | Taxas | 819 |

| | | |
|---|---|---|
| 35.1.2.3 | Contribuição de melhoria | 820 |
| 35.1.2.4 | Empréstimos compulsórios | 821 |
| 35.1.2.5 | Contribuições especiais | 821 |
| 35.2 | Limitações ao poder de tributar | 823 |
| 35.2.1 | Princípio da legalidade tributária | 823 |
| 35.2.2 | Reserva de lei complementar em matéria tributária | 823 |
| 35.2.3 | Princípio da isonomia | 824 |
| 35.2.4 | Princípio da irretroatividade | 825 |
| 35.2.5 | Princípio da anterioridade | 825 |
| 35.2.6 | Princípio da noventena | 826 |
| 35.2.7 | Princípio da proibição de confisco | 826 |
| 35.2.8 | Princípio da capacidade contributiva | 827 |
| 35.2.9 | Princípio da liberdade de tráfego | 828 |
| 35.2.10 | Vedação de diferenças tributárias em razão da procedência ou destino de bens e serviços de qualquer natureza | 829 |
| 35.2.11 | Imunidades tributárias | 829 |
| 35.2.11.1 | Imunidade recíproca | 829 |
| 35.2.11.2 | Imunidade dos templos de qualquer natureza | 830 |
| 35.2.11.3 | Imunidade dos partidos políticos, das entidades sindicais e das instituições de educação ou de assistência social sem fins lucrativos | 831 |
| 35.2.11.4 | Imunidade dos livros, jornais, periódicos e o papel destinado à sua impressão | 832 |
| 35.2.11.5 | Imunidade para fonogramas e videofonogramas musicais produzidos no Brasil | 832 |
| 35.3 | Exoneração tributária e "guerra fiscal" | 833 |
| 35.4 | Substituição tributária "para frente" | 834 |
| 35.5 | Vedações à União | 834 |
| 35.6 | Tratamento diferenciado para as microempresas e empresas de pequeno porte | 835 |
| 35.7 | Impostos da União | 836 |
| 35.7.1 | Imposto de importação e exportação sobre comércio exterior | 836 |
| 35.7.2 | Imposto sobre renda e proventos de qualquer natureza | 836 |
| 35.7.3 | Imposto sobre Produtos Industrializados | 837 |
| 35.7.4 | Imposto sobre Operações Financeiras – IOF | 837 |
| 35.7.5 | Imposto sobre Propriedade Territorial Rural | 838 |
| 35.7.6 | Imposto sobre Grandes Fortunas | 838 |
| 35.7.7 | Competência residual e impostos extraordinários | 839 |
| 35.8 | Impostos dos estados e do Distrito Federal | 839 |
| 35.8.1 | Imposto de Transmissão *Causa Mortis* e Doação | 839 |
| 35.8.2 | Imposto sobre Circulação de Mercadorias e Serviços – ICMS | 840 |
| 35.8.3 | Imposto sobre Propriedade de Veículos Automotores – IPVA | 841 |

| | | |
|---|---|---|
| 35.9 | Impostos municipais | 842 |
| 35.9.1 | Imposto sobre Propriedade Predial e Territorial Urbana – IPTU | 842 |
| 35.9.2 | Imposto de Transmissão *Inter Vivos* | 842 |
| 35.9.3 | Imposto sobre Serviços – ISS | 843 |
| 35.10 | Repartição das receitas tributárias | 843 |
| 35.10.1 | Repartição direta aos estados e ao Distrito Federal | 844 |
| 35.10.2 | Repartição direta aos municípios | 844 |
| 35.10.3 | Repartição indireta por parte da União | 844 |
| 35.10.4 | Vedação de retenção | 845 |

## CAPÍTULO 36
## FINANÇAS PÚBLICAS .................................................................................................... 847

| | | |
|---|---|---|
| 36.1 | Normas gerais | 847 |
| 36.2 | Leis orçamentárias | 849 |
| 36.3 | Procedimento de confecção das leis orçamentárias | 851 |
| 36.4 | Vedações às leis orçamentárias | 852 |
| 36.5 | Despesas de pessoal | 854 |
| 36.6 | Emendas parlamentares e a natureza jurídica do orçamento | 855 |
| 36.7 | Novo Regime Fiscal e as medidas de austeridade fiscal | 857 |

## CAPÍTULO 37
## DA ORDEM ECONÔMICA E FINANCEIRA ................................................................ 859

| | | |
|---|---|---|
| 37.1 | Constituição econômica | 859 |
| 37.2 | Da ordem econômica | 863 |
| 37.3 | Dos princípios gerais da ordem econômica | 868 |
| 37.4 | Intervenção do Estado na economia | 874 |
| 37.5 | O Estado como agente normativo | 876 |
| 37.6 | Prestação de serviço público por parte do Estado | 877 |
| 37.7 | Regulamentação dos recursos minerais e potenciais de energia hidráulica | 878 |
| 37.8 | Política urbana | 880 |
| 37.9 | Desapropriação de imóveis urbanos | 880 |
| 37.10 | Usucapião urbano | 881 |
| 37.11 | Política agrícola, fundiária e reforma agrária | 881 |
| 37.12 | Usucapião rural | 883 |

## CAPÍTULO 38
## SISTEMA FINANCEIRO NACIONAL ............................................................................ 885

| | | |
|---|---|---|
| 38.1 | Correção da impropriedade temática | 885 |

| 38.2 | Nova estruturação do art. 192 | 886 |
| 38.3 | Modificação do art. 52 do ADCT | 887 |
| 38.4 | Gastos públicos e a Emenda Constitucional nº 95 | 887 |

## CAPÍTULO 39
## ORDEM SOCIAL ............ 889

| 39.1 | Seguridade social | 889 |
| 39.1.1 | Diversidade de financiamento | 890 |
| 39.2 | Saúde | 892 |
| 39.2.1 | Conceituação do direito à saúde | 894 |
| 39.2.2 | Efetivação do direito à saúde | 897 |
| 39.3 | Previdência Social | 901 |
| 39.4 | Assistência social | 905 |
| 39.5 | Educação | 906 |
| 39.6 | Cultura | 910 |
| 39.7 | Desporto | 913 |
| 39.8 | Ciência e tecnologia | 915 |
| 39.9 | Comunicação social | 916 |
| 39.10 | Meio ambiente | 919 |
| 39.11 | Família | 923 |
| 39.12 | Índios | 929 |

## REFERÊNCIAS ............ 931

## APRESENTAÇÃO À DÉCIMA EDIÇÃO

Esta décima edição é motivo de grande orgulho, pois alcançar esse número de edições com uma obra que não é voltada para concursos, e ao longo desse lapso razoável de tempo, configura-se um prazer muito especial, pois se conseguiu perpassar algumas gerações de leitores.

Uma questão que se tentou enfocar é como o direito constitucional se molda a este mundo pós-pandemia, em que as estruturas políticas, econômicas, sociais, sanitárias e convivenciais estão sendo remodeladas. A visão de um Estado mínimo, forçosamente, precisará ser atualizada para uma organização política que possa ganhar mais sinergia com o planejamento, investindo em infraestrutura e ciência & tecnologia, e realizando políticas públicas eficientes que possam diminuir as desigualdades.

Em um mundo em que as transformações são pululantes em vários setores, mas que as estruturações jurídicas ainda não estão preparadas para fazer frente a esse turbilhão, o sentimento de desorientação e perplexidade é assaz contundente. Diante desse contexto, não adianta rememorar conceitos obsoletos, no que é melhor se preparar para esse salto no novo, para fazer com que o distanciamento entre a normalidade e a facticidade não provoque um pipocar de *gaps* normativos.

Tentou-se uma atualização exauriente desse período pandêmico e seus reflexos no Direito Constitucional, com incursões nas transformações também do ponto de vista teorético. Não se faz apologia ao exercício de um papel de Tirésias, mas não se pode ficar utilizando estruturas que foram e continuarão a ser obsoletas pelo inexorável descortinar do tempo.

Espera-se que esta décima edição seja o sequenciar de várias outras, agilizando-as através de sua divulgação digital, especialmente porque esse modelo permite uma atualização mais simétrica com os descortinos da pós-modernidade, pós-verdades e tantos outros neologismos que ostentam nitidamente um caráter niilista, mas que já vicejam a semente do amanhã.

Recife/Jaqueira, julho de 2021.

**O Autor.**

# APRESENTAÇÃO À NONA EDIÇÃO

Esta nona edição, depois de um período longo dedicado aos afazeres advocatícios, marca o início da caminhada em uma nova editora, a Fórum, cuja parceria já remonta a longos anos e que sempre tentava publicar o *Curso de Direito Constitucional*. O momento chegou.

Fizemos uma atualização muito abrangente, envolvendo os casos principais decididos pelo Supremo Tribunal Federal, bem como evoluções teóricas do autor. Como já dizia Camões, navegar é preciso.

A principal evolução teórica realizada é a aversão aos moralismos jurídicos acintosos aos direitos fundamentais e suas garantias. Sob as vestes de justiceiros pós-modernos, atingiu-se alicerces constitucionais imperiosos, como o devido processo legal, o contraditório e a ampla defesa. Kafka tornou-se leitura obrigatória para vários operadores jurídicos que preferem orbitar na seara política. Um tempo meio estranho nos permeia, em que a legalidade, sem formalismos e com aplicação teleológica, configura-se como bandeira para a revolução do século XXI.

Mais uma vez, com exultante alegria, agradecemos aos nossos leitores.

Brasília, novembro de 2017.

**O Autor.**

## APRESENTAÇÃO À OITAVA EDIÇÃO

Apesar do sucesso de vendas, esta oitava edição demorou mais do que o previsto em função do incremento de nossas atividades advocatícias. O reconhecimento acadêmico, com as graças da *fortuna*, foi estendido para a seara forense.

Continuamos perfilhando o mesmo caminho, tentando fornecer sólidas lições doutrinárias aos nossos leitores, acrescidas das jurisprudências mais significativas acerca da temática enfocada. Talvez, a marca desta oitava edição seja o maior emprego de exemplos práticos, sem a tentativa vã de perder a profundidade da matéria.

Mais uma vez, com muita sinceridade, agradecemos aos nossos leitores.

Brasília, janeiro de 2014.

**O Autor.**

## APRESENTAÇÃO À SÉTIMA EDIÇÃO

Esta sétima edição segue uma ordem cronológica de aperfeiçoamento, principalmente na senda pessoal, haja vista que a profissional já me deu tanto. Também representa uma fase intelectual mais madura, em que, finalmente, os rompantes juvenis tendem a ficar para trás. Representa um agradecimento *a fortu*, propalado por Maquiavel, que abre caminhos que nunca dantes foram sonhados.

É difícil falar do que representa uma sétima edição para um autor que não é adepto do *fast food* jurídico, todavia, sou muito grato a todos, que de forma direta ou indireta contribuíram para o aperfeiçoamento do presente trabalho. Meu muito obrigado.

Recife, 5 de junho de 2011.

**O Autor.**

# APRESENTAÇÃO À SEXTA EDIÇÃO

Esta sexta edição chega ao prelo em uma fase muito especial da minha vida, tanto na seara profissional quanto na esfera pessoal. Momento de desbravar novos horizontes e palmilhar novas lutas, seguindo a máxima popularizada por Fernando Pessoa de que "navegar é preciso, viver não é preciso". Como de sólito aconteceu nas outras edições, a estrutura original fora mantida, tendo seu conteúdo aprimorado e densidade jurisprudencial atualizada. Igualmente, houve a inclusão de novos capítulos, como Estado de Direito; Crise do Estado Social de Direito e Evolução das principais declarações de Direito.

Igualmente, esta nova edição marca uma fase de maturidade, que, se espera, possa ser estendida para os rebentos intelectuais.

Recife, 28 de janeiro de 2010.

**O Autor.**

## APRESENTAÇÃO À QUINTA EDIÇÃO

Esta quinta edição vem a lume em um momento de algumas reflexões sobre a finalidade da obra. Em meio a uma onda acachapante de doutrinas *fast food*, optou-se por solidificar o conteúdo exposto, evitando-se a utilização de modelos pobres intelectualmente e devastadores para a formação humana, e até mesmo para a consecução do desiderato de passar em concursos públicos. Mantém-se a linha de privilegiar uma rica doutrina aliada aos casos judiciais mais importantes, obviamente dentro de uma linguagem clara, haja vista que hermetismo linguístico não é sinônimo de densidade intelectual. Igualmente novos tópicos foram acrescentados, merecendo destaque o aumento na doutrina de direitos humanos.

Campina Grande, maio de 2009.

**O Autor**.

## APRESENTAÇÃO À QUARTA EDIÇÃO

Esta quarta edição, esperando que não seja insólita, revela-se como mais uma benfazeja satisfação pela sua aceitação. Um livro que outrora circulava com desenvoltura apenas no Nordeste começa a dar os primeiros passos nos demais rincões de nosso país. As linhas básicas das edições anteriores foram mantidas, adentrando mais longe em temáticas que fogem dos lugares comuns exaustivamente repetidos em nossas salas de aula. Nesse contexto, foram acrescentados os seguintes capítulos: Tipos de Estado; O papel dos direitos fundamentais no neoconstitucionalismo; Modulação de efeitos em controle de constitucionalidade; Infidelidade partidária; Processo de perda de mandato por infidelidade partidária; *Entrenchment* dos direitos sociais; entre outros.

Bordeaux, 15 de janeiro de 2008.

**O Autor.**

## APRESENTAÇÃO À TERCEIRA EDIÇÃO

Esta terceira edição apresentou-nos uma grata surpresa porque ocorreu em um lapso temporal bastante exíguo do lançamento da segunda edição, o que, inexoravelmente, aumenta a nossa satisfação e responsabilidade. O livro mantém as mesmas linhas das edições anteriores, acrescidas de atualizações pertinentes às súmulas vinculantes já editadas e a modificações jurisprudenciais implementadas pelo Supremo Tribunal Federal. Outrossim, aproveitamos a oportunidade para acrescentar os seguintes novos capítulos: Origens e justificação do Estado; Estado Social e Estado Liberal; Bloco de constitucionalidade, modulação de efeitos em sede de controle difuso e súmulas vinculantes publicadas pelo Supremo Tribunal Federal.

Recife, 28 de junho de 2007.

**O Autor.**

# APRESENTAÇÃO À SEGUNDA EDIÇÃO

É com bastante satisfação que apresentamos a segunda edição do nosso *Curso de Direito Constitucional*. A obra mantém as mesmas linhas que estiveram presentes na edição anterior, acrescida de alguns capítulos que julgamos importantes e de uma revisão jurisprudencial. Os tópicos acrescentados foram: Neoconstitucionalismo, Sistemas constitucionais, *Drittwirkung*, Direitos de quinta dimensão, entre outros. Esta nova edição igualmente se configura como uma obra inacabada, esperando que o destino nos seja alvissareiro e nos ofereça novas oportunidades de incrementar o trabalho ora apresentado.

Recife, 15 de janeiro de 2007.

**O Autor**.

# APRESENTAÇÃO

O *Curso de Direito Constitucional*, que ora apresentamos, destina-se a todos os cultores do Direito que anseiam por um compêndio em que possam encontrar uma conexão entre a doutrina ministrada e a realidade pulsante das ruas.

Ele tenta delinear uma trajetória que se inicia com o constitucionalismo clássico, com a finalidade de garantir os direitos dos cidadãos contra as arbitrariedades do Estado, segundo a lição de Charles MacIlwain, e que culmina no neoconstitucionalismo, não aquele plasmado pela obsessão economicista, como o defendido por Hayek, mas um novo constitucionalismo, em que os homens sejam, além de atores principais, o *standard* de elaboração das políticas públicas.

O material confeccionado não se exaure em uma análise positivista do Direito Constitucional ou em uma apreciação preponderante da jurisprudência praticada pelos nossos pretórios. Não busca um enclausuramento na ritualística formal do Direito; muito pelo contrário, tenciona aperfeiçoar a noção de cidadania do operador jurídico, sem descurar da dogmática legal, da jurisprudência, da doutrina e da zetética do Direito.

Ciente da pertinente crítica feita contra a cultura manualesca, que transforma o Direito Constitucional em um *fast food*, sem possibilitar aos iniciantes rudimentos doutrinários mínimos, intenta-se suprir esta deficiência através da utilização de um sólido alicerce bibliográfico, que possa orientar leituras posteriores, sem descurar de uma densificação da doutrina utilizada. Claro que, pela finalidade da obra, ela não procura exaurir os conteúdos apresentados, mostrando-os de forma perfunctória. Não obstante, utilizando-se de uma linguagem clara, há o escopo de delinear os institutos abordados com o uso de uma razoável doutrina que, aliada a apreciações críticas, possa propiciar uma fuga de esquemas simplificadores, em que se privilegia o uso da memória em detrimento do pensar reflexivo.

Para facilitar a apreensão do conteúdo proposto, cada capítulo exposto na Constituição foi dissecado *per se*, inclusive os referentes à tributação, às finanças públicas e à ordem econômica e financeira, que não são apreciadas, comumente, pelos demais trabalhos do gênero.

Como já tivemos oportunidade de dizer alhures, um livro é sempre uma obra inacabada, que deve ser constantemente interpretada, aperfeiçoada, acrescentada. O trabalho agora colocado sob apreciação dos leitores terá alcançado seu objetivo se puder ajudar os operadores do Direito Constitucional a evoluírem em suas discussões, sem se deixarem seduzir pelas facilidades da recepção acrítica de conteúdos predeterminados, que não os ajudam a incrementar a noção republicana, em que o indivíduo deve ser concebido como cidadão integrado à sociedade brasileira.

Recife, fevereiro de 2006.

**O Autor.**

CAPÍTULO 1

# ESTADO

A etimologia da palavra *estado* provém do latim *status*, surgido na Renascença, significando a estrutura política vigente na sociedade. Foi utilizada pela primeira vez por Nicolau Maquiavel, no seu livro *O príncipe*, logo no seu pórtico: "Todos os Estados, todos os domínios que tiveram e têm poder sobre os homens, são Estados e são ou Repúblicas ou Monarquias".[1]

Bobbio o concebe como o momento supremo e definitivo da vida comum e coletiva do homem, como o resultado mais perfeito ou menos imperfeito daquele processo de racionalização dos instintos ou das paixões ou dos interesses, mediante o qual o reino da força desregrada se transforma no reino da liberdade regulada. Hobbes o define como um ente de natureza absolutista, o Estado Leviatã, ao qual todos os cidadãos devem ceder suas prerrogativas para que ele em troca possa estabelecer a paz e a segurança nas relações sociais.[2]

Marx atribuía ao Estado o papel de órgão assegurador da exploração do homem pelo homem, servindo como instrumento de uma classe social para dominar a outra. Foi assim na sociedade escravista com a finalidade de garantir a exploração dos escravos; foi assim na sociedade medieval com o objetivo de manter a exploração dos camponeses; e é assim na sociedade capitalista, em que a burguesia explora o proletariado.[3] O término dessa exploração por parte do Estado, na ótica marxista, seria o surgimento de uma sociedade comunista, com a aniquilação da diferença entre as classes sociais, com o fim da propriedade privada e consequentemente com a extinção do Estado, porque não seria mais necessária a manutenção de uma estrutura que serviria apenas para garantir a exploração de uma classe social por outra.

---

[1] MAQUIAVEL, Nicolau. *O príncipe*. São Paulo: Cultrix, 1995. p. 37.
[2] "Uma grande multidão institui a uma pessoa, mediante pactos recíprocos uns com os outros, para em nome de cada um como autora, poder usar a força e os recursos de todos, da maneira que considerar conveniente, para assegurar a paz e a defesa comum. Soberano é aquele que representa essa pessoa. Dele se diz que possui poder absoluto. Todos os outros são súditos" (HOBBES, Thomas. *Leviatã ou matéria, forma e poder de um Estado eclesiástico e civil*. São Paulo: Martin Claret, 2001. p. 131).
[3] MARX, Karl; ENGELS, Friedrich. *O manifesto comunista*. Rio de Janeiro: Paz e Terra, 2000. p. 9.

O Estado também é entendido como o detentor do monopólio da força física, com uma estrutura de poder organizada para garantir o cumprimento dos seus objetivos e fornecer as normas legais que garantam as relações na sociedade. Ensina Zippelius:

Só pode cumprir esta tarefa uma ordem de conduta jurídica homogênea. A eficácia específica da ordem de conduta jurídica baseia-se, como já se afirmou, na probabilidade segura de impor a observância das suas normas mediante um procedimento coercitivo, juridicamente organizado. Como condição essencial para a ausência de contradições na ordem de conduta jurídica desenvolveu-se um poder de regulamentação central, que dispõe do instrumento de direção normativa.[4]

O Estado é uma entidade jurídico-social, constituída pelo povo, sob um governo soberano estabelecido e dentro de um espaço territorial delimitado. Existe a tendência, no pensamento político, de definir o Estado como o último estágio na evolução das instituições políticas, na superação do Estado selvagem por um Estado organizado através de normas. Como instituição, compreende três elementos fundamentais: povo, território e soberania.[5]

Alexandre Groppali acrescenta mais um elemento componente do Estado, que é a finalidade. Ela seria o objetivo para o qual o Estado orientaria a consecução das suas atividades. A estrutura estatal não seria um fim em si mesmo, "uma entidade acima dos valores fundamentais da pessoa humana", mas teria natureza instrumental, através da qual o Estado atenderia aos interesses da coletividade.[6]

Para o mencionado autor, toda estrutura estatal existe para cumprir determinado objetivo, que é fixado de acordo com as circunstâncias histórico-político-sociais. Disserta Groppali a respeito do tema:

Nós consideramos como incompleta a classificação feita pelos primeiros, porquanto prescinde da finalidade que, indubitavelmente, é um elemento essencial ao lado do território, do povo e do poder de império e a qual se deve ter em conta, se pretendemos ter uma noção integral da complexa figura constituída pelo Estado.[7]

## 1.1 Território

É a base física sobre a qual incide o ordenamento jurídico, constituindo-se na sua aderência espacial, na qual os cidadãos tecem suas relações sociais, constroem suas estruturas políticas e fixam os objetivos comuns da coletividade. Não pode existir Estado sem território, pois este é um elemento indeclinável para a sua consubstanciação, propiciando uma área para a atuação das atividades governamentais. Os territórios desempenham um importante papel por dois motivos: o primeiro por razões histórico-constitucionais, pois é o espaço no qual se desenvolvem historicamente as tradições de

---

[4] ZIPPELIUS, Reinhold. *Teoria geral do Estado*. 3. ed. Lisboa: Fundação Calouste Gulbenkian, 1997. p. 68.
[5] GROPPALI, Alexandre. *Doutrina do Estado*. 8. ed. São Paulo: Saraiva, 1953. p. 123.
[6] FERREIRA, Pinto. *Teoria geral do Estado*. 3. ed. São Paulo: Saraiva, 1975. p. 201.
[7] BOBBIO, Norberto. *O conceito de sociedade civil*. Rio de Janeiro: Graal, 1994. p. 19.

um povo, e o segundo por questões de direito internacional, demarcando os limites de incidência da soberania nacional.[8]

Corrobora Dalmo Dallari:

> No momento mesmo de sua constituição o Estado integra num conjunto indissociável, entre outros elementos, um território, de que não pode ser privado sob pena de não ser mais Estado. A perda temporária do território, entretanto, não desnatura o Estado, que continua a existir enquanto não se tornar definitiva a impossibilidade de se reintegrar o território com os demais elementos.[9]

A importância de se definir a extensão do território de um país reside no fato de que, dentro dos limites traçados, só haverá a incidência do seu ordenamento jurídico, agasalhando, assim, o princípio da territorialidade. O espaço territorial não se limita à superfície, abrangendo também o espaço aéreo e o subsolo pertinente.

As limitações do território são realizadas pelas fronteiras com outros países e pelo mar. Pertence ao território do país o mar territorial, que se estende até 12 milhas, e as plataformas continentais, que são parte da crosta terrestre que foi coberta pelo mar.

## 1.2 Povo

É o conjunto de cidadãos subordinados ao mesmo ordenamento jurídico, atingindo-os até mesmo quando eles estiverem no exterior. Não existe nenhum Estado sem o elemento humano que o integre, haja vista que a sociedade é feita de pessoas para pessoas. É um importante elemento caracterizador da organização política, imprimindo ao Estado as mesmas características pertinentes ao seu povo.

Cada Estado possui um único povo, formado pelos nacionais, natos ou naturalizados, podendo pertencer a uma ou a várias nações. Como exemplos de países cujo povo é formado por mais de uma nação podemos mencionar a Rússia e a China.

O conceito de povo se difere substancialmente do conceito de nação. Esta é o povo com determinadas características comuns, como a religião, a língua, a cultura, os laços históricos, a etnia etc., fazendo parte de uma realidade sociológica. Povo é o elemento biológico componente do Estado, sem necessitar de nenhuma característica que una seus integrantes. Da mesma forma não se deve confundir o conceito de povo com o de população. O primeiro se refere aos nacionais que fazem parte de um Estado e o segundo se refere a todos os habitantes de um país, incluindo os estrangeiros. Apesar de os estrangeiros não pertencerem ao povo de determinado Estado, eles estão, durante sua estada, submetidos ao ordenamento jurídico vigente no país.

## 1.3 Governo

É o instrumento que possibilita aos Estados tomarem suas próprias decisões políticas, escolhendo livremente os seus destinos. É a consequência inexorável da

---

[8] KRIELE, Martin. *Introducción a la teoría del Estado*. Fundamentos históricos de la legitimidad del estado constitucional democrático. Buenos Aires: Depalma, 1980. p. 123.
[9] DALLARI, Dalmo de Abreu. *Elementos de teoria geral do Estado*. 19. ed. São Paulo: Saraiva, 1995. p. 76.

autodeterminação dos povos. A soberania alicerça a estruturação de um governo que pode decidir sobre a atuação dos entes estatais. Como o conceito de soberania vai ser precisado mais adiante, optamos pela concentração agora na definição de governo, que é uma decorrência desse conceito e elemento imprescindível para a existência do Estado.

Alguns autores confundem o conceito de soberania com o de governo porque a organização estatal, na consecução de suas atividades, alicerça-se no *jus imperii* do Estado, que deflui da soberania, fornecendo a essência de poder para que o governo possa executar as suas funções. A soberania se constitui no requisito inafastável para a atividade governamental. Contudo, principalmente para garantir melhor clareza, não é razoável confundir os dois conceitos.

Governo é o aparelho administrativo do Estado, organizado em todos os níveis, que, munido de autoridade, subordina as pessoas e as entidades localizadas em seu território. Segundo Sahid Maluf, o governo é o conjunto das funções necessárias à manutenção da ordem jurídica e da Administração Pública.[10] Luigi Palma afirma que a palavra *governo* pode assumir dois sentidos: um de forma estrita, significando o poder imperante na sociedade, concentrando força para a consecução dos seus objetivos, e o outro de forma lata, significando os vários organismos que exercitam as prerrogativas da soberania.[11]

O conceito de Estado é muito mais complexo que o conceito de governo. O Estado é uma entidade política de cunho não transitório, sem perigo de dissolução na sua continuidade, representando os diversos segmentos que compõem a sociedade, sem se ater a um condicionamento eminentemente jurídico, sofrendo injunções de natureza econômica, política, social etc. Dentro da sua organização se estruturam os três poderes: o Executivo, o Legislativo e o Judiciário.

O governo, por sua vez, tem um caráter transitório, podendo sofrer um hiato na sua continuidade, representando determinada parcela da sociedade que toma o poder por determinado lapso temporal. As regras para a sua atuação são eminentemente jurídicas, sofrendo forte injunção das variáveis políticas.

## 1.4 Poder

Desde épocas remotas demandas cotidianas forneceram as condições necessárias para o aparecimento de estruturas de poder. Determinados grupos sociais viviam em permanente conflito com seus vizinhos para a obtenção dos alimentos e, nessas lutas, somente os grupos que possuíam uma autoridade que os orientasse, ou seja, uma maior organização, é que conseguiam sobreviver. Aqueles que não tinham essa força central eram esmagados pelos demais. Portanto, o aparecimento do poder está ligado a demandas sociais, que impulsionaram uma maior estruturação das comunidades para que elas melhor se organizassem para enfrentar os perigos e premências do dia a dia. Para Pinto Ferreira, o poder é um fenômeno específico de toda relação social, ou seja, está

---

[10] MALUF, Sahid. *Teoria geral do Estado*. 23. ed. São Paulo: Saraiva, 1995. p. 27.
[11] PALMA, Luigi. *Corso di diritto costituzionale*. Roma: Giuseppe Pellas, 1883. p. 213.

compreendido na própria essência da sociedade e nos modos de agir entre indivíduos que estabelecem relações entre si.[12]

Aduz Paulo Bonavides que o poder se liga intrinsecamente aos conceitos de força e competência, sendo o primeiro relacionado ao aspecto coercitivo, em que há o imperativo dos meios de violência e de dominação para que ele seja firmado na sociedade, enquanto que a competência diz respeito à legitimidade oriunda da aprovação em que este recai.[13]

Diante de uma análise histórica não se pode dizer que o poder nasceu do Estado, todavia, para agasalhar inúmeros interesses conflitantes que pululam nas sociedades pós-modernas, a concentração desse direito nas mãos estatais se mostra imprescindível para evitar que entes privados possam utilizá-lo em prol apenas de benefício próprio. O surgimento do Estado contribui para o desenvolvimento da conceituação de poder, porque o retira das mãos do homem para colocá-lo nas mãos de uma instituição cuja finalidade maior seria velar pelos anseios da coletividade. Outra contribuição foi colocar sua atuação adstrita aos imperativos legais, fazendo com que os cidadãos somente possam fazer ou deixar de fazer algo em virtude de mandamento legal.

Essa temática é de uma profundidade muito complexa, em que várias teorias tentam explicar sua gênese e natureza. Configura-se muito difícil afirmar qual a mais convincente ou aceitável, contudo, elas mostram nuances de um mesmo objeto que está impregnado em todos os agrupamentos humanos.

Para os contratualistas, o seu surgimento deve-se a um contrato estipulado por todos os membros da sociedade, no qual os detentores da prerrogativa de mando teriam obtido tal direito apenas em decorrência do que fora pactuado. Se a população não delineasse as regras básicas de sua convivência, o resultado seria uma luta fraticida entre os concidadãos, haja vista que o "homem é o lobo do homem". Historicamente esse contrato inicial nunca existiu, sua finalidade teórica é explicar o surgimento das estruturas de poder e do próprio Estado na sociedade.

Os defensores da soberania popular afirmam que o poder se origina da vontade da maioria da população. Aqueles que o exercem apenas ostentam tal condição como mandatários da população, e podem retirar tal direito quando os detentores dos cargos públicos descumprirem o que fora prometido. As prerrogativas de mando originam-se do povo, para cumprir os seus anseios, e podem ser, a qualquer momento, retiradas pelo seu outorgante, os cidadãos.

A concepção marxista trata o poder como um instrumento para manter as estruturas econômicas da sociedade, em que os burgueses exploram o proletariado por meio da mais-valia do seu trabalho. Assim, ele tem sua origem nas relações de produção, desde a sociedade escravista, tornando-se essencial para manter a dominação de uma classe sobre outra.[14]

Hans Kelsen sustenta que o poder está ligado umbilicalmente ao Estado e à ordem jurídica, sendo o resultado da validade e eficácia do conjunto normativo que forceja a unidade de um território e do povo.[15] Ou seja, para ele o poder apenas existe entre

---

[12] FERREIRA, Pinto. *Teoria geral do Estado*. 2. ed. Rio de Janeiro: Editor José Konfino, 1957. p. 37.
[13] BONAVIDES, Paulo. *Ciência política*. 17. ed. São Paulo: Malheiros, 2010. p. 115.
[14] FOUCAULT, Michel. *Microfísica do poder*. 15. ed. Rio de Janeiro: Edições Graal, 2000. p. 174-175.
[15] KELSEN, Hans. *Teoria geral do direito e do Estado*. 2. ed. São Paulo: Martins Fontes, 1995. p. 250.

o Estado e uma ordem jurídica, o seu aparecimento em outras searas não passaria de desportismo e abuso.

Não se pode deixar de admitir que o poder, em sua natureza, expressa uma noção de força, defluindo as relações de domínio existentes na sociedade, seja na seara privada ou na pública. Mas, em um Estado Social Democrático de Direito ele não pode ser configurado apenas como um instituto repressivo, em que o mais forte sempre dominará o mais fraco, sua estruturação deve ser realizada para respaldar a formação de um Estado de bem-estar social, em que os mais desvalidos da sociedade também sejam levados em consideração. A função do Poder Público não é concentrar todas as manifestações de poder existentes na sociedade – isto é impossível, haja vista que existem prerrogativas de mando na família, nos contratos de trabalho, nas interações interpessoais etc. O escopo do Estado é ordenar o poder para que ele não sirva para ferir direitos humanos, muito pelo contrário, que ele possa ser utilizado em sua consolidação.

## 1.5 Origem e justificação do Estado

O presente tópico tem a finalidade de explicar as formas de surgimento do Estado e as teorias que tentam esclarecer seu nascimento. Quanto à parte primeira, não há grande discussão entre os doutrinadores, contudo, quanto às justificativas para as teorias de sua origem, pairam sérias controvérsias decorrentes da falta de subsídios históricos que possam solucionar as dúvidas.[16]

Com relação ao surgimento, os Estados podem nascer de forma originária ou de forma secundária. São considerados originários aqueles que são criados de maneira natural, em razão da evolução das sociedades humanas, atendendo a uma necessidade agregativa pertinente aos homens. Foram agrupamentos humanos que com o decorrer do tempo e para atender às suas necessidades criaram formas de organização política. Como exemplos podem ser citados os casos de Roma e Atenas.

São considerados secundários aqueles criados de reestruturações de Estados anteriormente existentes, seja por sua união ou divisão. A união pode se dar sob a forma de uma organização política unitária, uma federação ou uma confederação, a exemplo da Confederação Helvética, dos Estados Unidos da América do Norte ou do Brasil etc. Já a divisão acontece para a criação de um único ou de vários entes soberanos, a exemplo da Lituânia, da Sérvia, da Croácia etc.

Com relação às teorias que tentam justificar o nascimento do Estado, para efeitos didáticos, elas serão classificadas em quatro espécies: teoria da origem familiar, teoria contratualista, teoria da origem patrimonial e teoria da força.

A teoria da origem familiar parte do pressuposto de que a organização política deriva da expansão do núcleo familiar, como exemplo, da ampliação da família de Jacob, conforme nos narra a *Bíblia*. Ela pode ser dividida em patriarcal, em que a figura dominante é o patriarca, homem mais velho, *pater familias*; e matriarcal, baseada na

---

[16] "Numerosas e variadas teorias tentam explicar a origem do Estado, e todas elas se contradizem nas suas premissas e nas suas conclusões... Assim é que todas as teorias são baseadas em meras hipóteses. A verdade, sem embargo dos subsídios que nos fornecem as ciências particulares, permanece envolta nas brumas da era pré-histórica" (MALUF, Sahid. *Teoria geral do Estado*. 23. ed. São Paulo: Saraiva, 1995. p. 53).

autoridade da mãe, haja vista a incerteza que pode ocorrer quanto à determinação da paternidade.

A teoria contratualista sustenta que a organização política nasceu em virtude de um contrato social, em que os homens deliberaram as regras necessárias para a formação de um Estado. Segundo Rousseau, todos os homens reuniram-se para formar o corpo social, fazendo-o sob as mesmas condições e sob igualdade de direitos, realizando a vontade geral por intermédio de leis produzidas pelo próprio povo.

A teoria da origem patrimonial afirma que o motivo para a criação do Estado foi a defesa da propriedade privada, encarando-a como um direito natural inviolável. Com o aparecimento da propriedade, motivou-se a criação de estruturas estatais para defendê-la daqueles que não a detinham. Então, as organizações políticas foram criadas para que uma elite pudesse se aproveitar dos benefícios da divisão do trabalho, decidindo em proveito próprio como seria determinada a apropriação dos meios de produção.[17]

A teoria da força defende que o Estado possui uma gênese violenta, e foi criado para assegurar a dominação dos mais fortes sobre os mais fracos. Então, as estruturas estatais têm o objetivo de garantir o sistema de espoliação vigente, representando um instrumento de domínio da classe burguesa e sua mais-valia. Por outro lado, Hobbes, também defensor dessa tese, afirma que o Estado surgiu para impedir a violência que reinava durante a idade primitiva, em que o homem era o próprio lobo do homem.

Nesse mundo pós-pandêmico, em que se assistiu ao aumento da desigualdade entre ricos e pobres, que já era avassaladora, tanto em países periféricos, como em países desenvolvidos, as funções realizadas pelo Estado para auferirem legitimidade precisam enfocar a execução de políticas públicas que diminuam com eficácia essa distância, fazendo com que as entidades governamentais possam atuar para a geração de empregos e o investimento em infraestrutura e em ciência, tecnologia & inovação.

## 1.5.1 Estado Antigo

O Estado Antigo era também denominado Oriental ou Teocrático, sendo uma forma de Estado existente no oriente ou no mediterrâneo. Consistia em um tipo de organização estatal em que a religião e a política misturavam-se, formando um conjunto homogêneo.

Essa ausência de separação entre o divino e o terreno com a prevalência da religiosidade consistia em uma das características fundamentais desse tipo de estado. As autoridades sacerdotais detinham imenso poder, inclusive regendo o comportamento de todos os estamentos sociais.[18] Não havia qualquer divisão em relação às funções desempenhadas pelo Estado, estando todas elas concentradas "nas mãos" do governante.

Não havia nenhum tipo de mitigação ao poder estatal, nem muito menos uma separação entre o patrimônio real e o patrimônio do Estado. A legitimidade teocrática assegurava a manutenção do *status quo* e solidificava a estrutura de poder dominante.

A estrutura econômica baseava-se, de forma preponderante, no trabalho escravo, conseguido através de guerras e saques a outros povos.

---

[17] ZIPPELIUS, Reinhold. *Teoria geral do Estado*. 3. ed. Lisboa: Fundação Calouste Gulbenkian, 1997. p. 144-145.
[18] BURNS, Edward McNall; LERNER, Robert; MEACHAM, Standish. *História da civilização ocidental*. Dos homens das cavernas às naves espaciais. 36. ed. São Paulo: Globo, 1995. v. I. p. 25.

## 1.5.2 Estado grego

A denominação Estado grego é uma generalização, pois não há notícias de uma uniformização das formas de Estado helênicas, porém as formas existentes nas cidades gregas se parecem muito. Inicialmente essas sociedades eram formadas pelos *genos* – união de pessoas por laço de nascimento ou religioso – que tinham como chefe o Basileu, que exercia as funções militares, judiciárias e religiosas.

Em época de guerra os *genos* uniam-se formando as *fátrias* que, unidas, formavam as tribos. Não havia propriedade privada, pois a terra pertencia a todos os integrantes do grupo de forma indistinta. Com o passar do tempo, com a produção de um excedente, a propriedade passou a ser privada, e a aristocracia, classe proprietária das terras, dominou as estruturas de poder político, principalmente com a formação do Conselho dos Anciãos, que tinha função deliberativa. Com o desenrolar das lutas políticas, a monarquia patriarcal evoluiu para a república.[19]

Diferentemente dos Estados Antigos, não se confundiam os entes estatais com a religião, pois os governantes helênicos não estavam subordinados irrestritamente aos deuses, havendo certa margem de atuação através do livre arbítrio.[20] Como característica principal pode ser citada a cidade-Estado que visava à autossuficiência, sem depender do comércio com outras cidades para seu abastecimento e para o desenvolvimento de sua vida cultural.[21] A valorização do indivíduo é uma característica que merece ser ressaltada, sendo ele, como afirmava Protágoras, a medida para todas as coisas.

Há um entendimento de que o governo grego era um governo democrático, contudo – ao contrário do que se pode imaginar – somente os cidadãos poderiam participar dele. Acontece que o conceito de cidadania era bastante restrito, abrangendo apenas os homens, excluindo as mulheres, escravos e estrangeiros, ou seja, a maioria da população. Para Dallari essa limitação da participação política tinha como objetivo manter as formas da cidade-estado, já que caso houvesse uma ampliação da participação política tornar-se-ia impossível o controle do Estado por uma parcela restrita da população.[22]

## 1.5.3 Estado romano

O Estado romano teve início a partir de um pequeno conjunto humano que foi se expandindo, atingindo vários povos, e chegou a ter como escopo a constituição de um império mundial. A autoridade dos *gens* era do *pater familia* que concentrava o poder de censor, pontifíce e juiz. Posteriormente houve a divisão dos *gens* que gerou a existência de duas classes: a dos patrícios, formada pelo *pater* e seus descendentes, e dos plebeus, que eram aqueles que não possuíam bens e foram relegados do poder político.

A base da sociedade romana foi a organização familiar, resultante da união de grupos familiares que formaram os *gens*, essa base estendeu-se por todo o período romano, visto que os membros das famílias patrícias – descendentes dos fundadores de

---

[19] GUARINELLO, Noberto Luiz. Cidades-Estados na Antiguidade Clássica. In: *História da Cidadania*. São Paulo: Contexto, 2003. p. 41.
[20] MALUF, Sahid. *Teoria geral do Estado*. 23. ed. São Paulo: Saraiva, 1995. p. 98.
[21] PAUPERIO, Artur Machado. *Teoria geral do Estado*. 7. ed. Rio de Janeiro: Forense, 1978. p. 77.
[22] DALLARI, Dalmo de Abreu. *Elementos de teoria geral do Estado*. 19. ed. São Paulo: Saraiva, 1995. p. 54.

Roma – sempre obtiveram privilégios. Às famílias patrícias foi reservada a magistratura, que era uma das estruturas do poder romano.

Com o arrefecimento do poder dos patrícios, em razão da forte oposição dos plebeus, a sociedade romana transformou-se em uma república. Nela o poder supremo pertencia ao povo, que exercia as funções legislativas nos comícios, formando verdadeiros espaços públicos. Para evitar o acúmulo de poder o *imperium* foi exercido pelos cônsules, que tinham a função de expressar o *juris dictio*.

Nos casos de perigo o poder concentrava-se nas mãos de um ditador pelo tempo máximo de seis meses. Como observa Sahid Maluf, o ditador tinha poder ilimitado, sendo esse autoritarismo justificado pela necessidade de proteger Roma de ameaças externas ou internas.[23] Para impedir o abuso da autoridade dos ditadores instituiu-se a colegialidade das magistraturas, em que as decisões deveriam prover do consenso entre os magistrados.

A concentração de poder auferida por alguns generais degenerou em guerra civil, o que levou a uma maior centralização de prerrogativas fazendo com que a República romana se transformasse em um império. César foi o primeiro a sepultar as formas republicanas ao se autonomear ditador perpétuo de Roma, mesmo tendo pago com sua própria vida por esse gesto de autoritarismo.

Com o crescimento do império, a base familiar originária foi desaparecendo juntamente com a nobreza tradicional, ascendendo – dessa forma – novas camadas sociais ao poder estatal. Esse desaparecimento das antigas tradições contribuiu para a derrocada final do império romano, com a integração definitiva dos povos que outrora foram conquistados.[24]

### 1.5.4 Estado medieval

A queda do Império romano do ocidente é tida como marco inicial do período medieval. O Estado medieval é um tipo estatal bastante instável, em virtude de seus principais pilares: o cristianismo, a descentralização de poder em virtude das invasões bárbaras e o feudalismo, como modo de produção econômica. A instabilidade desse Estado tem como principal influência a decadência do Império Romano, em que a ordem romana estabelecida fora substituída pela "desordem" da multiplicidade de povos bárbaros. Houve uma forte fragmentação de poder, em que os limites territoriais europeus durante muitos séculos ficaram indefinidos.

Nesse período, o direito natural teve grande influência, tentando estabelecer uma ordem imutável, geral e eterna para todos os povos. O Estado medieval também confundia o direito público com o privado, pois os senhores feudais – proprietários das terras – assumiam o papel de governantes supremos sobre o território de sua propriedade.[25]

---

[23] MALUF, Sahid. *Teoria geral do Estado*. 23. ed. São Paulo: Saraiva, 1995. p. 105.
[24] CINTRA, Geraldo de Ulhoa. *De Statu Civitatis*. São Paulo, 1963. p. 54.
[25] MALUF, Sahid. *Teoria geral do Estado*. 23. ed. São Paulo: Saraiva, 1995. p. 108.

O pensamento cristão teve grande influência nesse período, principalmente pelo fato de se pretender que o cristianismo dominasse todo o mundo, através do poder espiritual e temporal da Igreja católica. O cristianismo serviu como pilar do pensamento da universalidade, ou seja, a igualdade entre todos os cristãos, que estariam cobertos por uma unidade política, adstrita aos desígnios papais. A Igreja católica exerceu o papel de chancela de legitimação do poder temporal, fato este exemplificado quando o Papa Leão III concedeu o título de imperador a Carlos Magno.[26]

Contudo, esse pensamento universalista chocou-se com as instabilidades políticas desse período. Primeiramente, inexistia uma centralização de poder como acontecera no Estado romano, havia inúmeros centros políticos autônomos que eram governados pelos reis ou pelos senhores feudais – os reis tinham o poder de direito, mas eram os senhores feudais quem detinha o poder de fato, inclusive possuindo exércitos próprios. Em segundo lugar, o choque entre as vontades dos governantes e dos papas, em que os primeiros se intrometiam nos assuntos eclesiásticos e os segundos nos assuntos dos feudos. A centralização de poder somente ocorreu com o surgimento do absolutismo, em que os reis concentraram as prerrogativas políticas e suprimiram o poder dos senhores feudais.

A economia era sustentada pelo modelo feudal, em que a agricultura se constituía na principal atividade, haja vista a decadência do comércio operada com o declínio das grandes cidades, a destruição das estradas e a falta de segurança para o transporte de mercadorias. Os feudos pertenciam aos senhores feudais que tinham o controle da administração e da justiça de suas terras – era o poder constituído absoluto em seus domínios. A maioria da população não possuía terra e era obrigada a se submeter à forte exploração, recebia "proteção" em troca da entrega de parte da produção colhida e da obrigação de fidelidade total ao seu senhor. O homem estava umbilicalmente atrelado à terra.

Assim, no período medieval havia um poder "superior", que era exercido pelo imperador, porém com pouca influência nos poderes "inferiores" exercidos pelos senhores feudais e com pouca influência com relação à Igreja católica. Em virtude desse desmembramento de poder e das guerras civis, o estado medieval caracterizou-se como um período de grande instabilidade.[27]

## 1.6 Estado de Direito

O Estado de Direito é uma situação jurídica na qual as atividades do cidadão e do Estado estão subordinadas à lei. Ou seja, nesse sistema institucional há uma observância à hierarquia normativa, à separação dos poderes e aos direitos humanos.[28] Dessa forma, podemos entender que este modelo institucional se opõe às monarquias absolutas e às

---

[26] COSTA, Marcos Roberto Nunes; PATRIOTA, Raimundo Antônio Marinho. *Origens medievais do Estado Moderno*. Contribuições da filosofia política medieval para construção do conceito de soberania popular na modernidade. Recife: Instituto Salesiano de Filosofia, 2004. p. 22.

[27] DALLARI, Dalmo de Abreu. *Elementos de teoria geral do Estado*. 19. ed. São Paulo: Saraiva, 1995. p. 58.

[28] "Estado de Direito é o Estado em que, para garantia dos direitos dos cidadãos, se estabelece juridicamente a divisão do poder e em que o respeito pela legalidade (seja a mera legalidade formal, seja – mais tarde – a conformidade com valores materiais) se eleva a critério de acção dos governantes" (MIRANDA, Jorge. *Teoria do Estado e da Constituição*. Rio de Janeiro: Forense, 2002. p. 46).

ditaduras, visto que essas estruturas estatais violam frequentemente os direitos humanos e cometem constantemente arbitrariedades.[29]

Não se deve vincular a noção de Estado de Direito com o direito escrito, pois para a ocorrência daquele não é mister a existência de leis positivadas. A título de exemplo, pode ser citado o caso da Grã-Bretanha, em que não há Constituição escrita, prevalecendo o direito consuetudinário como parâmetro de sociabilidade. O que distingue o Estado de Direito é a existência de uma proteção jurídica que se aplica a garantir o respeito às liberdades civis, ou seja, aos direitos humanos, limitando, dessa forma, os aspectos funcionais do Estado soberano.[30]

Assim, partindo-se do pressuposto de que Estado de Direito é aquele estruturado em parâmetros normativos, emerge questão interessante referente à ambiguidade da própria expressão "Estado de Direito". Como referido acima, não se deve atribuir a esta expressão uma necessária correlação com o direito escrito; no entanto, a sua compreensão ficará condicionada, inexoravelmente, àquilo que se entende por direito. O Estado, entendido como comunidade politicamente organizada, pode assumir diferentes facetas proporcionalmente ao tipo de direito a que está atrelado: Estado de Direito feudal, burguês, nacional, teocrático etc.[31] O essencial para sua caracterização é que a conduta dos entes estatais e dos cidadãos seja prefixada em bases legais, garantindo a concretização da segurança jurídica e impedindo o abuso de poder.

Do mesmo modo, outra consideração que deve ser feita é que não se deve confundir Estado de Direito com Estado Democrático de Direito. Não necessariamente o regime democrático está presente no Estado de Direito. Esta expressão significa apenas que tanto a máquina estatal quanto os cidadãos devem se pautar por um conjunto legal previamente fixado. De fato, não se pode negar que esta limitação acaba reduzindo a atuação do Estado; mas nem sempre ela assume um viés democrático.

---

[29] Jorge Miranda contrapõe de forma esplêndida as dicotomias entre o Estado de Direito e os Estados Absolutistas; assim, segundo o autor: "Em vez da tradição, o contrato social; em vez da soberania do príncipe, a soberania nacional e a lei como expressão da vontade geral; em vez do exercício do poder por um só ou seus delegados, o exercício por muitos, eleitos pela colectividade; em vez da razão do Estado, o Estado como executor de normas jurídicas; em vez de súbditos, cidadãos e atribuição a todos os homens, apenas por serem homens, de direitos consagrados nas leis. E instrumentos técnico-jurídicos principais tornam-se, doravante, a Constituição, o princípio da legalidade, as declarações de direitos, a separação de poderes, a representação política" (MIRANDA, Jorge. *Teoria do Estado e da Constituição*. Rio de Janeiro: Forense, 2002. p. 45).
"El Estado de Derecho surge como una necesidad de la burguesia en la búsqueda de una alternativa al Antiguo Régimen, sirviéndole de instrumento adecuado en el proceso de consolidacion de su poder político. Partiendo del principio general de que no toda subordinación del Estado a las leyes constituye um autêntico Estado de Derecho, las características comúnmente aceptadas entre nosotros como definitorias del mismo son: el império de la ley – concebida ésta como la expresión de la voluntad general –, la división de poderes, el reconocimiento de lso derechos y libertades y el sometimiento de la Administración a la legalidad" (ALVAREZ CONDE, Enrique. *Curso de derecho constitucional*: el estado constitucional, el sistema de fuentes, los derechos y libertades. 3. ed. Madrid: Tecnos, 1999. v. 1. p. 96).

[30] "O princípio da primazia da lei servia para a submissão ao direito do poder político 'sob um duplo ponto de vista': (1) os cidadãos têm a garantia de que a lei só pode ser editada pelo órgão legislativo, isto é, o órgão representativo da vontade geral (cfr. *Déclaration de 1789*, artigo 6º); (2) em virtude da sua dignidade – obra dos representantes da Nação – a lei constitui a fonte de direito hierarquicamente superior (a seguir às leis constitucionais) e, por isso, todas as medidas adoptadas pelo poder executivo a fim de lhe dar execução deviam estar em conformidade com ela (princípio da legalidade da administração)" (CANOTILHO, José Joaquim Gomes. *Direito constitucional e teoria da Constituição*. 2. ed. Coimbra: Almedina, 1998. p. 96).

[31] SILVA, José Afonso da. *Curso de direito constitucional positivo*. São Paulo: Malheiros, 2009. p. 113.

Esta concepção formalista de Estado de Direito pode albergar, inclusive, regimes totalitários que estabeleçam uma ordem jurídica condizente com as suas finalidades.[32] O que caracteriza o Estado de Direito é a simples submissão a parâmetros normativos preestabelecidos, sem se fazer referência à legitimidade ou não com que estes foram criados, se houve ou não participação dos cidadãos, ou mesmo se estes aquiesceram ou não.[33]

O Estado Democrático de Direito é aquele em que o ordenamento jurídico que se tem como parâmetro goza de legitimidade democrática. Não é tão somente o fato de que o Estado e seus cidadãos se submetem à lei que estará caracterizado o Estado Democrático de Direito. Este é formado, além da adequação à lei, pela sua adequação à vontade popular e aos fins propostos pelos cidadãos.[34]

O evoluir do Estado de Direito permite a concretização de um Estado Democrático de Direito; e, posteriormente, de um Estado Democrático Social de Direito; em uma simbiose do parâmetro legal, da preponderância dos direitos de natureza social e do regime democrático.

Dessa forma de organização política podem ser mencionadas as seguintes características que ao longo do curso serão melhor especificadas: os atos governamentais, que são geridos pelas leis, a organização do poder, que está dividida em três poderes, a atividade jurisdicional, que atua de forma independente, o reconhecimento dos direitos do homem, o pluripartidarismo, e, por fim, a existência de um modelo de controle de constitucionalidade das leis.

## 1.7 O Estado Moderno

É bastante temeroso precisar uma data para a determinação de um marco histórico, mas pode-se dizer que o Estado Moderno nasce quando o poder político é concentrado nas mãos do rei, dando ensejo ao absolutismo. Mesmo com todas as diferenças que marcam o surgimento dos vários estados modernos, afirma Jellinek que se pode determinar como característica semelhante a todos eles a instauração da unidade política entre todos os seus componentes.[35]

Para Giorgio Rebuffa, o Estado Moderno seria um sistema de representação com variados graus de determinação de expectativas de obediência.[36] Ele surge quando as três características do Estado – povo, território e soberania – são concretizadas, dando origem ao monismo estatal, em que a produção jurídica concentra-se nos órgãos estatais.

---

[32] Neste sentido: "Quanto ao Estado de Direito, é certo que, em sentido formal, é possível afirmar a sua vigência pela simples existência de algum tipo de ordem legal cujos preceitos materiais e procedimentais sejam observados tanto pelos órgãos de poder quanto pelos particulares" (BARROSO, Luís Roberto. *Curso de direito constitucional contemporâneo*. São Paulo: Saraiva, 2009. p. 40).

[33] De opinião contrária são Canotilho e Vital Moreira, quando aduzem que: "O Estado de Direito é democrático e só sendo-o é que é de direito; o Estado democrático é Estado de Direito e só sendo-o é Estado de Direito" (CANOTILHO, José Joaquim Gomes; MOREIRA, Vital. *Constituição da República portuguesa anotada*. Coimbra: Coimbra Editora, 1984. v. I. p. 73).

[34] BASTOS, Celso Ribeiro. *Curso de direito constitucional*. 18. ed. São Paulo: Saraiva, 1997. p. 157.

[35] JELLINEK, Georg. *Teoría general del Estado*. Tradução de Fernando de los Rios. México: Fundo de Cultura Económica, 2000. p. 312.

[36] REBUFFA, Giorgio. *Nel crepuscolo della democracia. Max Weber tra sociologia del diritto e sociologia dello stato*. Bologna: Il Mulino, 1991. p. 165.

Em um primeiro momento, a legitimidade do poder estava assentada na fundamentação teocrática, em que Deus respaldaria o poder do rei porque ele exerce as prerrogativas estatais por sua vontade. Devido a essa justificação, não haveria limites ao poder real, sem mais ter que se sujeitar à vontade dos barões feudais. Não haveria mais divisão do poder com a Igreja, com as corporações de ofício ou com as cidades. Posteriormente, esse Estado Moderno transforma-se em um Estado de Direito, em que a sociedade passa a ser regida por leis estabelecidas por uma Constituição.

Houve uma preocupação em se livrar das ideias de submissão do homem a interesses divinos interpretados pela Igreja. O rei passou a ser a autoridade máxima, inclusive para assuntos religiosos, no que foi muito ajudado pela Reforma Protestante e, consequentemente, com a diminuição do poder da Igreja católica. Retornou-se à noção romana de *imperium*, poder máximo do Estado, que não poderia sofrer mitigação de nenhuma forma. Os nobres perderam a capacidade de codivisão do poder político e tiveram que se subordinar ao poder real.[37]

Como houve a unidade do poder político, propiciaram-se as condições para que houvesse também uma unidade do poder normativo. O ordenamento jurídico foi unificado, passando o Estado a ser a fonte legal exclusiva, proibindo que leis oriundas da Igreja, dos feudos ou das corporações pudessem obrigar os cidadãos.

## 1.8 O Estado Liberal e o Estado Social

O Estado Liberal começa a se delinear quando a burguesia toma o poder, destruindo o absolutismo e destronando a nobreza da cena política. O modelo econômico feudal cede espaço ao modelo capitalista, em que a burguesia passa a ser seu protagonista mais importante. O individual prepondera em relação ao coletivo.[38]

A concepção do Estado Liberal é de que a intervenção estatal na sociedade deve ser a menor possível para que o mercado possa regular melhor as forças produtivas, sem gerar desperdícios e estimulando os cidadãos mais capazes a se destacarem. Deve ser assegurada plena liberdade aos cidadãos para que eles possam escolher seu destino; o individualismo configura-se no melhor incentivo ao progresso, pois, de outro modo, não haveria interesse em se dedicar ao trabalho árduo.[39]

A igualdade pleiteada pelos liberais é a legal, de conteúdo formal. As diferenças sociais ocorreriam porque, na sociedade, existem pessoas que são mais laboriosas que outras, já que o livre mercado propicia a todos igual oportunidade de ascensão social.

Os direitos fundamentais defendidos por essa concepção política são prerrogativas de primeira dimensão, direitos civis e políticos, de feição negativa, que não necessitam de intervenção direta dos entes estatais para sua concretização. Para reduzir as desigualdades sociais, advogam que o Estado deixe de intervir e que as leis do mercado, a "mão invisível", possam levar eficiência e desenvolvimento a todos.

---

[37] PAUPERIO, Artur Machado. *Teoria geral do direito do Estado*. Rio de Janeiro: Forense, 1979. p. 92.
[38] DALLARI, Dalmo de Abreu. *Elementos de teoria geral do Estado*. 19. ed. São Paulo: Saraiva, 1995. p. 233.
[39] BOBBIO, Norberto; MATTEUCCI, Nicola; PASQUINO, Gianfranco. *Dicionário de política*. 11. ed. Brasília: Universidade de Brasília, 1998. v. 2. p. 691.

O Estado Social surge da falência do liberalismo em proporcionar condições de vida digna à maior parte da população.[40] Como a liberdade propugnada pelos burgueses significava a opressão daqueles cidadãos que não dispunham de meios de produção, e como a ausência de limites às forças produtivas redundava nas crises cíclicas do sistema capitalista, houve necessidade de uma maior intervenção do Estado para proporcionar um padrão mínimo de vida e harmonizar as desigualdades sociais.

Para Hermann Heller, era preciso evitar a degeneração a que se conduziu o positivismo jurídico pelos interesses das categorias dominantes, com a introjeção de um conteúdo econômico e social no Estado de Direito, como uma via política para salvar os valores da civilização.[41] Asseveram José Luis Bolzan de Morais e Guilherme Valle Brum que o arranjo político-jurídico que se convencionou chamar "Estado de Bem-Estar Social", surgido no transcurso da primeira metade do século XX, impulsionado após a Segunda Guerra Mundial, é o resultado do reconhecimento da positivação dos direitos relativos às relações de produção e seus reflexos.[42]

O Estado de Bem-Estar Social veio com o cerne de tentar substituir as regras impostas pelo mercado – as quais imperavam na sociedade –, compensando suas fraquezas e riscos, de modo a fortalecer os movimentos sociais, assegurando direitos sociais e estendendo seus benefícios a todas as áreas de distribuição vital para o bem-estar da sociedade.[43] Para o Professor Paulo Bonavides, o Estado Social é na substância a democracia participativa que sobe ao poder para materializar um programa de justiça, liberdade e segurança.[44] Sustenta Jorge Miranda que o resultado almejado por este modelo estatal é o de promover uma igualdade para todos, soerguida através da correção das desigualdades e não através de uma igualdade sem liberdade.[45]

O modelo do *Welfare State*, também conhecido como Estado Assistencial ou Estado-Providência,[46] designa uma instituição política em que há uma regulamentação das forças produtivas com o objetivo de que o sistema econômico possa operar de forma mais eficiente e garantir direitos mínimos para os trabalhadores. Diversamente do modelo político liberal, o Estado Social ostenta o escopo de compensar as diferenças provenientes do processo de produção industrial e pós-industrial, com a promoção de políticas públicas para satisfazer as classes menos favorecidas.[47] O Estado passa, então, a ocupar uma função importante na perspectiva econômica e social, não mais preocupado exclusivamente com a liberdade, mas também com a projeção e realização das necessidades da população.[48]

---

[40] BONAVIDES, Paulo. *Do Estado Liberal ao Estado Social*. 6. ed. São Paulo: Malheiros, 1996.

[41] HELLER, Hermann. *Teoria do Estado*. São Paulo: Mestre Jou, 1968. p. 283.

[42] MORAIS, José Luis Bolzan de; BRUM, Guilherme Valle. Estado social, legitimidade democrática e o controle de políticas públicas pelo Supremo Tribunal Federal. *A&C – Revista de Direito Administrativo e Constitucional*, Belo Horizonte, ano 16, n. 63, p. 107-136, jan./mar. 2016. p. 109.

[43] NOVELO, U. F. Estado keinesiano e estado neoliberal. In: LAURELL, A. C. (Org.). *Estado e políticas sociais no neoliberalismo*. São Paulo: Cortez, 1995. p. 153

[44] BONAVIDES, Paulo. *Do estado liberal ao estado social*. 10. ed. São Paulo: Malheiros, 2011. p. 11.

[45] MIRANDA, Jorge. *Os novos paradigmas do estado social*. Disponível em: https://www.icjp.pt/sites/default/files/media/1116-2433.pdf. Acesso em: 24 nov. 2019.

[46] BANDEIRA DE MELLO, Celso Antônio. *Curso de direito administrativo*. 26. ed. São Paulo: Malheiros, 2008. p. 50.

[47] GARCÍA-PELAYO, Manuel. *Las transformaciones del estado contemporâneo*. Madrid: Alianza, 1996. p. 18.

[48] ENGELMANN, Wilson. A crise constitucional: a linguagem e os direitos humanos como condição de possibilidade para preservar o papel da Constituição no mundo globalizado. In: MORAIS, José Luis Bolzan (Org.). *O estado e suas crises*. Porto Alegre: Livraria do Advogado, 2005. p. 231.

Na esfera jurídica, os direitos tinham, no início, prismas apenas individuais; com o Estado Social, os direitos passaram a ter também prismas coletivos.⁴⁹ As Constituições começaram a agasalhar direitos sociais, tendo sido as primeiras a do México e a de Weimar, na Alemanha. Sustenta Avelã Nunes que a Constituição de Weimar foi o primeiro texto constitucional que se opôs abertamente à tese liberal da autonomia das forças econômicas, assumindo que a intervenção estatal na economia deve primar não apenas pela sua racionalização, mas principalmente pela transformação do sistema econômico como um todo.⁵⁰ Ela exerceu decisiva influência sobre a evolução das instituições, porquanto tratou de conjugar de forma harmônica os direitos civis e políticos com os direitos econômicos e sociais.⁵¹

As constituições elaboradas nas duas primeiras décadas do século XX objetivavam estabelecer, sob os eflúvios de um novo constitucionalismo social, uma democracia social, com a incidência de dispositivos sobre a ordem econômica e social, família, educação e cultura.⁵² Explica Gilmar Antônio Bedin que esses direitos provenientes do constitucionalismo social tornam, por sua vez, os indivíduos em credores do Estado, que tem a obrigação de realizar ações para garantir um mínimo de igualdade, bem-estar e acesso aos bens materiais produzidos pela sociedade.⁵³

O individualismo perdeu sua proeminência absoluta. Os valores coletivos passaram a ter guarida constitucional, no que denota sua importância social. O Estado Social aboliu a pobreza extrema vigente na sociedade, ao menos, nos países desenvolvidos. O ser humano aprendeu a ver outros valores – além do econômico –, crescer com dignidade e pensar em interesses coletivos, e não apenas nos seus interesses particulares. Se a finalidade dos direitos individuais é dotar o cidadão de condições para que ele não tenha sua liberdade cerceada pelo Estado, os direitos de ordem social tencionam incrementar a sua qualidade de vida, munindo-o das condições necessárias para que ele possa livremente desenvolver suas potencialidades.⁵⁴

Como se vê, o desenrolar das relações sociais promoveu uma mutação no modelo de Estado, que passou a ser entendido como um dos meios pelos quais o homem realiza o seu aperfeiçoamento físico, moral e intelectual.⁵⁵ Vale dizer, a finalidade do Estado desloca-se para promover o bem comum, consistente no conjunto de todas as condições de vida que favoreçam o desenvolvimento integral da personalidade humana.⁵⁶ Para Gilberto Bercovici, a concretização do Estado Social está ligada à ideia de transformação global da sociedade, que constitui uma das características do Estado a partir do século XX, consubstanciada na crença de que o direito pode ser utilizado para promover mudanças

---

⁴⁹ Ensina o Professor José Afonso da Silva que o adjetivo "social" se refere à correção do individualismo clássico liberal pela afirmação dos chamados direitos sociais e realização de objetivos de justiça social (SILVA, José Afonso da. *Curso de direito constitucional positivo*. 16. ed. São Paulo: Malheiros, 1999. p. 119).
⁵⁰ AVELÃS NUNES, Antonio José. Aventuras e desventuras do estado social. *Revista da Fundação Brasileira de Direito Econômico*, v. 3, 2011. p. 148.
⁵¹ COMPARATO, Fábio Konder. *A afirmação histórica dos direitos humanos*. São Paulo: Saraiva, 1999. p. 95.
⁵² BERCOVICI, Gilberto. *Constituição e estado de exceção permanente*: Atualidade de Weimar. Rio de Janeiro: Azougue, 2004. p. 40.
⁵³ BEDIN, Gilmar Antonio. Direitos humanos e acesso à justiça: aspectos nacionais e internacionais. *In*: MENEZES, Wagner. *O direito internacional e o direito brasileiro*. Ijuí: Unijuí, 2004. p. 191.
⁵⁴ MIRANDA, Jorge. *Manual de direito constitucional*. 3. ed. Coimbra: Coimbra Editora, 2000. t. IV. p. 386.
⁵⁵ AZAMBUJA, Darcy. *Introdução à ciência política*. 12. ed. São Paulo: Globo, 1999. p. 114.
⁵⁶ ACIOLLI, Wilson. *Teoria geral do estado*. Rio de Janeiro: Forense, 1985. p. 215.

estruturais na sociedade.[57] Lenio Luiz Streck e José Luis Bolzan de Morais acrescentam que a novidade no Estado Democrático de Direito não está em uma revolução das estruturas sociais, mas na incorporação de garantias através do asseguramento jurídico de condições mínimas de vida ao cidadão e à comunidade, no que a atuação do Estado passa a ter um conteúdo de transformação do *status quo* social.[58]

A Constituição Federal de 1988 já evidencia no Preâmbulo o forte compromisso com o Estado Social, no que guarda estreita sintonia com os objetivos fundamentais da República Federativa do Brasil, insculpidos no seu artigo 3º, que estabelece a construção de uma sociedade livre, justa e solidária, assim como a erradicação da pobreza e da marginalização, além da redução das desigualdades sociais. De igual modo, consta no artigo 170 da *Lex Mater* que a redução das desigualdades regionais e sociais e a busca do pleno emprego configuram princípios da ordem econômica, fundada na valorização do trabalho humano e na livre iniciativa, que tem por fim assegurar a todos existência digna, conforme os ditames da justiça social.

A ideia do princípio da justiça social, baluarte do Estado Social, implica o imperativo de melhoria de condições de repartição dos bens e diminuição das desigualdades sociais, com a ascensão das classes menos favorecidas.[59]

A grande dificuldade reside, no ponto, em alcançar os objetivos traçados pelo Poder Constituinte, em razão da tessitura programática dessas normas, vez que não geram, imediatamente, eficácia positiva.[60] Porém, acarretam, mesmo sem regulamentação, efeitos mediatos negativos, no sentido de que normas infraconstitucionais não podem afrontar o seu enunciado. Saliente-se que todas as normas constitucionais têm eficácia. Se não fosse assim, a Constituição seria reduzida a uma folha de papel, conforme postulava Lassale.[61] O que varia é o teor da sua intensidade ou o tipo de sua concretização. Os que defendem a carência de eficácia das normas programáticas, em verdade, tencionam um retorno ao Estado Liberal, em que a intervenção do Estado em vários setores sociais é reduzida, imperando a força do mercado com suas consequências nefastas já conhecidas.

A Constituição de 1988 seguiu o direcionamento dos textos sociais iniciados na Carta de 1934. Além de consolidar os direitos até então existentes, ela aumentou o seu rol, acrescentando direitos que transcendem em muito os direitos de primeira dimensão. Ela foi a Constituição mais democrática que o Brasil já teve. Dos seus trabalhos participaram todos os setores organizados da sociedade. Durante um ano e dez meses, tempo de duração para a sua elaboração, pugnaram incessantemente por seus interesses todas as

---

[57] BERCOVICI, Gilberto. *Desigualdades regionais, estado e constituição*. São Paulo: Max Limonad, 2003. p. 53.
[58] MORAIS, José Luis Bolzan de; STRECK, Lenio Luiz. Comentários ao art. 1º. In: CANOTILHO, J. J Gomes; MENDES, Gilmar Ferreira; SARLET, Ingo Wolfgang; STRECK, Lenio Luiz (Org.). *Comentários à Constituição do Brasil*. São Paulo: Saraiva/Almedina, 2013. p. 115.
[59] CORRÊA, Oscar Dias. *A Constituição de 1988*: contribuição crítica. Rio de Janeiro: Forense, 1991. p. 206.
[60] "Embora constituintes, legisladores e governantes em geral não possam, através do discurso constitucionalista encobrir a realidade social totalmente contrária ao *welfare state* previsto no texto da Constituição, invocam na retórica política os respectivos princípios e sua consecução. A Constituição simbólica está, portanto, estreitamente associada à presença excessiva de disposições pseudoprogramáticas no texto constitucional. Dela não resulta normatividade programático-finalística, antes constitui um álibi para os agentes políticos. Os dispositivos pseudoprogramáticos só constituem 'letra morta' num sentido exclusivamente normativo-jurídico, sendo relevantes na dimensão político-ideológica do discurso constitucionalista-social" (NEVES, Marcelo. *A constitucionalização simbólica*. São Paulo: Acadêmica, 1994. p. 104).
[61] LASSALE, Ferdinand. *Qué es uma constitución*. Buenos Aires: Siglo veinte uno, 1969. p. 21.

classes sociais. Nunca antes os anseios da classe trabalhadora foram preponderantemente atendidos em um texto do ordenamento jurídico. Isto se deveu à intensa mobilização popular que pressionou os legisladores constituintes a tomarem decisões no sentido de amparar os mais desguarnecidos socialmente.

Infelizmente, os Textos Magnos já não servem mais como leis fundamentais estruturantes de uma realidade social. Em sua maioria são o que Karl Loewenstein denomina Constituição semântica, ou seja, aquelas que têm a finalidade de servir como instrumento para a perpetuação das classes dominantes no poder,[62] exercendo o papel que o Professor Pinto Ferreira denomina ilusão constitucional.[63] O fato não é insólito, no que se configura como o *modus operandi* originário da classe política dominante. Engendram-se diuturnamente protótipos profanadores da Carta Magna, taxando suas normas de compromissos dilatórios e de normas programáticas carentes de materialização, na tentativa de bloquear e desacreditar sua efetividade.

É de bom alvitre sublinhar que a Constituição não é uma *ancilla* das forças sociais, mas sim um componente que, em um processo de interação, modifica a realidade de acordo com seus dispositivos.[64] A Constituição é um *sollen* (dever ser) e não apenas um *sein* (ser). Ao mesmo tempo em que ela reflete a realidade social, influencia os fatos no direcionamento das suas postulações.[65] Para Hesse, a Constituição transforma-se em força ativa somente se se fizerem presentes na consciência geral, não só a vontade de poder, mas também a vontade da Constituição.[66] Em *terrae brasilis*, essa denominada vontade de poder, corporificada através dos agentes políticos e dos grandes *players* produtivos, triunfa sobre a vontade da Constituição, de modo a arrefecer sua eficácia concretiva.

É inegável que o Estado Social assumiu uma importância indelével na história, no que propiciou um bem-estar à humanidade jamais vivenciado, contribuindo para que o trabalho fosse considerado um instrumento às finalidades do trabalhador, não o próprio fim. A universalidade dos direitos sociais acabou por conferir primazia à materialização de uma igualdade com qualidade, razão pela qual os custos se tornaram elevados, o que acarretou o aumento da carga tributária e de contribuições sociais.[67]

É preciso deixar bem claro que foram poucos os Estados que tiveram as condições de implantar o *Welfare State*. Apenas as nações mais ricas conseguiram a implantação de forma a englobar a maioria da população. Os demais, que não lograram êxito em alcançar o zênite do Estado de Bem-Estar Social, são países periféricos, com o emprego de baixo agregativo tecnológico na cadeia produtiva, notabilizando-se pela exportação de *commodities* que não apresentam alto valor agregado e sem políticas públicas que contemplem a maior parte de sua população. Os problemas do Estado Social igualmente

---

[62] LOEWENSTEIN, Karl. *Teoria de la Constitucion*. Tradução de Alfredo Ballego Anabitarte. Barcelona: Ariel, [s.d.]. p. 217.

[63] FERREIRA, Pinto. *Democracia, globalização e nacionalismo*. Recife: Edição da Sociedade Pernambucana de Cultura e Ensino Ltda., 1999. p. 3.

[64] HESSE, Konrad. *Elementos de direito constitucional da república federativa da Alemanha*. Tradução de Luís Afonso Heck. 20. ed. Porto Alegre: Sergio Antonio Fabris Editor, 1998. p. 37.

[65] AGRA, Walber de Moura. *Fraudes à Constituição*: um atentado ao poder reformador. Porto Alegre: Sergio Antonio Fabris Editor, 2000. p. 57.

[66] HESSE, Konrad. *A força normativa da constituição*. Tradução de Gilmar Ferreira Mendes. Porto Alegre: Sergio Antonio Fabris Editor, 1991. p. 5.

[67] ESPING-ANDERSEN, Gosta. As três economias políticas do Welfare State. *Revista Lua Nova*, São Paulo, n. 4, set. 1991. p. 95.

não são desprezíveis. A maior questão é que se exige uma canalização maior de recursos para sustentar os gastos financeiros do Estado, o que demanda um maior corte dos gastos sociais. Ao longo das últimas décadas, assiste-se a um contínuo desmantelamento das prerrogativas do Estado Social, constatando-se um empobrecimento cada vez maior de parcelas significativas da população.

Em suma, o Estado Social é uma forma de organização política em que há uma regulamentação das forças produtivas com o objetivo de que o sistema econômico possa operar de forma mais eficiente e garantir direitos mínimos aos trabalhadores. Ele não se contenta apenas com uma igualdade legal, mas sim com uma igualdade material, em que os meios econômicos possam propiciar também um crescimento do homem como ser integral, retirando-o do isolamento individual, fazendo com que possa interagir com seus semelhantes e com a sociedade.

Todavia, no último decênio do século XX, o Estado Social entra em crise. Não se pode vislumbrar uma única causa para os seus problemas, mas uma soma de diversos fatores, como: a) as benesses propiciadas à população, que aumentaram os encargos do Estado; b) o crescente incremento tecnológico, que diminuiu as vagas de trabalho existentes; c) o elevado nível de recursos empregados na ciranda financeira; d) a globalização e a perda de autonomia dos Estados nacionais; e) a crise do regime democrático; f) a falência do socialismo real etc.

Como o Estado é uma realidade existencial conatural ao homem, como nos ensina Xifra Heras, impossível se configurar uma solução em que o homem não seja colocado como centro das atenções, com o objetivo de aumentar o desenvolvimento de suas potencialidades.[68]

## 1.9 A crise do Estado Social de Direito

Primeiramente, para que se compreenda como se deu o processo de crise do modelo de Estado Social, é necessário que se entenda o contexto em que ele fora criado.

O Estado Liberal surgiu no século XVIII, com o objetivo, basicamente, de combater o modelo de Estado Absolutista, no qual a atuação estatal não se balizava por parâmetros prefixados. Sob os auspícios do individualismo liberal-burguês, necessários à estruturação da incipiente classe burguesa, o Estado Liberal assumiu caráter abstencionista, concebido como um "Estado Mínimo", através do qual a máquina estatal deveria atuar o menos possível na vida dos cidadãos, garantindo apenas direitos civis e políticos e as clássicas liberdades públicas. Os apanágios deste modelo de Estado eram o individualismo, o abstencionismo, os direitos de primeira dimensão e a neutralidade, valores caros à liberdade burguesa.[69]

De um modo geral, no começo do século XX, em decorrência das contradições inerentes ao sistema capitalista, aumentando a riqueza de uns poucos em detrimento da miséria de muitos, houve uma forte mobilização popular pleiteando melhores condições de vida. A classe trabalhadora começou a reivindicar seus direitos e formar partidos políticos que propugnavam uma ruptura com o modelo de sociedade existente. Surgiu

---

[68] HERAS, Jorge Xifra. *Curso de derecho constitucional*. Barcelona: Bosch, 1957. t. I. p. 3.
[69] SILVA, José Afonso da. *Curso de direito constitucional positivo*. São Paulo: Malheiros, 2009. p. 115.

a necessidade de uma nova estruturação do Estado, o qual deveria fornecer verdadeiras prestações materiais aos cidadãos, na busca de garantia dos direitos sociais.

Com medo das revoluções socialistas, a exemplo da Revolução Russa de 1917, a burguesia foi obrigada a implementar reformas para atender às crescentes demandas da população. Assim, começou a ser forjado o Estado Social, que possui como sua principal característica a proteção aos direitos de segunda dimensão: direito à educação, à saúde, ao trabalho, ao lazer, à moradia etc.; prerrogativas estas que não seriam mais opostas ao Estado, mas conseguidas através dele.[70]

Passando-se à análise de sua crise, pode-se afirmar que ela foi decorrente de razões internas e externas. As razões internas são aquelas inerentes a este próprio modelo de comunidade politicamente organizada. As razões externas defluem de influxos de seu contexto histórico-econômico-social.

Como razões externas, podem-se apontar: os novos moldes da economia mundial, marcada pela concorrência desleal de países, que não assegura quase nenhuma das prerrogativas básicas; o declínio dos países de estrutura socialista; a complexidade do tecido social; o fortalecimento do neocapitalismo, vinculado essencialmente ao fluxo de capital financeiro.[71] Estas razões externas podem ser resumidas na influência do inevitável processo de globalização.

A globalização, como um processo de interligação mundial dos diversos grupos sociais, em seus múltiplos aspectos (culturais, econômicos, políticos, sociais), atinge todos os países e, principalmente, os periféricos, que passam a sofrer ingerência de organismos internacionais e de países centrais. Esta situação de ingerência acaba prejudicando-os, em razão do desligamento da realidade local.

Ainda como corolário deste processo globalizante, os padrões éticos que mantinham estas sociedades em harmonia foram pulverizados, sendo erigidos princípios outros que não refletem a realidade da maioria da população,[72] o que potencializou o caos social e contribuiu para o arrefecimento do tecido social.

Outra razão externa que assume pujança no enfraquecimento do Estado Social de Direito foi a imposição do neocapitalismo, em que o capital especulativo assumiu a primazia em detrimento do capital produtivo. Sem se aprofundar no tema, constata-se que o neocapitalismo não é a pura reedição do modelo capitalista clássico; configura-se em uma reestruturação do modelo vigente, aprofundando os mecanismos de exploração, aniquilando os direitos sociais conquistados, desregulamentando os serviços públicos e aumentado os níveis de miséria existentes.[73] A *lex mercatoria* é alçada como corolário supremo do sistema.

---

[70] "No século XX, sobretudo a partir da Primeira Guerra, o Estado ocidental torna-se progressivamente intervencionista, sendo rebatizado de Estado Social. Dele já não se espera apenas que se abstenha de interferir na esfera individual e privada das pessoas. Ao contrário, o Estado, ao menos idealmente, torna-se instrumento da sociedade para combater a injustiça social, conter o poder abusivo de capital e prestar serviços públicos para a população" (BARROSO, Luís Roberto. *Curso de direito constitucional contemporâneo*. São Paulo: Saraiva, 2009. p. 65).

[71] LAURIA, Thiago. A crise do Estado de Bem-estar Social. *JurisWay*, 25 ago. 2006. Disponível em: <https://www.jurisway.org.br/v2/dhall.asp?id_dh=39>. Acesso em: 15 jan. 2010.

[72] ADEODATO, João Maurício Leitão. *Ética e retórica*. São Paulo: Saraiva, 2009. p. 183-215.

[73] Reis Friede, observando a influência do processo de globalização e a atuação dos grupos transnacionais, anota que, no neocapitalismo, "o mercado continuará regendo a economia (a partir de agora em uma escala global), porém, cada vez mais de forma pactuada ou negociada, dentro de uma espécie de contrato social, depurado e operado por grandes atores, organizados em blocos, recolhendo-se o governo a uma posição meramente arbitral e em que a parceria assume o lugar do conflito" (FRIEDE, Reis. *Curso de ciência política e teoria geral do Estado*. Rio de Janeiro: Forense Universitária, 2006. p. 363).

Por fim, como outro fator externo, cabe ressaltar ainda a crise no regime democrático, principalmente devido à legitimação dos governos pelo procedimento, próprio de uma democracia formal, em vez da legitimação material-participativa, característica de uma democracia substancial, em que o cidadão atua efetivamente nas decisões políticas que são tomadas pelo governo. Com a legitimação pelo procedimento, o exercício da cidadania se exaure no momento do sufrágio. Contrariamente, com a legitimação material-participativa, a cidadania é exercida através de uma prática constante, saindo do campo restrito do direito de votar e ser votado para o campo de participação contínua na atuação estatal, através de uma cultura democrática.

Partindo-se agora para as razões internas, existentes em países periféricos, ao se analisar o conjunto normativo próprio do Estado Social de Direito, pode-se constatar que a promessa de garantia dos direitos sociais foi realizada através de normas programáticas, normas que assumiram, em um primeiro momento, uma conotação política, de conteúdo não obrigatório, estabelecendo apenas metas a serem alcançadas pelo Estado. E não poderia ser feito de outro modo, haja vista que as prerrogativas sociais demandam um lapso considerável de tempo e vultosas somas financeiras para sua realização.

Esse se configura como o ponto nevrálgico do modelo de Estado Social. Como os direitos à educação, à saúde, ao trabalho etc. são agasalhados através de normas que demandam políticas públicas para sua efetivação, requisito imperioso para efetivar sua passagem do mundo normativo para o real, passou-se a considerá-los apenas como enfeites retóricos dos governantes. Essa baixa densidade normativa contribui para a falta de efetividade dos dispositivos constitucionais, sobretudo pela não concretização dos direitos sociais consagrados nos textos constitucionais. A maior insuficiência do Estado Social de Direito foi não ter conseguido realizar a desejada e sempre prometida democratização econômica e social nos países periféricos.[74]

É certo que, posteriormente, no contexto pós-positivista,[75] as normas programáticas ganharam densidade normativa, deixando de ser consideradas apenas conselhos para se tornarem normas com maior densidade de realização; mas é certo também que o fato de os direitos sociais serem normas que exigem reestruturação dos ativos sociais e atividades administrativas complexas dificulta sua efetivação.

Outra razão de ordem interna que contribui para o colapso do Estado Social é seu alto custo, fazendo com que a carga tributária tenha de ser constantemente aumentada para fazer face ao crescimento das receitas. Em virtude desse imenso fardo tributário os países que adotam esse regime político não têm condições para enfrentar em igualdade outros países que mantêm suas onerações baixas, mesmo que seja à custa da não realização dos direitos básicos da população.

A pretensão moderna de completude e de antevisão do ordenamento jurídico, incidindo sobre as cambiantes relações fáticas da sociedade pós-moderna, trouxe como consequência a inflação legislativa, outra razão interna que assola o modelo social estatal. Esta inflação legislativa acarreta o fenômeno de descumprimento das normas de direitos sociais, seja no sentido omissivo, por não propiciarem sua concretização,

---

[74] MENDES, Gilmar Ferreira; COELHO, Inocêncio Mártires; BRANCO, Paulo Gustavo Gonet. *Curso de direito constitucional*. São Paulo: Saraiva, 2009. p. 69.
[75] BONAVIDES, Paulo. *Curso de direito constitucional*. 12. ed. São Paulo: Malheiros, 2002.

através de regulamentação, seja no seu sentido comissivo, através de normatizações que constantemente agridem seus dispositivos.⁷⁶

Assim, sob todas as razões expostas, de ordem interna e externa, restaram configurados os problemas do Estado Social de Direito, bem como sua crise. Todavia, a implantação do modelo neoliberal apenas agravou ainda mais os problemas existentes, aprofundando a exclusão social. Uma possibilidade para a superação da crise do Estado Social de Direito é a densificação dos direitos humanos, retirando a primazia do capital especulativo, bem como a outorga de maiores prerrogativas à jurisdição constitucional para o cumprimento desta finalidade.⁷⁷

## 1.10 Globalização

A utilização do termo *globalização* não é recente; por exemplo, já no início do século XX, Lenin denominava o fato da globalização de imperialismo, tratado no seu livro *Imperialismo, estágio supremo do capitalismo*. O étimo significa totalidade, uniformidade, o que Mcluhan denominava aldeia global.

Configura-se difícil uma definição concisa de seu conceito, mas pode-se dizer que é a uniformização de regulamentação, em diversas áreas, em vários países, como exemplo, no comércio, na imigração, na legislação trabalhista etc. Com a diminuição da distância entre os países, possibilita-se sua maior interação através de uma mais intensa circulação de mercadorias, pessoas, informações, bens culturais etc. Assim, abre-se a necessidade de que essas conexões sejam melhores regulamentadas com a finalidade de incrementar o intercâmbio.

Em decorrência do fenômeno da globalização, assiste-se à homogeneização de disciplinamento de vários aspectos da vida social, que são aplicados não obstante as diferenças sociais, culturais e econômicas, o que pode trazer sérios prejuízos se não forem respeitadas as peculiaridades locais. Uma uniformização imposta pode representar o aniquilamento de muitas identidades nacionais.

O processo globalizante é diferente nos países centrais e nos periféricos. Nos países centrais, ele é realizado de forma ponderada e mitigada, a liberalização econômica realiza-se nos setores econômicos que são mais produtivos; quando os seus produtos levam desvantagem, há a imposição de numerosas barreiras alfandegárias. Para os países periféricos, a abertura econômica ocorre em todos os setores da economia, levando à desindustrialização e ao desemprego endêmico.

A globalização, forçosamente, imprime uma necessidade de reestruturação do Estado, haja vista que decisões relevantes são tomadas a despeito de sua vontade. Atores transnacionais como multinacionais e órgãos supraestatais passam a adquirir maior importância do que os Estados-nações. Com a amplitude desse processo, o conceito de soberania passa por uma reanálise, com um enfraquecimento das esferas de decisão nacionais e o consequente fortalecimento de alguns organismos internacionais, como o FMI e o BIRD, que passam a decidir sem escutar os interesses das populações locais.

---

[76] SABADELL, Ana Lúcia. *Manual de sociologia jurídica*. São Paulo: RT, 2002. p. 77-78.
[77] AGRA, Walber de Moura. Pós-modernidade, crise do Estado Social de Direito, e crise na legitimação da jurisdição constitucional. *Revista Eletrônica do IBEC*, São Paulo. Disponível em: <http://www.ibec.inf.br/walber4.pdf>. Acesso em: 15 jan. 2010.

Concomitantemente com essa reestruturação, o papel dos textos constitucionais também apresenta similar modificação, o que levou Canotilho a afirmar que "há um mal-estar na Constituição". Esses dois contextos acarretam um enfraquecimento do Estado, que pode ser notado de modo mais nítido nos países periféricos.

Com a retirada do Estado das atividades estruturais e econômicas, a lei do mercado, ditada pelas empresas transnacionais, passa a ser o alicerce do ordenamento, sem assegurar aos mais desfavorecidos da sociedade direitos mínimos para que eles também possam participar dessa organização política supranacional.

Posiciona-se Francisco Lucas a respeito da globalização:

Por outro lado, as novas organizações internacionais recebem transferências de poder cada vez mais significativas da soberania dos Estados. Não se trata, porém, de uma mera evolução quantitativa. Digamos que a transformação destas organizações internacionais pode mesmo ser caracterizada duplamente, através da conquista de uma natureza marcadamente supranacional e de um certo grau de constitucionalização dos respectivos estatutos.[78]

## 1.11 Pós-modernidade e a crise do direito legislado

A concepção moderna do direito, de cunho predominantemente formal, juspositivista, não preenche mais as expectativas da sociedade, impondo-se pelas novas necessidades da pós-modernidade uma concepção funcional do direito, em que as interpretações jurídicas devem ser feitas com o escopo de assegurar eficácia concretiva aos comandos normativos.[79] A concepção funcional do direito marca a superação da teoria kelseniana baseada no binômio norma/sanção, sendo substituída pelo binômio norma/suporte administrativo, em que assume relevância a eficácia normativa.

A pós-modernidade tem como característica a dúvida.[80] Heisenberg fala que as partículas elementares não formam um mundo de coisas e fenômenos, mas um mundo de tendências ou possibilidades.[81] Ela começa com a dúvida sobre a possibilidade

---

[78] PIRES, Francisco Lucas. *Introdução ao direito constitucional europeu*. Coimbra: Almedina, 1997. p. 12.

[79] O Prof. Nelson Saldanha discorda do conceito de pós-modernidade: "O termo 'moderno' vai mencionado no título com o sentido que lhe deu a historiografia dos séculos XVIII e XIX, ou seja: aludindo ao mundo ocidental que se segue ao Renascimento, ao aparecimento do capitalismo e ao da Reforma. De dentro do moderno desdobra-se o 'contemporâneo', ou surge como etapa posterior. Com esses conceitos, dispenso pessoalmente o rótulo de 'pós-moderno', que muitos vêm utilizando para designar as coisas correspondentes à crise da modernidade. Para mim são, ainda, modernidade. Prefiro empregar o tema o termo secularização, que se refere à passagem do padrão sociocultural teológico para o leigo (e logo depois racional): a passagem que se deu no mundo clássico mais ou menos nos séculos V e IV a.C. e que ocorreu no Ocidente no trecho que abrange os séculos XVII e XVIII" (SALDANHA, Nelson. O racionalismo moderno e a teoria do poder constituinte. *Revista da Esmape*, Recife, v. 8, n. 18, jul./dez. 2003).

[80] Acerca dos efeitos da pós-modernidade expõe David Lyon: "a possibilidade mesma de adquirir conhecimento ou de fazer uma descrição do mundo é posta em dúvida. Enquanto antes se podia ver como a estrutura do conhecimento refletia a estrutura da sociedade que o produzia – pense nos estudos de Weber sobre a racionalidade burocrática na Alemanha em sua fase de modernização – o pós-moderno nega tal estrutura tanto no conhecimento como na sociedade. Adeus ao conhecimento elaborado no passado; em vez disso, boas-vindas aos discursos flexíveis" (LYON, David. *Pós-modernidade*. São Paulo: Paulus, 1998. p. 23).

[81] Michael Hardt e Antonio Negri, autores do famoso livro *Impere*, defendem a tese de que o mundo contemporâneo é um mundo pós-moderno, nascido com o exaurimento do Estado Moderno e com a perda definitiva de qualquer tipo de ontologia. Eles afirmam que uma das consequências da pós-modernidade é de forma peremptória a privatização do espaço público. A paisagem característica da modernidade com o seu apego pelas praças e pelos locais públicos é suplantada pelas áreas privadas, às quais poucos têm acesso. A arquitetura e a estrutura de

da exatidão da ciência. Não significa a substituição da razão, mas a antevisão da probabilidade em lugar da certeza.[82]

Ela representa a destruição dos postulados que delineavam a ordem social, com a instalação do "caos" ontológico, isto é, a ausência de postulados valorativos para toda a sociedade, aumentando a incredulidade com relação às metanarrativas.[83] A ordem que imperava na modernidade é substituída pela ausência de ordem da pós-modernidade.[84] Para Garcia Pelayo, o conceito de ordem é definido como um conjunto constituído por uma pluralidade de componentes, que cumprem determinadas funções e ocupam certas posições com base em um sistema de relações relativamente estabelecidas ou pautadas.[85] A pós-modernidade pode ser definida como uma situação fática em que a ordem social vigorante na modernidade não mais existe.[86]

Uma das consequências negativas da sociedade pós-moderna é que em virtude da dessubstancialização, da quebra dos paradigmas ontológicos e da fragmentação do seu tecido social provocada pela diversificação econômica, há uma forte tendência para o afloramento dos conflitos sociais nessas sociedades.[87] O incremento na potencialidade dos conflitos sociais ocorre porque não há parâmetros substantivos que possam, ao

---

grandes metrópoles são planejadas para impedir a movimentação e a interação entre grupos sociais diferentes (HARDT, Michael; NEGRI, Antonio. *Impere*. Tradução de Alessandro Pandolfi. Milano: Biblioteca Universale Rizzoli, 2003. p. 178-179).

[82] A pós-modernidade é a consequência direta do desenvolvimento da infraestrutura econômica dos países capitalistas desenvolvidos, fruto da revolução tecnoinformática. Esse ritmo geométrico de modificações na sociedade, em consonância com as modificações tecnológicas, agrava ainda mais a possibilidade de encontrar princípios que possam ser compartilhados por toda a sociedade, que por sua vez está bastante fragmentada pela diversificação de lugares na cadeia produtiva.

[83] A pós-modernidade aponta para um processo de desubstancialização porque a valoração científica passa a ser feita com referência ao cidadão, acumulando ao mesmo tempo as funções de sujeito e de objeto, autor da produção científica e da apropriação do conhecimento. Tomar o homem como referência significa que, como os seus interesses são cambiantes de acordo com as suas relações sociopolítico-econômicas, a produção de uma ontologia que contemple todos os interesses se mostra de difícil elaboração. Finda-se a possibilidade de se mensurar uma teoria através de um único parâmetro, que passa a ser avaliada e mensurada sob os mais diversos prismas. O que não deixa de se caracterizar como um retorno à filosofia sofista, que defendia que o homem era a medida de todas as coisas.

[84] Como conceito de pós-modernidade é interessante o delineado pelo professor argentino Carlos Alberto: "A pós-modernidade é a contradição entre o conhecimento formal dos direitos individuais dos homens e a negação dos direitos fundamentais do ser humano" (GHERSI, Carlos Alberto. Posmodernidad jurídica. El análisis contextual del derecho como contracorriente a la abstracción jurídica. *Revista da Faculdade de Direito da UFRGS*, Porto Alegre, v. 15, 1998. p. 21). Segundo André-Jean Arnaud, a modernidade tem as seguintes características: abstração, subjetivismo, universalismo, unidade da razão, valoração axiológica, simplicidade, dicotomia entre sociedade civil e Estado e segurança social. Por outro lado, afirma o professor francês que a pós-modernidade apresenta outras características, como: pragmatismo, descentralização do sujeito, relativismo, pluralidade de racionalidades, lógica dialética, complexidade, retorno à sociedade civil e risco (ARNAUD, André-Jean. *Entre Modernité et Mondalisation*. Cinq Leçons d'Histoire de la Philosophie du Droit et de l'État. Paris: Librairie Générale de Droit et de Jurisprudence, 1988).

[85] GARCIA-PELAYO, Manuel. *Idea de la política y otros escritos*. Madrid: Centro de Estudios Constitucionales, 1983. p. 45-46.

[86] Assinala o professor João Maurício Adeodato que os seguintes pressupostos marcam a modernização do direito: a) pretensão de monopólio na produção das normas jurídicas por parte do Estado; b) importância das fontes estatais em detrimento das fontes não estatais; c) relativa emancipação da ordem jurídica com relação às demais searas sociais (ADEODATO, João Maurício Leitão. *Ética e retórica*. São Paulo: Saraiva, 2009. p. 207-209).

[87] No momento em que a possibilidade da construção de dogmas é considerada irrealizável, consequentemente, as teorias que se alicerçam em uma verdade universal para os homens entram em declínio. As teorias substancialistas perdem relevo para as teorias procedimentais que não se amparam em verdades absolutas, sendo que estas se estruturam com a regulamentação do seu procedimento.

mesmo tempo, normatizar as relações sociais e atender às expectativas de toda a variada composição do tecido social.[88] Adicione-se a isto o enfraquecimento dos órgãos estatais, provocado pelo liberalismo econômico, o que leva a maioria desses conflitos a se resolverem fora do alcance dos órgãos estatais, contribuindo ainda mais para o seu agravamento.

Como influência positiva da sociedade pós-moderna, tem-se a importância que o conhecimento passou a exercer no processo produtivo, tornando-se insumo imprescindível para o desenvolvimento econômico devido às constantes modificações tecnológicas e à necessidade crescente de aperfeiçoamento da mão de obra.[89] A imperiosidade de um maior cabedal de conhecimentos, tanto tecnológico como humano em geral, tende a produzir um ambiente favorável para o desenvolvimento de uma cultura de tolerância, em que o outro deixa de ser visto como estranho para ser considerado um membro da sociedade e, portanto, um sujeito detentor das mesmas obrigações e dos mesmos direitos.[90]

As consequências acarretadas pela pós-modernidade atingiram todas as esferas da sociedade, com abrangência nos campos social, familiar, econômico, cultural, deontológico etc. O direito, definido como a ciência que tem a finalidade de regulamentar as relações sociais, sofre de forma mais intensa essas consequências. Como as relações sociais são cada vez mais complexas, em decorrência da pluralidade do tecido social e da velocidade em que as relações sociais são modificadas, a concepção do direito formal, baseado na sua positivação e no formalismo exacerbado, entrou em crise, afetando seriamente a eficácia de suas normas.

A crise da concepção formalista do direito atinge de forma mais drástica a jurisdição constitucional que, pela relevância de suas decisões judiciais, muitas vezes oferece limites às decisões políticas, necessitando, por isto, de um maior grau de legitimidade. O difícil de se buscar essa legitimidade é que os paradigmas que norteiam a jurisdição constitucional também estão padecendo da mesma crise, como a concepção de Estado Democrático Social de Direito, o conceito de Constituição, de separação de poderes, dos limites da atuação do Poder Judiciário etc.

Para densificar a legitimidade da jurisdição constitucional, com o objetivo de que ela possa atender às exigências sociais hodiernas, deve-se realizar uma reavaliação dos seus paradigmas, fazendo com que os vetores que direcionam sua atuação possam contribuir com a missão de garantir eficácia para os mandamentos contidos na Constituição, principalmente os direitos fundamentais.

---

[88] "Esta segunda aporia – a obsessão pelo que não pode ser decidido – é confirmada por uma desconstrução de cada presunção na certeza determinante de uma justiça presente, ela atua a partir de uma ideia de justiça infinita, infinita porque é irredutível, irredutível porque necessita de relação de alteridade – relação de alteridade diante de cada contrato, porque é uma decorrência, uma decorrência da alteridade como singularidade sempre de outro" (DERRIDA, Jacques. Diritto alla giustizia. In: *Diritto, giustizia e interpretazione*. Roma: Laterza, 1998. p. 31).

[89] Bruno Romano aponta duas direções para o desenvolvimento da pós-modernidade: a primeira direção é um processo de desubstancialização, e a segunda direção é o descrédito de todas as teorias que tentam construir uma verdade universal para os homens (ROMANO, Bruno. *Soggettività diritto e postmoderno*. Una interpretazione con Heidegger e Lacan. Roma: Bulzone, 1988. p. 62).

[90] ARCHETTI, Marcello. *Lo Spazio Ritrovato*. Antropologia della Cotemporaneità. Roma: Meltemi, 2002. p. 40.

## 1.12 O "estertor da democracia": crise do Estado Democrático de Direito

Se, por um lado, a crise do Estado Social de Direito parece evidente diante da derrocada do modelo econômico que o subjaz, a crise do Estado Democrático de Direito – pressuposto para aquele – eclodiu de forma paulatina, despertando preocupação política e jurídica quando já consumados alguns de seus elementos.[91] É que se, no passado, as democracias desapareciam de maneira fulminante e dramática, com revoluções e golpes de Estado, a deterioração atual das premissas democráticas é conduzida por líderes eleitos e poderes constituídos, amparados por aparentes maiorias que os legitimam.[92]

A democracia não se limita a um sistema de governo calcado na soberania da vontade popular. Os ensinamentos iluministas já impunham para a verdadeira concretização de uma democracia *substancial* (valor-fim) a necessária observância a uma série de valores-meio,[93] que, em seu conjunto, conformam o que conhecemos como "dignidade da pessoa humana". A construção desses "valores-meio" é histórica, paralela às chamadas *dimensões de direitos fundamentais*: a defesa da vida; as liberdades de pensamento, de expressão e de imprensa; o princípio da legalidade como pressuposto para a atuação do Estado; a participação popular nas decisões administrativas; os direitos sociais elementares, entre tantos outros.

A "morte" contemporânea da democracia ocidental caracteriza-se, assim, pela derrogação paulatina (mas sistemática) desses valores-meio. Os sintomas desse padecimento são visíveis no Brasil e no mundo, até mesmo em democracias historicamente consolidadas: inédita polarização política; questionamentos à liberdade de imprensa por parte de autoridades do Estado; acendimento de ideologias racistas e xenofóbicas; ataques públicos à independência dos poderes; recrudescimento da defesa de regimes autoritários;[94] difusão de *fake news* que distorcem a compreensão pública da realidade, apostando no obscurantismo anticientífico.

As causas desse fenômeno atual são múltiplas e complexas. Bobbio apontava a persistência de um poder político invisível sob as alternâncias aparentes de governo.[95] Para Bauman, o espaço público (político), permanece local, tornando-se impotente para reduzir a velocidade dos "movimentos de capital" que fluem livremente num

---

[91] LEVITSKY, S.; ZIBLATT; D. *Como as democracias morrem?* 1. ed. Tradução de Renato Aguiar. Rio de Janeiro: Zahar, 2018.

[92] "Como não há um momento único – nenhum golpe, declaração de lei marcial ou suspensão da Constituição – em que o regime obviamente 'ultrapassa o limite' para a ditadura, nada é capaz de disparar os dispositivos de alarme da sociedade. Aqueles que denunciam os abusos do governo podem ser descartados como exagerados ou falsos alarmistas. A erosão da democracia é, para muitos, quase imperceptível" (LEVITSKY, S.; ZIBLATT; D. *Como as democracias morrem?* 1. ed. Tradução de Renato Aguiar. Rio de Janeiro: Zahar, 2018. p. 18).

[93] COMPARATO, Fábio Konder. *Para viver a democracia*. 1. ed. São Paulo: Brasiliense, 1989.

[94] Pesquisa do Datafolha de janeiro de 2020 revelou que 22% dos brasileiros defendem a volta do regime militar ou não se importam com o fim da democracia. É o percentual mais alto desde 1989 (*Folha de S.Paulo*, 1º jan. 2020).

[95] "Que a permanência das oligarquias, ou das elites, no poder esteja em contraste com os ideais democráticos é algo fora de discussão. Isto não impede que haja sempre uma diferença substancial entre um sistema político no qual existem diversas elites concorrendo entre si na arena eleitoral e um sistema no qual existe apenas um único grupo de poder que se renova por cooptação. Enquanto a presença de um poder invisível corrompe a democracia, a existência de grupos de poder que se sucedem mediante eleições livres permanece, ao menos até agora, como a única forma na qual a democracia encontrou a sua concreta atuação" (BOBBIO, Norberto. *O futuro da democracia*: uma defesa das regras do jogo. 6. ed. Tradução de Marco Aurélio Nogueira. São Paulo: Paz e Terra, 1997. p. 11).

mundo globalizado, o que desencadeia uma crescente apatia política das massas.[96] No mesmo sentido, Piketty traz a frustração dos grupos sociais menos favorecidos com as institucionalidades que deveriam tê-los defendido das consequências adversas da globalização.[97]

Em síntese, as instituições fundantes da democracia (poderes, partidos políticos, imprensa) foram sequestradas de suas finalidades primordiais,[98] o que fez com que cada vez mais pessoas passassem a questionar as premissas essenciais desse sistema e a acreditar nas promessas de alternativas autoritárias. O ponto nevrálgico de todo esse processo está no esgotamento do modelo formal de democracia representativa, cunhado no século XVIII e lastreado na ficção jurídica de delegação da soberania popular a mandatários eleitos.[99] A distinção entre a vontade real da maioria e aquilo expressado por seus representantes é o que se denomina *déficit democrático*.

Para "salvar" a democracia, três caminhos podem ser vislumbrados. Primeiro, uma redução da polarização política que passe pela reafirmação sistemática dos valores do regime democrático,[100] como a liberdade de expressão e a autonomia dos poderes. Segundo, como sugere Unger, apostar num experimentalismo institucional,[101] dentro da moldura do Estado de Direito, que permita ao sistema político encontrar soluções para o *déficit democrático* no contexto de uma sociedade líquida e pós-moderna.

Terceiro, e talvez o mais árduo dos caminhos, para que a *democracia formal*, lastreada no regime representativo, seja transformada em uma democracia substancial, dotada de valores ontológicos, calcados na dignidade da pessoa humana, há de se ter, em termos luhmanianos, uma democratização dos outros sistemas sociais parciais, como a economia e o mercado de trabalho. Persiste o dilema dos revolucionários franceses:[102] a reconstrução da democracia não poderá ocorrer sem a consolidação de uma sociedade, de uma economia e de um meio ambiente igualmente democráticos, o que passa pela concreção da força normativa da Constituição, e, mormente, dos direitos sociais e transindividuais.

---

[96] "Por trás da insegurança crescente de milhões de pessoas que dependem da venda de sua força de trabalho está a ausência de um poderoso e eficiente agente que possa, com vontade e decisão, tornar menos insegura a situação em que vivem" (BAUMAN, Zygmundt. *Em busca da política*. 1. ed. Tradução de Marcus Penchel. Rio de Janeiro, Zahar, 2000. p. 27).

[97] PIKETTY, Thomas. *Às urnas, cidadãos!* 1. ed. Tradução de André Telles. Rio de Janeiro: Intrínseca, 2017. p. 155.

[98] "Mesmo em países democráticos, um número crescente de grupos de tomadores de decisões iria ser retirado do controle eleitoral, exceto no sentido mais indireto de que os próprios governos que nomeavam esses grupos tinham sido eleitos a certa altura. [...] No fim do século, um grande número de cidadão se retirava da política, deixando as questões de Estado à 'classe política' [...]. Para muita gente, o processo político era irrelevante, ou apenas uma coisa que afetava suas vidas pessoais favoravelmente ou não. De um lado, a riqueza, a privatização da vida e da diversão e o egoísmo do consumo tornavam a política menos importante e menos atraente. De outro, os que achavam que pouco obtinham com as eleições davam-lhe as costas" (HOBSBAWM, Eric. *Era dos extremos*: o breve século XX. Tradução de Marcos Santarrita. São Paulo: Companhia das Letras, 2014. p. 558).

[99] As críticas à ficção jurídica do regime representativo não são recentes. Para Bigne de Villeneuve (*apud* AZAMBUJA, Darcy. *Introdução à ciência política*. 2. ed. Rio de Janeiro: Globo, 2007. p. 285), "estranho sistema esse, em verdade: parece que os seus autores tiveram o maligno prazer de exprimir todas as suas ideias por palavras que normalmente significam o contrário delas e reunir intimamente as concepções mais inconciliáveis entre si. Os representantes não representam nada; os mandatários não têm mandato; os representados veem fazer em seu nome o contrário do que eles querem; [...]".

[100] LEVITSKY, S.; ZIBLATT; D. *Como as democracias morrem?* 1. ed. Tradução de Renato Aguiar. Rio de Janeiro: Zahar, 2018.

[101] UNGER, R. M. A constituição do experimentalismo democrático. *Revista de Direito Administrativo*, v. 257, p. 57-72, 2011.

[102] COMPARATO, Fábio Konder. *Para viver a democracia*. 1. ed. São Paulo: Brasiliense, 1989.

# PODER CONSTITUINTE

O Poder Constituinte é aquele que tem a função de criar a Constituição, o responsável pela produção originária do direito, como ensina Recaséns Siches.[1] É o antecedente lógico e inexorável do Poder Reformador. Ele não se esgota com a realização do texto constitucional: a soberania popular, detentora da titularidade do Poder Constituinte, permanece com o povo de forma potencializada, à espera de uma nova decisão para se manifestar.

Chama-se de "transconstitucionalização" o aparecimento do Poder Constituinte e a subsequente Constituição que foi implementada. Todas as vezes que um novo texto constitucional surgir, ocorre o mencionado fenômeno, desde que haja as bases de legitimidade para a formação de um novo ordenamento jurídico, não havendo impedimento algum que obstacule o seu surgimento.

O Poder Constituinte foi, inicialmente, formulado por Sieyès, um padre francês que foi um dos principais ideólogos da Revolução Francesa de 1789. Teve o objetivo de substituir o dogma da obediência às leis com base na vontade divina, portanto, de natureza teocrática, por um dogma terreno, no qual a obediência estaria calcada na vontade da nação, expressão do Poder Constituinte. Outra inovação teórica foi a diferenciação entre Poder Constituinte e poderes constituídos.

O princípio da vontade divina legitima o poder da realeza e o princípio da legalidade alicerça o poder da burguesia. Como os burgueses não poderiam dizer que eram os escolhidos pelos deuses para governar, afirmaram que eram os representantes da nação, através da vontade popular. Porém, como o voto era censitário – apenas quem detinha propriedade podia votar –, foi deixada à margem do processo eleitoral a maior parte da população. A legitimação dessa nova forma de poder foi realizada pelo Poder Constituinte.

O princípio da legalidade significa que a lei é a única fonte de obrigação para os cidadãos, sendo esta formulada pelo Poder Legislativo, expressando a vontade do povo. A sua legitimidade, assentimento, no seio da população seria integral quando ela contasse com o apoio de todos.

---

[1] RECASÉNS SICHES, Luis. *Tratado general de filosofía del derecho*. 7. ed. México: Porrua, 1991. p. 305.

O objetivo da criação do Poder Constituinte foi a produção de uma Constituição que atendesse aos interesses burgueses, disciplinando o poder na sociedade. Com a evolução do processo democrático, a titularidade do Poder Constituinte – *potestas constituens* – passou a pertencer ao povo, evolução do conceito de que pertenceria à nação, que foi desenvolvido por Rousseau.

Suas características são: inicial, autônomo e ilimitado.

Inicial porque, teoricamente, seria a primeira lei do ordenamento jurídico.[2] Não que antes não houvesse outras leis – claro que havia. Mas a Constituição irá representar ou a base da legitimação do ordenamento, em uma perspectiva sociológica, ou a fonte de validade de todas as demais normas, em uma perspectiva normativista.

Autônomo porque não está adstrito a nenhuma outra lei. Como o Poder Constituinte inicializa o ordenamento, inexiste norma que possa influenciá-lo. Como marco zero da produção jurídica, não há norma que o legitime – muito pelo contrário, ele é que serve de base de validade para as demais leis.

Ilimitado, porque seu conteúdo não padece de impedimentos jurídicos. A Lei Maior pode dispor sobre qualquer assunto, de forma normativa, sem nenhum limite, tendo ampla extensão. Canotilho chama de "supralegalidades autogenerativas" os impedimentos sociopolítico-econômicos que funcionam como limites fáticos ao Poder Constituinte. Esses limites não são de natureza jurídica, são impostos pela realidade social, impedindo a força normativa da Constituição de produzir efeitos.[3]

Impossível, por exemplo, para a Constituição efetivamente assegurar o direito de que todos os brasileiros tenham um carro zero quilômetro porque não existem condições materiais para propiciar essa prerrogativa. Afora as restrições da realidade, a Constituição tem poder ilimitado para formular suas disposições, não existindo cláusulas pétreas que ela deva respeitar.

Quanto à natureza do Poder Constituinte, a doutrina se divide entre a natureza política e a natureza jurídica. A primeira doutrina assevera que a Constituição foi criada pela ingerência de um emaranhado de fatores sociais, expressando uma decisão política, ou seja, a base da Lei Maior estaria radicada em fatos sociais. Para a segunda doutrina, a base da Constituição estaria calcada em outra norma – a norma hipotética fundamental –, inexistindo qualquer interferência de fatores sociológicos.

O Poder Constituinte tem uma natureza política porque não é validado por nenhuma outra norma. Anteriormente a ele não existe norma jurídica, e, se existisse, passaria a ter validade sob a nova Constituição. Sua gênese radica em fatos sociais, em um horizonte metajurídico. Apenas sob uma ótica kelseniana sua natureza pode ser considerada jurídica, porque o alicerce da Constituição não estaria em fatos sociais, mas na norma hipotética fundamental.

---

[2] Assevera Afatalión: "Sem embargo, a primeira Constituição tem características especiais que a distinguem do resto dos textos normativos. Todas as normas jurídicas têm sua validade na Carta Magna e ela não obtém sua validade em nenhuma outra" (AFTALIÓN, Enrique R.; VILANOVA, José. *Introducción al derecho*. 2. ed. Buenos Aires: Abeledo-Perrot, 1998. p. 516).

[3] "As únicas considerações que devem guiá-las são as relativas ao bem comum, o respeito pelos superiores princípios da razão e do direito natural, e aqueles princípios, geralmente acatados, de convivência internacional, aceitos e praticados pelos povos civilizados. Dentro destes limites naturais, manifesta-se soberano, o Poder Constituinte da nação" (TEIXEIRA, José Horácio Meirelles. *Curso de direito constitucional*. Rio de Janeiro: Forense Universitária, 1991. p. 204).

## 2.1 Poder Reformador

Poder Reformador é aquele que tem a função de alterar a Constituição, podendo essa reforma consistir no acréscimo, modificação ou supressão de partes do seu texto. Sua finalidade consiste em adaptar a Lei Excelsa às modificações ocorridas na sociedade, adequando-a às exigências sociais, que são cambiantes. Ele é dotado de capacidade normogenética, já que pode produzir outras normas, inclusive pode modificar os demais poderes constituídos, sem, contudo, ser por esses modificados.[4]

A titularidade para o exercício do Poder Reformador está localizada no Poder Legislativo, que exerce então duas funções: a função legislativa e a função reformadora. A função legislativa deriva do Poder Legislativo e a função reformadora provém do Poder Reformador, que é exercido extraordinariamente pelo Congresso Nacional. Cada poder tem uma função e um fundamento jurídico distinto, necessitando também de diferentes graus de legitimidade.

A taxonomia do Poder Reformador é diferente da taxonomia do Poder Constituinte. Enquanto este tem uma natureza política, aquele tem uma natureza jurídica, formulada dentro de moldes legais.[5] Para modificar um texto jurídico, de conotações políticas, que é a Constituição, dentro de parâmetros legais traçados no ordenamento, sua natureza, inexoravelmente, tem de ser jurídica.

Uma Constituição que não pode ser modificada denomina-se "imutável". Aquela que só pode ser reformada por um outro Poder Constituinte chama-se "Constituição fixa".

A denominação de Poder Reformador é tecnicamente mais precisa, em vez de Poder Secundário ou de Poder Constituinte Derivado, pelos seguintes motivos: é um poder, porque somente um poder pode modificar outro; e é reformador, porque modifica um texto já constituído. Constituinte provém do latim *constituire*, constituir, e o que modifica algo existente não pode ser originário. Por isso não adotamos a denominação "Poder Constituinte Derivado".

As características do Poder Reformador são: derivado, subordinado e limitado. Subordinado porque foi criado pela Constituição e a ela está adstrito; derivado por ser um poder secundário, que nasceu do Poder Constituinte; e limitado porque deve se ater aos conteúdos da *Lex Mater* e não pode modificar as cláusulas pétreas.

Os limites podem ser materiais, significando que determinadas matérias não podem ser alteradas; circunstanciais, representando determinadas circunstâncias que impedem a utilização do Poder Reformador; e temporais, pertinentes a determinado período em que a Carta Magna não pode sofrer alterações.[6]

---

[4] "O poder reformador é então o poder de alterar o texto da Constituição existente, dentro das regras e das matérias por ela previstas. Ocorre assim um processo de evolução estável, incapaz de alterar a identidade de princípios estabelecidos pelo poder constituinte" (PEDRA, Adriano Sant'Ana. *A Constituição viva*. Poder constituinte permanente e cláusulas pétreas. Belo Horizonte: Mandamentos, 2005. p. 79).

[5] "O Poder Constituinte instituído é um poder de direito, ninguém o nega. Em realidade, para o positivismo jurídico, este é o único poder jurídico dos Poderes Constituintes. O único Poder Constituinte jurídico, ou melhor, suscetível de ser analisado juridicamente, é, para os positivistas, o Poder Constituinte instituído" (FERREIRA FILHO, Manoel Gonçalves. *O poder constituinte*. 3. ed. São Paulo: Saraiva, 1999. p. 110-111).

[6] Maiores informações no item 21.2.

## 2.2 Poder Decorrente e suas limitações

O Poder Decorrente é legatário da forma de Estado federativa, que foi agasalhada pela Constituição de 1988, mantendo uma tradição que começou com o Texto Magno de 1891. Por essa forma de Estado, cada ente estadual da federação possui autonomia para criar uma Constituição, tomando como parâmetro o exemplo norte-americano, em que cada um dos estados-membros possui uma Lei Maior.

Poder Decorrente é aquele responsável por criar as Constituições dos estados-membros. É um poder que foi criado pela Constituição Federal, decorrente da sua vontade, e, portanto, deve se subordinar aos seus direcionamentos.

Todas as Constituições republicanas disciplinaram o Poder Decorrente, reconhecendo a sua importância no ordenamento jurídico, como instrumento de proteção à autonomia estadual. Porém, as Constituições de 1937 e de 1967/1969, meritórias no seu teor autoritário, que tiveram como escopo concentrar o poder, consequentemente enfraqueceram as prerrogativas estaduais.

O texto da Constituição de 1937 retirou a legitimidade popular das Constituições estaduais, prevendo que cada um dos estados-membros deveria outorgar sua *Lex Mater*, sem a participação da população. O texto da Constituição de 1967/1969 previu que as Constituições estaduais deveriam apenas adaptar o texto da Carta Federal, fazendo as modificações necessárias, de forma não democrática, para o enquadramento com a nova estrutura de poder; ou seja, reduziu o Poder Decorrente a mero apêndice do Poder Constituinte, negando-lhe a sua característica de sucessividade, estorvando-o de exercer sua autonomia normativa.

A Constituição de 1988 determinou que cada Assembleia Legislativa, com poderes plenipotenciários, elaborasse as respectivas Constituições estaduais, no prazo de um ano, contado da data da promulgação da *Lex Mater*, respeitando as prerrogativas de repetição obrigatória desta.[7] A Carta Magna estadual tem a função de possibilitar o autogoverno dos estados-membros, estruturando suas funções e delimitando suas prerrogativas de acordo com os seus interesses próprios e peculiares.

A função de especificar a autonomia dos estados-membros foi deferida às Constituições estaduais. O Prof. Baracho planteia que a autonomia é o princípio fundante dos entes federativos, defluindo desse princípio a possibilidade de organização dos órgãos estatais para que possam realizar as suas funções.[8] Autonomia significa a liberdade que os estados têm de direcionar suas atividades, envolvendo a capacidade financeira, orçamentária, administrativa, tributária etc.

Segundo Sampaio Dória, a autonomia dos entes federativos pode ser classificada de quatro formas: atribuições políticas; legislação privativa ou cooperativa com a da União; decretação de tributos; e organização de serviços sociais.[9]

---

[7] Art. 11 do ADCT: "Cada Assembleia Legislativa, com poderes constituintes, elaborará a Constituição do Estado, no prazo de um ano, contado da promulgação da Constituição Federal, obedecidos os princípios desta".

[8] "A autonomia é princípio do Estado-ordenamento. Não é simples desdobramento da atividade estatal, através de órgãos ou de áreas incumbidas de realizar determinadas atribuições" (BARACHO, José Alfredo de Oliveira. *Teoria geral do federalismo*. Rio de Janeiro: Forense, 1986. p. 50).

[9] Leciona Sampaio Doria: "A autonomia dos Estados, embora não extensa, entre nós, como a dos Estados na União Americana, ainda assim consiste no exercício de poderes imperativos de grande importância. Podem ser classificados em quatro categorias: 1º) atribuições políticas; 2º) legislação privativa ou cooperativa com a

A terminologia escolhida de Poder Decorrente, em vez de Poder Constituinte Decorrente, deve-se ao fato de *constituinte*, do latim *constituire*, ser a denominação correta apenas para Poder Constituinte, já que este poder estrutura o ordenamento jurídico de forma originária. Tanto o Poder Reformador quanto o Poder Decorrente atuam depois de as estruturas jurídicas estarem formuladas, não cabendo nominá-los de constituintes.

Em relação à sua taxionomia, podemos dizer que tem natureza jurídica semelhante à natureza do Poder Reformador. Não se pode dizer que seja um poder de natureza política, como o Poder Constituinte, porque nasceu de uma norma jurídica, sua origem está adstrita à Constituição Federal, não retirando sua fonte de legitimidade de fatores sociais, dentro de uma visão lassalliana.[10]

Com precisão Cooley especifica o conteúdo da Constituição Estadual:

> Toda Constituição Estadual deve esperar-se que contenha: 1) uma descrição do sistema de governo; 2) os requisitos gerais para o direito do sufrágio; 3) os freios (*checks*) e os equilíbrios (*balances*) do governo republicano, reconhecendo três separados departamentos governamentais; 4) algum reconhecimento de autogoverno (*self-government*) local; 5) uma declaração de direitos protetores dos indivíduos e das minorias.[11]

Na verdade, esse conteúdo carece de uma validade universal. De acordo com o sistema federativo adotado, os textos estaduais terão maior ou menor esfera de atuação.

A Constituição do Estado de Pernambuco, que teve como um dos seus principais idealizadores o Prof. Pinto Ferreira, indubitavelmente, é um dos melhores textos constitucionais estaduais. Ela é distribuída em oito títulos, acrescidos de um preâmbulo; aliás, a única Constituição que não incorporou o preâmbulo foi a do estado do Acre. Nele foram reafirmadas as prerrogativas do autogoverno estadual, regulamentando-se de forma clara e direta as atuações dos três poderes estaduais.

Divide-se, desta forma, a Constituição do Estado de Pernambuco em: Título I – Dos princípios fundamentais; Título II – Da organização do Estado e seus Poderes; Título III – Da organização municipal e regional; Título IV – Da administração; Título V – Da tributação e do orçamento; Título VI – Da ordem econômica; Título VII – Da ordem social; e Título VIII – Disposições constitucionais finais.

A primeira grande limitação às Constituições Estaduais são as normas da Constituição Federal. Como esta é a norma suprema de todo o ordenamento jurídico nacional, as demais normas que afrontarem o seu conteúdo serão tidas como nulas, como decidiu a jurisprudência do Supremo, ou são consideradas inexistentes, como doutrina Francisco Campos.[12]

Alguns princípios constitucionais devem ser obrigatoriamente repetidos pelos constituintes estaduais, ou, mesmo que não existam no texto estadual, são de cumprimento imperativo por parte dos estados-membros. José Afonso da Silva os denominou princípios estabelecidos e Raul Machado Horta os chamou de princípios

---

da União; 3º) decretação de tributos; e 4º) organização de serviços sociais" (DORIA, A. de Sampaio. *Direito constitucional (teoria geral do estado)*. 5. ed. São Paulo: Max Limonad, 1962. v. 1. p. 518).

[10] LASSALLE, Ferdinand. *¿Qué es una constitución?* 4. ed. Buenos Aires: Siglo Veinte Uno, 1969. p. 21.
[11] COOLEY, Thomas. *Princípios gerais de direito constitucional dos Estados Unidos da América do Norte*. 2. ed. São Paulo: RT, 1982. p. 405.
[12] CAMPOS, Francisco. *Direito constitucional*. Rio de Janeiro: Freitas Bastos, 1956. v. 1. p. 399.

centrais.¹³ Os princípios estabelecidos se constituem em limites porque a Constituição estadual não tem caráter originário – ela é derivada, subordinada e limitada pelas normas da Constituição Federal.

A tarefa de identificar os princípios estabelecidos não é uma missão simples porque eles não vêm explicitados na Constituição. Oferece Raul Machado Horta uma diretriz para a sua identificação:

> A identificação dos princípios estabelecidos reclama a interpretação do texto da Constituição Federal no seu conjunto, para reunir as regras dispersas que definem a origem, a causa, o começo, o germe, o elemento predominante da Constituição Federal. Os princípios estabelecidos se alojam nas normas constitucionais federais sobre repartição de competências, o sistema tributário, a organização dos poderes, os direitos sociais, a ordem econômica, a educação, a família e a cultura, afinal, na matéria dispersa no texto constitucional federal.¹⁴

Basicamente, os princípios estabelecidos se referem aos alicerces informadores do regime político, como a república, o presidencialismo, as condições de elegibilidade; aos princípios que limitam a competência dos estados-membros, como a definição da competência exclusiva, privativa, comum e concorrente; às normas de pré-organização do Estado brasileiro, estruturando os três poderes, como aquelas que tratam da magistratura e do Ministério Público; às normas referentes à área econômica e tributária; e, por último, às normas pertinentes aos direitos fundamentais, como aquelas contidas no art. 5º da Constituição.

O fator teleológico dos princípios centrais é garantir a homogeneidade do ordenamento, impedindo que as normas constitucionais estaduais causem antinomias e arrefeçam a capacidade concretiva da Constituição Federal. A capacidade elaborativa estadual se restringe à esfera das peculiaridades regionais e ao espaço de incidência que fora definido pela Lei Maior.

A limitação da autonomia estadual abrange os princípios estabelecidos e os princípios que, de forma indireta, implícita, sobre eles versem. Assim, a votação indireta, afora a exceção prevista no §1º do art. 81 da Constituição Federal, está terminantemente vedada como matéria constitucional estadual, porque gera uma antinomia com o princípio do Estado Democrático de Direito e com a soberania popular.

Os limites implícitos podem ser mandatórios – estipulando determinada conduta – e vedatórios – impedindo determinado comportamento. Exemplos de um limite implícito mandatório são as normas que obrigam a repartição de competência entre os poderes federativos; e, como exemplo de um limite implícito vedatório, pode ser mencionado o art. 21 da Constituição Federal, que dispõe acerca da competência exclusiva da União; em nenhuma matéria daquelas estipuladas nos vinte e cinco incisos do mencionado artigo podem os estados atuar.

---

[13] Compete privativamente ao Governador do Estado, pelo princípio da simetria, propor à Assembleia Legislativa projetos de lei que visem à criação, estruturação e especificação de atribuições das secretarias e órgãos da Administração Pública. Assim, projeto de iniciativa parlamentar nesse sentido, transformando-se em lei, apresentará vício insanável caracterizado pela invasão de competência reservada constitucionalmente ao Poder Executivo.

[14] HORTA, Raul Machado. *Direito constitucional.* 2. ed. Belo Horizonte: Del Rey, 1999. p. 68.

Limitações diferentes, por não serem da esfera jurídica e sim da realidade sociopolítico-econômica, são as supralegalidades autogenerativas.[15] Sua taxionomia destoa de parâmetros jurídicos para encontrar amparo nas limitações oferecidas pela realidade fática, pelas restrições oferecidas pelo contexto histórico-material.

Exemplo de uma limitação fática pode ser encontrado na escassez econômica por que passam os entes federativos, impedindo que haja a estipulação de um salário mínimo de dez mil dólares ou que se imponha como obrigatoriedade imediata a construção de uma casa de veraneio para aqueles que não dispõem desse tipo de habitação. A sua esfera de proibição não pode ser encontrada em nenhum texto jurídico, mas na realidade sociopolítico-econômica estadual.

Ensina o Prof. Zagrebelsky que as questões políticas são limites para a normatização jurídica. Mesmo concordando com a expressão de Luhmann, de que a Lei Maior seria a ligação entre o direito e a política, as interferências políticas se configuram como limitações aos direcionamentos jurídicos.[16]

Como o Brasil é uma forma federativa de Estado, a essência desse sistema se encontra na repartição de competências, insculpida no nosso texto constitucional nos arts. 21 *usque* 32, definidas como competência exclusiva, competência privativa, competência comum, competência concorrente, competência municipal, competência estadual, competência residual e competência do Distrito Federal.

Não existe hierarquização entre os entes estatais, o que há são espaços de incidência, em que cada ente tem seu campo de atuação limitado pela Constituição.

Dentro da divisão dessas competências, fica vedado ao Poder Decorrente qualquer tentativa de legislar acerca de um assunto que esteja fora de sua esfera de competência, seja na seara administrativa, legislativa ou tributária. O motivo não pode ser a alegação de que as normas federais são superiores às normas estaduais, maculando-se um dos princípios básicos do federalismo brasileiro, que é a igualdade dos seus entes, e sim de que existe uma divisão por espaços de incidência, prescrito nos mencionados artigos.

Outra limitação que podemos apontar são os princípios sensíveis, dispostos no art. 34, VII, da Constituição Federal. Eles são assim denominados porque têm uma especial relevância para o ordenamento jurídico. Quando afrontados, acarretam a intervenção por parte do Governo Federal nos estados, constituindo-se na primeira ação direta de controle de constitucionalidade do ordenamento brasileiro, surgida na Constituição de 1934.

A hodierna Constituição elencou os seguintes princípios sensíveis: forma republicana; sistema representativo; regime democrático; direitos da pessoa humana; autonomia municipal; prestação de contas da Administração Pública, direta e indireta; e aplicação do mínimo exigido da receita resultante de impostos estaduais, compreendida a proveniente de transferências, na manutenção e desenvolvimento do ensino e nas ações e serviços públicos de saúde. Acinte a qualquer um desses princípios por parte das Constituições estaduais ensejará a intervenção federal por intermédio da ação interventiva.

---

[15] CANOTILHO, José Joaquim Gomes. *Direito constitucional e teoria da Constituição*. 2. ed. Coimbra: Almedina, 1998. p. 117.

[16] "O fundamento jurídico-formal e político-substancial da justiça constitucional também determina os limites de atuação. Os limites assinalam o espaço no qual se estende o território das questões meramente políticas, no qual os juízes podem entrar de forma apenas abusiva" (ZAGREBELSKY, Gustavo. *La giustizia costituzionale*. Bologna: Il Mulino, 1988. p. 61).

É oportuno frisar que a maioria dos princípios sensíveis representa princípios estabelecidos. A diferença é que o descumprimento dos princípios sensíveis não dá ensejo apenas a um controle de constitucionalidade com a expulsão da norma do ordenamento – nesse caso, pode haver a intervenção no ente federativo que descumpriu o princípio.

Os direitos humanos se constituem em limites intransponíveis para o legislador constituinte estadual. Desde o final da Segunda Guerra Mundial, por causa das atrocidades cometidas, todas as Constituições do pós-guerra passaram a considerar os direitos humanos como a parte central do ordenamento jurídico, dotando-os de maior eficácia que as demais normas, como a Lei Fundamental de Bonn de 1949, que dedicou os arts. 1º ao 19 a defini-los.

Biscaretti di Ruffia conceitua os direitos humanos como direitos subjetivos do cidadão, analisados como princípios de valor absoluto. Em virtude disso, são irrenunciáveis e intocáveis por parte do Estado, considerados próprios da natureza humana, de conotação jusnaturalista, sendo anteriores ao aparecimento do ordenamento estatal e, assim, não podendo ser por ele modificados.[17]

Seguindo a tradição iniciada com o Texto de 1824, que pioneiramente passou a agasalhar direitos, antecedendo inclusive a Carta Magna da Bélgica, de 1831, os direitos e garantias constitucionais na Constituição Cidadã passaram a ser disciplinados no Título II, no início da Constituição, assumindo uma função proeminente, já que sua localização topográfica também sinaliza sua importância.

De forma alguma um direito alçado em nível constitucional pode ser obnubilado por uma norma constitucional estadual, mormente porque os direitos se configuram como cláusulas pétreas, passíveis de modificação apenas por um novo Poder Constituinte, em um fenômeno denominado transconstitucionalização.

Como sua proeminência no ordenamento jurídico está consolidada, a maioria das Constituições Estaduais não traz um capítulo específico para a exposição dos direitos. Aqueles expressos na Constituição Federal têm inteira vigência e cominação obrigatória. Entretanto, nada impede que outros direitos possam ser disciplinados pelos textos estaduais, desde que não confrontem as normas da Lei Maior.

## 2.3 Modificação pela mutação constitucional

Mutação constitucional consiste nas modificações operadas na Constituição, gradualmente no tempo, de modo informal, sem a necessidade de emendas ou revisão, ou seja, sem atuação do Poder Reformador, mediante procedimentos jurídicos.

Entende Maurício Ribeiro Lopes que a mutação constitucional se configura na mudança do texto constitucional por processos não previstos nas normas jurídicas.[18] Raul Machado Horta entende que ela, por seus predicativos, finda obnubilando a norma

---

[17] "A doutrina acerca dos direitos públicos subjetivos dos cidadãos toma-os de forma absoluta, como direitos irrenunciáveis e intocáveis por parte do Estado, considerando-os como derivados da natureza própria dos homens e, portanto, anteriores e superiores aos mais diversos direitos positivos" (DI RUFFIA, Paolo Biscaretti. *Introducción al derecho constitucional comparado*. Tradução de Héctor Fix-Zamudio. México: Fondo de Cultura Económica, 1998. p. 118).

[18] LOPES, Mauricio Antonio Ribeiro. *Poder constituinte reformador*. Limites e possibilidades da revisão constitucional brasileira. São Paulo: RT, 1993. p. 128.

constitucional escrita, fragilizando a segurança do seu texto; contudo, adquire relevo proeminente nas Constituições consuetudinárias.[19] Afirma Loewenstein:

> A mutação constitucional, por outro lado, produz uma transformação na realidade de atuação do poder político, na estrutura social e no equilíbrio de interesses, sem que haja uma atualização no documento constitucional: o texto da Constituição permanece intacto.[20]

Sua terminologia é ainda imprecisa, existindo autores que a chamam de vicissitude constitucional, transição constitucional, mudança constitucional, processo de fato etc.

A norma jurídica tem de se adequar às exigências da comunidade e, para cumprir essa finalidade, deve estar em simetria com o progresso social. Assim, as Constituições, em seu texto, preveem o procedimento de emenda ou revisão. A mutação constitucional também tem a finalidade de atualizar os preceitos do Texto Magno, mas cumpre sua missão de modo informal, através de procedimentos não previstos em lei.

A mutação constitucional remodela a literalidade do texto até então apresentado, quer pela interpretação constitucional, quer por meio de construção jurídica, quer por práticas constitucionais ou por usos e costumes. Ela pode acontecer tanto em Constituições ditas flexíveis como nas consideradas rígidas, sem diferenciação fundamental. Nas rígidas, por serem elas dotadas de superioridade, terá de ser mais lenta e gradual.

Uadi Lammêgo Bulos classifica da seguinte forma as fontes de mutação:

> a) mutação constitucional, operada em virtude da interpretação constitucional, nas suas diversas modalidades e métodos; b) mutações decorrentes das práticas constitucionais; c) mutação por meio da construção constitucional; e d) mutações constitucionais que contrariam a Constituição, é dizer, as mutações inconstitucionais.[21]

As mutações ocorrem de modo difuso, não existindo um órgão próprio que tenha como função sua criação; podem ser oriundas da interpretação dos tribunais, dos usos e costumes, da construção judicial, da influência dos grupos de pressão, entre outros fatores. Carecem de marco cronológico, nascem paulatinamente, de forma silenciosa, quase despercebida, espontânea, sem previsibilidade, só se fazendo sentir quando já estão com plena eficácia. Por serem lentas e graduais, não acarretam rupturas ou tensões no ordenamento jurídico, contribuindo assim para sua maior eficácia.

García Pelayo esboçou, embora sem consenso na doutrina, uma classificação das mutações constitucionais, da seguinte forma: a) mutação resultante de uma prática política que não contradiz a Constituição e incide em um fato que carece de cominação constitucional; b) mutação por impossibilidade de concretização normativa ou por desuso das atribuições e competências estabelecidas na Constituição; c) mutação por oposição à infração dos preceitos constitucionais; e d) mutação pela interpretação constitucional, de forma a se obter uma aplicação diversa da que antes tinha eficácia.[22]

---

[19] HORTA, Raul Machado. *Estudos de direito constitucional*. Belo Horizonte: Del Rey, 1995. p. 114.
[20] LOEWENSTEIN, Karl. *Teoría de la constitución*. Tradução de Alfredo Ballego Anabitarte. Barcelona: Ariel, 1970. p. 165.
[21] BULOS, Uadi Lammêgo. *Mutação constitucional*. São Paulo: Saraiva, 1997. p. 71.
[22] GARCIA-PELAYO, Manuel. *Idea de la política y otros escritos*. Madrid: Centro de Estudios Constitucionales, 1983. p. 137.

A doutrina não definiu, com parâmetros claros, o limite para a concretização das mutações. Entretanto, a maioria dos autores entende que seu limite deve ser o das cláusulas pétreas implícitas e explícitas. Se o "cerne inalterável" da Constituição não é passível de modificação pelo processo de reforma, impossível será sua modificação pelo procedimento de mutação constitucional, que não encontra respaldo em cominações legais.

O controle de constitucionalidade incide nas mutações constitucionais, da mesma forma que nos demais preceitos normativos, tanto na inconstitucionalidade formal quanto na material. A mutação deve ser declarada, então, inconstitucional e expurgada do ordenamento, quando ela contrariar o texto constitucional, sendo utilizada de forma *contra legem*.

A incidência das mutações ocorre com mais frequência nos princípios constitucionais, os quais, pela maior abstração, permitem que seu alcance seja interpretado de forma extensiva ou restritiva, de acordo com os fatores sociais vigentes. Os princípios podem ser calibrados no seu conteúdo, até mesmo provocando o seu esvaziamento. Como as regras constitucionais têm um espaço hermenêutico bastante reduzido, a incidência da mutação sobre elas tem diminuto alcance.

Entretanto, as normas constitucionais formam um sistema, em que os princípios se amoldam uns aos outros, aumentando ou diminuindo sua incidência em decorrência de sua legitimidade no tecido social; em decorrência, a mutação constitucional não poderá tornar um princípio incompatível com o sistema.

# CAPÍTULO 3

# CONSTITUIÇÃO

A Constituição, com a conceituação que concebemos atualmente, provém do racionalismo do século XVIII. Textos anteriores, como a *Magna Charta Libertatum* e os pactos medievais, que muitos autores afirmam terem sido formas rudimentares de leis fundamentais, não podem ser considerados Constituições.[1] Na verdade, o poder ainda não tinha sido unificado nas mãos do Estado e não se podia falar em Estado de Direito, estruturado através de leis vigentes para toda a população.

O movimento constitucionalista nasce depois do surgimento do Estado Moderno, em que toda a soberania é concentrada nas mãos do aparelho estatal. McLlwain afirma que esse movimento tem uma qualidade essencial: é uma limitação legal ao governo e significa uma antítese ao governo arbitrário; o seu oposto é o governo despótico, em que prepondera a vontade do soberano em detrimento da lei.[2]

O constitucionalismo significa que as condutas sociais devem ser determinadas por normas, e o ápice da escala normativa reside nas normas constitucionais. A lei fundamental foi tomada como dogma, o que levou alguns governantes, como Napoleão Bonaparte, a ver nela um texto imutável, sacralizado, que deveria ser distribuído gratuitamente para que toda a população conhecesse os seus direitos e deveres e pudesse fiscalizar o cumprimento de suas prerrogativas.

As primeiras Constituições foram consideradas liberais, abrangendo direitos civis e políticos, pois a sua concretização era apenas formal, sem oferecer nenhum mecanismo para a real efetivação dos preceitos constitucionais. Eram Constituições burguesas, porque os direitos ofertados apenas poderiam ser usufruídos pela burguesia, que tinha

---

[1] Esclarece o Prof. Nelson Saldanha: "Das discussões inglesas dos séculos XVI e XVII resultaram temas tornados essenciais para o debate político, tais como a competência do Parlamento e do Judiciário, a validade das leis e da autoridade obtida através do consentimento do povo, a Constituição como um sistema de poderes em equilíbrio. Das discussões francesas, basicamente as do século XVIII, tomaram corpo outros temas, como sejam a Constituição como um sistema de poderes divididos, o poder constituinte como atributo do povo, a soberania nacional como alicerce de todos os poderes. Certamente todas estas questões estavam alimentadas por ideias fundamentais, uma delas a do contrato social" (SALDANHA, Nelson. *Formação da teoria constitucional*. 2. ed. Rio de Janeiro: Renovar, 2000. p. 115).

[2] MCLLWAIN, Charles H. *Costituzionalismo antico e moderno*. Bologna: Il Mulino, 1990. p. 44.

os meios materiais para realizá-los. As demais classes sociais não tinham acesso a tais prerrogativas porque o Estado não garantia a sua eficácia. Como explicar a um camponês que trabalhava dezoito horas por dia e vivia em condições de miséria absoluta que ele tinha direito à dignidade da pessoa humana? Dignidade tinha o burguês, que podia comprar tudo que pudesse propiciar o seu bem-estar e conforto.

Historicamente, a *Lex Mater* funcionou como a ferramenta para sepultar o absolutismo reinante na Idade Média. Foi o instrumento jurídico para a construção de uma nova ordem, ordem esta que tinha na burguesia sua principal classe social. Ela estabeleceu a separação das funções estatais, o que impediria definitivamente a concentração de poder em um único órgão, e colocou freios ao arbítrio estatal, com a proteção jurídica aos direitos humanos.

Nesse sentido é bem claro o art. 16 da Declaração dos Direitos do Homem e do Cidadão, afirmando que a Carta Magna que não dividisse o poder nem outorgasse direitos não poderia ser concebida como tal.

Entretanto, o vocábulo *constituição* (do latim *constituere, constitutio*), em seu significado de ordenamento político do Estado, existiu desde os primórdios. Aristóteles, no seu livro *Athenaton Politeia*, distinguiu as leis ordinárias do Estado – *psefisma* – daquelas que estabeleciam os seus alicerces e fundamentos – *nómos*.[3] Cícero e Maquiavel também faziam a distinção entre normas fundamentais – aquelas que estruturam o núcleo de poder – e as demais normas – concebidas hierarquicamente de forma inferior.

Para Marcel Prélot, foi o Abade Sieyès o formulador da moderna conceituação de Constituição que conhecemos.[4] A importância de Sieyès se deve ao deslocamento do eixo de legitimidade do poder político – que antes era calcado em fundamentos teocráticos, sustentados pela revelação divina – para um substrato de legitimidade alicerçado na soberania da nação, ou seja, a justificativa de poder que fora imputada a fatos transcendentais, à vontade de Deus, a partir de Sieyès passou a se basear na vontade humana, personificada na soberania da nação.

Para Rudolf Smend, ela seria um objeto unitário, conectando sua parte formal e material através da integração pessoal, funcional e material. Doutrina Smend: "Para a doutrina dominante, a Constituição é antes de tudo um ordenamento da formação da vontade de um grupo social e da situação jurídica de seus membros".[5] O jurista pernambucano Pinto Ferreira prefere enfocá-la como um edifício de quatro andares, no qual cada um é ocupado, respectivamente, por economia, sociologia, filosofia e direito, mostrando como é complexo o universo constitucional.

Por qual motivo um vocábulo se reveste de tão variada pluralidade de significados, quando, para a construção de uma ciência, a precisão semântica é requisito imperioso, além de haver a exigência de objeto e metodologia próprios? A resposta nos é dada por García Pelayo:

---

[3] ARISTÓTELES. *A Constituição de Atenas*. Tradução de Francisco Murari Pires. Edição bilíngue. São Paulo: Hucitec, 1995. p. 25.

[4] "Sieyès s'est donné pour l'inventeur de l'idée de constitution, dans son discours de l'una III sur le projet de constitution et sur la jurie constitutionnaire" (PRÉLOT, Marcel; LESCUYER, Georges. *Histoires des idées politiques*. 12. ed. Paris: Dalloz, 1990. p. 522).

[5] SMEND, Rudolf. *Constitución y derecho constitucional*. Tradução de José M. Beneyto Pérez. Madrid: Centro de Estudios Constitucionales, 1985. p. 129.

Por se referir à substância da existência política de um povo, está particularmente próximo a converter-se em um dos conceitos simbólicos e combativos, que tem sua razão não na voluntariedade do conhecimento, mas em sua adequação instrumental para a controvérsia com o adversário. Sem dúvidas que o conhecimento levado a cabo de uma perspectiva política, como partidário ou como adversário, é capaz, em muitos casos, de uma inserção mais profunda na realidade, do que aquela que proporciona um ponto de vista neutral; mas não é menos certo que com tais pressupostos é difícil lograr unidade na formulação do conceito.[6]

## 3.1 Força normativa

Força normativa é a prerrogativa que ostentam as normas constitucionais de serem obedecidas e cumpridas pelos entes estatais e pela sociedade de forma geral. Teoricamente, pela supralegalidade de que elas gozam, apresentam uma maior intensidade de coercibilidade, produzindo maior efeito do que as outras normas. Ela se configura como requisito inexorável para que a Constituição deixe de ser um texto semântico, destituído de qualquer eficácia, e passe a ser uma norma respeitada, dotada de coercitividade, e limitando as opções do *lower lawmaking track*.[7]

Segundo Konrad Hesse, pelo fato de a Lei Maior se constituir como a ordem fundamental jurídica da coletividade, ela estabelece os princípios diretivos que forjam a unidade política, regula os procedimentos de superação de conflitos no interior da sociedade e os procedimentos de formação da unidade política. Desses predicativos advém a força normativa da Constituição.[8] Como é a norma mais importante do ordenamento jurídico, regulamenta todo o núcleo do poder político estabelecido.

Concretização é a possibilidade que as normas constitucionais possuem de produzir efeitos na seara fática, realizando efeitos concretos na subsunção da norma ao fato. Ocorre quando seus dispositivos conseguem ultrapassar a barreira do ser e do dever ser e se entrelaçam para produzir os efeitos tencionados quando de sua elaboração. Significa densificação de sua normatividade, elidindo as possibilidades de essas normas serem classificadas como semânticas.[9]

Para Canotilho, concretização traduz-se por um processo de densificação de regras e princípios, no que implica um processo que percorre o texto da norma para uma norma concreta, já que apenas com a "descoberta" da norma de decisão para a solução dos casos jurídico-constitucionais ter-se-á o resultado final da concretização.[10]

A força normativa da *Lex Mater* e o seu inexorável procedimento de concretização são apanágios da supremacia constitucional, que faz com que os mandamentos constitucionais sejam considerados as normas mais importantes do ordenamento jurídico.

---

[6] GARCÍA PELAYO, Manuel. *Derecho constitucional comparado*. 3. ed. Madrid: Alianza Universidad, 1991. p. 33.
[7] ACKERMAN, Bruce. *We the people*. Foundations. Cambridge: The Belknap Press of Harvard University Press, 1991. p. 285-290.
[8] HESSE, Konrad. *Elementos de direito constitucional da República Federal da Alemanha*. Porto Alegre: Fabris, 1998. p. 37.
[9] LOEWENSTEIN, Karl. *Teoría de la constitución*. Tradução de Alfredo Ballego Anabitarte. Barcelona: Ariel, 1970. p. 218-219.
[10] CANOTILHO, José Joaquim Gomes. *Direito constitucional e teoria da Constituição*. 7. ed. Coimbra: Almedina, 2003. p. 1201.

Várias são as assertivas lógicas que tentam explicar a teoria da supremacia constitucional como norma ápice do ponto de vista hierárquico do ordenamento jurídico, sintetizando a soberania estatal, como fora propugnado por Hauriou.[11] Frise-se, ancorando-se na lição de Gustavo Zagrebelsky, que os ordenamentos jurídicos pré-revolucionários não reconheciam essa proeminência aos textos constitucionais.[12] Devido às dimensões do presente trabalho, preferiu-se reduzir essas correntes em três grandes grupos.

A necessidade de densificação da força normativa da Lei Maior e a consequente premência de concretização de suas normas assinalam a superação da ideia de um constitucionalismo clássico em que a função das normas constitucionais era apenas a de delinear a estruturação de repartição de poderes e outorgar direitos humanos de primeira dimensão.[13] Esse tipo de constitucionalismo se atinha a fornecer a moldura para a organização de poder, ficando ao legislador infraconstitucional a incumbência de determinar a confecção das políticas públicas sem nenhum tipo de imposição normativa.[14] Sua função reduzia-se a formular os procedimentos básicos de funcionamento dos poderes estabelecidos, destituindo-se de qualquer conteúdo que deveria ser estabelecido para cumprimento dentro de um considerável lapso temporal. Inclusive Klaus Stern afirma que a concepção antiga de Constituição, que regulamentava apenas a estruturação dos poderes e estabelecia os direitos fundamentais, fora ultrapassada por um novo conceito que incluía elementos de caráter substancial.[15]

Contudo, esse tipo de constitucionalismo clássico[16] não mais se adequa às problematizações complexas das sociedades hodiernas. As Constituições deixam de ser uma moldura que pode ser livremente preenchida, segundo o alvedrio dos poderes constituídos, para incorporarem determinados conteúdos que passam a vincular os legisladores infraconstitucionais,[17] ao menos de forma teórica, em moldes imperativos, mesmo que suas normas intervenham em atividades produtivas ou estabeleçam políticas de redistribuição de renda.

O que se propugna é a criação de uma Constituição efetiva, que possa se sedimentar como "pacto vivencial da sociedade", incorporando-se no imaginário coletivo da sociedade; uma Carta Magna que sirva de parâmetros em todas as suas normas, envolvendo tanto a ordem econômica quanto a ordem social. Tem-se o cuidado de não se adotar tipologias que são conceitos indeterminados, como Constituição dirigente, que fora até mesmo renegada por um de seus corifeus mais importantes.[18] A Constituição

---

[11] HAURIOU, Maurice. *Principes de droit public*. 12. ed. Paris: Recueil Sirey, 1916. p. 678.
[12] ZAGREBELSKY, Gustavo. *La giustizia costituzionale*. Bologna: Il Mulino, 1988. p. 14.
[13] A grande contribuição desse modelo constitucional foi o sepultamento definitivo do Estado despótico, personificado na figura do Rei absoluto (MCLLWAIN, Charles H. *Costituzionalismo antico e moderno*. Bologna: Il Mulino, 1990. p. 44).
[14] Para Ricardo Lobo Torres os direitos econômicos dependem integralmente da concessão do Legislador para sua concretização (TORRES, Ricardo Lobo. O mínimo existencial, os direitos sociais e os desafios de natureza orçamentária. In: *Direitos fundamentais*. Orçamento e "reserva do possível". Porto Alegre: Livraria do Advogado, 2008. p. 80).
[15] STERN, Klaus. Global constitutionalism movements and new constitutions. *Revista Latino-Americana de Estudos Constitucionais*, Belo Horizonte, n. 2, jul./dez. 2003.
[16] CUNHA, Paulo Ferreira da. *Mito e constitucionalismo*. Perspectiva conceitual e histórica. Porto: Gráfica de Coimbra, 1990. p. 135.
[17] GIOVANNELLI, Adriano. *Dottrina pura e teoria della costituzione in Kelsen*. 2. ed. Milano: Giuffrè, 1983. p. 282-283.
[18] Canotilho relativizou a importância da Constituição Dirigente ao admitir que as normas não podem ser voluntaristas nem podem relegar o pluralismo, que é uma das características da pós-modernidade. "Na Constituição

que se vislumbra não é só a garantia do existente, mas também um programa para o futuro,[19] atuando como vetor para a política, sem substituí-la, podendo cumprir todas as prerrogativas delineadas pelo Texto Maior.

Mas deve-se deixar claro que não há escopo de colonização da seara política por qualquer tipo de processo de judicialização que não seja de forma supletiva.[20] Da mesma forma que se discorda da concepção absoluta da separação de poderes, não há nenhuma apologia à mitigação das atribuições do Poder Legislativo, que deve servir de "caixa de ressonância da sociedade".[21]

Diante das demandas da sociedade brasileira, que ostenta um tecido social bastante esgarçado, faz-se urgente uma teorética constitucional que possa resgatar as promessas de uma modernidade que ainda não se realizou.[22] Um texto que possa pautar as lutas da cidadania e esboçar o esquadro de uma sociedade que possa ser includente e ao mesmo tempo factível, sem cair na tentação de reprodução de utopias.

## 3.2 Sistemas constitucionais

Os três principais sistemas constitucionais que se encontram vigentes são o francês, o inglês e o norte-americano. Com maior ou menor intensidade, eles influenciam a maioria das Cartas Magnas ocidentais. Apesar de algumas semelhanças, pode-se afirmar que eles contêm determinadas características que os diferenciam e, consequentemente, requerem dispositivos normativos ou processos hermenêuticos também distintos. Estas peculiaridades devem-se a injunções de ordem metajurídica e são decorrentes de contextos sociopolítico-econômicos peculiares de cada país, modelando de forma indelével suas estruturas normativas.[23]

### 3.2.1 Sistema inglês

O sistema inglês é o mais antigo dos modelos constitucionais e não é condensado por um único texto escrito, mas formado por tradições e documentos que representam

---

prevê-se um esquema de segurança social unificado. Acreditávamos nesse esquema, mas hoje há outros esquemas, privados, que alguns consideram mais rentáveis e mais eficientes, que podem conduzir aos mesmos objetivos de defesa de uma segurança social mais ou menos sólida. Por isso mesmo, pergunta-se: deveria ter-se cristalizado na Constituição essa política que se traduz apenas na existência de um serviço público de segurança social, limitando o legislador democrático? Ora bem. O problema que efetivamente se coloca é o de saber se deveremos cristalizar políticas na Constituição ou se deveremos ter abertura para as várias políticas possíveis. Hoje penso que o momento de maior tensão é este" (COUTINHO, Jacinto Nelson de Miranda (Org.). *Canotilho e a Constituição Dirigente*. Rio de Janeiro: Renovar, 2003. p. 19-20).

[19] BERCOVICI, Gilberto. A Constituição dirigente e a constitucionalização de tudo (ou do nada). In: SOUZA NETO, Cláudio Pereira de; SARMENTO, Daniel. *A constitucionalização do direito* – Fundamentos teóricos e aplicações específicas. Rio de Janeiro: Lumen Juris, 2007. p. 169.

[20] VIANNA, Luiz Werneck et al. *A judicialização da política e das relações sociais no Brasil*. Rio de Janeiro: Editora Revan, 1999. p. 43.

[21] Ely afirma que o Poder Legislativo consome a maior parte de seu tempo em atividades outras que não a produção legislativa (ELY, John Hart. *Democracy and distrust*. A theory of judicial review. Cambridge: Harvard University Press, 1980. p. 131).

[22] STRECK, Lenio Luiz. *Jurisdição constitucional e hermenêutica*. Porto Alegre: Livraria do Advogado, 2002. p. 69.

[23] Segundo Paulo Ferreira da Cunha, as principais contribuições ao constitucionalismo ocidental provêm de quatro grupos principais, formados pelo constitucionalismo inglês, francês, norte-americano e russo (CUNHA, Paulo Ferreira da. *Direito constitucional geral*. Uma perspectiva luso-brasileira. São Paulo: Método, 2007. p. 170).

o alicerce do mencionado sistema como a *Magna Charta Libertatum* (1215), o *Petition of Rights* (1628), a *Bill of Rights* (1689) etc. A principal fonte normativa não é a lei, mas o costume, sedimentado de forma lenta e evolutiva no perpassar dos anos.[24]

Uma de suas singularidades é que desde a *Magna Charta Libertatum* começou a haver uma redução das prerrogativas monárquicas, culminando com a *Bill of Rights* que consolida o poder nas mãos do Parlamento inglês. A construção de seu sistema constitucional se fez sem rupturas traumáticas, de forma lenta e paulatina, possibilitando a acomodação das estruturas organizacionais do Estado. Os sujeitos da história constitucional inglesa são o rei, o parlamento e os juízes, expressando o primado da *common law*.[25]

A mitigação paulatina do poder real ocorreu pela instituição de um governo misto, em que o rei, a Câmara dos Lordes e a Câmara dos Comuns dividiam o poder, com a predominância de prerrogativas, em cada uma destas instâncias, em dado contexto histórico específico. Constituiu-se no primeiro sistema constitucional a adotar formalmente um regime parlamentar, marcando a supremacia do Parlamento que representava a vontade da população. Com a divisão de prerrogativas entre o rei, a Câmara dos Lordes e a Câmara dos Comuns, iniciou-se a técnica de separação de poder, cuja realidade fática serviu de subsídio para que Montesquieu elaborasse seu modelo de *checks and balances*.

Esta experiência inicia a tradição constitucional de se adotar textos declaratórios de direitos, que depois se expandiriam para os modelos norte-americano e francês. As declarações simbolizavam o sepultamento dos governos arbitrários, estabelecendo prerrogativas que deveriam ser usadas pelos cidadãos na garantia de seus direitos. Assim, a cultura jurídica inglesa teve a possibilidade de consolidar a tradição de textos que outorgava vários direitos aos súditos (que de forma alguma foi contínua, sujeitando-se a vários retrocessos), limitando o poder real e estabelecendo os contornos iniciais do que viria a se tornar um Estado de Direito. A ideia de construção de um Estado de Direito é bastante acentuada no constitucionalismo inglês e no francês, em decorrência de suas experiências pretéritas com regimes absolutistas.

O constitucionalismo inglês cunhou a expressão *rule of law*, significando que o poder real tem que ficar adstrito a leis e costumes do país.[26] Os atos dos reis não podem ser absolutos, o parlamento, em razão de sua soberania, ostenta a prerrogativa de fiscalizar se essas decisões se adequam às "leis" maiores que devem governar a sociedade. Os cidadãos, em virtude desse "governo das leis", têm assegurados o devido processo legal e o acesso aos tribunais, para que sejam protegidos contra arbitrariedades.

---

[24] "Diz-se muitas vezes que a Constituição inglesa é uma Constituição não escrita (*unwritten Constitution*). Só em certo sentido este asserto se afigura verdadeiro: no sentido de que uma grande parte das regras sobre organização do poder político é consuetudinária; e, sobretudo, no sentido de que a unidade fundamental da Constituição não repousa em nenhum texto ou documento, mas em princípios não escritos, assentes na organização social e política dos Britânicos. Além das regras consuetudinárias, existem ainda as *Conventions of the Constitution* – versando sobre o funcionamento do Parlamento, as relações entre as Câmaras e entre o Governo e a Oposição ou o exercício dos poderes do Rei; e que parecem ser mais do que meros usos" (MIRANDA, Jorge. *Teoria do Estado e da Constituição*. Rio de Janeiro: Forense, 2002. p. 75-76).

[25] GARCÍA-PELAYO, Manuel. *Derecho constitucional comparado*. Salamanca: Alianza, 1999. p. 252.

[26] Segundo A. V. Dicey, dois elementos caracterizam as instituições políticas da Inglaterra desde a conquista normanda: a onipresença do poder central em todo o país e, em decorrência deste, a supremacia da lei (DICEY, A. V. *Introduction to the study of the law of the Constitution*. Indiana: Liberty Fund, 1982. p. 107).

## 3.2.2 Sistema francês

O sistema constitucional francês surge de uma revolução, portanto, a nova ordem necessitou redesenhar toda a organização política existente, modelando uma nova estrutura de poder. Ao contrário do modelo inglês, na França não houve um desenvolvimento de estruturas jurídicas, advindo, dessa forma, a radicalização que a caracterizou em vários de seus momentos.

A Revolução de 1789 representou uma completa ruptura com o sistema normativo vigente, o Estado feudal. Em seu lugar fora implantado um Estado burguês, com novas formas de organização política e também com novos atores sociais. Por necessitar demolir as velhas organizações existentes, havendo forte oposição das classes privilegiadas pelo *Ancien Régime*, este modelo constitucional não propiciou estabilidade para o desenvolvimento das instituições. No período de 1791 a 1802 foram promulgadas cinco Constituições na França.

Devido à necessidade de se legitimar o deslocamento de poder para a burguesia, Sieyés formulou a diferença entre Poder Constituinte e poderes constituídos. Esta justificativa de poder amparava-se em bases racionais, distante de fundamentações metafísicas, de origem do poder pela escolha divina. O Poder Constituinte estabelece os demais poderes e todos eles devem se ater aos limites estipulados, advindo assim a importância dos textos constitucionais que funcionavam como vetor de estabilidade para o funcionamento da sociedade. As demais estruturas de poder estavam em posição de subordinação ao pacto de formação da sociedade, não podendo suplantar os limites sinalizados. Como consequência, houve uma valorização da força dos mandamentos constitucionais, ressaltando seu caráter contratualista. Todavia, não houve o desenvolvimento de suas consequências, como o controle de constitucionalidade que garantiria a supralegalidade da Carta Magna.

Por ter sido fruto de uma revolução, com ativa participação da população, houve o desenvolvimento do conceito de soberania, ficando assente que a Constituição seria a sua personificação, não podendo existir nenhum outro poder que não se fundamentasse no Texto Maior.[27]

O texto escrito em 1791 não pode ser considerado tópico, localista, específico apenas para a realidade histórica da França, mas uma estrutura jurídica de cunho universal, que poderia ser utilizada pelo gênero humano, sendo dirigido a todos os homens, independentemente de suas nacionalidades. Tem também como uma de suas características o estabelecimento de uma declaração de direitos, denominada Declaração de Direitos do Homem e do Cidadão, texto jurídico que por se revestir de supremacia constitucional ostenta força cogente e serve de parâmetro à atuação estatal (esta declaração continua vigente como preâmbulo da Constituição de 1958).

O Estado de Direito francês, *État Légal*, caracteriza-se como o apogeu do princípio da legalidade, tomando o vocábulo *norma* como uma estrutura jurídica genérica, sem admitir privilégios, feita por representantes eleitos pela população para atender a seus interesses gerais. Entretanto, a exacerbação desse princípio fez com que a supremacia da Constituição restasse fragilizada e impediu na França o desenvolvimento da jurisdição constitucional nos moldes adotados pelos outros países ocidentais.

---

[27] BURDEAU, Georges; HAMON, Francis; TROPER, Michel. *Droit constitutionnel*. 25. ed. Paris: LGDL, 1997. p. 295.

No constitucionalismo desenvolvido nesse país a Lei Maior foi considerada em seu senso político e em seu senso jurídico.[28] Pode-se notar claramente que a primeira acepção predominou em detrimento da segunda durante a maior parte de sua história.

### 3.2.3 Sistema norte-americano

Da experiência norte-americana ficou nítida a preponderância da Carta Magna em relação às demais normas jurídicas, não obstante esta assertiva não ter ficado clara no seu texto. Somente de forma indireta esta ilação é expressa, como no art. III, secção II, nº 1 – exprimindo a Constituição como fonte de decisão judicial – e no art. VI, nº 2 – explicitando a Constituição como lei superior do país. Após o caso Marshall v. Madison, em 1803, tal entendimento se consolida na Suprema Corte.

As principais contribuições do sistema norte-americano são: o federalismo, o governo presidencial e o sistema jurídico de fiscalização de controle de constitucionalidade. Foi o primeiro Estado a implementar um governo federativo, marcado por uma dualidade de organizações políticas, consistindo em um arranjo que permitiu atender às demandas de autonomia por parte dos Estados-membros e à necessidade de implantação de políticas nacionais.[29] O sistema de governo presidencialista se configurou na solução para impedir o exercício de poder de forma vitalícia ao mesmo tempo em que assegurava condições efetivas de implementar decisões políticas. E o controle de constitucionalidade, que ressaltou a importância da Suprema Corte, garantiu a supremacia da Constituição.

Constituiu-se em um dos primeiros documentos a garantir o direito de crença, separando o Estado das confissões religiosas. Pela primeira vez, em nível constitucional, houve o delineamento dos freios e contrapesos, com a definição de cada uma das funções de cada Poder. Como explica Canotilho, a Constituição norte-americana não tem a intenção de vislumbrar uma sociedade no futuro, mas uma forma de garantir direitos e de limitar poderes.[30]

Por incrível que possa parecer, inexiste no texto original da Constituição de 1787 uma declaração de direitos. Ela só viria a ser implementada quatro anos depois, em 1791, através das dez primeiras emendas à Carta Magna. Ela não foi efetivada em 1787 porque já existiam declarações de direitos nos Estados e estes entes políticos temiam ter suas prerrogativas mitigadas pela obrigatoriedade de cumprimento dos direitos fundamentais.[31]

Mas, sem dúvida, o constitucionalismo norte-americano deixou como legado a importância indelével da Constituição, configurada como *Lex Mater*, exercendo supralegalidade imperiosa a todas as demais normas do ordenamento jurídico. Essa lei superior (*higher lawmaking*) diferencia-se das demais, leis inferiores (*lower lawmaking*), porque funda as estruturas jurídicas da sociedade, estabelecendo os fundamentos que devem guiar o seu desenvolvimento.

---

[28] FAVOREAU, Louis. *Droit constitutionnel*. 8. ed. Paris: Dalloz, 2005. p. 51.
[29] LOEWENSTEIN, Karl. *Teoría de la constitución*. Tradução de Alfredo Ballego Anabitarte. Barcelona: Ariel, 1970. p. 360-361.
[30] CANOTILHO, José Joaquim Gomes. *Direito constitucional e teoria da Constituição*. 6. ed. Coimbra: Almedina, 2002. p. 70.
[31] STORING, Herbert J. The Constitution and The Bill of Rights. In: *Essays on the Constitution of the United States*. Washington: Kennikat Press, 1978. p. 32.

## 3.3 Neoconstitucionalismo

Infelizmente, não existe ainda uma precisão conceitual para a terminologia *neoconstitucionalismo*.[32] Esse neologismo nasceu pela necessidade de exprimir algumas qualificações que não poderiam ser devidamente explicadas pelas conceituações vigentes no constitucionalismo, no juspositivismo ou no jusnaturalismo. Ele também é chamado de constitucionalismo de direitos, constitucionalismo avançado ou paradigma argumentativo.[33]

O neoconstitucionalismo é propulsionado pelos seguintes aspectos: a) falência do padrão normativo, que fora desenvolvido no século XVIII, baseado na supremacia do parlamento; b) influência da globalização; c) pós-modernidade; d) superação do positivismo clássico; e) centralidade dos direitos humanos; f) diferenciação qualitativa entre princípios e regras;[34] g) revalorização do direito.

Para Suzanna Pozzolo, o neoconstitucionalismo apresenta as seguintes características: a) adoção de uma noção específica de Constituição que foi denominada "modelo prescritivo de constituição como norma"; b) defesa da tese segundo a qual o direito é composto (também) de princípios; c) adoção de uma técnica interpretativa denominada "ponderação" ou "balanceamento"; d) consignação de tarefas de integração à jurisprudência e de tarefas pragmáticas à teoria do direito.[35]

O modelo normativo do neoconstitucionalismo não é o descritivo ou prescritivo, mas o axiológico. No constitucionalismo clássico a diferença entre normas constitucionais e infraconstitucionais era apenas de grau, no neoconstitucionalismo a diferença é também axiológica – a Constituição considerada "como valor em si".

O que não significa tornar o direito apêndice da seara moral. O texto legal representa um *standard* determinante para a aplicação normativa. Contudo, o operador não pode ficar enclausurado apenas em filigranas jurídicas; urge estabelecer o contato dialético com a realidade, firmando uma simetria entre a normaticidade e a normalidade. Na seara de discricionariedade encontrada, na maioria dos casos, na subsunção, pode o operador socorrer-se de elementos metajurídicos, mormente da densidade suficiente na concretização dos direitos humanos.[36]

O neoconstitucionalismo não postula o surgimento de um *judicial power*; os marcos normativos devem ser obedecidos pelos poderes estatais. Entretanto, em países periféricos como o nosso, o ativismo judicial pode ser admitido quando houver a premência da realização de direitos humanos, assegurando a "densidade suficiente", estabelecida de forma conjunta pela seara política e pela seara jurídica.

---

[32] Um dos livros mais notórios sobre a temática ora em análise denomina-se *Neoconstitucionalismo(s)*, com sua utilização no plural, para denotar a existência se várias significações com relação à novel denominação (COMANDUCCI, Paolo. Formas de (neo) constitucionalismo: un análisis metateórico. In: *Neoconstitucionalismo(s)*. Madrid: Trotta, 2003).

[33] PRIETO SANCHÍS, Luis. *Derechos fundamentales, neoconstitucionalismo y ponderación judicial*. Lima: Palestra, 2007. p. 109-111.

[34] Postula Paulo Ricardo Schier que a Constituição possui "normatividades" regulatórias diferentes (SCHIER, Paulo Ricardo. Novos desafios de filtragem constitucional no momento do neoconstitucionalismo. In: *A constitucionalização do direito*. Fundamentos teóricos e aplicações específicas. São Paulo: Lumen Juris, 2007. p. 255).

[35] DUARTE, Écio Oto Ramos; POZZOLO, Susanna. *Neoconstitucionalismo e positivismo jurídico*. São Paulo: Landy, 2006. p. 79.

[36] STRECK, Lenio Luiz. *Verdade e consenso, constituição, hermenêutica e teorias discursivas*. Da possibilidade à necessidade de respostas corretas em direito. Rio de Janeiro: Lumen Juris, 2007. p. 372.

O caráter ideológico do constitucionalismo clássico era apenas o de limitar o poder, dentro do delineamento estabelecido pela separação dos poderes, enquanto o caráter ideológico do neoconstitucionalismo é o de concretizar os direitos humanos. Cumpre a todos os poderes estabelecidos efetivar os postulados agasalhados na *Lex Mater*, consolidando seu papel de "pacto vivencial da sociedade".

Nesse diapasão, a doutrina clássica da separação de poderes não cumpre mais sua função. Ela fora idealizada com o objetivo precípuo de impedir o surgimento de governos absolutistas, e cumpriu seu papel de forma satisfatória. Contudo, mostra-se como um estorvo para a concretização de direitos humanos, principalmente, os de natureza prestacional. A separação de poderes deixa de revestir uma natureza funcional e passa a desempenhar um escopo teleológico, em que a realização dos direitos humanos configura-se em sua função profícua.

Essa revisitação do fenômeno constitucional parte do pressuposto da reafirmação da força normativa da Constituição e sua consequente densificação. Assim, com seu fortalecimento, em que a imperatividade de suas normas atinge todas as searas do direito, surge uma legalidade superior à legalidade ordinária, deslocando a primazia do legislador infraconstitucional para o cumprimento da vontade do sujeito constituinte, composto de forma plural pelos mais variados segmentos da sociedade.

Fala-nos Santiago Sastre Ariza que a *Lex Mater* deixou de ser considerada uma norma de valor meramente programático ou um conjunto de recomendações ou orientações dirigidas ao legislador para reafirmar seu valor normativo e operar como uma autêntica norma jurídica com eficácia direta e imediata.[37]

Todavia, com a expansão da incidência da força normativa da Constituição, necessita-se igualmente fortalecer sua legitimidade, pois, caso contrário, sua atuação encontrará óbices. A legitimidade fundada nos parâmetros da legalidade não é mais suficiente devido à crise do direito legislado. Critérios materiais são prementes porque podem auferir consensos de forma mais fácil na sociedade, transformando-se em núcleos essenciais, invariáveis axiológicas, compartilhando reconhecimento dos mais variáveis segmentos sociais.

Diante das necessidades de regulamentar uma sociedade cada vez mais conflitiva, o caráter científico da ciência jurídica cede espaço à sua finalidade teleológica. Seu sentido descritivo encontra-se tolhido pela necessidade de normas de sentido deontológico para a estruturação da sociedade.

O neoconstitucionalismo representou o fim dos modelos político-institucionais, em que o poder estabelecido não tinha nenhum comprometimento com a concretização dos dispositivos estabelecidos na Constituição, podendo implementar livremente as políticas públicas em nome do princípio da soberania popular. O texto constitucional ganha força normativa e transforma-se em mandamento vinculante para o legislador ordinário, já que cristaliza a vontade do *we the people*.

O neoconstitucionalismo faz com que os critérios de validade sejam materiais, extrassistêmicos, e formais, intrassistêmicos. Ele não se compadece apenas com regras de reconhecimento formal, em que os anseios da população são relegados por formalidades jurídicas. Defende a adoção de critérios também materiais, em que haja um parâmetro

---

[37] SASTRE ARIZA, Santiago. La ciencia jurídica ante el neoconstitucionalismo. In: *Neoconstitucionalismo(s)*. Madrid: Trotta, 2003. p. 240-241.

substancial para aferição das normas. Representa uma limitação ao procedimentalismo jurídico, calcado seja na democracia, seja no agir comunicativo, ao mesmo tempo em que impulsiona um substancialismo alicerçado nos direitos humanos.

A base filosófica do neoconstitucionalismo[38] é a filosofia analítica e a hermenêutica, e do ponto de vista da ciência do direito compõem-se, de forma eclética, de elementos do positivismo jurídico, do realismo jurídico e do jusnaturalismo.[39]

Alguns dos postulados do positivismo clássico se mostram incompatíveis com o neoconstitucionalismo. Lenio Streck demostra algumas dessas incompatibilidades: a) o direito posto não deve ser obedecido simplesmente porque é válido; b) a lei ordinária perde sua primazia como fonte do direito para as normas constitucionais; c) discorda da rígida separação entre direito e moral e da neutralidade defendida pelo positivismo.[40]

Entre tudo o que fora apresentado pode-se afirmar que a principal marca do neoconstitucionalismo é a preocupação em efetivar direitos humanos, especificamente aqueles de natureza social que se encontram em inanição em sociedades que apresentam um constitucionalismo de baixa intensidade.[41]

## 3.3.1 O papel dos direitos humanos no neoconstitucionalismo

Os direitos humanos se configuram como os mais importantes elementos para a formação do neoconstitucionalismo. Quando o processo de expansão da atuação da jurisdição constitucional se ampara em seus fundamentos, até mesmo as decisões que incidem em controvérsias searas políticas encontram respaldo na sociedade, desempenhando o órgão que exerce a jurisdição constitucional um papel de guardião dos direitos agasalhados pela Constituição. No atendimento das demandas sociais pós-modernas, a jurisdição constitucional é chamada a incidir cada vez de forma mais constante na seara política, chegando, inclusive, a desempenhar uma função

---

[38] Luís Roberto Barroso nos fala que o marco filosófico do direito constitucional é o pós-positivismo (BARROSO, Luís Roberto. Neoconstitucionalismo e constitucionalização do direito (o triunfo tardio do direito constitucional do Brasil). In: *A constitucionalização do direito*. Fundamentos teóricos e aplicações específicas. São Paulo: Lumen Juris, 2007. p. 207).

[39] SASTRE ARIZA, Santiago. La ciencia jurídica ante el neoconstitucionalismo. In: *Neoconstitucionalismo(s)*. Madrid: Trotta, 2003. p. 246.

[40] "Daí a possibilidade de afirmar a existência de uma série de oposições/incompatibilidades entre o neoconstitucionalismo (ou, se assim se quiser, o constitucionalismo social e democrático que exsurge a partir do segundo pós-guerra) e o positivismo jurídico. Assim: a) o neoconstitucionalismo é incompatível com o positivismo ideológico, porque este sustenta que o direito positivo, pelo simples fato de ser positivo, é justo e deve ser obedecido, em virtude de um dever moral. Como contraponto, o neoconstitucionalismo seria uma 'ideologia política' menos complacente com o poder; b) o neoconstitucionalismo não se coaduna com o positivismo enquanto teoria, estando a incompatibilidade, neste caso, na posição soberana que possui a lei ordinária na concepção positivista; c) também há uma incompatibilidade entre neoconstitucionalismo com o positivismo visto como metodologia, porque este separou o direito e a moral, expulsando esta do horizonte jurídico. Tal separação, e a consequente afirmação de que o direito pode ser estudado simplesmente como fato social por um observador neutro, determinaria a incompatibilidade, já que o direito do Estado constitucional necessitaria, para ser estudado e compreendido, de uma tomada de postura moral, enfim, requereria uma atitude ética. Já o direito constitucional carregado de princípios morais positivados, que haviam reconduzido ao interior do discurso jurídico as problemáticas morais" (STRECK, Lenio Luiz. A hermenêutica filosófica e as possibilidades de superação do positivismo pelo (neo) constitucionalismo. In: *Constituição, sistemas sociais e hermenêutica*. Porto Alegre: Livraria dos Advogados, 2005. p. 153).

[41] BELLO, Enzo. O neoconstitucionalismo e a teoria constitucional contemporânea. In: *Perspectivas da teoria constitucional contemporânea*. São Paulo: Lumen Juris, 2007. p. 12.

normogenética, quando um direito humano não puder ser exercido por falta de regulamentação do legislador infraconstitucional.

A importância dos direitos humanos é uma unanimidade em todos os ordenamentos constitucionais, configurando-se como a principal característica das Cartas Magnas hodiernas. A "era dos direitos" assinala o ocaso da concepção hobbesiana de que os direitos humanos são prerrogativas inerentes ao Estado e somente poderiam existir enquanto fossem apanágio das atividades estatais.[42]

Neste diapasão está a exposição de Mirkine Guetzévitch:

> As liberdades individuais e sociais ocupam um lugar de honra nas novas Constituições europeias. Mesmo as dos países onde a prática governamental ou administrativa não é absolutamente democrática consagram capítulos eloquentes à afirmação dessas liberdades. Pode-se dizer que o reconhecimento dos Direitos do Homem penetrou na opinião mundial com uma unanimidade quase desconcertante, pois, embora unânime, esse reconhecimento não é para tanto um penhor de eficácia.[43]

Um grande obstáculo enfrentado pela Constituição de 1988 configura-se na efetivação dos direitos humanos, elemento imperioso para uma densificação de sua força normativa. Sem uma homogeneização de direitos na sociedade, há um incremento de desníveis que fomentam violências e revoltas. Quando os cidadãos não se reconhecem como membros da sociedade, o pacto vivencial estabelecido entra em decadência e a *Lex Mater* deixa de ter efeito normativo e passa a ter efeito apenas retórico.

Em sociedades cada vez mais complexas, em que pululam conflitos em todo o tecido social, os direitos humanos passam a desempenhar a função de núcleos comuns de pertinência social. Com a falência das metanarrativas, na acepção de Derrida,[44] a densidade suficiente dos direitos humanos desempenha a função de núcleos de reconhecimento de todos os segmentos sociais, constituindo ponto de consenso, em que os cidadãos se reconhecem como membros integrantes da mesma organização política, partilhando de muitos objetivos comuns.

Os direitos humanos, na atualidade, representam o mesmo papel que antes era função dos direitos naturais. Contudo, sua acepção não tem nenhum tipo de ligação com qualquer jusnaturalismo ou voluntarismo. Devem ser estabelecidos dentro da dialética das relações sociais, sendo fruto de injunções específicas de natureza sociopolítico-econômica.

Os direitos humanos passam a desempenhar um duplo papel: internamente, servindo como referência para as normas infraconstitucionais, sob pena de declaração de sua inconstitucionalidade; e, externamente, como fator extrajurídico de legitimação do sistema normativo.

Assim, eles obrigam uma reestruturação do princípio da soberania popular, em que os representantes do povo não possuem prerrogativas para macular o núcleo sistêmico dos direitos humanos. O campo de atuação dos parlamentares fica bastante restrito com relação a esses, que são protegidos pela cláusula de intangibilidade constitucional.

---

[42] HOBBES, Thomas. *El estado*. México: Fondo de Cultura Económica, 1998. p. 43.
[43] MIRKINE-GUETZÉVITCH, Boris. *Evolução constitucional europeia*. Tradução de Marina de Godoy Bezerra. Rio Janeiro: José Konfino Editor, 1957. p. 157.
[44] DERRIDA, Jacques. Diritto alla giustizia. In: *Diritto, giustizia e interpretazione*. Roma: Laterza, 1998. p. 31.

Com o deslocamento da legitimação normativa, o direito positivo de *per si* não é mais a ferramenta adequada para garantir justificação ao ordenamento jurídico, surgindo a necessidade de densificar o teor de sua legitimidade, principalmente, com a densidade suficiente de substâncias agasalhadas pela Constituição.

A validade formal-positiva não serve mais para validar os parâmetros jurídicos, urgindo reestruturar o critério de validade através de requisitos materiais, e esses requisitos configuram-se nos direitos humanos.

## 3.4 Visão sociológica da Constituição

Este prisma privilegia os fatores sociopolítico-econômicos que circundam a Constituição. A exegese das normas constitucionais não pode ser realizada de forma separada, isolada, mas analisada em conjunto com os elementos fornecidos pela sociedade. A visão sociológica define a Constituição como uma decorrência dos fatores sociais, concebendo os mandamentos constitucionais como apêndice da realidade fática, sem nenhuma autonomia. A Carta Magna não teria sua origem em uma norma hipotética fundamental, como afirma a visão jurídica, mas a gênese do seu nascimento seria oriunda de fatos marcantes produzidos pela população, capazes de remodelar a estrutura jurídica.

Ela foi delineada, entre outros, por Ferdinand Lassalle, concebendo a Carta Magna como reflexo da "soma dos fatores reais de poder". O que se sobressai nessa análise é o papel desempenhado pela eficácia normativa, que ficaria condicionada a um elemento exterior à esfera jurídica. Para a Constituição poder produzir os seus efeitos, as normas deveriam se adequar aos fatores reais de poder, isto é, as forças políticas dominantes, como os banqueiros, empresários etc. Se as normas não se coadunassem com os núcleos de poder vigentes, os mandamentos constitucionais se tornariam uma simples "folha de papel", uma peça jurídica sem valor, destituída de qualquer força normativa.[45]

Uma Constituição, para esse autor, deveria ser formulada em sincronia com os interesses das forças sociais que imperam na sociedade. Só as classes dominantes têm condições de tornar as normas constitucionais efetivas, realizando o que Konrad Hesse chama de "força normativa da Constituição".[46] O povo, tomado no sentido dos hipossuficientes que compõem a maioria da sociedade, apenas pode se tornar fator real de poder se estiver politicamente organizado.

Se uma Constituição não estiver em sincronia com os interesses dominantes, as elites sociais podem transformá-la em uma folha de papel, sem importância alguma, retirando qualquer possibilidade de concretude normativa. Havendo uma modificação nas classes dominantes, também deve haver uma alteração na Lei Maior; caso contrário, ela não valerá nada. Sempre que houver um antagonismo entre a norma e o fato social, segundo a teoria sociológica, este último preponderará sobre o primeiro.

---

[45] LASSALLE, Ferdinand. ¿Qué es una constitución? 4. ed. Buenos Aires: Siglo Veinte Uno, 1969. p. 21.
[46] Explica Hesse o sentido semântico da expressão "força normativa da Constituição": "A Constituição é a ordem fundamental jurídica da coletividade. Ela determina os princípios diretivos, segundo os quais deve formar-se unidade política e tarefas estatais a serem exercidas. Ela regula procedimentos de vencimentos de conflitos no interior da coletividade. Ela ordena a organização e o procedimento da formação da unidade política e da atividade estatal" (HESSE, Konrad. *Elementos de direito constitucional da República Federal da Alemanha*. Porto Alegre: Fabris, 1998. p. 37).

## 3.5 Visão jurídica da Constituição

Vislumbra-se como corifeu desta tese o jurista austríaco Hans Kelsen. Para ele, o direito se resumiria à norma. Tomou essa atitude para depurá-lo da ingerência das demais ciências, como a sociologia, a economia etc. O jurista deveria olhar o fenômeno jurídico apenas sob o prisma jurídico, cabendo as outras análises às demais ciências.[47] Apesar disso, como adverte MacCormick e Weinberger, o positivismo legal não assume qualquer critério de validade para o fenômeno jurídico, independentemente do interesse da população e de suas instituições.[48]

Para realizar essa depuração, Kelsen efetuou um corte metodológico e um corte axiológico. Este significa a análise do fenômeno jurídico sem o recurso a subsídios ideológicos, analisando o objeto de forma neutra, ausente qualquer tipo de valoração ou interesse no resultado. Aquele representa que o direito apenas pode ser estudado por métodos jurídicos, abstraindo-se os recursos metodológicos empregados por outras ciências, reduzindo-se o objeto de estudo à norma jurídica.

Não caberia, segundo Kelsen, analisar a Constituição como uma decisão política ou como um reflexo das classes sociais dominantes. Essas deambulações seriam questionamentos pré-jurídicos, fora do espaço para os operadores do direito. A força das normas jurídicas seria independente das forças sociais e, se houvesse um antagonismo entre elas, a intensidade normativa preponderaria sobre a realidade fática.

Ausente qualquer elemento de valor das normas, o seu intérprete deveria analisá-las de forma neutra, cabendo-lhe aplicar o teor literal das cominações. Para chegar a essa conclusão, Kelsen se auxilia de um corte axiológico, no qual as ingerências valorativas da norma são evitadas.

O alicerce do ordenamento jurídico reside na norma hipotética fundamental, a *grundnorm*, cabendo a ela validar as demais normas do ordenamento jurídico. Ela valida a Constituição e esta valida as outras normas, formando-se um sistema hierarquizado em que a norma inferior é validada pela norma superior. Por isso, a validade, alicerce das normas jurídicas, reside na compatibilidade vertical e não em uma explicação filosófica ou sociológica, como querem alguns, entre outros, Max Weber. Uma norma inferior, para ter validade, necessita estar de acordo com a norma superior, sendo proferida pelo órgão estatal competente e enquadrada dentro do ordenamento jurídico.

Kelsen concebe a Constituição de um ponto de vista lógico-jurídico e jurídico-positivo. O primeiro define a Lei Maior como norma hipotética fundamental, tomada como ponto fundante do ordenamento jurídico, cuja finalidade é validar o restante do ordenamento. O segundo a define como conjunto de normas dotadas de supralegalidade, que tem a finalidade de regular a criação de outras normas, exercendo função normogenética, regulamentando o procedimento de nascimento das leis infraconstitucionais.

---

[47] "Quando a si própria se designa como pura teoria do Direito, isto significa que ela se propõe a garantir um conhecimento apenas dirigido ao Direito e excluir deste conhecimento tudo quanto não pertença ao seu objeto, tudo quanto se não possa, rigorosamente, determinar como Direito. Quer isto dizer que ela pretende libertar a ciência jurídica de todos os elementos que lhe são estranhos" (KELSEN, Hans. *Teoria pura do direito*. Tradução de João Baptista Machado. 4. ed. Coimbra: Armênio Amado, 1976. p. 109).

[48] MACCORMICK, Neil; WEINBERGER, Ota. *An institutional theory of law*. New approaches to legal positivism. Hingham: Reidel, 1986. p. 116.

## 3.6 Visão política da Constituição

Segundo Carl Schmitt, a Constituição seria fruto de uma decisão política. Não se questiona qual o teor da decisão, ou seja, seu aspecto axiológico, podendo a norma assumir qualquer conteúdo. O que interessa é se as normas infraconstitucionais são compatíveis com a decisão política tomada pela Constituição. Expõe Carl Schmitt: "O último fundamento de toda a existência do direito e de todo valor jurídico se pode encontrar em um ato de vontade, em uma decisão que como tal possibilite a criação do direito, e cuja força jurídica sejam regras de decisão".[49]

Nota-se, assim, certa analogia com a teoria jurídica de Hans Kelsen, pois em ambos as normas são destituídas de qualquer axiologia quanto ao conteúdo. Na visão política, o que interessa é que a decisão tomada tenha força suficiente para realizar uma Constituição e que seja obedecida independentemente do conteúdo adotado, da mesma forma que a *grundnorm* kelseniana.

Para essa teoria, a base do ordenamento jurídico não seria uma norma hipotética fundamental, mas uma decisão política proferida pelas classes sociais hegemônicas. A partir daí o fundamento de validade do sistema seria o mesmo propugnado por Kelsen, em que a norma superior validaria a norma inferior. Kelsen adota a concepção do normativismo jurídico e Schmitt adota a concepção do normativismo sociológico.

A Constituição seria a decisão global e fundamental acerca da espécie e da forma de unidade política. Um dos exemplos usados por Schmitt é o da Constituição francesa de 1791, que trouxe a decisão política do povo francês a favor da monarquia constitucional.

Costamagna, imbuído de uma concepção política da Constituição, mostra que a *Lex Mater* delineia um espaço no qual se devem mover os interesses públicos e privados, representando o altíssimo dever político e moral, exprimindo os princípios norteadores do regime estatal.[50]

Schmitt ainda traçou uma distinção entre Constituição e leis constitucionais. A primeira representa a escolha implementada na decisão política, tendo sentido político absoluto, significando a essência do ordenamento jurídico. São os fundamentos que estruturam a organização política do Estado. Como exemplo podem ser apontadas as decisões políticas referentes à forma de governo, ao sistema de governo, à divisão de competências etc.[51] As leis constitucionais pressupõem a Constituição e valem em razão dela. Qualificam-se apenas pelo formalismo ou rigidez que lhes dificultam a mudança. São normas que foram rebaixadas na escala axiológica perante valores existenciais da Constituição, ou seja, perante a decisão política que garante a sua unidade. Trazem como conteúdo matérias que não versam sobre a estruturação de poder implementada na sociedade.

A Constituição, dentro da teoria de Schmitt, não pode ser passível de modificações através de reformas constitucionais porque significa a unidade política, a estruturação de poder delineada na sociedade. As leis constitucionais podem ser modificadas pelo processo de reforma porque não representam as normas fundamentais da organização

---

[49] SCHMITT, Carl. *Sobre los tres modos de pensar la ciencia jurídica*. Tradução de Montserrat Herrero. Madrid: Tecnos, 1996. p. 27.
[50] COSTAMAGNA, C. *Elementi di diritto costituzionale corporativo facista*. Firenze: Bemporad & Figlio, 1929. p. 173.
[51] SCHMITT, Carl. *Teoría de la constitución*. Tradução de Francisco Ayla. 2. ed. Madrid: Alianza, 1992. p. 47.

política. Como exemplo de leis constitucionais podemos citar a regulamentação do meio ambiente, as competências do Ministério Público etc.

## 3.7 Características da Constituição

A Constituição, de forma concisa, é dotada de três prerrogativas: supremacia, supralegalidade e imutabilidade relativa. Dessas características, a supremacia ocupa função preponderante, fazendo com que as normas constitucionais se tornem imprescindíveis para o ordenamento jurídico. O interesse maior pela análise da supremacia reside no fato de ela ser a essência para o entendimento do papel ocupado pela Constituição – as outras características advêm dessa prerrogativa.

A Constituição se torna a norma suprema do ordenamento jurídico porque é, teoricamente, a lei primeira, constituindo-se na própria soberania do Estado, por ser criada pelo Poder Constituinte. Ela funciona como "norma-origem", que regulamenta o processo de criação das normas infraconstitucionais.[52] Hauriou a considera suprema, porque goza da soberania estatal.[53]

A ideia de supremacia constitucional, como norma superior do ordenamento, procede de duas fontes concretas: de Locke, com a sua concepção de pacto social para assegurar a liberdade, e da ideia de uma *higher law*, um direito proeminente, calcado nas raízes do direito natural, capaz de prevalecer sobre as normas infraconstitucionais, tornando-se o pressuposto de sua própria validade.[54]

A Constituição se coloca, segundo a Escola de Viena, na sua concepção de ordenamento jurídico unitário, composto de um conjunto hierarquizado de leis, cujo ápice da pirâmide normativa – a norma de autorreferência – desempenha o papel de fundar o sistema jurídico e legitimar as demais normas. Constitui-se na norma primária por excelência, referenciando as normas secundárias. Schmitt a denomina de "último princípio sistematizador da unidade política e do conjunto do ordenamento".[55]

A referência consiste no fato de que as normas situadas em uma escala hierárquica inferior serão determinadas por outra, de grau superior; classificando-as em primárias e secundárias. Primárias seriam aquelas que ocupariam os degraus mais altos do sistema jurídico, e secundárias aquelas ocupantes dos níveis inferiores. Por isso, o processo constituinte se encontra em posição superior em relação ao processo legislativo.[56]

Sob outro prisma, de natureza sociológica, a Constituição pode ser vista como a fonte legitimante das demais normas do ordenamento jurídico. É a norma que goza de maior referência no imaginário popular; suas disposições atuam como invariáveis

---

[52] Cronologicamente não foi a Constituição a norma primeira: antes existiam normas morais, religiosas e até jurídicas. Esse pressuposto tem a finalidade de fornecer uma estrutura lógica concatenada para a estruturação normativa.

[53] HAURIOU, Maurice. *Principes de droit public*. 12. ed. Paris: Recueil Sirey, 1916. p. 678.

[54] GARCÍA DE ENTERRÍA, Eduardo. *Justicia y seguridad jurídica en un mundo de leyes desbocadas*. Madrid: Civitas, 1999. p. 41.

[55] SCHMITT, Carl. *Teoría de la constitución*. Tradução de Francisco Ayla. 2. ed. Madrid: Alianza, 1992. p. 63.

[56] Heras definia dessa forma a diferenciação: "Esta teoria gradual do direito oferece a base para distinguir as normas primárias ou fundamentais das normas secundárias ou derivadas. As primeiras são aquelas que ocupam o lugar mais alto na pirâmide jurídica; as secundárias são as que ocupam os postos inferiores e derivam das primeiras sua validade e conteúdo" (HERAS, Jorge Xifra. *Curso de derecho constitucional*. Barcelona: Bosch, 1957. t. I. p. 58).

axiológicas, alçadas ao patamar de dogmas e validando as restantes por uma filtragem ideológica.[57]

O texto constitucional condiciona, na sua função de norma primeira, a produção das estruturas normativas restantes, constituindo-se na *norma normarum*, preceituando a forma para a feitura das normas secundárias. Nessa sua tarefa, a Constituição, devido à supremacia, goza de autogarantia, que na realidade é uma supralegalidade material. Declarada a inconstitucionalidade das normas que infringirem o preceituado por ela, deve-se expurgá-las do ordenamento.[58]

A soberania atribui à Constituição a distribuição de poder entre os órgãos estatais, já que unicamente um órgão superior pode dimensioná-los e estabelecer a sua repartição de competência.[59] Para Recaséns Siches, o Poder Constituinte pode distribuir a competência entre os poderes instituídos porque é um poder superior e originário da soberania, prévio aos atos normativos ordinários, delegando para eles competência.

Supralegalidade é a característica da *norma normarum* que faz com que as normas infraconstitucionais que colidam com as normas da Constituição sejam expulsas do ordenamento jurídico. A supralegalidade material atua no controle de constitucionalidade, verificando o conteúdo das normas infraconstitucionais, originário do *judicial review* norte-americano, estabelecido no *leading case Marbury versus Madison*.[60] A supralegalidade formal, por sua vez, atua no controle de constitucionalidade formal durante o processo legislativo, regulamentando a normogênese das normas infraconstitucionais.

Essa característica é uma sanção para as normas infraconstitucionais que afrontam a Carta Magna, tornando-as inconstitucionais e declarando-as nulas. A supralegalidade significa um importante instrumento para a manutenção da supremacia constitucional, garantindo a obediência dos seus postulados.

Imutabilidade relativa é a característica que possui a Constituição que exige para a sua reformulação um procedimento normativo mais severo que o utilizado para a modificação das normas infraconstitucionais. Enquanto o *quorum* utilizado para alterar uma lei ordinária é de maioria simples, para modificar a Constituição o *quorum* exigido é de 3/5 de votos, em duas sessões, em cada uma das Casas. Essa maior dificuldade para se reformar a *Lex Excelsa* tem a finalidade de evitar a banalização constitucional, com a consequente perda de sua concretude normativa.

Como qualquer espécie normativa, a Constituição também pode ser modificada. Apenas o que se exige é um maior *quorum* para isso. Se a Lei Maior pudesse ser modificada pelos mesmos procedimentos que se exigem para a modificação das leis infraconstitucionais, a supremacia constitucional estaria estremecida. Com um procedimento mais dificultoso para a sua realização, necessita-se de um consenso mais substancioso para alterar as normas constitucionais, o que dificulta as modificações esporádicas da Constituição.

---

[57] SCHIER, Paulo Ricardo. *Filtragem constitucional*. Construindo uma nova dogmática jurídica. Porto Alegre: Fabris, 1999. p. 104.
[58] ROCHA, Carmen Lúcia Antunes. *Constituição e constitucionalidade*. Belo Horizonte: Jurídicos Lê, 1991. p. 53.
[59] No texto constitucional brasileiro de 1988, a repartição de competências se encontra nos arts. 21 *usque* 32.
[60] AGRA, Walber de Moura. *Fraudes à Constituição*: um atentado ao poder reformador. Porto Alegre: Fabris, 2000. p. 54.

Apesar de a Constituição brasileira de 1988 ser classificada como rígida, poucos textos da época contemporânea sofreram mudanças tão substanciais na sua estrutura. Isso não significa que ela tenha deixado de ser classificada juridicamente como uma Constituição rígida; o que aconteceu foi que, em razão de vários fatores sociopolítico-econômicos, estabeleceu-se uma ampla coalizão política para fragilizar a Constituição, modificando o seu texto em partes essenciais, como a seguridade social e a ordem econômica.

## 3.8 Classificações das Constituições

São várias as classificações que podem ser encontradas na doutrina. Como forma de sintetizar a matéria, escolhemos as mais utilizadas. Optamos, em primeiro lugar, por elencar as principais classificações das Constituições, para, em um segundo momento, dispormos das demais.

### 3.8.1 Quanto ao conteúdo

#### 3.8.1.1 Constituição material

Carl Schmitt e outros teóricos alemães, no período entre as duas guerras mundiais, elaboraram a diferenciação entre Constituição formal e material. Constituição material é aquela que trata especificamente da divisão de poder, da distribuição de competência e dos direitos fundamentais. A ingerência dos valores sociais é determinante para a sua feitura, havendo uma interação muito grande entre a norma e os fatos sociais, que estão em constante relação.

A Constituição material significa as normas constitucionais que tratam das matérias mais importantes, que realmente merecem estar disciplinadas na Carta Magna, segundo a ótica burguesa. São normas que, pela sua essência, representam a base do ordenamento jurídico, enquanto as demais normas constitucionais não cumprem esse papel, mas estão contidas apenas formalmente na Constituição, não pela importância do seu conteúdo.

No seu sentido material, a Lei Maior representa a organização político-jurídica fundamental, formada por normas relativas à forma de Estado, forma de governo, sistema de governo, regime político, representação política, definição dos órgãos de poder e limitação da sua ação etc.

O prisma de análise da Constituição material está alicerçado mais em substratos sociológicos, filosóficos, econômicos, portanto, extrajurídicos, do que em elementos de natureza positiva. No seu objeto de estudo preponderam as esferas sociológicas e políticas, não se cingindo a fenômenos intrajurídicos com as normas constitucionais, preferindo alicerçar-se em elementos extrajurídicos.

A Constituição material se diferencia da formal por seu conteúdo, enquanto esta se diferencia das demais normas jurídicas por ser oriunda do Poder Constituinte e pelos procedimentos necessários para sua reforma. Não se pode reduzir sua amplitude de elementos a uma concepção positivista, arrimada em normas jurídicas, se a extensão engloba substâncias várias, tanto encontradas no mundo jurídico como, principalmente, no mundo extrajurídico.

Pode-se mencionar, de forma didática, que o conceito de constituição formal se exaure em direitos humanos de primeira dimensão, restrita apenas àquelas normas reguladoras da organização e funcionamento dos órgãos públicos, determinando suas competências e prerrogativas de natureza formal. Já o seu conceito social engloba direitos de segunda à quinta dimensão dos direitos fundamentais.

Esta concepção discorda da ideia de que não existem limites à modificação ou ao próprio Poder Constituinte. Os limites são os valores que pululam na sociedade e a própria realidade coletiva. Por isto, teoricamente, permitem uma maior sincronia entre a esfera fática e a esfera normativa, no que aumenta a força normativa da Constituição.

## 3.8.1.2 Constituição formal

A Constituição formal é aquela que não trata dos assuntos especificados na parte material da Lei Maior. Seu conteúdo pode versar sobre qualquer matéria. A melhor forma de reconhecer uma norma formalmente constitucional é pelo critério da exclusão: o que não for materialmente constitucional será definido como formalmente constitucional. O conteúdo de suas normas não tem importância para a estrutura política da sociedade que respalde a sua regulamentação em nível constitucional. A única diferença da Constituição formal para as normas infraconstitucionais é que o procedimento para sua modificação se configura como mais dificultoso, exigindo-se um *quorum* de 3/5 em duas votações na Câmara dos Deputados e no Senado Federal.

O prisma de análise da constituição formal baseia-se, preponderantemente, na sua acepção de norma jurídica, tentando vislumbrar os traços que a diferenciam dos demais dispositivos jurídicos. Não há uma análise do conteúdo, mas do procedimento pelo qual as normas adentraram no ordenamento jurídico, garantindo sua validade.

Dentro deste prisma, a Constituição é um ato jurídico, emanado de um Poder Constituinte, segundo um procedimento próprio que o diferencia de outros procedimentos para a criação de normas infraconstitucionais, contando com as prerrogativas inerentes às normas contidas na Lei Maior, como a supremacia e a supralegalidade.

O sentido clássico de Constituição formal é consistir de dispositivos que organizam a estrutura de poder de determinada sociedade, dispondo sobre a formação dos órgãos estatais, de sua composição e funcionalidade, das normas sobre o regime político e das relações entre os órgãos estatais e entre estes e os cidadãos.

A base filosófica da Constituição formal é o positivismo jurídico. Segundo Paulo Bonavides, dentro desta concepção, há uma redução da Constituição a uma visão legalista, fixada unicamente para sua utilização como técnica de organização de poder e exteriorização formal dos direitos humanos.[61]

Este prisma confere um grande poder ao Legislador, não obstante perquirir se existe adequação com a realidade social, o que pode provocar um distanciamento da sociedade, devido a um voluntarismo normativo.

A classificação de Constituição formal e material está superada porque não há matéria que necessariamente deva ser disciplinada em sede constitucional. Essa diferenciação tem sentido apenas em uma Carta Magna do tipo liberal, na qual o Estado deve intervir o mínimo possível na sociedade, regulamentando apenas a estruturação

---

[61] BONAVIDES, Paulo. *Curso de direito constitucional*. 12. ed. São Paulo: Malheiros, 2002. p. 148.

de poder e os direitos humanos. As demais matérias, como não fazem parte da atuação estatal, devem ser disciplinadas em sede infraconstitucional.

Contudo, na atualidade, em que as necessidades da coletividade crescem geometricamente, o Estado é chamado a intervir em vários setores da vida social em que antes não tinha sentido a sua atuação. Por isso, a distinção mencionada carece de sentido prático.

### 3.8.2 Quanto à origem

#### 3.8.2.1 Constituição promulgada

Esta terminologia é imprecisa porque toda Constituição necessita ser promulgada. Melhor seria sua denominação de democrática. Ela é aquela Carta Magna na qual o povo interfere na feitura, participando na escolha dos mandatários que atuarão no processo constituinte. Um texto assim somente pode ser criado em um regime democrático, no qual haja um amplo debate nacional sobre os interesses da nação e no qual o povo seja escutado na hora das decisões. Em uma ditadura, em que os direitos humanos são cerceados, não se pode falar em uma Constituição promulgada, já que não predomina no sistema político o debate de ideias e sim a ameaça, a coação.[62]

#### 3.8.2.2 Constituição outorgada

É aquela originada de uma decisão política autoritária, pela vontade de um déspota ocupante do governo, como foi a Carta Magna brasileira de 1824, outorgada pelas ordens de D. Pedro I. Nesse tipo de Constituição não há espaço para a participação popular, o debate democrático de ideias soçobra diante da imposição da vontade de poucos; é uma Constituição que espelha a vontade dos donos do poder, sem se importar com a vontade do povo.

### 3.8.3 Quanto à forma

#### 3.8.3.1 Constituição costumeira

Também chamada de "consuetudinária", baseia-se nos costumes, normas que provêm não de um processo legislativo, mas são geradas de condutas reiteradas com a convicção de sua obrigatoriedade. Como é criada paulatinamente no tempo, não se pode estipular o marco do seu nascimento. É o modelo adotado pelo sistema jurídico denominado *common law*, tendo como principal expoente a Inglaterra. Geralmente, as Constituições costumeiras são flexíveis.[63]

---

[62] Precisa é a definição de Finer sobre Estado totalitário: "Considero que um Estado é totalitário quando preenche duas condições. Primeiro, que toda a sociedade seja politizada: quando sobrevivem áreas privadas de atividade, elas o fazem condicionalmente, toleradas, por assim dizer, pelo governo, que a qualquer momento e por qualquer motivo pode controlá-las, invadi-las ou tomá-las. Em segundo lugar, que não apenas a sociedade inteira seja politizada mas também que as opiniões que a politizam estejam reduzidas a uma só, em relação à qual não se tolera dissidência" (FINER, Samuel E. *Governo comparado*. Brasília: Universidade de Brasília, 1981. p. 79).

[63] Ensina René David: "A *comune ley* ou *common law* é, por oposição aos costumes locais, o direito comum a toda a Inglaterra... A elaboração da *comune ley*, direito inglês e comum a toda a Inglaterra, será obra exclusiva dos

Como a Constituição consuetudinária é baseada nos costumes, muitos doutrinadores a consideram mais democrática do que a Constituição escrita, o que é uma falácia. Os costumes tanto podem ter uma origem popular como podem ser impostos pela autoridade vigente. Ao longo da história, várias Cartas Magnas escritas têm uma gênese mais democrática do que textos consuetudinários.

### 3.8.3.2 Constituição escrita

É toda Constituição consubstanciada em um documento escrito. É típica dos países romano-germânicos, onde predominam os textos normativos. A supremacia da escrita nas normas jurídicas parte do pressuposto de que os seus textos oferecem uma maior segurança para a população e, sendo eles formulados frequentemente pelo Legislativo, depositário da soberania popular, suas disposições normativas só poderiam chegar ao alcance da população através das normas explicitadas nos textos legais. As Constituições escritas servem para resguardar o princípio da legalidade.

Como elas são condensadas em um texto jurídico, sofrem de forma mais intensa os efeitos do tempo, provocando um envelhecimento nas suas disposições normativas. As Constituições consuetudinárias, como são baseadas nos costumes, permitem uma maior adaptação frente as mudanças sociais, permitindo ao Poder Judiciário que exerça um papel de atualização do ordenamento jurídico.

## 3.8.4 Quanto à estabilidade

### 3.8.4.1 Constituição rígida

É aquela que exige um procedimento mais dificultoso para a sua modificação do que o exigido para a modificação das normas infraconstitucionais. Por exemplo: para a reforma de uma lei complementar é exigido um *quorum* de maioria absoluta, na Câmara dos Deputados e no Senado, em um turno de votação; para se modificar a Constituição brasileira é necessária uma emenda que obtenha 3/5 dos votos, em cada uma das Casas, em dois turnos de votação. Tal exigência se deve à importância do seu texto e parte do postulado de que, quanto maior o tempo de vigência da Constituição, maior será a probabilidade de suas normas alcançarem eficácia. A maior estabilidade das normas constitucionais é uma decorrência da supremacia do seu texto.

### 3.8.4.2 Constituição flexível

Aquela cujas normas podem ser reformadas pelo mesmo *quorum* exigido para a modificação de uma norma infraconstitucional denomina-se Constituição flexível. Por exemplo, o mesmo *quorum* de maioria absoluta utilizado para reformar uma lei complementar pode ser usado para alterar uma norma constitucional. Nesse caso, a Constituição não é considerada a norma primordial do ordenamento jurídico, por isso a facilidade para ser modificada. São Constituições que não têm supremacia jurídica.

---

Tribunais Reais de Justiça, vulgarmente designados pelo nome do lugar onde vão estabelecer-se a partir do século XIII, Tribunais de Westminster" (DAVID, René. *Os grandes sistemas do direito contemporâneo*. Tradução de Hermínio A. Carvalho. São Paulo: Martins Fontes, 1993. p. 286).

### 3.8.4.3 Constituição semirrígida

É aquela em que uma parte pode ser modificada por um procedimento rígido e outra parte pode ser modificada por um procedimento mais facilitado. Normalmente, o procedimento de modificação rígido é utilizado para alterar a Constituição material e o procedimento flexível para modificar a Constituição formal. Exemplo desse tipo de Constituição foi a Constituição brasileira de 1824.

### 3.8.4.4 Constituição imutável

É aquela Constituição que não é passível de sofrer processo de reforma, não podendo, portanto, ser alterada. Tem a finalidade de se perpetuar no tempo. Tais tipos de Cartas Magnas nos dias atuais são impensáveis, sendo um legado do constitucionalismo revolucionário francês, haja vista a rápida evolução dos fatos sociais.[64]

### 3.8.4.5 Constituição fixa

É aquela Lei Maior que somente pode ser alterada por um novo Poder Constituinte. Não foi formulada por ela nenhum mecanismo para a sua reforma, nem através de emendas, nem através de revisão, chegando algumas delas a vedar terminantemente a utilização do Poder Reformador. Há bastantes restrições a esse tipo de Constituição porque, quando o Poder Constituinte atua, se delineia uma nova Carta e não uma modificação da anterior.

### 3.8.5 Quanto à extensão

### 3.8.5.1 Constituição sintética

É aquela cujo texto normatiza apenas a estruturação dos poderes componentes do Estado e declara os direitos humanos. Normalmente, só existe em países que tenham uma ampla estabilidade sociopolítico-econômica. Exemplo maior é a Constituição dos Estados Unidos da América de 1787, com seus 7 artigos e 27 emendas.

Carlos Maximiliano exprime as vantagens de uma Constituição sintética:

> Deve o estatuto supremo condensar princípios e normas asseguradoras do progresso, da liberdade e da ordem, e precisa evitar a casuística minuciosidade, a fim de se não tornar demasiado rígido, de permanecer dúctil, flexível, adaptável a épocas e circunstâncias diversas, destinado, como é, a longevidade excepcional. Quanto mais resumida é uma lei, mais geral deve ser a sua linguagem e maior, portanto, a necessidade, e também a dificuldade, de interpretação do respectivo texto.[65]

---

[64] "Não cabe a esta altura estarmos discutindo se a mutabilidade constitucional deve ou não existir, pois é uma discussão do início do constitucionalismo revolucionário francês e não tem uma razão de ser, já que os constitucionalistas consagraram a mutabilidade constitucional na doutrina e o debate contemporâneo passou a ser sobre os limites às reformas constitucionais, variando os autores em opiniões que vão de uma excessiva rigidez nos limites até as que defendem uma quase total flexibilidade ou mesmo inexistência de limites" (GALINDO, Bruno. As mudanças constitucionais no Brasil e na Alemanha em virtude da adaptação ao direito de integração. *Revista de Informação Legislativa*, Brasília, ano 39, n. 154, abr./jun. 2002. Separata).

[65] MAXIMILIANO, Carlos. *Hermenêutica e aplicação do direito*. 9. ed. Rio de Janeiro: Forense, 1980. p. 304.

## 3.8.5.2 Constituição analítica

É aquela cujo texto normatiza vários aspectos da vida social, como a economia, a vida familiar, o meio ambiente, a seguridade social etc. São Constituições típicas de países com alta densidade de instabilidade na vida social; assim, tenta-se suplantar essa instabilidade sociológica com uma pretensa estabilidade jurídica. Exemplo é a Carta Magna brasileira, com seus atuais 250 artigos; ou a Constituição alemã de 1919, denominada Weimar, que tinha 181 artigos; ou a atual Carta portuguesa, com seus 300 artigos.

Não se pode afirmar que uma Constituição sintética é melhor do que uma Constituição analítica. O mais importante é que ela seja respeitada, cumprida por todos, principalmente pelos detentores do poder. Em uma Constituição analítica, o que se deseja é substituir uma instabilidade sociopolítico-econômica por uma estabilidade jurídica, garantindo direitos que poderiam ser facilmente modificados se fossem regulados em âmbito infraconstitucional.

## 3.8.6 Quanto ao modo de elaboração

### 3.8.6.1 Constituição dogmática

É a Constituição que sintetiza as ideias vigentes em determinada sociedade, agasalhando os valores predominantes de uma situação histórica. Ela se apresenta de forma escrita e sistematizada, formulada por um órgão constituinte.

### 3.8.6.2 Constituição histórica

É aquela formada pela evolução gradual de fatores históricos. Ela vai sendo delineada paulatinamente através de acontecimentos sociais que influenciam o conteúdo do ordenamento jurídico. Expressa o mesmo sentido que as Constituições denominadas costumeiras.

## 3.9 Outros tipos de classificações

- *Constituição cesarista* – É aquela que, para produzir efeitos, necessita ser aprovada por um plebiscito popular.
- *Constituição plástica* – É aquela que, para ter eficácia, necessita de grande regulamentação por parte do legislador infraconstitucional.[66] Como grande parte das normas dessa Constituição são principiológicas, através de normas de eficácia contida e limitada, a regulamentação dos seus postulados torna-se imperiosa para a sua plena eficácia. Diante da omissão do legislador infraconstitucional, estar-se-á diante de uma inconstitucionalidade omissiva. O legislador constituinte determina as linhas gerais e o legislador ordinário estabelece a forma de sua aplicação.

---

[66] HORTA, Raul Machado. *Direito constitucional*. 2. ed. Belo Horizonte: Del Rey, 1999. p. 209.

- *Constituição expansiva* – É sinônimo de Constituição analítica.[67]
- *Constituição contratual* – É aquela originada de uma aliança entre o rei e o Poder Legislativo. Igualmente denominada de pactual, em que o monarca se sujeita a obedecer às determinações estipuladas pela Carta Magna.
- *Constituição semântica* – É aquela que só serve para legitimar os interesses da classe dominante, sem que seus mandamentos tenham eficácia. Os direitos ofertados por esse tipo de Constituição são meramente formais, sem realidade prática, e se destinam apenas à retórica política, sem ensejar uma concretização efetiva para a população mais carente. Funciona como um instrumento para as elites legitimarem o seu poder, sem a participação política da cidadania. As Constituições semânticas produzem uma democracia de fachada, em que a maioria da população tem apenas direitos formais. Expõe Samuel Finer:

> Por democracia de fachada entendo um sistema em que as instituições, processos e salvaguardas liberal-democráticas estão estabelecidas na lei, mas são na prática manipulados e violentados por uma oligarquia histórica, com o fito de permanecer no poder.[68]

- *Constituição garantia* – Seu objetivo é o de assegurar a liberdade, limitando para isso o poder estatal através da separação de poderes. É uma Constituição tipicamente burguesa, de primeira dimensão.
- *Constituição balanço* – De conotação socialista, oriunda principalmente da ex-União Soviética, ela representa um estágio no desenvolvimento das forças produtivas, porque são essas forças econômicas que moldam o arcabouço jurídico. Inspirada na "teoria dos fatores reais de poder", de Lassalle, ela deve registrar a organização política estabelecida em determinado momento histórico.[69] À medida que as forças econômicas evoluem, deve haver uma modificação na estrutura jurídica, refletindo a Constituição a infraestrutura econômica.
- *Constituição dirigente* – É a Constituição que traça metas que devem ser cumpridas pelos órgãos estatais, orientando um plano a ser concretizado. Teve em Canotilho um dos seus doutrinadores.[70] Dentro da evolução histórica das Constituições, representa direitos de segunda e de terceira dimensão, direitos esses que são tipicamente do *Welfare State* e de Constituições socialistas, como a portuguesa de 1976 (no seu texto originário), que logo no seu pórtico deixava claro que um dos seus objetivos era a transição para uma sociedade sem classes sociais.
- *Constituição legal* – É a Constituição que se apresenta esparsa ou fragmentada em vários textos. Como ela não representa um texto jurídico único, por não ter

---

[67] HORTA, Raul Machado. *Direito constitucional*. 2. ed. Belo Horizonte: Del Rey, 1999. p. 205.
[68] FINER, Samuel E. *Governo comparado*. Brasília: Universidade de Brasília, 1981. p. 289.
[69] Pasukanis explica a teoria marxista das normas: "Em geral, é preciso anotar que os autores marxistas, quando falam de conceitos jurídicos, pensam essencialmente no conteúdo concreto do ordenamento jurídico característico de um época dada, significa dizer, o que os homens consideram como sendo o direito em uma determinada etapa da evolução" (PASUKANIS, E. B. *Introdução do direito e o marxismo*. Tradução de Paulo Bessa. Rio de Janeiro: Renovar, 1989. p. 18).
[70] A respeito do assunto, verificar CANOTILHO, José Joaquim Gomes. *Constituição dirigente e vinculação do legislador*. Contributo para a compreensão das normas constitucionais programáticas. Coimbra: Coimbra Editora, 1994.

sido criada em um mesmo momento, ela vai condensando paulatinamente as tradições jurídicas do país.
- *Constituição total* – Refere-se àquela Constituição que engloba os vários tipos de perspectivas constitucionais, como o político, o sociológico, o normativo. É a visão da Lei Maior na sua integralidade, com as múltiplas características que a compõem. Sob essa perspectiva, não se pode restringir a interpretação constitucional a um único prisma, havendo a possibilidade de sua análise por caminhos metodológicos diversos.
- *Constituição oral* – É aquela Constituição que não está condensada em determinado texto escrito, sendo proferida de forma solene, em conjunto, por quem detém o poder. Cretella Júnior cita o exemplo da Islândia, no século IX, quando os *vikings* instituíram o primeiro parlamento livre da Europa.[71] A transmissão do seu conteúdo ocorre de forma oral, pela autoridade que detém o poder.
- *Constituição compromissária* – É a Constituição que se originou de um compromisso constitucional, fruto de uma ampla composição entre as várias classes sociais. Em uma sociedade pós-moderna, caracterizada pela perda das metanarrativas e pela pluralidade e complexidade da sociedade, a feitura de uma nova Carta Magna sempre tem que resultar em uma composição das forças sociais, chegando-se a pontos de concordância mesmo em assuntos que acarretem grande conflito na sociedade.

## 3.10 Diferenciação entre fonte constitucional formal e material

O fenômeno constitucional pode ser explicado aliando-se a norma às influências provenientes da sociedade ou tomando-se ele como um objeto isolado. A visão da fonte constitucional formal corresponde a uma percepção meramente jurídica, sem consideração dos fatores sociais. A visão da fonte constitucional material percebe a interação entre o mundo jurídico e o mundo fático, em que um influencia o outro.

A fonte formal é a própria Constituição, isto é, as normas que a compõem. Portanto, o texto de cada Lei Maior corresponde a essa classificação. Seria o estudo puro e isolado da norma.

A fonte material são os fatos sociais que deram ensejo a que a Constituição fosse criada e circundam a aplicação de suas normas. Portanto, cada Constituição é oriunda, do ponto de vista sociológico, de um fato social. Quando uma nova elite dirigente toma o poder, ela tem de substituir o ordenamento jurídico anterior, que não mais agrada aos seus interesses, por um novo ordenamento que responda aos seus anseios.

## 3.11 Histórico das Constituições brasileiras

### 3.11.1 Constituição de 1824

Tem como motivação social a Proclamação da Independência, em 1822. Com a separação do Brasil de Portugal, ficava sem sentido continuar a aplicar o ordenamento

---

[71] CRETELLA JÚNIOR, José. *Elementos de direito constitucional.* 4. ed. São Paulo: RT, 2000. p. 25.

jurídico português em um país independente. A emancipação política precisou de uma emancipação jurídica, e quem realizou essa tarefa foi a Carta Constitucional.[72]

A Assembleia Constituinte, que fora eleita para confeccionar a Constituição, foi dissolvida por D. Pedro I porque estava realizando um texto de feitura liberal, no que contrariou as intenções do imperador.[73] Feito isso, ele nomeou uma comissão composta de dez juristas para elaborar um projeto de Constituição, que rapidamente ficou pronto. Para conseguir legitimidade, foram enviadas cópias a todas as Câmaras Municipais do país, para que oferecessem sugestões e emendas. Sua inspiração foram os documentos legais ingleses e a Constituição francesa, todos de vertentes monárquicas.

A Constituição de 1824 instituiu uma monarquia, ficando a cargo do Poder Moderador a coordenação dos poderes, e a forma de Estado escolhida foi a unitária, com o território dividido em vinte províncias, governadas por presidentes escolhidos pelo imperador.[74]

Ela não agasalhou de forma expressa o parlamentarismo, muito menos se pode rotulá-la de querer instituir o presidencialismo, que é um modelo incompatível com a monarquia. Havia uma concentração de poderes nas mãos do imperador pelos seguintes motivos: a) o Poder Moderador era a chave de toda a organização política (art. 98); b) o imperador nomeava e demitia livremente os ministros que quisesse (art. 101) e era o chefe do Executivo, exercendo esta função por meio dos seus ministros; c) o imperador podia remover, sob alegação da não estar prestando um "bom serviço [ao] Estado", o presidente de qualquer uma das províncias (art. 165).[75]

Essas prerrogativas jurídicas se moldaram de forma precisa à personalidade de D. Pedro I, fazendo com que durante o seu governo ele as exercesse de forma contumaz. Devido a essa atitude, nítida na forma autoritária de governar, muitos doutrinadores defendem a tese de que a Constituição de 1824 adotou um sistema similar ao presidencialismo. Entretanto, não passava de uma forma despótica de administrar o Estado.

Com a abdicação do imperador, inicia-se uma nova fase – a regência –, que, mesmo com a ascensão ao trono de D. Pedro II, não apresenta modificação significativa, continuando o imperador a reinar, sem, contudo, governar. O sistema de governo adquire feições de um modelo parlamentarista, fortalecido com a criação do cargo de presidente do Conselho de Ministros, em 1847. Para isso muito contribuiu a figura do Imperador

---

[72] "Vemos assim como o projeto traduzia bem as condições políticas dominantes. Afastando o perigo da recolonização; excluindo dos direitos políticos as classes inferiores e praticamente reservando os cargos da representação nacional aos proprietários rurais; concentrando a autoridade econômica, o projeto consagra todas as aspirações da classe dominante dos proprietários rurais, oprimidos pelo regime de colônia, e que a nova ordem política vinha justamente liberar" (PRADO JR., Caio. *Evolução política do Brasil*. Colônia e Império. 16. ed. São Paulo: Brasiliense, 1988. p. 57).

[73] A Assembleia Constituinte, que fora eleita para confeccionar o Texto Magno e que foi dissolvida por D. Pedro I, tinha a seguinte composição: 23 doutores em direito, 7 doutores em cânones, 3 em medicina, 22 desembargadores, 9 clérigos e 7 militares.

[74] Tobias Barreto critica muito a forma de governo monarquista: "Não receio declará-lo: a liberdade que se julga instituir com a monarquia parlamentar está bem longe de ser atingida. As instituições que não são filhas dos costumes, mas um produto abstrato da razão; não aguentam por muito tempo a prova da experiência, e vão logo se quebrar contra os fatos. Indubitavelmente o nosso governo se acha em tal estado" (BARRETO, Tobias. *Introdução do estudo do direito*. São Paulo: Lady, 2001. p. 197).

[75] Esclarece Paulo Napoleão Nogueira da Silva: "Assim, é possível concluir que, excluído o período de 1822 a 1831, primórdios da organização estatal brasileira, no qual pontificou a personalidade do primeiro imperador, o sistema jurídico-político da Carta vigorou efetivamente, sinalizando para o exercício do governo pelos ministros,

D. Pedro II, seu temperamento moderado, deixando a função executiva a cargo de seus ministros, propiciando ao partido conservador e ao partido liberal que se revezassem no poder durante o seu governo.

A grande inovação desse texto constitucional foi a de ter introduzido uma declaração de direitos, no seu art. 179, antes da primeira Constituição europeia, tida erroneamente como pioneira, que foi a da Bélgica, em 1831.

Com relação à sua estabilidade, é considerada uma Constituição semirrígida, ou seja, uma parte era considerada flexível, podendo ser alterada pelo mesmo procedimento de alteração das normas infraconstitucionais, e a outra parte era considerada rígida, passível de alteração somente por procedimentos mais dificultosos. A parte da Constituição considerada rígida englobava a atribuição dos poderes políticos e os direitos individuais dos cidadãos; as demais partes eram consideradas flexíveis (art. 178).[76]

Na Constituição de 1824, a religião oficial era a católica apostólica romana. Aos demais credos religiosos era permitido o culto, desde que não acontecesse em locais abertos ao público. Assim, com arrimo no art. 95, III, dessa *Lex Mater*, apenas quem professasse a religião do Estado poderia ser deputado ou senador.

O Poder Legislativo era denominado Assembleia-Geral, composto de duas Casas – a dos deputados e a dos senadores –, sendo estes escolhidos pelo imperador entre os componentes de uma lista tríplice de eleitos pela província. A eleição era indireta e censitária. O imperador poderia dissolver a Câmara a seu alvedrio. O Poder Judiciário era independente, formado de juízes e de jurados, mas o Poder Moderador poderia suspender os magistrados de sua função.

Houve uma reforma no seu texto em 1834, através de ato adicional, com a Lei nº 16.

## 3.11.2 Constituição de 1891

A Proclamação da República, em 1889, foi o fator social que deu ensejo à necessidade de reformulação da Carta Magna vigente. Com a modificação da forma de Estado e de governo, houve a implantação da forma federativa e da república, substituindo a forma unitária e a monarquia, tornando-se premente a necessidade de modificação da estrutura jurídica. Por intermédio de Rui Barbosa, seu principal idealizador, sua grande fonte de inspiração foi a Constituição norte-americana de 1787.

Com a derrubada da monarquia, houve uma legislação provisória, estabelecida pelo Decreto nº 1, de 15.11.1889, que vigorou até a feitura da nova Carta.

---

e separando esse exercício daquele próprio do Poder Moderador, o que afasta quaisquer ilações tendentes a aproximar o regime da nossa Constituição de 1824 com o presidencialismo" (SILVA, Paulo Napoleão Nogueira da. *A chefia do Estado*. São Paulo: RT, 1994. p. 90).

[76] Para a modificação da parte rígida da Constituição de 1824 era necessário o seguinte procedimento: "A Câmara dos Deputados era o único órgão que poderia ter iniciativa para a propositura da reforma, devendo ter a propositura o apoio de, no mínimo, 1/3 dos seus membros (art. 174). A propositura deveria ser lida por três vezes com intervalos de seis dias e, depois da terceira, deliberaria a Câmara dos Deputados se poderia ser admitida a discussão (art. 175). Vencida esta etapa e aprovada a necessidade de reforma, seria sancionada e promulgada pelo imperador uma lei que teria o teor de que nas procurações dadas aos eleitores para a legislatura seguinte conferissem autorização especial para a reforma (art. 176). Na primeira sessão com novos deputados eleitos, seria a matéria proposta e discutida, e, caso fosse aprovada, juntar-se-ia à Constituição, sendo promulgada (o *quorum* exigido nestes procedimentos era o de maioria absoluta dos membros – eis o teor literal do art. 25: 'Os negócios se resolverão pela maioria absoluta de votos dos membros presentes')" (AGRA, Walber de Moura. *Fraudes à Constituição*: um atentado ao poder reformador. Porto Alegre: Fabris, 2000. p. 146-147).

O erro da nossa primeira Constituição republicana foi o de tentar transplantar o texto americano para uma realidade diferente. O poder se encastelou nas oligarquias estaduais, que, aliadas com o governo federal, dominaram o cenário político durante toda a Primeira República. O regime democrático de governo não saiu do papel, o poder estava diluído entre o governo federal e as oligarquias estaduais.

Um ponto positivo a ser realçado foi a outorga de autonomia para os Estados-membros. Contudo, como não houve uma justa divisão da receita tributária, os entes federativos estaduais não podiam atender às suas demandas, dando origem à política do "pires na mão", em que os governadores, para verem seus pleitos atendidos, tinham de seguir as diretrizes do governo federal.

Pela primeira vez, no que foi seguido por todos os demais textos constitucionais, as unidades federativas formaram uma união perpétua e indissolúvel. Os componentes da federação que se chamavam de províncias passaram a se denominar estados-membros. As vinte províncias do império se transformaram em vinte estados-membros. E o antigo Município Neutro, situado no Rio de Janeiro, passou a se chamar Distrito Federal. O Poder Moderador foi extinto, criando-se em seu lugar o sistema presidencialista, nos moldes norte-americanos.

### 3.11.3 Constituição de 1934

A Revolução de 1930 e o Movimento Constitucionalista de 1932 foram os motivos propulsores para a criação desta nova ordem constitucional. Sua principal fonte de inspiração foi a Constituição de Weimar, de 1919, inaugurando o ciclo de Constituições de segunda dimensão, de teor material, em que o Estado intervém na economia para assegurar condições mínimas de sobrevivência à população.

Antes da Constituição de 1934 entrar em vigor, no período de 1930 até 1934, a base do ordenamento jurídico foi o Decreto nº 19.398/1930, que criou o "Governo Provisório dos Estados Unidos do Brasil".

O Senado foi concebido como um órgão de coordenação dos poderes, de manutenção da continuidade administrativa, e teve a incumbência de velar pela guarda da Constituição. O Poder Legislativo passou a ser composto apenas da Câmara dos Deputados, cabendo ao Senado a colaboração no processo legislativo.

A Constituição de 1891, tendo como inspiração a Constituição norte-americana, formulou um federalismo centrífugo, com uma maior distribuição de poder para os estados-membros. O Texto de 1934 foge desse parâmetro e implementa um federalismo centrípeto, com uma preponderância de poderes nas mãos da União. Nenhuma outra Lei Maior retornou aos moldes federativos implantados pelo Texto de 1891.

Como inovação, a Constituição cria a justiça eleitoral e possibilita o voto das mulheres. Regulamenta, ainda, na seara constitucional, o mandado de segurança. Foi a primeira Constituição brasileira a instituir um capítulo sobre a ordem econômica e social, entrando na era de proteção aos direitos materiais, e a conceber a intervenção do Estado na economia como forma de regulamentação do mercado.

Além da representação política tradicional, baseada em partidos políticos, ela inova ao admitir, sob inspiração do fascismo italiano, a representação corporativa, em que os parlamentares são eleitos pelas organizações profissionais (os agrupamentos profissionais foram divididos em quatro grupos: lavoura e pecuária; indústria; comércio e transporte; profissões liberais e funcionários públicos).[77]

Como o papel do Senado ganhou relevância, foi-lhe incumbida a função de, no controle difuso, quando da declaração de inconstitucionalidade pelo Supremo Tribunal Federal, suspender a eficácia da decisão impugnada e converter seus efeitos para *erga omnes*, ampliando-os, constituindo-se em um critério político para a extensão da inconstitucionalidade.

### 3.11.4 Constituição de 1937

Foi ela oriunda de um golpe de Estado efetuado por Getúlio Vargas, sob a alegação de que poderia haver uma guerra civil entre os integralistas e os comunistas, dissolvendo o Senado e a Câmara dos Deputados e revogando a antiga Constituição. O ideólogo da nova Carta foi Francisco Campos, que tomou como influência a Constituição da Polônia.

A Constituição de 1937 deveria ser ratificada por intermédio de um plebiscito, previsto no seu art. 187, mas esse plebiscito nunca saiu do papel. Como foi uma ordem jurídica outorgada, ela tinha natureza autoritária, mitigando a autonomia dos estados-membros. Instituiu no país o modelo corporativo de Estado, em que os entes estatais deveriam arbitrar o litígio entre o capital e o trabalho.

O Poder Executivo concentrou em si, de forma robusta, as prerrogativas estatais, submetendo expressamente os demais poderes ao seu alvitre. Foi instituído, pela primeira vez, o decreto-lei, que permitiu ao presidente da República legislar.

O Poder Legislativo, exercido pelo Parlamento Nacional, com a colaboração do Conselho da Economia Nacional e do presidente da República, voltou a ser formado pelo Conselho Federal (terminologia que esta Constituição empregou para o Senado, seguindo a terminologia alemã) e pela Câmara dos Deputados.[78] O Conselho da Economia Nacional deveria dar parecer nas matérias de sua atribuição e o presidente da República deveria atuar na iniciativa das matérias de sua competência privativa e nas sanções dos projetos de lei.

O Senado deixou de ser um órgão de coordenação dos poderes. Cada estado-membro escolheria um representante através da Assembleia Legislativa, podendo o governador do estado vetar essa escolha. O presidente da República poderia nomear dez membros para compor o Conselho Federal, sendo este presidido por um ministro indicado pelo presidente da República.

---

[77] Doutrina Dalmo de Abreu Dallari: "Opondo-se radicalmente à representação política e considerando ultrapassados os partidos políticos, embora reconhecendo que eles foram de alguma utilidade no século XIX, surgiu a doutrina da representação corporativa. Na base do corporativismo está a noção orgânica da sociedade e do Estado. Segundo os corporativistas, a coletividade se reparte, por força do princípio da divisão do trabalho, em diferentes categorias de indivíduos, que exercem funções sociais bem determinadas. Essas categorias são chamadas de corporações" (DALLARI, Dalmo de Abreu. *Elementos de teoria geral do Estado*. 19. ed. São Paulo: Saraiva, 1995. p. 149).

[78] Art. 57 da Constituição de 1937: "O Conselho da Economia Nacional compõe-se de representantes dos vários ramos da produção nacional designados, dentre pessoas qualificadas pela sua competência especial, pelas associações profissionais ou sindicatos reconhecidos em lei, garantida a igualdade de representação entre empregadores e empregados. Parágrafo único. O Conselho de Economia Nacional se dividirá em cinco seções: a) seção de indústria e do artesanato; b) seção da agricultura; c) seção do comércio; d) seção dos transportes; e) seção do crédito".

### 3.11.5 Constituição de 1946

A gênese social desta Constituição pode ser creditada à derrocada das potências do Eixo em 1945 e à redemocratização do país após a Segunda Guerra Mundial, com a consequente queda de Getúlio Vargas. Apodrecendo o modelo autoritário, restariam sem utilidade as suas estruturas normativas. O caminho estava aberto para uma nova Constituição.

Das Cartas Magnas até então elaboradas, foi a mais democrática e a que proporcionou aos estados e municípios maior intensidade de autonomia. Houve um retorno aos parâmetros estabelecidos pela Constituição de 1934, seguindo os moldes de um texto de feitura social, com a intervenção do Estado na economia para assegurar direitos básicos para a população.

Na sua confecção participaram todos os espectros ideológicos, desde os partidos representantes das classes dominantes, como a UDN e o PSD; até os partidos que representavam as classes populares, a exemplo do PCB e do PTB.

O Poder Legislativo teve uma modificação na sua terminologia, o Parlamento Nacional passou a ser chamado de Congresso Nacional e o Conselho Federal volta a ser denominado Senado Federal. Extinguiu-se a representação corporativa no Parlamento, passando a ser escolhida integralmente pelo povo.

A Câmara dos Deputados foi composta de representantes eleitos diretamente pelo povo, através do sistema eleitoral proporcional. Os representantes classistas foram suprimidos. Cada unidade federativa foi representada no Senado Federal por três membros, escolhidos diretamente pelos eleitores. A presidência do Senado coube ao vice-presidente da República, seguindo o modelo implementado pelos Estados Unidos.

Os direitos e garantias fundamentais foram reforçados e ampliados. A longa estiagem a que haviam sido submetidos foi suplantada; em decorrência, passaram a ser tratados com o devido valor que mereciam.

Durante a sua vigência, sucederam-se numerosas crises provocadas por setores contrários ao modelo econômico nacional-desenvolvimentista implantado: o suicídio de Getúlio Vargas; o contragolpe implementado pelo General Teixeira Lott, para impedir Café Filho, vice-presidente de Getúlio, de realizar um golpe de Estado; a renúncia de Jânio Quadros; as restrições contra a posse de João Goulart; e a campanha da legalidade, que permitiu que este assumisse o governo.

Foi durante essa Carta Magna que se introduziu o sistema parlamentarista de governo, que teve efêmera duração, pela Emenda Constitucional nº 4, de 1961. Como o regime parlamentar significou um golpe contra a representação popular constitucionalmente estabelecida, houve um plebiscito em que a população, por ampla maioria, escolheu o retorno ao presidencialismo, realizado pela Emenda Constitucional nº 6, de 1963.

### 3.11.6 Constituição de 1967/1969

Sua motivação foi o golpe de 1964, dado pelos militares, destituindo João Goulart e implantando um regime autoritário. A política do "nacional-desenvolvimentismo" é substituída por uma política econômica voltada para a integração com o capital estrangeiro, cujo eixo de desenvolvimento passou a ser o endividamento externo.

A inspiração jurídica dessa Carta foi a Constituição de 1937, com as suas normatizações de teor autoritário. É preferível analisar conjuntamente os dois textos constitucionais porque eles nascem do mesmo fato histórico e têm a mesma concepção de Estado. Na essência, as duas são iguais, representando a Constituição Federal de 1969 um endurecimento do regime político instalado, cerceando quase que totalmente as liberdades civis.

A Constituição de 1969, na verdade, não foi formalmente uma Constituição; mas uma emenda ao texto de 1967, Emenda Constitucional nº 1. Como fator social, temos o endurecimento do regime militar, que ocorreu com o Ato Institucional nº 5, de 1968. Com a enfermidade do Presidente Costa e Silva, assumiu o poder uma junta militar composta dos ministros da Marinha, do Exército e da Aeronáutica, pois os militares não aceitavam a posse de um civil, o Vice-Presidente Pedro Aleixo, ultimando-se, assim, os preparativos para a modificação do Texto de 1967. O fortalecimento da ditadura foi motivado pelo crescimento da oposição, que reuniu o movimento estudantil, os trabalhadores e o clero progressista.

O Ato Institucional nº 5, pela intensidade de suas disposições, entrava em contradição com várias regulamentações da Carta de 1967. Essa antinomia necessitava ser suprimida, e assim o foi pela construção de uma extensa emenda constitucional, que permitiu ao chefe do Executivo: fechar o Congresso Nacional, as Assembleias Legislativas Estaduais e as Câmaras de Vereadores, exercendo em seu lugar as suas prerrogativas; suspender o mandato de parlamentares, incluindo o direito de suspender as prerrogativas políticas de qualquer cidadão por dez anos; cercear as garantias da magistratura, como a vitaliciedade e a inamovibilidade; intervir na estabilidade dos funcionários públicos; retirar da esfera de apreciação do Poder Judiciário algumas matérias que versassem sobre segurança nacional, podendo até mesmo ser impedido o *habeas corpus* nos casos de crimes políticos contra a segurança nacional, a ordem econômica e social e a economia popular.

Como texto autoritário que foi, houve uma diminuição da autonomia dos estados e municípios, com a consequente centralização do poder nas mãos do presidente da República. A concentração tributária pela União ressuscitou a política de "pires na mão", realizada pela Primeira República. O presidente poderia legislar fartamente, por meio do decreto-lei.

Com relação ao seu teor autoritário, expõe Celso Ribeiro Bastos:

> Foi uma Constituição centralizadora. Trouxe para o âmbito federal uma série de competências que antes pertenciam a Estados e Municípios. Reforçou os poderes do Presidente da República. Na verdade, poderíamos dizer que, a despeito de o Texto Constitucional afirmar a existência de três poderes, no fundo existia um só, que era o Executivo, visto que a situação reinante tornava por demais mesquinhas as competências tanto do Legislativo quanto do Judiciário.[79]

Os direitos e garantias constitucionais se tornaram deleites formais para estudiosos, porque na realidade o que predominava era o autoritarismo, a censura e, o que foi mais grave, a tortura. Aqueles que tivessem a ousadia de discordar do regime eram perseguidos, o direito de reunião e de liberdade de expressão foram arrefecidos. As

---

[79] BASTOS, Celso Ribeiro. *Curso de direito constitucional.* 18. ed. São Paulo: Saraiva, 1997. p. 134.

suspensões dos direitos e garantias fundamentais eram feitas em nome da "segurança nacional".

Formalmente, as eleições foram mantidas. Estabeleceu-se um bipartidarismo (Ato Institucional nº 2), composto pela Arena, o maior partido do Ocidente, e o MDB, que reunia os opositores ao regime. O presidente era escolhido de forma indireta pelo Congresso Nacional, e sempre era um general o escolhido para um mandato determinado, e, a cada eleição que a oposição ameaça ganhar, havia uma modificação nas regras do jogo, que a impedia.

O Congresso Nacional era constantemente constrangido nas suas votações. Várias vezes pairou ameaça contra os parlamentares, tendo sido o Poder Legislativo em algumas ocasiões fechado compulsoriamente por ordem do general presidente de plantão.

Um dos poucos avanços na Constituição de 1967/1969 foi o de possibilitar a desapropriação das terras improdutivas, para fins de reforma agrária, utilizando-se como indenização títulos da dívida pública.

### 3.11.7 Constituição de 1988

A gênese desta Constituição reside na falência do modelo econômico, imposto desde a implantação da ditadura, amparado no endividamento externo, e na campanha das "Diretas Já", que empolgou de forma inaudita a população brasileira, sepultando de vez o regime autoritário.[80]

A convocação de um Poder Constituinte foi realizada pela Emenda nº 26, o que não retira o caráter de inicialidade do seu texto. Alguns autores, como Manoel Gonçalves Ferreira Filho, alegam que a Constituição de 1988 foi um projeto realizado por um Poder Reformador e, portanto, poderia ser alterado na sua totalidade por emendas constitucionais. Mas, mesmo chamada a ser realizada por uma emenda, a Constituinte de 1988 exerceu plenipotenciariamente os seus poderes, graças à legitimação popular de que estava imbuída. De todos os textos constitucionais foi o que mais apresentou legitimidade por parte da população.

Com a posse do governo de transição, seu objetivo imediato foi o de convocar uma Assembleia Nacional Constituinte que elaborasse um novo texto constitucional, arejando com bafejo democrático as normas jurídicas e pavimentando o caminho para o surgimento de um Estado Democrático de Direito.

A eleição dos deputados constituintes foi precedida por uma intensa mobilização popular, que perdurou durante os trabalhos da Assembleia Constituinte. Entre todas as Constituições, foi a que contou com maior apoio popular. Com isso, a feitura de suas

---

[80] "No bojo desses títulos, diversos capítulos e seções inovadores, tais como: funções essenciais à justiça, política urbana, política agrícola e fundiária, saúde, assistência social, cultura, desporto, ciência e tecnologia, comunicação social, meio ambiente, família, criança, adolescente e idoso, índios. Além disso, acrescente-se a grande inovação objetivada nos denominados 'princípios fundamentais', onde se explicitam os fundamentos da República Federativa do Brasil, que se constitui em Estado Democrático de Direito [...]. Na parte dos direitos e deveres individuais e coletivos, criaram-se o mandado de injunção, o *habeas data*, o mandado de segurança coletivo. Ampliou-se o objeto da ação popular; assegurou-se indenização por dano moral; a inviolabilidade da honra e da imagem foram proclamadas. E sem tergiversar, justamente para evitar tergiversações pelos aplicadores do direito e pelos intérpretes dos poderes públicos, fixou-se no § 1º do art. 5º que as normas definidoras dos direitos e garantias fundamentais têm aplicação imediata" (TOURINHO, Arx. O retalhamento da Constituição de 1988. *Revista de Direito Constitucional e Internacional*, ano 8, n. 31, p. 181-202, abr./jun. 2000).

normas atendeu aos interesses da maioria da população, relegando a segundo plano os anseios de importantes setores da elite econômica.

O ambiente social que a respaldou ensejou que a Constituição de 1988 seguisse os parâmetros mais avançados dos textos constitucionais contemporâneos. Vários institutos jurídicos foram alçados em nível constitucional pela primeira vez, como o mandado de segurança coletivo, o *habeas data*, o mandado de injunção e a ação de inconstitucionalidade por omissão. Igualmente foram disciplinadas pela primeira vez na Constituição matérias de relevante respaldo social, como um capítulo específico sobre o meio ambiente.

A iníqua acusação de que a "Constituição Cidadã" tornaria o país ingovernável não prosperou, até mesmo porque nunca um plano econômico, nem mesmo o famigerado "Plano Collor" foi impedido por conta de sua inconstitucionalidade. O grande problema desse texto é a falta de efetividade de suas normas, que foram deixadas sem implementação porque não atendem aos interesses das elites dirigentes. Acrescente-se que as disposições normativas que não puderam ter sua eficácia cerceada, pois eram autoaplicáveis, foram objeto do Poder Reformador, sofrendo modificações através de emendas constitucionais.

Indubitavelmente foi a melhor Constituição até agora elaborada, que somente não obteve a concretização da totalidade de suas disposições porque as forças populares, que foram o seu maior sustentáculo, desmobilizaram-se diante da ofensiva das elites econômicas sob a égide do neoliberalismo.

### 3.11.8 A Constituição de 1988 e seu papel dirigente

A instituição da Constituição Cidadã, de 1988, pródiga em direitos, fez com que a prestação jurisdicional abrangesse segmentos sociais até então excluídos, obrigando um desenvolvimento da teorética constitucional para que essas prerrogativas pudessem transpor sua seara retórica para uma seara fática. A existência de direitos humanos apenas no plano da validade jurídica não mais satisfazia a real necessidade de segmentos hipossuficientes da sociedade.

Facilmente pode-se constatar que ela proporcionou um aumento na tutela jurisdicional dos conflitos sociais, haja vista a prodigalidade de direitos esculpidos em seu texto.

Para países periféricos como o Brasil, o objetivo do texto constitucional é o de efetivar as promessas contidas nele que ainda não deixaram de ser uma "folha de papel";[81] no que adquire forte teor inclusivo, constituindo-se em ferramenta para garantir aos cidadãos "densidade suficiente" de suas prerrogativas.

A supremacia da Constituição representou uma superação na ideia do princípio da legalidade baseada na supremacia do parlamento, em que este não reconheceria limites por ser o elo imediato com a soberania popular. Representando o parlamento a vontade do povo, sua produção legislativa igualmente indicava o sentimento da coletividade, não podendo esta vontade ser mitigada, a não ser pela própria manifestação popular, mas nunca por uma decisão judicial.

---

[81] LASSALLE, Ferdinand. *A essência da Constituição*. Rio de Janeiro: Lumen Juris, 1998. p. 41.

Com a superação do constitucionalismo clássico, a legalidade passa a ter um papel de discricionariedade desde que esteja em consonância com a *Lex Mater*, o que significa limites às atividades do Poder legislativo, tendo que se conformar com a imperatividade dos mandamentos constitucionais.

A Constituição dirigente, em países periféricos como o nosso, desempenha a função de realizar as "promessas da modernidade" que até agora não se tornaram realidade para parcela significativa da população. Destarte, ultrapassa os marcos semânticos e passa a exercer uma função normativa, com força cogente para todos os poderes estabelecidos. Seu objetivo é servir, efetivamente, como "pacto vivencial da sociedade", em que o conteúdo de seus postulados alcance concretude fática.

Ela não perde as características que foram introduzidas pelo constitucionalismo clássico, como exemplo, o de delinear a moldura de atuação das forças sociais. Ao lado desse apanágio, suas normas exercem força vinculante, definindo determinados objetivos que devem ser alcançados.

Para Pozzolo, o "conteúdo substancial condicionante" cumpre uma função muito parecida com aquela que era desempenhada pelo direito natural, estabelecendo vetores que obrigam os legisladores a obedecer a seu conteúdo.[82] Todavia, é necessário frisar que enquanto o direito natural provém de matrizes racionalistas ou metafísicas, a Constituição dirigente emana de determinada realidade concreta, advinda de um Poder Constituinte que instituiu uma decisão política.

Para que uma Constituição dirigente possa cumprir com a finalidade para a qual fora criada, necessita-se que ela assuma seu teor prescritivo, sem desprezar algumas finalidades descritivas. Em razão de que ela intenta modificar a realidade social na qual incide, suas normas têm que ser efetivas, assegurando concretude normativa, em virtude da concepção de bem comum agasalhada.

Entretanto, ela não pode ser concebida como uma simples panaceia para solucionar os complexos problemas que afligem a sociedade. O teor de seus mandamentos não pode ser voluntarista, sem base social, muito menos ser reduzido a um amontoado de normas programáticas. Cumprirá sua missão se propiciar um caráter dialógico aos seus princípios, em que as normas constitucionais podem se tornar invariáveis axiológicas por intermédio do *entrenchment* de seus postulados.

Em sociedades hipercomplexas como a que vivemos não há outra opção senão tornar a Constituição um marco referencial para a estruturação da organização política. A crise nos seus marcos regulamentatórios pode dar ensejo à saída de substituí-la pela *Lex Mercatoria*, relegando primados básicos, como os direitos humanos sociais.

Aceitando-se o papel dirigente da Constituição, o ordenamento deixa de ser totalmente descritivo e passa também a ser prescritivo. O caráter neutral das normas perde seu conteúdo avalorativo e ganha nitidez axiológica.

## 3.12 Interpretação constitucional

O conceito de hermenêutica se diferencia do conceito de interpretação. Aquela é o estudo científico da interpretação, com um método e um objeto previamente definidos

---

[82] POZZOLO, Susanna. Neoconstitucionalismo y Especificidad de la Interpretación Constitucional. *Doxa*, v. II, n. 21, 1998. p. 341.

e esta é a busca pelo verdadeiro alcance da lei, almejando os meios que concretizem o objetivo traçado na norma. Explica o sentido da palavra "hermenêutica" o Prof. Nelson Saldanha:

> O termo hermenêutica tem sido utilizado na doutrina jurídica sem suficiente consciência de suas relações (e distinção) em face da noção de interpretar. Em nosso entender a hermenêutica tem sentido mais genérico e mais preso ao plano teórico (talvez se possa afinal aceitar sua conceituação como "teoria dos fundamentos do interpretar"); a interpretação, que visa o concreto e que atende ao movimento da ordem para a prática, aparece motivada por uma finalidade, que é a aplicação.[83]

Assim, a hermenêutica é a ciência que fornece os subsídios teóricos para que os operadores jurídicos exerçam a interpretação constitucional. Abelardo Torré define o sentido da norma como o seu objeto cultural, sua finalidade, e o alcance como uma decisão sobre a extensão dessa finalidade.[84]

Toda norma deve ser interpretada, mesmo aquelas que padeçam da parêmia romana que declara *in clarus cessat interpretatio* (na claridade da lei não há necessidade de interpretação). A particularidade dos casos concretos propicia diferenças que exigem uma adequação da norma, e essa função é necessariamente realizada pelos operadores jurídicos. Há normas mais facilmente interpretáveis do que outras, porque estão redigidas de forma mais clara e precisa. Contudo, mesmo estas necessitam ser interpretadas para melhor esclarecimento do seu conteúdo.

A interpretação é imprescindível para o operador jurídico, principalmente porque as normas são elaboradas de forma abstrata, geral e impessoal. As normas são abstratas porque são tipos mentais que devem corresponder à realidade do cotidiano, sem uma tipificação totalmente fechada; são gerais porque devem se enquadrar numa infinidade de casos que possam ocorrer; e são impessoais porque são realizadas para a generalidade dos cidadãos. Depreende-se que os seus contornos não são precisos, pedindo a intervenção do operador jurídico para a adaptação a uma realidade específica.

Há limites claros para o procedimento interpretativo. O operador jurídico não pode criar leis, intrometendo-se na função do Poder Legislativo. Contudo, vários autores, principalmente os ligados ao sistema jurídico da *common law*, sustentam o papel criativo dos juízes e intérpretes. A estrutura normativa funciona como limite à extensão da interpretação.

Não há um procedimento único para o processo interpretativo que vincula o operador de forma obrigatória. Na realidade, existem vários métodos interpretativos que podem ser usados pelo operador para realizar a concretização das normas constitucionais. Eles podem ser classificados em métodos tradicionais, presentes no texto das normas, como a interpretação gramatical, histórica, sistemática, teleológica etc., e em métodos não convencionais, como exemplo, a tópica de Viehweg e a metódica estruturante de Müller.

---

[83] SALDANHA, Nelson. *Ordem e hermenêutica*. Rio de Janeiro: Renovar, 1992. p. 246.
[84] TORRÉ, Aberlardo. *Introducción al derecho*. Buenos Aires: Abeledo-Perrot, 1981. p. 350.

### 3.12.1 Necessidade de uma interpretação sistêmica da Constituição

O processo que formulou a Constituição de 1988 incentivou a participação das mais diversas forças políticas existentes no país, realizando um texto que não tem uma clara linha ideológica. Para que a Carta Magna possa ter eficácia concretiva integral, impedindo que as normas constitucionais se choquem, provocando antinomias normativas, é necessário interpretá-las de maneira sistêmica, compatibilizando os princípios com os valores sociais que vão sendo sedimentados paulatinamente no inconsciente da população, as "invariáveis axiológicas".

Müller explica o conceito sistêmico de Constituição:

> Esse princípio ordena interpretar normas constitucionais de modo a evitar contradições com outras normas constitucionais e especialmente com decisões sobre princípios de direito constitucional. A unidade da Constituição, enquanto visão orientadora da metódica do direito constitucional, deve antepor aos olhos do intérprete, enquanto ponto de partida, bem como, sobretudo, enquanto representação do objetivo, a totalidade da Constituição como um arcabouço de normas.[85]

Essa visão sistêmica da Constituição impede a existência de antinomias e de hierarquização de suas normas. Inexistindo hierarquização jurídica, o que há são divisões por espaços de incidência, em que cada norma ocupa determinada função. A maior atuação de determinados mandamentos decorre não de uma valoração prefixada no Texto Maior, mas da valoração que as forças sociais vão imprimindo em relação a determinados princípios, que passam a ganhar maior ou menor respaldo na sociedade. Exemplo nítido disso é o esvaziamento que o princípio da soberania vem padecendo sob o modelo de governo neoliberal.[86] Assim, pode-se afirmar que não existe uma hierarquia jurídica das normas constitucionais. Contudo, algumas normas podem exercer preponderância maior em virtude de sua carga valorativa mais densa.

Como consequência da unidade hierárquico-normativa, havendo uma tensão entre princípios aparentemente irreconciliáveis, o operador jurídico deverá conduzir o seu trabalho interpretativo no sentido de otimizar o princípio que tenha maior amparo valorativo na sociedade, dando uma conotação sistêmica à Constituição.

### 3.12.2 Peculiaridades da interpretação constitucional

A Constituição Federal goza de algumas prerrogativas que a diferenciam das demais normas jurídicas. Como consequência, a interpretação constitucional possui algumas peculiaridades que as demais normas não apresentam. Apesar disto, Karl Larenz

---

[85] MÜLLER, Friedrich. *Métodos de trabalho do direito constitucional*. 2. ed. São Paulo: Max Limonad, 2000. p. 84.

[86] Canotilho explica: "O princípio da unidade hierárquico-normativa significa que todas as normas contidas numa constituição formal têm igual dignidade (não há normas só formais, nem hierarquia de suprainfraordenação dentro da lei constitucional). Como se irá ver em sede de interpretação, o princípio da unidade normativa conduz à rejeição de duas teses, ainda hoje muito correntes na doutrina do direito constitucional: (1) a tese das antinomias normativas; (2) a tese das normas constitucionais inconstitucionais. O princípio da unidade da constituição é, assim, expressão da própria positividade normativo-constitucional e um importante elemento de interpretação. Compreendido desta forma, o princípio da unidade da constituição é uma exigência da coerência narrativa do sistema jurídico" (CANOTILHO, José Joaquim Gomes. *Direito constitucional e teoria da Constituição*. 2. ed. Coimbra: Almedina, 1998. p. 1.057).

afirma que as linhas gerais do processo interpretativo também podem ser usadas na hermenêutica constitucional.[87] Para Lenio Streck, a peculiaridade de uma hermenêutica constitucional pode ser resumida pela característica de que a Constituição é uma norma autorreferente, enquanto as demais normas infraconstitucionais devem ser interpretadas de acordo os postulados da Lei Maior.[88]

### 3.12.3 Inicialidade da Constituição

Como norma que inicia o ordenamento jurídico, criando as demais espécies normativas, a *Lex Mater* exerce um papel fundamental na interpretação jurídica. Alicerçando o sistema normativo, as normas constitucionais indicam os limites que as normas infraconstitucionais devem obedecer, configurando-se na norma suprema do ordenamento, à qual as outras têm de se adequar, sob pena de inconstitucionalidade. Preleciona Celso Ribeiro Bastos:

> É lógico que a regra é que a Constituição não pode ser interpretada a partir da legislação infraconstitucional. Trata-se de particularidade própria da Lei Maior o não poder ela tomar por referencial interpretativo outras normas do sistema. Tal fenômeno deflui do seu caráter inicial e inovador.[89]

As normas infraconstitucionais também podem servir de parâmetro jurídico para a interpretação. Contudo, além de não colidirem, de forma implícita ou explícita, com alguma disposição da Lei Maior, a sua interpretação tem de se ater ao sentido da Constituição, incorporando-se ao caráter sistêmico dos seus mandamentos.

Como decorrência da inicialidade da interpretação constitucional, o Poder Decorrente, que cria as Cartas Constitucionais Estaduais, fica obrigado a repetir vários princípios preceituados pelo Poder Constituinte, os chamados "princípios simétricos", de repetição obrigatória para as Constituições Estaduais, a exemplo do princípio republicano.

---

[87] "No que respeita a minha opinião pessoal, não vejo fundamento bastante para não se aplicarem, pelo menos em princípio, os princípios interpretativos gerais também à interpretação da Constituição, pois que a Constituição é, enquanto lei – tal como todas as outras leis (redigidas na maior parte em linguagem corrente) –, uma obra de linguagem, que, como tal, carece de interpretação, tal como as proposições nela contidas têm o caráter de normas; o seu efeito vinculativo não é certamente menor, mas mais vigoroso do que o das demais leis" (LARENZ, Karl. *Metodologia da ciência do direito*. Tradução de José Lamego. 3. ed. Lisboa: Fundação Calouste Gulbenkian, 1997. p. 513-514).

[88] "Compreendendo que interpretar é compreender e que somente pela compreensão é possível interpretar, não se pode falar na existência de uma hermenêutica constitucional *stricto sensu*, isto é, como uma disciplina autônoma. Admitir a existência de uma hermenêutica constitucional específica seria admitir, também, a existência de uma hermenêutica do direito penal, do direito processual etc. O processo de interpretação da Constituição tem, sim, uma série de especificidades e peculiaridades, uma vez que a Constituição – entendida como espaço garantidor das relações democráticas entre o Estado e a sociedade e como o espaço de mediação ético-política da sociedade – é o *topos* hermenêutico conformador de todo o processo interpretativo do restante do sistema jurídico. A especificidade de uma hermenêutica constitucional está contida tão somente no fato de que o texto constitucional (compreendendo nele as regras e os princípios) deve se autossustentar, enquanto os demais textos normativos, de cunho infraconstitucional, devem ser interpretados em conformidade com aquele" (STRECK, Lenio Luiz. *Hermenêutica jurídica em crise*. Porto Alegre: Livraria do Advogado, 1999. p. 227-228).

[89] BASTOS, Celso Ribeiro. *Curso de direito constitucional*. 18. ed. São Paulo: Saraiva, 1997. p. 63.

## 3.12.4 Conteúdo político

Normatizando os "fatores reais de poder", a Constituição é o estatuto jurídico-político das forças sociais. Para a identificação do seu conteúdo político, recorre-se a elementos extrajurídicos para a sua interpretação. E como núcleo central de mando social, a dominação de suas normas significa a dominação da sociedade.[90] Carlos Maximiliano afirma que, por alicerçar-se no elemento político, essencialmente instável por sua própria natureza, o direito constitucional deve ser interpretado com bastante acuidade pelo hermeneuta.[91]

O Min. Marco Aurélio expõe que o conteúdo político da Constituição não pode sobrestar a linguagem técnica que deve alicerçar uma ciência:

> O conteúdo político de uma Constituição não é conducente ao desprezo do sentido vernacular das palavras, muito menos ao do técnico, considerados institutos consagrados pelo Direito. Toda ciência pressupõe a adoção de escorreita linguagem, possuindo os institutos, as expressões e os vocábulos que a revelam conceitos estabelecidos com a passagem do tempo, quer por força de estudos acadêmicos, quer, no caso do Direito, pela atuação dos Pretórios.[92]

A pluralidade dos princípios políticos, ligados a vários campos das ciências humanas, impede uma análise isolada de determinado princípio; para a sua compreensão mais acurada é necessário interpretá-los de forma sistêmica, dentro da totalidade na qual estão enquadrados. A matriz política do hermeneuta influenciará decididamente o conteúdo político da Constituição.

## 3.12.5 Linguagem em forma sintética

Sendo um texto para perdurar ao longo do tempo, a Constituição é escrita em linguagem concisa, devendo suas normas serem concebidas de forma predominantemente genérica e abstrata para englobar o maior número possível de casos. Essa perda de precisão semântica é compensada pela maior elasticidade de suas normas, evitando o aparecimento de lacunas e antinomias.

As normas constitucionais não têm a finalidade de disciplinar acuradamente as matérias contidas em seu texto. Elas pretendem oferecer um direcionamento geral, que deve ser especificado pelas normas infraconstitucionais. Assim, as demais espécies normativas, como não gozam de imutabilidade relativa, podem ser modificadas de forma mais frequente para se adequarem melhor às evoluções produzidas pela sociedade. A principal função da linguagem constitucional em forma sintética é evitar o envelhecimento dos mandamentos da Lei Maior.

---

[90] A respeito do assunto, doutrina Reis Friede: "Ocorre, entretanto, que as normas constitucionais, de forma diversa dos demais regramentos normativos, não possuem, como já tivemos oportunidade de registrar, um exclusivo conteúdo jurídico – por se tratar a Constituição, em última instância, de um texto com nítida feição política –, permitindo-nos concluir que os problemas de interpretação constitucional, em certa medida, são mais amplos e complexos do que aqueles afetos à lei comum, até porque, sob certa ótica, também repercutem sobre todo o ordenamento jurídico" (FRIEDE, Reis. *Lições objetivas de direito constitucional*. São Paulo: Saraiva, 1999. p. 72).

[91] MAXIMILIANO, Carlos. *Hermenêutica e aplicação do direito*. 9. ed. Rio de Janeiro: Forense, 1980. p. 305.

[92] RE nº 166.772-RS, Rel. Min. Marco Aurélio.

## 3.12.6 Predominância das normas de estrutura na Constituição

Duguit criou a diferenciação entre normas de conduta e normas de estrutura ou técnicas.[93] Normas de estrutura são aquelas que têm conteúdo organizatório, predominando em relação àquelas que não têm esse conteúdo, que podem ser prescritivas, indicando certa conduta, ou proibitivas, vedando determinada conduta. As primeiras prescrevem o comportamento dos cidadãos e as segundas são regras endereçadas às instituições, para organizá-las e determinar suas ações. Este tipo de norma existe apenas na esfera do direito.[94]

As normas de estrutura exercem uma maior importância, já que têm a missão de formar o núcleo de poder, e distribuir, em consequência, as suas atribuições. Ressalve-se que todas as normas da Constituição, inclusive o preâmbulo, têm eficácia jurídica, produzindo os mesmos efeitos das demais normas do ordenamento. As normas de estrutura, na sua maior parte, para terem uma eficácia completa, necessitam ser complementadas por normas infraconstitucionais.

## 3.12.7 Princípio da presunção de constitucionalidade das normas infraconstitucionais

Para o resguardo da segurança jurídica, as normas inferiores à Constituição só serão declaradas inconstitucionais quando isso for expressamente afirmado pelo Poder Judiciário. Por isso, quando possível, devem ser interpretadas conforme a Constituição, zelando pela eficácia constitucional, impedindo-se as interpretações *contra constitutionis*.

A respeito da matéria, ensina Luís Roberto Barroso:

> O princípio da presunção de constitucionalidade das leis, conquanto implícito em todo sistema constitucional, ganhou um reforço no ordenamento brasileiro atual, por força do disposto no art. 103, §3º, que determina que, sempre que o Supremo Tribunal Federal apreciar a inconstitucionalidade em tese de norma legal ou ato normativo, será citado o Advogado-Geral da União, que defenderá o ato ou texto impugnado.[95]

## 3.12.8 Métodos clássicos de interpretação constitucional

Alguns autores, como Betti, têm se insurgido quanto à divisão dos métodos interpretativos devido ao caráter unitário da interpretação jurídica diante do caso concreto. A defesa da separação dos métodos clássicos de interpretação não é apenas didática, porque pode-se afirmar que a interpretação histórica, gramatical ou lógico-sistemática

---

[93] "A vida jurídica concretiza-se em um conjunto de ordens e proibições. O direito, como técnica de disciplina da vida coletiva, destina-se, fundamentalmente, a reger comportamentos, em função de valores cuja preservação foi tida por conveniente. As normas que realizam essa finalidade denominam-se normas de conduta, que representam a maior porção do direito positivo. Estas regras possuem uma composição dúplice, assim fotografável: preveem um fato e a ele atribuem uma determinada consequência jurídica" (BARROSO, Luís Roberto. *O direito constitucional e a efetividade de suas normas*. 4. ed. Rio de Janeiro: Renovar, 2000. p. 96).

[94] POCAR, Valério. *Norme giuridiche e norme sociali*. Milano: Unicopli, 1988. p. 33.

[95] BARROSO, Luís Roberto. *Interpretação e aplicação da Constituição*. 4. ed. São Paulo: Saraiva, 2001. p. 181.

possibilita *de per si* esclarecer o significado do direito; contudo, pode apresentar um resultado diferente de acordo com o método utilizado. Não há impedimento para que se faça uma análise do texto jurídico apenas sob a perspectiva de uma modalidade de interpretação.

São os seguintes os métodos clássicos de interpretação constitucional:
a) interpretação literal: é a interpretação consistente em analisar a norma de forma restrita, verificando apenas o valor do seu sentido, buscando sua exatidão e fidelidade;
b) interpretação gramatical: é a que toma por base a semântica das palavras e sua função gramatical. Esse método de interpretação tem significativa importância para o aprimoramento da redação das normas;
c) interpretação histórica: baseia-se na investigação dos antecedentes fáticos que deram ensejo à norma;
d) nterpretação lógica: resulta de uma interpretação baseada em métodos lógicos, como a presunção, a indução e a dedução;[96]
e) interpretação lógico-sistemática: toma como vetor o sistema no qual o texto normativo está inserido e procura estabelecer a concatenação entre este e os demais elementos componentes;[97]
f) interpretação sociológica: tem a finalidade de adaptar a lei às necessidades sociais, concebendo o direito como um processo de interação constante com a sociedade.

### 3.12.9 Classificação da interpretação quanto à origem

a) Interpretação judicial: é aquela realizada pelos juízes nas suas decisões, com força obrigatória para as partes a que se destina.
b) Interpretação autêntica ou legal: é a realizada pelo próprio legislador, através de outra lei chamada de interpretativa.
c) Interpretação doutrinária ou científica: é aquela que os operadores jurídicos realizam nos mais variados atos processuais, como em pareceres, petições etc.

### 3.12.10 A tópica de Theodor Viehweg

A tópica de Theodor Viehweg é uma técnica hermenêutica que tem como ponto inicial a definição do problema jurídico. Diante do problema apresentado, o método tópico busca soluções, tomando como ponto de partida lugares comuns – *topoi* –, que não são necessariamente postulados jurídicos.[98] Segundo Viehweg, os lugares comuns

---

[96] Ensina Ronaldo Poletti: "O método lógico, no entanto, tem uma dimensão maior do que a análise lógica da frase. Implica não somente a interpretação da norma como também a ciência do direito, na descoberta de seus fundamentos. A analogia resulta de uma operação lógica, assim como a presunção (ilação de um fato conhecido para aplicar a outro desconhecido). A analogia *legis*, a analogia *iuris*, a descoberta de indícios, as presunções legais ou fáticas, bem como as classificações, as definições, todas são operações lógicas" (POLETTI, Ronaldo. *Introdução ao direito*. 2. ed. São Paulo: Saraiva, 1994. p. 303).
[97] MONTORO, André Franco. *Introdução à ciência do direito*. 23. ed. São Paulo: RT, 1995. p. 373.
[98] Explica o sentido de *topoi* o Professor George Salomão: "Analisando a Tópica e Jurisprudência de uma forma sistemática, percebemos que qualquer elemento que sirva à discussão em busca da solução adequada do problema

são encontrados pela experiência, variando de acordo com as diferentes perspectivas sociopolítico-jurídicas. Portanto, não é uma técnica *a priori* (formulada previamente), mas se constitui paulatinamente diante do caso concreto.

Viehweg afirma que os *topoi* são instrumentos adequados para direcionar a solução diante de cada caso concreto, que de outra maneira não poderia ser resolvido. Cumprem a função de direcionar o trabalho do hermeneuta, fornecendo diretrizes linguísticas para a ação, através de fórmulas protetoras e estímulos mentais. Os *topoi* são fornecidos pelas partes envolvidas na solução de um problema, como uma opinião combinada, servindo como premissa para a sua resolução.[99]

A tópica foi o alicerce doutrinário do qual partiram os subsídios para as várias escolas modernas de interpretação constitucional. O método tópico já era usado por Aristóteles para conseguir consenso diante de um caso concreto, sendo na idade moderna aprimorado por Vico, em oposição aos métodos matemáticos ou científico-naturais.

O método tópico privilegia a *praxis* da interpretação constitucional, procurando resolver os problemas concretos, optando pela discussão diante do litígio, em virtude de sua estrutura aberta, ao invés de permitir a utilização de modelos preconcebidos, como a aplicação de esquemas dedutivos.

A grande crítica que se faz à tópica é que ela cerceia a supremacia de que goza a Constituição, transformando-a em simples lugar comum, ponto de partida para a interpretação constitucional, passando os mandamentos da Carta Magna a serem escolhidos de acordo com a adequação para a solução do problema e com o interesse do intérprete. Isso acarreta uma fragilização na segurança jurídica porque não há precisão na definição do ponto de partida.

## 3.12.11 A metódica estruturante de Friedrich Müller

Para Müller, o direito pode ser concebido como a expressão racional da política, obtido com a racionalização do poder e da violência, ou, por outras palavras, o direito é a normatização da força. Assim, o fenômeno jurídico sofre uma constante interpenetração com a realidade social, em uma simbiose que Rudolf Smend chamou de processo de integração.[100]

O método estruturante pode ser caracterizado por dois requisitos: necessidade de que as decisões jurídicas sejam consentâneas com o direito vigente e de que sejam proferidas de acordo com um processo previamente estipulado.

A metódica estruturante de Müller é formada dos seguintes elementos: a) o programa normativo, que representa sua parte analítica, o elemento linguístico que compõe a norma; b) o âmbito normativo, as interferências provocadas pela realidade social na

---

posto pode ser utilizado como *topoi*. Deste modo, são *topoi*: a norma jurídica, as proposições jurídicas formuladas pela doutrina, a jurisprudência etc. É bom acrescentarmos que estes pontos de vista recebem seu sentido a partir do problema, e a ele encontram-se vinculados" (LEITE, George Salomão. *Interpretação constitucional e tópica jurídica*. São Paulo: Juarez de Oliveira, 2002. p. 62).

[99] VIEHWEG, Theodor. *Tópica y filosofia del derecho*. Tradução de Jorge M. Seña. 2. ed. Barcelona: Gedisa, 1997. p. 198.

[100] SMEND, Rudolf. *Constitución y derecho constitucional*. Tradução de José M. Beneyto Pérez. Madrid: Centro de Estudios Constitucionales, 1985. p. 62.

norma; c) a decisão, ou seja, a solução do problema concreto apresentado, dentro dos parâmetros jurídicos. Esclarece o Prof. Paulo Bonavides:

> De modo que – assevera o constitucionalista – a norma não é mais do que uma proposição idiomática, posta no papel, e sua aplicação para o positivismo formalista se exaure numa interpretação do texto, quando isso não é verdade, porquanto o processo de concretização deve tomar em conta três elementos básicos: o fato, o programa da norma e o âmbito normativo.[101]

Müller se propõe a superar a redução do direito à norma, realizada pelo positivismo, e o voluntarismo da tópica de Viehweg, que não dispõe de soluções predeterminadas para os casos concretos. Ele tenciona aglutinar o texto legal, com as informações provenientes da realidade social, assegurando a normatividade do direito, sem relegar a supremacia da Constituição.

Se, por um lado, a teoria concretiva de Müller reduz o voluntarismo da tópica, ela também não oferece uma saída para a insegurança das decisões em cada caso concreto. Houve a criação de uma hierarquia de elementos hermenêuticos, que poderiam atuar em uns casos e em outros não, deixando uma margem bastante discricionária para elaboração, sem conseguir alcançar parâmetros mínimos de previsibilidade.

Segundo Canotilho, as principais características da metódica estruturante são as seguintes: a) investiga as várias funções de realização do direito constitucional para captar a transformação das normas e concretizar uma decisão prática; b) preocupa-se com a estrutura da norma e do texto normativo, com o sentido de normatividade e de processo de concretização, com a conexão da concretização normativa e com as funções jurídico-práticas; c) traça uma diferenciação entre norma e texto normativo, em que a norma não compreende apenas o texto, antes abrange um domínio normativo, isto é, um pedaço da realidade social.[102]

## 3.13 A Constituição analisada sob um aspecto sistêmico

A visão da Constituição como um todo sistêmico tem a finalidade de integrar as normas constitucionais, impedindo o surgimento de antinomias que iriam acarretar perda da sua eficácia normativa.

Um sistema é formado basicamente de um repertório, ou elementos, e de uma estrutura. Os elementos são os seus componentes, seus núcleos formadores, os quais, no caso da Constituição, são as regras constitucionais. A estrutura é formada pelos princípios da Lei Maior, dispondo sobre o funcionamento das regras. Tais princípios exercem a função de regular o comportamento dos elementos do sistema, por isso fazem parte da estrutura.

Uma das características que se ressalta da conceituação sistêmica é a ideia de unidade. Essa ideia provém do fato de que as normas constitucionais são geradas pelo mesmo procedimento, têm a mesma fonte de legitimação e são oriundas do mesmo

---

[101] BONAVIDES, Paulo. *Curso de direito constitucional*. 12. ed. São Paulo: Malheiros, 2002. p. 459.
[102] CANOTILHO, José Joaquim Gomes. *Direito constitucional e teoria da Constituição*. 2. ed. Coimbra: Almedina, 1998. p. 1.087.

poder, o Poder Constituinte. Como consequência, temos que a comum divisão entre Constituição formal e material perde sua utilidade, havendo necessidade de uma análise do sistema constitucional com suas interações recíprocas.

A ideia de unidade comporta a existência ou não de hierarquia, ou seja, em um sistema pode haver segmentos que são mais importantes que outros e por isso vão, em caso de antinomias, exercer um papel relevante, prevalecendo sobre os de grau inferior. Partindo do pressuposto da não existência de hierarquia jurídica, a resolução de antinomias parte da limitação no espaço de incidência das normas. Não existe uma hierarquia jurídica entre as normas constitucionais: o que existe é uma hierarquização de valores, cambiantes em extratos sociais e em épocas históricas, que faz com que normas condizentes com esses valores possam ter uma maior preponderância em determinados contextos.

Importante ressaltar a opinião em contrário do Prof. George Browne: "Apesar de ocuparem todas as normas e princípios constitucionais posição de cúpula no ordenamento jurídico de um Estado, não se pode deixar de, dentro da própria Constituição Federal, estabelecer uma hierarquia entre os mesmos".[103]

Outra característica do sistema jurídico é o seu caráter aberto, pelo qual ele está em permanente contato com as interações sociais. Essa abertura não afeta a sua autonomia porque as informações do ambiente serão traduzidas na linguagem utilizada no interior do sistema.

O benefício da abertura sistêmica, inclusive para o subsistema jurídico, é que a simetria com os fatos sociais oferece melhores condições de eficácia. Um sistema não pode ser vislumbrado de forma estanque. Wilhelm Canaris conceitua abertura sistêmica:

> um sistema que tem as seguintes características: a incompletude, a capacidade de evolução e a sua constante modificabilidade. Os sistemas são incompletos porque necessitam de constante criação normativa; são sistemas que dispõem de capacidade de evolução porque se adequam ao progresso social; possuem modificabilidade por sofrerem reformas de acordo com a mutação dos fatos sociais. Assim, o sistema jurídico pode ser caracterizado como um sistema aberto.[104]

E, por último, a característica de autonomia, em que cada subsistema se reproduz segundo seus próprios códigos: no caso específico do direito, pode ser o código lícito/ilícito ou justo/injusto. Dessa característica deflui a autorreferência, em que os respectivos elementos são produzidos pelo próprio sistema, havendo, portanto, uma negação da dependência e da perda de autonomia. A ordem interna é gerada a partir dos seus próprios elementos e se reproduz realizando sua própria energia.[105]

---

[103] RÊGO, George Browne. Os princípios fundamentais e sua natureza estruturante na Constituição de 1988. *Anuário dos Cursos de Pós-Graduação em Direito*, Recife, n. 8, 1997. p. 120.

[104] CANARIS, Claus Wilhelm. *Pensamento sistemático e conceito de sistema na ciência do direito*. Tradução de A. Menezes Cordeiro. 2. ed. Lisboa: Fundação Calouste Gulbenkian, 1996. p. 104.

[105] Explica Teubner: "Trata-se de unidades de comunicação autônomas que são, por seu turno, autorreprodutivas, gerando os seus próprios elementos, estruturas, processos e fronteiras, construindo o seu próprio meio envolvente e definindo a sua própria identidade. Todos estes componentes sistêmicos autorreproduzidos são, por sua vez, hiperciclicamente constituídos, no sentido de que se encontram articulados entre si no seio de um hiperciclo. Enfim, os subsistemas sociais constituem unidades que vivem em clausura operacional, mas também em abertura informacional-cognitiva em relação ao respectivo meio envolvente" (TEUBNER, Gunther. *O direito como sistema autopoético*. Tradução de José Engrácia Antunes. Lisboa: Fundação Calouste Gulbenkian, 1989. p. 139-140).

O sistema constitucional deve ser regido por princípios isomórficos, estabelecidos para atuarem por toda a sua extensão, sem uma diferenciação por segmentos, vedando a existência de áreas restritas para a atuação de alguns, de forma específica. Esses princípios, que vão estruturar o funcionamento do sistema da Carta Magna, criando sua estrutura, estabelecerão os moldes de comportamento dos elementos que o compõem, que são as regras constitucionais.

O método epistemologicamente usado na teoria dos sistemas autônomos não é o dedutivo, partindo-se da regra geral para o caso específico; nem muito menos o método indutivo, que parte do caso singular para o geral, encontrando-se em diminuta utilização. O método pós-moderno é a circularidade, em que os elementos estão interagindo em processos comunicativos, efetivando uma troca bilateral de informações.

O sistema jurídico, dada a sua complexidade, é ao mesmo tempo um sistema formado por normas e por procedimentos, em que estes orientam a aplicação daqueles. Robert Alexy realiza uma análise entre o sistema de normas e o sistema de procedimentos, sendo este um reflexo interno do sistema e aquele um reflexo externo. Explica o mencionado autor:

> Como sistema de procedimento, o sistema jurídico é um sistema de ação que repousa sobre regras mediante as quais as normas podem ser justificadas, aplicadas e afirmadas. Como sistema de normas, o sistema jurídico é um sistema de resultado ou produto de qualquer procedimento sobre a produção da norma. Se pode dizer que quem interpreta o sistema jurídico se refere ao seu aspecto externo.[106]

O sistema de procedimento ganha relevância a partir da teoria do realismo jurídico e da legitimação pelo procedimento, desenvolvidos por Habermas e por Luhmann. Como a legitimidade do Poder Judiciário não é haurida na vontade direta da população, ela reside nos procedimentos jurídicos, em que uma sequência de normas legitima as ações realizadas.

Os sistemas podem ser autônomos, autopoiéticos, ou não autônomos, alopoiéticos. Conceitua o que seja um sistema autopoiético o Prof. Willis Santiago:

> Sistema autopoiético é aquele dotado de organização autopoiética, onde há a (re)produção dos elementos de que se compõe o sistema e que geram sua organização, pela relação reiterativa ('recursiva') entre eles. Esse sistema é autônomo porque o que nele se passa não é determinado por nenhum componente do ambiente, mas sim por sua própria organização, isto é, pelo relacionamento entre seus elementos.[107]

Uma consequência do sistema autopoiético é que, se o direito se constitui em um sistema que se autorreproduz, de acordo com um código comunicativo próprio, resta inconcretizável debitar a sua origem a um direito natural ou a qualquer essência exterior ao sistema.

O conceito da palavra *autopoiese* tem sua fonte nos estudos biológicos realizados por Maturana e Varela. O objetivo dos professores era explicar a gênese da fonte que

---
[106] ALEXY, Robert. *Concetto e validità del diritto*. Tradução de Fabio Fiore. Torino: Einaudi, 1997. p. 22.
[107] GUERRA FILHO, Willis Santiago. *Autopoiese do direito na sociedade pós-moderna*. Introdução a uma teoria social sistêmica. Porto Alegre: Livraria do Advogado, 1997. p. 48.

alimenta os seres vivos, e a solução encontrada foi que a energia de cada sistema vivo provém do seu próprio interior. Para Luhmann, o sistema biológico forma uma unidade com o sistema social, derrubando a dicotomia existente entre mundo da cultura e mundo físico. Etimologicamente, a palavra deriva do grego *autós* (por si próprio) e *poiesis* (criação, produção), significando um sistema que tem como dínamo sua estrutura interna.

A finalidade do estudo dos sistemas autopoiéticos reside no fato de que eles, por serem sistemas que funcionam com códigos próprios, com autonomia, se não tiverem regras de calibração, comunicação com a sociedade, pertinentes para se adequarem aos dados do ambiente, tendem a se afastar da realidade.

Um sistema alopoiético é aquele que não tem autorreferência nem reflexividade; funciona devido às demandas exigidas pelo ambiente, *inputs*, carecendo de uma estrutura própria de comando. A transmutação de um sistema alopoiético para um autopoiético ocorre quando ele para de receber sua estrutura de funcionamento do ambiente e passa a produzir suas próprias regras. Essa autorreferência faz com que a relação de cognoscente/objeto cognoscível seja alterada para uma auto-observação, entre o ser observador e a sua própria estrutura.

Não que um sistema autopoiético se reproduza sem a interferência de *inputs* do meio ambiente; acontece que as interferências somente entram depois de passarem pelas regras de calibração, adquirindo uma linguagem própria do sistema. Ao entrar, adquirem um novo significado jurídico, e integram-se no meio a partir do código prevalente. As mensagens que vão sendo introduzidas por *inputs* irão modificar os elementos, permanecendo a estrutura inalterável. O sistema autopoiético é homeostático, funcionando em equilíbrio, embora, quando os *inputs* são selecionados por um processo de calibração, ele leve certo tempo para se adequar às informações recebidas, traduzindo-as para seu código, voltando, após um lapso temporal, à sua normalidade.

Ernesto Grün chama essas estruturas de "calibração de membranas de isolamento".[108] O estudo da entrada de *inputs* também se denomina "cibernética". Portanto, elas vão propiciar que a complexidade e a contingência das expectativas não possam ser quebradas. Eis as palavras de Luhmann: "Estruturas seletivas de expectativas, que reduzam a complexidade e a contingência, são uma necessidade vital. É por isso que a não satisfação de expectativas se torna um problema".[109]

No relacionamento entre subsistemas, existem esferas híbridas que zelam pela inter-relação, realizando o que foi chamado de "cópula sistêmica".[110] A Constituição seria a ligação entre o subsistema jurídico e político; o contrato e a propriedade seriam o liame entre o subsistema econômico e o jurídico.[111] A interpenetração entre o jurídico e o político tem como conexão a Carta Magna, que tem o objetivo de disciplinar as relações de poder. Ela vai proporcionar a atuação e existência desses subsistemas sem que nenhum deles perca sua autonomia e reflexividade.

---

[108] GRÜN, Ernesto. *Una visión sistémica y cibernética del derecho*. Buenos Aires: Lexis Nexis, 1998. p. 28.
[109] LUHMANN, Niklas. *Sociologia do direito I*. Tradução de Gustavo Bayer. Rio de Janeiro: Tempo Brasileiro, 1983. p. 66.
[110] NEVES, Marcelo. Do pluralismo jurídico à miscelânea social: o problema da falta de identidade das esferas de juridicidade na modernidade periférica e suas implicações na América Latina. *Revista de Direito em Debate*, Rio Grande do Sul, 1991. p. 12.
[111] Grün explica a noção de subsistemas: "Um sistema comporta partes que são subsistemas funcionais e estruturais de cada vez. Um subsistema se caracteriza pelo fato de que sua existência se justifica possível apenas dentro do sistema e em relação com outros subsistemas" (GRÜN, Ernesto. *Una visión sistémica y cibernética del derecho*. Buenos Aires: Lexis Nexis, 1998. p. 10).

Pode-se traçar um paralelo entre Luhmann e Kelsen: no primeiro, a teoria piramidal foi substituída pela circular e o problema do alicerce jurídico foi substituído pela autorreferência. A referência do modelo kelseniano se radica na *grundnorm*, norma hipotética fundamental, que seria o substrato de validade do sistema jurídico. Para Luhmann, o direito seria um subsistema do sistema social, havendo ainda outros subsistemas sociais, como o moral, o econômico, o político etc. Cada um desses subsistemas teria um código próprio de funcionamento, mas estaria em constante interação com os outros, intercalando uma sequência intermitente de *inputs* e *outputs*.

CAPÍTULO 4

# EFICÁCIA DAS NORMAS CONSTITUCIONAIS

A eficácia das normas constitucionais ocorre quando elas produzem efeitos na seara fática, no fenômeno da subsunção, em que os mandamentos saem da teorização abstrata e incidem no fato concreto. Para valorar a preponderância da Constituição, como norma mais importante do ordenamento jurídico, torna-se necessário analisar o seu grau de eficácia concretiva.

A eficácia é a capacidade que as normas têm para produzir efeitos jurídicos. Quando a norma realiza os seus efeitos de acordo com a finalidade para a qual foi criada, alcançando os objetivos previstos pelo legislador, denominamos isso de eficácia social, igualmente chamada de efetividade.[1] Eficácia jurídica ocorre quando a norma tem possibilidade de produzir os efeitos previstos quando da sua elaboração. Define com precisão o conceito de efetividade o Prof. José Afonso da Silva:

> O alcance dos objetivos da norma constitui a efetividade. Esta é, portanto, a medida da extensão em que o objetivo é alcançado, relacionando-se ao produto final. Por isso é que, tratando-se de normas jurídicas, se fala em eficácia social em relação à efetividade, porque o produto final objetivado pela norma se consubstancia no controle social que ela pretende, enquanto a eficácia jurídica é apenas a possibilidade de que isso venha a acontecer.[2]

Conceitos conexos ao de eficácia são os conceitos de vigência e de validade. Vigência é a possibilidade de a norma produzir efeitos. É a pretensão de eficácia normativa, como ensina o Prof. João Maurício Adeodato. Enquanto o conceito de vigência se situa no campo do dever ser, o conceito de eficácia se situa na esfera do ser. A validade significa a inserção da norma na estrutura do ordenamento jurídico, referindo-se à adequação de

---

[1] Reis Friede traça uma diferenciação entre eficácia jurídica intrínseca e eficácia jurídica extrínseca. A primeira seria a sua compatibilidade com as demais normas do ordenamento jurídico, a compatibilidade vertical, e a segunda seria a possibilidade de produção de efeitos na seara fática. Discordamos desta diferenciação porque a eficácia jurídica intrínseca nada mais é do que o conceito de validade (FRIEDE, Reis. *Lições objetivas de direito constitucional*. São Paulo: Saraiva, 1999. p. 63).

[2] SILVA, José Afonso da. *Aplicabilidade das normas constitucionais*. 3. ed. São Paulo: Malheiros, 1998. p. 66.

um mandamento inferior a um outro superior, podendo ser sintetizada por uma relação de hierarquização entre dois mandamentos legais.

O Prof. Alexandre Costa Lima salienta, contudo, que a visão exposta acima é uma ótica kelseniana. Para aqueles que planteiam uma visão sociológica do fenômeno jurídico, a validade deriva diretamente da legitimidade social.

O Prof. Tércio Sampaio Ferraz define com maestria validade, vigência e eficácia:

> Validade é uma qualidade da norma que designa sua pertinência ao ordenamento, por terem sido obedecidas as condições formais e materiais; vigência é uma qualidade da norma que diz respeito ao tempo de validade, ao período que vai do momento em que ela entra em vigor até o momento em que é revogada ou em que se esgota o prazo prescrito para a sua duração; e eficácia é uma qualidade da norma que se refere à possibilidade de produção concreta de efeitos, porque estão presentes as condições fáticas exigíveis para a sua observância.[3]

Com base na eficácia das normas constitucionais, Cooley classificou-as em normas autoaplicáveis (*self-executing, self-acting* ou *self-enforcing*) e em normas não autoaplicáveis (*not self-executing, not self-acting* ou *not self-enforcing*). As primeiras são aquelas que produzem efeitos imediatos, sem precisarem de normas que as regulamentem ou de qualquer outra hipótese ou condição que complete o seu sentido; Pontes de Miranda as denominou de "normas bastantes em si". As segundas são aquelas que somente irão produzir seus efeitos quando forem regulamentadas por normas infraconstitucionais. A disposição do seu conteúdo não permite que elas sozinhas possam produzir efeitos, necessitando, para obterem eficácia, do auxílio de normas infraconstitucionais.

A doutrina italiana costuma dividir as normas constitucionais, quanto à sua eficácia, em normas programáticas ou diretivas, sem efeito imediato, e normas mandatórias ou preceptivas, que produzem efeitos imediatos, sem necessitarem de outras normas que as complementem.

As duas correntes doutrinárias, a italiana e a norte-americana, apresentam deficiências quando dividem as normas constitucionais em normas com eficácia e normas sem eficácia, como se houvesse uma classificação entre normas de primeira e de segunda classe. Todos os mandamentos constitucionais têm eficácia, ou, no mínimo, deveriam ter – para isso o legislador constituinte brasileiro criou o mandado de injunção e a ação direta de inconstitucionalidade por omissão. Existem normas constitucionais que não possuem eficácia imediata, mas que, ao longo do tempo, vão consubstanciando essa eficácia. Interessante ressaltar que toda norma constitucional tem eficácia: se não imediata, produzindo efeitos *incontinenti*, possui eficácia mediata, impedindo qualquer mandamento infraconstitucional de contrariar o seu conteúdo.

Pensar de forma contrária pode se configurar como uma porta aberta para a ocorrência de fraudes à Constituição, fragilizando-a na sua importância normativa. Corrobora Francisco Campos:

---

[3] FERRAZ JUNIOR, Tercio Sampaio. *Introdução ao estudo do direito*. Técnica, decisão, dominação. 2. ed. São Paulo: Atlas, 1994. p. 202.

Sendo, pois, todas de ordem constitucional, terão, igualmente, a mesma força, que lhes provém, não de sua matéria, mas do caráter do instrumento a que aderem, não se podendo conceber que se reserve ao legislador o arbítrio de distingui-las, para o efeito de sua observância, em essenciais ou substanciais, a saber, imperativas ou mandatórias, e em acessórias ou de mera conveniência, isto é, diretórias.[4]

Outrossim, mesmo as normas autoexecutáveis não impedem a sua regulamentação, com o escopo de facilitar a produção de efeitos. Elas produzem efeitos de forma imediata, sem precisar de normas que as regulamentem; contudo, pode existir regulamentação para esclarecer como a produção dos efeitos jurídicos pode ser mais exequível.

Carlos Maximiliano critica também a divisão mencionada, porque as normas que não têm eficácia imediata e necessitam de regulamentação por parte do legislador infraconstitucional fragilizam a Carta Magna em decorrência de serem regulamentadas pelo legislador ordinário, que não tem a mesma legitimidade do legislador constituinte. Assim, as Constituições rígidas se transformariam em textos constitucionais flexíveis e os legisladores ordinários seriam transformados em legisladores constituintes.

Claro que a regulamentação das normas constitucionais encontra limites. As regulamentações não podem afrontar o conteúdo expresso nas normas da Lei Maior, indo de encontro ao seu sentido.

As normas infraconstitucionais que complementam as normas constitucionais não autoaplicáveis podem ser: lei complementar, lei ordinária, medida provisória, lei delegada, decreto legislativo e resolução.[5]

Com relação à eficácia das normas constitucionais, José Afonso da Silva propõe a seguinte classificação: a) normas constitucionais de eficácia plena; b) normas constitucionais de eficácia contida; c) normas constitucionais de eficácia limitada, englobando as de princípios institutivos e as programáticas.

Por sua vez, Crizafulli propõe: a) normas constitucionais preceptivas, de eficácia plena e com imediata aplicação; b) normas constitucionais programáticas; c) normas constitucionais supraprogramáticas, que são normas programáticas de bastante generalidade e abstração, configurando-se como normas-princípios; d) normas constitucionais diferidas, que somente produzirão efeitos quando forem regulamentadas por outra norma.

A classificação adotada no presente trabalho é híbrida, procurando incorporar as concepções clássicas existentes.

## 4.1 Normas constitucionais de eficácia absoluta

São aquelas que, além de possuírem eficácia imediata, sem dependerem de regulamentação para a produção dos seus efeitos, fazem parte das cláusulas pétreas, do "núcleo imutável da Constituição", como a forma de Estado federativa; o voto livre, secreto, universal e periódico; a separação de poderes; os direitos e garantias individuais (art. 60, § 4º, I a IV, da CF).

---

[4] CAMPOS, Francisco. *Direito constitucional*. Rio de Janeiro: Freitas Bastos, 1956. v. 1. p. 392.
[5] Portaria ministerial não pode regulamentar norma constitucional – ADIn nº 1.946/DF, Rel. Min. Sydney Sanches.

A importância dessa classificação reside no fato de que as normas constitucionais de eficácia absoluta, por fazerem parte das cláusulas pétreas, têm sua capacidade de produção de efeitos muito mais intensa. Como não podem sofrer emendas, apresentam um teor de solidificação normativa mais forte, sedimentando a obrigatoriedade de seus preceitos.

## 4.2 Normas constitucionais de eficácia plena

Denominam-se eficácia plena as normas que produzem efeitos sem a necessidade de regulamentação por parte do legislador ordinário, sendo consideradas autoexecutáveis. A norma será considerada plena quando preencher todos os requisitos que possibilitem sua produção de efeitos sem depender da regulamentação de outra norma.

Não há impedimento para que as normas de eficácia plena sejam regulamentadas por dispositivo infraconstitucional, com a finalidade de esclarecer a execução do mandamento constitucional. O que é terminantemente proibido é que ocorra a diminuição da eficácia normativa. Nesse caso, o auxílio de outra norma não seria necessário para a produção de seus efeitos.

Como exemplos, podemos mencionar a norma que permite a acumulação remunerada de dois cargos públicos, desde que exista compatibilidade de horário (art. 37, XVI, da CF); as normas definidoras da competência exclusiva, privativa, comum e concorrente (arts. 21, 22, 23 e 24 da CF); algumas normas definidoras de direitos, como a que garante o décimo terceiro salário (art. 7º, VIII, da CF).

Diferenciam-se das normas de eficácia absoluta porque são passíveis de sofrer alterações pelo processo de emenda.

Em nenhum momento foi intenção do legislador constituinte disciplinar de forma exauriente as matérias dispostas na Carta Magna. A regulamentação de muitos dispositivos constitucionais foi remetida ao legislador ordinário para que ele pudesse atender da melhor forma às cambiantes necessidades da sociedade. Contudo, há normas na Constituição que têm eficácia imediata, que não necessitam ser regulamentadas para começarem a produzir efeitos. Geralmente, elas explicitam condutas positivas ou negativas para os cidadãos, mas também podem designar competências, conferir imunidade, indicar um processo especial etc.

As normas constitucionais de eficácia plena produzem diferentes níveis de eficácia, inexistindo uma mensuração comum. O teor de concretização normativa dependerá de circunstâncias jurídicas e extrajurídicas.

Segundo o Prof. José Afonso da Silva, as normas de eficácia plena são as que: a) contenham vedações ou proibições; b) confiram isenções, imunidades e prerrogativas; c) não designem órgãos ou autoridades especiais a que incumbam especificadamente sua execução; d) não indiquem processos especiais para sua execução; e) não exijam a elaboração de novas normas legislativas que lhes completem o alcance e o sentido, ou lhes fixem o conteúdo, porque já se apresentam suficientemente explícitas na definição dos interesses regulados.[6]

---

[6] SILVA, José Afonso da. *Aplicabilidade das normas constitucionais*. 3. ed. São Paulo: Malheiros, 1998. p. 101.

## 4.3 Normas constitucionais de eficácia limitada

São aquelas normas que apenas terão eficácia imediata quando forem regulamentadas. A forma como foram dispostas no texto constitucional não permite que elas produzam efeitos imediatos, tendo de esperar pelo surgimento de uma norma que as regulamente. Todavia, possuem eficácia mediata, negativa, ou seja, nenhuma norma infraconstitucional poderá afrontar o seu conteúdo.

As normas de eficácia limitada se dividem em normas programáticas e normas de princípio institutivo.

Exemplo de norma programática é o imposto sobre grandes fortunas, que apenas entrará no ordenamento jurídico quando uma lei complementar determinar sua hipótese de incidência, alíquota, sujeito passivo etc. Esse tipo de norma funciona como norma de eficácia diferida, ficando sua aplicabilidade condicionada à entrada em vigor de outra norma.

Como exemplo de norma de princípio institutivo pode-se mencionar a disposição constitucional que prevê que a lei disporá sobre a criação, estruturação e atribuições dos ministérios (arts. 87 e 88 da CF).

## 4.4 Normas programáticas

São aquelas que traçam planos, metas, objetivos, que devem ser alcançados. Para que as normas programáticas tenham eficácia, urge que o Poder Executivo, o Poder Judiciário e o Poder Legislativo obedeçam a elas, tomando as atitudes necessárias para a consecução dos fins previstos na norma. Como exemplo, temos todo o art. 3º da Constituição Federal, que comina erradicar a miséria, impulsionar o desenvolvimento, acabar com as desigualdades sociais, as desigualdades regionais etc., que são programas que devem ser alcançados paulatinamente, com o esforço de todos os órgãos governamentais.[7]

Seu nascimento teve a finalidade de ensejar a eficácia dos direitos humanos, obrigando os poderes instituídos a realizarem atividades para a sua concretização. Elas são normas constitucionais típicas de um Estado intervencionista, em que os órgãos governamentais atuam em vários setores sociais para assegurar condições mínimas de bem-estar para a população.[8] Em um Estado de feitura liberal, não há possibilidade de se falar nesse tipo de normas. A intervenção econômica dos agentes estatais não é um

---

[7] No RE nº 267.612/RS, cujo relator foi o Min. Celso de Mello, este assim se pronunciou acerca das normas programáticas: "O caráter da regra no art. 196 da Carta Política – que tem por destinatários todos os entes políticos que compõem, no plano institucional, a organização federativa do Estado brasileiro – não pode converter-se em promessa constitucional inconsequente, sob pena de o Poder Público, fraudando justas expectativas nele depositadas pela coletividade, substituir, de maneira ilegítima, o cumprimento de seu impostergável dever, por um gesto irresponsável de infidelidade governamental ao que determina a própria Lei Fundamental do Estado".

[8] "Embora constituintes, legisladores e governantes em geral não possam, através do discurso constitucionalista, encobrir a realidade social totalmente contrária ao *welfare state* previsto no texto da Constituição, invocam na retórica política os respectivos princípios e sua consecução. A Constituição simbólica está, portanto, estreitamente associada à presença excessiva de disposições pseudoprogramáticas no texto constitucional. Dela não resulta normatividade programático-finalística, antes constitui um álibi para os agentes políticos. Os dispositivos pseudoprogramáticos só constituem 'letra morta' num sentido exclusivamente normativo-jurídico, sendo relevantes na dimensão político-ideológica do discurso constitucionalista-social" (NEVES, Marcelo. *A constitucionalização simbólica*. São Paulo: Acadêmica, 1994. p. 104).

requisito para a eficácia das normas programáticas; ela não é uma finalidade em si, mas torna-se necessária apenas quando for um instrumento para a realização normativa.

As normas programáticas não geram, imediatamente, eficácia positiva, realizando efeitos na sociedade. Porém, acarretam, mesmo sem regulamentação, efeitos mediatos, negativos, no sentido de que normas infraconstitucionais não podem afrontar o seu enunciado, nem sentenças judiciais podem lhes negar vigência, sob pena de serem declaradas inconstitucionais. Por exemplo, não pode surgir uma norma que aumente as desigualdades regionais entre os estados-membros porque reduzir as desigualdades sociais e regionais é uma meta definida pelo legislador constituinte (art. 3º, III, da CF).

Ocorre a eficácia positiva quando a norma produz efeitos e a eficácia negativa tem ensejo quando a norma, mesmo sem produzir efeitos, não pode ser afrontada por parte de uma norma infraconstitucional.

As normas programáticas nunca produzem todos os seus efeitos de forma imediata, instantânea – elas vão produzindo sua eficácia de forma paulatina, continuada, à medida que os legisladores, os membros do Judiciário e os administradores tomam medidas no sentido de realizar os seus mandamentos.

Outra questão referente às normas programáticas é que elas têm um objetivo fixado em nível constitucional, podendo as formas de alcançá-lo ficar ao encargo dos seus executores, da maneira que melhor lhes convenha. Com isso, a consecução da sua eficácia poderá ser concretizada de forma célere ou não, dependendo do alvitre das autoridades. Todavia, a implementação da sua eficácia nunca poderá ser tão lenta que inviabilize a sua realização.

Os seus destinatários abrangem, além dos poderes Executivo, Judiciário e Legislativo, os cidadãos. Despiciendo afirmar que a população não implementa diretamente as políticas governamentais, haja vista a democracia ser representativa, mas ela pode pressionar os mandatários populares a realizar essa tarefa.[9] As normas programáticas também se destinam à cidadania, para que a população se conscientize dos seus direitos e passe a lutar por eles.

As normas programáticas se diferenciam das supraprogramáticas porque estas têm um teor de abstração e generalização mais intenso, informando princípios de incidência em todo o ordenamento jurídico, e não necessitam da intervenção do Estado na economia para a efetuação de seus objetivos.

A imputação de que as normas programáticas ou diretivas têm natureza meramente política, expressando a ideologia do regime, carece de respaldo. Sua natureza é jurídica – caso haja uma afronta ao seu conteúdo, deve ser acionado o controle de constitucionalidade devido. O que acontece é que, por apresentarem maior abstração, generalidade e impessoalidade, elas são mais sensíveis às modificações sociais, servindo essas mudanças para aumentar ou diminuir a sua concretização.

Alguns constitucionalistas defendem o posicionamento de que as normas de eficácia limitada programática não teriam valor cogente, vinculativo; que traçariam planos para o legislador sem obrigatoriedade. Alicerçam sua fundamentação nas doutrinas italiana e norte-americana, que separam as normas constitucionais em normas que têm eficácia, de vinculação imperativa, e normas que não têm eficácia, indicando

---

[9] ZOLO, Danilo. *Il principato democratico*. Milano: Feltrinelli, 1992. p. 22.

comandos para o legislador sem impedir a possibilidade de edição de leis que afrontem seu conteúdo.

A maioria da doutrina não aceita esse posicionamento, e autores como Pontes de Miranda, Alfredo Buzaid, Pinto Ferreira, Paulo Bonavides, José Afonso, entre outros, consideram que as normas do ordenamento jurídico se caracterizam pela sua obrigatoriedade. No caso das normas programáticas, a sua eficácia imediata, positiva, depende de atividades no sentido de sua realização. Todas as normas constitucionais têm eficácia: o que varia é o teor da sua intensidade ou o tipo de sua concretização.

Os que defendem a carência de eficácia das normas programáticas, na realidade, tencionam um retorno ao Estado liberal, em que a intervenção do Estado em vários setores sociais é reduzida, imperando a força do mercado com suas consequências nefastas já conhecidas.

Clarifica o Prof. Paulo Bonavides:

> Reconstruir o conceito jurídico de Constituição, inculcar a compreensão da Constituição como lei ou conjunto de leis, de sorte que tudo no texto constitucional tenha valor normativo, é a difícil tarefa com que se depara a boa doutrina constitucional de nosso tempo. Sem embargo do debate doutrinário que ainda se possa ferir, a corrente de ideias mais idôneas no Direito Constitucional contemporâneo parece ser indubitavelmente aquela que, em matéria de Constituição rígida, perfilha ou reconhece a eficácia vinculante das normas programáticas.[10]

## 4.5 Normas de princípios institutivos

São mandamentos constitucionais que, para entrarem em vigor, precisam de ampla legislação infraconstitucional que lhes permita produzir efeitos. As normas ordinárias que os regulamentam têm como finalidade a criação de institutos jurídicos, estruturando o dispositivo que a norma constitucional elaborou. Maria Helena Diniz afirma que as normas de princípios institutivos impõem ao Poder Legislativo uma obrigação política.[11]

A semântica de princípio institutivo significa que são princípios que determinam a base, a estruturação inicial de órgão, entidade ou instituição. Podem ser divididos em princípio institutivo impositivo e princípio institutivo facultativo. O primeiro deve ser obrigatoriamente regulamentado pelo legislador ordinário, sob pena de responsabilidade, pois é um mandamento vinculante da Constituição, como exemplo, a regulamentação e organização do funcionamento do Conselho da República (art. 90, §2º, da CF) e a regulamentação administrativa e judiciária dos territórios (art. 33 da CF). O segundo é uma faculdade do legislador ordinário, podendo ele regulamentar ou não, de acordo com o critério de conveniência e oportunidade, como exemplo, a criação, mediante proposta do Tribunal de Justiça, da Justiça Militar estadual (art. 125, §3º, da CF) e a possibilidade de os Estados instituírem, mediante lei complementar, regiões metropolitanas, aglomerações urbanas e microrregiões (art. 25, §3º, da CF).[12]

---

[10] BONAVIDES, Paulo. *Curso de direito constitucional*. 12. ed. São Paulo: Malheiros, 2002. p. 210-211.
[11] DINIZ, Maria Helena. *Norma constitucional e seus efeitos*. 2. ed. São Paulo: Saraiva, 1992. p. 104.
[12] SILVA, José Afonso da. *Aplicabilidade das normas constitucionais*. 3. ed. São Paulo: Malheiros, 1998. p. 127.

Como espécie do gênero norma de eficácia limitada, os princípios institutivos não têm eficácia imediata, necessitando de regulamentação infraconstitucional para sistematizar definitivamente o órgão, entidade ou instituição. A regulamentação do instituto jurídico é deixada para o legislador infraconstitucional com a finalidade de adequação às peculiaridades de cada caso concreto, que não poderiam ser previstas pelo legislador constituinte.

As normas de princípio institutivo se diferenciam das normas programáticas porque são normas técnicas e instrumentais, de reduzido teor de abstração e generalidade. A produção de seus efeitos ocorre instantaneamente quando houver a elaboração da lei que as regulamente, sem construção paulatina de sua eficácia. As normas de princípio institutivo têm uma função de estruturação normativa, enquanto as normas programáticas têm uma função de intervenção social mais nítida.

## 4.6 Normas de eficácia contida

Normas de eficácia contida são aquelas que produzem efeitos imediatos; contudo, uma norma infraconstitucional, posterior, pode restringir o alcance do seu conteúdo. Sua eficácia é imediata, sem necessitar de regulamentação – seus limites é que são especificados posteriormente. A norma infraconstitucional nem sempre diminui a extensão da eficácia da norma constitucional, algumas vezes ela serve para especificar, definindo determinados preceitos constitucionais, como a função social da propriedade.

O art. 5º, XIII, da CF expõe que é livre o exercício de qualquer ofício, emprego ou profissão, desde que atendidos os requisitos legais. Portanto, pode uma lei posterior restringir os efeitos da liberdade de trabalho, como o Estatuto da Ordem dos Advogados do Brasil, que restringiu o acesso ao exercício da advocacia, exigindo, como requisito para o desempenho da profissão, a aprovação no exame da Ordem. Outro exemplo é a disposição de que os cargos, empregos e funções públicas são acessíveis aos brasileiros que preencham os requisitos estabelecidos em lei (art. 37, I, da CF).[13]

O objetivo das normas de eficácia contida, ao permitirem a mensuração dos princípios constitucionais, muitas vezes diminuindo a extensão do seu alcance, é permitir a convivência de direitos constitucionais, adequando-os a determinada realidade social. Ou seja: ao diminuir o alcance da norma constitucional, o seu objetivo pode ser o de aumentar a sua eficácia, tornando-a mais adequável às demandas sociais.

A norma infraconstitucional, ao restringir o alcance da norma pertencente à Carta Magna, não realiza uma inconstitucionalidade, pois existe o amparo do próprio dispositivo constitucional que assim prevê sua regulamentação. Não obstante, a diminuição da eficácia do mandamento jamais pode levar à sua anulação. Caso isso ocorra, será considerado inconstitucional porque não é compatível com a intenção da Lei Maior.

As normas de eficácia contida se situam em uma linha intermediária entre as normas de eficácia limitada e as normas de eficácia plena. Há uma flexibilização na sua produção de efeitos de acordo com a vontade do legislador, que pode elastecer ou

---

[13] O Prof. José Afonso da Silva afirma que as normas de eficácia contida, em sua maioria, são encontradas entre os direitos fundamentais, mas também podem ser verificadas em outros contextos (SILVA, José Afonso da. *Aplicabilidade das normas constitucionais*. 3. ed. São Paulo: Malheiros, 1998. p. 105).

restringir o seu significado. Elas produzem efeitos imediatos, ao contrário das normas de eficácia limitada, mas seus efeitos podem sofrer uma redução, o que não acontece com as normas de eficácia plena, que não podem ter a intensidade de sua eficácia limitada por uma norma infraconstitucional. Antes da regulamentação da norma constitucional de eficácia contida, ela exerce a plenitude de sua eficácia, sem a possibilidade de contenção do seu alcance.

A regulamentação das normas constitucionais de eficácia contida também pode precisar o sentido de uma expressão da Lei Maior. Muitas normas constitucionais são construídas com palavras polissêmicas (termos vagos), como bons costumes, segurança pública, interesse social, necessidade ou utilidade pública etc. A definição do seu conteúdo fica a cargo do Poder Legislativo, que o fará em sintonia com as condições socioeconômicas. Igualmente, pode ocorrer por restrição de outro mandamento contido na Carta Magna, em que um dispositivo constitucional mitiga outro, como na escusa de consciência (art. 5º, VIII, da CF), que pode ser restrito, com a sanção de perda dos direitos políticos, se não houver o cumprimento de pena alternativa disposta em lei (art. 15, IV, da CF). Nesse caso específico, o legislador ordinário, amparado em disposição constitucional, pode estipular prestações alternativas demasiadamente árduas que dificultem o exercício da escusa de consciência.

CAPÍTULO 5

# APLICABILIDADE DAS NORMAS CONSTITUCIONAIS NO TEMPO

A aplicabilidade das normas constitucionais no tempo incide nas consequências geradas pelo aparecimento de uma nova ordem constitucional, analisando os efeitos das normas do ordenamento anterior perante a atual Constituição. Ele se divide no estudo da desconstitucionalização, da recepção, da repristinação e da *vacatio constitutionis*.

Quando há o surgimento de uma nova Carta Magna, o fundamento de validade do ordenamento jurídico é alterado, as bases sociais que legitimam a estrutura normativa também sofrem modificação, "os fatores reais de poder" apresentam atores diferentes.

Como características do Poder Constituinte, a Constituição, como norma jurídica positiva, é inicial e originária. Ela é inicial porque representa o fundamento de validade do ordenamento jurídico, é a sua norma primeira do ponto de vista lógico. Originária porque juridicamente ela não é influenciada por nenhuma outra norma, seus limites são apenas extradogmáticos, ou seja, as supralegalidades são autogenerativas. Dessa forma, o surgimento de uma nova Carta Magna influencia de forma direta todas as demais normas jurídicas.

As estruturas legais que vigiam no ordenamento jurídico anterior não podem afrontar o conteúdo da nova Constituição, sob pena de sua revogação. Todavia, do ponto de vista operacional se configura impossível relegar todas as normas infraconstitucionais do ordenamento anterior e produzir todo um arcabouço jurídico novo.

A regulamentação da aplicabilidade das normas constitucionais no tempo se mostra imperiosa para que a transição de um ordenamento para outro não acarrete insegurança jurídica ou anomia normativa, reduzindo a concretude da Constituição.

## 5.1 Desconstitucionalização

Esse fenômeno não é aceito pelo nosso ordenamento jurídico. A desconstitucionalização acontece quando as disposições da antiga Constituição, que não foram repetidas pela nova *Lex Mater* e não se chocam com as normas constitucionais do atual ordenamento jurídico, perdem o *status* de normas constitucionais, mas permanecem em vigor como disposições infraconstitucionais. Com o surgimento de uma nova Constituição, as normas do texto anterior são imediatamente revogadas.

Exemplo de desconstitucionalização seria se o princípio da liberdade de reunião ficasse ausente de uma nova Carta Magna e não houvesse incompatibilidade com o novo ordenamento – o princípio mencionado permaneceria, então, no ordenamento, mas, como norma infraconstitucional.

## 5.2 Repristinação

O instituto da repristinação não é aceito pelo ordenamento jurídico brasileiro, por disposição expressa do art. 2º, §3º, da Lei de Introdução às Normas do Direito Brasileiro.[1] Ele significa a ressurreição da lei revogada.

A repristinação aconteceria se uma norma revogada entrasse novamente em vigor porque a norma que a sucedeu foi também revogada. Dessa forma, a lei que primeiramente saiu do ordenamento jurídico entraria novamente em vigor. Portanto, se a norma A fosse revogada pela norma B, quando a norma B fosse revogada a norma A estaria novamente em vigor.

O que pode acontecer, no caso acima, é que se a norma C, que revogou B, tiver o mesmo conteúdo da norma A, as estipulações de A estariam, então, novamente em vigor. Porém, não seria a norma A, mas a norma C com o conteúdo de A.

O princípio da legalidade impede a criação de uma norma sem amparo legal. Tendo sido uma norma revogada, ela só volta ao ordenamento jurídico mediante um novo dispositivo jurídico.

Nos casos de controle de constitucionalidade, havendo relevante interesse público, o STF, em decisão fundamentada, poderá reestabelecer a vigência da norma anterior, em razão da declaração de nulidade da norma posterior. Tecnicamente não se pode falar em repristinação, porque a norma posterior foi anulada, ou seja, foi considerada como se nunca tivesse existido.

## 5.3 *Vacatio constitutionis*

*Vacatio legis* é o prazo que medeia a publicação da norma e a possibilidade de produção de seus efeitos jurídicos. Internamente, salvo disposição em contrário, a eficácia normativa se inicia depois de quarenta e cinco dias da publicação da norma. Nos Estados estrangeiros, a obrigatoriedade da lei brasileira, quando admitida, ressalvada disposição em contrário, se inicia três meses depois de oficialmente publicada (art. 1º, *caput* e §1º, da Lei de Introdução às Normas do Direito Brasileiro).

Geralmente, a norma começa a produzir efeitos da data que ela própria indicar, usando-se, em caso de lacuna, o preceituado pela Lei de Introdução às Normas do Direito Brasileiro.

A *vacatio* constitucional ocorre no intervalo temporal entre a publicação da nova Constituição e a possibilidade de produção dos seus efeitos. Durante essa lacuna legal, para que não haja anomia, ausência de disposição normativa, a Constituição anterior

---

[1] "Salvo disposição em contrário, a lei revogada não se restaura por ter a lei revogadora perdido a vigência".

continuará vigente e gerando os seus efeitos. Até que a nova Carta Magna produza efeitos, a anterior continua a normatizar as relações sociais.

A finalidade da *vacatio legis*, com esse espaço de tempo sem a produção de efeitos, é tornar as leis mais conhecidas pela população, fazendo com que as estruturas normativas sejam obedecidas, e proporcionar a quem vai executá-las uma melhor preparação para a sua aplicação.

No Brasil, como na maioria dos países, a Constituição entra em vigor na data de sua publicação. A exceção no constitucionalismo brasileiro foi a Carta Magna de 1967/1969, em que houve, por certo tempo, uma *vacatio constitutionis*.

## 5.4 Recepção das normas infraconstitucionais

Uma nova Constituição representa para o ordenamento jurídico um novo ponto de referência ao qual as normas infraconstitucionais devem se adequar, sob pena de não serem recepcionadas pelo ordenamento. Como não seria exequível refazer todo o conjunto normativo, as normas infraconstitucionais que não forem de encontro com os ditames constitucionais serão recepcionadas, aceitas, e, portanto, permanecem vigentes no sistema.

A modificação ocorrida é que elas permanecerão vigentes no ordenamento com alicerce nos paradigmas da nova Constituição e não mais sob os parâmetros das Leis Magnas anteriores. A Constituição de 1988 não explicitou o princípio da recepção, ao contrário da Carta de 1891, que expressamente o declarou, afirmando que todas as leis que fossem compatíveis com os seus preceitos seriam mantidas em vigor. Mesmo assim, as normas infraconstitucionais que não contrariarem os mandamentos da nova Constituição permanecem vigentes no ordenamento.

As normas infraconstitucionais do ordenamento jurídico anterior que se confrontam com a nova Constituição devem ser revogadas.[2] Por outro lado, as normas que se opõem ao texto constitucional anterior, mas se enquadram no texto atual, e que não foram declaradas inconstitucionais pelos parâmetros anteriores, serão convalidadas, expurgando-se os vícios pela adequação à nova ordem constitucional.[3]

O termo *revogação* não é usado de forma adequada, quando as normas infraconstitucionais confrontam o Texto Maior, embora grande parte da doutrina o adote. A revogação somente ocorre dentro de um mesmo ordenamento jurídico quando uma norma revoga outra, seja de forma total – ab-rogação –, seja de forma parcial – derrogação.[4] Quando surge uma nova Carta Magna, teoricamente não há outras normas a revogar, pois ela é a norma inicial. A terminologia mais adequada, mais técnica, seria não recepção.

---

[2] "O efeito repristinatório da declaração de inconstitucionalidade não revigora a vigência de normas pré-constitucionais, não havendo óbice ao conhecimento de ação direta que se limita a impugnar parte de cadeia normativa editada após a CF/1988" (ADIn nº 3.111/RJ, Rel. Min. Alexandre de Moraes).

[3] SILVA, José Afonso da. *Aplicabilidade das normas constitucionais*. 3. ed. São Paulo: Malheiros, 1998. p. 54.

[4] Ensina Celso Ribeiro Bastos: "Em termos práticos a nova Constituição revoga a anterior. Dizemos em termos práticos porque do ponto de vista estritamente teórico é bem de ver que não existe uma estrita revogação, porque este é um instituto preordenado a funcionar dentro de uma ordem jurídica vigente. A revogação sempre encontra respaldo em outra norma jurídica. A substituição de uma Constituição por outra se dá independentemente de norma jurídica" (BASTOS, Celso Ribeiro. *Curso de direito constitucional*. 18. ed. São Paulo: Saraiva, 1997. p. 76).

A não recepção acontece de forma imediata, sem a necessidade de ato legislativo que declare a expulsão da norma do ordenamento jurídico. Caso haja a utilização de uma norma não recepcionada em um processo, o Poder Judiciário deve declará-la e afastá-la do ordenamento jurídico.

O surgimento de uma nova Constituição retira a validade de todas as normas que formavam a Carta Magna anterior. O processo de reforma constitucional opera um efeito diferente: ele não é inicial nem originário, o ordenamento jurídico anterior permanece em vigor, havendo apenas modificações específicas em partes da Lei Maior; o restante das normas constitucionais permanece em vigor.

# CAPÍTULO 6

# PREÂMBULO CONSTITUCIONAL

O conteúdo etimológico da palavra *preâmbulo* revela "o que está na entrada", "pórtico", significando "algo que vem antes", fruto da junção latina do prefixo *pre* e do verbo *ambulare*. Realmente, sua finalidade deliberada é poder propiciar aos leitores da Carta Magna uma síntese dos princípios que vão depois ser agasalhados no decorrer do texto.

Como parte da Constituição, o preâmbulo goza de imutabilidade relativa, supremacia e supralegalidade, pois ele é fruto do Poder Constituinte, possuindo a mesma legitimidade das normas constitucionais. Sua posição topográfica é no início do Texto Constitucional, antecedendo-o, consentâneo com sua finalidade.

Historicamente, a Constituição dos Estados Unidos, de 1787, já possuía um preâmbulo. Todavia, ele passou a ter maior relevância com a Constituição francesa de 1946, que inicia seu conteúdo com um preâmbulo de significativa magnitude – a Declaração de Direitos do Homem e do Cidadão, de 1789.

Há uma acalorada discussão para saber qual a natureza dos preâmbulos constitucionais. Terão natureza jurídica? Exercerão função constitucional? Essa discussão não é descabida porque a nossa Constituição de 1988, bem como todas as que lhe antecederam, foram precedidas de preâmbulos.

O preâmbulo constitucional tem uma natureza jurídica definida, ou seja, faz parte da Constituição, com força normativa, tendo ainda a função de servir à interpretação das normas constitucionais restantes. A conclusão mencionada se deve à tese defendida por Pontes de Miranda de que na Constituição não existem palavras inúteis. O preâmbulo concebe as diretrizes filosóficas e ideológicas que serão confirmadas ao longo da Lei Maior.

Quem discorda dessa assertiva afirma que sua função é meramente de cunho religioso, moral ou ideológico. Ora, ao longo do texto constitucional vamos encontrando inúmeras premissas religiosas, morais ou ideológicas, que não são destituídas de valia jurídica, como exemplo, o direito de a pessoa ter acompanhamento religioso em instituições civis e militares de internação coletiva, o que sinaliza uma orientação de natureza religiosa.

A posição doutrinária de não considerar o preâmbulo como texto jurídico tomou vulto a partir da doutrina norte-americana, que o concebe como uma introdução literária, não podendo constituir direitos, de acordo com os ensinamentos de Story, para quem o preâmbulo não criava prerrogativas, e, sim, as explicava.[1]

Partilha desse entendimento Kelsen:

> Esse preâmbulo em geral não estipula quaisquer normas definidas para a conduta humana e, assim, carece de conteúdo juridicamente relevante. Ele tem antes um caráter ideológico do que jurídico. Normalmente, se ele fosse suprimido, o teor real da Constituição não seria modificado nem um pouco. O preâmbulo serve para dar maior dignidade à Constituição e, desse modo, maior eficácia.[2]

Na escola constitucional brasileira, partilha do entendimento de que o preâmbulo não tem natureza jurídica o Prof. Paulo Bonavides, para quem os preâmbulos e as declarações de direito concentram a ideologia contida na Constituição, não tendo valor jurídico.[3] Alexandre de Moraes defende que a sua função é restrita à de elemento de interpretação e integração porque ele não faz parte da Constituição nem contém normas constitucionais autônomas.[4] Pinto Ferreira entende o preâmbulo como parte integrante da Constituição, gozando de supremacia que o torna superior às normas infraconstitucionais, considerando-o, dessa forma, de natureza jurídica.[5]

O preâmbulo, ao condensar os princípios que serão depois explicitados, exerce uma influência determinante na interpretação constitucional, funcionando como instrumento para manter a coesão sistêmica da Carta Magna, evitando antinomias que acarretariam a fragilidade da concretude normativa.

Quem melhor sintetiza uma conclusão para essa discussão é Georges Burdeau. Ensina o professor que a solução para a divergência dependerá da existência no texto constitucional de uma sanção para ser aplicada no caso de o preâmbulo sofrer qualquer violação. Havendo a estipulação de uma sanção, sua natureza será jurídica.[6] No caso brasileiro, sem sombra de dúvidas, a norma infraconstitucional que afrontar o preâmbulo constitucional será declarada inconstitucional. Portanto, diante desse fato incontestee, sua natureza pode ser classificada como jurídica.

O Supremo Tribunal Federal, em decisão unânime, reconheceu que o preâmbulo da Constituição não tem valor normativo, sendo destituído de força coercitiva, que apresenta apenas função interpretativa. Assim se expressou o Min. Carlos Velloso:

> Como se sabe, há aqueles que vislumbram, no preâmbulo das Constituições, valor normativo e força cogente, ao lado dos que apenas reconhecem, no texto preambular, o caráter de simples proclamação, que, embora revestida de significado doutrinário e impregnada de índole político-ideológica, se apresenta, no entanto, destituída de normatividade e

---

[1] ROGEIRO, Nuno. *Constituição dos EUA anotada e seguida de estudos sobre o sistema constitucional dos Estados Unidos*. Lisboa: USIS, 1993. p. 19.
[2] KELSEN, Hans. *Teoria geral do direito e do Estado*. Tradução de Luís Carlos Borges. 3. ed. São Paulo: Martins Fontes, 1998. p. 372.
[3] BONAVIDES, Paulo. *Curso de direito constitucional*. 12. ed. São Paulo: Malheiros, 2002. p. 201.
[4] MORAES, Alexandre de. *Direito constitucional*. 11. ed. São Paulo: Atlas, 2001. p. 48.
[5] FERREIRA, Pinto. *Curso de direito constitucional*. 7. ed. São Paulo: Saraiva, 1995. p. 80.
[6] BURDEAU, Georges; HAMON, Francis; TROPER, Michel. *Droit constitutionnel*. 25. ed. Paris: LGDL, 1997. p. 48.

cogência, configurando, em função dos elementos que compõem o seu conteúdo, mero vetor interpretativo do que se acha inscrito no *corpus* da Lei Fundamental.[7]

É interessante assinalar princípios básicos contidos no preâmbulo da Constituição Cidadã, tais como: república federativa; Estado Democrático de Direito; defesa dos direitos sociais e individuais; direito de crença, explicitado com a expressão de cunho religioso "promulgamos, sob a proteção de Deus" etc.

Evocação de cunho religioso foi utilizada em todos os textos constitucionais brasileiros, exceto nos de 1891 e de 1937, ambos sob inspiração do positivismo.[8] A maioria dos países traz evocações de natureza religiosa; poucas Constituições não têm nenhuma menção, como a dos Estados Unidos, da França, da Itália e de Portugal.

---

[7] ADI nº 2.076/AC, Rel. Min. Carlos Velloso. A ação em questão, foi interposta pelo PSL, que acusava a omissão da expressão "Sob a Proteção de Deus" no Preâmbulo da Constituição do Estado do Acre. A ementa do julgamento dispõe: "Preâmbulo da Constituição: não constitui norma central. Invocação da proteção de Deus: não se trata de norma de reprodução obrigatória na Constituição estadual, não tendo força normativa".

[8] NÓBREGA, Francisco Adalberto. *Deus e Constituição*. A tradição brasileira. Rio de Janeiro: Vozes, 1998. p. 30.

# PRINCÍPIOS FUNDAMENTAIS

## 7.1 Princípios e regras

A magnitude que vem sendo dada à análise dos princípios marca uma revolução na teoria constitucional, sepultando o Estado de Direito baseado exclusivamente em uma produção jurídica oriunda do Poder Legislativo, de cunho positivista, para ensejar os elementos de um direito principiológico, alicerçado nos princípios constitucionais, que têm como principal função, ao positivarem valores encontrados na sociedade, diminuir a distância entre a norma e a justiça.

Para Dworkin, os princípios ocupam importantíssimo papel no ordenamento jurídico. Por meio da interpretação principiológica até mesmo questões políticas podem ser alvo de decisões judiciais, sem que se fira a teoria da representação popular.[1]

Os princípios servem para implementar uma feição sistêmica ao conjunto de normas que formam a Constituição.[2] Eles representam um norte para o intérprete que busca o sentido e o alcance das normas e formam o núcleo basilar do ordenamento

---

[1] Explica Dworkin: "Se queremos a revisão judicial – se não queremos anular *Marbury contra Madison* –, devemos então aceitar que o Supremo Tribunal deve tomar decisões políticas importantes. A questão é que motivos, nas suas mãos, são bons motivos. Minha visão é que o Tribunal deve tomar decisões de princípios, não de política – decisões sobre que direitos as pessoas têm sob nosso sistema constitucional, não decisões sobre como se promove melhor o bem-estar geral –, e que deve tomar essas decisões elaborando e aplicando a teoria substantiva da representação, extraída do princípio básico de que o governo deve tratar as pessoas como iguais" (DWORKIN, Ronald. *Uma questão de princípio*. São Paulo: Martins Fontes, 2000. p. 101).

[2] "É indiscutível que os princípios desempenham esse papel orientador na ordem jurídica, mas sua relevância não se restringe a esse aspecto diretivo. De fato, no estágio atual de sua compreensão, sua elevada generalidade não lhes retira a capacidade de solver situações fáticas controvertidas, posto que são considerados não como simples pautas valorativas, senão como autênticas normas jurídicas, conforme se verá" (LEITE, George Salomão; LEITE, Glauco Salomão. A abertura da Constituição em face dos princípios constitucionais. In: *Dos princípios constitucionais*. Considerações em torno das normas principiológicas da Constituição. São Paulo: Malheiros, 2003. p. 140).

jurídico.³ Igualmente, têm a função de integração do texto constitucional, suprimindo aparentes lacunas existentes.

Eles possuem um teor de abstração mais intenso. Assim, podem ser utilizados em uma maior diversidade de casos. Exemplo significativo é o princípio da legalidade, que pode ser utilizado na seara tributária, penal, processual etc. Como são mais abstratos, podem ter seu conteúdo diminuído ou aumentado, por um processo interpretativo restrito ou extensivo, facilitando sua adequação às modificações sociais. Como podem ser calibrados na sua extensão, servem para colmatar os conflitos entre os mandamentos constitucionais.

Os princípios possuem também força normativa das regras jurídicas, como quaisquer outras normas contidas na Constituição, e as cominações que lhes forem contrárias devem ser declaradas inconstitucionais. Esta ressalva é importante para asseverar que seu papel não é apenas instrumental – possuem autonomia própria, sem necessitar para a sua incidência da aplicação de uma regra.

Os princípios fundamentais funcionam como elemento de conexão entre a realidade social e o texto constitucional, impedindo a proliferação de aparentes lacunas ou de antinomias, evitando que o choque entre a realidade fática e a realidade jurídica prejudique a eficácia das normas. Importante função desempenham os princípios constitucionais porque trazem para a Constituição subsídio de conteúdo jusnaturalista, baseado no direito extradogmático, transcendendo a matéria das normas legisladas, contudo, sem um distanciamento dos anseios sociais e do direito positivado. Dessa forma, há a positivação de vários postulados provindos do direito natural.

Zagrebelsky expõe que, devido ao conteúdo político da Constituição e à sua função, que é a de expressar uma ideia de direito, o seu texto deve ser formado preponderantemente por princípios, devendo as leis infraconstitucionais ser formadas por regras, embora a Lei Maior também agasalhe regras para muitas situações específicas, garantindo-lhes, mediante uma forma especial, uma maior estabilidade jurídica.⁴

Com base nos ensinamentos de Canotilho, o Prof. José Afonso da Silva divide os princípios constitucionais em político-constitucionais e jurídico-constitucionais. Os primeiros são aqueles que formam as estruturas políticas da sociedade, delineando a feição do Estado, como a forma de governo, a forma de Estado, o sistema de governo, a separação de poderes etc. Os segundos são aqueles que formam a base do ordenamento jurídico, influenciando a sua interpretação e resguardando a natureza sistêmica da Constituição. Pode-se afirmar que os primeiros têm uma preponderância política, enquanto os segundos têm uma preponderância jurídica.⁵

As regras não têm elevado teor abstrato, são previamente moldadas para casos específicos. Enquanto os princípios definem valores que serão aplicados de uma forma genérica, as regras definem e circunscrevem os casos determinados onde se dará a sua

---

[3] "Segundo se pode concluir, esta é uma tendência predominante no Direito Constitucional brasileiro, e, ao que parece, no Direito Constitucional contemporâneo, também falar de princípios em termos estruturadores – dos princípios mais abertos aos mais densos, chegando-se ao patamar normativo das regras, reconduzindo-se, em via de retorno destas, progressivamente e sucessivamente, até os princípios mais abstratos (de maior abertura e de menor densidade)" (ESPÍNDOLA, Ruy Samuel. *Conceito de princípios constitucionais*. São Paulo: RT, 1988. p. 182-183).

[4] ZAGREBELSKY, Gustavo. *Il diritto mite, legge, diritti, giustizia*. 2. ed. Torino: Einaudi, 1992. p. 148.

[5] SILVA, José Afonso da. *Curso de direito constitucional positivo*. 19. ed. São Paulo: Malheiros, 2001. p. 97.

aplicação. O seu espaço de adequação aos fatos sociais é predeterminado pelo legislador. Exemplo é a regra de que o casamento é civil e a sua celebração, gratuita (art. 226, §1º, da CF), cujo conteúdo impede maior espaço para a atuação dos intérpretes. Os princípios são de conteúdo bem mais abstrato, como aquele que garante isonomia entre homens e mulheres. As regras possuem um conteúdo preciso, como aquela que assegura licença de cento e vinte dias para as mulheres gestantes.

Enquanto o alcance dos princípios é definido segundo uma decisão política, em que, de acordo com as forças sociais, o seu sentido será elastecido ou restringido, o espaço para decisões políticas na atuação das regras é diminuto, concentrando-se no momento de sua criação. Como têm aplicação mais restrita, sem poderem propiciar um alto grau de diminuição ou extensão no seu alcance, o espaço elaborativo na subsunção é muito reduzido.

Como as regras são feitas para incidir em casos específicos, enunciando na maioria das vezes mandamentos de conduta, é importante a elaboração do seu conteúdo por meio de termos precisos, expressando os enunciados produzidos pelo legislador. Como os princípios expressam valores, não há necessidade de serem feitos em termos precisos: eles vão se adequando em relação a cada caso concreto.

Segundo Zagrebelsky, a principal diferença entre eles é que as regras nos fornecem o critério de nossas ações, dizendo como devemos ou não devemos nos comportar, como podemos agir em situações específicas, de acordo com a estipulação prevista no seu conteúdo. Os princípios não dizem como os cidadãos devem se comportar de forma direta – eles apenas fornecem critérios para o posicionamento em situações *a priori* indeterminadas. As regras podem ser observadas e aplicadas mecanicamente, mas os princípios não: diante de cada caso específico, deve ser mensurada a carga valorativa presente em seu conteúdo.[6]

Características dos princípios: a) têm uma função hermenêutica, sinalizando como as regras constitucionais devem ser aplicadas; b) ensejam um vínculo de ligação com as diversas normas do ordenamento jurídico, proporcionando uma feição de conjunto ao todo constitucional; c) funcionam no processo integrativo, colmatando as lacunas diante de um caso concreto; d) possuem uma natureza político-jurídica; e) permitem maior adequação com a realidade social, que sofre constantes alterações.

Características das regras: a) têm um uso específico e determinado; b) não dispõem de função hermenêutica; c) sua natureza jurídica é predominante; d) não exercem função na estrutura sistêmica da Constituição; e) não permitem contato com a realidade social.

## 7.1.1 "Conceitos jurídicos indeterminados"

"Conceitos jurídicos indeterminados" são dispositivos normativos que são tipificados de maneira bastante genérica e abrangente, o que impede a aferição de seu conteúdo *a priori*, permitindo diversas conclusões acerca de seu significado. Não que as demais normas não sejam escritas de forma genérica e abstrata, mas esses dispositivos foram elaborados com uma esfera significante muito mais ampla, não permitindo que os

---

[6] ZAGREBELSKY, Gustavo. *Il diritto mite, legge, diritti, giustizia*. 2. ed. Torino: Einaudi, 1992. p. 149.

hermeneutas possam precisá-las em contornos nítidos.[7] Como não há uma determinação clara de seu conteúdo, admite-se uma maior discricionariedade em sua aplicação, haja vista a inexistência de quantificação ou determinação rigorosa.

Carecem de determinação porque são destituídos de todos os elementos necessários à sua aplicação ao caso concreto. Em sentido contrário, os conceitos determinados possuem todos os elementos exigidos à sua aplicação ou são determinados por remissão a outras normas.

Os "conceitos jurídicos indeterminados" não formam um bloco homogêneo, variam em razão da área de sua incidência, de seu grau de indeterminação e da possibilidade ou não de sua determinação. Alguns conceitos possuem uma estrutura normativa razoavelmente determinada, sem uma estrutura tão ampla, mas por referirem-se a fatos muito complexos permitem uma maior esfera de discricionariedade que conceitos muito mais genéricos.

A vaguidade dos "conceitos jurídicos indeterminados" pode provir da linguagem deficiente utilizada em sua construção ou da indeterminação que é apanágio à situação de fato, que ocorre de forma assaz na questão das normas referentes à competência. Determinadas situações fáticas ostentam alto grau de complexidade que se configura problemático para que estruturas normativas possam enquadrá-las perfeitamente. Havendo um *gap* entre a seara normativa e a seara fática, sobra espaço para o operador impor os limites de sua realização.

Essa sua taxionomia imprecisa faz com que inexista unanimidade que forneça subsídios para sua concretização, mesmo utilizando-se de preceitos lógico-jurídicos ou princípios instrumentais como a proporcionalidade. Segundo Alfredo Baracho o real problema se reduziria a quem cabe declarar a solução ao caso concreto.[8]

Os "conceitos jurídicos indeterminados" não possibilitam que o intérprete possa chegar a qualquer solução, outorgando-lhe uma discricionariedade absoluta. O próprio ordenamento jurídico oferece algumas limitações relevantes. A estrutura normativa, mesmo que aberta, representa um limite ao operador jurídico, que terá que obedecê-lo, sob pena de incorrer em uma inconstitucionalidade ou ilegalidade. Depois podem ser mencionados os princípios gerais do direito e a natureza sistêmica do ordenamento jurídico, que, juntamente com princípios instrumentais como a proporcionalidade e a compatibilidade das normas, se constituem em estorvos a interpretações absolutórias dos mencionados dispositivos.

Com a finalidade de evitar um *judicial activism* ilimitado, sua interpretação deve partir de uma realidade concreta e precisa, recorrendo-se espessamente a leis que regulamentem seu conteúdo e a decisões judiciais do Supremo Tribunal Federal que tem dentre suas funções dirimir os conflitos de competência entre os entes federativos.

E mesmo que a maioria das competências não fosse estruturada em termos de "conceitos jurídicos indeterminados", existe uma distância entre o texto, o que está

---

[7] BARACHO, José Alfredo de Oliveira. Teoria geral dos conceitos legais indeterminados. In: PEDRA, Adriano Sant'Ana (Org.). *Arquivos de direito público*. São Paulo: Método, 2007. p. 197.

[8] "Entretanto, na maioria dos casos não existiria unanimidade na busca de determinada solução, pelo que não seria possível atingi-la por processos discursivos ou probatórios. O problema real se reduziria a determinar quem declara qual é a solução, que se há de estimar como justa e verdadeira, estabelecendo-se a solução conveniente ou mais conveniente, entre as aceitáveis e válidas pelo direito" (BARACHO, José Alfredo de Oliveira. Teoria geral dos conceitos legais indeterminados. In: PEDRA, Adriano Sant'Ana (Org.). *Arquivos de direito público*. São Paulo: Método, 2007. p. 198).

estruturado juridicamente, e a norma, o que é aplicado. A subsunção não ocorre de forma mecânica, em que o texto adere imediatamente ao fato. Detém o operador jurídico uma margem de discricionariedade, em que a partir do que fora escrito, há um campo livre para sua atuação, âmbito, resultando dessa operação a norma.

Depreende-se que uma coisa são as competências dispostas na Constituição, outra sua aplicação segundo as realizações consonante às diretrizes tencionadas pelo Supremo Tribunal Federal. Isto é, a despeito de sua regulamentação se encontrar na Lei Maior, há um amplo espaço para sua mutação constitucional, sem que se tenha que recorrer a processos formais de alteração como as emendas.

## 7.2 Princípios fundamentais

São os princípios mais importantes do ordenamento jurídico porque formam a base da Constituição. Os princípios fundamentais são os núcleos jurídicos que serão desenvolvidos pelas demais normas ao longo da Constituição. Serão melhor definidos em partes específicas da Constituição.

Assim, eles têm a mesma natureza das demais normas jurídicas, com o mesmo tipo de eficácia, apresentando a peculiaridade de servir com mais intensidade como instrumento hermenêutico na interpretação do sistema jurídico, com uma função semelhante à desempenhada pelo preâmbulo constitucional. São considerados fundamentais porque dentro do sistema constitucional funcionam como estruturas para a integração das normas. Exercem a função de ligação entre os dispositivos da Lei Maior, com o escopo de aumentarem a eficácia do sistema.

Os princípios fundamentais apresentam uma densidade de legitimidade muito mais intensa do que a maioria das normas contidas na Constituição, em razão de que possibilitam um consenso nos diversos setores da sociedade. São normas que gozam de tamanho assentimento no universo jurídico que não há obstáculos à sua concretização, ao menos no plano teórico. Como são princípios fundamentais, em caso de aparente antinomia com outros princípios devem prevalecer em detrimento dos demais.

Apesar da sua proeminência, não se pode considerá-los como cláusulas pétreas; portanto, podem ser modificados pelo procedimento de emendas constitucionais, a não ser que o princípio fundamental específico também seja considerado não passível de modificação, como a forma de Estado federativa, que está protegida pelo art. 60, §4º, da Constituição Federal.

Não existe ligação entre os conteúdos das normas que formam os princípios fundamentais. Além da regulamentação dos poderes estatais (arts. 1º e 2º da CF), o art. 3º disciplina os objetivos fundamentais que delineiam o Estado de Bem-Estar Social brasileiro e o art. 4º informa os princípios que regerão as relações internacionais do Brasil. Como característica comum, possuem o fato de serem considerados os princípios mais importantes do ordenamento jurídico.

## 7.3 Regime democrático

O regime democrático, em maior ou menor intensidade, é o regime de governo praticado na maior parte das nações ditas desenvolvidas. Por causa da participação popular, as decisões governamentais alcançam um grau muito maior de legitimidade, permitindo, teoricamente, uma fiscalização dos entes governamentais e uma seara maior de discussão para a tomada de decisões.[9] Dworkin assevera que uma democracia ideal seria aquela em que cada cidadão, de forma geral, tivesse influência igual na legislação produzida em seu país.[10]

Esse regime político possibilita uma zona de interação entre os órgãos de poder e a sociedade.[11] O relacionamento formado por apenas duas vias foi superado, o comportamento do cidadão não mais se resume a apenas aceitar as ordens estatais ou refutá-las.[12] Há um espaço para a construção conjunta entre os cidadãos e o Estado, que se desenvolve de acordo com a intensidade da evolução do regime democrático.

O nascimento da democracia pode ser creditado a Atenas, apesar de a maior parte da população não ter participado do processo democrático. Ela surge depois da tirania de Pisístrato e seus filhos, Hiparco e Hípias, através da legislação produzida por Clístenes. O órgão principal era o Conselho dos Quinhentos, que tinha as funções administrativas, financeiras, militares e redigia as propostas que seriam votadas em assembleia-geral pela população, denominada de Ekklesia. O terceiro órgão mais importante do regime democrático grego era a *Eliea* (*Heliáia*), que tinha a incumbência de exercer as funções judiciais.[13]

Uma das características prementes da democracia, afora a participação popular nas mais variadas decisões políticas, é o respeito pelos direitos humanos dos cidadãos.[14] Quanto mais arraigados forem os princípios democráticos no imaginário coletivo da sociedade, maior será o papel dos direitos humanos no ordenamento jurídico e maior será o seu respeito. Defende Müller: "Não somente as liberdades civis, mas também os direitos humanos enquanto realizados são imprescindíveis para uma democracia legítima".[15]

Os direitos humanos e a democracia se encontram em um condicionamento recíproco, formando uma simbiose, em que um se constitui pré-requisito do outro.[16] A democracia pressupõe respeito aos direitos humanos, tanto no concernente aos direitos de primeira dimensão quanto com relação aos demais, principalmente no pertinente aos de segunda dimensão. Os direitos humanos são um importante vetor para a interpretação do regime democrático.

---

[9] Não há democracia sem participação. De sorte que a participação aponta para as forças sociais que vitalizam a democracia e lhe assinam o grau de eficácia e legitimidade no quadro social das relações de poder, bem como a extensão e abrangência desse fenômeno político numa sociedade repartida em classes ou em distintas esferas e categorias de interesses (BONAVIDES, Paulo. *Teoria constitucional da democracia participativa*. São Paulo: Malheiros, 2001. p. 51).

[10] DWORKIN, Ronald. *O império do direito*. São Paulo: Martins Fontes, 1999. p. 436.

[11] LIMA, Martônio Mont'Alverne Barreto. Justiça constitucional e democracia: perspectiva para o papel do Poder Judiciário. *Revista da Procuradoria-Geral da República*, São Paulo, n. 8, p. 81-101, jan./jun. 1996.

[12] PRANDSTRALLER, Gran Paolo. *Valori e libertà*. Milano: Edizioni di Comunità, 1966. p. 50.

[13] FASSÓ, Guido. *La democrazia in Grecia*. Milano: Giuffrè, 1999. p. 18-19.

[14] Tal como são elementos constitutivos do Estado de Direito, os direitos fundamentais são um elemento básico para a realização do princípio democrático (CANOTILHO, José Joaquim Gomes. *Direito constitucional e teoria da Constituição*. 2. ed. Coimbra: Almedina, 1998. p. 280).

[15] MÜLLER, Friedrich. *Quem é o povo*. A questão fundamental da democracia. São Paulo: Max Limonad, 1998. p. 76.

[16] KRIELE, Martin. *Introducción a la teoría del Estado*. Fundamentos históricos de la legitimidad del estado constitucional democrático. Buenos Aires: Depalma, 1980. p. 470.

Nossa forma de democracia é a indireta, haja vista que vivemos em um país de proporções continentais, com uma densidade populacional razoável. Essa forma de democracia tem como característica o fato de o povo não tomar as decisões políticas: elas são tomadas por representantes eleitos pela sociedade, para em seu nome e em "seu interesse" escolherem os caminhos que serão tomados.

Em uma democracia representativa ou indireta, existe a necessidade de haver eleições para escolher os mandatários que representarão a sociedade.[17] As eleições podem ser diretas – quando o povo escolhe sem intermediação seus representantes – ou indiretas – quando a população escolhe representantes e estes escolhem os mandatários populares. Assim aconteceu com Tancredo Neves e José Sarney, que foram escolhidos em uma eleição indireta, realizada pelo Congresso Nacional.

A democracia semidireta ou participativa se caracteriza por ser uma democracia representativa, mas dotada de institutos jurídicos que permitem ao povo demonstrar seu posicionamento nos assuntos governamentais. No Brasil, há instrumentos de democracia semidireta, por meio de institutos como o plebiscito, o referendo e a iniciativa popular, podendo eles ser utilizados pela União, pelos estados-membros, pelos municípios e pelo Distrito Federal. As leis continuam a ser feitas pelos representantes, deputados e senadores, mas o povo é chamado a se posicionar acerca do seu apoio a determinada norma, pressionando o Legislativo para acatar a sua decisão.

Todavia, houve até agora um único plebiscito, e assim mesmo porque há um mandamento expresso na Constituição, no art. 2º dos Atos das Disposições Constitucionais Transitórias, o que caracteriza nosso regime democrático como essencialmente representativo, sem tradição na prática de institutos da democracia participativa.

Democracia direta é aquele regime político em que cada cidadão vota, pessoalmente, nas leis que vão reger suas vidas, como em Atenas, onde os cidadãos livres votavam na *ágora*. Nessa forma de regime democrático, não há necessidade de representantes, porque o povo é quem toma, de forma direta, as decisões.

Mostra-se difícil tal tipo de democracia atualmente nos países periféricos, porque inexistem meios materiais que possam catalisar a vontade de toda a população.[18] Com a evolução dos processos tecnológicos e a possibilidade de sua extensão aos mais carentes, a realização de uma democracia direta se torna mais palpável.[19]

Portanto, nosso sistema político é preponderantemente uma democracia indireta, com eleições diretas, composto de alguns instrumentos da democracia participativa que são pouco utilizados.

---

[17] SILVA, Luís Virgílio Afonso da. *Sistemas eleitorais*. Tipos, efeitos jurídicos-políticos e aplicação ao caso brasileiro. São Paulo: Malheiros, 1999. p. 30.

[18] Rodrigo Borja é bastante descrente acerca da possibilidade de concretização de uma democracia direta: "O governo do povo pelo povo, da maneira como concebeu Lincoln, é definitivamente uma ficção, carente de conteúdo real e de possibilidade prática, haja vista que é impossível que a multidão exerça por si mesma as funções diretivas do Estado" (BORJA, Rodrigo. *Derecho político y constitucional*. 2. ed. México: Fondo de Cultura Económica, 1991. p. 126).

[19] "A sobrevivência da democracia liga-se ao êxito que eventualmente possa alcançar uma teoria política que afirme e reconcilie a ideia dos direitos sociais, que faz lícita uma maior intervenção do poder estatal na esfera econômica e cultural, com a ideia não menos justa do individualismo, que pede a segurança e o reconhecimento de certos direitos fundamentais da personalidade, sem os quais esta se deformaria e definharia, como fonte que se deve sempre conservar de iniciativas úteis, livres e fecundas" (BONAVIDES, Paulo. *Do Estado Liberal ao Estado Social*. 6. ed. São Paulo: Malheiros, 1996. p. 139-140).

## 7.4 Formas de Estado: unitário e federal

O Estado unitário tem como característica o poder concentrado no governo central, que pode delegar parcelas de prerrogativas aos demais entes, na extensão da sua vontade e pelo tempo que houver interesse. Não existe Estado unitário em que a concentração seja efetuada de forma integral – sempre haverá resíduos para as suas estruturas políticas. Essa forma de Estado se caracteriza pela inexistência de autonomia para os demais entes governamentais afora o governo central. Como decorrência, ficando o poder decisório personificado em um único ente político, a esfera de atuação das demais entidades políticas mostra-se bastante restrita, carecendo de autonomia para tomar decisões próprias, com engessamento do atendimento às demandas sociais.

Como há uma concentração de prerrogativas nas mãos do governo central, não se pode falar em descentralização, mas no máximo se pode falar em desconcentração. Descentralização é a divisão de competência em que uma parcela de atribuições é outorgada aos elementos federativos para que estes possam exercê-las em nome próprio. Ela sempre ocorre em nível constitucional, assegurando uma estabilidade para as prerrogativas de autonomia dos entes estatais. Na desconcentração não há divisão de atribuições, mas o governo central pode delegá-las para que os componentes do Estado as exerçam em seu nome, pelo tempo e na extensão em que considerar conveniente, sem redistribuição do poder decisório. Maria Sylvia Di Pietro afirma que a desconcentração é uma distribuição interna de competências, e a descentralização é a distribuição de competências de uma pessoa para outra, seja física ou jurídica.[20]

A forma de Estado federativa tem como característica básica a descentralização de poder entre os entes políticos; portanto, cada um deles tem uma esfera de competência própria, caracterizando a sua autonomia. A autonomia pode ser definida como a capacidade de autogoverno, sendo caracterizada por uma ampla gama de atribuições, como a capacidade orçamentária, administrativa, legislativa, financeira e, principalmente, tributária.

Outra característica é o fato de a federação permitir a convivência de distintos ordenamentos jurídicos estatais, como o federal e os estaduais, desde que sejam respeitados alguns parâmetros dispostos pela Constituição Federal.

Rudolf Smend caracteriza a forma de Estado federativa como um sistema integrado unitário, com polos políticos distintos, compostos pelo Estado federal ou global e pelos Estados individuais ou federados, advindo, assim, uma necessidade de legitimidade homogênea de ambos.[21]

Uma forma de governo similar à federação é a confederação, em que há uma junção de Estados, mas cada um permanece com a sua soberania externa. A confederação pertence a uma categoria intermediária entre a federação e o Estado unitário, assumindo maior característica de uma ou outra forma de Estado dependendo da sua permanência e da intensidade de sua vinculação jurídico-política.[22]

Pelo fato de a descentralização permitir a autonomia dos entes estatais, muitos doutrinadores ligam o federalismo à ideia de democracia. Não restam dúvidas de

---

[20] DI PIETRO, Maria Sylvia. *Direito administrativo*. 17. ed. São Paulo: Atlas, 2004. p. 349.
[21] SMEND, Rudolf. *Constitución y derecho constitucional*. Tradução de José M. Beneyto Pérez. Madrid: Centro de Estudios Constitucionales, 1985. p. 189.
[22] BORJA, Rodrigo. *Derecho político y constitucional*. 2. ed. México: Fondo de Cultura Económica, 1991. p. 107.

que a forma de Estado federativa representa uma divisão de poder territorial, o que impede a concentração de poder e, como ilação imediata, impede a formação de governos autoritários. Contudo, dependendo da forma de federalismo, pode haver uma concentração exacerbada de poder nas mãos da União, o que termina afetando a democracia. O grau de intensidade da repartição de competências é que vai contribuir para o incremento do regime democrático, apesar de não ser isso o seu fator preponderante.

O federalismo pode ser centrífugo ou centrípeto. Centrífuga é aquela forma federativa em que as competências são repartidas de tal modo que a preponderância das prerrogativas pertence aos estados-membros. Centrípeta é aquela forma federativa em que as competências da União ocupam maior relevo do que as competências dos estados-membros. O Brasil adota uma forma de federalismo centrípeta em relação a competência tributária, concentrada em sua maior parte nas mãos da União. Em relação às demais competências pode-se dizer que o federalismo pátrio é centrífugo, não obstante serem as atribuições repassadas aos estados e aos municípios sem as devidas fontes de custeio.

O federalismo clássico, tomando como parâmetro o modelo implementado nos Estados Unidos, foi o centrífugo, em que os membros da federação exercem a maior parte das competências. Em razão da intensa integração econômico-financeira entre os entes estatais e da necessidade de formulação de políticas econômicas nacionais, o modelo de federação clássico começou a passar por reformulações.

A política do *new deal*, implementada por Roosevelt, necessitava que projetos nacionais fossem realizados de forma uniforme por todos os componentes da federação, para que os Estados Unidos pudessem sair da difícil situação econômica em que se encontravam. Com esse objetivo, a Suprema Corte norte-americana, por suas decisões, já que a Constituição dos EUA não elenca taxativamente as competências, começou, lentamente, a modificar a forma do federalismo norte-americano, transformando o federalismo dual, no qual as competências são divididas de forma estanque entre a União e os estados, em um federalismo cooperativo, no qual os entes da federação realizam uma mesma atividade, conjugando os seus esforços.

São características do federalismo: a) a influência dos estados-membros na formação da vontade nacional; no caso brasileiro, por intermédio do Senado Federal, possuindo cada um dos estados-membros três representantes; b) a igualdade dos entes federativos. Como exceção podemos mencionar o caso alemão; c) a existência de um tribunal federal que deve dirimir os litígios entre os componentes da federação; d) a existência de um espaço de competência exclusiva para cada um dos entes federativos, como a capacidade tributária.

O Estado regional se configura como um *tertium genuns* entre o estado unitário e o federativo. A sua diferenciação não é apenas entre o grau de descentralização ou a quantidade de competências que as unidades regionais detêm. Sua principal característica é que as regiões passam a ser núcleos administrativos e núcleos legislativos, obviamente, dentro do parâmetro normativo fixado em lei.

## 7.5 Formas de governo: monarquia e república

As formas de governo, por sua importância para a sistematização do exercício de poder, estabelecendo a composição dos órgãos estatais, vêm sendo objeto de análise ao longo dos anos. Aristóteles as classificou em formas puras (monarquia, aristocracia e democracia) e em formas impuras (tirania, oligarquia e demagogia).[23] O interesse dos governantes nas formas puras de governo é o bem comum da coletividade; nas formas impuras de governo, o interesse é individual ou de grupos, sem consideração pelos anseios da sociedade. Maquiavel as resumiu em duas formas: monarquia e república. Montesquieu as classifica em monarquia, cujo princípio dominante seria a honra; república, dividida em democracia, cujo princípio seria o patriotismo, e aristocracia, cujo princípio seria a moderação; e despotismo, cujo princípio dominante seria o temor.

Com o sepultamento da monarquia absolutista, ficou bastante tênue a diferenciação entre esta forma de governo e a república.[24] Monarquia absoluta era a forma de governo em que o rei estava acima da lei, sendo irresponsável pelos seus atos. Era um regime político autoritário, em que não havia divisão de poder, pois ele estava concentrado nas mãos do monarca.

Hodiernamente as monarquias são parlamentaristas; portanto, o rei está inserido no princípio da legalidade, sendo responsável por todas as suas atitudes que contrariem dispositivos legais ou que maculem a honorabilidade do cargo que ocupa. Ele reina, mas não governa, segundo fórmula inglesa. O exercício do governo fica a cargo do parlamento, cabendo ao monarca a chefia do Estado. Coroa é a denominação para a instituição da monarquia. Como de uma forma geral as monarquias absolutas não mais existem, a Coroa deve ser inserida em um dos poderes dos entes estatais, devendo ater sua área de atuação aos desígnios do Estado Democrático de Direito.

São características de uma monarquia: vitaliciedade do chefe de Estado; diferenciação obrigatória entre chefe de Estado e chefe de governo; cargo de chefia de Estado ocupado por hereditariedade.[25] Segundo Santi Romano, adquirem a qualidade de monarca apenas aqueles que pertencerem a determinada família ou dinastia, com alicerce no *status familiae*.[26]

A república parte do pressuposto de que as funções governamentais devem ser exercidas por cidadãos que foram eleitos pelo sufrágio universal, sendo escolhidos os mais capazes para tal mister. Tendo como premissa basilar o princípio da isonomia, não há possibilidade de adoção da sucessão hereditária para os cargos públicos. Na monarquia as qualidades pessoais não são fatores essenciais para se galgar o poder – nessa forma de governo preponderam os laços de sangue.

Lenio Streck e Bolsan de Morais exprimem a origem do movimento republicano:

> As ideias republicanas aparecem como oposição ao absolutismo e, ao mesmo tempo, pela afirmação do conceito de soberania popular. Jefferson chegou a dizer que as sociedades sem governo são melhores que as monarquias... A república surge como aspiração democrática

---

[23] BOBBIO, Norberto. *A teoria das formas de governo*. 10. ed. Brasília: Universidade de Brasília, 1998. p. 55.
[24] BOBBIO, Norberto. Estado. Governo. Sociedade. Para uma teoria geral da política. 4. ed. Rio de Janeiro: Paz e Terra, 1992. p. 106.
[25] Di Ruffia defende a tese de que a hereditariedade não é característica essencial da monarquia: "Não basta, por exemplo, completamente, o critério do caráter hereditário para a monarquia – apesar de costumar ser, efetivamente, comprovado na quase totalidade das recentes formas monárquicas – porque há casos históricos de não poucas monarquias eletivas (como o Sacro Império Romano, os Reinos da Hungria e Polônia, o Império da Etiópia até 1936...) e subsiste ainda na Itália (o Estado da Cidade do Vaticano)" (DI RUFFIA, Paolo Biscaretti. *Direito constitucional*. São Paulo: RT, 1984. p. 182).
[26] ROMANO, Santi. *Princípios de direito constitucional geral*. São Paulo: RT, 1977. p. 267.

de governo, através das reivindicações populares. Buscava-se, além da participação popular, a limitação do poder. Além disso, a possibilidade de substituição dos governantes era um importante apelo em favor da forma de governo republicana.[27]

A forma de governo republicana é um signo que marca profundamente o movimento constitucionalista brasileiro, a ponto de Pinto Ferreira concebê-la como cláusula pétrea, mesmo sem estar explicitamente elencada no art. 60, §4º, da Constituição Federal.[28]

O regime democrático de governo se compatibiliza de forma integral com a república, fazendo com que os cargos públicos possam ser disputados por qualquer cidadão, sem nenhum tipo de distinção, muito menos distinções realizadas por meio de títulos nobiliárquicos. O povo é quem escolhe os seus mandatários e os destituem dos seus cargos consonante previsão legal. Podendo escolher seus representantes, por intermédio de eleições, há uma gradativa elevação da consciência da população, que passa a se sentir responsável por seus destinos, sem a mística imagem de alguém superior que vai zelar pelos seus interesses, alguém que não precisa do voto da população para legitimar seu poder, como acontece nas monarquias.

Esclarece Alexandre Groppali a respeito da república: "Essa é a forma típica do governo da coletividade e, de fato, na república o exercício do supremo poder é atribuído, não mais a uma única pessoa física, mas ao povo".[29]

São características de uma república: transitoriedade de governo por meio de mandatos fixos, o que possibilita a renovação dos quadros políticos; escolha dos mandatários pelo povo, através do sufrágio universal; igualdade de acesso a toda a população aos cargos públicos; possibilidade de implantação do sistema de governo parlamentarista ou presidencialista.

### 7.5.1 Republicanismo

Em todos os países do mundo, em maior ou menor grau, assiste-se ao desmoronamento dos princípios que nortearam a organização política da sociedade por vários séculos, tanto no campo de sua incidência normativa quanto no campo de seu valor simbólico. A população tem a maior parte de suas expectativas frustradas pela inoperância dos órgãos públicos, que não conseguem realizar suas funções, e pelo agravamento das condições econômicas, criando juntos um clima de insegurança que impede a antevisão de um futuro promissor.

Mas esses dados não configuram somente a crise de um tipo determinado de organização política; evidenciam problemas muito mais profundos, que atingem por completo as mais variadas sociedades, alheias à sua filiação ideológica ou ao seu modo

---

[27] STRECK, Lenio Luiz; MORAIS, José Luis Bolsan de. *Ciência política e teoria geral do Estado*. Porto Alegre: Livraria do Advogado, 2000. p. 154.
[28] Revela a importância do mencionado princípio Geraldo Ataliba: "Como princípio fundamental e básico, informador de todo o nosso sistema jurídico, a ideia de república domina não só a legislação, como o próprio Texto Magno, inteiramente, de modo inexorável, penetrando todos os seus institutos e esparramando seus efeitos sobre seus mais modestos escaninhos ou recônditos meandros" (ATALIBA, Geraldo. *República e Constituição*. 2. ed. São Paulo: Malheiros, 1988. p. 32).
[29] GROPPALI, Alexandre. *Doutrina do Estado*. 8. ed. São Paulo: Saraiva, 1953. p. 271-272.

de produção econômica. Existe uma crise do regime democrático, uma crise do conceito de soberania, uma crise do Estado Social Democrático de Direito, uma crise do esquema funcional de separação dos três poderes, em suma, evidencia-se uma intensificação dos acirramentos sociais nas sociedades de forma geral, que se agrava com a chegada da pós-modernidade, colocando em dúvida os antigos valores que a estruturavam.[30] Como consequência, a estrutura política que regulamentava a *polis* torna-se obsoleta porque não serve mais para fazer frente às dificuldades que se avolumam a cada dia. A ordem antes estabelecida esfacelou-se, e em seu lugar prepondera a desordem, definida como a ausência de dispositivos normativos aptos a regulamentar de forma eficiente as relações sociais.

Em virtude de não ser fácil a definição do conceito de republicanismo, ele deve ser estruturado com base em vetores comuns que o caracterizam. De forma bastante concisa, podemos elencar as suas principais características: a) negação de qualquer tipo de dominação, seja através de relações de escravidão, de relações feudais ou assalariadas; b) defesa e difusão das virtudes cívicas; c) estabelecimento de um Estado de Direito; d) construção de uma democracia participativa; e) incentivo ao autogoverno dos cidadãos; f) implementação de políticas que atenuem a desigualdade social, através da efetivação da isonomia substancial.

O republicanismo não significa somente o triunfo sobre uma forma tradicional de organização política, a monarquia, mas representa um profundo significado social. Sua dimensão moral, as virtudes civis, remodela as relações sociais, firmando-as sob o parâmetro da liberdade, da igualdade, do autogoverno e do respeito à *res publica*. De maneira concisa, pode-se dizer que é um modelo de estruturação política da sociedade que permite aos seus cidadãos, com plena liberdade, desenvolver as suas vidas com a finalidade de obter o maior nível possível de satisfação de suas necessidades.[31] Para alcançar os objetivos mencionados, ele precisa ser estruturado sobre leis que possam ordenar sabiamente seu funcionamento, formuladas por legisladores prudentes, e necessitam assegurar tranquilidade aos cidadãos.[32]

Uma condição imperiosa para a construção de uma sociedade estruturada sobre valores republicanos é a necessidade de que a atuação política dos cidadãos seja virtuosa, pautada no escopo da obtenção do bem comum ao invés de almejar a realização de interesses privados. Outra condição é que a população deve ter responsabilidade pelas escolhas tomadas pelo Estado, partindo da concepção de participação política como um poder-dever de todos. Os cidadãos têm o direito de formar seu autogoverno, decidindo que tipo de sociedade querem construir.

Os interesses privados são considerados apêndice da esfera pública, existindo em razão de seu funcionamento. Os valores individuais perseguidos, cambiantes, em simetria com o estrato social ao qual o cidadão pertence, exigem para sua concretização comunhão com os interesses coletivos, sem os quais as expectativas de futuro tornam-se

---

[30] BOLZAN, José Luis de Morais. *As crises do Estado e da Constituição e a transformação espacial dos direitos humanos*. Porto Alegre: Livraria do Advogado, 2002. p. 23.
[31] DZELZAINIS, Martin. Milton's classical republicanism. In: *Milton and republicanism*. Cambridge: University of Cambridge, 1995. p. 16.
[32] MAQUIAVEL, Nicolau. *Comentários sobre a primeira década de Tito Lívio*. Tradução de Sérgio Bath. 4. ed. Brasília: UnB, 2000. p. 23.

temerárias. A satisfação dos interesses coletivos é requisito imperioso para que os interesses individuais sejam atendidos.

Os ideais republicanos são frontalmente contrários a qualquer tipo de tirania em que haja a sujeição de um cidadão à vontade arbitrária de outro. Não uma tirania circunscrita aos cânones liberais, restrita ao arbítrio dos entes estatais, mas englobando também imposições por parte de entes privados, em que a *lex mercatoria* prepondera em relação ao regime democrático e substitui o bem-comum como finalidade dos órgãos estatais. A forma atual de opressão não é mais a de um rei absoluto que subjuga o povo, mas de conglomerados privados que se apropriaram do Estado para que este possa satisfazer seus interesses sem levar em conta as necessidades da população.

A doutrina política ora analisada, independentemente da vertente sob enfoque, é avessa a qualquer tipo de dominação, *uomo senza padroni*, compreendida na determinação de obrigação ou conduta, contra a vontade do cidadão, sem amparo em dispositivo legal. Dessa característica deflui outra, não menos importante, a vedação de qualquer tipo de interferência indevida nas relações sociais, que sujeita uma pessoa a outra por meio de uma coação arbitrária.

Apresenta grande relevo para os republicanos o conceito de homens livres (*free men*), aquele que não está submetido à escravidão, liberto das amarras do domínio, guiado apenas por sua autodeterminação. É um homem que pode escolher seus caminhos e os caminhos da sociedade, que tem responsabilidade não apenas por seu futuro, mas se preocupa com o coletivo porque está inserido na *polis* e com ela mantém fortes relações simbióticas.

A revalorização das virtudes da *polis* acarreta nova modulação no conceito de política. Os republicanos não a consideram um espaço em que grupos de interesses diversos se digladiam para a obtenção de seus objetivos, valoram o espaço político como seara de responsabilidade de todos os cidadãos, como a zona em que as decisões devem ser construídas contando com a participação de todos, uma área em que a participação de cada um é igual, sem brechas para discriminações ou outras formas de preconceitos. A política é o *locus* no qual preponderam os interesses coletivos, com a finalidade de realizar o bem-comum, sem apego a interesses pessoais, com o seu conteúdo preenchido por princípios éticos.[33]

A participação nas decisões políticas, por si só, é considerada um prazer e um privilégio, sem precisar de conotações pecuniárias ou proximidade com o poder. A finalidade de cada componente da sociedade é servir aos interesses coletivos, mesmo que para isso seja imperioso o sacrifício de seus próprios interesses pessoais.

Igualmente, o republicanismo nutre um antagonismo com qualquer forma de diferenciação dos cidadãos que possa se configurar como privilégio, como títulos nobiliárquicos, indicação divina etc. O homem nasce igual a seus semelhantes e continua igual, a despeito de sua classe social. O princípio da isonomia é um de seus primados fundamentais, as diferenças existentes na sociedade devem ser decorrência apenas do mérito de cada um, sem que os entes estatais possam estabelecer preferências.

---

[33] BACCELLI, Luca. *Critica del repubblicanesimo*. Bari: Laterza, 2003. p. 93.

## 7.6 Sistemas de governo: parlamentarismo e presidencialismo

O sistema de governo presidencialista surgiu com a Constituição dos Estados Unidos de 1787, estruturado como uma monarquia rotativa, escolhida pelo povo.[34] Nesse sistema de governo há uma preponderância do Poder Executivo, chegando em muitos casos a haver um superdimensionamento, como no exemplo brasileiro.

No presidencialismo existe uma melhor nitidez na separação entre quem faz as leis – Poder Legislativo – e quem tem a obrigação de cumpri-las – Poder Executivo, apesar da existência da medida provisória, no caso pátrio.[35] O governo fica independente do parlamento, cabendo a este a missão relevante de fiscalizar o Executivo. No parlamentarismo, o Legislativo desempenha tanto as funções de governo quanto as de produção legislativa, sem uma separação nítida entre as duas tarefas.

O sistema presidencialista de governo, pela concentração de poder que proporciona ao chefe do Executivo, permite mudanças na estrutura sociopolítico-econômica de forma mais rápida. O fato de ter um mandato fixo de quatro anos e de personificar o Executivo Federal ajuda o presidente a conseguir, por parte da população, legitimidade para poder implementar amplas mudanças sociais. O parlamentarismo, pelo fato de nele haver uma fragmentação de poder entre os partidos que compõem a coalizão governamental e de o mandato do chefe de governo perdurar apenas enquanto ele tenha maioria no parlamento, impede esse sistema de governo de realizar substanciais mudanças na estrutura sociopolítico-econômica, sendo um modelo propício para as nações desenvolvidas, que gozam de certa estabilidade.

Como há uma concentração de poder nas mãos do presidente, no presidencialismo as consequências dos atos políticos de governo são da responsabilidade do chefe do Executivo. Todavia, se houver a prática de crime comum ou de responsabilidade, podem o presidente da República e os ministros de Estado ser responsabilizados de acordo com a contribuição de cada um para a prática da infração.

Uma vantagem do sistema presidencialista é que, como o mandato tem duração de quatro anos, durante esse lapso temporal não há crises oriundas do fato de o partido do presidente da República ter perdido as eleições municipais ou passar a não ter maioria no Congresso Nacional. Independentemente disso, haverá o cumprimento integral do mandato presidencial. Desse modo, há a concretização de uma forma de governo mais estável, menos susceptível às modificações das maiorias parlamentares fugazes.

Como desvantagem do presidencialismo, pode ser apontada a concentração de poder nas mãos do chefe do Executivo, tornando o personalismo traço marcante nesse sistema de governo. Se ele for um líder carismático, a separação de poderes pode ser enfraquecida. Assim, podendo governar sem maioria no Congresso Nacional, a necessidade de partidos políticos fortes não é imprescindível, pois o posicionamento do Legislativo pode ser direcionado pela vontade do Executivo, por meio de práticas

---

[34] CALLEO, David P. *The American political system*. London: The Bodley Head, 1968. p. 72.
[35] Biscaretti di Ruffia explica que a estrita diferenciação entre o Poder Legislativo e o Poder Executivo no presidencialismo tem se arrefecido consideravelmente. Nos Estados Unidos o enfraquecimento da diferenciação se deve à divisão das forças políticas norte-americanas em dois partidos políticos – os democratas e os republicanos –, que se revezam no poder (DI RUFFIA, Paolo Biscaretti. *Introducción al derecho constitucional comparado*. Tradução de Héctor Fix-Zamudio. México: Fondo de Cultura Económica, 1998. p. 170).

políticas pouco recomendáveis, mormente quando não houver uma tradição de fortalecimento partidário.

São características do presidencialismo: a chefia de Estado e a chefia de governo são ocupadas pela mesma pessoa; não há necessidade, obrigatoriamente, de partidos fortes; há preponderância do Poder Executivo; a chefia de governo é ocupada pelo candidato que individualmente alcançar o maior número de votos; o Poder Legislativo não participa diretamente do governo; e a duração do mandato não depende de uma maioria parlamentar.

No Brasil, a partir da Proclamação da República, o único momento em que houve uma interrupção na vigência do sistema presidencialista, sendo implantado temporariamente um sistema parlamentarista, foi em 1961-1963, em virtude de uma grave crise política que se seguiu à renúncia de Jânio Quadros.

Os primórdios do sistema de governo parlamentarista se situam na Inglaterra, onde o rei foi paulatinamente perdendo os seus poderes e, consequentemente, foi o parlamento acumulando funções. No parlamentarismo há uma maior incidência do sistema de freios e contrapesos, porque a chefia de Estado e a chefia de governo são exercidas por pessoas diversas. A chefia de Estado é ocupada pelo monarca ou pelo presidente, enquanto a chefia de governo é ocupada pelo primeiro ministro ou pelo chanceler. A chefia de governo em alguns países é composta por um colegiado, como na Confederação Helvética, formada por sete membros, pertencentes a cada um dos cantões, e no caso da antiga URSS, cuja chefia de Estado era exercida pelo soviete supremo.

Como o chefe de governo é escolhido pelo parlamento, não existe uma diferenciação entre quem faz as normas e quem deve cumpri-las. Em decorrência, o poder que tem maior relevância é o Legislativo, cabendo a indicação do chefe de governo ao partido ou coalizão que obtiver maioria parlamentar.

Por necessitar de uma maioria no parlamento que permita ao governo uma maior estabilidade, o sistema de governo parlamentarista necessita de partidos fortes, representando correntes ideológicas nítidas, legitimadas pela sociedade.[36] Exemplo de sistema parlamentarista de maior estabilidade é o inglês, em que dois partidos, o Conservador e o Trabalhista, se revezam no poder. Como exemplo de menor estabilidade temos o sistema italiano, em razão da pluralidade de partidos políticos existentes. Não havendo maiorias parlamentares sólidas, o parlamentarismo se torna fonte inesgotável de instabilidades.

São características do parlamentarismo: chefia de Estado ocupada por pessoa diferente da que ocupa a chefia de governo; chefe de governo eleito pelo parlamento, o qual, por sua vez, é eleito pelo povo; necessidade obrigatória de partidos fortes; preponderância do Poder Legislativo em relação ao Poder Executivo; o mandato do chefe de governo perdura enquanto ele tiver maioria no parlamento, podendo haver sucessivas reeleições.

---

[36] Mirkine Guetzévitch nos fala da separação de poderes no parlamentarismo: "O parlamentarismo clássico, dizem os críticos da Constituição Federal de 1946, é baseado na verdade absoluta da separação de poderes. Mas onde é essa separação de poderes realmente praticada? Onde o regime parlamentarista escapa à onipotência dos partidos? Propor a questão é resolvê-la: foi na Inglaterra que se pode, é ali que se pode ainda constatar a existência quer da onipotência dos partidos quer da confusão dos poderes, quer do governo de Assembleia" (GUETZÉVITCH, Boris Mirkine. *Evolução constitucional europeia*. Rio de Janeiro: José Konfino, 1957. p. 92).

## 7.7 Fundamentos da República Federativa do Brasil

Fundamento é o que alicerça, o que constitui a base, a essência da República Federativa do Brasil, os elementos imprescindíveis ao ordenamento jurídico. São fundamentos agasalhados pela Constituição brasileira: a) soberania; b) cidadania; c) dignidade da pessoa humana; d) valores sociais do trabalho e da livre iniciativa; e) pluralismo político.

É relevante que o primeiro fundamento do nosso ordenamento seja a soberania, resguardando o direito de tecer nosso próprio destino, sem precisar que nos submetamos a ingerências externas, principalmente as que querem nos impor em um mundo globalizado, em que prepondera o sistema financeiro em lugar do sistema produtivo, os números em detrimento dos seres humanos.

### 7.7.1 Soberania

Soberania significa poder político, ou seja, é o elemento de poder que permite a formação do Estado. A soberania legitima a formação de um governo que deve implementar as decisões políticas. Ela atua preponderantemente nos limites do território, mas a sua intensidade ultrapassa os limites territoriais do Estado, atingindo os nacionais até mesmo no exterior.

Esclarece o Prof. Dalmo de Abreu Dallari:

> A noção de soberania está sempre ligada a uma concepção de poder, pois, mesmo quando concebida como o centro unificador de uma ordem, está implícita a ideia de poder de unificação... Uma concepção puramente jurídica leva ao conceito de soberania como o poder de decidir em última instância sobre a atributividade das normas, vale dizer, sobre a eficácia do direito.[37]

A soberania começa a ser teorizada com o aparecimento do Estado moderno, concentrando-se nas mãos do rei. Ela fica plenamente definida quando surge a noção de que em um território é possível a constituição de uma única esfera de poder, que simbolize as atribuições estatais.[38]

Durante a Idade Média vários eram os entes que reivindicavam a titularidade do poder estatal, como a Igreja, os reis, o Sacro Império romano-germânico, as cidades livres, as corporações de artes e ofícios etc. A soberania passa a surgir quando, paulatinamente, o poder começa a se concentrar nas mãos do rei, fruto de sua união com a burguesia para derrotar a nobreza feudal, que impedia o desenvolvimento econômico.

Com o florescimento dos Estados absolutistas, o conceito de soberania se torna absoluto, não se permitindo o surgimento de nenhum tipo de restrição ao poder imperial. A vontade do rei se torna inconteste. Com a derrocada dos Estados absolutistas e a criação do Estado de Direito, há uma nova modificação no conceito de soberania, passando a ser ela limitada aos parâmetros constitucionais. Podemos falar em dois tipos de limitação

---

[37] DALLARI, Dalmo de Abreu. *Elementos de teoria geral do Estado*. 19. ed. São Paulo: Saraiva, 1995. p. 68.
[38] STRECK, Lenio Luiz; MORAIS, José Luis Bolsan de. *Ciência política e teoria geral do Estado*. Porto Alegre: Livraria do Advogado, 2000. p. 143.

para a soberania: uma limitação interna, regida pelo direito estatal, e uma limitação externa, em decorrência das relações internacionais.[39]

O Estado de Direito, que sepultou o Estado absolutista, é aquele regido por normas, abolindo-se a vontade autoritária dos governantes. As suas características gerais, que correspondem às exigências mais básicas e indispensáveis, são as seguintes:

a) império da lei, tomando-a como expressão da vontade geral;
b) divisão de poderes: Legislativo, Executivo e Judiciário;
c) legalidade da administração, atuando segundo os parâmetros traçados pelas normas e obedecendo ao controle judicial;
d) existência de direitos e liberdades fundamentais, exigindo ainda a implementação de garantias jurídicas para a sua realização.[40]

Portanto, a criação do conceito de soberania se liga intrinsecamente ao surgimento do Estado moderno, no século XVI, servindo como legitimidade de poder para as monarquias absolutas. Foi uma criação teórica de autores como Bodin, Hobbes, Rousseau, entre outros. Soberano seria o poder que não se subordinaria a nenhum outro, quer seja interno, quer seja externo. Entretanto, não se deve confundir soberania com arbitrariedade, porque os limites do primeiro estão dispostos no texto constitucional.

Segundo Hermann Heller sempre que se fala em soberania do Estado se vincula a este conceito, de alguma forma, a ideia de soberania popular.[41] Esta assertiva é válida para os regimes democráticos, mas não pode ser transladada para todas as instituições políticas. Ao longo da história muitas foram as bases de fundamentação para a soberania do Estado, a exemplo da fundamentação teocrática, da violência, da razão etc.

A soberania pode ser classificada em interna e externa.

Internamente, ela representa o predicativo de que não poderá haver outro órgão de poder afora os entes estatais: União, estados, municípios e Distrito Federal. A soberania interna tem como limites os direitos expressos na Carta Magna, principalmente nas cláusulas pétreas. Por esse fato, os entes estatais são expressões da soberania, legitimando-se por intermédio da representatividade popular. O poder proveniente de grupos de traficantes ou de *lobbies* das grandes empresas não poderia, ao menos teoricamente, suplantar a soberania dos organismos estatais.

Externamente, a soberania pode ser traduzida como a autodeterminação de um Estado para tomar as próprias decisões na relação com outros países. Devido ao princípio da isonomia entre os Estados, o Brasil deve se colocar, nas suas relações internacionais, em igualdade de condições e não em uma posição de subordinação. A soberania externa está radicada na União, personificada na figura do chefe do Executivo, que tem a prerrogativa de direcionar a vontade da nação nos assuntos internacionais. As limitações externas à soberania nacional apenas podem provir do princípio da autorregulamentação, em que os compromissos externos vão limitando a esfera de atuação do país. Os Estados se limitam reciprocamente, na medida em que o próprio respeito à soberania de outrem implica uma limitação para o próprio poder.[42]

---

[39] FERRAJOLI, Luigi. *La sobranità nel mondo moderno*. Roma: Laterza, 1997. p. 44.
[40] DÍAS, Elias. *Estado de derecho y sociedad democrática*. Madrid: Taurus, 1988. p. 44.
[41] HELLER, Hermann. *La soberanía*. Contribución a la teoría del derecho estatal y del derecho internacional. 2. ed. Tradução de Mario de la Cueva. México: Fondo de Cultura Económica, 1995. p. 164.
[42] BASTOS, Celso Ribeiro. *Curso de teoria do Estado e ciência política*. 2. ed. São Paulo: Saraiva, 1989. p. 27.

Não obstante, as relações internacionais são pautadas por estruturas de poder, em que a normatividade apenas tem eficácia se vier acompanhada de coercitividade. As grandes potências cumprem os acordos internacionais se lhes for conveniente; caso contrário, elas simplesmente não os cumprem e nada lhes acontece. No caso de uma nação subdesenvolvida não cumprir um acordo, as grandes potências, por meio da força, obrigam a seu devido cumprimento.

Soberania interna é, assim, a relação de subordinação dos cidadãos aos poderes estatais. As relações são verticais, prevalecendo sempre a vontade das entidades estatais, desde que sejam respeitados os princípios constitucionais.

Soberania externa é a relação de coordenação entre países soberanos. As relações são sempre horizontais e paritárias, em que os países têm teoricamente os mesmos direitos.[43] O intercâmbio entre os países é feito mediante negociações internacionais.

São características da soberania:

a) una: apenas os órgãos estatais podem exercê-la, sendo impossível a existência de duas soberanias em um mesmo Estado. O poder soberano do Estado é o único centro irradiador de decisões políticas e todos os demais poderes sociais devem a ele se submeter;

b) indivisível: a soberania é um poder que não é passível de fragmentação, no sentido de que ela pertence exclusivamente aos entes estatais, sendo aplicada na totalidade da extensão territorial do Estado. A separação de poderes e a repartição de competências existentes na estrutura federativa brasileira não são incondizentes com o princípio porque a unidade da soberania se mantém intocada – apenas se delimitam os órgãos e os espaços de sua atuação;

c) inalienável: a soberania não pode ser perdida, mitigada ou mesmo ter seu exercício delegado para outrem. Se a soberania é delegada, mesmo que de forma transitória, ela deixa de existir, transformando o Estado, que antes era soberano, em uma colônia ou um protetorado;

d) imprescritível: não existe um limite para a duração da soberania. Os Estados nascem com a expectativa de mantê-la por toda a sua existência. O tempo de forma alguma tem o poder de cerceá-la ou arrefecê-la, mantendo intocáveis os seus efeitos.

O fato de haver uma grande pressão para um processo de globalização desmesurado não significa uma perda na relevância do conceito de soberania. O que há são instâncias colegiadas de decisões, em que as diretrizes políticas são tomadas de forma conjunta. As potências econômicas capitalistas não abdicaram um milímetro de suas soberanias, o processo de integração ao Mercado Comum Europeu foi realizado através de um lento processo, havendo concessões mútuas e não imposição de um modelo que deveria ser seguido pelos países componentes do bloco. Em verdade, há uma perda real do conceito de soberania apenas para os chamados países periféricos, em que as decisões passam a ser controladas pela *lex mercatoria*.

---

[43] ZAGREBELSKY, Gustavo. *Il diritto mite, legge, diritti, giustizia*. 2. ed. Torino: Einaudi, 1992. p. 5.

## 7.7.2 Cidadania

É a participação dos cidadãos nas decisões políticas da sociedade. Porém, ela não se restringe ao voto, exaurindo-se de forma imediata – o voto é apenas uma etapa do processo de cidadania. Todas as vezes que um cidadão se posiciona frente à atuação estatal, criticando ou apoiando determinada medida, está realizando um exercício de cidadania.

Historicamente, o conceito de cidadania nos leva à análise da *polis* grega, especialmente de Atenas, onde ela alcançou grande desenvolvimento. A cidadania foi concebida como um conjunto de deveres e de obrigações com relação à cidade, em que a esfera privada da vida do indivíduo é preterida em razão das obrigações políticas do cidadão, muitas delas de conteúdo moral.[44]

Na Idade Média, o conceito de cidadania sofre um esvaziamento. Com o surgimento da soberania popular, idealizada por Rousseau, ela retoma o seu vigor, e seu exercício se concentra nas mãos do povo.

Hodiernamente, o conceito de cidadania se liga ao conceito de democracia. Esse regime político não se concretiza sem a cidadania ativa. Com a ausência da participação do povo nas decisões políticas, as instituições democráticas não podem ser aprimoradas, pois é a conscientização paulatina da população que propicia o seu funcionamento.

A cidadania, tomada em acepção ampla, abrange uma série de fatores que permitem o exercício consciente dos direitos políticos, como a educação, a informação, o emprego, a moradia etc. Ela não deve ser entendida no seu conceito restrito, de direito político material: ela tem início com o alistamento, que se realiza perante a Justiça Eleitoral, momento no qual o cidadão se habilita para escolher os seus representantes, e atinge o seu ápice com o voto, não importando os motivos que levaram o cidadão a escolher seu representante, nem o seu grau de conscientização política, nem as suas condições materiais. Nesse sentido, a cidadania não se importa se o cidadão tem condições mínimas de exercer sua escolha de forma consciente.

## 7.7.3 Dignidade da pessoa humana

O conceito de dignidade da pessoa humana não é um conceito *a priori*, que sempre existiu ao longo do tempo, mas foi sendo composto paulatinamente, fruto de diversas circunstâncias históricas, concretizando um dos principais direitos para a espécie humana.

A etimologia da palavra provém do latim *dignitas*, significando tudo aquilo que merece respeito, consideração, estima. Na Antiguidade, o conceito de dignidade da pessoa humana estava ligado ao mérito, que poderia ser aferido pelo dinheiro, título de nobreza, capacidade intelectual etc. Os gregos acreditavam que o que diferenciava os homens dos animais era a capacidade de empreender um pensamento lógico, utilizando uma linguagem própria, que era designado pela palavra *locus*, que representava a linguagem, a razão, advindo, assim, a necessidade de respeito aos homens por essa capacidade e distinção.[45]

---

[44] LEAL, Rogério Gesta. *Teoria do Estado*. Cidadania e poder político na modernidade. Porto Alegre: Livraria do Advogado, 2001. p. 179.

[45] RABENHORST, Eduardo Ramalho. *Dignidade humana e moralidade democrática*. Brasília: Brasília Jurídica, 2001. p. 16.

Sob influência da doutrina grega clássica, bem como do cristianismo, o ser humano é dotado de uma dignidade imanente, sem necessitar de nenhum requisito.[46] Kant afirmava que o ser humano é dotado de dignidade pelo simples fato de ser humano, sem necessitar pertencer a algum grupo social, raça ou religião.

Com o advento da ideologia cristã, em que o homem passa a ser concebido à imagem e semelhança de Deus, a dignidade passou a ser mérito de todos os seres humanos, independentemente de suas qualidades; como seres concebidos à igualdade e semelhança de Deus, a integridade dos homens faz parte da essência divina, merecendo, portanto, ser respeitada. A raiz cristã sustenta que há uma unidade entre o homem e Deus, sintetizada na dignidade humana.

Portanto, conclui-se que o homem é um ser único, sem possibilidade de sua repetição, em que sua singularidade deve ser protegida e favorecido seu desenvolvimento segundo seu livre arbítrio; no que advém a ligação entre a dignidade da pessoa humana e a liberdade.[47]

Ela é a base do ordenamento jurídico, seu elemento central, como dispõe a Constituição alemã de 1949 ao afirmar que a dignidade da pessoa humana se configura inviolável. Dessa centralidade advém que nenhuma norma jurídica pode denegrir seu conteúdo essencial, o homem é considerado o valor mais importante do ordenamento jurídico, tornando-o vetor paradigmático para a interpretação das demais normas e valores constitucionais.

A dignidade da pessoa humana representa um complexo de direitos que são inerentes à espécie humana, sem eles o homem se transformaria em coisa, *res*. São direitos como vida, lazer, saúde, educação, trabalho e cultura que devem ser propiciados pelo Estado e, para isso, pagamos tamanha carga tributária. Esses direitos servem para densificar e fortalecer os direitos da pessoa humana, configurando-se como centro fundante da ordem jurídica.

A concepção empregada na Constituição de 1988 parte do pressuposto de que todos os homens possuem a mesma natureza, sendo dotados, assim, de idêntico valor, independente de sua posição social, econômica, cultural ou racial, devendo, portanto, ter sua dignidade assegurada.

Dessa relevância advêm suas características: inata, inalienável e absoluta. Inata porque não depende de qualquer tipo de condição para sua realização, seja jurídica ou metajurídica. Inalienável em razão de que não pode ser cedida, nem mesmo por meio de contrato ou por livre vontade. Absoluta, pois não pode ser objeto de mitigação, a não ser em casos específicos em que haja necessidade de compatibilização, adequando-se ao princípio da proporcionalidade.

---

[46] "O caráter de regra surge em grupos de situações nas quais as condições de precedência do princípio da dignidade da pessoa humana possuem um grau quase absoluto de certeza. Assim, por exemplo, quando o Tribunal se refere a 'um núcleo absolutamente protegido de configurações da vida privada'. De modo que não se cogitará aqui, à primeira vista, de ponderação, mas sim se foi a dignidade humana atingida ou não. Ocorre que, dada a vaguidade do conceito, há casos em que se cogitará das condições em que a dignidade foi violada. Isto se passou, relata Alexy, em caso julgado pelo Tribunal Constitucional Federal alemão, em que, sobre escuta indevida, baseada no princípio da dignidade humana, prevaleceram os superiores interesses do Estado" (BORNHOLDT, Rodrigo Meyer. *Métodos para resolução do conflito entre direitos fundamentais*. São Paulo: RT, 2005. p. 92).

[47] COMPLAK, Krystian. Dignidad humana como categoría normativa en Polonia. *Cuestiones Constitucionales. Revista Mexicana de Derecho Constitucional*, n. 14, ene./jun. 2006.

As condições de dignidade da pessoa humana devem ser propiciadas pelo Estado, mas não são prerrogativas outorgadas pelas entidades governamentais. Elas são preexistentes a qualquer direito estatal, advindo da qualidade inata dos seres humanos – o Estado apenas atestou a sua existência e se comprometeu a velar por elas. Não se pode atrelar a dignidade da pessoa humana a condições econômicas, defendendo que apenas os que tenham recursos financeiros ostentam essa prerrogativa. Contudo, é inegável que sem certos pressupostos econômicos não se pode assegurar a ninguém respeito à sua integridade.

Ingo Sarlet afirma que a dignidade da pessoa humana possui força normativa mais intensa que uma simples norma, que, além do seu enquadramento na condição de princípio (valor) fundamental, é alicerce de mandamento definidor de direito e garantia, mas também de deveres fundamentais.[48]

Não existe uma determinação criteriosa de conceituação do que seja dignidade da pessoa humana nem de sua definição. As declarações de direitos fundamentais, como a Declaração de Direitos do Homem e do Cidadão da Revolução Francesa (de 1789), a Declaração do Povo Trabalhador e Explorado da Revolução Bolchevique (de 1917), a Constituição Mexicana (de 1917) e a Declaração dos Direitos do Homem (da ONU, de 1948) são as direcionadoras de tal direito, nada impedindo que qualquer Constituição possa ampliá-lo.

### 7.7.3.1 Fundamentação do princípio da dignidade humana

Problema complicado é a definição do fundamento que torna o princípio da dignidade da pessoa humana elemento central do ordenamento jurídico. Pela dificuldade do tema, optamos por apresentar, de forma geral, as principais teorias a seu respeito.

Segundo a teoria histórica, sua base de fundamentação consiste nas condições específicas de determinada sociedade, localizada em preciso marco temporal e geográfico. Seria do contexto das condições de desenvolvimento da organização política estabelecida que defluiria a substância da integridade humana.

Partindo dos ensinamentos da escola funcionalista, seu alicerce estaria baseado em sua missão de manter a homogeneidade social, no que impediria o aparecimento de desigualdades sociais e suas consequências maléficas, como a pobreza, a violência etc.

Na concepção religiosa, a dignidade da pessoa humana é a base do ordenamento jurídico porque o homem é a imagem e semelhança de Deus, obrigando a inviolabilidade de sua essência em virtude de seu caráter sagrado. A sacralidade do homem impede sua violação por atos de outros homens ou por meio de leis.[49]

Em um sentido laico, a fundamentação está ligada à natureza do ser humano, considerado o ser vivo mais perfeito e complexo existente no nosso planeta. Essa sua importância biológica o faz dotado de direitos invioláveis, sem os quais se processaria um retrocesso, retornando ao *status* de coisa.

Os jusnaturalistas postulam que existem direitos intrínsecos ao gênero humano, invioláveis, eternos e imutáveis, que não necessitam do reconhecimento do Estado para o seu reconhecimento ou eficácia.

---

[48] SARLET, Ingo Wolfgang. *Dignidade da pessoa humana e direitos fundamentais na Constituição Federal de 1988*. Porto Alegre: Livraria do Advogado, 2001. p. 70.

[49] COMPLAK, Krystian. Por una comprensión adecuada de la dignidad humana. *Revista Jurídica del Perú*, ano 65, n. 65, nov./dic. 2005.

A escola positivista considera essa discussão superada, no momento que os textos constitucionais passaram a agasalhar em seus dispositivos o mencionado preceito. Uma vez garantida sua validade jurídica, a obrigatoriedade de seu cumprimento estaria assegurada pela força normativa do ordenamento jurídico.

### 7.7.4 Valores sociais do trabalho e da livre iniciativa

Este fundamento constitucional enfoca que o trabalho e a livre iniciativa se destinam a um engrandecimento social, e não podem ser considerados apenas um processo de acumulação pessoal.

A livre iniciativa, traduzida como liberdade de investimentos de acordo com o desiderato dos capitalistas, encontra como parâmetro de restrição a suas atividades os valores sociais que traduzem as prerrogativas do ser humano. Mas o mencionado princípio não se reduz apenas a esse sentido, ele pode ser compreendido igualmente como a liberdade para a escolha da profissão para que o cidadão tenha aptidão, baseada no princípio da liberdade que garante a livre escolha profissional.

A finalidade do trabalho não pode ser reduzida apenas à manutenção do cidadão e de sua família, mas ele também tem uma função social. O seu escopo é incorporar o solidarismo social que foi acalentado por Duguit, criando uma cadeia social conexa, em que cada cidadão dependeria do trabalho realizado pelos outros componentes da sociedade. Esclarece o mencionado autor:

> Considerando que os grupos sociais sempre existiram e que os homens os integram sem perder a consciência de sua própria individualidade e dos laços de interdependência com os demais, indagamos: que laços são esses? Eles são designados por uma expressão de largo uso, mas que ainda parece bastante adequada, não obstante o descrédito em que os políticos a lançaram. A "solidariedade social" é que constitui os liames que mantêm os homens unidos.[50]

### 7.7.5 Pluralismo político

É pré-requisito básico para a formação de um regime democrático. Ele garante a possibilidade de os cidadãos professarem as mais antagônicas correntes políticas sem sofrerem nenhum tipo de sanção. Seu alicerce parte da ideia da diferença que existe entre os diversos componentes do regime democrático, expressando o respeito pelo posicionamento contrário. Para Zagrebelsky, a finalidade do pluralismo político é preservar intacta a possibilidade de competição política e social, impedindo que uma maioria transitória imponha um modelo político-cultural autoritário, excluindo qualquer possibilidade de dissidência.[51]

A ditadura suprime o pluralismo político porque não pode conviver com ele. A liberdade de professar as mais variadas ideias políticas representa o germe dilacerante dos regimes autoritários. As ditaduras impõem um único posicionamento político, não aceitando divergências.

---

[50] DUGUIT, Leon. *Fundamentos do direito*. São Paulo: Ícone, 1996. p. 22.
[51] ZAGREBELSKY, Gustavo. *La giustizia costituzionale*. Bologna: Il Mulino, 1988. p. 53.

O pluralismo político difere do pluripartidarismo. Este se configura na existência de uma multiplicidade de partidos e aquele na possibilidade de os cidadãos professarem as mais variadas ideologias políticas. Somente podemos falar de pluripartidarismo quando houver em uma sociedade o pluralismo político.

Algumas democracias, que inexoravelmente adotam o pluralismo político, exigem alguns requisitos para a criação de partidos políticos, o que impede a sua criação sem que eles possuam uma forte base social. Um exemplo é a cláusula de barreira, que exige um número mínimo de votos em todo o território nacional para se criar um partido político. Essa exigência não desnatura o pluralismo político, apenas impede que a proliferação exacerbada de partidos cerceie o fortalecimento da democracia.

## 7.8 Legitimação do poder

A legitimidade deve ser entendida como consentimento, podendo revestir vários matizes, como a legitimidade popular, a legitimidade legal, a legitimidade religiosa, a legitimidade através da violência etc. Ela não pode ser reduzida apenas ao seu conceito legal, confundindo o ato legítimo com o ato legal, em que o requisito para a legitimidade é a lei. Para Kelsen, uma norma só é legítima quando encontra o seu fundamento de validade em outra norma. O seu caráter extradogmático deve ser levado em conta, até mesmo porque em algumas situações ele representa o alicerce de eficácia das normas.[52]

Nesse diapasão, o Prof. Cláudio Souto sustenta que o conceito legal da legitimidade é apenas uma das suas acepções:

> Seria objeto, mas não o objeto. Se não se pode negar a importância das leis para as sociedades modernas – basta notar que todas se organizam em forma legal –, a redução do direito, como fenômeno social, à lei não nos parece razoável. E não nos parece razoável porque, sendo a lei expressão do Estado, o Estado não é senão um dos inúmeros grupos sociais que constituem as sociedades globais modernas.[53]

Em razão da sua densidade de valores, o conceito de legitimidade não pode ser analisado apenas sob um prisma jurídico, pois a influência ideológica interfere nitidamente na extensão do seu conteúdo. Os critérios de legalidade e de legitimidade são diferentes, nada impedindo que uma norma jurídica seja legal mas não seja legítima. Porém, devido ao conceito de a soberania popular representar um dogma para o regime democrático, existe uma zona de interseção, em que os dois conceitos se unem, aumentando a eficácia concretiva das normas jurídicas.

O povo legitima teoricamente a maioria dos governos na atualidade. Poucos são aqueles, mesmos os declaradamente ditatoriais, que não sustentem como escusa a sua

---

[52] François Regaux explica o significado do conceito de legalidade para os positivistas: "O conceito de legitimidade é privado de sentido para a doutrina normativista do direito. Esta também é positivista: reunião de normas, a ordem jurídica tem como toda legitimidade a norma fundamental (*Grundnorm*) na qual repousa. Como a efetividade do ordenamento normativo, isto é, sua aptidão a se fazer obedecer pelo exercício regular de atos de coerção física, é também uma condição de sua 'validade', esta se reduz a uma pura questão de legalidade" (REGAUX, François. *A lei dos juízes*. São Paulo: Martins Fontes, 2000. p. 100).

[53] SOUTO, Cláudio. *Ciência e ética no direito*. Uma alternativa de modernidade. Porto Alegre: Fabris, 1992. p. 37.

legitimidade vir do povo. Raros são os governos que têm como fonte de legitimidade uma matriz teocrática, divina, como exemplo, o Irã. Ao início do terceiro milênio, a legitimidade popular se tornou um dogma intransponível, mesmo que transformada em ornamento semântico. Assim, a Constituição atual planteia: "Todo o poder emana do povo, que o exerce por meio de representantes eleitos ou diretamente, nos termos desta Constituição" (art. 1º, parágrafo único, da CF).

O povo se tornou um ícone do sistema político, muitas vezes sem ter nenhuma participação nas decisões governamentais. Serve como instrumento retórico para legitimar o poder das elites dirigentes, que sempre governaram sem o povo. Sintetiza Müller:

> O povo como ícone, erigido em sistema, induz a práticas extremadas. A iconização consiste em abandonar o povo a si mesmo; em "desrealizar" a população, em mitificá-la (naturalmente já não se trata a muito tempo dessa população), em hipostasiá-la de forma pseudossacral e em instituí-la assim como padroeira tutelar abstrata, tornada inofensiva para o poder-violência – *notre bon peuple*.[54]

Reforça a importância da participação popular Stuart Mill: "Por todas estas considerações é evidente que o único governo capaz de satisfazer inteiramente todas as exigências do Estado social é aquele em que o povo todo participe; que é útil qualquer participação, mesmo nas funções públicas mais modestas [...]".[55]

## 7.9 Separação de poderes

A terminologia *separação de poderes* foi expressa de forma errônea, porque na verdade o poder que resvala da soberania é uno. O que se reparte são as funções realizadas por esses poderes, de acordo com o que fora estipulado pela Constituição em cada país.

A separação de poderes, os *checks and balances* da doutrina inglesa, foi um dos motivos que originou a Constituição. O art. 16 da Declaração dos Direitos do Homem e do Cidadão afirma que quando não houver separação de poderes e outorga dos direitos humanos não se pode falar na existência de uma Lei Maior.

O mencionado princípio foi inicialmente formulado por Aristóteles, estudado por Políbio e Locke e, depois, aprimorado por Montesquieu; mas os gregos já compreendiam a importância da repartição de poder. Em Atenas havia diversos órgãos, como a Assembleia Popular, um Senado, um Areópago. Era uma divisão incipiente, em que os poderes não estavam devidamente definidos. Para Locke haveria três poderes: o Legislativo, o Executivo e o Confederativo; os dois primeiros executariam funções internas e o terceiro cuidaria dos assuntos externos, atuando de forma livre, sem se subordinar a leis internas, para se adequar às flutuações internacionais (para ele o Poder Judiciário não estava adstrito a um órgão específico). Montesquieu parte da mesma premissa de Aristóteles, ao conceber a existência de três poderes, mas aprimora a tese do mestre de Estagira.

---

[54] MÜLLER, Friedrich. *Quem é o povo*. A questão fundamental da democracia. São Paulo: Max Limonad, 1998. p. 67.
[55] MILL, John Stuart. *O governo representativo*. 3. ed. São Paulo: Ibrasa, 1995. p. 49.

A visão de Montesquieu apresenta algumas deficiências. A separação de poderes por ele formulada não se identifica com a concebida na atualidade – sua importância reside no fato de ter sido o ponto inicial para a evolução da repartição de poderes, até chegar à forma praticada nos dias atuais. Exemplo da primariedade da repartição de poderes por ele estruturada é que o Executivo exerceria competência sobre uma matéria jurídica, o direito das gentes, cabendo ao Judiciário exercer competência sobre o direito civil.[56]

A separação de poderes tem como escopo evitar o surgimento do absolutismo, que representaria a morte da democracia e dos direitos humanos.[57] Assim, surge a teorização de que cada órgão de poder realiza uma atividade, especializando-se nela de forma a melhorar a sua eficácia. A concentração de poder tende ao arbítrio; com a sua repartição, em que um poder limita o outro, a fiscalização do cumprimento dos parâmetros legais pode ser realizada, evitando-se a quebra dos princípios democráticos.

Essa repartição não ocorre de forma rígida. Diante da complexidade das demandas sociais do Estado Moderno, ou Pós-Moderno, o campo de atuação dos poderes tem de ficar entrelaçado, diminuindo-se os limites que separam a atuação de cada um deles. Porém, cada um realiza uma função de forma preponderante.[58] Eles têm uma função precípua (atividade para a qual o órgão foi estruturado) e outras subsidiárias. Assim, a função precípua do Legislativo é legislar e, subsidiariamente, administrar e julgar. Por exemplo, ele exerce funções executivas quando administra seus funcionários e exerce funções judiciais quando julga o chefe do Executivo. O Judiciário, primordialmente, julga, e o Executivo administra.

Os poderes componentes da federação são independentes – um não necessita do outro para o seu funcionamento – e são harmônicos – o funcionamento de um deles não obstacula o exercício da função dos outros. Isso significa que eles podem trabalhar de forma autônoma, mas não de forma isolada, obviamente porque a seara fática em que eles têm de incidir é a mesma. Arrefecendo um o arbítrio do outro, quem ganha é a cidadania, que tem os seus direitos preservados.

Na atualidade, a visão hermética e funcional da separação de poderes há de ser substituída por uma compreensão teleológica desse princípio. Isto é, a distribuição das diversas funções do Estado entre órgãos autônomos não pode ser autorreferenciada, mas colmatada para a concretização do projeto constitucional. É nesse sentido que se admite a intervenção judicial nas políticas públicas, mas sem retirar a discricionariedade da Administração Pública; a atividade legiferante do Executivo para medidas urgentes e relevantes; a concretização dos direitos humanos básicos através de comandos constitucionais, entre outros exemplos de exercício de funções atípicas pelos três poderes.

Na verdade, a limitação dessa separação de poderes teleológica, que é cambiante segundo parâmetros metajurídicos, reside no núcleo duro da Constituição, cláusulas pétreas e princípios fundamentais, e nas condições históricas e legitimantes que alicerçam cada um desses poderes.

---

[56] PALMA, Luigi. *Corso di diritto costituzionale*. Roma: Giuseppe Pellas, 1883.
[57] BONAVIDES, Paulo. *Teoria do Estado*. 3. ed. São Paulo: Malheiros, 1995. p. 203.
[58] O STF deferiu pedido de medida cautelar em ação direta de inconstitucionalidade, ajuizada pelo governador do estado de Alagoas, para suspender, até decisão final da ação, a eficácia de determinado dispositivo legal,

## 7.10 Objetivos fundamentais

Objetivos fundamentais (art. 3º da CF) diferem de fundamentos (art. 1º da CF). Estes representam elementos que já fazem parte da estrutura jurídica e aqueles demonstram objetivos que o Estado tentará, paulatinamente, ao longo do tempo, concretizar. Os primeiros são normas constitucionais de eficácia plena, os segundos são normas de eficácia limitada.

Os objetivos fundamentais são princípios de conteúdo polissêmico, que impedem definições precisas acerca de sua essência. Eles formam as normas do *welfare state* brasileiro, isto é, são normas programáticas que têm o objetivo de criar um Estado de Bem-Estar Social. Possuem eficácia mediata, no sentido de que o legislador infraconstitucional não pode afrontar o conteúdo de suas disposições.

É bastante criticada a ideia de que o Estado de Bem-Estar Social deve implementar políticas uniformes, considerando que o tecido social seja homogêneo, haja vista as amplas diferenciações sociais que existem na sociedade brasileira. Sem analisar as demandas dos cidadãos mais pobres, políticas públicas uniformes privilegiam a elite dominante e podem causar efeitos danosos para a maioria da população.[59]

## 7.11 Princípios constitucionais internacionais

Os princípios constitucionais internacionais disciplinam a relação entre o Brasil e os demais países (art. 4º da CF). Para a sua aplicação é necessário o intercâmbio entre Estados soberanos. Os princípios internacionais são vetores que devem direcionar a política externa brasileira e embasar a sua conduta.

Essas disposições são realizadas mediante tratados, que são acordos internacionais entre Estados soberanos ou com organismos internacionais. De forma genérica, o termo *tratado* pode ser a denominação para todo ajuste realizado na esfera internacional. Entretanto, a doutrina mais abalizada vem diferenciando a terminologia. Segundo o Prof. Agenor Pereira de Andrade, o termo *ajuste* emprega-se para tratados solenes, acerca de assunto específico; o termo convenção emprega-se para tratados que se estabelecem acerca de normas gerais; e o termo acordo emprega-se para designar tratados de natureza econômica.[60]

São os seguintes os princípios internacionais adotados pelo Brasil (art. 4º da CF):

I – independência nacional;
II – prevalência dos direitos humanos;

---

que estabelece o prazo de 45 dias para que o chefe do Poder Executivo encaminhe projeto de lei referente às transgressões a que estão sujeitos os servidores militares do Estado. O STF reconheceu, à primeira vista, a ofensa ao princípio da separação dos poderes e da reserva legal, visto que não pode o Poder Legislativo assinar prazo para que outro poder exerça prerrogativa que lhe é própria (ADIMC nº 2.393-AL, Rel. Min. Sydney Sanches).

[59] Sintetiza Alf Ross: "Nos tempos modernos tornou-se hábito falar de bem-estar social, das necessidades da comunidade etc., em lugar da soma total do prazer dos indivíduos. A introdução do conceito de sociedade como um sujeito único, cujo bem-estar deve ser promovido na maior medida possível, permitiu contornar, mas não superar, os dois defeitos fundamentais do utilitarismo assinalados no parágrafo anterior: a incomensurabilidade das necessidades e a desarmonia dos interesses. A ideia de que a comunidade é uma entidade independente, com necessidades e interesses próprios, deve ser rejeitada como ilusória" (ROSS, Alf. *Direito e justiça*. Tradução de Edson Bini. São Paulo: Edipro, 2000. p. 341).

[60] ANDRADE, Agenor Pereira de. *Manual de direito internacional público*. 4. ed. São Paulo: Saraiva, 1987. p. 96.

III – autodeterminação dos povos;
IV – não intervenção;
V – igualdade entre os Estados;
VI – defesa da paz;
VII – solução pacífica dos conflitos;
VIII – repúdio ao terrorismo e ao racismo;
IX – cooperação entre os povos para o progresso da humanidade;
X – concessão de asilo político.

O princípio da independência nacional assume principal relevância entre os princípios internacionais adotados pelo Brasil. E não poderia ser diferente, haja vista que o país passou três séculos sendo uma colônia e, portanto, não poderia apoiar a subserviência de uma nação a outra. Ele significa o respeito pela soberania dos outros países. Desse princípio provém a autodeterminação dos povos, a não intervenção em assuntos de outros países e a igualdade entre os Estados, já que todos esses princípios têm a mesma natureza.

Nos relacionamentos internacionais, o Brasil deve se pautar pelo não intervencionismo, evitando a intromissão nos assuntos internos de outros países. Surgindo qualquer tipo de beligerância, a defesa da paz e a solução pacífica dos conflitos devem nortear a busca da solução. O recurso à guerra somente pode ser a última hipótese na resolução dos conflitos, e, assim mesmo, quando não houver nenhuma outra saída.

A prevalência dos direitos humanos deve ser analisada juntamente com o repúdio ao terrorismo e ao racismo. Se a dignidade da pessoa humana é um dos vetores fundamentais da Constituição brasileira, o ordenamento jurídico não poderia aceitar o terrorismo e o racismo, que constituem dois estorvos para o aprimoramento das relações entre os países.

O signo da fraternidade representa os direitos de terceira dimensão, sublinhando a necessidade de formação de uma cadeia simbiótica que deve unir os povos de todo o mundo. Nesse sentido, o Brasil se comprometeu com a cooperação entre os povos para o progresso da humanidade, unindo esforços para a solução dos graves problemas que afligem o gênero humano.

A concessão de asilo político significa que aquele cidadão que esteja sendo perseguido por motivos políticos, por não concordar com a estrutura político-social existente, terá permissão para permanecer no Brasil. Francisco Rezek conceitua o mencionado instituto:

> Asilo político é o acolhimento, pelo Estado, de estrangeiro perseguido alhures – geralmente, mas não necessariamente, em seu próprio país patrial – por causa de dissidência política, de delitos de opinião, ou por crimes que, relacionados com a segurança do Estado, não configuram quebra do direito penal comum.[61]

A concessão do asilo político não é obrigatória. É uma prerrogativa que depende de ato discricionário de governo. Caso não seja concedido, o estrangeiro deve ser deportado.

---

[61] REZEK, José Francisco. *Direito internacional público*. 6. ed. São Paulo: Saraiva, 1996. p. 216.

# TEORIA GERAL DOS DIREITOS HUMANOS

## 8.1 Introdução

A preponderância dada, atualmente, aos direitos humanos decorre do entendimento de que eles são essenciais para a proteção do homem, juntamente com sua positivação no texto constitucional e o reconhecimento da supremacia da Lei Maior no ordenamento jurídico. Trata-se de uma categoria fundamental que deriva da própria condição humana, erigindo o homem como pilar essencial na construção de um Estado Democrático Social de Direito. Essa importância ganha maior densidade principalmente em sociedades que ostentam altos níveis de desigualdade social, necessitando de políticas públicas que possam incorporar a grande massa de excluídos, sob pena de padecer de intenso caos social.

Como prova principal da relevância dos direitos humanos, podemos citar o preâmbulo do texto constitucional, que afirma como um de seus objetivos a instituição de um Estado Democrático, destinado a assegurar o exercício dos direitos sociais e individuais, a liberdade e a segurança.

## 8.2 Direitos humanos

Os direitos humanos assinalam um dos traços mais marcantes do constitucionalismo moderno, em que eles são tomados como direitos invioláveis dos homens, que de forma alguma podem ser suplantados. Marcam o fim definitivo da concepção hobbesiana de que os direitos humanos são decorrência do Estado e somente podem existir enquanto prerrogativa estatal.[1]

Quando a Constituição brasileira agasalhou direitos humanos como os direitos econômicos, sociais, políticos etc., eles adquiriram um conteúdo de maior relevo, gozando de supremacia e supralegalidade. Passaram a existir além da lei por força da Constituição.

---

[1] "Da instituição do Estado derivam os direitos e faculdades conferidos aos cidadãos pelo poder soberano" (HOBBES, Thomas. *El estado*. México: Fondo de Cultura Económica, 1998. p. 19).

Para Canotilho, os direitos humanos não são *leges imperfectae* porque, para sua plena concretização, não necessitam de complementação legislativa por parte do legislador infraconstitucional. Os mandamentos constitucionais têm um "privilégio concretizante", o que significa uma intensidade vinculativo-constitucional que obriga o legislador constituinte, e até mesmo os membros do Poder Judiciário, a atender à força dirigente dos direitos humanos.[2] Todo o exposto pode ser traduzido pela eficácia imediata e obrigatória dos princípios fundamentais.

A principal característica dos direitos humanos é a sua noção de fundamentalidade, ou seja, de dispositivo essencial do ordenamento jurídico, podendo esta ser enfocada sob o prisma material e formal.

A noção de fundamentalidade formal nasce em decorrência de sua inserção em um texto jurídico positivado, contido na Constituição Federal. Como foram regulamentados na Carta Magna, eles são as normas que detêm supremacia no ordenamento jurídico e têm aplicabilidade imediata, por força do art. 5º, §1º, da Constituição Federal.

A noção de fundamentalidade material decorre do conteúdo normativo dos direitos humanos, fazendo parte da Constituição material. Eles carregam, como teor de sua materialidade, determinados conteúdos que são essenciais para o ordenamento jurídico não apenas pelo fato de estarem regulamentados na Constituição, mas pela relevância do seu conteúdo.

Na elaboração da conceituação de fundamentalidade material devem ser levados em consideração os valores predominantes na sociedade, que variam de acordo com os contextos sociais, influenciando diretamente os dispositivos constitucionais. Igualmente importante é a definição da substância e relevância do mandamento constitucional, determinando o conteúdo da fundamentalidade material.

Ingo Sarlet conceitua os direitos fundamentais, englobando os conceitos material e formal:

> Direitos fundamentais são, portanto, todas aquelas posições jurídicas concernentes às pessoas, que, do ponto de vista do Direito Constitucional positivo, foram, por seu conteúdo e importância (fundamentalidade em sentido material), integradas ao texto da Constituição e, portanto, retiradas da esfera de disponibilidade dos poderes constituídos (fundamentalidade formal), bem como as que, por seu conteúdo e significado, possam lhes ser equiparados, agregando-se à Constituição material, tendo, ou não, assento na Constituição formal (aqui considerada a abertura material do Catálogo).[3]

Os direitos humanos podem ser divididos entre direitos fundamentais subjetivos e direitos fundamentais objetivos.

O significado dos direitos humanos subjetivos pode ser vislumbrado como direito subjetivo de defesa do indivíduo diante das intervenções injustificadas do Estado, correspondendo à sua definição de conceito negativo de competência. As competências legislativas, administrativas e judiciais encontram o seu limite nos direitos humanos, excluindo da intervenção estatal as prerrogativas consideradas indispensáveis para a vida social.[4]

---

[2] CANOTILHO, José Joaquim Gomes. *Constituição dirigente e vinculação do legislador*. Contributo para a compreensão das normas constitucionais programáticas. Coimbra: Coimbra Editora, 1994. p. 379.
[3] SARLET, Ingo Wolfgang. *A eficácia dos direitos fundamentais*. 2. ed. Porto Alegre: Livraria do Advogado, 2001. p. 82.
[4] BENDA, Ernesto *et al. Manual de derecho constitucional*. 2. ed. Madrid: Marcial Pons, 2001. p. 91.

Os direitos humanos objetivos correspondem a uma ordem axiológica objetiva do ordenamento jurídico, fortalecendo a força normativa de suas prerrogativas. Fornecem a ideia de que os direitos fundamentais são os princípios superiores da Constituição Federal.[5]

Robert Alexy analisa três tipos de enfoques em relação aos direitos fundamentais subjetivos: normativo, empírico e analítico.[6]

A dimensão normativa observa o material normativo em seu sentido mais amplo, como os textos legais, a doutrina, a jurisprudência etc. Ela pode ser dividida em ético-filosófica ou jurídico-dogmática. A primeira aborda a questão independentemente da validade do ordenamento jurídico, enfocando os direitos fundamentais e sua extensão. A segunda enfoca o direito humano dentro de um ordenamento jurídico válido, ressaltando o seu caráter sistêmico.

A dimensão empírica pesquisa as circunstâncias que cercam o surgimento dos direitos subjetivos, como a sua conceituação histórica, a função social, a sua finalidade, a base de legitimação social etc. Constituem marco importante dessa dimensão os argumentos históricos e teleológicos.

A dimensão analítica estuda a estruturação e aperfeiçoamento do sistema jurídico sob a forma científica, tentando alcançar uma precisão metodológica, privilegiando a clareza, a coerência e a precisão semântica das expressões utilizadas. Sofreu influência direta da filosofia analítica, da semiótica, da lógica deôntica e das teorias argumentativas.

O princípio preponderante que condensa os direitos humanos, garantindo-lhes uma feição sistêmica, é a dignidade da pessoa humana.[7] Ela é a base nuclear dos demais direitos, que vão paulatinamente densificando o seu conteúdo ontológico. Todos os direitos humanos têm a função de desenvolver e assegurar a dignidade da pessoa humana, concebida como a carga valorativa mais intensa da Constituição Federal de 1988.

Gregório Peces-Barba Martínez define de forma geral o conceito de direito fundamental:

> Os direitos fundamentais são o conjunto de normas de um ordenamento jurídico que formam um subsistema deste, fundado na liberdade, na igualdade, na segurança, na solidariedade, expressões da dignidade do homem, que forma parte da norma básica material de identificação do ordenamento jurídico, e constituem um setor da moralidade procedimental positivada, que legitima o Estado Social de Direito.[8]

## 8.3 Tentativa de conceituação dos direitos humanos

A importância dos direitos humanos é uma unanimidade em todos os ordenamentos constitucionais, configurando-se como a principal característica das Cartas Magnas hodiernas. Klaus Stern afirma que uma verdadeira e completa Constituição não existia até o estabelecimento dos direitos fundamentais como parte estruturante do Estado.[9]

---

[5] BENDA, Ernesto et al. *Manual de derecho constitucional*. 2. ed. Madrid: Marcial Pons, 2001. p. 93.
[6] ALEXY, Robert. *Teoría de los derechos fundamentales*. Madrid: Centro de Estudios Constitucionales, 1997. p. 173.
[7] PIOVESAN, Flávia. *Direitos humanos e o direito constitucional internacional*. São Paulo: Max Limonad, 1996. p. 59.
[8] PECES-BARBA MARTÍNEZ, Gregório. *Curso de derechos fundamentales*. Teoría general. Madrid: Universidade Carlos III de Madrid, 1999. p. 469.
[9] STERN, Klaus. Global constitution movements and new constitutions. *Revista Latino-Americana de Estudos Constitucionais*, Belo Horizonte, n. 2, jul./dez. 2003.

Para Smend, os direitos fundamentais são representantes de um sistema concreto de valores dentro de um processo de integração, com a função teleológica de legitimar a ordem legal positiva do Estado. A legitimidade do ordenamento jurídico apenas é realizada na medida em que reflete esses valores que foram agasalhados pelos direitos humanos.[10] Eles representam o símbolo que deve unificar o povo e sob o qual a Constituição pode unificar-se com maior facilidade no processo de integração. Argumenta que os direitos fundamentais não ostentam apenas uma legitimidade positiva-formal, mas igualmente ostentam uma outra, de natureza valorativa.[11]

Smend designa como integração o processo de constante renovação que vive o Estado, considerado como esfera espiritual coletiva, que forma a substância da vida estatal, produzindo uma unidade dialética entre o indivíduo e a coletividade, a esfera empírica e a esfera valorativa, com o intuito de forcejar uma unidade que forma a essência do Estado.[12] A integração material é parte da realidade política em que o Estado e a vida estatal se convertem em realidade, graças a um conteúdo material que lhes confere substância e possibilita a integração do povo de modo permanente.[13]

A primazia ocupada pelos direitos humanos no ordenamento jurídico configura-se de tamanha magnitude que eles são elementos essenciais para que o processo de globalização seja deslocado de um enfoque mercantilista, em que prepondera a *lex mercatoris*, para um enfoque social, em que preponderem o homem e os seus interesses.

A utilização dos direitos humanos advém de uma tradição jusnaturalista, que concebe os direitos dos cidadãos como direitos intrínsecos ao homem, que são anteriores, inclusive, a qualquer organização política, existindo não em razão das leis ou do Estado, mas considerados como direitos inalienáveis, que não podem ser maculados por qualquer órgão estatal.

Todavia, Norberto Bobbio considera que a controvérsia na busca dos alicerces dos direitos humanos, decorrente de múltiplos fatores, como o caráter histórico dos direitos dos cidadãos, da indefinição quanto aos seus limites, do choque entre direitos, da ausência de pressupostos de demonstrabilidade etc., é despicienda. Para o ilustre filósofo italiano, o problema mais iminente não é encontrar um fundamento último para os direitos humanos, mas garanti-los, porque o problema do fundamento foi solucionado com a Declaração Universal dos Direitos do Homem, que assegurou a validade jurídica para a eficácia desses direitos.[14]

Exprime Luigi Ferrajoli que uma definição formal ou estrutural do conceito de direito humano pode ser obtida através da sua característica de universalidade, no

---

[10] "Os direitos fundamentais são os representantes de um sistema de valores concretos, de um sistema cultural que resume o sentido da vida estatal contida na Constituição. Do ponto de vista político, isto significa uma vontade de integração material; do ponto de vista jurídico, a legitimação de uma ordem positiva estatal e jurídica. Esta ordem positiva é válida somente enquanto representar este sistema de valores que precisamente pelos direitos fundamentais se converte em legítimo" (SMEND, Rudolf. *Constitución y derecho constitucional*. Tradução de José M. Beneyto Pérez. Madrid: Centro de Estudios Constitucionales, 1985. p. 232).

[11] SMEND, Rudolf. *Constitución y derecho constitucional*. Tradução de José M. Beneyto Pérez. Madrid: Centro de Estudios Constitucionales, 1985. p. 228-231.

[12] GARCÍA-PELAYO, Manuel. *Derecho constitucional comparado*. Salamanca: Alianza, 1999. p. 81-82.

[13] SMEND, Rudolf. *Constitución y derecho constitucional*. Tradução de José M. Beneyto Pérez. Madrid: Centro de Estudios Constitucionales, 1985. p. 225.

[14] BOBBIO, Norberto. *A era dos direitos*. Tradução de Carlos Nelson Coutinho. Rio de Janeiro: Campus, 1992. p. 26.

senso de que eles podem ser atribuídos a todos os povos, tornando-se um apanágio da qualidade de cidadão.[15] Por sua vez, o professor Paolo Barile assevera que os direitos humanos são invioláveis, não porque é vedado ao Poder Legislativo realizar uma norma que infrinja esses preceitos ou em razão de que há impedimento até para a sua supressão por parte do Poder Reformador – de uma forma geral, não se pode produzir normas que contrariem a Constituição ou que destruam as suas cláusulas pétreas. O motivo situa-se na importância valorativa das prerrogativas dos cidadãos, porque são consideradas as normas mais importantes do ordenamento jurídico, apenas podendo ser retiradas do ordenamento jurídico pelo Poder Constituinte.[16]

Francisco Tomás y Valiente diferencia a expressão *direitos fundamentais* da expressão *direitos humanos*.[17] Esta significa uma concepção ético-filosófica, portando uma concepção semântica muito abrangente; aquela apresenta uma conceituação mais restrita, referindo-se ao ordenamento jurídico-constitucional.[18] Uma concepção sistêmica da Constituição não pode vislumbrar as normas constitucionais apenas sob um ponto de vista normativo; de melhor alvitre para a concretização dos direitos humanos é a concepção ético-filosófica, que abrange tanto as normas abrigadas pela Carta Magna, quanto aquelas que fortalecem os dispositivos constitucionais, normas implícitas.

Para o definitivo estabelecimento da teoria dos direitos humanos foi imprescindível o papel desempenhado por declarações que externavam determinadas prerrogativas à sociedade, tendo como um dos seus expoentes a Declaração de Direitos do Homem e do Cidadão, do século XVIII, adotando uma concepção moderna, cujas prerrogativas da população eram anteriores ao Estado e à Constituição e, portanto, os órgãos estatais não poderiam cerceá-las.[19] Entre os mais importantes textos que asseguram direitos humanos podemos citar: a Declaração Universal dos Direitos do Homem, de 1948, e a Declaração de Direitos do Povo Trabalhador e Explorado, de 1917.[20]

Problema bastante relevante para a doutrina dos direitos humanos é a definição de sua extensão, elencando quais são os direitos que devem ser classificados como fundamentais.[21] Klaus Stern pondera que não é fácil determinar o conteúdo normativo classificado como constitucional, o que se pode dizer da determinação das prerrogativas dos cidadãos, pois, além de ser constitucionais, são cláusulas pétreas.[22]

---

[15] FERRAJOLI, Luigi. *Il fondamento dei diritti umani*. Pisa: Servizio Editoriale Universitário, 2000. p. 8.

[16] BARILE, Paolo. *Diritto dell'uomo e libertà fondamentali*. Bologna: Mulino, 1984. p. 53.

[17] TOMÁS Y VALIENTE, Francisco. Jurisprudencia del tribunal constitucional español en materia de derechos fundamentales. In: *Enunciazione e giustiziabilità dei diritti fondamentali nelle Carte Costituzionali europee. Profili storici e comparatistici*. Milano: Giuffrè, 1994. p. 124.

[18] GALINDO, Bruno. *Direitos fundamentais*. Análise de sua concretização constitucional. Curitiba: Juruá, 2003. p. 48-49.

[19] "[...] os direitos agasalhados pela Declaração de Direitos do Homem são direitos naturais, não foram conferidos pela sociedade, mas pela natureza. Eles são inerentes à essência do homem, fazem parte, de qualquer maneira, da verdadeira noção de ser humano" (RIVERO, Jean. *Les libertes publiques*. Paris: Universitaires de France, 1974. p. 59).

[20] ARNAUD, André-Jean. *Por une pensée juridique européenne*. Paris: Presses Universitaires de France, 1991. p. 133.

[21] "O problema da fundamentação da jurisdição constitucional através dos direitos fundamentais é que dado o seu teor genérico e a sua abstração, se torna difícil determinar a sua especificação diante do caso concreto: ou eles se tornam muito extensos ou se tornam bastantes restritos" (BALKIN, Jack M. Respect worthy: Frank Michelman and the legitimate constitution. *Tulsa Law Review*, v. 39, 2004. Disponível em: <http://ssrn.com/abstract=510482>. Acesso em: 21 fev. 2004).

[22] STERN, Klaus. *Derecho del Estado de la República Federal Alemana*. Madrid: Centro de Estudios Constitucionales, 1987. p. 231.

Essa definição liga-se umbilicalmente à concepção ideológica acerca do papel do Estado e de suas funções, que por suas intensas consequências na sociedade adquire uma magnitude contraditória explosiva. É difícil conceber os direitos humanos como algo fixo e invariável em uma perspectiva temporal e espacial, o que não diminui a importância do estabelecimento de critérios para que eles possam ser definidos e para que seja garantida a potencialização de sua eficácia.[23]

Na Constituição brasileira de 1988, os direitos fundamentais foram regulamentados nos arts. 5º ao 17, tendo a doutrina e a jurisprudência firmado que o Supremo Tribunal Federal pode reconhecê-los em outras partes da Constituição, como exemplo, no princípio da anterioridade. Isto sem falar na cláusula extensiva dos direitos fundamentais, adotada no §2º do art. 5º da Constituição, que assevera que os direitos e garantias expressos nesta Constituição não excluem outros decorrentes do regime e dos princípios por ela adotados ou dos tratados internacionais.[24]

A vantagem de se deixar aberta a lista dos direitos humanos, desde que seja assegurado um "conteúdo mínimo" à sua densidade, é que dessa forma pode haver uma adequação mais eficaz entre a realidade fática e a realidade normativa, permitindo uma evolução dos direitos humanos para atender às demandas cada vez mais complexas do Estado Democrático Social de Direito. No que seguiu a diretriz estabelecida pela nona emenda à Constituição norte-americana de 1787, cuja declaração afirma que a numeração de certos direitos na Constituição não poderá ser interpretada como negando ou minimizando outros direitos inerentes ao povo.

À medida que as demandas sociais aumentam, há uma paulatina incorporação dos direitos humanos nos textos constitucionais com o objetivo de reforçar a sua normatividade – movimento este que é inexorável. Esta expansão das prerrogativas dos cidadãos demanda um fortalecimento nos mecanismos que asseguram a sua concretização, fazendo com que eles sejam considerados imprescindíveis para a concretude da Carta Magna. Assim, há uma remodelação de parâmetros, em que a estruturação dos órgãos públicos perde primazia para as prerrogativas dos cidadãos, reformulando o critério para se classificar o que se define como uma boa Constituição, que passa a ser definida de acordo com a extensão e a eficácia dos direitos humanos esculpidos pelas suas normas.

Outra dificuldade é a densificação da eficácia concretiva dos direitos humanos, que é um dos fatores teleológicos da Carta Magna. A importância da jurisdição constitucional é garantir que os direitos humanos não fiquem restritos à sua seara formal, reduzidos a uma função retórica, possibilitando-lhes uma concretização efetiva na sociedade. Por outro lado, eles constituem o principal elemento de legitimação da jurisdição constitucional, na medida em que são considerados invariáveis axiológicas, gozando de aceitação nos mais variados extratos sociais.

---

[23] Sustenta Laboulaye que na sua essência os direitos fundamentais são provenientes da natureza humana, entretanto, sua manifestação exterior varia de país para país, em que cada qual concebe de forma diferente a satisfação de suas necessidades e a determinação de suas aspirações (LABOULAYE, Édouard. *Questions constitutionnelles*. Paris: Charpentier, 1872. p. 36).

[24] "Direitos fundamentais são direitos público-subjetivos de pessoas (físicas ou jurídicas), contidos em dispositivos constitucionais e, portanto, que encerram caráter normativo supremo dentro do Estado, tendo como finalidade limitar o exercício do poder estatal em face da liberdade individual" (DIMOULIS, Dimitri; MARTINS, Leonardo. *Teoria geral dos direitos fundamentais*. São Paulo: RT, 2006. p. 54).

Devido ao teor abstrato das normas constitucionais e do antagonismo ideológico que a aplicação de suas normas acarreta, defende Robert Alexy que as teorias materiais dos direitos fundamentais não podem ser alicerçadas exclusivamente na referência do texto da Constituição, na vontade do legislador constitucional e nos precedentes do tribunal constitucional. Para ele, uma teoria geral dos direitos fundamentais apenas é possível sob a forma de uma teoria dos princípios, cujo pressuposto é uma teoria axiológica ou uma teoria teleológica, em que o maior número possível de cidadãos possa fazer uso de suas prerrogativas.[25]

Os princípios permitem uma abertura dialógica entre o texto normativo da Constituição e a realidade fática, possibilitando uma sintonia fina com as demandas do Estado Democrático Social de Direito. Essa teoria dos direitos humanos, baseada nos princípios, é concebida de forma sistêmica, em que o paradigma da proporcionalidade ou da razoabilidade assume relevância ímpar para dirimir eventuais antinomias e garantir maior eficácia do ordenamento jurídico.

A necessidade de comunicação com as aspirações sociais acontece porque, como a teoria material dos direitos humanos não é apoiada pelo dogma da autoridade, ela tem que ser estruturada por uma teoria baseada no Estado e na Sociedade, o que realça o seu caráter dialógico e circular como forma de legitimar os direitos humanos.[26] A abertura do sistema jurídico provocada pelo sentido principiológico dos direitos humanos configura-se como a forma encontrada para se contrapor à insegurança de resultado produzida pela teoria da argumentação jurídica.

Sustenta Alexy que o critério de escolha para a utilização dos direitos fundamentais, determinando a intensidade do seu conteúdo, realizar-se-á por intermédio da teoria da argumentação jurídica. A função da teoria material dos direitos humanos é construir um discurso argumentativo que consiga obter o maior grau possível de consenso da sociedade através de diretrizes racionais. Ela se configura como uma justificação externa, verificando a correção das premissas lógicas utilizadas no discurso argumentativo.[27]

Os direitos humanos, especialmente os que têm um caráter programático, apresentam o mesmo conteúdo normativo que as demais normas, sendo, portanto, dotados de coercitividade. Pela magnitude de sua função no ordenamento jurídico, devem ter uma concretude normativa mais intensa que as demais normas, inclusive porque assim está preceituado no §1º do art. 5º da Constituição Federal brasileira, que expressa o princípio da maximização de sua eficácia. Konrad Hesse defende que os direitos fundamentais vinculam também o legislador, contendo princípios que abrangem toda a ordem jurídica em sua totalidade e aplicação do direito. Segundo o professor alemão, quanto mais extensa for a esfera de aplicação dos direitos fundamentais, maior deve ser a esfera de proteção das disposições constitucionais vinculantes.[28]

O desenvolvimento da teoria dos direitos humanos marca a superação do seu conceito subjetivo, de um direito que era oponível apenas a órgãos estatais para preservar

---

[25] ALEXY, Robert. *Teoría de los derechos fundamentales*. Tradução de Ernesto Garzón Valdés. Madrid: Centro de Estudios Políticos y Constitucionales, 2002. p. 543-544.
[26] ALEXY, Robert. *Teoría de los derechos fundamentales*. Tradução de Ernesto Garzón Valdés. Madrid: Centro de Estudios Políticos y Constitucionales, 2002. p. 547.
[27] ALEXY, Robert. *Teoria da argumentação jurídica*. A teoria do discurso racional como teoria da justificação jurídica. Tradução de Zilda Hatchinson Schild Silva. São Paulo: Landy, 2001. p. 218.
[28] BENDA, Ernesto *et al. Manual de derecho constitucional.* 2. ed. Madrid: Marcial Pons, 2001. p. 114.

a liberdade dos cidadãos, concepção essa que era o apanágio de um Estado Liberal que deveria intervir o menos possível na sociedade. Atualmente, os direitos humanos devem ser concebidos tanto de forma subjetiva, mas, principalmente, na sua forma objetiva, no sentido de uma cominação vinculante para todos os poderes. A identificação dos direitos humanos de forma objetiva e subjetiva contribui para a construção de um Estado Social, que condiciona teleologicamente a jurisdição constitucional ao atendimento dessas prerrogativas dos cidadãos.

Para finalizar, não é demasiado ressaltar a ligação intrínseca entre os direitos humanos e o regime democrático. É indubitável que em uma democracia as prerrogativas dos cidadãos tendem a ser mais respeitadas, considerando os valores que amparam esse regime político, mas esse não se configura em um pré-requisito exclusivo. Nesse sentido, defende Müller: "Não somente as liberdades civis, mas também os direitos humanos enquanto realizados são imprescindíveis para uma democracia legítima".[29] Contudo, existem os casos em que os direitos humanos foram desrespeitados, em países com tradição democrática, como a Áustria e a Suíça.[30] Pode-se concluir que a democracia não é o único requisito para o respeito dos direitos humanos, configurando-se como uma das suas condições, devendo, obviamente, existir outros.

## 8.4 Retrospectiva histórica dos direitos humanos

O sentido de direitos humanos como norma obrigatória é decorrência direta de seu processo de evolução. Desse modo, pode-se observar que tais direitos não foram sempre os mesmos e, sim, que evoluíram no decorrer do tempo. Contudo, convém ressaltar que esse desenvolvimento não é uniforme em todos os países, nem é linear, no sentido de sempre ocorrer um avanço no teor dos direitos conquistados. Retrocessos são possíveis, como nos chama a atenção a barbárie nazista. Sua evolução está intrinsecamente ligada a questões sociais, econômicas e culturais, modulando-se de acordo com a mobilização social para garantir que suas demandas possam ser atendidas.

Difícil traçar um marco cronológico para a evolução dos direitos humanos, haja vista a complexidade dos fatos e a identificação de pontos aleatórios para traçar tal análise. Prefere-se começar essa evolução a partir do período clássico grego, em que o homem começa a ser vislumbrado como uma entidade dotada de liberdade e razão. Não estaria mais ele ao talante de desígnios divinos, abre-se a possibilidade de palmilhar seu próprio caminho, tornando-se senhor de seu destino. Convém ressaltar que essas liberdades e preponderância da razão não eram compartilhadas por todos, apenas os homens que participavam das discussões políticas na praça pública eram considerados cidadãos, o que excluía as mulheres, os escravos e os estrangeiros.

Aristóteles estabeleceu a discussão jurídica a respeito da justiça e de sua importância para a proteção das relações sociais. Ele a dividiu em justiça distributiva e justiça comutativa. A primeira consistindo naquela em que há relações desiguais para a proteção da parte desfavorecida, vislumbrando de forma precursora a ideia de seguridade social. A segunda se refere àquelas relações em que deve existir uma

---
[29] MÜLLER, Friedrich. *Quem é o povo*. A questão fundamental da democracia. São Paulo: Max Limonad, 1998. p. 76.
[30] SCAGLIONE, Danielle. Democrazia e diritti umani: um impegno per tutti e cittadini. In: *I diritti umani nel processo di consolidamento delle democrazie occidentali*. Brescia: Promodis, 1999. p. 89-91.

equivalência entre o ônus e o bônus, impedindo desequiparações que prevaleçam uma parte em detrimento de outra.

A participação romana foi através do conceito de *jus gentium*, tomado como uma pluralidade de normas reguladoras de relações em que intervinha um estrangeiro. Reconheceu-se, portanto, que eles igualmente são sujeitos de direito. Progressivamente houve a atribuição de direitos aos habitantes do Império e até da própria cidadania romana, demonstrando, pela primeira vez, a universalidade dos direitos humanos.[31] Roma ainda produziu a diferenciação entre direito público e direito privado e normatizou as relações familiares sob a égide do *pater familia*.

A partir do cristianismo o homem assume uma importância preponderante, gozando de uma dignidade que não possuía antes, em razão de ser considerado à imagem e semelhança de Deus, o que, em nível teórico, contribuiu para preservar sua incolumidade física e garantiu-lhe certo grau de dignidade. Contudo, a Igreja católica também incentivou a ideia de que ela se ocuparia apenas com a esfera espiritual, ficando a esfera temporal ao encargo do governo estabelecido – teoria que se mostrou imprescindível para sua existência e desenvolvimento durante o Império Romano. Mesmo na época feudal, em que a Igreja desempenhou relevante papel em assuntos temporais, exercendo poder fático em vastas extensões territoriais, não houve preocupação com a preservação dos direitos humanos. As torturas praticadas pela Santa Inquisição eram consideradas meio de expiação dos pecados e caminho para a sublimação eterna.

O jusnaturalismo, já desenvolvido pelos gregos e depois amplamente difundido na Idade Média, ajudou a firmar a concepção dos direitos humanos quando declarou de forma solene que o homem é dotado de direitos que independem dos entes estatais, visto que tais prerrogativas resultam da natureza humana, sem a exigência de nenhuma condição para que eles fossem assegurados. Quando Antígona disse ao Rei Creonte que existiam direitos superiores e que eles não dependiam da vontade de qualquer tipo de autoridade para sua realização, ela consolidou uma tradição tipicamente jusnaturalista. Como consequência, o Estado deixa de ser o monstro Leviatã e passa a ser visto como uma instituição que visa garantir os direitos básicos dos cidadãos.

O Renascimento, derrubando as amarras impostas pela religião, representou o continuar das melhores tradições greco-romanas, no sentido de recolocar o homem como objeto central de suas especulações. Todas as áreas do pensamento, como a pintura, a escultura, a literatura etc., fizeram do ser humano o centro das atenções. Houve uma crença generalizada em suas potencialidades, no desenvolvimento da razão em detrimento do obscurantismo. Dentro dessa efervescência cultural houve o incremento dos direitos humanos, sendo alicerçados por várias correntes doutrinárias, podendo ser citados o contratualismo, o socialismo, o humanismo, o racionalismo etc.

As guerras religiosas, travadas entre cristãos e protestantes, ocuparam uma relevância ímpar nesse processo, fazendo com que a liberdade religiosa e a tolerância ocupassem papel central nas discussões do período. Perseguições advindas de divergências religiosas foram responsáveis por vários massacres e impeliram minorias religiosas para a América, onde esperavam poder professar suas crenças. O resultado foi o surgimento de pactos e declarações em que essas prerrogativas foram protegidas.

---

[31] MIRANDA, Jorge. *Direitos fundamentais*. Introdução geral. Lisboa: Faculdade de Direito de Lisboa, 1999. p. 21.

Almejando consolidar as prerrogativas conseguidas pela população através de textos escritos e, posteriormente, em decorrência da fecundidade cultural do renascimento, foram produzidas várias declarações de direitos que fortaleceram os direitos dos cidadãos. Esse contexto levou à Declaração da *Magna Charta Libertatum* (1215); à Declaração de Direitos de Virgínia (1776); à Declaração de Direitos do Homem e do Cidadão (1789), fruto da Revolução Francesa; à Declaração do Homem Trabalhador e Explorado (1917); à Declaração Universal de Direitos do Homem (1948), adotada pela Assembleia-Geral da ONU.

A *Magna Charta Libertatum*, apesar de ter sido outorgada em virtude de uma derrota do Rei João Sem Terra para os senhores feudais, pode ser entendida como uma verdadeira carta de direitos. Inicialmente era um pacto concessivo de privilégios aos barões, porém, com o passar do tempo, as disposições nela contidas passaram a ser aplicadas a todos os homens livres.[32] Dessa forma, pode-se observar uma evolução interpretativa. Até hoje muitas de suas disposições são aplicadas,[33] com sua importância ressaltada ao longo da história.[34]

Com o *Bill of Rights* da Virgínia há um maior desenvolvimento dos direitos humanos, ocorrendo a positivação dos direitos imprescindíveis ao desenvolvimento humano. Ela foi importante pela afirmação de que os homens possuem direitos que são inerentes à sua própria natureza, de acordo com os ideais jusnaturalistas; e por asseverar que todos são livres e iguais, sem distinção de qualquer natureza, no que contribuiu para sepultar a ideia de superioridade da realeza e da nobreza advinda da Idade Média.[35]

Em 1789, a Assembleia Nacional da França votou a Declaração dos Direitos do Homem e do Cidadão.[36] Sua importância se configura na mudança das relações entre os direitos humanos e o Estado, positivando tais prerrogativas e obrigando os entes estatais a respeitá-los e garanti-los.[37] Sua preponderância em relação às outras declarações consiste em seu caráter universal, ou seja, a declaração americana estava voltada a garantir a

---

[32] TAVARES, André Ramos. *Curso de direito constitucional*. 3 ed. São Paulo: Saraiva, 2006. p. 412.

[33] "[...] serviu como ponto de referência para alguns direitos e liberdades civis clássicos, tais como o habeas corpus, o devido processo legal e a garantia da propriedade" (SARLET, Ingo Wolfgang. *A eficácia dos direitos fundamentais*. 2. ed. Porto Alegre: Livraria do Advogado, 2001. p. 48).

[34] "Tinha uma vigência predeterminada para apenas três meses, e mesmo dentro deste período limitado de tempo muitas de suas disposições não chegaram a ser executadas. No entanto, a Magna Carta foi reafirmada solenemente em 1216,1217 e 1225, tornando-se, a partir desta última data, direito permanente. Três de suas disposições – as de números 1,9 (13 na versão de 1225) e 29 (39 e 40 na versão de 1225) – ainda fazem parte da legislação inglesa em vigor" (COMPARATO, Fábio Konder. *A afirmação histórica dos direitos humanos*. 2. ed. São Paulo: Saraiva, 2001. p. 74-75).

[35] No art. 1º da Declaração de Direitos da Virgínia é proclamado: "Que todos os homens são, por natureza, igualmente livres e independentes, e têm certos direitos inatos, dos quais, quando entram em estado de sociedade, não podem por qualquer acordo privar ou despojar seus pósteros e que são: o gozo da vida e da liberdade com os meios de adquirir e de possuir a propriedade e de buscar e obter felicidade e segurança".

[36] No art. 2º da Declaração dos Direitos do Homem e do Cidadão: "A finalidade de toda associação política é a conservação dos direitos naturais e imprescritíveis do homem. Esses direitos são a liberdade, a prosperidade, a segurança e a resistência à opressão". No art. 4º da mesma: "A liberdade consiste em poder fazer tudo que não prejudique o próximo. Assim, o exercício dos direitos naturais de cada homem não tem por limites senão aqueles que assegurem aos outros membros da sociedade o gozo dos mesmos direitos. Estes limites apenas podem ser determinados pela lei".

[37] O real escopo da declaração francesa e norte-americana era assegurar a defesa da propriedade contra o regime de privilégios classistas e contra os atos arbitrários praticados pelo Estado. Ao contrário do que se possa imaginar o fim não era a defesa dos interesses da população pobre e, sim, a defesa dos interesses da burguesia (SCHAFRANSKI, Sílvia Maria Derbli. *Direitos humanos & seu processo de universalização*: análise da convenção americana. Curitiba: Juruá, 2003. p. 29).

independência das treze colônias, restabelecendo antigas liberdades e costumes; já a Declaração de 1789 tinha como objetivo levar a ideia de liberdade a todos os povos e a todos os tempos.[38]

A Declaração de Direitos do Povo Trabalhador e Explorado surgiu em decorrência da Revolução Bolchevique de 1917, implantando de forma pioneira uma experiência socialista com a criação da União das Repúblicas Socialistas Soviéticas. Foi a primeira declaração que defendeu a adoção de direitos sociais, garantindo prestações mínimas que deveriam ser providas pelos entes estatais. Ela restringiu a propriedade privada, conferiu direitos às mulheres, expandiu as liberdades associativas e, principalmente, colocou os trabalhadores, ao menos em nível teórico, como classe dominante da sociedade.

As atrocidades cometidas durante a II Guerra Mundial deixaram chocada a opinião pública internacional: como em pleno século XX o homem pôde cometer tamanhas barbaridades? A sobrevivência do homem estaria em perigo se essas barbáries fizessem parte de um círculo vicioso. Para evitar novas hecatombes, a Organização das Nações Unidas (ONU) criou uma declaração com a finalidade de instituir mecanismos capazes de assegurar universalmente a proteção dos direitos agasalhados. Ela retoma os ideais de outras declarações, reconhecendo como valores supremos a igualdade, a liberdade e a fraternidade entre os homens.[39]

## 8.5 Evolução das principais declarações de direitos

A configuração das declarações de direitos que conhecemos atualmente não foi produto de uma época histórica determinada, impulsionada pelo gênio inventivo de cidadãos pertencentes a um único contexto temporal. Elas são oriundas de momentos históricos diferentes, sofrendo a contribuição de diversas injunções sociais e geográficas. Em realidade, provieram de um processo cumulativo que começou muitos séculos atrás e que ainda, felizmente, não chegou a seu término. À medida que o progresso material se desenvolve, inexoravelmente, as necessidades humanas também serão incrementadas, exigindo que novas declarações sejam efetivadas para melhor garantir as prerrogativas da cidadania.

As declarações de direitos não podem ser vistas como panaceias, uma solução para os males que afligem a sociedade. São tentativas normativas para garantir direitos humanos, fornecendo mecanismos jurídicos para a reivindicação dessas prerrogativas. Contudo, a concretização plena desses direitos apenas poderá ser assegurada quando houver condições materiais propícias e quando esses valores forem amalgamados no imaginário da população.

### 8.5.1 *Magna Charta Libertatum* (1215)

Na verdade, como bem salienta o professor Nelson Saldanha, a *Magna Charta Libertatum* não pode ser considerada como Constituição no sentido moderno,

---

[38] "Trata-se de uma declaração, enfatize-se. Os direitos enunciados não são aí instituídos, criados, são 'declarados', para serem recordados" (FERREIRA FILHO, Manoel Gonçalves. *Direitos humanos fundamentais*. 2. ed. São Paulo: Saraiva, 1998. p. 22).

[39] COMPARATO, Fábio Konder. *A afirmação histórica dos direitos humanos*. 2. ed. São Paulo: Saraiva, 2001. p. 226.

configurando-se como um pacto feudal entre o rei e os senhores feudais, sem o delineamento das estruturas de poder estabelecidas na sociedade; todavia, afirma o professor pernambucano, sua importância reside na possibilidade de conexão com o "mundo moderno contemporâneo".[40]

Em decorrência de ter sido derrotado pelos nobres em um conflito armado, o Rei João foi forçado a reconhecer a existência de imemoriais direitos dos barões e do povo inglês em geral. A Declaração de Direitos, assinada em Runnymede, no ano de 1215, e reconhecida por sucessivas monarquias inglesas, previu, de forma inovadora, princípios que, posteriormente, seriam insculpidos em todas as declarações de direitos, como o princípio da legalidade tributária, devido processo legal, tribunal do júri e vedação de penas cruéis.[41]

A declaração de direitos de 1215 não surgiu da livre vontade do monarca, nem teve sua gênese em um acordo pactuado entre estamentos sociais.[42] Foi fruto de uma derrota da realeza que teve de criá-la para limitar suas prerrogativas e, por outro lado, oferecer direitos principalmente aos barões feudais. O monarca não aceitou seu conteúdo de forma contemplativa; ao longo do tempo tentou não implementar vários de seus dispositivos. Devido a pressões para seu cumprimento, principalmente dos barões, os reis subsequentes foram obrigados a reafirmá-la, solenemente, por reiteradas vezes.

Ela assegurou que a escolha de superiores eclesiásticos fosse realizada sem a interferência do rei, reconhecendo a autoridade papal para tratar de matérias pertinentes à Igreja. Garantiu o respeito à propriedade privada, impedindo que as autoridades pudessem realizar confiscos ou requisições abusivas. Reconheceu o direito de livre locomoção dentro de suas fronteiras, o que representou uma prerrogativa inovadora para um regime feudal. Por fim, convém assinalar que foi instituído um conselho, composto por vinte e cinco barões, para observar e fazer cumprir as liberdades conferidas na declaração, e, caso notada qualquer infração, elas deveriam ser desfeitas de forma imediata, podendo a população até recorrer ao direito de resistência.

O mais importante é que a *Magna Charta Libertatum* foi um dos primeiros textos a reconhecer direitos que estariam resguardados de serem vilipendiados pela vontade arbitrária do monarca. Foi um dos instrumentos normativos iniciais a limitar o poder das realezas absolutistas. De maneira inovadora, transmitiu a ideia de que o princípio da legalidade deveria ser obedecido por todos, inclusive pelo detentor do poder, inexistindo instância estatal que pudesse descumprir o estipulado nos dispositivos normativos.

---

[40] SALDANHA, Nelson. *Formação da teoria constitucional*. 2. ed. Rio de Janeiro: Renovar, 2000. p. 14.

[41] LLOYD, Gordon; LLOYD, Margie. *The essencial Bill of Rights*. Original arguments and fundamental documents. Boston: University Press of America, 1984. p. 1.

[42] "Na Inglaterra, a supremacia do rei sobre os barões feudais, reforçada durante todo o século XII, enfraqueceu-se no início do reinado de João Sem-Terra, a partir da abertura de uma disputa com um rival pelo trono e o ataque vitorioso das forças do rei francês, Filipe Augusto, contra o ducado da Normandia, pertencente ao monarca inglês por herança dinástica. Tais eventos levaram o rei da Inglaterra a aumentar as exações fiscais contra os barões, para o financiamento de suas campanhas bélicas. [...] Dois anos depois, tendo de enfrentar a revolta armada dos barões, que chegaram a ocupar Londres, o rei foi obrigado a assinar a Magna Carta, como condição para a cessação de hostilidades. [...] João Sem-Terra, porém, imediatamente após tê-lo assinado, recorreu ao Papa, seu superior feudal, e Inocêncio III declarou o documento nulo, pelo fato de ter sido obtido mediante coação e sem o devido consentimento pontifício. O que não impediu que essa promessa real fosse reafirmada várias vezes pelos monarcas subsequentes" (COMPARATO, Fábio Konder. *A afirmação histórica dos direitos humanos*. 2. ed. São Paulo: Saraiva, 2001. p. 69-70).

## 8.5.2 A Carta da Virgínia (1606)

Em 1606, o Rei James I garantiu aos colonos que fundaram o que viria a ser o estado da Virgínia a primeira carta de direitos reconhecendo àqueles cidadãos prerrogativas inalienáveis, haja vista que eles tinham a missão de colonizar o novo mundo e evangelizar os selvagens. Através da Carta da Virgínia houve a garantia aos colonos de que o rei e seus sucessores seriam obrigados a respeitar direitos individuais de que gozavam os cidadãos ingleses.[43] A relevância foi a de que direitos outorgados na Inglaterra foram transpostos para o novo continente, reconhecendo, mesmo que de forma implícita, que estas prerrogativas deveriam acompanhar os cidadãos ingleses onde eles estivessem.

Apesar de ter sido o Rei James I que outorgou a Carta da Virgínia, não foi ele o precursor na defesa de que as leis inglesas deveriam acompanhar os cidadãos para o novo mundo. Foi no reinado da Rainha Elizabeth, que se notabilizou como um governo bastante liberal, que se iniciou a promulgação de prerrogativas de direitos que diferenciavam a administração britânica das demais administrações coloniais. Outorgaram-se cartas de direitos em 1578, por Sir Humphrey Gilbert e, em 1584, por Walter Raleigh, contendo garantias semelhantes. Convém ressaltar que declarações de direitos não foram outorgadas a todas as colônias inglesas; a maioria delas nunca teve semelhante concessão.[44]

De acordo com Richard L. Perry a grande contribuição da Carta da Virgínia de 1606 foi estabelecer que os colonos da "nova terra" estavam investidos dos mesmos direitos que os cidadãos ingleses. Estas prerrogativas, reiteradas muitas vezes posteriormente, constituíram-se no modelo que foi desenvolvido para consolidar as liberdades individuais nos Estados Unidos.[45]

Assegurou-se aos colonos o direito de propriedade de suas posses e o fruto de seu trabalho, o direito de herança, o direito de explorar todas as matérias-primas existentes e comercializá-las, seguindo as leis da metrópole. Deferiu-se a formação de conselhos que tinham competência para regulamentar as questões cotidianas e solucionar litígios, sendo, obviamente, subordinados à Coroa britânica. O direito de locomoção foi protegido, evitando que as autoridades pudessem cobrar pedágios pelos deslocamentos. Os emissários governamentais não podiam realizar confiscos ou requisições abusivas. Em suma, os direitos ofertados pela *Magna Charta Libertatum* aos cidadãos ingleses foram, ao menos no seu aspecto formal, transpostos para os colonos.

## 8.5.3 *Petition of Rights* (1628)

Após a *Magna Carta Libertatum*, a segunda declaração de direitos promulgada na Inglaterra foi a *Petition of Rights*, tendo, por este motivo, exercido forte influência na declaração de direitos norte-americana. Com a chegada ao trono do Rei Charles I, da dinastia Stuart, algumas medidas que atentaram contra as liberdades dos cidadãos foram tomadas, inclusive a dissolução do parlamento e a cobrança de um empréstimo forçado.

---

[43] LLOYD, Gordon; LLOYD, Margie. *The essencial Bill of Rights*. Original arguments and fundamental documents. Boston: University Press of America, 1984. p. 2.
[44] PERRY, Richard L.; COOPER, John G. *Sources of our liberties*. Chicago: American Bar Foundation, 1978. p. 32.
[45] PERRY, Richard L.; COOPER, John G. *Sources of our liberties*. Chicago: American Bar Foundation, 1978. p. 38.

A princípio os parlamentares ficaram um pouco atordoados com as medidas, mas *Sir* Edward Coke, grande jurista e proeminente parlamentar, declarou que o princípio da legalidade tem supremacia em relação à vontade do rei.⁴⁶

A *Petition of Rights* fora calcada baseando-se nos argumentos formulados por Coke e, dessa forma, promulgada por lei, tornando-se um dos textos clássicos do constitucionalismo inglês. Ela também é denominada Segunda Grande Carta de Direitos da Inglaterra, tornando célebre o nome de *Sir* Edward Coke.

Esta Carta de Direitos contribuiu para consolidar muitas das prerrogativas ofertadas pela *Magna Charta Libertatum*, tais como a proibição de detenção sem justa causa, de aquartelar soldados em propriedades privadas, de julgar civis em tribunais militares e de somente poder criar ou majorar tributos através do consentimento dos membros do Parlamento.⁴⁷

Dessa declaração de direitos constou a proibição de cobrança de impostos sem autorização do Parlamento, a qual se configurava na prática abusiva que maior rejeição tinha da população. As prisões somente poderiam ser efetivadas com a formação da culpa, no que tencionava evitar as detenções arbitrárias. Em época de paz, nenhuma pessoa poderia ser julgada por traição ou por qualquer outra ofensa sem lhe assegurar o direito de defesa. Os julgamentos deveriam ser feitos por tribunais, retirando tal competência do arbítrio do rei. Nenhum cidadão poderia ser condenado à pena de morte sem um veredito proferido pelos seus pares. Assegurou-se que para um homem sofrer uma sanção penal deveria seu julgamento seguir os procedimentos constantes na lei. Ou seja, os direitos outorgados na *Petition of Rights* foi uma evolução das prerrogativas outorgadas pela *Magna Charta Libertatum* e uma tentativa de realmente efetivá-las.

### 8.5.4 *Bill of Rights* (1689)

A *Bill of Rights*, promulgada em 1689, juntamente com a *Magna Charta Libertatum*, com o *Habeas Corpus Act* e com a *Petition of Rights*, forma a base do constitucionalismo inglês. É um texto produzido em decorrência da Revolução Gloriosa, que marca a consolidação do liberalismo e o fim do absolutismo monárquico, explicitando direitos e liberdades, além de regulamentar a sucessão ao trono inglês.

A Revolução Gloriosa pôs fim ao reinado de Jaime II, soberano católico e absolutista, cujos abusos levaram os Tories e Whigs, representando os conservadores e os liberais no Parlamento, juntamente com Guilherme de Orange, Chefe de Estado da Holanda e genro de Jaime II, a se unirem contra o monarca de tendências absolutistas e aliado do papa. A ascensão ao trono de Guilherme de Orange assinala a consolidação do Estado de Direito na Inglaterra, a instituição da monarquia limitada, a supremacia legal do Parlamento e a outorga de uma declaração de direitos e liberdades que deveria ser respeitada pelos poderes instituídos, que se denominou *Bill of Rights*.

O novo monarca não recebeu o trono com plenipotenciaridade de poder, mas sob certas condições, estabelecendo definitivamente uma organização política baseada não no teor discricionário do rei, mas na vontade da lei. Ele teve que se sujeitar a assinar uma

---

⁴⁶ SCHAWARTZ, Bernard. *The Bill of Rights*: a documentary history. New York: Chelsea House Publishers, 1971. v. I. p. 18.
⁴⁷ PERRY, Richard L.; COOPER, John G. *Sources of our liberties*. Chicago: American Bar Foundation, 1978. p. 72.

declaração de direitos, restringindo seu poder, que fora feita por um comitê indicado pela Convenção, formado quando do início da Revolução Gloriosa, que posteriormente se transformou em Parlamento. O nome *Bill of Rights* foi resultante do fato de que a declaração de direitos foi promulgada como uma carta (*bill*), aprovada como estatuto pelo novo Parlamento.[48]

A declaração de direitos, denominada *Bill of Rights*, foi o principal documento criado pela Revolução Gloriosa. O novo rei não teve a prerrogativa de aceitar ou não seu texto porque, em realidade, ele foi imposto, tomado como condição para que ele ascendesse ao trono. Este documento tinha a finalidade de atender às principais reivindicações dos súditos ingleses durante os reinados de Charles I e James II, refletindo a necessidade de refrear as atividades estatais para que os direitos dos cidadãos fossem respeitados, ao mesmo tempo que consolidava o predomínio da lei em relação a todos, sejam nobres, sejam plebeus.[49]

A *Bill of Rights* consolida a proibição ao poder régio de suspender a vigência ou execução, bem como desobedecer ao conteúdo das leis, enaltecendo o princípio da legalidade. Impede a cobrança de impostos sem a autorização do Parlamento. Outorga o direito de petição. Proíbe a imposição de multas excessivas e de penas sem culpa formada.

Entretanto, uma de suas maiores marcas foi o fortalecimento, de forma indelével, da soberania do Parlamento, garantindo uma eleição livre de seus membros. Os debates e procedimentos travados no Legislativo foram protegidos de processos de acusação política ou criminal, não podendo ser investigados por nenhum tribunal ou instância fora do Parlamento. E, finalmente, tornou o Parlamento uma instância de reparação de todas as injustiças e para correção, revigoramento e preservação das leis, exigindo sua convocação com frequência.

## 8.5.5 Declaração de Direitos da Virgínia (1776)

A Declaração de Direitos da Virgínia, de 1776, pode ser considerada a *Bill of Rights* moderna dos Estados Unidos da América porque, de forma precursora, foi o primeiro texto jurídico a conter direitos e garantias individuais produzidos por representantes eleitos que se reuniram em convenção. Ela tinha dezesseis artigos, o que denota seu caráter sintético, característica dos textos constitucionais da época.

Explica o Professor Paulo Ferreira da Cunha que declarações de direitos anteriores à da Virgínia não podiam ser classificadas como constituições liberais porque tinham uma forte conotação religiosa (como exemplo o *Mayflower Pact* – 1620, as *Fundamental Orders of Connecticut* – 1636, o *Agreement of People* – 1647 e o *Instrument of Government* –1653). Trata-se de textos que aspiravam à construção de uma nova ordem, estruturada de acordo com princípios que tencionavam evitar a corrupção dos dogmas do cristianismo.[50] A Declaração de Direitos da Virgínia tinha o escopo de normatizar a vida social da melhor forma possível, laica, dentro de uma tradição liberal e iluminista.

---

[48] SCHAWARTZ, Bernard. *The Bill of Rights*: a documentary history. New York: Chelsea House Publishers, 1971. v. I. p. 41.
[49] PERRY, Richard L.; COOPER, John G. *Sources of our liberties*. Chicago: American Bar Foundation, 1978. p. 222.
[50] CUNHA, Paulo Ferreira da. *Mito e constitucionalismo*. Perspectiva conceitual e histórica. Porto: Gráfica de Coimbra, 1990. p. 135.

Afora estes motivos, a Declaração da Virgínia também obteve grande notoriedade porque teve uma influência premente nas dez primeiras emendas à Constituição norte-americana. Ela ofereceu os subsídios teóricos e a experiência prática que ajudou a elaborar as demais declarações de direitos. James Madison, que exerceu importante papel na elaboração da Declaração da Virgínia, posteriormente, notabilizou-se como o grande artífice da Declaração Federal de direitos.

Ela praticamente omitiu referências ao direito inglês, que inegavelmente exerceu influência peremptória nos textos jurídicos norte-americanos, bem como não fez nem referência às Cartas Coloniais nem às concessões de direitos aos colonos que foram promulgadas no início da ocupação da nova terra. A sua fundamentação teórica proveio do jusnaturalismo, erigindo os direitos individuais como apanágios inquestionáveis dos homens. As prerrogativas outorgadas podem ser resumidas na trilogia vida, liberdade e propriedade, elaborada em textos vazados em linguagem simples e clara, facilitando sua assimilação por todos os cidadãos norte-americanos.

Explica Bernard Schawartz que, tecnicamente, o termo *bill* (carta) é inadequado para exprimir uma declaração de direitos porque tanto a *Bill of Rights* inglesa como a *Bill of Rights* da Virgínia não foram promulgadas como leis ordinárias (*statutes*), mas foram promulgadas como mandamentos constitucionais, portanto gozando de *status* superior a qualquer outra declaração ou norma infraconstitucional.[51]

Dos dezesseis artigos da Declaração da Virgínia, nove versavam sobre princípios gerais para a implantação de uma república livre de qualquer tipo de dominação, destacando-se, pela primeira vez em texto positivo, o estabelecimento da separação de poder, com a delimitação das competências dos órgãos estatais – art. 5º. Os outros sete artigos remanescentes versavam acerca de garantias em relação aos direitos individuais.

## 8.5.6 Declaração de Independência dos Estados Unidos (1776)

A Declaração de Independência, de quatro de julho de 1776, rompeu a relação de subordinação que havia entre as treze colônias e a Coroa britânica. Ela foi promulgada pelos representantes do povo dos Estados Unidos reunidos em Congresso geral especificamente para realizar tal ato. Durante mais de um ano antes da Declaração de Independência, as colônias já se encontravam exercendo suas soberanias e em estado de hostilidade com o governo britânico, contudo sem assumir sua posição de separação.[52]

Exerceu a Declaração de Independência influência premente sobre a *Bill of Rights*, incorporada à Constituição como suas primeiras emendas. Seu relevo não advém apenas dos marcos filosóficos agasalhados, mas também de que, sem a afirmação da autode-terminação política das colônias, não haveria autoridade legal que pudesse legitimar a promulgação de dispositivos normativos próprios, sem ligação com a Coroa britânica.

Configura-se como evidente a influência exercida pelo direito natural na formulação desta declaração. As arbitrariedades cometidas não atingiam apenas pactos forjados entre as colônias e a Coroa ou leis outorgadas para a proteção dos súditos ingleses.

---

[51] SCHAWARTZ, Bernard. *The Bill of Rights*: a documentary history. New York: Chelsea House Publishers, 1971. v. I. p. 234.
[52] COOLEY, Thomas. *Princípios gerais de direito constitucional nos Estados Unidos da América*. Tradução de Ricardo Rodrigues Gama. São Paulo: Russell, 2002. p. 17.

A violação era contra direitos inalienáveis, absolutos, que faziam parte inexorável da natureza humana, revelados por Deus e presentes na consciência humana. Era dever de cada cidadão lutar para que essas arbitrariedades deixassem de ser praticadas, sob pena de perda da condição humana dos colonos.

A Declaração de Independência não fora elaborada como uma declaração de direitos. Ela foi um texto jurídico com o escopo de justificar a separação das colônias do jugo inglês. Para alcançar seu intento, ela listou, de forma geral, as arbitrariedades praticadas pelo governo contra os colonos e as afrontas que essas ações impingiam aos direitos naturais. Contudo, não expressou uma lista dos direitos básicos que foram desrespeitados pela Grã-Bretanha, mas elencou, de forma genérica, alguns direitos vilipendiados pelas arbitrariedades cometidas.[53]

Ao escrever a Declaração de Independência, Thomas Jefferson elencou alguns direitos inalienáveis do homem, fruto das "leis da natureza" ou de "direitos de cunho divino"; portanto, princípios fundamentais consolidados pelos fundadores da nação norte-americana, baseados na razão e na vontade divina, consubstanciados pela revelação legal.[54] Não se tencionou formular uma lista de direitos exaurientes; a opção escolhida foi a de agasalhar palavras-chave que expressassem verdades autoevidentes, provenientes de prerrogativas jusnaturalistas, "the law of nature or the law of nature's god".

Começa afirmando que todos os homens são criados iguais, o que suprime qualquer tipo de privilégio em razão do nascimento. A concretização da igualdade formal foi um dos alicerces que marcaram a construção do republicanismo norte-americano. Determina que o povo é a fonte de poder estatal, fazendo com que a soberania popular fosse alçada a dogma da organização política, inclusive podendo modificar as autoridades instituídas quando as decisões tomadas contrariassem os anseios populares.

Entre as poucas prerrogativas expressas estão a garantia da vida, da liberdade, da segurança e o direito à felicidade. A razão para constar apenas estes poucos direitos foi a de que eles formam o alicerce a partir dos quais os demais podem ser construídos. A garantia da felicidade, de conteúdo muito amplo e cambiante, consoante circunstâncias fáticas, engloba por si só uma enormidade de direitos que precisa ser observada, denotando a importância que o Estado assumia de proporcionar a todos os seus cidadãos o atendimento de suas demandas básicas.

A Declaração de Independência dos Estados Unidos da América do Norte se tornou um marco na história deste país. Ela marcou a separação com a Grã-Bretanha; deixou claro que o cidadão possui direitos inalienáveis e que se estes forem maculados pode a população substituir o governo estabelecido; proclama o princípio da soberania popular como dogma da organização política; assegura a autodeterminação dos povos; em suma, representa um libelo para que todos os povos possam lutar para alcançar sua liberdade e propiciar a felicidade de seus cidadãos.

---

[53] SCHAWARTZ, Bernard. *The Bill of Rights*: a documentary history. New York: Chelsea House Publishers, 1971. v. I. p. 251.

[54] KMIEC, Douglas W.; PRESSER, Stephen B. *The American constitutional order*. History, cases and philosophy. Cincinnati: Anderson Publishing Co., 1998. p. 171.

## 8.5.7 Declaração de Direitos do Homem e do Cidadão (1789)

A Declaração de Direitos do Homem e do Cidadão exprime os ideais do jusnaturalismo, colocando o ser humano como centro das atenções da sociedade. Em 1789, ano de sua publicação, os princípios de liberdade, igualdade e fraternidade provocaram grande ebulição em vários rincões da Europa, parâmetros estes que representavam a luta da classe burguesa contra o absolutismo reinante à época. A Revolução Francesa se constituiu em um movimento que representou o marco da passagem da Idade Média para a Idade Moderna, necessitando de um documento que representasse os anseios de rompimento com o *Ancien Régime*. Esta declaração consubstanciou os ideais do individualismo burguês, voltado mais à garantia da liberdade, da propriedade e de uma igualdade formal do que a uma efetiva preocupação com a isonomia substancial.

Pode-se afirmar que a Declaração de Direitos do Homem e do Cidadão de 1789 possui três características básicas: a) intelectualismo; b) universalismo; c) individualismo. O intelectualismo defluiu da influência que os pensadores da época exerceram sobre a classe burguesa. É indubitável a influência das ideias de Rousseau, Locke e, principalmente, Sieyès e Montesquieu.[55]

O art. 6º da Declaração mencionada consubstanciou os ensinamentos de Rousseau sobre a vontade geral:

> A lei é expressão da vontade geral. Todos os cidadãos têm o direito de concorrer pessoalmente, ou através de mandatários, para a sua formação. Todos os cidadãos são iguais a seus olhos e igualmente admissíveis a todas as dignidades, lugares e empregos públicos, segundo sua capacidade e sem outra distinção que não seja a virtude de seus talentos.

Como reflexo dos ensinamentos de Locke, pode-se afirmar o art. 2º desta Declaração: "A finalidade de toda associação política é a conservação dos direitos naturais e imprescritíveis do homem. Esses direitos são a liberdade, a propriedade, a segurança e a resistência à opressão". Esta assertiva nada mais representa do que a pregação pela manutenção do estado natural, em que todos os homens seriam livres e iguais, tendo autonomia para conduzir suas existências.

Evidência clara dos ensinamentos de Sieyés se encontra no seu art. 3º: "O princípio de toda soberania reside, essencialmente, na nação. Nenhuma operação, nenhum indivíduo pode exercer autoridade que dela não emane expressamente". Deste dispositivo, pode-se extrair a ideia de soberania da nação. É bem verdade que os propulsores da Revolução Francesa "adaptaram" o conceito de soberania do povo para de soberania da nação, com o intuito de manter fortalecidos os laços culturais da sociedade francesa do século XVIII, especificamente os da nova classe em ascensão, a burguesia, com seus ideais individualistas liberais.[56] Esse conceito significou um signo para a manutenção do poder nas mãos da burguesia.

---

[55] PINHEIRO, Tertuliano C. Fundamentos e fontes dos direitos humanos. *DH Net*, Natal, 26 set. 2001. Disponível em: <http://www.dhnet.org.br/direitos/militantes/tertuliano/apostila01.html>. Acesso em: 8 jan. 2010.

[56] "O que é uma nação? Um corpo de associados que vivem sob uma lei comum e representados pela mesma legislatura. Será certo que a ordem nobre tenha privilégios, que ela ousa chamar de seus direitos, separados dos direitos do grande corpo de cidadãos? Ela saiu, assim, da ordem comum, da lei comum. Desse modo, seus direitos civis fazem dela um povo à parte da grande nação. É realmente imperium in imperio. [...] O Terceiro Estado abrange, pois, tudo o que pertence à nação. E tudo o que não é Terceiro Estado não pode ser olhado como pertencente à nação. Quem é o Terceiro Estado? Tudo" (SIEYÈS, Emmanuel Joseph. *A Constituinte burguesa*. Rio de Janeiro: Lumem Juris, 1997. p. 56).

A clássica doutrina de separação de poderes, de Montesquieu, vem calcada no art. 16 deste documento histórico: "A sociedade em que não esteja assegurada a garantia de direitos, nem estabelecida a separação de poderes, não tem Constituição".

A característica de universalismo da Declaração francesa de 1789 advém de sua própria denominação. Esta declaração é universalizante porque engloba todos os seres humanos, sem se ater às peculiaridades da França. Não se deve olvidar o caráter bastante amplo da expressão *homens*, nem o caráter de vínculo específico de *cidadão*, entendido como aquele ligado a determinado Estado, com prerrogativas predefinidas para orientar os rumos das políticas públicas.

A característica do individualismo desta Declaração é decorrência dos próprios fundamentos filosóficos em que a Revolução Francesa se embasava: o Poder do Estado não mais era decorrente da vontade divina, como consagrado no Antigo Regime, mas buscava sua essência na natureza humana. Sob a ótica do individualismo, a natureza do ser humano deveria representar o núcleo essencial do qual emergiria a fonte do poder social, deslocado para o Estado através da soberania popular.

Por fim, cabe ressaltar que esta exposição de prerrogativas representou uma busca da sociedade moderna para garantir direitos mínimos a todos os seres humanos, voltados primordialmente à defesa contra a atuação desarrazoada do Estado, corolário das garantias de primeira dimensão.

## 8.5.8 Declaração de Direitos do Povo Trabalhador e Explorado (1917)

A sua característica mais marcante é expressar uma ideia diferente daquelas que a precederam. Enquanto as declarações inglesa, norte-americana e francesa se voltaram mais às ideias liberais, a Declaração de Direitos do Povo Trabalhador e Explorado, de 1917, buscou suas raízes nos preceitos socialistas da Revolução Russa, ocorrida naquele mesmo ano. A semelhança que pode ser vislumbrada desta exposição de direitos para as demais é representar a ruptura com um regime absolutista, que tornava o czar russo um déspota desmesurado.

A diferença reside, essencialmente, na finalidade que era buscada: enquanto nas revoluções liberais se almejava a instalação de um regime burguês, voltado à garantia de liberdade e igualdade formais, forças motrizes da *lex mercatoria*, esse texto garantidor de prerrogativas tencionava concretizar as aspirações socializantes da Revolução Russa, guiadas pela teoria de Karl Marx.

As declarações liberais de direitos expressavam as ideias de uma nova classe que viria a substituir a classe nobiliárquica do regime absolutista. Com a chegada da burguesia ao poder, ela logo tratou de implantar o regime capitalista, mantendo as demais classes sociais, principalmente o proletariado, em constante e severa espoliação. Assim, partindo deste ponto, a Declaração de Direitos do Povo Trabalhador e Explorado representou a quebra da estrutura de poder implementada pela burguesia, erigindo em seu lugar uma forma diferente de governo que ao menos teoricamente deveria permitir uma igualdade de oportunidade a todos os cidadãos.

Desta sorte, essa exposição de direitos visava mais do que afirmar prerrogativas essenciais ao gênero humano. Ela se prestava também à constituição de um novo modelo de sociedade e de Estado, radicalmente distintos dos defendidos até então. Ela tinha o objetivo de, além de garantir direitos aos cidadãos, principalmente àqueles trabalhadores, libertar estes de qualquer modalidade de opressão que tolhesse a igualdade.[57]

Os seus desideratos principais eram (art. II):

> abolir toda a exploração do homem pelo homem, suprimir por completo a divisão das sociedades em classes, esmagar de modo implacável a resistência dos exploradores, estabelecer a organização socialista da sociedade e alcançar a vitória do socialismo em todos os países.

Para que se consiga atingir estes objetivos, ficou estabelecido: abolição da propriedade da terra, declarando-se de todo o povo trabalhador a terra, com todos os edifícios, gados de trabalho e as ferramentas agrícolas (art. II, 1);[58] passagem de todos os bancos para a propriedade do Estado operário e camponês (art. II, 3); trabalho obrigatório para todos (art. II, 4); formação de um exército de trabalhadores, o Exército Vermelho, para a manutenção da plenitude do poder das massas trabalhadoras e eliminação da possibilidade de restauração dos poderes exploradores (art. II, 5).

Destarte, pode-se sublinhar que esta Declaração, assim como todas as demais, é voltada para determinada modalidade de opção política, social e econômica de uma sociedade. Sua herança principal reside em ser a mola propulsora para a garantia dos direitos de segunda dimensão, que foram contemplados na Constituição mexicana de 1917 e na Constituição de Weimar, de 1919, dando início ao constitucionalismo social.

## 8.5.9 Declaração de Direitos do Homem (1948)

A Declaração de Direitos do Homem, proclamada pela ONU, em 10.10.1948, representa uma tentativa de convergência de todos os valores que já foram buscados pelas outras exposições de prerrogativas que a precederam. Esta Declaração teve como escopo garantir direitos básicos e liberdades fundamentais que pertencem a todos os seres humanos, sem distinção de sexo, raça, cor, idade, religião, origem nacional ou social, ou qualquer outra diferenciação que mitigue o gênero humano.

Sob o contexto histórico de passagem de duas grandes guerras mundiais, principalmente depois das ignóbeis experiências dos regimes totalitários nazista e fascista, a comunidade internacional buscou proclamar um documento que garantisse prerrogativas essenciais a todo ser humano, não limitando seu campo de incidência a um

---

[57] "Outro sentido, contudo, há de reconhecer-se à Declaração dos Direitos do Povo Trabalhador e Explorado, aprovada em janeiro de 1918 pelo Terceiro Congresso Pan-russo dos Sovietes. Fundada nas teses socialistas de Marx-Engels-Lênin e consequente Revolução Soviética de outubro de 1917, não se limitaria a reconhecer direitos econômicos e sociais, dentro do regime capitalista, mas a realizar uma nova concepção de Estado e de sociedade e, também, uma nova ideia de direito, que buscasse libertar o homem, de uma vez por todas, de qualquer forma de opressão" (SILVA, José Afonso da. *Curso de direito constitucional positivo*. São Paulo: Malheiros, 2009. p. 161).

[58] "Elemento presente na Declaração, que permeia todo o capítulo II, e essencial para o triunfo da revolução proletária, é a expropriação sem indenizações das propriedades burguesas e também a passagem da administração das fábricas, usinas e minas para o controle direto dos operários, além de profunda e radical reforma agrária para distribuir terras para camponeses pobres" (BORGES, Rafael. *Uma breve análise da declaração de direitos do povo trabalhador e explorado*. Disponível em: <www.ler-qi.org/spip.php?article502>. Acesso em: 8 jan. 2010).

território específico, nem a determinada população. Neste ponto reside a característica central desse documento histórico: ela não foi proclamada por um país específico, limitando seus efeitos apenas aos seus cidadãos; ela é uma declaração que foi proclamada por uma organização internacional que representa todos os países e nações.

Assim, pode-se extrair que os valores que nela estão consubstanciados são envolvidos por alto grau de consenso mundial. Este texto também pode ser afirmado como um dos reflexos do processo de globalização, em que o Estado deixa de ser apenas, conforme Peter Häberle, Estado Constitucional, identificado como aquele voltado para si, para assumir o jaez de Estado Constitucional Cooperativista, que serve como paradigma para outros Estados Constitucionais membros de uma comunidade, e no qual ganha relevo o papel dos direitos humanos.[59] Esta afirmação do papel de cooperação dos Estados é extraída do próprio preâmbulo desta Declaração, quando é afirmado que os "Estados-Membros se comprometem a desenvolver, em cooperação com as Nações Unidas, o respeito universal aos direitos humanos e liberdades fundamentais".

A Declaração de Direitos do Homem sintetizou, na opinião de Dalmo de Abreu Dallari, três objetivos principais sobre os direitos que ela encerra: certeza, segurança e possibilidade. Certeza porque houve uma clara e prévia determinação dos direitos humanos. Segurança porque trouxe normas que garantiram, em nível teórico, que os direitos humanos seriam respeitados. Possibilidade porque deveria ser assegurado a todos os indivíduos um conjunto de meios que oportunizasse a fruição destas prerrogativas.[60]

Foi bastante realista a assertiva de Dalmo de Abreu Dallari porque não basta elencar prerrogativas normativas aos cidadãos; mais premente se configura assegurar as condições necessárias à sua realização. Na prática, para que haja real e efetiva concretização da fruição desses direitos, é necessário muito mais do que apenas um documento que ateste a sua existência. Igualmente, como asseverou Bobbio, o problema que se mostra presente não é mais a busca pelo fundamento dos direitos humanos, já que eles já se encontram proclamados peremptoriamente na Declaração da ONU, mas, sim, a busca pela garantia de seu respeito e sua efetividade.

## 8.6 Classificação dos direitos humanos

A classificação dos direitos humanos é importante por agrupar os direitos de acordo com as características que os tornam semelhantes, tornando-os mais perceptíveis para uma análise didática.

Não existe uma uniformidade doutrinária para essa classificação, variando os entendimentos entre os juristas. Todavia, interessante mencionar a lição de Rudolf Smend, defendendo que, como os direitos humanos formam um todo compacto e historicamente condicionado, devem também ser objeto de um estudo histórico.[61]

---

[59] MENDES, Gilmar Ferreira; COELHO, Inocêncio Mártires; BRANCO, Paulo Gustavo Gonet. *Curso de direito constitucional*. São Paulo: Saraiva, 2009. p. 745.
[60] DALLARI, Dalmo de Abreu. *Elementos de teoria geral do Estado*. 19. ed. São Paulo: Saraiva, 1995. p. 212.
[61] SMEND, Rudolf. *Constitución y derecho constitucional*. Tradução de José M. Beneyto Pérez. Madrid: Centro de Estudios Constitucionales, 1985. p. 189.

Rosah Russomano classifica os direitos humanos em direitos individuais, que ensejam autonomia e independência individual; direitos coletivos, como aqueles que reconhecem o cidadão como parte integrante da sociedade; direitos sociais, que incidem na esfera de prestação do Estado à sociedade e nas relações culturais do cidadão; direitos de nacionalidade, que identificam o cidadão na sua qualidade de nacional de um país específico; e direitos políticos, que estipulam de que maneira a população exerce a soberania popular.[62]

Manoel Gonçalves Ferreira Filho os classifica de três formas, denotando que seu objeto mediato é o resguardo da liberdade: direitos cujo objeto imediato é a liberdade; direitos cujo objeto imediato é a segurança; e direitos com o objetivo imediato de proteger a propriedade.[63]

Carl Schmitt prefere dividir os direitos fundamentais em: direitos de liberdade do indivíduo de forma isolada; direitos de liberdade do indivíduo com relação a outros; direitos do indivíduo com relação ao Estado, na qualidade de cidadão; direitos do indivíduo a prestações do Estado.[64]

A Constituição de 1988 classificou os direitos fundamentais em: direitos individuais e coletivos (Capítulo I); direitos sociais (Capítulo II); direitos de nacionalidade (Capítulo III); e direitos políticos (Capítulo IV).

## 8.7 Evolução dos direitos humanos

Há um acirrado debate acerca da terminologia empregada para designar a formação dos direitos humanos ao longo da história. A doutrina mais tradicionalista sempre empregou o termo *geração*, significando o desenvolvimento dos direitos. A doutrina moderna prefere o termo *dimensão*, pois sugere que não existe uma alternância nas prerrogativas, mas uma evolução, contribuindo cada fase anterior na elaboração da fase posterior. A terminologia *geração* poderia produzir um falso entendimento de que uma geração substituiria a outra, sem uma continuidade temporal entre elas. Em virtude dos argumentos levantados, a terminologia utilizada será "dimensões dos direitos fundamentais".

As dimensões de direitos são quantitativas e qualitativas. Uma dimensão posterior incorpora direitos da anterior e acrescenta uma nova densidade de prerrogativas aos cidadãos que até então não existia. Não se pode precisar um término para a evolução dos direitos humanos. Ela é infinita, consolidada uma dimensão, imediatamente outra começa a se consolidar. Enquanto o ser humano continuar a produzir valores, as suas necessidades a cada dia se avolumarão, sem se poder precisar um final para a saciedade dos interesses humanos.

As várias dimensões dos direitos contidos na Constituição acentuam o caráter pluralista que marcou a positivação dos direitos humanos. Não pode ser imputada ao legislador constituinte de 1988 a preponderância de uma dimensão em detrimento de outra, até mesmo porque a composição de forças que formou a Assembleia Nacional

---

[62] RUSSOMANO, Rosah. *Curso de direito constitucional*. 5. ed. Rio de Janeiro: Freitas Bastos, 1997. p. 245.
[63] FERREIRA FILHO, Manoel Gonçalves. *Curso de direito constitucional*. 24. ed. São Paulo: Saraiva, 1997. p. 289.
[64] SCHMITT, Carl. *Teoría de la constitución*. Tradução de Francisco Ayla. 2. ed. Madrid: Alianza, 1992. p. 175.

Constituinte era extremamente heterogênea. Cada dimensão marca um aprimoramento da anterior, formando uma aglutinação das prerrogativas concretizadas.

a) *Primeira dimensão*

Esses direitos de primeira dimensão são igualmente chamados de direitos de resistência, de defesa e direitos negativos. São denominados dessa forma porque se concretizam com a abstenção do Estado em realizar certas condutas. Assim, o direito à liberdade é garantido desde que os entes estatais não coloquem empecilhos no deslocamento dos cidadãos. Estão compreendidos nessa dimensão os direitos civis, políticos e de liberdade.

A gênese dessa dimensão de direitos foi a resistência contra o Estado opressor, contra os privilégios da realeza, contra o modelo feudal que oprimia a burguesia incipiente. Para a realização dos direitos de primeira dimensão, bastou o surgimento do Estado de Direito, em que a atuação dos entes estatais deveria ser feita mediante lei, suprimindo a vontade despótica do rei.

Eles marcam a afirmação do indivíduo frente à prepotência do absolutismo estatal, preservando a esfera de autonomia privada do cidadão. Por isso é que são direitos essencialmente burgueses: apenas a burguesia podia usufruir deles. Sem as condições materiais necessárias, as demais classes sociais não tinham acesso a essas prerrogativas. O individualismo é a tônica constante dessa dimensão.

Como exemplos de direitos de primeira dimensão podem ser citados: o direito de liberdade de expressão, de imprensa, de reunião, de associação, de propriedade, de igualdade formal perante a lei, de participação política, o devido processo legal, o *habeas corpus*, o direito de petição etc.

b) *Segunda dimensão*

Os direitos de segunda dimensão são os direitos sociais, culturais e econômicos, destinados às coletividades. Têm o objetivo de dar um caráter de universalidade às prerrogativas fundamentais dos cidadãos. Essa dimensão criou as garantias constitucionais.

Exigem, para a sua concretização, atividades do Estado no sentido de atender às necessidades da população. O governo não poderia mais adotar uma postura inerte, esperando que a "mão invisível" do mercado possibilitasse a construção de um Estado de Bem-Estar Social. Tornou-se inevitável a atuação estatal para suprir as demandas mais urgentes da sociedade.[65]

Os direitos de primeira dimensão geram antinomias entre o Estado e a sociedade, por ser a igualdade apenas formal, permitindo a exploração exacerbada dos hipossuficientes. O direito à liberdade somente faz sentido a quem pode prover as suas necessidades.

---

[65] Doutrina o Prof. Paulo Bonavides: "Os direitos de segunda geração merecem um exame mais amplo. Dominam o século XX do mesmo modo como os direitos da primeira geração dominaram o século passado. São os direitos sociais, culturais e econômicos bem como os direitos coletivos ou de coletividade, introduzidos no constitucionalismo das distintas formas de Estado social, depois que germinaram por obra da ideologia e da reflexão antiliberal deste século. Nasceram abraçados ao princípio da igualdade, do qual não se podem separar, pois fazê-lo equivaleria a desmembrá-los da razão de ser que os ampara e estimula" (BONAVIDES, Paulo. *Curso de direito constitucional*. 12. ed. São Paulo: Malheiros, 2002. p. 476).

Os direitos de segunda dimensão produzem uma simbiose entre o Estado e a sociedade, propiciando que a igualdade saia da esfera formal e adentre na esfera material, garantindo direitos a todos, principalmente àquela parte da população que é carente de recursos.

c) *Terceira dimensão*

Os direitos de terceira dimensão têm como principal vetor o direito à fraternidade, fraternidade de direitos do gênero humano. São exemplos típicos de prerrogativas de terceira dimensão: direito ao desenvolvimento, à paz, ao meio ambiente equilibrado, ao patrimônio histórico, artístico e cultural, à autodeterminação dos povos, à solidariedade, ao desenvolvimento, à proteção dos consumidores, direitos dos hipossuficientes, à preservação da intimidade etc. Também são denominados direitos pós-materiais. Na seara do direito internacional, incidem nas relações entre os Estados, estimulando relações de coordenação, em que a ajuda e a cooperação dos países mais ricos aos países mais pobres sejam estimuladas.

Os sujeitos da relação dos direitos de terceira dimensão não são mais o cidadão-cidadão ou o cidadão-Estado – a titularidade passa a ser difusa, coletiva, transindividual. O destinatário é o homem em termos de gênero humano, enfocado sob um prisma coletivo. Se o destinatário é coletivo, a responsabilidade para a sua concretização também é coletiva, não dependendo apenas da atuação estatal para assegurar a todos a consecução desses direitos. O cidadão tem especial participação na sua efetivação.

Os direitos de terceira dimensão ultrapassam os limites territoriais do país, podendo-se falar na globalização desses direitos, como condição para a sua realização fática.

Com relação aos direitos de terceira dimensão, assim se posicionou o Supremo Tribunal Federal:

> O direito à integridade do meio ambiente – típico direito de terceira geração – constitui prerrogativa jurídica de titularidade coletiva, refletindo, dentro do processo de afirmação dos direitos humanos, a expressão significativa de um poder atribuído, não ao indivíduo identificado em sua singularidade, mas num sentido verdadeiramente mais abrangente, a própria coletividade social. Enquanto os direitos de primeira geração (direitos civis e políticos) – que compreendem as liberdades clássicas, negativas ou formais – realçam o princípio da liberdade e os direitos de segunda geração (direitos econômicos, sociais e culturais) – que se identificam com as liberdades positivas, reais ou concretas – acentuam o princípio da igualdade, os direitos de terceira geração, que materializam poderes de titularidade coletiva atribuídos genericamente a todas as formações sociais, consagram o princípio da solidariedade e constituem um momento importante no processo de desenvolvimento, expansão e reconhecimento dos direitos humanos, caracterizados, enquanto valores fundamentais indisponíveis, pela nota de uma essencial inexauribilidade.[66]

d) *Quarta dimensão*

Essa dimensão tem o objetivo de integrar o cidadão nas decisões políticas tomadas pelos entes governamentais, intensificando o grau de democracia. Podemos identificar como prerrogativas dessa dimensão os direitos à informação, à participação política, à

---

[66] MS nº 22.164-SP, Rel. Min. Celso de Mello.

democracia participativa etc. Esses direitos têm a finalidade de propiciar uma democracia substancial, em que os cidadãos possam votar e contribuir ativamente para a resolução dos problemas cotidianos.

Nessa evolução dos direitos humanos chama atenção o relevo que adquirem a democratização da informação e os mecanismos da democracia participativa. A primeira não se caracteriza apenas pela existência de uma mídia plural, sem nenhum tipo de monopólio, mas deve ser concebida como a obrigação que todos os cidadãos têm de tomar consciência dos graves problemas que afligem a coletividade. Os segundos concebem a cidadania em uma extensão muito superior à do voto, abrangendo a interferência direta do cidadão nas decisões governamentais, mediante vários mecanismos jurídicos, como o plebiscito, o *recall*, o orçamento participativo etc.

Como direito de quarta dimensão podem ser designados: a participação política efetiva; a garantia de institutos da democracia participativa; a liberdade ampla de informação; a pluralidade de informação; o aprimoramento do regime democrático etc.

e) *Direitos de quinta dimensão*

Direitos de quinta dimensão são caracterizados como direitos pós-materiais e pós-democráticos, em que se busca analisar as implicações éticas decorrentes das pesquisas científicas, principalmente nas áreas de medicina e biologia. São direitos da bioética, ou seja, da ética da vida, fazendo com que os primados humanos direcionem as pesquisas científicas, respeitando a dignidade da pessoa humana e do equilíbrio do ecossistema.

Diante das necessidades que se avolumam em uma sociedade pós-moderna, há uma premência de se intensificar as pesquisas científicas em áreas que ainda apresentam grandes desafios ao homem, como a biotecnociência e a biomedicina. Todavia, estas pesquisas produzem alguns questionamentos éticos que devem ser enfrentados pela sociedade, como os limites da manipulação genética, a utilização de clones em experimentos etc.

A quinta dimensão de direitos humanos representa uma reflexão sistemática a respeito das intervenções do homem sobre os seres vivos, analisando como eles podem ser manipulados por intervenções científicas, com o objetivo de procurar parâmetros éticos e normativos que possam disciplinar a conduta humana e mensurar suas consequências para o equilíbrio ambiental. Eles são direitos de uma sociedade de bem-estar pós-industrial, que conseguiu concretizar os direitos políticos, os materiais, os inerentes ao patrimônio comum da humanidade (paz, desenvolvimento, meio ambiente) e que agora assume os desafios do terceiro milênio, principalmente os inerentes ao progresso científico e às necessidades da construção de uma ética que valorize a essência de cada ser humano.[67]

f) *Direitos de sexta dimensão*

A evolução dos direitos humanos na sociedade atual possibilita a ampliação dos bens jurídicos que são tuteláveis por meio judicial. O ser humano não se contenta apenas com bens materiais; o desenvolvimento de valores éticos e novas premências faz com

---

[67] PESSINI, Leocir; BARCHIFONTAINE, Christian de Paul de. *Fundamentos da bioética*. São Paulo: Paulus, 2002. p. 30-31.

que novas preocupações sejam passíveis de análise. Dentro desse prisma coloca-se a questão dos direitos dos animais.

Os animais domésticos sempre foram concebidos como apêndice ao direito de propriedade, considerados coisa e, portanto, enquadráveis nas estipulações do Código Civil. Como consequência, os animais não são admitidos em juízo como titulares de direitos, não tendo legitimidade para serem considerados partes no ordenamento jurídico. A posição que tradicionalmente lhes cabe é o de coisa, pertencente a um dos polos da demanda.

Para que os seres irracionais possam ser tituláveis juridicamente, a eles tem que ser atribuída personalidade jurídica. A saída vislumbrada é separar o conceito de pessoa do de ser humano, animal da espécie *homo sapiens*. Segundo Heron Gordilho, o Código Civil de 2002 removeu uma das principais barreiras levantadas pelos civilistas que sustentam que o direito é feito exclusivamente para a espécie humana. O mencionado diploma normativo, ao tratar da personalidade e da capacidade, substituiu a palavra *homem* pela palavra *pessoa*, demonstrando claramente que pessoa natural e ser humano são conceitos independentes.[68]

## 8.8 Dimensões subjetiva e objetiva dos direitos humanos

A doutrina divide os direitos humanos em duas dimensões: a primeira é a dimensão subjetiva, que consiste na autorização ao titular do direito de reclamar perante o Judiciário determinada ação – omissiva ou comissiva; a segunda é intitulada dimensão objetiva, pois compreende o compromisso do Poder Público e dos entes privados em respeitar os direitos humanos, vinculando seus atos aos mandamentos constitucionais definidores de tais direitos.[69] Com isso, podemos pontuar que os mandamentos infraconstitucionais, os atos do Poder Público e os atos privados sofrerão uma releitura, sendo interpretados conforme os direitos humanos presentes na Carta Magna.

### 8.8.1 Dimensão subjetiva

Os direitos humanos assumem dentro desse prisma a função de direitos prestacionais, de defesa e de não discriminação. Caso tais funções não sejam realizadas pelo Estado, o indivíduo tem o direito de reivindicar, perante o Judiciário, a concretização do dispositivo normativo.[70] Os direitos humanos são inseridos no espaço público independentemente de declarações solenes de sua justicialidade e exequibilidade imediata, representando elementos imprescindíveis do ordenamento jurídico, impedindo que o Estado ou qualquer outro ente possa agredir seu conteúdo.[71]

---

[68] GORDILHO, Heron José de Santana. Direito animal: a legitimidade de ser parte. *Carta Forense*, n. 70, mar. 2009. p. 32-33.

[69] CLÈVE, Clémerson Merlin. A eficácia dos direitos fundamentais sociais. *Revista de Direito Constitucional e Internacional*, São Paulo, v. 14, n. 54, jan./mar. 2006. p. 33.

[70] "Los derechos entendidos como pretensiones de la voluntad tienen naturaleza esencialmente subjetiva en un doble sentido. Son, en efecto, instrumentos para la realización de intereses individuales, confiados a la autónoma valoración de sustitulares, y además su violación autoriza a estos últimos a procurar su tutela (en las diversas formas posibles: autotutela, recurso judicial, resistencia)" (ZAGREBELSKY, Gustavo. *El derecho dúctil*: ley, derechos, justicia. Tradução de Marina Gascón. Madrid: Trotta, 1995. p. 85).

[71] CANOTILHO, José Joaquim Gomes. *Direito constitucional e teoria da Constituição*. 7. ed. Coimbra: Almedina, 2003. p. 476.

## 8.8.2 Dimensão objetiva

Por essa dimensão, o Poder Público e os entes privados se encontram obrigados a respeitar e concretizar os direitos humanos, existindo a possibilidade de pleitear a efetividade de tais direitos na via judiciária. A prestação jurídica ocorrerá através de medidas que visem à sua disponibilização a todos, mormente aos mais necessitados.[72] Nesse diapasão, o legislador deve atuar criando condições materiais e institucionais para o exercício desses direitos e fornecer aos cidadãos prestações que reforcem o substrato dos direitos subjetivos, executando – dessa forma – as imposições constitucionais.

## 8.9 Teoria dos quatro *status* de Jellinek

Os direitos humanos exercem um vasto número de funções no ordenamento jurídico, seja em decorrência de seu desenvolvimento, exercendo cada um deles determinada concepção de conteúdo (direitos de primeira, segunda, terceira, quarta dimensões e as demais), seja em virtude de sua perspectiva subjetivo-objetiva.[73]

Esse enorme âmbito de funções exercidas pelos direitos humanos pode ser estudado levando-se em consideração a teoria do *status* de Jellinek. Segundo essa teoria todo indivíduo inserido no âmbito de convivência social encontra-se vinculado ao Estado, e relaciona-se com este a partir de quatro modos: *status passivo, status negativus, status positivo* e *status activus*. Passaremos a analisar cada um desses prismas separadamente.

*Status passivo* se refere aos deveres que o cidadão tem perante o Estado, ou seja, indica a coercitividade no cumprimento de determinadas obrigações em razão das exigências da manutenção da vida em sociedade de forma harmônica. Nesse prisma, o cidadão se encontra em uma condição de subordinação em relação aos poderes públicos.

*Status negativo* garante ao cidadão uma esfera de liberdade (*status libertatis*), protegendo-o da interferência arbitrária dos entes estatais, no que outorga à coletividade livre arbítrio para alcançar seus objetivos. Assim, o cidadão é dotado de um poder que poderá ser exercido dentro de limites jurídicos preestabelecidos, só podendo o Estado intervir quando houver uma extrapolação. Atualmente entende-se que o *status negativo* ou *status libertatis* tem como base a Constituição, isto ocasiona o entendimento de que os direitos humanos vinculam todos os poderes, inclusive o Poder Legislativo, não sendo admitida a existência no ordenamento jurídico de normas que os contrariem.

*Status positivo* defere ao cidadão a prerrogativa de exigir do Estado prestações materiais, a fim de satisfazer necessidades garantidas pela Constituição Federal. A partir desse *status* é que se fundamenta o direito de os cidadãos exigirem a prestação de uma densidade suficiente dos direitos humanos.[74] Como consequência, todos aqueles que se sentirem lesados por um ato comissivo ou omissivo que viole uma prestação constitucional pode recorrer ao Poder Judiciário para ver sua prerrogativa assegurada.

---

[72] ZAGREBELSKY, Gustavo. *El derecho dúctil*: ley, derechos, justicia. Tradução de Marina Gascón. Madrid: Trotta, 1995. p. 65-66.
[73] JELLINEK, Georg. *Teoría general del Estado*. Tradução de Fernando de los Rios. México: Fundo de Cultura Económica, 2000. p. 46-47.
[74] JELLINEK, Georg. *Teoría general del Estado*. Tradução de Fernando de los Rios. México: Fundo de Cultura Económica, 2000. p. 46-47.

*Status activus* se configura no direito que possuem os cidadãos de participar das decisões políticas tomadas pelos organismos governamentais, no que define o rumo das políticas públicas implementadas. Trata-se dos direitos políticos, que nas sociedades hodiernas devem ser vislumbrados em uma perspectiva formal e material, proporcionando condições para que todos possam participar da vida pública da maneira mais livre possível.

## 8.10 Funções dos direitos humanos

### 8.10.1 Função de defesa

Inicialmente, os direitos humanos tinham como escopo a defesa do indivíduo contra as arbitrariedades estatais.[75] Assim, há uma situação restritiva para o Estado, visto que este fica impedido de interferir na esfera juridicamente protegida da coletividade; já para o cidadão acarreta uma situação positiva, pois este será dotado de uma liberdade de agir dentro da esfera jurídica e de exigir que o Estado se omita de intervir em suas liberdades.[76] Essa função surge do contraponto ao Estado Absolutista, leviatã, em que não havia limites ao arbítrio dos governantes.

Os direitos humanos de defesa protegem os cidadãos contra atitudes estatais que agridam bens jurídicos fundamentais, classificando essas condutas como agressivas, inconstitucionais. Em decorrência do princípio da responsabilidade estatal, os atos da administração que violem os direitos humanos devem ser anulados e os terceiros prejudicados ressarcidos de forma moral e material pelos prejuízos sofridos.

Canotilho relaciona os direitos de defesa com as liberdades, pois estas últimas podem ostentar o mesmo âmbito de incidência daquelas, dependendo da esfera em que atuem. O mencionado autor exemplifica utilizando-se do direito à vida, afirmando que ele tem uma natureza defensiva contra o Estado, contudo, não pode ser classificado como uma liberdade, já que seu titular não pode dele dispor. Já o direito de escolher uma profissão se caracteriza como um direito de defesa e uma liberdade, isto é, o seu titular pode escolher de forma discricionária sua profissão e ao mesmo tempo possui proteção jurídica para efetuar essa escolha.[77]

### 8.10.2 Função de prestação

Essa função ocorre quando o Estado tem a obrigação de atuar para satisfazer os direitos humanos através da prestação de serviços ou da disponibilização de bens, sem os quais a população não poderia usufruir de tais direitos.

Essas prerrogativas se encontram vinculadas à existência de normas jurídicas de direito público que protejam os direitos subjetivos e os tornem oponíveis ao Estado.

---

[75] Pontuamos que não há uma vedação absoluta da intervenção estatal e, sim, que a intervenção ocorra de forma abusiva, ultrapassando as barreiras da constitucionalidade.

[76] CANOTILHO, José Joaquim Gomes. *Direito constitucional e teoria da Constituição*. 2. ed. Coimbra: Almedina, 1997. p. 383.

[77] CANOTILHO, José Joaquim Gomes. *Direito constitucional*. 6. ed. Coimbra: Almedina, 2002. p. 1128.

A tutela desses direitos consiste na prestação de caráter positivo, material, por parte do Estado com o intuito de assegurar condições sociais, econômicas e culturais.[78]

Canotilho observa que a função prestacional gera três problemas relacionados com aos direitos sociais. O primeiro refere-se aos direitos sociais originários, ou seja, direitos que o cidadão aufere diretamente do texto constitucional. O segundo abrange os direitos sociais derivados, que correspondem ao direito de exigir que o Legislativo regulamente os mandamentos constitucionais que definem os direitos sociais – caso aconteça uma omissão legislativa pode haver a impetração de uma ação direta de inconstitucionalidade por omissão ou de um mandado de injunção. O terceiro corresponde ao questionamento sobre a vinculação dos direitos sociais a todos os poderes estatais, obrigando-os à execução de políticas públicas com esse objetivo.[79]

## 8.10.3 Função de proteção perante terceiros

Esta função visa proteger o titular de determinado direito contra atitudes de terceiros que os afete. Assim, é dever estatal a adoção de medidas que garantam o livre exercício dos direitos pelos seus titulares, sem a interferência de terceiros. Essa função simboliza que os direitos humanos incidem também com relação aos particulares, o que a doutrina denomina verticalização das prerrogativas ou *Drittwirkung*. Pensamento em contrário não se justifica porque se os direitos humanos são considerados imprescindíveis à organização harmônica da sociedade, eles necessitam ser respeitados por todos, inclusive pelos sujeitos privados.

## 8.10.4 Função de não discriminação

Esta função deriva do princípio da igualdade, no que impõe a obrigação de o Estado não discriminar seus cidadãos, tratando-os de forma igual. Deflui esse postulado do princípio da isonomia, que marcou os direitos de segunda dimensão, e que se expande, em maior ou menor intensidade, a vários direitos humanos. Devido ao seu conteúdo, os direitos humanos não podem ser outorgados a alguns em detrimento de outros, a não ser que haja uma motivação fática que possa justificar tal diferenciação. Discriminações apenas são toleradas quando são proporcionais e visam incorporar hipossuficientes à organização social estabelecida.

## 8.11 Características dos direitos humanos

Os direitos humanos possuem características em comum que os diferenciam de outras categorias de direitos. Saliente-se que essas características não são universais e gerais, dependendo de certos contextos para sua individualização e pertinência.

---

[78] MORAES, Guilherme Braga Peña de. *Dos direitos fundamentais, contribuição para uma teoria*. São Paulo: LTr, 1997. p. 192.
[79] CANOTILHO, José Joaquim Gomes. *Direito constitucional e teoria da Constituição*. 6. ed. Coimbra: Almedina, 2002. p. 384.

## 8.11.1 Historicidade

Os direitos humanos não resultam de um único acontecimento histórico, mas de uma evolução que os concretizou nos ordenamentos normativos ocidentais. Isto significa que são direitos mutáveis com o decorrer dos anos, ou seja, sofreram transformações com ao passar do tempo.[80] Eles são fruto de processos históricos e da evolução das ideias e dos valores que acompanham tais processos.[81] Em decorrência dessa característica, para se compreender corretamente os direitos humanos deve-se levar em consideração o contexto histórico ao qual se encontra inserido.

Sofrem influência direta de fatores sociais, culturais e econômicos, que, por sua vez, dependem da área geográfica analisada. É muito difícil, para não dizer impossível, seu enquadramento como categoria exclusivamente jurídica em razão de que esses fatores metajurídicos os condicionam de maneira primordial.

## 8.11.2 Universalidade

Os direitos humanos têm como destinatários todos os seres humanos pelo fato de serem considerados imprescindíveis para o convívio harmônico da sociedade.[82] Apesar de serem direitos que pertencem a todos os indivíduos, pode-se visualizar algumas especificidades, como os direitos dos trabalhadores que só pertencem a grupos profissionais individualizados e os direitos indígenas que abrangem apenas os habitantes autóctones brasileiros.

Deve ser lembrado que, para se entender o caráter universal dos direitos humanos, é necessário levar em consideração as particularidades de cada comunidade e o momento histórico em que ela se encontra inserida. Como essas prerrogativas assumem significados diferentes dependendo do contexto sociopolítico-econômico em que se encontram inseridas, não há a hipótese de serem vislumbrados de uma mesma forma, não obstante possuírem um mesmo conteúdo. Portanto, não é errôneo afirmar que, apesar de serem universais, os direitos humanos não são uniformes.

## 8.11.3 Inalienabilidade

Esta característica encontra-se presente desde a Declaração dos Direitos do Homem e do Cidadão, que assim estabeleceu em seu preâmbulo:

> Os representantes do povo francês, reunidos em Assembleia Nacional, tendo em vista que a ignorância, o esquecimento ou o desprezo dos direitos do homem são as únicas causas dos males públicos e da corrupção dos Governos, resolveram declarar solenemente os direitos naturais, *inalienáveis* e sagrados do homem [...].

---

[80] Os direitos fundamentais "Nascem quando o aumento do poder do homem sobre o homem cria novas ameaças à liberdade do indivíduo ou permite novos remédios para as suas indulgências: ameaças que são enfrentadas através de demandas de limitações de poder; remédios que são providenciados através da exigência de que o mesmo poder intervenha de modo protetor" (BOBBIO, Norberto. *A era dos direitos*. Tradução de Carlos Nelson Coutinho. Rio de Janeiro: Campus, 1992. p. 6).

[81] SAMPAIO, José Adércio Leite. *Direitos fundamentais*. Belo Horizonte: Del Rey, 2004. p. 107.

[82] PECES-BARBA MARTÍNEZ, Gregório. *Curso de derechos fundamentales*. Teoría general. Madrid: Universidade Carlos III de Madrid, 1999. p. 299.

Por essa característica, eles não estão à disposição de seu titular, o que se torna um impedimento para serem transferidos a outrem ou serem negociados, mesmo que alguns deles detenham um conteúdo econômico patrimonial, como o direito à imagem ou à propriedade intelectual.[83] A inalienabilidade dos direitos humanos liga-se, diretamente, ao poder de autodeterminação do indivíduo, protegendo uma parcela de liberdade considerada imprescindível ao desenvolvimento do ser humano.

Quando em decorrência dos direitos humanos há a produção de bens patrimoniais, como os direitos autorais que são inerentes à liberdade de pensamento e expressão, esses podem ser alienados sem maiores restrições. O que permanece de livre disponibilidade do cidadão é sua capacidade de pensar e se exprimir.

## 8.11.4 Imprescritibilidade

Decorrentes do caráter inalienável, os direitos humanos não prescrevem no tempo, podendo ser acionados a qualquer momento ao Poder Judiciário. Prescrição é o efeito deletério do tempo que acarreta a perda de uma ação quando ela não fora impetrada em tempo hábil descrito em lei. Pelo fato de serem inalienáveis e pela sua importância no ordenamento jurídico, eles podem ser justiciáveis em qualquer elastério, mesmo havendo dispositivo em sentido contrário.

## 8.11.5 Irrenunciabilidade

O seu titular não pode dispor dos direitos humanos porque eles são considerados irrenunciáveis, embora tenha a possibilidade de não os exercer.[84] Em certas situações é possível a autolimitação voluntária de seu exercício, contudo existe sempre a possibilidade de voltar a exercê-los em plenitude ou até mesmo revogar alguma decisão que os limitava.

## 8.11.6 Limitabilidade

Ao contrário do que muitos imaginam, os direitos humanos não são absolutos.[85] Existe a possibilidade de serem regulamentados por leis infraconstitucionais, como

---

[83] SILVA, José Afonso da. *Curso de direito constitucional positivo*. 16. ed. São Paulo: Malheiros, 1999. p. 185.

[84] "Enquanto os direitos de primeira geração (direitos civis e políticos) – que compreendem as liberdades clássicas, negativas ou formais – realçam o princípio da liberdade e os direitos de segunda geração (direitos econômicos, sociais e culturais) – que se identifica com as liberdades positivas, reais ou concretas – acentuam o princípio da igualdade, os direitos de terceira geração, que materializam poderes de titularidade coletiva atribuídos genericamente a todas as formações sociais, consagram o princípio da solidariedade e constituem um momento importante no processo de desenvolvimento, expansão e reconhecimento dos direitos humanos, caracterizados, enquanto valores fundamentais indisponíveis, nota de uma essencial inexauribilidade" (MS nº 22.164. Rel. Min. Celso de Mello).

[85] "Os direitos e garantias individuais não têm caráter absoluto. Não há, no sistema constitucional brasileiro, direitos ou garantias que se revistam de caráter absoluto, mesmo porque razões de relevante interesse público ou exigências derivadas do princípio de convivência das liberdades legitimam, ainda que excepcionalmente, a adoção, por parte dos órgãos estatais, de medidas restritivas das prerrogativas individuais ou coletivas, desde que respeitados os termos estabelecidos na própria constituição. O estatuto constitucional das liberdades públicas, ao delinear o regime jurídico a que estas estão sujeitas – e considerado o substrato ético que as informa – permite que sobre elas incidam limitações de ordem jurídica, destinadas, de um lado, a proteger a integridade do interesse social e, de outro, a assegurar a coexistência harmoniosa das liberdades, pois nenhum direito ou garantia pode ser exercido em detrimento da ordem pública ou com desrespeito aos direitos e garantias de terceiros" (MS nº 23.452, Rel. Min. Celso de Mello).

também possuem âmbitos de incidência conexos, fatos esses que frequentemente propiciam uma colisão entre eles. Para evitar que a mencionada antinomia normativa se transforme em uma antinomia fática, recorre-se a alguns princípios como o da proporcionalidade ou concordância prática com a finalidade de delimitar a incidência de cada um. Conclui-se que os direitos humanos são relativos em virtude de serem limitados por outras prerrogativas, restringindo-se uns aos outros em uma interferência recíproca.[86]

Como exemplo, cite-se o direito à vida, que, *a priori*, pode ser entendido como absoluto, mas que após uma análise mais atenta, se percebe que pode ser relativizado pela possibilidade de pena de morte em caso de guerra declarada. Outro exemplo de relativização dos direitos humanos é o caso do direito à propriedade, que pode ser flexibilizado para que os imóveis atendam à sua função social, ou o direito à liberdade de expressão, que pode ser limitado pela não divulgação de segredos profissionais.

### 8.11.7 Concorrência

Esta característica decorre da possibilidade de os direitos humanos serem exercidos em conjunto com outros, ultrapassando uma visão isolada e na maioria das vezes deturpada. Como a vida em sociedade é cada dia mais complexa, uma mesma conduta dá ensejo à incidência de mais de uma prerrogativa, como exemplo, o direito de reunião em que seus membros estão exercitando o direito de crença, liturgia e culto.

### 8.11.8 Constitucionalização

Esta característica é extremamente relevante, pois os direitos humanos necessitam de uma ampla proteção para saírem do papel e se transformarem em realidade, principalmente para os excluídos da sociedade. Como já fora visto, os direitos humanos são anteriores ao Estado e inerentes à condição humana. No entanto, como são signos de reestruturação do poder, muitos são os obstáculos que se levantam a sua realização.

A finalidade de serem positivados em nível constitucional é dotá-los de maior força normativa, densificando seu conteúdo através da legitimidade do texto constitucional e de sua supralegalidade.[87]

## 8.12 Limitação horizontal dos direitos humanos e o princípio da proporcionalidade

Nenhum direito fundamental é absoluto – embora Norberto Bobbio afirme que o qualificativo de absoluto cabe a pouquíssimos direitos, como a vedação à escravidão e à tortura –,[88] eles são limitados pelas demais prerrogativas constantes na

---

[86] QUEIROZ, Cristina M. M. *Direitos fundamentais (parte geral)*. Coimbra: Coimbra Editora, 2002. p. 199-202.

[87] "O que se pretende então com a formulação das constituições do pós-guerra ao estabelecerem a aplicabilidade imediata dos preceitos consagradores de direitos, liberdade e garantias? Fundamentalmente isso: reforçar a sua normatividade, tornando clara (1) a sua natureza de direito constitucional e, (2) mais do que isso, a sua força normativa autónoma, independentemente de uma lei concretizadora" (CANOTILHO, José Joaquim Gomes. *Estudos sobre direitos fundamentais*. Coimbra: Coimbra Editora, 2004. p. 146).

[88] "Entendo por 'valor absoluto' o estatuto que cabe a pouquíssimos direitos do homem, válidos em todas as situações e para todos os homens sem distinção. Trata-se de um estatuto privilegiado, que depende de uma situação na qual existem direitos fundamentais que não estão em concorrência com outros direitos igualmente funda-

Constituição e pelas normas infraconstitucionais que delimitam o seu sentido.[89] As leis infraconstitucionais não podem cercear os direitos humanos, mas funcionam como regulamentações para sua concretização, expressando o modo de aplicá-los, como no caso das normas de eficácia limitada e de eficácia contida.[90]

Um dos principais vetores para a limitação dos direitos humanos é o interesse público, obedecendo ao princípio do bem comum. A utilização excessiva do direito humano não pode afrontar os interesses da coletividade, devendo prevalecer uma interpretação no sentido de que o direito não seja obnubilado nem o interesse público seja prejudicado.

Exemplo interessante de limitação dos direitos fundamentais nos oferece a Constituição da ex-Iugoslávia, de 1979, que, no seu art. 43, dispõe que, com o desiderato de proteger as liberdades dos cidadãos e a ordem democrática, pode ser declarada ilegal e, portanto, a utilização de prerrogativas da cidadania passível de punição, entendida como direito fundamental, com o intuito de provocar a transformação ou a destruição da ordem constitucional para fins antidemocráticos.

Para Gustavo Ferreira Santos a razoabilidade atua na escolha dos fins em nome dos quais agirá o Estado, enquanto a proporcionalidade averigua se os meios são necessários, adequados e proporcionais aos fins escolhidos.[91]

O princípio da proporcionalidade, na terminologia alemã, ou princípio da razoabilidade, na terminologia anglo-americana, exerce uma importante função no sentido de limitar os direitos humanos. Ele é um instrumento imprescindível para a aplicação dos direitos humanos diante de casos concretos. Originariamente utilizado no direito administrativo, foi trasladado para o direito constitucional e obteve grande desenvolvimento principalmente na Alemanha, pela jurisprudência do Tribunal Constitucional alemão.

De uma forma bastante sintética podemos defini-lo como um princípio que tem o objetivo de evitar o excesso, impedindo a desproporção entre os meios e os fins a serem alcançados.[92] Para tanto, parte-se de três elementos básicos: o objetivo almejado deve ser condizente com a ordem constitucional e moralmente defensável; os meios escolhidos devem ser adequados para a execução do objeto, proporcionando uma simetria entre ele e os meios para sua consecução; e a situação fática deve favorecer o objetivo previsto, ou

---

mentais. É preciso partir da afirmação óbvia de que se pode instituir um direito de outras categorias de pessoas. O direito a não ser escravizado implica a eliminação do direito de possuir escravos, assim como do direito de torturar. Esses dois direitos podem ser considerados absolutos, já que a ação que é considerada de sua instituição e proteção é universalmente condenada" (BOBBIO, Norberto. *A era dos direitos*. Tradução de Carlos Nelson Coutinho. Rio de Janeiro: Campus, 1992. p. 42).

[89] O STF se manifestou no sentido de que a cantora mexicana Glória Trevi, sobre a qual pesava um processo de extradição, não tem o direito de impedir a utilização do material biológico da sua placenta. Fazendo a ponderação dos valores constitucionais contrapostos, quais sejam o direito à intimidade e à vida privada da extraditanda e o direito à honra e à imagem dos servidores e da Polícia Federal como instituição – atingidos pela declaração de Glória Trevi de que ela foi vítima de estupro carcerário, divulgada pelos meios de comunicação –, o Tribunal afirmou a prevalência do esclarecimento da verdade quanto à participação dos policiais federais na alegada violência sexual, levando em conta, ainda, que o exame de DNA acontecerá sem invasão da integridade física da extraditanda ou de seu filho (Rcl nº 2.040-DF, Rel. Min. Néri da Silveira).

[90] SCHMITT, Carl. *Teoría de la constitución*. Tradução de Francisco Ayla. 2. ed. Madrid: Alianza, 1992. p. 171.

[91] SANTOS, Gustavo Ferreira. *O princípio da proporcionalidade na jurisprudência do Supremo Tribunal Federal*. Limites e possibilidades. Rio de Janeiro: Lumen Juris, 2004. p. 128.

[92] GUERRA FILHO, Willis Santiago. Princípio da proporcionalidade e teoria do direito. In: *Direito constitucional*. Estudos em homenagem a Paulo Bonavides. São Paulo: Malheiros, 2001. p. 277.

seja, a realidade e as circunstâncias que cercam o objeto devem justificar a sua escolha e os meios de sua execução.

O princípio da proporcionalidade pode ser tomado no sentido de aptidão, de necessidade e de concretização da proporcionalidade.[93] O sentido de aptidão consiste na adequação entre o fim determinado e os meios escolhidos para a sua realização. O sentido da necessidade significa que o meio escolhido deve ser o de menor custo, aquele que menor mal possa proporcionar à sociedade. E o último sentido é o da concretização da proporcionalidade, em que o meio deve ser idôneo a realizar o fim determinado.

A adequação tem a finalidade de verificar se a solução escolhida é suficiente para realizar o objetivo almejado, de forma apta e condizente, excluindo escolhas que sejam inadequadas. Esse critério atua em um momento *a priori*, na indicação, classificando aquela que seja mais eficiente para concretizar o ato pretendido. O meio utilizado deve ser o mais idôneo à realização do fim perseguido. Adentra no critério da adequação verificar se o fim perseguido e o meio escolhido são lícitos, ou seja, se inexistem empecilhos jurídicos para sua efetivação.

A necessidade tenciona evitar escolhas desnecessárias, que acarretem forte ônus à sociedade. Funciona como um *standard* eliminatório, excluindo opções que apresentem maior custo. Também há um critério de comparação, checando se existem outras opções que possam causar menor lesão à coletividade. Sua feitura impõe a realização de duas condições: ser menos gravoso para o titular do direito que sofre a restrição e ter uma eficácia semelhante às outras opções que não foram escolhidas.[94]

A proporcionalidade em sentido estrito (*stricto sensu*) se configura no vetor que analisa se o ato resultante não elide de forma desarrazoada e absoluta outras prerrogativas. Seu sentido axiológico consiste em constatar que, entre as demais opções fornecidas pelo ordenamento jurídico, a escolha é a mais pertinente à integração do sistema. Aferem-se os bens em conflitos para indicar o que possui a maior dimensão no caso concreto. Dimitri Dimoulis e Leonardo Martins nos sugerem a utilização da metáfora da balança, na qual se realiza uma ponderação de valores ou bens jurídicos, estudando o respectivo peso e devendo prevalecer aquela que, na situação concreta, apresenta maior relevância e importância.[95]

O mencionado princípio não foi explicitamente incorporado à Constituição de 1988; todavia, podemos auferi-lo como princípio implícito, que serve para densificar, reforçar, outros princípios que estão agasalhados na Lei Maior. Além do que, o art. 5º, §2º, assevera que os direitos e garantias contidos na Constituição não excluem outros decorrentes de princípios nela adotados.[96]

O princípio da proporcionalidade pode ser construído por parametricidade do princípio da isonomia, contido no *caput* do art. 5º da Constituição. Este dispositivo, expresso pela fórmula de que todos são iguais perante a lei, traz em seu conteúdo a

---

[93] BONAVIDES, Paulo. *Curso de direito constitucional*. 12. ed. São Paulo: Malheiros, 2002. p. 318.
[94] DIMOULIS, Dimitri; MARTINS, Leonardo. *Teoria geral dos direitos fundamentais*. São Paulo: RT, 2006. p. 215.
[95] DIMOULIS, Dimitri; MARTINS, Leonardo. *Teoria geral dos direitos fundamentais*. São Paulo: RT, 2006. p. 224.
[96] "Julgando o mérito de ação direta ajuizada pelo Governador do Estado do Mato Grosso do Sul, o Tribunal, por maioria, declarou a inconstitucionalidade da Lei nº 1.949/1999, do mesmo Estado, que instituía programa de pensão de um salário mínimo mensal para crianças geradas a partir de estupro. O Tribunal entendeu não haver razoabilidade na concessão do benefício nos termos da lei impugnada, tendo em vista que não levou em consideração o estado de necessidade dos beneficiários, mas tão somente a forma em que eles foram gerados" (ADIn nº 2.019-6-MS, Rel. Min. Ilmar Galvão, Informativo n. 235).

igualdade proporcional, que significa uma igualdade que deve ser utilizada desde que exista uma analogia entre os casos analisados. Nessa tarefa de mensurar a intensidade da utilização do princípio da igualdade, o princípio da proporcionalidade desempenha uma função imperiosa.

Sua natureza é instrumental, concebido como uma garantia para assegurar a solução das antinomias entre os direitos humanos e orientar a aplicação dos mandamentos constitucionais.

O princípio da proporcionalidade não pode ser entendido como um limitador das liberdades constitucionais; muito pelo contrário, sua missão é protegê-las e implementá-las, restringindo a liberdade individual quando ela afrontar o interesse coletivo e o bem comum. Os direitos e garantias constitucionais somente podem ser limitados quando necessário ao interesse geral da sociedade e nos casos expressamente previstos na Constituição. Com esse papel ele impede que um direito humano possa ser suplantado por outro, calibrando os princípios constitucionais de modo que sua atuação não resulte em antinomias, com a perda da eficácia de suas normas e a quebra do seu caráter sistêmico.

As restrições ao princípio da proporcionalidade, em primeiro lugar, são as normas constitucionais e os mandamentos legais. Os juízes não podem se sobrepor ao princípio da soberania popular e, por exemplo, tornar sem efeito a separação de poderes. Porém, dentro dos mandamentos normativos, existe uma grande esfera de discricionariedade para a atuação da magistratura em prol da defesa das prerrogativas constitucionais.

## 8.13 Tolerância

A tolerância apresenta grande relevância no debate atual sobre os direitos humanos porque se configura como pressuposto para o reconhecimento recíproco de direitos subjetivos de diversas valorações decorrentes de fatores históricos e geográficos, permitindo a existência do multiculturalismo.

Deste modo, a tolerância representa um signo que possibilita a aceitação de diferentes valores por diversas comunidades políticas que participaram de seu processo de formação e anuência. Hodiernamente, os direitos humanos se concretizam mais facilmente em sociedades que aceitam, de modo geral, os conteúdos que eles encerram em seu núcleo essencial. Para que possa cumprir este seu papel de auxílio na concretização dos direitos humanos, a tolerância deve ser compreendida através de uma ótica empírica, atestando que não existe uma verdade absoluta e que as mais diversas prerrogativas podem ser compatíveis entre si. Ou seja, a tolerância efetiva existe em uma sociedade em que os direitos humanos são transplantados da folha de papel para a realidade fenomênica.

Em âmbito normativo, pode-se fazer relação entre a tolerância e o grau de efetividade das normas que consagram direitos humanos. Estes são mais efetivos na proporção do fortalecimento da coesão social. Quanto menos conflitos existam em uma comunidade política, e quanto mais consenso, obtido através de parâmetros produzidos pela tolerância, mais forte será o grau de efetividade dos direitos humanos.[97]

---

[97] SABADELL, Ana Lúcia. *Manual de sociologia jurídica*. São Paulo: RT, 2002. p. 72.

## 8.14 Eficácia horizontal dos direitos humanos (*Drittwirkung*)

Historicamente os direitos humanos se dirigiam contra os órgãos estatais, que constantemente mitigavam a liberdade dos cidadãos e representavam o detentor máximo do poder.[98] Contudo, hodiernamente, com a mitigação das estruturas estatais, devido à crise pela qual passa o Estado, a maior ameaça às prerrogativas dos cidadãos parte de conglomerados privados, na sua maioria empresas transnacionais. Portanto, diante desta situação concreta, os direitos humanos têm uma incidência apenas na seara pública ou também atuam na esfera privada? Ou seja, a aplicação destas prerrogativas que incidem na relação Estado-cidadão (relação vertical, devido ao *jus imperii* estatal) também passa a acontecer nas relações entre cidadão-cidadão (relação horizontal, em relação à simetria entre os cidadãos)?

A eficácia horizontal começou a ser admitida pelo Tribunal Federal alemão em 1958, no caso Luth, em que fora decidido que como os direitos fundamentais configuram uma "ordem objetiva de valores", eles somente produziriam efeito sobre a relação entre particulares mediante a intervenção do legislador. E já foi um avanço porque antes a lide entre particulares apenas poderia ser resolvida pelo direito privado.

Parte da doutrina, mais arraigada à doutrina civilista, não admite que os direitos humanos possam produzir nenhum tipo de efeito, haja vista que a relação entre particulares pertence ao direito privado. Argumentam que sua aceitação produziria a constitucionalização de todo o direito privado, deixando a autonomia do cidadão relegada. Significaria o retorno do Estado Leviatã e o fim da inviolabilidade das prerrogativas dos cidadãos.

Por outro lado, parte da doutrina defende que os direitos humanos não necessitam de nenhum tipo de regulamentação por parte do legislador. A justificativa deste posicionamento decorre do princípio da unidade sistêmica da Constituição e da força normativa da *Lex Mater*.

Uma terceira corrente, denominada intermediária, parte do pressuposto de que, para a realização dos direitos humanos, é necessária a regulamentação por parte do legislador. Considera que os princípios inerentes à autonomia privada são intocáveis, podendo apenas ser mitigados pela vontade do próprio povo por intermédio da soberania popular.

A doutrina mais condizente com as necessidades de um Estado periférico, em que a maioria da população é excluída das benesses sociais, indubitavelmente, é considerar que os direitos humanos têm eficácia direta, sem teor absoluto, tanto contra agentes públicos quanto contra agentes privados, tendo em vista a força normativa da Constituição e serem estas prerrogativas elementos de agregação da sociedade. Como fora afirmado, esta eficácia não pode ser absoluta, devendo respeitar prerrogativas que igualmente foram ofertadas aos cidadãos pela Constituição, dentro de sua natureza sistêmica.[99]

---

[98] TAVARES, André Ramos. *Fronteiras da hermenêutica constitucional*. São Paulo: Método, 2006. p. 113.

[99] MAC CRORIE, Benedita Ferreira da Silva. *A vinculação dos particulares aos direitos fundamentais*. Coimbra: Almedina, 2005. p. 86-87.

CAPÍTULO 9

# DIREITOS INDIVIDUAIS E COLETIVOS

O Título II, Capítulo I, da Carta Federal trata dos direitos e deveres individuais e coletivos. A expressão *deveres* não enfatiza necessariamente o aspecto de que, correlatamente à existência de um direito, há a criação de um dever, sobretudo no sentido de que os cidadãos têm vários direitos sem vinculação com nenhum dever. Contudo, há a obrigação de respeitar os direitos alheios, podendo a pessoa, se assim não fizer, sofrer uma punição por parte dos órgãos estatais.

Entre direitos e deveres deve vigorar o princípio da assimetria. Os direitos humanos são autônomos, não se estabelecendo a correspondência entre direitos fundamentais e deveres fundamentais.[1] Os deveres dos cidadãos brasileiros com relação ao Estado estão elencados em toda a Constituição, principalmente no título Da Tributação e do Orçamento, constituindo a carga tributária brasileira uma das mais altas do mundo, sem a contraprestação dos serviços essenciais à população.

Esses direitos são denominados direitos fundamentais, expressão alemã, ou também chamados de direitos do homem, direitos humanos, expressões anglo-saxônicas e latinas, que foram incorporadas pela Constituição de 1988.[2] A doutrina costuma diferenciar os direitos humanos dos fundamentais. Os primeiros são direitos oriundos do jusnaturalismo, que, mesmo sem estarem positivados na Constituição, devem ser cumpridos obrigatoriamente. Os segundos são direitos que estão positivados na Constituição, advindo sua obrigatoriedade do fato de gozarem de supremacia constitucional.

Exerceram influência sobre os direitos humanos brasileiros as seguintes declarações: Declaração de Direitos do Homem e do Cidadão, de 1789, Declaração Universal dos Direitos do Homem, de 1948, e, em menor intensidade, a Declaração dos Direitos do Povo Trabalhador e Explorado, de 1917.

Seus destinatários são os brasileiros e os estrangeiros residentes no país, as pessoas físicas e as pessoas jurídicas. Os estrangeiros, por menos tempo que permaneçam no

---

[1] CANOTILHO, José Joaquim Gomes. *Direito constitucional e teoria da Constituição*. 2. ed. Coimbra: Almedina, 1997. p. 479.
[2] BONAVIDES, Paulo. *Curso de direito constitucional*. 12. ed. São Paulo: Malheiros, 2002. p. 472.

país, têm assegurada a integridade de seus direitos básicos, como a vida, a liberdade, a propriedade etc.

A Constituição Cidadã de 1988 inovou ao colocar o elenco de direitos no segundo título, logo após os princípios fundamentais. Com isso, sua intenção foi demonstrar como os direitos e as garantias fundamentais são preponderantes no ordenamento constitucional brasileiro, constituindo-se em um vetor importante para o trabalho hermenêutico. Outrossim, sistematizou os direitos fundamentais como principal objeto de proteção jurídica, tornando-os as normas constitucionais que ostentam maior legitimação na sociedade. Por isso são cláusulas pétreas, e uma das partes principais da Carta Magna.

Seguiu o texto brasileiro o exemplo da Lei Fundamental de Bonn, que tomou os direitos fundamentais como paradigma e os colocou logo após o preâmbulo, indo do art. 1º ao art. 19, de modo a realçar a sua proeminência, no que foi seguida pela Constituição brasileira e pela Constituição espanhola. Nas Constituições estrangeiras, os princípios fundamentais também assumiram relevante importância, o que levou Mirkine Guetzévitch a afirmar que os direitos do homem penetraram na opinião mundial com uma unanimidade quase desconcertante.[3]

Com essa inovação, há um retorno à vanguarda dos textos constitucionais, pois a Carta Magna brasileira de 1824 foi o primeiro texto moderno a dispor de uma declaração de direitos (art. 179), antecedendo a Carta belga de 1831.

Norberto Bobbio afirma que existem dois processos conjuntos: o primeiro é o da publicização da esfera privada e o segundo é o da privatização da esfera pública.[4] Esse fenômeno permite uma maior fiscalização da sociedade com relação aos entes públicos e impede a privatização dos interesses sociais. Um dos instrumentos inexoráveis desse processo são os direitos fundamentais.

O significado dos direitos individuais e coletivos é propiciar à sociedade uma existência digna, oferecendo ao cidadão condições para o desenvolvimento de suas potencialidades físico-mentais. Em decorrência, o Estado tem limites intransponíveis, devendo respeitar os direitos individuais e coletivos em quaisquer circunstâncias, constituindo essa uma zona de respeito mútuo entre os organismos estatais e a coletividade.

## 9.1 Direito à vida

A vida do ser humano começa na concepção e se prolonga até o corpo deixar de emitir sinais vitais. Ela se configura como o bem mais importante do ordenamento jurídico, por isso é indisponível, não permitindo o Estado a prática do suicídio, mesmo que seja assistido por médicos para debelar grave sofrimento acarretado por doença terminal (art. 5º, *caput*, da CF). Como os cidadãos têm direito à vida, é assegurada a sua integridade física e psíquica, vedando-se a tortura e o tratamento degradante (art. 5º, III, da CF). Tortura é o padecimento além das forças humanas, a dor como forma de castigo ou de obtenção de prova. O tratamento degradante significa qualquer forma de

---

[3] GUETZÉVITCH, Boris Mirkine. *Evolução constitucional europeia*. Rio de Janeiro: José Konfino, 1957. p. 157.
[4] BOBBIO, Norberto. *Contratto sociale oggi*. Napoli: Guida, 1980. p. 43.

relação que menospreze o homem, retirando-lhe a condição de cidadão. A integridade física deve ser respeitada porque o corpo é o instrumento do qual brota a vida.

Como nenhum direito é absoluto, podendo ser restringido e até mesmo retirado em razão de relevante interesse público, o direito à vida sofre exceção em caso de guerra declarada, havendo a tipificação dos crimes de deserção ou de traição.[5]

A incolumidade psíquica diz respeito à integridade moral e psicológica. A integridade psicológica reside na proteção do funcionamento das faculdades mentais do cidadão, evitando torturas psíquicas que esfacelam o indivíduo internamente sem acarretar lesões exteriores. A integridade moral ampara um conjunto de valores individuais que não podem ser maculados, como exemplo, gozar de reputação ilibada, ou seja, elementos que integram os bens humanos individuais. A vida não é apenas um conjunto de valores objetivos, mas integram-na elementos subjetivos, seara pertinente para a incidência dos valores morais. A Constituição realçou a integridade moral, tornando-a um bem indenizável.

O direito à vida também abrange a vida uterina, que começa com a concepção e termina com o parto, tipificando o crime de aborto (art. 124 do Código Penal). O art. 128 do Código Penal brasileiro prevê a possibilidade de aborto terapêutico e de aborto sentimental ou humanitário: "Não se pune o aborto praticado por médico: I – se não há outro meio de salvar a vida da gestante; II – se a gravidez resulta de estupro e o aborto é precedido de consentimento da gestante ou, quando incapaz, de seu representante legal". A legislação brasileira não previu o aborto eugênico, quando o nascituro não apresenta viabilidade de vida ou quando puder nascer deformado.

O direito à vida gera, em decorrência, os direitos da personalidade. Esses direitos são definidos como prerrogativas mínimas, sem as quais o cidadão não existiria. Por isso são inalienáveis, imprescritíveis, irrenunciáveis e intransmissíveis. Como exemplos de direitos da personalidade podemos citar o direito ao nome, ao estado civil, às condições familiares, à dignidade da pessoa humana, à privacidade, à integridade física e moral etc.[6]

## 9.1.1 Quando começa a vida humana?

A questão controversa de quando começa a vida humana começou a ser discutida em duas ações diretas de controle de constitucionalidade.

Na Arguição de Descumprimento de Preceito Fundamental nº 54, ajuizada pela Confederação Nacional dos Trabalhadores na Saúde, discutiu-se a legitimidade da interrupção da gestação na hipótese de fetos anencefálicos. O objetivo dessa ação direta é adotar interpretação conforme a Constituição das normas penais referentes ao aborto,

---

[5] "Não há, no sistema constitucional brasileiro, direitos ou garantias que se revistam de caráter absoluto, mesmo porque razões de relevante interesse público ou exigências derivadas do princípio de convivência das liberdades legitimam, ainda que excepcionalmente, a adoção, por parte dos órgãos estatais, de medidas restritivas das prerrogativas individuais ou coletivas, desde que respeitados os termos estabelecidos pela Constituição Federal" (MS nº 23.452-RJ, Rel. Min. Celso de Mello).

[6] "Para a satisfação de suas necessidades e a realização de seus interesses nas relações sociais, o homem adquire direitos e assume obrigações, é sujeito ativo e passivo de relações econômicas, é credor e devedor. Ao conjunto das situações jurídicas individuais, apreciáveis economicamente, chama-se patrimônio, e, como todo indivíduo forçadamente o tem em função dos direitos e obrigações de que é sujeito, considera-se patrimônio uma proteção econômica da personalidade" (PEREIRA, Caio Mário da Silva. *Instituições de direito civil*. 10. ed. Rio de Janeiro: Forense, 1993. p. 154).

para que não seja declarada sua tipificação nos casos de interrupção da gravidez em virtude de fetos anencefálicos.

O outro instrumento em que se discutiu o mencionado assunto foi a Ação Direta de Inconstitucionalidade nº 3.510, proposta pelo procurador-geral da República, questionando a constitucionalidade da Lei nº 11.105/2005 – Lei da Biossegurança – que regulamenta a pesquisa com células-tronco embrionárias. O pedido é a declaração de inconstitucionalidade de seu art. 5º, impedido que o Brasil possa realizar pesquisas com células-tronco.[7]

Anencefalia é a má-formação fetal congênita por defeito do fechamento do tubo neutral durante a gestação, propiciando que haja apenas resíduo do tronco encefálico, ou seja, significa a "ausência de cérebro", inexistindo qualquer função superior do sistema nervoso central. A maioria esmagadora dos nascituros anencefálicos morre logo após seu nascimento.[8]

A imprescindibilidade da pesquisa com células-tronco decorre de sua capacidade de se diferenciar em todas as células do organismo humano, contribuindo de sobremodo para o desenvolvimento da ciência médica.

Fertilização *in vitro* é um método de reprodução assistida, em que os espermatozoides fecundam os óvulos em laboratório, destinado a casais que apresentam problemas de fertilidade. Desse processo resulta que muitos óvulos são considerados inviáveis para a reprodução. Como são considerados imprestáveis à procriação, se não forem utilizados em pesquisas não terão nenhuma serventia.[9]

A celeuma que se seguiu às duas referidas ações se deve à discussão se a interrupção da gestação de fetos anencefálicos ou se a realização de pesquisas com células-tronco embrionárias violam o direito à vida e à dignidade da pessoa humana.

Os que são contrários à interrupção do feto anencefálico e a pesquisa com células-tronco afirmam que isto se configura em um acinte contra a vida humana porque tanto o feto anencefálico quanto as células-tronco são decorrências da vida humana e, portanto, devem ser protegidos juridicamente seja contra sua supressão seja quanto sua manipulação indevida.

Os que são favoráveis à interrupção do feto anencefálico e à pesquisa com células-tronco argumentam que no caso dos anencefálicos não há viabilidade nenhuma de seu desenvolvimento, e que a interrupção se justifica para proteger a saúde física e emocional da mãe; quanto à pesquisa com células-tronco, defendem a sua importância para o desenvolvimento das pesquisas médicas, configurando-se em uma solução para a descoberta de doenças que seriamente afligem a humanidade.

---

[7] "Art. 5º É permitida, para fins de pesquisa e terapia, a utilização de células-tronco embrionárias obtidas de embriões humanos produzidos por fertilização em *vitro* e não utilizados no respectivo procedimento, atendidas as seguintes condições: I – sejam embriões inviáveis; ou II – sejam embriões congelados há três anos ou mais, na data da publicação desta lei, ou que, já congelados na data da publicação desta Lei, depois de completarem três anos, contados a partir da data de congelamento. §1º Em qualquer caso, é necessário o consentimento dos genitores. §2º Instituições de pesquisa e serviços de saúde que realizem pesquisa ou terapia com células-tronco embrionárias humanas deverão submeter seus projetos à apreciação e aprovação dos respectivos comitês de ética em pesquisa. §3º É vedada a comercialização do material biológico a que se refere este artigo e sua prática implica o crime o tipificado no art. 15 da Lei nº 9.434, de 4 de fevereiro de 1997".

[8] BARROSO, Luís Roberto. Gestação de fetos anencefálicos e pesquisa com células tronco: dois temas acerca da vida e da dignidade na Constituição. *Revista de Direito Administrativo*, Rio de Janeiro, jul./set. 2005. p. 95.

[9] BARROSO, Luís Roberto. Gestação de fetos anencefálicos e pesquisa com células tronco: dois temas acerca da vida e da dignidade na Constituição. *Revista de Direito Administrativo*, Rio de Janeiro, jul./set. 2005. p. 96.

Consideram que a Lei nº 11.105/2005, que trata da biossegurança, proibiu a clonagem humana, a eugenia, o mercado de tecidos humanos e a utilização de embriões viáveis.

O STF, por maioria, julgou improcedente pedido formulado em ação direta de inconstitucionalidade proposta pelo Procurador-Geral da República para declarar a inconstitucionalidade da Lei da Biossegurança, que permite, para fins de pesquisa e terapia, a utilização de células-tronco. O relator, o Min. Carlos Britto, declarou a constitucionalidade da mencionada norma sob a seguinte fundamentação: a) as células-tronco embrionárias, pluripotentes, ou seja, capazes de originar todos os tecidos de um indivíduo adulto, constituiriam, por isso, tipologia celular que ofereceria melhores possibilidades de recuperação da saúde de pessoas físicas ou naturais em situações de anomalias ou graves incômodos genéticos; b) as pessoas físicas ou naturais seriam apenas as que sobrevivem ao parto, dotadas do atributo a que o art. 2º do Código Civil denomina personalidade civil; c) a lei em questão se referiria, por sua vez, a embriões derivados de uma fertilização artificial, obtida fora da relação sexual, e que o emprego das células-tronco embrionárias para os fins a que elas se destinam não implicaria aborto; d) se à lei ordinária seria permitido fazer coincidir a morte encefálica com a cessação da vida de certa pessoa humana, a justificar a remoção de órgãos, tecidos e partes do corpo ainda fisicamente pulsante, e se o embrião humano de que trata o art. 5º da Lei de Biossegurança é um ente absolutamente incapaz de qualquer resquício de vida encefálica, a afirmação de incompatibilidade do último diploma legal com a Constituição haveria de ser afastada; e) resguardar o direito à saúde e à livre expressão da atividade científica.[10]

O fecho desse *leading case* restou decidido pelo escore de 8 votos a 2, em que o Supremo Tribunal Federal deliberou no sentido da atipicidade da interrupção da gravidez de feto anencéfalo, autorizando jurisprudencialmente que a gestante possa deliberar e autorizar o procedimento cirúrgico de aborto para interromper a gravidez. No caso em apreço, prevaleceu o voto do Min. Marco Aurélio, que destacou que a tipificação penal da interrupção da gravidez de feto anencéfalo não se coadunaria com a Constituição, notadamente com os preceitos que garantiriam o Estado laico, a dignidade da pessoa humana, o direito à vida e a proteção da autonomia, da liberdade, da privacidade e da saúde.[11]

Outra importante decisão do STF que versa sobre o direito e a proteção à vida está no *Habeas Corpus nº 124.306/RJ*, no qual se discutiu a legalidade da interrupção da gravidez até o terceiro mês. Na decisão do dia 29.11.2016, o Supremo Tribunal Federal afastou a prisão preventiva de duas pessoas denunciadas pelo Ministério Público do Rio de Janeiro pela prática do crime de aborto com o consentimento da gestante e formação de quadrilha (arts. 126 e 288 do Código Penal). O voto do Ministro Luís Roberto Barroso, porém, versou não só sobre a necessidade de se afastar a prisão preventiva dos acusados pelo fato de não oferecerem risco ao processo, mas também sobre a tipificação penal do crime de aborto voluntário. O ministro parte do pressuposto de que para haver a interpretação de um fato típico conforme a Constituição, é necessário que ocorra a conjugação de três elementos: a proteção a um bem jurídico relevante, que o

---

[10] ADI nº 3.510/DF, Rel. Min. Carlos Britto, 28 e 29.5.2008.
[11] ADPF nº 54/DF, Rel. Min. Marco Aurélio, 11 e 12.4.2012 (ADPF-54).

comportamento incriminado não constitua exercício legítimo de um direito fundamental e que haja respeito ao princípio da proporcionalidade no momento da resposta do Estado à ação praticada.[12]

O jurista reconhece que a vida em potencial do feto é um bem jurídico relevante, porém, em uma ponderação principiológica, considera que há violação aos direitos fundamentais da mulher com a criminalização da interrupção antes de concluído o terceiro trimestre de gestação. Nessa argumentação é importante destacar que existe uma incursão pelos direitos fundamentais para se concluir que a criminalização do aborto viola a própria autonomia da mulher e a sua liberdade individual protegida pelo princípio da dignidade da pessoa humana (art. 1º da CF/1988). O voto do ministro defende, portanto, a possibilidade de a mulher dispor do seu corpo de acordo com seus valores, interesses e desejos.

Não se pode deixar de mencionar que houve uma reação imediata da Câmara dos Deputados por considerar que o Supremo Tribunal Federal estava atuando fora da sua esfera de poder, ou seja, estava legislando. Indubitavelmente, tratou-se em uma extrapolação normativa por parte do Pretório Excelso.

## 9.2 Direito à liberdade

Segundo Luigi Palma, a multiplicidade conceitual da palavra *liberdade* não se deve apenas à ignorância acerca do seu significado ou da sua utilização deliberada para o atendimento de interesses os mais variados. A multiplicidade conceitual deve ser creditada também ao progressivo desenvolvimento de sua substância ao longo do tempo.[13] A natureza do direito à liberdade pode ser encontrada nos mais diversos matizes filosóficos.[14]

Partindo de uma concepção religiosa, o direito à liberdade provém do livre arbítrio de que são dotados os homens para poderem escolher as suas ações, submetendo-se ao julgamento de Deus no juízo final. O direito à liberdade estaria fundado na vontade divina.

Dentro de um ponto de vista normativista, a liberdade é definida pelas normas jurídicas, sendo sua medida a prática de atos que não tenham sido vedados em lei. Para Kelsen, portanto, o princípio da liberdade é delimitado pela existência de normas que impeçam o cidadão de ter determinado comportamento; se não existem normas que vedem tal conduta, ele tem plena liberdade para realizá-la.[15] Sob esse prisma existe uma redução da extensão do princípio da liberdade, condicionado à inexistência de normas jurídicas impeditivas para que o cidadão possa ter uma ampla liberdade para fazer o que quiser sem se importar com ditames legais.

---

[12] HC nº 124.306/RJ, Rel. Min. Marco Aurélio, 29.11.2016.
[13] PALMA, Luigi. *Corso di diritto costituzionale*. Roma: Giuseppe Pellas, 1883. p. 161.
[14] Bobbio robustece a tese: "A palavra liberdade tem uma notável conotação laudatória. Por esta razão tem sido usada para acobertar qualquer tipo de ação política ou instituição considerada como portadora de algum valor, desde a obediência ao direito natural ou positivo até a prosperidade econômica. Os escritos políticos raramente oferecem definições explícitas de liberdade em termos descritivos; todavia, em muitos casos, é possível inferir definições descritivas do conceito" (BOBBIO, Norberto; MATTEUCCI, Nicola; PASQUINO, Gianfranco. *Dicionário de política*. 11. ed. Brasília: Universidade de Brasília, 1998. v. 2. p. 708).
[15] KELSEN, Hans. *Teoria pura do direito*. Tradução de João Baptista Machado. 4. ed. Coimbra: Armênio Amado, 1976. p. 148.

Para Montesquieu, a liberdade é o direito de fazer tudo o que as leis permitem. Se um cidadão pudesse afrontar as leis, não haveria liberdade porque os demais cidadãos teriam igualmente esse poder.[16] Robert Alexy define o direito à liberdade como uma extensão do desenvolvimento da personalidade.[17]

A liberdade foi o princípio que assumiu maior relevância nos primeiros textos constitucionais por ser um *standard* burguês. Com base em postulados jusnaturalistas, não foi considerada um direito ofertado pelos entes estatais, mas um direito que era anterior ao Estado e por isso devia ser por ele respeitado. Por essa premissa, a liberdade era considerada um princípio superior às normas positivadas, não podendo ser suprimida pelas leis impostas pelo homem.

O direito à liberdade foi o núcleo comum do qual defluíram os direitos à liberdade religiosa, de expressão, de pensamento, e à propriedade, que, para os constitucionalistas liberais, é entendida como uma extensão da liberdade dos cidadãos.

Como todos os componentes da sociedade dispõem de liberdade, ela terá de ser limitada, sob pena de haver o cerceamento da liberdade de outrem. Esclarece Cretella Jr.:

> O direito à liberdade, que a Emenda Constitucional de 1969, art. 153, também assegurava, nos mesmos termos que a atual, é a conduta do homem, que consiste em "poder fazer tudo aquilo que não prejudique outrem", como, por exemplo, o exercício dos direitos naturais de cada homem, que tem por limites apenas aqueles que asseguram aos outros membros da sociedade o gozo desses mesmos direitos, limites esses que somente pode ser determinados pela lei [...].[18]

O que não significa dizer que o exercício de um direito exclua o exercício de outro; o direito de um cidadão não começa onde o do outro termina porque os dois coexistem, convivendo de forma conjunta, desde que haja parâmetros de respeito.

Liberdades públicas devem ser denominadas aquelas liberdades que o homem tem em relação ao Estado, aquelas garantias que os cidadãos têm para se opor ao arbítrio perpetrado pelos entes governamentais. Esclarece Celso Ribeiro Bastos:

> As liberdades públicas constituem um dos componentes mínimos do Estado Constitucional ou do Estado de Direito. Neste, o exercício dos seus poderes soberanos não vai a ponto de ignorar que existem limites para a sua atividade além dos quais invadiria esfera jurídica do cidadão. Há como que uma repartição da tutela que a ordem oferece: de um lado ela guarnece o Estado com instrumentos necessários à sua ação, e, de outro, protege uma área de interesses do indivíduo contra qualquer intromissão do aparato oficial.[19]

## 9.3 Isonomia

O princípio da isonomia, também chamado de igualdade, dispõe que todos são legalmente iguais, significando que a lei não poderá criar diferenciações onde a realidade

---

[16] MONTESQUIEU, Charles de Secondat. *O espírito das leis*. São Paulo: Saraiva, 1987. p. 163.
[17] ALEXY, Robert. *Teoría de los derechos fundamentales*. Madrid: Centro de Estudios Constitucionales, 1997. p. 349.
[18] CRETELLA JÚNIOR, José. *Elementos de direito constitucional*. 4. ed. São Paulo: RT, 2000. p. 204.
[19] BASTOS, Celso Ribeiro. *Dicionário de direito constitucional*. São Paulo: Saraiva, 1994. p. 106.

fática não as criou (art. 5º, *caput*, da CF). Então, para que esse princípio possa ser usado, faz-se necessário que haja um forte nexo de semelhança entre os casos analisados, que só poderá ser utilizado no limite dessa igualdade.

A igualdade na esfera fática inexiste. As diferenças são apanágio do gênero humano – uns são altos, outros baixos, uns são magros outros gordos, e assim por diante. Os seres humanos não são bens produzidos em larga escala com simetria absoluta de características. Através deste princípio não se tenciona igualar os homens de forma arbitrária, pois, nos casos em que foi tentado, essa política resvalou em redundante fracasso, como nas políticas implementadas no início da Revolução Chinesa. A igualdade almejada é a jurídica, em que a lei não pode discriminar cidadãos que estejam em semelhantes situações. Sua exceção somente pode ser amparada em uma racionalidade que tenha por finalidade que este tratamento diferente amenize uma disparidade fática. Muitas vezes, a quebra da igualdade jurídica tem o escopo de realizar uma igualdade fática, pois, do contrário, tratar de forma isonômica pessoas, bens ou situações desiguais seria ensejar o aumento de desigualdades já existentes.

As distinções criadas por lei terão de estar amparadas em realidades fáticas. Exemplo: se houver prova de que a capacidade de mergulhar em águas profundas, de um homem com mais de trinta e cinco anos, diminui consideravelmente, pode um edital para mergulhador da Petrobras exigir como condição inexorável para provimento do cargo uma idade inferior a trinta e cinco anos porque tal requisito é imperioso para o exercício da profissão.

Ensina José Afonso da Silva:

> O tema necessita de mais debates, já que constitui o signo fundamental da democracia. O motivo principal desta ínfima discussão reside no fato de que a burguesia, cônscia de seu privilégio de classe, nunca postulou um regime de igualdade, tanto quanto reivindicara o de liberdade. O fato é que um regime de igualdade contraria seus interesses no sentido material que não se harmoniza com o domínio de classe em que assenta a democracia liberal burguesa. A igualdade material não admite os privilégios e distinções que um regime simplesmente liberal consagra.[20]

Todavia, não existe intensidade absoluta no princípio da igualdade. As diferenciações podem não ser legais, mas podem ser ocasionadas por distinções relacionadas com a capacidade e o esforço de cada um. Portanto, para que o princípio da igualdade não seja propiciador de injustiças, ele deve ser interpretado juntamente com o princípio da razoabilidade, verificando se os meios justificam os fins.[21]

O princípio da legalidade pode ensejar desequiparações, desde que motivado por uma finalidade que esteja consentânea com as estruturas do ordenamento jurídico, na busca de concretizar o princípio da justiça. É a desigualdade como ferramenta do princípio distributivo. O que se veda são discriminações gratuitas, destituídas de qualquer sentido. Não basta qualquer motivo, mas uma razão palpável, justa.

---

[20] SILVA, José Afonso da. *Curso de direito constitucional positivo*. 16. ed. São Paulo: Malheiros, 1999. p. 214.
[21] "Por ofensa ao princípio da razoabilidade, o Tribunal julgou procedente o pedido formulado em ação direta ajuizada pelo Governador do Estado do Rio de Janeiro para declarar a inconstitucionalidade de lei estadual. Considerou-se ser irrazoável a norma impugnada de serviços que ainda não foram prestados" (ADI nº 247-RJ, Rel. Min. Ilmar Galvão).

Quando a Constituição fala que não pode haver preconceito em relação à raça, ao sexo, à cor, à idade, à origem etc., não está falando, de forma absoluta, que é impossível qualquer tipo de discriminação com base nestes elementos. Por exemplo, pode haver diferenciação de sexo, possibilitando a inscrição de apenas mulheres em um concurso para trabalhar como carcereira em um presídio feminino. Portanto, o que a Constituição veda são diferenciações com base nos elementos mencionados que não tenham um amparo lógico plausível que os justifique, que eles sejam alçados a critérios diferenciadores sem uma forte motivação que os ampare.

Para que as discriminações sejam condizentes com o princípio da isonomia são necessários quatro requisitos: a) que a desequiparação não atinja de modo atual e absoluto um só indivíduo; b) que as situações ou pessoas desequiparadas pela regra de direito sejam efetivamente distintas entre si, ou seja, possuam características, traços, nelas residentes, diferenciados; c) que exista uma simetria entre o fator de discriminação e a diferenciação produzida pelo dispositivo jurídico; d) que o resultado produzido pela discriminação seja adequável aos interesses constitucionais protegidos, adequando-se ao caráter sistêmico do ordenamento jurídico.[22]

O dever de implementação do princípio da igualdade é abrangente a todos os poderes constituídos: Legislativo, Executivo e Judiciário, atingindo também os entes privados que devem respeito ao seu conteúdo.

Os estrangeiros residentes no Brasil também estão protegidos pelo princípio da isonomia. Durante o tempo em que eles estiverem em solo brasileiro, terão assegurados todos os direitos referentes à pessoa humana, como a vida, a liberdade, a igualdade, a segurança e a propriedade. A Nova Lei de Migração (Lei nº 13.445/2017), mais protetora em relação ao migrante do que o antigo Estatuto do Estrangeiro, assegura integralmente essas garantias em seu art. 4º. Normalmente, os ordenamentos jurídicos ocidentais garantem aos estrangeiros igualdade formal.[23]

Constitui matéria controversa saber se a Constituição agasalhou ou não o estrangeiro não residente. Na realidade, não agasalhou. Todavia, não há possibilidade de surgir legislação ordinária abusiva em relação a ele, pois, além da existência de normas de direito internacional que foram incorporadas ao ordenamento jurídico, o Brasil ainda subscreveu a Declaração Universal dos Direitos do Homem, em 1948, na Assembleia-Geral da ONU, além de vários convênios para a proteção dos direitos fundamentais.

A doutrina diferencia a "igualdade na lei" da "igualdade perante a lei". Esta significa que o operador jurídico não pode aplicar a lei descurando de sua isonomia para os casos similares, com o objetivo de impedir o surgimento de discriminações; aquela significa que o legislador, ao criar a lei, não poderá proceder de modo a gerar casuísmos, privilégios, valendo como postulado para os legisladores na confecção da norma. A "igualdade na lei" se destina aos elaboradores da norma, para que atuem seguindo o princípio da isonomia; e a "igualdade perante a lei" assume maior importância na aplicação da lei, no fenômeno subsuntivo, na interpretação da *mens legis*, atingindo todos os destinatários.[24]

---

[22] BANDEIRA DE MELLO, Celso Antônio. *Princípio jurídico da igualdade*. 3. ed. São Paulo: Malheiros, 2006. p. 41.
[23] MARTINES, Temistocle. *Diritto costituzionale*. 10. ed. Milano: Giuffrè, 2000. p. 518.
[24] Explica Dworkin acerca da *mens legis*: "As leis devem ser interpretadas de modo a conformar-se às convicções a partir das quais votaram seus autores. Quando Hermes explorou essa versão, achou necessário identificar e

A igualdade perante a lei refere-se ao cumprimento de determinado dispositivo normativo, devendo abranger de forma uniforme todas as pessoas, bens ou situações que estejam em igualdade de situações. Se a norma abstrata não desnivelou a aplicação da norma, desfalece essa competência aos operadores jurídicos. Já a igualdade na lei cinge-se ao processo legislativo, na fase de criação normativa, impedindo que os legisladores possam criar diferenciações que não tenham robusta dosimetria que justifique o critério diferenciador.

Havendo dois casos idênticos na seara fática, deparamo-nos com uma obrigatoriedade de realizar a igualdade perante a lei, em que a mesma lei deve ser aplicada para ambos os casos. A quebra da igualdade na lei ocorre no momento da sua elaboração, quando se privilegiam determinadas situações em detrimento de outras, sem nenhum motivo fático que o respalde, como no exemplo de se isentarem do pagamento de imposto de renda os cidadãos que trabalhem no setor automobilístico.

O texto constitucional brasileiro de 1988 não adotou a diferenciação exposta acima. A expressão contida no *caput* do art. 5º refere-se tanto à igualdade na lei quanto à igualdade perante a lei, obrigando os legisladores e os operadores jurídicos a seguirem o preceito isonômico. Ambos os casos se destinam a impedir tratamentos desiguais. Explica Celso Antônio Bandeira de Mello:

> A lei não deve ser fonte de privilégios ou perseguições, mas instrumento regulador da vida social que necessita tratar equitativamente todos os cidadãos. Este é o conteúdo político-ideológico absorvido pelo princípio da isonomia e juridicizado pelos textos constitucionais em geral, ou de todo modo assimilado pelos sistemas normativos vigentes.[25]

## 9.4 Isonomia de gênero

O fim do preconceito em relação às mulheres foi o principal objetivo tentado pelo princípio da isonomia de sexo. Pela Constituição Cidadã, homens e mulheres são iguais em direitos e em obrigações, tanto em ônus quanto em bônus na seara jurídica (art. 5º, I, da CF). A maioria das Constituições contemporâneas expressamente aceita o princípio da isonomia entre homens e mulheres, que inclusive está inscrito na Declaração Universal dos Direitos do Homem.[26]

A primeira *Lex Mater* pátria que trouxe o princípio da isonomia de sexo, mesmo de forma implícita, foi a de 1824, no seu art. 179, nº 14, declarando: "Todo cidadão pode ser admitido aos cargos públicos civis, políticos, ou militares, sem outra diferenciação que não seja a de seus talentos e virtudes". A partir da Constituição de 1934 é que

---

reconciliar os conflitos dentro das convicções de cada legislador, interpretando o histórico do legislador como um todo, e então achou necessário combinar as convicções reestruturadas de diferentes legisladores individuais num sistema geral de convicções institucionais" (DWORKIN, Ronald. *O império do direito*. São Paulo: Martins Fontes, 1999. p. 432-433).

[25] BANDEIRA DE MELLO, Celso Antônio. *Conteúdo jurídico do princípio da igualdade*. São Paulo: RT, 1978. p. 26.

[26] Esclarece John Gilissen: "Podem-se distinguir três grandes sistemas nos diferentes estatutos jurídicos do passado e do presente: a) aquele em que a mulher, casada ou não, goza pouco mais ou menos dos mesmos direitos que o homem; b) aquele em que a mulher, casada ou não, é sempre incapaz, colocada sob a autoridade de um homem: o pai, o marido ou um parente qualquer; c) aquele em que a mulher não casada goza da generalidade dos direitos de que goza o homem, mas em que a mulher casada é incapaz, estando colocada sob a autoridade do marido" (GILISSEN, John. *Introdução histórica ao direito*. 2. ed. Lisboa: Fundação Calouste Gulbenkian, 1995. p. 600).

a igualdade entre homens e mulheres vem sendo expressa de forma explícita nas Constituições brasileiras.[27] Nos Estados Unidos ela foi incorporada na Constituição pela 19ª Emenda, em 1919.

As únicas diferenciações possíveis são as contidas no texto constitucional, como exemplo, o direito de as mulheres se aposentarem cinco anos mais cedo que os homens (art. 201, §7º, da CF); a licença-gestante, que é de 120 dias (art. 7º, XVIII, da CF), ao passo que a licença-paternidade é de 5 dias (art. 7º, XIX, da CF);[28] o tratamento especial às presidiárias que tenham filhos em período de amamentação (art. 5º, L, da CF); a proteção do mercado de trabalho às mulheres mediante incentivos específicos (art. 7º, XX, da CF).

A garantia de igualdade entre os homens e as mulheres também abrange os homossexuais, tanto os masculinos quanto os femininos, os bissexuais, os transexuais e os transgênero.[29] A Constituição, ao garantir a intimidade e ao proibir a discriminação, protegeu a livre opção sexual, impedindo qualquer tipo de preconceito.

Nesse sentido, o Supremo Tribunal Federal, ao julgar a Ação Direta de Inconstitucionalidade nº 4.275/DF, estabeleceu diversas premissas acerca da identidade de gênero em relação ao princípio da isonomia. Primeiro, que o direito à igualdade sem discriminação abrange a identidade ou expressão de gênero; segundo, que, sendo a expressão de gênero manifestação da própria personalidade humana, cabe ao Estado apenas "reconhecê-la, jamais constituí-la".[30]

Com efeito, o Pretório Excelso interpretou conforme a Constituição a Lei dos Registros Públicos (Lei nº 6.015/73), fixando a tese de que a alteração do prenome e da classificação de gênero no registro civil é direito potestativo da pessoa transgênero, pela via judicial ou administrativa, independentemente da prévia realização de procedimento cirúrgico de transgenitalização ou mesmo de qualquer laudo elaborado por terceiros.[31]

Como decorrência do princípio da isonomia de sexo desapareceu a antiga instituição da chefia do casal, em que o homem tinha o direito de tomar as decisões familiares. O art. 226, §5º, da Constituição firmou que os direitos e deveres da sociedade conjugal serão exercidos de forma igualitária pelos homens e pelas mulheres.

Da mesma forma pode-se falar de ações afirmativas em torno da isonomia de gênero, bem exemplificada pelas políticas de inclusão da mulher na política em 2009, com a redação trazida pela Lei nº 12.034, que instituiu a regra de distribuição de vagas por gênero feita pelos partidos ou coligações, preenchendo o mínimo de 30% (trinta por cento) e o máximo de 70% (setenta por cento) para candidaturas de cada sexo.

---

[27] Em nível infraconstitucional, a Lei nº 4.121/1962, o Estatuto da Mulher Casada, garantiu uma ampla gama de direitos às mulheres, como deixar de qualificá-la como relativamente incapaz, passando a colaborar com o marido na família; outorgou a condição de poder exercer qualquer profissão ou *munus* público, independentemente da autorização do marido etc.

[28] Dispõe o art. 10, §1º, do Ato das Disposições Constitucionais Transitórias, que, até que a lei venha a disciplinar a licença-paternidade, o seu prazo será de cinco dias.

[29] "Conviver com a opção sexual do transexual, permitir a busca de sua felicidade, é também revelar o grau de democracia da sociedade, já que essa felicidade dependerá da identificação do sexo psicológico com o biológico. Os valores morais, que dominam a sociedade, permitirão o convívio com o bem-viver do indivíduo transexual? Com a resposta, chegaremos ao grau de democracia existente em nossa realidade" (ARAÚJO, Luiz Alberto David. *A proteção constitucional do transexual*. São Paulo: Saraiva, 2000. p. 8).

[30] STF, ADI nº 4.275/DF, Rel. Min. Marco Aurélio. *DJe*, 7 mar. 2019.

[31] *Ibid*.

Nesse mesmo sentido, a Lei nº 12.891 de 2013 introduziu o art. 93-A3 na Lei das Eleições, o qual previu que o Tribunal Superior Eleitoral poderia promover, nos anos eleitorais, propaganda institucional, em rádio e televisão, destinada a incentivar a igualdade de gênero e a participação feminina na política. Foi somente com a minirreforma eleitoral de 2015, com a Lei nº 13.165, que a promoção da participação da mulher na política passou a ser obrigatória, assim como o tempo mínimo de participação da mulher na propaganda partidária foi alterado de 10% para 15%. Necessário destacar, no entanto, a existência de uma regra de transição prevendo que nas eleições de 2016 e 2018 esse percentual seria de 20% e, somente nas eleições de 2020 e 2022, será de 15%.[32]

Ainda que se fale em gênero de maneira generalizada, é perceptível que essas leis carregam a clara preocupação de uma representatividade feminina, tendo em vista que, ainda hoje, de acordo com o levantamento feito pelo Tribunal Superior Eleitoral em março de 2021, o Brasil tem 77 milhões de mulheres alistadas junto à Justiça Eleitoral, número que corresponde a 52,7% do total de eleitores;[33] por outro lado, não chegam a representar 15% do parlamento.

Defende-se ardentemente o incentivo à participação feminina, todavia, de forma alguma, a quota na representação política, porque seria mais um instrumento para distorção da democracia e serviria apenas para empoderar quem não precisa de nenhum incentivo.

## 9.5 Compatibilidade entre as ações afirmativas e o princípio da isonomia

As ações afirmativas ou *affirmative actions* da doutrina americana são remédios processuais para amparar direitos dos hipossuficientes. Sua finalidade é concretizar a isonomia e fortalecer a democracia, impedindo que a maioria possa prejudicar direitos da minoria. O primeiro caso na doutrina americana ocorreu no julgamento de *Brown v. Board of Education*, em 1954, que possibilitou aos negros estudarem nas escolas públicas americanas juntamente com os estudantes brancos.

Joaquim Barbosa Gomes assim define as ações afirmativas:

> Atualmente, as ações afirmativas podem ser definidas como um conjunto de políticas públicas e privadas de caráter compulsório, facultativo ou voluntário, concebidas com vistas ao combate à discriminação racial, de gênero e de origem nacional, bem como para corrigir os efeitos presentes da discriminação praticada no passado, tendo por objetivo a concretização do ideal de efetiva igualdade de acesso a bens fundamentais como a educação e o emprego.[34]

---

[32] TSE. REspe nº 126-37/RS, Rel. Min. Luciana Lossio.

[33] Disponível em: https://www.tse.jus.br/eleitor/estatisticas-de-eleitorado/estatistica-do-eleitorado-por-sexo-e-faixa-etaria. Acesso em: 20 abr. 2021.

[34] Continua Joaquim Barbosa Gomes: "Em síntese, trata-se de políticas e de mecanismos de inclusão concebidos por entidades públicas, privadas e por órgãos dotados de competência jurisdicional, com vistas à concretização de um objetivo constitucional universalmente reconhecido – o da efetiva igualdade de oportunidades a que todos os seres humanos têm direito" (GOMES, Joaquim Barbosa. *Ação afirmativa*. Princípio constitucional da igualdade. Rio de Janeiro: Renovar, 2000. p. 40).

Para André Ramos Tavares, "elas compõem um grupo de institutos cujo objetivo precípuo é compensar, por meio de políticas públicas ou privadas, os séculos de discriminação a determinadas raças ou segmentos".[35]

Nos Estados Unidos, as ações afirmativas têm apresentado importante desenvolvimento, no sentido de garantir a inclusão dos negros na plenitude de seus direitos políticos. A escravidão foi praticada pela maioria dos Estados, principalmente nos do Sul, onde se constituiu em elemento essencial para a economia desta região, tendo, inclusive, sido tal prática referendada pela Suprema Corte na decisão *Dred Scott v. Sandford*. Ela fora abolida em decorrência da Guerra da Secessão e, especificamente, pela Décima Terceira emenda à Constituição de 1787. Contudo, a sociedade norte-americana ainda continuou conflagrada, sendo o racismo uma prática constante. Em 1896 estabeleceu a Suprema Corte a doutrina do *separated but equal*, uma forma de permitir a segregação entre brancos e negros – apesar de que estes últimos tiveram garantidos os seus direitos a um devido processo material (Décima Quarta Emenda Constitucional) e o direito de votar (Décima Quinta Emenda Constitucional) –, no caso *Plessy v. Ferguson*, em que um cidadão que dizia possuir 7/8 de sangue caucasiano e, apenas, 1/8 de sangue africano, tentava sentar-se no assento destinado a brancos. Decidiu a Suprema Corte que a separação racial não feria nem a Constituição nem as emendas posteriores. Somente em 1954 é que a Suprema Corte declara a inconstitucionalidade da segregação de alunos em escolas públicas, no caso *Brown v. Board Education*. Mesmo depois destas decisões, os negros não conseguiram acabar com a discriminação racial. Em 1960 começam as grandes manifestações para garantir os direitos civis e contra a política de segregação racial; o Presidente John Kennedy utiliza pela primeira vez o termo *ação afirmativa* (*affirmative action*), na criação da Comissão para a Igualdade de Oportunidade no Emprego. No ano seguinte, ele expede ordem na qual proíbe a discriminação racial nos projetos federais de habitação, no Ministério da Saúde, Educação e bem-estar. Contudo, o principal instrumento para o desmonte da segregação racial nos Estados Unidos ocorreu em 1964 com a promulgação da nova Lei de Direitos Civis.

A experiência de inclusão social por intermédio de ação afirmativa não é restrita aos Estados Unidos. Experiências semelhantes ocorreram em vários países da Europa Ocidental, na Índia, Malásia, Austrália, Canadá, Nigéria, África do Sul, Argentina, Cuba, entre outros.

No Brasil, o termo *ação afirmativa* foi mencionado pela primeira vez em 1968, quando os técnicos do Ministério do Trabalho e do Tribunal Superior do Trabalho se manifestaram a favor de uma lei que viesse a obrigar as empresas privadas a estimular um percentual de empregados de cor de acordo com a atividade e com a demanda.

As políticas públicas de combate à discriminação se dividem em ações neutras (normas proibitivas) e políticas positivas (ações afirmativas). As políticas positivas podem ser feitas por meio processual ou decisões governamentais. Elas podem ser obrigatórias ou facultativas e também públicas ou privadas. As ações afirmativas, ou discriminações positivas, são políticas de inclusão que não se direcionam apenas em favor dos negros, mas em benefício de qualquer grupo social que tenha sofrido repressão social. Geralmente contempla minorias raciais, étnicas ou mulheres. As principais áreas de sua incidência são o mercado de trabalho, o sistema educacional e a representação política.

---

[35] TAVARES, André Ramos. *Curso de direito constitucional*. 3 ed. São Paulo: Saraiva, 2006. p. 518.

As políticas públicas antigas eram feitas com base na imputação de que ocorreu discriminação com relação a determinadas pessoas. As modernas não precisam de nenhuma comprovação de incidência, apenas de que o cidadão se inclui em um dos grupos protegidos. Neste último caso ela se tipifica como preventiva.

As ações afirmativas têm dois sentidos: o de reparação e o de redistribuição. O primeiro exige que os grupos atingidos tenham estado sob uma situação de opressão, de cerceamento de seus direitos, e que o indivíduo faça parte do grupo minoritário. O segundo não necessita que tenha havido uma situação de opressão, nem seu beneficiário precisa fazer parte de qualquer grupo marginalizado.

As cotas não podem ser confundidas com ações afirmativas porque aquelas são instrumentos destas. As ações afirmativas se materializam não apenas por meio de cotas, mas também por meio de incentivos fiscais, da concessão de bônus; do estabelecimento de metas que devem ser alcançadas no futuro etc.

Parte de uma ideia de reparação, em que se busca compensar desigualdades não justificadas, ou seja, decorrentes de fatores que não nascem da vontade dos cidadãos, como a condição racial, o local de nascimento etc. Contudo, muitos a acusam de ser um instrumento para a prática de discriminação às avessas, mas que se justifica em virtude do princípio da igualdade.

Para que haja respaldo jurídico para a criação de uma ação afirmativa é necessário que ela esteja imbuída pelo princípio da razoabilidade, impedindo que seja ensejadora de mais desigualdades em uma sociedade já abundantemente desigual como a sociedade brasileira. Apenas há ensejo para sua criação quando circunstâncias fáticas propiciem a necessidade de minorar uma desigualdade social claramente existente na sociedade, nunca como um instrumento para promover determinadas classes ou grupos sociais.

Pode-se falar que dois são os requisitos para a criação de uma ação afirmativa: imprescindibilidade e temporariedade. O primeiro se justifica diante da proeminência do motivo que a referida ação visa minorar, buscando limitar forte desigualdade que causa litígio na sociedade; o segundo se refere ao fato de que a ação afirmativa apenas pode ter vigência enquanto existir em alto grau a desigualdade. Diminuída a desigualdade existente, não mais subsistem os motivos que a ensejaram.

Ela busca extinguir situações de desigualdade, que sofrem determinados grupos minoritários, como negros, homossexuais, deficientes, seguidores de determinadas crenças religiosas etc., através de procedimentos jurídicos específicos. Para isso são criadas ações preferenciais para esses grupos, como exemplo, a quota de 30% de participação de mulheres no registro eleitoral dos candidatos para a disputa proporcional.

Dworkin afirma que um dos mais importantes argumentos contra a ação afirmativa é que ela, dentro do contexto social norte-americano, macula a imagem dos negros e destrói o seu autorrespeito, passando uma falsa percepção de que eles seriam cidadãos inferiores, que somente poderiam alcançar cargos importantes através de políticas compensadoras por parte do governo.[36] Esse tipo de argumentação, apesar de merecer respaldo, diante dos avanços que as ações afirmativas podem propiciar, assume uma importância menor.

---

[36] DWORKIN, Ronald. *Sovereign virtue*. The theory and practice of equality. Massachusetts: Harvard University Press, 2000. p. 398.

A ação afirmativa não é remédio para acabar com todas as assimetrias que grassam na sociedade. Em uma sociedade plural e complexa como a contemporânea elas sempre existirão. Sua finalidade é atenuá-las, tornando-as suportáveis para o regime democrático.

As ações afirmativas não se constituem em procedimentos que ferem o princípio da isonomia; pelo contrário, visam fortalecê-lo, na medida em que atingem a desigualdade para arrefecê-la. Assim, seu campo de atuação se restringe a grupos minoritários que sofrem restrições dos seus direitos fundamentais, com a finalidade de colocá-los com as mesmas prerrogativas dos grupos majoritários.

Com a atuação das ações afirmativas, pessoas inocentes podem ser chamadas a suportar o ônus do processo para assegurar uma maior intensidade ao princípio da isonomia, como no caso de se fixar determinado percentual de estudantes das escolas públicas para terem acesso às universidades governamentais. Dessa forma, aqueles estudantes que apenas não entraram na universidade pública por causa do limite estabelecido são prejudicados. Todavia, é o preço a ser levado em conta para que se possibilite o acesso a direitos a uma maior diversidade de segmentos sociais.

O STF, no julgamento da ADPF nº 186, por unanimidade, considerou constitucional a política de cotas étnico-raciais para seleção de estudantes da Universidade de Brasília (UnB). O Plenário acabou seguindo o voto do Ministro Ricardo Lewandowski, que conduziu o julgamento no sentido de que as políticas de ação afirmativas consubstanciam um ambiente acadêmico plural e diversificado, objetivando a superação de distorções sociais historicamente consolidadas, já que as desigualdades entre brancos e negros decorreriam de séculos de dominação econômica, política e social dos primeiros sobre os segundos.[37] Também se ressaltou a natureza transitória dos programas de ação afirmativa. Restou decidido que as cotas raciais devem perdurar enquanto as distorções históricas ainda não forem corrigidas, inexistindo razão para sua manutenção depois de inexistir qualquer discrepância racial. Alertou o Ministro Ricardo Lewandowski que, se as cotas raciais perdurassem por tempo indeterminado, poderiam converter-se em benesses permanentes, em detrimento da coletividade e da democracia.[38]

O Supremo Tribunal Federal decidiu ser obrigatório determinar o custeio proporcional das campanhas dos candidatos negros, destinando 30% como percentual mínimo, para a distribuição do Fundo Especial de Financiamento de Campanha, bem como distribuir de forma proporcional o tempo de propaganda eleitoral gratuita em rádio e TV para candidatos negros. O montante destinado a candidaturas de pessoas negras deve ser calculado do percentual direcionado para cada gênero, homens e mulheres, e, posteriormente, retirada a parcela dos 30% referentes às candidaturas de pessoas negras.[39]

---

[37] O STF também reconheceu a constitucionalidade da Lei nº 12.990/2014, que reserva 20% das vagas em concursos públicos da Administração Federal direta e indireta para ações afirmativas (ADC nº 41/DF, Rel. Min. Luís Roberto Barroso, 8.6.2017).

[38] ADPF nº 186/DF, Rel. Min. Ricardo Lewandowski, 25 e 26.4.2012.

[39] Em despacho proferido nos autos da ADPF nº 738, o Ministro Ricardo Lewandowski esclareceu o modo como a distribuição seria feita, nos seguintes termos, a saber: "1) O volume de recursos destinados a candidaturas de pessoas negras deve ser calculado a partir do percentual dessas candidaturas dentro de cada gênero, e não de forma global. Isto é, primeiramente, deve-se distribuir as candidaturas em dois grupos -homens e mulheres. Na sequência, deve-se estabelecer o percentual de candidaturas de mulheres negras em relação ao total de candidaturas de homens negros em relação ao total de candidaturas masculinas. Do total de recursos destinados a cada gênero é que se separará a fatia mínima de recursos a ser destinada a pessoas negras desse gênero; 2) Ademais, deve-se observar as particularidades do regime do FEFC e do Fundo Partidário, ajustando-se as regras

Importante ressaltar que por ocasião do julgamento da ADPF nº 738, sob a relatoria do Ministro Ricardo Lewandowski, o Supremo Tribunal Federal determinou a imediata aplicação dos incentivos às candidaturas de pessoas negras, nos exatos termos da resposta do TSE à Consulta nº 600306-47, ainda nas eleições de 2020. No entanto, a matéria ainda será regulamentada pelo TSE.

## 9.6 Princípio da legalidade

O princípio da legalidade ganhou ares de unanimidade com o advento do movimento racionalista, em que a legitimidade que estava assentada em base teocrática, de caráter divino, foi substituída pela legitimidade calcada na legalidade. De forma ampla, o princípio mencionado exprime a ideia de lei como ato supremo e preponderante sobre qualquer direito de outra natureza (art. 5º, II, da CF).[40]

Ele veio expresso no art. 6º da Declaração dos Direitos do Homem e do Cidadão, de 1789:

> A liberdade consiste no poder de fazer tudo o que não ofende outrem; assim o exercício dos direitos naturais de cada homem não tem outros limites além daqueles que asseguram aos outros membros da sociedade o gozo destes mesmos direitos. Estes limites não podem ser estabelecidos senão pela lei.

A legalidade serve como meio de realização do princípio isonômico, ao menos no seu sentido formal, dentro da perspectiva liberal. Quando o *caput* do art. 5º da Constituição Federal afirma que "todos são iguais perante a lei", a legalidade é peremptoriamente declarada como instrumental do princípio isonômico, afirmando que a lei não pode discriminar os casos que não foram discriminados pela realidade fática.

A legalidade se reveste de conteúdo político quando significa o elo condutor para a realização da soberania popular, refletindo a vontade da população ao servir como instrumento para o fortalecimento do regime democrático. O seu sentido político é que ela possibilita ao povo participar das decisões estatais porque elege os mandatários que farão as estruturas normativas da sociedade. Se as leis são feitas pelo Poder Legislativo, e este é composto por deputados eleitos pelo povo, então, indiretamente, é o povo que decide as normas que deverá seguir.

---

já aplicadas para cálculo e fiscalização de recursos destinados às mulheres; 3) A aplicação de recursos do FEFC em candidaturas femininas é calculada e fiscalizada em âmbito nacional. Assim, o cálculo do montante mínimo do FEFC a ser aplicado pelo partido, em todo o país em candidaturas de mulheres negras e homens negros será realizado a partir da aferição do percentual do percentual de mulheres negras, dentro do total de candidaturas masculinas. A fiscalização da aplicação dos percentuais mínimos será realizada, apenas, no exame das prestações de contas do diretório nacional, pelo TSE; 4) A aplicação de recursos do Fundo Partidário em candidaturas femininas é calculada e fiscalizada em cada esfera partidária. Portanto, havendo aplicação de recursos do Fundo Partidário em campanhas, o órgão partidário doador, de qualquer esfera, deverá destinar os recursos proporcionalmente ao efetivo percentual (i) de candidaturas femininas, observado, dentro deste grupo, o volume mínimo a ser aplicado a candidaturas de mulheres negras; e (ii) de candidaturas de homens negros. Nesse caso, a proporcionalidade será aferida com base nas candidaturas apresentadas no âmbito territorial do órgão partidário doador. A fiscalização da aplicação do percentual mínimo será realizada no exame das prestações de contas de cada órgão partidário que tenha feito a doação".

[40] ZAGREBELSKY, Gustavo. *Il diritto mite, legge, diritti, giustizia*. 2. ed. Torino: Einaudi, 1992. p. 24.

Uma outra função do princípio da legalidade é assegurar a liberdade dos cidadãos.[41] Por isso a coletividade não pode adotar uma postura passiva diante das injustiças cometidas pelas normas jurídicas, podendo fazer uso do imemorial direito à resistência para fazer frente ao arbítrio governamental. A crítica ao ordenamento jurídico é de suma importância para o aprimoramento da cidadania e da consciência política. Kant já advertia que os cidadãos, como seres racionais, deveriam fazer uso constante do seu direito de crítica ao ordenamento jurídico:

> Os cidadãos devem obedecer às normas da lei, mas enquanto homens que raciocinam, devendo fazer uso público da própria razão e estar num processo contínuo de crítica a estas leis, se considerarem que elas são injustas, para que exista também um processo contínuo de reformulação deste Estado de Direito.[42]

Preceitua o princípio da legalidade que o cidadão só poderá fazer ou deixar de fazer alguma coisa, exprimindo uma obrigação de fazer ou de não fazer, mediante lei. Essa norma é considerada como emanação do Poder Legislativo, lei formal. Assim, o citado princípio impede o arbítrio e a tirania. As cominações das autoridades terão de se embasar em leis e essas leis têm de respeitar os mandamentos constitucionais, principalmente os direitos e garantias fundamentais.

A expressão *mediante lei* personifica o princípio da legalidade formal, em que apenas os dispositivos elencados no art. 59 da Constituição podem determinar obrigações ou omissões aos cidadãos. Isto decorre da supremacia do parlamento, concebido como o órgão máximo de representação da soberania popular, em que todas as forças políticas presentes na sociedade são representadas e em que as demandas populares obtêm ressonância.

José Afonso da Silva denomina a lei absoluta de reserva constitucional, ocorrendo quando apenas as normas contidas no art. 59 podem regulamentar certa matéria. Por outro lado, quando dispositivo constitucional pode ser regulamentado não apenas pelas espécies normativas esculpidas no art. 59, podendo ser dispostas por fonte diversa de lei, como decretos ou resoluções, desde que estejam sob parâmetro de validade de uma norma, denomina-se reserva constitucional relativa, pois se refere também a fontes infraconstitucionais.[43] Deve-se atenção ao fato de que os atos normativos de caráter infralegal necessitam estar amparados em uma lei no sentido formal, sob pena da declaração de sua ilegalidade.

A expressão *mediante lei* significa que qualquer dos dispositivos elencados no art. 59 pode ensejar o cumprimento do preceito mencionado. Com relação aos decretos, e partindo-se da constatação de que o ordenamento brasileiro não permite decretos autônomos, eles não podem gerar obrigações – sua função se resume a complementar o que foi disposto pelos instrumentos normativos elencados no art. 59, nunca os suplantar para criar obrigações.

---

[41] GARCÍA DE ENTERRÍA, Eduardo. *Justicia y seguridad jurídica en un mundo de leyes desbocadas*. Madrid: Civitas, 1999. p. 39.
[42] KANT, Emmanuel. *Da paz perpétua*. São Paulo: Cultrix, 1992. p. 83.
[43] SILVA, José Afonso da. *Curso de direito constitucional positivo*. 16. ed. São Paulo: Malheiros, 1999.

Existe ainda uma diferenciação entre o princípio da legalidade e o princípio da reserva legal, sendo este espécie daquele. A reserva legal atua como restrição de competência ao princípio da legalidade, ou seja, delimita a atuação da aplicação da lei a determinada área. Assim, temos a reserva legal tributária, penal etc., na qual apenas leis que especificamente atendam a requisitos tributários ou penais são formuladas. A legalidade é a norma em estado genérico; a reserva legal é a especificação da lei, determinando o ramo do direito em que ela atuará. A reserva legal configura-se como o princípio da legalidade acrescido das especificidades inerentes a sua seara de incidência. Como exemplo: o sujeito passivo, o sujeito ativo, a fato gerador, a base de cálculo e a alíquota que são os elementos necessários para a configuração do princípio da legalidade tributária.

O princípio da legalidade é a substância do Estado de Direito. Nesse sentido são as palavras de Montesquieu:

> É claro ainda que o Monarca, que, por mau conselho ou negligência, cessa de fazer executar as leis, pode facilmente reparar o mal: tem apenas de mudar de Conselho, ou corrigir-se dessa mesma negligência. Quando, porém, num governo popular, as leis param de ser executadas, como isso só pode provir da corrupção da República, o Estado já está perdido.[44]

## 9.6.1 Jurisprudencialização

Devido à construção do texto constitucional ter sido feita principalmente por normas principiológicas, apenas a utilização de vetor positivo não serve como *standard* para a realização da subsunção normativa, podendo, em cada caso, haver mais de uma solução de acordo com postulados metajurídicos. A jurisprudencialização se torna um fato de mitigação do princípio da legalidade, cujas consequências ainda não estão devidamente especificadas.

Motivado pela ausência de alicerce normativo preciso, determinado *a priori*, as sentenças judiciais passam a ser decididas de forma muito discricionária, o que modifica o padrão vigente da separação dos poderes, em que cabe ao Poder Legislativo especificar o sentido da Constituição.[45]

O direito constitucional passa a não ser mais definido pelas normas prescritas na Lei Maior, haja vista seu conteúdo genérico e abstrato, de natureza aberta.[46] Sua implementação vem a ser tópica, por intermédio de decisões do Supremo Tribunal Federal, avolumando sua importância nessa matéria. Por sua vez, o Poder Judiciário passa a desempenhar uma função de *judicial activism*, indo além da tradicional prerrogativa de seguir dispositivos normativos para atuar de forma predominantemente *praeter legem*.

A Constituição que antes tinha como sua característica ser especificada por intermédio de instrumentos normativos, construídos por órgãos ligados diretamente à soberania popular, começa a ser determinada por decisões judiciais, processo que se denominou jurisprudencialização, em que o *locus* de decisão sai da incidência exclusiva

---

[44] MONTESQUIEU, Charles de Secondat. *O espírito das leis*. São Paulo: Saraiva, 1987. p. 96.
[45] MORBIDELLI, G. et al. *Diritto costituzionale italiano e comparato*. 2. ed. Bologna: Monduzzi, 1995. p. 566.
[46] OPPENHEIM, Felix E. The judge as legislator. In: GIANFORMAGGIO, L.; PAULSON, S. P. (Eds.). *Cognition and interpretation of law*. Torino: Giappichelli, 1995. p. 289-294.

da seara política, personificada pela classe política, e adentra no *locus* jurídico pelas decisões do Supremo Tribunal Federal.⁴⁷ Esse processo configura-se na definição do texto constitucional por intermédio das decisões do Poder Judiciário, mormente do STF, que tem a função de guardião da Constituição. Esse fenômeno provoca uma mutação das normas constitucionais, um *diritto vivente*, cujo principal autor é o órgão que exerce a jurisdição constitucional de forma concentrada.⁴⁸

Não representando o Supremo Tribunal Federal, de forma direta, a soberania popular, sua atuação, agindo de forma *praeter legem*, pode colidir com os interesses majoritários da sociedade e acarretar fricções constitucionais. Óbvio que o questionamento é acerca do *judicial activism* do Judiciário, sendo unânime o apoio ao controle de normas que maculem os mandamentos constitucionais.⁴⁹

Como resultado, verifica-se um avultamento da importância do Judiciário e um depreciamento da importância do Legislativo. Muitas decisões que deveriam ter sido tomadas pelos representantes do povo são decididas pelo STF, seja porque o Legislativo não chega a um acordo para realizá-las, seja porque se omite, seja porque não pode atender às demandas da sociedade com a rapidez almejada.

Parcela considerável da doutrina entende que a jurisprudencialização é um processo inexorável, em virtude das crises pelas quais passa o Estado considerado pós-moderno.⁵⁰ Trata-se de um problema grave que afeta todas as sociedades políticas organizadas, diferenciando-se apenas na extensão quantitativa e qualitativa de seus efeitos.

Havendo uma extensão no espaço de incidência das decisões do Judiciário, atuando mesmo sem o amparo direto de dispositivo normativo, seus posicionamentos assumem direcionamentos ignorados. Sem um parâmetro preestabelecido para a tomada de decisões, a segurança jurídica fica prejudicada. E mesmo com o estabelecimento de um ponto de partida normativo, a qualquer momento o posicionamento judicial pode ser modificado, o que atinge situações consolidadas e não ajuda na concretização da força normativa da Constituição. As regulamentações estabelecidas pela Constituição deixam de simbolizar referenciais seguros de atuação dos entes públicos em sua esfera de prerrogativas, os conceitos abstratos e genéricos apenas adquirem eficácia quando são especificados por decisões judiciais do STF.

O mais grave dessa modificação é que desfalece o Supremo Tribunal Federal de legitimidade suficiente para definir os limites de competência dos órgãos federativos sem intermediação do Legislativo. Como seus membros exercem cargos vitalícios, destituídos de simetria com as forças políticas estabelecidas, pode a decisão do STF refletir posição contrária aos interesses das forças predominantes. Como os dispositivos principiológicos proporcionam mais de uma resposta adequada ao conteúdo sistêmico da Constituição, o sentir das forças políticas estabelecidas pode ser uma das soluções possíveis, não obstante não contar com o beneplácito do STF, o que instaura uma litigância.

---

⁴⁷ HABERMAS, Jürgen. *Direito e democracia*. Entre facticidade e validade. Tradução de Flávio Beno Siebeneichler. Rio de Janeiro: Tempo Brasileiro, 1997. v. I. p. 142.

⁴⁸ CAVINO, Massimo. Il precedente tra certeza del diritto e liberta del giudice: la sintesi nel diritto vivent. *Diritto e società*, Padova, n. 1, gen./mar. 2001.

⁴⁹ TATE, C. Neal; VALLINDER, Torbjörn. The global expansion of judicial power: the judicialization of politics. In: TATE, C. Neal (Ed.). *The global expansion of judicial power*. New York: New York University Press, 1995. p. 2-4.

⁵⁰ AGRA, Walber de Moura. *A reconstrução da legitimidade do Supremo Tribunal Federal*. Densificação do Supremo Tribunal Federal. Rio de Janeiro: Forense, 2005. p. 121.

Não obstante as decisões do Supremo Tribunal Federal se configurarem como última instância do Judiciário, portanto, inexistindo outro órgão que possa modificá-las, podem ser alteradas via teoria da separação dos poderes, em que as decisões judiciais podem ser suprimidas desde que seja modificado seu parâmetro de referência, o que se denomina alteração no parâmetro de referencialidade.[51] O limite desse *checks and balances* é o respeito aos ditames da Constituição.

## 9.7 Direito de resistência

O direito de resistência é aquele outorgado aos cidadãos para se opor contra a ordem jurídica que afronta as suas prerrogativas essenciais, principalmente aquelas de quarta dimensão. Ele não foi admitido de forma explícita na Constituição Federal de 1988, podendo ser encontrado de forma implícita por meio de alguns princípios que garantem a sua definição, como o princípio do Estado Democrático de Direito, o princípio da legalidade, o princípio da dignidade da pessoa humana etc.

O direito de resistência foi previsto na Declaração de Direitos do Homem e do Cidadão, de 1789, no seu art. 2º: "A finalidade de toda associação é a conservação dos direitos naturais e imprescindíveis do homem; esses direitos são a liberdade, a segurança e a resistência à opressão".

O fundamento do direito de resistência não se encontra apenas no ordenamento jurídico, mas também no jusnaturalismo, na crença na existência de direitos inatos ao homem, que são assegurados independentemente da validade proporcionada pelas normas jurídicas.

O mencionado direito percorreu uma longa caminhada para a sua elaboração: começou com Santo Tomás de Aquino, passando por Etienne de La Boétie, John Locke e Thomas Jefferson. Ele é uma prerrogativa tipicamente burguesa, inspirada nas lutas contra o absolutismo estatal.[52]

Sua conceituação é de um direito natural, inalienável, do cidadão, que pode ser oposto contra qualquer ordenamento jurídico e contra qualquer organização estatal que não respeite os direitos fundamentais da coletividade. John Locke considerava que o direito de resistência devia ser implementado quando o Estado ameaçasse direitos que não foram colocados à disposição do pacto social. Thomas Jefferson entendia o direito de resistência como um dever dos cidadãos diante de uma situação de injustiça.

O apego arraigado ao princípio da legalidade levou a um quase aniquilamento do direito de resistência, passando uma falsa percepção de que o ordenamento legal deveria ser obedecido mesmo que descurasse dos mais ínfimos direitos fundamentais. O ordenamento jurídico tem como finalidade precípua a defesa dos direitos fundamentais, não podendo servir de instrumento para o aniquilamento de prerrogativas dos cidadãos. Diante do acinte desmesurado aos direitos fundamentais, o direito de resistência, além de ser justo e legítimo, não pode ser considerado uma conduta ilegal; muito pelo contrário, sua finalidade é um retorno aos parâmetros legais que foram desrespeitados.

---

[51] SOUZA E BRITO, José. Jurisdição constitucional e princípio democrático. In: SOUZA E BRITO, José. *Legitimidade e legitimação da justiça constitucional*. Coimbra: Coimbra Editora, 1995. p. 39.

[52] COSTA, Nelson Nery. *Teoria da desobediência civil*. Rio de Janeiro: Forense, 2000. p. 28.

## 9.8 Princípio da liberdade de locomoção

O princípio da liberdade de locomoção assegura ao cidadão o direito de ir, vir e ficar no território nacional, juntamente com os seus bens, desde que não esteja em vigor o estado de sítio e o estado de defesa, que são medidas de proteção do Estado e das instituições democráticas (art. 5º, XV, da CF). Assim, o princípio mencionado possibilita tanto a circulação dos cidadãos como a entrada e a saída dos seus bens.

O direito de liberdade de locomoção abrange o direito de circulação.

O direito de locomoção foi um dos primeiros direitos a ser implantado pelo movimento constitucionalista do século XVIII, considerado direito de primeira dimensão, já que constitui uma prerrogativa básica para o desenvolvimento da economia capitalista, contrapondo-se às restrições à liberdade de locomoção que foram impostas pela sociedade feudal.

A liberdade de locomoção é um dos núcleos do princípio da liberdade, um dos dogmas da sociedade burguesa. Tamanha a relevância do princípio da liberdade de locomoção para a consolidação da sociedade burguesa que para protegê-lo foi criada a primeira garantia constitucional, o *habeas corpus*.

Em Constituições denominadas dirigentes, em que o Estado intervém de modo mais frequente na sociedade, principalmente nos meios produtivos, para garantir direitos sociais à população, pode haver restrições à circulação de ativos econômicos com vistas a atingir objetivos fixados pelo governo, sem que haja um cerceamento do direito de locomoção, porque todo direito individual deve ceder diante dos interesses sociais.

É considerado constitucional o cerceamento à liberdade de locomoção dos cidadãos, mesmo em bens de uso público, com a finalidade de garantir a incolumidade da população, como a proibição de tomar banho de mar em praias poluídas. Exemplo de restrição ao direito de locomoção é a exigência de os cidadãos portarem carteira de identidade para adentrar em determinados ambientes públicos. Todavia, é oportuno frisar que as restrições ao direito de locomoção devem ser estipuladas por lei.

## 9.9 Princípio da liberdade profissional

É livre o exercício de qualquer trabalho (atividade não estruturada em carreira), ofício (trabalho manual) ou profissão (atividade estruturada em carreira), desde que sejam atendidos os requisitos contidos em lei (art. 5º, XIII, da CF). Conclui-se que o cidadão pode escolher qualquer profissão, desde que atendidas as qualificações necessárias ao exercício dela, como, no caso dos advogados, a exigência, para o exercício da profissão, do diploma em curso de direito reconhecido pelo Ministério da Educação e a aprovação no exame da Ordem dos Advogado do Brasil.

Essa é uma norma de eficácia contida porque uma norma infraconstitucional poderá criar requisitos para o exercício da liberdade profissional.

O princípio da liberdade profissional é considerado como direito individual, de primeira dimensão, que se concretiza com a simples abstenção do Estado em criar empecilhos para os cidadãos escolherem a profissão que mais se adequar a suas aptidões.

O direito de liberdade profissional encontra respaldo no princípio da liberdade e na livre iniciativa, que é um dos fundamentos da República Federativa do Brasil. Um país que adota o regime capitalista como modelo produtivo não pode impedir o acesso da população à carreira profissional de sua escolha. O que pode ocorrer é o incentivo a algumas profissões em que exista carência, como incentivar a formação de médicos para trabalhar no norte do país.

No julgamento do Recurso Extraordinário nº 603.583, o Plenário do Supremo Tribunal Federal declarou constitucional a exigência de aprovação prévia no Exame da Ordem para que os bacharéis em direito possam exercer a advocacia. O relator do caso, Ministro Marco Aurélio, considerou que o dispositivo questionado do Estatuto da Advocacia não afronta a liberdade de ofício prevista no inc. XIII, do art. 5º, da Constituição Federal, consoante pugnava o recorrente autor do recurso. Para o ministro, embora o referido comando constitucional impeça o Estado de opor qualquer tipo de embaraço ao direito dos cidadãos de obter habilitação para a prática profissional, quando o exercício de determinada profissão transcende os interesses individuais e implica riscos para a coletividade, deve-se limitar o acesso à profissão, objetivando tutelar o interesse da coletividade com a qualidade na prestação do serviço.[53]

## 9.10 Princípio da liberdade de pensamento

### 9.10.1 Pensamento

Significa todos os dados que são armazenados na estrutura mental humana, fruto da atividade do intelecto. Ele tem como característica básica a sua configuração, primeiramente, em nível interno, podendo ou não ser exteriorizado posteriormente. Para Nicola Abbagnano, o pensamento designa a atividade do intelecto em geral, distinta da sensibilidade, por um lado, e igualmente distinta da atividade prática, por outro.[54]

O direito à liberdade de pensamento é considerado um direito primário porque alicerça outras prerrogativas, como a liberdade de expressão de pensamento, a liberdade de consciência, a liberdade de crença, a escusa de consciência etc. Ele também ampara o direito de opinião, ou seja, o direito de os cidadãos se posicionarem acerca de determinado assunto.

Com o desiderato de defender a plenitude do direito de pensamento, também foi protegido o direito de acesso à informação, resguardado o seu sigilo quando for necessário ao exercício profissional (art. 5º, XIV, da CF). Dessa forma, um advogado deverá guardar sigilo das informações obtidas do seu cliente, mesmo que essas informações possam causar lesão a outrem.

---

[53] "[...] Sob esse prisma, destacou-se o papel central e fundamental do advogado na manutenção do Estado Democrático de Direito e na aplicação e defesa da ordem jurídica, razão pela qual o constituinte o proclamara indispensável à administração da Justiça (CF, art. 133). Frisou-se o interesse social no sentido de existirem mecanismos de controle, objetivos e impessoais, concernentes à prática da advocacia, visto que o Direito envolveria questões materiais e existenciais, como o patrimônio, a liberdade ou a honra. Acrescentou-se que a garantia do acesso à justiça (CF, art. 5º, XXXV) imporia que fosse posto à disposição da coletividade corpo de advogados capazes de exercer livre e plenamente a profissão. Lembrou-se que os advogados comporiam todos os tribunais do país (CF, artigos 94; 111-A, I; 119; 103, II), exceto no STF. Integrariam, também, o Conselho Nacional de Justiça e o Conselho Nacional do Ministério Público (CF, artigos 103-B, XIII; 130-A, V), o que reforçaria sua relevância social" (RE nº 603.583/RS, Rel. Min. Marco Aurélio, 26.10.2011 (RE-603583)).

[54] ABBAGNANO, Nicola. *Dicionário de filosofia*. Tradução de Ivone Castilho Benedetti. São Paulo: Martins Fontes, 2000. p. 751.

## 9.10.2 Direito à informação pelos órgãos públicos

Segundo a Constituição, é livre, por parte dos cidadãos, o acesso às informações mantidas pelos órgãos públicos, do seu interesse particular ou do interesse coletivo ou geral, que serão prestadas no prazo delineado na lei, sob pena de crime de responsabilidade, desde que isso não cause danos à segurança do Estado e da sociedade (art. 5º, XXXIII, da CF e arts. 32 a 34 da Lei nº 12.527, de 18.11.2011). O direito à informação por parte dos órgãos públicos é um dos instrumentos que permite a realização do princípio da publicidade, princípio esse que tem função preponderante nas atividades da administração, devendo nortear todos os seus atos. A informação é um direito subjetivo do cidadão, porque permite a fiscalização dos atos governamentais e promove a transparência no trato da coisa pública. Entretanto, o direito à informação pode sofrer restrições quando colocar em perigo a segurança da sociedade e do Estado. Acerca da definição de segurança da sociedade e do Estado, ver o art. 23 da Lei nº 12.527/2011.

A Lei nº 12.527/2011 instituiu o sigilo de informações quando estas puderem atingir a honra, a intimidade, a vida privada e a imagem da pessoa natural que tenha informações armazenadas em quaisquer órgãos públicos. O acesso a essas informações é restrito, independente da classificação que receba da autoridade que a resguarde e terá o prazo máximo de sigilo de 100 anos. Há expressas ressalvas para que essas informações sejam divulgadas nos termos do art. 31 da lei citada.

Essa lei classifica as informações que são consideradas imprescindíveis à segurança da sociedade ou do Estado em três categorias, de acordo com a autoridade que as produza: ultrassecretas, secretas e reservadas. Podem existir informações sigilosas produzidas por quaisquer órgãos ou agentes públicos e sua divulgação será de responsabilidade das autoridades que as produzirem ou receberem e poderão ser conhecidas de acordo com futuro regulamento a ser promulgado em respeito ao §1º do art. 25 da lei citada.

A competência para classificar o grau da informação é da autoridade que a produz. O presidente da República, o vice-presidente da República, os ministros de Estado e autoridades com as mesmas prerrogativas, os comandantes da Marinha, do Exército e da Aeronáutica, e os chefes de missões diplomáticas e consulares permanentes no exterior poderão classificar informações que produzem ou recebem como ultrassecretas. Como informações secretas, além das autoridades citadas, ainda podem classificá-las como tais os titulares de autarquias, fundações ou empresas públicas e sociedades de economia mista. Como informações reservadas, além de todos os agentes supracitados, podem classificá-las as autoridades públicas que exerçam funções de direção, comando ou chefia.

Os prazos para a divulgação das respectivas informações são os seguintes: ultrassecretas, máximo de 25 anos; secretas, máximo de 15 anos; reservadas, máximo de cinco anos.

## 9.10.3 Liberdade de expressão de pensamento

O corolário básico do regime democrático é a possibilidade de os cidadãos se expressarem de acordo com o seu pensamento e as suas convicções (art. 5º, IV, da CF). Isso também se mostra essencial para que a população possa se manifestar, formar sua opinião e se posicionar nas decisões políticas tomadas pela sociedade.

A liberdade de expressão representa uma relação intrínseca com a democracia, constituindo-se um de seus pilares. Sua incorporação constitucional não significa sua concretização, haja vista que há sociedades em que ela não está agasalhada na Constituição, mas, felizmente, incorporada no imaginário popular e protegido seu exercício. Exemplo se configura na maioria dos países africanos e em alguns países do Leste Europeu em que existe a proteção constitucional, contudo, sem encontrar amparo na realidade. Como contraponto, pode-se mencionar a Inglaterra e a Austrália, países nos quais, mesmo sem ser protegida em textos escritos, a liberdade de expressão encontra resguardo na realidade social.

Essa prerrogativa tem sua fundamentação no princípio da autodeterminação humana, permitindo seu direcionamento de forma a garantir um melhor aperfeiçoamento da personalidade e permitindo a divulgação de suas ideias de forma ampla. Se houver restrições abusivas a esse direito, a expressão dos cidadãos estará tolhida, sem que eles possam se manifestar de forma livre.

Garantida a liberdade de pensamento e a sua comunicação, a Constituição também ampara, inexoravelmente, a livre expressão da atividade intelectual, artística, científica e de comunicação, independentemente de censura ou licença (art. 5º, IX, da CF). Censura é o policiamento ideológico do pensamento, proibindo-se qualquer manifestação que não esteja dentro da opção ideológica escolhida pelo governo. Licença significa a autorização para a expressão do pensamento, podendo ser veiculado apenas depois de concedido o seu deferimento.

A Declaração Universal dos Direitos do Homem, aprovada pela Assembleia-Geral das Nações Unidas, em 10.12.1948, garante a liberdade de expressão de pensamento e de opinião: "liberdade de, sem interferências, ter opiniões e de procurar, receber e transmitir informações e ideias por quaisquer meios e independente de fronteiras".

Ela ocorre quando o pensamento se exterioriza, ou seja, quando o emitimos, podendo a manifestação ser recebida ou não por outros cidadãos. Como a liberdade de expressão de pensamento pode gerar danos, ela deverá ser nominada, não podendo haver veiculação de texto apócrifo ou anônimo, em razão da impossibilidade de identificação. O dano pode ocorrer nos seguintes casos: a) quando versar sobre um dado sensível, como exemplo, os direitos de privacidade; b) quando acarretar um crime de calúnia, injúria ou difamação; c) quando a informação não corresponder à realidade.

Não se pode confundir a liberdade de expressão com a liberdade de comunicação porque esta consiste na divulgação de notícias, fatos, enquanto aquela se configura na divulgação das manifestações intelectuais do cidadão. A primeira, teoricamente, teria um cunho marcantemente subjetivo, enquanto a segunda, um cunho objetivo. A liberdade de comunicação pressupõe as seguintes características: a) direito de informar; b) direito de buscar a informação; c) direito de opinar; d) direito de criticar.

O direito à liberdade de pensamento e à sua expressão, bem como o direito de comunicação, pressupõem o direito à informação – sem ela esses direitos não podem se configurar de forma plena. Deve-se ressaltar que a informação deve ser a mais consentânea possível com os fatos sociais, sem deturpações ou desvios que possam mascarar a realidade.[55] O direito à informação é requisito inalienável para o direito de

---

[55] JABUR, Gilberto Haddad. *Liberdade de pensamento e direito à vida privada*. São Paulo: RT, 2000. p. 165.

pensamento e sua expressão. Ele pertence à quarta dimensão dos direitos fundamentais, juntamente com o direito à democracia e ao pluralismo político, constituindo-se em esteio do Estado Democrático de Direito.

Quanto à sua classificação como direito humano, ela pode ser considerada um direito individual e um direito coletivo. Portanto, possui uma natureza mais complexa porque pode ser analisada sob a ótica individual e também sob o prisma coletivo. O foco neste último prisma reside no fato de que ela para se realizar necessita de um agente emissor, de uma mensagem e de um auditório, ou seja, necessariamente a mensagem vai ser conhecida por no mínimo uma pessoa, estabelecendo uma comunicação. Em alguns casos, tal extensão pode abranger milhões de pessoas, como nos programas de maior audiência na TV brasileira.

Sob o prisma individual, a liberdade de expressão pode ser um fim em si mesmo. Sob o prisma coletivo tem a finalidade de propiciar que todos possam ter os mesmos direitos e ainda garantir o direito de informações das pessoas.

Há dois posicionamentos condizentes à liberdade de expressão com relação a outros direitos:

a) modelo americano, em que essa prerrogativa assume preponderância, pois o regime democrático não admite qualquer tipo de mitigação, sob pena de macular sua essência;

b) modelo europeu, em vista de sua conotação coletiva, em que o interesse público deve preponderar, garantindo o pluralismo político. No ordenamento alemão há restrições à existência de partidos políticos que queiram acabar com a democracia ou que utilizem os direitos fundamentais como escudo para atentar contra as instituições estabelecidas.

No julgamento da ADPF nº 187/DF, o Plenário do Supremo Tribunal Federal julgou procedente pedido formulado em ação de descumprimento de preceito fundamental para dar, ao art. 287 do CP, com efeito vinculante, interpretação conforme a Constituição, de forma a excluir qualquer exegese que possa ensejar a criminalização da defesa da legalização das drogas, ou de qualquer substância entorpecente específica, inclusive por meio de manifestações e eventos públicos.[56]

Interessante discussão sobre o assunto esteve presente na Ação Direta de Inconstitucionalidade (ADI) nº 4.815, na qual se discutiu a necessidade de autorização prévia para a publicação de biografias.[57] A autora da ação, ANEL (Associação Nacional de Editores de Livros), afirmou que a necessidade de autorização prévia para a publicação de biografias é uma forma privada de censura e contraria frontalmente a Constituição Federal de 1988, no que se refere ao direito dos cidadãos à informação, prejudicando a conhecimento sobre determinados períodos históricos, uma vez que as biografias são uma fonte histórica, ainda que não seja sob a ótica de pessoas públicas.

Por unanimidade, o Plenário do Supremo Tribunal Federal acompanhou o voto da relatora, Ministra Cármen Lúcia, e deferiu parcialmente o pedido da ação e tornou inexigível a prévia autorização. A ministra compreendeu que os arts. 20 e 21 do Código Civil necessitam de uma nova interpretação conforme a Constituição, pois o conteúdo

---

[56] ADPF nº 187/DF, Rel. Min. Celso de Mello, 15.6.2011.
[57] ADI nº 4.815/DF, Rel. Min. Carmem Lúcia, 10.6.2015.

da ADI diz respeito ao direito constitucional de expressar o pensamento em uma atividade intelectual, assim como a liberdade de informar e ser informado. Em seu voto esclareceu que a Constituição prevê indenização por danos em caso de violação à privacidade e intimidade, mas também proíbe qualquer censura de natureza política, ideológica e artística.

No mesmo entendimento, o Ministro Luís Roberto Barroso explanou que arts. 20 e 21 do CC têm causado danos reais à cultura nacional e aos legítimos interesses de autores e editores de livros, por criarem a prerrogativa de autorização das biografias por aqueles que serão retratados.

### 9.10.4 Restrições à liberdade de pensamento

A liberdade de pensamento somente pode sofrer restrição quando há sua expressão, ou seja, quando é exteriorizado pelo cidadão. Enquanto o pensamento pertencer à esfera mental, ele tem resguardada a sua integridade, sem nenhuma possibilidade de acinte ao seu direito.

Com relação a essas mitigações, elas podem ser preventivas ou repressivas. As preventivas são aquelas que impõem restrições a alguns conteúdos, como bebidas alcoólicas, drogas, cigarros, materiais considerados pornográficos etc. *A posteriori* ocorre quando a prerrogativa analisada causar gravame ao regime democrático. Segue a restrição repressiva o Canadá, em que essa liberdade apenas pode ser restringida posteriormente, quando houver afronta às instituições de representação popular.

As restrições à liberdade de pensamento devem ser interpretadas de forma literal, só podendo ser realizadas quando houver uma base fática que as ampare. Sobre esse alicerce, a lei federal poderá disciplinar as diversões e espetáculos públicos, fixando as faixas etárias, os horários e os locais apropriados para a exibição de determinadas programações artísticas que tragam constrangimento para a moral e os bons costumes imperantes na sociedade. Também a propaganda comercial de bebidas alcoólicas, agrotóxicos, medicamentos, terapias e tabaco estão sujeitas a limitações, devendo o seu conteúdo trazer advertência acerca dos malefícios provocados pelo seu consumo. E, por último, a propaganda de produtos, serviços e práticas que possam ser nocivas à saúde e ao meio ambiente deve ser restringida por meio de instrumentos legais, sendo disciplinada por normas de âmbito federal (art. 220, §§3º e 4º, da CF).

Durante as eleições presidenciais de 2018, o Pretório Excelso deferiu medida cautelar em ADPF que atacava um conjunto de decisões da Justiça Eleitoral que determinava, em diversos estados, a apreensão de material de cunho eleitoral dentro de universidades públicas e privadas. Reconheceu, no mérito, a nulidade dessas decisões, bem como a inconstitucionalidade de qualquer interpretação da Lei das Eleições (Lei nº 9.504/97) que possibilite o ingresso de agentes públicos em universidades para a apreensão de documentos ou interrupção de aulas, debates ou manifestações de docentes e discentes.[58]

Nos últimos anos, a jurisprudência do Supremo Tribunal Federal tem privilegiado a posição preferencial (*preferred position*) de que goza a liberdade de expressão em relação

---

[58] STF, ADPF nº 548/DF, Rel. Min. Cármen Lúcia, j. 15.5.2020.

a outros direitos fundamentais. Com efeito, descabe ao Poder Judiciário determinar a suspensão liminar da veiculação de textos jornalísticos, ainda que potencialmente lesivos à honra.[59] A tutela adequada do direito à intimidade se perfaz pelo direito de resposta (regulamentado pela Lei nº 13.188/2015), ou mesmo pela posterior responsabilização civil por eventuais abusos cometidos no exercício da liberdade de expressão, não se admitindo que o Poder Público encampe qualquer tipo de censura prévia –[60] esta caracterizada, segundo a Corte, pelo "caráter preventivo e abstrato da restrição à livre manifestação do pensamento".[61]

## 9.10.5 Ressarcimento do dano

A ocorrência de um dano enseja a necessidade de ressarci-lo, de forma proporcional ao agravo (art. 5º, V, da CF). Dispõe o Novo Código Civil, de 2002, no seu art. 186: "Aquele que, por ação ou omissão voluntária, negligência ou imprudência, violar direito e causar dano a outrem, ainda que exclusivamente moral, comete ato ilícito". No mesmo sentido complementa o art. 927:

> Aquele que, por ato ilícito, causar dano a outrem, é obrigado a repará-lo. Haverá obrigação de reparar o dano, independentemente de culpa, nos casos especificados em lei, ou quando a atividade normalmente desenvolvida pelo autor do dano implicar, por sua natureza, risco para os direitos de outrem.

O dano pode se revestir de três formas:[62] patrimonial, à imagem e moral.[63]

O primeiro se caracteriza por sua reversibilidade, incidindo sobre o patrimônio dos cidadãos. O dano patrimonial provoca a perda ou deterioração do bem, sendo possível aferir a dimensão pecuniária do prejuízo. Ele pode abranger o cerceamento da sua utilização, o menor uso de sua potencialidade ou a depreciação do objeto.

O segundo se caracteriza como o uso indevido da imagem do cidadão, sem a sua permissão, causando-lhe ou não prejuízos. O conceito de imagem tomado pela Constituição está expresso de forma abrangente, significando os traços tomados da personalidade do cidadão, defluindo as características inerentes à sua fisionomia, como a representação visual, a voz etc. O dano à imagem mais comum é aquele realizado com a divulgação comercial de fotos de determinados artistas sem que eles autorizem a divulgação. O uso da imagem pode até não acarretar prejuízos ao cidadão, mas, quando acontecer sem o seu consentimento, produzirá o direito a uma ação de

---

[59] STF, AgRg/Rcl nº 28.747/PR, Rel. Min. Alexandre de Moraes, j. 5.6.2018.
[60] O Supremo entende, igualmente, que cabe reclamação constitucional da decisão judicial que determine censura prévia, adotando-se como parâmetro para cabimento da medida a ADPF nº 130, que, no ano de 2009, declarou a não recepção pela Constituição de 1988 da antiga Lei de Imprensa – Lei nº 5.250/67 (STF, Rcl nº 25.075, Rel. Min. Luiz Fux. *DJe*, 31 mar. 2017).
[61] STF, AgRg/Rcl nº 38.201/SP, Rel. Min. Alexandre de Moraes, j. 21.2.2020.
[62] Súmula nº 387 do Superior Tribunal de Justiça, aprovada em 26.8.2009: "É lícita a cumulação das indenizações de dano estético e dano moral".
[63] No RE nº 217.700-GO, de 17.12.1999, o Relator Moreira Alves decidiu que as sentenças podem fixar uma condenação com base em salários mínimos por dano moral no momento da prolação do acórdão, devendo o valor, a partir do acórdão referido, ser corrigido por índice oficial.

ressarcimento.⁶⁴ Tanto as pessoas físicas quanto as pessoas jurídicas têm o seu direito à imagem preservado.

O terceiro se caracteriza por sua irreversibilidade: a situação anterior não pode ser restabelecida, a afronta moral produzida não pode ser apagada da memória da vítima. Tenta-se, então, compensar o dano através de uma indenização. Segundo Clayton Reis, o dano moral, como uma lesão ao patrimônio íntimo da pessoa, engloba valores como a honra, a privacidade, a liberdade, o equilíbrio psíquico, conceitos éticos e outros valores que compõem a estrutura da personalidade do ser humano.⁶⁵

O dano patrimonial pode ser compensado integralmente com o recebimento do valor anteriormente despendido. No dano moral, como não podemos voltar à situação anterior, tenta-se uma compensação pelo momento de infortúnio, vergonha, humilhação, sofrimento. O numerário recebido não apaga a mácula, mas funciona como uma retratação pelo dano sofrido. O dano à imagem também não pode ser ressarcido integralmente, podendo vir acompanhado de dano moral.

O ressarcimento do dano material é objetivo, quantificado no valor do prejuízo. O ressarcimento do dano moral e do dano à imagem é subjetivo, quantificado de acordo com circunstâncias que cercam o fato e a pessoa do ofendido. Se um cidadão tem o seu cheque rejeitado, apesar de a conta apresentar saldo, mas em situações anteriores teve o seu nome colocado no Serasa por ausência de numerário, mesmo assim ele fará jus a uma indenização; contudo, ela será menor do que se ele nunca houvesse tido seu nome inserido no Serasa. O *quantum* da indenização por danos morais não deve possibilitar o lucro fácil, um locupletamento indevido – deve ser balizado segundo o critério da proporcionalidade com o dano moral ensejado.

Antes da Constituição de 1988 ter explicitamente garantido o direito ao ressarcimento por dano moral, sua construção residia na seara jurisprudencial, em que os membros do Poder Judiciário condicionavam a sua existência à ocorrência de um dano patrimonial. Após a promulgação do novo texto constitucional, a configuração do dano moral deixa de ser vinculada ao surgimento do dano patrimonial, devendo haver a exequibilidade de uma ameaça ou lesão, independentemente de um prejuízo econômico.⁶⁶ Antes da nova Carta Magna, o antigo Código Civil de 1916, em seus arts. 1.543, 1.548 e 1.549, possibilitava o pagamento de indenização por dano moral quando houvesse um prejuízo material.

Por fim, em que pese a prescrição das pretensões reparatórias ser a regra no ordenamento jurídico brasileiro, o Superior Tribunal de Justiça consolidou o entendimento⁶⁷ de que são imprescritíveis as ações indenizatórias por danos morais

---

⁶⁴ A publicação não consentida de fotografias gera o direito à indenização por dano moral, não se exigindo a ocorrência de ofensa à reputação da pessoa porquanto o uso devido da imagem, de regra, causa desconforto, aborrecimento ou constrangimento ao fotografado, que deve ser reparado (RE nº 215.984-RJ, Rel. Min. Carlos Velloso).

⁶⁵ REIS, Clayton. O dano moral na Constituição Federal de 1988. In: *Constituição de 1988* – Dez anos (1988-1998). São Paulo: Juarez de Oliveira, 1999. p. 129.

⁶⁶ Há uma corrente minoritária nos tribunais que afirma que somente pode haver dano moral se houver dano material: "Dano moral – Não é admissível que os sofrimentos morais deem lugar à reparação pecuniária se deles não decorre qualquer dano material" (4ª Câm. Civ. do 1º Tribunal de Alçada de São Paulo, AP nº 434.066-1, *RT* 660/116).

⁶⁷ Súmula nº 647 do Superior Tribunal de Justiça, aprovada em 10.3.2021: "São imprescritíveis as ações indenizatórias por danos morais e materiais decorrentes de atos de perseguição política com violação de direitos fundamentais ocorridos durante o regime militar".

e materiais propostas contra o Estado brasileiro, decorrentes de violações de direitos fundamentais em contexto de perseguição política, praticadas durante a ditadura militar brasileira (1964-1985). Nesse contexto, não se aplica o prazo geral quinquenal de prescrição das pretensões contra a Fazenda Pública, previsto pelo art. 1º do Decreto nº 20.910/1932.

### 9.10.6 Liberdade de consciência

Liberdade de consciência significa um raciocinar acerca de um pensamento; acontece quando existe uma reflexão mental a respeito de um objeto (art. 5º, VI, da CF). Quando justificamos um pensamento, estamos realizando uma liberdade de consciência. Maria Helena Diniz afirma que a consciência é o momento indevassável da inteligência, garantido pela norma constitucional; ela é a capacidade de fazer juízos sobre o valor moral de certos atos, a intuição que o espírito tem de seus atos ou estados.[68]

A consciência é o aprimoramento do pensamento, permitindo que o cidadão possa analisar a realidade que o cerca e tente transformá-la em prol dos seus interesses e dos anseios da coletividade. Em um regime democrático, a liberdade de consciência tem papel fundamental, possibilitando a participação dos cidadãos nas decisões políticas.

Ela é um pensamento íntimo, que pode ou não se exteriorizar. Enquanto permanecer no âmago dos cidadãos, ela fica livre de qualquer tipo de ingerência dos entes estatais.[69]

### 9.10.7 Liberdade de crença

Pode ser definida como a credulidade na existência de seres que não têm uma vida terrena palpável porque são metafísicos, como anjos, deuses, duendes etc. (art. 5º, VI, da CF). Todas as religiões existentes se baseiam nesse direito. A liberdade de crença também dá ensejo à liberdade da não crença, amparada na liberdade de consciência, garantindo o direito de ser ateu e ser respeitado por essa escolha.

O direito de culto garante a manifestação religiosa dos cidadãos – ele é o ato de cultuar, de externar a religiosidade perante o credo adotado, na manifestação da crença aceita. Como consequência do direito de culto há o direito de liturgia, que são os atos que externam a forma como os cidadãos entram em contato com a religiosidade. Seria a procedimentalização dos atos do culto. A missa é um exemplo de culto e as suas etapas, como a eucaristia, cantos iniciais etc., exemplos de liturgias.

Os limites para a liberdade de crença residem nos direitos fundamentais da pessoa e na lei de proteção aos animais.[70] Com essa medida, pretende-se evitar o sacrifício

---

[68] DINIZ, Maria Helena. *Dicionário jurídico*. São Paulo: Saraiva, 1998. v. 1. p. 772.

[69] Nesse sentido, o Supremo Tribunal Federal deferiu medida cautelar para suspender a tramitação de inquérito conduzido pelo Ministério da Justiça com o escopo de investigar a afiliação de servidores públicos a determinado "movimento antifascista". A Corte entendeu que a coleta desses dados para os alegados fins de tratamento de informações para servir ao processo decisório governamental é inconstitucional. Nos termos do voto da relatora, Min. Cármen Lúcia: "o uso – ou o abuso – da máquina estatal para a colheita de informações de servidores com postura política contrária ao governo caracteriza desvio de finalidade" (STF, ADPF nº 722/DF-MC, Rel. Min. Cármen Lúcia, j. 20.8.2020).

[70] Por outro lado, o Supremo Tribunal Federal chancelou dispositivo de lei ambiental gaúcha que permite o sacrifício de animais para fins ritualísticos, fixando a tese de que "É constitucional a lei de proteção animal que,

de pessoas humanas, atos que possam denegri-las e maus-tratos contra os animais. Infelizmente, seja no aspecto legal, seja na jurisprudência, inexistem limites à credulidade religiosa, isto é, impedimentos à instrumentalização da religião para extorquir dinheiro das camadas menos favorecidas, o que tem estimulado o aparecimento de várias seitas que buscam ludibriar a boa-fé da população.

Como limite à liberdade de culto, podemos apontar que sua manifestação tem de respeitar o sossego dos vizinhos, não podendo fazer barulho que atrapalhe o descanso alheio. Caso isso ocorra, os cultos podem sofrer restrição no horário ou as igrejas serem obrigadas a providenciar vedação sonora para diminuir o barulho.

No contexto da pandemia de Covid-19, o Supremo Tribunal Federal entendeu ser constitucional a imposição, por estados e municípios, de medidas sanitárias que proíbam ou restrinjam as celebrações religiosas com a presença de fiéis.[71] As restrições, contudo, não podem ser arbitrárias ou discriminatórias, devendo ser temporárias e calcadas em critérios sanitários objetivos de restrição da circulação de pessoas para conter a disseminação da Covid-19.

Devido ao direito de crença, a Constituição também garantiu a prestação de assistência religiosa nas entidades civis e militares de internação coletiva (art. 5º, VII, da CF). Assim, nos quartéis ou nos presídios é assegurada assistência religiosa a todos aqueles que queiram manifestar sua religiosidade, podendo professar os vários credos existentes.

### 9.10.8 Escusa de consciência

Acontece quando o cidadão se exime de cumprir uma obrigação a todos imposta, alegando motivos políticos, filosóficos ou religiosos. Em contrapartida, tem de cumprir prestação alternativa; caso não a cumpra, perde os seus direitos políticos. Os motivos alegados têm de ser exclusivamente de cunho filosófico, político ou religioso, não podendo outras razões serem invocadas (art. 5º, VIII, da CF).

A escusa de consciência não poderá ser alegada em caso de guerra declarada, estado de defesa e estado de sítio. O estado de defesa e o estado de sítio serão analisados em capítulo específico; a guerra pode ser definida como o emprego das Forças Armadas, através de métodos violentos, para submeter a parte contra a qual é utilizada à vontade de quem a utiliza.[72]

A obrigação a todos imposta tem de ser realmente geral. Os cidadãos, por exemplo, que fazem o curso de oficial da Polícia Militar não se encontram escudados nessa prerrogativa, pois não é uma obrigação genérica: fazem o curso por livre vontade e, portanto, têm de atender a todos os requisitos exigidos.

A prestação alternativa imposta tem de ser condizente com a capacidade profissional do cidadão, de forma que ele possa ser mais útil à sociedade. Ela será prestada em organizações militares da ativa, em órgãos de formação de reserva das Forças Armadas ou em órgãos subordinados aos ministérios civis, mediante convênio

---

a fim de resguardar a liberdade religiosa, permite o sacrifício ritual de animais em cultos de religiões de matriz africana" (STF, RE nº 494.601/RS, Rel. Min. Marco Aurélio – Red. p/ acórdão Min. Edson Fachin, j. 28.3.2019).

[71] STF, ADPF nº 811/SP, Rel. Min. Gilmar Mendes, j. 8.4.2021.

[72] ACCIOLY, Hildebrando. *Manual de direito internacional público*. 11. ed. São Paulo: Saraiva, 1991. p. 263.

com os comandos militares. A Lei nº 8.239/1991 definiu que serviço militar alternativo é o exercício de atividades de caráter administrativo, assistencial, filantrópico ou mesmo produtivo, em substituição às atividades de caráter essencialmente militar.

Como exemplo de escusa de consciência podemos mencionar o caso de um cidadão que não cumpre o serviço militar obrigatório, alegando que é pacifista, e, em substituição, o governo o manda trabalhar durante um ano na defesa civil. Se não o fizer, perderá os seus direitos políticos. Caso o cidadão se recuse a cumprir a prestação alternativa ou a cumpra de forma incompleta, ele perderá seus direitos políticos. Poderá, porém, readquiri-los a qualquer momento, desde que realize, integralmente, a prestação alternativa imposta.

O cidadão que alega a escusa de consciência e cumpre prestação alternativa, em vez da carteira de reservista, receberá uma certidão de prestação alternativa ao serviço militar obrigatório, que possui o mesmo valor do referido documento.

É possível, ainda, invocar a escusa de consciência na prestação de concursos públicos ou para o desempenho de deveres funcionais em cargo público. Nesses casos, a obrigação alternativa deve ser razoável, fundamentadamente decidida pela Administração, não podendo acarretar um ônus desproporcional ao erário ou ainda desvirtuar o exercício da função pública.[73]

## 9.11 Direito de privacidade

É uma expressão norte-americana que não foi seguida pela Constituição de 1988, que preferiu dividir o seu conceito em intimidade, vida privada e honra. São os denominados direitos morais do cidadão (art. 5º, X, da CF).

O *Black's law dictionary* assim expressa o conceito de direito de privacidade (*right of privacy*):

> É o direito à autonomia pessoal. A Constituição dos Estados Unidos não estabeleceu expressamente o direito à privacidade, mas a Suprema Corte norte-americana vem decidindo reiteradamente que esse direito está subentendido nas "zonas de privacidade", criadas por garantias constitucionais específicas.[74]

Esses direitos, que não existiam expressamente na Carta Magna anterior, demoraram a entrar no resguardo constitucional porque nasceram em decorrência da inovação tecnológica. São garantias para a proteção dos cidadãos contra os avanços tecnológicos que permitem devassar a vida das pessoas. Entretanto, na França, já no século passado, havia essa preocupação em virtude da divulgação de fotos de pessoas célebres da época.

Esclarece Áurea Pereira:

> Ao preservar, de indébita intromissão, a intimidade e a vida privada dos cidadãos, quis o Texto Constitucional assegurar a cada um, na sociedade, o direito de não ver tornados públicos fatos que só o titular do direito pode ser juiz da oportunidade de sua divulgação, se e quando a sua publicidade não venha a expô-lo a incômodos ou a constrangimentos,

---

[73] STF, RE nº 611.874/DF, Rel. Min. Dias Toffoli – red. p/ acórdão Min. Edson Fachin, j. 26.11.2020.
[74] GARNER, Bryan A. *Black's law dictionary*. 70. ed. St. Paul: West Group, 2000. p. 1.063.

destarte garantindo-lhe, a cada um, o direito de não ter sua vida privada devassada, via da publicidade de fatos de sua intimidade, feita por meio de fotografias, filmes ou textos escritos.[75]

Na atualidade, com o incremento dos processos tecnológicos, surgiram vários instrumentos de escuta, internet, fotografias por satélite e instituições que armazenam dados privados, como o Cadin, Serasa etc., o que potencializa os mecanismos de devassa na vida do cidadão.[76] A multiplicação dos casos de quebra do direito de privacidade fez com que a Constituição de 1988 adotasse uma proteção a esses direitos.

Intimidade é a esfera de vida que só ao cidadão em particular diz respeito, não pertencendo a mais ninguém; é o espaço de sua individualidade. O princípio da exclusividade a protege. Vida privada significa as relações pertinentes ao cidadão e aos seus familiares, englobando as pessoas que partilham do seu cotidiano.

A honra pode ser dividida em subjetiva e objetiva. Honra objetiva é o conceito que o cidadão ostenta na sociedade, resvalando o prestígio moral que as pessoas gozam no seio social e o seu bom nome; honra subjetiva é aquele conceito que fazemos de nós mesmos, podendo ser denominada autoestima.[77]

Caso um cidadão venha a ser importunado em sua intimidade, vida privada ou honra – caso de artistas que têm sua vida devassada por jornais e revistas sensacionalistas –, sem que tenha dado permissão para os mencionados veículos de comunicação, pode ele intentar uma ação indenizatória, tanto por danos morais quanto materiais, se houver.[78]

Importante ressaltar que o direito à privacidade não é absoluto.[79] Quando houver choque entre o direito de privacidade do cidadão e o interesse geral, este último deve prevalecer em detrimento daquele.[80] No mesmo sentido Liliana Paesani: "Outros limites à privacidade podem ser impostos, quando atingem interesses coletivos diferentes do direito à informação e de maior relevância numa avaliação conjunta do interesse geral".[81]

---

[75] PEREIRA, Áurea Pimentel. *Estudos constitucionais*. Rio de Janeiro: Renovar, 2001. p. 73.

[76] "Hoje o banco de dados mantido por esses serviços tem uma inequívoca significação pejorativa e, ao invés de cumprir o papel de informar, passou a atuar como espécie armazenadora de dados pessoais, conceitualmente degenerado. É que as pessoas nele inscritas levam a pecha de negativadas, inadimplentes, caloteiras, ímprobas, relapsas etc." (CORIZZI, Carlos Adroaldo Ramos. *Práticas abusivas do Serasa e do SPC*. 2. ed. São Paulo: Edipro, 2000. p. 41).

[77] "A quebra do sigilo bancário – 'pedida pela autoridade competente' – não afronta o art. 5º, X e XII, da CF" (STF, Pleno, Inq. nº 897-AgRg, *RTJ* 157/44).

[78] Entrou em vigor em 2013 a Lei nº 12.737, que dispõe sobre a tipificação criminal de delitos informáticos.

[79] Nesse sentido, decidiu o STF pela constitucionalidade do acesso do Fisco aos dados bancários dos contribuintes (RE nº 601.314/SP, Rel. Min. Edson Fachin, 24.2.2016).

[80] Foi negado referendo à decisão proferida pelo Min. Cezar Peluso, em sede de liminar, que funcionou como relator em mandado de segurança que impedia o acesso de câmeras de televisão, particulares, concessionárias, públicas, inclusive da TV Câmara, ou de qualquer outro meio de gravação ou transmissão, às dependências do recinto onde seria realizada sessão parlamentar para a qual o impetrante fora convocado para prestar esclarecimentos. Houve ainda pedido de reconsideração de medida liminar impetrada por parte do presidente da Câmara dos Deputados e do presidente da mencionada CPI, fundamentando que o cerceamento da publicidade atingiria um ato *interna corporis* e afrontaria igualmente o direito à informação e o livre exercício de atividade de comunicação. Na apreciação da liminar pelo colegiado foi afastada a tese de acinte a ato *interna corporis*, tendo em vista a possibilidade de lesão a direitos fundamentais, e, por maioria, o Supremo Tribunal Federal considerou que, como as reuniões das comissões são públicas, o direito à liberdade de informação deve preponderar em relação ao direito de privacidade, que é direito individual. Foram vencidos os mins. Cezar Peluso, Joaquim Barbosa e Gilmar Ferreira Mendes, por entenderem que o objetivo do *mandamus* era proteger o direito à honra e à imagem do impetrante de eventual abuso de exposição na mídia (MS nº 24.832 MC/DF, Rel. Min. Cezar Peluso).

[81] PAESANI, Liliana Minardi. *Direito e internet*. Liberdade de informação, privacidade e responsabilidade civil. São Paulo: Atlas, 2000. p. 48.

Alguns cidadãos, por exercerem cargo ou função pública, têm nas suas relações uma esfera pública e uma esfera privada. Quando houver um interesse coletivo, seus atos não podem ser resguardados pelo princípio da privacidade, devendo o princípio da publicidade prevalecer em detrimento dos seus interesses particulares. Na sua relação pessoal, os direitos de privacidade devem permanecer imaculados, desde que não tragam prejuízos para a coletividade. As pessoas que exercem cargos públicos, por exemplo, podem escolher livremente o seu círculo de amizades, desde que essas amizades não acarretem prejuízo para o cargo que ocupem.

Em discussões nos cenários jurídicos internacional e brasileiro foi inserida na seara dos direitos de privacidade a possibilidade de um direito ao esquecimento. Apesar de o assunto ter tomado novas proporções recentemente, já havia sido debatido em outras ocasiões. As mais conhecidas decisões são Melvin *v.* Reid, ocorrido em 1931 no Tribunal de Apelação da Califórnia; o caso Lebach, no Tribunal Constitucional Alemão e o caso Marlene Dietrich, julgado no Tribunal de Paris.

Essas situações trouxeram um entendimento de que determinados fatos podem e devem recair no esquecimento da sociedade em nome da proteção à vida privada dos indivíduos, ainda que se trate de pessoas públicas. O direito ao esquecimento foi, então, consagrado pela jurisprudência como uma manifestação legítima da proteção à vida privada.[82] Da mesma forma foi considerado no direito pátrio quando a 4ª Turma do Superior Tribunal de Justiça entendeu a possibilidade de um direito ao esquecimento no caso conhecido como a Chacina da Candelária.[83]

Um dos envolvidos, que havia sido absolvido, requereu na justiça que seu nome não fosse mais citado ao se relatar o fato. A justificativa do autor se baseava na proteção à sua vida privada, uma vez que ser relacionado ao citado crime constituía uma exposição desnecessária e dificultava sua vida em sociedade. Apesar da decisão reconhecer que havia nesse quadro um confronto entre direitos de mesma estatura constitucional, quais sejam, a liberdade de expressão de pensamento e a proteção à vida privada, houve um entendimento, seguindo a jurisprudência internacional, de que o esquecimento é uma forma de se preservar a individualidade de um sujeito.

Contudo, o Supremo Tribunal Federal assentou o entendimento de que ofende a Constituição Federal o reconhecimento abstrato de um "direito ao esquecimento", assim entendido como "o poder de obstar, em razão da passagem do tempo, a divulgação de fatos ou dados verídicos e licitamente obtidos e publicados em meios de comunicação social analógicos ou digitais".[84] No entanto, as responsabilidades civil e penal decorrentes de eventuais abusos no exercício da liberdade de expressão podem e devem ser analisadas caso a caso, pelo Poder Judiciário.

## 9.12 Direito à inviolabilidade de domicílio

A casa é asilo inviolável, pois se configura no local onde o homem pode desenvolver em plenitude os seus direitos de privacidade (art. 5º, XI, da CF). A sua garantia também

---
[82] DOTTI, René Ariel. *Proteção da vida privada e liberdade de informação*. São Paulo: Revista dos Tribunais, 1980. p. 92.
[83] STJ, Quarta Turma, REsp nº 1.335.153/RJ, Rel. Luis Felipe Salomão, *DJE*, 28 maio 2013.
[84] STF, RE nº 1.010.606/RJ, Rel. Min. Dias Toffoli, j. 11.2.2021.

tem uma conotação histórica: os gregos e os romanos davam uma conotação religiosa ao domicílio do cidadão, sendo ele um local de adoração dos antepassados.[85]

O termo *casa* significa o espaço ao qual as pessoas estranhas não têm acesso, pois, se tiverem, não será o local garantido pela inviolabilidade – são os recintos fechados ao público. Numa casa, por exemplo, cujas salas sirvam como bar, este espaço específico não poderá ser conceituado de domicílio, permanecendo o restante dos cômodos inviolável à presença de estranhos.

Qualquer pessoa pode entrar no domicílio, desde que haja consentimento do morador. O empregado que trabalha na residência e que conta com a confiança dos patrões é considerado morador.[86] Se as autoridades públicas descumprirem o preceito da inviolabilidade de domicílio, o Estado deve ser responsabilizado, arcando com o ônus de indenizar o ofendido. Se o infrator for um particular, estará configurado o crime de invasão de domicílio.[87]

As exceções à inviolabilidade de domicílio são as seguintes:
a) para prestar socorro;
b) em caso de acidente;
c) em caso de flagrante delito – o flagrante delito pode ser definido como a certeza visual de um crime: estando em curso um delito na casa, um policial pode entrar nela a qualquer hora, mesmo à noite; e
d) por último, no caso de ordem judicial, durante o dia.[88] A expressão "durante o dia" indica o lapso temporal que vai das seis da manhã às dezoito horas, período em que a claridade da luz solar intimida a prática de arbitrariedades na violação do domicílio. Não parece razoável a tese de que a modificação no art. 172 do Código de Processo Civil brasileiro, realizada pela Lei nº 8.952/1994, permitindo a prática de atos processuais das seis da manhã às oito horas da noite, tenha, igualmente, possibilitado o cumprimento do mandado de prisão no mesmo horário. O Código de Processo Civil é uma norma infraconstitucional, sendo impossível que reformas de seu conteúdo possam modificar mandamentos constitucionais, mormente quando são cláusulas pétreas de proteção à cidadania.

Alexandre de Moraes defende que o mandado de prisão pode ser cumprido em horário mais elevado que oito horas da noite, desde que haja luz solar, como exemplo, no horário de verão.[89]

A maioria da jurisprudência se inclina pela tese seguida por José Afonso da Silva, no sentido de que o cumprimento do mandado de prisão somente pode ser efetuado das seis horas da manhã às seis da noite, para assegurar o cumprimento da proteção jurisdicional e evitar a insegurança que tantos malefícios provoca.[90] Deixar o

---

[85] COULANGES, Fustel de. *A cidade antiga*. São Paulo: Martin Claret, 2001. p. 39.
[86] RT 457/380.
[87] Violação de domicílio: "Entrar ou permanecer, clandestinamente ou astuciosamente, ou contra a vontade expressa ou tácita de quem de direito, em casa alheia ou em suas dependências" (art. 150 do Código Penal).
[88] "Entretanto, se foi o próprio paciente, após abordado por agentes policiais nas proximidades de sua residência, quem lhes franqueou o ingresso no imóvel em que residia, onde foi encontrado o material entorpecente, não há falar-se em prova ilícita a pretexto de invasão de domicílio sem o devido mandado judicial" (STF, 2ª Turma, HC nº 74.333-1-RJ, Rel. Min. Maurício Correia).
[89] MORAES, Alexandre de. *Direitos humanos fundamentais*. 2. ed. São Paulo: Atlas, 1988. p. 145.
[90] SILVA, José Afonso da. *Curso de direito constitucional positivo*. 16. ed. São Paulo: Malheiros, 1999. p. 440.

cumprimento à condição de ainda haver claridade da luz solar é permitir arbitrariedades, dando ensejo à insegurança de se provar que na hora da efetuação da prisão ainda havia luz solar.

## 9.13 Direito à inviolabilidade de comunicação

É um mecanismo de defesa dos direitos inerentes à privacidade. A Constituição tornou inviolável o sigilo das comunicações telegráficas, da correspondência e de dados, que foi incorporada ao texto constitucional de maneira inovadora em 1988 (art. 5º, XII, da CF).

Em que pese a literalidade do comando constitucional, a inviolabilidade do sigilo de dados – bancários, fiscais, telefônicos e telemáticos – tem sido mitigada na jurisprudência do Supremo Tribunal Federal. Nesse sentido, é constitucional a previsão legislativa que autoriza as autoridades fazendárias a examinarem informações financeiras de contribuintes, no interesse de procedimento administrativo fiscal em curso (art. 6º da LC nº 105/2001).[91] O Supremo entende que, nesses casos, não há que se falar em "quebra de sigilo", mas na simples transferência do sigilo dessas informações do indivíduo da órbita bancária para a órbita fiscal.

Noutro giro, independe de autorização judicial o compartilhamento de relatórios produzidos pela Unidade de Inteligência Financeira Federal (UIF – antigo Conselho de Controle de Atividades Financeiras – Coaf) ou de procedimentos fiscalizatórios da Receita Federal diretamente com os órgãos de persecução penal (Ministério Público), desde que por meio de comunicações formais que resguardem o sigilo das informações.[92]

Passível de violação a comunicação telefônica. Mesmo assim, são necessários os seguintes requisitos: haver uma autorização judicial para a investigação, que tanto pode ocorrer na fase do inquérito quanto na fase processual; ser o delito punido com pena de reclusão; a prova não poder ser obtida por outros meios de investigação; haver razoáveis indícios de autoria.

A decisão que permitir a investigação tem que ser fundamentada, sob pena de nulidade, individualizando a forma de execução da diligência, especificando o seu prazo de duração, que não poderá exceder quinze dias, renovável por igual período quando comprovada a indispensabilidade do meio de prova (art. 5º da Lei nº 9.296/96).[93] Se o pedido for deferido, a autoridade policial conduzirá os procedimentos de interceptação, dando ciência ao Ministério Público para acompanhar a realização da investigação (art. 6º da Lei nº 9.296/96).[94]

---

[91] STF, RE nº 601.314/SP, Rel. Min. Edson Fachin, j. 24.2.2016 (Tema nº 225 da Repercussão Geral).

[92] STF, RE nº 1.055.941/SP, Rel. Min. Dias Toffoli, j. 4.12.2020 (Tema nº 990 da Repercussão Geral).

[93] Há permissão para renovações sucessivas do prazo quinzenal para interceptação telefônica quando elas forem imprescindíveis à elucidação dos fatos, tendo em conta a sua natureza e complexidade, bem como a quantidade de réus envolvidos (HC nº 83.515/RS, Rel. Min. Nelson Jobim).

[94] "A regra é a inviolabilidade das comunicações telefônicas, tendo como exceção as hipóteses de crimes apenados com reclusão e desde que a interceptação sirva como prova em investigação criminal e em instrução processual penal. Nesse sentido, a lição de José Afonso da Silva: '[...] Abriu-se excepcional possibilidade de interceptar comunicações telefônicas, por ordem judicial, nas hipóteses e na forma que a lei estabelecer para fins de investigação criminal ou instrução processual. Vê-se que, mesmo na exceção, a Constituição preordenou regras estritas de garantias, para que não se a use para abusos. O 'objeto de tutela é dúplice: de um lado, a liberdade de manifestação de pensamento; de outro lado, o segredo, como expressão do direito à intimidade' [...]. Qualquer

O interessado deve demonstrar ao juiz a qualificação dos suspeitos e a descrição do objeto investigado, provar a necessidade da escuta e indicar os meios a serem empregados. O pedido de violação não pode ser amparado em simples suspeitas: jurisprudência predominante do STF exige que o pedido tenha respaldo em fatos certos.[95]

Antes da Lei nº 9.296/1996, que regulamentou a escuta das comunicações telefônicas, o Supremo Tribunal Federal se posicionou no sentido de que as provas produzidas via escuta telefônica constituíam provas ilícitas e, portanto, imprestáveis para alicerçar a condenação de um cidadão na esfera criminal.

O parágrafo único do art. 1º da Lei nº 9.296/1996 regulamentou a "interceptação do fluxo de comunicação em sistemas de informática e telemática", tornando esse fluxo passível de violação. A comunicação telemática se realiza quando há a utilização da informação através do uso combinado de computador e do telefone, como a internet. A comunicação por dados informáticos acontece quando há o processamento de informações por meio automático, de forma codificada.

O termo "comunicações telefônicas", constante da Constituição, abrange a comunicação feita por intermédio da telemática e da informática, realizada por meio de uma rede de computadores. Informações que são conectadas em rede podem sofrer investigação judicial de acordo com a doutrina dominante. Também são passíveis de violação os dados constantes no computador, mesmo sem conexão com outros computadores, de acordo com uma interpretação extensiva da Lei nº 9.296/1996.

Com a mencionada lei, houve a regulamentação da escuta telefônica, possibilitando-se também a violação de comunicação pela telemática e pela informática, em uma aparente contradição com a Constituição, que só menciona a possibilidade de quebra do sigilo telefônico. Contudo, a interpretação mais consentânea a que se pode chegar, sem concordar com a alegação de inconstitucionalidade, é a de que não se pode usar como escudo um direito subjetivo para a prática dos mais variados crimes, pois sempre prepondera o interesse público quando houver choque deste com um interesse privado. Além do que, com a regulamentação da matéria, não houve o cerceamento de nenhum direito resguardado pela Constituição.

Depois de amplas discussões no Supremo Tribunal Federal, ficou estabelecido, por maioria de votos, que a gravação de uma conversa feita por um dos interlocutores sem consentimento do outro, com a finalidade de documentá-la, futuramente, em caso de negativa de autoria, não é considerada prova ilícita.[96]

A doutrina diferencia a escuta telefônica da interceptação telefônica: na primeira, A está conversando com B e B grava a conversa sem o conhecimento de A; na segunda, A está conversando com B e C, um estranho na relação, grava a conversa entre A e B. Na interceptação telefônica um terceiro grava a conversa dos interlocutores sem a anuência destes. Assim, de forma pacífica, tanto a escuta como a interceptação telefônica se tipificam como provas ilícitas.[97]

---

ato jurisdicional que se distancie ou não justifique de modo satisfatório essas exigências legais constitui violação indevida de direito e garantia constitucional, contaminando de ilícito qualquer material advindo deste ato" (Ext. nº 1.021/FRA, Rel. Min. Celso de Mello).

[95] Informativos do STF nºs 158 e 170.

[96] AI nº 666.459 AgR/SP, Rel. Min Ricardo Lewandowski, 6.11.2007.

[97] "Escuta telefônica que não deflagra ação penal não é causa de contaminação do processo. Não há violação ao direito à privacidade quando ocorre apreensão de droga e prisão em flagrante de traficante. Interpretação restritiva do princípio da árvore dos frutos proibidos" (HC nº 76.203, Rel. Min. Marco Aurélio, *DJ*, 17 nov. 2000).

Fala-se ainda em interceptação e escutas ambientais, que sempre ocorrem em espaços abertos. A interceptação ambiental ocorre na presença dos interlocutores, quando, por exemplo, um terceiro grava uma conversa entres duas pessoas que estão ao seu lado, sem a anuência destes. A escuta ambiental ocorre quando dois interlocutores estão no mesmo ambiente, e em contato direto, e, então, um deles grava a conversa, sem a anuência do outro.

A interceptação e a escuta ambientais estão regulamentadas, ainda insuficientemente, no art. 2º, IV, da Lei nº 9.034, de 3.5.1995.[98] Como regra geral, fora destas hipóteses, as interceptações e as gravações ambientais se encontram vedadas pelo art. 5º, X, da Constituição Federal, que resguarda a inviolabilidade da intimidade e da vida privada. No entanto, parte da doutrina afirma que interceptações e gravações ambientais podem ser adotadas, afora as hipóteses consagradas na referida lei que as regulamenta. Sustentando este argumento, afirma-se que o direito à intimidade não é absoluto, mas relativo, assim como os demais direitos fundamentais, podendo, portanto, ceder espaço para a utilização desses meios de prova, mormente se balizada pelo crivo do princípio da proporcionalidade. Para tanto, devem ser aplicadas, por analogia, as disposições da Lei nº 9.296/1996, para que as gravações e as interceptações ambientais possam ser utilizadas, sob pena de se levar à impunidade, em virtude apenas da adoção de uma concepção hiperbólica e absoluta sobre direitos fundamentais.[99]

O Código de Processo Civil disciplina o assunto no art. 369, *verbis*: "As partes têm o direito de empregar todos os meios legais, bem como os moralmente legítimos, ainda que não especificados neste Código, para provar a verdade dos fatos em que se funda o pedido ou a defesa e influir eficazmente na convicção do juiz".

A amplitude da produção de provas sofre limitações, como a vedação à utilização de provas ilícitas ou ilegítimas (art. 5º, LVI, da CF). Celso Ribeiro Bastos denomina as provas ilícitas de extrínsecas e as ilegítimas de intrínsecas.[100] Provas ilícitas são aquelas que contrariam as leis de direito material e provas ilegítimas são aquelas que contrariam as leis processuais. Uma prova obtida por meio de uma escuta telefônica não pode ser usada processualmente, porque foi conseguida com infração a disposições de direito material.[101] Assim, as provas ilícitas e as ilegítimas são consideradas espécies do gênero provas ilegais, porque obtidas com a violação de normas de direito material ou processual, respectivamente.

No direito comparado, a Constituição portuguesa, em seu art. 32, aduz que todas as provas obtidas mediante tortura, coação, ofensa à integridade física ou moral da

---

[98] "Art. 2º Em qualquer fase de persecução criminal são permitidos, sem prejuízo dos já previstos em lei, os seguintes procedimentos de investigação e formação de provas: [...] IV – a captação e a interceptação ambiental de sinais eletromagnéticos, óticos ou acústicos, e seu registro e análise, mediante circunstanciada autorização judicial".

[99] MENDES, Gilmar Ferreira; COELHO, Inocêncio Mártires; BRANCO, Paulo Gustavo Gonet. *Curso de direito constitucional*. São Paulo: Saraiva, 2009. p. 688.

[100] BASTOS, Celso Ribeiro; MARTINS, Ives Gandra da Silva. *Comentários à Constituição do Brasil*. 4. ed. São Paulo: Saraiva, 1995. p. 274. v. 2.

[101] "Inadmissibilidade, como prova, de laudos de gravação de conversa telefônica e de registros contidos em memória de microcomputador, obtidos por meios ilícitos (art. 5º, LVI, da Constituição Federal): no primeiro caso, por se tratar de gravação realizada por um dos interlocutores, sem conhecimento do outro, havendo a gravação sido feita com inobservância do princípio do contraditório e utilizada com violação à privacidade alheia (art. 5º, X, da CF); e, segundo caso, por estar-se diante de microcomputador que, além de ter sido apreendido com violação de domicílio, teve a memória nele contida sido gravada ao arrepio da garantia de inviolabilidade da intimidade das pessoas" (Ação Penal nº 307-3, *DJU*, 13 out. 1995).

pessoa, abusiva intromissão na vida privada, no domicílio, na correspondência ou nas telecomunicações são nulas.

Exemplo de prova ilícita é a escuta telefônica realizada sem autorização judicial e exemplo de prova ilegítima é aquela produzida fora do momento processualmente estipulado.

A maior parte da doutrina não concorda com a vedação absoluta das provas ilícitas e ilegítimas. Essa proibição deve ser interpretada de forma relativa, de acordo com o objeto a ser protegido.[102] O impedimento da produção de provas ilícitas e ilegítimas não pode servir de escusa para o abrigo de condutas delituosas. O direito à privacidade, como direito individual que é, deve ceder ao interesse público, ao *jus imperii* estatal. Quem deve balizar se a prova ilícita ou ilegítima deve ser trazida aos autos é o princípio da proporcionalidade. Se o objeto a ser defendido pelo processo for mais relevante que a intimidade ou a vida privada dos cidadãos, como exemplo, a incolumidade do patrimônio público, essa prova deve ser considerada lícita e permitida no processo.

O Brasil não considera legais as provas derivadas. Elas são em si mesmas lícitas, mas produzidas a partir de outras provas obtidas de forma ilegal.[103] Como a prova é obtida por meios ilícitos, a mácula dela transmitir-se-á para as que foram posteriormente produzidas, ou seja, "o vício da árvore envenenada se transmite aos seus frutos".

O "fruto da árvore envenenada", provas ilícitas por derivação ou *fruit of the poisonous tree*, nasceu no caso *Silverthorne Lumber Co. v. United States*, em 1920. No STF esta questão não está pacificada. Em uma primeira decisão, foi firmado o entendimento de se admitirem as provas derivadas como lícitas, com um *quorum* de 6x5.[104] Logo depois foi firmado entendimento contrário, considerando como ilícitas as provas derivadas, com um *quorum* de 6x5, desta vez acolhendo a tese dos frutos da árvore envenenada.

Assim, se uma prova for oriunda de uma interceptação telefônica, sem autorização judicial, e ela noticiar o local onde se encontra a arma do crime, esse meio probante não poderá ser carreado aos autos porque a arma foi encontrada graças a uma prova produzida de forma ilícita.

O Código de Processo Penal, no seu art. 573, §1º, de certa forma agasalhou a teoria do impedimento das provas ilícitas por derivação: "A nulidade de um ato, uma vez declarada, causará a dos atos que dele diretamente dependam ou sejam consequência". A verificação de uma prova ilícita não é suficiente para a anulação de todo o processo. Se o fundamento da decisão não foi construído exclusivamente com base nessa prova e se há no processo outros indicativos que instruam a decisão processual, a sentença proferida deve ser mantida, retirando-se a prova ilícita existente.

Deste modo, há certa necessidade de mitigação da teoria dos frutos da árvore envenenada, porque seu alargamento, levado às últimas consequências, pode gerar consequências práticas de difícil superação, além da possibilidade de se instaurar

---

[102] "Eventuais vícios do inquérito policial não contaminam a ação penal. O reconhecimento fotográfico, procedido na fase inquisitorial, em desconformidade com o artigo 226, I, do Código de Processo Penal, não tem a virtude de contaminar o acervo probatório coligido na fase judicial, sob o crivo do contraditório. Inaplicabilidade da teoria da árvore dos frutos envenenados (fruits of the poisonous tree). Sentença condenatória embasada em provas autônomas produzidas em juízo" (HC nº 83.921, Rel. Min. Eros Grau, *DJ*, 27 ago. 2004).

[103] CAPEZ, Fernando. *Curso de processo penal*. 6. ed. São Paulo: Saraiva, 2001. p. 31.

[104] Informativo do STF nº 35.

verdadeira situação de impunidade, principalmente se se considerar que, ao réu, seria suficiente alegar que determinada prova é ilícita, para que, consequentemente, todas as demais subsequentes assim sejam também consideradas, chegando-se, até mesmo, à anulação do processo. Por essas razões, a doutrina e, principalmente, a jurisprudência vêm adotando em termos relativos à proibição da utilização de provas ilícitas no processo. Outrossim, fala-se em exceções à teoria da árvore dos frutos envenenados.

Uma destas exceções são as provas autônomas (*independent sources*) e as descobertas inevitáveis (*inevitably discovery*).[105] De criação da doutrina norte-americana, especificamente no caso *Nix v. Williams*, em 1983, as provas autônomas são aquelas independentes das provas ilícitas, não sendo, assim, maculadas pelos vícios que as inquinam; as descobertas inevitáveis são provas que, com ou sem a juntada de provas ilícitas, seriam inexoravelmente aventadas no processo, razão pela qual são consideradas, de *per si*, lícitas.[106]

Outra exceção é a admissão de provas ilícitas *pro reo*, assim consideradas aquelas provas ilícitas que o acusado produz, para que possa exercer amplamente seu direito de defesa, principalmente se ela consubstanciar fato que evidencie sua inocência. O devido processo legal, que é uma garantia geral, comportando outras garantias, como o direito ao juiz natural, à ampla defesa, ao contraditório, e à realização da prisão apenas na forma de lei, fundamenta também a utilização das provas ilícitas *pro reo*, e não apenas a vedação à utilização de prova ilícita. O princípio da proporcionalidade, com princípio instrumental de compatibilização de direitos fundamentais, deve balizar os postulados da vedação à utilização de provas ilícitas e da possibilidade de emprego de provas ilícitas *pro reo*, de tal modo que esta vedação não prevaleça quando houver probabilidade de supressão da ampla defesa. Assim, se um cidadão for acusado de um crime, ele poderá utilizar uma prova ilícita para provar a sua inocência, por analogia ao art. 233 do Código de Processo Penal: "As cartas particulares, interceptadas ou obtidas por meios criminosos, não serão admitidas em juízo. Parágrafo único. As cartas poderão ser exibidas em juízo pelo respectivo destinatário, para a defesa de seu direito, ainda que não haja consentimento do signatário".

Assim, o STF tem considerado que a produção de provas ilícitas pelo réu está albergada pelas excludentes de antijuridicidade, estado de necessidade e legítima defesa.[107] Nesse sentido, a Lei nº 13.964/2019 ("Pacote Anticrime") inseriu o §4º ao art. 8º-A da Lei nº 9.296/1996, dispondo ser lícita a captação ambiental feita por um dos interlocutores sem o conhecimento da autoridade policial ou do Ministério Público, desde que se comprove a integridade da gravação, e, apenas, em matéria de defesa, isto é, em favor do acusado.

---

[105] Só as provas que são oriundas de modo direto de meios ilícitos é que são contaminadas. As demais, que não guardam relação direta com a ilícita, são admissíveis, haja vista que prevalece a teoria das provas autônomas: "As provas obtidas por meios ilícitos contaminam as que são exclusivamente delas decorrentes; tornam-se inadmissíveis no processo e não podem ensejar a investigação criminal e, com mais razão, a denúncia, a instrução e o julgamento (art. 5º, LVI, CF), ainda que tenha restado sobejamente comprovado, por meio delas, que o Juiz foi vítima das contumélias do paciente" (HC nº 72.588, Rel. Min. Maurício Corrêa, *DJ*, 4 ago. 2000).
[106] MENDES, Gilmar Ferreira; COELHO, Inocêncio Mártires; BRANCO, Paulo Gustavo Gonet. *Curso de direito constitucional*. São Paulo: Saraiva, 2009. p. 688.
[107] HC nº 74.678/SP, Rel. Min. Moreira Alves, *DJ*, 15 ago. 1997.

Ao se aceitar uma prova produzida por meio ilícito ou ilegítimo no processo, estar-se-á aceitando a quebra de uma regra geral, que protege um direito fundamental, como a privacidade, por causa do interesse público, em decorrência da lesão que poderia ocorrer. Recorre-se, então, à proporcionalidade para verificar qual dos direitos fundamentais representa maior importância para a sociedade.

### 9.13.1 O Marco Civil da Internet

Ao se falar em direitos individuais é primordial que se reflita sobre o próprio modo de relacionamento dos indivíduos no seio da sociedade. É notória a reconfiguração da forma de convívio social como consequência da imersão no mundo digital, em que cada vez mais as pessoas necessitam das tecnologias para as situações práticas da vida cotidiana. Por óbvio, é importante que o direito alcance as consequências dessa nova forma de interação social, com todos os riscos no âmbito dos direitos de personalidade, da liberdade e da privacidade.

Nesse sentido é que foi editada legislação de regulação da rede mundial de computadores, o chamado Marco Civil da Internet, aprovado pelo Senado no dia 23.4.2014 (Lei nº 12.965), tratando da neutralidade de rede e do tratamento dos dados pessoais dos usuários. O primeiro dos principais aspectos diz respeito à privacidade, principalmente, ao sigilo e inviolabilidade das comunicações, tornando o acesso ao conteúdo somente por meio de ordem judicial com finalidade de investigação criminal.

No mesmo sentido, assegura o direito de que os registros de acesso à internet não serão guardados pelos provedores da rede por mais de seis meses. Dessa forma, o rastro digital de visita nos mais variados *sites* não ficará armazenado pela empresa que fornece o acesso.

## 9.14 Direitos coletivos

Os direitos coletivos são aqueles que, apesar de serem individuais, têm uma dimensão coletiva, porque sua concretização somente ocorrerá quando houver uma pluralidade de cidadãos. São direitos de liberdade de um indivíduo em relação a outros.[108] Muitos dos direitos coletivos são considerados direitos sociais, a exemplo do direito de liberdade de associação sindical, do direito de greve etc.

### 9.14.1 Direito de reunião

Acontece quando cidadãos se reúnem para uma finalidade determinada, sem a intenção de perpetuarem os laços comuns. Superado o motivo que os uniu, não haverá mais ligação entre eles (art. 5º, XVI, da CF). Podemos apontar como exemplo a reunião dos membros de um condomínio para expulsar o síndico: depois de sua expulsão, a finalidade que unia os condôminos terá terminado e a reunião consequentemente deixará de existir.

Esse é um direito subjetivo dos cidadãos, constituindo-se em uma autorização para que a pessoa possa exercer uma prerrogativa de acordo com a sua conveniência.

---

[108] RUSSOMANO, Rosah. *Curso de direito constitucional*. 5. ed. Rio de Janeiro: Freitas Bastos, 1997. p. 246.

O direito subjetivo se caracteriza, na maioria das vezes, por indicar um bem, inerente à personalidade humana, que pode ser disponibilizado sem a interferência estatal. Sobre o assunto esclarece Tobias Barreto:

> E quando bem se atende que o termo – subjetivo – foi tomado de empréstimo à tecnologia filosófica, onde ele tem um sentido determinado, significando tudo que pertence ao mundo interior, ao mundo da consciência, facilmente se chega a perguntar, se tal subjetividade não vai até os domínios da psicologia propriamente dita.[109]

Os cidadãos podem se reunir em locais públicos, não necessitando pedir autorização, desde que a manifestação seja pacífica e sem armas.[110] Deve-se avisar a autoridade competente, para que ela garanta a segurança da reunião. Não se deve confundir a desnecessidade de autorização com a obrigatoriedade de aviso à autoridade pública competente. A autorização é o consentimento para realizar algo, podendo ser deferido ou indeferido. O aviso à autoridade competente não é para permitir a manifestação e sim para regularizar o trânsito, providenciar a segurança e impedir a realização de uma outra reunião, no mesmo local, que tenha sido posteriormente convocada.

Se uma outra reunião estiver marcada para o mesmo horário e local, a que foi marcada posteriormente não poderá ser realizada. Tal impedimento tem a finalidade de evitar distúrbios entre os participantes das manifestações. O direito de reunião pode sofrer restrições no estado de defesa e pode ser temporariamente impedido no estado de sítio.

Interessante apontar que o estudo do direito de reunião toma novas discussões com o Projeto de Lei nº 2.016, de 2015, de autoria do Poder Executivo, apresentado em regime de urgência à Câmara dos Deputados, na data de 18.6.2015. O intuito foi alterar a Lei nº 12.850, de 2.8.2013 e a Lei nº 10.446, de 8.5.2002, para tratar sobre organizações terroristas. Foi, então, aprovado pelo Senado Federal o projeto trazendo como um dos tópicos basilares da motivação o "extremismo político" ao tipo penal de terrorismo e a impossibilidade da excludente de ilicitude relativa a movimentos sociais, sindicais, entre outros.

O projeto retornou à Câmara, onde foi rejeitado e mantido o texto no qual não se trata de "extremismo político" e se busca afastar o enquadramento de movimentos sociais da tipificação do crime de terrorismo. A redação final do projeto seguiu para sanção presidencial e foi publicada no dia 16.3.2016, sob o nº 13.260/16.

É importante que se destaque que, na atual conjuntura política, nacional e internacional, existe um risco quanto ao uso da expressão *terrorismo*. A colocação de uma luta contra o terror indiscriminada pode abrir espaço para restringir ou extinguir direitos fundamentais, como o de reunião.[111]

---

[109] BARRETO, Tobias. *Introdução do estudo do direito*. São Paulo: Lady, 2001. p. 37.
[110] Foi deferida medida liminar em ADIn para suspender o Decreto nº 20.098/1999, editado pelo governador do Distrito Federal, que vedava a realização de manifestações públicas com a utilização de carros, aparelhos e objetos sonoros na Praça dos Três Poderes, Esplanada dos Ministérios, Praça dos Buritis e vias adjacentes. O tribunal, por unanimidade, entendeu relevante a tese de inconstitucionalidade por aparente ofensa ao direito de reunião inscrito no art. 5º, XVI, da CF. Considerou-se que, embora o direito de reunião não tenha caráter absoluto, as restrições tais como impostas pelo decreto impugnado não seriam razoáveis, uma vez que inviabilizariam o exercício do próprio direito ao impedir a comunicação dos manifestantes (ADIMC nº 1.969/DF, Rel. Min. Marco Aurélio).
[111] SAINT-PIERRE, Héctor Luis. 11 de setembro: do terror à injustificada arbitrariedade e o terrorismo de Estado. *Revista de Sociologia e Política*, v. 23, n. 53, mar. 2015. p. 14.

A própria tipificação do ato terrorista carrega uma controvérsia reconhecida internacionalmente, sendo completamente possível o risco de se recair na criminalização de protestos populares. Assim, compreende-se que a conduta de terror tem consequências subjetivas, situação que dificulta a sua conceituação objetiva.[112] Em uma sociedade democrática, por hipótese alguma se pode tolerar a tentativa de criminalização de movimentos sociais.

## 9.14.2 Direito de associação

Na associação, os indivíduos se congregam com uma finalidade mais duradoura do que a que gerou a reunião. A permanência do vínculo que une os associados é a sua principal característica.

Os seus membros permanecem associados pelo tempo que acharem conveniente, não podendo haver nenhum tipo de multa para seu desligamento (art. 5º, XX, da CF). A diferença entre o direito de reunião e o direito de associação é que neste há uma presunção de durabilidade de suas atividades, enquanto naquele a permanência da ligação dos seus membros é efêmera.

As associações podem ser criadas livremente, desde que sejam para fins lícitos, sem autorização ou interferência dos órgãos estatais em seu funcionamento, vedada a sua estruturação em caráter paramilitar (art. 5º, XVII e XVIII, da CF). Associações paramilitares são aquelas estruturadas de forma semelhante às Forças Armadas, com hierarquia e disciplina, para exercerem atividades proibidas por lei, geralmente com o emprego de violência.

As associações somente podem ser extintas por decisão judicial. A sua dissolução se configura possível exclusivamente mediante sentença transitada em julgado. Porém, elas podem ter suas atividades suspensas através de decisão judicial, sem trânsito em julgado (art. 5º, XIX, da CF).

Elas possuem a prerrogativa de representar seus filiados em juízo ou fora dele (art. 5º, XXI, da CF). Entende o Supremo Tribunal Federal que a expressão "quando expressamente autorizados", contida no inc. XXI do art. 5º da CF, não faz menção à forma como se dará a autorização dos filiados, exigindo apenas que a autorização seja proveniente do estatuto da associação para que ajuíze ações de interesse de seus membros ou de deliberação tomada por eles em assembleia-geral. Contudo, a jurisprudência atual do STF entende que a eficácia subjetiva da coisa julgada formada nessas ações coletivas, de rito ordinário, em que a associação atua como verdadeira substituta processual, não está sujeita ao limite territorial da jurisdição detida pelo órgão prolator.[113] Todavia, alcança apenas os filiados que tenham se associado antes da propositura da demanda, comprovado este último requisito pela juntada dessa relação jurídica à exordial.[114]

Na hipótese de a associação representar um interesse particular de um de seus membros, essa prerrogativa se realiza através de representação processual, em que o

---

[112] WILKINSON, P. *Terrorism and the liberal state*. London: Macmillan, 1977. p. 43
[113] RE nº 1.101.937, Rel. Min. Alexandre de Moraes.
[114] "Beneficiários do título executivo, no caso de ação proposta por associação, são aqueles que, residentes na área compreendida na jurisdição do órgão julgador, detinham, antes do ajuizamento, a condição de filiados e constaram da lista apresentada com a peça inicial" (STF, RE nº 612.043, Rel. Min. Marco Aurélio. *DJe*, 6 out. 2017).

associado tem de assinar um instrumento procuratório, permitindo à associação pugnar pelos seus interesses. Quando o interesse defendido pela associação pertencer a todos os seus membros, configura-se o caso de legitimação extraordinária, em que a associação age em nome próprio defendendo direito alheio, sem a necessidade de instrumento procuratório, como é o caso do mandado de segurança coletivo[115].

Um tipo específico de associação, com as características mencionadas acima, são as cooperativas, que congregam pequenos produtores que se juntam para obter melhores condições de colocar seus produtos no mercado e poder comercializá-los.

## 9.15 Direito de propriedade e sua função social

O direito de propriedade foi alçado à proteção constitucional no primeiro Texto Magno, de 1824, sendo a base de sustentação dos direitos insculpidos no seu art. 179, juntamente com a liberdade e a segurança individual. Cooley define a propriedade como tudo aquilo que é reconhecido pela lei como tal, nascendo junto com o princípio da legalidade e perecendo quando houver o desaparecimento do Estado de Direito.[116]

Com a evolução do seu conceito, na atual Constituição, ele foi tomado não como qualidade intrínseca da personalidade humana, mas como fator de desenvolvimento social. A característica romana de ser o *jus utendi, fruendi* e *abutendi*, concebendo o direito de propriedade de forma absoluta, com força proeminente em relação aos outros direitos, foi ultrapassada pelo caminhar das circunstâncias socioeconômicas; seu sentido deve ser tomado de forma restritiva, conjugado com o critério indicativo de sua função social.

Nesse sentido é a lição de Carlos Alberto Bittar acerca do direito de propriedade:

> Encontra-se, em verdade, entrecortado por limitações de ordens várias, de índole pública e, mesmo privada, que lhe imprimem, nos dias presentes, um cunho de direito submetido – como ademais ocorre com outros sujeitos a atritos com interesses públicos – a uma função social, fator esse declarado, inclusive por expresso, em Constituições de nosso século.[117]

O conceito de função social da propriedade tem sentido polissêmico, variando de acordo com os valores dominantes, tornando a propriedade conexa com o desenvolvimento da sociedade e expurgando o conceito individualista que a caracterizava. A especificação do conceito de função social da propriedade deverá ser determinada por lei específica, o que a torna uma norma constitucional de eficácia contida, devendo uma lei infraconstitucional delimitar o seu sentido.

### 9.15.1 Exceções ao direito de propriedade

As exceções contidas no texto constitucional são a desapropriação e a requisição.

A desapropriação é a perda compulsória da propriedade motivada pelo *jus imperii* estatal. Para que ela tenha ensejo, é imperiosa uma necessidade ou utilidade pública, ou

---

[115] Dispõe o Enunciado nº 629 da Súmula do STF: "A impetração de mandado de segurança coletivo por entidade de classe em favor dos associados independe da autorização destes".

[116] COOLEY, Thomas. *Princípios gerais de direito constitucional nos Estados Unidos da América*. Tradução de Ricardo Rodrigues Gama. São Paulo: Russell, 2002. p. 269.

[117] BITTAR, Carlos Alberto. *O direito civil na Constituição de 1988*. 2. ed. São Paulo: RT, 1991. p. 154.

um interesse social. A necessidade ocorre quando a desapropriação se torna condição para a realização de uma obra pública. Já a utilidade existe quando a desapropriação visa realizar um *plus* ao bem, a exemplo da construção de uma praça ao lado de uma rodovia pública. O interesse social se materializa quando o bem, que antes atendia preponderantemente à vontade individual, passa a atender aos anseios coletivos, como no exemplo da desapropriação de um terreno para a construção de uma fábrica. Depois, torna-se necessário o prévio e justo pagamento em dinheiro. O valor do imóvel pode ser dado pelo seu valor venal, aferido no IPTU, ou pelo seu valor de mercado (art. 5º, XXIV, da CF).

Em regra, a desapropriação não se constitui em uma sanção, havendo o pagamento prévio e justo em dinheiro. Todavia, em alguns casos ela pode ter uma natureza punitiva, como nos casos da reforma agrária, da reforma urbana e da expropriação. Quando a desapropriação tem a natureza de sanção, ela é denominada imprópria; quando ela não tem essa natureza, denomina-se própria.

A desapropriação para reforma agrária ocorre no imóvel rural que não esteja cumprindo a sua função social. A União, com competência exclusiva, mediante prévia e justa indenização em títulos da dívida agrária, resgatáveis no prazo máximo de vinte anos, a partir do segundo ano de sua emissão, poderá desapropriar o imóvel rural em decorrência do interesse social (art. 184, *caput*, da CF).

A aferição para verificar se o imóvel atende à sua função social ocorre levando-se em conta a existência simultânea dos seguintes requisitos: aproveitamento racional e adequado da propriedade; utilização adequada dos recursos naturais disponíveis e preservação do meio ambiente; observância das disposições que regulam as relações de trabalho; exploração que favoreça o bem-estar dos proprietários e dos trabalhadores (art. 186 da CF).

Não poderão sofrer desapropriação para reforma agrária a pequena e média propriedade rural, desde que o seu proprietário não possua outra, e a propriedade produtiva (art. 185, I e II, da CF). As benfeitorias úteis e necessárias devem ser indenizadas em dinheiro, sendo impossível sua indenização com títulos da dívida agrária (art. 184, §1º, da CF).

A diferença entre a desapropriação mencionada anteriormente, denominada própria, e a desapropriação para reforma agrária, denominada imprópria, é que nesta o pagamento somente se efetiva no prazo máximo de vinte anos, enquanto naquela o pagamento se efetiva de forma imediata, prévia. Nesta ela ocorre porque o imóvel rural não está cumprindo sua função social; naquela ela acontece por um interesse público, não estando o imóvel a descumprir um mandamento constitucional.

Outro tipo de desapropriação imprópria é a realizada para reforma urbana. Aqueles imóveis que não se adaptam às estipulações do plano diretor, ou seja, que não foram edificados, que não são utilizados ou que sejam subutilizados, poderão ser desapropriados mediante pagamento com títulos da dívida pública, resgatáveis em até dez anos, em prestações anuais, iguais e sucessivas (art. 182, §4º, III, da CF). O seu caráter de sanção decorre do fato de que ela apenas atinge aqueles imóveis que não se adequaram às estipulações do plano diretor.

A desapropriação urbana é a medida mais drástica para os imóveis que não atendam ao plano diretor, que é um plano de planejamento da expansão e do desenvolvimento urbano, obrigatório para as cidades com mais de vinte mil habitantes.

As outras medidas que podem ser tomadas é o parcelamento ou edificação compulsórios e o imposto sobre a propriedade predial e territorial urbana progressivo no tempo (art. 182, §4º, I e II, da CF).

A expropriação é outra espécie de desapropriação imprópria. As terras, localizadas em qualquer região do país, que tenham culturas ilegais de plantas psicotrópicas[118] ou a exploração de trabalho escravo na forma da lei, devem ser confiscadas dos seus donos sem o pagamento de nenhum tipo de indenização. Essas terras devem ser destinadas ao assentamento de colonos, para o cultivo de produtos alimentícios ou medicamentosos (art. 243 da CF). A inclusão da expropriação por trabalho escravo foi uma atualização do mencionado artigo pela Emenda Constitucional nº 81.[119]

A requisição é o empréstimo da propriedade aos entes estatais, em caso de iminente perigo público, autorizado pela autoridade competente, para fazer frente a qualquer tipo de calamidade, como inundações, terremotos etc. Caso, durante o seu uso, ocorra dano, o proprietário será ressarcido posteriormente. O ressarcimento deve abranger a totalidade das perdas e danos, ou seja, os danos ocorridos no patrimônio e os lucros que não foram obtidos por causa da requisição (art. 5º, XXV, da CF). A diferença entre a desapropriação e a requisição é que nesta há somente o seu empréstimo e naquela a propriedade é tomada.

### 9.15.2 Defesa da pequena propriedade rural

A pequena propriedade rural, definida pelo módulo rural, que possui uma extensão diferente em cada região do país, sendo trabalhada pela família, subentendendo-se os seus agregados, não será objeto de penhora para pagamento de débitos decorrentes da atividade produtiva. Resumindo, são esses os seus requisitos: a) ser pequena propriedade rural; b) ser trabalhada pela família; c) o empréstimo ter sido contraído para aplicação na atividade produtiva (art. 5º, XXVI, da CF).

### 9.15.3 Direito à herança

Herança é a transmissão da propriedade após a morte do seu titular. Essa transmissão pode ser feita por meio de testamento ou pelo meio legal, seguindo a lista disposta por lei (art. 5º, XXX, da CF).[120]

Termo derivado do latim *hereditas* (ação de herdar), em sentido genérico a herança é entendida como o conjunto de bens ou o patrimônio deixado por uma pessoa que faleceu. Assim, compreende todos os bens, direitos e ações do *de cujus*, abrangendo a totalidade de suas dívidas e encargos a que estava obrigado.[121]

---

[118] *Vide* RE nº 638.491/PR, voto do Rel. Min. Luiz Fux, 23.8.2017.

[119] Emenda Constitucional nº 81/2014: "Art. 1º O art. 243 da Constituição Federal passa a vigorar com a seguinte redação: 'Art. 243. As propriedades rurais e urbanas de qualquer região do País onde forem localizadas culturas ilegais de plantas psicotrópicas ou a exploração de trabalho escravo na forma da lei serão expropriadas e destinadas à reforma agrária e a programas de habitação popular, sem qualquer indenização ao proprietário e sem prejuízo de outras sanções previstas em lei, observado, no que couber, o disposto no art. 5º. Parágrafo único. Todo e qualquer bem de valor econômico apreendido em decorrência do tráfico ilícito de entorpecentes e drogas afins e da exploração de trabalho escravo será confiscado e reverterá a fundo especial com destinação específica, na forma da lei'. (NR)".

[120] Não havendo testamento, a sucessão segue a seguinte ordem: descendentes, ascendentes, cônjuge sobrevivente, colaterais, município, Distrito Federal e União (arts. 1.829 e 1.822 do Novo Código Civil).

[121] DE PLÁCIDO E SILVA. *Dicionário jurídico*. 5. ed. Rio de Janeiro: Forense, 1978. v. 2. p. 754.

A sucessão de bens de estrangeiros situados no Brasil será disciplinada pela lei brasileira em benefício do cônjuge ou filhos brasileiros, sempre que não lhes seja mais favorável a lei pessoal do *de cujus*. A expressão *lei pessoal do de cujus* significa a lei do país de origem do estrangeiro (art. 5º, XXXI, da CF).

### 9.15.4 Propriedade imaterial

Ela é caracterizada por não ser passível de visualização, em sua integralidade, em nenhum lugar no tempo e no espaço. Maria Helena Diniz define da seguinte forma a propriedade imaterial: "Diz-se da que recai sobre direitos, bens incorpóreos, como direitos autorais, privilégios de invenção, patentes, marcas de fábrica e de comércio. Abrange a propriedade industrial e a propriedade literária, artística e científica".[122]

A propriedade imaterial compreende:

a) Os direitos autorais, igualmente denominados direitos da propriedade intelectual, que são aqueles oriundos da capacidade criativa dos cidadãos, como textos escritos, imagens, desenhos, figuras, projetos etc.[123]

Para receber proteção autoral, é necessária a originalidade do trabalho, mesmo que essa originalidade seja relativa, como a simples remodelação de palavras ou de linhas. Os direitos autorais são considerados bens imóveis. Tobias Barreto conceitua o direito autoral da seguinte forma:

> Na proteção dispensada ao interesse do autor repousa implicitamente o reconhecimento do direito autoral como um direito privado. Não fica aí. A ordem jurídica, prossegue Stobbe, não garante somente o autor em seu interesse, quando este é violado por outrem, mas ainda considera o direito autoral como um objeto, sobre o qual são possíveis certos negócios e lutas de direito, sem que o mesmo se tenha dado contrafação.[124]

Os direitos autorais englobam, além do direito de propriedade, consistente na possibilidade de usufruí-lo, os direitos morais do autor, que consistem no respeito pela pessoa física do autor, ao seu espírito criativo, impedindo qualquer tipo de atitude que possa estorvar tais qualidades.[125]

A regulamentação dos direitos autorais foi realizada pela Lei nº 9.610/1998, seguindo os preceitos ditados pela Organização Mundial de Propriedade Industrial, que foi criada na Convenção de Estocolmo. A sua duração é vitalícia com relação ao autor e seus herdeiros diretos (filhos, pais, cônjuge); para os demais sucessores a proteção é de setenta anos contados do dia primeiro de janeiro do ano subsequente ao da morte do autor.[126] Os direitos autorais são criados independentemente de registro, mas este existe para oferecer uma maior segurança (art. 5º, XXVII, da CF).

---

[122] DINIZ, Maria Helena. *Dicionário jurídico*. São Paulo: Saraiva, 1998. v. 3. p. 823.

[123] O art. 7º da Lei nº 9.610/1998 define quais as obras protegidas pelos direitos autorais: "[...] as criações do espírito, expressas por qualquer meio ou fixadas em qualquer suporte, tangível ou intangível, conhecido ou que se invente no futuro [...]".

[124] BARRETO, Tobias. *Estudos de direito*. Campinas: Bookseller, 2000. p. 451.

[125] SILVA, José Afonso da. *Ordenação constitucional da cultura*. São Paulo: Malheiros, 2001. p. 179.

[126] O prazo antes estipulado era de sessenta anos; agora, o prazo foi elasticido para setenta anos, pelo disposto no art. 41 da Lei nº 9.610/1998.

b) O direito à reprodução da imagem e da voz humana, incluindo atividades desportivas. Como exemplo, temos os trabalhos realizados em disco e em vídeo.

O direito autoral à reprodução da voz humana não é devido se a finalidade não for lucrativa, conforme a Súmula nº 386 do STF: "Pela execução de obra musical por artistas remunerados é devido direito autoral, não exigível quando a orquestra for de amadores". A arrecadação dos direitos inerentes à reprodução da voz humana e da imagem fica a cargo do Ecad (Escritório Central de Arrecadação e Distribuição) (art. 5º, XXVIII, *a* e *b*, da CF).

c) A propriedade industrial garante o patenteamento dos inventos, da propriedade de marcas, signos, distintivos, que, a partir do registro, passam a ser propriedade privada; o patenteamento foi regulamentado pela Lei nº 9.279/1996. Esse bem incorpóreo é considerado um bem móvel (art. 5º, XXIX, da CF).

O órgão que deve velar pela propriedade industrial é o INPI (Instituto Nacional de Propriedade Industrial), que realiza o registro desse tipo de propriedade, através da concessão de privilégios, com relação à invenção, modelo de utilidade ou desenho industrial, e da concessão de registro, com relação à marca.

Patente é o título, certificado de concessão de privilégio de uso concedido pelo ente estatal. Ao patentear uma marca, adquire-se o seu uso exclusivo, bem como a sua proteção, caso ocorra a sua utilização indevida. Para utilizar a marca de outrem, é necessário abrir uma franquia e remunerar o seu dono. Com relação aos inventos ocorre a mesma coisa, havendo necessidade de autorização para a sua reprodução. A remuneração do autor dos inventos é feita mediante *royalties*.

# GARANTIAS CONSTITUCIONAIS PROCESSUAIS[1]

## 10.1 Direito processual constitucional e direito constitucional processual

Existe uma íntima relação entre processo e Constituição, principalmente diante da instrumentalização do processo e da necessidade de densificação da força normativa da Constituição.

O direito processual constitucional tem a finalidade de estudar as atividades relacionadas com a defesa da Constituição, garantindo o respeito da hierarquia normativa. Sem ele o direito constitucional não pode se concretizar. Nasce em virtude da supralegalidade normativa. Constitui-se em normas referentes à jurisdição constitucional, ajudando na concretização da Constituição, o que faz com que a *Lex Mater* deixe de ser apenas um texto semântico. Provém da ideia de instrumentalidade do processo, ou seja, o processo como fator teleológico de realizar a ordem jurídica. As garantias processuais fazem parte desta seara específica.[2]

Por sua vez, o direito constitucional processual se ocupa de algumas instituições processuais reputadas imprescindíveis pelo legislador constituinte. Tutela, em nível constitucional, os princípios processuais. São normas fixadoras de princípios constitucionais sobre processo. São categorias processuais específicas que foram alçadas ao patamar constitucional para reforçar determinados princípios, como o devido processo legal, o acesso à justiça, o contraditório, a ampla defesa etc.

Fala-se ainda de um direito constitucional judicial que é o conjunto de normas que regulamentam a organização do Poder Judiciário, bem como todas as prerrogativas inerentes a este. Ele abrange normas que se referem à administração da justiça em

---

[1] Existe uma diferença conceitual entre garantia constitucional processual e garantia processual constitucional. Esta significa os instrumentos processuais que podem levar eficácia aos mandamentos constitucionais e aquela significa o estudo dos instrumentos processuais contidos na Constituição.

[2] Interessante conceituação da jurisdição como processo pode ser encontrada em OLIVEIRA, José Anselmo de. *Direito à jurisdição*. Implicações organizacionais teóricas e políticas. Porto Alegre: Sérgio Antônio Fabris, 2003. p. 49.

geral, como o *status* dos magistrados, a taxionomia do Judiciário, as competências dos tribunais etc.

## 10.2 Direito de petição

O direito de petição surgiu em nosso ordenamento jurídico com a Constituição de 1824, para proteger direitos ou contra ilegalidade ou abuso de poder, cometidos por autoridades públicas contra cidadãos. Para a sua implementação não há necessidade do pagamento de taxa nem a obrigatoriedade de que a petição seja assinada por um advogado – qualquer pessoa do povo poderá formulá-la (art. 5º, XXXIV, *a*, da CF). O mencionado instrumento concretiza-se na prerrogativa de peticionar as autoridades competentes para que realizem determinados atos ou omissões.[3] É um termo genérico aplicável a todas as reclamações que se fazem a respeito de um cargo, função pública ou privilégio, com o objetivo de corrigir ou prevenir certos males, sendo dirigidas às autoridades competentes.[4]

Cooley conceitua o direito de petição:

> As petições têm por fim corrigir ou prevenir certos males, e são dirigidas a pessoas ou corporações que têm, acerca do assunto em questão, uma autoridade superior. É, entretanto, um termo genérico aplicável a todas as reclamações que se fazem a respeito de um cargo, função pública ou privilégio.[5]

Javier Pérez Royo afirma que ele é um direito próprio do Estado Constitucional, que a garantia existente antes era uma petição de direitos, em que se reclamava o respeito pelo privilégio outorgado a alguns estamentos. Hodiernamente, configura-se como um direito cidadão, podendo ser apenas exercido em um sistema político que se estrutura sob o princípio da igualdade.[6]

É um remédio clássico da *common law*, e sua origem remonta às declarações de direito inglesas. Ele estabelece que nenhum homem pode ser compelido a fazer ou produzir qualquer doação, empréstimo, benevolência, taxa, ou ser responsabilizado por qualquer ônus sem o consentimento de um ato do parlamento. Serve como instrumento para que a Administração Pública exerça as suas atividades de forma mais eficiente e para que os cidadãos possam proteger os seus direitos.[7]

O direito de petição não pode ser usado como sucedâneo de instrumento processual: seu objetivo é assegurar as prerrogativas da cidadania e não substituir o Poder Judiciário na sua plenitude de jurisdição.[8] O seu sujeito ativo pode ser qualquer

---

[3] BADENI, Gregorio. *Tratado de derecho constitucional*. Buenos Aires: La Ley, 2004. t. I. p. 397.
[4] COOLEY, Thomas. *Princípios gerais de direito constitucional nos Estados Unidos da América*. Tradução de Ricardo Rodrigues Gama. São Paulo: Russell, 2002. p. 312.
[5] COOLEY, Thomas. *Princípios gerais de direito constitucional nos Estados Unidos da América*. Tradução de Ricardo Rodrigues Gama. São Paulo: Russell, 2002. p. 312.
[6] PÉREZ ROYO, Javier. *Curso de derecho constitucional*. 6. ed. Madrid: Marcial Pons, 1999. p. 532.
[7] A *Magna Charta Libertatum* não foi propriamente uma Constituição, mas sim um pacto forjado entre os senhores feudais e o rei, por ter este perdido uma guerra para aqueles. Todavia, significou um formidável avanço porque foi o primeiro instrumento medieval a limitar os poderes do rei, transformando-se em instrumento para a implementação de um Estado de Direito.
[8] "O exercício do direito de petição, junto aos Poderes Públicos, [...] não se confunde com o de obter decisão judicial, a respeito de qualquer pretensão, pois, para esse fim, é imprescindível a representação do peticionário por advogado" (STF, Pleno, Petição nº 762-AgRg, *RTJ* 153/497).

cidadão que tenha um direito lesado ou ameaçado, e o seu sujeito passivo são os órgãos públicos ou as entidades privadas que exerçam uma função pública.

Os requisitos para a sua impetração são a defesa de direitos e o combate à ilegalidade ou abusos de poder. Como exemplo do direito de petição podemos tomar o caso de um cidadão que não tem a coleta de lixo realizada em sua residência e escreve uma carta ao secretário municipal, encarregado da função, mostrando a sua indignação pelo não atendimento de um dos seus direitos de cidadania.

## 10.3 Princípio da universalidade de jurisdição e princípio do acesso ao Poder Judiciário

Significa que os casos de ameaça de lesão, ou lesão a direitos, apenas podem ser julgados por um único ente estatal: o Poder Judiciário (art. 5º, XXXV, da CF). Desde a supressão da vingança privada, outorgou-se a um órgão imparcial a solução dos litígios sociais para que a perturbação gerada possa ser suprimida e, assim, garantida a segurança jurídica e a justiça nas relações sociais.

Esta garantia abrange todos os direitos humanos, sejam individuais, coletivos, sociais, políticos e de nacionalidade.

A atual redação melhorou a anterior, em que apenas a lesão a direitos individuais permitia solução pelo Judiciário. Hoje, também está assegurada a ameaça de lesão a direitos. Assim exprimia o art. 153, §4º, da Carta de 1967/1969: "A lei não poderá excluir da apreciação do Poder Judiciário qualquer lesão de direito individual". Por essa cominação restava afastada da esfera de apreciação do Judiciário a ameaça a direitos, o que se constituía em uma deficiência na tutela jurídica, pois a prestação jurisdicional pode chegar quando não mais o bem existir.

Atualmente, o Poder Judiciário tem competência para decidir as questões preventivas, desde que haja uma probabilidade real de ocorrer uma agressão. Descabe amparo judicial às condicionantes hipotéticas, que constituem meras alegações infundadas e inconsistentes, como buscar a proteção judicial porque algum dia o Estado causará um dano a um direito do cidadão. Assim, como consequência, inexiste a necessidade de exaurimento da instância administrativa, ou seja, não é obrigatório o exaurimento de processos administrativos antes da entrada nas vias judiciais.

A única exceção se configura no art. 217, §§1º e 2º, da Constituição Federal, que é o caso da Justiça Desportiva. As ações que versarem sobre a disciplina das competições desportivas somente poderão ser decididas após esgotarem-se as suas instâncias ou quando estas não houverem proferido sua decisão no prazo de sessenta dias, contados da instauração do processo.

É importante também considerar a existência da arbitragem como meio extrajudicial de solução de conflitos acerca de direitos patrimoniais disponíveis. A Lei nº 9.307/1996 garante a eficácia das convenções, compromissos e sentenças arbitrais. Além disso, o art. 18 da lei afasta a competência originária e recursal do Poder Judiciário sobre a causa submetida ao juízo privado, em compatibilidade à universalidade da jurisdição.[9]

---

[9] Em 12.12.2001 o STF decidiu pela constitucionalidade da Lei da Arbitragem (AgRg/SE nº 5.206, Rel. Min. Sepúlveda Pertence).

Para a realização do princípio da universalidade de jurisdição em sua plenitude, torna-se necessária também a garantia do direito de ação, preceito protegido constitucionalmente de forma indireta. O direito de ação é instrumento imprescindível para a concretização da prestação jurisdicional.

O princípio do livre acesso ao Poder Judiciário permite que todos os cidadãos, que tenham um direito seu lesionado ou ameaçado, possam recorrer às vias judiciais para garantir a sua defesa. Facilitar o acesso da população ao Judiciário se mostra benéfico para a sociedade porque os litígios deixam de ser solucionados pela lei do mais forte e passam a ser decididos de acordo com normas preestabelecidas que garantem uma isonomia às partes litigantes.

O acesso à jurisdição não deve ser encarado de forma peremptória, sem restrições. É inconstitucional a exigência de depósito prévio como condição de admissibilidade de recurso na esfera administrativa.[10] Contudo, pode o Poder Público estipular limites na abrangência da esfera recursal, como forma de impedir atos procrastinatórios e proteger a prestação jurisdicional. Como exemplo, pode ser definido um valor mínimo como requisito para que as causas sejam apreciadas pelos tribunais superiores.

Para garantir a toda a população acesso à jurisdição, principalmente aos mais pobres, a Constituição estabeleceu que o Estado deve prestar assistência gratuita aos que comprovarem insuficiência de recursos para contratar um advogado (art. 5º, LXXIV, da CF). Com esse escopo foi instituída, pelo art. 134 da Constituição, a Defensoria Pública. A assistência gratuita aos necessitados data da Constituição de 1934. Nos textos anteriores, cada Estado-membro regulava a matéria de forma específica, por lei ordinária.

## 10.4 Duplo grau de jurisdição

Nascido em Roma, o duplo grau de jurisdição se consolida com a Revolução Francesa. Não é um princípio explícito, contudo está implícito quando a CF fala de recursos aos tribunais superiores e, em razão do inc. LV, que fala do contraditório e da ampla defesa com os meios e os recursos a eles inerentes (apesar de que alguns falam que os recursos a eles inerentes se referem à produção de provas).

André Ramos Tavares critica sua construção terminológica, ao afirmar que não há um duplo grau de jurisdição porque não há uma dupla jurisdição, sendo ela una. E *grau* passa a ideia de hierarquia, e não é isto que ocorre, mas sim a necessidade de reexame, já que o duplo grau de jurisdição pode ocorrer na mesma instância, como ocorre nos recursos dos tribunais especiais de pequenas causas.

Motivos para sua existência: a) corrigir erros; b) melhorar julgamento por órgãos colegiados; c) controlar atividades judiciais; d) dar mais uma chance para a realização da justiça; e) diminuir a insatisfação do vencido, em um efeito psicológico de aceitação.

Motivos para a sua mitigação: a) demora na prestação jurisdicional; b) aumento nos gastos; c) desprestígio do juiz de primeiro grau.

A Constituição Federal de 1988 de forma expressa não agasalhou o duplo grau de jurisdição, pois havia um temor de que essa garantia propiciasse uma maior procrastinação processual. Igual posicionamento adotaram Marinoni e Sérgio Arenhart,

---

[10] RE nº 388.359/PE, Rel. Min. Marco Aurélio, 28.3.2007 e Súmula Vinculante nº 21.

para quem o legislador infraconstitucional não o está obrigado a estabelecer para toda e qualquer causa porque a Carta Magna de 1988, em seu art. 5º, XXXV, garante o direito à tutela de forma tempestiva, tempestividade essa que não pode deixar de ser levada em consideração quando se pleiteia uma "dupla revisão".[11]

Implicitamente ou de forma sistêmica igualmente não se pode amparar sua existência. Quando a Constituição menciona a possibilidade da interposição de recursos aos tribunais superiores, não significa que essas impugnações tenham critérios absolutos, apenas podendo acontecer quando presentes determinados requisitos. Utilizar como alicerce o art. 5º, LV, da CF – aos litigantes, em processo judicial ou administrativo, e aos acusados em geral, são assegurados o contraditório e a ampla defesa, com os meios e recursos a ela inerentes – também não se mostra adequado, pois os recursos são admitidos desde que exista previsão legal e haja razoabilidade para sua utilização.

Assim, a legislação infraconstitucional pode estabelecer determinadas restrições à esfera recursal ou certos impedimentos, como a obrigatoriedade de pagar custas processuais ou restringir os recursos nas causas de menor complexidade.

## 10.5 Princípio da irretroatividade mitigada

Ao contrário das Constituições de 1824 e 1891, que expressamente vedavam a irretroatividade, os textos constitucionais, a partir da Lei Maior de 1934, passaram a não mais vedá-la expressamente, mas a impedir que o direito adquirido, a coisa julgada e o ato jurídico perfeito possam ser atingidos por leis pretéritas (art. 5º, XXXVI, da CF). Ou seja: são restrições que protegem situações do alcance da retroatividade das leis, juntamente com o princípio da irretroatividade das leis penais (art. 5º, XL, da CF).[12] O princípio da irretroatividade começa a ser garantido na Constituição da Virgínia e depois foi agasalhado no art. 1º, Seção 10, da Constituição norte-americana de 1787.

O princípio da irretroatividade é um preceito de política jurídica, preservando os atos realizados sob a normatização das leis vigentes e reforçando a segurança jurídica do sistema.[13] Qualquer outro caso pode ser atingido pelas leis que tenham efeito retroativo, afora a proteção ao direito adquirido, à coisa julgada, ao ato jurídico perfeito e à irretroatividade das leis penais. Entretanto, deve ser salientado que essas mencionadas proteções representam um *plus* em relação ao princípio da irretroatividade, haja vista que sua proteção vai além dos parâmetros legais, abrangendo também interferências privadas. O objetivo do legislador constituinte foi garantir o conceito de segurança jurídica nas suas duas acepções: a) derivada da previsibilidade do procedimento e das decisões que serão adotadas pelos órgãos estatais; b) significante da estabilidade das relações jurídicas definitivas.

Direito adquirido é aquele que já se incorporou definitivamente em nossa esfera de disponibilidade, sendo amparado pelo princípio da inviolabilidade do passado.[14] Ele

---

[11] MARINONI, Luiz Guilherme; ARENHART, Sérgio Cruz. *Processo de conhecimento*. São Paulo: Revista dos Tribunais, 2007. p. 497.
[12] SILVA, Zélio Furtado. *Direito adquirido*. São Paulo: Editora de Direito, 2000. p. 99.
[13] BEVILÁQUA, Clóvis. *Teoria geral do direito civil*. Campinas: Red, 2001. p. 58.
[14] RÁO, Vicente. *O direito e a vida dos direitos*. 3. ed. São Paulo: RT, 1991. v. 1. p. 323.

nasceu no Império Romano, com Teodósio, vinculando-se aos *facta praeterita*.¹⁵ O cidadão pode não querer usufruir do direito adquirido imediatamente, sendo o momento de sua utilização uma prerrogativa discricionária, pois ele se configura como um direito subjetivo público. Quando for usá-lo, poderá fazê-lo sem qualquer problema, ainda que uma lei posterior à data da sua aquisição venha a modificar o direito.

A expectativa de direito não pode ser confundida com o direito adquirido, pois nesse caso o direito ainda não se incorporou ao patrimônio individual. A expectativa de direito incorporar-se-á ao patrimônio do cidadão dentro de certo tempo se a mesma legislação continuar em vigor, porque, se houver mudança, não haverá a sua aquisição.

Ato jurídico perfeito é aquele que foi realizado segundo os mandamentos da legislação em vigor ao tempo da sua feitura. A única exceção é se houver mácula de nulidade ou anulabilidade. Assim, uma vez fechado um contrato, segundo as normatizações em vigor, ausente cláusula de nulidade ou de anulabilidade, o ato estará protegido de modificações.¹⁶

Coisa julgada é a decisão judicial que não pode mais ser modificada, seja porque houve a perda do prazo para a interposição recursal, seja porque não existe mais possibilidade de recurso. Giuseppe Chiovenda a define da seguinte forma:

> O bem da vida que o autor deduziu em juízo (*res in judicium deducta*) com a afirmação de que uma vontade concreta da lei o garante a seu favor ou nega ao réu, depois que o juiz o reconheceu ou desconheceu com a sentença de recebimento ou de rejeição da demanda, converte-se em coisa julgada (*res iudicata*).¹⁷

## 10.6 Vedação de tribunais de exceção e juiz natural

Ambos os princípios possuem uma simbiose insofismável, pois não há tribunal de exceção que possa respeitar juiz natural e vice-versa. Eles nascem na *Magna Charta Libertatum* e são uma decorrência do princípio da universalidade da jurisdição. Configura-se em uma prerrogativa para garantir a imparcialidade dos juízes e tribunais. Sua afronta também é um acinte ao princípio da legalidade e da irretroatividade da lei.

O tribunal de exceção é aquele que não está estruturado em lei, sendo criado posteriormente à prática do delito. Ele foi instituído para julgar determinado crime de forma casuísta, quebrando o princípio da legalidade penal e também o princípio do juiz natural (art. 5º, XXXVII, da CF). O princípio do juiz natural expõe que ninguém será processado nem sentenciado senão pela autoridade competente (art. 5º, LIII, da CF). As vedações ao tribunal de exceção e à quebra do juiz natural se constituem em garantias para os acusados e meios eficazes na consecução da legalidade penal.

---

¹⁵ HORTA, Raul Machado. Constituição e direito adquirido. *Revista Trimestral de Direito Público*, São Paulo, n. 1, 1993. p. 50.

¹⁶ "Os contratos, que se qualificam como atos jurídicos perfeitos, acham-se protegidos, em sua integralidade, inclusive quanto aos efeitos futuros, pela norma de salvaguarda constante no art. 5º, XXXVI, da CF. Sendo assim, a incidência imediata da lei nova sobre os efeitos futuros de um contrato preexistente, precisamente por afetar a própria causa geradora do ajuste negocial, reveste-se de caráter retroa-tivo, achando-se desautorizada pela cláusula constitucional que tutela a intangibilidade das situações jurídicas definitivas consolidadas, mesmo em se tratando de normas de ordem pública, que também se sujeitam à cláusula inscrita no art. 5º, XXXVI, da CF, que não podem frustrar a plena eficácia da ordem constitucional, comprometendo-a em sua integridade e desrespeitando-a em sua autoridade" (STF, 1ª Turma, RE nº 201.176-2-RS, *RT* 741/202).

¹⁷ CHIOVENDA, Giuseppe. *Instituições de direito processual civil*. Campinas: Bookseller, 1998. v. 1. p. 446.

O princípio do juiz natural significa que o cidadão apenas poderá ser julgado por uma autoridade competente, que tenha sido designada para aquele caso específico, que tenha sido aprovada em um concurso de provas e títulos e esteja no exercício do cargo, impedindo-se, dessa forma, a constituição de um juiz *ad hoc*.[18] Decidiu o Supremo Tribunal Federal que qualquer tentativa de submeter civis a procedimentos penais instaurados perante órgãos da justiça militar representa gritante manifestação contrária ao princípio constitucional do juiz natural.[19]

A estruturação do Poder Judiciário, as prerrogativas de seus membros, a nomeação de juízes e suas competências têm que ser previamente definidas, impedindo casuísmos que possam prejudicar os cidadãos. Qualquer tipo de juízes ou tribunais que afrontem os parâmetros normativos preestabelecidos são impedidos por estes princípios.

No julgamento do Recurso Extraordinário nº 597.133, o Plenário do Supremo Tribunal Federal negou provimento ao respectivo recurso, que impugnava a validade de decisão do Tribunal Regional Federal da 4ª Região, tomada por colegiado composto por juízes federais convocados, e não desembargadores federais. A parte recorrente alegava violação aos princípios do juiz natural e do duplo grau de jurisdição. Ocorre que o argumento que impugnava o acórdão exarado pela Corte Federal não prosperou, uma vez que a maioria dos ministros não constatara a violação aos respectivos princípios, pois existe uma lei federal que permite a convocação de juízes federais e juízes federais substitutos, em caráter excepcional, quando o acúmulo de serviço assim exigir.[20]

A Lei nº 13.964/2019, conhecida como "Pacote Anticrime", empreendeu mudanças significativas no processo penal brasileiro, – por meio da consolidação do *sistema acusatório*[21] no Brasil. Neste, apregoa-se uma rígida separação entre as funções investigar, acusar e julgar um indivíduo, contrapondo-se assim ao *sistema inquisitivo*, típico de regimes de exceção, em que predomina uma postura oficiosa do julgador na persecução penal.

A principal inovação trazida pela novel legislação foi a criação do "juiz das garantias",[22] a atuar apenas na fase de investigação (inquérito policial), impactando fortemente a organização judiciária. Grosso modo, a investigação e o processo penal devem processar-se em dois juízos distintos, o que evita a "contaminação" do juiz da ação penal pelos achados e pelas decisões cautelares originadas na fase de inquérito.

---

[18] "Não viola as garantias do juiz natural, da ampla defesa e do devido processo legal a atração por continência ou conexão do processo do corréu ao foro por prerrogativa de função de um dos denunciados" (Súmula nº 704 do Supremo Tribunal Federal).

[19] Supremo Tribunal Federal, *RTJ* 158/513. "Não incide o dispositivo em caso de homicídio praticado por policial militar, em serviço e com arma da corporação, hipótese em que é competente a Justiça Militar. Em tal caso, a competência constitucional do tribunal do júri, de caráter geral, não pode prevalecer diante da competência da Justiça Militar, também definida na Constituição e que deve preponderar por ser especial e exceção à regra de natureza genérica" (2ª Turma, RE nº 174.375.1-210, *RT* 724/574).

[20] A norma a que se referiu o ministro é a Lei nº 9.788/1999, que, em seu art. 4º, dispõe que "os TRFs poderão, em caráter excepcional e quando o acúmulo de serviço o exigir, convocar juízes federais ou juízes federais substitutos, em número equivalente ao de juízes de cada tribunal, para auxiliar em segundo grau, nos termos de resolução a ser editada pelo Conselho da Justiça Federal".

[21] Nos termos da nova redação do art. 3º-A do CPP: "O processo penal terá estrutura acusatória, vedadas a iniciativa do juiz na fase de investigação e a substituição da atuação probatória do órgão de acusação".

[22] A eficácia da alteração legislativa foi suspensa pelo deferimento monocrático de medida cautelar nas ADIs nº 6.298, nº 6.299, nº 6.300 e nº 6.305. Os legitimados ativos arguem, entre outros pontos, a inconstitucionalidade por ofensa à autonomia organizacional do Poder Judiciário e à exigência de prévia dotação orçamentária para a realização de despesas (STF, MC/ADI nº 6.298/DF, Rel. Min. Luiz Fux, decisão de 22.1.2020).

Compete ao juiz das garantias zelar, de modo amplo, pelos direitos do investigado, cabendo-lhe decretar prisões processuais e de medidas cautelares durante a fase de investigação e julgar o *habeas corpus* impetrado antes do oferecimento da denúncia, entre outras atribuições listadas no art. 3º-B do CPP.

## 10.7 Soberania do Tribunal do Júri

Sua guarida está em nível constitucional apenas porque, na sua origem, representou um avanço nas liberdades dos cidadãos (art. 5º, XXXVIII, da CF). Na Idade Média, qualquer pessoa poderia ser presa sem nenhum processo ou possibilidade de defesa, ficando à disposição da vontade do rei, que a condenava ou a absolvia de acordo com a sua conveniência.

Com a instituição do Júri, o cidadão que cometeu um delito passa a ser julgado por seus concidadãos, que vão decidir se a agressão é um ilícito ou não. Ele abrange os crimes dolosos contra a vida,[23] tentados ou consumados, como homicídio,[24] infanticídio, aborto e instigação ou auxílio ao suicídio.[25]

É bastante discutível a instituição do Tribunal do Júri, principalmente nas pequenas cidades, em que os julgamentos se transformam em grandes espetáculos e espaço para as mais variadas injunções extrajurídicas, como palco para a atuação do poderio econômico ou político. O Tribunal do Júri colabora para aumentar o *gap* social existente no Brasil, em que a justiça penal serve exclusivamente para os pobres, ficando as elites dirigentes do país envoltas nas tertúlias jurídicas da área cível.

### 10.7.1 Garantias do Tribunal do Júri (art. 5º, XXXVIII, *a, b* e *c*, da CF)

São garantias do Tribunal do Júri:
a) Plenitude de defesa: o acusado pode utilizar todos os meios de prova admitidos processualmente para atestar a sua inocência. Essa garantia constitucional tem o escopo de incrementar o contraditório no procedimento do Júri. O exaurimento dos meios de prova disponíveis possibilita à defesa sua utilização de forma integral, propiciando um maior manancial de informações para que o Conselho de Sentença possa proferir a decisão.
b) Sigilo de votação: o Conselho de Sentença, formado por sete membros, escolhidos entre os cidadãos, tem a obrigação de julgar o caso que vai ser posto à sua apreciação, de modo confidencial, não podendo os jurados influir uns sobre os outros para proferir a decisão.[26] Deverão julgar de acordo com suas próprias consciências. O voto de cada um dos jurados será proferido em

---

[23] Esta competência do Tribunal do Júri prevalece inclusive sobre foro por prerrogativa de função que esteja previsto apenas em Constituição Estadual (*vide* Súmula nº 721, Supremo Tribunal Federal, e Súmula Vinculante nº 45).
[24] Há exceção para a hipótese de latrocínio, em que a competência é do juiz singular e não do Tribunal do Júri (*vide* Súmula nº 603, Supremo Tribunal Federal).
[25] O Tribunal do Júri será competente para julgar os crimes de natureza diversa, desde que haja conexão ou continência com um crime doloso contra a vida.
[26] Os jurados serão selecionados pelo juiz entre os cidadãos de notória idoneidade, com idade superior a 21 anos, cidadania brasileira e residentes na comarca.

cédulas confeccionadas com papel opaco e dentro de uma sala especial. Para cada quesito serão oferecidas duas cédulas, uma com a palavra *sim* e outra com a palavra *não*, a fim de que não possa haver identificação dos votos. O jurado, antes de proferir o seu voto, poderá consultar os autos ou examinar qualquer outro elemento material, mas nunca poderá conversar com os outros jurados, sob pena de anulação do resultado do Júri.

c) Soberania dos veredictos: um veredicto dado pelo Tribunal do Júri somente pode ser modificado por uma outra decisão sua, a não ser que haja uma reformulação do cálculo da pena imposta.[27] O Conselho de Sentença tem a exclusividade no julgamento do mérito, cabendo ao juiz de direito a fixação da pena, não podendo ele alterar o mérito da decisão proferida. Se houver um recurso e este for deferido, o processo deve ser apreciado novamente pelo Tribunal do Júri.

Vale ressaltar que, no julgamento do Recurso Especial nº 964.978-SP, a Quinta Turma do Superior Tribunal de Justiça assentou o cabimento de revisão criminal em face de condenação obtida proferida por meio do Tribunal de Júri, conforme aplicação do princípio da unidade da Constituição, em que as normas constitucionais e infraconstitucionais não podem ser interpretadas de modo isolado, mas de forma sistêmica.[28]

## 10.8 Princípio da legalidade penal

A legalidade penal é uma espécie de legalidade que exige muito mais requisitos para a sua configuração do que os necessários para a tipificação da legalidade civil, porque o que está em jogo é a liberdade do cidadão. Para a sua efetivação foram necessários séculos de lutas contra o arbítrio estatal, tornando-se um limite para a atuação do governo e um dos pilares do Estado Democrático de Direito. O poder de tipificação penal e de aplicação das penas é vinculado, minimizando os poderes discricionários durante o processo e estabelecendo o princípio da verdade real como parâmetro para a produção de provas.

Esse princípio é sintetizado de forma precisa no art. 5º, XXXIX, da Constituição Federal, que determina que não há crime sem lei anterior que o defina, nem pena sem prévia cominação legal. Um crime pode ser definido como uma conduta típica e antijurídica, cujo pressuposto da pena é a culpabilidade.

Ainda como decorrência do princípio da legalidade penal, temos o princípio da irretroatividade da lei penal (*novatio legis in pejus*), ou seja, a norma não pode retroagir a não ser para beneficiar o réu (*novatio legis in mellius*), seja no *quantum* da pena, seja nas condições para o seu cumprimento (art. 5º, XL, da CF). A regra aplicada é a de que as normas vigentes ao tempo da prática do delito é que regerão a forma como ele será

---

[27] "A soberania dos veredictos do júri – não obstante a sua extração constitucional – ostenta valor meramente relativo, pois as manifestações decisórias emanadas do Conselho de Sentença não se revestem de intangibilidade jurídico-processual. [...] A apelabilidade das decisões emanadas do júri, nas hipóteses de conflito evidente com a prova dos autos, não ofende o postulado constitucional que assegura a soberania dos veredictos desse Tribunal popular" (HC nº 68.658, Rel. Min. Celso de Mello).

[28] 5ª Turma, Recurso Especial nº 964.978-SP 2007/0149368-9, Rel. Min. Laurita Vaz.

sancionado. Para que haja um fato delituoso é necessário que o crime ocorra após a entrada em vigor da lei que o tipifica.

Outra consequência é que as penas devem ser aplicadas segundo o princípio da individualização do delito praticado, não podendo a pena passar da pessoa do criminoso, a não ser nas responsabilidades patrimoniais decorrentes do delito (*dano ex delicto*), em que os herdeiros se responsabilizarão até a quantia da herança deixada (art. 5º, XLV, da CF). Não representa uma exceção ao princípio da legalidade o fato de que, numa mesma espécie penal, praticada em casos diferentes, como em dois crimes de homicídio, a pena aplicada a um seja diversa da aplicada ao outro, desde que seja motivada pelas circunstâncias judiciais que cercam os crimes.

Amparado no princípio da individualização da pena e da legalidade penal, o Supremo Tribunal Federal decidiu pela inconstitucionalidade do cumprimento de pena em regime fechado, nos casos em que não houvesse vaga em unidade prisional compatível ao regime da pena.[29] Este paradigma serviu de base para a edição da Súmula Vinculante nº 56, em agosto de 2016.

O princípio da legalidade penal também assegura o devido processo legal de natureza criminal, garantindo que nenhum cidadão será privado da liberdade ou de seus bens sem o devido processo legal (art. 5º, LIV, da CF).

Para que ocorra a punição dos delitos praticados, exercendo o *jus puniendi*, quem tem a prerrogativa de zelar pela aplicação da sanção penal nas ações públicas incondicionadas e nas condicionadas é o promotor de justiça, representante do Ministério Público. Contudo, havendo desídia do promotor em iniciar o processo penal, que começa com a denúncia, pode a parte ofendida entrar com a referida peça processual para impedir a prescrição do direito de ação, impetrando assim uma ação penal privada subsidiária da pública (art. 5º, LIX, da CF).

Com a finalidade de efetivar o princípio da legalidade penal, limitando o abuso de poder, é exigida publicidade dos atos processuais – princípio da transparência –, a não ser que a intimidade ou o interesse social impeçam essa publicidade, como nos casos dos crimes de estupro (art. 5º, LX, da CF). Expostos os atos processuais ao repúdio da coletividade, os juízes terão maior prudência na hora de prolatar suas sentenças, pois suas decisões estarão sendo constantemente fiscalizadas, estabelecendo-se uma garantia para os acusados.

O §1º do art. 792 do Código de Processo Penal expõe os casos de restrição ao princípio da publicidade:

> Se da publicidade da audiência, da sessão ou do ato processual, puder resultar escândalo, inconveniente grave ou perigo de perturbação da ordem, o juiz, ou o tribunal, câmara, ou turma poderá, de ofício ou a requerimento da parte ou do Ministério Público, determinar que o ato seja realizado a portas fechadas, limitando o número de pessoas que possam estar presentes.

Segue na mesma interpretação, o inc. LVII do art. 5º da CF, ao dispor que o indivíduo não pode ser considerado culpado até o trânsito em julgado da sentença penal condenatória, norma que corporifica o princípio da presunção de inocência.

---

[29] RE nº 641.320/RS, Rel. Min. Gilmar Mendes, j. 11.5.2016.

A interpretação dada pelo Pretório Excelso a esse dispositivo, contudo, tem sofrido reviravoltas nos últimos anos.

Em 2017, o Supremo Tribunal Federal considerou legítima a execução provisória da pena após a decisão condenatória de segundo grau, com base na defesa da efetividade do direito penal e na proteção aos bens jurídicos tutelados.[30] Nesse sentido, o voto da então presidente do STF, a Ministra Cármen Lúcia, afirmou que o fato de a Constituição Federal estabelecer que ninguém pode ser considerado culpado até o trânsito em julgado não exclui a possibilidade de ter início a execução da pena.

O Ministro Celso de Mello, em oposição ao voto da maioria, expôs o embate principiológico que a decisão teve, uma vez que confronta diretamente o citado princípio da presunção de inocência, fruto de um longo processo de desenvolvimento político-jurídico.[31] Dessa forma, é perceptível que o entendimento da Corte Suprema abriu espaço para um debate novo no âmbito jurídico, tendo em vista que houve uma tentativa de dar resposta à comunidade em detrimento da proteção do princípio da presunção de inocência.

Em 2019, e mais uma vez por apertada maioria, a Suprema Corte firmou posicionamento em sentido oposto, concluindo pela constitucionalidade do art. 283 do Código de Processo Penal,[32] que condiciona o cumprimento definitivo da pena ao trânsito em julgado da condenação penal. Este é o entendimento atual do STF acerca da matéria, que considera o alcance da garantia processual entabulada pelo art. 5º, LVII.[33]

## 10.9 Crime de racismo e crimes hediondos

A Constituição, com a finalidade de concretizar no país uma democracia racial, instituiu o crime de racismo como inafiançável e imprescritível, o que é plenamente justificável, mormente em um país formado por uma miscelânea de raças (art. 5º, XLII, da CF).

O racismo é uma discriminação que incide em relação à raça dos cidadãos. Frequentemente, sua ocorrência se dá contra os negros; contudo, pode ocorrer contra os índios, judeus, ciganos etc.,[34] e parte da errônea ideia de que existem raças superiores

---

[30] *Habeas Corpus* nº 126.292 – SP, Rel. Min. Teori Zavascki, 17.2.2017.

[31] "A posição que vem prevalecendo neste julgamento reflete – e digo isto com todo o respeito – preocupante inflexão hermenêutica, de índole regressista, em torno do pensamento jurisprudencial desta Suprema Corte no plano sensível dos direitos e garantias individuais, retardando, em minha percepção, o avanço de uma significativa agenda judiciária concretizadora das liberdades fundamentais em nosso País. Ninguém desconhece, Senhora Presidente, que a presunção de inocência representa uma notável conquista histórica dos cidadãos em sua permanente luta contra a opressão do Estado e o abuso de poder" (ADC nº 43 MC/DF, Min. Celso de Mello).

[32] A redação desse dispositivo foi alterada poucas semanas após a conclusão do julgamento das ADCs nºs 43/DF, 44/DF e 54/DF pela Lei nº 13.964/2019 ("Pacote Anticrime") em conformidade ao entendimento atual do Supremo, *in verbis*: "Art. 283. Ninguém poderá ser preso senão em flagrante delito ou por ordem escrita e fundamentada da autoridade judiciária competente, em decorrência de prisão cautelar ou em virtude de condenação criminal transitada em julgado".

[33] "Surge constitucional o artigo 283 do Código de Processo Penal, a condicionar o início do cumprimento da pena ao trânsito em julgado da sentença penal condenatória, considerado o alcance da garantia versada no artigo 5º, inciso LVII, da Constituição Federal, no que direciona a apurar para, selada a culpa em virtude de título precluso na via da recorribilidade, prender, em execução da sanção, a qual não admite forma provisória" (STF, ADCs nº 43/DF, nº 44/DF e nº 54/DF, Rel. Min. Marco Aurélio, j. 7.11.2019).

[34] Decidiu o STF, por maioria de votos, em denegar *habeas corpus* impetrado em favor de um cidadão que foi condenado no art. 20 da Lei nº 7.716/89 pelo delito de discriminação contra judeus por ter, na qualidade de escritor e

às outras. O conceito de raça pode ser definido como o conjunto de caracteres físicos, morais e intelectuais que distinguem determinados povos. Celso Ribeiro Bastos define o racismo como a enfatização das diferenças étnicas entre os homens, para fins de discriminação dos seus direitos.[35]

A Lei nº 7.716/1989 define os crimes resultantes de racismo, ampliando a tipificação para punir preconceitos referentes à cor, etnia ou procedência nacional.[36] O alargamento da tipificação penal efetuada pela lei mencionada encontra guarida na Constituição Federal, prevendo que a lei punirá qualquer discriminação atentatória dos direitos e liberdades fundamentais (art. 5º, XLI, da CF), abrangendo motivos religiosos, ideológicos etc.

Buscando concretizar estes mandados constitucionais de criminalização, o Supremo Tribunal Federal deu provimento a uma ação direta de inconstitucionalidade por omissão e a um mandado de injunção que pleiteavam o reconhecimento da mora inconstitucional do Congresso Nacional ao não editar leis que criminalizassem as práticas de homofobia e transfobia. Para o Tribunal, o racismo não é um conceito de ordem estritamente antropológica ou biológica, de modo que a homofobia e a transfobia são expressões do racismo em sua dimensão social.[37] Fixou-se tese de que, até que seja editada lei federal sobre a matéria, deve-se considerar a adequação típica da homofobia e da transfobia às normas penais incriminadoras da Lei nº 7.716/89 (crime de racismo), constituindo, ainda, circunstâncias qualificadoras em casos de homicídio doloso.[38]

Igualmente, adotou-se uma postura mais severa com relação aos crimes de tortura, ao tráfico ilícito de entorpecentes e drogas afins e aos crimes hediondos, tornando-os insusceptíveis de fiança, graça ou anistia (art. 5º, XLIII, da CF).[39]

---

sócio de editora, publicado, distribuído e vendido material que apresentava nítido caráter antissemita. Entendeu a Egrégia Corte que o delito de racismo é, antes de tudo, uma realidade social e política, sem nenhuma referência à raça enquanto apanágio físico ou biológico. Com o objetivo primordial de reprovar os comportamentos que partam do pressuposto que existe uma hierarquia de raças, implicando atos de segregação, inferiorização e até eliminação de pessoas, foram vencidos os ministros Moreira Alves e Marco Aurélio. Este último afirmou seu posicionamento contrário sustentando que a tipificação do crime de racismo deve ser feita dentro da realidade social brasileira, em que não há predisposição para a prática de discriminação contra o povo judeu, diferentemente da que ocorre com o negro (HC nº 82.424/RS, Rel. Min. Maurício Corrêa).

[35] BASTOS, Celso Ribeiro. *Dicionário de direito constitucional*. São Paulo: Saraiva, 1994. p. 173.

[36] A ilustre professora Célia Tejo explica os conceitos da lei: "O preconceito de raça ou de cor diz respeito à discriminação de indivíduos que apresentam caracteres somáticos semelhantes. O preconceito por razões de etnia refere-se àquilo que é relativo a um povo. O preconceito religioso está em razão da doutrina religiosa que o indivíduo adota, da sua crença. O preconceito em razão de procedência nacional está ligado ao local onde o indivíduo vivia anteriormente. Exemplo bem típico é a discriminação em relação ao nordestino, chamado com sentido pejorativo de 'paraíba' ou 'baiano'" (TEJO, Célia Maria Ramos. *Dos crimes de preconceito de raça ou de cor*. Comentários à Lei nº 7.716/1989. Campina Grande: ADUEP, 1998. p. 65).

[37] "Entendo, por tal motivo, Senhor Presidente, que este julgamento impõe, tal como sucedeu no exame do HC 82.424/RS (caso Ellwanger), que o Supremo Tribunal Federal reafirme a orientação consagrada em referido precedente histórico no sentido de que a noção de racismo – para efeito de configuração típica dos delitos previstos na Lei nº 7.716/89 – não se resume a um conceito de ordem estritamente antropológica ou biológica, projetando-se, ao contrário, numa dimensão abertamente cultural e sociológica, abrangendo, inclusive, as situações de agressão injusta resultantes de discriminação ou de preconceito contra pessoas em razão de sua orientação sexual ou em decorrência de sua identidade de gênero" (voto do relator em: STF, ADO nº 26/DF, Rel. Min. Celso de Mello, j. 20.2.2019).

[38] STF, ADO nº 26/DF, Rel. Min. Celso de Mello, j. 20.2.2019.

[39] A referência deste inciso ao terrorismo foi regulamentada pela Lei nº 13.260/2016, que delineia o conceito de "organização terrorista".

A vedação à tortura se justifica porque ela fere os mais elementares direitos humanos – a vida e a incolumidade física e psíquica do cidadão. O tráfico ilícito de entorpecentes e drogas afins deve ser punido com maior severidade porque é um crime que vem dilacerando o tecido social e contribuindo para o aumento da violência, além do que poderosos cartéis criminosos que os comercializam constituem-se em organizações mais ricas que vários países. Crimes hediondos são aqueles que provocam uma maior repugnância na sociedade, causando até mesmo comoção social, exigindo, por isso, políticas mais duras de repressão.

A questão dos crimes hediondos é que sua definição se dá por meio de lei infraconstitucional, o que pode acarretar uma proliferação na sua tipificação, fazendo com que a política penal fique à deriva de comoções sensacionalistas, que não produzem nenhum efeito para minorar o problema que a criminalidade representa.[40]

Do mesmo modo, os crimes contra a ordem democrática e o Estado de Direito são imprescritíveis e inafiançáveis (art. 5º, XLIV, da CF). Contudo, os únicos crimes inafiançáveis são estes últimos, o racismo e os crimes hediondos. A determinação do que sejam crimes contra a ordem democrática e o Estado de Direito será objeto de lei infraconstitucional, devendo eles ter conotação de crime político.

## 10.10 Penas permitidas e proibidas

A pena deverá ser aplicada após a decisão transitada em julgado, pois ninguém poderá ser considerado culpado até o trânsito em julgado da sentença (art. 5º, LVII, da CF). Antes, prevalecerá o princípio da presunção de inocência. Mesmo se houver sanção penal, deverá ela ser individualizada de acordo com as circunstâncias do art. 59 do Código Penal (art. 5º, XLVI, da CF). A punição penal é uma sanção do Estado por ter o cidadão infringido um bem considerado essencial para a sociedade.

Podem haver as seguintes penas: a) privação ou restrição de liberdade; b) perda de bens; c) multa; d) prestação social alternativa; e) suspensão ou interdição de direitos (art. 5º, XLVI, *a* a *e*, da CF).

São proibidas as seguintes penas: a) de morte; b) de caráter perpétuo; c) de trabalhos forçados; d) de banimento; e) cruéis (penas que provocam um padecimento além do necessário) (art. 5º, XLVII, *a* a *e*, da CF).

O fundamento para os impedimentos desses tipos de pena é o respeito pelos direitos humanos dos cidadãos. Essas penas ferem flagrantemente um dos fundamentos da República Federativa do Brasil, que é a dignidade da pessoa humana.

Plácido e Silva conceitua o banimento da seguinte forma:

> Também denominado de *bano*, assim se diz da pena imposta a alguém para que saia do país em que se encontra, com a proibição de voltar a ele, enquanto durar a pena. O banimento é perpétuo ou temporário, segundo a proibição de retorno se faz em caráter permanente ou estabelece prazo. Nossas leis aboliram a pena de banimento, desde a Constituição de 1891 (art. 72, §§20 e 21), princípio que se referendou na Constituição de 1934 (art. 113, nº 29). A Constituição de 1937 a ela não aludiu. E a Constituição de 1946 veio reafirmar o princípio consagrado (§31 do art. 141).[41]

---

[40] Em razão das dimensões do presente trabalho, não adentraremos na questão meritória da lei que regulamentou os crimes hediondos – Lei nº 8.072, de 25.7.1990.

[41] DE PLÁCIDO E SILVA. *Dicionário jurídico*. 5. ed. Rio de Janeiro: Forense, 1978. v. 1. p. 223.

Na Antiguidade, quando o cidadão era banido de sua cidade, ele perdia o contato com seus deuses, sendo condenado por isso ao castigo divino, advindo, assim, o temor dessa forma de punição. Ela está no texto constitucional apenas por reminiscência histórica.

As vedações expressas pela Constituição brasileira seguem os parâmetros agasalhados pela maioria das Constituições europeias, concebendo a pena não apenas como uma retribuição pelo crime praticado, conforme planteado pelas teorias denominadas retribucionistas, mas como um meio de também integrar o cidadão na sociedade, conforme defendido pela teoria ressocializadora. O principal remédio contra a violência não são as sanções penais e sim as políticas sociais de integração do cidadão à sociedade.[42]

A única exceção para a vedação à pena de morte se encontra no caso de guerra declarada, quando forem praticados os crimes de deserção ou de traição. Não pode haver proposta de emenda constitucional para a criação da pena de morte ou de prisão perpétua, porque essa vedação se encontra protegida como cláusula pétrea (art. 60, §4º, inc. IV, da CF). Uma tal proposta de emenda constitucional não pode nem mesmo ser objeto de deliberação (art. 60, §4º).[43] A primeira Constituição brasileira que proibiu a pena de morte foi a Carta Magna de 1891. Contudo, ela voltou a ser admitida nas Constituições de 1937 e 1967/1969, mas felizmente nunca foi aplicada.

## 10.11 Princípio do devido processo legal

O devido processo legal tem o seu nascimento com a *Magna Charta Libertatum*, de 1215, em que o Rei João Sem Terra, em virtude da derrota em um confronto bélico, outorgou alguns direitos aos nobres ingleses. Afirmava que "ninguém pode ser processado senão mediante um processo regular pelos seus pares ou em harmonia com a lei do país".

O *due process of law*, terminologia provinda do direito inglês, significa que, para um cidadão sofrer o alcance de uma norma, seja em processo judicial seja em processo administrativo, torna-se necessário que o parâmetro da legalidade seja obedecido. O devido processo legal ampara o contraditório e a ampla defesa (art. 5º, LV, da CF). Ele se divide no devido processo legal material e no devido processo legal procedimental.

Na primeira fase, ele não visava questionar a substância de qualquer ato infraconstitucional, mas assegurar o direito a um processo previamente regulamentado.[44] O devido processo legal procedimental foi o primeiro a ser elaborado, sendo positivado

---

[42] "Como é curial, a violência e a criminalidade são efeitos específicos de causas gerais, entre elas as identificadas como crises da qualidade de vida. As marginalizações social, política, econômica e cultural, embora não possam ser tidas como responsáveis por todas as expressões de criminalidade patrimonial violenta, caracterizam, no entanto, poderosos agentes do poliedro do delito" (DOTTI, René Ariel. O ocaso de um mito. In: CALHEIROS BONFIM (Org.). *Pena de morte*. Rio de Janeiro: Destaque, 1998. p. 28).

[43] Explica Evandro Lins e Silva: "Não queremos acreditar que o projeto tendente a instituir a pena de morte venha a ser sequer votado, porque ele é flagrantemente inconstitucional" (SILVA, Evandro Lins e. Pena de morte. In: CALHEIROS BONFIM (Org.). *Pena de morte*. Rio de Janeiro: Destaque, 1998. p. 16).

[44] BRINDEIRO, Geraldo. Jurisdição constitucional e os direitos fundamentais. In: *Jurisdição constitucional. Direitos fundamentais*. Belo Horizonte: Del Rey, 2003. p. 423.

na Constituição dos Estados Unidos pela Quinta Emenda.[45] Ele não cogita da substância do ato, mas sua importância reside na aplicação da norma, verificando se ela obedeceu aos ditames legais. O sentido da cominação, conteúdo do dispositivo, não tem importância, podendo versar sobre qualquer matéria. Seu objetivo é propiciar aos litigantes um processo que siga os procedimentos estatuídos em lei, ensejando igualdade entre as partes e possibilitando a sua defesa.

O devido processo legal material foi criado posteriormente, nascendo pela decisão do *Chief Justice* Taney, no caso *Dred Scott*.[46] A Emenda nº 14 à Constituição dos Estados Unidos veio ampará-lo, expondo que "nenhum Estado privará qualquer pessoa da vida, liberdade ou propriedade sem o devido processo legal". Com isso, ele foi se sedimentando, visando à defesa dos cidadãos contra leis arbitrárias que pusessem em risco a vida, a liberdade e a propriedade do indivíduo.

Como a maior dificuldade se encontra em definir quais sejam os princípios delineadores do devido processo legal material, o seu direcionamento deve ser feito pelos princípios da proporcionalidade e da racionalidade. Com isso, quando uma norma afrontar valores constitucionais proeminentes, como o direito à vida, à isonomia, à dignidade da pessoa humana, ela deve deixar de ser aplicada por ferir os limites da proporcionalidade e da racionalidade.

O devido processo legal substancial tem a finalidade de proteção do conteúdo material dos direitos humanos. Através de uma construção jurisprudencial, fundamentando-se em critérios de razoabilidade, constituiu-se em proteção contra o acinte arbitrário e irracional contra os direitos humanos.

Ao contrário do devido processo legal formal, o material não se exaure com o cumprimento irrestrito dos dispositivos legais, sua finalidade é seguir da melhor forma possível os parâmetros da Justiça. Como se configura difícil encontrar um núcleo substancial do conceito de justiça, a função do devido processo material reside em garantir que os atos jurídicos sejam dotados de razoabilidade.

Em um primeiro momento, sua doutrina era destinada a garantir o Estado Liberal, enquadrando-se dentro da ideologia liberal *laissez-faire*, em que os entes estatais não deveriam intervir na economia. Posteriormente, com sua evolução, objetivou-se alcançar o princípio da razoabilidade, limitando direitos individuais para garantir uma maior harmonia social.[47]

Difícil configurar quais são os *standards* pertinentes ao devido processo legal material, sendo eles direcionados pelo princípio da proporcionalidade. Sejam quais forem, tencionam impedir infração aos direitos humanos, como a vida, propriedade, dignidade da pessoa humana, direitos sociais etc.

---

[45] O primeiro período do *due process of law* substancial iniciou-se no caso Lochner *v.* New York (1905), em que através deste princípio limitou-se a intenção da União de estabelecer regulamentação ao direito de propriedade. Portanto, em um primeiro momento ele defendeu o direito de propriedade e a liberdade, especialmente as relativas à livre iniciativa, declarando inconstitucionais várias leis que versavam sobre jornada máxima, hora extra, proteção ao trabalho das mulheres etc. Em um segundo momento, que se inicia em 1937, através da presidência de Roosevelt, ela começa a declarar inconstitucional algumas prerrogativas dos Estados-membros e afirmar respeito às decisões do Executivo, possibilitando a adoção de medidas econômicas que pudessem fazer com que os EUA saíssem da grande depressão em que estavam.

[46] SILVEIRA, Paulo Fernando. *Devido processo legal*. 2. ed. Belo Horizonte: Del Rey, 1997. p. 82.

[47] GUNTHER, Gerald. *Constitutional law*. 11. ed. California: University Casebook Series, 1985. p. 441.

O que vai diferenciar o devido processo legal material do devido processo legal formal é que a incidência deste ocorre na aplicação da lei, ou seja, no modo como a lei é aplicada, ao passo que aquele incide no conteúdo da norma, não como ela é aplicada, mas no seu teor, verificando se o seu direcionamento segue os parâmetros estabelecidos pela Constituição. O primeiro pode ser utilizado mesmo sem a aplicação da norma; o segundo somente pode ser utilizado quando a norma for aplicada.

Contraditório é a possibilidade de se produzir uma assertiva contrária àquela que foi realizada pela acusação, ou seja, nenhuma decisão judicial pode ser prolatada antes que sejam ouvidas ambas as partes no processo. Trata-se da concretização da dialética hegeliana. É a prerrogativa que tem a defesa de impugnar as alegações proferidas pela acusação. Do contraditório se possibilita a ampla defesa, que consiste no exaurimento dos meios necessários à proteção judicial, com todos os recursos a ela inerentes.

O contraditório tem como requisito a participação das partes na formação das lides processuais, assegurando sua eficiência apenas se for possibilitada aos componentes da relação atuação na inteireza dos procedimentos. Se o cidadão não tem a oportunidade de defesa está se estiolando o princípio da isonomia porque houve oportunidade para a acusação, impedindo que todos sejam iguais perante a lei e, igualmente, obstaculariza-se a concretização da verdade real. Carlos Alberto Alvaro de Oliveira explica:

> Dentro dessas coordenadas, o conteúdo mínimo do princípio do contraditório não se esgota na ciência bilateral dos atos do processo e na possibilidade de contraditá-los, mas faz também depender a própria formação dos provimentos judiciais da efetiva participação das partes.[48]

O objetivo principal do devido processo legal e do contraditório é propiciar ao cidadão a ampla defesa, ensejando a possibilidade de exaurimento de todos os meios de prova nos momentos processuais que foram colocados à sua disposição. A ampla defesa permite ao cidadão se contrapor às acusações que lhe foram imputadas, permitindo-lhe provar sua inocência.

A ampla defesa tem que ser substancial, ou seja, não tem que haver apenas possibilidade de defesa, o cidadão tem que realmente ter condições de realizá-la. Portanto, ela tem que ser formal e material.

O Min. Gilmar Ferreira Mendes expõe da seguinte maneira os requisitos da ampla defesa: a) direito de informação, consubstanciado na obrigatoriedade que têm os entes públicos de informar à parte contrária dos atos produzidos no processo no seu inteiro teor; b) direito de manifestação, que assegura ao cidadão o direito de processualmente produzir suas alegações na tramitação do processo; c) direito de ver os seus argumentos considerados, isto é, que o órgão julgador aprecie os elementos alegados, levando-os em conta na decisão tomada.[49]

Incumbe ao juiz de direito velar pela realização da ampla defesa. Porém, o acusado não se encontra obrigado a utilizar todos os meios de provas, em todos os momentos processuais. A possibilidade da ampla defesa precisa estar à sua disposição, podendo ser usada de acordo com a sua vontade. É uma prerrogativa disponível ao acusado. A

---

[48] TUCCI, José Rogério Cruz (Coord.). *Garantia do contraditório*. São Paulo: RT, 1999. p. 144.
[49] MS nº 24.268/MG, Rel. Min. Gilmar Mendes.

defensoria pública apresenta como uma de suas funções o resguardo da ampla defesa e do contraditório.

A Súmula nº 523 do Supremo Tribunal Federal dispõe que, "no processo penal, a falta de defesa constitui nulidade absoluta, mas a sua deficiência só o anulará se houver prova de prejuízo para o réu".

Decorrência do princípio do devido processo legal é que ninguém pode ser considerado culpado até o trânsito em julgado da sentença (art. 5º, LVII, da CF). Até que ocorra a decisão final da justiça, com o término do devido processo legal, em que foi consubstanciado o contraditório e a ampla defesa, ninguém poderá ser considerado culpado. Esse é o princípio da presunção de inocência, que impede as sentenças arbitrárias, cerceadoras das liberdades públicas.[50]

## 10.12 Vedação à extradição de nacionais

O brasileiro nato de forma alguma pode ser extraditado. O brasileiro naturalizado pode ser extraditado em dois casos: por crime comum, praticado antes da naturalização, ou a qualquer momento, por envolvimento em tráfico ilícito de entorpecentes e drogas afins (art. 5º, LI, da CF).

Para que a extradição por tráfico de entorpecentes ocorra é necessário o comprovado envolvimento do cidadão.[51] Por esse requisito fica impossibilitada a extradição fundada em prisão cautelar.[52]

Extradição é o pedido que um país faz a outro, no qual o acusado se escondeu, para que o envie, com o objetivo de ser julgado, ou de cumprir pena, pelo delito praticado. Tem, portanto, como requisito a existência de um processo de natureza penal. A extradição pode ser passiva ou ativa. Extradição passiva é aquela em que Estado estrangeiro instaura processo extradicional, requerendo que o Estado brasileiro permita que o estrangeiro, ou o brasileiro naturalizado, seja-lhe enviado para que seja julgado, ou cumpra a pena respectiva ao delito praticado. A extradição ativa ocorre quando é o Estado brasileiro que instaura processo extradicional, requerendo que este lhe envie o cidadão, para os fins específicos de cumprimento de pena ou julgamento em decorrência de delito praticado. Exemplo cabal de extradição ativa foi o ocorrido com Paulo César Farias, que, após ser acusado da prática de crime no Brasil, foi se esconder na Tailândia. O Brasil, então, pediu a extradição dele à Tailândia, para que o enviasse com o objetivo de realizar o seu julgamento.

Interessante questão é a ressalva de que não se deve confundir a "extradição" com a "entrega" pelo Estado de uma pessoa para julgamento no Tribunal Penal Internacional. Conforme o art. 102 do Estatuto de Roma, ao qual o Brasil aderiu pelo Decreto nº 4.388, de 25.9.2002, por "entrega" se entende a entrega de uma pessoa por um Estado ao Tribunal Penal Internacional, nos termos deste Estatuto; e por "extradição" se entende

---

[50] "O STF, por unanimidade de votos, decidiu que não ofende o princípio do art. 5º, LVII, da Constituição a prisão do réu condenado, embora ainda sem ter transitado em julgado a decisão condenatória, razão por que, aliás, é perfeitamente compatível com o citado dispositivo constitucional" (STF, 1ª Turma, HC nº 68.841/SP, RTJ 138/216).
[51] Para a extradição de brasileiro naturalizado, acusado da prática de tráfico de entorpecentes e drogas afins, configura-se imperiosa a comprovação do seu efetivo envolvimento no delito (Ext. nº 934QO, Rel. Min. Eros Grau).
[52] Ext. nº 690/República Italiana, Rel. Min. Néri da Silveira.

a entrega de uma pessoa por um Estado a outro Estado conforme previsto em tratado, em convenção ou no direito interno.

Deve-se lembrar que o Brasil se submete à jurisdição do Tribunal Penal Internacional (art. 5º, §4º, CF). Deste modo, se a República Federativa do Brasil entregar pessoa ao Tribunal Penal Internacional, não está ela procedendo à extradição. Assim, a *priori*, pode o Estado brasileiro entregar cidadão brasileiro, nato ou naturalizado, e estrangeiro à jurisdição do Tribunal Penal Internacional.

São requisitos da extradição:

a) a existência de um acordo de extradição entre os países; caso não exista, a extradição deixa de ser obrigatória, passando a depender de ato discricionário. Expõe o art. 76 da Lei nº 6.815/80 (Estatuto do Estrangeiro) que a extradição poderá ser concedida quando o governo requerente se fundamentar em tratado ou quando houver promessa de reciprocidade ao Brasil;[53]

b) o crime cometido também ser punível no país no qual o acusado se escondeu;

c) a punição no país que pede a extradição não ser a pena de morte. Expõe o art. 77, IV, da Lei nº 6.815/80 (Estatuto do Estrangeiro) que não será concedida extradição quando a lei brasileira impuser ao crime a pena de prisão igual ou inferior a um ano.

Requisito essencial para a extradição é o reconhecimento da dupla incriminação, ou seja, que haja tipicidade penal tanto no país em que o cidadão praticou o delito, quanto naquele em que ele se escondeu.[54]

A regra geral é a de que é vedada a concessão de extradição, se no país requerente se aplicar a pena de morte. No entanto, o Supremo Tribunal Federal registra precedentes no sentido de que, mesmo sendo possível, no Estado requerente, a aplicação da pena capital, ou da pena de prisão perpétua, é possível que seja deferida a extradição, conquanto o Estado requerente assuma formalmente o compromisso de comutar a pena de morte ou a de prisão perpétua por uma pena restritiva de liberdade, não superior a trinta anos.[55] Assim, a concessão da extradição fica condicionada à não aplicação destas penas.

Com relação à extradição de pessoa que tiver obtido asilo político no Brasil, o STF entende que não há incompatibilidade absoluta entre o asilo político e o da extradição passiva; na exata medida "o Supremo Tribunal Federal não está vinculado ao juízo formulado pelo Poder Executivo na concessão administrativa de benefício regido pelos direitos das gentes".[56]

O estrangeiro não poderá ser extraditado por crime político ou de opinião (art. 5º, LII, da CF). Se o Brasil é um país democrático, amparado pela liberdade de pensamento

---

[53] A inexistência de tratado de extradição entre o Brasil e o Estado requerente não é óbice à formulação e ao atendimento do pleito, principalmente se houver promessa de reciprocidade de tratamento (Ext. nº 897/República Tcheca, Rel. Min. Celso de Mello).

[54] A Lei de Migração (Lei nº 13.445/2017) traz em seu art. 82 as hipóteses de vedação à extradição, como exemplo, quando a lei brasileira impuser ao crime pena de prisão inferior aos 2 anos.

[55] "[...] Só se defere pedido de extradição para o cumprimento de pena de prisão perpétua, se o Estado requerente se comprometa a comutar essa pena por privativa de liberdade, por prazo ou tempo não superior a 30 anos" (Ext. nº 1.104/Reino Unido, Rel. Min. Cezar Peluso, *DJ*, 21 maio 2008. No mesmo sentido, cf. Ext. nº 744/BUL, Rel. Min. Celso de Mello, *DJ*, 18 fev. 2000; Ext. nº 1.060/Peru, Rel. Min. Gilmar Mendes, *DJ*, 31 out. 2007; Ext. nº 1.069/EUA, Rel. Min. Gilmar Mendes, *DJ*, 14 set. 2007).

[56] Ext. nº 524/PAR, Rel. Min. Celso de Mello, *DJ*, 8 mar. 1991.

e pelo pluralismo político, conclui-se que é impossível extraditar um estrangeiro porque não concorda com o regime político existente em seu país de origem. O STF, na Súmula nº 421, afirmou que o estrangeiro casado, ou que tenha filho no Brasil, não fica impedido de ser extraditado.[57]

Crime político é aquele que é cometido por motivações políticas, atentando contra cidadãos ou contra instituições governamentais ou contra entidades que simbolizem entes estatais. Esse crime pode ser enquadrado nas tipificações contidas no Código Penal ou na legislação esparsa, diferenciando-se dos crimes normais pelo elemento subjetivo – o motivo que levou à sua concretização – e pelo bem atingido. A competência para o julgamento do crime político pertence à Justiça Federal.

A definição de crime político pode ser concretizada tanto pela corrente objetiva – que leva em consideração o objeto jurídico atingido – como pela corrente subjetiva – que leva em consideração a intenção do agente na realização do delito. A VI Conferência Internacional para a Unificação do Direito Penal considerou como crime político as infrações dirigidas contra a organização e o funcionamento do Estado, bem como as que ofendem os direitos que daí derivam para os cidadãos. Todavia, o melhor critério é adotar uma definição que leve em conta tanto o elemento subjetivo quanto o elemento objetivo. Atenção merece o fato de que, muitas vezes, determinada infração pode encerrar, simultaneamente, características de crime político, bem como de crime comum. Para solucionar se a conduta praticada é ou não crime político, ou crime outro, é necessário que se adote critério de prevalência: topicamente, no caso concreto, deve-se analisar se a motivação política foi a força motriz para a prática do delito, ou seja, se a conduta praticada ocorreu mais para que se atinjam a organização e o funcionamento do Estado, e os direitos dela decorrentes, do que a teleologia de cometer crime comum, por motivos passionais, por exemplo.[58]

O crime de opinião é aquele que ocorre em virtude da extrapolação, do abuso, da liberdade de pensamento, praticado por qualquer meio que sirva para expressar ideias.

Os brasileiros natos não podem ser extraditados. A exceção à extradição de nacionais ocorre com os brasileiros naturalizados: se eles cometeram um crime comum em outro país antes da naturalização, poderá ocorrer a sua extradição; ou poderá ela ocorrer a qualquer momento, se eles estiverem realizando, em outros países, o crime de tráfico ilícito de entorpecentes.

Importante paradigma para esta questão foi estabelecido em 2017 pelo Supremo Tribunal Federal. A 1ª Turma da Corte Constitucional autorizou a primeira extradição

---

[57] No caso da extradição do italiano Cesare Battisti (Ext. nº 1.085/ITA), o Supremo Tribunal Federal, após reconhecer a ilegalidade do ato de concessão de refúgio ao extraditando, entendeu que os crimes a ele atribuídos teriam natureza comum, e não política, os quais não estariam prescritos, considerando atendidos os demais requisitos previstos na Lei nº 6.815/80 e no tratado de extradição firmado entre o Brasil e a Itália. O STF considerou ainda que o presidente da República não estaria obrigado, pela decisão do Supremo, a proceder à extradição. Asseverou-se que, autorizado o pleito extradicional pelo Supremo, caberia ao Chefe do Poder Executivo, tendo em conta a sua competência de manter relações com Estados estrangeiros e acreditar em seus representantes diplomáticos, prevista no art. 84, VII, da CF, decidir, de forma discricionária, sobre a entrega, ou não, do extraditando ao governo requerente (Informativo STF, nº 568).

[58] "[...] 8. Diante de todas essas circunstâncias, não é o caso de o STF valer-se do §3º do art. 77 do Estatuto dos Estrangeiros, para, mesmo admitindo tratar-se de crimes políticos, deferir a extradição. 9. O §1º desse mesmo artigo (77) também não justifica, no caso, esse deferimento, pois é evidente a preponderância do caráter político dos delitos, em relação aos crimes comuns. 10. E a Corte tem levado em conta o critério de preponderância para afastar a extradição, ou seja, nos crimes preponderantemente políticos" (Ext. nº 694/Itália, Rel. Min. Sydney Sanches).

de um cidadão brasileiro nato. A extraditanda Cláudia Sobral optou pela nacionalidade americana não originária, e perdeu, através de processo administrativo movido no Ministério da Justiça, a nacionalidade brasileira. No caso concreto, o STF não reconheceu a existência de nenhum dos excludentes da alínea "b" do art. 12, §4º, II, que faculta a aquisição de outra nacionalidade não originária para assegurar a permanência no território estrangeiro ou o exercício de direitos civis. Acusada de homicídio nos Estados Unidos e não tendo mais a nacionalidade brasileira, foi decretada a extradição da ré.[59]

A autoridade competente para conhecer da extradição é o presidente da República. O pedido, primeiramente, é encaminhado ao Ministério das Relações Exteriores, que o envia para o Ministério da Justiça e daí para o Supremo Tribunal Federal. Chegando ao STF, este se restringe ao exame da legalidade, da procedência, como a identidade do extraditando, a instrução do pedido etc. O Ministério Público atua como fiscal da lei durante todo o processo. O mérito do pedido fica a cargo do chefe do Executivo.[60]

O Estatuto do Estrangeiro determinava que a prisão perduraria até o julgamento final do Supremo Tribunal Federal, não sendo admitidas a liberdade vigiada, a prisão domiciliar, nem a prisão albergue. A jurisprudência do STF vinha admitindo que o extraditando tinha que aguardar na prisão até que o julgamento final pelo Supremo Tribunal Federal fosse proferido, sendo impossível qualquer medida de liberdade provisória. No entanto, é de se ressaltar uma mudança perceptível no entendimento do Pretório Excelso. O STF vem considerando que a prisão é uma medida de caráter excepcional em um Estado Democrático de Direito, não podendo, assim, ser empregada como um meio geral de limitação das liberdades dos cidadãos, não havendo razão para que esta concepção não fosse adotada no que enfoca as prisões preventivas para fins extradicionais, mormente se for considerada interpretação sistêmica da Constituição Federal, bem como o respeito aos tratados internacionais sobre direitos humanos.[61] Destarte, não raro são deferidos pedidos de prisão domiciliar[62] e de relaxamento de prisão preventiva,[63] e concedidos *habeas corpus*[64] como forma de relativização da necessidade de prisão provisória do extraditando para o regular desenvolvimento do processo de extradição.

Em consonância à evolução jurisprudencial do Supremo, a nova Lei de Migração (Lei nº 13.445/2017), que revogou o Estatuto do Estrangeiro, dispôs que a prisão cautelar deve ser representada e fundamentada pelo Estado estrangeiro à autoridade competente, ouvido previamente o Ministério Público Federal.

Se a extradição for deferida, o acusado deve ser removido pelo país requerente, sob pena de ser libertado sob o fundamento de que não mais existe interesse para a realização de sua extradição. Se ela não for concedida, o estrangeiro deve ser posto imediatamente em liberdade.[65]

---

[59] Extradição nº 1.462/DF, j. 28.3.2017.
[60] ACCIOLY, Hildebrando; SILVA, Geraldo Eulálio Nascimento e. *Manual de direito internacional público*. 12. ed. São Paulo: Saraiva, 1996. p. 359.
[61] MENDES, Gilmar Ferreira; COELHO, Inocêncio Mártires; BRANCO, Paulo Gustavo Gonet. *Curso de direito constitucional*. São Paulo: Saraiva, 2009. p. 675.
[62] Ext. nº 791/Portugal, Rel. Min. Celso de Mello.
[63] QOExt. nº 1.504, Rel. Min. Marco Aurélio.
[64] HC nº 91.675, Rel. Min. Gilmar Mendes.
[65] HC 80.327/DF, Rel. Min. Sydney Sanches.

A deportação ocorre quando o estrangeiro entrou no país de forma irregular, sem o visto de permanência, ou se o prazo estipulado para sua permanência já se exauriu. O Brasil coloca o estrangeiro para fora dos seus limites territoriais, deportando-o para o país do qual o cidadão é originário ou para outro que consinta em recebê-lo. A competência para realizá-la é da Polícia Federal, sem a intervenção de autoridade judiciária ou executiva. A medida não é punitiva: uma vez regularizados os documentos, o cidadão poderá retornar ao Brasil.

A expulsão se concretiza quando o estrangeiro está exercendo práticas lesivas aos interesses nacionais. Não há destino determinado para o estrangeiro, embora apenas o seu país de origem tenha o dever de recebê-lo. Como sanção, o cidadão expulso será colocado para fora dos limites territoriais do país. Podem determinar a expulsão:

> a) a ofensa à dignidade nacional; b) a mendicidade e a vagabundagem; c) atos de devassidão; d) atos de propaganda subversiva; e) a provocação de desordem; f) a conspiração; g) a espionagem; h) intrigas com países amigos; i) a entrada ilícita no território nacional.[66]

Ensina o Prof. José Afonso da Silva:

> É passível de expulsão o estrangeiro que, de qualquer forma, atentar contra a segurança nacional, a ordem política ou social, a tranquilidade ou moralidade pública e a economia popular, ou cujo procedimento o torne nocivo à convivência e aos interesses nacionais, dentre outros casos previstos em lei.[67]

Seu requisito é a abertura de um inquérito pelo Ministério da Justiça, assegurada ao estrangeiro ampla defesa. Quem decidirá será o presidente da República, podendo materializar a expulsão por meio de um decreto. Uma vez realizada, ela impede o retorno do cidadão ao país por tempo determinado.[68]

O Supremo Tribunal Federal já sumulou que fica proibida a expulsão de estrangeiro casado com brasileira, sem que esteja separado ou divorciado, de direito ou de fato, ou que tenha filho brasileiro. A Lei de Migração incorporou esse entendimento sumular em seu art. 55.

A expulsão não tem natureza de sanção penal: é uma medida punitiva, mas sem caráter criminal. Caso tenha sido praticado um delito em território nacional, o estrangeiro terá de responder por ele no Brasil, segundo a legislação penal pátria. Seu sentido é mais bem caracterizado como uma medida preventiva e supressiva de determinadas condutas que contrariem princípios considerados relevantes pelo governo brasileiro.

---

[66] ACCIOLY, Hildebrando; SILVA, Geraldo Eulálio Nascimento e. *Manual de direito internacional público*. 12. ed. São Paulo: Saraiva, 1996.
[67] SILVA, José Afonso da. *Curso de direito constitucional positivo*. 16. ed. São Paulo: Malheiros, 1999. p. 345.
[68] A expulsão é medida administrativa, provida por autoridade competente, que, apesar de impedir o reingresso do cidadão ao país, não pode acarretar prejuízo a outros direitos do migrante no Brasil, ou a garantias asseguradas em igualdade ao cidadão brasileiro, nos termos do art. 54 da Lei de Migração.

## 10.13 Garantias processuais dos presos (art. 5º, XLVIII, L e LXI a LXVII, da CF)

As garantias processuais dos presos[69] têm como fundamento o fato de que a sanção penal somente atinge determinados direitos dos presos, como a liberdade de locomoção, na pena privativa de liberdade, ou o seu patrimônio, na multa. Todos os demais direitos permanecem intocados, sendo assegurado o respeito à sua integridade física e moral.

São elas:

a) As presidiárias têm direito de permanecer com seus filhos durante o período de amamentação. Esse direito se deve à importância do leite materno como alimento para a proteção dos recém-nascidos contra uma gama de doenças (art. 5º, L, da CF).

b) Com a finalidade de evitar a contaminação carcerária, em que as prisões acabam servindo como pós-graduação criminal, a pena deverá ser cumprida em estabelecimentos distintos, de acordo com a natureza do delito, a idade e o sexo dos apenados. A intenção foi impedir que quem cometesse o furto de um celular fosse colocado junto de quem rouba bancos, por exemplo (art. 5º, XLVIII, da CF).

c) A identificação criminal tem a finalidade de individualizar aqueles cidadãos que estão sendo procurados pela Justiça, dando exequibilidade ao *jus puniendi*. Porém, ela não pode se configurar num acinte à dignidade da pessoa humana, como forma de constrangimento. O Supremo Tribunal Federal decidiu que a identificação criminal não constitui constrangimento ilegal, ainda que ela tenha sido realizada civilmente. Entretanto, uma vez concretizada a individualização criminal, não há possibilidade de ela ser feita novamente. A identificação utilizada na área penal é a datiloscópica, provinda dos étimos gregos *daktilos* (dedos) e *skopein* (examinar), possibilitando a individualização dos cidadãos pelas impressões digitais (art. 5º, LVIII, da CF).

d) O cidadão somente será preso por ordem judicial ou em flagrante delito (art. 5º, LXI, da CF). A decisão da prisão pertence exclusivamente ao juiz. No caso da prisão em flagrante, qualquer pessoa pode e a autoridade policial deve executá-la. A exceção se refere aos casos militares, englobando tanto a polícia militar como as Forças Armadas, em que o superior hierárquico pode prender o subordinado sem ordem judicial ou flagrante delito, por crime ou transgressão militar, desde que seja a autoridade competente. Deve ficar bem claro, apesar do apelo da mídia em sentido contrário, que a pena privativa de liberdade deve ser aplicada apenas quando já estiverem cessadas as possibilidades de defesa. Portanto, ninguém será levado à prisão ou nela mantido, quando a lei admitir a liberdade provisória, com ou sem fiança (art. 5º, LXVI, da CF).[70]

e) Toda detenção deve ser examinada pelo juiz, que verificará a sua legalidade, observando se ela preenche os requisitos exigidos ou se ela é arbitrária.

---

[69] Durante a fase de investigação processual penal, caberá ao juiz das garantias o resguardo aos direitos individuais do preso, nos termos do art. 3º-B, III, do CPP, redação dada pela Lei nº 13.964/2019 ("Pacote Anticrime").

[70] Exceção existe para a prática do tráfico de entorpecentes, conforme definido em regime de repercussão geral, RE nº 1.038.925, j. 18.8.2017.

Verificando que a prisão foi realizada ao arrepio da lei, o magistrado deve desfazer a injustiça imediatamente, relaxando a ordem (art. 5º, LXV, da CF).
f) A prisão e o local onde o cidadão se encontre serão comunicados à família ou à pessoa por ele indicada, porque, como se encontra preso, sem liberdade de locomoção, existe uma dificuldade para que seja providenciada a sua defesa (art. 5º, LXII, da CF).
g) O cidadão tem o direito de permanecer calado e de ser assistido por sua família e por advogado (art. 5º, LXIII, da CF).[71] O direito de permanecer calado vem a ser uma prerrogativa para evitar que ele possa se incriminar, tendo a liberdade de não produzir provas que possam levá-lo a agravar a sua situação. A função da presença do seu advogado é a de salvaguardar os direitos do acusado, diminuindo as chances de ocorrência de uma coação ou qualquer tipo de constrangimento. A assistência da família tem como escopo amparar o cidadão nos momentos difíceis, para que ele possa suportar os rigores da privação da liberdade, ajudando, outrossim, na construção de sua defesa.
h) O direito à identificação dos responsáveis pela prisão do acusado ou por seu interrogatório policial é uma forma de facilitar sua defesa. Ninguém pode se defender do que não conhece. E, se a prisão não tiver ocorrido com o preenchimento de todos os requisitos, o juiz imediatamente a relaxará (art. 5º, LXIV, da CF).
i) Antes de a decisão condenatória transitar em julgado, ao preso devem ser assegurados os seus direitos políticos, podendo votar e ser votado.

De modo a concretizar todas as garantias acima listadas, foram implementadas pelo Conselho Nacional de Justiça (CNJ)[72] as audiências de custódia, a partir de recomendação da Comissão Interamericana de Direitos Humanos (CIDH),[73] que alertava para a grave crise do sistema carcerário brasileiro, superlotado, entre outras razões, pelo excesso de prisões preventivas *sine die*. A audiência de custódia deverá ser realizada em até 24 (vinte e quatro) horas do encarceramento, permitindo ao juiz de plantão analisar a legalidade da prisão, relaxando-a, se for o caso, bem como as condições humanitárias a que o preso foi submetido.

## 10.14 Prisão civil

A prisão civil pode ser efetuada contra o inadimplemento voluntário e inescusável de obrigação alimentícia e contra o depositário infiel (art. 5º, LXVII, da CF). Ela não pode ser caracterizada como uma sanção penal, mas tem a finalidade de servir como um instrumento para que os cidadãos cumpram as mencionadas obrigações.

---

[71] É entendimento do Pretório Excelso que a condição de indiciado ou de testemunha não afasta a garantia constitucional do direito ao silêncio, embora deva comparecer para o depoimento caso seja chamado (HC nº 79.812/SP, Rel. Min. Celso de Mello).

[72] Resolução CNJ nº 213/2015, art. 1º, reproduzida no novel art. 310 do Código de Processo Penal pela Lei nº 13.964/2019 ("Pacote Anticrime").

[73] O artigo 7.3 da Convenção Americana sobre Direitos Humanos ("Pacto de São José da Costa Rica"), internalizado pelo ordenamento jurídico brasileiro como norma de *status* supralegal, garante ao preso o direito de ser conduzido, sem demora, à presença de autoridade judiciária. Preleciona, ainda, que a prisão preventiva de pessoas que aguardam julgamento não deverá constituir a regra geral.

O cidadão poderá ficar na cadeia, no primeiro caso, por até três meses, como forma de compeli-lo ao cumprimento de suas obrigações. No momento em que as cumprir, desaparece a possibilidade de sua detenção.

A prisão civil, no caso do inadimplemento de obrigação alimentícia, não pode ser decretada como forma de coação para o pagamento das parcelas em atraso, porque elas perderam seu caráter alimentar.[74] Para o recebimento das parcelas atrasadas é necessária uma ação de ressarcimento das despesas feitas. E também somente pode ser decretada quando o não cumprimento da obrigação se der por vontade própria: se o inadimplemento foi motivado, por exemplo, pela falta de emprego, ela não poderá ser decretada.

A prisão civil por infidelidade depositária não mais vigora no Brasil, em virtude de ser um acinte à dignidade da pessoa humana, ferindo mortalmente os princípios da Constituição Cidadã e do Pacto de São José da Costa Rica. Não é que ela fora retirada da Constituição, haja vista sua impossibilidade em razão de se configurar como uma cláusula pétrea. O que ocorreu foi a declaração da inconstitucionalidade das normas que a regulamentavam, deixando-a sem qualquer tipo de eficácia jurídica.[75]

Essa construção jurisprudencial idealizada pelo Supremo Tribunal Federal não feriu o princípio da aplicabilidade imediata dos direitos humanos porque ela somente se destina a direitos e garantias, e, no caso enfocado, trata-se de um dever imposto pela Carta Magna. Ela foi cristalizada por via da Súmula Vinculante nº 25, que dispõe ser ilícita a prisão civil do depositário infiel em qualquer modalidade de depósito.

O ordenamento jurídico brasileiro impede a prisão por dívida, partindo do princípio de que estamos em uma economia de livre concorrência, na qual os riscos pairam sobre as iniciativas privadas dos cidadãos.[76] Aquele que investiu um crédito monetário deve estar preparado tanto para receber o lucro auferido como para colher o insucesso. No caso do inadimplemento voluntário da pensão alimentícia, essa sanção se justifica porque ela funciona como uma salvaguarda para a família, núcleo da sociedade.

---

[74] "A prisão civil não deve ser tida como forma de coação para o pagamento da totalidade das parcelas em atraso porque, deixando a credora que o débito se acumule por longo tempo, essa quantia não mais tem caráter alimentar, mas, sim, o de ressarcimento de despesas feitas" (STF, 1ª Turma, HC nº 75.180-6/MG).

[75] "[...] Não mais subsiste, no modelo normativo brasileiro, a prisão civil por infidelidade depositária, independentemente da modalidade de depósito, trate-se de depósito voluntário (convencional) ou cuide-se de depósito necessário, como o é o depósito judicial. Incabível, desse modo, no sistema constitucional vigente no Brasil, a decretação de prisão civil do depositário infiel [...]. Com efeito, o Plenário desta Suprema Corte, no julgamento conjunto do RE 349.703/RS, Rel. p/ o acórdão Min. GILMAR MENDES, do RE 466.343/SP, Rel. Min. CEZAR PELUSO, do HC 87.585/TO, Rel. Min. MARCO AURÉLIO e do HC 92.566/SP, Rel. Min. MARCO AURÉLIO, firmou o entendimento de que não mais subsiste, em nosso sistema constitucional, a possibilidade jurídica de decretação da prisão civil do depositário infiel, inclusive a do depositário judicial. Nos julgamentos mencionados, o Supremo Tribunal Federal, ao assim decidir, teve presente o que dispõem, na matéria, a Convenção Americana sobre Direitos Humanos/Pacto de São José da Costa Rica (artigo 7º, §7º) e o Pacto Internacional sobre Direitos Civis e Políticos (artigo 11)" (HC nº 98.893 MC/SP, Rel. Min. Celso de Mello).

[76] O Supremo Tribunal Federal, em sede de recurso extraordinário, reconheceu a impossibilidade de prisão civil do depositário infiel em alienação fiduciária em virtude dos tratados internacionais de que o Brasil é signatário – do Pacto Internacional dos Direitos Civis e Políticos (art. 11) e da Convenção Americana sobre Direitos Humanos, Pacto de San José da Costa Rica (art. 7º, 7). Concluiu, ainda, que a mencionada prisão civil viola o princípio da proporcionalidade porque o ordenamento jurídico prevê outros meios processuais-executórios postos à disposição do credor-fiduciário para a garantia do crédito (RE nº 466.343/SP, Rel. Min. Cezar Peluso, 22.11.2006).

## 10.15 Direito à duração razoável do processo

Uma das importantes inovações trazidas pela Emenda Constitucional nº 45 foi estabelecer que a duração razoável do processo se configura como garantia constitucional processual. Não obstante ter sido o princípio da universalidade da jurisdição agasalhado pela nossa Carta Magna, devido à demora para que essa prestação possa ser realizada, muitos dos direitos dos cidadãos são deixados sem a proteção adequada em consequência da lentidão em solucionar as demandas postas sob apreciação do Judiciário, o que resulta em uma falta da efetividade desse princípio no ordenamento brasileiro.

Pode-se dizer que esse princípio estava implícito na redação original da Constituição brasileira de 1988, através do desdobramento do princípio do amplo acesso à justiça (art. 5º, XXXV) e eficiência (art. 37, *caput*). O desiderato de se explicitar a garantia da duração razoável do processo foi densificar sua eficácia e acabar com qualquer tipo de dúvida a respeito de sua existência jurídica.[77]

Conforme Luiz Guilherme Marinoni, esse direito fundamental incide nos três poderes, Executivo, Legislativo e Judiciário; exigindo que todos eles organizem de forma adequada a prestação jurisdicional, equipem de modo efetivo os seus órgãos, utilizem técnicas processuais adequadas e não pratiquem atos omissivos ou comissivos que retardem o processo de forma injustificada.[78]

Classificada como direito humano fundamental, sua eficácia é imediata, de acordo com o art. 5º, §1º, da CF. No mesmo sentido, o professor Bolzan de Moraes defende que como garantia cidadã ela é imediatamente exercitável pela cidadania, como conteúdo fundante do Estado Democrático de Direito.[79]

Antes de sua constitucionalização, a mencionada prerrogativa foi agasalhada pelo Pacto de São José da Costa Rica, no seu art. 8º, nos seguintes termos:

> Garantias judiciais. 1. Toda pessoa terá o direito de ser ouvida, com as devidas garantias e dentro de um prazo razoável, por um juiz ou tribunal competente, independente e imparcial, estabelecido anteriormente por lei, na apuração de qualquer acusação penal formulada contra ela, ou na determinação de seus direitos e obrigações de caráter civil, trabalhista, fiscal ou de qualquer outra natureza.

Portanto, não basta a certeza de que a prestação jurisdicional será realizada, mas igualmente importante é que ela ocorra em tempo hábil, dentro de um prazo adequado, apto para solucionar a demanda proposta. Em um país em que processos se arrastam por décadas, a prestação jurisdicional necessita ser célere, sob pena de sua ineficácia.

Bastante difícil é definir qual o lapso temporal que pode ser caracterizado como duração razoável do processo. Como é um conceito indeterminado, tal precisão terminológica deve ser individualizada em cada caso concreto, de acordo com os

---

[77] Em sentido contrário, João Batista Lopes: "Entretanto, análise isenta e equilibrada do novo texto torna patente que não houve preocupação com o acesso à Justiça e a efetividade do processo. A referência ao direito à razoável duração do processo (art. 5º, LXXVIII) constitui mera promessa, sem qualquer ressonância prática" (LOPES, João Batista. Reforma do Poder Judiciário e efetividade do processo civil. In: *Reforma do Judiciário*. Primeiras reflexões sobre a Emenda Constitucional nº 45/2004. São Paulo: RT, 2005. p. 330).

[78] MARINONI, Luiz Guilherme. *Teoria geral do processo*. São Paulo: Revista dos Tribunais, 2006. p. 222.

[79] BOLZAN, José Luis de Moraes. Uma nova garantia constitucional. A razoável duração do processo e a celeridade processual. In: AGRA, Walber de Moura. *Comentários à Reforma do Poder Judiciário*. Rio de Janeiro: Forense, 2005.

subsídios produzidos pela doutrina e pela jurisprudência. Entretanto, o próprio legislador reformador deixou uma indicação ao plantear que a duração razoável do processo precisa ser garantida pelos meios que assegurem a celeridade da tramitação processual, significando que o princípio adotado pode ser traduzido pela rapidez com que os atos processuais se desenvolvem.

A própria Emenda Constitucional nº 45 tratou de garantir a tramitação processual em tempo adequado através do estabelecimento de algumas medidas, como a descentralização das estruturas do Poder Judiciário, com a justiça itinerante e o funcionamento descentralizado de órgãos de segunda instância; da especialização de funções, com a criação de varas especializadas para dirimir conflitos agrários; e a valorização das defensorias públicas, dotando-as de autonomia funcional e administrativa para que possam cumprir a contento a finalidade para a qual foram criadas.

A incidência do mencionado princípio abrange todos os jurisdicionados, seja em processo judicial ou administrativo, garantindo-lhes os meios adequados para efetivar a celeridade da tramitação processual.

Na esfera processual penal, a Lei nº 13.964/2019 ("Pacote Anticrime") introduziu no CPP (art. 28-A) o acordo de não persecução penal (ANPP), mecanismo de justiça negocial celebrado entre o Ministério Público e o investigado, com posterior homologação pelo juiz competente. Inspirado no *plea bargain* norte-americano, são requisitos fundamentais para a celebração do ANPP a prática de infração penal sem violência ou grave ameaça, com pena mínima inferior a 4 (quatro) anos, e a confissão formal e circunstanciada da prática do crime. O acordo pode prever unicamente a aplicação de penalidades pecuniárias e restritivas de direito, não podendo ser transacionado o tempo de prisão. Uma vez cumpridos os termos do ANPP pelo investigado, sua punibilidade é declarada extinta.

O instituto homenageia o princípio da duração razoável do processo penal, proporcionando uma resposta célere do Estado à prática de infrações, reduzindo os custos de mobilização do Poder Judiciário para o processamento de ações penais. Por outro lado, relativiza o princípio da presunção de inocência, ao exigir a confissão do investigado como requisito para sua celebração.

# REMÉDIOS CONSTITUCIONAIS, GARANTIAS CONSTITUCIONAIS E *WRITS* CONSTITUCIONAIS

Na verdade, as três expressões significam a mesma coisa: "garantia", porque protege a fruição de um direito; "remédio", porque é a solução para um mal que aflige a cidadania; e "*writ*", na acepção anglo-saxônica, que significa ordem, lei, regulamento, denotando medidas judiciais para assegurar direitos e liberdades.[1] Os remédios constitucionais ocupam papel relevante na teoria constitucionalista porque são mecanismos necessários para garantir os direitos constitucionais, velando para a sua concretização normativa.[2]

A Carta Magna de 1988, seguindo nossa tradição constitucional, não confundiu os direitos com as garantias constitucionais, apesar de tê-los disciplinado no mesmo título. A denominação do Título II da *Lex Mater* é "Dos direitos e garantias fundamentais", com o objetivo de diferenciar os direitos das garantias. A mesma separação aparece no §2º do art. 5º, em que se faz referência aos direitos e às garantias.

Rui Barbosa foi um dos mais veementes doutrinadores a pregar essa separação. Para ele, os direitos tinham validade individual, de *per si*, enquanto as garantias só poderiam ter existência se fossem instrumentalizadas para a concretização de um direito que estivesse sendo turbado.

O professor paulista Sampaio Dória defende a tese de que os direitos são iguais às garantias e que não haveria nenhuma diferença entre eles: as garantias seriam direitos para o exercício de direitos ameaçados. Quando se entra com um *habeas corpus* para garantir o direito de locomoção, com o deferimento do pedido requisitado, o *habeas corpus* não mais seria um instrumento, mas o próprio direito garantido.

Compartilha desse posicionamento o Prof. Celso Ribeiro Bastos, para quem garantias são direitos de ordem processual, possibilitando o ingresso em juízo com força específica e uma celeridade não encontrada nas ações ordinárias.[3]

---

[1] DANTAS, Marcelo Navarro Ribeiro. *Mandado de segurança coletivo*. Legitimação ativa. São Paulo: Saraiva, 2000. p. 8.
[2] BARACHO, José Alfredo de Oliveira. *Teoria geral da cidadania*: a plenitude da cidadania e as garantias constitucionais e processuais. São Paulo: Saraiva, 1995. p. 9.
[3] BASTOS, Celso Ribeiro. *Curso de direito constitucional*. 18. ed. São Paulo: Saraiva, 1997. p. 231.

Na verdade, há uma distinção entre os enunciados dos direitos e os das garantias. Nestas há uma declaração que visa proteger a substância de um direito, inexistindo exercício autônomo, enquanto naqueles seu enunciado obtém vida própria, cristalizando, nitidamente, a fruição de uma prerrogativa subjetiva pública. Ainda, para o exercício das garantias são necessárias condições processuais e de ação que não são imperiosas para o exercício dos direitos constitucionais.

Doutrinadores pátrios, como Rosah Russomano e Pinto Ferreira, classificam as garantias constitucionais em gerais e em especiais. As garantias constitucionais gerais são endereçadas aos entes públicos, limitando sua atividade e atendendo às prerrogativas dos freios e contrapesos, como as normas que cuidam da estruturação dos três poderes. As garantias constitucionais especiais são destinadas aos cidadãos de forma direta, como as garantias tributárias, as garantias criminais etc.

Com base no direito alemão, há uma diferenciação entre direitos fundamentais e garantias institucionais.[4] Os direitos fundamentais se direcionariam para os cidadãos e as garantias institucionais têm como destinatários imediatos não os cidadãos, mas instituições com objetivos determinados quando da sua criação, como os partidos políticos, as fundações, a família etc. As garantias institucionais, realizando o objetivo para o qual foram criadas, propiciam, de forma indireta, prerrogativas para os cidadãos. A outorga de direitos por isso não é imediata, mas há a concretização de uma instituição jurídica que, após a sua criação, poderá beneficiar a população.

As garantias constitucionais não se reduzem apenas às ações contidas na Constituição, como o mandado de segurança, a ação coletiva etc., com caráter nitidamente processual – elas também se expressam nos enunciados de direitos, zelando pela sua concretização. Podemos citar, como exemplo, o direito de liberdade de religião, que é assegurado pela proteção aos locais de culto e às suas liturgias; a liberdade de expressão, que é assegurada pela proibição da censura ou licença.

Portanto, no art. 5º da Constituição existem, conjuntamente, direitos e garantias fundamentais, como a vedação de juízo ou tribunal de exceção, que é uma garantia ao juiz natural; a cominação de que a lei não excluirá da apreciação do Poder Judiciário lesão ou ameaça a direito, que é uma garantia à universalidade da jurisdição; o *habeas corpus*, que é uma garantia ao direito de liberdade etc.

## 11.1 *Habeas corpus*

O *habeas corpus* é um dos mais clássicos de todos os remédios constitucionais. Constitui um forte libelo contra as arbitrariedades perpetradas ao direito de locomoção. Sua origem pode ser imputada à Grécia antiga, ao Rei Filipe II da Espanha ou à *Magna Charta Libertatum* da Inglaterra, onde, pela primeira vez, ganhou formulação precisa. Voltou novamente a ser formulado com a Petição de Direitos, em 1628, com uma eficácia mais intensa. Pode-se dizer que ele constituiu um dos primeiros estorvos ao Estado absolutista (art. 5º, LXVIII, da CF).

---

[4] Preleciona Márcio Iorio Aranha: "As garantias institucionais são o momento dogmático da razão institucional, onde se problematiza a tensão entre a conservação e a inovação, entre a ordem e a desordem, entre as tendências reacionário-revolucionárias, instituído-instituidoras, objetivo-subjetivas" (ARANHA, Márcio Iorio. *Interpretação constitucional e as garantias institucionais dos direitos fundamentais*. São Paulo: Atlas, 2000. p. 167).

No Brasil, o *habeas corpus* aparece pela primeira vez em 1832, no Código de Processo Criminal, vindo a ser estabelecido constitucionalmente em 1891, e daí por diante passa a ser regulamentado em todos os textos constitucionais. Pela Carta de 1891, o *habeas corpus* não se resumia apenas à defesa do direito de ir, vir e permanecer – sua utilização podia ser ampliada para amparar afrontas contra outros direitos ameaçados ou violados porque ainda não existia o mandado de segurança. Cominava o art. 72, §22, da Constituição de 1891: "Dar-se o *habeas corpus* sempre que o indivíduo sofrer ou se achar em iminente perigo de sofrer violência, ou coação, por ilegalidade, ou abuso de poder". Para Rui Barbosa o *habeas corpus* abrangia igualmente qualquer afronta contra direitos individuais. Contrariamente, a corrente tradicional defendia que ele somente poderia ser contra prisão ilegal.

Com a reforma constitucional de 1926, a amplitude do *habeas corpus* foi reduzida, limitando-se apenas ao direito de locomoção. Mesmo assim, por intermédio de uma interpretação *praeter legem*, continuou a ser usado de forma abrangente, servindo para amparar qualquer alegação de afronta ao direito de locomoção. Apenas com o advento da Constituição de 1934, agasalhando constitucionalmente o mandado de segurança, é que o *habeas corpus* foi restrito à defesa do direito de liberdade.

O *habeas corpus* pode ser classificado como uma garantia de caráter formal, podendo ser impetrado diante da prática de comportamentos arbitrários por parte do ente governamental ou do particular, de forma comissiva ou omissiva. Para a tipificação de uma arbitrariedade não é necessário que o Estado realize uma ação para tolher o direito de locomoção, presumindo-se como suficiente para a impetração do *habeas corpus* a simples prática de uma omissão, um *non facere* estatal, que constranja a liberdade de locomoção. Ele não é recurso, sua natureza é de ação, de rito sumário, com efeito mandamental. Não é recurso porque não há uma decisão judicial a ser reapreciada, nem um processo anterior. Existe inclusive a possibilidade de se impetrá-lo contra coisa julgada.

Não há necessidade no *habeas corpus* da existência do *jus postulandi*, prerrogativa dos advogados de que somente eles podem postular em juízo. Qualquer cidadão, independentemente da profissão, poderá requerê-lo em nome próprio. O motivo de se possibilitar a livre impetração do mencionado remédio heroico está no objeto que ele busca tutelar, a liberdade, e, como consequência, em reforçar o princípio da legalidade.

Historicamente, o *habeas corpus* se constituiu na arma que a sociedade dispunha para enfrentar o arbítrio dos governantes, impedindo que a letra da lei fosse quebrada para cercear o direito de locomoção, tornando-se o remédio constitucional que goza de maior densidade de legitimação. Chega-se, inclusive, a atrelar o *habeas corpus* com o regime democrático, porque esta garantia não existe em sua plenitude sem as liberdades oferecidas por esse regime político.

Wolgran Junqueira Ferreira enumera alguns tipos de *habeas corpus*:[5]

a) *Habeas corpus ad respondendum* – tem a utilidade de manter a competência de tribunais superiores. Expede-se quando alguma pessoa tem ação intentada contra outra, detida por ordem do tribunal inferior, e o seu fim é, nesse caso, transferir o preso de uma prisão para a de outro lugar, de modo que possa ser exercida contra ele, perante a corte superior, a nova ação.

---

[5] FERREIRA, Wolgran Junqueira. *Direitos e garantias individuais*. São Paulo: Edipro, 1997. p. 576.

b) *Habeas corpus ad satisfaciendum* – ocorre quando for proferido o julgamento contra algum preso e deseja-se que ele seja transferido para a corte respectiva, a fim de seguir contra ele a execução do julgamento.
c) *Habeas corpus ad prosequendum* – o seu objetivo é o de remover o preso para que prossiga o processo perante a jurisdição sob a qual o delito foi cometido.
d) *Habeas corpus ad faciendum et recipiendum* – tem a finalidade de obrigar os juízes inferiores a apresentar o corpo do acusado e a comunicar as circunstâncias pelas quais foi detido. Denomina-se, igualmente, *habeas corpus cum causa*. O juízo inferior apresenta o preso para fazer e receber o que a corte disser a respeito.
e) *Habeas corpus ad subciendum* – tem a finalidade de obrigar um cidadão que detenha outro a apresentá-lo perante a autoridade competente, significando a submissão a tudo que o juiz ou a corte venha a decidir sobre o *writ*.

O *habeas corpus* pode ser de dois tipos: preventivo – se for impetrado quando houver ameaça a direito, isto é, antes da ocorrência da lesão – ou liberatório – impetrado depois da prática da lesão.

Se for preventivo, haverá a produção de um salvo-conduto, que impedirá o cerceamento da liberdade do cidadão. O seu objetivo não é sanar uma lesão, pois ainda não ocorreu a ilegalidade ou o abuso de poder, mas sim proteger o direito de locomoção contra futuras lesões. Como requisito para a modalidade preventiva é necessário que a ameaça seja exequível, sem espaço para configurações imaginárias. O *habeas corpus* preventivo tem uma finalidade cautelar, defendendo antecipadamente o cidadão. Para a sua concessão têm de estar presentes o *fumus bonis juris* e o *periculum in mora*.

Na sua forma liberatória, estando o cidadão preso, haverá a produção de um alvará de soltura para que ele possa desfrutar de sua liberdade. Se a prisão foi efetuada em flagrante delito, a autoridade para a impetração é o juiz de direito competente;[6] se a ordem de prisão partiu de um juiz de direito, a competência se desloca para o Tribunal de Justiça.

O seu cabimento ocorre por ilegalidade ou abuso de poder. A primeira é a afronta direta ao texto da lei, e a segunda pode revestir a forma de excesso, omissão ou desvio de finalidade. Define o cabimento do *habeas corpus* o art. 647 do Código de Processo Penal: "Dar-se-á *habeas corpus* sempre que alguém sofrer ou se achar na iminência de sofrer violência ou coação ilegal na sua liberdade de ir e vir, salvo nos casos de punição disciplinar".

O art. 648 do CPP define um a um os casos de cabimento:

I – quando não houver justa causa;
II – quando alguém estiver preso por mais tempo do que determina a lei;
III – quando quem ordenar a coação não tiver competência para fazê-lo;
IV – quando houver cessado o motivo que autorizou a coação;
V – quando não for alguém admitido a prestar fiança, nos casos em que a lei a autoriza;
VI – quando o processo for manifestamente nulo;
VII – quando extinta a punibilidade.[7]

---

[6] Nos termos do art. 3º-B, XII, do CPP, compete ao juiz das garantias julgar o *habeas corpus* impetrado antes do oferecimento da denúncia.

[7] Além destas, o STF entende que, se a conduta ilícita praticada pelo agente for albergada pelo princípio da insignificância, deve-se conceder *habeas corpus*. O princípio da insignificância, como fator de descaracterização

Como a liberdade é um dos principais direitos fundamentais do ser humano, o remédio jurídico que tem a finalidade de protegê-lo deve ser célere, sem espaço para elaboração de provas que possa postergar o término da conclusão processual. As provas já devem estar preconcebidas quando da apresentação do *writ*.

Os seus princípios são a simplicidade e a sumariedade: simplicidade porque inexiste uma fórmula preconcebida para a elaboração da petição inicial, e sumariedade porque a sua conclusão deve ser urgente, devendo o juiz decidi-lo imediatamente.

Tornou-se pacífica na doutrina a tese de que as pessoas jurídicas podem impetrar *habeas corpus*; contudo, não podem ser seus sujeitos passivos. O promotor de justiça, como membro do Ministério Público, pode impetrar *habeas corpus*, em qualquer instância judiciária, para garantir o direito de locomoção, que é uma prerrogativa essencial para a cidadania.[8] Existem limites para o *habeas corpus*. Com relação à possibilidade de se impetrar *habeas corpus* contra o particular, a doutrina e a jurisprudência têm posicionamentos divergentes.[9]

Os doutrinadores que negam a possibilidade de impetração de *habeas corpus* contra particulares assim o fazem porque alegam que somente o ato ilegal ou aquele praticado com abuso de poder que seja emanado de uma autoridade estatal pode ensejar a aplicação do remédio heroico. Havendo coação no direito de liberdade por parte de um cidadão, seria o caso de se acionar a polícia, descabendo o amparo da garantia fundamental, haja vista a ocorrência de um crime. Os doutrinadores que aceitam a possibilidade de impetração do *writ* contra particulares assim o fazem porque não houve imposição da impetração do *habeas corpus* apenas contra atos de autoridades, e a ilegalidade pode provir tanto de autoridade como de particulares.

A teoria apoiada pela maior parte da doutrina é a de que cabe *habeas corpus* contra particulares, desde que o cidadão esteja cometendo uma ilegalidade, como no caso dos hospitais que cerceiam a liberdade dos seus pacientes de saírem sem antes terem quitado suas dívidas, ou de um diretor de uma empresa privada que obriga o seu funcionário a permanecer na empresa até que realize determinada tarefa. Em todos os casos de cerceamento da liberdade em que a polícia não tenha intervindo pode ser impetrado o *habeas corpus*.

A Constituição Federal, no seu art. 142, §2º, dispõe que não cabe *habeas corpus* contra punições disciplinares militares. Esta restrição teve o objetivo de reforçar a estrutura hierárquica que alicerça as Forças Armadas e a Polícia Militar. Entretanto, se essa punição disciplinar militar destoar do procedimento legal que norteia a aplicação

---

material da própria atipicidade penal, constitui, por si só, motivo bastante para a concessão de ofício da ordem de *habeas corpus*. Com base nesse entendimento, a Turma deferiu, de ofício, *habeas corpus* para determinar a extinção definitiva do procedimento penal instaurado contra o paciente, invalidando-se todos os atos processuais, desde a denúncia, inclusive, até a condenação eventualmente já imposta. Registrou-se que, embora o tema relativo ao princípio da insignificância não tivesse sido examinado pelo STJ, no caso, cuidar-se-ia de furto de uma folha de cheque (CP, art. 157, *caput*) na quantia de R$80,00, valor esse que se ajustaria ao critério de aplicabilidade desse princípio – assentado por esta Corte em vários precedentes –, o que descaracterizaria, no plano material, a própria tipicidade penal (Informativo do STF, nº 547).

[8] As pessoas jurídicas, embora não tenham legitimidade para impetrar *habeas corpus* em seu favor, têm legitimidade para impetrá-lo em favor de pessoa física. Com esse entendimento, a Turma rejeitou preliminar de não conhecimento suscitada pela Procuradoria-Geral da República nos autos de recurso ordinário em *habeas corpus* preventivo interposto pela União em favor de juíza do Tribunal Regional do Trabalho da 1ª Região.

[9] No HC nº 75.352/CE, cujo relator foi o Min. Carlos Velloso, ficou decidido que não cabia *habeas corpus* para decidir questão penal ligada à guarda de filhos, matéria a ser tratada no juízo cível.

da sanção, abre-se a possibilidade de impetração do remédio heroico pela ilegalidade da pena aplicada. Como exemplo pode ser apontado o caso de o paciente cometer um ato que não contenha pena definida ou o fato de o coator não ter competência para adotar as medidas disciplinares.

A impossibilidade de impetração do *habeas corpus* se tornará absoluta quando a punição disciplinar militar for aplicada segundo os parâmetros da legalidade. O mérito da punição disciplinar não poderá ser discutido pelo mencionado remédio heroico.

Na vigência do antigo ordenamento, sob os auspícios da Constituição de 1967/1969, o art. 650, §2º, do Código de Processo Penal não admitia o cabimento do mencionado remédio contra a prisão administrativa. Com a nova Carta Magna, que reforçou as garantias fundamentais do cidadão, a prisão apenas pode ser decretada pela autoridade judiciária ou em flagrante delito, o que revogou a disposição normativa mencionada.

## 11.2 Mandado de segurança

O mandado de segurança foi criado com a função de atender a determinadas situações que careciam de remédio específico que as protegesse, diminuindo a influência do *habeas corpus*, que não era o instrumento mais apropriado para a defesa de direitos líquidos e certos (art. 5º, LXIX, da CF). Sua influência mais importante foi o recurso de amparo mexicano. Contudo, pode-se dizer, pelas suas peculiaridades, que é uma criação nacional.

Foi alçado em nível constitucional no texto de 1934, estando presente nas demais Constituições, à exceção da Carta Magna de 1937. Segundo José da Silva Pacheco, o mandado de segurança é uma ordem para remover os óbices ou qualquer tipo de estorvo para permitir a fruição tranquila de direitos subjetivos.[10]

O mandado de segurança não se destina a combater abusos perpetrados por entidades privadas, sem ligação com o Estado. Ele é típico remédio contra abusos estatais, haja vista necessitar de uma ilegalidade ou abuso de poder cometido por uma autoridade.

Ele tem uma abrangência residual, ou seja, é passível contra qualquer ilegalidade ou abuso de poder praticado por agente público que não esteja amparado por *habeas corpus* ou *habeas data*.

É necessária a existência de um direito líquido e certo, significando que o direito terá de ser nítido na sua existência e delimitado na sua extensão. Direito líquido e certo é o direito que, pela sua evidência, não necessita de produção de provas. Líquido e certo não significa direito simples, podem ser apreciadas questões complexas, desde que sejam passíveis de comprovação documental. Significa que deve ser manifesto na sua existência e determinado na sua extensão. Este requisito se configura como uma condição de ação, interesse de agir, para se impetrar o mandado de segurança.

Funciona também como requisito para a impetração do mandado de segurança a ocorrência de ilegalidade ou abuso de poder. Ilegalidade é a afronta à lei, tanto na forma omissiva quanto na forma comissiva, e o abuso de poder significa a extrapolação no uso das prerrogativas funcionais. Todo abuso de poder é uma ilegalidade, mas nem toda ilegalidade é um abuso de poder porque este somente se concretiza quando for praticado por uma autoridade pública.

---

[10] PACHECO, José da Silva. *O mandado de segurança e outras ações constitucionais típicas*. São Paulo: RT, 1991. p. 121.

Agente ativo é todo aquele que sofrer ou se achar na iminência de sofrer uma lesão, abrangendo os brasileiros e os estrangeiros, as pessoas físicas e jurídicas, os maiores e os incapazes. As universalidades reconhecidas por lei, como a massa falida e os condomínios, apesar de não terem personalidade jurídica, dispõem de capacidade jurídica para impetrarem remédios constitucionais. Órgãos públicos, mesmo que sejam despersonalizados, mas com funções próprias, como Mesa da Câmara e do Senado, possuem legitimidade para impetrarem remédios constitucionais.

Quando o direito ameaçado ou violado couber a vários cidadãos, qualquer deles poderá requerer o mandado de segurança (art. 1º, §3º, da Lei nº 12.016, de 7.8.2009). Esse postulado tem a intenção de explicitar a legitimidade de agir de uma pessoa para impetrar mandado de segurança quando o direito líquido e certo, que esteja sendo violado, ou a violar, for de titularidade de uma pluralidade, justamente porque ela própria é titular do direito, evitando-se, assim, a exigência de litisconsórcio ativo necessário.

O Ministério Público pode impetrar mandado de segurança, desde que seja no exercício de suas atribuições, na defesa da ordem jurídica, do regime democrático, dos interesses difusos e individuais indisponíveis.

Seu sujeito passivo é a autoridade que ameaçou ou praticou a lesão, seja de que categoria for e sejam quais forem as funções que exerça (art. 1º, *writ*, da Lei nº 12.016, de 7.8.2009). A lei anterior que regulamentava o mandado de segurança falava que autoridade coatora era o agente público que tivesse poder de decisão, aquele que tinha a prerrogativa de desfazer o ato que acarretou a lesão. Agora, não é mais apenas considerada autoridade coatora o agente público que tenha poder de decisão, mas qualquer agente público, sejam quais forem suas funções ou a categoria a que pertença. Assim, autoridade coatora pode ser aquela que tenha praticado o ato impugnado ou aquela da qual emane a ordem para a sua prática (art. 6º, §3º, da Lei nº 12.016, de 7.8.2009).

Castro Nunes define precisamente o sentido de autoridade pública: "A Constituição, ao instituir o mandado de segurança, escrevi então, usa da palavra autoridade no sentido de funcionário público, alcançando até o Presidente da República, como chefe supremo na hierarquia administrativa".[11] Assim, qualquer pessoa que exerça funções públicas, por meio de concessão, permissão ou autorização, é equiparada à figura do funcionário público. O particular pode ser agente passivo de mandado de segurança quando exercer função pública a ele delegada (concessão, permissão e autorização). Qualquer um que exerça uma função pública pode ser passível desta garantia, independentemente da qualidade que exerça esse *munus* público. Por esta razão, cabe contra atos de empresas públicas ou sociedade de economia mista, que, não obstante serem regidas pelo direito privado, foram criadas por lei específica para atender a uma função pública.

A Lei do Mandado de Segurança visou acabar com eventuais dúvidas em se determinar os sujeitos que se consideram autoridade pública para fins de especificação, determinando que se equiparem às autoridades, para os efeitos desta lei, os representantes ou órgãos de partidos políticos e os administradores de entidades autárquicas, bem como os dirigentes de pessoas jurídicas ou as pessoas naturais no exercício de atribuições do Poder Público, somente no que disser respeito a essas atribuições (art. 1º, §1º, da Lei nº 12.016, de 7.8.2009).

---

[11] NUNES, Castro. *Do mandado de segurança*. 8. ed. Rio de Janeiro: Forense, 1980. p. 72.

Foi importante a afirmação expressa de que os representantes e os órgãos de partidos políticos são considerados autoridades públicas, apesar de serem entidades de direito privado; o que já vinha sendo entendido pela jurisprudência de forma majoritária. Ressalva pertinente é que os administradores de entidades autárquicas, bem como os dirigentes de pessoas jurídicas no exercício de atribuições do Poder Público, apenas têm seus atos passíveis de mandado de segurança quando tiverem exercendo prerrogativas públicas. Os atos de cunho eminentemente privados, fora das emanações públicas, não podem ser impugnados por *mandamus*.

Com relação ao órgão coator, cuidado para não confundir: município é a pessoa jurídica; prefeitura é o órgão do Poder Executivo; prefeito é o agente. A autoridade coatora sempre será parte na causa, mas quem suportará o ônus da decisão é a Fazenda Pública, sem a necessidade de citação.

## 11.2.1 Procedimento do mandado de segurança

O mandado de segurança é uma ação civil de rito sumário, distinguindo-se dos demais congêneres pela especificidade de seu objeto e pela sumariedade de seu procedimento.

As provas necessitam ser documentais porque não há instrução probatória, em analogia com o *habeas corpus*, que pelo objeto defendido deve ser célere para coibir abuso. Em razão da inexistência de instrução probatória, as provas já devem ser pré-elaboradas para delinear o direito litigado, com sua apresentação na petição inicial.

Tanto é assim que, para se atender à sua celeridade, em caso de urgência, é permitido, conquanto observados os requisitos legais, impetrar mandado de segurança por telegrama, radiograma, fax ou outro meio eletrônico de autenticidade comprovada. Se assim se proceder, o juiz poderá, em caso de urgência, notificar a autoridade por telegrama, radiograma ou outro meio que assegure a autenticidade do documento e a imediata ciência pela autoridade. Com isso, o texto original da petição deverá ser apresentado nos cinco dias úteis seguintes (art. 4º da Lei nº 12.016, de 7.8.2009).

Ao despachar a petição inicial do mandado de segurança, o juiz ordenará que seja notificado o coator sobre o conteúdo da petição, enviando-lhe a segunda via, apresentada, juntamente com as cópias dos documentos, para que, no prazo de dez dias, preste as informações sobre o ato impugnado; bem como dará ciência do feito ao órgão de representação judicial da pessoa jurídica interessada, enviando-lhe cópia da inicial sem documentos, para que, querendo, ingresse no feito (art. 7º, I e II, da Lei nº 12.016, de 7.8.2009). Essa inovação criou um litisconsórcio necessário passivo entre a autoridade coatora e a pessoa jurídica a qual ela pertencer, necessitando que ambos tenham ciência para que formulem a defesa cabível.[12]

Parte da doutrina entendia que, como o mandado de segurança configura-se em uma garantia de direitos da cidadania, quando houver a indicação da autoridade coatora de forma errônea, para garantir celeridade da prestação constitucional, pode a autoridade coatora incompetente direcionar o *writ* para o seu agente passivo competente.[13] Com a

---

[12] BUENO, Cassio Scarpinella. *A nova Lei do Mandado de Segurança*. São Paulo: Saraiva, 2009. p. 26.
[13] BUENO, Cassio Scarpinella. *Mandado de segurança*. São Paulo: Saraiva, 2004. p. 23.

nova regulamentação, havendo errônea designação da autoridade coatora, o impetrante poderá emendar a inicial no prazo de dez dias, desde que observado o prazo decadencial.

A Lei do Mandado de Segurança determina que a inicial será desde logo indeferida, por decisão motivada, quando não for o caso de mandado de segurança ou lhe faltar algum dos requisitos legais ou quando decorrido o prazo legal para a impetração (art. 10 da Lei nº 12.016, de 7.8.2009).

Recebida a inicial, o juiz ordenará a notificação da autoridade coatora, bem como providenciará que se dê ciência do feito ao órgão de representação judicial da pessoa jurídica interessada, enviando-lhe cópia da inicial, sem os documentos.

Os assistentes, que não são atingidos pela decisão judicial, podem entrar no processo a qualquer momento. Os litisconsortes podem se inserir até o despacho da inicial. Caso os litisconsortes necessários não tenham integrado a lide, haverá a nulidade do processo.

No que tange à concessão de liminar, o juiz ainda poderá determinar a suspensão do ato que deu motivo ao pedido, quando houver fundamento relevante e deste ato impugnado puder resultar a ineficácia da segurança, caso seja finalmente deferida, sendo facultado exigir do impetrante fiança, caução, ou depósito, com o objetivo de assegurar o ressarcimento à pessoa jurídica (art. 7º, I, II, III, da Lei nº 12.016, de 7.8.2009).

> Para a concessão de liminar há necessidade de um fundamento mais intenso do que o *fumus bonis juris*, pois não existe espaço para dilação probatória como acontece com os outros provimentos antecipatórios. Tem que haver uma presunção bastante intensa para que a liminar seja definida. O outro requisito é o *periculum in mora*, cristalizado no perigo de dano se o procedimento do mandado de segurança se postergar de modo demasiado.

Com relação à possibilidade de se exigir fiança, caução ou depósito para a concessão de liminar, a Lei do Mandado de Segurança pode criar empecilhos à fruição de direitos subjetivos constitucionalmente assegurados, porque há o risco de se exigir certa quantia a uma pessoa sem condições financeiras de pagá-la, ficando, assim, a segurança prejudicada, sem utilidade prática ao final do processo. Assim, para Cezar Britto, a nova lei é

> elitista e fere de morte o direito de defesa do cidadão. Não é possível admitir que apenas os dotados de bens, que podem efetuar depósito prévio, poderão ter medidas liminares em seu favor. Essa disposição cria uma justiça acessível apenas aos ricos, inconcebível em um Estado Democrático de Direito.[14]

Ainda com relação à medida liminar, tem-se que o Supremo Tribunal Federal, por ocasião do julgamento da ADI nº 4.296, declarou a inconstitucionalidade do dispositivo da Lei do Mandado de Segurança que proíbe a concessão de liminar para a compensação de créditos tributários e para a entrega de mercadorias e bens provenientes do exterior (art. 7º, §2º, da Lei nº 12.016, de 7.8.2009); no que também se invalidou a exigência de oitiva prévia do representante da pessoa jurídica de direito público como condição para a concessão de liminar em mandado de segurança coletivo (art. 22, §2º, da Lei nº 12.016, de 7.8.2009).[15]

---

[14] MILÍCIO, Gláucia. Sancionada a lei sobre Mandado de Segurança. *Consultor Jurídico*, 10 ago. 2009. Disponível em: <http://www.conjur.com.br/2009-ago-10/sancionada-lei-disciplina-mandado-seguranca-individual-coletivo>. Acesso em: 17 dez. 2009.

[15] ADI nº 4.296, Rel. Min. Marco Aurélio.

Findo o prazo de dez dias para prestação das informações, o juiz ouvirá o representante do Ministério Público, que opinará também dentro do prazo improrrogável de dez dias. Com ou sem o parecer do Ministério Público, os autos serão conclusos ao juiz, para a decisão, a qual deverá ser necessariamente proferida em trinta dias (art. 12 da Lei nº 12.016, de 7.8.2009). Anteriormente, o Ministério Público dispunha do prazo de cinco dias para se pronunciar; e o juiz, o mesmo prazo para sentenciar.

O pedido de mandado de segurança pode ser renovado se a sentença não houver apreciado o mérito (art. 6º, §6º, da Lei nº 12.016, de 7.8.2009). O mérito é o pedido formulado na inicial. Se não houve análise do pedido e da causa de pedir, impede-se falar em coisa transitada em julgado, podendo a parte autora renovar o seu pedido.

O direito de requerer mandado de segurança extinguir-se-á decorridos cento e vinte dias, contados da ciência, pelo interessado, do ato impugnado (art. 23 da Lei nº 12.016, de 7.8.2009). Este prazo é decadencial, não se interrompe nem se suspende. Nos atos comissivos o prazo começa a contar da data da produção dos efeitos lesivos em que o impetrante possa ter ciência de seu início. Quando o ato for omissivo, como é difícil vislumbrar o prazo inicial, admite a doutrina que não há como restabelecer este prazo de 120 dias, a menos que a própria lei determine nos diversos casos específicos. Nos casos de impetração preventiva também não há possibilidade de contagem do prazo.

O mandado de segurança acarreta uma tutela específica, *in natura*, removendo o obstáculo que impedia a fruição do direito. O objeto pleiteado não pode ser substituído ou reduzido a valor econômico, garantindo o pleno exercício, gozo e fruição do objeto almejado. Impossibilita-se a substituição do objeto desejado pelo seu equivalente econômico. Assim se expressa Cassio Scarpinella: "O ato violador é removido como obstáculo para que se restabeleça a situação jurídica preexistente, e não apenas anulado como os efeitos reparatórios conhecidos".[16]

São previstos os seguintes recursos para o mandado de segurança: apelação, das decisões terminativas; recurso de ofício, quando o sucumbente for um ente público; recurso ordinário nas hipóteses previstas na Constituição; recurso extraordinário e agravo regimental, do despacho do Presidente do Tribunal que suspender a execução da sentença ou cassar a liminar; embargo declaratório. Havia grande dissídio na jurisprudência para saber se haveria ou não o cabimento de agravo, posicionando-se a maioria da doutrina pela sua impossibilidade. Agora, a Lei do Mandado de Segurança determina expressamente que é cabível agravo contra decisão que conceder ou negar a concessão de liminar (art. 7º, §1º, da Lei nº 12.016, de 7.8.2009).

Os processos de mandado de segurança e os respectivos recursos terão prioridade sobre todos os atos judiciais, salvo *habeas corpus* (art. 20 da Lei nº 12.016, de 7.8.2009). A exceção se mostra apenas em relação ao *habeas corpus*, e somente a ele, devido à natureza específica deste *writ*.

O privilégio para recorrer em dobro é apenas dos entes federativos e de suas autarquias, não se aplicando às entidades paraestatais nem aos concessionários de serviço público. Para responder, em contrarrazões, o prazo é singelo para todas as partes, em vista da não previsão regulamentar e de ser o mandado de segurança um remédio de rito urgentíssimo.

---

[16] BUENO, Cassio Scarpinella. *Mandado de segurança*. São Paulo: Saraiva, 2004. p. 9.

O mandado de segurança será concedido para proteger direito líquido e certo, não amparado por *habeas corpus* ou *habeas data*. A diminuição da esfera de incidência do mandado de segurança reside no fato de que ele não se aplica quando forem cabíveis esses remédios citados. Quando pairar acinte contra o direito de locomoção ou contra o direito de informação, que também são considerados direitos líquidos e certos, há remédios específicos para a sua proteção, não cabendo amparo através do mandado de segurança.

Também não se admite mandado de segurança contra a coisa julgada e contra atos *interna corporis*. Coisa julgada é a sentença que não pode mais ser modificada. O Supremo Tribunal Federal, pela Súmula nº 268, pacificou o entendimento de que é inadmissível mandado de segurança contra a coisa julgada, a menos que o julgado seja nulo ou inexistente, sendo possível a impetração de ação rescisória. Atos *interna corporis* são atos típicos, regulamentados por regimentos, que dizem respeito ao funcionamento de determinados órgãos, como atos internos do Senado e do Congresso Nacional; são atos reservados à exclusiva apreciação e deliberação do ente que os criou.[17]

A Súmula nº 266 do Supremo Tribunal Federal expressa, de forma límpida, que não cabe mandado de segurança contra lei em tese, que é um ato meramente normativo, configurado de forma genérica e abstrata. Ele passa a ser cabível desde que haja um dano concreto, individualizável. O remédio cabível contra lei em tese é o controle de constitucionalidade na sua forma concentrada.[18]

O mandado de segurança não pode ser usado quando houver recurso específico com efeito suspensivo para o mesmo caso. Entende Hely Lopes Meirelles: "Desde que a decisão ou a diligência não possa ser sustada por recurso processual capaz de impedir a lesão, nem permita a intervenção correcional eficaz do órgão disciplinar da magistratura, contra ele cabe a segurança".[19] Pode o mencionado remédio ser impetrado contra atos administrativos, mesmo que caiba recurso com efeito suspensivo, porque não há necessidade de serem exauridas as instâncias administrativas.

## 11.2.2 Mandado de segurança coletivo

O mandado de segurança coletivo surgiu como inovação da Constituição de 1988. Sua principal característica é uma maior extensão nos efeitos da sentença, que, devido ao instituto da substituição processual, deixa de ser *inter partes* e passa a englobar todos os membros de determinadas instituições (art. 5º, LXX, da CF).

O disciplinamento do mandado de segurança coletivo na Constituição foi uma tentativa de atualizar o direito processual para uma situação em que as demandas são

---

[17] Interessante ressalvar que os atos da Mesa da Câmara dos Deputados, do Senado Federal, bem assim das Assembleias Legislativas e Câmaras de Vereadores, são passíveis de impugnação por mandado de segurança apenas se forem ilegais ou abusivos.

[18] "Mandado de segurança. É da essência de lei de efeitos concretos que a produção de efeitos lesivos ao impetrante ocorra independente de qualquer ato que seja necessário para que a norma se torne concretamente eficaz, ainda que esse ato não seja de autoridade pública, mas de particular, como é o caso. Mandado de segurança que se dirige contra atos normativos em tese. Mandado de segurança não conhecido" (STF, MS nº 20.993/DF, Rel. Min. Moreira Alves).

[19] MEIRELLES, Hely Lopes. *Mandado de segurança*. Ação popular. Ação civil pública. Mandado de injunção. Habeas data. 15. ed. São Paulo: Malheiros, 1994. p. 30.

originadas de uma massa de pessoas, na maioria das vezes indeterminadas *a priori*, como nas relações de consumo, descabendo o procedimento arcaico que se estabelecia entre apenas duas partes. As relações processuais passam a ser na maioria dos casos plurissubjetivas.

Os direitos protegidos são metaindividuais, transindividuais ou superindividuais, que ultrapassam os interesses de uma pessoa singular, espraiando-se no grupo social, denominando-se direitos da "civilização das massas". Essas expressões guardam um denominador comum: são oriundas de relações plurissubjetivas.

Os direitos transindividuais se classificam em três espécies: coletivos, difusos e individuais homogêneos. Os direitos coletivos são aqueles que nascem de uma relação jurídica em que o bem atingido é indivisível e pertence a um grupo de pessoas determinadas. Direitos difusos são aqueles que nascem de uma relação fática, o bem é indivisível e pertence a um grupo indeterminado de pessoas. Direitos individuais homogêneos são direitos que nascem de uma relação jurídica em que o bem é divisível e pertence a um grupo de pessoas determinadas.

Diante das definições *supra*, podemos notar que o legislador constituinte descurou da precisão terminológica do instituto, quando de melhor alvitre teria sido denominá-lo de mandado de segurança metaindividual, já que tem aplicação não restrita aos direitos coletivos, mas extensivo também aos direitos difusos e aos direitos individuais homogêneos.

Contudo, a Lei do Mandado de Segurança determinou, de forma expressa, que os direitos protegidos são apenas os coletivos e os individuais homogêneos, excluindo deliberadamente os direitos difusos da tutela jurisdicional do *mandamus* (art. 21, *writ*, da Lei nº 12.016, de 7.8.2009). Não foi benfazeja a opção tomada, ao discriminar os direitos difusos, pois, como defende o Professor Francisco Queiroz, não há incompatibilidade entre a defesa do direito difuso e a utilização do mandado de segurança coletivo.[20] Arguir que esses direitos não devem ser amparados pela impossibilidade de determinação de seus detentores não se mostra factível, pois a existência de imprecisão na especificação dos lesionados não serve para impedir a tutela jurisdicional.

Não é pelo fato de que os direitos difusos não foram contemplados de forma explícita que se deve negar sua abrangência pelo mandado de segurança coletivo. Assim, adotando-se uma interpretação sistêmica das normas do sistema processual coletivo, estes direitos são também contemplados. Pensar de outra forma é desnaturar a estrutura deste remédio coletivo de amparo a direitos plurissubjetivos.

Os requisitos exigidos para a sua impetração são, basicamente, os mesmos necessários para o mandado de segurança individual.

Podem impetrar o mandado de segurança coletivo:
a) partido político com representação no Congresso Nacional, ou seja, deve ter no mínimo um deputado federal ou um senador;
b) organização sindical, que compreende os sindicatos em qualquer nível nacional;
c) entidades de classe, como a OAB, CREA etc.;[21]
d) associações, constituídas e em funcionamento há pelo menos um ano.

---

[20] CAVALCANTI, Francisco. *O novo regime jurídico do mandado de segurança*. São Paulo: MP, 2009. p. 157.
[21] A entidade de classe tem legitimação para o mandado de segurança, ainda quando a pretensão veiculada interessa apenas a uma parte da categoria respectiva.

No caso do mandado de segurança coletivo impetrado por partido político, os beneficiados pela extensão do remédio jurídico serão todos os cidadãos que estejam na mesma situação jurídica, independentemente de estarem filiados ou não ao partido que impetrou o *writ*. Assim a nova Lei do Mandado de Segurança determinou que o partido político será legitimado, quando atuar na defesa de interesses legítimos seus, relativos a seus integrantes, ou à finalidade partidária. É benfazeja essa modificação no entendimento do Supremo Tribunal Federal, em consonância com os princípios constitucionais da isonomia e da universalidade de jurisdição. Adequou-se o Pretório Excelso à evolução processual que a sociedade exige, estendendo os efeitos da decisão a todos aqueles que estejam na mesma situação.[22]

A organização sindical, a entidade de classe e a associação, constituídas e em funcionamento dentro do prazo legal, é que somente podem velar pelo interesse de seus membros ou associados, o que restringe a extensão de seus efeitos.

Todavia, se pode o partido político atuar na defesa do interesse de uma coletividade, independentemente da filiação partidária, a ele veda-se a defesa individual dos cidadãos, que devem procurar as ações adequadas.

Os partidos políticos agem sem a necessidade de solicitação por parte de sindicatos, entidades de classe ou qualquer cidadão, porque funcionam como substitutos processuais. Por prerrogativa legal eles atuam em nome próprio defendendo interesse alheio.[23]

Ainda com relação à legitimidade de agir dos partidos políticos, muitos doutrinadores advogam que a sua legitimidade estaria adstrita a um acinte contra os direitos de natureza política dos cidadãos. A nova Lei do Mandado de Segurança adotou opção contrária, afirmando que o partido político poderá agir na defesa de seus interesses legítimos relativos a seus integrantes ou à finalidade partidária, sem fazer qualquer limitação a direitos políticos (art. 21, *writ*, da Lei nº 12.016, de 7.8.2009). Esta solução já prevalecia na doutrina e na jurisprudência, pois, cumprindo a missão teleológica do instituto, é que os partidos políticos podem impetrar mandado de segurança desde que direitos humanos dos cidadãos estejam sendo estorvados e esses direitos tenham uma natureza genérica, não se configurando como prerrogativas individuais.

---

[22] "A tese do recorrente no sentido da legitimidade dos partidos políticos para impetrar mandado de segurança coletivo estar limitada aos interesses de seus filiados não resiste a uma leitura atenta do dispositivo constitucional supra. Ora, se o Legislador Constitucional dividiu os legitimados para a impetração do Mandado de Segurança Coletivo em duas alíneas, e empregou somente com relação à organização sindical, à entidade de classe e à associação legalmente constituída a expressão 'em defesa dos interesses de seus membros e associados', é porque não quis criar esta restrição aos partidos políticos. Isto significa dizer que está reconhecido na Constituição o dever do partido político de zelar pelos interesses coletivos, independente de estarem relacionados a seus filiados" (RE nº 196.184/AM, Rel. Min. Ellen Gracie).

[23] "[...] Defluem três hipóteses mediante as quais o partido político, a associação, o sindicato, a entidade de classe poderão impetrar mandado de segurança: 1) impetrar *mandamus* individual, com fundamento no inc. LXIX, do art. 5º, em defesa de interesse próprio, com o objetivo específico de tutelar direito líquido e certo da impetrante como pessoa jurídica; 2) impetrar *mandamus*, também singular, mas em regime de representação processual, para defender seus associados, identificados na petição inicial e pelos mesmos devidamente autorizada, sem afastar, contudo, os fins da entidade. O fundamento da impetração basear-se-á no inc. XXI, do art. 5º; 3) impetrar *mandamus* coletivo, exercendo, pois, legitimação direta, não intermediada, em regime de substituição processual, com o escopo de tutelar direito líquido e certo da entidade, cujos objetivos nucleares devem ser ressaltados. Nesta hipótese a ação de segurança coletiva é ajuizada, tão só, à proteção do direito líquido e certo de toda a categoria, e não para assegurar direitos de uns ou de alguns sujeitos individualizados. Base para a impetração: inc. LXX, do art. 5º" (BULOS, Uadi Lammêgo. *Mandado de segurança coletivo*. São Paulo: RT, 1996. p. 57-58).

A organização sindical, agindo por substituição processual, não pode tutelar direitos individuais dos seus sindicalizados que tenham finalidade diversa da estabelecida por ela. Agindo por representação processual, quando o sindicalizado concede, por instrumento procuratório, autorização para que um advogado possa agir em seu nome, os direitos pleiteados podem ter natureza particular e individual.

De igual forma, as entidades de classe não podem defender interesses individuais de seus membros, por substituição processual, em nome próprio. A legitimidade por substituição processual se configura possível apenas para resguardar os interesses gerais da classe. Ressalte-se que tem o sindicato legitimidade para, na qualidade de substituto processual, impetrar mandado de segurança coletivo para a defesa de direitos subjetivos de seus associados, ainda que tais direitos não estejam afetos necessariamente à totalidade dos integrantes da categoria.[24] Se o objeto litigado disser respeito à esfera privada do cidadão, será o caso de representação processual, havendo necessidade do instrumento procuratório devido. O Supremo Tribunal Federal, através do Enunciado nº 629, firmou entendimento no sentido de que independe de autorização dos associados a impetração de mandado de segurança coletivo.

Assim, a Lei do Mandado de Segurança determinou que sindicato, entidade de classe ou associação legalmente constituída e em funcionamento há, pelo menos, um ano poderão impetrar mandado de segurança em defesa de direitos líquidos e certos da totalidade, ou de parte, dos seus membros ou associados, na forma de seus estatutos, conquanto o objeto deste *writ* seja compatível às suas finalidades. Neste caso, a lei também determina expressamente a dispensa, para tanto, de autorização especial (art. 21, *writ*, da Lei nº 12.016, de 7.8.2009). Finalizou-se aquela discussão se para sua impetração haveria necessidade de assembleia especial exclusivamente para este fim. Não há necessidade de autorização especial, desde que o *writ* seja compatível com as finalidades do ente e esteja essa prerrogativa prevista em seus estatutos.

As associações têm a prerrogativa de postular em juízo com o escopo de assegurar aos hipossuficientes o acesso à prestação jurisdicional, de forma a possibilitar àqueles que não teriam condições de ver suas demandas solucionadas pelo Poder Judiciário, por vários motivos, como a carência econômica etc., a resolução delas por meio do mandado de segurança coletivo.

O requisito de que as associações devem contar com pelo menos um ano de constituição e de funcionamento para postularem em juízo reveste-se de importância no sentido de evitar o surgimento de associações esporádicas, com a única finalidade de litigar em juízo. O prazo é contado da data do registro da associação no Registro Civil de Pessoas Jurídicas.

A tese de que o requisito de um ano de constituição e de funcionamento também é devido para o partido político, para a organização sindical ou para a entidade de classe não encontra amparo jurisprudencial, além do que esta exigência não foi contemplada na nova lei do mandado de segurança. Essa necessidade diz respeito apenas às associações, como deixa bem claro o art. 5º, LXX, *b*, da Constituição. Pensar de forma contrária seria desconsiderar a finalidade de criação do mandado de segurança coletivo, que é a

---

[24] RE nº 284.993/ES, Rel. Min. Ellen Gracie.

de tutelar os direitos metaindividuais em juízo, garantindo a celeridade da prestação jurisdicional, como fora preceituado por Cappelletti e Garth.[25]

No mesmo sentido se posiciona o Ministro Ilmar Galvão: "Tratando-se de mandado de segurança coletivo impetrado por sindicato, é indevida a exigência de um ano de constituição e funcionamento, porquanto esta restrição destina-se apenas às associações, nos termos do art. 5º, LXX, da CF".[26]

O Supremo Tribunal Federal já decidiu que o objeto do mandado de segurança coletivo pode ser um direito dos associados em particular, independentemente de guardar vínculo com os fins próprios da associação, não se exigindo que ele seja específico da sua esfera de proteção, com o requisito de o direito estar inserido nas prerrogativas subjetivas do associado e a entidade de classe estar munida dos instrumentos procuratórios devidos.[27]

Essa é a interpretação mais consentânea com o art. 5º, XXI, que planteia que "as entidades associativas, quando expressamente autorizadas, têm legitimidade para representar seus filiados judicial e extrajudicialmente". A autorização expressa do cidadão apenas terá sentido quando se tratar de um caso concreto, não guardando relação com as funções que devem ser exercidas por organização sindical, associação ou entidade de classe.

Outrossim, como toda interpretação constitucional deve ser realizada de forma sistemática, a análise do art. 8º, III, da Constituição se mostra imprescindível: "Ao sindicato cabe a defesa dos direitos e interesses coletivos ou individuais da categoria, inclusive em questões judiciais e administrativas". Pelo exposto acima, resta evidente que os sindicatos podem postular em juízo de forma plena. Nesse mesmo sentido se posiciona o Ministro Maurício Corrêa: "O art. 8º, III, da Constituição confere às entidades sindicais substituição processual ampla e irrestrita".[28]

Quaisquer exigências à atuação do sindicato na defesa dos interesses comuns da categoria, agindo por substituição processual, afora as preceituadas constitucionalmente, são crassamente inconstitucionais, pois têm a finalidade de mitigar a defesa dos seus sindicalizados. Quando o mandado de segurança é impetrado por associação, a relação nominal dos beneficiários não tem necessidade de ser apresentada na inicial,[29] desde que o direito seja assegurado a toda a classe representada.[30]

Faz-se necessário esclarecer que no art. 5º, LXX, e no art. 8º, III, da Constituição Federal o sindicato atua em nome próprio defendendo interesse alheio, através de

---

[25] "O recente despertar de interesse em torno do acesso efetivo à justiça levou a três posições, pelo menos nos países do mundo ocidental. Tendo início em 1965, estes posicionamentos emergiram mais ou menos em sequência cronológica. Podemos afirmar que a primeira solução para o acesso – a primeira 'onda' desse movimento novo – foi a assistência judiciária; a segunda dizia respeito às reformas tendentes a proporcionar representação jurídica para os interesses 'difusos', especialmente nas áreas da proteção ambiental e do consumidor; e a terceira – e mais recente – é o que nos propomos a chamar simplesmente 'enfoque de acesso à justiça', porque inclui os posicionamentos anteriores, mas vai muito além deles, representando, dessa forma, uma tentativa de atacar as barreiras ao acesso de modo mais articulado e compreensivo" (CAPPELLETTI, Mauro; GARTH, Bryant. *Acesso à justiça*. Tradução de Ellen Gracie Northfleet. Porto Alegre: Fabris, 1988. p. 31).

[26] RE nº 198.919/DF, Rel. Min. Ilmar Galvão.

[27] RE nº 223.151-9/DF, Rel. Min. Moreira Alves.

[28] Voto do Ministro Maurício Corrêa, RE nº 202.063/PR, Rel. Min. Octavio Gallotti.

[29] ARE nº 1.293.130, Rel. Min. Luiz Fux, j. 7.1.2021 (Tema nº 1.119 da Repercussão Geral).

[30] LOUREIRO, Lair da Silva; LOUREIRO FILHO, Lair da Silva. *Mandado de segurança e mandado de injunção*. São Paulo: Saraiva, 1996. p. 3.

substituição processual, que é uma legitimação extraordinária – desde que haja uma pertinência temática com as funções exercidas pelo sindicato. No art. 5º, XXI, o sindicato atua em nome alheio, defendendo direito alheio, ou seja, através de representação processual, que é uma legitimação ordinária, consubstanciada através de instrumento procuratório.

A impetração de mandado de segurança coletivo não gera litispendência para as ações individuais que o cidadão intente isoladamente. Esta assertiva se compatibiliza perfeitamente com o princípio constitucional do direito de ação. Deste modo, aquele que tiver violado, ou sob ameaça de direito, direito líquido e certo seu, não fica obstado de impetrar mandado de segurança individual, mesmo se este já configurar como objeto de mandado de segurança coletivo.

No entanto, atenção merece o fato do limite de abrangência da coisa julgada de mandado de segurança coletivo, quando paralelamente a ele for impetrado mandado de segurança individual. A nova Lei do Mandado de Segurança aduz que o mandado de segurança coletivo não induz litispendência para as ações individuais; todavia, os efeitos da coisa julgada não beneficiarão o impetrante a título individual, se este não requerer a desistência de seu mandado de segurança no prazo de trinta dias, contado a partir da ciência comprovada da impetração da segurança coletiva (art. 22, §1º, da Lei nº 12.016, de 7.8.2009).

De certo modo, o legislador infraconstitucional se descuidou em garantir os princípios da economia e da celeridade processual, porque aquele que impetrar um mandado de segurança individual e não requerer a sua desistência no prazo legal estipulado não será beneficiado pelos efeitos benéficos do mandado de segurança coletivo, fazendo com que o interessado tenha que entrar com um novo mandado de segurança, ou com nova ação ordinária, além do que deverá novamente pagar custas processuais, e enfrentar mais expedientes processuais, muitas vezes repetidos. Situação mais teratológica ainda ocorre se o cidadão, depois de proposto o *writ* individual, dele desistir para atender a este comando, e o mandado de segurança coletivo for julgado improcedente. Por todo o exposto, de *lege ferenda*, é necessária nova conformação a este ponto nevrálgico.

## 11.3 Mandado de injunção

É o remédio constitucional cabível contra a ausência de eficácia dos postulados constitucionais, normas de eficácia limitada, isto é, contra preceitos constitucionais que ainda não têm eficácia positiva, capacidade para produzir efeitos, porque não foram complementados pelo Poder Legislativo ou pelo órgão administrativo competente (art. 5º, LXXI, da CF). Esse remédio seria a solução para o problema suscitado.

A vontade da Constituição não pode ser sucateada em decorrência da omissão do legislador infraconstitucional, pois, se assim fosse, estaria fragilizada a força normativa da Constituição. A mencionada garantia recebeu influências da Constituição portuguesa de 1976 e da iugoslava de 1979. O mandado de injunção deve ser enquadrado como um remédio de natureza pós-individual, rompendo a dicotomia entre o Estado e o indivíduo.

As normas constitucionais limitadas não produzem eficácia porque lhes falta regulamentação, ensejando uma lacuna jurídica que se localiza nas normas infraconstitucionais. Esclarece Norberto Bobbio a respeito de lacunas:

[...] Se pode falar de lacunas no ordenamento jurídico ou de incompletude do ordenamento jurídico não no sentido, repetimos, de falta de uma norma a ser aplicada, mas de falta de critérios válidos para decidir qual norma deve ser aplicada. Mas há outro sentido de lacuna. [...] Entende-se também por "lacuna" a falta não já de uma solução, qualquer que seja ela, mas de uma solução satisfatória, ou, em outras palavras, não já a falta de uma norma que se desejaria que existisse, mas que não existe.[31]

Muitos doutrinadores pátrios afirmam que a fonte do mandado de injunção seria o *writ of injunction*, do direito norte-americano e do inglês, o que não corresponde à realidade: ele encontra sua similaridade mais próxima no direito português e no direito iugoslavo. O *writ of injunction* é uma ordem judicial para que a parte se abstenha de fazer ou continue a realizar algo. A confusão provém do étimo da palavra *injunção*, que tem origem na palavra latina *injunctio*, que significa preceituar uma obrigação, ordem.[32]

Afora o *writ of injuction*, no direito comparado, temos a *ingiunzione* do direito italiano, que serve como exemplo de procedimento sumário, e a *injonction* do direito francês, que tem a finalidade de intimar as partes processuais para comparecimento em audiência.

Pelas suas peculiaridades, o mandado de injunção brasileiro destoa de seus congêneres. Explica Diomar Ackel Filho:

> Cotejando o direito comparado verifica-se que a *injunction* do Direito anglo-americano constitui remédio típico, instrumento de largo uso, visando sempre impedir uma lesão de direito. No sistema francês, apresenta-se como medida de caráter restrito a certos provimentos judiciais, quer imiscuído de conteúdo mandamental-policial, quer caracterizado como ordens genéricas. Na Alemanha, é remédio contra ilegalidades governamentais que violem direitos constitucionais. Em Portugal, não se cuida de injunção, mas de instituto versante sobre o não cumprimento dos direitos fundamentais por omissão legislativa, ensejando mecanismo para que o órgão competente supra a norma em tese editando-a.[33]

Os dois principais requisitos para a efetivação do mandado de injunção são a falta de norma regulamentadora de direito fundamental e que esta ausência possa causar danos aos cidadãos. Se o direito não se realizar por outros motivos, como a impossibilidade de sua concretização, descabe falar em mandado de injunção, podendo outros remédios judiciais ser utilizados.

Outro requisito para a concretização desse instituto é a necessidade de que haja mora por parte do órgão legislativo, que deve ser reconhecida em cada caso particular, a partir da promulgação da norma constitucional invocada. Existirá lesão se for superado o prazo razoável para a edição do ato legislativo, necessário à concretude normativa da lei fundamental.

A norma passível de regulamentação tem de ter caráter genérico, abstrato e impessoal; caso contrário, o meio cabível de proteção será o mandado de segurança. Esclarece Carlos Augusto Alcântara Machado: "Exige-se que a norma reclamada tenha

---

[31] BOBBIO, Norberto. *Teoria do ordenamento jurídico*. 10. ed. Brasília: Universidade de Brasília, 1997. p. 139-140.
[32] MEIRELLES, Hely Lopes. *Mandado de segurança*. Ação popular. Ação civil pública. Mandado de injunção. Habeas data. 15. ed. São Paulo: Malheiros, 1994. p. 169.
[33] ACKEL FILHO, Diomar. *Writs constitucionais*. São Paulo: Saraiva, 1991. p. 115.

caráter de norma geral (Kelsen) e que encontre seu fundamento de validade material direta ou indireta na Constituição Federal, mas sempre com caráter de abstração e generalidade".[34]

A ausência de regulamentação pode ser total ou parcial.[35] Será necessária uma regulamentação total quando o instituto jurídico não tiver nenhuma eficácia e será parcial quando o instituto apresentar alguma eficácia, mas a complementação aumentará o seu grau de produção de efeitos. Na impetração do mandado de injunção deve ser deixada clara a individualização da lesão ocorrida pela falta de regulamentação.

Se, depois da impetração do mandado de injunção, a norma constitucional for regulamentada, suprindo a omissão legislativa, o *writ* incorrerá em uma situação de prejudicialidade, ficando afetado o seu processamento. Mesmo sendo considerado um instrumento do controle subjetivo, não cabe desistência de mandado de injunção, em sede de apreciação do Supremo Tribunal Federal, quando já tiver havido pronunciamento de um de seus ministros.[36]

Qualquer norma do art. 59 do texto constitucional pode regulamentar os mandamentos constitucionais, como a lei ordinária, a lei complementar, a medida provisória etc., desde que atue em seu campo específico. Até mesmo atos administrativos, como portarias e decretos, podem regulamentá-los, se assim for disposto pela norma infraconstitucional.

O sujeito passivo do mandado de injunção é o órgão que teria o dever de regulamentar a matéria. Preponderantemente é o Poder Legislativo, mas pode ser também o Executivo. A legitimidade passiva se concentra nos órgãos públicos que deveriam zelar pela aplicabilidade da norma, sendo proibida a impetração contra entidades de direito privado, porque estas não têm poder de regulamentação. Da mesma forma, não cabe mandado de injunção contra normas de eficácia plena. O sujeito ativo pode ser qualquer cidadão que tenha seu exercício dos direitos e liberdades constitucionais e das prerrogativas inerentes à nacionalidade, à soberania e à cidadania inviabilizado por falta da norma regulamentadora. O que abrange tanto pessoa física como jurídica.[37]

Os professores Paulo Bonavides e Paes de Andrade esclarecem a respeito:

> Recusar autoaplicabilidade ao mandado de injunção é sofismar o mais poderoso instituto já concebido no Direito Constitucional para fazer o País legal acercar-se do País real ou a sociedade prevalecer sobre o Estado na defesa e salvaguarda dos direitos e liberdade de cidadania.[38]

---

[34] MACHADO, Carlos Augusto Alcântara. *Mandado de injunção*. Um instrumento de efetividade da constituição. São Paulo: Atlas, 1999. p. 73.

[35] A lei que regulamenta o mandado de injunção (Lei nº 13.300/2016) especificou estas modalidades de ausência de regulamentação em seu art. 2º.

[36] O Tribunal resolveu questão de ordem em mandado de injunção no sentido de não admitir a desistência formulada pelo impetrante, Sindicato dos Trabalhadores do Poder Judiciário do Estado do Pará – SINJEP. Pretende-se, na impetração, seja garantido aos associados do referido sindicato o exercício do direito de greve previsto no art. 37, VII, da CF ("o direito de greve será exercido nos termos e nos limites definidos em lei específica") – v. Informativos nºs 308, 430 e 462. Entendeu-se que, após o voto de oito dos ministros da Corte a respeito do mérito, além da apreciação de questão de ordem relativa à possibilidade de deferimento de tutela antecipada, seria injustificável o desistência. Asseverou-se que o pedido poderia configurar uma tentativa de fraudar a própria decisão do Tribunal. O Min. Cezar Peluso, em seu voto, reputou o pedido juridicamente impossível, porque, iniciado o julgamento, embora factualmente dividido pelo número de pessoas que devessem compor o Colegiado, ele, juridicamente, seria um ato uno e contínuo, ou seja, não se interromperia mais (MI nº 712/PA, Rel. Min. Eros Grau, 15.10.2007).

[37] SILVA, Volney Zamenhof de Oliveira. *Lineamentos do mandado de injunção*. São Paulo: RT, 1993. p. 87.

[38] BONAVIDES, Paulo; ANDRADE, Paes de. *História constitucional do Brasil*. 3. ed. Rio de Janeiro: Paz e Terra, 1991. p. 512.

Os ritos dos mandados de injunção individuais e coletivos estão regulamentados pela Lei nº 13.300/2016, que prescreve em seu art. 14 a aplicação subsidiária, no que couber, da Lei do Mandado de Segurança (Lei nº 12.016/2009) e do Código de Processo Civil.

Conforme o art. 9º da lei específica, os efeitos do mandado de injunção são *inter partes*, produzindo efeitos até o advento da norma regulamentadora, atingindo apenas aqueles que entraram em juízo e com efeitos retroagindo ao início da lesão, em analogia aos demais institutos do controle de constitucionalidade por via de exceção. Os efeitos na norma regulamentadora superveniente são *ex nunc* em relação às partes, salvo se sua aplicação retroativa lhes for favorável (art. 11, Lei nº 13.300/2016). Além disso, pode ser conferida eficácia *erga omnes* à decisão do mandado de injunção, desde que isso seja imprescindível ao exercício do objeto de impetração. O mandado de injunção também pode ser coletivo, com as mesmas características do mandado de segurança coletivo.[39] Assim, podem impetrar o mandado de injunção coletivo partido político, organização sindical, entidade de classe e associação, em funcionamento há pelo menos um ano.

O Supremo Tribunal Federal será o órgão competente para apreciar o mandado de injunção, de forma originária, quando a elaboração da norma regulamentadora for atribuição do presidente da República, do Congresso Nacional, da Câmara dos Deputados, do Senado Federal, do Tribunal de Contas da União ou de qualquer um dos Tribunais Superiores.

Compete ao Superior Tribunal de Justiça a apreciação do mandado de injunção quando a regulamentação for de competência de órgão de entidade federal, da Administração direta ou indireta, com exceção da competência da Justiça do Trabalho, Militar ou Eleitoral.

Existe mandado de injunção coletivo, haja vista a abrangência de relações plurais que ocorrem em uma "sociedade de massas". O indivíduo não é um ser isolado como planteia Hayek, mas um cidadão em constante interação com outras pessoas, daí a necessidade de se criarem instrumentos para solidificar direitos coletivos, difusos e individuais homogêneos. Afirma Rodrigo Mazzei:

> [...] o mandado de injunção é criado no ventre da Constituição Federal de 1988, um diploma político altamente social, em que se destacou juridicamente a necessidade de proteção da sociedade de massa. Essa vinculação direta com a atual Carta Magna, por si só, já demonstra a íntima ligação do mandado de injunção à tutela coletiva.[40]

O art. 12 da Lei nº 13.300/2016 detalha as possibilidades de impetração de mandado de injunção coletivo. Ele pode ser movido pelo Ministério Público e pela Defensoria Pública, quando da defesa da ordem pública, dos direitos humanos, ou de direitos individuais ou sociais indisponíveis. Pode ainda ser impetrado, na defesa de suas prerrogativas ou das de seus associados, por partido político com representação no Congresso Nacional, por entidade de classe, organização sindical ou associação, constituída e em funcionamento a pelo menos um ano.

---

[39] No MI nº 102-PE, de 12.2.1998, o relator Min. Marco Aurélio reconheceu a legitimidade ativa de entidades sindicais para impetrarem mandado de injunção coletivo, quando a ausência de normas regulamentadoras torne inviável o exercício de direitos constitucionais dos seus membros.

[40] MAZZEI, Rodrigo Reis. Mandado de injunção. In: *Ações coletivas*. Salvador: JusPodivm, 2006. p. 153.

Questão controvertida é a delimitação de quais direitos o referido instituto alcança. A posição mais consentânea entende que ele serve para a regulamentação de qualquer direito ou liberdade fundamental, bem como das prerrogativas inerentes à cidadania, à soberania e à nacionalidade. Com esta ilação, todos os direitos ofertados pela Constituição aos cidadãos ficam sob o resguardo do instituto, sejam os direitos sociais, sejam os direitos tributários.[41]

Nesse sentido são as palavras do Prof. Pinto Ferreira:

> O mandado de injunção visa, por consequência, tornar exigíveis e acionáveis os direitos humanos e suas liberdades, que a Constituição protege por falta de norma regulamentadora. Muitas normas constitucionais são puramente programáticas, apenas com eficácia paralisante de legislação contrária. O mandado de injunção visa determinar a sua compulsoriedade.[42]

Outra questão controvertida diz respeito aos efeitos do mandado de injunção.

Existem basicamente duas correntes. A primeira, denominada de "concretista", planteia que o efeito da decisão judicial é constitutivo, regulando a matéria, dotando-a de eficácia, ou seja, o Judiciário regulamentaria a matéria em virtude da omissão do Legislativo. Ela se dividiria em "individual", regulando para determinados casos concretos, e em "genérica", regulando para todos os casos, ou seja, com efeitos *erga omnes*.

A segunda corrente, baseando-se na separação de poderes, é denominada "não concretista", e advoga que a decisão do Poder Judiciário tem efeitos declaratórios, noticiando ao Poder Legislativo a sua mora e solicitando que este efetue a regulamentação normativa. Se o Legislativo não regulamentar a matéria não há nenhuma sanção para a sua omissão.

O STF entendeu durante muito tempo que o mandado de injunção não tinha a finalidade de regulamentar *sponte propria* as normas de eficácia limitada; sua função seria dar ciência ao poder competente da falta de norma regulamentadora, o que inviabilizou o exercício de muitas prerrogativas constitucionais, adotando, assim, a teoria "não concretista". Essa decisão, com toda certeza, contribuiu para o arrefecimento da eficácia constitucional, fazendo com que o mandado de injunção se tornasse letra morta, esvaindo seu conteúdo, dotando-o apenas de eficácia retórica. Diante da demora do órgão que deveria regulamentar o preceito constitucional e ocorrendo dano, o remédio, segundo o STF, seria pleitear o direito nas vias ordinárias.[43]

Com esse entendimento, o Supremo Tribunal Federal estiolou uma importante garantia constitucional. A alegação de que seria uma afronta à independência dos poderes ou aos freios e contrapesos é superficial – quando houvesse a omissão por parte

---

[41] Manoel Gonçalves Ferreira Filho pensa de forma diferente: para ele, o mandado de injunção serve apenas para as normas que se liguem ao *status* de cidadão, referentes à cidadania, nacionalidade e soberania, "quer dizer, o nacional politicamente ativo que, como integrante do povo, o soberano na democracia, tem a participação no governo, com o direito de voto, e a elegibilidade" (FERREIRA FILHO, Manoel Gonçalves. *Curso de direito constitucional*. 24. ed. São Paulo: Saraiva, 1997. p. 315).
[42] FERREIRA, Pinto. *Curso de direito constitucional*. 7. ed. São Paulo: Saraiva, 1995. p. 170.
[43] "O tribunal, em situações análogas, limitou-se a reconhecer, diante da persistência da omissão legislativa, a faculdade dos então impetrantes de pleitearem o direito requerido pelas vias ordinárias" (MI nº 543/DF, Rel. Min. Octavio Gallotti, 19.2.1998).

do Poder Legislativo ou órgão administrativo, o Judiciário estaria exercendo justamente a teoria dos freios e contrapesos, pois estaria corrigindo a omissão de um outro poder.

Não havia obrigatoriedade de regulamentação nem mesmo por parte dos órgãos administrativos, como no caso da ação de inconstitucionalidade por omissão, na qual têm o prazo de trinta dias para a regulamentação, sob pena de crime de responsabilidade.

Felizmente, depois de sofrer severas críticas, o Supremo Tribunal Federal modificou seu entendimento, assegurando, de forma paulatina, eficácia concretista ao mandado de injunção, algo que foi incorporado pelo texto da Lei nº 13.300/2016.[44] Começou a acontecer quando a Egrégia Corte decidiu que o direito de greve tem eficácia imediata e mediata, obedecendo à normatização vigente para a regulamentação das greves na iniciativa privada – antes foram poucas decisões esporádicas, posteriormente não seguidas, que outorgavam eficácia concretiva ao mandado de segurança. Posteriormente essa nova orientação foi consolidada quando se exigiu, dentro do prazo de dezoito meses, a regulamentação do §4º do art. 18, sob pena de a regulamentação ser realizada pelo STF.

No sentido narrado *supra*, entendeu o STF que o direito de greve tem eficácia imediata e mediata. De forma unânime, o Pretório Excelso concluiu que o mandado de injunção não apresenta apenas efeitos declaratórios, mas igualmente efeitos mandamentais, no sentido de implementar normas que não foram especificamente organizadas.[45] Contudo, por maioria, concluiu pela utilização, no que couber, das regras constantes na Lei nº 7.783/89 (Lei de Greve) para os servidores públicos, com a finalidade de forçar o Congresso a legislar sobre a matéria.[46]

## 11.4 *Habeas data*

O *habeas data* surgiu no texto constitucional de 1988. Ele não foi inovação do direito brasileiro, a Constituição portuguesa de 1976 (art. 35) e a Constituição espanhola de 1978 (art. 18) já haviam previsto o instituto, verdade que, de terminologia inominada, para resguardar o direito à informação, mormente com o avanço da internet (art. 5º, LXXII, da CF). Muitos doutrinadores entendem-no como um instituto jurídico que tende a alcançar uma maior importância no futuro, em função do incremento das informações através da informática. Todavia, importante ressaltar que o trabalho de espionagem promovido pelo antigo SNI (Serviço Nacional de Informações), devassando a vida privada dos cidadãos e

---

[44] Art. 8º: "Reconhecido o estado de mora legislativa, será deferida a injunção para: I - determinar prazo razoável para que o impetrado promova a edição da norma regulamentadora; II - estabelecer as condições em que se dará o exercício dos direitos, das liberdades ou das prerrogativas reclamados ou, se for o caso, as condições em que poderá o interessado promover ação própria visando a exercê-los, caso não seja suprida a mora legislativa no prazo determinado" (Lei nº 13.300/2016).

[45] Na linha da nova orientação jurisprudencial fixada no julgamento do MI nº 721/DF (*DJU* de 30.11.2007), o Tribunal julgou procedente pedido formulado em mandado de injunção para, de forma mandamental, assentar o direito do impetrante à contagem diferenciada do tempo de serviço em decorrência de atividade em trabalho insalubre, após a égide do regime estatutário, para fins de aposentadoria especial de que cogita o §4º do art. 40 da CF. Tratava-se, na espécie, de *writ* impetrado por servidor público federal, lotado na função de tecnologista na Fundação Oswaldo Cruz, que pleiteava fosse suprida a lacuna normativa constante do aludido §4º do art. 40, assentando-se o seu direito à aposentadoria especial, em razão do trabalho, por 25 anos, em atividade considerada insalubre, ante o contato com agentes nocivos, portadores de moléstias humanas e com materiais e objetos contaminados. Determinou-se, por fim, a comunicação ao Congresso Nacional para que supra a omissão legislativa (MI nº 758/DF, Rel. Min. Marco Aurélio, 1º.7.2008).

[46] MI nºs 670, 708 e 712, Rel. Min. Eros Grau.

colhendo informações sob um prisma político-ideológico, também influiu para a criação do instituto mencionado. Tem ele o objetivo de defender o direito à informação.

Pode ser impetrado por pessoas físicas ou jurídicas. Segundo Carreira Alvim as pessoas jurídicas também podem ter necessidade de conhecer ou retificar informações a seu respeito em bancos de dados públicos ou de caráter público, haja vista que sua intimidade deve ser preservada, sob pena de poder comprometer sua própria atividade negocial.[47]

Ele é um remédio personalíssimo, como pleiteia o Professor José Afonso da Silva. Contudo, a jurisprudência permitiu que herdeiros e sucessores que tenham informações denegadas a respeito do de *cujus*, e para corrigir dados errôneos que possam comprometer seu patrimônio moral, sejam legitimados a impetrar *habeas data*.[48] Em razão destes fatos é vedado qualquer tipo de substituição processual.

São passíveis de *habeas data* as instituições públicas, da administração direta e indireta, e as de caráter público mesmo de natureza privada, como as instituições de proteção ao crédito bancário. Dando uma abrangência que o remédio requer, o sujeito passivo pode ser o agente que denegou a informação ou a pessoa jurídica da qual ele pertencer. Entidades privadas que tenham registros de dados, obtidos de forma lícita, sem ferir a privacidade dos cidadãos, para sua utilização exclusiva, não podem ser passíveis de *habeas data*. Apenas os entes privados que disponibilizem suas informações a terceiros, no que caracteriza seu caráter público, podem ser passíveis do mencionado *writ*.[49]

Segundo o parágrafo único do art. 1º da Lei nº 9.507/1997, é considerado registro de dados de caráter público todos aqueles órgãos que contenham informações que sejam ou possam ser transmitidas a terceiros; ou seja, são aquelas informações que não são de uso privativo.

José Afonso da Silva, pai do novo instituto jurídico, precisa os limites de sua atuação:

> O *habeas data* (art. 5º, LXXII) é um remédio constitucional que tem por objeto proteger a esfera íntima dos indivíduos contra: a) usos abusivos de registros de dados pessoais coletados por meios fraudulentos, desleais ou ilícitos; b) introdução nesses registros de dados sensíveis (assim chamados os de origem racial, opinião política, filosófica ou religiosa, filiação partidária e sindical, orientação sexual etc.); c) conservação de dados falsos ou com fins diversos dos autorizados em lei.[50]

Com relação aos dados inerentes à privacidade, o armazenamento de informações somente não se mostrará ilícito quando for imprescindível para a realização da finalidade para a qual o órgão foi criado e desde que não possam ser criados estorvos em razão dos posicionamentos político-filosófico-religiosos dos cidadãos. Dados obtidos de forma

---

[47] ALVIM, José Eduardo Carreira. *Habeas data*. Rio de Janeiro: Forense, 2001. p. 8.

[48] O STF negou *habeas data* impetrado por um ex-empregado do Banco do Brasil para obtenção de sua ficha funcional. O Supremo considerou que a mencionada instituição financeira não tem legitimidade passiva *ad causam* para responder ao pedido porque não é uma entidade governamental, nem o registro se enquadra no conceito de registro de caráter público, mormente porque a ficha funcional não pode ser utilizada por terceiros (RE nº 165.304/MG, Rel. Min. Octavio Gallotti).

[49] Decidiu o STF que o *habeas data* não é o instrumento processual adequado para obstacularizar a veiculação de matéria em sítio eletrônico (AgRg/HD nº 100/DF).

[50] SILVA, José Afonso da. *Curso de direito constitucional positivo*. 16. ed. São Paulo: Malheiros, 1999. p. 455.

ilícita ou que afrontam os direitos de privacidade devem ser suprimidos dos registros de caráter público.

Como condição para a impetração do remédio heroico, existe a necessidade de se provar a negação da informação pretendida por via administrativa.[51]

Um mesmo *habeas data* pode ter as seguintes funções: de conhecimento e de retificação. No momento de sua impetração, obrigatoriamente, ele é de conhecimento, com o escopo de fornecer informações particulares ao cidadão. Dependendo do seu conteúdo, ele pode se tornar retificador. Assim, em uma mesma ação, se for verificado que há informações que não correspondam à realidade ou versem sobre dados sensíveis, poderá ocorrer a sua retificação em processo sigiloso, na esfera judicial ou administrativa.

Portanto, um *habeas data*, que tem como objetivo imediato a defesa da liberdade de informação, pode passar a ter como objetivo mediato a retificação dessas mesmas informações. A retificação atinge somente aqueles dados considerados inexatos, seja realizando correção, seja atualizando seu conteúdo, seja suprimindo o dado inverídico ou que verse sobre objeto sensível, como a preferência sexual.

Uma terceira finalidade foi acrescentada pela Lei nº 9.507/1997. O *habeas data* poderá determinar a anotação nos assentamentos do interessado com a explicação acerca de um dado verdadeiro. A motivação dessa finalidade do *habeas data* foi possibilitar maiores informações sobre determinados dados para impedir constrangimentos que poderiam ser ocasionados pelo descobrimento dessas informações sem os motivos que as ensejaram.

O *habeas data* e o *habeas corpus* não requerem pagamento de custas judiciais.[52]

## 11.4.1 Fase pré-processual

A comprovação da denegação da informação pretendida por via administrativa se configura como condição de ação, pois seu não atendimento tipifica ausência do interesse de agir.[53] Não se concretiza lesão ao princípio da universalidade de jurisdição porque não há dano ou sua ameaça. Descabe falar em exaurimento das instâncias administrativas, há uma otimização da funcionalidade do Poder Judiciário.

O requerimento para o pedido de informações será apresentado ao órgão ou entidade depositária do registro ou banco de dados e será deferido ou indeferido no prazo de quarenta e oito horas (art. 2º, *writ*, da Lei nº 9.507/97). A decisão do pedido de informações deve ser comunicada ao requerente dentro de prazo de vinte e quatro horas (art. 2º, parágrafo único, da Lei nº 9.507/97).

Sendo o pedido de retificação, ela será realizada em, no máximo, dez dias após a entrada do requerimento, devendo a entidade ou órgão depositário dar ciência ao interessado (art. 3º, §1º, da Lei nº 9.507/97).

Constatada inexatidão da informação, o interessado pode apresentar contestação ou explicação sobre ela, justificando suas colocações. Tal explicação será anotada no cadastro do interessado (art. 3º, §2º, da Lei nº 9.507/97).

---

[51] STF, Pleno, RHD nº 22-8/DF, *RDA* 201/236.
[52] Não obstante, entende o Supremo Tribunal Federal que as custas judiciárias calculadas sem limite sobre o valor da causa violam a garantia constitucional de acesso à jurisdição.
[53] STF, Pleno, RHD nº 22-8/DF, *RDA* 201/236.

## 11.4.2 Fase judicial

Uma especificidade sua, ao contrário do que ocorre em mandado de segurança, é a necessidade de produção de provas caso haja necessidade de corrigir dados, se as impugnações não forem apenas comprovadas por intermédio de documentos.

A petição inicial deve atender a todos os requisitos dos arts. 282 a 285 do Código de Processo Civil, apresentada em duas vias. Não há citação e sim sua notificação, como não há defesa e sim informações, haja vista a inexistência de lide no sentido carnelutiano de oposição de interesse.

As informações devem ser prestadas no prazo de dez dias e o parecer do Ministério Público no prazo de cinco dias. A jurisprudência do Superior Tribunal de Justiça está dividida se a não notificação do Ministério Público é causa ou não de nulidade. A posição mais consentânea é asseverar sua obrigatoriedade, mas se não cumprir no prazo, peremptório, não acarreta sua nulidade.

O *habeas data* também tem prioridade para seu processamento, à exceção do *habeas corpus* e do mandado de segurança. Pode haver liminar, desde que atendidas as condições. Contudo o *fumus bonis iuris* tem que ter presunção quase *juris et de juris*, sendo uma gradação de probabilidade muito maior do que mera probabilidade. Não pode haver revelia.

Não cabe a menção de *habeas data* coletivo tendo em vista ser ele um interesse personalíssimo. O recurso igualmente não terá efeito suspensivo. Suas ações são gratuitas, não se exigindo o pagamento de custas judiciais.[54]

## 11.5 Ação popular

É o remédio cabível para a anulação de atos lesivos ao patrimônio público, ou órgão de que o Estado participe, tendo ainda a finalidade de assegurar a moralidade pública, o meio ambiente e o patrimônio histórico e cultural.

Somente pode ajuizar a ação popular o cidadão, no seu conceito restrito: aquele que se encontra habilitado perante a Justiça Eleitoral para exercer o direito ao voto, comprovando-se a legitimidade com a juntada do título de eleitor. Ela é um dos mecanismos jurídicos que possibilitam o exercício dos direitos políticos, permitindo ao povo a defesa da coisa pública.

Constitui-se em um avanço em relação ao conceito de cidadania inerte, restrito ao direito de votar nas eleições. Hoje, juntamente com os institutos da democracia participativa (art. 14, I, II e III, da CF), a população tem a prerrogativa de fiscalizar a coisa pública por intermédio da ação popular, passando os cidadãos a ter amplos mecanismos para intervir nos negócios políticos, fazendo prevalecer a sua vontade.

Os legitimados para terem seus atos impugnados pela ação popular são as entidades políticas, a União, os estados, os municípios e o Distrito Federal; os entes da Administração direta e indireta, empresas públicas, autarquias, sociedades de economia mista; as empresas privadas que exerçam atividades públicas, por meio de contratos

---

[54] Não obstante, entende o Supremo Tribunal Federal que as custas judiciárias calculadas sem limites sobre o valor da causa violam a garantia constitucional do acesso à justiça.

de permissão, autorização ou concessão; e até mesmo as empresas privadas que sejam subvencionadas por verbas públicas.[55]

O seu objeto é a impugnação de ato que possa proporcionar acinte ao patrimônio público, incluindo os atos que contenham vício de forma, ilegalidade do objeto, inexistência de motivos, praticados por autoridades incompetentes ou por abuso de poder. A autoridade judiciária não tem competência para decidir acerca da conveniência e oportunidade do ato administrativo, pois é este um ato político, próprio da Administração Pública.

O requisito para a impugnação do ato pode tanto ser uma ilegalidade, em qualquer das modalidades expostas acima, como uma afronta à moralidade administrativa. Como conceito plurissubjetivo que é, precisar a extensão do que é moralidade se torna tarefa difícil. A sua determinação deve ser realizada de acordo com o conceito de bem comum e os padrões éticos consagrados na sociedade. Conclui-se que um ato, mesmo que não padeça de nenhum vício, pode ser impugnado por destoar do princípio da moralidade.

Ela segue o rito ordinário, com as modificações impostas pela lei específica. Portanto, não é um rito célere que possa responder aos anseios da pós-modernidade. O juiz ordenará a citação de todos os interessados e a intimação do Ministério Público, requisitando igualmente os documentos que ele julgar necessários.

O prazo para a contestação é de vinte dias, podendo ser prorrogável por mais vinte dias a pedido do interessado. Pode ser requerida a produção de provas. Depois do despacho de saneamento, o juiz concederá vistas sucessivas ao autor e ao réu para as alegações. Se houver testemunhas deve ter audiência e, após, a prolatação da sentença. O Ministério Público atua como *custos legis*.

Seu objetivo é desconstituir o ato lesivo e condenar os infratores por perdas e danos. Por este motivo, deve-se chamar os dirigentes responsáveis pela prática do ato, ou que dele se beneficiaram, para a composição da lide, o que faz com que os efeitos da sentença os atinjam.

A ação popular pode ser preventiva – antes da ocorrência da lesão – ou repressiva – depois da lesão realizada. A competência para julgar e processar este remédio constitucional será determinada pela origem do ato a ser impugnado. Os efeitos da sentença são *erga omnes*. A exceção ocorre quando houver seu indeferimento por ausência de provas: assim ocorrendo, pode qualquer cidadão impetrar uma nova ação.

O impetrante não arcará com as custas judiciais ou com os honorários advocatícios, salvo se for provado que ele agiu sabendo que não tinha direitos, comportando-se com má-fé. O motivo que forcejou esta restrição foi impedir o uso deste tipo de ação com finalidade eleitoreira, acusando injustamente uma autoridade pública de ter cometido uma conduta incompatível com o princípio da moralidade, para obter sensacionalismo político.

O Supremo Tribunal Federal, na Súmula nº 365, posicionou-se no sentido de que a pessoa jurídica não tem legitimidade para propor ação popular, porque carece de cidadania.

---

[55] No AgRg nº 2.018/SP, cujo relator foi o Min. Celso de Mello, foi firmado que não tem competência o STF para processar e julgar, em sede originária, ação popular contra qualquer autoridade. Nesse diapasão, foi indeferida ação popular contra ato jurisdicional de ministros do Superior Tribunal de Justiça, alegando ser incabível ação popular contra ato de conteúdo jurisdicional.

Mesmo que a ação popular seja ajuizada contra o presidente da República, o presidente do Senado e o presidente da Câmara dos Deputados, ela não será julgada pelo Supremo Tribunal Federal.[56]

Afirma a Min. Cármen Lúcia que o autor da ação popular não é substituto processual, haja vista que não defende direito do Estado, mas direito que, fundado em sua condição de cidadão, lhe é próprio e também da sociedade. Afirmou que a ação popular é uma garantia colocada à disposição do cidadão para atuar, diretamente, na fiscalização e correção dos atos da Administração Pública (CF, art. 5º, LXVIII), constituindo, portanto, um dos instrumentos do exercício direto da soberania do povo (CF, art. 14). Assim, defende que, "em razão dessa natureza de garantia fundamental, a regra de competência constitucionalmente válida para processar e julgar a ação popular haveria de ser aquela que conferisse ao cidadão maior facilidade em sua utilização".[57]

Como limites à ação popular, a doutrina e a jurisprudência têm elencado a impossibilidade de sua impetração contra lei em tese, como instrumento de controle de constitucionalidade, em virtude da soberania popular, que ampara os atos legislativos, bem como contra decisões judiciais.

## 11.6 Ação civil pública

A ação civil pública consubstancia-se como instrumento processual adequado para reprimir ou impedir danos ao meio ambiente, ao consumidor, a bens e direitos de valor artístico, estético, histórico, turístico e paisagístico e por infrações à ordem econômica, tutelando, assim, os interesses difusos, coletivos e individuais homogêneos, desde que socialmente relevantes.[58]

A ação civil pública foi instituída pela Lei nº 7.347, de 24.7.1985, e sofreu algumas modificações por outros dispositivos legais. A Constituição Federal de 1988 explicitamente a regulamentou, demonstrando a sua importância para o ordenamento jurídico, no art. 129, III, nos seguintes termos: "São funções institucionais do Ministério Público: [...] promover o inquérito civil e a ação civil pública, para a proteção do patrimônio público e social, do meio ambiente e de outros interesses difusos e coletivos".

O lapso da Constituição Federal de 1988 foi o de tê-la regulamentado na seção referente ao Ministério Público, e não no art. 5º, no capítulo específico dos direitos e deveres individuais e coletivos. Todavia, a imprecisão sistemática não retira a sua natureza de garantia fundamental.

A gênese da expressão "ação civil pública" se encontra na antiga Lei Orgânica Nacional do Ministério Público – Lei Complementar nº 40/1981 –, com a finalidade de se contrapor à expressão "ação penal pública". O Código de Defesa do Consumidor

---

[56] "Como se sabe, a Constituição Federal de 1988 – observando uma tradição que se inaugura com a Carta Política de 1934 – não incluiu o julgamento da ação popular na esfera das atribuições jurisdicionais originárias da Suprema Corte [...] ainda que ajuizadas contra atos do Presidente da República, das Mesas da Câmara dos Deputados e do Senado Federal ou de quaisquer outras autoridades cujas resoluções estejam sujeitas, em sede de mandado de segurança, à jurisdição imediata do STF" (RMS nº 23.657, Rel. Min. Celso de Mello).

[57] ACO nº 622 QO/RJ, Rel. Min. Ilmar Galvão, 8.3.2007.

[58] MEIRELLES, Hely Lopes; WALD, Arnaldo; MENDES, Gilmar Ferreira. *Mandado de segurança e ações constitucionais*. 34. ed. São Paulo: Malheiros, 2012. p. 207.

adotou a expressão "ação coletiva", ressaltando a sua finalidade de instrumento para a tutela de interesses difusos e coletivos.⁵⁹

A Lei nº 7.347/1985 determina que a ação civil pública tem como função a proteção jurisdicional das seguintes prerrogativas: meio ambiente; direito do consumidor; bens de valor artístico, estético, histórico, turístico e paisagístico; bens referentes à ordem econômica; economia popular; qualquer bem ou interesse de valor difuso, coletivo e individual homogêneo.

Vale ressaltar que o ajuizamento da ação civil pública não obsta a propositura de ações individuais concernentes ao mesmo objeto, nem gera litispendência.⁶⁰

O rito é o ordinário, podendo-se pedir liminar suspensiva da atividade do réu na inicial desde que se comprovando o *fumus bonis juris* e o *periculum in mora*. No caso de entidade pública, deve ser ouvida a parte contrária em setenta e duas horas.

Da sua concessão cabe agravo de instrumento ou pedido de suspensão, a qualquer tempo, para evitar grave lesão à ordem, à saúde, à segurança e à economia pública (art. 12 da Lei nº 7.347/1985). Vem ocorrendo a concessão de antecipação de tutela nas ações civis públicas. Pode haver o litisconsórcio ativo entre os vários níveis de Ministério Público nas ações de interesse do consumidor.

A ação civil pública tem natureza declaratória, para anular determinado contrato público; constitutiva, para a modificação de determinadas cláusulas contratuais; e, de forma preponderante, condenatória. A ação popular é nitidamente desconstitutiva e, subsidiariamente, condenatória.

Nas condenações de fazer ou não fazer, o juiz determinará o cumprimento da decisão em espécie, sob pena de execução específica ou de multa diária, *astreinte*, independentemente do requerimento do autor.

Nos casos de danos aos consumidores, os legitimados a impetrar a ação civil pública podem propô-la, em nome próprio, mas no interesse das vítimas e de seus sucessores. A convocação das vítimas é feita por intermédio de edital. No caso há duas espécies de condenações: uma em favor da sociedade e a outra em favor dos lesados. Se decorrer um ano sem a habilitação devida dos lesados, a indenização será revertida para o fundo previsto em lei.

A indenização do dano é revertida para um conselho federal ou para conselhos estaduais dependendo do caso, sendo os seus recursos destinados à recuperação dos bens lesados.⁶¹

A doutrina vem sedimentando que a citada garantia processual pode ser utilizada: como ação principal condenatória, de reparação do dano ou de indenização; como ação cautelar preparatória ou incidental; e em quaisquer ações para a tutela dos direitos protegidos pela Lei nº 7.347/1985.

---

⁵⁹ Entendeu o Supremo Tribunal Federal que o Código de Defesa do Consumidor se aplica às atividades de natureza bancária, financeira, de crédito e securitária (ADIn nº 2.591/DF, Rel. Min. Eros Grau).
⁶⁰ Conforme os arts. 103 e 104 do Código de Defesa do Consumidor, assim como o STJ, REsp nº 131.712, Rel. Min Garcia Vieira, *DJU*, 20 out. 1997.
⁶¹ Decreto nº 92.302, de 16.1.1986.

## 11.6.1 Competência

A competência para apreciar a ação civil pública pertence ao local onde ocorreu o dano ou houver a ameaça de dano, no caso de ação cautelar. Essa competência deve ser classificada como absoluta, não podendo ser flexibilizada pelo interesse das partes litigantes. O juiz competente é o do local do evento, em virtude de sua proximidade possibilitar uma melhor apreciação dos fatos.

Nas ações que tenham como objetivo a proteção ao meio ambiente, devem ser consideradas as indicações estabelecidas pelo estudo de impacto ambiental. Com relação aos danos causados ao meio ambiente, a responsabilidade civil é objetiva, necessitando apenas comprovar o nexo de casualidade.

Nas ações contra dano de valor artístico, histórico e turístico, o tombamento não se configura como requisito para sua impetração, nem o seu ajuizamento impede que novas ações de natureza diversa sejam realizadas.

Ocorrendo o dano em mais de uma comarca, com mais de um juízo igualmente competente, o critério de determinação da competência será o da prevenção. A competência do local do dano não prevalece se houver interesse e/ou intervenção da União, devendo a ação ser proposta perante a Vara Federal que alcance aquela localidade. Esse entendimento foi firmado pelo STF, restando revogada a Súmula nº 183 do mencionado Tribunal, que previa a competência da Justiça Estadual, com recurso para o TRF. Quando a matéria da ação civil pública for de natureza eleitoral, a competência para julgamento será da Justiça Eleitoral. Se, no entanto, a ação civil pública for ajuizada contra prefeito municipal, por ato administrativo que acarretou dano ao patrimônio público, competente será a Justiça comum.

A ação civil pública não é instrumento para a obtenção da declaração de inconstitucionalidade de lei, com efeitos *erga omnes*. Contudo, pode ser utilizada na declaração de inconstitucionalidade de lei *incidenter tantum*.

A decisão da ação civil pública depende do objeto deduzido. Assim, a decisão poderá ser declaratória, na anulação de um contrato lesivo ao patrimônio cultural; constitutiva, na modificação de um contrato lesivo ao meio ambiente; e, na maioria dos casos, condenatória, infligindo uma multa a quem ocasionou o prejuízo.[62]

## 11.6.2 Legitimidade

Têm legitimidade ativa concorrente para impetrar a ação civil pública o Ministério Público, a União, os estados-membros, os municípios, o Distrito Federal, as autarquias, as empresas públicas, as fundações, as sociedades de economia mista, as associações, as entidades e órgãos da Administração Pública, direta ou indireta, ainda que sem personalidade jurídica.

---

[62] "De acordo com a pretensão deduzida na ação civil pública, será de conteúdo diverso a decisão a ser proferida. Pode-se ter um provimento de natureza declaratória, como por exemplo na hipótese de se pleitear a declaração de nulidade de um ato de tombamento, ou ainda de cláusulas contratuais que não assegurem o justo equilíbrio entre direitos e obrigações das partes contratantes. São também admissíveis decisões de conteúdo constitutivo, como, *v. g.*, a que invalida um ajuste entre órgão estatal e empresa poluidora do meio ambiente, ou um ato lesivo ao patrimônio público ou à moralidade administrativa. A maior parte das decisões, no entanto, terá natureza condenatória" (BARROSO, Luís Roberto. *O direito constitucional e a efetividade de suas normas*. 4. ed. Rio de Janeiro: Renovar, 2000. p. 230).

As autarquias, as empresas públicas, as fundações, as sociedades de economia mista e as associações têm legitimidade para propor ação civil pública desde que incluam entre seus objetivos constitucionais a defesa de um dos bens tutelados pela Lei nº 7.347/1985. As associações deverão comprovar, ainda, a sua constituição, na forma da lei civil, há pelo menos um ano.

Todas as pessoas arroladas acima têm de demonstrar o seu interesse de agir, estabelecendo a necessidade e a adequação entre a medida impetrada e o objeto jurídico almejado. A legitimação do Ministério Público para a propositura da ação civil pública tem fundamento no art. 129, III, da CF de 1988, não podendo a legislação ordinária restringir o seu alcance. O interesse do Ministério Público sempre é presumido: quando não atuar como parte, atuará obrigatoriamente como fiscal da lei. Não há impedimento para que ele forme litisconsórcio facultativo com os demais legitimados.

Qualquer cidadão que tomar conhecimento de informações que possam ensejar a propositura de ação pública deve levar essas informações ao conhecimento do Ministério Público para que ele avalie se é o caso de impetrar a ação civil pública. Contudo o *Parquet* não poderá ensejá-la de forma temerária. Se o autor da ação desistir, cabe ao Ministério Público o seu prosseguimento.

O Ministério Público não é obrigado a ajuizar a ação, devendo verificar se há o preenchimento dos requisitos necessários; caso verifique que não é hipótese de atuação, determinará o arquivamento do inquérito civil. Todavia, ajuizada a ação, o Ministério Público não poderá desistir do seu prosseguimento, em decorrência do princípio da indisponibilidade da ação civil. Se o membro do Ministério Público decidir que é o caso de arquivamento das informações recebidas, promoverá o arquivamento dos autos do inquérito civil, de forma motivada, remetendo sua manifestação para o Conselho Superior da Instituição para deliberação final. No final da instrução processual não está o Ministério Público vinculado a se manifestar pela sua procedência, podendo requerer sua improcedência.

A ação civil pública pode ser impetrada contra qualquer pessoa, física ou jurídica, que possa ser parte em uma relação processual. Não importa se o causador do dano foi uma entidade estatal ou uma entidade privada, até mesmo o particular pode ser responsabilizado pelo prejuízo ocasionado.

O Ministério Público possui legitimidade para propor ação civil pública se os interesses objetivados não forem incompatíveis com a sua destinação institucional, ou seja, ele tem legitimidade para promover a ação civil pública para tutelar qualquer interesse difuso, coletivo ou individual homogêneo. Ensina José Marcelo Menezes Vigliar:

> O Ministério Público é parte legítima para a defesa em juízo do patrimônio público, através da ação civil pública, até porque, conforme entende a melhor doutrina, o patrimônio público é modalidade de interesse difuso. No mesmo sentido, é o Ministério Público parte legítima para o ajuizamento da ação civil pública que tenha por objeto o reconhecimento de prática de ato de improbidade administrativa.[63]

O Supremo Tribunal Federal admite a legitimidade do Ministério Público para propositura de ação civil pública para discutir o preço de passagem em transporte

---

[63] VIGLIAR, José Marcelo Menezes. *Ação civil pública*. 4. ed. São Paulo: Atlas Jurídica, 1999. p. 85.

coletivo, por envolver direito difuso;[64] e para impugnar reajuste ilegal de mensalidades escolares, nos termos da Súmula nº 643 do Excelso Pretório, por reconhecer, em tais casos, interesse coletivo, na medida em que a educação, amparada constitucionalmente como dever do Estado, é obrigação de todos (art. 205 da CF). O STJ, por sua vez, considerou interesses difusos aqueles envolvidos em ação civil pública voltada à defesa do meio ambiente;[65] e interesses coletivos, por exemplo, aqueles defendidos em ação civil pública visando à manutenção de curso de ensino médio no período noturno oferecido por escola pública da rede federal;[66] bem como os interesses dos aposentados que tiveram assegurado por lei o ingresso em estádio de futebol.[67] O Supremo Tribunal Federal e o Superior Tribunal de Justiça admitem a propositura de ação civil pública voltada para a proteção dos direitos dos mutuários vinculados ao Sistema Financeiro da Habitação;[68] para a defesa do direito dos segurados do sistema de previdência social à obtenção de certidões;[69] para a tutela dos interesses de resistentes de área desapropriada, diante do descumprimento de acordo firmado pelo município;[70] para a tutela dos princípios regentes do acesso a cargos públicos;[71] e para a tutela dos direitos dos idosos prejudicados por exigência de recadastramento para manutenção do recebimento de aposentadoria.[72]

### 11.6.3 Inquérito civil

O inquérito civil é um procedimento administrativo, investigatório, que se realiza extrajudicialmente pelo Ministério Público, com o propósito de colher material para o ajuizamento da ação civil pública. Como o seu objetivo é apenas colher provas, ele não é um procedimento imprescindível, pois pode ser dispensado se já houver elementos fáticos necessários para a propositura da ação.

A sua função é instrumental e não obriga ao ajuizamento da ação.

### 11.6.4 Compromisso de ajustamento de conduta

A Lei nº 7.347/1985 permite que os órgãos públicos legitimados a propor a ação civil pública tomem dos interessados compromisso para o ajustamento da sua conduta às exigências legais. O compromisso terá eficácia de título executivo extrajudicial, e seu inadimplemento dá ensejo à execução por quantia certa e/ou execução específica de obrigação de fazer ou não fazer. Importante salientar que não cabe transação e conciliação nas ações públicas por improbidade administrativa.

---

[64] STF, RE nº 379.495-SP, Rel. Min. Marco Aurélio, *DJU*, 20 abr. 2006. No mesmo sentido: RE nº 228.177-MG, Rel. Min. Gilmar Mendes, *DJE*, 5 mar. 2010.
[65] STJ, Ag/AgR nº 928.652-RS, Rel. Min. Herman Benjamin, *DJe*, 13 nov. 2009.
[66] STJ, REsp nº 933.002-RJ, Rel. Min. Castro Meira, *DJe*, 29 jun. 2009.
[67] STJ, REsp nº 242.643-SC, Rel. Min. Ruy Rosado de Aguiar, *RSTJ*, 145/348.
[68] STF, RE/ED-AgR nº 470.135-9-MT, Rel. Min Cézar Peluso, *RT*, 865/125; e STJ, REsp nº 1.126.708-PB, Rel. Min. Eliana Calmon, *DJe*, 25 set. 2008.
[69] STF, RE/AgR nº 472.489-RS, Rel. Min. Celso de Mello, *DJe*, 28 ago. 2008.
[70] STJ, REsp nº 1.120.253-PE, Rel. Min. Mauro Campbell Marques, *DJe*, 28 out. 2009. Na defesa dos interesses individuais homogêneos dos habitantes de ocupação irregular: STJ, REsp nº 1.013.153-RS, Rel. Min Herman Benjamin, *DJe*, 30 jun. 2010.
[71] STJ, REsp/EDv nº 547.704-RN, Rel. Min Carlos Alberto Menezes Direito, *DJU*, 17 abr. 2006.
[72] STJ, REsp nº 1.005.587, Rel. Min. Luiz Fux, *DJe*, 14 dez. 2010.

Termo de ajustamento é um compromisso extrajudicial, que os órgãos públicos podem tomar dos interessados, para o ajustamento de sua conduta às exigências legais. As associações civis, sociedades de economia mista, empresas públicas e fundações privadas são excluídas da possibilidade de celebrarem transação.

Quando o objeto da ação civil pública for a execução de obrigação de fazer ou não fazer, o juiz poderá impor o cumprimento de prestação da atividade devida ou a cessação da atividade nociva, sob pena de execução específica ou de cominação de multa diária. O produto decorrente da apuração da multa diária, chamada de astreinte, reverterá para um fundo destinado à reconstituição dos bens lesados.

Ocorrendo decisão que condene o autor à prestação pecuniária, na tutela de interesses difusos ou coletivos, o montante pecuniário apurado será revertido para um fundo destinado à reconstituição de bens lesados. Esse fundo será gerido por um Conselho Federal ou Conselhos Estaduais, dos quais participarão, necessariamente, o Ministério Público e os representantes da comunidade.

## 11.6.5 Coisa julgada

Nos termos do art. 16 da Lei nº 7.347/85, com redação dada pela Lei nº 9.494/97, a sentença de mérito da ação civil pública produz efeitos *erga omnes*, nos limites da competência territorial do órgão prolator.[73] Contudo, o Supremo Tribunal Federal declarou a inconstitucionalidade dessa limitação territorial, de modo que a eficácia das sentenças proferidas em ações civis públicas deve ter abrangência nacional, evitando a multiplicação de ações com idêntico teor, firmando-se a prevenção do juízo que primeiro conheceu de uma delas para o julgamento de todas as demais.[74]

Quando a ação civil pública for julgada improcedente por deficiência de provas, qualquer legitimado poderá ajuizar outra ação, com igual fundamento jurídico, mas munindo-se de novas provas (*coisa julgada secundum eventum probationis*).

## 11.6.6 Da responsabilidade ambiental do réu e a sentença

Se o objeto da ação civil pública versar sobre dano ao meio ambiente, o réu irá responder objetivamente pelos danos causados, ou seja, independentemente de aferição de culpa ou dolo na sua conduta, bastando o autor demonstrar o nexo de causalidade entre a ação ou omissão lesiva ao meio ambiente. Contudo, nos casos de omissão, pode o réu comprovar a sua ausência de culpa, uma vez que a responsabilidade civil do Estado por omissão é subjetiva.[75] A obrigação de recuperar a degradação ambiental é do atual proprietário do imóvel, independentemente de ter sido o causador do dano, visto que as obrigações ambientais têm natureza *propter rem*.[76]

---

[73] Quando a ação civil pública tiver por objeto o fornecimento de medicamentos pelo Poder Público, o caráter *erga omnes* da sentença permite que outros pacientes a executem, desde que comprovem o seu enquadramento na hipótese julgada (STJ, AgInt no REspe nº 1.569.132/PR, Rel. Min. Napoleão Nunes Maia Filho. *DJe*, 13 set. 2019).
[74] STF, RE nº 1.101.937/SP, Rel. Min. Alexandre de Moraes, j. 8.4.2021 (Tema nº 1.075 de Repercussão Geral).
[75] STJ, REsp nº 647.483-SC, Rel. Min. João Otávio de Noronha, *DJU*, 22 out. 2007.
[76] Súmula STJ nº 623: "As obrigações ambientais possuem natureza propter rem, sendo admissível cobrá-las do proprietário ou possuidor atual e/ou dos anteriores, à escolha do credor".

## 11.6.7 Sucumbência

Quando a ação civil pública for julgada improcedente, a associação autora não arcará como os ônus sucumbenciais, custas e honorários advocatícios, salvo se comprovada má-fé na utilização do remédio constitucional.

## 11.7 Da ação civil pública como instrumento de controle de constitucionalidade

A doutrina e a jurisprudência travam um embate eminente no que tange à legitimidade da ação civil pública para figurar como instrumento de controle de constitucionalidade de leis ou atos normativos. O cerne da questão circunscreve ao fato de que as decisões meritórias em sede de ação civil pública ostentam nível de eficácia geral, ou seja, são dotadas de efeitos erga omnes. Assim, uma decisão meritória proferida em sede de ação civil pública por juízo monocrático pode provocar o mesmo efeito de uma decisão do Supremo Tribunal Federal em sede de controle concentrado de constitucionalidade.

Ocorre que a maioria das ações civis públicas versa sobre objetos e atos praticados por autoridade pública ou de empresas permissionárias ou concessionárias de serviços públicos. Nesses casos, os atos administrativos emanados buscam seu substrato de validade em algum ato normativo administrativo, ou até mesmo da própria legislação de forma direta, de modo que a suscitação de inconstitucionalidade da lei ou do ato normativo que serviu de fonte de validade para o ato impugnado torna-se inevitável e inexorável.

Nesses casos, a utilização do controle de constitucionalidade incidental em sede de ação civil pública torna-se um insigne instrumento, principalmente no que tange à preservação dos princípios da Administração Pública e aos direitos fundamentais, garantindo que a Administração Pública possa exercer suas atividades em plena sintonia com os preceitos constitucionais.

Por sua vez, a eficácia geral conferida às suas decisões acaba tutelando a supremacia constitucional e os seus valores constitucionalmente assegurados, impedindo que casos similares possam emergir, tornando-se um importante instrumento de proteção aos interesses difusos socialmente relevantes.

# APLICABILIDADE IMEDIATA DOS DIREITOS E GARANTIAS FUNDAMENTAIS E O SEU CARÁTER EXEMPLIFICATIVO

## 12.1 Aplicabilidade imediata dos direitos e garantias fundamentais

Os direitos e garantias contidos na Constituição têm aplicabilidade imediata (art. 5º, §1º, da CF).[1] Não se pode deixar de usá-los alegando ausência de regulamentação de seus preceitos. Cumpre completar as lacunas, aparentemente existentes, usando os princípios gerais de direito, a analogia e a equidade. Por exemplo: como não existe lei que discipline o mandado de injunção, a sua regulamentação passou a ser feita através da lei do mandado de segurança, porque ambos os procedimentos apresentam grande semelhança.[2]

Um dos primeiros que teorizou sobre a aplicabilidade imediata das normas no Brasil foi Pontes de Miranda, com o princípio da maximização dos princípios constitucionais. O princípio foi igualmente fortalecido pelos constitucionalistas portugueses, como Canotilho, Vital Moreira e Jorge Miranda.

O objetivo da aplicabilidade imediata dos direitos e garantias fundamentais é assegurar a eficácia dos seus postulados, potencializando a produção dos efeitos, sem a necessidade de esperar por uma regulamentação por parte do Poder Legislativo. A aplicabilidade imediata dos preceitos fundamentais denota, mais uma vez, a importância ocupada pelos direitos e garantias fundamentais na Constituição Federal de 1988 e

---

[1] "Não ofende o art. 5º, XXVI, da CF (que fala da impenhorabilidade da pequena propriedade rural) decisão que, em face da não edição da lei regulamentadora nele mencionada, aplica analogicamente a definição de propriedade familiar, constante do art. 4º, II, do Estatuto da Terra, conferindo, desse modo, plena eficácia à norma constitucional" (RE nº 136.753/RS, Rel. Min. Sepúlveda Pertence).

[2] "Já se firmou a jurisprudência desta Corte no sentido de que os dispositivos constitucionais têm vigência imediata, alcançando os efeitos futuros de fatos passados (retroatividade mínima). Salvo disposição expressa em contrário – e a Constituição pode fazê-lo –, eles não alcançam os fatos consumados no passado nem as prestações anteriormente vencidas e não pagas (retroatividade máxima e média)" (STF, 1ª Turma, RE nº 140.499-0/GO, RT 715/316).

reafirma a eficácia imediata de todas as suas normas concernentes a direitos humanos.³

Para Agustin Gordillo, o Estado, a pretexto de regulamentar direitos individuais, não pode alterá-los, nem se omitir de legislar. Explica o professor argentino:

> A norma constitucional é imperativa com, contra ou sem a lei. Se a lei é constitucional, a norma constitucional é imperativa e obrigatória; se a lei é inconstitucional, a norma constitucional é imperativa e obrigatória e a lei deixará de ser aplicada nos casos discutidos jurisdicionalmente.⁴

## 12.2 Princípio exemplificativo dos direitos e garantias fundamentais

O princípio exemplificativo, insculpido no art. 5º, §2º, da CF, comina que os direitos contidos na Constituição não excluem outros decorrentes do regime democrático, dos princípios adotados pelo ordenamento jurídico e dos tratados internacionais. Com relação aos tratados internacionais, eles podem entrar no ordenamento jurídico de duas maneiras: a) como normas ordinárias, depois de aprovadas por decreto legislativo do Congresso Nacional e promulgadas pelo chefe do Executivo; b) com equivalência à emenda constitucional, quando seu conteúdo tratar de direitos fundamentais e forem aprovados em dois turnos de votos, com o *quorum* de 3/5 de votos do Congresso Nacional.

Sua influência provém da Emenda Constitucional nº 9 ao texto constitucional norte-americano, que teve como patrono James Madison, expressando que "a numeração de certos direitos na Constituição não negará ou desacreditará outros direitos do povo". A referida emenda, de acentuado teor jusnaturalístico, expressa que os cidadãos possuem direitos além dos contidos na Constituição, não incluídos expressamente na declaração de direitos. Seriam prerrogativas que não foram expressas pelo ordenamento jurídico, mas que não poderiam ser por ele relegadas.⁵

O seu objetivo era dizer que os direitos que limitavam a atuação dos órgãos estatais não são apenas os contidos na Constituição, impedindo que os poderes estabelecidos pudessem tolher os direitos dos cidadãos que não estão protegidos explicitamente pela Constituição. Essa norma da Constituição norte-americana expõe que a vontade dos legisladores constituintes era de expressar, por conta da relevância dos direitos fundamentais, que até mesmo aqueles que não estivessem contidos na Constituição deveriam ser considerados agasalhados pela supremacia inerente às cláusulas pétreas.

O princípio exemplificativo dos preceitos fundamentais agasalha, com *status* constitucional, os princípios implícitos, que não foram amparados pela Carta Magna, como o princípio do duplo grau de jurisdição, que permite recurso das decisões que

---

³ "Esse dispositivo serve para salientar o caráter preceptivo e não programático dessas normas, deixando claro que os direitos fundamentais podem ser imediatamente invocados, ainda que haja falta ou insuficiência da lei. O seu conteúdo não precisa ser concretizado por lei; eles possuem um conteúdo que pode ser definido na própria tradição da civilização ocidental-cristã, da qual o Brasil faz parte. A sua regulamentação legislativa, quando houver, nada acrescentará de essencial: apenas pode ser útil (ou, porventura, necessária) pela certeza e segurança que criar quanto às condições de exercício dos direitos ou quanto à delimitação frente a outros direitos" (KRELL, Andreas J. Controle judicial dos serviços públicos básicos na base dos direitos fundamentais sociais. In: SARLET, Ingo Wolfgang (Org.). *A constituição concretizada*. Construindo pontes com o público e o privado. Porto Alegre: Livraria do Advogado, 2000. p. 34).

⁴ GORDILLO, Agustin. *Princípios gerais de direito público*. São Paulo: RT, 1977. p. 106.

⁵ VANDEVELDE, Kenneth J. *Pensando como um advogado*. São Paulo: Martins Fontes, 2000. p. 286.

trazem gravame para os jurisdicionados. Princípios constitucionais implícitos são aqueles que, mesmo não estando contidos na Lei Maior, são elevados ao nível constitucional porque servem para complementar outros princípios que foram expressos. Servem como instrumentos para a realização dos princípios constitucionais explícitos, reforçando seu conteúdo.

A exemplificação dos direitos humanos acentua o caráter dialógico entre a Constituição e a realidade social. Se as normas constitucionais estão em constante interação com a realidade, para se adequarem às transformações produzidas, os direitos não podem ser taxativamente numerados, sob pena de sofrerem envelhecimento normativo e perderem eficácia. Eles estão elencados na Constituição de forma exemplificativa, propiciando que novas necessidades sociais possam ser asseguradas constitucionalmente por princípios infraconstitucionais que densificam preceitos da Carta Magna.

## 12.3 A constitucionalização dos tratados e convenções internacionais

A constitucionalização dos tratados e convenções significa alçar essas normas ao nível constitucional, fazendo-as parte integrante da Carta Magna, equiparando-as às emendas constitucionais. Para isto são necessários alguns requisitos: a) versar sobre direitos humanos; b) receber aprovação em cada Casa do Congresso Nacional, em dois turnos, por três quintos dos votos dos respectivos membros.

Qualquer outro tipo de tratado ou convenção internacional que não tenha como conteúdo direitos humanos, como exemplo, os que versam sobre regras comerciais ou desarmamento, fica impossibilitado de ser alçado à qualidade de norma constitucional.

Com essa constitucionalização, pode-se falar em dois tipos de tratados e convenções internacionais: aqueles que preenchem o procedimento previsto anteriormente e que trazem conteúdo pertinente aos direitos humanos; e aqueles que não preenchem tais requisitos. Os primeiros são considerados equivalentes às emendas constitucionais e os segundos são considerados equivalentes às leis ordinárias.[6]

---

[6] O professor Bolzan de Moraes sustenta que essa alteração, provocada pela Emenda Constitucional nº 45, foi um retrocesso, porque antes, devido ao art. 5º, §2º, da CF, todos os tratados internacionais sobre direitos e garantias fundamentais já fariam parte da Constituição, independentemente de sua convalidação por qualquer tipo de procedimento. Para nós, portanto, a incorporação dessa regra constitucional apresenta-se desnecessária e, até mesmo, retrógrada, embora possa ser entendida como fórmula de compromisso para tentar resolver o problema da incorporação/internalização diferenciada dos TIDH (tratado internacional sobre direitos humanos) em relação aos demais tratados internacionais, pois aqueles, desde que aprovados pelo procedimento previsto, teriam *status* constitucional, enquanto os últimos, sendo internalizados pelo procedimento normal – previsto no art. 52, X, da CF/88 – comporiam o direito infraconstitucional. Porém, como consequência, podemos promover com isso a ocorrência de uma dualidade de situações relativas aos TIDH: aqueles que passariam a fazer parte da ordem interna com *status* constitucional e os demais que, mesmo diante da previsão do §2º, não passariam a compor a ordem jurídica nacional, posto que não recepcionados em conformidade com o procedimento agora previsto, fragilizando, com isso, a política de alargamento na proteção e na promoção dos direitos humanos. Com isso, poder-se-ia construir nova classificação para os TIDH: 1) aqueles que foram incorporados à ordem interna com base nos procedimentos agora previstos seriam tidos como material e formalmente constitucionais; e 2) aqueles outros, não internalizados conforme tal procedimento, embora pudessem ser tidos por incorporados com base na "abertura" presente no §2º, seriam "apenas" materialmente constitucionais em razão da matéria humanitária que veiculam (MORAIS, José Luis Bolzan de. A incorporação dos tratados internacionais de direitos humanos por via legislativa. In: AGRA, Walber de Moura (Coord.). *Comentários à Reforma do Poder Judiciário*. Rio de Janeiro: Forense, 2005).

As disposições normativas internacionais que forem incorporadas ao ordenamento brasileiro, sem cumprir o procedimento de obtenção do apoio de três quintos de votos de cada Casa do Congresso Nacional, em dois turnos, mas que forem aprovadas pelo Poder Legislativo, por intermédio de decreto legislativo, serão consideradas normas ordinárias, sem a possibilidade de equiparação às emendas constitucionais. Uma vez incorporadas ao ordenamento jurídico como normas equivalentes a emendas, elas somente podem ser retiradas da Lei Maior pelo mesmo procedimento que as criou, impedindo sua revogação por lei complementar ou lei ordinária, por exemplo.

Assim, não se pode dizer que os tratados e as convenções internacionais são transformados em emendas à Constituição porque apresentam funções diversas. Elas são consideradas equivalentes a estas, possuindo o mesmo *status* e exigindo idêntico procedimento para sua revogação.

O Min. Gilmar Ferreira Mendes, de forma inovadora, depois seguido pelo Supremo Tribunal Federal, agasalhou uma posição bem peculiar a respeito dos tratados e convenções de direitos humanos. Afirma que aqueles que não foram equiparados a emendas constitucionais, mesmo sendo considerados normas infraconstitucionais e mesmo sabendo que por essa natureza não podem afrontar a supremacia da Constituição, teriam um lugar especial no ordenamento jurídico. Não poderiam ser equiparados à legislação ordinária, tendo, como consequência, valor superior ao das demais normas infraconstitucionais.[7]

Como conclusão, segundo o Min. Gilmar, não poderia haver prisão civil do depositário infiel por dívida em razão de impedimento estabelecido pelo Pacto de San José da Costa Rica. Ele não defende que o art. 5º, inc. LXVII[8] fora revogado, mas que em razão do tratado houve a revogação das normas infraconstitucionais que o regulamentam, impedindo sua eficácia. Idêntico raciocínio não se aplicaria à prisão civil pelo inadimplemento voluntário e inescusável de pensão alimentícia em virtude de seu caráter alimentar.

## 12.4 O controle de convencionalidade e a interpretação pela norma mais favorável ao titular do direito

Leciona Valerio Mazzuoli que qualquer tratado internacional que verse sobre direitos humanos ratificados pelo Estado brasileiro em nossa legislação ostenta nível hierárquico de norma constitucional, seja no que tange ao aspecto formal ou material. Nesse sentido, para Mazzuoli, esses tratados, uma vez ratificados, consubstanciam-se como verdadeiros paradigmas de controle da produção normativa nacional. É o que o respectivo autor denomina controle de convencionalidade das leis, que pode ser suscitado tanto na via de ação (controle concentrado) quanto na via de exceção (controle difuso). Os tratados internacionais que não versem sobre direitos humanos possuem, para Mazzuoli, um nível hierárquico supralegal, apto a também ensejar controle jurisdicional de supralegalidade das normas infraconstitucionais.[9]

---

[7] STF, RE nº 466.343-1/SP, Rel. Min. Cezar Peluso.
[8] Art. 5º, inc. LXVII: "Não haverá prisão civil por dívida, salvo a do responsável pelo inadimplemento voluntário e inescusável de obrigação alimentícia e a do depositário infiel".
[9] MAZZUOLI, Valério de Oliveira. *Teoria geral do controle de convencionalidade no direito brasileiro*. São Paulo: RT, 2009. p. 105-147.

A tese desenvolvida por Mazzuoli circunscreve em fazer com que a Constituição deixe de ser a única fonte de validade do ordenamento jurídico interno, fazendo com que os tratados internacionais de direitos humanos (por meio de controle de constitucionalidade e de convencionalidade) e os tratados internacionais comuns também ocupem essa posição topográfica (controle de supralegalidade). Explica Luiz Flávio Gomes:

> a produção normativa doméstica conta com um duplo limite vertical material: a) a Constituição e os tratados de direitos humanos (1º limite) e b) os tratados internacionais comuns (2º limite) em vigor no país. No caso do primeiro limite, relativo aos tratados de direitos humanos, estes podem ter sido ou não aprovados com o *quorum* qualificado que o art. 5º, §3º, da Constituição prevê. Caso não tenham sido aprovados com essa maioria qualificada, seu *status* será de norma (somente) materialmente constitucional, o que lhes garante serem paradigma de controle somente difuso de convencionalidade; caso tenham sido aprovados (e entrado em vigor no plano interno, após sua ratificação) pela sistemática do art. 5º, §3º, tais tratados serão materialmente e formalmente constitucionais, e assim servirão também de paradigma do controle concentrado (para além, é claro, do difuso) de convencionalidade.[10]

No caso do segundo limite, relativo aos tratados internacionais comuns, estes servem como paradigma para o exercício do controle de supralegalidade das normas infraconstitucionais, de modo que uma vez demonstrada a incompatibilidade entre um dispositivo ordinário com os preceitos expostos em um tratado internacional, deve ser reconhecida a invalidade da disposição legislativa nacional infraconstitucional, privilegiando-se, assim, a aplicação do exposto no tratado internacional.

Todavia, tal tese exposta merece severas contestações, haja vista que colocam o ordenamento infraconstitucional pátrio em condição de inferioridade, contradizendo o princípio da soberania.

Com efeito, o art. 5º, §2º, da Constituição Federal dispõe que "os direitos e garantias expressos nesta Constituição não excluem outros decorrentes do regime e dos princípios por ela adotados, ou dos tratados internacionais em que a República Federativa do Brasil seja parte". Nesse sentido, o respectivo dispositivo constitucional assegura um inexorável *numerus clausus* para incorporação de outros direitos fundamentais, seja pela via do poder reformador, seja por meio da ratificação de tratados internacionais, como alude Valério Mazzuoli. O que se faz importante é que, no caso de colisão entre norma contida em tratado internacional de direitos humanos e o próprio texto constitucional, deve prevalecer a norma que seja mais favorável ao titular do direito.[11]

## 12.5 A jurisdição do Tribunal Penal Internacional

Um dos reflexos da globalização é a internacionalização da jurisdição, que passa a ser exercida por tribunais internacionais. Em virtude desse processo, decisões emitidas por organismos situados fora da soberania estatal apresentam força vinculante para

---

[10] GOMES, Luiz Flávio. Controle de convencionalidade: Valério Mazzuoli "versus" STF. *Migalhas*, 1º jul. 2009. Disponível em: <http://www.migalhas.com.br/dePeso/16,MI87878,91041-Controle+de+Convencionalidade+Valerio+Mazzuoli+versus+STF>. Acesso em: 13 jun. 2013.

[11] PIOVESAN, Flávia. *Direitos humanos e o direito constitucional internacional*. São Paulo: Max Limonad, 1996. p. 51.

todos os países que tenham aderido à sua jurisdição. A internacionalização da jurisdição reforça a intensidade de proteção aos direitos humanos, na medida em que se supera o conceito moderno de soberania nacional por um conceito de jurisdição simbiótica, que envolva vários países para a defesa de valores comuns.

Nesse sentido, o Brasil se submete à jurisdição do Tribunal Penal Internacional a cuja criação tenha manifestado adesão, significando que as sentenças desse órgão produzem eficácia no território nacional (art. 5º, §4º, da CF). Destarte, as decisões do Tribunal Penal Internacional têm imediata executoriedade no país, inexistindo necessidade de homologação interna ou qualquer ato de permissão. Se posteriormente essa adesão for revogada, seja por que motivo for, deixa o país de se submeter a essa jurisdição.

O Estatuto de Roma, de 1998, estabeleceu o Tribunal Penal Internacional com competência para apreciar os seguintes crimes: de genocídio; contra a humanidade; de guerra e de agressão, apesar de a jurisdicionalidade deste último tipo ainda estar pendente.

Entretanto, para que o Brasil possa se submeter à jurisdição do Tribunal Penal Internacional (TPI), suas decisões não podem afrontar a Constituição e o ordenamento jurídico. Elas não precisam, porém, de homologação pelo Superior Tribunal de Justiça, visto que pelo teor do §4º do art. 5º a jurisdição do TPI é aceita pela brasileira, não sendo, portanto, "sentença estrangeira".[12]

O Tribunal Penal Internacional é composto por, no mínimo, 18 juízes, que se distribuirão por três seções: a Seção de Questões Preliminares, com a incumbência de realizar o primeiro exame de admissibilidade das denúncias recebidas, a Seção de Primeira Instância, à qual incumbe o desiderato de realizar os julgamentos, e a Seção de Apelações, responsável pela apreciação dos recursos intentados contra as decisões do próprio Tribunal.

Os mecanismos de investidura dos juízes caberão à Assembleia dos Estados-partes, devendo as pessoas escolhidas preencher os requisitos: a) estimada consideração moral, b) imparcialidade e integridade e c) obrigatórios para o exercício das mais altas funções judiciárias de seu país. Também se exige o domínio de uma das línguas oficiais da Corte Internacional, ou seja, inglês, francês, espanhol, russo e árabe. Ademais, os candidatos devem apresentar vasto domínio em direito penal e processo penal, como também experiência como juiz, promotor ou advogado. Também devem apresentar notório conhecimento na esfera do direito internacional humanitário e do direito internacional dos direitos humanos. O Estatuto de Haia também exige que se estabeleça uma presença geográfica equitativa, permitindo a participação e representação balanceada entre homens e mulheres de todos os seguimentos dos Estados-partes.

No que tange ao Ministério Público, este atua como órgão independente do Tribunal Penal Internacional, sendo liderado por um promotor-chefe, composto por, no mínimo, mais um promotor adjunto, escolhidos pela Assembleia dos Estados-partes para um mandato de nove anos, cumprindo os mesmos requisitos para ser magistrado do respectivo Tribunal.[13]

---

[12] BERMUDES, Sergio. *A reforma do Judiciário pela Emenda Constitucional nº 45*. Rio de Janeiro: Forense, 2005. p. 13.

[13] LEWANDOWSKI, Ricardo. O Tribunal Penal Internacional: de uma cultura de impunidade para uma cultura de responsabilidade. *Estudos Avançados*, São Paulo, v. 16, n. 45, maio 2002.

São permitidas as seguintes penas: (1) reclusão pelo prazo não superior a trinta anos; (2) prisão perpétua, dependendo da gravidade do delito cometido e das circunstâncias pessoais do acusado; (3) multa; e (4) confisco de bens procedentes direta ou indiretamente da prática do crime.

A pena imposta deverá ser cumprida em um dos respectivos Estados-partes e poderá ser reduzida após o cumprimento de um terço ou de 25 anos, no caso de prisão perpétua, devendo ser ponderada no que concerne à colaboração prestada pelo réu durante a fase processual.

Secundariamente, o Tribunal Penal Internacional também poderá estipular uma reparação às vítimas, sob a forma de reabilitação ou como forma de indenização, devendo o réu adimplir o respectivo valor fixado, ou mediante um fundo fiduciário, especialmente criado para esse escopo, constituído por bens confiscados pelos condenados e por contribuições dos Estados-partes.

# DIREITOS SOCIAIS

Os direitos sociais fazem parte dos direitos fundamentais do homem, classificando-se como normas de ordem pública, portanto, invioláveis e indisponíveis, devendo ser obrigatoriamente observadas dentro de um Estado Democrático de Direito.[1] Sua finalidade é a de garantir direitos mínimos para a coletividade, propiciando condições para o estabelecimento de um Estado Social de Direito.[2]

A separação entre a ordem social, estipulada no Título VIII, e os direitos sociais, estabelecidos no Título II, Capítulo II, da Constituição Federal, teve, aprioristicamente, o objetivo de evidenciar que os direitos sociais fazem parte das cláusulas pétreas, impassíveis de modificação, uma vez que são consagrados como fundamentos do Estado Democrático de Direito e da República Federativa do Brasil. Os direitos trabalhistas são parte integrante do "núcleo inalterável da Constituição".

Por isso foi realizada a separação. Claro que houve uma perda na sua sistematização, que foi compensada pela evidenciação dos direitos sociais como cláusulas pétreas. Foram escolhidos os direitos trabalhistas para fazerem parte do Título II da Constituição Federal, porque constantemente sofrem ataques por parte dos setores mais retrógrados da sociedade.[3]

Os direitos sociais que estão inseridos como direitos e garantias fundamentais são direitos dos trabalhadores, de forma individual ou coletiva. A ordem social, mais abrangente, contém: a seguridade social, a educação, a cultura, a saúde, a previdência social, a assistência social, o desporto, a família, a criança, o adolescente, o idoso, os índios, o meio ambiente, a comunicação social e a ciência e tecnologia.

---

[1] É necessário atentar para uma importante decisão que possibilita a cobrança por universidades públicas de mensalidade em cursos de especialização (STF, Plenário, RE nº 597.854/GO, Rel. Min. Edson Fachin, 26.4.2017). Mesmo com essa decisão, considera-se a educação um direito social e a gratuidade do ensino, uma garantia constitucional.

[2] A Emenda Constitucional nº 90/2015 altera o art. 6º da CF para incluir no rol de direitos sociais o transporte.

[3] Com base nesse fundamento, a denominada flexibilização dos direitos trabalhistas se mostra crassamente inconstitucional e contrária a requisitos mínimos de um Estado Legal. Na verdade, configura-se como uma fraude à Constituição, por retirar direitos dos trabalhadores.

A ordem social é o gênero do qual os direitos dos trabalhadores são uma espécie. Os direitos trabalhistas são de duas ordens fundamentais: os relacionados aos trabalhadores em suas relações individuais de trabalho e os direitos coletivos dos trabalhadores.

O art. 7º da Constituição Federal relaciona, assim, os direitos de todos os trabalhadores, sejam eles urbanos, rurais, avulsos, domésticos, bem como alguns direitos extensíveis aos funcionários públicos. Ressalte-se que, pelo princípio da especialidade das normas, de forma geral, aplica-se o Dec.-Lei nº 5.452/1943 (Consolidação das Leis do Trabalho – CLT) aos trabalhadores subordinados, isto é, àqueles que possuem vínculo empregatício e que preenchem os requisitos indispensáveis de serem pessoas físicas, prestarem serviços de natureza não eventual a um empregador, estarem sob a dependência deste e exercerem seu mister mediante o pagamento de salário.

Com relação aos servidores públicos, antes da Emenda Constitucional nº 19, eles se encontravam sob a égide do regime jurídico único (Lei nº 8.112/1990), ou seja, sob o regime estatutário do funcionalismo público, que não atingia o empregado público (funcionário de empresas públicas, sociedades de economia mista e outras entidades estatais exploradoras de atividades econômicas), cujas relações são regidas pela CLT. A mencionada emenda extinguiu a exclusividade do regime jurídico único para todos os servidores públicos, e em substituição foi implantado um conselho a ser constituído pela União, estados, municípios e Distrito Federal com a finalidade de instituir uma política de administração e remuneração de pessoal.

Portanto, os direitos elencados no art. 7º da Lei Maior são pertinentes aos trabalhadores urbanos e aos trabalhadores rurais. Os trabalhadores avulsos possuem os mesmos direitos que os trabalhadores com vínculo empregatício.

Os trabalhadores avulsos, ou seja, aqueles que prestam serviços a empresas com intermediação obrigatória do sindicato da categoria profissional à qual pertencem ou do órgão gestor de mão de obra, têm suas relações disciplinadas pela Lei nº 5.890/1973, e, embora não possuam vínculo empregatício, possuem os mesmos direitos dos trabalhadores com vínculo (art. 7º, XXXIV, da CF).

Antes da Constituição de 1988, o empregado doméstico poderia receber menos de um salário mínimo, além do que era facultativo o pagamento por parte do empregador de outras garantias trabalhistas, como exemplo, o 13º salário, o aviso prévio e o repouso semanal remunerado. Todavia, com o advento da Carta Magna de 1988, os trabalhadores domésticos passaram a possuir alguns direitos trabalhistas mínimos, como salário mínimo, irredutibilidade de salário, 13º salário, repouso semanal remunerado, férias anuais com um adicional de um terço da remuneração, licença-gestante, licença-paternidade, aviso prévio e aposentadoria.

Apesar da vitória conquistada pelos trabalhadores domésticos com a promulgação do texto constitucional de 1988, a sua redação originária não contemplou de forma expressa a plenitude dos direitos trabalhistas aos empregados domésticos, o que acarretou um inexorável desequilíbrio nas relações jurídicas de trabalho, prejudicando a parcela dos trabalhadores domésticos que ficaram desamparados juridicamente.

Todavia, com a aprovação da Emenda Constitucional nº 72/2013, foi assegurada aos empregados domésticos a jornada diária de 8 horas e semanal de 44 horas, sendo garantidos intervalos interjornada e intrajornada e o pagamento de horas extras laboradas, FGTS, multa indenizatória de 40% do FGTS em caso de dispensa imotivada, adicional noturno, seguro-desemprego, auxílio-creche, seguro contra acidentes de trabalho e salário-família. O art. 7º da Constituição Federal não exaure todos os direitos que podem ser ofertados aos trabalhadores urbanos e rurais. Existem outros que não foram colocados em nível constitucional e propiciam melhoria das suas condições sociais. Apesar de não gozarem de prerrogativas constitucionais, estão igualmente atendendo ao escopo dos direitos sociais.

## 13.1 Definição dos direitos sociais

Direitos sociais é a espécie de direitos humanos que apresenta como requisito para sua concretização a exigência da intermediação dos entes estatais, quer na realização de uma prestação fática, quer na realização de uma prestação jurídica. Os direitos de liberdade são forcejados no individualismo, posteriormente sendo reestruturados para o consumidor. Já os direitos sociais consideram o homem além de sua condição individualista, abrangendo-os como cidadãos que necessitam de prestações estatais para garantir condições mínimas de subsistência. A titularidade dos direitos humanos sociais é deslocada da esfera exclusiva do indivíduo para incidir na relação cidadão-sociedade.

O axioma da liberdade, fundamental na formatação dos direitos individuais, é suplantado pelo axioma da igualdade nos direitos sociais. A luta contra o arbítrio do Estado Leviatã passa a segundo plano diante da exploração e da péssima condição de vida em que se encontra a maioria da população. Os entes estatais deixam de ser vistos apenas como o verdugo que comete arbitrariedades e começa a ser considerado um ator crucial na superação das deficiências materiais.

A consolidação das prerrogativas de segunda dimensão ajuda a superar a dicotomia entre o cidadão e os entes estatais, tornando-se estes um instrumento insuperável para o bem-estar social. Ao invés de se configurarem como estorvo e mitigadores da autonomia individual, eles se tornam o garantidor de sua realização, pois, como defende Cristina Queiroz, não são direitos contra o Estado, mas direitos através do Estado.[4] A relação deixa de ser antípoda, cristalizando-se como simbiótica, em que a atuação estatal é vista como benfazeja para setores relevantes da população.

A finalidade dos direitos individuais é dotar o cidadão de condições para que ele não tenha sua liberdade cerceada pelo Estado, possibilitando-o de exercer formalmente seu livre-arbítrio. Por sua vez, os direitos sociais tencionam incrementar a qualidade de vida dos cidadãos, munindo-os das condições necessárias para que eles possam livremente desenvolver suas potencialidades.[5] Os primeiros almejam garantir a felicidade da coletividade por meio da implementação de políticas que desenvolvam o grau liberdade de todos; os segundos buscam garantir a felicidade coletiva na construção de políticas públicas igualitárias, tornando o tecido social menos conflituoso.

---

[4] QUEIROZ, Cristina M. M. *Direitos fundamentais (parte geral)*. Coimbra: Coimbra Editora, 2002. p. 148-149.
[5] "E aqui sobressaem, em geral, directamente, as incumbências de promover o aumento do bem-estar social e conómico e da qualidade de vida das pessoas, em especial, das mais desfavorecidas, de operar as necessárias correcções das desigualdades na distribuição da riqueza e do rendimento, de eliminar progressivamente as diferenças económicas e sociais entre a cidade e o campo e de eliminar os latifúndios e reordenar o minifúndio" (MIRANDA, Jorge. *Manual de direito constitucional*. 3. ed. Coimbra: Coimbra Editora, 2000. t. IV. p. 386).

Essa prestação por parte do Estado não significa uma mitigação da liberdade, um incremento da burocracia ou uma perda da autonomia individual.[6] Eles não são ontologicamente contrários aos direitos individuais. Devem ser concebidos em interação com as prerrogativas de primeira dimensão, em razão de que sem determinados requisitos materiais eles não podem ter uma ampla eficácia empírica. Configura-se como uma evolução dos direitos de primeira dimensão, englobando com os liames da obrigatoriedade os entes estatais.

Não existe uma vinculação entre direito social e estado socialista e direito individual e estado liberal, pois em ambos os tipos de organização política estão presentes estas duas dimensões de prerrogativas. Independentemente dos valores ideológicos, os direitos sociais são reconhecidos pela importância, ao tentar proteger setores sociais sensíveis da sociedade e igualmente formar uma sociedade mais homogênea. A maior parte dos sistemas jurídicos contém direitos sociais. Mesmo Constituições, como a alemã, de 1949, que deixou de tratar sistematicamente desta matéria, não impediu sua existência no ordenamento infraconstitucional através de reiteradas declarações de sua existência por decisões do Tribunal Constitucional alemão.

Do surgimento dos direitos clássicos ao despontar das prerrogativas prestacionais houve toda uma modificação da sociedade, através de muitos fatores, como industrialização, deslocamento da população para as cidades, melhoria no ensino, avanços tecnológicos, crises econômicas etc. Como resultado, ocorreu uma dupla transformação em nível de Estado e de direitos clássicos, que consistiu na modificação de um Estado abstencionista para um intervencionista e a complementação dos direitos individuais pelas prerrogativas sociais.[7]

De forma bastante genérica, pode-se dizer que o fator teleológico dos direitos sociais é a proteção dos hipossuficientes estatais, a redistribuir os ativos materiais para que a população possa ter uma vida condigna, e criar um *Welfare State*, forçando a criação de uma justiça equitativa.[8] Personificam a principal ferramenta de que dispõe o Estado para a realização da justiça distributiva, em que os entes estatais auxiliam os cidadãos carentes de recursos mínimos para sua subsistência ou que possam cair na marginalidade social ou que não possam obter por conta própria esses bens ou serviços em qualidade razoável. Por essa razão não é possível o retrocesso das normas que os definem, a não ser em virtude da existência de motivos plausíveis.[9]

Em decorrência de sua importância para a sociedade, os direitos sociais não são passíveis de renúncia nem se demanda contraprestação para sua concessão. Se eles fossem renunciáveis ou se exigissem alguma forma de cobrança por sua prestação, não

---

[6] MORANGE, Jean. *Direitos humanos e liberdades públicas*. São Paulo: Manole, 1985. p. 141.
[7] DALLA VIA, Alberto Ricardo. *Manual de derecho constitucional*. Buenos Aires: Lexis Nexis, 2004. p. 175.
[8] Nesse sentido verificar: CUNHA JÚNIOR, Dirley da. A efetividade dos direitos fundamentais sociais e a reserva do possível. In: NOVELINO, Marcelo (Org.). *Leituras complementares de direito constitucional. Direitos fundamentais*. 2. ed. Salvador: JusPodivm, 2007. p. 413.
[9] "Não apenas a inconstitucionalidade por omissão é sanção de violação dos direitos sociais, podendo, nestes termos, haver inconstitucionalidade por ação neste âmbito, com as consequências normais destes casos a deverem daí ser extraídas. O critério para a construção mais durável de uma teorização neste âmbito continua a ser o da análise da jurisprudência, que tem tido uma posição de grande equilíbrio nestas como noutras matérias. Sem prejuízo de a doutrina dever continuar a exprimir a sua vária opinião, comentando, construindo e sugerindo" (CUNHA, Paulo Ferreira da. *Teoria da Constituição*. Lisboa: Verbo, 2000. t. II. p. 293-294).

conseguiriam contemplar os seus destinatários, que não podem a suas expensas prover os bens e serviços prestados pelos entes estatais.

Segundo Ingo Sarlet, os direitos sociais têm a função de assegurar uma compensação das desigualdades fáticas entre as pessoas mediante a garantia de determinadas prestações por parte do Estado ou da sociedade.[10] Considera-se que sua função seja a de propiciar um núcleo comum para a manutenção da estrutura social, em que os cidadãos, apesar de pertencerem a sociedades hipercomplexas, possuam prerrogativas que os façam reconhecer-se como membros igualitários de uma mesma organização política.

Mais do que os outros direitos humanos, os direitos sociais refletem marcantemente seus traços histórico-sociais. Todas as vezes que eles são estabelecidos através de voluntarismos jurídicos, sem se atentar para a realidade imperante, há o ensejo de *gaps* normativos com o consequente enfraquecimento dos dispositivos jurídicos. Não se pretende negar a força normativa da Constituição,[11] apenas asseverar que ela é mais bem potencializada quando há uma simetria entre o fático e o normativo.[12] Em sua característica ressalta-se indelevelmente o aspecto fático, pois eles são modulados muito mais por fatores materiais do que por formalidades jurídicas.

Assim, a imposição de direitos sociais sem se levar em conta fatores metajurídicos, principalmente as condições econômicas – que não deve ser confundida com a reserva do possível orçamentária –, redunda em um fracasso para o sistema constitucional porque essas normas ficarão destituídas de eficácia.

A origem suprajurídica desses direitos é premência sentida pela população e transpõe-se para o campo jurídico na forma de demandas legais. Depois que é incorporada por setores representativos da sociedade, a próxima fase é sua incorporação ao ordenamento jurídico por intermédio de dispositivo normativo. Mas a canalização dessas necessidades sociais depende de muitos fatores, como tradição histórica, valores compartilhados, grau cultural etc. Advém da realidade fática, e não de idiossincrasias jurídicas à diversidade de direitos sociais existentes.

A titularidade dos direitos sociais foge dos esquemas preconcebidos de subsunção normativa, em que o texto normativo é suficiente para realizar essa definição. Ao lado de demandantes de fácil determinação, como a família ou os idosos, encontram-se conceitos indeterminados, como assistência aos desamparados,[13] que exigem verificação fática, em cada caso concreto, para a visualização de sua esfera de atuação.[14]

Os destinatários dos direitos sociais são todos os cidadãos, principalmente aqueles mais carentes.[15] Genericamente são os hipossuficientes e algumas categorias

---

[10] SARLET, Ingo Wolfgang. Direitos Sociais. In: *Dicionário brasileiro de direito constitucional*. São Paulo: Saraiva, 2007. p. 132.

[11] HESSE, Konrad. *Elementos de direito constitucional da República Federal da Alemanha*. Porto Alegre: Fabris, 1998. p. 37.

[12] HELLER, Hermann. *Teoria do Estado*. Tradução de Lycurgo Gomes da Motta. São Paulo: Mestre Jou, 1968. p. 296.

[13] "Com certeza a assistência social aos necessitados faz parte dos deveres mais evidentes de um Estado social" (MARTINS, Leonardo (Org.). *Cinquenta anos de jurisprudência do Tribunal Constitucional Federal alemão*. Montevideo: Konrad Adenauer Stiftung, 2005. p. 828).

[14] DIMOULIS, Dimitri; MARTINS, Leonardo. *Teoria geral dos direitos fundamentais*. São Paulo: RT, 2006. p. 91.

[15] "Assim, podemos dizer que os direitos sociais, como dimensão dos direitos fundamentais do homem, são prestações positivas proporcionadas pelo Estado direta ou indiretamente, enunciados em normas constitucionais, que possibilitam melhores condições de vida aos mais fracos, direitos que tendem a realizar a igualdade de situações sociais desiguais. São, portanto, direitos que se ligam ao direito de igualdade" (SILVA, José Afonso da. *Curso de direito constitucional positivo*. 16. ed. São Paulo: Malheiros, 1999. p. 289-290).

que necessitam de atenção especial, como jovens, idosos, portadores de necessidades especiais etc. Os estrangeiros também são seus destinatários, desde que estejam em território nacional, enquadrando-se nas hipóteses descritas nos permissivos legais. Nesse sentido, a Lei de Migração buscou aproximar ao máximo a proteção jurídica dada ao nacional e ao estrangeiro, partindo do pressuposto da unicidade dos direitos individuais, culturais, sociais.[16]

Pela densificação normativa dos direitos sociais, sua incidência abrange não apenas os entes estatais, incidindo nas relações interpessoais, em que predominam os ícones jusprivatísticos, na horizontalização de sua eficácia. Havendo impedimento de realização de seu conteúdo por ação ou omissão de agentes privados, podem eles ser demandados para proteger a fruição dos direitos outorgados. Nesse sentido, essa coercitividade, com muito menos oposição teórica, vincula entidades privadas que desempenham funções públicas, seja na forma de concessão, seja na forma de permissão.

Hoje não são apenas os pobres e excluídos os demandantes de prestações estatais, porque todos têm necessidade de um padrão condizente de bens e serviços essenciais, como educação e moradia, por exemplo. Todos os cidadãos podem receber essas prestações, desde que se enquadrem na tipologia abstrata descrita, mormente aqueles que podem pagar por esses serviços, mas comprometeriam parte substancial de sua renda, impossibilitando-os de adquirir outros serviços considerados essenciais. Ressalve-se, porém, que o sistema de acesso aos direitos de segunda dimensão não comporta privilégios de atendimento, devendo os procedimentos imperantes ser extensíveis à coletividade de forma integral.

Mesmo havendo titulares específicos para a concretização de certos direitos sociais, o que somente se justifica pela premência de uma melhor realização da distribuição dos ativos sociais e para assegurar uma vida digna aos mais carentes, o seu acesso tem que ser estendido a todo um segmento, sem incidir em destinatários individuais, impedindo que essas normas sejam fonte de maior desigualdade social. Vincular políticas públicas para setores da população, sem que se preste atenção ao princípio da proporcionalidade, acarreta uma quebra do princípio da isonomia e pode ensejar que tais atos possam ser impugnados através do controle de constitucionalidade.

Caso bastante sintomático de prestação estatal individual é a imposição da distribuição gratuita de remédios, em que decisões judiciais obrigam os entes estatais a gastarem somas consideráveis com poucos pacientes, enquanto que muitos não dispõem nem mesmo de condições financeiras de comprar remédios simples. Para impedir essas distorções, as políticas públicas dessas prestações precisam ser uniformes, contemplando todos os cidadãos que estejam naquelas situações que foram previstas na legislação para serem beneficiados com a prestação estatal.

A concretização diferenciada dos direitos sociais de acordo com seus demandantes enquadra-se perfeitamente com o princípio da igualdade que serviu como *standard* indelével para a formação de todos os direitos de segunda dimensão. Sua incidência multiforme impede o incremento de desigualdades, atuando nos casos de acordo com a dissimetria entre eles, haja vista que modulações diversas visam diminuir as desequiparações fáticas.

---

[16] Dispõe a lei em seu art. 4º: "Ao migrante é garantida no território nacional, em condição de igualdade com os nacionais, a inviolabilidade do direito à vida, à liberdade, à igualdade, à segurança e à propriedade, bem como são assegurados: I - direitos e liberdades civis, sociais, culturais e econômicos; [...]".

Forcejar uma classificação dos direitos sociais tem a utilidade de tentar reunir estas disposições sistematicamente, levando em conta características que são inerentes ao grupo. Pelas peculiaridades envolvidas, uma classificação rígida se configura muito difícil, sendo ainda vantajoso esse esforço devido a facilidades didáticas e pragmáticas no sentido de sua densificação normativa. Pelas dessimetrias, optou-se por agrupá-las em classificações calcadas na realidade constitucional brasileira e na realidade estrangeira.

Os direitos sociais nacionais, em sentido amplo, abrangem tanto uma concepção de cunho universal (saúde, moradia, previdência, educação) como de cunho específico (dos portadores de deficiência, da criança e do adolescente), incidindo ainda na seara de direitos culturais (educação, ciência) ou na seara econômica (direitos pecuniários e do trabalho).[17]

André Ramos Tavares agrupa os direitos sociais nas seguintes categorias: a) direitos sociais dos trabalhadores; b) direitos sociais da seguridade social; c) direitos sociais de natureza econômica; d) direitos sociais da cultura; e) direitos sociais de segurança.[18] Por outro lado, o Professor José Afonso da Silva prefere esta classificação: direitos relativos ao trabalhador; direitos relativos à seguridade social; direitos relativos à educação e à cultura; direitos relativos à moradia; direitos relativos à família, criança, adolescente e idoso; direitos relativos ao meio ambiente.[19]

Os direitos sociais dos trabalhadores podem ser classificados em direitos sociais individuais e direitos sociais coletivos. Os direitos da seguridade social compreendem o direito à saúde, à assistência social e à previdência social. Os direitos da cultura abrangem o direito à educação e o direito à cultura propriamente dita. Os direitos sociais de natureza econômica abrangem: busca do pleno emprego; redução das desigualdades sociais e regionais; erradicação da pobreza e da marginalização; defesa do consumidor e da livre concorrência.

Canotilho classifica os direitos sociais em quatro espécies: normas programáticas, normas de organização, garantias institucionais e direitos subjetivos públicos.[20] Normas programáticas são as definidoras dos fins do Estado, traçando objetivos que devem ser alcançados paulatinamente. Normas de organização atribuem competências impositivamente ao legislador para a realização de prerrogativas sociais, regulamentando a sua realização. Garantias institucionais consistem em mandamentos, atribuídos ao legislador, para a proteção de instituições que asseguram direitos sociais, como a família, os entes coletivos, as associações etc. Por último, os direitos subjetivos públicos, que cristalizam prerrogativas que podem ser utilizadas discricionariamente pelos cidadãos.

Robert Alexy, do ponto de vista teórico-estrutural, classifica os direitos sociais com base em três critérios: direitos objetivos ou subjetivos; vinculantes ou não vinculantes; direitos e deveres definitivos ou *prima facie*. O primeiro delineia as normas quando elas obrigam o Estado ou fornecem liberalidades aos cidadãos. O segundo critério tem como vetor a possibilidade de haver uma sanção pelo descumprimento ou não do dispositivo no

---

[17] A EC nº 64/2010 introduziu a "alimentação" como direito social, e a EC nº 90/2015 incluiu o "transporte" no *caput* do art. 6º.
[18] TAVARES, André Ramos. *Curso de direito constitucional*. 3 ed. São Paulo: Saraiva, 2006. p. 712.
[19] SILVA, José Afonso da. *Curso de direito constitucional positivo*. 32. ed. São Paulo: Malheiros, 2008. p. 287.
[20] CANOTILHO, José Joaquim Gomes. *Direito constitucional e teoria da Constituição*. 2. ed. Coimbra: Almedina, 1997. p. 472-473.

caso de seu inadimplemento. E o terceiro quando sua incidência já está predeterminada ou vem a ser definida em cada caso concreto.[21]

O núcleo basilar do elenco genérico dos direitos sociais se cristaliza no art. 6º da Constituição, que abrange um núcleo sistêmico de todas as suas espécies. Ele agasalhou as seguintes prestações estatais: direitos à educação, à saúde, ao trabalho, à moradia, ao lazer, à segurança, à previdência social, à proteção à maternidade e à infância e à assistência aos desamparados. Não que esse elenco seja exaustivo, ele igualmente contempla princípios implícitos e outros que sejam decorrentes do regime e dos princípios adotados, bem como dos tratados internacionais incorporados. Conforme ensina o professor Pinto Ferreira, o catálogo dos direitos sociais não é exaustivo, mas apenas exemplificativo, compondo um rol mínimo e irredutível de tais prerrogativas que não podem nem devem ser diminuídas pelo legislador.[22]

De acordo com a evolução da sociedade, novas prerrogativas serão incorporadas ao ordenamento jurídico e haverá um avanço na densidade suficiente de muitas prerrogativas, o que impulsionará um grande esforço teórico e de efetivação desses direitos. O direito não é uma ciência imutável e constante; as concepções jurídicas necessitam se adequar à evolução dos eventos fáticos, sob pena de propiciar uma lacuna ontológica.[23] Por isso, os direitos sociais devem ser concebidos em um *living constitution*,[24] como *diritto vivente*,[25] algo vivo que tem que acompanhar o desenvolvimento dos atores sociais.

Pelos diversos tipos elencados acima, depreende-se que os direitos sociais não são homogêneos, diferenciando-se, em seu elemento estrutural, no tipo de prestação realizada e no fator teleológico almejado. Com relação à estrutura do texto normativo, as prerrogativas podem ser mais vagas ou concretas, impor comportamentos ou organizar entes estatais, direcionar-se aos cidadãos ou aos legisladores. Quanto à prestação, as prerrogativas podem ser *self-executing* ou *no self-executing*, exigir maior ou menor dotação orçamentária, ter uma concretização deferida no tempo ou ser de realização mediata. Como exemplo desta diversidade podemos citar a prerrogativa que garante uma jornada semanal de quarenta e quatro horas e aquela que prevê a erradicação da miséria. Concernente ao objetivo acalentado, pode se dirigir a incrementar a autonomia privada dos cidadãos ou estimular o desenvolvimento da capacidade do cidadão, solidificando seu elo de ligação com a coletividade.

Além das condicionantes materiais, os direitos sociais são formados por elementos estruturais, que espelham dados normativos-constitucionais. Estes elementos são constantes em todas as normas jurídicas, permeando todas as dimensões de direitos humanos. Por esse prisma não há diferença com relação aos direitos sociais, distinguindo-se das demais prerrogativas pela complexidade de sua concretização. A estrutura normativa, o texto dessas prerrogativas, configura-se como um elemento importante

---

[21] ALEXY, Robert. *Teoria dos direitos fundamentais*. Tradução de Virgílio Afonso da Silva. São Paulo: Malheiros, 2008. p. 502-503.
[22] FERREIRA, Pinto. *Comentários à Constituição brasileira*. São Paulo: Saraiva, 1998. v. 1. p. 222.
[23] DINIZ, Maria Helena. *Norma constitucional e seus efeitos*. 2. ed. São Paulo: Saraiva, 1992. p. 58.
[24] SCALIA, Antonin. *A matter of interpretation*. Federal Courts and the law. New Jersey: Princeton University Press, 1997. p. 39.
[25] CAVINO, Massimo. Il precedente tra certeza del diritto e liberta del giudice: la sintesi nel diritto vivent. *Diritto e società*, Padova, n. 1, gen./mar. 2001. p. 162.

para a definição de sua conceituação, sendo um dado *a priori* que deve ser levando em consideração como vetor inicial para a determinação de seu campo de incidência.

Em virtude da complexidade das prestações implementadas pelos direitos sociais, muitas exigindo um elastério temporal significativo ou a atuação de vários entes estatais – contudo, alguns têm aplicabilidade imediata como as garantias trabalhistas –, para terem uma eficácia satisfatória precisam ser regulamentas, especificando seu conteúdo e definindo o exato sentido de seu alcance. De maneira geral, mesmo as normas *self-executing* podem ser disciplinadas; contudo, no caso de alguns direitos sociais, esta normatização se mostra como condição *sine qua non* para sua potencialidade normativa.

O fato de elas precisarem ser regulamentadas não significa cercear sua normatividade ou deixá-las ao talante arbitrário do legislador. Caso sua eficácia seja relegada em razão da ausência de normatização, pode-se acionar o Poder Judiciário, que tem a missão constitucional de velar pela sua concretização, exigindo que o Legislativo produza a norma faltante ou regulamentando, de forma suplementar, para que o direito humano não se torne um mero signo retórico.

Outro diferencial em sua prestação refere-se a dispositivos que necessitam de um suporte econômico superior em relação a outros, obrigando os entes estatais a direcionar uma dotação orçamentária maior, no que realiza uma justiça distributiva no senso aristotélico. Os recursos direcionados à educação são característicos do diferencial prestacional, porque exigem um alto aporte orçamentário e um lapso temporal longo para a produção de seus efeitos.

O fator teleológico dos direitos sociais se difere de forma nítida das normas de primeira dimensão, já que ultrapassam o viés de proteção exclusiva do princípio da autonomia da vontade individual, reestruturando-o para submetê-lo ao alvedrio das necessidades sociais, tomadas como pressupostos para o desenvolvimento integral da sociedade. O desenvolvimento da personalidade dos cidadãos ultrapassa a perspectiva restritiva do individualismo orgânico, para abranger necessidades coletivas que colocam cada componente da sociedade em ligação com os demais.

## 13.1.1 Enquadramento dos direitos sociais

Os direitos sociais são heterogêneos porque, em sua maioria, não se situam em uma esfera exclusivamente jurídica ou fática. Para sedimentar sua conceituação, afirma-se que todos ostentam o mesmo fator teleológico, a reverberação do princípio da dignidade humana, pilastra insofismável para o desenvolvimento do multiculturalismo típico das sociedades pós-modernas.[26]

Parte da doutrina opta por classificar os direitos sociais em direitos negativos, de defesa, e direitos positivos, de atuação, mesmo sabendo que eles possuem uma taxionomia bastante diversificada, sem a existência de parâmetros genéricos para classificá-los de maneira uniforme. São denominados prerrogativas de defesa aqueles que são concretizados com uma abstenção na atuação do Estado, em que o *non fecere* estatal é a premissa básica para sua realização. Os intitulados de prerrogativas positivas são aqueles que exigem uma atuação estatal para sua implementação, não bastando uma simples

---

[26] LYON, David. *Pós-modernidade*. São Paulo: Paulus, 1998. p. 23.

omissão do Estado para sua eficácia. Como exemplo da primeira classificação pode ser mencionada a proibição de jornada superior a quarenta e quatro horas semanais ou a garantia à liberdade de cátedra; como exemplo da segunda pode ser citado o direito à moradia ou à educação, que exigem atividades governamentais para que a população possa utilizar tais serviços.

Não obstante a classificação anteriormente exposta, a dicotomia entre negativos e positivos se encontra um pouco arrefecida, pois todos eles apresentam um custo, que varia de acordo com dados conjunturais, precisando de regulamentação e demandando atividades efetivas para sua concretização.[27] Alguns direitos de defesa, como a proteção à propriedade, por exemplo, exigem prestações bem mais intensas do que várias prerrogativas sociais. Se alguns direitos sociais se apresentam como de eficácia imediata, sem necessidade de interferência do legislador, outros, para conseguirem efetividade, precisarão de atividade preponderantemente administrativa dos poderes estabelecidos.[28]

Classificação que encontra mais respaldo na doutrina, superando muitas dificuldades teóricas, é a que divide os direitos de segunda dimensão, de acordo com sua prestação, em fáticos e jurídicos.[29] Neste caso, escolheu-se como parâmetro a prestação estatal oferecida porque é através dela que se pode vislumbrar diferenças substanciais entre esses direitos, sem que a incidência de fatores secundários possa obscurecer diferenças marcantes entre eles.

Os primeiros necessitam para sua efetivação da realização de determinadas tarefas ou serviços, com a alocação de recursos por parte da Administração Pública.[30] A simples descrição normativa, com a respectiva subsunção, sem a instrumentalização de medidas para sua concretização, não se configura suficiente para fazê-los efetivos. O escopo almejado pela Constituição apenas pode ser realizado se houver atividade conjunta por parte do Poder Executivo, do Poder Legislativo e, no caso de omissão, do Poder Judiciário. Eles dispõem de um grau de determinação bastante variável. Todavia, mesmo entre essa seara, existem normas com alto grau de precisão, como é o caso do direito à educação fundamental gratuita e à creche para os filhos e dependentes, até seis anos de idade, dos trabalhadores. No intento de evitar a imprecisão normativa destas disposições, a solução encontra-se na fixação de um núcleo essencial, de uma densidade suficiente, que norteará sua aplicação. Exemplo de prestação fática pode ser a disponibilização de determinado tratamento específico aos pacientes ou a distribuição gratuita de remédios.

Os segundos configuram-se quando o objeto da exigência se refere à edição de uma norma, seja de proteção, proibição ou organização. Proteção no sentido de que

---

[27] SUNSTEIN, Cass R.; HOLMES, Stephen. *The cost of rights*. Why liberty depends on taxes. New York: W.W. Norton & Company, 1999. p. 87.

[28] QUEIROZ, Cristina M. M. *Direitos fundamentais sociais*. Funções, âmbito, conteúdo, questões interpretativas e problemas de justiciabilidade. Coimbra: Coimbra Editora, 2006. p. 29.

[29] "Trata-se de um conjunto de direitos que exigem a realização de autênticas prestações por parte do Estado. Surgem de forma isolada ao largo do século XIX, com o intento de realizar o princípio da igualdade" (ALVAREZ CONDE, Enrique. *Curso de derecho constitucional*: el estado constitucional, el sistema de fuentes, los derechos y liberdades. 3. ed. Madrid: Tecnos, 1999. v. 1. p. 446).

[30] "Sob as condições da moderna sociedade industrial, a liberdade fática de um grande número de titulares de direitos fundamentais não encontra substrato material em um âmbito vital, mas depende essencialmente de atividades estatais" (ALEXY, Robert. Teoria de Los Derechos Fundamentales. Madrid: Centro de Estúdios Constitucionales. 1993, p. 487.

sua função é a tutela de determinado bem jurídico considerado imprescindível para a sociedade, como o resguardo da infância. Proibição para evitar determinadas práticas que são lesivas ou pouco desejáveis, como impedir trabalho penoso ou insalubre a menor de dezoito anos. Organização na intenção de disciplinar o funcionamento de certas instituições. No sentido jurídico, o escopo é proteger, regulamentar ou coibir determinadas condutas que possam afrontar a integridade física e psíquica dos cidadãos, agasalhando seu sentido positivo e negativo. Como exemplo, pode-se mencionar a obrigação que têm as empresas de proteger seus funcionários de atividades insalubres ou impedir a instalação de indústrias que comprometam o meio ambiente.

Quanto à sua origem, os direitos sociais são divididos em originários e derivados. Os primeiros decorrem de sua positivação nas leis, constitucionais e infraconstitucionais, adquirindo força normativa e certeza de sua pertinência ao ordenamento jurídico. Os segundos têm sua origem na consolidação de certas prestações que se incorporam ao patrimônio dos cidadãos, sem que necessariamente provenham de lei. Sua origem pode ser a realização de políticas públicas, que com o decorrer do tempo foram incorporadas ao patrimônio da coletividade.[31]

A diferença é que os primeiros são expressamente determinados em lei, enquanto os segundos ostentam sua proteção através do princípio do *entrenchment* das prestações consolidadas na sociedade. Teoricamente, a primeira proteção apresenta uma maior eficácia do que a segunda porque sua especificação expressa permite uma melhor proteção. Na realidade, a melhor proteção será aquela que for absorvida pela maioria da população como valor pertinente a todos.

Com relação ao âmbito de incidência dos direitos sociais, Robert Alexy os classifica em conteúdo minimalista e maximalista. O primeiro tem o objetivo de garantir ao cidadão um espaço vital mínimo, sendo protegidos apenas "pequenos direitos sociais". No segundo, a intenção é alcançar um nível de proteção mais elasticido, englobando bastantes aspectos da vida social porque sem essa atuação não se pode garantir uma plena emancipação da personalidade.[32] Esta última classificação independe, de forma apriorística, de uma análise jurídica dos direitos humanos, estando mais adstrita à concepção ideológica da organização política vigente. Um Estado Liberal tende a privilegiar a concepção minimalista, enquanto um Estado social tende a privilegiar uma concepção maximalista.

## 13.1.2 Coercitividade dos direitos sociais

Na declaração de independência dos Estados Unidos, em 1776, Thomas Jefferson escreveu: "Consideramos estas verdades autoevidentes; que todos os homens são criados iguais, dotados pelo seu Criador de certos direitos inalienáveis, que entre estes estão a vida, a liberdade e a busca de felicidade".[33] Pode-se, atualmente, assinalar que os direitos humanos representam "verdades autoevidentes", que ocupam um lugar de destaque na

---

[31] ADI nº 639/DF, Rel. Min. Joaquim Barbosa.
[32] ALEXY, Robert. *Teoría de los derechos fundamentales*. Madrid: Centro de Estudios Constitucionales, 1993. p. 487.
[33] "[...] We hold these truths to be self-evident, that all Men are created equal, that they are endowed by their Creator with certain unalienable Rights, that among these are Life, Liberty and the Pursuit of Happiness [...]" (DERSHOWITZ, Alan. *America declares independence*. New Jersey: Wiley, 2003. p. 169).

maioria dos ordenamentos jurídicos.[34] Contudo, essas verdades autoevidentes sofrem bastante contestação, principalmente quando se referem à efetivação dos direitos sociais.

O principal argumento em favor da eficácia vinculante dos direitos sociais é que eles são requisitos essenciais para que os direitos de primeira dimensão tenham uma real concretização. Não se pode conceber uma realização fática das liberdades clássicas se estas prerrogativas não forem acompanhadas de elementos materiais que as façam efetivas, possibilitando sua translação da esfera abstrato-dogmática. Nesta perspectiva, inexiste colisão entre direitos individuais e sociais, funcionando um como requisito para a efetivação do outro.[35]

Em uma sociedade complexa como a atual, em que pululam litigiosidades sociais, para que o cidadão possa expandir seu potencial, desenvolvendo sua personalidade, defluência de seu direito à autodeterminação, os entes estatais têm que oferecer determinadas prestações que se não forem materializadas o colocarão à margem da sociedade, podendo ele se tornar uma ameaça social, com custos muito mais relevantes do que os direitos sociais negligenciados.

Concorda-se com José Carlos Vieira de Andrade quando ele planteia que os mandamentos relativos aos direitos sociais a prestações não detêm caráter meramente declaratório, constituindo-se em mandamentos coercitivos, que outorgam aos cidadãos posições jurídicas subjetivas e asseguram garantias institucionais, impondo aos poderes estabelecidos a obrigação de tentar efetivá-los.[36] Ostentando igual hierarquia e estrutura que os demais direitos humanos, sua não implementação pode sujeitar o órgão estatal infrator às sanções previstas em lei.[37]

A afirmação de que as mencionadas normas apresentam apenas valor político, destituído de eficácia, padece de razoabilidade porque todos os dispositivos jurídicos têm coercitividade, do contrário não estariam agasalhados em dispositivos normativos. Classificar as normas jurídicas, principalmente as constitucionais, em normativas ou não normativas mitiga a estruturação sistêmica e retira-lhe a potencialidade de produção de efeitos. A alegação de que são normas incompletas em razão de exigirem complementação do legislador se mostra infundada devido à eficácia imediata dos direitos humanos, de acordo com o art. 5º, §1º, o que permite que suas prerrogativas possam ser implementadas sem que tenham de esperar por regulamentação do Poder Legislativo.

Essa discussão centralizada na temática de que os direitos sociais não ostentam eficácia, sendo classificadas como normas políticas ou morais, sob o prisma dogmático-jurídico, encontra-se totalmente superada, principalmente depois do *crash* econômico de 2008, em que as grandes economias capitalistas tiveram que intervir no mercado para garantir um mínimo de solvabilidade ao sistema econômico, assegurando um padrão mínimo de empregabilidade, isto é, houve um alto nível de intervenção estatal para, entre outros motivos, zelar por um direito social. Alçada a Constituição ao patamar

---

[34] GUETZÉVITCH, Boris Mirkine. *Evolução constitucional europeia*. Rio de Janeiro: José Konfino, 1957. p. 157.

[35] "[...] a permissão jurídica de se fazer ou deixar de fazer algo não tem valor sem uma liberdade fática (real), isto é, a possibilidade fática de escolher entre as alternativas permitidas" (ALEXY, Robert. *Teoria dos direitos fundamentais*. Tradução de Virgílio Afonso da Silva. São Paulo: Malheiros, 2008. p. 503).

[36] ANDRADE, José Carlos Vieira de. *Os direitos fundamentais na Constituição portuguesa de 1976*. 2. ed. Coimbra: Almedina, 2001. p. 378.

[37] RUIZ, Alicia E. C. La realización de los derechos sociales en un Estado de Derecho. In: *Constituição e Estado Social. Os obstáculos à concretização da Constituição*. Coimbra: Coimbra Editora, 2008. p. 44.

de pacto vivencial da sociedade, as prerrogativas de segunda dimensão precisam ser concretizadas porque se configuram com um mínimo comum de integração social, ferramenta em que cada um dos cidadãos se reconhece como componente da sociedade. Portanto, eles ostentam eficácia, dependendo de fatores outros à determinação do grau dessa produção de efeitos.

Essas prerrogativas não apresentam uma estrutura normativa diferente dos direitos individuais ou coletivos.[38] Eles são considerados normas jurídicas, apresentando a mesma coercitividade. O problema é que os direitos sociais interferem na seara privada, especialmente na economia, com o escopo de dividir os ativos sociais e amparar a população mais carente. Em decorrência, essa atuação afronta vários interesses, mormente em um país periférico em que o espaço público fora apropriado por uma elite que tem verdadeira aversão a qualquer tipo de política redistributiva.

Com o escopo de garantir essa densificação dos direitos humanos, principalmente dos direitos sociais, o axioma da separação dos poderes sofreu uma reestruturação completa. Ele deixa de ser alicerçado com base em sua funcionalidade e passa a se fundamentar teleologicamente, no cumprimento dos mandamentos constitucionais. Assim, não há mais função típica ou atípica, mas uma atuação para estabelecer os freios e contrapesos, no sentido de que os mandamentos constitucionais possam ser cumpridos.

Dessa forma, quando os direitos sociais são descumpridos, qualquer um dos poderes estabelecidos deve atuar para sanar o acinte. As hipóteses mais comuns de máculas encontradas na atualidade são quando essas prerrogativas não podem ser efetivadas por falta de regulamentação ou quando a Administração Pública não assegura determinado serviço ou prestação material em uma intensidade suficiente. No escopo de garantir efetividade aos direitos sociais, o Poder Judiciário assume um papel muito relevante. Quando houver uma omissão de regulamentação por parte do Legislativo ou a inexecução de serviços ou prestações materiais por parte do Executivo, ele pode legislar de forma supletiva ou forçar a implementação da prestação não executada, desde que se atendo à densidade suficiente do direito pleiteado.

Não se deve esperar que o Poder Judiciário funcione como uma panaceia para a resolução dos problemas de eficácia dos direitos sociais. O motor de sua força normativa se encontra no grau de legitimidade que ele aufere da sociedade, tornando essa demanda um valor que obtenha consentimento dos mais expressivos setores. Dentro da sistemática dos freios e contrapesos, o Poder Executivo também deve pressionar os entes estatais infratores, bem como o Poder Legislativo, que deveria ser a caixa de ressonância da sociedade.

Inexiste razoabilidade para se defender que os direitos sociais não são justiciáveis, em razão de que eles apresentam a mesma taxonomia que os outros, estando protegidos pela mesma intensidade de força normativa. Nem o fato de que eles necessitam de prestações materiais, ao encargo da Administração Pública, serve para retirar a veracidade da afirmação primeira. Argumentação ainda mais débil se configura na afirmação de que exigem regulamentação para sua subsunção. A falta de regulamentação normativa pode ser suprida supletivamente pelo Judiciário ao permitir a utilização de disposição análoga para a realização de seu conteúdo.

---

[38] QUEIROZ, Cristina M. M. *O princípio da não reversibilidade dos direitos fundamentais sociais*. Princípios dogmáticos e prática jurisprudencial. Coimbra: Coimbra Editora, 2006. p. 17.

Eles são justiciáveis como as demais normas; apenas seu âmbito de incidência não pode ser determinado *a priori, prima facie*, demandando maior elaboração dogmática para indicação de sua densidade suficiente. Afora essa circunstância, inexiste justificação para a diferenciação entre as dimensões dos direitos humanos.[39] Havendo uma afronta ao seu cumprimento, o Poder Judiciário tem a obrigação de garantir a tutela prestacional dessa prerrogativa, assegurando a prestação da densidade suficiente da demanda.

## 13.1.3 Direitos individuais dos trabalhadores

## 13.1.4 Garantia de emprego

A Constituição de 1988 não adotou em nenhum momento a garantia de manutenção do vínculo trabalhista, impedindo que os patrões pudessem despedir os seus empregados. Ela tentou proteger a relação trabalhista contra as despedidas arbitrárias e sem justa causa, prevendo uma indenização compensatória e outros meios que podem ser disciplinados por lei infraconstitucional (art. 7º, I, da CF).

Despedida arbitrária é aquela que ocorre ao bel-prazer do empregador, sem respeito à observância de procedimentos traçados em lei. Despedida sem justa causa é aquela que ocorre sem o amparo de uma das justificativas contidas taxativamente na CLT, como no caso de desídia, mau procedimento, ato de improbidade etc.

Como sistemas de garantia ao emprego no nosso país podemos apontar: a) o sistema que impedia a despedida arbitrária ou sem justa causa, que foi elaborado pela Lei Eloy Chaves, de 1923, outorgando estabilidade ao trabalhador desde que completasse dez anos de serviço em uma mesma empresa; b) o sistema de reparação econômica do empregado, como uma forma de conter a despedida por livre vontade do empregador, que foi criado pela Lei nº 5.107/1966, instituindo o Fundo de Garantia por Tempo de Serviço.

O primeiro sistema de garantia ao emprego foi revogado pelo segundo. Da garantia à estabilidade, quando completasse o trabalhador dez anos de serviço em uma mesma empresa, ele passou a ter direito apenas a receber o FGTS e uma multa de 10% em seu valor no caso de despedida arbitrária ou sem justa causa, consistindo esse sistema em um retrocesso para a classe trabalhadora. A Constituição de 1988 reforçou a garantia do FGTS, colocando-o em nível constitucional, e aumentou o valor da multa paga de 10% para 40%.

## 13.1.5 Fundo de Garantia do Tempo de Serviço – FGTS

O FGTS é um depósito bancário realizado pelo empregador, no valor de 8% incidente sobre o salário do empregado, com o objetivo de formar uma poupança para o trabalhador, para que ele possa utilizá-la em situações elencadas em lei específica, principalmente quando for demitido de forma arbitrária ou sem justa causa ou para comprar a casa própria (art. 7º, III, da CF).

---

[39] Esse é o posicionamento de Jorge Miranda, para quem não há necessidade teórica de se diferenciar os direitos sociais e os direitos à liberdade (MIRANDA, Jorge. *Manual de direito constitucional*. 3. ed. Coimbra: Coimbra Editora, 2000. t. IV. p. 384).

Têm o direito de receber o benefício os trabalhadores de modo geral, tanto os urbanos como os rurais. Para os empregados domésticos, com o advento da EC nº 72/2012, o FGTS passou a ser obrigatório e não facultativo, como era antigamente, o que representou uma garantia ao empregado, uma vez que, ao se tornar idoso, poderá dispor de um fundo capaz de garantir-lhe uma vida mais aprazível e digna.

Caso a demissão seja motivada por despedida arbitrária ou sem justa causa, o trabalhador tem direito a receber uma indenização compensatória, que é uma multa de 40% incidente sobre o valor do FGTS.

### 13.1.6 Seguro-desemprego

Foi criado para amparar o trabalhador no caso de desemprego involuntário, ou seja, quando ele não deu ensejo à demissão, fornecendo-lhe uma renda por determinado período (art. 7º, II, da CF). Considerando a importância social do emprego, ele tem a finalidade de prover o trabalhador e a sua família durante determinado período disposto em lei. O seguro-desemprego é pago pela Previdência Social, de acordo com o art. 201, III, da CF.

### 13.1.7 Salário mínimo

O salário mínimo é imprescindível para o estabelecimento de condições dignas de vida para o trabalhador. Foi criado pelo Ex-Presidente Getúlio Vargas, fixado como o valor da menor remuneração que se poderia pagar a um cidadão, passando a vigorar constitucionalmente pela primeira vez na Carta de 1934.

De acordo com a Constituição de 1988, ele deve ser nacionalmente unificado, capaz de atender às necessidades vitais do trabalhador e às de sua família, como moradia, alimentação, educação, saúde, lazer, vestuário, higiene, transporte e previdência social (art. 7º, IV, da CF). Deve, ainda, estar sujeito a reajustes periódicos que lhe preservem o poder aquisitivo, sendo vedada a sua vinculação para qualquer fim.

Não foi definido qual o lapso temporal em que o salário mínimo seria reajustado; todavia, o reajuste deve ser entendido como o adequado para a preservação do seu poder de compra.

A possibilidade de indexação através do salário mínimo ocorre quando a obrigação tiver natureza salarial ou alimentar.[40] A Súmula nº 201 do STJ dispõe que os honorários advocatícios não podem ser fixados em salários mínimos.

A finalidade do salário mínimo é bastante clara: fornecer ao trabalhador uma garantia para que ele não receba um salário inferior ao estabelecido em lei. Nada impede que os estados-membros ou mesmo os municípios possam fixar um piso salarial superior ao salário mínimo exclusivamente para os seus servidores públicos, vigendo para os funcionários da iniciativa privada o salário mínimo nacional.

---

[40] "A vedação da vinculação do salário mínimo, constante no inc. IV do art. 7º da Constituição Federal, visa impedir a utilização do referido parâmetro como fator de indexação para obrigações sem conteúdo salarial ou alimentar. Entretanto, não pode abranger as hipóteses em que o objeto da prestação expressa em salários mínimos tem a finalidade de atender às mesmas garantias que a parte inicial do inciso concede ao trabalhador e à sua família, presumivelmente capazes de suprir as necessidades vitais básicas" (STF, 1ª Turma, RE nº 170.203/GO, *RTJ* 151/652).

Nesse sentido, decidiu o Ministro Marco Aurélio, em sede de medida cautelar ajuizada pela Confederação Nacional da Agricultura, que o salário mínimo fixado pelo Governo do Estado do Rio de Janeiro, superior ao mínimo, é inconstitucional porque fere o princípio de que ele deve ser unificado em nível nacional. Os estados-membros podem pagar o salário que quiserem aos seus funcionários, mas a iniciativa privada somente tem obrigação de pagar o salário mínimo nacional.

Para as categorias que recebem salários superiores ao mínimo, haverá um piso salarial proporcional à extensão e à complexidade do trabalho. E os que recebem remuneração variável, por comissão, nunca poderão receber quantia inferior a um salário mínimo (art. 7º, VI e VII, da CF).

## 13.1.8 Condições dignas de trabalho, repouso e inatividade

Por motivos didáticos, o direito a condições dignas de trabalho será analisado em conjunto com os direitos relativos ao repouso e à inatividade. São direitos dos trabalhadores que defluem do princípio da dignidade humana, constituindo-se, como os demais, em direitos fundamentais da cidadania.

O direito a condições dignas de trabalho envolve todas as prerrogativas que impedem o exercício de qualquer profissão sob condições sub-humanas, seja pelas condições de trabalho, seja por causa da duração da jornada de trabalho, seja pelo salário pago etc. Lei infraconstitucional pode criar exigências para o exercício de determinadas profissões, no sentido de garantir o respeito às condições dignas de trabalho.

São direitos relativos ao repouso e à inatividade do trabalhador:

a) Licença-paternidade, por um período de cinco dias contínuos. Se na sociedade contemporânea se exige a cada dia um papel mais presente do homem nas tarefas familiares, não haveria motivo para cercear o presente direito (art. 7º, XIX, da CF). O que se critica na novel prerrogativa agasalhada pela Constituição Cidadã é que o tempo outorgado para a licença-paternidade ainda foi bastante tímido.

b) Repouso semanal remunerado. Orienta-se pelos princípios da semanalidade, dominicalidade, inconversibilidade e remunerabilidade (art. 7º, XV, da CF). O primeiro consiste em que a cada seis dias trabalhados haverá um descanso de 24 horas. Já o segundo significa que este dia dar-se-á, preferencialmente, no domingo.[41] A inconversibilidade não permite trocar esse direito por pagamento, sendo isso possível apenas em relação aos feriados civis e religiosos. E o último, a remunerabilidade, implica que o dia de folga será remunerado de forma igual ao dia trabalhado.[42] O descanso semanal remunerado permite que o trabalhador repouse, recuperando suas energias, para que possa continuar seu trabalho sem problemas físicos ou psíquicos. Inclusive, foi verificado que, quanto menor a jornada de trabalho, maior é a qualificação e a produtividade do trabalhador, tendo a França implantado uma jornada de trinta e cinco horas semanais.

---

[41] O art. 8º da Lei nº 605/1949 dá autorização para o funcionamento aos domingos de setores de atividade produtiva em decorrência das exigências técnicas das empresas.

[42] O empregado, se trabalhar em dias de repouso ou feriados, exceto se o empregador der a folga em outro dia, recebe em dobro (art. 9º da Lei nº 605/1949).

c) Gozo de férias anuais, após completado o período aquisitivo de um ano, fixado pelo *caput* do art. 130 da CLT (art. 7º, XVII, da CF), que salienta: o empregado que tiver acima de 32 faltas não tem direito ao benefício em questão; apenas é permitida a conversão das férias em dinheiro até o limite de 1/3 delas (abono de férias); mesmo nas férias coletivas (art. 139 da CLT) a remuneração deve ser acrescida de um 1/3 do salário pago; prescreve em dois anos o prazo para o início de um processo judicial para cobrança das férias, se extinto o contrato de trabalho, e em cinco anos se há ainda relação de emprego.

As férias, direito indisponível do trabalhador, consistem no período de descanso que lhe é atribuído, sem prejuízo do seu salário, depois de um ano de trabalho. As férias deverão ser de um mês, e remuneradas com, no mínimo, um terço a mais que o salário normal (art. 7º, XVII, da CF). Para que o trabalhador possa adquirir o direito às férias é necessário que ele cumpra um período denominado aquisitivo, que se completa a cada 12 meses de vigência do contrato de trabalho. Imediatamente após o período aquisitivo tem início o período concessivo, que corresponde ao prazo de 12 meses atribuído ao empregador, a fim de que este conceda as férias ao seu empregado, de acordo com os ditames dos arts. 134 e 136 da CLT, sob pena de o empregador ter de dobrar o seu pagamento. A duração das férias depende essencialmente da assiduidade do trabalhador e do número de faltas injustificadas que teve durante o período aquisitivo.

d) Licença-maternidade de 120 dias, com o intuito de garantir que a mãe se dedique ao seu filho (art. 7º, XVIII, da CF). Desde o início da gravidez até o término da referida licença, a trabalhadora não pode ser demitida, a não ser por justa causa. A Previdência Social é que se responsabiliza pelo pagamento do salário à gestante durante a licença-maternidade. Entretanto, o empregador o paga de forma imediata e, posteriormente, é ressarcido pela Previdência, incentivando-se, assim, a contratação de mulheres como empregadas. O atestado médico, com visto da empresa, é que vai determinar a data do início do seu afastamento.[43]

e) Aposentadoria – é o direito que os trabalhadores têm, depois de determinado tempo de trabalho, de obter uma remuneração sem trabalhar, para enfrentar a velhice com dignidade (art. 7º, XXIV, da CF). Para concessão da aposentadoria é necessária a presença conjunta de dois requisitos: tempo e idade. O homem, para se aposentar, deve ter no mínimo 65 anos de idade, e as mulheres, 60 anos de idade, com um tempo de trabalho de 35 anos de serviço para os homens e 30 anos de serviço para as mulheres.

## 13.1.9 Proteção

Como, dentro da relação laboral, são os trabalhadores que sempre estão em condição inferior, em razão da preponderância do capital, deve o ordenamento jurídico tentar subverter essa desigualdade fática e estabelecer uma igualdade jurídica, oferecendo

---

[43] "Considerando que a estabilidade provisória assegurada à empregada gestante independe da prévia comunicação da gravidez ao empregador, a turma manteve acórdão do TST que, afastando a alegada necessidade de demonstração de confirmação da gravidez para o fim de garantir a estabilidade, assegurara o direito de empregada gestante ao pagamento de indenização decorrente da mencionada estabilidade provisória – desde a confirmação da gravidez até cinco meses após o parto, sem justa causa" (RE nº 259.318/RS, Rel. Min. Ellen Gracie).

garantias para os desfavorecidos na relação de trabalho. Com a estipulação dos direitos trabalhistas na seara constitucional, os cidadãos tiveram seus direitos resguardados, protegendo-os contra as intempéries do legislador infraconstitucional.

O salário dos trabalhadores é irredutível, admitindo-se uma exceção: pode ser reduzido por meio de convenções e acordos coletivos realizados pelos sindicatos. Todavia, nunca o salário poderá ser reduzido para um valor inferior ao mínimo (art. 7º, VI, da CF).

Pela discriminação que sofrem e ganhando salários quase sempre inferiores aos recebidos pelos homens, as mulheres devem ter o seu mercado de trabalho protegido por meio de políticas de incentivos fiscais para a sua contratação (art. 7º, XX, da CF). Essa proteção especial ao trabalho da mulher não constitui desrespeito ao princípio da igualdade previsto na Constituição. Trata-se de uma ação afirmativa, uma garantia advinda da sua condição fisiológica. Pena que raras vezes tenha sido utilizada.

Constitui crime, a ser regulamentado por lei, a retenção dolosa do salário do trabalhador, isto é, quando o patrão não paga o salário que é devido aos seus funcionários, sem motivos que justifiquem semelhante atitude (art. 7º, X, da CF). Essa tipificação resta excluída quando o empregador não paga porque não pode, pela falta de recursos financeiros.

Observe-se, ainda, que os trabalhadores devem ter suas atividades protegidas contra acidentes de trabalho, mediante normas de saúde, higiene e segurança (art. 7º, XXII, da CF). Além do seguro contra acidentes de trabalho, que é obrigatório, o empregador será responsabilizado pelos acidentes que tenham ocorrido por sua culpa ou dolo (art. 7º, XXVIII, da CF).

Pode-se, ainda, considerar, no rol dos direitos relativos ao trabalhador, o salário-família, como forma de ajudar proles numerosas, sendo devido ao segurado que tiver filho menor de 14 anos ou inválido. Quem paga o salário-família é o empregador; todavia, a Previdência Social assume a responsabilidade de reembolsar as prestações pagas por meio de abatimento na guia de recolhimento das contribuições previdenciárias (art. 7º, XII, da CF).

### 13.1.10 Estipulação da jornada de trabalho

A duração da jornada de trabalho está prevista em lei (art. 7º, XIII, da CF e art. 58 da CLT). Ela não pode ser superior a oito horas diárias e quarenta e quatro horas semanais, facultada a compensação de horários. Pode-se, por exemplo, trabalhar nove horas em um dia, e, no outro, trabalhar sete. A CLT traz ainda a possibilidade de contratação em regime parcial, em que a jornada obreira não supera 30 horas semanais (CLT, art. 58-A), e a possibilidade de carga diária de 12 horas de trabalho, seguidas por 36 horas ininterruptas de descanso, conforme o disposto em convenção ou acordo coletivo de trabalho (art. 59-A).[44]

A redução da jornada, com a consequente redução salarial, pode ser acertada em acordo ou convenção coletiva de trabalho. No caso de trabalho contínuo, sem as duas horas de descanso para almoço, a jornada de trabalho será de seis horas, o que não significa que os trabalhadores não terão direito a horas extras ou ao seu adicional.[45]

---

[44] O STF decidiu acerca da constitucionalidade desta disposição; o caso concreto envolvia a jornada semanal de trabalho dos bombeiros civis (ADI nº 4.842, Rel. Min. Edson Fachin, j. 14.9.2016).

[45] "Art. 62. Não são abrangidos pelo regime previsto neste capítulo: I – os empregados que exercem atividade externa incompatível com a fixação de horário de trabalho, devendo tal condição ser anotada na Carteira de Trabalho

A Constituição permite apenas que a jornada de trabalho seja compensada ou reduzida, nunca aumentada. A redução da jornada só acontecerá em face de dificuldade da empresa na conjuntura econômica em que se encontra.

Também há a previsão constitucional de jornada de seis horas para o trabalho realizado em turnos ininterruptos de revezamento, salvo negociação coletiva, se a atividade for considerada, pela doutrina dominante, como penosa (art. 7º, XIV, da CF).[46] É de se notar que são levadas em consideração as condições do trabalhador, não do empregador, uma vez que a inexistência de pausas para descanso sacrifica exclusivamente os trabalhadores.[47]

## 13.1.11 Reconhecimento das convenções e acordos coletivos de trabalho

No início do capitalismo, a relação de trabalho era, basicamente, fundada no confronto entre duas partes – o patrão e o trabalhador –, o que era denominado contrato individual de trabalho. Com a evolução das relações trabalhistas, foi reconhecido como um dos direitos dos trabalhadores o de realizar convenções e acordos coletivos de trabalho (art. 7º, XXVI, da CF).

A convenção corresponde ao contrato de trabalho por meio do qual os sindicatos, que representam determinadas categorias, estabelecem, através de verdadeiras normas cogentes e vinculadas, as condições a serem aplicadas aos contratos individuais de trabalho da categoria profissional que representam. Dessa forma, pela sua extensão, a convenção abrange toda uma categoria profissional.

Por outro lado, o acordo corresponde a um contrato de trabalho que envolve, de um lado, um grupo de patrões e, de outro, um grupo de empregados, de forma que os efeitos advindos obrigam apenas as partes contratantes e seus associados. Portanto, não abrange toda uma categoria profissional, apenas os patrões e os empregados que aderiram ao acordo.

Dessa forma, as convenções e os acordos coletivos são o resultado das negociações mútuas entre empregados e patrões, e o conteúdo firmado é reconhecido pela Justiça do Trabalho e, respeitados os limites impostos na lei, têm força obrigatória entre as partes.[48]

Vale lembrar que, sempre que se tornar infrutífera a negociação coletiva, é facultada aos sindicatos ou empresas interessadas a instalação de dissídio coletivo, a fim de que a lide seja composta mediante a intervenção estatal, através da Justiça do Trabalho, cuja decisão vincula obrigatoriamente as partes (art. 616, §2º, da CLT).

---

e Previdência Social e no registro de empregados; II – os gerentes, assim considerados os exercentes de cargos de gestão, aos quais se equiparam, para efeito do disposto neste artigo, os diretores e chefes de departamento ou filial".

[46] O próprio legislador constitucional tratou de conceituar a jornada de trabalho penosa: seria toda atividade praticada em turnos ininterruptos de revezamento.

[47] É interessante, nesse ponto, reproduzir o Enunciado nº 360 do TST, a fim de que sejam elucidadas dúvidas que venham a surgir: "Turnos ininterruptos de revezamento. Intervalo intrajornada e semanal. A interrupção do trabalho destinada a repouso e alimentação, dentro de cada turno, ou de intervalo para repouso semanal, não descaracteriza o turno de revezamento com jornada de seis horas previsto no art. 7º, inciso XIV, da Constituição da República de 1988".

[48] Há precedente incidental no Supremo Tribunal Federal que considera poderem os acordos e convenções coletivas de trabalho, como mecanismo de autocomposição, serem restritivos de direitos trabalhistas disponíveis, prevalecendo sobre direito legislado (AgRg/RE nº 895.759/PE, Rel. Min. Teori Zavascki, 8.9.2016).

## 13.1.12 Assistência gratuita aos filhos e dependentes desde o nascimento até cinco anos de idade em creches e pré-escolas

O objetivo desse direito é claro: compatibilizar a maternidade com o trabalho, podendo as mães trabalhar sossegadas, pois seus filhos estarão em segurança (art. 7º, XXV, da CF). Critica-se a idade limite estabelecida pelo legislador reformador – cinco anos de idade –, porque após essa idade as crianças ainda necessitam de assistência e orientação.

## 13.1.13 Proteção em face da automação

O processo de automação significa a substituição do homem pela máquina, acarretando desemprego e caos social. Diante dessa perspectiva pós-moderna, o ordenamento jurídico tem de proteger o emprego, incentivando as empresas para que adotem políticas de preservação de postos de trabalho (art. 7º, XXVII, da CF). A proteção em face da automação não quer impedir o avanço tecnológico, mas tem a finalidade de fazer com que o processo laborativo seja realizado conjuntamente pelo homem e pela máquina.

## 13.1.14 Participação nos lucros e cogestão

A ideia de participação do trabalhador nos lucros da empresa remonta aos socialistas utópicos, como Saint Simon, entre outros. Constitucionalmente, esse direito foi regulamentado pela Carta de 1946, dispondo que é obrigatória a participação do trabalhador nos lucros da empresa, nos termos e pela forma que a lei determinar.[49]

Sob a égide da Constituição de 1946, esse dispositivo não logrou eficácia, permanecendo como uma norma constitucional de eficácia limitada, uma vez que não foi elaborada lei que o regulamentasse.

Na Constituição de 1967 não há menção a essa obrigatoriedade, mas pela primeira vez, mesmo que de maneira excepcional, admitiu-se a gestão do trabalhador na empresa. Contudo, o dispositivo ainda continuou dependendo de lei para que o princípio ganhasse eficácia. A emenda constitucional de 1969 repetiu o texto anterior.

A Constituição de 1988, pródiga nos direitos relativos à cidadania, garantiu aos trabalhadores a participação nos lucros das empresas, prevendo a necessidade de lei infraconstitucional para o exercício efetivo desse direito (art. 7º, XI, da CF).[50] Contudo, diferenciou-se esta das demais Constituições em um ponto importante: a remuneração do empregado e a participação nos lucros não mais se vinculariam.

Assim, houve o estímulo para que os trabalhadores pudessem lutar pela concessão do benefício, enquanto o sistema anterior intimidava o empregador, em face da repercussão dessa remuneração nos demais direitos do empregado, inclusive os rescisórios, ou seja, a participação nos lucros poderia diminuir a remuneração do empregado. Confirmação desse estímulo é encontrada no §4º do art. 218 da vigente norma constitucional, que diz:

---

[49] CF/1946, art. 157, inc. IV.
[50] Atualmente a participação nos lucros é regulada pela Lei nº 10.101/2000.

A lei apoiará e estimulará as empresas que invistam em pesquisa, criação de tecnologia adequada ao País, formação e aperfeiçoamento de seus recursos humanos e que pratiquem sistemas de remuneração que assegurem ao empregado, desvinculada do salário, participação nos ganhos econômicos resultantes da produtividade de seu trabalho.

Não são todos os trabalhadores que podem reivindicar o mencionado direito, uma vez que a lei somente abrange as empresas com fins lucrativos. Estão fora do âmbito de aplicação todas as empresas que se equiparam ao empregador, para efeitos exclusivos da relação de emprego, ou seja, os profissionais liberais, as instituições beneficentes etc. Acrescenta ainda a Lei nº 10.101/2000 que as pessoas físicas não se equiparam à empresa para fins de participação nos lucros.

Diferentemente do caráter cominatório da legislação trabalhista vigente, não se impõe qualquer sanção ao empregador que não institui a participação nos lucros para os seus empregados, o que resulta em uma fragilização da disposição normativa, ao vinculá-la à vontade do empregador. A participação nos lucros ou resultados depende de negociação entre empresas e trabalhadores, observados os procedimentos descritos na referida lei.[51]

A mediação e a arbitragem de ofertas finais poderão ser utilizadas em caso de impasse na negociação referente à distribuição dos lucros ou resultados, e tanto o mediador quanto o árbitro serão escolhidos pelo empregador e pelo empregado.

A Lei nº 10.101/2000 não regulamenta a participação nos lucros das empresas estatais, que deve ser disciplinada em lei específica do Poder Executivo.

Diferentemente da participação nos lucros, pouco se fala sobre a cogestão dos trabalhadores nas empresas. Ela é estabelecida, excepcionalmente, como norma constitucional limitada, dependendo de regulamentação. Até o presente momento nenhuma lei instituiu condições e atos que viabilizem a cogestão.

Cogestão é a participação dos trabalhadores nas decisões gerenciais da empresa mediante representação. Essa representação é diferente daquela exercida pelos sindicatos. Enquanto nesta se discutem os direitos relativos à relação empregatícia, na cogestão os representantes dos trabalhadores discutem os problemas relativos ao gerenciamento empresarial. De acordo com esse direito, mesmo que a classe laboral não faça parte da diretoria da empresa, tem poder de decisão sobre esta.

### 13.1.15 Vantagens salariais

Algumas dessas vantagens são:
a) Décimo terceiro salário, com base na remuneração integral do mês de dezembro ou no valor dos proventos dos aposentados ou pensionistas do mês de dezembro de cada ano (art. 7º, VIII, da CF): o décimo terceiro salário pode ser integral, quando completado o período de um ano, ou parcial, na proporcionalidade dos meses trabalhados. O décimo terceiro salário tem natureza eminentemente

---

[51] "Art. 2º A participação nos lucros ou resultados será objeto de negociação entre a empresa e seus empregados, mediante um dos procedimentos a seguir descritos, escolhidos pelas partes de comum acordo: I – comissão escolhida pelas partes, integrada, também, por um representante indicado pelo sindicato da respectiva categoria; II – convenção ou acordo coletivo".

salarial, de forma que a dispensa por justa causa do trabalhador não enseja o seu pagamento. É devido, porém, nos casos de pedido de demissão, dispensa sem justa causa, aposentadoria e término do contrato de trabalho a prazo.
   b) Remuneração do trabalho noturno superior ao trabalho diurno (art. 73 da CLT e art. 7º, IX, da CF): foi elaborada a ficção jurídica de que uma hora noturna terá cinquenta e dois minutos e trinta segundos. Dessa forma, se um empregado trabalhar sete horas durante o período noturno, receberá o equivalente a oito horas.

O trabalho noturno é aquele realizado entre as dez horas da noite e as cinco da manhã para o trabalhador urbano, que deverá receber um adicional de pelo menos 20% sobre o valor da hora diurna pelo trabalho realizado durante esse período. Já para o trabalhador rural, entende-se noturno o trabalho realizado entre as nove horas da noite e as cinco horas da manhã, na lavoura, e entre as oito horas da noite e as quatro horas da manhã, na pecuária, recebendo ele, em ambos os casos, um adicional de 25% sobre a hora diurna pelo trabalho realizado no período noturno.
   c) Hora extra: após as oito horas diárias, as demais serão remuneradas com o adicional de hora extra, sendo o seu valor no mínimo 50% acima da hora normal (art. 7º, XVI, da CF). O adicional de horas extras tem natureza salarial, e não indenizatória, uma vez que remunera o trabalho realizado.
   d) Aviso prévio: o empregador deve avisar com antecedência o empregado cujo contrato de trabalho pretende rescindir, de modo que ele possa procurar um novo emprego. Tal aviso é proporcional ao tempo de serviço, sendo no mínimo de trinta dias (art. 7º, XXI, da CF). Trata-se de direito irrenunciável do empregado, e o seu não cumprimento obriga o empregador a pagar uma indenização substitutiva. De ver-se, porém, que o aviso prévio também é exigido do empregado em favor do empregador (arts. 487 a 491 da CLT).
   e) Adicional de remuneração para as atividades penosas, insalubres ou perigosas (art. 7º, XXIII, da CF). Consideram-se atividades laborais perigosas aquelas em que há o contato diário e permanente do trabalhador com inflamáveis ou explosivos em condições de risco acentuado. O adicional, nesse caso, será de 30% sobre o salário do empregado, sem os acréscimos advindos de gratificações, prêmios ou participações nos lucros da empresa. As atividades insalubres, por sua vez, são aquelas em que os trabalhadores estão expostos à atuação de agentes nocivos à saúde, acima dos limites de tolerância fixados. Os adicionais pagos em relação a tais atividades são gradativos, correspondendo a 40%, 20% e 10% do salário mínimo, conforme a insalubridade seja constatada em grau máximo, médio e mínimo. Atividades penosas são todas aquelas praticadas em turnos ininterruptos de revezamento.

## 13.1.16 Vedações nas relações trabalhistas

São situações vedadas nas relações de trabalho:
   a) A diferença de salários, de exercício de funções ou de critério de admissão por motivo de sexo, cor, idade ou estado civil (art. 7º, XXX, da CF).

O princípio da igualdade salarial é enunciado como o direito assegurado aos trabalhadores de receberem o mesmo salário desde que executem igual atividade.

O art. 461 da CLT preceitua que, sendo idêntica a função, a todo trabalho de igual valor, prestado ao mesmo empregador, na mesma localidade, corresponderá igual salário, sem distinção de sexo, nacionalidade ou idade. Preceitua, ainda, o §1º do mencionado artigo que trabalho de igual valor será o que for feito com igual produtividade e com a mesma perfeição técnica na comparação entre pessoas cuja diferença de tempo de serviço não seja superior a dois anos.

A proibição de admissão por motivo de sexo, cor ou estado civil tem caráter absoluto, não admitindo nenhum tipo de exceção. Qualquer provimento de admissão que institua de modo direto ou indireto privilégios em função dos motivos mencionados deve ser considerado inconstitucional. Com relação à idade, se for provado que o cidadão, em determinada altura da sua vida, torna-se inapto para o exercício de determinada função, é lícito impor restrições para o seu ingresso na profissão. É possível, por exemplo, exigir uma idade máxima para mergulhadores de altas profundidades, se for comprovado que a partir de certa idade diminui a capacidade de mergulhar em águas profundas.[52]

Os editais dos concursos públicos devem obrigatoriamente se pautar pelo princípio da isonomia, evitando privilégios que beneficiem determinadas categorias profissionais ou determinadas regiões do país.[53]

b) Qualquer discriminação no tocante a salário e a critérios de admissão do trabalhador portador de deficiência. Como existe dificuldade para que os portadores de deficiência consigam empregos, o constituinte, além de proibir qualquer tipo de discriminação, ainda criou uma ação afirmativa, no art. 37, VIII, da CF, obrigando que os concursos públicos reservem um percentual de vagas para os portadores de deficiência (art. 7º, XXXI, da CF). Se a deficiência física não impedir a realização do trabalho, os obstáculos levantados contra os deficientes se mostram inconstitucionais.

c) A distinção entre trabalho manual, técnico e intelectual ou entre os profissionais respectivos. Todo tipo de trabalho é considerado digno de ser exercido pelo cidadão e não pode ser privilegiado ou menosprezado (art. 7º, XXXII, da CF). A importância dessa assertiva está em impedir a criação de uma hierarquia entre as profissões, o que seria um retrocesso à idade medieval. Evita-se, assim, que o governo beneficie determinadas categorias profissionais em detrimento de outras, como exemplo, ao diminuir a alíquota do imposto de renda para quem exerça trabalhos técnicos.

d) Qualquer tipo de trabalho aos menores de 14 anos. A presente medida foi tomada para se evitar o trabalho infantil, não se tendo considerado a situação socioeconômica do país, em que milhares de crianças menores de 14 anos tinham sua perspectiva de futuro garantida graças ao programa do menor aprendiz (art. 7º, XXXIII, da CF). A capacidade absoluta para o exercício de atividades laborais só se adquire aos dezoito anos: dos 14 aos 16 anos somente pode haver contratação como menor aprendiz; dos 16 aos 18 fica vedado o

---

[52] Em sentido contrário se posicionou a 1ª Turma do Supremo Tribunal Federal, por maioria de votos, ao admitir que é legítima a fixação pela Administração, em edital de concurso público, do limite mínimo e máximo de idade para ingresso na Polícia Militar do Distrito Federal (RE nº 263.911/PE, Rel. Min. Ilmar Galvão).

[53] O STF concedeu liminar para suspender edital do Tribunal de Justiça do Estado de Alagoas por entender que houve ilegalidade no provimento de admissão, tendo em vista que o item 4.6 estabelecia critérios de pontuação

trabalho noturno, perigoso ou insalubre, e, após os 18 anos, não há mais nenhuma restrição.

Menores aprendizes são aqueles cujo contrato de trabalho lhes proporciona um expediente para o estudo e outro para o trabalho. No contrato de aprendizagem o menor tem a possibilidade de estudar e conseguir no futuro uma melhor qualificação profissional. Ao terminarem os cursos de aprendizagem, os menores receberão certificado de qualificação profissional e poderão ser efetivados nas empresas ou em entidades sem fins lucrativos. Mister se faz notar que a idade mínima para o trabalho do menor retornou ao limite de 14 anos, como estipulado pelo texto de 1946, e à proibição de trabalho noturno e insalubre somou-se o trabalho considerado perigoso.[54]

Para o menor aprendiz, em regra, a jornada será de seis horas diárias. No entanto, esse período poderá se estender até oito horas, desde que o aprendiz já tenha concluído o ensino fundamental e sejam inseridas nesse período as horas reservadas ao aprendizado teórico.

Como regra, o contrato de menor aprendiz chega ao término quando o menor completa dezoito anos de idade. Pode ainda terminar no prazo estipulado no contrato ou nos seguintes casos: por falta grave, por vontade do aprendiz, por desempenho insuficiente ou inadaptação deste e por faltas na escola, que o façam perder o ano letivo.

### 13.1.17 Prazo prescricional

Corresponde ao lapso de tempo atribuído aos trabalhadores para que possam intentar ação judicial com o objetivo de obterem os seus créditos trabalhistas (art. 7º, XXIX, da CF). O prazo comum é de dois anos após o término do contrato de trabalho, tanto para os trabalhadores rurais como para os trabalhadores urbanos.[55] Assim, se um empregado for demitido em 3.4.2000, ele terá até o dia 2.4.2002 para entrar com a reclamação trabalhista – se assim não o fizer, seu direito estará prescrito.

Os trabalhadores urbanos poderão exigir judicialmente os créditos correspondentes ao período de cinco anos anteriores à data em que foi proposta a reclamação trabalhista. Aos trabalhadores rurais não havia essa restrição, haja vista que podiam obter os créditos de todos os direitos trabalhistas a que faziam jus, indefinidamente.

Agora, com a Emenda Constitucional nº 28, os trabalhadores rurais têm o prazo prescricional de dois anos para requererem os seus direitos e, assim o fazendo, podem pleitear apenas os créditos relativos aos cinco últimos anos trabalhados (art. 7º, XXIX, da CF). Dessa forma, a regra prescricional para os trabalhadores urbanos e rurais foi igualada. A modificação realizada pela Emenda nº 28 não se aplica às ações que já estavam em curso quando da sua promulgação.

Quanto às cobranças relativas ao FGTS, houve revisão no entendimento do prazo prescricional. Por muito tempo, o STF entendeu pela aplicação do prazo de 30

---

na prova de títulos que favoreciam os candidatos servidores públicos, e ao princípio da publicidade, porquanto o item 7.2 previa que o ato homologatório do concurso somente conteria os números de inscrição dos candidatos, omitindo-se seus nomes (ADIn MC nº 2.206/AL, Rel. Min. Nelson Jobim).

[54] A Constituição de 1967 encerrava o limite de idade de 12 anos.

[55] Prescrição das ações trabalhistas: aplica-se a prescrição bienal aos servidores que tiveram o regime jurídico celetista convertido em estatutário por força de lei, uma vez que tal mudança acarreta a extinção do contrato de trabalho (AgRg nº 321.223/DF, Rel. Min. Moreira Alves).

anos previsto nos regulamentos do fundo. Incidentalmente, no entanto, mudou seu entendimento, estatuindo o prazo prescricional de 5 anos do art. 7º, XXIX, por se tratar de direito dos trabalhadores urbanos e rurais.[56]

### 13.1.17.1 Da extensão dos direitos trabalhistas aos empregados domésticos

A PEC nº 66/2012 foi aprovada no dia 26.3.2013, pela mesa diretora do Senado Federal, estendendo aos empregados domésticos direitos já adquiridos pelos trabalhadores em geral, efetivando a famigerada equiparação de direitos trabalhistas.

Como dito anteriormente, a Emenda Constitucional nº 72/2013 veio assegurar aos empregados domésticos direitos trabalhistas que não lhes eram garantidos. Assim, a partir da promulgação da respectiva emenda constitucional, os empregados domésticos passaram a ter direito sobre: a) indenização em despedida sem justa causa; b) seguro-desemprego; c) FGTS; d) garantia de salário mínimo para quem receba remuneração variável; e) adicional noturno; f) proteção do salário, sendo crime a retenção dolosa de pagamento; g) salário-família; h) jornada de trabalho de oito horas diárias e quarenta e quatro horas semanais; i) direito a hora extra; j) observância de normas de higiene, saúde e segurança no trabalho; k) auxílio-creche e pré-escola para filhos e dependentes até cinco anos de idade; l) seguro contra acidente de trabalho; m) proibição de discriminação em relação à pessoa com deficiência; n) proibição de trabalho noturno, perigoso ou insalubre aos menores de 16 anos. Apesar da novel alteração no texto constitucional, deve-se ressaltar que nem todos os direitos trabalhistas acima conferidos ostentam aplicação imediata, o que inexoravelmente dificulta a sua eficácia prática. Isso vale, por exemplo, sobre o recolhimento do FGTS e o pagamento de seguro-desemprego, direitos trabalhistas que ainda dependem de regulamentação.

Por outro turno, alguns outros direitos trabalhistas já ostentam aplicação imediata, radiando-se todos os seus efeitos, como exemplo, a limitação da jornada de trabalho a até 8 horas diárias e 44 horas semanais, assim como o pagamento de horas extras no valor mínimo de 50% acima da hora normal. Nesses casos, observe-se que, aos empregados domésticos que não laborem aos sábados, é legalmente possível a celebração de um acordo para compensação de jornada diária, perfazendo um total semanal de 44 horas.

Paralelamente ao exposto, também restou consignada a obrigação de concessão de intervalo para descanso e refeição de, pelo menos, uma hora e, no máximo, de duas horas diárias para o empregado doméstico.

O que se percebe é que, com o advento da Emenda Constitucional nº 72, de 2013, o custo com o empregado doméstico ficou inexoravelmente mais alto do que anteriormente era tratado, uma vez que ele não tinha assegurado e garantido o leque de direitos trabalhistas que hoje tem. Na realidade, a respectiva emenda constitucional anuncia novos tempos, em que a tutela e a preservação dos direitos trabalhistas devem ser baluartes da atividade estatal. Contudo, sabe-se que uma das consequências desse fenômeno se evidencia em uma inexorável necessidade de mudança de costume, que pode acabar resultando em demissões em massa, prejudicando boa parte dos empregados domésticos.

---

[56] ARE nº 709.212/DF, Rel. Min. Gilmar Mendes, 13.11.2014.

## 13.2 *Entrenchment* dos direitos sociais

De maneira bem sucinta pode-se dizer que *entrenchment* ou entrincheiramento, também chamado de proibição do retrocesso, princípio do não retorno da concretização ou princípio da desnaturação do conteúdo da Constituição, é a tutela jurídica do conteúdo mínimo dos direitos humanos, respaldada em uma legitimação social, evitando que possa haver um retrocesso, seja através de sua supressão normativa ou por intermédio da diminuição de suas prestações à coletividade. Dessa forma, as prerrogativas dos cidadãos são fixadas em determinada intensidade e essa intensidade é protegida para que sua eficácia não se torne cambiante de acordo com variáveis sociais, acarretando uma proteção à precisão dos valores constitucionais, o que impede sua modificação para atender a particularidades e, ao mesmo tempo, serve para aumentar a segurança jurídica do conteúdo das normas constitucionais e efetivar a jurisdição constitucional.[57]

Posner e Adrian definem o entrincheiramento como a promulgação de lei ou outros tipos normativos que obrigam as legislaturas subsequentes a obedecer ao conteúdo elaborado.[58] Ingo Sarlet liga o princípio da proibição de retrocesso ao princípio da dignidade da pessoa humana, no sentido de que o primeiro é um instrumento de proteção do segundo, e este se configura como a qualidade intrínseca de cada cidadão que o faz merecedor de um amplo leque de direitos e deveres fundamentais, garantindo a todos condições mínimas de bem-estar social para permitir o florescimento de suas qualidades potenciais.[59]

De acordo com o nível de proteção de seu conteúdo, o Professor José Carlos Andrade Vieira divide o *entrenchment* dos direitos humanos em três categorias. Tem uma intensidade máxima quando as concretizações legais forem consideradas materialmente constitucionais. Apresenta grau intermediário quando os seus efeitos forem ligados ao princípio da proteção da confiança ou à necessidade de fundamentação dos atos legislativos que retrocedem. É considerado de grau mínimo quando a proteção se restringir a impedir a destruição do nível essencial dos direitos fundamentais, ligado ao conceito de dignidade da pessoa humana.[60]

Já Anupam Chander divide o *entrenchment* em absoluto, que se configura imutável, sendo infenso a modificações, mesmo se forem realizadas pelo Poder Constituinte;[61] e procedimental, que exige que a norma futura que modifique o conteúdo protegido pelo princípio do não retorno da concretização siga determinadas formas e ritos de modo obrigatório, sob pena de não poderem produzir efeitos.[62]

---

[57] SCHAUER, Frederick. *Playing by the rules*. A philosofical examination of rule-based decision-making in law and in life. New York: Oxford University Press, 1998. p. 42-43.

[58] POSNER, Eric A.; ADRIAN, Vermeule. Legislative entrenchment: a reappraisal. *Yale Law Journal*, New Haven, n. 111, 2001-2002. p. 1.667.

[59] SARLET, Ingo Wolfang. Direitos fundamentais sociais e proibição de retrocesso: algumas notas sobre o desafio da sobrevivência dos direitos sociais num contexto de crise. In: TRINDADE, André Karan *et al.* (Neo) Constitucionalismo: ontem os Códigos, hoje, as Constituições. *Revista do Instituto de Hermenêutica Jurídica*, Porto Alegre, v. 1, n. 2, 2004. p. 127.

[60] ANDRADE, José Carlos Vieira de. *Os direitos fundamentais na Constituição portuguesa de 1976*. 2. ed. Coimbra: Almedina, 2001. p. 391-392.

[61] No debate constitucional norte-americano, o *entrenchment* é analisado como qualidade intrínseca das normas constitucionais que exigem um *quorum* qualificado para a sua reforma, ou seja, ele é confundido com o conceito que nós temos de imutabilidade relativa (TUSHNET, Mark; JACKSON, Vicki C. *Comparative constitutional law*. New York: Foundation Press, 1999. p. 413-416).

[62] CHANDER, Anupam. Sovereignity, referenda, and the entrenchment of a United Kingdom Bill of Right. *Yale Law Journal*, New Haven, n. 101, 1991-1992. p. 463.

O *entrenchment* do conteúdo mínimo dos direitos fundamentais funciona como uma garantia à efetivação desses direitos, impedindo um retrocesso na sua concretização e, consequentemente, aumentando a legitimidade da jurisdição constitucional.[63] O entrincheiramento, como o étimo da palavra já clarifica, configura-se no encastelamento do conteúdo mínimo dos direitos humanos dentro do ordenamento jurídico, solidificando este conteúdo no tecido social. Seu escopo é fortalecer a densidade normativa desses direitos, funcionando também como elemento catalizador de legitimidade ao Estado Democrático Social de Direito, realizando o que Canotilho chamou de solidificação da legalidade democrática.[64]

A finalidade do *entrenchment* é garantir eficácia ao ordenamento jurídico, dotando-o de segurança jurídica, o que faz com que as normas deixem de ter um papel retórico e possam ter uma concretude prática. Como as normas são cada vez mais principiológicas, a determinação de seu conteúdo eliminaria a insegurança do sistema e igualmente evitaria a proliferação de antinomias.

A concepção de entrincheiramento ou proibição do retrocesso assegura uma proteção ao conteúdo dos direitos fundamentais, mantendo um nível mínimo de determinada concretude normativa.[65] Contudo, o *entrenchment* não impede a evolução dos direitos, depois de garantir uma intensidade mínima, reforçando sua legitimidade na sociedade, a finalidade configura-se em expandir o entrincheiramento dos direitos fundamentais mais adiante, propiciando maiores prerrogativas à população.

A incidência do princípio do entrincheiramento não abrange todas as normas da Constituição, mas apenas aquelas consideradas direitos fundamentais. Se o seu conceito perpassasse todas as normas constitucionais, o teor de discricionariedade do legislador ordinário seria fortemente mitigado, afetando um dos dogmas do regime democrático. Pela densidade axiológica que os direitos fundamentais promanam para a legitimação da Constituição é que o *entrenchment* se refere de forma exclusiva a essas prerrogativas, que podem ser implícitas ou explícitas.

Seu escopo não é a constitucionalização de todas as normas infraconstitucionais que regulamentam a prestação dos direitos sociais, podendo elas serem revogadas por qualquer outra norma. O objetivo é impedir o esfacelamento do conteúdo mínimo dos direitos fundamentais, pois se isto acontecesse significaria relegar a ausência de eficácia a importantes mandamentos da Constituição, perpetrando, assim, uma inconstitucionalidade.

O princípio do não retrocesso também pode assumir um aspecto negativo, no sentido de *entrenchment of discrimination*, quando decisões do Judiciário servem apenas para manter privilégios, impedindo o avanço de demandas que são anseios da maioria da população.[66] Para evitar este perigo, a possibilidade de incidência do princípio do não

---

[63] "Realmente, aflora no discurso constitucional da atualidade a preocupação em discutir e demarcar a forma de atuação da jurisdição constitucional e, além dela, sua forma de composição. Nessa teorização prepondera uma vertente de preocupação legitimadora, que procura indicar os elementos da Justiça Constitucional a partir de uma abordagem que lhe assegure caráter democrático (TAVARES, André Ramos. *Teoria da justiça constitucional*. São Paulo: Saraiva, 2005. p. 492).

[64] CANOTILHO, José Joaquim Gomes. *Direito constitucional e teoria da Constituição*. 2. ed. Coimbra: Almedina, 1997. p. 94.

[65] CANOTILHO, José Joaquim Gomes. *Constituição dirigente e vinculação do legislador*. Contributo para a compreensão das normas constitucionais programáticas. Coimbra: Coimbra Editora, 1994. p. 374.

[66] SPERLING, Gene B. Judicial Right Declaration and Entrenchment Discrimination. *Yale Law Journal*, New Haven, n. 94, 1984-1985. p. 1.760.

retrocesso se limita apenas aos direitos fundamentais, desde que seu conteúdo mínimo seja garantido. Se por ventura houver a proteção de um direito sem o respeito de seu mínimo existencial, estar-se-á praticando uma crassa inconstitucionalidade, que deve ser reprimida pelos mecanismos de supralegalidade.

Andreas Krell expressa que os defensores da teoria da proibição do retrocesso ainda não se aprofundaram na questão para saber se a manutenção do nível de prestação social alcançado impede reduções do nível de organização fática dos serviços e do volume de prestações materiais, por parte dos poderes Executivo e Legislativo. Não obstante, afirma que a aplicação da teoria da proibição do retrocesso levaria a uma proteção maior dos direitos humanos sociais do que dos direitos humanos de liberdade.[67]

O *entrenchment* dos direitos fundamentais igualmente projeta efeitos prospectivos, ou seja, ao mesmo tempo em que defende os atos já incorporados ao patrimônio dos cidadãos, ele assegura que as próximas gerações irão da mesma forma usufruir igual prerrogativa, se possível, com maior intensidade. Sua função não é apenas impedir atos ou leis retroativas, mas assegurar a eficácia de um conteúdo mínimo dos direitos fundamentais para a posteridade, esconjurando o perigo de um retrocesso dos direitos sociais.[68]

O princípio do não retorno da concretização favorece ainda a evolução dos direitos fundamentais. Partindo do consenso firmado pelo entrincheiramento dos direitos fundamentais, a negociação para o seu desenvolvimento se torna mais fácil, já que o *standard* protegido, entrincheiramento, goza de grande grau de normatividade e legitimação social. A sedimentação da carga axiológica do entrincheiramento dos direitos fundamentais no tecido social garante muito mais a densificação de sua eficácia do que medidas de natureza exclusivamente jurídicas.[69] A proibição do retrocesso também fortalece a confiança no ordenamento jurídico, favorecendo o desenvolvimento das relações sociais, ao mesmo tempo em que protege a sua estabilidade.

Para o Professor Michele Carducci o entrincheiramento exprime o desenvolvimento constitucional de uma comunidade específica porque é perseguida pela coordenação social de todos.[70] Afirma o professor leccese que não basta apenas o aparecimento do direito constitucional no texto normativo para ativar o *entrenchment*, necessitando de uma

---

[67] KRELL, Andreas J. *Direitos sociais e controle judicial no Brasil e na Alemanha. Os (des)caminhos de um direito constitucional "comparado"*. Porto Alegre: Sergio Antônio Fabris, 2002. p. 39-40.

[68] "Assim, por paradoxal que possa parecer à primeira vista, retrocesso também pode ocorrer mediante atos com efeitos prospectivos. Basta lembrar aqui da hipótese – talvez a mais comum em se considerando as referências feitas na doutrina e na jurisprudência – da concretização pelo legislador infraconstitucional do conteúdo e da proteção dos direitos sociais, especialmente (mas não exclusivamente) na sua dimensão positiva, o que nos remete diretamente à noção de que o conteúdo essencial dos direitos sociais deverá ser interpretado (também!) no sentido dos elementos nucleares do nível prestacional legislativamente definido, o que, por sua vez, desemboca inevitavelmente no já anunciado problema da proibição de um retrocesso social" (SARLET, Ingo Wolfang. Direitos fundamentais sociais e proibição de retrocesso: algumas notas sobre o desafio da sobrevivência dos direitos sociais num contexto de crise. In: TRINDADE, André Karan *et al*. (Neo) Constitucionalismo: ontem os Códigos, hoje, as Constituições. *Revista do Instituto de Hermenêutica Jurídica*, Porto Alegre, v. 1, n. 2, 2004.p. 130-131).

[69] "Naturalmente, a médio ou a longo prazo, o não retrocesso social não se garante tanto através de medidas jurídicas quanto através da sua sedimentação na consciência social ou no sentimento jurídico colectivo. Mas também não pode invocar-se uma menor sedimentação para negar ou subverter na prática qualquer direito e retirar efectividade a qualquer norma ou instituto constitucional" (MIRANDA, Jorge. *Manual de direito constitucional*. 3. ed. Coimbra: Coimbra Editora, 2000. t. IV. p. 399).

[70] CARDUCCI, Michele. *Tecniche costituzionali*. Di argomentazione normazione comparazione. Lecce: Pensa MultiMedia, 2003. p. 101.

aprendizagem difusa da prática argumentativa e decisória, com base em argumentos racionais e contrabalanceados.[71]

No debate doutrinário europeu sobre o princípio do não retrocesso, a defesa dos direitos fundamentais ocorre no espaço público, em que as decisões são obtidas através de um consenso realizado por critérios racionais, balanceados no interesse coletivo devido ao diminuto nível de desigualdade existente. A realidade dos países periféricos é bem diferente, devido às desigualdades sociais que pululam na sociedade, o entrincheiramento auferido no espaço público é bem mais difícil; a própria democracia apresenta sérias deficiências. O *entrenchment* dos direitos fundamentais tem que se alicerçar também nas decisões judiciais, buscando amparo, simultaneamente, na sociedade para o desenvolvimento dos seus preceitos.

## 13.2.1 Estabelecimento dos parâmetros do *entrenchment*

Um primeiro parâmetro para o estabelecimento do princípio do não retorno da concretização é auferido pelo texto da Magna Carta, já que ela tem a função de expressar de forma positiva aqueles valores que são considerados imprescindíveis para o desenvolvimento da vida social. Analisando a letra dos dispositivos da Lei Maior podem ser verificados os valores que foram agasalhados, oferecendo um referencial para a concretude da defesa do conteúdo mínimo dos direitos fundamentais.

Segundo parâmetro são os dispositivos infraconstitucionais que regulamentam a aplicação dos direitos fundamentais. Como parte dos direitos fundamentais têm uma eficácia contida, os mandamentos produzidos pelos legisladores infraconstitucionais podem mitigar a abrangência de seu conteúdo, desde que respeitem sua densidade mínima. O terceiro referencial são as decisões judiciais que podem firmar determinado conteúdo, impondo, de forma até vinculante, sua obrigatoriedade para todos os poderes estabelecidos. O quarto vetor são os posicionamentos doutrinários, que servirão de arrimo para que entrincheiramentos possam ser criados, assegurando sua legitimação de forma direta pela população.

Não se está pleiteando um voluntarismo das decisões judiciais, em que os juízes sejam alçados ao patamar de pitonisas da sociedade. O entrincheiramento deve ser mantido apenas com relação ao conteúdo mínimo dos direitos fundamentais, vedando sua alteração mesmo que seja pelo Poder Reformador, sendo estes definidos de acordo com fatores sociopolítico-econômicos, sob pena de se tornarem folhas de papel, em uma linguagem lassalliana.[72] Assim, não se está tentando afirmar que o conteúdo das normas principiológicas pode ser estabelecido *a priori*, por intermédio de metodologia estritamente jurídica, advindo a necessidade de sua interação com a sociedade.

Em um país em que o sistema político não funciona a contento, devido a suas várias imperfeições, decisões provindas de órgãos como o Judiciário, o Ministério Público e o Conselho Nacional de Justiça podem significar um avanço para a sociedade, desde que encontrem respaldo na população. Contudo, se estas decisões forem voluntaristas, sem suporte na densidade axiológica vigorante, elas não serão cumpridas, pois falta

---

[71] CARDUCCI, Michele. *Tecniche costituzionali*. Di argomentazione normazione comparazione. Lecce: Pensa MultiMedia, 2003. p. 101.

[72] LASSALLE, Ferdinand. *¿Qué es una constitución?* 4. ed. Buenos Aires: Siglo Veinte Uno, 1969. p. 21.

uma simetria entre a normatividade e a normalidade.[73] Por outro lado, havendo esta simetria, como no caso da Resolução nº 7 do Conselho Nacional de Justiça, que impediu o nepotismo no Judiciário, apesar da ampla reação em sentido contrário, por ser esta prática rejeitada pela ampla maioria da população, a mencionada resolução pôde ser concretizada, representando um avanço nas práticas políticas porque seguramente influenciará decisões semelhantes por parte do Executivo e Legislativo, que não obstante serem órgãos compostos diretamente pelos ditames da soberania popular, não agasalharam esta medida que é um interesse premente da população.

Portanto, a proibição do retrocesso pode ser reconhecida na esfera das decisões judiciais, contudo, deve estar respaldada por condições sociais, para auferir legitimidade dentro das relações de poder existentes na sociedade, sendo estas condições um requisito imprescindível a sua concretização. Como não é um dado apenas dogmático, um *a priori* normativo, seu conteúdo valorativo primeiro deve ser paulatinamente incorporado à sociedade para depois ser concretizado juridicamente.

Uma pergunta que pode ser formulada é: para quem se destina o princípio do não retorno da concretização? Primeiro, ele representa um óbice à modificação por parte do Poder Legislativo, que fica obrigado a respeitar o conteúdo mínimo dos direitos fundamentais, mandamento esculpido no texto da Constituição. Segundo, o Poder Executivo tem a obrigação de garantir sua concretização, impedindo, até mesmo, reduções no nível de prestação para a concretização do *entrenchment* dos direitos fundamentais. Terceiro, cabe ao Poder Judiciário uma dúplice função, ao mesmo tempo em que garante a obrigatoriedade da realização de seu conteúdo, nenhum de seus órgãos pode descumprir ou decidir de outro modo ao que fora estabelecido como protegido pelo entrincheiramento.

### 13.2.2 Extensão do *entrenchment*. O conteúdo mínimo dos direitos fundamentais

A determinação do conteúdo mínimo não é um dado jusnaturalístico; seja de que matriz provier, ele surge das necessidades sociais e das condições materiais que a organização política pode propiciar aos seus cidadãos.[74] O vetor para se demarcar a densidade suficiente dos direitos fundamentais é procurar sua essencialidade em um primeiro momento. Posteriormente, este conceito vai evoluindo de acordo com os avanços da sociedade; ou seja, este conceito é histórico, econômico, social, cultural. A definição do mínimo existencial não é determinada por parâmetros *a priori*, mas através de sua textura material, de acordo com fatores sociopolítico-econômicos.

A necessidade da definição do conteúdo mínimo dos direitos fundamentais, mormente aqueles de natureza social, tem a finalidade de determinar certas prestações que o cidadão tem direito de receber do Estado, tornando sua tutela jurisdicional mais exequível. A indefinição do conteúdo de grande parte dos direitos fundamentais é uma das causas que estimulam a insegurança jurídica, acarretando, como consequência, a baixa densidade de eficácia do sistema. Ele assume feições contratualistas, superando

---

[73] HELLER, Hermann. *Teoria do Estado*. Tradução de Lycurgo Gomes da Motta. São Paulo: Mestre Jou, 1968. p. 296.
[74] FAVOREAU, Louis *et al*. *Droit constitutionnel*. 8. ed. Paris: Dalloz, 2005. p. 780-781.

o limite dos custos dos direitos. O mínimo existencial seria definido pela lei, pela sociedade e pela jurisprudência. Esta última somente atuaria quando houvesse uma lacuna normativa e enquanto ela não fosse suprida.

O papel da Constituição não é apenas servir como um limite formal para a atuação do Poder Legislativo, mas, ao contrário, atuar como uma norma substancial que exprime a tensão entre o projeto de materializar determinada ideia de sociedade com a realidade fática vigente.[75]

Devido à necessidade de uma interação entre o aspecto fático e o normativo, a Lei Maior é concebida como uma ordem concreta de valores, arrimada em normas de caráter jurídico. Ela sofre uma intensa influência da seara fática, indubitavelmente, mas essas interferências são moldadas sob prismas jurídicos, de acordo com o programa estabelecido pelo conteúdo normativo. A segurança do ordenamento jurídico se mantém inalterada, uma vez que os valores adotados pela Constituição são incorporados em dispositivos normativos, constituindo-se em parâmetro para a decisão dos operadores do direito.

A intenção de se conceber a Lei Maior como uma ordem concreta de valores é garantir a efetividade dos direitos fundamentais, principalmente daqueles classificados como normas programáticas, em que paira uma maior discricionariedade na intensidade de sua concretização por parte do legislador infraconstitucional.[76]

A densidade axiológica agasalhada pelos princípios jurídicos não oferece ao Poder Judiciário o poder de decidir sem o alicerce dos instrumentos normativos. A maior discricionariedade oferecida pelos princípios não permite ao Poder Judiciário pura e simplesmente o exercício da função de criação normativa como fora previsto na separação dos poderes, preponderantemente, ao Legislativo. A sua legitimidade é haurida pelos mandamentos constitucionais, com a finalidade de concretizar os direitos fundamentais, de acordo com os procedimentos estabelecidos nos mandamentos legais.

O problema de se adotar uma concepção da Constituição como um complexo de valores é determinar a extensão dessa carga axiológica que está contida nos dispositivos constitucionais em estruturas principiológicas, evitando que ocorra qualquer tipo de insegurança jurídica. A solução encontrada para determinar o conteúdo dos princípios, acabando com sua indeterminação valorativa, ao mesmo tempo em que contribui para o fortalecimento da segurança jurídica, é através da densidade suficiente ou do mínimo existencial.

Ao defender que a Constituição é uma "ordem objetiva de valores" e que a concretização dos direitos fundamentais deve garantir um mínimo existencial ou densidade suficiente de seus preceitos, está se tentando assegurar sua efetiva realização, mormente dos direitos que têm natureza programática.[77] Dessa forma, o Poder Judiciário assume relevante importância no sentido de implementar os direitos fundamentais abrigados pela Constituição de 1988, tornando-se o "guardião dos valores", o instrumento de tutela e efetivação das prerrogativas dos cidadãos.

Como há uma ausência de parâmetros para a prestação jurisdicional dos direitos fundamentais de natureza social, que podem ser efetivados de diversas maneiras,

---

[75] GIOVANNELLI, Adriano. *Dottrina pura e teoria della costituzione in Kelsen*. 2. ed. Milano: Giuffrè, 1983. p. 282-283.
[76] HABERLE, Peter. *La garantía del contenido esencial de los derechos fundamentales*. Madrid: Dykinson, 2003. p. 40-41.
[77] QUEIROZ, Cristina M. M. *Interpretação constitucional e poder judicial*. Sobre a epistemologia da construção constitucional. Coimbra: Coimbra Editora, 2000. p. 258.

cabe às decisões judiciais garantir um mínimo de concretização normativa, sob pena de a Constituição transformar-se em um ornamento retórico. Dessa forma, impede-se qualquer tipo de fraude à Constituição, em que a vontade do legislador ordinário possa prevalecer em detrimento do legislador constituinte.

A determinação da densidade suficiente dos direitos fundamentais tem um fator teleológico instrumental, garantir concretização a esses postulados, em razão da sua natureza essencial e inalienável. Ele não está incorporado de forma explícita na Constituição, deflui de princípios constitucionais como a isonomia, a dignidade da pessoa humana, a cláusula do Estado Democrático Social de Direito etc.[78] Seu objetivo é densificar os direitos fundamentais, assegurando uma proteção jurídica efetiva para a sua consolidação normativa.

O princípio da densidade suficiente, ou mínimo existencial, consiste em se garantir aos direitos que exigem uma concretização jurídico-política uma precisão de seu conteúdo, que ao mesmo tempo em que protege o substrato material contido na Constituição, não cerceia a discricionariedade de escolha inerente ao Poder Executivo e Legislativo, que é própria do regime democrático. A importância do *entrenchment* da densidade suficiente dos direitos fundamentais, atuando concomitantemente no núcleo duro e na zona periférica, é a solidificação desses direitos no ordenamento, o que assegura a sua eficácia.

A discussão acerca do princípio da densidade suficiente ou mínimo existencial reside em se precisar o seu substrato, que não pode ser determinado apenas por fatores extrajurídicos, cambiantes em razão das influências sociais. A solução encontrada é através do texto normativo, que exprime um conteúdo mínimo que não pode ser desrespeitado nem pelos legisladores ordinários nem pelos intérpretes da Constituição.

A definição de um mínimo existencial ou densidade suficiente dos direitos fundamentais se mostra bastante relevante para os direitos sociais e para todos aqueles que necessitam da intervenção estatal para a sua concretização, ou seja, para todos aqueles que precisam para sua efetivação não apenas de declarações normativas, mas igualmente de prestações fáticas. Com relação aos direitos de primeira dimensão, atinentes às prerrogativas civis e políticas, a garantia dos meios necessários à realização e a abstenção de atuação dos entes estatais já são suficientes para a sua concretização.

Portanto, a maior relevância ao se precisar um mínimo existencial ocorre naqueles direitos humanos que necessitam de prestações efetivas dos entes estatais, haja vista serem os direitos negativos incompatíveis com uma densificação de seu conteúdo, o que impossibilita dividir esses direitos em uma parte essencial e outra mais flexível.[79] Os direitos de primeira dimensão não apresentam um substrato econômico significativo, atingindo, esse vetor, forte magnitude com relação às demais dimensões.[80]

---

[78] "O direito ao mínimo existencial está implícito também na proclamação do respeito à dignidade humana, na cláusula do Estado Social de Direito e em inúmeras outras classificações constitucionais ligadas aos direitos fundamentais" (TORRES, Ricardo Lobo. O mínimo existencial e os direitos fundamentais. *Revista de Direito Administrativo*, v. 177, jul./set. 1989. p. 32).

[79] Os direitos considerados negativos também necessitam de atividades estatais para a sua concretização, como exemplo, o poder de polícia, contudo em grau muito inferior ao exigido para a concretização dos considerados direitos sociais.

[80] "Justamente pelo fato de os direitos sociais prestacionais terem por objeto prestações do Estado diretamente vinculadas à destinação, distribuição (e redistribuição), bem como à criação de bens materiais, aponta-se, com propriedade, para sua dimensão economicamente relevante. Tal constatação pode ser tida como essencialmente

Na determinação do mínimo existencial ou da densidade suficiente dos direitos fundamentais, o Supremo Tribunal Federal não pode agir de forma arbitrária, já que, se as suas decisões se distanciarem dos fatores sociopolítico-econômicos, dificulta-se sua concretude normativa.[81]

Um direito fundamental é composto de duas partes: o seu núcleo duro e a sua zona periférica. O núcleo duro ou conteúdo essencial configura-se como limite que deve ser respeitado pelo Supremo Tribunal Federal ao determinar a densidade de um direito, que, de maneira nenhuma, pode ser desrespeitado pelas decisões judiciais, proibindo-se o seu esvaziamento ou que ele se transforme em uma exceção. Esse núcleo duro é definido como a própria essência do direito, que deve ser concretizado independentemente de conjecturas fáticas. A outra parte que compõe o direito fundamental é a zona periférica, que será concretizada consonante a conjuntura fática, mas o STF deve estipular um desenvolvimento para que a densidade do direito possa ser aumentada.

O mínimo existencial ou densidade suficiente refere-se ao núcleo duro que, integralmente, não pode ser desprezado pelos órgãos estatais. A zona periférica refere-se à extensão à qual os direitos fundamentais devem paulatinamente evoluir, atendendo às diretrizes estipuladas pelo Supremo Tribunal Federal, sempre em sintonia com os fatores sociopolítico-econômicos. Entretanto, jamais haverá um engessamento evolutivo na concretização dos direitos humanos, que sempre estarão em constante desenvolvimento *pari passu* com o progresso da sociedade. A conclusão que se pode chegar é que sempre haverá uma zona periférica na definição dos direitos fundamentais, e que caberá ao STF velar pelo seu desenvolvimento sintonizado com as demandas sociais.

A finalidade da definição de um núcleo duro dos direitos fundamentais não é limitar sua concretização, muito pelo contrário, configura-se como uma forma de maximizar a sua eficácia.[82] A sua aplicação na realidade brasileira deve ter o escopo de garantir um constante incremento nas prerrogativas dos cidadãos e não se transformar em um óbice, sob a alegação de que a seara fática não oferece condições mínimas para a concretização dos direitos fundamentais.[83]

Ao contrário de diversos autores que postulam que as decisões judiciais não podem obrigar à concretização de direitos sociais, mesmo que contidos na Constituição, adota-se neste trabalho a premissa de que o Supremo Tribunal Federal tem a obrigação de velar pelo cumprimento de todos os mandamentos contidos na Constituição de

---

correta e não costuma ser questionado. Já os direitos de defesa – precipuamente dirigidos a uma conduta omissiva – podem, em princípio, ser considerados destituídos desta dimensão econômica, na medida em que o objeto de sua proteção (vida, intimidade, liberdades etc.) pode ser assegurado juridicamente, independentemente das circunstâncias econômicas" (SARLET, Ingo Wolfgang. *A eficácia dos direitos fundamentais*. 2. ed. Porto Alegre: Livraria do Advogado, 2001. p. 263).

[81] O que obviamente exige a transformação do Supremo Tribunal Federal em um tribunal constitucional, com a democratização da escolha e mandato fixo para os seus membros.

[82] "Certamente, a assistência social aos necessitados é um dos deveres óbvios do Estado Social. Necessariamente, isto inclui a assistência social aos cidadãos que, em virtude de vicissitudes físicas ou mentais, estão impedidos de desenvolver-se pessoal e socialmente e não podem assumir por si mesmo a sua própria subsistência. Em todo caso, a comunidade estatal tem que assegurar as condições mínimas para uma existência humana digna" (ALEXY, Robert. *Teoría de los derechos fundamentales*. Tradução de Ernesto Garzón Valdés. Madrid: Centro de Estudios Políticos y Constitucionales, 2002. p. 422).

[83] ANDRADE, José Carlos Vieira de. Legitimidade da justiça constitucional e princípio da maioria. In: BRITO, José Souza e et al. *Legitimidade e legitimação da justiça constitucional*. Coimbra: Coimbra Editora, 1995. p. 83.

1988, principalmente dos direitos sociais.[84] Desta forma, não se estaria transferindo a competência de realizar as políticas públicas para o Judiciário, mas defendendo a eficácia da Constituição e assegurando uma maior legitimação da jurisdição constitucional.

A necessidade de se definir um mínimo existencial ou uma densidade suficiente aos direitos fundamentais configura-se como uma condição imprescindível para a concretização do princípio do não retrocesso. Sem a definição de um conteúdo mínimo, o entrincheiramento não tem eficácia porque não há o estabelecimento de uma densidade para ser efetivada, possibilitando que esta eficácia seja efetivada caso a caso, acarretando uma casuística que não oferece parâmetros de aumento da eficácia sistêmica.

### 13.2.3 Reserva do possível

É pacífico que todos os direitos humanos, mesmo os individuais, apresentam uma valoração material. Todavia, também é de conhecimento geral que alguns direitos sociais apresentam um custo elevado, mesmo com a consciência de que sua efetivação se configura como requisito insuprível para o estabelecimento de um Estado Social que começa a ser efetivado na Europa a partir dos anos 30,[85] mas que não consegue se realizar no Brasil em todas as suas dimensões.

Segundo Andreas Krell, a teoria da reserva do possível fora uma criação da doutrina alemã, sendo posteriormente agasalhada pelo Tribunal Constitucional Federal da Alemanha, que atrelou a construção de determinados direitos fundamentais de conotação material à condição de o Estado dispor dos respectivos recursos, sustentando que "estão sujeitos à reserva do possível no sentido daquilo que o indivíduo, de maneira racional, pode esperar da sociedade".[86] Ensina Jorge Reis Novais que o surgimento dessa garantia está estreitamente ligado à história constitucional de Weimar, onde às normas constitucionais de direitos fundamentais se atribuía um caráter meramente programático, não lhes reconhecendo qualquer nível de efetividade.[87] Cristina Queiroz entende que o conceito de reserva do possível poderá apresentar-se como uma exigência "racional", que deflui da natureza das coisas através de elementos lógicos e sistemáticos dos dispositivos jurídicos.[88]

---

[84] "O modo e a oportunidade de concretizar os direitos sociais através da oferta de serviços públicos não podem ser objeto de decisão judicial. Estar-se-ia transferindo a adoção de políticas públicas relativas à educação, saúde, lazer e assistência social para a competência dos órgãos jurisdicionais que teriam, ademais, que cuidar dos recursos orçamentários a serem utilizados no custeio desses serviços quando não definidos pelo texto constitucional. Tal hipótese configuraria um deslocamento das funções políticas do parlamento e do governo para o Poder Judiciário, desvirtuando a repartição de competências entre os poderes públicos estabelecidos pela Constituição. A administração financeira do Estado, bem como a definição de estratégias e políticas para a melhor aplicação dos recursos públicos a fim de atender às necessidades da população, por óbvio, fogem da alçada do Poder Judiciário" (LEAL, Roger Stiefelmann. Direitos sociais e a vulgarização da noção de direitos fundamentais. E-gov, 4 mar. 2011. Disponível em: <http://www.egov.ufsc.br/portal/conteudo/direitos-sociais-e-vulgariza%C3%A7%C3%A3o-da-no%C3%A7%C3%A3o-de-direitos-fundamentais>. Acesso em: 29 maio 2004).

[85] MERRIEN, François-Xavier et al. L'État Social. Une perspective internationale. Paris: Armand Colin, 2005. p. 95.

[86] KRELL, Andreas J. Direitos sociais e controle judicial no Brasil e na Alemanha. Os (des)caminhos de um direito constitucional "comparado". Porto Alegre: Sergio Antônio Fabris, 2002. p. 52.

[87] NOVAIS, Jorge Reis. As Restrições aos Direitos Fundamentais não expressamente Autorizadas pela Constituição. Coimbra: Coimbra Editora, 2003, p. 779.

[88] QUEIROZ, Cristina M. M. O princípio da não reversibilidade dos direitos fundamentais sociais. Princípios dogmáticos e prática jurisprudencial. Coimbra: Coimbra Editora, 2006. p. 26.

Segundo Ingo Sarlet a reserva do possível apresenta pelo menos uma dimensão tríplice: a) a efetiva disponibilidade fática dos recursos para a efetivação dos direitos fundamentais, primordialmente dos sociais; b) a indisponibilidade jurídica dos recursos materiais e humanos, que guarda íntima conexão com a distribuição das receitas e competências tributárias, orçamentárias, legislativas e administrativas, entre outras; c) o problema da proporcionalidade da prestação, em especial no tocante à sua exigibilidade e, nesse diapasão, também de sua razoabilidade, no que evita a prática de excessos ou da realização de coisas impossíveis.[89]

Mesmo não tendo assento constitucional e podendo ser destituída de valia em decorrência do princípio da proporcionalidade, a teoria da reserva do possível se mostra propícia quando for usada para racionalizar os recursos públicos, impedindo que sejam direcionados de forma temerária. Mostrar-se-á despicienda e danosa quando for utilizada para estiolar a concretização de direitos humanos.

Concorda-se que a previsão de qualquer direito apresenta um custo e que esse fator deve ser analisado e levado a sério. Também não há oposição na conceituação pragmática de direito fundamental, desde que as prerrogativas constitucionais sejam respeitadas.[90] O que não se pode admitir é a utilização de conceitos retóricos para elidir uma verdade insofismável que é o desrespeito histórico no Brasil pelos direitos humanos dos hipossuficientes. Por que há dinheiro em demasia para se pagar as taxas de juros reais mais altas do planeta e não há dinheiro para se alocar em concretização dos direitos à saúde? Pretende-se deixar cristalino que muitas vezes se utiliza de termos teoricamente neutrais e científicos para tentar-se encobrir escolhas políticas que excluem a ampla maioria da população ao recebimento dos ativos sociais que ela ajudou a produzir.[91]

Considerando que os direitos sociais, como todos os demais, apresentam um custo, a teoria da reserva do possível se torna imperiosa quando ela é utilizada para a indicação dos recursos disponíveis, da infraestrutura organizacional disponível e da capacidade técnica e operacional disponibilizadas. Concebendo-a com essa finalidade, ela se apresenta como um instrumental de grande utilidade para a concretização dos direitos sociais.

Indubitavelmente, há um limite fático para o atendimento das demandas inerentes à saúde, que indiscutivelmente é a capacidade financeira dos entes estatais. Não obstante, a reserva do possível não pode servir como instrumento retórico para obstaculizar a concretização desse direito fundamental.

---

[89] SARLET, Ingo Wolfgang; FIGUEIREDO, Mariana Filchtiner. Reserva do possível, mínimo existencial e direito à saúde: algumas aproximações. In: *Direitos fundamentais*. Orçamento e reserva do possível. Porto Alegre: Livraria do Advogado, 2008. p. 30.

[90] GALDINO, Flávio. *Introdução à teoria dos custos dos direitos*. Direitos não nascem em árvores. Rio de Janeiro: Lumen Juris, 2005. p. 339.

[91] "Embora constituintes, legisladores e governantes em geral não possam, através do discurso constitucionalista, encobrir a realidade social totalmente contrária ao *welfare state* previsto no texto da Constituição, invocam na retórica política os respectivos princípios e sua consecução. A Constituição simbólica está, portanto, estreitamente associada à presença excessiva de disposições pseudoprogramáticas no texto constitucional. Dela não resulta normatividade programático-finalística, antes constitui um álibi para os agentes políticos. Os dispositivos pseudoprogramáticos só constituem 'letra morta' num sentido exclusivamente normativo-jurídico, sendo relevantes na dimensão político-ideológica do discurso constitucionalista-social" (NEVES, Marcelo. *A constitucionalização simbólica*. São Paulo: Acadêmica, 1994. p. 104).

## 13.3 Direitos coletivos dos trabalhadores

### 13.3.1 Liberdade de associação profissional ou sindical

O art. 8º, *caput*, da CF menciona dois tipos de associações: a profissional e a sindical. Ambas são associações profissionais, agrupando pessoas que realizam a mesma função na cadeia produtiva. A diferença está em que a sindical é uma associação profissional com prerrogativas especiais. A liberdade sindical implica efetivamente a liberdade de fundação do sindicato, a liberdade de adesão sindical e a liberdade de atuação sindical, impossibilitando a criação de barreiras, por parte do Estado, para o surgimento de sindicatos.

A participação nas negociações coletivas de trabalho significa uma prerrogativa importante das associações sindicais que têm o escopo de representar, perante os empregadores, os interesses gerais da respectiva categoria.[92]

### 13.3.2 Liberdade sindical

Não se exige autorização para fundar sindicato e é vedada a interferência e a intervenção na organização sindical por parte do Estado (art. 8º, I, da CF). Todavia, deve o sindicato ser registrado no órgão competente do Poder Público (Ministério do Trabalho), e tal registro se faz necessário para salvaguardar o princípio norteador, por excelência, dos sindicatos, o da unicidade sindical, que fortalece as estruturas sindicais (art. 516 da CLT). Este princípio determina que deverá haver apenas uma organização sindical, representativa de uma categoria profissional, em uma mesma base territorial, que terá a extensão mínima da área de um município (art. 8º, II, da CF). A base territorial é definida de acordo com as peculiaridades da profissão ou da atividade econômica.

### 13.3.3 Liberdade de adesão sindical

Advém do próprio princípio da autonomia da vontade e da legalidade, de sorte que ninguém é obrigado a se filiar ou a manter-se filiado ao sindicato (art. 8º, V, da CF). Os aposentados, desde que continuem sindicalizados, têm direito a votar e a serem votados, já que continuam a pertencer à mesma categoria profissional, mesmo na inatividade.

### 13.3.4 Liberdade de atuação sindical

Os sindicatos têm a função de representar, judicial e extrajudicialmente, os membros de determinada categoria (art. 8º, III, da CF). Assim, detêm a prerrogativa de lutar pelos mais variados interesses, mormente por questões políticas. Possuem, como órgãos, a assembleia-geral, a diretoria e o conselho fiscal. As bandeiras que serão por eles reivindicadas deverão ser decididas pelos trabalhadores em assembleia.

---

[92] O STF decidiu que os sindicatos têm ampla legitimidade ativa *ad causam* para atuar como substitutos processuais das categorias que representam na defesa de direitos e interesses coletivos ou individuais homogêneos de origem comum da categoria, tanto nos processos de conhecimento, como para sua liquidação e execução (RE nº 210.029/RS; RE nº 211.874/RS; RE nº 213.111/SP; RE nº 214.668/ES, Rel. Orig. Min. Carlos Velloso, Rel. p/ o acórdão Min. Joaquim Barbosa, 12.6.2006).

## 13.3.5 Proteção aos dirigentes sindicais

É vedada a dispensa do empregado sindicalizado, desde o registro da candidatura a qualquer cargo de direção ou representação sindical, salvo se cometer falta grave nos termos da lei (art. 8º, VIII, da CF). Caso não ganhe as eleições, a estabilidade provisória termina. Para os eleitos, bem como seus suplentes, essa estabilidade provisória perdura até um ano após o término dos seus mandatos.

## 13.3.6 Greve

A greve, consagrada como direito dos trabalhadores, foi expressamente agasalhada pela Constituição (art. 9º da CF). É legalmente considerada como a suspensão coletiva, temporária e pacífica, total ou parcial, de prestação pessoal de serviços ao empregador. Foi regulamentada pela Lei nº 7.783/1989.[93]

A importância do direito de greve fez com que o Min. Marco Aurélio a conceituasse como um direito natural:

> A República Federativa do Brasil tem como fundamentos, entre outros, a cidadania, a dignidade da pessoa humana e os valores sociais do trabalho e da livre iniciativa. Em assim sendo, ganha envergadura o direito do trabalhador de engajar-se em movimento coletivo, com o fim de alcançar melhoria na contraprestação dos serviços, mostrando-se a greve o último recurso no âmbito da resistência e pressão democráticas. Em síntese, na vigência de toda e qualquer relação jurídica concernente à prestação de serviços, é irrecusável o direito à greve. E este, porque ligado à dignidade do homem – consubstanciando expressão maior da liberdade à recusa, ato de vontade, em continuar trabalhando sob condições tidas como inaceitáveis –, merece ser enquadrado entre os direitos naturais.[94]

A greve inicia-se com a decisão dos trabalhadores em assembleia sindical. Afora as greves políticas, poderíamos dizer que elas têm o escopo de formar um futuro contrato coletivo de trabalho. Vê-se, pois, que não é um simples direito fundamental dos trabalhadores, mas um direito fundamental de natureza instrumental.

Esse direito, como todos os outros, não é absoluto, de modo que, em relação aos serviços públicos e aos serviços essenciais, haverá limitações ao seu exercício em face da peculiaridade intrínseca a essas funções. As limitações, por sua vez, não implicam cerceamento do direito à greve; pelo contrário, visam sobretudo à tutela precípua do interesse público.

O art. 10 da Lei nº 7.783/1989 elenca os serviços considerados essenciais, quais sejam: tratamento e abastecimento de água; produção e distribuição de energia elétrica, gás e combustíveis; assistência médica e hospitalar; distribuição e comercialização de medicamentos e alimentos; sistema funerário; transporte coletivo; captação e tratamento de esgoto e lixo; telecomunicações; guarda, uso e controle de substâncias radioativas,

---

[93] "O que caracteriza doutrinariamente a greve é a recusa de trabalho que rompe com o quotidiano, bem como o seu caráter coletivo. Não há greve de uma só pessoa. Nem haverá, também, sem o elemento subjetivo, a intenção de se pôr fora do contrato para obter uma vantagem trabalhista" (NASCIMENTO, Amauri Mascaro. *Iniciação ao direito do trabalho*. São Paulo: LTr, 1998. p. 661).

[94] SS (AgRg) nº 2.061/DF, Rel. Min. Marco Aurélio.

equipamentos e materiais nucleares; controle de tráfego aéreo; e compensação bancária. Tais situações são elencadas de forma taxativa, não admitindo, pois, ampliações.

A Constituição assegura o direito de greve de *per si*, não o subordinando à eventual previsão de lei, o que não impede que a ordem jurídica infraconstitucional lhe imponha limites, sem, contudo, inviabilizar o seu exercício.

Ao contrário do sistema constitucional anterior, a Constituição Federal de 1988 não proíbe a greve nos serviços públicos e atividades essenciais definidas em lei. Assim, a Carta Magna previu o direito de greve do servidor público em seu art. 37, VII, impondo apenas limitações a serem estabelecidas em cominação infraconstitucional, em face da natureza de que a função é revestida. Aos trabalhadores que exercem atividades essenciais também não foi vedado o direito à greve, porém o seu exercício fica condicionado à garantia, durante a paralisação, da prestação dos serviços e das necessidades inadiáveis da comunidade (art. 11 da Lei nº 7.783/1989).

No dizer de Amauri Mascaro Nascimento, com a Constituição Federal de 1988, "o direito de greve adquiriu extensão jurídica nunca igualada nas Constituições anteriores, uma vez que compete aos trabalhadores definir a oportunidade e os interesses a defender por meio dele".[95]

Deve-se ter em mente, ainda, que a greve é um direito individual de exercício coletivo. Ora, a greve tem como objeto o interesse coletivo, de forma que a titularidade desse direito pertence, na verdade, ao sindicato da categoria, dada a sua função constitucional de defender os direitos dos trabalhadores. Na falta deste, porém, o exercício do direito pertencerá ao grupo profissional, mas nunca será exercido pelo trabalhador individualmente.

Por fim, vale salientar que a nossa legislação não permite o *lockout*, ou seja, o direito de greve por iniciativa do empregador, que paralisa os serviços no desiderato de frustrar a negociação. É verdadeira interrupção do contrato de trabalho, o que pode perfeitamente provocar a sua rescisão indireta. Na hipótese de verificação de *lockout*, é assegurado ao trabalhador o pagamento dos seus salários.

### 13.3.7 Substituição processual

Consiste no poder que a Constituição conferiu aos sindicatos de ingressar em juízo na defesa de direitos e interesses coletivos e individuais da categoria, tanto em nível judicial como extrajudicial (art. 8º, III, da CF).

### 13.3.8 Participação laboral

É assegurada a participação dos trabalhadores e empregadores nos colegiados dos órgãos públicos em que seus interesses profissionais ou previdenciários sejam objeto de discussão. Se há algum interesse dos trabalhadores em jogo, a participação de seus representantes se mostra imperiosa (art. 10 da CF).

---

[95] NASCIMENTO, Amauri Mascaro. *Iniciação ao direito do trabalho*. São Paulo: LTr, 1998. p. 666.

## 13.3.9 Representação na empresa

O mencionado direito comina que, nas empresas com mais de duzentos empregados, é assegurada a eleição de um representante destes com a finalidade exclusiva de promover o entendimento direto com os empregadores (art. 11 da CF). Foi uma fórmula encontrada para fortalecer a representatividade dos trabalhadores.[96]

---

[96] "Representação dos trabalhadores na empresa, no sentido amplo, é o conjunto de meios destinados à discussão e manifestação dos empregados no local de trabalho, tendo em vista a melhoria das relações de trabalho" (NASCIMENTO, Amauri Mascaro. *Iniciação ao direito do trabalho*. São Paulo: LTr, 1998. p. 697).

CAPÍTULO 14

# NACIONALIDADE

Nacionalidade é o vínculo que une os cidadãos a um Estado, acarretando uma relação de obrigações e prerrogativas, configurando-se como um direito fundamental.[1]

Quando o estrangeiro estiver fora dos limites territoriais do Brasil, inexiste qualquer tipo de obrigação ou direito que o vincule ao país, exceto as obrigações contraídas durante a sua estada. Com relação aos nacionais, mesmo fora do país, permanecem os vínculos jurídicos, que os acompanham independentemente do local em que estejam.

O conceito de nacionalidade liga-se aos conceitos de nação, povo, população e cidadania.

Define Bobbio o critério de nação:

> Normalmente nação é concebida como um grupo de pessoas unidas por laços naturais e portanto eternos – ou pelo menos existentes *ab immemorabili* – e que, por causa destes laços, se torna a base necessária para a organização do poder sob a forma do Estado nacional.[2]

O conceito de nacionalidade é diverso do conceito de cidadania: nacionalidade é o vínculo que se estabelece entre um cidadão e um Estado soberano e cidadania é a participação do indivíduo nos negócios políticos do Estado. Podemos dizer que a nacionalidade é um requisito para a cidadania.[3]

A Constituição de 1824 cometeu a imprecisão de unificar as duas terminologias, igualando, no seu art. 6º, o conceito de nacionalidade ao conceito de cidadania, no que foi seguida, posteriormente, pela Constituição de 1891. Essa imprecisão terminológica não foi, felizmente, repetida pelas demais Constituições. Pimenta Bueno, um dos maiores constitucionalistas do Império, de acordo com o modelo adotado pela Lei Maior de

---

[1] HORTA, Raul Machado. *Direito constitucional*. 2. ed. Belo Horizonte: Del Rey, 1999. p. 211.
[2] BOBBIO, Norberto; MATTEUCCI, Nicola; PASQUINO, Gianfranco. *Dicionário de política*. 11. ed. Brasília: Universidade de Brasília, 1998. v. 2. p. 796.
[3] Em sentido contrário Walter Ceneviva: "O exercício da nacionalidade é condicionado à cidadania, à idade, ao sexo, à alfabetização, à capacidade mental (não interdição) e à capacidade civil" (CENEVIVA, Walter. *Curso de direito constitucional brasileiro*. 2. ed. São Paulo: Saraiva, 1991. p. 31).

1824, designava como cidadão ativo aquela pessoa que podia participar dos negócios políticos, para diferenciar do cidadão em geral, que, então, se confundia com o nacional.

Povo é o conjunto de nacionais existentes em um país, podendo ser natos ou naturalizados. População é o conjunto de pessoas que há no país, englobando no seu *quantum* os estrangeiros.

Rodrigo Borja define as características de um povo como um fator psicológico resultante da coesão e da unidade do grupo, que proporciona uma estrutura sólida e homogênea, induzindo os seus membros a se considerarem partes integrantes de um todo unitário.[4]

Os critérios para se adquirir a nacionalidade são o *jus sanguinis* e o *jus soli*. Cada país escolhe a nacionalidade que melhor lhe convier, defluindo essa opção da sua soberania. Geralmente os países que realizaram grandes emigrações optam pelo *jus sanguinis*, como forma de manter o vínculo com os seus cidadãos e descendentes que residem no exterior; e os que foram colonizados, recebendo correntes de imigrantes, optam pelo *jus soli*, como forma de nacionalizar aquelas pessoas que convivem no seu território.

O Brasil optou pela escolha do *jus soli* pelo fato de ter recebido grande contingente de imigrantes. As duas primeiras Constituições, a de 1824 e a de 1891, como forma de nacionalizar os estrangeiros que moravam no país, consideraram nacionais todos os estrangeiros residentes em solo brasileiro, desde que não rejeitassem a condição de se tornarem nacionais.

O *jus sanguinis* deriva do vínculo sanguíneo que une uma geração a outra, recaindo o liame na filiação paterna ou materna até determinado vínculo de parentesco, não importando o local onde houve o nascimento. O *jus soli* se origina no local de nascimento, o território no qual a pessoa veio ao mundo. Esse critério será condicionado pela origem do cidadão, sem nenhuma vinculação com a nacionalidade dos seus pais.

Pode haver dois tipos de nacionalidade, o nato e o naturalizado, igualmente chamados de nacionalidade primária e secundária. Nato é aquele que sempre teve a nacionalidade brasileira, adquirida com o nascimento, sem tê-la obtido posteriormente. Esse critério de nacionalidade é realizado segundo os parâmetros do *jus soli*, prevalecendo o local de nascimento. Naturalizado é aquele cidadão que obteve outra nacionalidade em detrimento da sua anterior, ou seja, ele não adquiriu a nacionalidade pátria pelo *jus soli*, mas sim por meio de um procedimento jurídico. É o critério de aquisição em que o estrangeiro, cumprindo os requisitos dispostos em lei, pode adquirir a nacionalidade brasileira.

Casos interessantes são os polipátridas e os apátridas ou *heimatlos*. Polipátridas são aqueles cidadãos que têm duas ou mais pátrias, como exemplo, os filhos de italianos que nascem no Brasil, em decorrência de o Brasil adotar o *jus soli* e a Itália adotar o *jus sanguinis*. Apátridas ou *heimatlos* (expressão alemã) são aqueles cidadãos que não têm pátria, isto é, que não são considerados nacionais por nenhum Estado, nos termos do Estatuto dos Apátridas de 1954, como exemplo, os que nascem em alto-mar e não são registrados em nenhum país.[5]

---

[4] BORJA, Rodrigo. *Derecho político y constitucional*. 2. ed. México: Fondo de Cultura Económica, 1991. p. 29.
[5] A Lei de Migração (Lei nº 13.445/2017) trouxe definição específica para o termo, e, em seu art. 26, prevê a regulamentação de um instituto protetivo específico para o apátrida, além de garantir-lhe um processo de naturalização simplificado.

## 14.1 Exceções ao *jus soli*

O Brasil optou, como mencionamos acima, pelo sistema do *jus soli*; contudo, existem algumas exceções:

a) Os nascidos no Brasil, filhos de estrangeiros, que estejam a serviço de seu país. A regra é que todo aquele que nasça em solo pátrio seja considerado brasileiro. Contudo, não terá essa nacionalidade o cidadão que seja filho de mãe e pai estrangeiros e qualquer um destes esteja a serviço de seu país de origem. Se qualquer um de seus pais for brasileiro, em que pese o outro se encontrar em missão oficial por seu país de origem, será considerado nato.

O cidadão terá nacionalidade estrangeira, mesmo que nascido no Brasil, quando seus pais forem estrangeiros, mas residindo em solo nacional, a serviço de seus respectivos governos. Essa é uma exceção ao *jus soli*, optando o ordenamento jurídico pelo *jus sanguinis* desde que qualquer um de seus genitores esteja a serviço de seu país de origem. Ressalve-se, entretanto, que, para o cidadão nascido no Brasil ser considerado estrangeiro, não será preciso que ambos os pais estejam a serviço de governo estrangeiro, porque, se qualquer um exercer tal função, o filho não será considerado brasileiro, a menos que um deles seja nacional.

b) Os nascidos no estrangeiro, de pai brasileiro ou de mãe brasileira, desde que qualquer um deles esteja a serviço do Brasil. A regra é que todo aquele que não nasça no Brasil seja considerado estrangeiro. Exceção ocorre quando um de seus genitores esteja exercendo uma missão reconhecida pelo governo. Essa prestação de serviço tem de ser oficialmente reconhecida pelo governo, não podendo ser considerada vínculo oficial uma viagem de negócios nem uma bolsa de estudos no exterior.

c) Os nascidos no estrangeiro de pai brasileiro ou de mãe brasileira, desde que sejam registrados em repartição brasileira competente ou venham a residir na República Federativa do Brasil e optem, em qualquer tempo, depois de atingida a maioridade, pela nacionalidade brasileira. Nesse caso, há dois requisitos: (i) ser filho de pai ou mãe brasileiro; (ii) ser registrado em repartição brasileira competente ou venha a residir na República Federativa do Brasil e optem, depois de atingida a maioridade, a qualquer tempo, pela nacionalidade brasileira. A Emenda Constitucional nº 54 introduziu a opção de o cidadão vir a residir no Brasil ou ser registrado em repartição competente.

A opção pela nacionalidade brasileira somente pode ser manifestada quando o cidadão alcançar a maioridade, haja vista o seu caráter personalíssimo, necessitando que ele tenha condições de expressar sua vontade de forma livre. Esse pressuposto não pode ser suprimido pela representação dos pais. A competência para a realização desse procedimento será da Justiça Federal.

Nos casos mencionados houve a troca do critério do *jus soli* pelo *jus sanguinis*, nos dois primeiros acrescentou-se o critério de estar exercendo um serviço para o Estado e, no terceiro, a vontade de optar pela nacionalidade brasileira. Os cidadãos, nesses casos, são considerados brasileiros natos.

## 14.2 Formas de naturalização

O ordenamento constitucional brasileiro previu duas formas de naturalização: a ordinária e a extraordinária. Elas são formas de naturalização expressas, em que o cidadão tem de requerer a nacionalidade brasileira.

A naturalização ordinária é assim chamada porque se encontra regulamentada na Lei nº 13.445/2017, a Lei de Migração, que revogou o antigo Estatuto do Estrangeiro (Lei nº 6.915/1980). As condições estipuladas são as seguintes:

    a) apresentar capacidade civil, de acordo com os requisitos da legislação brasileira;
    b) possuir residência contínua no Brasil pelo prazo de quatro anos;[6]
    c) comunicar-se em língua portuguesa, consideradas as condições de naturalizando;
    d) não possuir condenação penal ou estiver reabilitado, nos termos da lei.

A naturalização extraordinária tem essa denominação em função de que seu disciplinamento se encontra inserido na Constituição. Para os cidadãos dos países que não têm o português como língua oficial, exigem-se quinze anos ininterruptos de residência em solo pátrio, ausência de condenação penal e que seja formulado um requerimento com o preenchimento de todos os requisitos. Essa condenação deve ter transitado em julgado, pelo princípio da presunção de inocência.[7] Para os países que têm como língua oficial o português, exige-se residência por um ano ininterrupto, idoneidade moral e requerimento formulado com o preenchimento dos requisitos.

A concessão da naturalização é competência do presidente da República, em decreto referendado pelo ministro da Justiça. Poderá ser realizada mediante decreto coletivo, desde que cada beneficiário fique textualmente individualizado. A efetivação da naturalização será mediante um certificado de naturalização ao estrangeiro. A aquisição da nacionalidade brasileira por um cidadão não importará na aquisição da nacionalidade pelo cônjuge ou pelo filho.

Nos casos de naturalização extraordinária, ela é uma competência vinculada do presidente da República, ou seja, preenchidos os requisitos necessários, não pode o chefe do Executivo negar a sua concessão, pois se trata de um direito público subjetivo de cidadania. Com relação à naturalização ordinária, a doutrina se posiciona a seu respeito como discricionária, podendo o presidente da República concedê-la ou não, de acordo com suas conveniências.

O texto constitucional brasileiro não mais contempla a forma de aquisição da nacionalidade originária dos nascidos no exterior, que eram registrados nas embaixadas brasileiras. Da mesma forma, não mais existem na Constituição naturalização por radicação precoce, quando o estrangeiro estabelecesse residência no Brasil durante os cinco primeiros anos de vida, estabelecendo-se definitivamente no território nacional, e naturalização por conclusão de curso superior em estabelecimento de ensino superior.

A Lei de Migração trouxe ainda ao ordenamento jurídico duas novas formas de naturalização: a especial e a provisória. A naturalização especial poderá ser concedida

---

[6] Esse prazo mínimo de residência pode ainda ser reduzido para apenas 1 ano caso o migrante tenha filho brasileiro, cônjuge ou companheiro brasileiro, tenha prestado serviço relevante ao Brasil, ou ainda se o indivíduo se recomendar por sua capacidade profissional, artística ou científica (Lei nº 13.445/2017, art. 66).

[7] O Plenário do STF decidiu, no HC nº 68.726, cujo relator foi o Min. Néri da Silveira, por unanimidade, que não ofende o princípio da presunção de inocência a prisão do réu condenado, embora sem ter transitado em julgado a sentença. A prisão cautelar não ofende o princípio da presunção da inocência.

ao cônjuge ou companheiro, há mais de 5 anos, de pessoa a serviço do Estado brasileiro no exterior, ou então ao estrangeiro que tenha sido empregado em representação diplomática do Brasil por mais de 10 anos ininterruptos. Já a naturalização provisória pode ser atribuída ao migrante criança ou adolescente que tenha fixado residência no Brasil antes de completar 10 anos de idade – ela converte-se em naturalização definitiva através de requisição expressa do migrante, no prazo de 2 anos após o atingimento da maioridade.

## 14.3 Princípio da reciprocidade

Foi instituído em seara infraconstitucional em 7.9.1971, na Convenção sobre Igualdade de Direitos e Deveres entre o Brasil e Portugal, sendo também chamado de princípio da quase nacionalidade.

Os portugueses com residência permanente no Brasil, havendo reciprocidade para com os brasileiros que residem em Portugal, terão os mesmos direitos que os nacionais, excetuando-se as prerrogativas exclusivas dos cidadãos natos, sem a necessidade de procedimento para a aquisição da naturalização. Esse princípio foi bastante arrefecido devido ao fato de a Comunidade Comum Europeia ter impedido Portugal de tomar decisões próprias com relação a estrangeiros.

Como exemplo do princípio da reciprocidade temos o caso julgado pelo STF, cujo relator foi o Min. Moreira Alves, em que se negou a extradição de uma cidadã, de nacionalidade portuguesa, por ter o governo brasileiro reconhecido a igualdade de direitos e obrigações civis com os cidadãos nacionais. Os portugueses e brasileiros que estejam amparados pelo Estatuto de Igualdade não estão sujeitos à extradição, salvo o português, se houver solicitação do seu país de origem.

É o Ministério da Justiça o órgão encarregado de verificar a existência ou não do princípio da reciprocidade.

## 14.4 Exceções à igualdade entre brasileiros natos e naturalizados

As exceções descritas a seguir são as únicas distinções possíveis de serem estabelecidas entre os brasileiros natos e os naturalizados, e assim mesmo porque estão contidas em nível constitucional.

São cargos privativos de brasileiros natos:
a) presidente e vice-presidente da República;
b) presidente da Câmara de Deputados e do Senado Federal;
c) ministros do Supremo Tribunal Federal;
d) cargos da carreira diplomática;
e) oficiais das Forças Armadas;
f) ministro de Estado da Defesa.

Interessante notar que a primeira restrição aos naturalizados se constitui no impedimento de ocupar a presidência da República, pois o vice-presidente, o presidente do Senado Federal, o presidente da Câmara de Deputados e o presidente do Supremo Tribunal Federal são os substitutos naturais em caso de morte ou impedimento do chefe do Executivo. Os cargos da carreira diplomática, de oficial das Forças Armadas e de ministro de Estado da Defesa são impedidos aos brasileiros naturalizados porque representam setores sensíveis da vida nacional, zelando pelas relações exteriores e pela segurança da pátria.

## 14.5 Outras distinções entre brasileiros natos e naturalizados

São elas:

a) apenas o naturalizado poderá ser extraditado, em caso de crime comum antes da naturalização, e, a qualquer momento, no caso de tráfico ilícito de entorpecentes e drogas afins (art. 5º, LI, da CF);
b) os seis cidadãos que formam o Conselho da República devem ser brasileiros natos (art. 89, VII, da CF);
c) a maior parte da propriedade de empresa jornalística e de radiodifusão sonora e de sons e imagens é privativa de brasileiros natos, ou naturalizados há mais de dez anos, o que não deixa de ser uma distinção, porque exige do naturalizado um lapso temporal de mais de dez anos.[8]

## 14.6 Perda da nacionalidade do brasileiro

O cidadão brasileiro perderá sua nacionalidade em virtude de sentença judicial pela prática de atividades nocivas aos interesses nacionais ou se adquirir outra nacionalidade (art. 12, §4º, I e II, da CF). O primeiro caso só atinge os brasileiros naturalizados; o segundo caso pode atingir os brasileiros natos e naturalizados. Após a perda, que ocorrerá por meio de decreto presidencial, o cidadão deverá ser expulso do país.

A perda da nacionalidade no primeiro caso deve preencher os seguintes requisitos: a) atividades nocivas aos interesses nacionais; b) cancelamento da sentença de naturalização por decisão judicial transitada em julgado.

A sentença que condenar o naturalizado deverá declarar a perda da nacionalidade. Ela deve ser oriunda de um processo em que tenha sido assegurado ao cidadão o devido processo legal, a ampla defesa e o contraditório. Os efeitos da decisão judicial serão *ex nunc*, isto é, valendo da data da sentença transitada em julgado em diante.

Com relação à perda da nacionalidade brasileira por atividades nocivas aos interesses nacionais, ela terá de ser oriunda de decisão judicial. A respeito do assunto explica Alexandre de Moraes:

> A ação é proposta pelo Ministério Público Federal, que imputará ao brasileiro naturalizado a prática de atividade nociva ao interesse nacional. Não há, porém, uma tipicidade específica na lei que preveja quais são as hipóteses de atividade nociva ao interesse nacional, devendo haver uma interpretação por parte do Ministério Público no momento da propositura da ação e do Poder Judiciário ao julgá-la.[9]

---

[8] Depois da Emenda Constitucional nº 36/2002 houve permissão para o capital estrangeiro participar em até trinta por cento do capital total e do capital votante das empresas jornalísticas e de radiodifusão sonora e de sons e imagens.
[9] MORAES, Alexandre de. *Direito constitucional*. 11. ed. São Paulo: Atlas, 2001. p. 219.

O segundo caso – aquisição por vontade própria de outra nacionalidade – deve preencher os seguintes requisitos: a) liberdade para a escolha de uma outra nacionalidade; b) capacidade civil plena; c) concretização da nacionalidade estrangeira.

O cidadão brasileiro não pode adquirir outra nacionalidade – caso contrário, perderá o seu vínculo pátrio. A aquisição de uma outra nacionalidade deve ser feita de livre vontade, nos casos em que exista uma opção em detrimento da vinculação nacional. Há uma presunção *juris et de jure* de que a opção significa uma depreciação da nacionalidade originária, acarretando uma sanção traduzida na perda do vínculo que une o cidadão ao Estado.

A perda da nacionalidade por naturalização voluntária será decretada pelo presidente da República, apurada a causa em processo que poderá ser iniciado de ofício ou mediante representação, tramitando o feito mediante o Ministério da Justiça.

Contudo, existem algumas exceções, que serão analisadas a seguir.

## 14.7 Casos de dupla nacionalidade permitidos pelo Brasil

a) Reconhecimento da nacionalidade originária pela lei estrangeira. Nesse caso, quem reconhece o vínculo jurídico é a legislação alienígena (art. 12, §4º, II, *a*, da CF).[10] O cidadão quer permanecer brasileiro e, não obstante, a legislação do outro país outorga a sua nacionalidade. O que a legislação pátria não permite é que o cidadão opte por outra e permaneça com a brasileira.[11]

b) Quando a obtenção de outra nacionalidade for requisito para a permanência em país estrangeiro ou para que o cidadão continue exercendo os seus direitos civis (art. 12, §4º, II, *b*, da CF).

## 14.8 Reaquisição da nacionalidade brasileira

O cidadão brasileiro que perder a sua nacionalidade, com exceção do naturalizado que estiver exercendo atividades nocivas aos interesses do país, poderá readquirir sua nacionalidade na forma de ato definido pelo órgão competente – Poder Executivo.[12] A finalidade da reaquisição da nacionalidade é facilitar a reintegração ao convívio social do cidadão que decidiu retornar para o país do qual era nacional.

O procedimento de reaquisição da nacionalidade é apenas para os cidadãos que perderam sua nacionalidade por terem adquirido outra, e não para aqueles que tiveram sua nacionalidade cancelada em virtude de atividade nociva ao interesse nacional, por sentença judicial. Ou seja, ela somente se aplica ao art. 12, §4º, II, da Constituição Federal.

A Lei nº 818/1949, revogada pela Lei de Migração, estabelecia que o primeiro requisito para a aquisição da nacionalidade é o cidadão ter domicílio no Brasil e o *animus*

---

[10] DANTAS, Ivo. *Constituição Federal*. Teoria e prática. Rio de Janeiro: Renovar, 1994. p. 368.
[11] No mesmo sentido Celso Ribeiro Bastos: "A Constituição, a partir da Emenda Constitucional de Revisão nº 3, de 1994, passou a reconhecer expressamente o direito de brasileiro não perder a sua nacionalidade por força de possuir uma estrangeira, desde que decorrente de um ato não voluntário, o que significa dizer, desde que se trate de uma nacionalidade originária. Alguém que nasça no Brasil mas seja descendente de estrangeiro cujo país confira a qualidade de nacionais aos filhos dos seus nacionais nascidos no estrangeiro" (BASTOS, Celso Ribeiro. *Curso de direito constitucional*. 18. ed. São Paulo: Saraiva, 1997. p. 270).
[12] Art. 76, Lei nº 13.445/2017.

de permanecer no país. São dois os elementos essenciais, segundo a legislação pátria, que devem estar presentes de forma simultânea para a concretização do domicílio: a residência e o ânimo definitivo de permanecer (*caput* do art. 36 da Lei nº 818/1949). A nova lei é mais genérica quanto ao tema, prevendo em seu art. 76 que a reaquisição se processará na forma definida por ato do órgão competente do Poder Executivo, se cessada a causa que ensejou a perda ou se revogado o ato que a declarou. Os requisitos a se observarem no processo são os mesmos necessários para a aquisição da naturalização ordinária.

Quando o cidadão brasileiro perder a sua nacionalidade por atividades nocivas aos interesses do país, ele não poderá readquiri-la por decreto do presidente da República. A única maneira é através de uma ação rescisória para reverter decisão judicial. O seu processamento segue o mesmo rito estabelecido no Código de Processo Civil. Deve-se ressaltar que a mencionada ação judicial é o remédio cabível quando for o caso de brasileiro naturalizado que perdeu a sua nacionalidade em virtude de sentença transitada em julgado.

Se estiver recebendo pensão, comissão ou emprego de governo estrangeiro, não é necessário que renuncie a eles, como exigiam as Constituições anteriores, já que essa exigência não foi prescrita pela atual Lei Maior.

O cidadão nato que recuperar a nacionalidade não a recupera na mesma qualidade anterior. Se, antes de perdê-la, ele era brasileiro nato, recuperá-la-á como naturalizado; se a nacionalidade era derivada, com a recuperação continuará a ser derivada. Não tem sentido advogar a tese de que, com a reaquisição da nacionalidade pelo nato, ela pode retornar ao que era antes, readquirindo a condição originária. A recuperação será sempre na condição de naturalizado. Os vínculos existentes entre o cidadão e o Estado nunca voltam a ser o que eram antes para o brasileiro nato.

Explica o Prof. Pinto Ferreira: "É de relembrar ainda que o brasileiro nato, perdendo a sua qualidade de brasileiro, pode entretanto readquiri-la. Obtê-la-á, porém, somente mediante o processo de naturalização, e não mais se tornará brasileiro nato, mas sim naturalizado".[13]

Contudo, o Supremo Tribunal Federal decidiu que a reaquisição da nacionalidade por brasileiro nato implica manter esse *status*, e não o de naturalizado, retornando à nacionalidade que havia antes.[14] Os efeitos produzidos pela reaquisição da nacionalidade são *ex nunc*.

## 14.9 Condição jurídica do estrangeiro residente no Brasil

O estrangeiro residente no Brasil, que não queira ou não possa optar pela nacionalidade brasileira, tem quase todos os direitos e deveres civis assegurados aos nacionais, inclusive os da assistência social.[15] O Código Civil de 1916 afirmava, no seu art. 3º, que não há distinção entre nacionais e estrangeiros na aquisição e gozo dos direitos civis. Do mesmo modo o texto constitucional de 1988 instituiu que os brasileiros e os estrangeiros residentes no país são iguais perante a lei.

---

[13] FERREIRA, Pinto. *Comentários à Constituição brasileira*. São Paulo: Saraiva, 1992. v. l. p. 283-284.
[14] Ext. nº 441/ES, Rel. Min. Neri da Silveira.
[15] RE nº 587.970/SP, Rel. Min. Marco Aurélio.

Explica Manoel Gonçalves Ferreira Filho:

O art. 5º, XV, abre as portas do País a qualquer pessoa e a seus bens, em tempo de paz, permitindo que aqui entre, permaneça ou daqui saia, respeitados os preceitos da lei. Acontece que a lei regulamentar, o chamado Estatuto do Estrangeiro, dificulta sobremodo essa entrada, pelas exigências que faz.[16]

As limitações para os estrangeiros são aquelas decorrentes de sua vinculação com o seu Estado de origem. As principais restrições na seara dos direitos civis são: a lei disciplinará os investimentos de capital estrangeiro e regulará a remessa de lucros para o exterior; a lei limitará a aquisição ou arrendamento de propriedade rural por pessoa física ou jurídica estrangeira e estabelecerá os casos em que tais negócios dependam de autorização do Congresso Nacional.

De acordo com a Emenda Constitucional nº 36/2002, a maior parte do capital de empresa jornalística e de radiodifusão sonora e de sons e imagens continua sendo privativa de brasileiro nato ou naturalizado há mais de dez anos. Contudo, houve uma flexibilização, ao permitir que no máximo 30% do capital total e do capital votante dessas empresas possa pertencer a estrangeiros. Lei infraconstitucional regulamentará a participação do capital estrangeiro.

Os direitos oriundos da cidadania, especificamente os direitos políticos, são exclusivos dos brasileiros, tanto os natos como os naturalizados – apenas eles podem votar e ser votados. Isso acontece porque são os nacionais que têm direitos e deveres para com o Estado brasileiro, enquanto os estrangeiros têm responsabilidade com os seus Estados de origem.

Até o ano de 2017 estava vigente o Estatuto do Estrangeiro, legislação que priorizava a segurança nacional. A nova Lei da Migração (Lei nº 13.445/2017), sancionada pelo Presidente da República Michel Temer, substituiu o mencionado estatuto, tentando tratar a política migratória sob o prisma dos direitos humanos.

Entre as mudanças mais importantes estão: proteção aos apátridas por meio da cooperação entre os países; acolhida humanitária através de um visto temporário para o migrante nessa situação; regularização documental dentro do território brasileiro para os que não possuem documentos em clara oposição ao estatuto, que determinava que o estrangeiro tinha de sair do Brasil e aguardar emissão de visto no país de origem; manifestação política garantindo o direito do imigrante de se associar a reuniões políticas e sindicatos, o que também representa uma mudança na antiga legislação.

É perceptível, portanto, que a nova legislação traz um enquadramento da situação do estrangeiro aos princípios da Constituição Federal, como uma espécie de repúdio à xenofobia e garantia de acesso a políticas públicas. Todavia, o novo texto não passou incólume de importantes críticas substanciais.

## 14.10 Limites territoriais do Brasil para a configuração do *jus soli*

O interesse em se precisarem os limites territoriais do Brasil tem relevância para determinar o alcance do princípio do *jus soli*, bem como a extensão da soberania e do exercício da competência jurisdicional.

---

[16] FERREIRA FILHO, Manoel Gonçalves. *Curso de direito constitucional*. 24. ed. São Paulo: Saraiva, 1997. p. 108.

Toda a extensão geográfica compreendida pelo espaço contido dentro das fronteiras brasileiras forma o território nacional, incluindo os rios, lagos, baías, golfos, ilhas, bem como o espaço aéreo e o mar territorial.

Os navios e as aeronaves de guerra, onde quer que se encontrem, são considerados parte do território nacional devido ao princípio da extraterritorialidade. Os navios e aeronaves civis em alto-mar ou no espaço aéreo internacional ou de passagem em mar ou espaço territorial estrangeiro também são considerados parte do território nacional. As embaixadas brasileiras sediadas em outros países são consideradas território pátrio, exercendo as prerrogativas inerentes à sua jurisdição.

A soberania brasileira abrange o mar territorial, que se estende por 12 milhas.

## 14.11 Língua oficial e símbolos nacionais

A língua portuguesa é a língua oficial da República Federativa do Brasil, o que significa que todos os documentos terão de ser feitos em vernáculo pátrio, e os documentos estrangeiros têm de ser traduzidos para o português por intérprete juramentado, sob pena de sua nulidade (art. 13, *caput*, da CF).

São símbolos nacionais a bandeira, o hino, as armas e o selo (art. 13, §1º, da CF). Os entes federativos podem ter símbolos próprios (art. 13, §2º, da CF). Os símbolos nacionais representam a própria soberania do Estado brasileiro.

# DIREITOS POLÍTICOS

Direitos políticos são as prerrogativas ligadas à cidadania, no sentido de permitir a escolha das decisões que serão tomadas pelos órgãos governamentais, representando a soberania popular. Para Kelsen, os direitos políticos devem ser entendidos como a possibilidade de o cidadão participar do governo, ajudando na criação da ordem jurídica.[1] Apenas quem pode exercer os direitos políticos são os cidadãos brasileiros, porque são nacionais e possuem um vínculo de direitos e obrigações com o país.

A Constituição de 1988 os sistematizou juntamente com o conjunto de normas de direito eleitoral, abrangendo, além dos instrumentos políticos, as cominações específicas aos partidos.

## 15.1 A soberania popular e a soberania da nação

A soberania popular significa que a fonte de legitimação do poder é o povo, devendo ser ele quem decidirá as diretrizes adotadas pelo Estado.

Ao longo da história a forma de legitimação dos governos tem variado muito. Nas monarquias absolutistas, a fonte de legitimação era de natureza teocrática, a inspiração de Deus guiaria as ações dos reis; na Revolução Francesa era a nação elemento despersonificado que poderia legitimar o poder de qualquer governante; com a tomada do poder pela burguesia, passou a ser o povo. Contudo, o conceito de povo empregado inicialmente pela burguesia apenas englobava aqueles cidadãos que tinham determinada renda, já que o voto era censitário.

Quem teorizou acerca da soberania da nação foi o Abade Sieyès. A finalidade para a qual ele criou a soberania da nação foi legitimar o governo de Napoleão Bonaparte, que assumiu o poder com o golpe do 18 Brumário. Para Sieyès, o detentor da soberania não seria necessariamente o povo, mas quem representasse a nação, ente abstrato que poderia ser personificado por um ditador, por um diretório ou pelo povo. Caberia à Constituição indicar quem seria o representante da nação.

---

[1] KELSEN, Hans. *Teoria geral do direito e do Estado*. 2. ed. São Paulo: Martins Fontes, 1995. p. 125.

A forma pela qual a soberania popular tem concretização é o sufrágio universal, realizado pelo voto direto e secreto. Sufrágio é a manifestação da vontade do povo para a escolha dos mandatários da vontade política, realizada mediante o voto, que é o instrumento hábil para que o povo possa escolher os seus representantes. O voto é a realização do sufrágio. A universalidade do sufrágio indica que todos os cidadãos que preencham os requisitos legais têm a obrigação de votar, sem distinção de renda, grau de escolaridade etc., vigorando o princípio "um homem, um voto" (*one man, one vote*). O voto censitário, em que apenas quem tem dinheiro ou bens pode votar, está terminantemente proibido pela legislação eleitoral brasileira.

O voto direto significa que a escolha é realizada diretamente pelos cidadãos, sem a formação de colegiados que possam representar o povo, como no caso das eleições indiretas realizadas em 1985, em que o Colégio Eleitoral, personificado pelo Congresso Nacional, foi que escolheu o presidente, e não o povo. O voto é secreto porque o seu caráter sigiloso funciona como uma garantia para que o eleitor não sofra nenhum tipo de sanção pela sua escolha política.

## 15.2 Legitimação democrática

Democracia é o regime de governo no qual a legitimação do poder se encontra alicerçada pelo povo e no qual o cidadão é quem toma as decisões políticas. A democracia direta, vivenciada em Atenas e em alguns cantões suíços, é o regime em que toda norma deve ser votada pelo povo de forma contínua e permanente. Democracia indireta ou parlamentar é a que vigora na maioria dos países ocidentais, em que os cidadãos elegem seus representantes e estes têm a função de representar o povo no Congresso Nacional.

Três princípios são essenciais para o desenvolvimento do regime político democrático: igualdade, liberdade e dignidade da pessoa humana (não necessariamente nessa ordem). Igualdade vislumbrada não no seu sentido material, em que todos devem ter o mesmo direito ao acesso de bens materiais, mas em sua definição de que todos os cidadãos devem ter as mesmas oportunidades em influenciar as decisões políticas tomadas pelos órgãos estatais e também em ocupar qualquer cargo público. Liberdade no sentido de que os homens são livres para escolher suas opções, com capacidade de decidir sobre seus destinos sem que sofram interferências de outrem. Dignidade da pessoa humana porque a democracia não pode desrespeitar os valores inerentes aos homens, sob pena de se transformar em simulacros de participação do povo, como ocorreu com a ascensão do nazismo na Alemanha em 1933.

A democracia pode ser dividida em democracia formal e material. Formalmente ela significa as regras que permitem que a população chegue a determinadas decisões, sem analisar o conteúdo dessas decisões nem a real participação da população. Materialmente tem seu significado mais abrangente, garantindo que os cidadãos disponham de condições mínimas para que possam realizar suas escolhas, como educação, emprego, renda, liberdade de locomoção etc.

Habermas defende a tese de que a tolerância religiosa formulada nos séculos XVI e XVII contribuiu para o surgimento da democracia nas sociedades ocidentais. A necessidade de convivência de vários credos religiosos ressaltou a importância da tolerância, seja por imperiosidade mercantilista, seja para garantir a lei e a ordem, seja por questões morais e éticas. A tolerância religiosa reforça o sentimento de democracia porque possibilita a convivência dentro de uma mesma sociedade de ideias diferentes, possibilitando o respeito entre culturas diversas. Afirma Habermas:

> As definições de tolerância religiosa encontradas na história dos conceitos nos oferecem um fio condutor para a análise do papel pioneiro que o cisma da fé e o pluralismo religioso tiveram nas sociedades ocidentais, tanto na origem como na configuração consequente das democracias baseadas no Estado de Direito.

## 15.3 Institutos da democracia participativa

Como institutos da democracia participativa temos o plebiscito, o referendo e a iniciativa popular, igualmente chamados de práticas diretas de governo (art. 14, I a III, da CF). Esses institutos têm a finalidade de dar maior legitimidade às normas e, infelizmente, no Brasil, não são usados de forma frequente.[2] No fundo, visam tentar combinar a democracia direta com a indireta.

Os Estados-membros têm amplas oportunidades para decidir, com relação às matérias adstritas à sua esfera de competência, o momento de implementar os institutos supramencionados.

O plebiscito (do latim *plebis* – plebe – e *scitum* – decreto) é um instituto político conexo com o referendo, e ambos visam consultar o povo a respeito de determinadas leis. Quando houver necessidade de convocar o povo para que ele se posicione a respeito de uma propositura normativa antes de sua promulgação, será isso um plebiscito; após a sua promulgação, será um referendo.[3] Exemplo: se fôssemos chamar a população para se posicionar acerca da norma que dispõe sobre a reeleição do presidente da República, tratar-se-ia de um referendo, porque a disposição normativa já faz parte do ordenamento; por outro lado, se fôssemos convocar a população acerca de uma lei para instituir a moratória da dívida externa, estaríamos diante de um plebiscito, porque ainda não existe uma estrutura normativa com esse teor no nosso ordenamento.[4]

No ordenamento jurídico brasileiro, os limites oferecidos tanto para o plebiscito como para o referendo se referem aos mandamentos constitucionais, principalmente às cláusulas pétreas. Nenhuma delas pode ser alterada mediante uma legitimação por parte dos instrumentos da democracia participativa, de modo que as normas emanadas do plebiscito sofrem controle de constitucionalidade.

Tanto o plebiscito quanto o referendo têm efeito mandamental, e não poderia ser diferente, já que representam a própria soberania popular. Ou seja, uma vez aprovada, no caso do plebiscito, a norma obrigatoriamente deve ser homologada pelo Poder Legislativo e promulgada, e, no caso do referendo, a norma obrigatoriamente deverá ser

---

[2] Explica o Prof. Paulo Bonavides: "A democracia participativa combate a conspiração desagregadora do neoliberalismo e forma a nova corrente de ideias que se empenham em organizar o povo para pôr um dique à penetração da ideologia colonialista; ideologia de submissão e fatalismo, de autores que professam a tese derrotista da impossibilidade de manter de pé o conceito de soberania. A obsolescência deste é proclamada a cada passo como verdade inconcussa" (BONAVIDES, Paulo. *Teoria constitucional da democracia participativa*. São Paulo: Malheiros, 2001. p. 34).
[3] Tanto o plebiscito como o referendo foram regulamentados pela Lei nº 9.709/1998.
[4] Na Constituição francesa há uma diferença entre plebiscito e referendo. Plebiscito é para decisões que são pertinentes à organização e funcionamento do Estado, mas que também envolvem a responsabilidade dos governantes. O referendo é utilizado para decisões que são adstritas apenas aos problemas jurídico-políticos.

revogada pelo mencionado poder. Se a decisão do plebiscito não tivesse uma natureza mandamental em relação ao Poder Legislativo, seria mais um instrumento jurídico que teria sua eficácia esvaída, transformando-se em alegoria retórica.

Uma vez definida a data do plebiscito e do referendo, compete à Justiça Eleitoral a realização e a fiscalização desses institutos. O *quorum* necessário para a sua aprovação é o apoio de maioria simples da população. É competência do Congresso Nacional autorizar referendo e convocar plebiscito (art. 49, XV, da CF).

A iniciativa popular[5] é a permissão ao povo para que proponha iniciativa de lei para o Congresso Nacional. O cidadão individualmente não tem iniciativa de propositura normativa, apenas de forma coletiva é que adquire tal prerrogativa. Para tanto é necessário um por cento do eleitorado nacional, distribuído em no mínimo cinco estados-membros, com a consecução do apoio de no mínimo três décimos por cento de eleitores em cada um deles.

A assinatura de cada eleitor deve ser acompanhada de seu nome completo e legível, seu endereço e dados que possibilitem identificar seu título de eleitor. A iniciativa popular pode ser patrocinada por partidos políticos ou por entidades da sociedade civil e somente deve se limitar a um assunto. Ela deve ser protocolada na Secretaria-Geral da Mesa Diretora da Câmara dos Deputados.

A Constituição de 1988 poderia ter ampliado o rol dos institutos da democracia participativa, não se restringindo aos citados acima. Quanto mais eficazes forem os mecanismos que possibilitem o acesso da população às decisões políticas, maior legitimidade terá o regime democrático e as crises constitucionais serão mais difíceis de ocorrer. Deveria, assim, ter introduzido a possibilidade de o cidadão impetrar a ação direta de inconstitucionalidade (ADIn), o *recall* e o veto popular.

Na Constituição anterior, a de 1967/1969, apenas o Procurador-Geral da República podia impetrar a ação direta de inconstitucionalidade. A atual ampliou os legitimados (art. 103 da CF), como forma de democratizar o uso da referida medida jurídica, retirando-a do arbítrio exclusivo do chefe do Ministério Público.

Maior evolução seria se tivesse permitido que todo cidadão lesado em seus direitos pudesse recorrer ao controle direto de constitucionalidade, outorgando o direito de ação a *quisquis de populo*, como o recurso constitucional alemão, o *Verfassungsbschwerde*. Não haveria uma exacerbação de causas para o Supremo porque o juízo de admissibilidade seria mais rígido e, uma vez declarada a inconstitucionalidade, o efeito seria *erga omnes*, retirando a norma do ordenamento jurídico. A jurisdição constitucional ganharia maior eficiência, ressaltando a cidadania, que teria mais um instrumento para proteger as suas prerrogativas de modo mais célere e eficiente.

Outro instituto da democracia semidireta, mas que não foi implantado entre nós, é o *recall*, instituto que originariamente nasceu nos Estados Unidos. Significa ele o término do mandato do parlamentar antes da data prevista porque não houve o cumprimento dos programas firmados na campanha eleitoral. O Ministro Walter Costa Porto afirma que o *recall* é baseado na teoria de que o povo deve manter um controle mais direto e elástico sobre os ocupantes de cargos públicos e, parafraseando uma expressão familiar

---

[5] A Constituição Federal não trouxe a possibilidade de iniciativa popular de emenda à Constituição. Contudo, o STF entende que é possível que os estados da Federação estipulem nesse sentido para suas Constituições estaduais (STF, Plenário, ADI nº 825/AP, Rel. Min. Alexandre de Moraes, j. 25.10.2018).

do Oregon, "deve ser capaz de despedir esses representantes como o fazendeiro dispensa seus empregados".[6]

O veto popular se assemelha ao veto presidencial. Ele se caracteriza como um instrumento posto à disposição da população, que poderia arquivar projetos de leis que ofendessem seus interesses. Os cidadãos seriam chamados para se posicionarem acerca da propositura da lei, podendo arquivá-la, independentemente do posicionamento do Congresso ou do presidente da República.

A diferença entre o veto popular e o plebiscito é que o uso daquele se restringiria a projetos de leis que estivessem tramitando no Congresso Nacional, manifestando-se a população contra a sua aprovação, e este se refere a qualquer propositura que a população tenha interesse que passe a integrar o ordenamento jurídico, independentemente de sua tramitação no Congresso Nacional.

## 15.4 Representação política

Em virtude da impossibilidade de que cada membro da organização política participe de forma direta da administração estatal, foi construída a teoria da representação, em que cidadãos são eleitos pelo voto direto para exercerem um mandato em nome do povo. Etimologicamente, a palavra "representação" significa ligação, delegação, reprodução, contrato em que uma pessoa age em nome da outra. Sob a égide deste modelo próprio do pensamento liberal clássico, somente a vontade do representante terá valor jurídico. A ideia de representação está para a democracia como o sangue está para as veias, no que a livre escolha dos governantes pelos governados não teria qualquer sentido se estes não fossem capazes de exprimir demandas, reações ou protestos, provenientes do seio social.[7]

Da democracia ateniense até a democracia partidária tem-se um longo percurso, dividido em três fases evolutivas, a saber: democracia direta, democracia representativa e democracia representativa partidária. Conquanto algumas vozes ecoem em sentido contrário, Manuel García-Pelayo e Orides Mezzaroba ainda sustentam que a racionalidade evoluiu no sentido de consolidar uma quarta fase evolutiva, denominada democracia de partidos ou Estado de partidos (*Parteinstaat*).

No modelo de democracia representativa partidária, o partido político cumpre o papel de intermediação entre representantes e representados. Para Orides Mezzaroba, a democracia representativa partidária surgiu como consectário lógico do apogeu dos princípios democráticos da liberdade e da igualdade nas demandas conjunturais do século XX, notadamente após o aumento demográfico dos países, fato que demandou a mediação de interesses para a garantia do acesso a bens, serviços e objetivos vitais.[8] Nessa alameda, os partidos políticos foram batizados na pia do Poder Constituinte para assumirem a incumbência de realizar a representação política, sob o compromisso de promoverem efetivo prestígio aos valores democráticos. Portanto, explica García-Pelayo que aos partidos políticos cumpre a função de transformar as orientações e atitudes

---

[6] PORTO, Walter Costa. *Dicionário do voto*. São Paulo: Giordano, 1995. p. 275.
[7] TOURAINE, Alan. *O que é democracia?* Rio de Janeiro: Vozes, 1996. p. 76.
[8] MEZZAROBA, Orides. *Introdução ao direito partidário brasileiro*. 2. ed. Rio de Janeiro: Lumen Juris, 2004. p. 156.

políticas gerais vividas em segmento na sociedade em programas de política nacional.⁹ Assim, os partidos se mostram como organizações imprescindíveis para realizar a mediação com a sociedade, bem como para atualizar os princípios democráticos de acordo com o contexto histórico vivenciado, de modo a efetivar os anseios do povo na arena política.

Ocorre que o processo formal de escolha de representantes nem sempre conduz a uma certeza quanto ao modo de agir do mandatário, que nem sempre direciona os esforços na consecução dos reclames mais urgentes de parcela da sociedade, ou dos eleitores que acreditaram nos ideais professados no contexto da fase de convencimento no processo eleitoral. Disso decorre a crise de representatividade na qual a sociedade brasileira está a singrar de há muito. Até porque a representação, como mandato substitutivo outorgado pelo eleitor, exige, ao menos em tese, a conciliação com a vontade de quem o elegeu, sob pena de existência de representação manifestamente formal, destituída de razão de ser, que provoca a quebra do liame existente entre o eleitor e o eleito.¹⁰

Diante dessa crise e da insatisfação com a extensa liberdade e desvinculação do mandatário para com os eleitores, ancorada na ideia do mandato representativo liberal, começou-se a difundir que os partidos políticos, dada a relevância que ocupam no regime democrático, resguardavam em si mais do que o papel de mediador na política, no que ocupam papel central no jogo democrático.¹¹ Sustenta Bobbio, presentes tais razões, que se passou a lançar um novo olhar sobre os partidos, que começaram a ser vistos como órgãos centrais da atividade parlamentar, o que se denominou democracia de partidos.¹² Essa função de protagonistas que os partidos políticos assumiram no âmbito da democracia representativa advém justamente como uma alternativa ao modelo de representação política liberal, que demonstrou sua incapacidade em garantir a efetiva representação na arena política, com o notável esfacelamento dos ideais fundantes da democracia.

O novo paradigma dessa técnica representativa consubstancia-se no resultado da interação do sistema partidário e da estrutura do Estado, com o cerne central de estabelecer um sistema que garanta a efetiva representação dos indivíduos. Explana Ricardo Chueca Rodriguez que, na democracia representativa, o processo eleitoral não pode ficar restrito à relação entre representante e representado, devendo a ideia de representação política guardar correspondência efetiva com ideia de representatividade, que será articulada pelos partidos políticos, como garantidores da continuidade do sistema democrático.¹³ Portanto, a escolha do eleitor deve recair sobre um programa partidário com o qual se identifique.

Não por outro motivo, Orides Mezzaroba afirma que a teoria da democracia dos partidos se ancora nas seguintes premissas, a saber: os partidos políticos receberam

---

⁹ GARCÍA-PELAYO, Manuel. *El estado de partidos*. Madrid: Alianza, 1986. p. 82.
¹⁰ PITKIN, Hanna Fenichel. *The concept of representation*. Berkeley: University of California Press, 1967. p. 39.
¹¹ URBANO, Maria Benedita Malaquias Pires. Titularidade do mandato parlamentar: a propósito da Resolução nº 22.610 do Tribunal Superior Eleitoral Brasileiro. *Revista de Direito Público e Regulação*, Coimbra, n. 22, jul. 2009. p. 127.
¹² BOBBIO, Norberto. *Estado, governo e sociedade*: por uma teoria geral da política. 14. ed. Tradução de Marco Aurélio Nogueira. Rio de Janeiro: Paz e Terra, 2007. p. 118.
¹³ CHUECA RODRIGUEZ, Ricardo. La representacíon como possibilidade en el Estado de Partidos. *Revista de Derecho Político*, Madrid, n. 27-28, 1988. p. 42.

*status* constitucional pelas Constituições a partir do século XX; e assistia-lhes a incumbência de realizar a tarefa de representação política, em correspondência com a ideia de representatividade no seu aspecto substancial, razão pela qual foram elevados à condição de garantidores do regime democrático.[14] Essa diretriz encorpa o arremate de Kelsen, quando reverbera que a democracia somente é possível mediante a atuação dos partidos políticos.[15] E o do Professor Canotilho, para quem a democracia somente pode ser entendida como democracia com partidos, e o Estado constitucional somente poderá se caracterizar como um Estado constitucional de partidos.[16]

Assinala Clèmerson Merlin Clève que a democracia brasileira, ao lado das técnicas de participação direta e da cidadania, erige-se a partir do conceito de mandato representativo.[17] Como salienta Celso Ribeiro Bastos, devido ao fato de a teoria da representação necessitar de uma duplicidade de sujeitos, há uma dificuldade consistente em precisar as relações que existem entre ambos, se a liberdade do representante diante do representado sofre limitações ou se é abrangente.[18] As duas principais teorias a respeito são a vinculante e a discricionária.

A teoria do mandato vinculante, que tem como um de seus corifeus Rousseau, defende que o mandatário não é livre para tomar as decisões ao seu alvedrio, haja vista ser a soberania popular irrevogável e indelegável. As opções políticas escolhidas devem estar de acordo com o sentimento da população; inclusive, em muitos casos, se o mandatário não se mantiver fiel às propostas elaboradas quando da campanha eleitoral, podem os cidadãos revogar seu mandato. Já a teoria do mandato discricionário, que tem como um de seus divulgadores Edmund Burke, defende que quem exerce um cargo político é livre para tomar as decisões ao seu alvedrio. A interferência maior da população ocorre nos momentos eleitorais, em que ela pode escolher seus representantes livremente. Depois da escolha efetuada, aqueles que exercem cargos políticos devem reger seu comportamento consoante os interesses da coletividade, sem ligações imperativas com a vontade de seu eleitorado.

No modelo representativo da democracia de partidos, emerge o mandato partidário, no qual o mandatário não mais atua precipuamente movido por suas convicções, no que direciona o seu atuar em consonância com as normas e diretrizes partidárias. Pondera Eneida Desiree Salgado que o mandato partidário ostenta o escopo de alcançar um grau de previsibilidade do comportamento do representante, ao vincular seu comportamento aos desígnios partidários, no que se exige, para tanto, o instituto da fidelidade partidária, a densificação da identificação ideológica dos partidos e o exercício do voto lastreado no conhecimento das propostas partidárias.[19] Nessa ótica, a vontade política dos cidadãos seria canalizada pelos partidos políticos, que tratariam de coordenar e direcionar as demandas através dos seus mandatários.

---

[14] MEZZAROBA, Orides. *Introdução ao direito partidário brasileiro*. 2. ed. Rio de Janeiro: Lumen Juris, 2004. p. 156.
[15] KELSEN, Hans. *A democracia*. São Paulo: Martins Fontes, 2000. p. 43.
[16] CANOTILHO, José Joaquim Gomes. *Direito constitucional e teoria da Constituição*. 7. ed. Coimbra: Almedina, 2003. p. 315.
[17] CLÈVE, Clèmerson Merlin. *Fidelidade partidária*: estudo de caso. Curitiba: Juruá, 1998. p. 28.
[18] BASTOS, Celso Ribeiro; MARTINS, Ives Gandra da Silva. *Comentários à Constituição do Brasil*. 4. ed. São Paulo: Saraiva, 1995. v. 1. t. I. p. 15.
[19] SALGADO, Eneida Desiree. *Constituição e democracia*. Belo Horizonte: Fórum, 2007. p. 68.

Evidentemente que cada momento histórico se amolda a determinado modelo representativo, no que, assim como a arena política, esses modelos de representação não são estanques e se metamorfoseiam conforme o palmilhar civilizatório. Não se propugna por uma utilização extremada de algum modelo de democracia representativa sem a temperança com a intensidade do leque de nuances presentes no corpo social. Afigura-se razoável que determinado modelo possa ser utilizado em coexistência com outro, mediante uma interpenetração osmótica das características que evidenciem uma maior aproximação e densificação dos ideais democráticos.

Sustenta-se que melhor alvitre para o aperfeiçoamento da democracia brasileira, cujo maior problema se configura na exclusão de parcela relevante da população de direitos sociais básicos, seja o fortalecimento dos partidos políticos, obviamente, com maior transparência e democratização de suas decisões, com mitigações na discricionariedade da representação, fazendo com que os mandatários tenham que cumprir os estatutos partidários e, principalmente, tenham que se ater ao cumprimento dos mandamentos constitucionais, principalmente dos direitos humanos fundamentais, de forma irremediável. Outrossim, a utilização mais assaz de institutos da democracia participativa, através do incentivo à participação popular e da tomada de decisões horizontais, bem como a entronização de valores republicanos, pode ser um dos caminhos para a densificação do regime democrático brasileiro.

No Brasil, em relação ao sistema eleitoral proporcional, adota-se a teoria do mandato vinculante, devido ao entendimento perfilhado pelo Supremo Tribunal Federal, por ocasião do julgamento dos mandados de segurança nº 26.602, nº 26.603 e nº 26.604. Ou seja, o mandato pertence aos partidos políticos.[20] No entanto, esse entendimento não é aplicável ao sistema eleitoral majoritário.[21]

---

[20] "CONSTITUCIONAL. ELEITORAL. MANDADO DE SEGURANÇA. FIDELIDADE PARTIDÁRIA. DESFILIAÇÃO. PERDA DE MANDATO. ARTS. 14, § 3º, V E 55, I A VI DA CONSTITUIÇÃO. CONHECIMENTO DO MANDADO DE SEGURANÇA, RESSALVADO ENTENDIMENTO DO RELATOR. SUBSTITUIÇÃO DO DEPUTADO FEDERAL QUE MUDA DE PARTIDO PELO SUPLENTE DA LEGENDA ANTERIOR. ATO DO PRESIDENTE DA CÂMARA QUE NEGOU POSSE AOS SUPLENTES. CONSULTA, AO TRIBUNAL SUPERIOR ELEITORAL, QUE DECIDIU PELA MANUTENÇÃO DAS VAGAS OBTIDAS PELO SISTEMA PROPORCIONAL EM FAVOR DOS PARTIDOS POLÍTICOS E COLIGAÇÕES. ALTERAÇÃO DA JURISPRUDÊNCIA DO SUPREMO TRIBUNAL FEDERAL. MARÇO TEMPORAL A PARTIR DO QUAL A FIDELIDADE PARTIDÁRIA DEVE SER OBSERVADA [27.3.07]. EXCEÇÕES DEFINIDAS E EXAMINADAS PELO TRIBUNAL SUPERIOR ELEITORAL. DESFILIAÇÃO OCORRIDA ANTES DA RESPOSTA À CONSULTA AO TSE. ORDEM DENEGADA. 1. Mandado de segurança conhecido, ressalvado entendimento do Relator, no sentido de que as hipóteses de perda de mandato parlamentar, taxativamente previstas no texto constitucional, reclamam decisão do Plenário ou da Mesa Diretora, não do Presidente da Casa, isoladamente e com fundamento em decisão do Tribunal Superior Eleitoral. 2. A permanência do parlamentar no partido político pelo qual se elegeu é imprescindível para a manutenção da representatividade partidária do próprio mandato. Daí a alteração da jurisprudência do Tribunal, a fim de que a fidelidade do parlamentar perdure após a posse no cargo eletivo. 3. O instituto da fidelidade partidária, vinculando o candidato eleito ao partido, passou a vigorar a partir da resposta do Tribunal Superior Eleitoral à Consulta n. 1.398, em 27 de março de 2007. 4. O abandono de legenda enseja a extinção do mandato do parlamentar, ressalvadas situações específicas, tais como mudanças na ideologia do partido ou perseguições políticas, a serem definidas e apreciadas caso a caso pelo Tribunal Superior Eleitoral. 5. Os parlamentares litisconsortes passivos no presente mandado de segurança mudaram de partido antes da resposta do Tribunal Superior Eleitoral. Ordem denegada" (STF, Tribunal Pleno, MS nº 26.602/DF, Rel. Min. Eros Grau, j. 4.10.2007, DJe-197, divulg. 16.10.2008, public. 17.10.2008).

[21] "DIREITO CONSTITUCIONAL E ELEITORAL. AÇÃO DIRETA DE INCONSTITUCIONALIDADE. RESOLUÇÃO Nº 22.610/2007 DO TSE. INAPLICABILIDADE DA REGRA DE PERDA DO MANDATO POR INFIDELIDADE PARTIDÁRIA AO SISTEMA ELEITORAL MAJORITÁRIO. 1. Cabimento da ação. Nas ADIs 3.999/DF e 4.086/DF, discutiu-se o alcance do poder regulamentar da Justiça Eleitoral e sua competência para dispor acerca da perda de mandatos eletivos. O ponto central discutido na presente ação é totalmente diverso: saber se é legí-

## 15.5 Sistemas eleitorais

Os sistemas eleitorais previstos na legislação brasileira são os seguintes: majoritário, para as eleições de chefes do Executivo e senadores, e proporcional, para vereadores, deputados estaduais e deputados federais. No sistema majoritário, apenas o candidato que recebeu o maior número de votos consegue se eleger – os demais candidatos, mesmo que tenham recebido grandes votações, não terão assegurado um mandato. Nota-se, claramente, que nesse sistema eleitoral apenas a maioria tem representatividade, ficando a minoria excluída da representação eleitoral. No sistema proporcional é assegurada representação tanto às forças políticas que ganharam as eleições como às que perderam, desde que haja a concretização do quociente eleitoral. Este sistema permite, assim, a representação tanto da maioria quanto da minoria.

Como forma de aprimoramento do sistema representativo, muitos doutrinadores têm defendido a substituição do sistema eleitoral proporcional pelo distrital majoritário misto. Pelo sistema eleitoral distrital majoritário misto, os estados-membros e os municípios seriam divididos em distritos e parte dos candidatos seria eleita pelos distritos (aqueles que obtivessem a maior votação) e parte dos candidatos seria eleita por todo o estado-membro ou por toda a cidade.

Não existe mágica jurídica para melhorar a qualidade da representação política. As imperfeições decorrentes do sistema político brasileiro vão persistir tanto em um sistema eleitoral quanto no outro. Enquanto prevalecer o predomínio do poder econômico, a falta de consciência política da população e a ostensiva influência da mídia, não existirá sistema político que possa aperfeiçoar a nossa democracia. Mesmo porque até 1932 prevaleceu o sistema distrital majoritário, vigorando por quase setenta anos, sem alcançar os objetivos pretendidos. Ele foi criado pelo Decreto Legislativo nº 842, conhecido como Lei dos Círculos, dividindo as províncias em distritos, estabelecendo a eleição de um membro por distrito.[22] O sistema proporcional só foi criado após a Revolução de Trinta.

## 15.6 Alistamento eleitoral e voto

O alistamento eleitoral é a capacitação para o exercício do voto e se torna obrigatório para os maiores de 18 anos, porém é facultativo aos analfabetos, aos maiores de 70 anos e aos maiores de 16 e menores de 18 anos. Para alistar-se, o indivíduo deverá comparecer ao Cartório Eleitoral com os documentos pessoais, como carteira de identidade, certificado

---

tima a extensão da regra da fidelidade partidária aos candidatos eleitos pelo sistema majoritário. 2. As decisões nos Mandados de Segurança 26.602, 26.603 e 26.604 tiveram como pano de fundo o sistema proporcional, que é adotado para a eleição de deputados federais, estaduais e vereadores. As características do sistema proporcional, com sua ênfase nos votos obtidos pelos partidos, tornam a fidelidade partidária importante para garantir que as opções políticas feitas pelo eleitor no momento da eleição sejam minimamente preservadas. Daí a legitimidade de se decretar a perda do mandato do candidato que abandona a legenda pela qual se elegeu. 3. O sistema majoritário, adotado para a eleição de presidente, governador, prefeito e senador, tem lógica e dinâmica diversas da do sistema proporcional. As características do sistema majoritário, com sua ênfase na figura do candidato, fazem com que a perda do mandato, no caso de mudança de partido, frustre a vontade do eleitor e vulnere a soberania popular (CF, art. 1º, parágrafo único; e art. 14, caput). 4. Procedência do pedido formulado em ação direta de inconstitucionalidade" (STF, Tribunal Pleno, ADI nº 5.081/DF – 9996753-92.2013.1.00.0000, Rel. Min. Roberto Barroso, j. 27.5.2015, DJe-162, 19 ago. 2015).

[22] ROCHA, Carmem Lúcia Antunes. Observações sobre o sistema eleitoral brasileiro. *Estudos Eleitorais*, Brasília, n. 3, set./dez. 1997. p. 110.

de quitação de serviço militar (se for do sexo masculino) documento que certifique sua idade e os demais elementos que atestem sua qualificação. Deverá, então, preencher um formulário (RAE – requerimento de alistamento eleitoral) já predeterminado pelo TSE, que será assinado por um servidor asseverando que foi feito em sua presença. Em se tratando de indivíduo analfabeto, será feita a impressão digital do polegar direito. Após essa etapa, caberá ao juiz eleitoral, sob fiscalização do Ministério Público Eleitoral e dos partidos políticos, analisar todos os documentos e o próprio requerimento, deferindo ou não o alistamento. Do despacho que indeferir o requerimento, caberá recurso pelo alistando no prazo de cinco dias, contados da publicação da listagem do pedido indeferido. Já se o despacho for no sentido de deferimento, caberá ao delegado de partido recorrer no prazo de dez dias da decisão, consoante dispõe o §1º do art. 17 da Resolução TSE nº 21.538/2003. Os pedidos de alistamento, transferência e revisão ficarão suspensos pela Justiça Eleitoral nos 150 (cento e cinquenta) dias que antecedem as eleições (art. 91 da Lei nº 9.504/97).

## 15.7 Condições de elegibilidade

A Carta Magna elencou alguns requisitos que precisam ser atendidos para permitir que o cidadão possa exercer um mandato político.

São condições de elegibilidade: a) a nacionalidade brasileira; b) o pleno exercício dos direitos políticos; c) o alistamento eleitoral; d) o domicílio eleitoral na circunscrição; e) a filiação partidária; f) idade mínima, dependendo do cargo a ser postulado. Todos esses requisitos devem ser demonstrados quando do registro da candidatura. Contudo, a idade mínima, uma das condições de elegibilidade, apenas deve ser aferida na data da posse.

Tanto as condições de elegibilidade quanto as hipóteses de inelegibilidade, inclusive aquelas decorrentes de legislação complementar, aplicam-se imediatamente aos estados-membros, independentemente de sua previsão em norma estadual.[23]

A capacidade política ativa começa com o alistamento eleitoral, e se concretiza com o voto. A capacidade política passiva acontece com a elegibilidade, com a possibilidade de o cidadão ser eleito para um cargo público.

O art. 14, no seu §4º, declara que são inelegíveis os analfabetos e os inalistáveis. Inalistáveis são aqueles cidadãos que tiveram os seus direitos políticos perdidos ou suspensos, neste caso, pelo tempo que durar a suspensão. São inalistáveis os estrangeiros e os conscritos. Conscritos são os militares durante o serviço militar obrigatório. O impedimento é apenas durante o serviço obrigatório, podendo o cidadão ser alistável antes ou depois do cumprimento de sua obrigação militar. Os conscritos também não podem votar, como forma de impedir a politização nas Forças Armadas.

Como não há um critério para determinar o que seja um analfabeto, considera-se aquele que não sabe assinar seu nome. O cidadão que sabe assinar o nome já pode se considerar apto para o exercício do voto. Para critérios eleitorais, quem tem pouca instrução não pode ser considerado analfabeto. Alguns juízes fazem ditados para aferir se os candidatos são ou não alfabetizados, mas mencionado critério não tem respaldo

---

[23] ADIMC nº 1.057/BA, Rel. Min. Celso de Mello.

jurídico por falta de previsão legal. Portanto, os analfabetos podem votar, mas não podem ser votados.

Os estrangeiros, cidadãos que não possuem nacionalidade brasileira, não podem votar ou se alistar como candidatos. Se não têm vínculo jurídico com o Brasil, descabe intromissão nos interesses nacionais.

A idade também é um requisito para a obtenção da elegibilidade (art. 14, §3º, VI, da CF). Isso significa que existe uma presunção de que o candidato apenas estará preparado para ocupar uma função pública quando atingir determinado marco cronológico. São as seguintes as idades mínimas para o exercício de cargos públicos (art. 14, §3º, VI, da CF):
- trinta e cinco anos: presidente da República, vice-presidente e senador;
- trinta anos: governador, vice-governador, governador do Distrito Federal e vice-governador do Distrito Federal;
- vinte e um anos: deputado federal, deputado estadual ou deputado distrital, prefeito, vice-prefeito, juiz de paz e ministro de Estado;
- dezoito anos: vereador.

## 15.8 Reeleição

A reeleição sempre existiu no Brasil, restrita apenas aos cargos do Poder Legislativo. Em relação ao Executivo, ela foi impedida como forma de evitar o uso da máquina do governo em prol de interesses eleitoreiros. Tanto assim que, se membros do Executivo quisessem disputar outros cargos imediatamente depois do término dos seus mandatos, teriam de se desincompatibilizar, ou seja, renunciar a suas funções até seis meses antes do pleito eleitoral.

Nas suas andanças pelos Estados Unidos da América, Alexis de Tocqueville se posicionou contrário ao instituto da reeleição, inclusive alertando o povo norte-americano contra esse instituto, que poderia desvirtuar a democracia:

> A intriga e a corrupção constituem vícios naturais dos governos eletivos. Mas quando o chefe do Estado pode ser reeleito, esses vícios se estendem indefinidamente e comprometem a própria existência do país [...]. O princípio da reeleição torna pois a influência corruptora dos governos eletivos mais vasta e mais perigosa. Ele tende a degradar a moral política do povo e a substituir pela habilidade o patriotismo.[24]

O problema da reeleição ganha contornos graves em um sistema de governo presidencialista. Em um sistema parlamentarista isso não ocorre porque o Poder Executivo não é preponderante, funcionando de forma mais eficaz os *checks and balances*, a fiscalização e influência do Legislativo nos atos do Executivo. O chefe de governo é oriundo do Parlamento, representando o partido ou coligação vencedora das eleições, podendo o parlamentar se apresentar para sucessivos mandatos eletivos. Em épocas recentes, tivemos chefes de governo cujos partidos ou coligações ganharam vários mandatos seguidos, como foi o caso de Thatcher, Kohl e Gonzalez. O cargo presidencial no sistema parlamentarista, por ocupar uma importância diminuta, exercendo apenas

---

[24] TOCQUEVILLE, Alexis. *A democracia na América*. Leis e costumes. Tradução de Eduardo Brandão. São Paulo: Martins Fontes, 1998. p. 154-155.

a chefia de governo (na prática, sem reais poderes administrativos), permite reeleições, como é o caso da Hungria, da Grécia, da Áustria, da Alemanha, da Índia, da Romênia etc.

Entre os semipresidencialistas (aqueles em que o chefe de Estado tem algumas prerrogativas administrativas, compartilhando o poder com o chefe de Governo), temos a Finlândia, que aceita uma única reeleição, com mandato de seis anos, Portugal, que permite uma reeleição, com mandato de cinco anos, e a França, cujo mandato é de cinco anos, facultada uma recondução.

Nos países presidencialistas, onde a força preponderante do Executivo resta evidente, vários países vedam a reeleição para mandatos consecutivos, como a Bolívia, Chile, El Salvador, Panamá. Muitos vedam a reeleição, seja ela consecutiva ou não, como a Colômbia, Costa Rica, Guatemala, Honduras e México. Outros países incorporaram a reeleição recentemente, como Argentina, Peru, Rússia e Brasil. Nos Estados Unidos, a reeleição foi incorporada ao ordenamento jurídico pela Emenda nº 22 à Constituição, disciplinando que ninguém poderá eleger-se presidente por mais de duas vezes consecutivas.

Com a Emenda Constitucional nº 16, os membros do Executivo podem concorrer a mais um mandato, para o mesmo cargo, sem necessitar se ausentar do exercício de suas funções seis meses antes, o que gerou uma teratologia, mantido o instituto da desincompatibilização como fora regulamentado. Se o presidente da República quiser disputar o mandato de presidente novamente, não precisará se desincompatibilizar. Contudo, se quiser disputar o cargo de deputado estadual, deverá renunciar ao mandato seis meses antes. Ele pode o mais, mas não pode o menos.[25]

A reeleição é para um único período subsequente, e nada obsta que, após quatro anos no exercício de um outro cargo ou mesmo sem exercer mandato eletivo, o cidadão possa se candidatar novamente para o cargo (art. 14, §5º, da CF).

## 15.9 Inelegibilidade

Inelegibilidade é a impossibilidade de o cidadão ser eleito para um cargo público, impedindo o exercício da cidadania passiva. Em decorrência, fica vedado até mesmo o registro de sua candidatura. A cidadania ativa, o direito de votar nas eleições, permanece intacto.

O motivo da imposição dessa vedação reside em determinadas condições ou circunstâncias que impedem que o cidadão possa exercer um mandato público, representando a coletividade. Os casos de inelegibilidade estão contidos na Constituição Federal e na Lei Complementar nº 64/1990 – portanto, eles podem ser classificados, quanto à sua origem, em constitucionais e infraconstitucionais.

A lei complementar, no caso específico a de nº 64, de 18.5.1990, expõe outros casos de inelegibilidade, com seus respectivos prazos de impedimento de exercício da cidadania passiva, com a finalidade de proteger a probidade administrativa, a moralidade

---

[25] Eis a opinião do Prof. Manoel Gonçalves Ferreira Filho: "O princípio da inelegibilidade do Presidente da República está em todas as Constituições republicanas brasileiras (salvo a de 1967). Basta isto para sublinhar a sua importância. Será imoral, ou antiético, suprimi-lo com efeito imediato, beneficiando o atual Presidente (ainda mais, logo após haver sido – de fato – recusado a chefe de Executivo – o prefeito – que a norma constitucional põe na mesma situação do Chefe do Executivo da União)" (retirado do parecer do Prof. Manoel Gonçalves Ferreira Filho, apresentado à Comissão Especial da Proposta de Emenda à Constituição nº 1/1995, pelo Dr. Paulo Maluf).

no exercício do mandato, considerando a vida pregressa do candidato e a normalidade das eleições contra a influência do poder econômico ou o abuso do exercício de função ou emprego na Administração direta ou indireta (art. 14, §9º, da CF).[26]

As inelegibilidades podem ser absolutas ou relativas. As primeiras consistem em impedimento eleitoral para o exercício de qualquer cargo eletivo, independentemente de qual seja o ente federativo. As segundas são um obstáculo ao exercício de certos cargos eletivos em decorrência de condições especiais do cidadão, o que faz com que esses impedimentos tenham que ser suprimidos para a recuperação de sua cidadania passiva. Em suma, pode-se dizer que as primeiras são amplas, enquanto as segundas são restritas, limitando o exercício de específicos mandatos eleitorais ou pleitos determinados.

A inelegibilidade absoluta compreende os inalistáveis e os analfabetos. Os inalistáveis, por sua vez, abrangem os estrangeiros, que não possuem nacionalidade brasileira, e os conscritos durante o serviço militar obrigatório.

Os casos de inelegibilidade relativa estão elencados nos parágrafos seguintes.

Em decorrência de motivos funcionais, o impedimento pode ser motivado pela proibição de mais de uma reeleição para o mesmo cargo ou por não ter o cidadão se desincompatibilizado de seu múnus público.

A incompatibilidade também é um impedimento para a elegibilidade, em função do exercício de alguns cargos públicos que impede o cidadão de disputar outros. Contudo, trata-se de um obstáculo relativo porque pode ser superado mediante a desincompatibilização, que é o afastamento do cargo alguns meses antes da eleição para que o cidadão possa disputar a eleição.

Quando o presidente da República, os ministros de Estado, os ministros do Supremo Tribunal Federal, o Procurador-Geral da República e o Advogado-Geral da União forem condenados pelo Senado Federal por crime de responsabilidade ou pelo STF por crime comum, advém como consequência a sua inabilitação para o exercício de cargos públicos por oito anos (art. 14, §9º, da CF).

Para evitar que o uso da máquina de governo possa ajudar determinados candidatos, a Constituição tornou inelegíveis o cônjuge e os parentes consanguíneos ou afins, até o segundo grau, ou por adoção, do presidente da República, dos governadores, dos prefeitos e dos seus sucessores e substitutos.[27] A inelegibilidade permanece somente na área de atuação dos cargos referidos.[28] Sucessores são aqueles cidadãos que substituem

---

[26] Entende o Supremo Tribunal Federal que sanções de cassação de registro ou de diplomação, constantes em vários dispositivos normativos, não constituem novas hipóteses de inelegibilidade, ferindo o art. 14, §9º, da Constituição Federal (ADIn nº 3.592/DF, Rel. Min. Gilmar Mendes).

[27] "Iniciado o julgamento de recurso extraordinário interposto contra acórdão do TSE que, interpretando o disposto nos §§5º e 7º do art. 14 da CF, concluíra pela elegibilidade de cunhada e de irmão de prefeito, falecido antes de 6 meses que antecederam o pleito, aos cargos de prefeito e vice-prefeito, sob a fundamentação de que, subsistindo a possibilidade, em tese, de reeleição do próprio titular para o período subsequente, seria também legítima a candidatura de seus parentes para os citados cargos eletivos, porquanto ocorrido o falecimento do titular dentro do prazo previsto na Constituição. Alega-se na espécie que os parentes até o segundo grau são inelegíveis para o mesmo cargo e na mesma base territorial, para a eleição subsequente, a teor do que dispõe o §7º do art. 14 da Carta Magna, cujo conteúdo não se alterou pela superveniência da EC nº 16/97, o tratamento dispensado ao titular do cargo deve ser o mesmo adotado relativamente aos parentes – ou seja, sendo reelegível o titular, e renunciando 6 meses antes do pleito, permite-se a candidatura de seus parentes ao mesmo cargo – no que foi acompanhado pelos Ministros Gilmar Mendes, Nelson Jobim e Maurício Corrêa. Após, o julgamento foi adiado em virtude do pedido de vista do Min. Moreira Alves" (RE nº 344.882/BA, Rel. Min. Sepúlveda Pertence).

[28] A Segunda Turma do STF decidiu que, pelo fato de o §7º do art. 14 ser uma exceção à elegibilidade, ela deve ser interpretada de uma forma restrita, não podendo ser aplicada a suplentes, mas apenas aos titulares que

o titular do cargo eletivo e cumprem o mandato até o seu término. Substitutos são aqueles que assumem determinado cargo eletivo provisoriamente.

Se os detentores dos cargos citados acima se desincompatibilizarem seis meses antes do pleito, a inelegibilidade desaparece. Ela também não permanece se os familiares já vinham exercendo um mandato anteriormente na mesma circunscrição eleitoral.[29]

### 15.9.1 Da natureza jurídica da inelegibilidade

O cerne da discussão acerca da natureza jurídica da inelegibilidade não é meramente topológico ou doutrinário. Inobstante, sua temática circunscreve o contexto em que sua incidência se situa. Os embates doutrinários são depreendidos em duas posições antagônicas que nem sempre refletem os influxos do respectivo instituto. Por um lado, parcela da doutrina, inclusive posição historicamente consagrada pelo Supremo Tribunal Federal e pelo Tribunal Superior Eleitoral, considera a inelegibilidade como um instituto de direito constitucional, desprovido de qualquer conteúdo sancionatório ou de caráter penal. Essa parte da doutrina considera a inelegibilidade como o não atendimento de determinados requisitos exigidos pela Constituição e pela legislação complementar para obtenção do registro de candidatura.

A jurisprudência do Supremo Tribunal Federal e do Tribunal Superior Eleitoral, moldada a partir do advento da LC nº 64/1990, consolidou-se no sentido de que a inelegibilidade não ostenta natureza penal, tendo incidência nos casos em que o cidadão acaba por não preencher requisitos necessários para obtenção do registro de candidatura.

Em consulta realizada no dia 17.6.2010, o Tribunal Superior Eleitoral, por meio da relatoria do Ministro Arnaldo Versiani, assentou:

> A inelegibilidade, assim como a falta de qualquer condição de elegibilidade, nada mais é do que uma restrição temporária à possibilidade de qualquer pessoa se candidatar, ou melhor, de exercer algum mandato. Isso pode ocorrer por eventual influência no eleitorado, ou por sua condição pessoal, ou pela categoria a que pertença, ou, ainda, por incidir em qualquer outra causa de inelegibilidade.

Por outro lado, parte da doutrina considera a inelegibilidade uma conotação sancionatória, ou seja, uma natureza jurídica de pena, sendo reflexo de uma imputação penal. Caso se entenda que a inelegibilidade constitui pena, esta não poderia retroagir, em respeito ao princípio da anterioridade e da legalidade penal. O princípio da presunção de inocência também deveria ser respectivo, assim como todos os princípios constitucionais e processuais que são voltados ao processo penal.

Assim, uma lei complementar que criasse uma nova causa de inelegibilidade não alcançaria os processos em tramitação, já iniciados e em curso, ou até mesmo os já exauridos e transitados em julgado, ante a eficácia preclusa da coisa julgada material, o ato jurídico perfeito e o direito adquirido, garantias constitucionalmente asseguradas.

---

conquistaram os seus mandatos, mesmo que se trate de laço de parentesco entre pai e filho (RE nº 409.459/BA, Rel. Min. Gilmar Mendes).

[29] "A causa de inelegibilidade prevista no art. 14, §7º, da Constituição alcança a cunhada de governador quando concorre a cargo eletivo de município situado no mesmo Estado" (STF, Pleno, RE nº 171.061/PA, *RTJ* 157/349).

O grande problema dessa corrente doutrinária é que visualiza a inelegibilidade apenas sob uma tônica exclusivamente sancionatória, ou seja, analisa a inelegibilidade apenas em sua nuance cominada, quando deveria ser entendida como uma figura de natureza híbrida que pode transitar tanto na seara da incidência de requisitos vedados em lei, como exemplo, no caso da inelegibilidade reflexa, quanto pode ser oriunda de uma conduta ilícita, decorrente de um substrato lógico de subsunção normativa, entre uma conduta ilícita e uma sanção, como no caso de uma condenação por captação ilícita de sufrágio.

## 15.9.2 Inelegibilidade como situação jurídica

Consiste em um truísmo afirmar que a ciência jurídica se incumbe de valorar as condutas humanas com o escopo de atender a objetivos especificados em suas normas.[30] As relações sociais fornecem o arcabouço para a criação das relações jurídicas mediante a incidência de mandamentos legais. Estas se formam no contato intersubjetivo entre pessoas que, mesmo incidindo em uma realidade vivencial, ordenam-se por intermédio de uma estrutura normativa de conteúdo jurídico.

Toda situação jurídica é transitória, haja vista que o transcurso das relações vitais, inexoravelmente, é finito. Outrossim, em um regime democrático, em que a altercação dos mandatários públicos baliza-se como um de seus alicerces, não se pode mencionar uma *fattispecie* em que o sujeito mantenha uma relação constante e inalterada com órgãos da representação popular. Caso a inelegibilidade seja cominada, advindo o seu caráter de sanção, reforça-se ainda mais sua perenidade, porque inexistem penas de caráter perpétuo.

Diante do que fora exposto, postula-se que a taxonomia das inelegibilidades é a de uma situação jurídica que descreve o posicionamento do cidadão diante do bem jurídico protegido pelo ordenamento, que é o *jus honorum*, a prerrogativa de exercício da cidadania passiva. As inelegibilidades não podem ser conceituadas como relação jurídica, porque não exprimem relações sinalagmáticas com outros sujeitos em seu aspecto volitivo de ordenamento da vida privada.

Elas exprimem o posicionamento dos cidadãos com relação a um interesse jurídico imprescindível para o desenvolvimento das democracias: a possibilidade de disputar mandatos populares. De acordo com a situação jurídica que incide sobre o sujeito, pode-se aferir de forma segura se ele pode disputar ou não os pleitos eleitorais.

Não se consideram as inelegibilidades um estado jurídico, porque não expressam apanágios inerentes ao cidadão, qualificações que lhe seriam implícitas. Na verdade, definem a situação do sujeito com relação aos seus direitos políticos, determinando se há ou não a prerrogativa de serem votados.

Como a prerrogativa de disputar eleições se configura como temática central em qualquer regime democrático, a regulamentação das inelegibilidades costuma ser

---

[30] "Entre a norma e o fato surge assim o valor, como intermediário, como mediador do conflito, elemento de composição da realidade em suas dimensões fundamentais. Interessa ressaltar a exigência de entender a realidade como unidade, sem a qual não se explicaria a tendência a integrar os dois elementos contrapostos, que se deixariam separados num dualismo irredutível, exigência que unicamente pode explicar, na verdade, o surgir da tridimensionalidade" (REALE, Miguel. *Teoria tridimensional do direito*. 5. ed. São Paulo: Saraiva, 2003. p. 137).

exauriente, no que evita juízos discricionários. Auferindo-se a situação jurídica de cada candidato com relação aos *standards* agasalhados pela legislação, pode-se vislumbrar a possibilidade de o cidadão disputar ou não as eleições.

## 15.10 Elegibilidade do militar

Tanto os militares como os civis podem se alistar como eleitores, excetuando-se os conscritos. A Constituição Federal permite que o militar se candidate a cargos públicos, diferenciando-se a solução encontrada de acordo com o tempo de serviço na atividade militar:
 a) se contar menos de dez anos de serviço, deverá afastar-se da atividade, deixando de integrar os quadros efetivos das Forças Armadas;
 b) se contar mais de dez anos de serviço, será agregado pela autoridade superior e, se eleito, passará automaticamente, no ato da diplomação, para a inatividade. O instituto da agregação ocorre quando o militar da ativa deixa de ocupar vaga na escala hierárquica de seu corpo, quadro, arma ou serviço, nela permanecendo sem número. Passado o período eleitoral, se conseguiu se eleger passa para a reserva, se não obteve êxito retorna às atividades como agregado. Tanto o afastamento da atividade quanto o ato da agregação serão contados da data do registro da candidatura do militar (art. 14, §8º, da CF).

## 15.11 Ação de impugnação de mandato eletivo

Prevista na Constituição, conforme os §§10 e 11 do art. 14, tem o intuito de impugnar mandato eletivo obtido mediante abuso de poder econômico, corrupção ou fraude. A principal finalidade da AIME reside na defesa da transparência e licitude das eleições, fazendo com que o voto seja proferido de forma soberana, em defesa dos interesses do eleitor, sem sofrer a interferência de condutas que possam despi-lo de sua magnanimidade. Não obstante, por ostentar tessitura constitucional, possui as mesmas prerrogativas dos mandamentos da *Lex Mater* – supremacia, supralegalidade e imutabilidade relativa –, o que lhe garante maior densidade normativa e possibilidade de concretização, ao menos em nível teórico, aplicando-se o rito processual descrito no art. 3º da Lei Complementar nº 64/90, que é o mesmo para a ação de impugnação de registro de candidatura.[31]

Preleciona Joel J. Cândido que, mesmo por estar agasalhada pela Constituição Federal, a ação de impugnação de mandato eletivo não foi inovação dos constituintes. Ela foi criação da Lei nº 7.493, de 16.6.1986, e da Lei nº 7.664, de 29.6.1988, que repetiu, de modo mais claro, a possibilidade de uso dessa ação.[32] Ao ser posta na Constituição de 1988, adquiriu o *status* constitucional, auferindo outro patamar, sobrepairando normativamente no ordenamento jurídico eleitoral.

---

[31] Com referência à supralegalidade de tratados internacionais, referência obrigatória é o livro do Professor Marcelo Peregrino (PEREGRINO, Marcelo Ramos Ferreira. *O controle de convencionalidade da Lei da Ficha Limpa*: direitos políticos e inelegibilidades. Rio de Janeiro: Lumen Juris, 2016. p. 256 e ss.).

[32] CÂNDIDO, Joel José. *Direito eleitoral brasileiro*. 14. ed. rev., atual. e ampl. Bauru: Edipro, 2010. p. 264.

Seu objetivo específico se destina à desconstituição da diplomação, ato que tem a função de declarar a validade de todo o procedimento ocorrido no período eleitoral, sendo por meio deste que a Justiça Eleitoral credencia os eleitos e os suplentes, habilitando-os a assumir determinado mandato eletivo. Tratando-se de processo de conhecimento, sua natureza é desconstitutiva, incidindo preponderantemente no diploma que legitima o exercício do mandato.

Para propor a referida ação, é necessário que o motivo desencadeante se tipifique como abuso de poder econômico, corrupção ou fraude, não sendo possível estender o seu cabimento para a apuração de abuso do poder político *stricto sensu*.[33] No entanto, o TSE entende que há a possibilidade de cabimento de AIME quando o abuso do poder político revelar dimensão econômica.[34] Nesse caso, para ser cabível, precisa se demonstrar nitidamente que o abuso de poder político também produziu uma exacerbação do poder econômico.

São legitimados ativos para a propositura da referida ação os candidatos, os partidos políticos, as coligações e o Ministério Público. Discorda-se da possibilidade de aceitar o eleitor como parte legítima para impetrá-la. A mencionada negativa não se prende apenas a uma questão positiva, a inexistência de preceito deferindo a legitimidade, mas a uma fundamentação pragmática, haja vista que os cidadãos podem levar as informações cabíveis ao *Parquet* e este pode tomar as providências devidas. Por outro lado, essa função de vigilância pertence aos partidos políticos, que devem velar pela lisura das eleições.

Os legitimados passivos são apenas os diplomados que cometeram abuso de poder econômico ou que praticaram fraude ou corrupção no decorrer do processo eleitoral. Há necessidade de se direcionar a ação de impugnação de mandato eleitoral também contra os suplentes porque eles carregam a expectativa de assumir o mandato. Se dessa forma não for feita, o suplente pode assumir o mandato mesmo tendo cometido os gravames descritos.

No caso de candidaturas ao Executivo, em que o vice pode assumir o lugar do titular, há a necessidade da formação de litisconsórcio passivo necessário entre candidatos e seus respectivos vices, pois receberam os mesmos votos, e a lide deverá ser decidida de maneira uniforme, tendo em vista a indivisibilidade e unidade do mandato eletivo na AIME.[35] Caso os respectivos vices não sejam intimados, o processo será nulo em razão da ausência de sua defesa e atuação na relação processual. Configurando-se os vices como litisconsortes passivos necessários, não há como se entender que a ação possa ser considerada apenas contra o titular. Nesse caso, para Pedro Henrique Távora Niess, a propositura da AIME dar-se-ia incompleta, pois um processo com parcela de partes não se instaura validamente se a relação jurídica processual exige mais de um réu em seu polo passivo.[36]

---

[33] Agravo Regimental em Agravo de Instrumento nº 214.574, Acórdão de 23.8.2011, Rel. Min. Marcelo Henriques Ribeiro de Oliveira, *DJe*, 14 set. 2011, p. 18.
[34] AgR-AI nº 11.708/MG, Rel. Min. Felix Fischer, *DJe*, 15 abr. 2010; Recurso Especial Eleitoral nº 138, Rel. Min. Maria Thereza Rocha de Assis Moura, *DJe*, t. 56, p. 33-34, 23 mar. 2015; Agravo Regimental em Ação Cautelar nº 3.568, acórdão de 24.3.2011, Rel. Min. Marcelo Henriques Ribeiro de Oliveira, *DJe*, t. 100, p. 26, 27 maio 2011.
[35] AgR em AI nº 254.928, acórdão de 17.5.2011. Rel. Min. Arnaldo Versiani Leite Soares, *DJe*, 12 ago. 2011.
[36] NIESS, Pedro Henrique Távora. *Ação de impugnação de mandato eletivo*. Rio Grande do Sul: Edipro, 1996, p. 60.

Com base no art. 2º, parágrafo único, I a III, da Lei Complementar nº 64/1990, arts. 40, IV, e 215 do Código Eleitoral, a competência para o julgamento da AIME incumbe ao Tribunal Superior Eleitoral, quando se tratar de candidato a presidente ou vice-presidente da República; aos Tribunais Regionais Eleitorais, quando se refere a candidato a senador, governador e vice-governador de estado e do Distrito Federal, deputado federal, deputado estadual e deputado distrital; e aos juízes eleitorais, quando se tratar de candidato a prefeito, vice-prefeito e vereador. Como é possível vislumbrar, a competência é definida pelo juízo da diplomação.

A AIME deverá ser proposta no prazo de 15 dias, a partir da diplomação. Este prazo é de natureza decadencial, em razão da natureza constitutiva da ação, ou seja, não se admite que seja suspenso ou interrompido. Contudo, como exceção aos efeitos decadenciais sólitos, se o termo final cair em feriado ou dia em que não haja expediente forense, ele se prorroga para o primeiro dia útil seguinte.[37] No período eleitoral, por hipótese alguma, haverá prorrogação do prazo, mesmo que o termo final caia em dia feriado.

## 15.12 Perda e suspensão dos direitos políticos

Antes de tudo, cabe ressaltar que não pode haver a cassação de direito político porque esse tipo de ato sempre será arbitrário, incompatível com o Estado Democrático de Direito que vigora no Brasil. *Cassação* é o remédio empregado pelas ditaduras militares para retirar os direitos políticos dos seus adversários, sem permitir-lhes devido processo legal, contraditório e ampla defesa. Mesmo a Constituição textualmente proibindo a cassação de direitos políticos, no *caput* do art. 15, José Afonso da Silva e Hely Lopes Meirelles defendem o uso da mencionada expressão.[38]

A diferença entre a perda e a suspensão dos direitos políticos é que aquela significa que esses direitos nunca mais poderão ser readquiridos e, esta, que poderão, desde que a cláusula suspensiva tenha sido extinta. A primeira, assim, é permanente e a segunda, provisória.

a) Casos de perda dos direitos políticos:
 – cancelamento da naturalização por sentença transitada em julgado;
 – recusa em cumprir prestação alternativa estipulada na escusa de consciência; se a obrigação for cumprida posteriormente, deixa de ser um caso de perda para ser um caso de suspensão de direitos.

b) Casos de suspensão dos direitos políticos:
 – incapacidade civil absoluta. Os absolutamente incapazes são apenas os menores de dezesseis anos, conforme as alterações do Código Civil promovidas pelo Estatuto da Pessoa com Deficiência (Lei nº 13.146/2015);

---

[37] Agravo Regimental em Ação Cautelar nº 428.581, acórdão de 15.2.2011, Rel. Min. Marcelo Henriques Ribeiro de Oliveira, *DJe*, p. 13-14, 14 mar. 2011.

[38] SILVA, José Afonso da. *Curso de direito constitucional positivo*. 16. ed. São Paulo: Malheiros, 1999. p. 540. Hely Lopes Meirelles conceitua dessa forma o instituto da cassação: "A cassação, como ato punitivo, pode advir da própria Câmara, nos casos de conduta incompatível do edil com o exercício da investidura política, ou de falta ético-parlamentar que autorize a sua exclusão da Câmara, ou pode provir da Justiça Penal, nos casos de condenação por crime funcional que acarrete a aplicação da pena acessória de perda ou inabilitação para qualquer função pública" (MEIRELLES, Hely Lopes. *Direito municipal brasileiro*. 10. ed. São Paulo: Malheiros, 1999. p. 473).

– condenação criminal enquanto durarem os seus efeitos. Os cidadãos que se encontrem presos, aguardando julgamento, não têm cerceados os seus direitos políticos.

O Supremo Tribunal Federal entende que a suspensão dos direitos políticos no caso de condenação criminal transitada em julgado de prefeito ou de vereador tem aplicabilidade imediata. Ou seja, sendo esses mandatários condenados, em sentença penal transitada em julgado, não há necessidade de homologação por parte da Câmara de Vereadores. Não obstante, considera a Egrégia Corte que o mesmo não ocorre com os membros do Congresso Nacional, deputados e senadores, que necessitam para que a sentença penal transitada em julgado tenha eficácia imediata de sua homologação por parte da Casa a qual pertencer o parlamentar.

– improbidade administrativa, que acarretará a perda da função pública, a indisponibilidade dos bens, o ressarcimento do erário e as sanções penais cabíveis.

## 15.13 Princípio da anterioridade eleitoral e impedimento da *vacatio legis*

O princípio da anualidade eleitoral foi insculpido na Constituição de 1988, em seu art. 16, textuando que a lei que alterar o processo eleitoral entra em vigor na data de sua publicação,[39] não se aplicando à eleição que ocorra até um ano da data de sua vigência. Este conteúdo normativo foi delineado pela Emenda Constitucional nº 4/1993, substituindo o seguinte dispositivo revogado: "a lei que alterar o processo eleitoral só entrará em vigor um ano após sua promulgação".

A diferença entre os dois enunciados é bastante perceptível. Pelo texto anterior toda a alteração do processo eleitoral só entraria em vigor, podendo produzir efeitos, após um ano de sua promulgação, independentemente de haver eleições. De acordo com o novo texto, ela entra em vigor na data de sua publicação, sem *vacatio legis*; contudo, somente será aplicada à eleição após um ano da data de sua vigência.

*Vacatio legis* é o período que vai da publicação até a possibilidade de produção dos efeitos de determinada lei. Quando houver omissão, no diploma legal, da data para a produção de efeitos, nos limites do território nacional, o art. 1º, *caput*, da Lei de Introdução às Normas do Direito Brasileiro, fala em um prazo de 45 dias. Para a lei eleitoral não existe *vacatio legis*, entrando em vigor na data em que foi publicada. É o único caso expresso na Constituição Federal de lei que começa a vigorar imediatamente, na data de sua publicação.

---

[39] O Tribunal, por maioria, julgou procedente pedido formulado em ação direta ajuizada pelo Conselho Federal da Ordem dos Advogados do Brasil para declarar a inconstitucionalidade do art. 2º da Emenda Constitucional nº 52/2006, que alterou a redação do art. 17, §1º, da CF, para inserir em seu texto, no que se refere à disciplina relativa às coligações partidárias eleitorais, a regra da não obrigatoriedade de vinculação entre as candidaturas em âmbito nacional, estadual, distrital ou municipal, e determinou a aplicação dos efeitos da referida emenda "às eleições que ocorrerão no ano de 2002". Afirmou-se que o princípio da anterioridade eleitoral, extraído da norma inscrita no art. 16 da CF, consubstancia garantia individual do cidadão-eleitor – detentor originário do poder exercido por seus representantes eleitos, no que protege o processo eleitoral. Asseverou-se que esse princípio contém elementos que o caracterizam como uma garantia fundamental oponível inclusive à atividade do legislador constituinte derivado, e que sua transgressão viola os direitos individuais da segurança jurídica e do devido processo legal. Por essa razão, deu-se interpretação conforme a Constituição, no sentido de que o §1º do art. 17 da CF, com a redação dada pela EC nº 52/2006, não se aplica às eleições de 2006, remanescendo aplicável a estas a redação original do mesmo artigo (ADIn nº 3.685/DF, Rel. Min. Ellen Gracie).

A expressão "lei que alterar o processo eleitoral" deve ser compreendida como norma em sentido formal, abrangendo todas as espécies possíveis contidas no art. 59, como lei ordinária, emenda à Constituição ou lei complementar.

A finalidade do princípio da anterioridade eleitoral é evitar que o Poder Legislativo possa introduzir modificações[40] casuísticas na lei eleitoral para desequilibrar a participação dos partidos e dos respectivos candidatos, influenciando, portanto, os resultados das eleições.[41]

O Supremo Tribunal Federal considera que aperfeiçoamento dos procedimentos eleitorais, de forma exclusiva, não se configura como acinte ao princípio da anterioridade eleitoral, haja vista que declarou que a Lei nº 11.300/2006 não infringia tal princípio, ao modificar a Lei nº 9.504/1997, em virtude de que ela não promoveu alteração ao processo eleitoral.

O Min. Lewandowski sustenta que o lapso temporal de um ano para a aplicação de lei só se justifica nos casos em que há deformação do processo eleitoral, beneficiando ou prejudicando determinadas candidaturas. Segundo o então Presidente do TSE, a "Lei da Ficha Limpa" é linear, se aplicando a todos indistintamente; logo, não se pode afirmar que ela interfere no processo eleitoral.[42]

O princípio da anterioridade eleitoral fora fortalecido pelo Supremo Tribunal Federal quando do julgamento da constitucionalidade da "Lei da Ficha Limpa".[43] Por maioria apertada, seis votos contra cinco, foi decidido que a mencionada lei não poderia ser aplicada às eleições de 2010, porque tinha entrado em vigor no mesmo ano, portanto, apenas poderia ser utilizada para as eleições de 2012. Configurou-se como uma decisão muito importante em razão de que se partiu do entendimento de que determinada norma, por melhor que seja o seu conteúdo, tem que respeitar as garantias constitucionais, no que se fortaleceu o Estado de Direito.

## 15.14 Situação jurídica das "candidaturas coletivas" à luz da Constituição Federal

Verificou-se, na última década, um crescimento das chamadas candidaturas coletivas nas eleições para o Poder Legislativo e até mesmo para o Poder Executivo. Nestas, em que pese o registro da candidatura seja feito por uma única pessoa física, nos moldes da legislação eleitoral, o mandato eventualmente conferido será exercido de forma coletiva e participativa por determinada associação, coletivo ou movimento

---

[40] "A norma consagra o princípio da anterioridade eleitoral. Para evitar-se o casuísmo de período que antecede as eleições, ou seja, da pré-campanha praticamente em andamento, as modificações na legislação eleitoral só podem ser aplicadas às eleições que ocorram depois de um ano da entrada em vigor da nova legislação" (NERY JUNIOR, Nelson; NERY, Rosa Maria de Andrade. *Constituição Federal comentada e legislação constitucional*. 2. ed. São Paulo: RT, 2009. p. 298).

[41] "Há, no princípio da anterioridade eleitoral, preceito que possui o escopo de evitar manobras que desta ou daquela maneira possam beneficiar a este ou aquele segmento e prejudicar qualquer dos demais envolvidos na disputa. Nesse sentido, a Carta impõe projeção no tempo de qualquer diploma legal que altere o processo eleitoral" (MELLO, Marcos Aurélio. *Princípio da anterioridade eleitoral*. Comentários à Constituição Federal de 1988. Rio de Janeiro: Forense, 2009. p. 508).

[42] STF, Plenário, RO nº 433.627.

[43] STF, Plenário, RE nº 633.703.

social, com revezamento e distribuição de tarefas entre os representantes do grupo.[44] O modelo de campanha eleitoral das candidaturas coletivas lança ao eleitorado o nome do grupo que representam, e não dos indivíduos que o integram.

Esse novo modelo de postulação reforça a experiência de coletividade, alicerce estrutural de todo partido político, notadamente para que se impeça o enraizamento de entidades familiares ou estruturas feudais em solo partidário. Possibilita, assim, que setores da sociedade carentes de voz política ou partidária possam, através do adensamento de sinergias, erguer uma candidatura com potencial para representar determinada pauta na arena política. O fenômeno, contudo, ainda encontra resistência por setores do Poder Judiciário, que o reputam como possível abertura para fraudes aos requisitos de elegibilidade e à higidez do pleito.[45]

Ao nosso ver, as candidaturas coletivas, ficção jurídica de há muito entronizada na doutrina e jurisprudência brasileira, não afrontam, *per se*, nenhum parâmetro normativo, devendo a análise dos requisitos de elegibilidade e registrabilidade ser feitas caso a caso, sem restrições genéricas. É vedada a interpretação restritiva de direitos humanos, caso dos direitos políticos, classificados como de quarta dimensão.

Esse tipo de candidatura não desequilibra o pleito, não produz fraudes eleitorais nem tem o escopo de ludibriar os eleitores. Qualquer tentativa de impedir o registro de candidatura, lastreada em condição de elegibilidade não prevista na Constituição Cidadã, representa inconstitucionalidade grosseira, passível de ser combatida via instrumentos de controle de constitucionalidade, concentrado ou difuso, bem como pela ação concessiva de registro de candidatura.

---

[44] SECCHI, Leonardo (Org.) *Mandatos coletivos e compartilhados*: inovação na representação legislativa no Brasil e no mundo. [s.l.]: Instituto Arapyaú de Educação e Desenvolvimento Sustentável, 2019.

[45] Cite-se, à guisa de exemplo, a Orientação Normativa nº 2, de 2020, emanada pelo Tribunal Regional Eleitoral de Pernambuco, que tem a seguinte dicção: "o nome para constar na urna eletrônica não poderá conter qualquer expressão que, ainda que aliada ao prenome, sobrenome, cognome, nome abreviado, apelido ou nome pelo qual é mais conhecido o candidato, sugira ao eleitor que o mandato será exercido coletivamente".

# CAPÍTULO 16

# PARTIDOS POLÍTICOS

Os partidos políticos ocupam um relevante papel na democracia brasileira, no sentido de que se configuram como condição inafastável de elegibilidade. Eles são um dos instrumentais que propiciam à população brasileira a condição de se expressar nos acontecimentos políticos, um dos canais que possibilitam à sociedade uma participação mais efetiva nas decisões governamentais (art. 17 da CF).

Não é que a cidadania, no sentido político, somente tenha exercício dentro dos partidos, pois os cidadãos a exercem nos mais variados aspectos do cotidiano, como quando se posicionam acerca das decisões políticas, quando exercem o direito de voto, quando apoiam iniciativa popular para projeto de lei, por exemplo. Os cidadãos podem exercer os direitos políticos sem os partidos; contudo, para a obtenção de um mandato popular, são os partidos considerados imprescindíveis.

Em razão das sequelas deixadas pela ditadura militar, que, pelo Ato Institucional nº 2 impôs o bipartidarismo, e como forma de fortalecer a democracia, a Constituição Federal garante o pluripartidarismo, possibilitando a todas as correntes políticas a sua representação no panorama político, desde que consigam um mínimo de apoio popular.

Com precisão, elucida o Prof. Palhares Moreira Reis:

> Define-se um partido político como sendo uma associação de pessoas, organizadas tendo em vista participar, de modo permanente, do funcionamento das instituições e buscar acesso ao Poder, ou ao menos influenciar no seu exercício, para fazer prevalecer as ideias e os interesses de seus membros. Estas ideias e estes interesses, reputados como os mais convenientes para a comunidade, se pretende sejam convertidos em lei, ou em linhas de ação política do governo.[1]

Leciona Dimitri Dimoulis que o partido político é definido como uma associação organizada de pessoas com a finalidade de promover princípios e ideias políticas a serem seguidas no Estado, no que é responsável por assegurar a democracia, de modo

---

[1] REIS, Antônio Carlos Palhares Moreira. *Cinco estudos sobre partidos políticos*. Recife: Editora Universitária – UFPE, 1999. p. 19.

a promover debates e indicar os representantes do povo.² Edmund Burke, por sua vez, denomina partido político um conjunto de homens unidos para fomentar, mediante ações conjuntas, o interesse nacional, sobre a base de algum princípio determinado sobre o qual todos os seus membros estão de acordo.³ Já para Karl Loewenstein, o partido político é uma associação de pessoas com as mesmas concepções ideológicas, que se propõe a participar do poder político, conquistando-o para a realização dos seus objetivos.⁴

A concepção do conceito de partido político desdobra-se em várias dimensões. No entanto, seja qual for a posição adotada para denominar esse *lócus* de concreção dos direitos políticos, aporta-se na perspectiva funcional. Sob essa perspectiva, os partidos políticos consubstanciam-se em elementos da democracia real, que agrupam homens de mesma opinião, para lhes garantir influência efetiva sobre a gestão dos negócios públicos.⁵ É de bom alvitre realçar que os partidos políticos não se confundem com facções políticas ou grupos de pressão. Essas carecem de organização e programas abrangentes, atendendo a interesses tópicos limitados no tempo. Já os grupos de pressão têm como aspiração obter decisões dos entes governamentais a seus interesses setoriais, sem almejar conquistar o poder.⁶

## 16.1 Histórico

Conquanto se remeta a origem dos partidos políticos à Antiguidade Clássica, o que se tinha era apenas grupos de indivíduos aglutinados pelos mesmos ideais, sem organização permanente. Isso porque, conforme aponta Afonso Arinos de Mello Franco, os partidos anteriores ao século XVIII nada tinham a ver com as elaboradas concepções jurídicas que fundamentariam, a partir de então, o conteúdo e a razão de ser das agremiações políticas.⁷ Para Maurice Duverger, o surgimento dos verdadeiros partidos políticos data apenas de um século, o que está relacionado ao aparecimento dos grupos parlamentares e aos comitês eleitorais.⁸ No mesmo sentido, Eduardo Andrade Sánchez expõe que o surgimento dos partidos políticos como atores no cenário político está umbilicalmente interligado ao aparecimento do parlamentarismo como forma de governo. Isso porque foi com as primeiras assembleias parlamentares que se iniciou a formação de grupos organizados de disputa, jungidos por questões ideológicas.⁹

À medida que as assembleias políticas passaram a desenvolver e robustecer suas funções e sua independência, tanto mais os seus membros sentiram a necessidade de se agrupar por questões de afinidade ideológica, para agirem de comum acordo.¹⁰ Daí a

---

² DIMOULIS, Dimitri. *Dicionário brasileiro de direito constitucional*. São Paulo: Saraiva, 2007. p. 256.
³ BURKE, Edmund. Pensamientos sobre las causas del actual descontento. *In:* BURKE, Edmund. *Textos políticos*. Versión espanhola e introducción de Vicente Herrero. Ciudad de México: Fondo de Cultura Económica, 1942. p. 289.
⁴ LOEWENSTEIN, Karl. *Teoría de la constitución*. 2. ed. Tradução para o espanhol de Alfredo Gallego Anabitarte. Barcelona: Ariel, 1976. p. 93
⁵ KELSEN, Hans. *A democracia*. São Paulo: Martins Fontes, 2000. p. 38.
⁶ BANDENI, Gregório. *Tratado de derecho constitucional*. Buenos Aires: La Ley, [s.d.]. t. I. p. 753.
⁷ MELLO, Afonso Arinos Franco de. *História e teoria do partido político no direito constitucional brasileiro*. Rio de Janeiro: 1945. p. 17.
⁸ DUVEGER, Maurice. *Os partidos políticos*. Tradução de Cristiano Monteiro Oiticica. Brasília: Editora Universidade de Brasília, 1982. p. 20.
⁹ ANDRADE SANCHÉZ, Eduardo. *Derecho electoral*. México: Oxford University Press México, 2010. p. 132.
¹⁰ FERNANDEZ, Fernando Francisco Afonso. *Fidelidade partidária no Brasil*: análise sob a óptica da política jurídica. Florianópolis: Conceito, 2008. p. 82.

razão pela qual Norberto Bobbio, Nicola Matteucci e Gianfranco Pasquino apontam que o nascimento e desenvolvimento dos partidos está ligado ao problema da participação, ou seja, ao progressivo aumento da demanda de participação no processo de formação das decisões políticas, por parte dos estratos diversos da sociedade.[11]

Diante isso, afirma-se que os partidos políticos surgiram recentemente na história do direito político-constitucional, no final do século XIX e início do século XX. Sua finalidade seria servir como elo entre o exercício de poder e a população, aumentando a participação dos cidadãos nas decisões políticas.

Pode-se dizer que quem mais contribuiu para o seu aparecimento foram Lenin e Max Weber.[12] O primeiro via o partido como uma forma de a classe trabalhadora se organizar e tomar o poder, e, depois, seria o partido político o instrumento fundamental para que se chegasse a uma sociedade sem classes sociais. O segundo dividiu os partidos em dois tipos: os de patronagem, compostos de elementos que tinham como única finalidade chegar ao poder e usufruir de suas benesses; e os ideológicos, que têm determinada acepção de mundo, com toda uma carga valorativa, e tentavam implementá-la.

A ideia de criação de partidos políticos também foi muito criticada. Impingiam a eles a nefanda função de dividir a sociedade, gerando antagonismos e animosidades. Ainda maculavam a sua função com a ideia de que funcionariam como um corpo intermediário entre o cidadão e o governo, impedindo a participação direta do cidadão nos negócios governamentais. Compartilhavam dessa opinião Rousseau e Hobbes.

## 16.2 Criação

É livre a criação de partidos políticos, bem como a sua fusão e extinção. Isso é uma decorrência natural do regime democrático e do pluripartidarismo. Para evitar o seu número excessivo, quando muitos deles têm a finalidade exclusiva de defender interesses pessoais, a solução adotada foi a estipulação de condições para que a agremiação usufrua do Fundo Partidário e de tempo de propaganda eleitoral gratuita, funcionando tais requisitos como cláusulas de barreira. Um partido político apenas deveria ser criado quando tivesse amplo apoio na sociedade e representasse determinada corrente política.

Os partidos políticos têm natureza de direito privado e, depois de adquirirem personalidade jurídica na forma da lei civil, devem registrar seu estatuto no Tribunal Superior Eleitoral (art. 17, §2º, da CF).

O seu registro, na forma da lei civil, deverá ser feito no Cartório de Registro Civil das Pessoas Jurídicas, de Brasília, e o pedido deverá ter sido subscrito pelos seus fundadores, com um número não inferior a cento e um, com domicílio eleitoral em, no mínimo, um terço dos estados-membros (art. 8º da Lei nº 9.096/1995).

---

[11] BOBBIO, Norberto; MATTEUCII, Nicola; PAQUINO, Gianfranco. *Dicionário de política*. Brasília: Editora Universidade de Brasília. 1986. p. 899.

[12] Sobre a importância do partido comunista, doutrina Lenin: "Negar a necessidade do partido e a disciplina de partido, aí está o resultado a que chegou a oposição. E isto equivale a desarmar por completo o proletariado em proveito da burguesia [...]. Para fazer frente a isso, para permitir que o proletariado exerça acertada, eficaz e vitoriosamente o seu papel organizador (e este é o seu papel principal), são necessárias uma centralização e uma disciplina severíssima dentro do partido político do proletariado" (LENIN, V. I. *A doença infantil do esquerdismo no comunismo*. Obras escolhidas. Lisboa: Avante, 1986. v. 1. p. 106-107).

Registrando o seu estatuto no TSE, o partido poderá participar do processo eleitoral, dispor do Fundo Partidário, ter uso exclusivo da sua sigla e obter acesso gratuito no rádio e na televisão, de acordo com a determinação legal (art. 17, §3º, da CF).

O registro definitivo, no Tribunal Superior Eleitoral, só será obtido quando o partido tiver caráter nacional, ou seja, para efeitos legais, considera-se criado quando tiver o apoio de, pelo menos, meio por cento dos votos dados na última eleição geral para a Câmara dos Deputados, não computados os votos em branco e os nulos, distribuídos por um terço ou mais dos estados, com um mínimo de um décimo por cento do eleitorado que haja votado em cada um deles.

Devido ao elevado número de partidos políticos existentes no Brasil, parte da doutrina defende a criação de cláusulas de barreira, que são determinados requisitos para que as agremiações políticas possam funcionar com a plenitude de seus direitos.

Conforme sintetizado por Kátia Carvalho, a cláusula de barreira consubstancia disposição normativa que nega a existência de representação parlamentar ao partido que não alcançar determinado número ou percentual de votos. Aduz que essa cláusula consiste em instrumento necessário para impedir a pulverização dos representantes em um número elevado de partidos políticos, cenário que permitirá o enfraquecimento das agremiações partidárias e da própria governabilidade.[13]

Pode-se dizer que, no Brasil, a cláusula de barreira surgiu com o Decreto-Lei nº 8.835/46, que exigiu, sob pena de cassação dos partidos políticos, que estes obtivessem quantidade igual ou superior de votos a de eleitores com os quais formalizaram o registro definitivo. Posteriormente, a Constituição de 1967 trouxe a exigência de que os partidos obtivessem dez por cento do eleitorado votante na última eleição geral para a Câmara dos Deputados, distribuídos em dois terços dos estados, com o mínimo de sete por cento em cada um deles, bem assim dez por cento de deputados, em, pelo menos, um terço dos estados, e dez por cento de senadores.[14]

A Emenda Constitucional nº 1/69 apresentou a exigência de o partido obter cinco por cento do eleitorado que houvesse votado na última eleição geral para a Câmara dos Deputados, distribuídos, pelo menos, em sete estados-membros, com o mínimo de sete por cento em cada um deles.[15]

Em seguida, a EC nº 11/78 exigia que os partidos obtivessem dez por cento do eleitorado que tivesse votado na última eleição geral, distribuídos em dois terços dos estados-membros, com mínimo de sete por cento em cada um, além de dez por cento dos deputados em ao menos um terço dos estados-membros e dez por cento dos senadores.[16]

---

[13] CARVALHO, Kátia. *Cláusula de barreira e funcionamento parlamentar* – Estudo. Brasília: Câmara dos Deputados, 2003. p. 3.

[14] "Art. 149. A organização, o funcionamento e a extinção dos Partidos Políticos ser o regulados em lei federal, observados os seguintes princípios: VII - exigência de dez por cento do eleitorado que haja votado na última eleição geral para a Câmara dos Deputados, distribuídos em dois terços dos Estados, com o mínimo de sete por cento em cada um deles, bem assim dez por cento de Deputados, em, pelo menos, um ter o dos Estados, e dez por cento de Senadores; [...]".

[15] "Art. 152. A organização, o funcionamento e a extinção dos partidos políticos serão regulados em lei federal, observados os seguintes princípios: [...] VII- exigência de cinco por cento do eleitorado que haja votado na última eleição geral para a Câmara dos Deputados, distribuídos, pelo menos, em sete Estados, com o mínimo de sete por cento em cada um deles; [...]".

[16] "Art. 152. A organização e o funcionamento dos partidos políticos, de acordo com o disposto neste artigo, serão regulados em lei federal. [...] §2º O funcionamento dos partidos políticos deverá atender às seguintes exigências: I - filiação ao partido de, pelo menos 10% (dez por cento) de representantes na Câmara dos Deputados e no

Em 1985, a Constituição de 1967/1969 ainda foi alterada pela EC nº 25, que estabeleceu que não teria direito à representação no Senado e na Câmara o partido que não alcançasse apoio, expresso em votos, de três por cento do eleitorado em eleição para a Câmara em pelo menos cinco estados-membros, com o mínimo de dois por cento do eleitorado de cada um deles.

Com a promulgação da Lei nº 9.096/1995, nova tentativa de se estabelecer uma cláusula de barreira foi realizada. O STF, à época, considerou inconstitucional a sua implantação em nível infraconstitucional, haja vista violar o pluralismo político e a liberdade de criação, extinção, fusão e incorporação de partido político.[17] Coube à Emenda Constitucional nº 97 reintroduzir a cláusula de barreira no ordenamento jurídico, alçando-a, desta vez, ao patamar constitucional.

Essa mencionada emenda trouxe algumas alterações ao sistema político brasileiro com o objetivo de aperfeiçoá-lo, principalmente diminuindo o elevado número de partidos políticos, que na maioria dos casos não ostentam legitimidade social. A grande questão foi o elastério temporal para essas medidas entrarem em vigor.

Com esse objetivo foi criada uma cláusula de desempenho, também denominada cláusula de barreira, que apenas destina recursos do Fundo Partidário e acesso gratuito ao rádio e à televisão aos partidos que obtiverem no mínimo 3% dos votos válidos, distribuídos em pelo menos um terço das unidades da Federação, com um mínimo de 2% dos votos válidos em cada uma delas ou se tiverem elegidos pelo menos quinze deputados federais distribuídos em pelo menos um terço das unidades da Federação. Estes critérios serão aplicados integralmente apenas em 2030. Nesse interregno, aplicar-se-ão de forma escalonada, começando com o percentual de 1,5% em 2018, 2,0% em 2022, 2,5 em 2026, até atingir 3,0 em 2030 (em todo esse escalonamento há exigência de distribuição nas unidades federativas ou um número mínimo de deputados federais).

O candidato eleito por um partido que não preencher os requisitos previstos na cláusula de barreira poderá se filiar a outra agremiação que os tenha preenchido, sem perda do mandato, não podendo ser considerada essa filiação com a finalidade de distribuição dos recursos do Fundo Partidário e do acesso gratuito ao tempo de rádio e de televisão.

Igualmente com o intento de impedir a proliferação de partidos políticos destituídos de legitimidade, vedou-se a coligação nas eleições proporcionais, dessa forma, apenas as agremiações que dispuserem de razoável número de votos poderão completar o coeficiente eleitoral, retirando as chances de legendas pequenas conseguirem eleger representantes. Essa restrição começou a ser aplicada em 2020.

## 16.3 Princípios partidários

A crescente importância dos partidos políticos, convertidos em peças fundamentais do regime democrático, não passou despercebida pelos legisladores constituintes, que lhes reconheceram um amplo espectro de direitos de estatura maior para poder

---

Senado Federal que tenham, como fundadores, assinado seus atos constitutivos; ou II - apoio, expresso em votos, de 5% (cinco por cento) do eleitorado, que haja votado na última eleição geral para a Câmara dos Deputados, distribuídos, pelo menos, por nove Estados, com o mínimo de 3% (três por cento) em cada um deles; [...]".

[17] STF, ADI nº 1.351/DF e ADI nº 1.354/DF, Rel. Min. Marco Aurélio, 7.12.2006.

assegurar livremente a participação das agremiações partidárias no processo de poder. Jorge de Miranda apresenta três formas de preenchimento do conteúdo das normas constitucionais ou legais referentes aos partidos políticos.

A primeira traz um tratamento geral, que se limita às cláusulas sobre a liberdade de associação, apresentação de candidaturas e regras a serem aplicadas em caso de cometimento de ato ilícito. A segunda parte refere-se ao fato de que, como os partidos são associações com características próprias e não associações privadas, faz-se necessário explicitar os tipos de órgãos que os partidos devem ter, que direitos deverão ter os filiados e as regras de respeito a grupos parlamentares. Já a terceira forma de intervenção legislativa adentra no que toca à ideologia dos partidos, de modo a proibir a adoção de determinadas ideias que promovem acintes a direitos humanos fundamentais, por exemplo.[18]

O *caput* do art. 17 da Constituição Federal de 1988 assegura aos partidos políticos o direito à livre criação, fusão incorporação e extinção, desde que resguardados a soberania nacional, o regime democrático, o pluripartidarismo e os direitos fundamentais da pessoa humana. Ao ensejo de consolidar o princípio democrático, a Constituição Federal de 1988 repeliu a ingerência estatal no âmbito interno dos partidos políticos, de modo a inserir dois vetores inspiradores do seu disciplinamento, a saber: a autonomia e a liberdade de criação. A preocupação do Constituinte objetivou afastar da vida nacional a experiência amarga do período ditatorial, no qual o Estado controlava todos os passos das agremiações partidárias.[19]

A teor da ideia que sai do §1º do art. 17 da Carta Magna, é assegurada aos partidos políticos autonomia para definir sua estrutura interna, organização e funcionamento e para adotar os critérios de escolha e o regime de suas coligações eleitorais, sem obrigatoriedade de vinculação entre as candidaturas em âmbito nacional, estadual, distrital ou municipal, devendo os seus estatutos estabelecerem normas de disciplina e fidelidade partidária.

Disso resulta que os partidos políticos têm autonomia para determinar sua estrutura interna, sua organização e o seu funcionamento, o que é estabelecido pelo estatuto, que é a lei que rege a engrenagem dos entes partidários. Cada partido tem um estatuto com o qual regula o seu funcionamento, define a forma dos seus órgãos, estipula o modo como as suas decisões serão tomadas etc. As restrições às disposições dos partidos são os preceitos constitucionais.

Nesse diapasão, José Afonso da Silva aduz que o princípio da autonomia partidária é uma conquista sem precedente, de tal sorte que a lei tem muito pouco a fazer em matéria de estrutura interna, organização e funcionamento dos partidos.[20] José Joaquim Gomes Canotilho também aponta que aos partidos políticos devem ser asseguradas as liberdades externa e interna. A liberdade externa conduz fundamentalmente à liberdade de fundação dos partidos e à liberdade de atuação partidária, ao passo que a liberdade interna se consubstancia na não ingerência estatal quanto ao controle ideológico-programático das

---

[18] MIRANDA, Jorge. *Ciência política*. Lisboa: Pedro Pereira Editor, 1996. p. 95.
[19] PINTO, Djalma. *Direito eleitoral*: improbidade administrativa e responsabilidade fiscal. 5. ed. São Paulo: Atlas, 2010. p. 115.
[20] SILVA, José Afonso da. *Curso de direito constitucional positivo*. 36. ed. São Paulo: Malheiros, 2013. p. 408.

agremiações.²¹ Konrad Hesse assevera que a liberdade dos partidos políticos compreende a liberdade externa, de sorte a protegê-los das intervenções e influências estatais; e a liberdade interna, no que determina que a ordem interna dos partidos políticos deve somente respeito à linha traçada pelos princípios democráticos.²²

Com a queda da verticalização, que contraria o caráter nacional dos partidos, eles passam a poder adotar os critérios de escolha e o regime de suas coligações eleitorais, sem obrigatoriedade de vinculação entre as candidaturas em nível nacional, estadual, distrital ou municipal, deixando que os estatutos estabeleçam normas de disciplina e fidelidade partidária.

Dentro do pluralismo político e da liberdade de expressão de pensamento que são características do Estado Democrático de Direito que é o Brasil, os partidos têm liberdade ideológica; contudo, alguns princípios constitucionais devem ser obedecidos, devendo, obrigatoriamente, constar dos programas partidários a soberania nacional, o regime democrático, o pluralismo político e os direitos fundamentais da pessoa humana.²³

No entanto, é expressamente vedado aos partidos políticos (art. 17, I a IV, da CF):

a) criação de partidos regionais, que defendam interesses locais: eles têm de ter caráter nacional, devendo estar representados na maioria dos estados da federação, e suas propostas têm de englobar o interesse de toda a nação. O surgimento de partidos regionais seria uma afronta à federação, que é formada pela união indissolúvel dos estados, dos municípios e do Distrito Federal, e representaria um estímulo para a secessão, o que é terminantemente proibido pela nossa Constituição;

b) utilização dos partidos políticos como estruturas paramilitares. Um dos fundamentos da democracia é a convivência pacífica dos vários grupos políticos existentes, e os partidos estruturados com caráter paramilitar estimulariam a violência e impediriam o livre debate de ideias. Essa maneira de estruturação dos partidos políticos é o pórtico das ditaduras – foi assim que Hitler e Mussolini tomaram o poder;

c) omissão de prestação de contas à Justiça Eleitoral, com o fim de se evitar o abuso do poder econômico. O processo eleitoral brasileiro é comandado pelo Poder Judiciário, que tem a função de fiscalizar a lisura das eleições, de forma que seja evitada a preponderância do poder econômico, que representa as elites, em detrimento de uma representação calcada no interesse popular, que não dispõe de recursos para financiar uma eleição;

d) recebimento de recursos financeiros de entidades ou governos estrangeiros ou subordinação a interesses alienígenas. O primeiro dos fundamentos da República Federativa do Brasil é a soberania, que restaria maculada se fosse

---

²¹ CANOTILHO, José Joaquim Gomes. *Direito constitucional e teoria da Constituição*. 4. ed. Coimbra: Almedina, 2000. p. 309.

²² HESSE, Konrad. *Elementos de direito constitucional da República Federativa da Alemanha*. Porto Alegre: Fabris, 1998. p. 147.

²³ O vocábulo *ideologia* vem da raiz grega *eidos* (ideia) com *logos* (conhecimento). W. Elliot credita a David Hume a primazia de tê-lo empregado em fins do século XVIII, em seu *Tratado do conhecimento*. A maioria dos autores se inclina por ver sua gênese na criação de Destutt de Tracy, no ano de 1976, em seu livro *Mémoire sur la faculté de penser* e em seu *Projet d'élements d'idéologie*, significando a ciência que tem por objeto o estudo das ideias, dos seus caracteres, sinais, representações e origens (CAVALCANTI, Themístocles. Reflexões sobre o problema ideológico. *Revista de Direito Público e Ciência Política*, Rio de Janeiro, v. VIII, n. 3, set./dez. 1965. p. 84).

permitido que os partidos políticos se submetessem a interesses estrangeiros ou recebessem recursos financeiros do exterior.

## 16.4 Quociente eleitoral

Quociente eleitoral é o número de votos necessário para a eleição de um candidato pelo sistema eleitoral proporcional: vereador, deputado estadual e deputado federal.

É encontrado dividindo-se o número de votos válidos, excluindo-se os votos em brancos e os nulos, pelo número de lugares a serem preenchidos na eleição.

QE = votos válidos (votos brancos e nulos): nº de lugares a preencher

Depois de encontrado o quociente eleitoral, busca-se o quociente partidário, isto é, o número de vagas que determinado partido ocupará. Ele será calculado dividindo-se o número de votos obtidos pela legenda, computados os votos de todos os candidatos a determinado cargo, pelo quociente eleitoral. As frações decimais serão desprezadas, nesta primeira etapa.

QP = número de votos obtidos pela legenda: QE

Depois de realizado o quociente partidário e esclarecido o número de vagas que cada partido ocupará, podem ainda restar algumas vagas, que devem ser preenchidas com o cálculo dos restos partidários. Para efetuá-lo deve dividir-se o número de votos obtidos pela legenda (somando-se os votos de todos os candidatos) pelo número de vagas ocupado por cada uma delas, acrescido de mais uma unidade. O partido que obtiver a melhor média ficará com a vaga restante.

CR = número de votos obtidos pela legenda:
número de vagas ocupadas por cada legenda + 1

Sobrando mais de uma vaga, repete-se a operação antecedente, uma por cada vez, acrescentando ao número de vagas obtidas por cada partido a resultante da operação antecedente das sobras, ou seja, o partido que recebeu mais uma vaga resultante da sobra adicionará esta unidade ao número de vagas ocupadas pela legenda.

O partido que não obteve quociente eleitoral, elegendo candidatos, não poderá participar do cálculo das sobras.

CR = número de votos obtidos pela legenda: número de vagas ocupadas
por cada legenda + (o acréscimo da operação anterior, se ocorreu) 1

## 16.5 Da disciplina partidária

Infere-se, da leitura da parte final do §1º, do art. 17, da Carta Magna, que o texto constitucional impõe aos partidos políticos o dever de estabelecer normas de disciplina e fidelidade partidária. No plano infraconstitucional, a Lei nº 9.096/95 (Lei dos Partidos

Políticos) estabelece as normas de disciplina e fidelidade partidária nos arts. 23 a 26. O art. 23 da Lei dos Partidos Políticos reafirma o princípio da autonomia partidária, ao dispor que a responsabilidade por violação dos deveres partidários deve ser apurada e punida pelo órgão competente, na conformidade do que disponha o estatuto de cada partido político. Nesse palmilhar, nenhum filiado pode sofrer medida disciplinar ou punição por conduta que não esteja previamente tipificada no estatuto do partido.

É por meio do instituto da disciplina partidária que se impõe aos filiados o respeito aos princípios, ao programa partidário e aos desígnios maiores do partido político. Por sua vez, é mediante o ato de filiação partidária que recai sobre o filiado uma série de direitos e obrigações. Ensina Fávila Ribeiro que o filiado passa a se submeter a um regime disciplinar tanto mais envolvente quanto maior for a responsabilidade contraída no partido, no que tem como dever primal o de respeitar os seus princípios programáticos.[24] Define-se a disciplina partidária como caso particular da disciplina que deve prevalecer em todo e qualquer organismo associativo.[25]

Diferentemente da ideia de coesão, a disciplina partidária está relacionada ao comportamento dos indivíduos como resultante de um jogo estratégico, em que as ações adotadas podem refletir em penalizações ou em benefícios de sua postura.[26] A coesão partidária, por sua vez, refere-se à diferença de posições políticas dentro de um partido antes que se proceda à discussão e à votação no âmbito *interna corporis*. A ideia de coesão remete à própria existência do partido político como instituição. Isso porque um partido será tanto mais coeso quanto maior o consenso entre seus membros no que tange ao alcance de sua importância estratégica.[27]

Clarifica o Professor José Afonso da Silva que a disciplina partidária não há de entender-se como obediência cega aos ditames dos órgãos partidários, mas respeito e acatamento aos objetivos do partido, às regras do estatuto, de modo a cumprir os deveres no exercício do mandato e das funções partidárias.[28] O regramento da disciplina partidária verte do art. 24 da Lei dos Partidos Políticos, que tem a seguinte dição: "na Casa Legislativa, o integrante da bancada de partido deve subordinar sua ação parlamentar aos princípios doutrinários e programáticos e às diretrizes estabelecidas pelos órgãos de direção partidários, na forma do estatuto". É o que a práxis partidária denomina "fechamento de questão" ou princípio da unidade de ação. Vale dizer, caso o filiado ou o mandatário apresente atitude contrária ao que foi legitimamente sedimentado em âmbito partidário, poderá sofrer sanção pelas instâncias de decisão do partido político.

Em caso de dissidência em relação aos preceitos estatutários, o partido poderá aplicar penalidade com base no critério da equidade. Ou seja, a obrigação de cumprimento às diretrizes partidárias aumenta em razão direta das manifestações de confiança atribuídas ao filiado ou ao mandatário pelo partido político. O partido poderá aplicar a pena de advertência, suspensão, destituição de funções em órgão partidário ou expulsão. O estatuto do partido poderá estabelecer, além das medidas disciplinares

---

[24] RIBEIRO, Fávila. *Direito eleitoral*. 4. ed. Rio de Janeiro: Forense, 1996. p. 332.
[25] MEZZAROBA, Orides. *Introdução ao direito partidário brasileiro*. 2. ed. Rio de Janeiro: Lumen Juris, 2004. p. 279.
[26] GIANNETTI, D.; LAVER, M. Party cohesion, party factions and legislative party discipline in Italy. *European Consortium for Political Research*, 2005. p. 2.
[27] MELO, Carlos Ranulfo Félix de. Partidos e migração partidária na Câmara dos Deputados. *Dados*, Rio de Janeiro, v. 43, n. 3, 2000. p. 207.
[28] SILVA, José Afonso da. *Comentário contextual à Constituição*. São Paulo: Malheiros, 2005. p. 240.

básicas de caráter partidário, normas sobre penalidades, inclusive com desligamento temporário da bancada, suspensão do direito de voto nas reuniões internas ou perda de todas as prerrogativas, cargos e funções que exerça em decorrência da representação e da proporção partidária, na respectiva Casa Legislativa, ao parlamentar que se opuser, pela atitude ou pelo voto, às diretrizes legitimamente estabelecidas pelos órgãos partidários (art. 25 da Lei dos Partidos Políticos). A aplicação das medidas disciplinares deverá observar o princípio do devido processo legal com todos os seus apanágios.

É justamente em respeito ao princípio constitucional da autonomia partidária que se afasta da Justiça Eleitoral a competência para apreciar a sindicação das decisões *interna corporis* dos partidos políticos tomadas em razão das condutas de seus filiados quando adequadas com as normas do estatuto partidário.[29] Tenha-se, nesse sentido, que a relação de proporcionalidade entre a sanção imposta e a consequência se encontra afastada, em princípio, da incidência competencial da especializada. No entanto, os excessos punitivos e os acintes a direitos sacrossantos perpetrados no âmbito do processo administrativo disciplinar podem ser objeto de apreciação pela Justiça Comum, em face do princípio da inafastabilidade da jurisdição (art. 5º, inc. XXXV, da CF/88).

## 16.6 Fidelidade partidária

A temática da fidelidade partidária de há muito vem provocando acalorados debates no cenário político. Seus defensores sustentam que ela fortalece a ligação entre a vontade do eleitor e o exercício do mandato por parte de seu representante. Seus opositores alegam que ela enseja uma ditadura dos partidos, na qual burocracias não eleitas prevaleçam em detrimento de parlamentares ungidos pela vontade popular.

O assunto ficou decidido na Resolução nº 22.526/2007, cujo relator foi o Ministro Cesar Asfor Rocha, respondendo a uma consulta do Partido da Frente Liberal, atual Democratas (DEM). Nessa decisão firmou-se o posicionamento de que, nas eleições proporcionais, o parlamentar eleito que se desfiliar ou transferir-se de partido perde sua vaga para a agremiação pela qual se elegeu. A partir daí as demais decisões do TSE foram no mesmo sentido.[30]

O cerne da questão que dominou o debate acerca da fidelidade partidária é a indagação de se o mandato eletivo pertence à agremiação política ou configura-se como um direito subjetivo do representante, independentemente de se ele foi eleito em razão da contribuição dos votos de legenda ou do aproveitamento das sobras partidárias.

---

[29] "AGRAVO REGIMENTAL NO AGRAVO DE INSTRUMENTO. AÇÃO CAUTELAR. PARTIDO POLÍTICO. ÓRGÃO DE DIREÇÃO REGIONAL. MATÉRIA INTERNA CORPORIS. INCOMPETÊNCIA DESTA JUSTIÇA ESPECIALIZADA. AUSÊNCIA DE IMPUGNAÇÃO ESPECÍFICA AOS FUNDAMENTOS DA DECISÃO AGRAVADA. INCIDÊNCIA DA SÚMULA Nº 182 DO STJ. DECISÃO MANTIDA POR SEUS PRÓPRIOS FUNDAMENTOS. AGRAVO REGIMENTAL DESPROVIDO. 1. A Justiça Eleitoral não detém competência para apreciar feitos em matérias respeitantes a conflitos envolvendo partidos políticos e seus filiados, quando estas não tenham reflexo no prélio eleitoral. 2. A simples reiteração de argumentos já analisados na decisão agravada e o reforço de alguns pontos, sem que haja no agravo regimental qualquer elemento novo apto a infirmá-la, atraem a incidência do Enunciado da Súmula nº 182 do STJ. 3. Decisão mantida por seus próprios fundamentos. 4. Agravo regimental desprovido" (AgR-AI nº 70-98/ES, Rel. Min. Luiz Fux, j. 12.5.2015, DJe, 23 jun. 2015).

[30] O mandato é do partido e, em tese, o parlamentar, eleito pelo sistema proporcional, poderá perdê-lo ao ingressar em novo partido (Consulta nº 22.563 do TSE, Rel. José Augusto Delgado).

Inexistem controvérsias acerca da importância dos partidos políticos para a consolidação e desenvolvimento do regime democrático, já que funcionam como um "corpo intermediário", direcionando a opção dos eleitores pelo vínculo estabelecido entre o candidato e o partido pelo qual ele disputa a eleição. Esse liame representa um referencial, uma identidade, facilitando o trabalho dos eleitores na hora da escolha de seus representantes. Não é pelas facilidades materiais que os partidos proporcionam aos seus candidatos, como fundo partidário e horário gratuito na TV, que reside sua importância no processo democrático. Mas, sobretudo, por constituir-se em um instrumento que transmite, ao menos em nível teórico, segurança da população de que o candidato cumprirá as diretrizes programáticas do partido.[31]

As argumentações que alicerçaram a aceitação da fidelidade partidária – como bem afirmou o Ministro José Delgado, não se trata de fidelidade partidária, mas de fidelidade ao eleitor –[32] foram as seguintes: que a soberania popular não pode ser concebida de uma maneira privatística; que a Constituição apresenta uma abrangência sistêmica; que a filiação partidária é condição de elegibilidade; no resguardo da vontade do eleitor; no fortalecimento da democracia.

O mandato eletivo não pertence ao candidato eleito porque ele não é detentor de parcela da soberania popular, podendo transformá-la em propriedade sua. O poder que advém do povo não pode ser apropriado de forma privatística. O candidato foi eleito para honrar determinado programa partidário, perdendo esse múnus quando se afasta do compromisso assumido.[33]

Mesmo não havendo norma explicitamente prevendo a fidelidade partidária na Constituição, essa obrigação pode ser construída por sua interpretação sistêmica, em que vários princípios correlatos e outros implícitos lhe conferem suporte. Além do que, há muitos dispositivos infraconstitucionais impondo a ilação de que os mandatos pertencem aos partidos políticos.[34]

O art. 175, §4º, do Código Eleitoral, expressa que serão contados para o partido político os votos conferidos a candidato, que depois da eleição seja proclamado inelegível ou que tenha o registro cancelado; o art. 176 do mesmo Código também manda contar

---

[31] "2. [...] A permanência do parlamentar no partido político pelo qual se elegeu é imprescindível para a manutenção da representatividade partidária do próprio mandato. Daí a alteração da jurisprudência do Tribunal, a fim de que a fidelidade do parlamentar perdure após a posse no cargo eletivo. 3. O instituto da fidelidade partidária, vinculando o candidato eleito ao partido, passou a vigorar a partir da resposta do Tribunal Superior Eleitoral à Consulta nº 1.398, em 27 de março de 2007. 4. O abandono de legenda enseja a extinção do mandato do parlamentar, ressalvadas situações específicas, tais como mudanças na ideologia do partido ou perseguições políticas, a serem definidas e apreciadas caso a caso pelo Tribunal Superior Eleitoral" (MS nº 26.602/DF, Rel. Min. Eros Grau, DJe, 197).

[32] Voto do Ministro José Delgado na Resolução nº 22.526/2007, Rel. Min. Cesar Asfor Rocha.

[33] "[...] Não pode, então, o eleito afastar-se do que suposto pelo mandante – o eleitor –, com base na legislação vigente que determina ser exclusivamente partidária a escolha por ele feita. Injurídico é o descompromisso do eleito com o partido – o que se estende ao eleitor – pela ruptura da equação político-jurídica estabelecida. 6. A fidelidade partidária é corolário lógico-jurídico necessário do sistema constitucional vigente, sem necessidade de sua expressão literal. Sem ela não há atenção aos princípios obrigatórios que informam o ordenamento constitucional. 7. A desfiliação partidária como causa do afastamento do parlamentar do cargo no qual se investira não configura, expressamente, pela Constituição, hipótese de cassação de mandato. O desligamento do parlamentar do mandato, em razão da ruptura, imotivada e assumida no exercício de sua liberdade pessoal, do vínculo partidário que assumira, no sistema de representação política proporcional, provoca o desprovimento automático do cargo [...]" (MS nº 26.604/DF, Rel. Min. Cármen Lúcia, DJe, 187).

[34] Resolução nº 22.526/2007, Rel. Min. Cesar Asfor Rocha.

para o partido político os votos proporcionais, nas hipóteses ali indicadas. Os dois casos revelam a ligação intrínseca entre o mandato e os partidos políticos.

A Lei Maior nos fala de fidelidade partidária, em seu art. 17, ao expor que é assegurada aos partidos políticos autonomia para definir sua estrutura interna, organização e funcionamento, devendo seus estatutos estabelecer normas de disciplina e fidelidade partidária.

A Lei nº 9.096/95 (Estatuto do Partido), no seu art. 24, afirma que o integrante da bancada de partido deve subordinar sua ação parlamentar aos princípios doutrinários e programáticos, às diretrizes estabelecidas pelos órgãos de direção partidários, na forma do estatuto. No art. 25, da mesma lei, ficou disposto que além das medidas disciplinares básicas de caráter partidário, normas sobre penalidades, inclusive com desligamento temporário da bancada, suspensão do direito de voto nas reuniões internas ou perda de todas as prerrogativas, cargos e funções que exerça em decorrência da representação e da proporção partidária, na respectiva Casa Legislativa, ao parlamentar que se opuser, pela atitude ou pelo voto, às diretrizes legitimamente estabelecidas pelos órgãos partidários.

Assim definiu suas razões o Ministro Cezar Peluso:
a) Em regra, o parlamentar que se desfiliar ou mudar de partido perderá seu mandato em favor do partido que o elegeu. Todas as vezes que a transferência ou desfiliação não tenha por fundamento a preservação da vontade política emitida pelo eleitor no momento do voto, deve o mandato permanecer com o partido que elegeu o representante. Não se trata de sanção pela mudança de partido, não se configurando como ato ilícito, contudo, trata-se de reconhecimento da inexistência de direito subjetivo autônomo ou de expectativa de direito autônomo à manutenção pessoal do cargo. Não houve incidência nas hipóteses narradas no art. 55 da Constituição da República, disciplinando a reação do ordenamento a atos ilícitos.
b) Algumas exceções devem ser asseguradas em homenagem ao resguardo da relação eleitor-representante e dos princípios constitucionais da liberdade de associação e de pensamento. São os casos de mudança significativa de orientação programática do partido e na hipótese de comprovada perseguição política dentro do partido que abandonou.[35]

O Ministro Carlos Ayres Britto aponta três argumentos para defender a tese da fidelidade partidária:
a) Não há candidaturas avulsas no Brasil, pois a filiação partidária configura-se como condição de elegibilidade.
b) A soberania popular, exercida mediante sufrágio universal e pelo voto direto e secreto, pertence ao eleitor, não podendo o mandatário se apropriar dela e dispor do mandato sem cumprir com a vontade do eleitorado.
c) Em decorrência do inc. V, do art. 1º da Constituição, homenageando o pluralismo político, cujos cidadãos têm o direito de professar uma ideologia, no sentido da proteção de uma estrutura que possa facilitar essa função do Estado.[36]

---

[35] Voto do Ministro Cezar Peluso na Resolução nº 22.526/2007, Rel. Min. Cesar Asfor Rocha.
[36] Voto do Ministro Carlos Ayres Britto na Resolução nº 22.526/2007, Rel. Min. Cesar Asfor Rocha.

As proposições utilizadas para denegar a fidelidade partidária no Brasil residem na ausência de dispositivo expresso permitindo essa prerrogativa por parte dos partidos políticos. Segundo o Ministro Marcelo Ribeiro – único ministro que votou de forma contrária à fidelidade –, não há dispositivo normativo expresso na Constituição de 1988 autorizando a perda de mandado ao parlamentar que se transferiu de um partido para outro. Uma homenagem ao princípio da legalidade.

Em razão da indelével missão exercida pelos componentes do Poder Legislativo, as possibilidades de perda de mandato apenas podem ser delineadas no texto constitucional, dotando essas normas da sua supralegalidade. Assim, outros casos de perda de mandato não podem ter validade seja por intermédio de normas infraconstitucionais seja por interpretações *praeter legem*. As únicas possibilidades de perda de mandato parlamentar, ostentando uma natureza sancionatória, foram firmadas no art. 55 da Constituição e em nenhuma delas existe menção à fidelidade partidária.

A perda do mandato do representante não pode ser classificada como uma sanção pela prática de um ato ilícito, ou seja, há liberdade de escolha do partido para continuar a exercer os direitos políticos, sem que, entretanto, o partido que o abrigou na eleição seja penalizado com a perda de um membro de sua bancada. A consequência ensejada é apenas que, rompido o vínculo que o levou a vencer as eleições, também se rompe a vinculação com o mandato exercido, de acordo com a tese esposada pelos ministros Carlos Ayres e Cezar Peluso.

Foram as seguintes razões manejadas pelo Ministro Marcelo Ribeiro para rejeitar a fidelidade partidária:
a) o tema de análise fora tratado na Constituição de 67/69 por meio de norma expressa. Com a modificação do texto constitucional, não há mais regra que determine a perda do mandato na hipótese em questão;
b) somente o art. 55 da vigente Constituição elenca, em *numerus clausus*, quais são os casos de perda de mandato e não há hipótese de mudança de partido por parte de parlamentar eleito.[37]

A questão aportou no Supremo Tribunal Federal por meio do Mandado de Segurança nº 26.603/2007, impetrado pelo Partido da Social Democracia Brasileira (PSDB), da relatoria do Ministro Celso de Mello. No julgamento do *mandamus*, o Pretório Excelso reafirmou que o mandato eletivo pertence ao partido político; que o parlamentar que se elege por uma sigla e, após a posse, troca de partido ou cancela a sua filiação, perde o mandato, devendo assumir em seu lugar o primeiro suplente do partido; e que o TSE deveria editar uma resolução para regulamentar o procedimento administrativo e perda de mandato por infidelidade partidária.[38] Sustentou o Ministro Celso de Mello, por ocasião do julgamento do MS nº 26.603/DF:

> o mandato representativo não constitui projeção de um direito pessoal titularizado pelo parlamentar eleito, mas representa, ao contrário, expressão que deriva da indispensável vinculação do candidato ao partido político, cuja titularidade sobre as vagas conquistadas no processo eleitoral resulta de fundamento constitucional autônomo, identificável tanto no

---

[37] Voto do Ministro Marcelo Ribeiro na Resolução nº 22.526/2007, Rel. Min. Cesar Asfor Rocha.
[38] No mesmo sentido: MS nº 26.602, Rel. Min. Eros Grau, j. 4.10.2007 e ADI nº 3.999, Rel. Min. Joaquim Barbosa, j. 12.11.2008.

art. 14, § 3º, inciso V (que define a filiação partidária como condição de elegibilidade) quanto no art. 45, *caput* (que consagra o sistema proporcional), da Constituição da República.[39]

O Supremo Tribunal Federal reiterou esse posicionamento por ocasião do julgamento do Mandado de Segurança nº 26.604/DF, de relatoria da Ministra Cármen Lúcia. Conforme o entendimento exposto no voto, a Ministra Cármen Lúcia destacou ser

> a fidelidade partidária um corolário lógico e necessário do sistema constitucional positivado, sem necessidade de ser estampado de forma expressa e sem que os princípios possam ser atendidos sem atenção à sua presença no sistema. Sem aquela exigência, não haveria como se dar concretude ao modelo de representação por meio de partidos políticos. Sendo a democracia representativa e a representação cidadã passando, imprescindivelmente, pelos partidos políticos – para que se dê ao eleitor o conhecimento e a opção de quem quer que ele se veja na condição de seu representante, a vinculação do candidato com o partido nem é eventual, nem é precária, como se pudesse deste elo se dispor ao sabor do interesse pessoal do eleito.

Diante disso, e acerca do cerne da problemática que desencadeou na edição da resolução do TSE sobre a infidelidade partidária e a perda do mandato eletivo (Resolução TSE nº 22.610/2007), depreendeu-se que o mandato eletivo não pertence ao candidato eleito porque ele não é detentor de parcela da soberania popular, não podendo transformá-la em propriedade sua, pois, conforme o parágrafo único do art. 1º da Constituição Federal de 1988, "todo o poder emana do povo, que o exerce por meio de representantes eleitos ou diretamente, nos termos desta Constituição". Esse conjunto de decisões concretizou mais ainda a importância dos partidos políticos, que, para os candidatos, não devem servir apenas como meio para atingir o seu fim, que é a eleição; mas, principalmente devem ter o cerne de conceder segurança à população de que cumprirá as diretrizes programáticas do partido. Nesse passo, se o candidato eleito vier a descumprir as diretrizes do partido, de modo a caminhar em sentido contrário à vontade do povo, estará quebrando o pacto de fé estabelecido entre governante e governado.

Diante disso, a única possibilidade de o mandatário se desfiliar ou trocar de legenda e não perder o mandato é se houver a atestação de justa causa. O §1º do art. 1º da Resolução nº 22.610/2007 elenca as causas em que se pode caracterizar a desfiliação partidária por justa causa, que são nos casos de incorporação ou fusão de partido; criação de nova agremiação; mudança substancial ou desvio reiterado do programa partidário e grave discriminação pessoal. A Lei nº 13.165/2015 trouxe uma inovação em relação à desfiliação ou mudança do partido comumente denominada justa causa.

Como cediço, antes este instituto estava regulado pela Resolução nº 22.610/2007, isto é, as motivações que ensejavam a justa causa para a desfiliação partidária sem a perda do mandato encontravam-se amparadas na referida resolução e, principalmente, na jurisprudência, mas após a alteração legislativa são consideradas como hipóteses de justa causa apenas as seguintes: a) mudança substancial ou desvio reiterado do programa partidário; b) grave discriminação política pessoal; e c) mudança de partido efetuada

---

[39] STF, Tribunal Pleno, MS nº 26.603/DF, Rel. Min. Celso de Mello, j. 4.10.2007, *DJe*-241, divulg. 18.12.2008, public. 19.12.2008.

durante o período de trinta dias que antecede o prazo de filiação exigido em lei para concorrer à eleição, majoritária ou proporcional, ao término do mandato vigente (art. 22-A da Lei nº 9.096/95).

## 16.7 Fidelidade partidária e liberdade no exercício do mandato parlamentar

Celso Ribeiro Bastos e Ives Gandra Martins conceituam a fidelidade partidária como o dever dos parlamentares federais, estaduais e municipais de não se oporem às diretrizes legitimamente estabelecidas pelos órgãos de direção partidária.[40] Ela se traduz no dever, genericamente considerado, de observância irrestrita das normas estatutárias, das diretrizes e do ideário programático do partido político.[41] Conforme antedito, a temática da fidelidade partidária ganhou força a partir do entendimento sedimentado pelo Supremo Tribunal Federal e pelo Tribunal Superior Eleitoral. Tanto é assim que posteriormente foi positivada com a inclusão do art. 22-A na Lei dos Partidos Políticos, no ano de 2015.

Acontece que novas discussões acerca do tema vieram à baila por ocasião da votação da denominada Reforma da Previdência, na qual alguns mandatários contrariaram as diretrizes partidárias ao votarem a favor da PEC nº 6/2019. É de sabença geral que a votação da Reforma da Previdência recebeu os holofotes do setor político, dos meios de comunicação social e de toda população. Isso porque as matérias postas à apreciação do Poder Legislativo veiculavam mudanças sensíveis e nefastas para a classe trabalhadora, de modo a promover um desmonte do Estado Social, que a Constituição Cidadã tanto tentou estruturar.

Como reação às atitudes dissidentes dos mandatários eleitos, os partidos instauraram procedimento disciplinar para uma posterior aplicação de sanção de forma individualizada, respeitado o postulado constitucional do devido processo legal. O atuar dos partidos lastreou-se tanto nas determinações impostas pela Constituição Federal de 1988, quanto na Lei dos Partidos Políticos e nos respectivos estatutos. É que em momento anterior ao procedimento de votação da Reforma da Previdência, alguns partidos promoveram intensos debates no âmbito *interna corporis* para, ao final, aportar no que se denomina "fechamento de questão".

Acionou-se a unidade de atuação partidária para fins de timbrar o entendimento da bancada do partido na votação daquela temática específica. Não é de todo excessivo rememorar, no ponto, que a prática do "fechamento de questão" encontra eco no princípio da autonomia partidária, já que a *Lex Mater* confere aos partidos políticos o direito de entronizarem seus princípios e pilares de atuação como forma de marcar a identidade da sigla na sociedade.

Diante disso, os parlamentares ingressaram com ação declaratória de justa causa para desfiliação partidária perante o Tribunal Superior Eleitoral, a fim de que seja reconhecida a existência de justa causa para a desfiliação partidária, com a

---

[40] BASTOS, Celso Ribeiro; MARTINS, Ives Gandra. *Comentários à Constituição Federal de 1988*. São Paulo: Saraiva, 1989. v. 2. p. 613.
[41] ARAS, Augusto. *Fidelidade partidária*: a perda do mandato parlamentar. Rio de Janeiro: Lumen Juris, 2006. p. 142.

manutenção do mandato eletivo. Sustentaram, para tanto, que passaram a sofrer grave discriminação no âmbito intrapartidário, em decorrência do posicionamento adotado na votação da denominada Reforma da Previdência, especificamente após a instauração de procedimento administrativo disciplinar.[42]

A celeuma jurídica enquadrada nessa moldura fática diz respeito à possibilidade de reconhecimento de ato de infidelidade partidária consubstanciado no desatendimento das diretrizes traçadas pelo partido político quando da opção pela prática do "fechamento de questão". Põe-se em conflito o princípio da fidelidade partidária e a liberdade no exercício do mandato parlamentar, no que a resposta à indagação há de ser esmiuçada sob a perspectiva do regime constitucional das agremiações partidárias, sobretudo após o giro hermenêutico do STF e do TSE; e do modelo de representação política.

A base fundante dos partidos políticos tem extração no pluralismo político, que é requisito inexorável para o pluripartidarismo. O pluralismo político é prerrequisito básico para a formação de um regime democrático. Ele garante a possibilidade de os cidadãos professarem as mais antagônicas correntes políticas sem sofrerem nenhum tipo de sanção. Seu alicerce parte da ideia da diferença que existe entre os diversos componentes do regime democrático, expressando o respeito pelo posicionamento contrário. Para Zagrebelsky, a finalidade do pluralismo político é preservar intacta a possibilidade de competição política e social, impedindo que uma maioria transitória imponha um modelo político-cultural autoritário, excluindo qualquer possibilidade de dissidência.[43]

Nesse sentido, tem-se que são diversas as posições ideológicas que podem ser adotadas por determinado partido político para fins de sua estruturação, no que cada agremiação partidária expressa o caminho a ser seguido em seu estatuto. No momento em que há interesse na filiação, o pretenso filiado declara explicitamente que concorda com o programa partidário e com as pautas defendidas, de modo a vincular o seu comportamento na sua atuação interna e externa.[44] A possibilidade de filiação àquela agremiação que seja compatível com os ideais do pretenso filiado advém do direito de liberdade de associação partidária, que decorre consectariamente do pluralismo político e do pluripartidarismo. Uma vez escolhido o caminho a ser trilhado, deve o filiado respeitar toda construção ideológica soerguida pelo partido político, sendo-lhe facultada a possibilidade de desfiliação, caso haja dissonância com as ideias professadas.

Ao postular um mandato eletivo por intermédio de determinado partido político, o pretenso mandatário assume a postura das bandeiras partidárias de há muito estabelecidas, especificamente quando se trata de agremiações com ideologias conhecidas na sociedade. A partir daí, o mandatário inicia os trabalhos de convencimento e exposição das plataformas de governo para fins de captar o voto do eleitorado; tudo sob o pálio das bandeiras e da identidade do partido político ao qual escolheu filiar-se para concorrer a determinado cargo eletivo.

Não se está a olvidar, por óbvio, que os parlamentares detêm liberdade no exercício do mandato. No entanto, essa liberdade de atuação não é absoluta, no que deve

---

[42] Processo nº 0600637-29.2019.6.00.0000; Processo nº 0600635-59.2019.6.00.0000; Processo nº 0600639-96.2019.6.00.0000; Processo nº 0600641-66.2019.6.00.0000; e Processo nº 0600643-36.2019.6.00.0000.
[43] ZAGREBELSKY, Gustavo. *La giustizia costituzionale*. Bologna: Il Mulino, 1988. p. 53.
[44] SANTANO, Ana Claudia. *Candidaturas independentes*. Curitiba: Íthala, 2018. p. 71.

cingir-se ao campo de incidência das estruturas ideológicas do partido, pois a Lei dos Partidos Políticos estabelece que o parlamentar deve subordinar sua ação parlamentar aos princípios doutrinários e programáticos e às diretrizes estabelecidas pelos órgãos partidários, na forma do estatuto. Essa determinação não se consubstancia em um conselho ou uma simples normatização infraconstitucional.

Para José Afonso da Silva:

> a disciplina e a fidelidade partidárias passam a ser, pela Constituição vigente, não uma determinante da lei, mas uma determinante estatuária. Não são, porém, meras faculdades dos estatutos. Eles terão que prevê-las, dando consequências ao seu descumprimento e desrespeito.[45]

Tanto é assim que o art. 25 da Lei dos Partidos Políticos dispõe que o estatuto do partido poderá estabelecer, além das medidas disciplinares básicas de caráter partidário, normas sobre penalidades, ao parlamentar que se opuser, pela atitude ou pelo voto, às diretrizes legitimamente estabelecidas pelos órgãos partidários. É diante desse preceptivo que se discorda de que o instituto da fidelidade partidária envolve somente os atos partidários, não alcançando os atos legislativos típicos.

Concorda-se, em ponto específico, com o exemplo prático trazido à colação por Augusto Aras, para quem:

> se o partido que porventura adotar uma ideologia democrática-cristã poderá se opor legitimamente ao aborto, de modo que, a preservação, nos seus quadros, de um representante eleito que seja favorável à prática implicaria em uma insuperável contradição interna que repercute diretamente e em prejuízo da *affectio societatis*, o amálgama que mantém coesas as partes que integram o todo, sem o qual se desfaz o vínculo partidário.[46]

Suscita-se, ainda, que a vinculação do mandatário aos ideais partidários pode desaguar em uma ditadura intrapartidária. Também se discorda dessa linha de entendimento porque, além de os estatutos partidários terem meios efetivos de anular ou pôr sob nova apreciação dos filiados determinados atos de dirigentes, existem as vias judiciais para questionar eventuais atos inquinados de ilegalidade. Para além disso, a incidência do princípio da unidade de ação, na prática, o "fechamento de questão", conclama a ocorrência de diversos atos partidários consubstanciados nas discussões dos temas postos. Ou seja, faz-se necessário, nesse ponto, lançar os debates à apreciação colegiada dos filiados, para fins de consagrar o entendimento a ser sufragado nas águas dos ideais democráticos, já que a imposição na carência de diálogo e votação pode consubstanciar um claro acinte ao regime democrático e aos direitos fundamentais dos filiados.

## 16.8 Processo de perda de cargo eletivo por infidelidade partidária

A legitimidade para pedir a decretação de cargo eletivo em decorrência de desfiliação sem justa causa pertence ao partido político prejudicado (*caput* do art. 1º da

---

[45] SILVA, José Afonso da. *Comentário contextual à Constituição*. São Paulo: Malheiros, 2005. p. 240.
[46] ARAS, Augusto. *Fidelidade e ditadura intrapartidárias*. Bauru: Edipro, 2011. p. 83.

Resolução nº 22.610/2007). A desfiliação pode ter sido para filiar-se a um novo partido político ou permanecer, provisoriamente, sem agremiação, não existindo diferenciação de motivo.

A competência para o processamento e julgamento da perda do cargo relativo a mandato federal, como cargos de deputado federal ou senador, é do Tribunal Superior Eleitoral. Nos demais cargos, como vereador ou deputado estadual, a competência é do Tribunal Regional Eleitoral (art. 2º da Resolução nº 22.610/2007).

O prazo para que o partido político possa formular o pedido é de trinta dias da notificação da desfiliação. Se não o fizer nesse prazo, nos próximos trinta dias pode fazê-lo quem tenha interesse jurídico, como o suplente que possa ocupar a vaga, ou o Ministério Público Eleitoral (art. 1º, §2º, da Resolução nº 22.610/2007).

Rememora-se que a única possibilidade de o representante se desfiliar sem arcar com a perda de mandato é atestar a existência de justa causa. Como esse conceito se configura amplo e aberto, a Lei nº 13.165/15, mediante a inclusão do art. 22-A na Lei nº 9.096/95, especificou os seguintes casos: a) mudança substancial ou desvio reiterado do programa partidário; b) grave discriminação política pessoal; c) mudança de partido efetuada durante o período de trinta dias que antecede o prazo de filiação exigido em lei para concorrer à eleição, seja majoritária ou proporcional, ao término do mandato vigente.

No texto da Resolução nº 22.610/2007, havia a possibilidade de justa causa quando houvesse criação, fusão ou incorporação de partido político, possibilidade essa suprimida pela mencionada reforma legislativa. Diante desse fato, ajuizou-se uma ação direta de inconstitucionalidade, a ADI nº 5.398, pretendendo-se a declaração de parcial inconstitucionalidade da norma referida, sem redução de texto, que com seu rol taxativo passa a proibir a desfiliação em razão da criação, fusão ou incorporação de um novo partido. Em liminar, o Min. Luís Roberto Barroso asseverou a constitucionalidade da restrição, mas restabeleceu o prazo integral de 30 dias para que detentores de mandatos eletivos se filiem aos novos partidos registrados no Tribunal Superior Eleitoral, imediatamente, antes da entrada em vigor da Lei nº 13.165/2015.[47]

Saliente-se que o STF perfilhou entendimento no sentido de que a perda de mandato por infidelidade partidária só é possível para cargos eletivos proporcionais. Dessa forma, os titulares de cargos do sistema majoritário, que no Brasil são prefeito,

---

[47] A medida liminar foi referendada pelo Plenário do Supremo Tribunal Federal, em acórdão que restou assim ementado: "Direito eleitoral. Ação Direta de Inconstitucionalidade. Lei nº 13.165/2015. Exclusão da criação de partido novo como hipótese de justa causa para desfiliação partidária. Plausibilidade jurídica da alegação de violação à legítima expectativa de partidos criados até a data da entrada em vigor da lei. Periculum in mora configurado. Medida cautelar Referendada pelo Plenário. 1. O artigo 22-A da Lei nº 9.096/1995, introduzido pela Lei nº 13.165, de 29 de setembro de 2015 (minirreforma eleitoral de 2015), excluiu, a contrario sensu, a criação de nova legenda como hipótese de justa causa para a desfiliação, sem perda de mandato por infidelidade partidária. 2. Forte plausibilidade jurídica na alegação de inconstitucionalidade, por violação ao princípio da segurança jurídica, da incidência da norma sobre os partidos políticos registrados no TSE até a entrada em vigor da Lei nº 13.165/2015, cujo prazo de 30 dias para as filiações de detentores de mandato eletivo ainda estava transcorrendo. 3. Perigo na demora igualmente configurado, já que o dispositivo impugnado estabelece obstáculos ao desenvolvimento das novas agremiações. A norma inviabiliza a imediata migração de parlamentares eleitos aos partidos recém-fundados e, assim, impede que estes obtenham representatividade, acesso proporcional ao fundo partidário e ao tempo de TV e rádio (cf. julgamento das ADIs 4.430 e 4.795). 4. Medida cautelar referendada pelo Plenário para determinar a devolução do prazo integral de 30 (trinta) dias para detentores de mandatos eletivos filiarem-se aos novos partidos registrados no TSE até a data da entrada em vigor da Lei nº 13.165/2015, restando prejudicado o agravo interposto pela Mesa do Senado Federal" (STF, Tribunal Pleno, MC-Ref ADI nº 5.398/DF – 0007389-25.2015.1.00.0000, Rel. Min. Roberto Barroso, j. 9.5.2018, DJe-245, 20 nov. 2018).

governador, senador e presidente não perderão o cargo caso, sem justa causa, decidam sair do partido político no qual foram eleitos.[48] Sendo assim, o STF julgou parcialmente inconstitucional a Resolução nº 22.610/2007 do TSE nos trechos em que ela regulamentou os cargos majoritários.

Antes de se desfiliar, para evitar a perda do mandato, ou após sua realização, o representante pode pedir à Justiça Eleitoral a declaração da existência de justa causa, com a devida citação do partido político respectivo.

Na inicial do pedido para a decretação da perda do mandato, o partido político, Ministério Público Eleitoral ou eventual interessado deve juntar prova documental da desfiliação, podendo arrolar testemunhas, até o máximo de três, requerendo de forma justificada a produção de outras provas, inclusive a requisição de documentos em poder de terceiros ou de repartições públicas (art. 3º da Resolução nº 22.610/2007).

O mandatário que se desfiliou e o eventual partido em que esteja inscrito são citados para responder no prazo de cinco dias, contados do ato de citação (art. 4º da Resolução nº 22.610/2007). Do referido mandado consta advertência expressa de que, em caso de revelia, os fatos afirmados na inicial se presumirão como verdadeiros (parágrafo único do art. 4º da Resolução nº 22.610/2007).

Na resposta, o representante requerido pode juntar prova documental, arrolar prova testemunhal, até o máximo de três, requerer outras provas de forma justificada, inclusive requisição de documentos em poder de terceiros ou de repartição pública (art. 5º da Resolução nº 22.610/2007).

Decorrido o prazo da resposta, o tribunal ouve em quarenta e oito horas o Ministério Público Eleitoral, desde que não tenha sido requerente. Em seguida, não havendo necessidade de dilação probatória, há o julgamento do pedido (art. 6º da Resolução nº 22.610/2007).

Se na instrução probatória houver a necessidade de novas provas, o relator poderá deferi-las, designando o quinto dia útil subsequente para tomar depoimentos pessoais e inquirir testemunhas, trazidas pela parte que as arrolou (art. 7º da Resolução nº 22.610/2007).

Encerrada a instrução, o relator intimará as partes e o representante do Ministério Público Eleitoral para apresentarem alegações finais por escrito no prazo comum de quarenta e oito horas (parágrafo único do art. 7º da Resolução nº 22.610/2007). Incumbe às partes a comprovação de alegações extintivas, impeditivas e modificativas do pedido (art. 8º da Resolução nº 22.610/2007).

O relator pode julgar a questão de forma antecipada ou não. Ele prepara o voto e pede a inclusão do processo na pauta da sessão seguinte, observando a antecedência mínima de quarenta e oito horas. Faculta-se sustentação oral por quinze minutos (art. 9º da Resolução nº 22.610/2007).

Julgando procedente o pedido, o Tribunal Superior Eleitoral ou o Tribunal Regional Eleitoral decreta a perda do cargo, comunicando a decisão ao presidente do órgão legislativo competente para que emposse, conforme o caso, o suplente ou o vice no prazo de dez dias (art. 10 da Resolução nº 22.610/2007).

---

[48] STF no julgamento da ADI nº 5.081/DF, Rel. Min. Roberto Barroso, 27.5.2015.

As decisões interlocutórias do relator apenas podem ser revistas no julgamento final. Com o intento de evitar procrastinações recursais, do acórdão cabe apenas pedido de reconsideração, no prazo de quarenta e oito horas, sem efeito suspensivo (art. 11 da Resolução nº 22.610/2007).

Não obstante o processo de tramitação de perda de mandato ser demasiadamente longo para os padrões da Justiça Eleitoral, esses tipos de processos devem ter preferência na Justiça Eleitoral, com prazo de encerramento previsto para sessenta dias. Infelizmente esse prazo é indicativo, inexistindo sanções para o seu não cumprimento (art. 12 da Resolução nº 22.610/2007).

A perda do cargo não atinge todos os mandatários que se desfiliaram de seus partidos políticos. Abrange somente os representantes, no sistema proporcional, que se desfiliaram após 27.32007 e, no sistema majoritário, os que se desfiliaram após 16.10.2007[49] (art. 13 da Resolução nº 22.610/2007).

## 16.9 Fidelidade partidária antes da Resolução nº 22.610/2007

Antes da mudança de posicionamento do Tribunal Superior Eleitoral não havia nenhum tipo de sanção para o parlamentar que mudasse de partido, excetuando-se no restrito âmbito das comissões internas parlamentares, em razão de que essas têm sua origem na proporção numérica dos membros dos partidos e a eles foram conferidos. Em todas as comissões do Congresso Nacional a participação dos parlamentares é proporcional à expressão numérica dos partidos.

Ao contrário da Constituição Cidadã de 1988, a Constituição anterior, de 1967/69, com a Emenda nº 1/69, que, em seu art. 152, parágrafo único (que, com alteração de redação, passou a §5º desse mesmo dispositivo por força da Emenda Constitucional nº 11/78), exigia que os partidos reclamassem disciplina de seus membros e estipulava a perda do mandato do parlamentar que deixasse o partido pelo qual fora eleito ou descumprisse as diretrizes legitimamente estabelecidas pela direção partidária (a matéria encontrou regulamentação com a Lei nº 5.682/71). Para se decretar a perda do mandado era necessário posicionamento da Justiça Eleitoral, cujo procedimento deveria obedecer ao devido processo legal, ao contraditório e à ampla defesa. Em seguida, deveria ser declarada a perda do mandado pela respectiva Mesa do Congresso Nacional. Essa fidelidade partidária apenas foi suprimida pela Emenda Constitucional nº 25, de 15.5.1985.

---

[49] As determinações da Resolução nº 22.610/2007 são estas aplicáveis às desfiliações consumadas após 27.3.2007, quanto a mandatários eleitos pelo sistema proporcional, e, após 16.10.2007 em relação aos eleitos pelo sistema majoritário (Consulta nº 1.409 do TSE, Rel. Arnaldo Versiani Leite Soares).

# CAPÍTULO 17

# ORGANIZAÇÃO POLÍTICO-ADMINISTRATIVA

A essência da organização político-administrativa do Brasil é a sua estrutura federativa. Os entes que a compõem são: União, estados-membros, municípios e o Distrito Federal. Cada um deles tem uma plêiade de competências que foram demarcadas pelo texto constitucional.

Eles possuem autonomia e capacidade para realizar as atribuições deferidas, como a capacidade administrativa, a capacidade tributária, a capacidade financeira, a capacidade legislativa etc. Como todos gozam de autonomia, nos limites estipulados constitucionalmente, não podemos dizer que há uma hierarquia entre eles, como erroneamente se tem afirmado, que, por exemplo, a União prepondera sobre os estados-membros e estes sobre os municípios. A União não pode estorvar as competências tributárias dos estados, sob pena de se atribuir ao presidente da República a prática de crime de responsabilidade e de se requerer a declaração de inconstitucionalidade da medida ao Poder Judiciário.

Se não há uma hierarquia entre os entes federativos, o que existe é um sistema de repartição de competências em espaços de incidência, e nessa separação há maiores prerrogativas para a União, com o superdimensionamento de suas atribuições. Se um ente federativo não pode mandar no outro, se todos devem obedecer ao que foi estipulado na Lei Maior, se não pode existir usurpação de competências, impossível se torna a existência de uma hierarquia, em que um ente federativo deva se submeter ao outro.

## 17.1 Desmembramento dos estados-membros e dos municípios

Assevera o *caput* do art. 1º da Constituição de 1988 que a República Federativa do Brasil é formada pela união indissolúvel dos estados-membros, dos municípios e do Distrito Federal. Isso significa que nenhuma das suas partes componentes pode se retirar da federação, seja para formar um novo país, seja para se anexar a um outro. Caso ocorra qualquer um desses casos, a medida cabível é a intervenção, por haver uma quebra da integridade nacional (art. 34, I, da CF).

Não obstante o exposto, as partes componentes da federação podem ser desmembradas, dentro dos limites territoriais do Brasil, quer seja para criar novos estados-membros, novos municípios, ou para ensejar uma fusão entre eles.

Desmembramento é a reorganização geográfica dos entes federativos, dentro dos limites territoriais nacionais, mantendo-se a sua unidade. Secessão, o que é impedido pela nossa Constituição, significa a separação dos componentes da federação, para formar um novo país ou para se anexar a um outro.

### 17.1.1 Requisitos para o desmembramento de estado-membro

Para que haja desmembramento de estado-membro é necessário:
a) um plebiscito, em que a população da área passível de desmembramento expõe a sua vontade – sem o consentimento da população interessada, o desmembramento não se realiza;
b) lei complementar por parte do Congresso Nacional (art. 18, §3º, da CF).

O plebiscito deve ocorrer diretamente, com a participação da população interessada, tanto dos estados-membros que queiram se separar quanto dos que porventura forem receber a incorporação. O dia e a hora do plebiscito devem ser previamente marcados em cada um dos entes federativos. O art. 7º da Lei nº 9.709/1998, que regulamenta os dispositivos da democracia participativa, define o conceito de população interessada:

> [...] entende-se por população diretamente interessada tanto a do território que se pretende desmembrar, quanto a do que sofrerá desmembramento; em caso de fusão ou anexação, tanto a população da área que se quer anexar quanto a da que receberá o acréscimo [...].

O conceito de população interessada tem validade tanto para o desmembramento de estados-membros quanto para o desmembramento de municípios. Na feitura da lei complementar por parte do Congresso Nacional serão ouvidas as respectivas Assembleias Legislativas.

### 17.1.2 Requisitos para o desmembramento de município

Para que haja desmembramento de município é necessário:
a) estipulação por parte do Congresso Nacional do período em que o processo de desmembramento poderá ocorrer, estabelecido por meio de lei complementar;
b) estudo de viabilidade para constatar se o município possui renda suficiente para atender às suas necessidades. Sem o estudo de viabilidade, os municípios maiores é que arcam com o prejuízo, porque têm de dividir a conta do Fundo de Participação dos Municípios com um ente que não dispõe de arrecadação suficiente;
c) plebiscito para saber a vontade da população interessada;
d) lei estadual que irá concretizar a criação do novo município (art. 18, §4º, da CF).[1]

---

[1] O Supremo Tribunal Federal criou a controversa figura da situação excepcional consolidada para não declarar a inconstitucionalidade de um município que fora criado sem atender aos requisitos contidos no art. 18, §4º. O relator, o Min. Eros Grau, considerou que sua declaração de inconstitucionalidade atingiria uma existência de

Os requisitos acima, especialmente a consulta plebiscitária, também devem ser observados quando se tratar de lei estadual alteradora ou retificadora dos limites de municípios, sob pena de inconstitucionalidade.[2]

Com a finalidade de garantir a situação jurídica daqueles municípios já criados até o dia 31.12.2006, muitos sem respeitar o procedimento indicado pela Constituição, o Congresso Nacional criou a Emenda Constitucional nº 57, de forma casuística. Ela assevera que ficam convalidados os atos de criação, fusão, incorporação e desmembramento de municípios criados até essa data, desde que atendidos os requisitos estabelecidos na legislação do respectivo Estado. Dessa forma, os parâmetros levados em consideração não foram os ditames da *Lex Mater*, mas os da legislação específica de cada estado-membro, como se a norma infraconstitucional pudesse afrontar a Constituição e depois ser convalidada por uma emenda.

## 17.2 Vedações aos entes federativos

A União, os estados-membros, o Distrito Federal e os municípios têm as seguintes vedações: estabelecer cultos ou igrejas próprias, incentivar de algum modo o seu trabalho, impedir o seu funcionamento ou manter com elas algum tipo de relação de dependência; recusar fé aos documentos públicos; criar distinções entre brasileiros ou preferências entre si (art. 19, I, II e III, da CF).

A primeira restrição se deve ao fato de o Brasil ser um Estado laico, no qual o poder político está separado do poder espiritual, tendo todas os matizes religiosos liberdade para funcionar, desde que respeitem as estipulações legais. Ligações mais íntimas de órgãos estatais com as igrejas desvirtuariam a sua finalidade e serviriam para manipular a crença dos cidadãos. A colaboração entre entes estatais e organizações religiosas somente é permitida quando houver interesse público, como exemplo, nas campanhas em favor dos atingidos por calamidades públicas.

Como forma de garantir segurança jurídica aos seus atos, os entes federativos ficam vedados de recusar fé aos documentos públicos. A homologação de um ato jurídico por um órgão estatal significa a presunção de sua licitude. A finalidade é impedir estorvos ao direito de cidadania, autenticando com veracidade pública os documentos que provêm dos órgãos governamentais.

E, por fim, ficam também os entes federativos impedidos de instituir distinções ou preferências entre brasileiros, seja por quais motivos forem. A forma de Estado federativa parte do pressuposto de que, além de os estados-membros serem iguais, também serão iguais os habitantes do país, independentemente da sua origem. Um ordenamento jurídico que tem como um dos seus pressupostos básicos o princípio da isonomia não pode admitir discriminações entre brasileiros por motivo do local de seu nascimento.

---

fato, um ente federativo. Assim asseverou o mencionado ministro: "A solução para o problema, a meu ver, não pode advir da simples decisão de improcedência da ação. Seria como se o Tribunal, focando toda sua atenção na necessidade de se assegurar realidades concretas que não podem mais ser desfeitas e, portanto, reconhecendo plena aplicabilidade ao princípio da segurança jurídica, deixasse de contemplar, na devida medida, o princípio da nulidade da lei inconstitucional... É interessante notar que, nos próprios Estados Unidos da América, onde a doutrina acentuara tão enfaticamente a ideia de que a expressão 'lei inconstitucional' configurava uma *contradictio in terminis*, uma vez que 'the inconstitutional statute is not law at all', passou-se a admitir, após a Grande Depressão, a necessidade de se estabelecerem limites à declaração de inconstitucionalidade" (ADI nº 2.240/BA).

[2] STF, ADI nº 2.921/RJ, Rel. Min. Ayres Britto, red. p/ acórdão Min. Dias Toffoli, *DJe*, 22 mar. 2018.

## 17.3 Bens da União

A Constituição de 1988 elencou os bens da União. Eles foram disciplinados no art. 20, de forma exemplificativa, podendo novos bens ser criados por intermédio de lei infraconstitucional. São classificados em bens dominicais, bens de uso comum e bens de uso especial.[3]

Bens dominicais, também chamados de patrimônio disponível, são aqueles que podem ser utilizados para qualquer fim, até mesmo alienados pela administração. Exercem uma função patrimonial para o Estado, porque são disponibilizados para assegurar o cumprimento de obrigações financeiras e não são considerados bens ligados diretamente à satisfação das necessidades do serviço público, sendo por isso regidos pelo regime jurídico do direito privado. Exemplo de bens dominicais são os títulos da dívida pública, as reservas cambiais etc.

Bens de uso comum são aqueles disponibilizados de forma imediata para a população, podendo ser utilizados sem qualquer permissão formal. Eles não podem ser vendidos. Caso haja necessidade, primeiro tem de haver sua desafetação, deixando o bem de atender diretamente à população. Exemplos de bens de uso comum são as praças, as praias, as áreas de lazer, as ruas etc.

Bens especiais, também chamados de bens patrimoniais indisponíveis, são aqueles que cumprem determinada função que fora estabelecida pelo ente estatal, destinando-se à execução dos serviços públicos. São considerados instrumentos dos órgãos estatais.[4] Como exemplo, podemos citar os edifícios das repartições públicas, os museus, os mercados públicos, os veículos da administração etc.

O art. 20 da CF estabelece como bens da União:

I – os que atualmente lhe pertencem e os que lhe vierem a ser atribuídos;

Este dispositivo constitucional explicita o caráter exemplificativo dos bens da União, podendo qualquer instrumento legal atribuir outros bens ao Governo Federal.

II – as terras devolutas indispensáveis à defesa das fronteiras, das fortificações e construções militares, das vias federais de comunicação e à preservação ambiental, definidas em lei;

Terras devolutas são aquelas terras que não pertencem a ninguém, que não têm dono, *res nullius*. Não são consideradas parte do domínio público nem do domínio particular. Em caso de interesse público, a União não precisará desapropriar as terras devolutas, necessitando apenas pagar pelas benfeitorias realizadas.

---

[3] Hely Lopes Meirelles conceitua bem público: "Bens públicos, em sentido amplo, são todas as coisas, corpóreas ou incorpóreas, imóveis e semoventes, créditos, direitos e ações, que pertençam, a qualquer título, às entidades estatais, autárquicas, fundacionais e empresas governamentais" (MEIRELLES, Hely Lopes. *Direito administrativo brasileiro*. 25. ed. São Paulo: Malheiros, 2000. p. 469).

[4] O Código Civil de 2002 dividiu os bens públicos no seu art. 99: "I – os de uso comum do povo, tais como rios, mares, estradas e praças; II – os de uso especial, tais como edifícios ou terrenos destinados a serviço ou estabelecimento da administração federal, estadual, territorial ou municipal, inclusive os de suas autarquias; III – os dominicais, que constituem o patrimônio das pessoas jurídicas de direito público, como objeto de direito pessoal, ou real, de cada uma dessas entidades".

III – os lagos, rios e quaisquer correntes de água em terrenos de seu domínio, ou que banhem mais de um Estado, sirvam de limites com outros países, ou se estendam a território estrangeiro ou dele provenham, bem como os terrenos marginais e as praias fluviais;

A Súmula nº 479 do Supremo Tribunal Federal dispõe que as margens dos rios navegáveis são de domínio público.

IV – as ilhas fluviais e lacustres nas zonas limítrofes com outros países; as praias marítimas; as ilhas oceânicas e as costeiras, excluídas, destas, as que contenham a sede de Municípios, exceto aquelas áreas afetadas ao serviço público e a unidade ambiental federal, e as referidas no art. 26, II;

O motivo para que esses bens sejam considerados públicos se deve a imperativo de segurança nacional.

V – os recursos naturais da plataforma continental e da zona econômica exclusiva;

Plataforma continental é a faixa de terra continental que foi coberta pelo mar, formando uma área de terra submarina, uma planície submersa, antes que declinem para as altas profundidades das águas oceânicas; zona econômica exclusiva é determinada circunscrição territorial que compreende recursos aos quais o Estado tem direito.

VI – o mar territorial;

Pelo art. 1º da Lei nº 8.617/1993, a sua extensão passa a ser de 12 milhas. Para Agenor Pereira, mar territorial é a faixa marítima que se estende ao longo da costa de um território até determinada distância, exercendo o país todos os direitos inerentes a sua soberania.[5] Na dimensão do mar territorial, o país tem direito exclusivo ao seu solo, subsolo e espaço aéreo, à pesca e a estabelecer as medidas que achar convenientes para garantir a segurança. A zona contígua abrange o espaço de 12 a 24 milhas, localizando-se entre o mar territorial e o alto-mar, exercendo o estado medidas de natureza administrativa, como utilizar seu poder de polícia e fiscalização, embora sem soberania. No espaço compreendido até 200 milhas se configura a zona econômica exclusiva, havendo o exercício, de forma isolada, do uso e exploração dos seus bens (arts. 4º e 6º da Lei nº 8.617/1993).

VII – os terrenos de marinha e seus acrescidos;

O art. 2º do Decreto-Lei nº 9.760/1946 define os terrenos de marinha como terrenos de uma profundidade de trinta e três metros, medidos horizontalmente, para a parte da terra, situados no continente, na costa marítima e nas margens dos rios, lagoas e nas ilhas onde se faça sentir a influência das marés.

---

[5] ANDRADE, Agenor Pereira de. *Manual de direito internacional público*. 4. ed. São Paulo: Saraiva, 1987. p. 111.

VIII – os potenciais de energia hidráulica;
IX – os recursos minerais, inclusive os do subsolo;

Qualquer tipo de recurso de valor econômico, que provier seja da superfície, seja do subsolo, pertence à União. A exploração por parte dos particulares somente pode ser realizada com sua autorização.

X – as cavidades naturais subterrâneas e os sítios arqueológicos e pré-históricos;

A finalidade desse dispositivo é garantir a preservação do meio ambiente e do acervo pré-histórico brasileiro.

XI – as terras tradicionalmente ocupadas pelos índios.

A definição de terras tradicionalmente ocupadas pelos índios é conseguida por intermédio do *locus* necessário para as tribos indígenas garantirem a sua sobrevivência. Portanto, é todo um contexto de costumes e tradições indígenas que serve para determinar a definição do mencionado conceito.

§1º É assegurada, nos termos da lei, aos Estados, ao Distrito Federal e aos Municípios, bem como a órgãos da administração direta da União, participação no resultado da exploração de petróleo ou gás natural, de recursos hídricos para fins de geração de energia elétrica e de outros recursos minerais no respectivo território, plataforma continental, mar territorial ou zona econômica exclusiva, ou compensação financeira por essa exploração.

§2º A faixa de até cento e cinquenta quilômetros de largura, ao longo das fronteiras terrestres, designada como faixa de fronteira, é considerada fundamental para defesa do território nacional, e sua ocupação e utilização serão regulamentadas em lei.

# CAPÍTULO 18

# COMPETÊNCIA FEDERATIVA

A principal característica de uma forma de Estado federativa é a repartição de competência entre os entes que a compõem.

Competência é a possibilidade de realizar algo que foi previsto em lei, defluindo da autonomia da União, dos estados, dos municípios e do Distrito Federal. Autonomia é um espaço delimitado em que o ente público exerce o autogoverno de acordo com os seus interesses. A autonomia é requisito inexorável para a competência e esta especifica a extensão do autogoverno.[1]

A divisão de competência significa o núcleo da federação assumindo especial dimensionamento porque tem a função de evitar atritos entre os seus componentes. Com a extensão do nosso território, para que os serviços públicos possam ser realizados com um mínimo de eficiência, existe uma descentralização de prerrogativas, na qual, em alguns casos, os três níveis de governo atuam de forma conjunta. A divisão de competência possibilita o funcionamento da federação de forma sincrônica.

Em decorrência da dificuldade de se precisar a quem pertence determinado interesse, o critério de repartição de competência adotado pelo Brasil não foi realizado apenas através da definição de qual ente estatal teria predominância na matéria, seguindo a fórmula de que, se o interesse fosse predominantemente nacional, caberia à União; se fosse estadual, ao estado; se fosse municipal, ao município.

O critério escolhido foi híbrido, também influenciado pelas decisões políticas tomadas em um contexto social determinado, pela tradição histórica e pela real possibilidade de implantação das competências, haja vista que aquelas matérias que necessitam de grande aporte financeiro ou de uniformidade legislativa na federação devem ficar ao encargo da União.

As técnicas de repartição de competência podem ser: a) numeração das prerrogativas para a União e o remanescente para os demais componentes federativos;

---

[1] A autonomia caracteriza-se pelas seguintes prerrogativas: autogoverno, autoadministração, autolegislação e auto-organização (ARAÚJO, Marcelo Labanca Corrêa de. *Jurisdição constitucional e federação*. O princípio da simetria na jurisprudência do STF. Rio de Janeiro: Elsevier, 2009. p. 19).

b) numeração dos poderes para os estados-membros e o remanescente para a União; e
c) competência numerada para todos os órgãos federativos.

A despeito de a Constituição de 1988 ter tentado implantar um federalismo cooperativo, a principal característica da nossa forma de Estado, infelizmente, ainda continua a ser o seu caráter centrípeto, em que há uma preponderância da União, incumbindo-se de um maior número de funções e de prerrogativas. O que não quer dizer que se possam desrespeitar as competências indicadas para os estados e para os municípios.

No Brasil não existe uma rígida separação de competências. Há competências numeradas para os três entes estatais, convivendo com competências concorrentes, residuais e comuns. Essa pluralidade denota a complexidade do federalismo brasileiro. Sua intenção foi implantar uma simbiose entre os entes estatais, de forma que pudesse haver uma junção de esforços para a consecução do bem comum.

A federação brasileira optou por numerar as competências da União, deixando para os estados, além das competências elencadas constitucionalmente, a competência residual. É oportuno esclarecer que a competência residual, na esfera tributária, pertence à União. Com relação às demais matérias, essa competência pertence aos estados.

Os municípios foram contemplados com a competência de legislar sobre assuntos de interesse local e com a incumbência de suplementar a União e os estados no que couber. O Distrito Federal tem uma competência híbrida, acumulando as atribuições dos estados e dos municípios – por isso, todas as vezes que houver menção a um desses dois entes públicos, haverá menção implícita à sua competência.

As competências constitucionais podem ser classificadas como atividades administrativas, legislativas ou tributárias. As primeiras são caracterizadas, como o próprio nome indica, pelo exercício de atividades em sua maioria típicas do Poder Executivo, consistindo na organização de serviços, na realização de uma obra, na proteção de um bem etc. As segundas são caracterizadas pela elaboração de uma estrutura normativa que regulamentará objeto específico. As atividades administrativas, também chamadas de materiais, são implementações do que fora estipulado pela atividade legislativa, e sua atuação tem de ser pautada pelo indicador legal. A competência material pode ser exclusiva ou comum. A competência legislativa pode ser privativa, concorrente, suplementar e residual. A competência tributária visa arrecadar divisas para os entes governamentais.

Afora as competências contidas na Constituição, os entes federativos dispõem da chamada competência implícita, isto é, aquela competência consistente na prática de atos necessários para a realização das prerrogativas indicadas na Constituição. Elas não estão expostas no texto da Constituição. Todavia, servem como instrumento para a realização das competências explícitas.

A separação de competência por espaço de incidência não evita que ocorram choques entre unidades federativas para o exercício de certas prerrogativas. A Constituição incumbiu o Supremo Tribunal Federal de solucionar os atritos, indicando os limites existentes. Os litígios entre as unidades federativas podem abalar a eficácia constitucional, mormente porque a separação de competência brasileira tem espaços de interseção entre os órgãos componentes da União. A função do STF é velar pela harmonia dos componentes da federação.

No sistema federativo brasileiro, cada órgão componente possui um quadro de funcionários próprios que têm a missão de realizar suas atividades. Contudo, em outros países, pode ocorrer que a competência de determinada tarefa administrativa esteja, por exemplo, a cargo dos estados-membros e sua execução seja entregue aos municípios. No Brasil, tal modelo é impossível, porque as competências administrativas exclusivas e comuns não podem ser delegadas. A exclusiva, pela carência de recursos, se mostra impossível, e a comum, se for sonegada pelos entes federativos, pode dar ensejo a uma ação de inconstitucionalidade por omissão.

## 18.1 Competência exclusiva da União

A competência exclusiva, descrita no art. 21 da CF, é aquela que pertence apenas à União, sem nenhuma possibilidade de delegação para os estados e para os municípios.[2] Ela tem a natureza de uma competência material ou administrativa, referindo-se preponderantemente à atuação do Poder Executivo. São competências restritas à União porque são inerentes a realizações de obras de vulto, de valor elevado, com as quais só ela poderia arcar, como a exploração de infraestrutura aeroportuária, a navegação aeroespacial etc.; ou atividades administrativas que exigem uma uniformidade em todo o território nacional, como emitir moeda, manter o serviço postal etc.

Todavia, a Constituição Federal também outorgou algumas competências exclusivas a outros entes federativos, como exemplo, a competência exclusiva dos estados-membros (art. 25, §1º) e a competência exclusiva dos municípios (art. 30, I, da CF). O que caracteriza esse tipo de competência é a impossibilidade de delegação, ou o exercício de competência suplementar ou complementar. Caso isso ocorra, haverá uma inconstitucionalidade material.

São competências exclusivas da União (art. 21 da CF):

I – manter relações com Estados estrangeiros e participar de organizações internacionais;
II – declarar a guerra e celebrar a paz;
III – assegurar a defesa nacional;
IV – permitir, nos casos previstos em lei complementar, que forças estrangeiras transitem pelo território nacional ou nele permaneçam temporariamente;
V – decretar o estado de sítio, o estado de defesa e a intervenção federal;
VI – autorizar e fiscalizar a produção e o comércio de material bélico;
VII – emitir moeda;
VIII – administrar as reservas cambiais do País e fiscalizar as operações de natureza financeira, especialmente as de crédito, câmbio e capitalização, bem como as de seguros e de previdência privada;

---

[2] O tribunal julgou procedente pedido formulado em ação direta ajuizada pelo governador do Distrito Federal para declarar a inconstitucionalidade da Lei Distrital nº 1.481/1997, que trata dos quadros de oficiais policiais militares de administração, oficiais policiais militares especialistas, oficiais policiais militares músicos, e dispõe sobre o recrutamento, a seleção para estágio de adaptação e o curso de adaptação dos oficiais, além de dar outras providências. Entendeu-se que a norma impugnada afronta o disposto no art. 21, XIV, da CF, haja vista que cuida da própria organização da carreira da Polícia Militar do Distrito Federal, matéria de competência exclusiva da União (ADI nº 2.101-DF, Rel. Min. Menezes Direito, *Info*. 542).

IX – elaborar e executar planos nacionais e regionais de ordenação do território e de desenvolvimento econômico e social;

X – manter o serviço postal e o correio aéreo nacional;

XI – explorar, diretamente ou mediante autorização, concessão ou permissão, os serviços de telecomunicações, nos termos da lei, que disporá sobre a organização dos serviços, a criação de um órgão regulador e outros aspectos institucionais;

XII – explorar, diretamente ou mediante autorização, concessão ou permissão:

a) os serviços de radiodifusão sonora e de sons e imagens;

b) os serviços e instalações de energia elétrica e o aproveitamento energético dos cursos de água, em articulação com os Estados onde se situam os potenciais hidroenergéticos;

c) a navegação aérea, aeroespacial e a infraestrutura aeroportuária;

d) os serviços de transporte ferroviário e aquaviário entre portos brasileiros e fronteiras nacionais, ou que transponham os limites de Estado ou Território;

e) os serviços de transporte rodoviário interestadual e internacional de passageiros;

f) os portos marítimos, fluviais e lacustres;

XIII – organizar e manter o Poder Judiciário, o Ministério Público do Distrito Federal e dos Territórios e a Defensoria Pública dos Territórios;

XIV – organizar e manter a polícia civil, a polícia militar e o corpo de bombeiros militar do Distrito Federal, bem como prestar assistência financeira ao Distrito Federal para a execução de serviços públicos, por meio de fundo próprio;

XV – organizar e manter os serviços oficiais de estatística, geografia, geologia e cartografia de âmbito nacional;

XVI – exercer a classificação, para efeito indicativo, de diversões públicas e de programas de rádio e televisão;

XVII – conceder anistia;

XVIII – planejar e promover a defesa permanente contra as calamidades públicas, especialmente as secas e as inundações;

XIX – instituir sistema nacional de gerenciamento de recursos hídricos e definir critérios de outorga de direitos de seu uso;

XX – instituir diretrizes para o desenvolvimento urbano, inclusive habitação, saneamento básico e transportes urbanos;

XXI – estabelecer princípios e diretrizes para o sistema nacional de viação;

XXII – executar os serviços de polícia marítima, aeroportuária e de fronteiras;

XXIII – explorar os serviços e instalações nucleares de qualquer natureza e exercer monopólio estatal sobre a pesquisa, a lavra, o enriquecimento e reprocessamento, a industrialização e o comércio de minérios nucleares e seus derivados, atendidos os seguintes princípios e condições:

a) toda atividade nuclear em território nacional somente será admitida para fins pacíficos e mediante aprovação do Congresso Nacional;

b) sob regime de permissão, são autorizadas a comercialização e a utilização de radioisótopos para a pesquisa e usos médicos, agrícolas e industriais;

c) sob regime de permissão, são autorizadas a produção, comercialização e utilização de radioisótopos de meia-vida igual ou inferior a duas horas;

d) a responsabilidade civil por danos nucleares independe da existência de culpa;

XXIV – organizar, manter e executar a inspeção do trabalho;

XXV – estabelecer as áreas e as condições para o exercício da atividade de garimpagem, em forma associativa.

## 18.2 Competência privativa

Competência privativa é uma competência legislativa que pertence a um ente federativo, mas que pode ser delegada a outro, referindo-se preponderantemente à atuação do Poder Legislativo. Sua concretização não se realiza por intermédio de obras ou serviços, aperfeiçoando-se na elaboração de uma lei ou ato normativo.

Em decorrência da necessidade de unificação nacional de certas matérias, ela pertence à União, mas pode ser delegada para os estados-membros e para o Distrito Federal por intermédio de lei complementar. A concessão da delegação é uma opção discricionária da União, inteiramente facultada à sua conveniência.

A delegação, por força da forma de Estado federativa, em que seus componentes possuem hierarquicamente as mesmas prerrogativas, tem de ser estabelecida para todos os estados-membros; do contrário, estar-se-ia perpetrando um atentado à federação, uma inconstitucionalidade material.[3] A espécie normativa escolhida foi a lei complementar, para dar uma maior estabilidade à delegação e impedir que minorias temporárias possam utilizá-la. O *quorum* para a sua confecção é de maioria absoluta.

Com a delegação a competência não é transferida, outorgada para uma outra entidade federativa. Ela continua a pertencer à União. Os estados e o Distrito Federal têm o seu exercício de forma provisória, precária, podendo ser retomada pelo Governo Federal a qualquer momento, de acordo com a sua conveniência. Somente por lei complementar poderá a União reestabelecer a competência que fora objeto de delegação.

Consonante a lição de Rafael Bielsa, a delegação de poderes pode ser expressa e implícita.[4] Afora a diferença que a primeira consta no texto constitucional, ela se reveste de maior segurança jurídica porque impede discussões acerca de sua validade jurídica.

A possibilidade de delegação das competências contidas no art. 22 da Constituição para os estados significa maior bocejo de autonomia para esses entes federativos, numa tentativa de sair do federalismo centrípeto e alcançar o federalismo centrífugo, em que a descentralização das decisões permitiria uma maior eficiência das funções públicas. Todavia, com relação a certas matérias, em que há necessidade de uma uniformização nacional, a possibilidade de delegação se mostra bastante remota, como no caso da legislação sobre direito civil, penal etc.[5] Conclui-se que delegar competência privativa sem suprir a carência financeira para sua execução não se mostra de grande valia.

## 18.3 Competência comum

A competência comum é uma competência material, administrativa, pertencendo sua titularidade à União, aos estados, ao Distrito Federal e aos municípios. Seu objetivo

---

[3] Por reputar usurpada, em princípio, a competência privativa da União para legislar sobre telecomunicações (CF, art. 22, IV), o Tribunal referendou decisão da Presidência que deferira medida cautelar em ação direta de inconstitucionalidade para suspender a vigência da Lei nº 13.854/2009, do estado de São Paulo, que proíbe a cobrança de "assinatura mensal" pelas concessionárias de serviços de telecomunicações (ADI nº 4.369 Referendo-MC/SP, Rel. Ricardo Lewandowski, 23.6.2010).
[4] BIELSA, Rafael. *Derecho constitucional*. 3. ed. Buenos Aires: Roque Depalma, 1959. p. 794.
[5] Por vislumbrar afronta ao art. 22, I, da CF, que atribui competência privativa à União para legislar sobre direito civil, o Tribunal julgou procedente pedido formulado em ação direta proposta pelo procurador-geral da República para declarar a inconstitucionalidade da Lei Distrital nº 670/1994, que dispõe sobre a cobrança de anuidades escolares (ADI nº 1.042-DF, Rel. Min. Cezar Peluso, *Info*. 555).

se concretiza na feitura de pequenas obras e serviços realizados por qualquer um desses entes (art. 23 da CF).

Ela é uma competência chamada de horizontal ou cumulativa porque os entes realizam as mesmas funções, atuando cada um de forma separada. A educação e a saúde são exemplos esclarecedores, porque tanto a União, como os estados e os municípios devem garantir tais direitos, estabelecendo atividades para assegurar o seu atendimento.

A competência comum, se for exercida sem uma interligação entre os entes estatais, será dual, própria de um modelo federativo clássico, em que as atividades são realizadas de forma separada, isolada, acarretando com isso a perda da eficácia de seus serviços. Contudo, se ela for realizada de forma coordenada, com a finalidade de maximizar a eficácia de cada um dos membros federativos, ela será um dos instrumentos de realização do federalismo cooperativo.

Com o aumento da complexidade das demandas estatais, o que Marcelo Neves denomina de hipercomplexificação social, e o incremento no seu volume, há necessidade de que as atividades governamentais sejam desenvolvidas de forma conjunta, somando os esforços para propiciar uma maior concretude das normas constitucionais, característica típica de um federalismo simbiótico.[6]

O Brasil adotou o modelo cooperativo, devendo seus parâmetros ser estabelecidos através de lei complementar, que estruturará aos seus moldes e operacionalizará a sua realização. Essa regulamentação não poderá sobrecarregar os estados e os municípios de funções, deixando sem ônus a União, muito menos poderá suprimir a competência de algum ente federativo. A repartição de encargos deve ser proporcional à sua exequibilidade.

Portanto, podemos falar em uma competência comum cumulativa ou paralela, nos casos em que os entes federativos realizam as mesmas atividades sem coordenação, e de uma competência comum complementar, em que os entes atuarão de forma cooperativa, complementando a atividade do outro. Como exemplo, podemos mencionar o que ocorre na educação, em que os municípios devem proporcionar o ensino infantil e fundamental, os estados devem proporcionar o ensino médio e a União deve proporcionar o ensino superior; o que não quer dizer que a União não possa ter escolas de nível médio e fundamental ou que os estados não possam se ocupar do ensino universitário.

As normas da competência comum têm conteúdo programático, impondo condutas que devem ser obedecidas pelos administradores das várias esferas estatais, com eficácia concretiva.

São competências comuns (art. 23 da CF):

I – zelar pela guarda da Constituição, das leis e das instituições democráticas e conservar o patrimônio público;

II – cuidar da saúde e assistência pública, da proteção e garantia das pessoas portadoras de deficiência;

III – proteger os documentos, as obras e outros bens de valor histórico, artístico e cultural, os monumentos, as paisagens naturais notáveis e os sítios arqueológicos;

IV – impedir a evasão, a destruição e a descaracterização de obras de arte e de outros bens de valor histórico, artístico e cultural;

---

[6] NEVES, Marcelo. Teoria do direito na modernidade tardia. In: *Direito e democracia*. Florianópolis: Letras Contemporâneas, 1996. p. 108.

V – proporcionar os meios de acesso à cultura, à educação e à ciência;
VI – proteger o meio ambiente e combater a poluição em qualquer de suas formas;
VII – preservar as florestas, a fauna e a flora;
VIII – fomentar a produção agropecuária e organizar o abastecimento alimentar;
IX – promover programas de construção de moradias e a melhoria das condições habitacionais e de saneamento básico;
X – combater as causas da pobreza e os fatores de marginalização, promovendo a integração social dos setores desfavorecidos;
XI – registrar, acompanhar e fiscalizar as concessões de direitos de pesquisa e exploração de recursos hídricos e minerais em seus territórios;
XII – estabelecer e implantar política de educação para a segurança do trânsito.
Parágrafo único. Leis complementares fixarão normas para a cooperação entre a União e os Estados, o Distrito Federal e os Municípios, tendo em vista o equilíbrio do desenvolvimento e do bem-estar em âmbito nacional.

## 18.4 Competência concorrente

Competência concorrente é aquela em que a União e os estados atuam, com prerrogativas próprias, legislando sobre uma mesma matéria (art. 24 da CF). A denominação de concorrente, ou competência legislativa vertical, provém do fato de que dois entes federativos atuam em um mesmo campo de incidência, normatizando uma mesma matéria, mas realizando funções distintas. A competência concorrente é denominada de composta porque se forma da elaboração normativa da União e dos estados-membros.

O modelo de competência concorrente adotado no Brasil se refere a uma atribuição legislativa vertical, em que a União legisla sobre normas gerais e os estados se incumbem da legislação específica. Esse tipo de competência reflete um federalismo de feição simbiótica, em que os órgãos componentes somam esforços para alcançar uma finalidade comum.

De importância salutar é a definição do que venha a ser uma norma geral, porque isso imporá um limite para a competência legislativa dos estados-membros.[7] Uma primeira característica desse tipo de norma reside na sua extensão, que abrange a totalidade do Estado Nacional, configurando-se em uma norma de âmbito nacional, enquanto a norma específica tem como extensão o território de um estado-membro. A segunda característica é que a norma geral não pode ser exaustiva, tolhendo todos os espaços referentes à incidência da norma específica. Deve ser deixada uma zona para a atuação das normas específicas, para que elas possam se adequar às peculiaridades regionais.

Diogo de Figueiredo Moreira Neto elencou as principais características das normas gerais: a) estabelecem princípios, diretrizes, linhas mestras e regras jurídicas gerais; b) não podem entrar em pormenores ou detalhes nem, muito menos, esgotar o

---

[7] O Tribunal, por maioria, julgou parcialmente procedente pedido formulado em ação direta ajuizada pelo procurador-geral da República para conferir interpretação conforme ao art. 113 da Lei nº 6.374/1989, do estado de São Paulo que cria a Unidade Fiscal do Estado de São Paulo – Ufesp como fator de atualização dos créditos tributários daquela unidade federativa, de modo que o valor da Ufesp não exceda o valor do índice de correção dos tributos federais. Considerou-se a jurisprudência da Corte no sentido de que, apesar de as unidades federadas não serem competentes para fixar índices de correção monetária de créditos fiscais em percentuais superiores aos fixados pela União para o mesmo fim, podem fixá-los em patamares inferiores (ADI nº 442, Rel. Min. Eros Grau, Info. 582).

assunto legislado; c) devem ser regras nacionais, uniformemente aplicáveis a todos os entes públicos; d) devem ser regras uniformes para todas as situações homogêneas; e) devem referir-se a questões fundamentais; f) são limitadas, no sentido de não poderem violar a autonomia dos estados; g) não são normas de aplicação direta.[8]

A norma específica pode ser complementar ou suplementar: complementar quando os estados-membros ou o Distrito Federal produzem normatização para especificar a legislação geral da União, adequando a legislação nacional às peculiaridades regionais; suplementar quando ocorre uma omissão da União em proceder à cominação geral, e assim os estados poderão produzir as normas gerais e específicas. A competência para legislar sobre normas gerais continua a pertencer à União; diante da sua omissão em legislar, os estados poderão normatizar, sem a dependência de nenhuma norma que explicite uma delegação. A transferência de atribuições é imediata, desde que se configure a omissão.

Na competência concorrente suplementar, voltando a União a legislar sobre assuntos gerais, as normas produzidas pelos estados que estiverem em contradição com as normas da União serão suspensas do ordenamento jurídico. É bom salientar que as normas específicas devem se adequar às normas gerais; havendo uma modificação nestas, aquelas também terão de sofrer uma alteração.

As normas gerais dos estados que estiverem em contradição com as novas normas gerais realizadas pela União serão suspensas e não revogadas, porque uma norma somente pode ser revogada por outra norma do mesmo ente que a criou. A norma continua a pertencer ao ordenamento jurídico, contudo, sem eficácia.

A competência concorrente da União se limitará à emissão de normas gerais. Nunca produzirá normas específicas, porque a lei nacional não vislumbra peculiaridades regionais, que apenas os estados são capazes de examinar, determinando suas respectivas necessidades. Contudo, nunca poderão os estados-membros ou o Distrito Federal legislar de forma contrária à norma geral que fora realizada pela União.[9]

A União, os estados e o Distrito Federal podem legislar concorrentemente sobre as seguintes matérias (art. 24 da CF):

I – direito tributário, financeiro, penitenciário, econômico e urbanístico;
II – orçamento;
III – juntas comerciais;
IV – custas dos serviços forenses;
V – produção e consumo;
VI – florestas, caça, pesca, fauna, conservação da natureza, defesa do solo e dos recursos naturais, proteção do meio ambiente e controle da poluição;

---

[8] MOREIRA NETO, Diogo de Figueiredo. Competência concorrente limitada. *Revista de Informação Legislativa*, Brasília, n. 100, out./dez. 1988. p. 149-150.

[9] "Se é certo, de um lado, que, nas hipóteses referidas no art. 24 da Constituição, a União Federal não dispõe de poderes ilimitados que lhe permitam transpor o âmbito das normas gerais, para, assim, invadir, de modo inconstitucional, a esfera de competência normativa dos Estados-membros, não é menos exato, de outro, que o Estado-membro, em existindo normas gerais veiculadas em leis nacionais (como a Lei Orgânica Nacional da Defensoria Pública, consubstanciada na Lei Complementar 80/1994), não pode ultrapassar os limites da competência meramente suplementar, pois, se tal ocorrer, o diploma legislativo estadual incidirá, diretamente, no vício da inconstitucionalidade. A edição, por determinado Estado-membro, de lei que contrarie, frontalmente, critérios mínimos legitimamente veiculados, em sede de normas gerais, pela União Federal ofender de modo direto, o texto da Carta Política. Precedentes" (ADI nº 2.903, Rel. Min. Celso de Mello).

VII – proteção ao patrimônio histórico, cultural, artístico, turístico e paisagístico;

VIII – responsabilidade por dano ao meio ambiente, ao consumidor, a bens e direitos de valor artístico, estético, histórico, turístico e paisagístico;

IX – educação, cultura, ensino e desporto;

X – criação, funcionamento e processo do juizado de pequenas causas;

XI – procedimentos em matéria processual;

XII – previdência social, proteção e defesa da saúde;

XIII – assistência jurídica e defensoria pública;

XIV – proteção e integração social das pessoas portadoras de deficiência;

XV – proteção à infância e à juventude;

XVI – organização, garantias, direitos e deveres das polícias civis.

§1º No âmbito da legislação concorrente, a competência da União limitar-se-á a estabelecer normas gerais.

§2º A competência da União para legislar sobre normas gerais não exclui a competência suplementar dos Estados.

§3º Inexistindo lei federal sobre normas gerais, os Estados exercerão a competência legislativa plena, para atender a suas peculiaridades.

§4º A superveniência de lei federal sobre normas gerais suspende a eficácia da lei estadual, no que lhe for contrário.

## 18.5 Competência dos estados federados

### 18.5.1 Competência residual

Competência residual é aquela que permite aos estados-membros legislar sobre todos os assuntos que não tenham sido vedados ou que não tenham sido discriminados pela Constituição, ou seja, aquelas matérias que sobraram depois da numeração de competência para os componentes federativos. Ela foi criada pela primeira vez na Constituição de 1891, no seu art. 65, §2º, segundo o qual é facultado aos estados-membros "em geral todo e qualquer poder, ou direito que lhes não for negado por cláusula expressa ou implicitamente contida nas cláusulas expressas da Constituição".

Qualquer assunto que não tenha sido disciplinado pela Lei Maior poderá ser regulamentado pelos estados-membros. Oportuno relembrar que a competência residual em matéria tributária pertence à União. Um requisito para o exercício da competência residual por parte dos estados-membros é a existência de um interesse regional que ampare a realização da competência. Se não houver pertinência temática, a competência residual não poderá ser exercida (art. 25, §1º, da CF).

### 18.5.2 Competência de organização administrativa

Dentro dos seus limites territoriais, os estados-membros podem estruturar sua organização administrativa da forma como acharem mais conveniente, gerindo o seu corpo administrativo e as competências que decorrem da Constituição com ampla liberdade. Os limites estabelecidos são os contidos na Constituição. As normas constitucionais, referentes à Administração Pública, são de vinculação obrigatória para estados-membros, Distrito Federal e municípios (art. 25, *caput*, da CF).

Por meio de lei complementar, os estados-membros podem regulamentar as regiões metropolitanas e as microrregiões, definindo-as da forma como os serviços públicos puderem ser mais bem potencializados (art. 25, §3º, da CF).

As regiões metropolitanas foram previstas, pela primeira vez, no texto constitucional de 1967. A competência para a sua implementação cabia à União, por meio de lei complementar. A Lei Complementar nº 14/1973 instituiu as regiões metropolitanas de São Paulo, Belo Horizonte, Porto Alegre, Recife, Salvador, Curitiba, Belém e Fortaleza. O objetivo formulado na sua criação foi o de unificar as políticas de organização, planejamento e prestação de serviços dos municípios que se unem sob uma continuidade urbana (fato esse chamado de conurbação – encontro de duas ou mais cidades), em torno de um município-polo.

Com a Constituição de 1988, a competência para estabelecer a formação das regiões metropolitanas passou a pertencer aos estados-membros, que a realizam por intermédio de lei complementar.[10] Ainda como consequência da autonomia dos estados-membros, a eles cabe explorar, diretamente ou mediante concessão, o serviço de gás canalizado (art. 25, §2º, da CF).

## 18.6 Conflito na repartição de competência

Por mais detalhista que tenha sido a Constituição de 1988 em disciplinar a repartição de competência entre os entes federativos, configura-se impossível evitar choques entre as unidades federativas na implementação de suas autonomias.

Mesmo supondo que a teorética positivista ou pós-positivista seja avançada,[11] dotada de boa técnica, como há uma pluralidade demasiada de competências, abrangendo matérias de difícil subsunção normativa, a repartição de competência nem sempre evita a proliferação de conflitos.[12] Ainda mais porque em vários casos existem interesses dos entes federativos em regulamentar determinadas matérias, inclusive auferindo vantagens financeiras, como no caso de trânsitos e transportes.

Acrescente-se que as competências deferidas foram estruturadas juridicamente como conceitos jurídicos indeterminados, possuindo ampla possibilidade de definição de sentido, de acordo com cada caso estabelecido. Sendo normas de sentido aberto, sua delimitação, na maioria dos casos, deixa de ser feita por meio de norma infraconstitucional, que disciplinaria a matéria de forma mais estável e ofereceria melhores mecanismos de fiscalização por parte da sociedade.

A especificação de seu conteúdo acontece por meio de decisões judiciais, em que não há parâmetros claros para sua realização. A multiplicação dos posicionamentos

---

[10] Deu-se provimento ao pleito formulado em ação direta ajuizada pelo governador do estado do Rio de Janeiro para suspender a eficácia do parágrafo único do art. 357 da Constituição do referido estado, que exigia prévia aprovação da Câmara Municipal para a participação de município em uma região metropolitana, aglomeração urbana ou microrregião. Considerou-se violado o art. 25, §3º, da CF (ADIMC nº 1.841/RJ, Rel. Min. Carlos Velloso).

[11] DIMOULIS, Dimitri. *Positivismo jurídico*. Introdução a uma teoria do direito e defesa do pragmatismo jurídico-político. São Paulo: Método, 2006. p. 81.

[12] "Como no Estado Federal há mais de uma ordem jurídica incidente sobre um mesmo território e sobre as mesmas pessoas, impõe-se a adoção de mecanismo que favoreça a eficácia da ação estatal, evitando conflitos e desperdício de esforços e recursos. A repartição de competências entre as esferas do federalismo é o instrumento concebido para esse fim" (MENDES, Gilmar Ferreira; COELHO, Inocêncio Mártires; BRANCO, Paulo Gustavo Gonet. *Curso de direito constitucional*. São Paulo: Saraiva, 2009. p. 755).

do Supremo Tribunal Federal nessa seara pode ocasionar o acirramento com o Poder Legislativo, cabendo a fatores de taxonomia sociopolítica-econômica arbitrarem a solução dessas tensões.

Frise-se que foi a Constituição que incumbiu o Supremo Tribunal Federal de solucionar os atritos entre os entes federativos, indicando a diretriz nos casos concretos. Os litígios entre as unidades federativas podem abalar a eficácia constitucional, mormente porque a separação de competência brasileira tem espaços de interseção entre os órgãos componentes da federação. A função do STF é velar pela harmonia dos componentes do Estado pátrio.

### 18.6.1 A repartição constitucional de competências no enfrentamento à pandemia de Covid-19

No contexto do estabelecimento de medidas restritivas da circulação de pessoas e do funcionamento de atividades econômicas durante a pandemia de Sars-Cov-2 (Covid-19), surgiu controvérsia acerca de qual ente federativo seria o competente para tomar as medidas cabíveis. Em decorrência, houve contestação ao Supremo Tribunal Federal quanto à redação do art. 3º, §9º, da Lei Federal nº 13.979/2020, que dispõe que o Presidente da República pode dispor, por meio de decreto, sobre os serviços e atividades essenciais.

Essa discussão surgiu porque a Constituição Federal consagra a competência administrativa comum dos entes da Federação quanto à saúde e assistência públicas, bem como a competência concorrente entre a União, estados e Distrito Federal para legislar sobre proteção e defesa à saúde. Ademais, o art. 198, I, da CF, prevê a descentralização político-administrativa do Sistema Único de Saúde, com direção única em cada esfera de governo, inclusive para ações de vigilância epidemiológica.[13]

Assim, inexistindo lei complementar para coordenar as atividades de saúde e assistência pública nesse ponto (competência administrativa comum), o Presidente da República pode editar decretos fixando as atividades essenciais, sem que isto suprima a competência concorrente dos estados e do Distrito Federal (e suplementar dos municípios, nos termos do art. 30, I, da CF), para, igualmente, fixá-las.[14] Sob a ótica da competência concorrente, relembre-se que a atribuição da União deve se limitar à fixação de normas gerais, sem excluir a competência suplementar dos estados (art. 24, §§1º e 2º, da CF). A decisão do Supremo balizou-se também num critério qualitativo da repartição de competências à luz do federalismo cooperativo. Isto é, o exercício da autonomia administrativa e legislativa deve pautar-se não por uma imposição hermética da vontade política dos entes federativos, mas tem a finalidade de proporcionar "a melhor realização do direito à saúde, amparada em evidências científicas e nas recomendações da Organização Mundial da Saúde".[15]

Por fim, a Lei nº 14.035/2020 alterou o teor do art. 3º, §9º, da Lei Federal nº 13.979/2020, que passa a consagrar textualmente a autonomia dos entes federativos na

---

[13] STF, ADPF nº 672/DF-MC, Rel. Min. Alexandre de Moraes, j. 13.10.2020.
[14] STF, ADI nº 6.341/DF, Rel. Min. Marco Aurélio, red. p/ acórdão Min. Edson Fachin, j. 15.4.2020.
[15] STF, ADI nº 6.341/DF, Rel. Min. Marco Aurélio, red. p/ acórdão Min. Edson Fachin, j. 15.4.2020.

imposição das medidas restritivas: "a adoção das medidas previstas neste artigo deverá resguardar o abastecimento de produtos e o exercício e o funcionamento de serviços públicos e de atividades essenciais, assim definidos em decreto da respectiva autoridade federativa".

Portanto, a partir da decisão do Supremo Tribunal Federal, houve a descentralização da competência para que estados, municípios, o Distrito Federal e a União possam envidar esforços e tomar as medidas mais adequadas para o enfrentamento da Covid-19, cabendo a cada um dos entes federativos, dentro de sua esfera de competência e atendendo às suas peculiaridades, zelar pela saúde e bem-estar de sua população.

## 18.7 Bens dos estados-membros

Os bens dos estados-membros podem ser os seguintes (art. 26, I a IV, da CF):

I – as águas superficiais ou subterrâneas, fluentes, emergentes e em depósito, ressalvadas, neste caso, na forma da lei, as decorrentes de obras da União;

II – as áreas, nas ilhas oceânicas e costeiras, que estiverem no seu domínio, excluídas aquelas sob domínio da União, Municípios ou terceiros;

III – as ilhas fluviais e lacustres não pertencentes à União;

IV – as terras devolutas não compreendidas entre as da União.

## 18.8 Organização política dos estados-membros

A organização política dos estados-membros componentes da federação, em virtude dos princípios estabelecidos, de repetição obrigatória, segue os parâmetros impostos pela Constituição Federal.

Pelo modelo republicano presidencialista, o executivo estadual é exercido pelo Governador, com um mandato de quatro anos, cuja eleição será realizada no primeiro domingo de outubro do último ano do mandato; se nenhum candidato obtiver cinquenta por cento mais um de votos válidos, excluídos os votos brancos e nulos, haverá um segundo turno realizado no último domingo de outubro, com os dois candidatos mais votados (art. 28, *caput*, da CF).

Perde o mandato o governador que assumir outro cargo ou função na Administração Pública direta ou indireta, ressalvada a posse em concurso público (art. 28, §1º, da CF). O subsídio do governador será fixado pela Assembleia Legislativa, devendo respeitar o teto salarial, que é o subsídio de ministro do Supremo Tribunal Federal.

O Poder Legislativo é exercido pela Assembleia Legislativa, cujo número de deputados estaduais varia de acordo com o número de deputados federais. Até doze deputados federais, o número de deputados estaduais se contabiliza pelo triplo do número daqueles; assim, se um estado tiver nove deputados federais, o número de deputados estaduais será vinte e sete (art. 27, *caput*, da CF). Nos estados-membros em que houver mais de doze deputados federais, o número de deputados estaduais será calculado somando-se o número que ultrapassar doze deputados federais a trinta e seis; assim, um estado que tenha quinze deputados federais terá trinta e seis deputados estaduais mais três, totalizando um *quantum* de trinta e nove.

Nos estados com número superior a doze deputados federais pode ser usada a seguinte fórmula:

N = 36 + S
N = número de deputados estaduais
S = número de deputados federais que ultrapassar doze membros
36 = valor fixo para todos os cálculos.

Esse atrelamento do número de deputados estaduais ao número de deputados federais foi realizado para evitar que os componentes federativos pudessem arbitrar números exagerados de deputados estaduais, contribuindo para a desmoralização do Legislativo estadual. Os deputados estaduais recebem subsídios, durante um mandato de quatro anos, e são eleitos pelo sistema proporcional.

O Poder Legislativo estadual tem autonomia administrativa e financeira, podendo dispor sobre a organização de seus serviços e implementar a regulamentação de suas atividades, com liberdade para investir suas receitas.

## 18.9 A estrutura constitucional dos municípios

A origem dos municípios brasileiros repousa nos Conselhos Portugueses que se opuseram aos infiéis nas terras lusitanas.[16] Eles foram a primeira organização política de fato existente no Brasil, haja vista que a forma de colonização brasileira, por meio de doze capitanias hereditárias, não deu certo, avolumando a importância dos pequenos povoados, que se transformaram em cidades.

A inovação da Constituição Cidadã, com relação aos municípios, foi tê-los inserido como componentes da federação, estruturando-os como entidades políticas autônomas, dotadas de autogoverno, podendo determinar os seus interesses da forma que melhor lhes convier, respeitados, obviamente, os parâmetros constitucionais.

As Constituições anteriores não conferiam aos municípios a qualidade de entes da federação brasileira, mas os enquadravam como entidades relativamente autônomas. O autogoverno era característico apenas da União e dos estados-membros, sendo destes últimos a prerrogativa de estruturar a organização política dos municípios.

Na época do texto constitucional de 1967/1969, a competência dos municípios era prevista na Constituição Federal, nos seus arts. 13 a 26, nas Constituições estaduais e nas legislações estaduais e federais ordinárias. Assim, os municípios não tinham a prerrogativa de autogoverno, pois a esfera de competência era estipulada externamente, até mesmo por leis infraconstitucionais federais e estaduais.

A maior parte da doutrina não concorda com a tese *contra legem* defendida pelo ilustre Prof. José Afonso da Silva, que afirma que os municípios não fazem parte da federação brasileira, sendo uma segmentação dos estados-membros, dotados de menor grau de autonomia. Reforça sua tese, alegando que os municípios estão no espaço territorial dos estados, e que estes podem intervir naqueles.

Os argumentos em sentido contrário se alicerçam, de início, em um dado histórico: o fenômeno municipalista foi a gênese das estruturas políticas, sendo o primeiro núcleo

---

[16] PINASSI, Ayrton. *Direito municipal constitucional*. Campinas: Conan, 1995. p. 9.

de poder estatal estabelecido de fato. Por outro lado, a Constituição Cidadã, que se inspirou na Constituição de 1946, pródiga na afirmação de direitos aos municípios, avançou e concedeu expressamente a estes entes o direito de integrar a estrutura federativa do Estado brasileiro, coroando a evolução das teorias municipalistas.

Ademais, o fato de estar inserido no território geográfico dos Estados-membros não retira a sua autonomia, antes a robustece, porque, mesmo com a atuação de múltiplas esferas de competência no seu território, as prerrogativas dos municípios não são cerceadas, pois atuam em campos de incidência distintos. A possibilidade de ocorrerem intervenções nos municípios também não constitui obstáculo à sua autonomia, por se tratar isso de uma exceção ao federalismo, processando-se de forma temporária, em moldes precisos, previamente definidos na Constituição.

Também José Nilo de Castro defende que os municípios não fazem parte da estrutura federativa, utilizando os seguintes argumentos: que eles não têm representação no Senado Federal; que não possuem Tribunal de Contas (à exceção de raríssimos casos) ou Poder Judiciário; que suas leis e atos normativos não se sujeitam ao controle abstrato do STF; que inexiste federação de municípios e sim de estados.[17]

Por outro lado, Hely Lopes Meirelles, consonante a doutrina e jurisprudência majoritária, sustenta a natureza de ente federativo dos municípios:

> Apenas a sua autonomia é menos ampla, uma vez que, dentre outras coisas, não tem poder auto-organizatório, não dispõe de Poder Judiciário e não possui representação nas Assembleias Legislativas. Essas limitações de sua autonomia, entretanto, não descaracterizam a sua natureza de entidades estatais, como poderes políticos suficientes para elaborarem suas leis e para convertê-los em atos individuais e concretos. O Município brasileiro é, pois, entidade estatal que, através de seus órgãos de governo, dirige a si próprio, com a tríplice autonomia política (composição do seu governo e orientação de sua administração), administrativa (organização dos serviços locais) e financeira (arrecadação e aplicação de suas rendas).[18]

## 18.10 Competência municipal

De forma geral, a competência municipal se refere a assuntos de interesse local (art. 30, I e II, da CF).[19] A expressão "interesse local" tem um sentido polissêmico, e significa o interesse que atinge de modo premente o município, devendo por ele ser atendido. Definir a expressão no seu sentido literal não seria possível, pois, qualquer que seja a competência (federal, estadual ou municipal), haverá sempre um interesse local.[20] No entanto, para a fixação da competência municipal, o interesse tem de ser

---

[17] CASTRO, José Nilo de. *Direito municipal positivo*. 2. ed. Belo Horizonte: Del Rey, 1991. p. 38.
[18] MEIRELLES, Hely Lopes. *Direito municipal brasileiro*. 6. ed. São Paulo: Malheiros, 1993. p. 116.
[19] Esclarece Roque Carrazza: "Observamos que, ao contrário do que estatuía a Carta de 1967/1969 (art. 15, II), a atual não alude ao peculiar interesse do Município, mas, apenas, aos assuntos de interesse local. Esta não foi uma mera alteração fraseológica. De fato, agora, basta ser o assunto de interesse local para que o Município dele possa se ocupar, sem nenhuma necessidade de demonstrar que ele é de seu peculiar interesse. Houve, pois, uma ampliação do âmbito competencial dos Municípios, que – tornamos a insistir – é senhor absoluto dos assuntos de interesse local" (CARRAZZA, Roque Antonio. *Curso de direito constitucional tributário*. 5. ed. São Paulo: Malheiros, 1993. p. 101).
[20] Compete aos municípios o disciplinamento do tempo máximo que o cidadão pode esperar em fila de banco (RE nº 432.789/SC).

predominantemente local. No exercício de sua competência, os municípios não podem se contrapor à legislação federal e estadual específica sobre a matéria, nem podem invadir a esfera de competência desses entes.[21]

Esclarece a temática Hely Lopes Meirelles:

> Se predominar sobre determinada matéria o interesse do município em relação ao do Estado-membro e ao da Federação, tal matéria é da competência do Município; se seu interesse é secundário comparavelmente com os das demais pessoas político-administrativas, a matéria refoge de sua competência privativa, passando para a que tiver interesse predominantemente sobre o assunto.[22]

O critério para determinar a competência municipal é definido diante de cada caso concreto, levando-se em conta o interesse predominante e algumas outras circunstâncias diversas, como o lugar, a extensão da competência, a finalidade dos serviços etc.[23] Outrossim, deve ser levado em consideração o fato de ter o município condições para a execução do comando normativo; caso contrário, a competência não pertence à sua esfera de atribuições.

Portanto, para a definição do interesse local devemos usar alguns vetores, tomando como base a predominância do interesse municipal: as disposições normativas sobre competência, conforme estipulado na Constituição Federal, na Constituição Estadual e na Lei Orgânica Municipal, além de critérios demográficos, geográficos, administrativos e financeiros. A regra é que a entidade administrativa que diretamente for atingida pelo problema deve tomar as medidas necessárias para a sua resolução.[24]

Na solução dos problemas decorrentes da fixação de competência, deve servir como vetor a predominância do interesse: predominando o interesse nacional, exigindo uma atividade uniforme em todo o território nacional, a competência será da União; prevalecendo o interesse regional, a competência será estadual; predominando o interesse local, a competência será municipal.

A segunda possibilidade de competência dos municípios é a complementação da legislação federal e estadual no que for possível. Dessa forma, configura-se essencial

---

[21] "Recurso extraordinário. Retribuição pecuniária. Cobrança. Taxa de uso e ocupação de solo e espaço aéreo. Concessionárias de serviço público. Dever-poder e poder-dever. Instalação de equipamentos necessários à prestação de serviço público em bem público. Lei municipal 1.199/2002. Inconstitucionalidade. Violação. Artigos 21 e 22 da Constituição do Brasil. [...] 5. A Constituição do Brasil define a competência exclusiva da União para explorar os serviços e instalações de energia elétrica [artigo 21, XII, b] e privativa para legislar sobre a matéria [artigo 22, IV]. Recurso extraordinário a que se nega provimento, com a declaração, incidental, da inconstitucionalidade da Lei n. 1.199/2002, do Município de Ji-Paraná" (STF, Pleno, RE nº 581.947, Rel. Min. Eros Grau).

[22] MEIRELLES, Hely Lopes. *Direito administrativo brasileiro*. 25. ed. São Paulo: Malheiros, 2000. p. 321.

[23] Os municípios dispõem de competência, com base na autonomia que lhes confere a Constituição no seu art. 30, I, para, mediante lei, obrigar as instituições financeiras a instalar, em suas agências, dispositivos de segurança, sem se configurar em uma usurpação de competência federal. "Em suma: entendo que o diploma legislativo do Município em referência reveste-se de plena legitimidade jurídico-constitucional, pois, longe de dispor sobre controle de moeda, política de crédito, câmbio, segurança e transferência de valores, ou sobre organização, funcionamento e atribuições de instituição financeira, limitou-se, ao contrário, a disciplinar, em bases constitucionalmente legítimas, assunto de interesse evidentemente municipal, veiculando normas pertinentes à adequação dos estabelecimentos bancários a padrões destinados a propiciar melhor atendimento e proteção à coletividade local" (RE nº 385.398/MG, Rel. Min. Celso de Mello).

[24] Os municípios têm competência para estabelecer o horário de funcionamento de estabelecimentos comerciais, em virtude do art. 30, I, da CF.

o estudo das competências dos entes federativos, que se encontram basicamente disciplinadas nos arts. 21 a 24 da CF de 1988 e divididas em competência exclusiva, privativa, comum e concorrente. A competência exclusiva, como o próprio nome indica, é uma competência atribuída com exclusividade a determinado ente da federação, não podendo ser delegada sob hipótese nenhuma. O art. 21 da Constituição Federal elenca as matérias de competência exclusiva da União, que não poderá delegar a sua regulamentação aos estados-membros ou aos municípios.

A competência privativa é exercida pela União. Quando houver delegação para os estados-membros, e havendo omissão legislativa destes, por força do art. 30, II, da CF, nada impede que os municípios possam suplementar a legislação federal e estadual no que couber. Contudo, como historicamente nosso federalismo é centrípeto, e as matérias da competência privativa exigem um disciplinamento unificado na federação, a hipótese de exercício dessa competência por parte dos municípios é bastante remota. Mas não há impedimento legal.

Os municípios têm o exercício próprio na competência comum. Aliás, ela é a única prerrogativa administrativa que abrange a União, os estados-membros, o Distrito Federal e os municípios. Nessa competência, eles atuam na integridade das matérias dispostas no art. 23 da CF, sem a necessidade de delegação ou de suplementação.

A competência concorrente é a realizada pela União e pelos estados-membros, em que o primeiro concretiza as normas de caráter geral e os segundos têm a incumbência de realizar as normas de caráter específico. Ela se subdivide em complementar e suplementar. Esta se realiza quando a União se omite em legislar com relação às normas gerais, e assim os estados têm de legislar de forma geral e específica, e aquela se realiza quando os estados apenas complementam as normas gerais que foram criadas pelo Governo Federal.

Na competência concorrente, os municípios podem atuar de forma suplementar, desde que haja uma omissão do estado-membro ou deste e da União. Isso ocorre porque eles também exercem a competência suplementar das normas federais e estaduais. Essa competência somente pode existir se houver um interesse local, ou seja, se a matéria atingir precipuamente interesses do município. Convém ressaltar que os entes locais devem respeitar as normas gerais e jamais poderão invadir a competência de outras entidades federativas.

Ensina José Nilo de Castro: "Exercitar-se-á a mesma, preenchendo o branco das legislações federais e estaduais, afeiçoando-se as particularidades locais, pois que compatíveis – o texto diz no que couber, suprindo lacunas, deficiências".[25]

Como entidade componente da federação brasileira, os municípios dispõem de todos os direitos concernentes à sua autonomia, como a capacidade financeira, a capacidade administrativa, a capacidade tributária etc.

Como predicado do seu autogoverno, os municípios podem expressamente, por força de mandamento constitucional, organizar, criar e suprimir os seus distritos; manter programas de educação pré-escolar e de ensino fundamental; organizar os seus serviços locais, da melhor forma que possa atender aos interesses da sociedade; prestar de forma direta ou indireta, sob regime de concessão ou permissão, os serviços públicos de interesse local, incluindo o transporte coletivo; promover adequado ordenamento territorial e ocupação do solo urbano e manter serviços de atendimento à saúde da população.

---

[25] CASTRO, José Nilo de. *Direito municipal positivo*. 2. ed. Belo Horizonte: Del Rey, 1991. p. 135.

Dentro da autonomia na esfera tributária, compete aos municípios a instituição e arrecadação dos tributos de sua competência e a aplicação de suas rendas, sem prejuízo da obrigatoriedade de prestar contas e publicar balancetes nos prazos fixados em lei. A competência tributária se encontra regulamentada no Título VI da Constituição, outorgando aos entes federativos capacidade própria na esfera tributária, obedecendo à criteriosa repartição de competência na criação de tributos, em que cada ente federativo tem minuciosamente estipulada a área de sua atuação.

A Constituição, no seu art. 156, disciplina os impostos de que os municípios podem dispor. São impostos municipais: o imposto sobre a propriedade predial e territorial urbana – IPTU; o imposto sobre serviços, excluídos os compreendidos na competência dos estados-membros; e o imposto sobre a transmissão *inter vivos*, por ato oneroso, de bens imóveis ou de direitos reais sobre imóveis.

São competências municipais (art. 30, I a IX, da CF):

I – legislar sobre assuntos de interesse local;[26]
II – suplementar a legislação federal e a estadual no que couber;
III – instituir e arrecadar os tributos de sua competência, bem como aplicar suas rendas, sem prejuízo da obrigatoriedade de prestar contas e publicar balancetes nos prazos fixados em lei;
IV – criar, organizar e suprimir distritos, observada a legislação estadual;
V – organizar e prestar, diretamente ou sob regime de concessão ou permissão, os serviços públicos de interesse local, incluído o de transporte coletivo, que tem caráter essencial;
VI – manter, com a cooperação técnica e financeira da União e do Estado, programas de educação infantil e de ensino fundamental;
VII – prestar, com a cooperação técnica e financeira da União e do Estado, serviços de atendimento à saúde da população;
VIII – promover, no que couber, adequado ordenamento territorial, mediante planejamento e controle do uso, do parcelamento e da ocupação do solo urbano;
IX – promover a proteção do patrimônio histórico-cultural local, observada a legislação e a ação fiscalizadora federal e estadual.

## 18.11 Organização política dos municípios

Os municípios são regidos por lei orgânica que goza de supremacia em relação às demais normas municipais. Sua denominação não é a de Constituição porque o seu grau de autonomia é bastante reduzido, em virtude de a Constituição Federal e as Constituições estaduais lhe retirarem espaço para a produção normativa. A lei orgânica tem as mesmas características de uma Lei Maior, dotada de supremacia, supralegalidade e imutabilidade relativa. Ela é a lei mais importante do ordenamento jurídico municipal porque, além de ter sido criada por um procedimento mais difícil, conta com uma maior legitimidade social.

Ela é elaborada pela Câmara Municipal, votada em dois turnos, com um intervalo de tempo entre eles de, no mínimo, dez dias para que a sociedade possa tomar

---

[26] Entendeu o STF que os municípios podem legislar sobre direito ambiental, desde que fundamentadamente (RE nº 194.704/MG).

conhecimento do seu conteúdo e se mobilizar, caso algumas normas não atendam aos seus anseios. É necessário para a sua aprovação um *quorum* de dois terços de votos, sendo promulgada pela própria Câmara de Vereadores (art. 29, *caput*, da CF). Qualquer alteração no seu texto tem de ser implementada por meio de emenda à lei orgânica.

O Poder Executivo é exercido pelo prefeito e pelo vice-prefeito, eleitos conjuntamente, para um mandato de quatro anos (art. 29, I, da CF). O primeiro turno ocorrerá no primeiro domingo de outubro. Nas cidades com mais de duzentos mil eleitores poderá haver segundo turno, se no primeiro nenhum dos candidatos obtiver metade mais um dos votos válidos, descontados os votos brancos e nulos, sendo realizado no último domingo de outubro (art. 29, II, da CF). O chefe do Executivo, o vice-prefeito, os secretários municipais e os vereadores recebem suas remunerações na forma de subsídio (art. 29, V, da CF).

Pela importância do cargo, os prefeitos gozam de foro privilegiado: se praticarem delitos penais, não serão julgados pelo Tribunal do Júri, presidido por um juiz de primeira instância; o seu julgamento compete ao Tribunal de Justiça (art. 29, X, da CF). Tanto os prefeitos quanto os vereadores gozam de imunidade material, por crimes decorrentes de palavras, opiniões e votos no exercício do mandato (art. 29, VIII, da CF). Ressalve-se que não possuem nenhum tipo de imunidade formal.

A posse dos representantes populares do município ocorre em 1º de janeiro do ano posterior à eleição.

O Poder Legislativo municipal é exercido pela Câmara de Vereadores. Os vereadores têm mandato de quatro anos, sendo eleitos conjuntamente com o prefeito e o vice-prefeito. A terminologia *vereador* vem do verbo *verear*, significando o resguardo do bem-estar do município. Igualmente, o vereador é chamado de edil, terminologia que designava o magistrado romano.

A Câmara Municipal é o Poder Legislativo mais antigo existente no Brasil. Ela foi criada ainda na fase colonial, também denominada de Senado da Câmara, sendo composta pelos chamados "homens bons da terra", isto é, homens que ostentavam riquezas.

O Legislativo municipal possui as prerrogativas inerentes a esse Poder. Portanto, ele tem as seguintes funções: fiscalizar o Poder Executivo, legislar acerca das matérias de sua competência, julgar o prefeito nos casos de crimes de responsabilidade e deliberar sobre os seus assuntos respectivos.

As proibições e incompatibilidades para o exercício da vereança devem ser similares, no que couber, às limitações contidas na Constituição para os membros do Congresso Nacional e as vedações dispostas pela Constituição Estadual para os membros da Assembleia Legislativa (art. 29, IX, da CF).

O processo legislativo realizado pela Câmara dos Vereadores segue o mesmo molde delineado pela Constituição Federal, com as mesmas espécies contidas no art. 59.

A iniciativa popular, por imposição constitucional, deve constar na lei orgânica e, para ser confeccionada, deve obter o apoio de, no mínimo, cinco por cento do eleitorado, tratando de projeto específico do município, da cidade ou de bairros (art. 29, XIII, da CF).

O número de vereadores é definido de acordo com o número de habitantes da cidade e dentro dos limites impostos pela Constituição.[27] Para impedir que decisões judiciais, como a Resolução nº 21.702/2004 do Tribunal Superior Eleitoral, defina esses

---

[27] Anteriormente, os municípios, discricionariamente, definiam esses critérios dentro de determinados limites: "a) mínimo de nove e máximo de vinte e um nos Municípios de até um milhão de habitantes; b) mínimo de trinta

critérios de proporcionalidade,[28] a Emenda Constitucional nº 58 resolveu determinar o número de vereadores de forma mais específica, o que representou um aumento em seu número. Então, o número de vereadores nas Câmaras Municipais deve observar a seguinte composição máxima:

a) 9 (nove) Vereadores, nos Municípios de até 15.000 (quinze mil) habitantes;

b) 11 (onze) Vereadores, nos Municípios de mais de 15.000 (quinze mil) habitantes e de até 30.000 (trinta mil) habitantes;

c) 13 (treze) Vereadores, nos Municípios com mais de 30.000 (trinta mil) habitantes e de até 50.000 (cinquenta mil) habitantes;

d) 15 (quinze) Vereadores, nos Municípios de mais de 50.000 (cinquenta mil) habitantes e de até 80.000 (oitenta mil) habitantes;

e) 17 (dezessete) Vereadores, nos Municípios de mais de 80.000 (oitenta mil) habitantes e de até 120.000 (cento e vinte mil) habitantes;

f) 19 (dezenove) Vereadores, nos Municípios de mais de 120.000 (cento e vinte mil) habitantes e de até 160.000 (cento sessenta mil) habitantes;

g) 21 (vinte e um) Vereadores, nos Municípios de mais de 160.000 (cento e sessenta mil) habitantes e de até 300.000 (trezentos mil) habitantes;

h) 23 (vinte e três) Vereadores, nos Municípios de mais de 300.000 (trezentos mil) habitantes e de até 450.000 (quatrocentos e cinquenta mil) habitantes;

i) 25 (vinte e cinco) Vereadores, nos Municípios de mais de 450.000 (quatrocentos e cinquenta mil) habitantes e de até 600.000 (seiscentos mil) habitantes;

j) 27 (vinte e sete) Vereadores, nos Municípios de mais de 600.000 (seiscentos mil) habitantes e de até 750.000 (setecentos cinquenta mil) habitantes;

k) 29 (vinte e nove) Vereadores, nos Municípios de mais de 750.000 (setecentos e cinquenta mil) habitantes e de até 900.000 (novecentos mil) habitantes;

l) 31 (trinta e um) Vereadores, nos Municípios de mais de 900.000 (novecentos mil) habitantes e de até 1.050.000 (um milhão e cinquenta mil) habitantes;

m) 33 (trinta e três) Vereadores, nos Municípios de mais de 1.050.000 (um milhão e cinquenta mil) habitantes e de até 1.200.000 (um milhão e duzentos mil) habitantes;

n) 35 (trinta e cinco) Vereadores, nos Municípios de mais de 1.200.000 (um milhão e duzentos mil) habitantes e de até 1.350.000 (um milhão e trezentos e cinquenta mil) habitantes;

---

e três e máximo de quarenta e um nos Municípios de mais de um milhão e menos de cinco milhões de habitantes; c) mínimo de quarenta e dois e máximo de cinquenta e cinco nos Municípios de mais de cinco milhões de habitantes". Então, o Tribunal Superior Eleitoral determinou critérios para especificar o número de vereadores, estabelecendo o conteúdo do princípio da proporcionalidade.

[28] O Supremo Tribunal, por maioria, julgou constitucional a Resolução nº 21.702/2004, editada pelo Tribunal Superior Eleitoral (TSE), que estabeleceu instruções sobre o número de vereadores a eleger segundo a população de cada município. Concluiu-se pela inexistência das apontadas violações aos princípios da reserva de lei, da separação de poderes, da anterioridade da lei eleitoral e da autonomia municipal. Esclareceu-se que a mencionada resolução teve a finalidade de garantir efetividade ao julgamento do Pleno no RE nº 197.917/SP, em que o STF dera interpretação definitiva à cláusula de proporcionalidade inscrita no inc. IV do art. 29 da CF. Vencido o Min. Marco Aurélio, que dava pela procedência dos pedidos, ao fundamento de que o TSE extrapolou sua competência para editar resoluções – a qual estaria limitada ao cumprimento do Código Eleitoral (art. 23, IX) –, ao fixar tabela quanto ao número de vereadores, cuja incumbência, nos termos do inc. IV do seu art. 29 da CF, e desde que observados os limites mínimo e máximo previstos neste último dispositivo, seria de cada Câmara de Vereadores, por meio de Lei Orgânica dos municípios (ADIn nº 3.345/DF, Rel. Min. Celso de Mello). Afirmou-se que a especificação do número de vereadores deve obedecer ao princípio da proporcionalidade, aferido de acordo com o número de habitantes. A quebra ao princípio da proporcionalidade se revela como um abuso de poder sob a modalidade de desvio. Defendeu o relator Min. Maurício Corrêa que essa decisão visou, ainda, defender a moralidade pública, a impessoalidade e a economicidade dos atos administrativos (RE nº 197.917/SP, Rel. Min. Maurício Corrêa).

o) 37 (trinta e sete) Vereadores, nos Municípios de 1.350.000 (um milhão e trezentos e cinquenta mil) habitantes e de até 1.500.000 (um milhão e quinhentos mil) habitantes;

p) 39 (trinta e nove) Vereadores, nos Municípios de mais de 1.500.000 (um milhão e quinhentos mil) habitantes e de até 1.800.000 (um milhão e oitocentos mil) habitantes;

q) 41 (quarenta e um) Vereadores, nos Municípios de mais de 1.800.000 (um milhão e oitocentos mil) habitantes e de até 2.400.000 (dois milhões e quatrocentos mil) habitantes;

r) 43 (quarenta e três) Vereadores, nos Municípios de mais de 2.400.000 (dois milhões e quatrocentos mil) habitantes e de até 3.000.000 (três milhões) de habitantes;

s) 45 (quarenta e cinco) Vereadores, nos Municípios de mais de 3.000.000 (três milhões) de habitantes e de até 4.000.000 (quatro milhões) de habitantes;

t) 47 (quarenta e sete) Vereadores, nos Municípios de mais de 4.000.000 (quatro milhões) de habitantes e de até 5.000.000 (cinco milhões) de habitantes;

u) 49 (quarenta e nove) Vereadores, nos Municípios de mais de 5.000.000 (cinco milhões) de habitantes e de até 6.000.000 (seis milhões) de habitantes;

v) 51 (cinquenta e um) Vereadores, nos Municípios de mais de 6.000.000 (seis milhões) de habitantes e de até 7.000.000 (sete milhões) de habitantes;

w) 53 (cinquenta e três) Vereadores, nos Municípios de mais de 7.000.000 (sete milhões) de habitantes e de até 8.000.000 (oito milhões) de habitantes; e

x) 55 (cinquenta e cinco) Vereadores, nos Municípios de mais de 8.000.000 (oito milhões) de habitantes;

A Emenda Constitucional nº 25 impôs um limite para a despesa com os subsídios dos vereadores, condicionando a sua fixação pelas respectivas Câmaras, consonante o estabelecido pela lei orgânica, aos seguintes limites máximos (art. 29, VI, da CF):

a) em Municípios de até dez mil habitantes, o subsídio máximo dos Vereadores corresponderá a vinte por cento do subsídio dos Deputados Estaduais;

b) em Municípios de dez mil e um a cinquenta mil habitantes, o subsídio máximo dos Vereadores corresponderá a trinta por cento do subsídio dos Deputados Estaduais;

c) em Municípios de cinquenta mil e um a cem mil habitantes, o subsídio máximo dos Vereadores corresponderá a quarenta por cento do subsídio dos Deputados Estaduais;

d) em Municípios de cem mil e um a trezentos mil habitantes, o subsídio máximo dos Vereadores corresponderá a cinquenta por cento do subsídio dos Deputados Estaduais;

e) em Municípios de trezentos mil e um a quinhentos mil habitantes, o subsídio máximo dos Vereadores corresponderá a sessenta por cento do subsídio dos Deputados Estaduais;

f) em Municípios de mais de quinhentos mil habitantes, o subsídio máximo dos Vereadores corresponderá a setenta e cinco por cento do subsídio dos Deputados Estaduais.

Como a Emenda nº 58 aumentou o número de vereadores, para diminuir a rejeição à sua aprovação, ela resolveu limitar ainda mais o total de despesas deste poder, o que já havia sido realizado pela Emenda nº 25/2000, incluindo os gastos com inativos e relativos ao somatório da receita e das transferências tributárias municipais constitucionalmente previstas. O percentual máximo gasto pelas Câmaras Municipais são os seguintes:

I – 7% (sete por cento) para Municípios com população de até 100.000 (cem mil) habitantes;

II – 6% (seis por cento) para Municípios com população entre 100.000 (cem mil) e 300.000 (trezentos mil) habitantes;

III – 5% (cinco por cento) para Municípios com população entre 300.001 (trezentos mil e um) e 500.000 (quinhentos mil) habitantes;

IV – 4,5% (quatro inteiros e cinco décimos por cento) para Municípios com população entre 500.001 (quinhentos mil e um) e 3.000.000 (três milhões) de habitantes;

V – 4% (quatro por cento) para Municípios com população entre 3.000.001 (três milhões e um) e 8.000.000 (oito milhões) de habitantes;

VI – 3,5% (três inteiros e cinco décimos por cento) para Municípios com população acima de 8.000.001 (oito milhões e um) habitantes.

Manteve-se, ainda, a imposição determinando que a Câmara Municipal não pode gastar mais de setenta por cento de sua receita com folha de pagamento, incluído o gasto com o subsídio de seus vereadores (§1º do art. 29-A).

Ficaram ainda mantidos os dois tipos penais criados. O primeiro deles pune o prefeito municipal que pratique os seguintes atos: a) efetuar repasse superior ao estipulado no art. 29-A da Constituição Federal; b) não enviar o repasse até o dia vinte de cada mês ao Poder Legislativo; c) enviar repasse menor em relação à proporção fixada na lei orçamentária. O segundo tipo penal prevê como crime de responsabilidade do presidente da Câmara Municipal o desrespeito aos limites estipulados no §1º do art. 29-A da Constituição Federal.

## 18.12 Fiscalização municipal

A fiscalização municipal pode ser interna e externa: interna quando é exercida pelo próprio órgão administrativo e externa quando é implementada pelo Poder Legislativo (art. 31, *caput*, da CF).

Todo superior hierárquico deve supervisionar as atividades de seus subordinados, sob pena de cometer o crime de condescendência criminosa (art. 320 do Código Penal).[29] A seara administrativa é a instância em que deve ser iniciada a fiscalização dos agentes públicos, o que não exclui a responsabilidade civil e criminal.

O controle externo é realizado pelo Poder Legislativo, auxiliado pelo Tribunal de Contas do estado ou, se houver, do município (art. 31, §1º, da CF). Além da sua função precípua de legislar, não menos importante é a função de fiscalizar as realizações públicas. Com essa fiscalização, podem os desvios ser constatados e sanados, punindo-se os infratores para que novas condutas ilícitas sejam evitadas.

O Tribunal de Contas é um órgão auxiliar do Poder Legislativo, colaborando com a fiscalização dos entes públicos. Como órgão técnico que é, sua função reside em fornecer subsídios, mediante pareceres, que orientarão os legisladores na fiscalização.

Ele tem a finalidade de emitir um parecer prévio sobre as contas que o prefeito deve anualmente prestar. Se o parecer detectar irregularidades, e a Câmara não o rejeitar com o *quorum* de dois terços de seus membros, o prefeito se torna inelegível (art. 31, §2º, da CF). O chefe do Executivo deve anualmente prestar contas de sua administração, ficando elas expostas, durante sessenta dias, para que a população possa se pronunciar a respeito, devendo pressionar as autoridades para que os gastos sejam feitos com lisura e direcionados para a satisfação das necessidades coletivas (art. 31, §3º, da CF).

---

[29] Condescendência criminosa (art. 320 do CP): "Deixar o funcionário, por indulgência, de responsabilizar subordinado que cometeu infração no exercício do cargo ou, quando lhe falte competência, não levar o fato ao conhecimento da autoridade competente. Pena – detenção de 15 (quinze) dias a 1 (um) mês, ou multa".

Na esfera federal, existe um Tribunal de Contas da União para ajudar na fiscalização das verbas federais; nos estados-membros, há o Tribunal de Contas Estadual para ajudar na fiscalização das verbas estaduais e municipais.

Desde a promulgação da Constituição de 1988 não podem ser criados novos Tribunais de Contas municipais, devendo a fiscalização ser realizada pelo Tribunal de Contas estadual. Tal medida ocorreu porque houve entendimento perfilhado pelos legisladores constituintes de que a fiscalização poderia ser bem exercida pelo congênere estadual e porque havia o perigo de os Tribunais de Contas municipais se transformarem em "cabides de empregos" e em instrumentos de chantagem, pela ingerência do Executivo municipal.

Os municípios que já tinham seus Tribunais de Contas os mantiveram, como foram os casos de São Paulo, Rio de Janeiro e Belo Horizonte. Os demais ficaram impossibilitados de criar novos órgãos de fiscalização (art. 31, §4º, da CF).

## 18.13 Distrito Federal

O Distrito Federal é um ente federativo da República brasileira. Brasília, por sua vez, possui um *status* jurídico peculiar: ela não é ente político, município ou região administrativa distrital. Para a Constituição, Brasília é simplesmente a "Capital Federal", e sua área presume-se como equivalente à do Distrito Federal. Foi o local escolhido para concentrar os centros de decisão política da nação. Brasília foi concebida por Juscelino Kubitschek, transferindo a capital do Sudeste, Rio de Janeiro, para o Centro-Oeste, localizado no estado de Goiás. A versão oficial para a modificação foi que a decisão teve a intenção de tornar a capital do país segura contra invasões estrangeiras e incrementar o desenvolvimento da região Centro-Oeste.

A origem do Distrito Federal provém do federalismo norte-americano, que criou o Distrito de Colúmbia, baseando-se na política do *self-government*. Seguindo essa influência, o Brasil criou o município neutro, que foi transformado em Distrito Federal pela Constituição de 1891, pelo Decreto nº 1, do Governo Provisório. Ele era chamado de município neutro porque não pertencia nem à União, nem aos estados, nem aos municípios. É considerado neutro com relação aos demais componentes da federação, sem participar da estrutura de nenhum dos órgãos existentes. A ideia de se criar um município neutro ou distrito federal, dependendo da terminologia, para ser a sede do Governo Federal, reside nas múltiplas esferas autônomas de governo existentes no federalismo. Em assim sendo, o núcleo de decisão do Governo Federal não pode estar localizado em uma área que não tenha autonomia própria, que fique na dependência das decisões do governo estadual ou municipal.

O Distrito Federal tem uma dualidade de competências, acumulando todas as prerrogativas dos estados-membros e dos municípios (art. 32, §1º, da CF). Em consequência, dispõe de tributos estaduais e municipais, o que lhe propicia uma maior arrecadação, podendo oferecer à população serviços públicos de melhor qualidade.

Ele é estruturado por uma lei orgânica, votada em dois turnos, com um prazo entre uma votação e outra de dez dias, e aprovada com um *quorum* de dois terços. A Mesa da Câmara Distrital tem a incumbência de realizar a sua promulgação (art. 32, *caput*, da CF). Não ser regida por uma Constituição Estadual se deve ao fato de o Distrito

Federal ter sido concebido apenas para exercer atividades administrativas do Governo Federal, abrangendo uma pequena extensão territorial.

O Distrito Federal não pode ser dividido em municípios. A ideia original foi a de construir um centro onde as decisões políticas do país fossem tomadas. Não estava prevista a aglomeração de pessoas que transformou Brasília em uma grande metrópole. As regiões administrativas são divisões administrativas da Capital Federal, gerenciadas por cidadãos indicados pelo governador distrital.[30]

A administração fica a cargo de um governador, eleito juntamente com um vice-governador. Representam Brasília no Congresso Nacional oito deputados federais e três senadores, cumprindo mandatos de quatro e oito anos, respectivamente, com eleições na mesma data que as dos estados-membros. O Poder Legislativo estadual é exercido pela Câmara Legislativa do Distrito Federal, composta de deputados distritais que exercem as funções de deputados estaduais e de vereadores.

Dispõe lei federal que a União é encarregada de estruturar as polícias civil e militar, bem como o corpo de bombeiros. Esses serviços são pagos pelo Governo Federal, que os organiza e mantém. Por isso podemos afirmar que a autonomia do Distrito Federal é mitigada, cabendo ao Governo Federal a direção e a manutenção de importantes atividades governamentais, com a finalidade de garantir o funcionamento do núcleo do poder federativo, impedindo que o governador distrital possa esbulhar o seu funcionamento (art. 32, §4º, da CF). Também compete à União organizar e manter o Poder Judiciário, o Ministério Público do Distrito Federal e dos Territórios e a Defensoria Pública dos Territórios (art. 21, XIII, da CF). A Emenda Constitucional nº 69, de 2012, transferiu da União para o Distrito Federal as atribuições de organizar e manter a Defensoria Pública do Distrito Federal.

## 18.14 Territórios

Com a incorporação de Fernando de Noronha a Pernambuco, pela Constituição de 1988, o Brasil passou a não ter mais territórios.[31] Mas, mesmo assim, regulamentou-os em nível constitucional, para a hipótese de um dia vir a adquirir um.

A criação de um território pode derivar: a) do desmembramento de uma área pertencente a um estado já existente; b) do desmembramento de um território federal; e c) da anexação de área de outro país.

O texto de 1934 foi o primeiro que disciplinou a matéria, em função da questão do Acre, que obrigou a Constituição a tratar do assunto. Esse estado foi incorporado ao Brasil em 1903, por força do Tratado de Petrópolis.

O território é uma autarquia administrativa da União. É um ente público que goza de relativa competência para o desempenho de suas atividades. Como não tem autonomia, não possui autogoverno, e as decisões políticas são tomadas pelo

---

[30] Lei Orgânica do Distrito Federal, art. 10.
[31] Fernando de Noronha é um distrito estadual, organizado por um estatuto próprio, com autonomia administrativa e financeira. O governador do estado de Pernambuco nomeia um administrador-geral, com aprovação da Assembleia Legislativa. O Poder Legislativo fica a cargo de um Conselho Distrital, composto de sete conselheiros, eleitos pelos seus habitantes. Alcançados os requisitos mínimos exigidos, Fernando de Noronha será transformado em município.

representante do Governo Federal. Não é membro integrante da federação (União, estados-membros, municípios e Distrito Federal), mas faz parte da União. Portanto, sua natureza é a de uma autarquia federal, sendo gerenciado pelo Governo Federal.

A tendência inexorável dos territórios é um dia se transformarem em estados-membros, quando tiverem densidade populacional, atividade econômica e infraestrutura básica, porque toda sociedade tem direito ao autogoverno, desde que atendidas certas condições. A doutrina professa a tese de que os territórios são "estados em embrião".

Manoel Gonçalves Ferreira Filho afirma que, como na Constituição de 1988 não existem critérios definidos para se aferir se o território estaria em condições de se tornar um estado-membro, poder-se-ia aplicar o critério fixado na Carta Magna de 1946, no art. 9º do Ato das Disposições Constitucionais Transitórias. Por esse dispositivo constitucional, o território se tornaria um estado quando a sua arrecadação tributária se igualasse à arrecadação do menor estado-membro.[32]

Lei federal delineará a organização administrativa e judiciária dos territórios que venham a existir no Brasil (art. 33, *caput*, da CF).

Nos territórios com mais de cem mil habitantes, em que se presume uma demanda maior de serviços, haverá uma estrutura mais complexa montada pela União. Além de um governador nomeado pelo presidente da República, depois de seu nome ter sido homologado pelo Senado Federal, deve existir órgãos judiciais e do Ministério Público de primeira e segunda instâncias e Defensoria Pública, todos de âmbito federal. Quanto maior for a população, maior a necessidade de serviços públicos, que devem ser supridos pelos entes governamentais (art. 33, §3º, da CF). Alcançada a densidade populacional mencionada acima, o Poder Legislativo será exercido por uma Câmara Territorial, com as atribuições designadas por lei federal, cujos representantes devem ser eleitos pelo voto direto da população.

O controle das contas públicas do território fica a cargo do Tribunal de Contas da União (art. 33, §2º, da CF). Independentemente do número de habitantes, há a eleição de quatro deputados federais. Não há senadores porque eles representam a autonomia dos estados-membros, e, fazendo parte do território da União, não pode ser considerado ente federativo.

Mesmo com a Câmara Territorial, cabe ao Congresso Nacional estatuir as leis federais que organizam o território, exercendo uma função semelhante a uma Constituição Estadual, porém, sem as mesmas características. Os órgãos judiciários, o Ministério Público e a Defensoria Pública são estruturados por lei federal específica.

A lei federal que organiza os territórios é votada pelo Congresso Nacional. Eles podem ser divididos ou reestruturados quantas vezes o Executivo achar necessário e o Congresso Nacional concordar. A sua arrecadação tributária fica a cargo da União. O território pode ser dividido em municípios e estes terão as mesmas prerrogativas previstas na Constituição para os seus congêneres. Então, o território não tem autonomia, mas os municípios nele contidos têm, porque eles, mesmo inseridos na estrutura da autarquia federal, gozam do *status* de ente federativo. A arrecadação tributária municipal fica a cargo do poder local.

---

[32] FERREIRA FILHO, Manoel Gonçalves. *Curso de direito constitucional*. 24. ed. São Paulo: Saraiva, 1997. p. 65.

# CAPÍTULO 19

# INTERVENÇÃO

A intervenção, igualmente denominada execução federal pelo direito alemão, e de cláusula de garantia (*garantee clauses*) pelo direito norte-americano, é uma exceção ao princípio federativo, aparecendo pela primeira vez no texto constitucional de 1891 (no texto constitucional de 1824 não existia o instituto da intervenção porque a forma de Estado era unitária).[1] A sua origem é encontrada na Constituição dos Estados Unidos, de 1787, ocorrendo pela primeira vez em 1791, através da Lei Hamilton, para garantir a ordem pública que estava sendo posta em perigo com a *Whisky Insurrection*, que instituiu um imposto sobre o whisky, o que acarretou a revolta de alguns estados norte-americanos, que tinham nessa bebida uma de suas fontes de renda.[2]

Ela é o remédio típico da forma de Estado federativa, constituindo-se no instrumento cabível para a sua manutenção, de utilização necessária todas as vezes que um estado-membro ou um município desrespeitar os princípios constitucionais federativos ou provocar uma instabilidade na normalidade jurídica.

A Constituição Federal se comporta como o alicerce do ordenamento, o seu ponto inicial. Assim, os entes federativos devem obediência aos seus postulados, sob pena de provocar uma intervenção. A *ratio* desse instituto jurídico é a proteção da federação, permitindo que os ordenamentos parciais convivam com o ordenamento nacional, solidificado na Carta Magna. Como medida excepcional do Estado Democrático de Direito, porque quebra a autonomia das entidades federativas, ela somente se justifica no sentido de garantir a própria manutenção do ordenamento jurídico, representado pela integridade dos elementos autônomos nacionais dentro do pacto federativo.

Por significar o cerceamento da autonomia dos entes estatais, a sua decretação deve obedecer a requisitos expressamente delineados na Constituição. Ela é temporária e de caráter restrito, cingindo-se à autoridade que descumpriu os preceitos constitucionais,

---

[1] Na história dos textos constitucionais brasileiros, o instituto da intervenção sempre respeitou os princípios do Estado Democrático de Direito. Contudo, o Ato Institucional nº 5 (AI-5) extrapolou os limites da intervenção, tornando-a um instrumento de coação do regime militar. Pelo AI-5 foi permitido ao presidente da República, alegando interesse nacional, intervir nos estados-membros e nos municípios sem respeitar as barreiras legais firmadas pela Constituição.

[2] FERREIRA, Pinto. *Curso de direito constitucional*. 7. ed. São Paulo: Saraiva, 1995. p. 322.

suprimindo por tempo determinado a autonomia do ente federativo infrator. A regra é a não intervenção, podendo ela acontecer de forma excepcional, devendo os requisitos previstos na Constituição estar devidamente comprovados, sem nenhum tipo de interpretação *praeter legem* ou *contra legem*. Sua ocorrência cria um momento de crise nacional de tamanha intensidade que durante sua implementação não podem ocorrer modificações constitucionais, configurando isso um limite circunstancial para o Poder Reformador (art. 60, §1º, da CF).

O instituto da intervenção não pode ser fundamento para a postulação de que há uma hierarquização entre os órgãos federativos, na qual a União estaria acima dos estados e estes acima dos municípios. Ela somente ocorrerá quando houver descumprimento de preceitos constitucionais. Quando a União intervém nos estados, o Senado Federal, que representa precipuamente a federação, juntamente com a Câmara dos Deputados, formada por parlamentares dos vários rincões brasileiros, tomam parte, referendando ou não o decreto do presidente da República. E quando os estados intervêm nos municípios, a Assembleia Legislativa, que é formada por deputados estaduais que representam as mais variadas cidades, posiciona-se, apoiando ou não o decreto do governador.

## 19.1 Intervenção estadual e municipal

Os motivos para a decretação da intervenção estão estipulados no art. 34 da CF, para os estados-membros, e no art. 35 da CF, para os municípios, não podendo haver novas situações que acarretem essa medida excepcional trazida por lei infraconstitucional. O procedimento para a sua realização foi estabelecido no art. 36 da Carta Magna.

Ela pode acontecer nos três poderes, em âmbito estadual e municipal. Em nível nacional não pode haver intervenção porque isso seria a quebra da separação dos três poderes, a fragmentação do Estado de Direito. Quando, na esfera federal, um poder ultrapassar os seus limites, cabe ao outro arrefecê-lo, funcionando o sistema de "freios e contrapesos". A responsabilidade das autoridades federais deve ser estabelecida através de procedimento sancionatório específico. Cabe à União intervir nos estados e cabe aos estados intervir nos municípios. A União só pode intervir nos municípios dos seus territórios.[3]

A responsabilidade com os gastos decorrentes da intervenção deve ser suportada pela entidade federativa que motivou o seu pedido, haja vista que foi essa mesma entidade que, através de seus atos, deu ensejo a ela. Quando a responsabilidade da intervenção não puder ser imputada a um ente administrativo, deve a União arcar com os seus ônus, já que a medida tem a finalidade de manter o pacto federativo, beneficiando todos os seus membros.[4]

---

[3] Não há possibilidade de intervenção federal nos municípios, salvo quando se tratar de município localizado em território federal. Com base nesse entendimento, o Tribunal, resolvendo questão de ordem suscitada pelo Min. Celso de Mello, presidente, não conheceu de pedido de intervenção federal no município de Ibiapina – CE, formulado pelo Tribunal Regional do Trabalho da 7ª Região (IF nº 590/CE, Rel. Min. Celso de Mello).

[4] LEWANDOWSKI, Ricardo. *Pressupostos materiais e formais da intervenção federal no Brasil*. São Paulo: RT, 1994. p. 137.

## 19.2 Tipos de intervenção

O ato interventivo pode ser espontâneo ou provocado. Ele será espontâneo quando não ocorrer nenhum pedido, quer do Judiciário, quer do Legislativo, dependendo apenas da vontade exclusiva do chefe do Executivo e de posterior aprovação por parte do Legislativo nos casos descritos no art. 34, incs. I, II, III e V, da Constituição Federal.

Ele será provocado nos demais casos (art. 34, incs. IV, VI e VII), por solicitação dos poderes Executivo e Legislativo estaduais e nos casos de requisição por parte dos órgãos do Poder Judiciário. Com relação aos municípios, ele será espontâneo nos casos do art. 35, incs. I, II, e III, e provocado, no art. 35, inc. IV.

Quando o chefe do Executivo decretar a intervenção sem a devida solicitação ou requisição, o ato será inquinado pelo vício da inconstitucionalidade.

Na maioria dos casos, o Poder Legislativo, dentro de 24 horas, deverá apreciar o ato interventivo para saber se o ratifica ou não. Se o Legislativo estiver em recesso, ele será convocado de forma extraordinária no prazo de 24 horas.

Nesse caso específico, há o controle político do processo interventivo porque o Poder Legislativo poderá sustar o ato se não concordar com ele. O Poder Legislativo não pode emendar o decreto expedido pelo presidente, só lhe cabe aprovar o ato de forma integral ou rejeitá-lo. Caso opte pela aprovação, deverá fazê-lo mediante decreto legislativo.

Não cabe apreciação do Legislativo quando for o caso de acinte aos princípios sensíveis e para prover a execução de lei federal, ordem ou decisão judicial – art. 34, incs. VI e VII. Nesses casos, descabe apreciação por parte do Legislativo porque os critérios são essencialmente técnico-jurídicos, ocorrendo o controle jurídico do processo interventivo.

Ele somente se inicia se houver requisição dos órgãos judiciais ou se houver o provimento da representação do procurador-geral da República. A Lei nº 12.562, de 23.12.2011, minuciou o procedimento a ser adotado pelo Supremo Tribunal Federal na representação interventiva.

Ela deverá ser proposta pelo procurador-geral da República, mas qualquer dos poderes constituídos ou mesmo qualquer cidadão pode levar ao conhecimento do procurador o descumprimento dos princípios sensíveis ou da execução da lei federal.

A representação interventiva poderá conter pedido liminar para suspender o ato ensejador do princípio descumprido ou a execução da lei federal desrespeitada, contudo tanto o julgamento do pedido liminar quanto o julgamento do mérito deverão contar com a maioria absoluta dos membros do STF.

O relator do processo da representação poderá tentar resolver o conflito com a autoridade que desrespeita os princípios sensíveis ou a lei federal, utilizando-se de todos os meios de que dispõe que não se adstrinjam necessariamente a respostas escritas e formais nos autos. O objetivo é sempre evitar que a representação prossiga e cause transtornos no equilíbrio federativo.

Não obtido o consenso sobre a suspensão do descumprimento, o relator deverá dar prosseguimento à representação, utilizando-se de todos os meios legais para a real caracterização do que propõe a representação, podendo designar perito ou comissão de peritos para que elabore laudo sobre a questão ou, ainda, fixar data para declarações, em audiência pública, de pessoas com experiência e autoridade na matéria (art. 7º da Lei nº 12.562, de 23.12.2011).

Julgada procedente a representação, o relator desta fará a comunicação às autoridades ou aos órgãos responsáveis pela prática dos atos questionados para que cessem imediatamente o descumprimento. Caso não o façam, após a publicação do acórdão, o presidente do Supremo Tribunal Federal levará ao conhecimento do presidente da República a decisão do Tribunal para que ele decrete a intervenção em 15 dias. Nesse caso, a comunicação do Supremo Tribunal Federal é vinculante, ou seja, deve o presidente da República suspender a execução do ato impugnado se essa medida bastar ao restabelecimento da normalidade. Caso não baste, poderá até mesmo haver o afastamento da autoridade que desrespeita a decisão do STF e sua substituição por um delegado federal.[5] Portanto, nos casos de acinte aos princípios sensíveis e para prover a execução de lei federal, ordem ou decisão judicial, não há necessidade de apreciação pelo Poder Legislativo. Entretanto, se o pedido partir do STF para assegurar o livre exercício das funções do Poder Judiciário de quaisquer das unidades judiciárias estaduais, segundo o art. 34, inc. IV, terá de haver aprovação por parte do Poder Legislativo.

## 19.3 Concretização da intervenção

A intervenção é realizada através de decreto do chefe do Executivo, em que especificará a abrangência, a amplitude e o tempo em que ela deverá ocorrer. A abrangência é a determinação das unidades federativas que serão atingidas pela realização da medida. Amplitude são os poderes que serão cerceados em virtude da intervenção. O tempo, que é o prazo de duração das medidas, sempre deverá ser especificado. Havendo a omissão do tempo determinado para a sua realização, a falta de indicação de cláusula suspensiva, a intervenção deverá ser considerada inconstitucional pelo Poder Judiciário.

O decreto deve ser motivado, justificando as razões que determinaram o prazo de duração das medidas, a sua abrangência e a sua amplitude. Uma vez publicado, ele se torna imediatamente eficaz, legitimando a prática dos demais atos decorrentes da intervenção. Não haverá necessidade da aprovação do ato pelo Parlamento para a produção imediata de seus efeitos. A decisão por parte do Poder Legislativo serve para a manutenção do ato ou para a sua imediata revogação.

Enrique Ricardo Lewandowski afirma que são três as consequências do ato apreciado pelo Poder Legislativo:

> a) os parlamentares podem aprová-lo, autorizando a continuidade da intervenção até o atingimento de seus fins; b) podem, de outro lado, aprová-lo, suspendendo de imediato a medida, situação que gerará efeitos *ex nunc*; c) podem, por fim, rejeitá-lo integralmente, suspendendo a intervenção e declarando ilegais, *ex tunc*, os atos de intervenção.[6]

No caso de provimento à execução de lei federal, ordem ou decisão judicial e nos casos para assegurar a observância dos princípios sensíveis, o decreto presidencial se limitará à suspensão do ato impugnado, se essa medida for suficiente para o

---

[5] Delegado federal pressupõe qualquer cidadão que esteja investido com poderes conferidos pelo presidente da República para levar a cabo a intervenção. Não será necessariamente um delegado de carreira da Polícia Federal brasileira.
[6] LEWANDOWSKI, Ricardo. *Pressupostos materiais e formais da intervenção federal no Brasil*. São Paulo: RT, 1994. p. 132.

restabelecimento da situação anterior. Se o problema residir unicamente na seara jurídica e se bastar a expulsão da norma do ordenamento para a situação voltar à normalidade, não há necessidade de outras medidas que atinjam a autonomia federativa.

Quando o motivo que acarretou a intervenção tiver acabado, e se as autoridades do ente que sofreu a intervenção não houverem contribuído para a sua realização, elas poderão retornar aos seus cargos, desde que, evidentemente, ainda haja tempo de mandato para ser cumprido. Não faz parte dos objetivos da intervenção a punição das autoridades que tenham colaborado para que a situação fática chegasse a exigir a decretação do instituto interventivo. Cessada a implementação das medidas necessárias, as autoridades devem retornar aos seus postos, a menos que haja um impedimento legal, como o afastamento por meio de um processo de *impeachment*, ou por meio de uma decisão judicial, ou que a duração do seu mandato tenha se exaurido.

Para se decretar a intervenção é necessário ouvir o Conselho da República e o Conselho de Defesa Nacional, órgãos de assessoramento da chefia do Executivo (arts. 90, I, e 91, §1º, da CF).

A figura do interventor foi criada na Constituição de 1934 (a Constituição de 1891 foi omissa a respeito). Ele é nomeado pelo chefe do Poder Executivo, entre quaisquer cidadãos, preferencialmente entre aqueles que tenham conhecimentos na área de atuação, que estejam no gozo de seus direitos políticos, para, na qualidade de servidor público, desempenhar o que lhe for determinado. A designação do interventor, o tempo para o desempenho de suas atividades e o alcance dos seus poderes vêm expressos no decreto presidencial, variando de caso a caso, com o escopo de restaurar as estipulações da carta constitucional.

O interventor tem as mesmas prerrogativas do órgão que teve a sua autonomia cerceada. Porém, sua discricionariedade é limitada. Ele é subordinado ao presidente da República, podendo ser por este exonerado a qualquer momento, mediante decreto. Deve seguir os direcionamentos determinados pelo chefe do Executivo, sendo sua função a de implementar as atividades necessárias para o restabelecimento da normalidade.

Caso não haja necessidade de executar funções administrativas, prescinde-se da figura do interventor. Se a intervenção ocorrer no Legislativo, no pertinente à função de legislar, por exemplo, a figura do interventor se torna desnecessária, podendo o decreto atribuir o exercício das funções legislativas, temporariamente, ao governador de estado. Mas se a intervenção for no Legislativo, pertinente às suas funções administrativas, há necessidade da figura de um interventor que realize a gestão da coisa pública. O interventor apenas cuidaria da administração do Poder Legislativo, continuando os membros desse poder a exercer as funções legislativas.[7]

Se o interventor não cumprir as obrigações que lhe foram cominadas, haverá o seu indiciamento nos crimes contra a Administração Pública (arts. 312 a 360 do Código Penal).

Controvertida é a questão de saber se o presidente da República tem obrigatoriedade ou não de decretar a intervenção quando houver o pedido. Na questão acerca da intervenção no governo da Bahia, em 1920, Rui Barbosa afirmava que a intervenção dependeria do poder discricionário do presidente, e Epitácio Pessoa defendia a tese de que o pedido vincularia o chefe do Executivo, cabendo a ele apenas decretar a intervenção.

---

[7] Preceitua Valdecir Fernandes: "Quando a intervenção ocorre na função administrativa do Poder Legislativo, restará, via de regra, preservado o exercício da função legislativa pelos vereadores. Nesse caso, na hipótese

A tese hoje preponderante é a de que o presidente pode ou não decretar a intervenção diante do caso concreto. O pedido não o vinculará, cabendo a ele, pelas circunstâncias específicas do caso, analisar a conveniência ou não da decretação.

Todavia, quando o objetivo da intervenção for o de prover a execução de lei federal, ordem ou decisão judicial e de assegurar a observância dos princípios sensíveis, a doutrina predominante se posiciona no sentido de que o pedido se torna vinculante, obrigatório, porque os motivos são eminentemente de cunho jurídico. Os mesmos parâmetros valem para a intervenção nos municípios, nos mesmos casos pertinentes aos estados-membros.

O Supremo Tribunal Federal decidiu que o Executivo estadual não tem o direito de decretar a intervenção no Legislativo ou no Judiciário estadual por ser este um ato exclusivo do presidente da República, mesmo com a abstenção do chefe do Executivo federal. A abstenção do mandatário maior da nação em tomar tal medida não pode dar ensejo a qualquer lesão jurídica passível de correção pela via de mandado de segurança.[8]

Afora os casos do art. 34, incs. VI e VII, da CF, a intervenção é uma prerrogativa discricionária do Executivo, e não poderia ser diferente, sob pena de ser afetado o equilíbrio existente entre os três poderes.

Em sentido contrário, postulando que a intervenção sempre é um ato vinculado, não cabendo nenhuma extensão de discricionariedade por parte do chefe do Executivo, há o posicionamento de Valdecir Fernandes:

> A decretação da intervenção é ato vinculado, pois deverá ocorrer sempre que verificar as hipóteses consignadas na Constituição Federal. Vislumbram-se aspectos de discricionariedade nas questões atinentes à nomeação do interventor, à amplitude, ao prazo e às condições em que se concretizará a intervenção. Logo, podemos dizer que a intervenção, nos termos consignados na Lei Maior, é ato vinculado; enquanto a operacionalização da intervenção estaria mais afeita ao campo da discricionariedade, pois caberá ao Governador examinar a oportunidade e a conveniência de algumas medidas.[9]

## 19.4 Limites da intervenção federal

O alcance da intervenção e das prerrogativas do interventor não pode descurar dos princípios constitucionais impostos pelo ordenamento jurídico. Não há, como no estado de sítio e no estado de defesa, uma flexibilização dos direitos fundamentais ou uma excepcionalidade dos direitos e garantias constitucionais.

O Estado Democrático de Direito é mantido em sua inteireza, ocorrendo apenas a limitação da autonomia do ente federativo que sofreu a intervenção. Os limites da intervenção são expostos preponderantemente pela Constituição Federal e pelo decreto presidencial que a estabelece. Entretanto, se a intervenção federal não for suficiente para

---

da nomeação de interventor, este se limitará a administrar os negócios do Poder Legislativo municipal sem qualquer participação no processo legislativo, a não ser, obviamente, na hipótese em que, na qualidade de gestor, o ordenamento jurídico lhe confira a iniciativa de lei" (PASCOAL, Valdecir Fernandes. *A intervenção do estado no município*. O papel do Tribunal de Contas. Recife: Nossa Livraria, 2000. p. 89).

[8] RT 681/241.

[9] PASCOAL, Valdecir Fernandes. *A intervenção do estado no município*. O papel do Tribunal de Contas. Recife: Nossa Livraria, 2000. p. 49.

o restabelecimento da normalidade legal, o estado de defesa e o estado de sítio podem ser implementados.

O controle de todo o processo interventivo é político e jurídico. O controle político é realizado pelo Poder Legislativo, nos casos que são postos sob a sua apreciação, e pelo chefe do Executivo, que examina se houve o preenchimento dos requisitos exigidos para a decretação. O controle jurídico é efetuado pelo Poder Judiciário, que verifica se o procedimento para a concretização da intervenção foi seguido e se os mandamentos constitucionais, principalmente a autonomia federativa, foram respeitados.

## 19.5 Natureza da intervenção

Com relação à natureza da intervenção, duas são as correntes que se embatem: a política e a administrativa. A primeira concebe a intervenção como um instituto político, que tem o objetivo de garantir a manutenção da forma de Estado federativa. Como a maioria das causas que a ensejam comporta grande teor de abstração, constituindo-se em princípios vagos, o critério para a realização ou não da intervenção seria político, dependendo da vontade dos órgãos envolvidos no procedimento. Por esse prisma, a discricionariedade do presidente da República para decretá-la assume maior densidade.

Pela segunda corrente – a administrativa –, o objetivo da intervenção seria restabelecer a normalidade no funcionamento dos órgãos públicos, zelando pelo desempenho dos entes estatais segundo as cominações legais. A sua função seria nitidamente jurídica, sem espaço para apreciação valorativa.

Pelo que foi exposto, a tendência preponderante é considerar a natureza da intervenção como política e ao mesmo tempo como administrativa. Política no sentido do espaço discricionário para a sua concretização e pelo objetivo de manter uma decisão traçada quando da feitura da Constituição – a proteção da federação e as consequências daí decorrentes. Ao mesmo tempo é também administrativa, no sentido de reestruturar o ente federativo que não está cumprindo com as suas obrigações, restabelecendo o estado de normalidade social.

## 19.6 Motivos da intervenção nos estados

Os motivos que permitem a intervenção são exclusivamente os catalogados na Constituição Federal. Não pode haver nenhuma interpretação *praeter legem* que acrescente alguma outra causa para a intervenção além daquelas descritas no art. 34 – intervenção nos estados-membros – e no art. 35 – intervenção nos municípios.

São eles:
– Preservar o estado para manter a integridade nacional e para repelir invasão estrangeira ou de uma unidade da federação em outra (art. 34, I e II, da CF). O ordenamento jurídico brasileiro não admite o direito à secessão, isto é, a separação de estados-membros para formarem outros países ou para se anexarem a outras nações, porque a federação é indissolúvel. Da mesma forma, a soberania nacional não pode ser maculada por uma invasão estrangeira, nem a igualdade federativa pode ser esfacelada pela invasão de um estado-membro em outro.

- Garantir a federação, pondo termo a grave comprometimento de ordem pública, e resguardar a livre atuação de qualquer dos poderes nas unidades da federação (art. 34, III e IV, da CF). No primeiro caso – garantir a ordem pública –, a Constituição teve o objetivo de manter a paz e a harmonia social, velando pelo respeito aos mandamentos legais estabelecidos. No segundo caso, o objetivo foi assegurar a separação dos poderes, que são independentes, constituindo esta prerrogativa, inclusive, cláusula pétrea (art. 60, §4º, III, da CF).
- Defender as finanças públicas, reorganizando os créditos do ente federativo que suspender o pagamento de dívida fundada por mais de dois anos consecutivos, salvo motivo de força maior, ou deixar de entregar aos municípios as receitas tributárias fixadas na Constituição (art. 34, V, da CF).

Dívida fundada é a dívida de longa duração, dispondo de um prazo para pagamento superior a doze meses. O art. 98 da Lei nº 4.320/1964 define dívida fundada como os compromissos de exigibilidade superior a doze meses, contraídos para atender a desequilíbrio orçamentário ou financeiro de obras e serviços públicos. Nesse caso, a intervenção apenas pode ser realizada se a suspensão da dívida fundada não ocorreu por motivo de força maior, definido como aqueles acontecimentos que não foram possíveis de evitar ou de impedir.

Receitas tributárias dos municípios são aquelas que são arrecadadas pela União ou pelos estados-membros, mas pertencem aos municípios, como exemplo, a parte do ICMS que os estados arrecadam e devem repassar para os órgãos federativos locais.

- Garantir a ordem jurídica, provendo a execução de lei federal, ordem ou decisão judicial (art. 34, VI, da CF). O não cumprimento da execução de lei federal somente acarretará a intervenção se for possível sua realização e se não houver uma solução judicial para o caso. Ordem judicial é uma imposição proferida pelo magistrado no curso de um processo, e decisão judicial representa uma sentença que põe termo ao processo.
- Assegurar o cumprimento dos princípios sensíveis (art. 34, VII, da CF). São assim denominados porque, além de a sua infração propiciar a intervenção, eles são considerados elementos estruturadores da forma de Estado federativa, constituindo o acinte a um deles, igualmente, uma afronta direta à federação. São eles: a forma republicana; o sistema representativo e o regime democrático; os direitos da pessoa humana; a autonomia municipal; a prestação de contas da Administração Pública, direta e indireta; a aplicação do mínimo exigido da receita resultante de impostos estaduais, compreendida a proveniente de transferências, na manutenção e desenvolvimento do ensino e nas ações e serviços públicos de saúde. Esses princípios são de repetição obrigatória, por parte dos estados-membros e dos municípios, configurando-se em princípios estabelecidos. Para garantir a integridade dos princípios sensíveis foi criada na Constituição de 1934 a primeira ação direta de controle de constitucionalidade.[10]

---

[10] Ver capítulo específico sobre controle de constitucionalidade, nº 29.

## 19.7 Motivos da intervenção nos municípios

Pode-se dizer, de forma geral, que os motivos que ensejam uma intervenção nos municípios dizem respeito a defender as finanças públicas e a garantir a integridade dos princípios sensíveis estaduais.

As finanças públicas são lesadas quando: a) deixar de ser paga, sem motivo de força maior, por dois anos consecutivos, a dívida fundada; b) não forem prestadas as contas devidas (ao Poder Legislativo cabe fiscalizar as contas do município, auxiliado pelo Tribunal de Contas estadual); c) não tiver sido aplicado o mínimo exigido da receita municipal na manutenção e desenvolvimento do ensino e nas ações e serviços públicos de saúde (art. 35, I a III, da CF).

Se a prestação de contas do gestor da coisa pública não for enviada ao Tribunal de Contas, nem forem apresentados os documentos necessários para a realização de uma auditoria, poderá o Poder Executivo estadual intervir no município para defender as finanças públicas. Será o caso de uma intervenção espontânea, em que não há necessidade de solicitação para o Executivo.

Os estados e os municípios têm de aplicar, no mínimo, vinte e cinco por cento da receita proveniente de impostos, compreendida a oriunda de transferência, na manutenção e desenvolvimento do ensino, sob pena de sofrerem intervenção. Os gastos em educação podem ser no ensino fundamental, médio ou universitário.

Os princípios sensíveis estaduais vêm dispostos nas Constituições estaduais. Elas têm uma autonomia relativa para disporem acerca desses princípios, porque devem, obrigatoriamente, repetir os princípios sensíveis indicados pela Lei Maior, mas podem acrescentar novos, desde que não haja afronta às disposições que foram agasalhadas pela Constituição. O pedido é feito quando o Tribunal de Justiça conceder provimento à representação do procurador-geral de Justiça para assegurar a observância dos princípios indicados na Constituição Estadual, ou para prover a execução de lei, de ordem ou de decisão judicial.[11] Trata-se aqui de intervenção provocada (art. 35, IV, da CF).

As intervenções municipais, sejam as praticadas pelos estados-membros, sejam as praticadas pela União nos municípios dos seus territórios, nos casos do art. 35, incs. I a III, da CF, não necessitam de solicitação de nenhum dos três poderes, sendo classificadas como espontâneas.[12] No caso do art. 35, inc. IV, da CF, é necessária representação por parte

---

[11] São os seguintes os princípios sensíveis do estado de Pernambuco: forma republicana, representativa e democrática; direitos fundamentais da pessoa humana; autonomia municipal; prestação de contas da Administração Pública, direta, indireta ou fundacional; livre exercício, independência e harmonia entre o Executivo e o Legislativo; forma de investidura nos cargos eletivos; respeito às regras de proibições de incompatibilidades e perda de mandato, fixadas para o exercício dos cargos de prefeito, vice-prefeito e vereador; obediência à disciplina constitucional legal de remuneração de cargos públicos, inclusive eletivos e políticos; proibição de subvenção de viagens de vereadores, exceto no desempenho de missão autorizada, representando a Câmara Municipal; proibição de realização de mais de uma reunião remunerada da Câmara Municipal, por dia; mandato de dois anos dos membros da Mesa da Câmara Municipal, vedada a recondução para o mesmo cargo na eleição imediatamente subsequente; submissão às normas constitucionais e legais de elaboração e execução das leis do plano plurianual, das diretrizes orçamentárias anuais e do orçamento, bem como de fiscalização financeira, contábil e orçamentária; conformidade com critérios constitucionais e legais para emissão de títulos da dívida pública; adoção de medidas ou execução de planos econômicos ou financeiros com as diretrizes estabelecidas em lei complementar estadual; cumprimento das regras constitucionais e legais relativas a pessoal; obediência à legislação federal e estadual; e vedação à prática de atos de corrupção e improbidade nos municípios, nos termos da lei.
[12] O Plenário do STF decidiu que não há causa no procedimento político-administrativo de requisição de intervenção estadual nos municípios para prover a execução de ordem ou decisão judicial, mesmo que seja a providência requerida pela parte interessada (RE nº 242.623/PR, Rel. Min. Moreira Alves).

do procurador-geral de Justiça do Estado. Exceto este último caso, em que não é exigida apreciação por parte do Poder Legislativo, todos os demais requerem sua apreciação.

Tendo em vista o resguardo constitucional à autonomia municipal, não podem as Constituições estaduais inovar nas hipóteses de intervenção estadual nos municípios para além do previsto no art. 35 da Constituição Federal.[13]

## 19.8 Requisitos para a decretação da intervenção

No caso da intervenção para assegurar o livre exercício dos poderes, deve haver uma solicitação do Poder Legislativo estadual, ou do Poder Executivo estadual coacto ou impedido, ou uma requisição do Supremo Tribunal Federal, se o constrangimento for contra o Poder Judiciário estadual. Suponhamos que o Executivo não repassou o duodécimo a que tinha direito o Poder Legislativo – nesse caso, poderá haver solicitação por parte do Legislativo lesado para que o presidente decrete a intervenção no Poder Executivo estadual.

Nos casos de intervenção para manter a integridade nacional, repelir invasão estrangeira ou de uma unidade da federação em outra, ou para debelar grave comprometimento da ordem pública, cabe a sua decretação à vontade do presidente, verificando a conveniência e a oportunidade da medida. Não há necessidade de pedido formal, já que esse é caso de intervenção espontânea. A apreciação por parte do Poder Legislativo ocorrerá depois.

O pedido por parte do Poder Legislativo ou Executivo denomina-se solicitação. Denomina-se requisição o pedido por parte do Poder Judiciário. Representação é o pedido do Procurador-Geral da República endereçado ao Supremo Tribunal Federal ou ao Superior Tribunal de Justiça para a intervenção. Provimento é a aceitação da representação por parte do STF ou do STJ.

No caso de descumprimento de ordem ou decisão judicial, terá de haver requisição do Supremo Tribunal Federal, do Superior Tribunal de Justiça ou do Tribunal Superior Eleitoral. Nenhum outro tribunal superior pode requisitar a intervenção, devendo o pedido ser encaminhado por intermédio de um desses três tribunais.

Cabe ao Supremo Tribunal Federal, de forma exclusiva, a requisição de intervenção para assegurar a execução de decisões da Justiça estadual, da Justiça do Trabalho ou da Justiça Militar.[14] Qualquer iniciativa nesse sentido, por parte desses órgãos judiciais, deve ser endereçada ao presidente do STF, por intermédio de uma solicitação, por parte do presidente de Tribunal de Justiça ou de Tribunal Federal.

---

[13] O STF declarou inconstitucionais dispositivos da Constituição da Paraíba que permitia a intervenção do estado nos municípios quando confirmada prática de atos de corrupção ou improbidade administrativa. Para o relator, Min. Alexandre de Moraes, as Constituições estaduais não podem ampliar nem reduzir o rol trazido pelo art. 35 da Constituição Federal (STF, ADI nº 6.617/PB, Rel. Min. Alexandre de Moraes, j. 5.3.2021).

[14] "Cabe ao STF o julgamento de pedido de intervenção federal destinado a prover à execução de ordem ou de decisão da Justiça do Trabalho, ainda que tal decisão seja derivada da aplicação de norma infraconstitucional. Cuidando-se, por outro lado, de medida extrema, não se admite que a autoridade judiciária a quem a lei confere legitimidade para a formulação do pedido (Presidente de Tribunal de Justiça ou de Tribunal Federal) se limite a encaminhar pretensão da parte interessada, devendo fazê-lo motivadamente" (IF nº 230/DF, Rel. Min. Sepúlveda Pertence).

Versando o descumprimento de matéria eleitoral, a solicitação deve ser endereçada ao Tribunal Superior Eleitoral. Nos descumprimentos de ordem ou decisão judicial sobre competência recursal do Superior Tribunal de Justiça, a ele pertence a solicitação.

Cada um desses tribunais atuará se uma de suas decisões ou ordens for descumprida. Assim, se uma decisão do TSE não for acatada, esse tribunal deverá requisitar ao presidente a decretação da intervenção na entidade federativa que não a estiver cumprindo.

A modificação produzida pela Reforma do Judiciário revogou o inc. IV do art. 36, que conferia competência ao Superior Tribunal de Justiça para apreciar representação do procurador-geral da República, no caso de recusa à execução de lei federal. Após a Emenda Constitucional nº 45, no caso de recusa à execução de lei federal, atribuiu-se a competência ao Supremo Tribunal Federal, mediante representação elaborada pelo procurador-geral da República.

Quando houver estorvo na execução de lei federal, o procurador-geral da República representará ao Supremo Tribunal Federal e este, se concordar, dará provimento para realizar a intervenção, remetendo a requisição ao presidente da República para que ele decrete a intervenção em 15 dias. Antes da reforma, a competência para apreciação da representação do procurador-geral da República era do Superior Tribunal de Justiça.

Essa alteração foi condizente com a ampliação de competência do Supremo Tribunal Federal, que passou a julgar a validade de lei local contestada em face de lei federal.

Se o Superior Tribunal de Justiça não detém mais competência para apreciar lei local que fere normas infraconstitucionais federais, não teria também razão de continuar com atribuição para analisar o pedido de intervenção realizado pelo Procurador-Geral da República, no caso de recusa à execução de lei federal.

Nos casos de desobediência aos princípios sensíveis, o procurador-geral da República representará ao Supremo e este, mediante provimento, requisitará que o presidente da República decrete a intervenção. Portanto, o chefe do Ministério Público Federal atuará no processo interventivo em dois casos: para proteger os princípios sensíveis e para garantir a execução de lei federal. Nesses casos, a competência é exclusiva do procurador da República. Pode ele, no entanto, ser provocado por qualquer cidadão para que proceda à representação. No ensinamento de Pontes de Miranda, se o pedido for feito pelo presidente da República, a representação por parte do procurador-geral da República é obrigatória.[15] Noutros casos, este age de forma discricionária, podendo arquivar qualquer formulação que lhe tenha sido dirigida para impetrar a representação. O STF também age de forma discricionária, verificando livremente se existem condições para a realização do provimento, que deve ser endereçado ao chefe do Executivo.[16]

Em 16.2.2018, o Presidente da República decretou intervenção federal no estado do Rio de Janeiro, com fundamento no art. 34, III da CF, isto é, pôr termo a

---

[15] "Todavia, a lei exigiu como pressuposto o interêsse (e de modo nenhum aí se criou actio popularis), pode o Procurador-Geral da República deixar de representar. A pessoa que se diz interessada, que lance mão de outra ação, ou das ações que tenha. O Procurador-geral da República sòmente é adstrito a representar se recebeu ofício do Presidente da República, com intuito de decretação da Intervenção" (MIRANDA, Francisco Cavalcanti Pontes de. *Comentários à Constituição de 1967 com a Emenda nº 1 de 1969*. 3. ed. Rio de Janeiro: Forense, 1987. t. II. p. 256).

[16] Sobre o procedimento da representação interventiva no Supremo Tribunal Federal, consultar a Lei nº 12.562, de 23.12.2011.

grave comprometimento da ordem pública, com prazo determinado até 31.12.2018. A intervenção foi decretada em meio a uma grave crise na segurança pública do Rio de Janeiro, restringindo-se apenas a essa área da Administração estadual. Foi nomeado como interventor o General de Exército Walter Souza Braga Netto, que assumiu as atribuições previstas no Título V da Constituição do Estado do Rio de Janeiro, imprescindíveis para as ações de defesa social, cabendo-lhe o comando de todos os órgãos operacionais de segurança pública do estado.[17] Tratou-se da primeira ocorrência do instituto da intervenção federal na vigência da Constituição de 1988.

Em 8.12.2018, foi decretada intervenção federal no estado de Roraima,[18] para pôr termo à grave comprometimento da ordem pública, em virtude da crise política, penitenciária e migratória ali enfrentada. Naquela oportunidade, a intervenção ocorreu na própria Chefia do Executivo Estadual, tendo sido nomeado como interventor Antônio Denarium, então governador eleito, que passou a ter as atribuições inerentes ao cargo de governador do estado. A intervenção foi aprovada pelo Congresso Nacional quatro dias depois, e teve seu termo em 31.12.2018.

---

[17] Decreto Federal nº 9.288/2018.
[18] Decreto Federal nº 9.602/2018.

# ADMINISTRAÇÃO PÚBLICA

## 20.1 Considerações preliminares

Basicamente, o Estado se perfaz através de dois tipos de órgãos: os supremos e os dependentes. Os órgãos supremos são aqueles encarregados de exercer o poder político, conferido pela soberania popular; o conjunto dos órgãos supremos é denominado governo ou órgãos governamentais. Os órgãos dependentes, como sua própria denominação sugere, constituem os órgãos da Administração Pública; estão em grau hierarquicamente inferior aos órgãos supremos justamente porque não possuem a função de exercer o poder que é conferido pelo povo.[1]

A Administração Pública, que tem sua estrutura e seu funcionamento consagrados em âmbito constitucional, no Título III, Capítulo VII, pode ser definida, em termos amplos, como um conjunto de elementos (recursos financeiros, humanos, funcionais e materiais) voltado à execução de atividades delineadas pelos órgãos de governo. Assim, pode ser auferida a ideia de subordinação da Administração Pública aos órgãos supremos, porque são estes que tomam as decisões políticas que regem o Estado.

A Administração Pública pode ser encarada ainda de modo subjetivo e objetivo. Subjetivamente, a Administração Pública compreende um conjunto de entidades ao qual é atribuído o exercício da função administrativa. Objetivamente, ela é considerada a atividade, o processo de concretização dos interesses coletivos estipulados pelo governo.[2]

A Administração Pública pode ser classificada em direta e indireta. A Administração Pública direta é constituída por um conjunto de órgãos administrativos ligado diretamente ao Poder Executivo de cada ente federativo. A Administração Pública indireta é constituída de forma descentralizada, por um conjunto de órgãos que está

---

[1] SILVA, José Afonso da. *Curso de direito constitucional positivo*. São Paulo: Malheiros, 2009. p. 656.
[2] "A Administração Pública pode ser definida objetivamente como a atividade concreta e imediata que o Estado desenvolve para a consecução dos interesses coletivos e subjetivamente como conjunto de órgãos e de pessoas jurídicas aos quais a lei atribui o exercício da função administrativa do Estado" (MORAES, Alexandre de. *Direito constitucional*. 24. ed. São Paulo: Atlas, 2009. p. 323).

ligado a entidades personalizadas, que, por sua, vez são ligados ao Poder Executivo de cada ente federativo. A Administração Pública indireta compreende as autarquias, as empresas públicas, as sociedades de economia mista e as fundações públicas.[3]

## 20.2 Princípios da Administração Pública

Os princípios da Administração explicitados no texto constitucional são cinco: moralidade, impessoalidade, legalidade, publicidade e eficiência (art. 37, *caput*, da CF). Todavia, vários parâmetros implícitos devem ser respeitados, como o da razoabilidade, da irrenunciabilidade do interesse público etc. Os parâmetros implícitos devem ser obedecidos para reforçar os explícitos, isto é, as ilações de princípios que não estão contidos na Constituição Federal servem para indiretamente densificar (reforçar) o conteúdo daqueles que estão inseridos nas normas constitucionais.

### 20.2.1 Princípio da legalidade

Como este princípio já foi estudado anteriormente, vamos nos deter em sua particularidade em relação à Administração Pública. Enquanto o particular pode fazer tudo o que não estiver vedado em lei, a Administração somente pode fazer o que estiver disposto nos mandamentos jurídicos. Mesmo nos atos discricionários, o parâmetro dos limites legais paira absoluto, porque a lei estabelece restrições para a esfera de amplitude do ato. O princípio da legalidade comporta, assim, o princípio da supremacia da lei e o princípio da reserva legal.[4] O princípio da supremacia normativa aduz que todo ato praticado pela Administração Pública deve ter na lei seu parâmetro e os que a ela forem contrários devem ser considerados nulos. O princípio da reserva legal exige que qualquer intervenção na esfera individual seja autorizada por lei, seguindo as especificidades de cada esfera de atuação. A reserva legal pode ser pura ou qualificada. Reserva legal pura é aquela que não traz algum *standard* que o administrador deva consubstanciar; pragmaticamente, atribui-lhe a faculdade de regulamentar determinada matéria. Reserva legal qualificada não se limita a estabelecer que a matéria só seja regulamentada por lei; estabelece também pressupostos e fins que devem ser atingidos por ela.[5]

Especificamente no âmbito da Administração Pública, o princípio da legalidade, sob o viés da reserva legal, assume premência na questão da delegação legislativa para entes estatais, no exercício do poder regulamentar, através de decretos, portarias, instruções etc. A ordem jurídica brasileira não admite a delegação legislativa pura, pois representa uma afronta ao princípio da separação de poderes, além de que o Poder Legislativo, ao delegar de forma absoluta o exercício da função legiferante

---

[3] Apesar de dúvidas quanto à natureza das fundações públicas, a maioria da doutrina se posiciona no sentido de que elas são pessoas jurídicas de direito público. No mesmo sentido, e até se considerando o paralelismo entre fundações públicas e autarquias: "Uma vez que as fundações públicas são pessoas de Direito Público de capacidade exclusivamente administrativa, resulta que são autarquias e que, pois, todo o regime jurídico dantes exposto, como o concernente às entidades autárquicas, aplica-se-lhes integralmente" (BANDEIRA DE MELLO, Celso Antônio. *Curso de direito administrativo*. 14. ed. São Paulo: Malheiros, 2002. p. 163).

[4] MENDES, Gilmar Ferreira; COELHO, Inocêncio Mártires; BRANCO, Paulo Gustavo Gonet. *Curso de direito constitucional*. São Paulo: Saraiva, 2009. p. 881.

[5] DIMOULIS, Dimitri; MARTINS, Leonardo. *Teoria geral dos direitos fundamentais*. São Paulo: RT, 2006. p. 153.

para determinada matéria a um órgão da Administração Pública, está praticando delegação legislativa indevida. Há delegação legislativa indevida "quando se permite ao regulamento inovar na ordem jurídica, atribuindo-se-lhe a definição de requisitos necessários ao surgimento do direito, dever, obrigação ou restrição".[6] Ao contrário, é admitida a delegação legislativa condicionada, quando presentes princípios jurídicos inerentes à espécie legislativa, ensejando que o exercício do poder regulamentar esteja jungido, pelo menos em tese, aos ditames do princípio da legalidade.

Essa maior rigidez do princípio da legalidade para os atos administrativos tem a finalidade de proteger o patrimônio público, haja vista ser ele indisponível. Como há uma presunção de legitimidade das leis, por serem votadas por um parlamento eleito pelo povo, sua obediência é a concretização da vontade popular.

Sintetiza de forma magistral o Prof. Celso Antônio Bandeira de Mello:

> Assim, o princípio da legalidade é o da completa submissão da administração às leis. Esta deve tão somente obedecê-las, cumpri-las, pô-las em prática. Daí que a atividade de todos os seus agentes, desde o que lhe ocupa a cúspide, isto é, o Presidente da República, até o mais modesto dos servidores, só pode ser a de dóceis, reverentes, obsequiosos cumpridores das disposições gerais fixadas pelo Poder Legislativo, pois esta é a posição que lhes compete no direito brasileiro.[7]

## 20.2.2 Princípio da moralidade

A moralidade é uma espécie da ética, na sua busca pela retilineidade das condutas humanas. Seria a concretização dos parâmetros de conduta fornecidos pela ética. O enfoque da Administração Pública deve se ater não apenas ao resultado das realizações estatais, mas ao modo como estas realizações são estabelecidas. O resultado não será lícito se o procedimento não o for, se as motivações para o seu surgimento se separarem da virtude e da moral.

Esse princípio analisa o elemento subjetivo na feitura do ato. Além de corresponder aos interesses da coletividade, ele deve ser tomado de acordo com as intenções de realizar o bem comum. As motivações para a prática do ato administrativo devem ser dirigidas pela boa-fé – *bona fides* –, sem a intenção de prejudicar ninguém ou alcançar objetivos outros que não sejam os interesses da coletividade. Abstraindo-se do aprofundamento sobre a relação entre o direito e a moral, discussão esta que atravessa os tempos, e ainda se mantém viva, principalmente na sociedade complexa da época hodierna, o princípio da moralidade traz ínsita a ideia de que, neste âmbito, o direito deve ser considerado como mínimo ético. Analisar a moralidade dos atos administrativos é averiguar a boa-fé com a qual foram praticados, ou seja, se foram voltados à realização do objetivo traçado pela lei, ou se voltados a prejudicar os administrados, em atendimento apenas ao interesse pessoal do administrador, que agiu desconsiderando a ideia de *res* pública.

Uma das decorrências proeminentes da análise do princípio da moralidade é, basicamente, aferir se o ato praticado pelo administrador viola ou não a probidade

---

[6] MENDES, Gilmar Ferreira; COELHO, Inocêncio Mártires; BRANCO, Paulo Gustavo Gonet. *Curso de direito constitucional*. São Paulo: Saraiva, 2009. p. 882.
[7] BANDEIRA DE MELLO, Celso Antônio. *Curso de direito administrativo*. 14. ed. São Paulo: Malheiros, 2002. p. 84.

administrativa. Assim, o responsável pelo ato imoral que caracterizou a improbidade administrativa se sujeita às sanções do art. 37, §4º, da Constituição Federal.[8]

## 20.2.3 Princípio da impessoalidade

A atividade da Administração Pública deve ser genérica, atendendo a todos indistintamente, sem beneficiar o interesse de pessoas ou grupos. O nepotismo, o favoritismo e o fisiologismo devem ser execrados dos entes públicos. Como a lei deve ser feita para o bem comum, nada mais justo que todos sejam igualmente tratados, sem sofrer discriminações de nenhuma espécie.[9]

Ocorrendo desigualdades fáticas que possam justificar políticas governamentais em benefício de determinados setores sociais, tal conduta não se constituirá em um acinte ao princípio da impessoalidade – muito pelo contrário, encontra-se resguardada pelo princípio isonômico, tratando os iguais de forma igual e os desiguais de forma desigual. O objetivo do princípio da impessoalidade é impedir a troca de favores, os interesses pessoais que podem lesionar o patrimônio público.

Como exemplo prático do princípio da impessoalidade temos o processo licitatório para a contratação de obras, serviços, compras e alienações públicas, assegurando igualdade de condições aos licitantes. Outro significativo exemplo é possibilitar aos brasileiros, desde que preenchidas as condições de elegibilidade, o acesso aos cargos de representação popular.[10]

## 20.2.4 Princípio da publicidade

Este princípio é um instrumento de transparência da Administração Pública, fazendo com que os que lesam o patrimônio público possam ser punidos. Com a publicidade dos atos administrativos, os cidadãos poderão fiscalizar as atividades dos servidores públicos e impedir possíveis desvios. Ele desempenha o papel de coercitividade nos gestores da coisa pública, fazendo com que a administração do patrimônio coletivo ocorra nos moldes insculpidos pela lei.

A Declaração de Direitos do Homem estabeleceu, no seu art. 15, que a sociedade tem o direito de pedir contas a todo agente público de sua administração.[11]

Outra função do mencionado princípio é evitar que o não cumprimento dos mandamentos administrativos tenha como escusa a sua ignorância. A publicidade dos atos normativos impede o descumprimento do ato estatal com a alegação do desconhecimento da sua existência.[12]

---

[8] "Art. 37. [...] §4º Os atos de improbidade administrativa importarão a suspensão dos direitos políticos, a perda da função pública, a indisponibilidade dos bens e o ressarcimento ao erário, na forma e gradação previstas em lei, sem prejuízo da ação penal cabível".

[9] Em consonância a este princípio, o STF editou a Súmula Vinculante nº 13, que proíbe a nomeação de cônjuges e parentes até o terceiro grau da autoridade nomeante para cargos comissionados e funções de confiança, proibindo inclusive as nomeações cruzadas.

[10] Para o STF, não ofende a Constituição a lei municipal, de iniciativa de vereador, que impeça a nomeação de pessoas condenadas pelos crimes tipificados na Lei Maria da Penha para cargos em comissão (RE nº 1.308.883/SP, Rel. Min. Edson Fachin, j. 7.4.2021).

[11] Sendo assim, é constitucional a disponibilização para a sociedade do valor da remuneração dos servidores públicos (ARE nº 652.777/SP, Rel. Min. Teori Zavascki).

[12] ALVAREZ CONDE, Enrique. *Curso de derecho constitucional*. 3. ed. Madrid: Tecnos, 1997. p. 266.

A publicidade é uma exigência do regime democrático, constituindo-se em um mecanismo de fiscalização por parte da sociedade.[13] Se as decisões são tomadas pela vontade do povo, nada mais justo que o povo que as legitima possa fiscalizar o modo como elas estão sendo implementadas.

Acerca do tema ensina a Professora Odete Medauar:

> O tema da transparência ou visibilidade, também tratado como publicidade da atuação administrativa, encontra-se associado à reivindicação geral de democracia administrativa. A partir da década de 50, acentuando-se nos anos setenta, surge o empenho em alterar a tradição de "secreto" predominante na atividade administrativa. A prevalência do "secreto" na atividade administrativa mostra-se contrária ao caráter democrático do Estado.[14]

A publicidade dos atos, programas e campanhas públicas deverá ter caráter educativo, orientação social e informação, sendo impedida a veiculação de propaganda de cunho pessoal, como a utilização de símbolos, nomes ou imagens que tenham conexão com o governo. O dinheiro público não pode servir para a promoção de mandatários nem para promover propagandas que alienem a população.

## 20.2.5 Princípio da eficiência

Incorporado pela Emenda Constitucional nº 19, de 1998, o princípio da eficiência põe em relevância o resultado das atividades administrativas, garantindo que os serviços prestados pelas entidades governamentais consigam satisfazer os interesses do bem comum. Ele pode ser definido como a concretização, por parte dos entes públicos, dos anseios populares, da melhor forma que as condições materiais possibilitem, atendendo às necessidades coletivas de forma eficaz. É um princípio que determina que a Administração Pública exerça suas competências de forma neutra, objetiva e transparente, com o intuito de atingir a finalidade básica do Estado, o bem comum, primando pela qualidade dos atos praticados e serviços prestados.

No direito comparado, a Constituição espanhola de 1978 denomina-o *princípio da eficácia*.

Portanto, o princípio da eficiência deve ser interpretado *pari passu* com a qualidade dos serviços prestados pelos entes estatais, agilizando o atendimento dos interesses coletivos sem descurar da excelência das atividades realizadas. A eficiência, tomada no sentido exclusivo de rapidez, é inadmissível, devendo, para verificação do atendimento do mandamento constitucional, ser conjugada com o princípio da razoabilidade, verificando-se se os fins se adequam aos meios.

Os signos do princípio da eficiência são: rendimento, celeridade e perfeição. Rendimento pode ser definido como a utilização do menor dispêndio por parte da Administração para a realização do melhor resultado possível. Celeridade significa o pronto atendimento das necessidades da sociedade, evitando-se a ineficácia do serviço

---

[13] Foi sancionada a Lei de Acesso à Informação (Lei nº 12.527/2011), que estabelece os deveres dos órgãos públicos e o procedimento específico para a obtenção de informações junto ao serviço público.

[14] MEDAUAR, Odete. *Direito administrativo moderno*. 2. ed. São Paulo: RT, 1998. p. 139-140.

devido à sua demora, principalmente em razão de estruturas burocráticas que emperram as atividades administrativas. Perfeição representa que os serviços públicos devem ser realizados de modo a satisfazerem as demandas da coletividade, atendendo aos objetivos para os quais foram criados.

Consagrado como norma constitucional, é de se ressaltar o importante papel que este princípio desempenha no controle de constitucionalidade, tanto nos atos praticados quanto no tocante aos serviços prestados pelo Poder Público. Se estes forem de encontro às diretrizes estabelecidas pelo princípio da eficiência, de modo que a Administração tenha o exercício de suas funções mitigado por ineficiência, eles devem ser declarados inconstitucionais.

### 20.2.5.1 Características do princípio da eficiência[15]

a) Direcionamento das atividades e dos serviços públicos à efetividade do bem comum. Esta característica se configura como o escopo dos objetivos fundamentais, em seu art. 3º, IV, CF, explicitando a obrigação de *promover o bem de todos*.

b) Imparcialidade: o princípio da eficiência só é respeitado quando a Administração Pública atua imparcialmente, porque, se se sujeitar ao atendimento de interesses privados em detrimento do interesse público, certamente, não poderá atender ao fim básico do Estado.

c) Neutralidade: empregado no sentido de que os entes estatais não devem tomar partido nos litígios sociais, procurando solucioná-los de acordo com os parâmetros legais.

d) Transparência: é uma ferramenta no combate à ineficiência formal, evitando práticas deletérias, como suborno, corrupção e tráfico de influência.

e) Participação e aproximação dos serviços públicos da população, conseguida através de uma gestão participativa, em que a sociedade atue na formação das decisões de gestão dos órgãos da Administração, o que legitima os atos governamentais.

f) Desburocratização: a máquina estatal não deve operar imbuída apenas pelos interesses herméticos de determinado órgão, divorciados dos anseios da população.

Os princípios da publicidade, impessoalidade, legalidade e moralidade têm ligação simbiótica com o princípio da eficiência, devendo ser aferidos de forma conjunta. Uma vez concretizados, eles servem para aumentar a eficiência da Administração Pública no preenchimento das demandas sociais. Portanto, todos os princípios citados devem ser interpretados de forma sistêmica, potencializando os resultados governamentais, sem a conjectura de nenhum grau de hierarquização entre eles.

---

[15] MORAES, Alexandre de. *Direito constitucional*. 24. ed. São Paulo: Atlas, 2009. p. 331-335.

## 20.3 Princípios implícitos da Administração Pública

### 20.3.1 Princípio da supremacia do interesse público

Este princípio é indispensável à gestão administrativa de qualquer sociedade, visto que a Administração Pública tem como escopo principal preservar e realizar o interesse de toda a sociedade.[16] Significa que o interesse público assume maior relevância que interesses privados, mitigando a autonomia de vontade dos cidadãos e o *pacta sunt servanda*. Como forma de demonstrar a supremacia do interesse público sobre o interesse privado, pode-se mencionar o art. 5º, XXIV e XXV, que se refere – respectivamente – aos institutos da desapropriação e da requisição.

Ele não se confunde com o interesse dos entes estatais, como exemplo, a mudança de endereço de um prédio público. Refere-se aos interesses da população, que deve ser o objetivo sacrossanto das políticas públicas. Quando o escopo é alcançar um interesse específico da Administração Pública, a supremacia do interesse público não pode ser utilizada.

A partir deste princípio a Administração tem o poder de – conforme os regulamentos normativos – constituir obrigações unilaterais e imperativas a terceiros, como também executar – por seus próprios meios – os objetivos constantes nas obrigações. Caso a Administração Pública extrapole estes limites, o terceiro ofendido dispõe de meios constitucionalmente estabelecidos, que visam paralisar o dano gerado.

### 20.3.2 Princípio da finalidade

Este princípio encontra-se contido implicitamente no princípio da legalidade, pois dispõe que a Administração Pública deverá focar suas atividades sempre no objetivo contido nos dispositivos normativos.[17]

Tem como escopo impedir interpretações que maculem o ordenamento jurídico, burlando preceitos legais ou beneficiando interesses particulares em detrimento das premências públicas. Ele limita o poder da Administração ao exigir que ela atue em consonância com a finalidade de suas normas, impedindo atos abusivos contra os cidadãos. Dessa forma, utilizar dispositivo legal para a prática de atos diversos dos contidos em sua finalidade configura-se em fraudar a lei. Esses atos são dotados de vícios e considerados nulos, já que no momento de sua formação houve o desvio de poder ou de finalidade.[18]

Como forma de impedir agressões a esse princípio, o legislador constituinte estabeleceu que o mandado de segurança será concedido quando ocorrer ilegalidade ou abuso de poder, que pode ser por ação, omissão ou desvio de finalidade.

---

[16] "Esse princípio, também chamado de princípio da finalidade pública, está presente tanto no momento da elaboração da lei como no momento da sua execução em concreto pela Administração Pública. Ele inspira o legislador e vincula a autoridade administrativa em toda a sua atuação" (DI PIETRO, Maria Sylvia. *Direito administrativo*. 10. ed. São Paulo: Atlas, 1998. p. 62).

[17] "O fim e não a vontade do administrador domina todas as formas de administração. Supõe, destarte, a atividade administrativa a preexistência de uma regra jurídica, reconhecendo-lhe uma finalidade própria" (LIMA, Ruy Cirne. *Princípios de direito administrativo brasileiro*. Porto Alegre: Sulina, 1954. p. 19).

[18] "O princípio da finalidade impõe que o administrador, ao manejar as competências postas a seu encargo, atue com rigorosa obediência à finalidade de cada qual. Isto é, cumpre-lhe cingir-se não apenas à finalidade própria de todas as leis, que é o interesse público, mas também à finalidade específica abrigada na lei a que esteja dando execução" (BANDEIRA DE MELLO, Celso Antônio. *Curso de direito administrativo*. 22. ed. São Paulo: Malheiros, 2007. p. 104).

### 20.3.3 Princípio da motivação

Através deste princípio é dever da Administração justificar os seus atos, ou seja, motivar o porquê de sua existência. Ao alicerçá-los, a Administração deverá indicar os fundamentos de direito e de fato que ensejaram sua prática. O objetivo do princípio da motivação é garantir a transparência dos atos administrativos, ao obrigar que haja uma ligação entre sua criação e sua fundamentação, no que evita a prática de arbitrariedades.

Cumpre observar que os atos vinculados serão motivados com a indicação da regra de direito que o gerou, estando a exigência de fundamentação implícita nesse princípio. Os atos administrativos que não forem motivados ou os que forem de forma insuficiente são ilegítimos e podem ser invalidados pelo Poder Judiciário.[19] Consequência do que fora exposto é o art. 93, IX, da CF, que afirma que todos os julgamentos do Poder Judiciário serão públicos e fundamentadas todas as decisões, sob pena de nulidade.

### 20.3.4 Princípio da responsabilidade estatal

Com o surgimento do Estado de Direito restou superada a visão de que os entes estatais não têm nenhuma obrigação pelos danos causados pelas suas atividades e pelos de seus agentes. Suas ações são pautadas por princípios normativos e dentro dessa lógica não podem sujeitar os cidadãos a suportarem ônus que não sejam razoáveis ou que não sejam cobrados de forma genérica. Assim, fora estipulado na Lei Maior que as pessoas jurídicas de direito público e as de direito privado, prestadoras de serviços públicos, responderão pelos danos causados por seus agentes, garantindo-se o direito de cobrar dos agentes respectivos quando eles tiverem agido com dolo ou culpa.

Toda atividade estatal que provocar dano a um cidadão, não estando essa conduta amparada por lei, deve ser ressarcida pelo Estado, seja o seu causador um servidor público ou um funcionário privado a serviço de uma empresa privada, mas prestadora de serviços públicos.[20]

## 20.4 Investidura na Administração Pública

Os cargos, empregos e funções públicas são acessíveis aos brasileiros e aos estrangeiros, desde que, neste caso, haja lei ordinária específica estabelecendo as condições para o seu provimento, e sempre dependendo de prévia aprovação em concurso público de provas ou de provas e títulos (art. 37, II, da CF). A necessidade de concurso público pode ser traduzida como uma garantia concretizadora para o princípio da igualdade.[21]

---

[19] "[...] com a Constituição de 1988 consagrando o princípio da moralidade e ampliando o acesso ao judiciário, a regra geral é a obrigatoriedade da motivação, para que a atuação ética do administrador fique demonstrada pela exposição dos motivos do ato e para garantir o próprio acesso ao Judiciário" (MEIRELLES, Hely Lopes. *Direito administrativo brasileiro*. 27. ed. São Paulo: Malheiros, 2002. p. 98).

[20] BANDEIRA DE MELLO, Celso Antônio. *Curso de direito administrativo*. 22. ed. São Paulo: Malheiros, 2007. p. 117.

[21] "O respeito efetivo à exigência de prévia aprovação em concurso público qualifica-se, constitucionalmente, como paradigma de legitimação ético-jurídica da investidura de qualquer cidadão em cargos, funções ou empregos públicos, ressalvadas as hipóteses de nomeação para cargos em comissão (CF, art. 37, II). A razão subjacente ao postulado do concurso público traduz-se na necessidade essencial de o Estado conferir efetividade ao princípio constitucional de que todos são iguais perante a lei, sem distinção de qualquer natureza, vedando-se, desse modo, a prática inaceitável de o Poder Público conceder privilégios a alguns ou de dispensar tratamento discriminatório e arbitrário a outros" (ADIMC nº 2.364/AL, Rel. Min. Celso de Mello).

A Constituição de 1967/1969 estabelecia, no seu art. 97, §1º, que a primeira investidura no serviço público deveria ocorrer por meio de aprovação em concurso de provas e títulos. Portanto, depois de efetuado o primeiro provimento no serviço público, poderia haver o preenchimento de outros cargos sem a necessidade de concurso, prática que foi repelida pelo novo ordenamento constitucional.[22]

Logo, para o ingresso no serviço público brasileiro é imperiosa a aprovação em concurso público de provas ou de provas e títulos, de acordo com a natureza e a complexidade do cargo ou emprego.[23] A única exceção é o provimento para os cargos em comissão e de confiança (art. 37, II, da CF). O provimento através de acesso ou transferência de outros cargos foi proibido terminantemente. Segundo jurisprudência dominante no Supremo Tribunal Federal, os documentos necessários à habilitação no exercício do cargo objeto de concurso dar-se-á no ato da posse e não no da inscrição do concurso.[24]

O art. 19 do Ato das Disposições Constitucionais Transitórias, que teve o objetivo de fazer a transição entre o ordenamento anterior e o ordenamento atual, determina que os servidores públicos civis da União, dos estados, do Distrito Federal e dos municípios, da Administração direta, autárquica e das fundações públicas, em exercício na data da promulgação da Constituição, há pelo menos cinco anos continuados, e que não tenham sido admitidos mediante concurso, podem ser considerados estáveis.[25]

Os concursos públicos terão a duração de até dois anos, podendo ser prorrogados por mais dois anos (art. 37, III, da CF). Durante a vigência do concurso, os aprovados anteriormente têm prioridade de nomeação em detrimento dos aprovados em concurso posterior (art. 37, IV, da CF).[26] A jurisprudência predominante no STF se posiciona no sentido de que o aprovado não tem direito adquirido à nomeação – ele tem expectativa de direito, podendo, obviamente, não ser nomeado.[27] Contudo, se houver nomeação, esta deverá seguir a ordem classificatória do concurso; caso contrário, o ato será nulo.

---

[22] O Supremo decidiu que não pode ingressar, em carreira específica, o servidor requisitado de outros órgãos e entidades político-administrativas porque há violação do princípio do ingresso apenas por concurso público (STF, *RDA*, 181-182/102).

[23] "São inconstitucionais os artigos da Lei nº 13.778/2006, do Estado do Ceará, que, a pretexto de reorganizar as carreiras de Auditor Adjunto do Tesouro Nacional, Técnico do Tesouro Estadual e Fiscal do Tesouro Estadual, ensejaram o provimento derivado de cargos. Dispositivos legais impugnados que afrontam o comando do art. 37, II, da Constituição Federal, o qual exige a realização de concurso público para provimento de cargos na Administração estatal. Embora sob o rótulo de reestruturação da carreira na Secretaria da Fazenda, procedeu-se, na realidade, à instituição de cargos públicos, cujo provimento deve obedecer aos ditames constitucionais. Ação julgada procedente" (ADI nº 3.857-CE, Rel. Min. Ricardo Lewandowski).

[24] RE nº 392.976/MG, Rel. Min. Sepúlveda Pertence.

[25] "Dispensa de servidor não estável. Tratando-se de servidor contratado sem concurso público que, à época da promulgação da Constituição, não tinha cinco anos de serviço para obter o direito à estabilidade previsto no art. 19 do ADCT, não se exige processo administrativo para sua dispensa" (RE nº 223.380/MG, Rel. Min. Marco Aurélio).

[26] "A participação e aprovação de candidato em etapa de concurso público em decorrência de concessão de liminar não gera direito à nomeação. Com base nesse entendimento, a Turma negou provimento a recurso em mandado de segurança em que se pretendia ver reconhecido o direito dos impetrantes – reprovados no exame psicotécnico, mas beneficiados por liminar para participarem da segunda etapa do certame – à nomeação e posse no cargo de delegado de polícia federal em face da aprovação no curso de formação. A Turma, salientando que os recorrentes foram classificados além do número de vagas previsto no edital, afastou a alegada preterição dos mesmos em relação a outros candidatos nomeados posteriormente, porquanto tal nomeação se deu quando já expirado o prazo de validade do certame, sendo proveniente de novo concurso" (*Informativo do STF*, n. 238).

[27] "A aprovação em concurso público não gera direito à nomeação, constituindo mera expectativa de direito. Esse direito somente surgirá se for nomeado candidato não aprovado no concurso ou se houver preenchimento de vaga sem observância de classificação do candidato aprovado" (STF, *RTJ*, 155/178).

O Superior Tribunal de Justiça (STJ) passou a entender que candidatos a concursos públicos que forem aprovados dentro do número de vagas previstas em edital ostentam a prerrogativa de serem nomeados, mesmo que o prazo de vigência do concurso tenha expirado.

O Ministro Jorge Mussi, relator do processo, defendeu a tese de que a Administração Pública é "obrigada" a nomear os aprovados dentro do número de vagas fixadas no edital, tenha ou não contratado servidores temporários durante o período de validade do concurso. Dessa forma, a jurisprudência anteriormente vigorante de que a aprovação em concurso público somente gerava expectativa de direito não é mais válida, desde que o candidato seja aprovado no número de vagas estipulado no edital.[28]

A lei infraconstitucional não pode criar limitações que não foram estabelecidas pela Constituição. Logo, restrições para a admissão no serviço público, como idade, sexo, apenas podem ser estabelecidas se forem necessárias para o exercício da função.[29] A limitação de idade, quando expressa em lei, para a inscrição no serviço público, só será admitida quando constituir requisito necessário em razão da natureza das atribuições do cargo a preencher.[30]

Uma das limitações impostas por lei é o exame psicotécnico, que é um procedimento para verificar se o candidato a concurso público dispõe das qualificações psicológicas necessárias ao desempenho do cargo. O Supremo Tribunal Federal entende que ele se configura constitucional desde que haja expressa previsão em lei.[31] Contudo, o exame realizado deve ser de forma objetiva, através de critérios claros, impedindo subjetividades que venham a estiolar o princípio da impessoalidade e a impedir a publicidade dos atos públicos, incidindo contra a universalidade de acesso ao serviço público, contra a impessoalidade e a publicidade dos atos públicos.[32] Ele não pode ser realizado de forma sigilosa porque fere o princípio da universalidade da jurisdição.[33]

Com a Emenda Constitucional nº 19, os estrangeiros passaram a ter acesso aos mesmos cargos que os brasileiros, ressalvados aqueles exclusivos aos brasileiros natos. Enquanto a lei específica que trata do assunto não for criada, a mencionada norma não pode ser aplicada, por ser de eficácia limitada. Uma vez promulgada lei específica que regulamente as condições e requisitos de acesso, não pode o edital de concursos restringir a participação dos estrangeiros. Essa "isonomia" de provimento ao serviço público deve ser interpretada de forma bastante restrita, mesmo sob o argumento de que vivemos em um mundo globalizado. Algumas profissões são imprescindíveis à segurança e ao desenvolvimento da nação, devendo ser exclusivas de brasileiros. Outrossim, se padecemos de um desemprego crônico, o que justifica abrirmos nosso mercado de trabalho indiscriminadamente a estrangeiros, muitas vezes sem suficiente qualificação técnica?

---

[28] RMS nº 30.459/PA, Rel. Min. Laurita Vaz.
[29] A Primeira Turma do STF entendeu como desarrazoada a exigência de altura mínima de 1,60 m para o preenchimento de cargo de escrivão de polícia do Estado (RE nº 194.952-MS, Rel. Min. Ellen Gracie).
[30] O cidadão quando já for funcionário público fica dispensado do limite de idade quando evidenciado não ser este limite imposto em razão da natureza do cargo, benefício que seria extensível a terceiros estranhos ao serviço público (RE nº 141.357/RS, Rel. Min. Sepúlveda Pertence).
[31] RE nº 112.676/MG, *RTJ*, 124/770 e RE nº 188.234/DF, Rel. Min. Néri da Silveira.
[32] RE nº 243.926/CE, Rel. Min. Moreira Alves; RE nº 201.575/DF, Rel. Min. Octavio Galloti.
[33] RE nº 265.261/PR, Rel. Min. Sepúlveda Pertence.

Os cargos de confiança e em comissão podem ser preenchidos sem concurso público, sendo seus ocupantes demissíveis *ad nutum*, isto é, livremente. A inovação da Emenda Constitucional nº 19 foi limitar esses cargos apenas às funções de assessoramento, chefia e direção, impedindo, dessa forma, a proliferação de cargos de confiança e em comissão por todos os setores da Administração Pública, com a sua criação para o exercício de funções subalternas.

Outra inovação foi reservar parte dos cargos em comissão para serem ocupados por servidores públicos efetivos, indicando a lei ordinária às condições e os percentuais para o preenchimento.

Apesar de as atribuições dos cargos de confiança se assemelharem às dos cargos em comissão, a diferença entre as duas funções públicas consiste em que os primeiros apenas podem ser ocupados por cidadãos que pertençam à carreira do serviço público, enquanto os segundos podem ser ocupados por pessoas alheias ao serviço público. Todavia, nos cargos em comissão deve ser reservado um percentual mínimo, fixado por lei, para a sua obrigatória ocupação por servidores de carreira.[34]

Portanto, com fundamento no princípio da moralidade, que deve reger a Administração Pública, os cargos de confiança devem ser ocupados exclusivamente por servidores públicos que pertençam à carreira e os cargos em comissão podem ser ocupados por qualquer cidadão, devendo lei ordinária especificar percentual para ser ocupado apenas por funcionários públicos efetivos.[35]

De acordo como o art. 37, IX, da Constituição Federal, a lei estabelecerá os casos de contratação por tempo determinado para atender à necessidade temporária e de excepcional interesse público. Essa forma de provimento dos cargos públicos deve ser utilizada de modo restrito, para que o princípio de acesso à Administração através de concurso público seja preservado. Os requisitos para a contratação temporária são: a) excepcional interesse público, de tal urgência que não suporte a demora da realização de um concurso; b) temporariedade da contratação, sendo veementemente vedada a sua renovação; e c) observância das hipóteses expressamente previstas em lei.[36]

Garantindo a todos acesso ao serviço público, a Constituição Cidadã estabeleceu que cada edital de concurso reservará determinado percentual de cargos e empregos na Administração para portadores de deficiência (art. 37, VIII, da CF), nos termos da lei. Caso haja omissão no edital, o concurso será considerado nulo. A reserva de um percentual para deficientes constitui uma ação afirmativa que tem o objetivo de permitir o acesso dos portadores de deficiência ao serviço público, em virtude dos preconceitos de que padecem.

---

[34] BANDEIRA DE MELLO, Celso Antônio. *Curso de direito administrativo*. 22. ed. São Paulo: Malheiros, 2007. p. 226.

[35] "Com relação às funções de confiança, também não se justifica o concurso público, apenas exigindo a Constituição, no artigo 37, V, que sejam exercidas exclusivamente por servidores ocupantes de cargo efetivo e que se limitem às atribuições de direção, chefia e assessoramento. Essa exigência, que decorre de alteração introduzida nesse inciso pela Emenda Constitucional nº 19, impede que pessoas estranhas aos quadros do funcionalismo sejam admitidas para funções de confiança. Do mesmo modo, não se justifica o concurso para os cargos em comissão, tendo em vista a ressalva contida na parte final do inciso II, e a norma do inciso V, que, com a redação dada pela Emenda Constitucional nº 19, exige apenas que os mesmos sejam preenchidos 'por servidores de carreira nos casos, condições e percentuais mínimos previstos em lei'. Isto significa que a lei que vier a disciplinar esse dispositivo deverá assegurar que um mínimo de cargos em comissão seja ocupado por servidores de carreira" (DI PIETRO, Maria Sylvia. *Direito administrativo*. 12. ed. São Paulo: Atlas, 2000. p. 426).

[36] Nesse sentido, é inconstitucional a autorização legislativa genérica para a contratação de temporários ou para a prorrogação indefinida de seus contratos (STF, ADI nº 3.662/MT, Rel. Min. Marco Aurélio, *DJe*, 25 abr. 2018).

## 20.5 Direito de greve dos servidores públicos

Os servidores públicos têm direito à livre associação sindical para possibilitar sua organização na busca de seus interesses (art. 37, VI, da CF).[37] A única restrição se refere aos membros das Forças Armadas, às polícias militares e aos membros do Corpo de Bombeiros Militar, que, por estarem estruturados em hierarquia e disciplina, têm o seu direito de greve cerceado para evitar a quebra dessa hierarquia. Usando de uma interpretação analógica, o Supremo Tribunal Federal decidiu que os membros da Polícia Civil, por exercerem atividade destinada à manutenção da segurança e ordem públicas e à administração da Justiça, também encontram restrição a seu direito de greve.[38] Tal decisão suscitou grande controvérsia, pois afrontou uma prerrogativa constitucional sem encontrar amparo na supralegalidade da Lei Maior.

O direito de greve deve ser exercido nos limites definidos por lei específica (art. 37, VII, da CF). A Emenda Constitucional nº 19 alterou este dispositivo, que antes exigia uma lei complementar que o regulamentasse. Entendemos que o dispositivo mencionado tem efeito e aplicabilidade imediata, não se podendo falar em norma de eficácia limitada porque se trata de um direito fundamental.

Na verdade, o mencionado dispositivo constitucional é uma norma de aplicabilidade contida, podendo lei específica estabelecer limites ao exercício do direito de greve, desde que não se frustre a sua realização. Até a promulgação da mencionada lei, o direito de greve pode ser plenamente exercido, devendo, em cada caso concreto, serem estabelecidas, pelo Poder Judiciário, as limitações devidas.[39]

Isso porque, além de o art. 9º da CF garantir a todos o direito de greve, havendo limitações para quem exercer atividades ou serviços considerados essenciais, o §1º do art. 5º da Constituição impõe a eficácia imediata dos direitos e garantias fundamentais, e o direito de greve assim é considerado. Ademais, o §2º do art. 5º estabelece que os direitos e garantias assegurados na Constituição não excluem outros decorrentes do regime e dos princípios adotados.[40]

---

[37] É de competência da Justiça Comum, e não da Justiça do Trabalho, apreciar a abusividade da greve de servidores públicos celetistas (RE nº 846.854/SP, 1.8.2017).

[38] "[...] Servidores públicos que exercem atividades relacionadas à manutenção da ordem pública e à segurança pública, à administração da Justiça – aí os integrados nas chamadas carreiras de Estado, que exercem atividades indelegáveis, inclusive as de exação tributária – e à saúde pública. A conservação do bem comum exige que certas categorias de servidores públicos sejam privadas do exercício do direito de greve. Defesa dessa conservação e efetiva proteção de outros direitos igualmente salvaguardados pela Constituição do Brasil. 3. Doutrina do duplo efeito, segundo Tomás de Aquino, na Suma Teológica (II Seção da II Parte, Questão 64, Artigo 7). Não há dúvida quanto a serem, os servidores públicos, titulares do direito de greve. Porém, tal e qual é lícito matar a outrem em vista do bem comum, não será ilícita a recusa do direito de greve a tais e quais servidores públicos em benefício do bem comum. Não há mesmo dúvida quanto a serem eles titulares do direito de greve" (Rcl. nº 6.568/SP, Rel. Min. Eros Grau, 25.9.2009). *Vide* também AgRg/RE nº 654.432/GO, Rel. Min. Alexandre de Moraes, 5.4.2017.

[39] Em sentido contrário: o direito de greve do servidor público civil é uma prerrogativa jurídica assegurada pela Constituição, mas há impossibilidade de seu exercício antes da edição da lei específica (STF, *RDA*, 194/107).

[40] "3. O preceito veiculado pelo artigo 37, inciso VII, da CB/88, exige a edição de ato normativo que integre sua eficácia. Reclama-se, para fins de plena incidência do preceito, atuação legislativa que dê concreção ao comando positivado no texto da Constituição. 4. Reconhecimento, por esta Corte, em diversas oportunidades, de omissão do Congresso Nacional no que respeita ao dever, que lhe incumbe, de dar concreção ao preceito constitucional. 5. Diante de mora legislativa, cumpre ao Supremo Tribunal Federal decidir no sentido de suprir omissão dessa ordem. Esta Corte não se presta, quando se trate da apreciação de mandados de injunção, a emitir decisões desnutridas de eficácia. [...] A esta Corte impõe-se traçar os parâmetros atinentes a esse exercício. 12. O que deve ser regulado, na hipótese dos autos, é a coerência entre o exercício do direito de greve pelo servidor público e as condições necessárias à coesão e interdependência social, que a prestação continuada dos serviços públicos

Reconhecido, portanto, como direito fundamental, o direito de greve pode ser exercido pelos servidores públicos civis, sem a necessidade de uma lei específica que o regulamente. Havendo a criação de lei específica, ela apenas delineará a forma como a greve deve transcorrer, sem anular o direito. Enquanto inexistir regulamentação legal, caberá ao Poder Judiciário especificar as condições para o exercício desse direito.[41] O Ministro Marco Aurélio da mesma forma considera o direito à greve autoaplicável:

> Assim, descabe potencializar o fato do direito de greve, assegurado constitucionalmente aos servidores, não se encontrar regulado, mesmo que passados mais de dez anos da promulgação da Carta de 1988. Vale frisar que, enquanto isso não acontece, tem-se não o afastamento, em si, do direito, mas a ausência de balizas que possam, de alguma forma, moldá-lo.[42]

Para o STF, a deflagração de movimento paredista por servidores públicos acarreta a suspensão do vínculo funcional, de modo que é legítimo o desconto dos dias de paralisação,[43] permitida compensação futura, caso a greve não seja considerada abusiva.[44] Se, porém, a greve legítima tiver sido provocada por ato ilícito do Poder Público, não cabe qualquer desconto dos dias não trabalhados.

Outrossim, como direito fundamental que é, o exercício do direito de greve é permitido inclusive aos servidores públicos que se encontrarem em fase de período probatório, não podendo estes sofrer redução em sua remuneração, nem sofrer demissão.[45]

---

assegura. 13. O argumento de que a Corte estaria então a legislar – o que se afiguraria inconcebível, por ferir a independência e harmonia entre os poderes [art. 2º da Constituição do Brasil] e a separação dos poderes [art. 60, §4º, III] – é insubsistente. 14. O Poder Judiciário está vinculado pelo dever-poder de, no mandado de injunção, formular supletivamente a norma regulamentadora de que carece o ordenamento jurídico. 15. No mandado de injunção o Poder Judiciário não define norma de decisão, mas enuncia o texto normativo que faltava para, no caso, tornar viável o exercício do direito de greve dos servidores públicos. 16. Mandado de injunção julgado procedente, para remover o obstáculo decorrente da omissão legislativa e, supletivamente, tornar viável o exercício do direito consagrado no artigo 37, VII, da Constituição do Brasil" (MI nº 712/PA, Rel. Min. Eros Grau, DJe, 206).

[41] É da Justiça Comum, estadual ou federal, a competência para julgar a abusividade de greve empreendida por servidores celetistas da Administração direta, autárquica ou fundacional. Se a greve abranger mais de um estado da Federação, nos casos de competência estadual, ou mais de uma região de abrangência de um TRF, nos casos de competência federal, a atribuição para apreciar o dissídio será do STJ (STF, RE nº 846.854/SP, Rel. Min. Luiz Fux, Tema nº 544 da Repercussão Geral, DJe, 7 fev. 2018). Quando a greve for de empregados públicos celetistas, das empresas públicas e sociedades de economia mista, prevalece a competência da Justiça do Trabalho.

[42] SS (AgRg) nº 2.061/DF, Rel. Min. Marco Aurélio.

[43] STF, RE nº 693.453/RJ, Rel. Min. Dias Toffoli, DJe, 19 out. 2017.

[44] "A greve suspende a prestação dos serviços, mas não pode reverter em procedimento a inviabilize, ou seja, na interrupção do pagamento dos salários e vencimentos. A consequência da perda advinda dos dias de paralisação há de ser definida uma vez cessada a greve. Conta-se, para tanto, com o mecanismo dos descontos, a elidir eventual enriquecimento indevido, se é que este, no caso, possa se configurar. Para a efetividade da garantia constitucional de greve, deve ser mantida a equação inicial, de modo a se confirmar a seriedade que se espera do Estado, sob pena de prevalecer o domínio do irracional, a força pela força. É tempo de considerar que a ferocidade da repressão gera resistências, obstaculizando a negociação própria à boa convivência, à constante homenagem aos parâmetros do Estado Democrático de Direito" (SS (AgRg) nº 2.061/DF, Rel. Min. Marco Aurélio).

[45] "DIREITOS CONSTITUCIONAL E ADMINISTRATIVO. DIREITO DE GREVE. SERVIDOR PÚBLICO EM ESTÁGIO PROBATÓRIO. FALTA POR MAIS DE TRINTA DIAS. DEMISSÃO. SEGURANÇA CONCEDIDA. 1. A simples circunstância de o servidor público estar em estágio probatório não é justificativa para demissão com fundamento na sua participação em movimento grevista por período superior a trinta dias. 2. A ausência de regulamentação do direito de greve não transforma os dias de paralisação em movimento grevista em faltas injustificadas" (RE nº 22.6966/RS, Rel. Min. Menezes Direito, Rel. p/ acórdão Min. Cármen Lúcia, 11.11.2008).

## 20.6 Remuneração dos servidores públicos

A Emenda Constitucional nº 19 diferenciou a remuneração dos servidores públicos. A maioria continua a receber sob a forma de vencimento, que permite que várias parcelas como indenizações, gratificações, adicionais, sejam acrescidas à remuneração; outras categorias passaram a receber por subsídio, fixado em parcela única, vedado o acréscimo de qualquer gratificação, adicional, abono, prêmio, verba de representação ou qualquer outra espécie remuneratória. Assim, para algumas categorias, foi extinto o sistema de contraprestação até então vigente, que compreendia uma parte fixa (vencimento) e outra parte variável (acréscimos pecuniários), que, juntas, constituíam a remuneração do servidor.

A determinação do vencimento ou do subsídio deve levar em conta o grau de complexidade e responsabilidade, suas peculiaridades, a natureza do cargo e os requisitos para a sua investidura (art. 39, §1º, I a III, da CF). O vencimento e o subsídio são irredutíveis, afora as exceções legais, como o aumento na alíquota do imposto de renda (art. 37, XV, da CF).[46]

Devem obrigatoriamente ser remunerados por subsídio os mandatários políticos, os juízes, os promotores, os procuradores, os ministros de Estado e os secretários estaduais e municipais. Entretanto, qualquer servidor organizado em carreira poderá receber por subsídio, desde que haja uma lei específica nesse sentido (art. 39, §§4º e 8º, da CF). A Emenda Constitucional nº 19 determinou que a remuneração dos membros da segurança pública deve ser feita por subsídio.

A fixação ou alteração do vencimento ou do subsídio dos servidores públicos somente pode ser feita mediante lei específica, com revisão geral e anual, sempre na mesma data e sem distinção de índices (art. 37, X, da CF).

Como forma de reduzir os gastos com os servidores públicos, a Emenda Constitucional nº 19 instituiu um teto salarial para os três poderes, não podendo nenhum ocupante de cargo, função ou emprego público da Administração direta, autárquica e fundacional, os membros de qualquer dos poderes da União, dos estados, do Distrito Federal e dos municípios, detentores de mandato, pensão ou qualquer espécie remuneratória, perceber vencimento ou subsídio maior que o recebido pelos ministros do Supremo Tribunal Federal (art. 37, XI, da CF). A lei que instituir o teto do subsídio deve ser de iniciativa conjunta dos três poderes.

O estabelecimento do teto para o serviço público brasileiro, tomando como base o subsídio do ministro do Supremo Tribunal, impede que os estados-membros criem subtetos estaduais, limitando com valores inferiores a remuneração dos seus servidores.[47] Mesmo havendo separação entre os poderes, o vencimento e o subsídio dos cargos do Poder Legislativo e do Poder Judiciário não poderão ser superiores aos pagos pelo Poder Executivo (art. 37, XII, da CF).

---

[46] "O Supremo Tribunal Federal entende que pode haver modificação de forma de cálculo da remuneração sem ofensa à garantia constitucional da irredutibilidade. Em relação regida por estatuto de servidor público pode haver alterações em que, no entendimento do STF, haja prejuízo à estabilidade financeira e ao direito adquirido" (RE nº 563.965-RN, Rel. Min. Cármen Lúcia).

[47] O Supremo Tribunal Federal concedeu medida liminar suspendendo decreto do governador de estado que limitou temporariamente a remuneração dos servidores estaduais a 30 salários mínimos (STF, *RDA*, 190/127).

Por outro lado, fica vedada a vinculação ou equiparação de quaisquer espécies remuneratórias para efeito de pagamento de pessoal (art. 37, XIII, da CF), encontrando-se proibido o denominado "efeito cascata", ou seja, os acréscimos pecuniários recebidos pelos servidores públicos não podem ser computados nem acumulados para fim de concessão de acréscimos posteriores.[48] Somente é permitida vinculação que estabeleça relação entre o menor e o maior salário, obedecido ao limite estipulado pelo teto salarial do funcionalismo público (art. 39, §5º, da CF).

Em cumprimento do princípio da publicidade, os três poderes – Executivo, Legislativo e Judiciário – deverão publicar anualmente os valores do subsídio e do vencimento dos cargos e empregos públicos (art. 39, §6º, da CF). Quando houver reajuste salarial para os servidores públicos ativos, obrigatoriamente, ainda que não previsto na lei específica que concedeu o aumento, deverá haver reajuste para os servidores inativos (art. 40, §8º, da CF).[49]

A Lei Complementar nº 101/2000 estabelece como limite para gastos dos entes governamentais com servidores públicos o valor correspondente a 60% da receita corrente líquida, que pode ser apurado das seguintes fontes: tributárias, de contribuições, patrimoniais, industriais, agropecuárias, serviços, transferências correntes e outras receitas.[50]

## 20.7 Vedação de acumulação de cargo, função ou emprego público

Os servidores públicos estão impedidos de acumularem, remuneradamente, cargos, empregos ou funções públicas, abrangendo tais proibições as autarquias, as empresas públicas, as sociedades de economia mista, as subsidiárias e as sociedades controladas direta ou indiretamente pelo Poder Público. As exceções a essa vedação, quando houver compatibilidade de horário, são as seguintes (art. 37, XVI, da CF):

 a) a de dois cargos de professor;
 b) a de um cargo de professor com outro, técnico ou científico;
 c) a de dois cargos privativos de profissionais de saúde, com profissões regulamentadas;
 d) os cargos eletivos e os cargos em comissão declarados em lei de livre nomeação e exoneração (art. 37, §10, da CF). Como exemplo pode-se mencionar o caso de cidadão, que já exerce cargo público e é eleito para vereador, conseguindo compatibilidade de horário para acumular o exercício das duas funções.

---

[48] O Tribunal julgou procedente pedido formulado em ação direta proposta pelo governador do estado do Rio Grande do Sul para declarar a inconstitucionalidade do art. 28 da Constituição estadual que assegura aos servidores das fundações instituídas e mantidas pelo Estado os mesmos direitos das fundações públicas, observado o respectivo regime jurídico. Entendeu-se que o dispositivo impugnado é demasiadamente abrangente, pois equipara, sem distinção, os servidores de fundações instituídas e mantidas pelo Estado, inclusive fundações privadas, aos servidores das fundações públicas, garantindo-lhes identidade de direitos, entre os quais o relativo à remuneração, em afronta ao art. 37, XIII, da CF, que veda a vinculação ou equiparação de quaisquer espécies remuneratórias para o efeito de remuneração de pessoal do serviço público, e ao Enunciado nº 339 da súmula do STF. Alguns precedentes citados: ADI nº 1.344 MC/ES (*DJU*, 19 abr. 1996); RE nº 402.364 AgR/PA (*DJU*, 18 maio 2007) (ADI nº 191/RS, Rel. Min. Cármen Lúcia, 29.11.2007).
[49] Garantia insculpida no §4º do art. 40 da Constituição Federal.
[50] NÓBREGA, Marcos; FIGUEIRÊDO, Carlos Maurício. *Lei de Responsabilidade Fiscal*. Rio de Janeiro: Impetus, 2001. p. 6.

Mauricio Antonio Ribeiro Lopes explica o motivo da permissão para acumulação dessas atividades:

> É o próprio interesse público que está a exigir que em determinadas ocasiões se excetue a regra geral da inacumulabilidade. Isto se dá sob duas modalidades fundamentais: de um lado, tolerando-se a acumulação de dois cargos de médico. A razão aqui era a falta de profissionais na área à época da elaboração das Constituições anteriores. De outro, pelo tratamento especial que a Constituição houve por bem dar ao professor, em razão, precisamente, das peculiaridades do seu trabalho.[51]

O STF decidiu que, nos referidos casos, o teto constitucional incide em cada cargo. Dessa forma, por decisão majoritária e com repercussão geral reconhecida, os ministros entenderam que o teto remuneratório de que fala a Constituição deve ser aplicado em cada cargo acumulado.[52] O julgamento teve como único voto divergente o do Ministro Edson Fachin, que defendeu a tese de que valores que ultrapassam o teto remuneratório devem ser ajustados sem que o servidor possa alegar direito adquirido. Porém, a tese vencedora considerou que essa limitação apresentaria violação à irredutibilidade de vencimentos, desrespeito ao princípio da estabilidade, desvalorização do valor do trabalho e acinte ao princípio da igualdade.

A Emenda Constitucional nº 34/2001 modificou a redação anterior do art. 37, XVI, c, permitindo a acumulação não mais apenas de dois cargos de médicos, mas de quaisquer profissionais ligados à área da saúde, desde que tenham suas profissões regulamentadas, como enfermeiros, dentistas, fisioterapeutas etc. Diante da necessidade de melhorar a assistência à saúde da população mais pobre, potencializando o aproveitamento dos profissionais da área, foi permitida a mencionada acumulação, havendo, obviamente, compatibilidade de horário.

A Emenda Constitucional nº 101/2019 estendeu tais hipóteses de acumulação legal de cargos públicos aos servidores públicos militares, inserindo um §3º ao art. 42 da Constituição Federal. Antes da alteração, o permissivo do art. 37, XVI era aplicável apenas aos servidores civis.

A acumulação de aposentadorias somente é permitida nos cargos em que haja possibilidade de acumulação: duas de professor, uma de professor e outra de cargo técnico ou científico e duas de dois cargos privativos na área de saúde. Outra possibilidade de acumulação é a de cargos eletivos com cargos em comissão (art. 40, §10, da CF).

O servidor público que se eleger para mandato eletivo federal, estadual ou distrital ficará afastado de suas funções. Se eleito para o cargo de prefeito, será afastado do cargo, emprego ou função, podendo escolher qualquer uma das duas remunerações. Se eleito vereador e havendo compatibilidade de horários, receberá as vantagens do seu cargo, emprego ou função, sem prejuízo da remuneração do cargo eletivo; caso não haja compatibilidade de horários, deverá escolher uma das duas remunerações (art. 38, I a III,

---

[51] LOPES, Mauricio Antonio Ribeiro. *Comentários à reforma administrativa*. São Paulo: RT, 1998. p. 130.

[52] "Nos casos autorizados, constitucionalmente, de acumulação de cargos, empregos e funções, a incidência do artigo 37, inciso XI, da Constituição Federal, pressupõe consideração de cada um dos vínculos formalizados, afastada a observância do teto remuneratório quanto ao somatório dos ganhos do agente público" (RE nº 602.043 e RE nº 612.975, Min. Rel. Marco Aurélio).

da CF). Nesses casos, o tempo de afastamento será contado para todos os efeitos legais, excetuando-se promoção por merecimento. Completado o tempo de aposentadoria, o benefício previdenciário será determinado como se no exercício funcional estivesse (art. 38, IV e V, da CF).

Qualquer ato de improbidade dos funcionários públicos deve ser severamente punido, sem prejuízo da sanção penal cabível, com a suspensão dos direitos políticos, a perda da função pública, a indisponibilidade dos bens e o ressarcimento ao erário (art. 37, §4º, da CF).

Como forma de concretizar o princípio da eficiência e democratizar a gestão da coisa pública, lei infraconstitucional disciplinará as formas de participação do usuário na Administração Pública direta e indireta, regulando, de forma específica: as reclamações relativas à prestação dos serviços públicos em geral, asseguradas a manutenção de serviços de atendimento ao usuário e a avaliação periódica, externa e interna, da qualidade dos serviços; o acesso dos usuários a registros administrativos e a informações sobre atos de governo; a disciplina da representação contra o exercício negligente ou abusivo de cargo, emprego ou função na Administração Pública (art. 37, §3º, da CF).

Cada uma das unidades federativas, para melhor planejamento de suas atividades, instituirá conselhos de política de administração e remuneração de pessoal, integrado por representantes dos três poderes. A missão destes conselhos é delinear a política salarial de forma conjunta, sem distorções entre as categorias (art. 39, *caput*, da CF).

Para melhorar o nível do funcionalismo público, as entidades estatais organizarão escolas de governo, aperfeiçoando os servidores públicos, através da realização de cursos que serão requisitos para promoção na carreira (art. 39, §2º, da CF).

## 20.8 Improbidade administrativa

A Constituição brasileira de 1988 inovou ao introduzir o conceito de improbidade administrativa. Nas Constituições anteriores havia apenas menção a sanções contra atos que importassem prejuízo para a Fazenda Pública e locupletamento ilícito para o indiciado. A Constituição Federal de 1946 determinou no seu art. 141, §31, que "a lei disporá sobre o sequestro e o perdimento de bens, no caso de enriquecimento ilícito, por influência ou com abuso de cargo ou função pública, ou de emprego em entidade autárquica". Na Constituição de 1967, o art. 150, §11, que passou a ser 153, §11, com a Emenda Constitucional nº 1/69, estabeleceu que "a lei disporá sobre o perdimento de bens por danos causados ao erário ou no caso de enriquecimento ilícito no exercício da função pública".

A inovação da Constituição Cidadã iniciou-se com a acolhida do princípio da moralidade como um dos princípios norteadores da Administração Pública. A probidade administrativa é um subprincípio da moralidade, impondo que os agentes públicos se guiem não apenas pelos parâmetros legais, mas igualmente por parâmetros extrajurídicos, como a boa-fé.

Salvaguardar a probidade administrativa é proteger os princípios democráticos, republicanos e da isonomia. O significado republicano das instituições democráticas é valor necessário à construção da igualdade.⁵³ Para que se consiga esta finalidade, de uma verdadeira isonomia, de uma igualdade substancial, faz-se necessária a imposição de vedações a condutas de agentes públicos, para que estes não se utilizem indevidamente da *res* pública em proveito próprio ou de terceiros.⁵⁴

No art. 37, §4º, ficou estabelecido: "os atos de improbidade administrativa importarão a suspensão dos direitos políticos, a perda da função pública, a indisponibilidade dos bens e o ressarcimento do erário, na forma e gradação previstas em lei, sem prejuízo da ação penal competente". Deste dispositivo podem ser auferidas as características dos atos de improbidade administrativa: são atos de natureza civil e de prévia tipificação em lei federal.⁵⁵ São atos de natureza civil em virtude da clara redação do art. 37, §4º, que afirma serem os atos de improbidade administrativa puníveis independentemente da aplicação das devidas sanções penais.

No art. 14, §9º, foi firmado que a lei complementar estabelecerá outros casos de inelegibilidade e os prazos de sua cessação, a fim de proteger a improbidade administrativa. E no art. 15 definiu-se que a improbidade administrativa é uma das causas de suspensão dos direitos políticos.

O disposto no art. 37, §4º, até a promulgação da Lei nº 8.429/92, que regulamentou o mencionado artigo, tinha uma eficácia limitada, sem que os atos de improbidade administrativa tivessem uma sanção adequada.

A Lei nº 8.429/1992 tipificou da seguinte forma os atos de improbidade administrativa:

> Art. 9º Constitui ato de improbidade administrativa importando enriquecimento ilícito auferir qualquer tipo de vantagem patrimonial indevida em razão do exercício do cargo, mandato, função, emprego ou atividade nas entidades mencionadas no art. 1º.

São entidades passíveis de serem atingidas por atos de improbidade administrativa (Lei nº 8.429/1992):

> Art. 1º A administração direta, indireta, ou fundacional de qualquer dos Poderes da União, dos Estados, do Distrito Federal, dos Municípios, de Territórios, de empresa incorporada ao patrimônio público ou de entidade para cuja criação ou custeio o erário haja concorrido ou concorra com mais de cinquenta por cento do patrimônio ou receita anual. Parágrafo único. Estão também sujeitos às penalidades desta lei os atos de improbidade contra o patrimônio de entidade que receba subvenção, benefício ou incentivo, fiscal ou creditício, de órgão público, bem como daquelas para cuja criação ou custeio o erário haja concorrido ou concorra com menos de cinquenta por cento do patrimônio ou da receita anual, limitando-se, nestes casos, a sanção patrimonial à repercussão do ilícito sobre a contribuição dos cofres públicos. [...]

---

⁵³ Pet. nº 3.270, Rel. Min. Celso de Mello, *DJ*, 25 nov. 2004.

⁵⁴ "A improbidade é uma imoralidade qualificada pela defesa de um interesse pessoal, de forma que se busca punir não o administrador incompetente, mas o desonesto. 2. Enquadram-se nas previsões da Lei de Improbidade os atos administrativos que possam importar enriquecimento ilícito (art. 9º), prejuízo ao erário (art. 10) e os que atentem contra os princípios da Administração Pública (art. 11)" (TJ-PE, Apelação Cível nº 140.137-6, Rel. Des. Ricardo de Oliveira Paes Barreto, 12.2.2009).

⁵⁵ A jurisprudência do STF é firme no sentido de que compete à União legislar sobre crime de responsabilidade (art. 22, I, e art. 85, parágrafo único, da CF) (ADI nº 2.592/RO, Rel. Min. Sydney Sanches).

Art. 10. Constitui ato de improbidade administrativa que causa lesão ao erário qualquer ação ou omissão, dolosa ou culposa, que enseje perda patrimonial, desvio, apropriação, malbaratamento ou dilapidação dos bens ou haveres das entidades referidas no art. 1º desta lei [...].

Art. 10-A. Constitui ato de improbidade administrativa qualquer ação ou omissão para conceder, aplicar ou manter benefício financeiro ou tributário contrário ao que dispõem o caput e o §1º do art. 8º-A da Lei Complementar nº 116, de 31 de julho de 2003.

Art. 11. Constitui ato de improbidade administrativa que atenta contra os princípios da Administração Pública qualquer ação ou omissão que viole os deveres de honestidade, imparcialidade, legalidade e lealdade às instituições, e notadamente.[56]

Questão que se mostra interessante é a ausência do princípio da eficiência no art. 4º da Lei nº 8.429/1992. Este dispositivo aduz: "Os agentes públicos de qualquer nível ou hierarquia são obrigados a velar pela estrita observância dos princípios da legalidade, impessoalidade, moralidade e publicidade, no trato dos assuntos que lhe são afetos". O fato de o mencionado princípio não constar de forma explícita da redação deste artigo não retira a obrigação do agente público de lhe obedecer, mormente com relação também aos demais princípios implícitos da Administração Pública, que consubstanciam vetores comuns para a atuação da própria máquina estatal, bem como a de seus agentes.

O art. 20 da Lei nº 8.429/1992 determina que a perda da função pública e a suspensão dos direitos políticos só se efetivam com o trânsito em julgado da sentença condenatória. Deste modo, o agente público que esteja sendo processado por improbidade administrativa não poderá perder seu cargo, ou ter seus direitos políticos suspensos por decisão de autoridade administrativa. Não se deve confundir a suspensão da função pública, que ocorre sem prejuízo da remuneração – quando o afastamento se mostrar imperioso para a apuração de eventual ato de improbidade –, com a perda da função pública. Esta só pode ser determinada por ordem judicial. Aquela, por ordem judicial ou administrativa. Assim já decidiu o Supremo Tribunal Federal:

> Ato de improbidade: a aplicação das penalidades da Lei nº 8.429/1992 não incumbe à Administração Pública, eis que privativa do Poder Judiciário. Verificada a prática de atos de improbidade em âmbito administrativo, caberia representação ao Ministério Público para o ajuizamento da competente ação, e não a pena de demissão.[57]

A propositura de ação de improbidade administrativa submete-se aos prazos prescricionais previstos pelo art. 23 da Lei nº 8.429/92. Contudo, as ações de ressarcimento ao erário por prejuízos causados por atos dolosos de improbidade administrativa são imprescritíveis.[58] Esta é a interpretação dada pelo STF ao teor do art. 37, §5º, da Constituição Federal, que dispõe: "A lei estabelecerá os prazos de prescrição para ilícitos praticados por qualquer agente, servidor ou não, que causem prejuízos ao erário, ressalvadas as respectivas ações de ressarcimento".

---

[56] A Lei Complementar nº 157 de 2016 alterou a Lei nº 8.429/92 e determinou que administrador público que conceder, aplicar ou manter benefício em contrariedade à alíquota mínima do Imposto sobre Serviços de Qualquer Natureza de 2% (dois por cento) comete ato de improbidade administrativa.
[57] RMS nº 24.699, Rel. Min. Eros Grau, *DJ*, 1º jul. 2005.
[58] STF, RE nº 852.475/SP, Rel. Min. Alexandre de Moraes, red. p/ acórdão Min. Edson Fachin, j. 8.8.2018, Tema nº 897 da Repercussão Geral.

## 20.9 Responsabilidade da Administração Pública

A Administração Pública, na sua missão de zelar pelo interesse da coletividade, executa diversos atos com o intuito de realizar o bem comum. Algumas vezes esses atos causam prejuízos aos cidadãos, devendo o Estado assumir a responsabilidade pelo ressarcimento do dano causado. A base filosófica que ampara a responsabilidade das entidades governamentais pelos atos praticados por seus agentes, quer atuem por dolo, quer atuem por culpa, denomina-se solidarismo social, segundo a qual toda a sociedade deve arcar com o prejuízo sofrido pelo cidadão em decorrência da atividade estatal.

A abrangência da responsabilidade da Administração Pública se resume à esfera civil, traduzindo-se no dever de reparar os danos patrimoniais e morais sofridos pelo administrado, por meio de uma indenização. As responsabilidades penal e administrativa, contudo, não podem ser imputadas à Administração, devendo o funcionário público ser responsabilizado de forma direta.[59]

A Constituição agasalhou a teoria do risco administrativo (art. 37, §6º, da CF), de forma que as pessoas jurídicas de direito público e as de direito privado que prestem serviços públicos responderão pelos atos de seus agentes que, nessa qualidade, causem danos a terceiros, assegurado o direito de regresso contra o responsável, seja por ter agido com dolo, seja por ter agido com culpa.[60] Portanto, compete à Administração Pública o dever de indenizar terceiros por danos provocados por agentes públicos, no desempenho de suas funções. Para tanto, é imprescindível que o agente esteja no pleno exercício de suas atividades. A teoria subjetivista da responsabilidade do Estado, que já se encontra superada, foi consagrada na Constituição do Império, de 1824, pela qual a Administração Pública era responsável pelos atos de gestão dos agentes públicos, conquanto comprovado que tenham agido com dolo ou culpa.[61]

De acordo com a teoria consagrada na Lei Maior – a teoria do risco administrativo –, havendo nexo de causalidade entre a conduta do agente público e o dano produzido, independentemente de dolo ou culpa, caberá indenização por parte do Estado. Entretanto, se o Poder Público provar que o dano ocorreu por inteira culpa da vítima, restará excluída a sua responsabilidade.

A questão da responsabilidade civil do Estado merece uma atenção especial, para que não se leve a termos de uma verdadeira banalização desta importante garantia, que é propiciada pelos direitos humanos como explicitado *supra*. O ponto nevrálgico da responsabilidade do Estado pelos danos causados reside no fato de que, consoante o princípio do solidarismo social, toda a sociedade arcará com os ônus experimentados pelo cidadão em decorrência de um dano ilegitimamente causado pela atividade estatal. Por isso, a doutrina vem reclamando a necessidade de se trabalhar a concepção

---

[59] Considerando que a absolvição no juízo criminal não afasta o dever de indenizar na esfera cível, e que, na espécie, a vítima em nada contribuíra para dar causa ao evento, a Turma manteve acórdão do Tribunal de Justiça do Estado de São Paulo que entendera pela subsistência do dever de reparação, pelo DNER, dos danos morais e materiais à viúva e filhos da vítima em decorrência de ato praticado por policial rodoviário absolvido no juízo criminal por legítima defesa de terceiro (RE nº 229.653/PR, Rel. Min. Sepúlveda Pertence).

[60] "A responsabilidade objetiva do Estado não se aplica aos atos dos juízes, a não ser nos casos expressamente declarados em lei. Precedentes do Supremo Tribunal Federal" (RE nº 429.518/SC, Rel. Min. Carlos Velloso.

[61] A Constituição brasileira de 1824 aduzia: "Art. 179. Inciso 29. Os empregados públicos são estritamente responsáveis pelos abusos e omissões praticados no exercício de suas funções e por não fazerem efetivamente responsáveis aos seus subalternos".

de direito de regresso, para que se possibilite que o agente público seja processado e sofra as sanções dessa responsabilidade, caso tenha agido com dolo ou culpa, em qualquer de suas modalidades (negligência, imprudência ou imperícia). Assim, não se revela compatível com o Estado Democrático de Direito, Estado este que assume jaez de garantidor de direitos humanos, a imposição a toda a sociedade do ônus de arcar com vultosas indenizações decorrentes de danos causados pelo Estado, sem que isso seja objeto de uma análise mais precisa e ajustada às circunstâncias em que ocorreu o pretenso fato que gerou o prejuízo.[62]

A responsabilização do Estado pode ser oriunda de uma conduta comissiva, caso em que incidirá a teoria do risco administrativo, também denominada teoria da culpa objetiva; ou advir de uma conduta omissiva, na qual incidirá a teoria da culpa administrativa, que também pode ser denominada teoria da culpa anônima.[63]

A responsabilização pela conduta omissiva pode ser ainda por omissão total, quando o Estado absolutamente não agiu; ou por omissão parcial,[64] cuja ocorrência se verifica quando o Estado age de modo insuficiente, causando danos aos cidadãos.[65]

Outrossim, só se pode falar em omissão do Estado que cause danos aos cidadãos caso haja o prévio dever legal de agir ou de prestar algo, já que o Estado não pode ser responsabilizado, e igualmente a sociedade, de modo reflexo, se o dano que o cidadão suportou não foi acarretado por sua inércia, quando ele não tinha o dever legal de agir.

Deste modo, quando o dano não é causado por uma ação da Administração Pública, mas sim por uma omissão, a teoria do risco administrativo é substituída pela teoria da culpa administrativa.[66] Assim, se um preso morrer vítima de uma rebelião penitenciária, a responsabilidade do Estado dependerá da comprovação da omissão na proteção do detento.[67] O cidadão lesado pela não atuação do órgão governamental terá de provar a omissão do agente público como motivo ensejador do dano. O Estado apenas pode ser responsabilizado se houver culpa do agente, de maneira que o prejudicado terá

---

[62] MENDES, Gilmar Ferreira; COELHO, Inocêncio Mártires; BRANCO, Paulo Gustavo Gonet. *Curso de direito constitucional*. São Paulo: Saraiva, 2009. p. 886.
[63] MENDES, Gilmar Ferreira; COELHO, Inocêncio Mártires; BRANCO, Paulo Gustavo Gonet. *Curso de direito constitucional*. São Paulo: Saraiva, 2009. p. 889.
[64] "Ocorre a culpa do serviço quando este não funciona, devendo funcionar, funciona mal ou funciona atrasado" (BANDEIRA DE MELLO, Celso Antônio. *Curso de direito administrativo*. 14. ed. São Paulo: Malheiros, 2002. p. 480-481).
[65] "Responsabilidade Civil do Estado: morte de passageiro em acidente de aviação civil: caracterização. Há no episódio uma circunstância incontroversa que dispensa a indagação acerca da falta de fiscalização preventiva, minimamente exigível, do equipamento: é estar a aeronave, quando do acidente, sob o comando de um 'checador' da Aeronáutica, à deficiência de cujo treinamento adequado se deveu, segundo a instância ordinária, o retardamento das medidas adequadas à emergência surgida na decolagem, que poderiam ter evitado o resultado fatal" (RE nº 258.726, Rel. Min. Sepúlveda Pertence).
[66] A Primeira Turma do STF entendeu ser responsabilidade subjetiva do Estado, diante da sua omissão, no caso de danos causados em propriedade em face de invasão por membros do movimento dos sem-terras, ante o descumprimento da ordem judicial que determinara à Polícia Militar estadual o reforço no policiamento da área invadida (RE nº 283.989/PR, Rel. Min. Ilmar Galvão).
[67] Para caracterizar a responsabilidade civil por ato omissivo do Estado deve restar clara a caracterização do nexo causal entre a omissão do Estado e o fato atribuído à conduta omissiva. Assim, uma das turmas do STF negou provimento a recurso extraordinário contra acórdão do Tribunal de Justiça do Rio Grande do Norte que reconhecera o direito de indenização devida a filho de preso assassinado dentro da própria cela por outro detento. Foi ressaltado que a responsabilidade por ato omissivo do Estado caracteriza-se como subjetiva, não sendo necessária a individualização da culpa, que decorre, de forma genérica, da falta do serviço (RE nº 81.602/MG, RE nº 84.072/BA).

de provar o ilícito para a imputação da responsabilidade. Com isso, há uma inversão do ônus da prova, dificultando a determinação da responsabilidade do Estado.

Uma vez paga a indenização ao cidadão ofendido, cabe ao Estado voltar-se contra o servidor que ocasionou o dano, cobrando-lhe o valor despendido, mediante uma ação de regresso. A Administração terá de provar que indenizou a vítima pela lesão sofrida e comprovar a culpa do servidor na prática da atividade que acarretou o dano. A finalidade da ação regressiva é ressarcir o Estado pela despesa realizada no pagamento da indenização ao cidadão que sofreu a lesão.

## 20.10 Licitação para contratação de obras, serviços, compra e alienações pela Administração Pública

Ressalvados os casos especificados na legislação, obras, serviços, compras e alienações serão contratados mediante processo de licitação pública que assegure igualdade de condições a todos os concorrentes, com cláusulas que estabeleçam obrigações de pagamento, mantidas as condições efetivas da proposta, nos termos da lei, a qual somente permitirá as exigências de qualificação técnica e econômica indispensáveis à garantia do cumprimento das obrigações (art. 37, XXI, CF).

A licitação é um procedimento administrativo voltado a gerar propostas e escolher proponentes de contratos de obras, serviços, compras ou de alienações do Poder Público.[68]

Fazendo-se um paralelo com a investidura na Administração Pública, que se dá, como visto, mediante a aprovação em concurso público de provas ou de provas e títulos, a necessidade da feitura de certame licitatório para a contratação com o Poder Público, do mesmo modo, nada mais é do que o atendimento ao princípio da isonomia, porque possibilita aos interessados a igualdade de condições para que participem do procedimento licitatório.[69]

A regra geral de opção do constituinte é a de que qualquer contrato que a Administração Pública deva realizar obedeça ao procedimento da licitação pública, que lhe garante a proposta mais vantajosa, bem como possibilita a todas as pessoas oferecerem seus serviços e mercadorias aos órgãos estatais em condições paritárias.

O motivo pelo qual a Administração Pública, direta e indireta, em todas as suas três esferas, federal, estadual e municipal, deve adotar a licitação para a realização de determinado contrato é a possibilidade de escolher a proposta mais vantajosa, velando, ainda, pelo princípio da moralidade administrativa. Como a Administração Pública fará parte de uma relação contratual, é curial que ela adote mecanismos que confiram a todas as pessoas a possibilidade de com ela contratar, consubstanciando o princípio da isonomia, além de se evitar um conjunto de práticas, no mínimo, antidemocráticas,

---

[68] SILVA, José Afonso da. *Curso de direito constitucional positivo*. São Paulo: Malheiros, 2009. p. 673.

[69] "Não podem a lei, o decreto, os atos regimentais ou instruções normativas, e muito menos acordo firmado entre partes, superpor-se a preceito constitucional, instituindo privilégios para uns em detrimento de outros, posto que, além de odiosos e iníquos, atentam contra os princípios éticos e morais que precipuamente devem reger os atos relacionados com a Administração Pública. O artigo 37, inciso XXI, da Constituição Federal, de conteúdo conceptual extensível primacialmente aos procedimentos licitatórios, insculpiu o princípio da isonomia assecuratória da igualdade de tratamento entre todos os concorrentes, em sintonia com o seu *caput* – obediência aos critérios da legalidade, impessoalidade e moralidade – e ao de que todos são iguais perante a lei, sem distinção de qualquer natureza" (MS nº 22.509, Rel. Min. Maurício Corrêa, *DJ*, 4 dez. 1996).

voltadas ao favoritismo dos agentes públicos.[70] Deste modo, a realização de contratos com o Poder Público mediante licitação vem a salvaguardar os princípios, explícitos e implícitos, da Administração Pública: legalidade, impessoalidade, moralidade, publicidade, eficiência, supremacia do interesse público, finalidade, motivação.[71]

De fato, o contrato público realizado por licitação, *a priori*, embasa-se pela legalidade porque não foge das prescrições da Constituição e da lei; atende à impessoalidade, distanciando-se do favoritismo casuístico; segue os parâmetros da moralidade, porque protege a *res* pública contra atos de improbidade; perfaz-se garantindo a publicidade dos seus atos; mostra-se eficiente, porque possibilita a melhor oferta à Administração Pública para a consecução do contrato; acata a supremacia do interesse público, pois não se volta a escolher determinada pessoa, mas, sim, aquela que representa o mais adequado atendimento do interesse da coletividade; é escoimado na finalidade, porque não é realizado ao puro alvedrio do administrador, mas de acordo com os objetivos legais; além de que traz ínsita a motivação de sua realização, evitando dispêndio dos recursos públicos.[72]

De todo modo, a própria Constituição estabelece, em seu art. 37, XXI, que a licitação é a regra geral, admitindo, portanto, exceções, estipuladas legalmente. A primeira consideração que deve ser feita é que apenas a lei pode estabelecer os casos em que se dispensa a licitação, não podendo o administrador escolher quando a adotar ou não. Com isso, a contratação direta pela Administração só é realizada de acordo com o previsto na legislação ordinária.

É da União a competência legislativa privativa para legislar sobre normas gerais de licitação e contratos administrativos (CF, art. 22, XXVII). Durante muitos anos, a matéria foi regida infraconstitucionalmente pela Lei nº 8.666, de 26.6.1993, substituída pela Lei nº 14.133, de 1º.4.2021. A revogação do diploma anterior, contudo, foi diferida por um prazo de 2 (dois) anos, de modo que até 1º.4.2023 a Administração Pública pode optar por empregar um ou o outro regime.[73]

Nos termos da Lei nº 14.133/2021, há cinco modalidades de licitação:[74]

a) pregão, adotado sempre que o objeto possuir padrões de desempenho e qualidade que possam ser objetivamente definidos pelo edital, não podendo ser aplicado para a contratação de serviços de natureza intelectual, obras ou serviços especiais de engenharia;

---

[70] "Consoante esta interpretação, em regra, qualquer contratação, sem prévia e necessária licitação, não só desrespeita o princípio da legalidade, como vai mais além, pois demonstra favoritismo do Poder Público em contratar determinada empresa, em detrimento de todas as demais, que nem ao menos tiveram oportunidade de oferecimento de propostas e verificação de condições, em frontal desrespeito ao princípio da igualdade" (MORAES, Alexandre de. *Direito constitucional*. 24. ed. São Paulo: Atlas, 2009. p. 360).

[71] "A licitação, no processo de privatização, há de fazer-se com observância dos princípios maiores consignados no art. 37, XXI, da Lei Maior" (ADI nº 1.824-MC, Rel. Min. Néri da Silveira, *DJ*, 29 nov. 2002).

[72] "Os princípios constitucionais que regem a administração pública exigem que a concessão de serviços públicos seja precedida de licitação pública. Contraria os arts. 37 e 175 da Constituição Federal decisão judicial que, fundada em conceito genérico de interesse público, sequer fundamentada em fatos e a pretexto de suprir omissão do órgão administrativo competente, reconhece ao particular o direito de exploração de serviço público sem a observância do procedimento de licitação" (RE nº 264.621, Rel. Min. Joaquim Barbosa, *DJ*, 8 abr. 2005).

[73] O mesmo se aplica às leis nº 10.520/2002 (Pregão) e nº 12.462/2011 (Regime Diferenciado de Contratações Públicas).

[74] Lei nº 14.133/2021, art. 17. Para o regime da Lei nº 8.666/1993, conferir o art. 22.

b) concorrência, para contratação de bens e serviços especiais e de obras e serviços comuns e especiais de engenharia;

c) concurso, para escolha de trabalho técnico, científico ou artístico, cujo critério de julgamento será o de melhor técnica ou conteúdo, podendo ser estipulado prêmio ou remuneração ao vencedor;

d) leilão, para a venda de bens imóveis ou de bens móveis inservíveis ou legalmente apreendidos a quem oferecer o maior lance;

e) diálogo competitivo, modalidade utilizada em situações excepcionais, em que a Administração visa contratar objeto especial ou inovador, incapaz de ser definido com precisão suficiente, ou quando se verificar a necessidade de definir, em diálogo com os fornecedores disponíveis no mercado, os meios e alternativas que mais bem possam satisfazer as necessidades do Poder Público.

A licitação pode ser relativizada por duas maneiras. A primeira é quando a licitação é dispensável, nas hipóteses taxativas enumeradas na legislação. A segunda é quando a legislação é inexigível.

Não se deve confundir a dispensa com a inexigibilidade da licitação. A inexigibilidade da licitação ocorre nos casos em que houver a impossibilidade jurídica de competição entre todos os interessados, pela própria natureza do negócio ou pela finalidade da licitação. A dispensa de licitação ocorre da opção do legislador ordinário, pela faculdade que lhe outorgou o constituinte; por sua vez, a inexigibilidade de licitação ocorre mais em virtude da "inviabilidade da licitação, por impossibilidade do processo de competição entre os participantes".[75]

Os casos de dispensa de licitação são expressos no art. 75 da Lei nº 14.133/2021,[76] *in verbis*:

> Art. 75. É dispensável a licitação:
> I - para contratação que envolva valores inferiores a R$ 100.000,00 (cem mil reais), no caso de obras e serviços de engenharia ou de serviços de manutenção de veículos automotores;
> II - para contratação que envolva valores inferiores a R$ 50.000,00 (cinquenta mil reais), no caso de outros serviços e compras;
> III - para contratação que mantenha todas as condições definidas em edital de licitação realizada há menos de 1 (um) ano, quando se verificar que naquela licitação:
> a) não surgiram licitantes interessados ou não foram apresentadas propostas válidas;
> b) as propostas apresentadas consignaram preços manifestamente superiores aos praticados no mercado ou incompatíveis com os fixados pelos órgãos oficiais competentes;
> IV - para contratação que tenha por objeto:
> a) bens, componentes ou peças de origem nacional ou estrangeira necessários à manutenção de equipamentos, a serem adquiridos do fornecedor original desses equipamentos durante o período de garantia técnica, quando essa condição de exclusividade for indispensável para a vigência da garantia;
> b) bens, serviços, alienações ou obras, nos termos de acordo internacional específico aprovado pelo Congresso Nacional, quando as condições ofertadas forem manifestamente vantajosas para a Administração;

---

[75] MORAES, Alexandre de. *Direito constitucional*. 24. ed. São Paulo: Atlas, 2009. p. 362.
[76] Para o regime da Lei nº 8.666/93, conferir o art. 24.

c) produtos para pesquisa e desenvolvimento, limitada a contratação, no caso de obras e serviços de engenharia, ao valor de R$ 300.000,00 (trezentos mil reais);

d) transferência de tecnologia ou licenciamento de direito de uso ou de exploração de criação protegida, nas contratações realizadas por instituição científica, tecnológica e de inovação (ICT) pública ou por agência de fomento, desde que demonstrada vantagem para a Administração;

e) hortifrutigranjeiros, pães e outros gêneros perecíveis, no período necessário para a realização dos processos licitatórios correspondentes, hipótese em que a contratação será realizada diretamente com base no preço do dia;

f) bens ou serviços produzidos ou prestados no País que envolvam, cumulativamente, alta complexidade tecnológica e defesa nacional;

g) materiais de uso das Forças Armadas, com exceção de materiais de uso pessoal e administrativo, quando houver necessidade de manter a padronização requerida pela estrutura de apoio logístico dos meios navais, aéreos e terrestres, mediante autorização por ato do comandante da força militar;

h) bens e serviços para atendimento dos contingentes militares das forças singulares brasileiras empregadas em operações de paz no exterior, hipótese em que a contratação deverá ser justificada quanto ao preço e à escolha do fornecedor ou executante e ratificada pelo comandante da força militar;

i) abastecimento ou suprimento de efetivos militares em estada eventual de curta duração em portos, aeroportos ou localidades diferentes de suas sedes, por motivo de movimentação operacional ou de adestramento;

j) coleta, processamento e comercialização de resíduos sólidos urbanos recicláveis ou reutilizáveis, em áreas com sistema de coleta seletiva de lixo, realizados por associações ou cooperativas formadas exclusivamente de pessoas físicas de baixa renda reconhecidas pelo poder público como catadores de materiais recicláveis, com o uso de equipamentos compatíveis com as normas técnicas, ambientais e de saúde pública;

k) aquisição ou restauração de obras de arte e objetos históricos, de autenticidade certificada, desde que inerente às finalidades do órgão ou com elas compatível;

l) serviços especializados ou aquisição ou locação de equipamentos destinados ao rastreamento e à obtenção de provas previstas nos incisos II e V do caput do art. 3º da Lei nº 12.850, de 2 de agosto de 2013, quando houver necessidade justificada de manutenção de sigilo sobre a investigação;

m) aquisição de medicamentos destinados exclusivamente ao tratamento de doenças raras definidas pelo Ministério da Saúde;

V - para contratação com vistas ao cumprimento do disposto nos arts. 3º, 3º-A, 4º, 5º e 20 da Lei nº 10.973, de 2 de dezembro de 2004, observados os princípios gerais de contratação constantes da referida Lei;

VI - para contratação que possa acarretar comprometimento da segurança nacional, nos casos estabelecidos pelo Ministro de Estado da Defesa, mediante demanda dos comandos das Forças Armadas ou dos demais ministérios;

VII - nos casos de guerra, estado de defesa, estado de sítio, intervenção federal ou de grave perturbação da ordem;

VIII - nos casos de emergência ou de calamidade pública, quando caracterizada urgência de atendimento de situação que possa ocasionar prejuízo ou comprometer a continuidade dos serviços públicos ou a segurança de pessoas, obras, serviços, equipamentos e outros bens, públicos ou particulares, e somente para aquisição dos bens necessários ao atendimento da situação emergencial ou calamitosa e para as parcelas de obras e serviços que possam ser concluídas no prazo máximo de 1 (um) ano, contado da data de ocorrência da emergência ou da calamidade, vedadas a prorrogação dos respectivos contratos e a recontratação de empresa já contratada com base no disposto neste inciso;

IX - para a aquisição, por pessoa jurídica de direito público interno, de bens produzidos ou serviços prestados por órgão ou entidade que integrem a Administração Pública e que tenham sido criados para esse fim específico, desde que o preço contratado seja compatível com o praticado no mercado;

X - quando a União tiver que intervir no domínio econômico para regular preços ou normalizar o abastecimento;

XI - para celebração de contrato de programa com ente federativo ou com entidade de sua Administração Pública indireta que envolva prestação de serviços públicos de forma associada nos termos autorizados em contrato de consórcio público ou em convênio de cooperação;

XII - para contratação em que houver transferência de tecnologia de produtos estratégicos para o Sistema Único de Saúde (SUS), conforme elencados em ato da direção nacional do SUS, inclusive por ocasião da aquisição desses produtos durante as etapas de absorção tecnológica, e em valores compatíveis com aqueles definidos no instrumento firmado para a transferência de tecnologia;

XIII - para contratação de profissionais para compor a comissão de avaliação de critérios de técnica, quando se tratar de profissional técnico de notória especialização;

XIV - para contratação de associação de pessoas com deficiência, sem fins lucrativos e de comprovada idoneidade, por órgão ou entidade da Administração Pública, para a prestação de serviços, desde que o preço contratado seja compatível com o praticado no mercado e os serviços contratados sejam prestados exclusivamente por pessoas com deficiência;

XV - para contratação de instituição brasileira que tenha por finalidade estatutária apoiar, captar e executar atividades de ensino, pesquisa, extensão, desenvolvimento institucional, científico e tecnológico e estímulo à inovação, inclusive para gerir administrativa e financeiramente essas atividades, ou para contratação de instituição dedicada à recuperação social da pessoa presa, desde que o contratado tenha inquestionável reputação ética e profissional e não tenha fins lucrativos;

XVI - para aquisição, por pessoa jurídica de direito público interno, de insumos estratégicos para a saúde produzidos por fundação que, regimental ou estatutariamente, tenha por finalidade apoiar órgão da Administração Pública direta, sua autarquia ou fundação em projetos de ensino, pesquisa, extensão, desenvolvimento institucional, científico e tecnológico e de estímulo à inovação, inclusive na gestão administrativa e financeira necessária à execução desses projetos, ou em parcerias que envolvam transferência de tecnologia de produtos estratégicos para o SUS, nos termos do inciso XII do caput deste artigo, e que tenha sido criada para esse fim específico em data anterior à entrada em vigor desta Lei, desde que o preço contratado seja compatível com o praticado no mercado.

De todo modo, mesmo sendo a inexigibilidade de licitação considerada em virtude da natureza do objeto, ou em relação às suas finalidades, cuidou o legislador ordinário dos casos em que ela ocorre. Assim dispôs no art. 74 da Lei nº 14.133/2021:[77]

Art. 74. É inexigível a licitação quando inviável a competição, em especial nos casos de:
I - aquisição de materiais, de equipamentos ou de gêneros ou contratação de serviços que só possam ser fornecidos por produtor, empresa ou representante comercial exclusivos;
II - contratação de profissional do setor artístico, diretamente ou por meio de empresário exclusivo, desde que consagrado pela crítica especializada ou pela opinião pública;

---

[77] Para o regime da Lei nº 8.666/1993, conferir o art. 25.

III - contratação dos seguintes serviços técnicos especializados de natureza predominantemente intelectual com profissionais ou empresas de notória especialização, vedada a inexigibilidade para serviços de publicidade e divulgação:

a) estudos técnicos, planejamentos, projetos básicos ou projetos executivos;
b) pareceres, perícias e avaliações em geral;
c) assessorias ou consultorias técnicas e auditorias financeiras ou tributárias;
d) fiscalização, supervisão ou gerenciamento de obras ou serviços;
e) patrocínio ou defesa de causas judiciais ou administrativas;
f) treinamento e aperfeiçoamento de pessoal;
g) restauração de obras de arte e de bens de valor histórico;
h) controles de qualidade e tecnológico, análises, testes e ensaios de campo e laboratoriais, instrumentação e monitoramento de parâmetros específicos de obras e do meio ambiente e demais serviços de engenharia que se enquadrem no disposto neste inciso;
IV - objetos que devam ou possam ser contratados por meio de credenciamento;
V - aquisição ou locação de imóvel cujas características de instalações e de localização tornem necessária sua escolha.

## 20.11 Publicidade dos órgãos públicos

A publicidade dos atos, programas, obras, serviços e campanhas dos órgãos públicos deverá ter caráter educativo, informativo ou de orientação social, dela não podendo constar nomes, símbolos ou imagens que caracterizem promoção pessoal de autoridades ou servidores públicos (art. 37, §1º, CF).

A Constituição de 1967/69 não possuía regra semelhante à do dispositivo em comento, o que ensejou, como é cediço, uma pletora de propagandas estatais que nada mais fazia do que exortar a figura do próprio agente público, e não as obras e os serviços que a Administração Pública realizara, com finalidade apenas eleitoreira. O dinheiro público era gasto de modo desarrazoado, transcendendo do orbe de propaganda institucional para o de propaganda pessoal daqueles que faziam parte da máquina pública.

A Constituição de 1988 consagrou de forma explícita este preceito que estipula a vedação da utilização de dinheiro público para propaganda desnaturada dos atos da Administração Pública, propaganda esta que assume mais um caráter de promoção pessoal do gestor público do que dos próprios feitos do Poder Público. A intenção do constituinte foi a de evitar tais práticas, consagrando de forma expressa este preceito.

No entanto, é de se ressaltar que este princípio nada mais é do que corolário da junção dos princípios da publicidade e da moralidade da Administração Pública, o que por, si só, mesmo se ausente esta vedação, já impediria propaganda que contivesse nomes, símbolos ou imagens que caracterizem promoção pessoal de autoridades ou servidores públicos.[78]

Toda e qualquer propaganda que a Administração Pública realizar sobre seus atos, programas, obras, serviços deverá se balizar sobre três vetores primordiais auferidos do dispositivo constitucional em tela: a) caráter educativo; b) informativo; c) orientação

---

[78] "Publicidade de caráter autopromocional do Governador e de seus correligionários, contendo nomes, símbolos e imagens, realizada às custas do erário. Não observância do disposto na segunda parte do preceito constitucional contido no art. 37, §1º" (RE nº 217.025-AgR, Rel. Min. Maurício Corrêa, *DJ*, 5 jun. 1998).

social. Assim, a propaganda pública que se desvirtuar destes três vetores básicos se constitui como propaganda ilícita, sujeitando seus responsáveis às sanções legais.

Assim, as propagandas dos órgãos públicos que contiverem nomes, símbolos ou imagens que caracterizem promoção pessoal de autoridades ou servidores públicos, ou não encerrarem caráter educativo, informativo ou de orientação social, constituem, efetivamente, atos de improbidade administrativa.[79]

## 20.12 Responsabilidade civil decorrente de atos legislativos

Como afirmou-se antes, a *Lex Mater* agasalhou a teoria do risco administrativo, de forma que as pessoas jurídicas de direito público e as de direito privado que prestem serviços à coletividade responderão pelos atos de seus agentes que, nessa qualidade, causem danos a terceiros, assegurado o direito de regresso contra o responsável, seja por ter agido com dolo, seja por ter agido com culpa.[80]

Compreende-se que compete à Administração o dever de indenizar terceiros por danos provocados por agentes públicos, no desempenho de suas funções.[81] Para tanto, é imprescindível que o agente esteja no pleno exercício de suas atividades. De acordo com a teoria consagrada na Lei Maior – a teoria do risco administrativo –, havendo nexo de causalidade entre a conduta do agente público e o dano produzido, independentemente de dolo ou culpa, caberá indenização por parte do Estado.[82] Entretanto, se o Poder Público provar que o dano ocorreu por inteira culpa da vítima, restará excluída a sua responsabilidade. Trata-se de responsabilidade extracontratual, que pode ser oriunda de ato lícito ou ilícito.

Não obstante, a regra de que não há responsabilidade civil por atos legislativos comporta exceções quando há a promulgação de dispositivo inconstitucional que venha a ferir direitos dos cidadãos ou em caso de mandamentos bastante específicos, que provoquem limitações em demasia a alguns sujeitos passivos.[83] Mesmo levando-se em consideração a parêmia de Marshall de que os atos inconstitucionais são *null and*

---

[79] "Art. 11. Constitui ato de improbidade administrativa que atenta contra os princípios da administração pública qualquer ação ou omissão que viole os deveres de honestidade, imparcialidade, legalidade, e lealdade às instituições, e notadamente: [...] I – praticar ato visando fim proibido em lei ou regulamento ou diverso daquele previsto na regra de competência; [...] IV– negar publicidade aos atos oficiais" (Lei nº 8.429, de 2.6.1992).

[80] Para caracterizar a referida responsabilidade basta que a vítima prove o dano sofrido e o nexo causal com a ação ou omissão estatal (VENOSA, Sílvio de Salvo. *Direito civil*: responsabilidade civil. 6. ed. São Paulo: Atlas, 2006. v. 4. p. 84).

[81] Nas relações jurídicas, os entes estatais são responsáveis pelos danos que ocasionam ou pelo inadimplemento das obrigações pactuadas (PERFETTI, Luca R. (Org.). *Corso di diritto amministrativo*. 2. ed. Milão: Cedam, 2008. p. 503).

[82] Recentemente, o Superior Tribunal de Justiça enfatizou: "A responsabilidade civil imputada ao Estado por ato danoso de seus prepostos é objetiva (art. 37, §6º, CF), impondo-se o dever de indenizar quando houver dano ao patrimônio de outrem e nexo causal entre o dano e o comportamento do preposto" (STJ, 2ª Turma, REsp nº 721.439, Rel. Min. Eliana Calmon, j. 21.8.2007, *DJ*, 31 ago. 2007).

[83] "Embora seja costume argumentar a favor da irresponsabilidade do Estado por facto das leis com a ideia de a disciplina da lei ser geral e abstracta, deve ponderar-se que: (1) algumas leis declaradas ou julgadas inconstitucionais podem ter ocasionado violação de direitos, liberdades e garantias ou prejuízos para os cidadãos; (2) algumas leis com características de lei-medida são leis *self executing*, podendo ter gerado prejuízos sérios aos cidadãos; (3) algumas leis, gerais e abstractas, podem vir a impor encargos apenas a alguns particulares (leis fixadoras de vínculos ecológicos, urbanísticos, de nacionalização de bens etc.), violando quer o direito de propriedade, quer o princípio da igualdade (restrições afectadas do conteúdo essencial de um direito)" (CANOTILHO, José Joaquim Gomes. *Direito constitucional e teoria da Constituição*. 6. ed. Coimbra: Almedina, 2002. p. 505).

*avoid*, se eles produziram danos à população, esse gravame deve ser ressarcido, pois se assim não o fosse o Estado se transformaria em um leviatã absoluto, que não respeitaria nenhum direito humano.[84]

Qualquer tipo de inconstitucionalidade pode provocar a responsabilidade civil dos entes estatais, mormente a inconstitucionalidade material, a formal e a por omissão.

Agindo ao arrepio dos ditames constitucionais, mesmo em sua atuação normogenética, restar-se-á configurada uma lesão que deve ser ressarcida pelos entes estatais.[85] O conceito de responsabilidade civil do Estado envolve os acontecimentos relacionados aos três poderes (Executivo, Legislativo e Judiciário), como também aos três níveis federativos (União, estados e municípios).[86]

## 20.12.1 Pressupostos necessários à sua configuração

Havendo dano em razão de ato legislativo inconstitucional, poderá haver a responsabilização do Estado, ou seja, existindo normas inconstitucionais que causem prejuízo, estes terão direito à reparação estatal.[87] Essa obrigação deriva do dever dos legisladores de atuarem em conformidade com os mandamentos constitucionais, não podendo se escusar nos parâmetros da legalidade para perpetrarem acintes ao Estado de Direito estabelecido.

O primeiro pressuposto para a configuração dessa responsabilidade está na necessidade de que haja uma decisão definitiva por parte do Supremo Tribunal Federal, ratificando a existência da inconstitucionalidade da lei ou ato normativo.[88] Decisões provisórias ou de outras instâncias não são válidas para provocar responsabilidade civil porque a presunção de constitucionalidade do dispositivo impugnado resta intacta.[89] Mesmo se houver decisão transitada em julgado, no âmbito do controle incidental, em instâncias anteriores, não haverá a configuração da obrigação reparadora porque apenas uma decisão definitiva do STF pode retirar a validade normativa sem ferir mortalmente a segurança jurídica que é apanágio das produções legislativas.

---

[84] HOBBES, Thomas. *El estado*. México: Fondo de Cultura Económica, 1998. p. 43.

[85] A lesão ocasionada pode se referir ao patrimônio, à disponibilidade econômica ou a um direito tutelado judicialmente.

[86] "Ao se falar em responsabilidade do Estado quer-se significar o Estado-organização no seu todo, abrangendo União, Estados, Distrito Federal e Municípios. Essa compreensão decorre da expressão constitucional 'pessoas jurídicas de Direito Público'" (ANDRADE, Luciano Benévolo de. *Curso moderno de direito administrativo*. São Paulo: Saraiva, 1975. p. 211).

[87] "Há, indubitavelmente, possibilidade de normas inconstitucionais que acarretem prejuízos a terceiros, que farão jus a uma indenização do Estado, pois, se o legislador, que tem o dever de obedecer aos ditames constitucionais, os quais não poderá alterar, editar norma inconstitucional lesiva a terceiros, esse seu ato constituir-se-á num dano indenizável" (DINIZ, Maria Helena. *Curso de direito civil*: responsabilidade civil. São Paulo: Saraiva, 2017. p. 571).

[88] "O Estado só responde (em forma de indenização, ao indivíduo prejudicado) por atos legislativos quando inconstitucionais, assim declarados pelo Supremo Tribunal Federal" (REsp nº 124.864/PR, Rel. Min. Garcia Vieira, *DJ*, 28 set. 1998. p. 3).
"A responsabilidade civil em razão do ato legislativo só é admitida quando declarada pelo STF a inconstitucionalidade da lei causadora do dano a ser ressarcido, isso em sede de controle concentrado. Assim, não se retirando do ordenamento jurídico a Lei nº 8.024/1990, não há como se falar em obrigação de indenizar pelo dano moral causado pelo BACEN no cumprimento daquela lei" (REsp nº 571.645/RS, Rel. Min. João Otávio de Noronha, j. 21.9.2006).

[89] A exceção é quando a formulação de ato normativo atinge determinadas pessoas, de forma específica, produzindo uma maior restrição de suas liberdades de forma anormal.

Posteriormente, como segundo pressuposto para a configuração dessa responsabilidade, precisa-se que a lei declarada inconstitucional tenha produzido qualquer tipo de efeito, impedindo-se a sua tipificação quando for destituída de qualquer tipo de eficácia. Durante o *vacatio legis* ou se não houver nem mesmo efeitos impeditivos, o ensejo de qualquer tipo de responsabilidade é elidido.[90]

Por último, não basta a declaração de inconstitucionalidade para que haja a possibilidade de indenização. É imperiosa a comprovação do nexo causal entre a norma viciada e o evento danoso, para, com a junção destes dois elementos, haver a possibilidade da responsabilização estatal. Isto acontece porque o fato gerador do direito à reparação não é a decisão de inconstitucionalidade, mas sim que o dano sofrido pelo particular tenha sido causado, de forma direta, pela norma declarada inconstitucional.[91]

Necessita-se provar a lesão a uma prerrogativa do cidadão que fora incorporada à sua disponibilidade obedecendo aos procedimentos jurídicos devidos e que este dano se deveu à declaração de sua inconstitucionalidade. O dano causado não pode ser genérico; urge especificá-lo para a comprovação entre sua ocorrência e a norma expulsa do ordenamento jurídico.[92]

## 20.12.2 Hipóteses de responsabilidade civil por atos legislativos

O liame obrigacional ocasionado em virtude de uma inconstitucionalidade por ação, formal ou material, é a causa mais frequente de dano por produção normativa. Como a Constituição é o parâmetro de validade do ordenamento jurídico, uma afronta a um de seus dispositivos deve acarretar a imediata expulsão da norma do ordenamento jurídico, garantindo sua natureza jurídico-formal.[93]

A dificuldade nessa hipótese se configura em provar que o dano provocado atingiu de forma direta o cidadão, ocasionando a lesão em um direito deferido pela *Lex Mater*. Se o gravame ocorreu por via incidental, sem atingir de forma frontal o bem *sub judice*, não se pode pleitear qualquer tipo de ressarcimento.

Independentemente de os efeitos da decisão do Pretório Excelso forem *ex tunc* ou *ex nunc*, haverá a tipificação do fato gerador da responsabilidade quando da declaração de inconstitucionalidade. Ainda que os efeitos sejam *ex nunc*, o vínculo prestacional será mantido porque os critérios de conveniência dessa decisão não podem obnubilar a constatação do acinte à Constituição e o prejuízo sofrido pelo cidadão.

A responsabilidade civil por ausência de produção normativa ocorre nos casos em que o Poder Legislativo for omisso em sua função de regulamentar mandamentos constitucionais e, em razão da ausência de especificação, o cidadão seja impedido de utilizar um direito que lhe fora conferido, produzindo-lhe prejuízo material ou moral. Ressalve-se que para a configuração da omissão necessita-se de um lapso temporal razoável para o exercício da atividade normogenética.

---

[90] "[...] essa responsabilidade só se pode referir às consequências da aplicação da lei e não a lei como norma jurídica. A lei, por exemplo, que viesse a ferir o direito de propriedade só poderia ter aplicação em face dos preceitos constitucionais (art. 141, §6º), mediante indenização, envolvendo a responsabilidade do Estado" (CAVALCANTI, Themístocles Brandão. *Curso de direito administrativo*. 10. ed. Rio de Janeiro: Freitas Bastos, 1977. p. 100).

[91] A responsabilidade apenas pode existir se o fato imputado fora causa direta do dano (CHAPUS, René. *Droit administratif général*. 11. ed. Paris: Montchrestien, 1997. p. 1.118).

[92] LAUBADÈRE, André de *et al*. *Traité de droit administratif*. 13. ed. Paris: LGDJ, 1994. t. I. p. 882.

[93] ZAGREBELSKY, Gustavo. *La giustizia costituzionale*. Bologna: Il Mulino, 1988. p. 14

Esse tipo de responsabilidade ganhou novos contornos com a modificação jurisprudencial efetuada pelo STF, que passou a considerar que a ação direta de inconstitucionalidade por omissão e o mandado por omissão dispõem de eficácia mandamental, devendo o órgão legislativo suprir sua omissão em determinado lapso de tempo ou regulamentar a situação de forma tópica para que o direito fundamental possa ser exercido.

Por último, pode haver obrigação aos entes estatais quando, embora com o propósito de editar leis gerais e abstratas, a produção normogenética acabe por atingir diretamente um grupo delimitado de pessoas,[94] impondo-se o dever de indenizar sem que haja declaração de inconstitucionalidade por parte do Supremo Tribunal Federal.[95]

Nesse caso, alega-se que a Administração Pública interferiu, principalmente, na esfera de disponibilidade do cidadão, acarretando um ônus excessivo, que não está amparado pelo teor genérico e abstrato que deve permear todas as normas.[96] Há uma lesão a determinados cidadãos que deve ser compensada, pois se exigiu deles maior sacrifício que os impostos aos demais.[97] A restrição mencionada constitui-se quase em um caso de confisco ou expropriação, que são, em regra, vedados pela Constituição, acarretando, assim, o direito de ser indenizado pelos prejuízos sofridos. Responsabiliza-se os entes estatais em razão de não terem distribuído os ônus sociais de forma equitativa, descumprindo o princípio da isonomia.[98]

## 20.13 Perda de cargo ou emprego público

O direito à estabilidade dos servidores públicos surgiu no texto constitucional de 1934, e passou a ser contemplado em todas as demais Cartas Constitucionais. Estabilidade é a garantia de permanência no serviço público com a finalidade precípua de impedir que interesses políticos prejudiquem o desempenho dos servidores.

Adquire-se a estabilidade após três anos de efetivo exercício na função, haja vista que o estágio probatório, que antes era de dois anos, passou a ser de três, com a reforma da Constituição (art. 41, *caput*, da CF). O estágio probatório, como dispõe a própria

---

[94] Celso Antônio Bandeira de Mello entende que esse não se configura como um caso de responsabilidade civil, mas de indenização (BANDEIRA DE MELLO, Celso Antônio. *Curso de direito administrativo*. 14. ed. São Paulo: Malheiros, 2002. p. 836).

[95] DI PIETRO, Maria Sylvia Zanella. *Direito administrativo*. São Paulo: Atlas, 2006. p. 626-627.

[96] "Logo, o dano assim considerado pelo Direito, o dano ensanchador de responsabilidade, é mais que simples dano econômico. Pressupõe sua existência, mas reclama, além disso, que consista em agravo a algo que a ordem jurídica reconheça como garantido em favor de um sujeito. Não basta para caracterizá-lo que a mera deterioração patrimonial sofrida por alguém possa fruir, ainda que legitimamente. Importa que se trate de um bem jurídico cuja integridade o sistema normativo proteja, reconhecendo-o como um direito do indivíduo" (BANDEIRA DE MELLO, Celso Antônio. *Curso de direito administrativo*. 14. ed. São Paulo: Malheiros, 2002. p. 862-863).

[97] ANDRADE, Luciano Benévolo de. *Curso moderno de direito administrativo*. São Paulo: Saraiva, 1975. p. 211.

[98] "Se a atividade legislativa não respeitar o princípio da igualdade de todos perante a lei, justifica-se, plenamente, o dever ressarcitório da pessoa jurídica de direito público, que deverá, então, pagar a devida indenização ao lesado. P. ex.: o monopólio instituído por lei, muitas vezes, é apontado pelos juristas como hipótese de ato legislativo constitucional que pode causar dano indenizável pelo Estado (RT, 431:141). Se num regime que sempre incentivou a iniciativa privada se promulgar norma que venha monopolizar certa atividade industrial ou comercial, será devida a indenização aos prejudicados. Os atingidos pela lei instituidora do monopólio exerciam suas atividades licitamente, estando protegidos pela lei vigente, portanto, sua situação era protegida juridicamente; com a alteração das condições da prestação daquelas atividades, pois o Estado as assumiu, não seria equânime negar-lhe a recomposição patrimonial, visto que sofreram tratamento especial e desigual por aquele ato legislativo" (DINIZ, Maria Helena. *Curso de direito civil*: responsabilidade civil. São Paulo: Saraiva, 2017. p. 571).

etimologia da palavra, é determinado período em que a Administração Pública verifica se o servidor se adequa ao exercício das atividades públicas.[99]

A Emenda nº 19 acrescentou mais um requisito para o servidor adquirir a estabilidade, além do cumprimento do estágio probatório, que é a avaliação especial de desempenho, por comissão instituída para essa finalidade. A comissão de desempenho avaliará se o servidor preenche as condições que o habilitam para o exercício do cargo.

Durante o estágio probatório ou na avaliação da referida comissão, se for comprovado que o servidor não dispõe de condições para ocupar o cargo, será exonerado e garantido o direito ao contraditório e à ampla defesa. O Enunciado nº 21 da súmula do Supremo Tribunal Federal assevera que o funcionário em estágio probatório não pode ser exonerado nem demitido sem inquérito ou sem as formalidades legais de apuração de sua capacidade.

Antes da Emenda Constitucional nº 19, o servidor estável somente perderia o cargo por sentença judicial transitada em julgado ou em virtude de processo administrativo disciplinar, assegurado o contraditório, a ampla defesa e o devido processo legal.[100] Para os servidores vitalícios, a perda do cargo somente pode ocorrer mediante sentença judicial transitada em julgado.

Diante da reforma administrativa produzida pela EC nº 19, novas formas de demissão foram acrescentadas. Foi instituída a avaliação periódica de desempenho, através da qual o servidor é avaliado duas vezes ao ano, e, se em duas vezes consecutivas for constatado que ele não desempenha o cargo de forma eficiente, poderá ser demitido.

Outra forma de perda de cargo pelo servidor estável está prevista no §4º do art. 169 da Constituição. Se a folha de pagamento ultrapassar os limites estabelecidos em lei complementar para gastos com pessoal – 50% da receita corrente líquida para a União e 60% para os estados-membros e os municípios (Lei Complementar nº 101/2000) –, deverão ser tomadas as seguintes medidas, sucessivamente: redução em pelo menos 20% das despesas com cargos em comissão e em funções de confiança e exoneração dos servidores não estáveis. Realizadas essas demissões e não atingido o percentual legal, servidores estáveis podem ser demitidos, extinguindo-se seus cargos e impedindo a sua recriação pelos próximos quatro anos. Servidores públicos não estáveis são aqueles que entraram sem concurso público e não tinham completado cinco anos de exercício profissional antes da promulgação da Constituição de 1988.

Reintegração é a volta do servidor ao órgão público, por ter sido ilegalmente demitido do cargo. Com a modificação efetuada pela reforma, o reintegrado não terá direito à indenização por perdas e danos em razão da ilicitude da sua demissão. O direito à reintegração pode ser realizado por meio de decisão administrativa ou judicial.

---

[99] "Se o servidor federal estável, submetido a estágio probatório em novo cargo público, desiste de exercer a nova função, tem ele o direito a ser reconduzido ao cargo ocupado anteriormente no serviço público. O STF autoriza a recondução do servidor estável na hipótese de desistência voluntária deste em continuar o estágio probatório, reconhecendo ele próprio a sua inadaptação no novo cargo" (MS nº 23.577/DF, Rel. Min. Carlos Velloso).

[100] No MS nº 23.261/RJ, cuja relatora foi a Min. Ellen Gracie, o Tribunal indeferiu mandado de segurança em que se pretendia a anulação da pena de demissão imposta a servidor público, sob a alegação de ausência do direito ao contraditório durante o inquérito administrativo. Entendeu-se não caracterizado o cerceamento de defesa em face da demonstração nos autos de que o impetrante efetivamente teve assegurada sua participação no processo disciplinar, no qual foram observados os princípios da ampla defesa e do contraditório (*Informativo do STF*, n. 257).

Também pela citada emenda, o servidor que for colocado em disponibilidade, porque o seu cargo foi declarado extinto ou foi declarada sua desnecessidade, receberá sua remuneração proporcionalmente ao seu tempo de serviço. Antes da reforma, ele a recebia de forma integral.

## 20.14 Dos militares dos estados, do Distrito Federal e dos territórios

Os militares dos estados, do Distrito Federal e dos territórios compreendem os componentes da Polícia Militar e do Corpo de Bombeiros (de acordo com a alteração produzida pela Emenda nº 18; antes da referida emenda a terminologia utilizada era "servidores públicos militares"). Todos são organizados com base na hierarquia e na disciplina (art. 144, §6º, da CF).

Em razão das peculiaridades do serviço militar, nem todas as normas referentes aos servidores públicos civis são aplicáveis aos servidores públicos militares. Assim, estes estão proibidos de realizar greves e de se organizarem em sindicatos, sob pena de quebra da hierarquia.

O art. 37, inc. X, da Constituição Federal, que garantia a mesma revisão da remuneração para os servidores civis e militares, na mesma data e com os mesmos índices, foi modificado pela Emenda Constitucional nº 19, que estabeleceu a possibilidade de reajuste diferenciado para os servidores públicos militares, ou seja, sem obrigatoriedade de haver reajuste para os servidores civis.

A remuneração dos servidores públicos militares se denomina soldo.

# REGIME PREVIDENCIÁRIO DOS SERVIDORES PÚBLICOS

## 21.1 Regime previdenciário dos servidores públicos

Desde a promulgação da Carta Cidadã tem havido muitas modificações no regime previdenciário dos servidores públicos. A Reforma Previdenciária, Emenda Constitucional nº 41, que foi promulgada em 19.12.2003, mas apenas publicada em 31.12.2003; a denominada PEC Paralela, Emenda Constitucional nº 47, promulgada em 5.7.2005, e a Emenda Constitucional nº 103, de 12.11.2019 foram, respectivamente, a terceira, quarta e quinta reformas do gênero realizadas no Brasil nos últimos anos. A primeira modificação ocorreu em 1998, através da Emenda Constitucional nº 20, que extinguiu do ordenamento a possibilidade de aposentadoria apenas por tempo de serviço. A segunda modificação ocorreu um ano depois, com relação às aposentadorias do INSS, pela introdução do "fator previdenciário", exigindo um maior tempo de contribuição dos segurados para fazerem jus a um maior benefício previdenciário. A terceira reforma tem como um dos seus maiores objetivos igualar o Regime Próprio de Previdência dos Servidores (RPPS) ao Regime Geral de Previdência Social (RGPS). E a quarta, Emenda Constitucional nº 47, almeja mitigar os efeitos provocados por esta última.

O Regime Geral de Previdência Social (RGPS) é específico para os trabalhadores submetidos aos dispositivos da CLT, os empregados domésticos ou os autônomos, quem exerce atividade por conta própria. Sua administração compete ao Ministério da Previdência Social, auxiliado pelo Instituto Nacional do Seguro Social (INSS), que é uma autarquia federal. O Regime Próprio de Previdência dos Servidores (RPPS) destina-se aos servidores públicos, de todos os entes federativos, seja da Administração direta ou indireta, havendo um para cada ente específico da Federação.

A alegação governamental para a realização da reforma previdenciária foi o "elevado déficit" da Previdência Social. Essa deficiência financeira é atribuída a três causas: aumento da expectativa de vida dos brasileiros, redução na taxa de nascimentos e queda do número de trabalhadores com carteira assinada.[1]

---

[1] "As populações estão envelhecendo em quase todos os países do mundo por motivo de duas tendências demográficas: índices decrescentes de natalidade e duração maior de vida" (THOMPSON, Lawrence. *Mais velha e mais sábia*: a economia dos sistemas previdenciários. Tradução de Celso Barroso Leite. Brasília: Ministério da Previdência Social, 2000. p. 107).

A Emenda Constitucional nº 41 parte da premissa de que o sistema previdenciário brasileiro apresenta déficits crônicos e que a saída para este problema é a redução generalizada dos proventos dos aposentados e os benefícios das pensões pagas. Isso sem levar em consideração que o sistema previdenciário também deve ser mantido pelos entes estatais e que a culpa pelos déficits apresentados se deve à sonegação das grandes empresas e aos próprios entes estatais que dilapidaram as reservas previdenciárias.

A referida emenda constitucional tomou como alvo apenas os proventos da aposentadoria e os benefícios das pensões dos servidores públicos, como se esses servidores fossem uma casta de privilegiados na sociedade brasileira e como se o Brasil não necessitasse de uma máquina administrativa eficiente para atender às demandas sociais. Esse posicionamento orienta-se por uma visão mercadológica, em que a *Lex Mercatoria* prepondera em relação ao interesse público, o superávit da previdência em detrimento do bem-estar social, os números em relação às pessoas.

Depois de determinado lapso temporal, estimado em cerca de 30 anos, durante o qual vigorarão simultaneamente cinco regimes de previdência social, as regras previdenciárias dos servidores públicos serão iguais às dos servidores privados.

O primeiro regime previdenciário é para aqueles cidadãos que já preencheram os requisitos para se aposentar pela legislação anterior, amparados pelo direito adquirido, e que têm direito a uma aposentadoria com paridade salarial, com direito aos mesmos reajustes auferidos pelos servidores em atividade, e à integralidade salarial, recebendo como proventos da aposentadoria o valor de sua última remuneração. Esses servidores, de forma genérica, podem optar por permanecer em atividade para receber o abono de permanência ou para não perder algum tipo de gratificação.

O segundo regime previdenciário é para aqueles servidores que entraram no serviço público antes da publicação da Emenda nº 41 e ainda não preencheram os requisitos previdenciários para se aposentarem pela legislação anterior.[2] Eles apenas terão direito à aposentadoria quando cumprirem os seguintes requisitos: completar 60/55 anos para homens e mulheres, respectivamente; 35/30 anos de contribuição; 10 anos de serviço público e 5 anos no mesmo cargo (cargo é uma unidade de prerrogativas da Administração Pública; carreira é um conjunto de cargos escalonados em função do grau de responsabilidade e nível de complexidade das atribuições).[3] O terceiro tipo é para os servidores que ingressaram no serviço público depois de publicada a Emenda nº 41. O valor máximo dos proventos é igual ao teto do INSS (cujo valor quando da promulgação da Emenda era de R$2.400,00 – dois mil e quatrocentos reais), mas o servidor poderá contribuir para um fundo de previdência complementar dos servidores, que incrementará o valor da sua aposentadoria.

O quarto tipo de regime previdenciário é para os empregados públicos, que são aqueles contratados pelo regime da CLT (Consolidação da Legislação do Trabalho). Eles não têm direito ao fundo de aposentadoria complementar, de natureza pública e fechada, exclusivo dos servidores públicos estatutários, e se quiserem receber um valor superior

---

[2] Segundo a Instrução Normativa nº 1, de 7.1.2004, o tempo de serviço público é contado da sua investidura originária. Em decorrência desta instrução normativa os servidores que ingressaram no serviço público, antes da Emenda nº 41, mas que depois trocaram de carreira, têm garantido o direito a contar o seu tempo de serviço da primeira investidura, assegurando as prerrogativas concedidas pela Emenda nº 41 aos atuais servidores públicos.

[3] BANDEIRA DE MELLO, Celso Antônio. *Curso de direito administrativo*. 14. ed. São Paulo: Malheiros, 2002. p. 269.

ao teto máximo de benefício como proventos de sua aposentadoria têm de recorrer a um fundo de previdência privado ou complementar, a exemplo do FUNPRESP.

O quinto regime previdenciário é aquele inerente aos militares das Forças Armadas, da Polícia Militar e do Corpo de Bombeiros, cujo teto salarial guarda idêntica regulamentação com os demais servidores.

Há quem pense, como o Professor Wagner Balera, que o surgimento desses diversos tipos de regimes previdenciários na Administração Pública, sem que houvesse nenhuma modificação inerente ao tipo específico de função, não poderia delinear diferentes requisitos previdenciários, porque isto feriria frontalmente o princípio da isonomia, esculpido no *caput* do art. 5º da Constituição Federal.[4]

O objetivo dessas críticas não é defender determinados anacronismos do Regime Próprio de Previdência dos Servidores que foram abolidos definitivamente com a Emenda Constitucional nº 20 e com a fixação do teto salarial pela atual emenda. Contudo, igualar os dois regimes de previdência, o do setor público e do setor privado, é esquecer as peculiaridades do serviço público. Olvida-se, ainda, da necessidade imperiosa de reestruturação do aparelho estatal, que em um país periférico como o Brasil deve servir como esteio para uma ampla gama de hipossuficientes sociais.

Contudo, seguindo a mesma tendência das alterações anteriores, a mais recente Reforma da Previdência (Emenda Constitucional nº 103/2019) pretendeu aproximar ainda mais os regimes geral e próprio de previdência social, além de endurecer as regras de aposentadoria e da concessão de benefícios para os servidores públicos e os trabalhadores celetistas em geral, conforme detalhado neste capítulo.

Uma das principais modificações empreendidas pela EC nº 103/2019 foi o estabelecimento de alíquotas progressivas para a contribuição previdenciária dos servidores, que antes era fixa em 11%. A partir de sua vigência, os percentuais incidentes sobre a remuneração dos servidores e sobre os proventos e pensões são os seguintes:

a) 7,5%, para os salários ou contribuições de até um salário mínimo;
b) 9%, entre um salário mínimo e R$2.000,00.
c) 12%, entre R$2.000,01 e R$3.000,00.
d) 14%, entre R$3.000,01 e R$5.839,45 (teto do regime à época da emenda constitucional);
e) 14,5% entre R$5.839,45 e R$10.000,00;
f) 16% entre R$10.000,01 e R$20.000,00;
g) 19% entre R$20.000,01 e R$39.000,00;
h) 22% para as remunerações superiores a R$39.000,00.

Tais valores incidem de forma progressiva, faixa a faixa, e serão anualmente reajustados no mesmo índice em que se der o reajuste dos benefícios do RGPS. Para os aposentados e pensionistas, as alíquotas incidem apenas sobre o valor que superar o teto do RGPS (art. 11, §§3º e 4º, da EC nº 103/2019).

## 21.2 Natureza do regime previdenciário dos servidores públicos

De uma forma geral, o regime previdenciário dos servidores tem caráter contributivo e solidário, com contribuição do respectivo ente público e dos servidores

---

[4] BALERA, Wagner. *Reforma previdenciária (parecer)*. São Paulo: Edições APMP, 2003. p. 21.

ativos, inativos e pensionistas, de acordo com o equilíbrio financeiro e atuarial (*caput* do art. 40 da Constituição Federal). As duas inovações desse tópico são o seu caráter solidário e a contribuição por parte dos servidores inativos e pensionistas. O caráter contributivo, de acordo com o equilíbrio financeiro e atuarial, foi acrescentado pela Emenda Constitucional nº 20.

O caráter solidário da Previdência Social significa que todos os segurados devem contribuir para o seu financiamento, estabelecendo um vínculo de mútua ajuda. Apesar da importância da inovação introduzida, ela não pode ser escusa para macular direitos adquiridos dos servidores públicos.

## 21.3 Previdência complementar

O regime de previdência complementar para os servidores públicos é instituído por lei de iniciativa do respectivo Poder Executivo, através de entidades fechadas de previdência complementar, de natureza pública, que oferecerão aos seus participantes planos de modalidade de contribuição definida, o que não garante o valor final dos proventos da aposentadoria. O que desejavam os sindicatos ligados aos servidores públicos e às Centrais Sindicais era a fixação do valor dos proventos da aposentadoria, o que foi negado pelos parlamentares (art. 40, §15, da Constituição Federal). Na previdência complementar, para cada real de contribuição do servidor, o Governo entrará com outro.

A previdência complementar, como o próprio étimo da palavra indica, tem a finalidade de incrementar a aposentadoria e as pensões dos servidores públicos, adicionando determinado valor aos benefícios oficiais. Algumas categorias de servidores recebem uma remuneração maior do que o limite máximo dos proventos estipulados na data da promulgação da emenda – R$2.400,00 (dois mil e quatrocentos reais), atualmente em R$6.433,57 (seis mil, quatrocentos e trinta e três reais e cinquenta e sete centavos) – e caso desejem receber um valor acima desse patamar poderão contribuir para a previdência complementar.

O regime de previdência complementar tem como características ser autônomo, facultativo e fechado. A autonomia reside no traço de que a previdência complementar se estrutura de forma independente em relação ao Regime Próprio de Servidores Públicos (RPSP), sem que haja uma analogia entre esses dois sistemas, tanto nos seus bônus quanto nos ônus. A semelhança que permeia esses dois institutos é o fator teleológico de garantir a aposentadoria dos servidores públicos. É facultativo no sentido de que o servidor pode escolher se vai aderir ou não à previdência complementar, podendo, perfeitamente, optar por não se inserir nesse sistema e apenas contribuir, de forma obrigatória, para o sistema de Previdência Social, garantindo uma aposentadoria pelo teto do benefício máximo permitido. A facultatividade ainda garante ao servidor a disponibilidade para entrar e sair da previdência complementar a qualquer momento; obviamente que o valor dos seus proventos dependerá do espaço de tempo em que ele contribuiu e do valor dessa contribuição.[5]

---

[5] MARTINS, Sergio Pinto. *Direito da seguridade social*. Custeio da seguridade social – Benefícios – Acidente do trabalho – Assistência social – Saúde. 19. ed. São Paulo: Atlas, 2003. p. 473.

O regime de previdência complementar é considerado fechado porque é exclusivo de determinadas categorias de servidores públicos da União, dos estados-membros, do Distrito Federal e dos municípios, não podendo um servidor de certa categoria participar da previdência complementar de outra.

A Emenda Constitucional nº 41 atribuiu iniciativa exclusiva ao Poder Executivo para instituir, por lei, o regime de previdência complementar, excluindo dessa prerrogativa os poderes Legislativo e Judiciário, o que não condiz com o conteúdo do princípio da separação dos poderes. A melhor maneira de estruturar esse sistema seria outorgar competência concorrente para os três poderes, de modo que cada um pudesse dispor da regulamentação da previdência complementar de seus servidores sem que a autonomia dos poderes fosse maculada.

A natureza pública significa que a entidade será pessoa jurídica de direito público, em princípio como fundação.

O valor máximo apenas é estabelecido quando o ente federativo respectivo criar lei específica para instituir regime de previdência complementar. Até a elaboração desta lei, a contribuição dos servidores será feita na totalidade dos vencimentos e os proventos da aposentadoria calculados com base nas contribuições do servidor, sem limite do valor máximo (art. 40, §14, da Constituição Federal).

## 21.4 Aposentadoria dos futuros servidores

Os servidores públicos que ingressarem no serviço público depois da reforma previdenciária têm direito a uma aposentadoria paga pelos cofres públicos até o valor máximo permitido. Os servidores públicos que perceberem remuneração superior a esta quantia e desejarem receber uma aposentadoria acima deste valor devem contribuir para um fundo de previdência complementar.

São os seguintes os requisitos para a aposentadoria voluntária:
a) se homem, sessenta e cinco anos de idade e vinte e cinco anos de contribuição, cumulativamente;
b) se mulher, sessenta e dois anos de idade e vinte e cinco anos de contribuição, cumulativamente;
c) dez anos de efetivo exercício no serviço público e cinco anos no cargo efetivo em que ocorrer a aposentadoria (art. 10, Emenda Constitucional nº 103/2019).

A aposentadoria compulsória ocorre aos 75 (setenta e cinco) anos de idade. O valor dos proventos será calculado nos termos do art. 26, §4º, da Emenda Constitucional nº 103/2019: divide-se o tempo de contribuição por 20, e, em seguida, multiplica-se o valor por 60%. O percentual é multiplicado pela média aritmética dos salários de contribuição, e este resultado corresponderá ao valor dos proventos, que, contudo, não podem ser inferiores ao salário mínimo.

A aposentadoria por incapacidade permanente, demonstrada esta por laudo médico oficial, será concedida, em regra, com proventos proporcionais, salvo nas hipóteses de incapacidade decorrente de doença profissional ou de acidente de trabalho, quando os proventos equivalerão à média aritmética de 100% das remunerações (art. 26 da Emenda Constitucional nº 103/2019).

Mesmo depois de obtida a aposentadoria, o servidor continuará a contribuir para a Previdência Social com uma alíquota variável entre 7,5% e 22%, incidindo sobre a parcela que ultrapassar o valor do benefício máximo permitido. Antes, o servidor aposentava-se com proventos iguais ao último salário, mas com um valor líquido maior porque ele deixava de contribuir para o Regime Próprio de Previdência dos Servidores (RPPS).

É vedada a existência de mais de um regime próprio de previdência social para os servidores titulares de cargos efetivos, bem como a existência de mais de uma unidade gestora do respectivo regime em cada ente estatal, ressalvado o sistema previdenciário próprio das Forças Armadas (art. 40, §20, da Constituição Federal).

O reajuste dos proventos das aposentadorias e das pensões é feito de forma a preservar, em caráter permanente, o seu valor real, atualizado na forma da lei.

Para definir o *quantum* dos proventos foi criado um fator previdenciário, que leva em consideração a vida contributiva do servidor. Esse fator previdenciário sofre influência de outras variáveis, que no mais das vezes reduzem ainda mais os proventos concedidos, como a expectativa de vida do trabalhador. Por essa razão, é difícil que o valor concedido atinja o *quantum* da última remuneração do servidor.

A regulamentação do fator previdenciário ficou ao encargo do legislador infraconstitucional, deixando ao seu talante dispor sobre o cálculo das aposentadorias, o que possibilita, pela regulamentação desse fator, uma diminuição ainda maior dos proventos da aposentadoria e benefícios das pensões concedidos pela Previdência Social.

Atualmente, a periodicidade dos reajustes devidos pelo INSS é anual, reajuste este que se torna inadequado se houver uma volta mais acelerada da inflação.

A acumulação de aposentadorias é possível nos casos em que cabe acumulação de cargos, empregos ou funções públicas, desde que o limite do teto salarial seja respeitado (art. 40, §6º, da CF).[6] Esse mesmo limite deve ser observado quando da cumulação dos proventos com a remuneração de cargo acumulável. Segundo o art. 11, da EC nº 20/98, a vedação de acumulação de aposentadorias, mesmo nos casos em que há permissão de acumulação, não se aplica aos membros de poder e aos inativos, servidores e militares, que, até a publicação desta emenda, tenham ingressado novamente no serviço público por concurso público de provas ou de provas e títulos, e pelas demais formas previstas na Constituição Federal.

## 21.5 Requisitos para a aposentadoria com proventos integrais

A aposentadoria com proventos integrais é aquela em que o aposentado tem direito a receber um valor igual ao da última remuneração que recebia enquanto estava na ativa. A Emenda Constitucional nº 103/2019 (art. 26) estatuiu um tabelamento condicionado ao tempo efetivo de contribuição do servidor, considerando a média das remunerações desde então. A partir dos 20 (vinte) anos de contribuição, o servidor terá direito a 60% da média das remunerações. A partir de então, são acrescidos 2% (dois por cento) para cada ano de contribuição que exceder os vinte. Desse modo, a aposentadoria com proventos integrais (100% da média das remunerações) só será alcançada aos 40 (quarenta) anos de contribuição.

---

[6] O Supremo Tribunal Federal entende que as restrições à acumulação de cargos públicos se estendem aos proventos da inatividade, o que impede a acumulação de proventos com vencimentos de cargos inacumuláveis na atividade (RE nº 163.204/SP).

Ressalte-se que, com a EC nº 103/2019, tornou-se possível – embora improvável – a aposentadoria com proventos que superem a integralidade, desde que ultrapassados os quarenta anos de contribuição. Por exemplo, o servidor que contribuiu por 41 anos será aposentado com 102% da média das remunerações, e assim sucessivamente.

Aos servidores que se aposentarem ou receberem suas pensões com direito a um valor integral é assegurada paridade de reajustes entre ativos e inativos. Apenas terão direito à aposentadoria integral e com paridade os servidores públicos que preencherem os requisitos específicos descritos anteriormente e que ingressaram no serviço público até a data da publicação da emenda (art. 2º da Emenda Constitucional nº 47).

Um dos objetivos da Emenda nº 47 foi conceder paridade de reajuste das aposentadorias e pensões para os servidores que ingressaram no serviço público até a data de 31.12.2003.

A paridade significa que os aposentados e pensionistas terão os mesmos reajustes que forem concedidos aos servidores da ativa, englobando todas as parcelas agregativas que formam a remuneração do servidor. Os proventos da aposentadoria e das pensões serão revistos na mesma proporção e na mesma data da remuneração dos servidores em atividade, sendo também estendidos aos aposentados e pensionistas quaisquer benefícios e vantagens posteriores concedidas aos servidores da ativa, inclusive quando decorrentes da transformação ou reclassificação do cargo ou função em que se deu a aposentadoria ou que serviu de referência para a concessão da pensão.

Para os aposentados e pensionistas que já estejam na fruição de seus benefícios previdenciários ou que já tenham consolidado as condições para a sua obtenção até a data da entrada em vigor da Emenda nº 41, de 31.12.2003, ficou-lhes também assegurada a prerrogativa da paridade, com todas as suas consequências que foram explicitadas no parágrafo anterior (art. 7º da Emenda Constitucional nº 41).

Pelo texto original da Constituição brasileira de 1988, o servidor público obteria a aposentadoria integral quando completasse 35/30 anos, respectivamente homens e mulheres, de serviço público.

Nas discussões que antecederam a adoção da aposentadoria integral, vários intérpretes insinuaram que essa integralidade seria apenas "parcial", não englobando gratificações, ganhos de produtividade etc., e outras parcelas agregativas à remuneração. Não teria sentido se assim o fosse, porque a integralidade perderia a sua essência substancial, já que nenhuma integralidade pode ser parcial.

Como grande parte da remuneração dos servidores públicos brasileiros é formada por parcelas adicionais aos seus salários, se essa "integralidade parcial" fosse admitida, o dispositivo trazido pela emenda seria um engodo, acarretando grave prejuízo aos servidores públicos, a despeito da maior exigência para obtenção da aposentadoria integral. A integralidade dos proventos significa que o seu valor será igual ao da última remuneração.

## 21.6 Contribuição extraordinária (art. 149 da Constituição Federal)

A Emenda Constitucional nº 103/2019 estatuiu, entre os §§1º-A e 1º-C do art. 149 da Constituição, medidas de arrecadação extraordinária para o caso de déficit atuarial nos regimes próprios de previdência social. São previstas duas medidas, a serem aplicadas sucessivamente. Primeiro, constatado do déficit atuarial, a contribuição sobre as aposentadorias e pensões poderá incidir a partir do salário mínimo. Isto é: em regra, a contribuição previdenciária para os inativos incide apenas sobre o valor que exceder o teto de benefícios do regime; contudo, existindo o déficit atuarial, a exação incidirá sobre os valores que excederem um salário mínimo. Há uma supressão extraordinária dessa imunidade tributária relativa.

Se essa medida não for suficiente para cobrir o déficit atuarial, fica autorizada, no âmbito da União, a instituição de uma contribuição previdenciária extraordinária, a incidir sobre servidores ativos, aposentados e pensionistas. Esta vigorará por período determinado, e deverá ser acompanhada de outras medidas para o equacionamento do déficit (art. 149, §1º-C).

## 21.7 Regras de transição do regime próprio de previdência

Pelas características inerentes ao sistema previdenciário, tais como a necessidade de assegurar a segurança do sistema, garantir o seu caráter contraprestacional e prolongar-se por um grande lapso temporal, é consenso a necessidade de previsão de legislação transitória para aqueles servidores que estavam sob a vigência das leis anteriores e que, após a reforma previdenciária, sofrem nova regulamentação da sua situação jurídica.[7] A Emenda Constitucional nº 103/2019 entabula dois sistemas de transição para o regime próprio da União. Entre eles, cabe ao servidor a escolha daquele que seja mais vantajoso.

Pelo sistema de pontos (art. 4º), são os seguintes os requisitos de aposentadoria para aqueles que ingressaram no serviço público antes da EC nº 103/2019:
  a) cinquenta e seis anos de idade, se mulher, e sessenta e um anos de idade, se homem, patamares estes acrescidos de 1 (um) ano a partir de 1º.1.2022;
  b) trinta anos de contribuição, se mulher, e trinta e cinco anos de contribuição, se homem;
  c) vinte anos de efetivo exercício no serviço público e pelo menos cinco anos no cargo efetivo em que se der a aposentadoria;
  d) somatório de idade e tempo de contribuição totalizando 86 pontos, se mulher, e 96 pontos, se homem; a partir de 1º.1.2020, acresce-se um ponto a cada ano, até atingir-se o limite de 100 pontos para mulheres e 105 pontos para homens.

Pelo sistema do pedágio de 100% (art. 20), os requisitos cumulativos para a aposentadoria voluntária são os seguintes:
  a) cinquenta e sete anos de idade, se mulher, ou sessenta anos de idade, se homem;
  b) trinta anos de contribuição, se mulher, ou trinta e cinco anos de contribuição, se homem;
  c) vinte anos de efetivo exercício no serviço público e cinco anos no cargo efetivo em que se der a aposentadoria;
  d) período adicional de contribuição correspondente ao tempo que, na data de entrada em vigor da EC nº 103/2019, faltaria para atingir o tempo mínimo de contribuição (pedágio de 100%).

---

[7] "Nesse sentido, o Direito Previdenciário, dadas as características mencionadas acima, exige a previsão de disciplina transitória. Considerando a referida necessidade, a Emenda Constitucional nº 20, de dezembro de 1998, estabeleceu regras de transição, não podendo a atual Proposta de Emenda Constitucional modificar o quadro da transição em curso, como se o Direito Previdenciário não tivesse mantido todas as suas mesmas características e objetivos" (BALERA, Wagner. *Reforma previdenciária (parecer)*. São Paulo: Edições APMP, 2003. p. 51).

## 21.8 Abono de permanência

Com o desiderato de retardar os pedidos de aposentadoria, que oneram os cofres da Previdência Social, foi criado o denominado abono de permanência. Todos os servidores que preencham os requisitos para a aposentadoria, contidos no art. 40, §1º, III, *a*, da Constituição e, mesmo assim, não quiserem se aposentar, continuando no serviço público, farão jus a um acréscimo na remuneração, de abono de permanência, equivalente à alíquota variável da contribuição previdenciária.

Note-se que os servidores que se aposentarem segundo as cominações do art. 40, §1º, III, *b*, da Constituição não têm direito ao abono de permanência.

Os servidores terão direito ao abono de permanência até completarem os requisitos necessários para a aposentadoria compulsória (art. 40, §19, da Constituição Federal). O abono de permanência não tem mais a natureza de isenção do pagamento da contribuição previdenciária, configurando-se como um benefício pecuniário, provisório, concedido ao servidor.[8]

A ideia de se premiar os servidores que completaram os requisitos inerentes à aposentadoria e mesmo assim optaram por permanecer em atividade foi criada com a Emenda Constitucional nº 20, mas com um alcance mais reduzido. Os servidores que preenchessem as condições para a aposentadoria integral e continuassem a trabalhar tinham isenção da contribuição previdenciária até completarem os requisitos necessários à aposentadoria integral. Depois disso, se continuassem na ativa, voltariam a contribuir até a aposentadoria compulsória.

Outra diferença foi que, com a nova redação, o abono de permanência vigora até a aposentadoria compulsória.

## 21.9 Novas regras das pensões

Até que seja editada lei federal sobre o tema, as pensões por morte serão calculadas na forma do art. 23 da EC nº 103/2019:
   a) caso o servidor faleça após a aposentadoria, o valor do benefício corresponderá a 50% dos proventos que já percebia, acrescendo-se 10% por cada dependente;
   b) caso o servidor faleça antes de aposentado, o valor do benefício será de 50% daquele que teria direito em caso de aposentadoria por incapacidade permanente, acrescido de cotas de 10% por cada dependente.

Desse modo, se o aposentado falecido tiver 2 (dois) dependentes, o valor da pensão por morte corresponderá a 70% dos proventos anteriormente recebidos (50% + 10% + 10%).

Se o falecido tiver dependente inválido ou com deficiência intelectual, mental ou grave, o valor da pensão por morte será de 100% da aposentadoria do falecido, até o limite do RGPS. Para o que superar esse valor, aplica-se a regra geral dos 50% acrescidos de 10% para cada dependente vivo (art. 23, §2º).

A definição daqueles que podem enquadrar-se como dependentes e do tempo de pensão por morte é feita pela legislação especial, mormente pelas leis nº 8.112/90 e nº 8.213/91 (art. 23, §3º, da EC nº 103/2019).

---

[8] Alguns doutrinadores postulam que a natureza do benefício é de imunidade por estar regulamentado em nível constitucional.

É vedada a acumulação de pensões por morte deixadas por cônjuge ou companheiro, ressalvadas as hipóteses de cargos públicos acumuláveis (art. 24 da EC nº 103/2019).

A contribuição previdenciária variável entre 7,5% e 22% também incide nas pensões. Naquelas cujo valor máximo é o teto do benefício não há incidência de contribuição previdenciária. Contudo, nas pensões cujo montante ultrapassar o teto, a alíquota apenas incidirá sobre o valor que exceder essa quantia.

Quanto às pensões que já tenham sido concedidas antes da reforma previdenciária, as alíquotas aplicam-se ao valor que ultrapassar o valor máximo do benefício, em todas as esferas, União, estados, municípios e Distrito Federal. Essa contribuição previdenciária configura-se como uma inconstitucionalidade, haja vista o desrespeito ao direito adquirido.

## 21.10 Teto salarial

O teto salarial é o limite máximo de remuneração que o servidor público pode receber, de forma cumulativa ou não, englobando qualquer outra vantagem, inclusive de natureza pessoal. Ele atinge não apenas os aposentados e pensionistas, mas todos os servidores, sejam inativos ou ativos, da Administração direta ou indireta de quaisquer dos entes federativos. A partir da publicação desta emenda nenhum servidor poderá, no serviço público, receber mais do que o subsídio devido ao ministro do Supremo Tribunal Federal (art. 48, XV, da Constituição Federal).

O teto salarial impede o recebimento de valor acima do que fora por ele estabelecido, a título de remuneração, subsídio, proventos da aposentadoria, pensões ou qualquer outra espécie remuneratória, percebidos cumulativamente ou não, incluídas as vantagens pessoais ou de qualquer outra natureza dos ocupantes de cargos, funções e empregos públicos da Administração direta, autárquica e fundacional, detentores de mandatos eletivos, servidores e pensionistas (art. 37, XI, da CF).

Houve ainda a criação dos subtetos, isto é, tetos em nível estadual e municipal. Nos estados-membros e no Distrito Federal há três subtetos. Aqueles que trabalham no Executivo somente poderão receber remuneração no valor máximo do subsídio do governador. Os servidores públicos que trabalham no Legislativo têm como subteto o subsídio do deputado estadual ou deputado distrital, no máximo de 75% do subsídio do deputado federal. E os servidores do Judiciário têm como subteto o subsídio dos desembargadores, que recebem 90,25% do que ganha um ministro do Supremo Tribunal Federal. Nos municípios, o subteto é único, equivalente ao subsídio do prefeito.

Para os membros do Ministério Público, os defensores públicos e os procuradores, apesar de serem membros do Poder Executivo (sem adentrar na discussão sobre a natureza do Ministério Público), aplica-se o limite salarial do Poder Judiciário, dentro da sua instância federativa respectiva.

O teto e os subtetos valem para os militares das Forças Armadas, das polícias militares e Corpo de Bombeiros.

É facultado aos estados-membros e ao Distrito Federal, mediante emenda às suas respectivas Constituições e à sua lei orgânica, para todos os poderes, fixar limite único, subteto, no valor do subsídio mensal dos desembargadores dos respectivos Tribunais de Justiça, limitado a noventa inteiros e vinte e cinco centésimos por cento (90,25%) do subsídio mensal dos ministros do Supremo Tribunal Federal, não se aplicando o disposto neste parágrafo aos subsídios dos deputados estaduais e distritais e dos vereadores (art. 37, §12, da CF).

Entretanto, deve ser ressaltado que não são computadas, para efeito dos limites remuneratórios, as parcelas de caráter indenizatório previstas em lei, como exemplo, o ressarcimento de gastos de combustível, transporte e alimentação (art. 37, §11, da CF). Enquanto não for elaborada a lei cuja função é determinar as parcelas remuneratórias, não será computado para efeitos deste limite qualquer percentual de caráter indenizatório.

No entanto, em 2017, o Supremo Tribunal Federal trouxe uma nova e inédita interpretação acerca do teto salarial. No caso em questão, de relatoria do Min. Marco Aurélio, fixou-se o entendimento de que o percebimento de remuneração acima do teto constitucional é possível para as hipóteses de acumulação de cargos facultada pela própria CF. Trata-se, no entanto, de tema controverso e sujeito a divergências posteriores.[9]

Antes da Emenda nº 41, o teto salarial era o subsídio dos ministros do Supremo Tribunal Federal, consonante o art. 37, XI. Todavia, como esse inciso nunca foi regulamentado, inexistia um teto efetivamente em vigor, tratando-se de uma norma de eficácia limitada (art. 37, XI, da Constituição Federal).

Os servidores, os aposentados e os pensionistas de todos os entes federativos, sejam da Administração direta, sejam da Administração indireta, terão os vencimentos, a remuneração, as vantagens – incluídas as pessoais ou de qualquer outra natureza –, os adicionais, bem como os proventos de aposentadoria ou pensão que estejam sendo percebidos em desacordo com as regras contidas na Carta Magna, imediatamente reduzidos aos limites nela estabelecidos, dispondo o art. 9º da Emenda Constitucional nº 41, de forma explícita, que não será admitida invocação de direito adquirido ou percepção de excesso a qualquer título.

Ao fazer remissão ao conteúdo do art. 17 do Ato das Disposições Constitucionais Transitórias, que explicitamente afirmou que não se poderia invocar a proteção dos direitos adquiridos[10] por meio de emenda à Constituição, o legislador afrontou a Carta Magna, porque o Poder Reformador jamais poderá se equiparar ao Poder Constituinte.[11] Como é cediço na doutrina, não existe direito adquirido diante do Poder Constituinte, e foi isso que fez o legislador constituinte com o art. 17 do ADCT.[12]

Inclusive, entende o Supremo Tribunal Federal que as normas provenientes do Poder Reformador podem ser objeto de controle de constitucionalidade.[13] Eis o teor da decisão:

---

[9] RE nº 602.043/MT, Rel. Min. Marco Aurélio, 27.4.2017.

[10] Expõe o conteúdo do art. 17 do Ato das Disposições Constitucionais Transitórias: "os benefícios, a remuneração, as vantagens e os adicionais, bem como os proventos de aposentadoria que estejam sendo percebidos em desacordo com a Constituição serão imediatamente reduzidos aos limites dela decorrentes, não se admitindo, neste caso, invocação de direito adquirido ou percepção de excesso a qualquer título".

[11] Consonante a lição de Javier Pérez Royo, o conceito de Poder Constituinte está unido ao conceito de Constituição como o criador está unido à criatura (PÉREZ ROYO, Javier. *Curso de derecho constitucional*. 6. ed. Madrid: Marcial Pons, 1999. p. 109).

[12] "O Poder Reformador é derivado porque é criado pelo Poder Constituinte. Adentra no ordenamento jurídico pela validação realizado pelo Poder Constituinte, de onde haure a extensão de sua competência e se adequa aos valores constitucionais [...]. Já o Poder Reformador encontra limitações metajurídicas e jurídicas. Essas limitações jurídicas foram impostas pelo Poder Constituinte e só podem ser modificadas por um outro Poder Constituinte" (AGRA, Walber de Moura. *Fraudes à Constituição*: um atentado ao poder reformador. Porto Alegre: Fabris, 2000. p. 131).

[13] Segue o mesmo entendimento, uma outra ação direta de inconstitucionalidade: "Não há dúvida de que, em face do novo sistema constitucional, é o STF competente para, em controle difuso ou concentrado, examinar a

As normas de uma Emenda Constitucional, emanadas, que são, do Poder Constituinte Derivado, podem, em tese, ser objeto de controle, mediante ação direta de inconstitucionalidade, pelo Supremo Tribunal Federal, quando confrontadas com normas elaboradas pela Assembleia Nacional Constituinte (originária) – art. 102, I, *a*.[14]

O Poder Reformador não dispõe da prerrogativa de alterar direitos adquiridos, nem de forma direta, nem de forma reflexa, como pretendeu a Emenda nº 41, ao tentar estender a eficácia *ad futuro* de um dispositivo do Ato das Disposições Constitucionais Transitórias, de eficácia exaurida. Uma das funções do ADCT, como no caso do mencionado comando normativo, é regulamentar uma situação de forma específica, sem a ultratividade dos seus efeitos. Ao tentar estender os efeitos do art. 17 do ADCT, a fim de permitir que ele fosse aplicado para reduzir o valor das aposentadorias e pensões, o legislador reformador atuou como se fosse constituinte, burlando, de forma peremptória, a Constituição, esquecendo-se da parêmia de que o único poder livre que não sofre qualquer espécie de restrição é o Poder Constituinte.[15]

A eficácia do art. 17 do ADCT é específica para ser aplicada temporalmente nas relações jurídicas constituídas anteriormente à Constituição de 1988; jamais se pode tentar utilizá-lo para regulamentar situações jurídicas posteriores a 5.10.1988,[16] a não ser que surja um novo Poder Constituinte e seja esta a sua intenção.

## 21.11 Sistema previdenciário dos estados, municípios e Distrito Federal

As normas constitucionais referentes ao sistema previdenciário são consideradas de repetição obrigatória, normas de princípios estabelecidos, como denomina José Afonso da Silva,[17] ou normas centrais, como denomina Raul Machado Horta.[18] Os mandamentos previdenciários, em seus lineamentos gerais, afora as exclusões devidamente dispostas na Reforma, também se aplicam aos estados, municípios e Distrito Federal.

Os estados-membros, o Distrito Federal e os municípios têm liberdade para instituir suas alíquotas previdenciárias, a serem cobradas de seus servidores ativos e inativos, com alíquota não inferior à contribuição dos servidores titulares de cargos efetivos da União (art. 149, §1º, da Constituição Federal). Esse dispositivo da Reforma, que permite que a contribuição previdenciária dos estados, municípios e Distrito Federal supere o percentual previsto para a União, colide com o sistema previdenciário brasileiro, dentro de uma concepção sistêmica, pois fere o princípio da irredutibilidade salarial e do equilíbrio financeiro e atuarial.

Ao fixar, de maneira geral, uma alíquota mínima para todos os entes federativos, a Emenda nº 41, além de ferir o equilíbrio atuarial, o equilíbrio financeiro e o princípio da irredutibilidade salarial, deixou sem proteção os servidores públicos, permitindo

---

constitucionalidade, ou não, de emenda constitucional – no caso, a nº 2, de 25 de agosto de 1992 – impugnada por violadora de cláusulas pétreas explícitas ou implícitas" (ADIn nº 829-3/DF, Rel. Min. Moreira Alves.

[14] ADIn nº 926-5/DF, Rel. Min. Sydney Sanches.
[15] PITRUZZELLA, Giovanni; BIN, Roberto. *Diritto costituzionale*. 3. ed. Torino: Giappichelli, 2002. p. 105.
[16] "[...] a reforma constitucional não supõe o exercício do poder constituinte, porque, como mencionado anteriormente, ela se efetua com inteira sujeição ao direito constituído, seguindo os métodos assinalados por este" (BORJA, Rodrigo. *Derecho político y constitucional*. 2. ed. México: Fondo de Cultura Económica, 1991. p. 319).
[17] SILVA, José Afonso da. *Curso de direito constitucional positivo*. 16. ed. São Paulo: Malheiros, 1999. p. 595.
[18] HORTA, Raul Machado. *Direito constitucional*. 2. ed. Belo Horizonte: Del Rey, 1999. p. 204.

que os entes federativos, de forma discricionária, arbitrem a alíquota que considerem mais conveniente.

A alíquota de contribuição previdenciária não pode ser determinada de forma aleatória, mas deve ser precedida da elaboração de um plano de custeio, que, arrimado em critérios precisos, possa realizar avaliações atuariais destinadas à planificação econômica do sistema previdenciário. Nesse plano de custeio, diversas variáveis devem ser levadas em consideração de forma a resguardar a simetria entre a contribuição e o benefício.

Para os aposentados e pensionistas das três esferas, federais, estaduais e municipais, que já tiveram os seus benefícios previdenciários concedidos, a alíquota da contribuição previdenciária incidirá sobre a parcela do vencimento que ultrapassar o valor máximo permitido.

Para os servidores, nas três esferas estatais que ingressaram no serviço público após a publicação da Emenda nº 41 e não tiveram regulamentadas as suas previdências complementares, a alíquota é variável entre 7,5% e 22%, a depender da remuneração do servidor.

## 21.12 Aposentadoria especial

É vedada a adoção de requisitos e critérios diferenciados para a concessão de aposentadoria. Afora exceções previstas na Constituição para a concessão de aposentadoria especial, como no caso de professores que comprovem exclusivamente tempo de efetivo exercício nas funções de magistério na educação infantil e no ensino fundamental e médio, ela explicita os seguintes casos que *a posteriori* serão definidos em lei complementar: a) portadores de deficiência; b) que exerçam atividade de risco; c) cujas atividades sejam exercidas sob condições especiais que prejudiquem a saúde ou a integridade física (art. 40, §4º, I a III, da CF).

Esta prerrogativa é válida tanto para o Regime Próprio de Previdência dos Servidores (RPPS) quanto para o Regime Geral de Previdência Social (RGPS).

## 21.13 Contribuição dos inativos

A contribuição previdenciária dos inativos, cuja implementação fora tentada no governo de Fernando Henrique Cardoso, consiste na obrigatoriedade de contribuição por parte de aposentados e pensionistas para a Previdência Social. A sua alíquota é a mesma cobrada dos servidores ativos, variável entre 7,5% e 22%.[19]

Para os aposentados e pensionistas que já estão no gozo dos seus benefícios, a contribuição previdenciária incide apenas no valor que ultrapassar o valor máximo do benefício, que será o mesmo para a União, estados, municípios e Distrito Federal.

A diferença da contribuição dos inativos para a contribuição dos ativos é que os aposentados e pensionistas contribuirão para a Previdência com um valor menor que os servidores ativos, já que a obrigação tributária incide a partir de determinado valor.

---

[19] Entre outras tentativas, foi elaborada a Lei nº 9.783/99, que instituía a contribuição previdenciária dos inativos. Esta lei foi declarada inconstitucional pelo Supremo Tribunal Federal, por intermédio da Ação Direta de Inconstitucionalidade nº 2.010.

A Previdência Social, devido ao seu caráter contributivo, alicerça-se no binômio benefício/contribuição. Assim, o servidor paga mensalmente determinada quantia para fazer jus a um benefício previdenciário quando completar os requisitos inerentes à sua obtenção. Se o servidor já preencheu todos os requisitos necessários para a obtenção da aposentadoria, não tem sentido que ao entrar para a inatividade ele continue a pagar a contribuição previdenciária, pois estará pagando por um valor que durante toda a sua vida já contribuiu para obter. Neste caso, há um acinte de forma clara a vários dispositivos da Constituição Federal.

Relega-se a taxionomia dos proventos do servidor que é o de um "prêmio" assegurado depois do cumprimento dos requisitos necessários, o que impede a instituição de contribuição previdenciária.

Mesmo que se parta do pressuposto de que a contribuição previdenciária dos aposentados seria uma necessidade, em razão do envelhecimento da sociedade, do alto índice de sonegação e pelo fato de significativa parcela da população economicamente ativa encontrar-se na informalidade, essa tributação representa mais um achatamento no valor das pensões e das aposentadorias, já que o valor dos benefícios previdenciários é calculado com base no fator previdenciário, o que implica uma depreciação dos valores pagos pela Previdência Social, não obstante os servidores tenham contribuído durante toda a sua vida para ter direito ao benefício previdenciário.

Indubitavelmente, o ponto mais controvertido da Emenda Constitucional nº 41 é a contribuição dos inativos. Essa contribuição, entre outros mandamentos constitucionais, afronta direitos adquiridos e, assim, padece de crassa inconstitucionalidade.

A cobrança da contribuição previdenciária começará a ser feita noventa dias após a publicação da reforma, de acordo com o princípio da noventena.

## 21.13.1 Proteção parcial dos direitos adquiridos

A Emenda Constitucional nº 41 assegurou a concessão, a qualquer tempo, dos benefícios previdenciários de aposentadoria ou pensão a todos os servidores que, até a data da publicação da referida emenda, tenham cumprido todos os requisitos para a obtenção do benefício, de acordo com os critérios da legislação então vigente (art. 3º da Emenda Constitucional nº 41). O valor dessas aposentadorias ou pensões, em termo integral ou proporcional, será calculado consonante a legislação em vigor à época em que foram atendidos os requisitos legais estabelecidos para a concessão desses benefícios previdenciários (art. 3º, §2º, da Emenda Constitucional nº 41).

Até o dia 31.12.2003, todos aqueles que conseguiram atender aos requisitos exigidos pela legislação em vigor têm assegurados os seus direitos adquiridos, sem possibilidade de alteração por parte da Emenda Constitucional nº 41, assegurando que os proventos das aposentadorias e os benefícios das pensões tenham paridade de reajustes e integralidade no seu valor.

Esta garantia é denominada proteção parcial dos direitos adquiridos porque não resguardou as aposentadorias e pensões já concedidas da crassa inconstitucionalidade que é a contribuição previdenciária dos aposentados e pensionistas.

Esses servidores que cumpriram todos os requisitos para a aposentadoria, ou que têm direito ao recebimento de pensão, de acordo com a legislação vigente até a publicação da emenda, e que por algum motivo não requereram os proventos a que têm direito, farão jus ao abono permanência, desde que contem com, no mínimo, vinte e cinco anos de contribuição, se mulher, ou trinta anos de contribuição, se homem, até completarem os requisitos para a aposentadoria compulsória (art. 3º, §1º, da Emenda Constitucional nº 41).

O teor do dispositivo transcrito acima gera determinada incongruência: por que os servidores que preenchem os requisitos da aposentadoria pelos critérios da Emenda Constitucional nº 41 têm direito ao abono permanência, e os que preenchem os requisitos da aposentadoria pela legislação anterior vigente têm que cumprir determinado requisito?

Entretanto, quando receberem os proventos da aposentadoria e da pensão, esses aposentados e pensionistas contribuirão para a Previdência Social com percentual igual ao estabelecido para os servidores titulares de cargos efetivos, no valor que ultrapassar o valor máximo do benefício permitido. Conforme decisão do Supremo Tribunal Federal, a contribuição incidirá sobre o mesmo teto máximo de benefício tanto para os servidores públicos da União quanto para os dos estados, municípios e Distrito Federal.

## 21.14 A contribuição dos inativos e o direito adquirido

O direito adquirido baseia-se na intangibilidade da lei, resguardando o passado da ingerência do futuro.[20] A sua finalidade é garantir o caráter teleológico da norma, velando pela segurança jurídica como forma de potencializar a sua eficácia, o que impede que os efeitos produzidos sejam revogados posteriormente. Acrescente-se, ainda, como sua finalidade, a proibição do retrocesso, ao garantir a imutabilidade do passado. Configura-se não como um simples princípio-reflexo da irretroatividade das normas, mas como um *plus* ao assegurar as prerrogativas dos cidadãos. O respeito ao direito adquirido impõe uma vedação a todo processo normogenético que tenha por objetivo realizar qualquer tipo de modificação no seu conteúdo.

O direito adquirido é concretizado, segundo Celso Antônio Bandeira de Mello, quando há a consolidação de uma situação, que pode ser motivada pela Constituição, por uma lei ou por um ato normativo.[21]

A sua natureza pode ser concebida sob uma matriz jusnaturalista, no sentido de que todas as pessoas têm certos direitos que foram dotados pelo criador e que estão imunes a qualquer interferência governamental.[22] Por outro lado, contrapondo-se a uma teoria de justiça de caráter eminentemente jusnaturalístico, o direito adquirido pode ser

---

[20] "O direito adquirido é o direito que nasceu a alguém. O conceito é conceito do plano de eficácia, porque todo direito é efeito, como são efeitos todo dever, toda pretensão, toda obrigação todas as ações e todas as exceções. Deve ter havido, antes, fato, que entrou no mundo jurídico, em certo lugar e em certo momento, embora pudesse não ter sido ato, do qual se haja irradiado o direito. Por onde se vê que o legislador constituinte só aludiu ao direito, *brevitatis causa*, isto é, para não ter de mencionar todas as espécies de fatos jurídicos de que podem emanar direitos, deveres, pretensões, obrigações, ações e exceções. Em verdade, a lei nova não incide sobre fatos pretéritos, sejam eles, ou não, atos, e – por conseguinte – não pode 'prejudicar' os direitos adquiridos, isto é, os direitos já irradiados e os que terão de irradiar-se. Note-se bem: 'terão de irradiar-se'" (MIRANDA, Francisco Cavalcanti Pontes de. *Comentários à Constituição de 1967 com a Emenda nº 1 de 1969*. São Paulo: Revista dos Tribunais, 1971. p. 67).

[21] BANDEIRA DE MELLO, Celso Antônio. *Reforma da Previdência (Parecer)*. São Paulo: Edições APMP, 2003. p. 18.

[22] VIERA, Norman. *Constitutional civil rights*. St. Paul: West Group, 1998. p. 7.

concebido com o escopo de proteger a parte essencial da Constituição, dentro de uma concepção schmittiana do termo.[23]

Pelo exposto, podem ser mencionadas duas principais teorias com relação à natureza dos direitos adquiridos: uma que considera o seu valor transcendental, por encontrar amparo na seara metajurídica; e a outra que postula que a sua denominação não acrescenta nenhum qualificativo especial. A primeira advoga que o conteúdo contido nas cláusulas pétreas tem um valor preponderante, mais importante que as demais partes da Constituição. Essa relevância ocorre porque essas normas têm suporte não apenas na esfera normativa, mas também na esfera valorativa da sociedade, cujo conteúdo apresenta um maior grau de legitimação no tecido social. A segunda planteia que a classificação de direito adquirido não é um qualificativo que acresce algo de substancial ao texto constitucional, apenas sinaliza a consolidação do princípio da irretroatividade. Ou seja, essa teoria defende que a natureza do direito adquirido é de matriz positiva, sem encontrar amparo em esfera metajurídica. Seu escopo não é formar liames com princípios da esfera metapositiva, mas assegurar um maior grau de estabilidade a determinadas normas jurídicas.[24]

O resguardo do *facta praeterita* abre a possibilidade para que os cidadãos possam orientar a sua conduta de acordo com a previsibilidade das consequências advindas do seu comportamento, pois cabe ao ordenamento jurídico sinalizar quais são os parâmetros comportamentais que são permitidos e proibidos, e quais são as sanções punitivas e premiais decorrentes da prática de determinado ato, mormente considerando que há relações que não são instantâneas, mas que irão se concretizar no futuro.

As principais decisões do Supremo Tribunal Federal em relação ao direito adquirido foram as seguintes: foi decidido que garantias fundamentais não podem ser suprimidas por meio de emendas;[25] o princípio da anterioridade foi considerado garantia individual do contribuinte, portanto, considerado cláusula pétrea;[26] entendeu-se que não há direito adquirido a regime jurídico;[27] e, por fim, constatou-se que o direito adquirido não impede o Estado de dispor retroativamente para benefício do cidadão.[28]

O direito adquirido representa uma das mais importantes prerrogativas asseguradas aos cidadãos brasileiros, e um acinte a esta garantia significa um ultraje aos direitos e garantias fundamentais esculpidos na Constituição, um dos pilares do ordenamento jurídico.

De forma superficial, mas com relevante valor didático, pode-se dizer que o direito tem duas finalidades: justiça e segurança. Assim, a quebra do direito adquirido se configura como um acinte ontológico ao direito, privando-o de um de seus principais alicerces.

A reforma previdenciária não relega apenas o direito adquirido, colide ainda com o ato jurídico perfeito e a coisa julgada,[29] que juntos se constituem em um indelével

---

[23] SCHMITT, Carl. *Teoría de la constitución*. Tradução de Francisco Ayla. 2. ed. Madrid: Alianza, 1992. p. 119.
[24] PÉREZ LUÑO, Antonio-Enrique. *La seguridad jurídica*. 2. ed. Barcelona: Ariel, 1994. p. 130-131.
[25] ADIn nº 939-DF, Rel. Min. Sydney Sanches.
[26] Tribunal Pleno, ADIn nº 939/DF, Rel. Min. Sydney Sanches.
[27] RE nº 160.438/CE, Rel. Min. Sydney Sanches.
[28] RE nº 184.099/DF, Rel. Min. Octavio Gallotti.
[29] O entendimento do Supremo de que não há direito adquirido a regime jurídico, salientando que a coisa julgada é uma das causas ou fontes geradoras do direito adquirido, razão por que, diante do que preconiza o art. 17 do

instrumento para garantir as prerrogativas dos cidadãos, no sentido de que protege os direitos e as relações já consolidadas.[30]

O ato jurídico perfeito é aquele que foi consumado seguindo todos os parâmetros exigidos pelos dispositivos legais. Seguindo o teor do §1º do art. 6º da Lei de Introdução ao Código Civil, ato jurídico perfeito é o já consumado segundo a lei vigente ao tempo em que ela se efetuou. Como esse ato foi realizado seguindo todos os requisitos legais, protege-o a Constituição da retroatividade das leis, o que estimula a estabilidade do sistema jurídico.

A coisa julgada diz respeito à imutabilidade das sentenças proferidas pelo Poder Judiciário, seja no mesmo processo, seja por intermédio de outro.[31] Em consequência dos efeitos da coisa julgada, todas as aposentadorias e pensões que foram concedidas em virtude de processo judicial também se encontram ao amparo da retroatividade das leis.

O aviltamento do ato jurídico perfeito, da coisa julgada e do direito adquirido significa ainda um acinte contra as cláusulas pétreas, que formam o núcleo mais importante da Carta Magna, tanto do ponto de vista da legitimidade quanto da validade, e é reconhecido como princípios supremos do ordenamento constitucional.[32] São os impedimentos mais substanciosos ao Poder Reformador, podendo ser considerados invariáveis axiológicas, com uma força normativa que suplanta a esfera dogmática.[33] O legislador reformador, quando afronta essas cláusulas pétreas, comete a maior de todas as arbitrariedades, exumando o passado, destruindo a estabilidade e cerceando a previsibilidade do sistema jurídico.

Pode-se depreender que o seu objetivo é garantir a estabilidade a determinado núcleo da Constituição, considerado essencial para o desenvolvimento do ordenamento jurídico. Então, se o núcleo mais importante da Constituição fica ao relento de proteção constitucional, qual a melhor sorte que se pode esperar dos outros comandos normativos?

O gravame às cláusulas pétreas não se restringe apenas ao direito adquirido, ao ato jurídico perfeito e à coisa julgada, atinge ainda de forma explícita a Previdência Social que faz parte dos direitos sociais (art. 6º da Constituição Federal), estando,

---

ADCT, não há que se opor coisa julgada à superveniente proibição constitucional de cumulação de adicionais sob o mesmo título (CF, art. 37, XIV). Afirmou-se que o art. 5º, XXXVI, da CF, apenas veda a aplicação retroativa de normas supervenientes à situação que, julgada na sentença, foi coberta pelo manto da coisa julgada; entretanto, nas relações jurídicas de trato sucessivo, como no caso, a vedação só alcança os eventos que ocorreram até a data da alteração do estado ou da situação de fato ou de direito (RE nº 146.331 EDv/SP, Rel. Min. Cezar Peluso, 23.11.2006).

[30] "Foi precisamente para atender a tais situações que surgiu a noção de direito adquirido. Sua função, portanto, não é a de impedir a retroatividade da lei. Sua função é diversa, qual seja: é a de assegurar a sobrevivência da lei antiga para reger estas situações. O que a teoria do direito adquirido veio cumprir como instrumento de proteção contra a incidência da lei nova foi precisamente a garantia de incolumidade, perante os ulteriores regramentos, a direitos que, nascidos em dada época e cuja fruição se protrairá, ingressarão eventualmente no tempo de novas leis. O que se quer é que permaneçam indenes, vale dizer, acobertadas pelas disposições da lei velha. Em suma o direito adquirido é uma blindagem [...]" (BANDEIRA DE MELLO, Celso Antônio. *Reforma da Previdência (Parecer)*. São Paulo: Edições APMP, 2003. p. 16).

[31] Precisa o conceito de coisa julgada Giuseppe Chiovenda: "O bem da vida que o autor deduziu em juízo (*res in iudicium deducta*) com a afirmação de que uma vontade concreta de lei o garante a seu favor ou nega ao réu, depois que o juiz o reconheceu ou desconheceu com a sentença de recebimento ou de rejeição da demanda, converte-se em coisa julgada [...]. Para os romanos, como para nós, salvo as raras exceções em que uma norma expressa de lei dispõe diversamente" (CHIOVENDA, Giuseppe. *Instituições de direito processual civil*. Campinas: Bookseller, 1998. v. 1. p. 446-447).

[32] MORBIDELLI, G. et al. *Diritto costituzionale italiano e comparato*. 2. ed. Bologna: Monduzzi, 1995. p. 118.

[33] COLAUTTI, Carlos E. *Derecho constitucional*. 2. ed. Buenos Aires: Editorial Universidad, 1998. p. 44-45.

portanto, protegida pelo art. 60, §1º, IV, considerado como cláusula pétrea, sendo esse o posicionamento predominante da doutrina.[34]

## 21.15 Outras inconstitucionalidades da Reforma Previdenciária

Afora as inconstitucionalidades apontadas anteriormente, a Emenda Constitucional nº 41 colide, ainda, com o princípio do equilíbrio financeiro e atuarial, com o princípio da irredutibilidade salarial, do Estado de Bem-Estar Social e com o princípio da isonomia.

O equilíbrio financeiro é a correlação que deve prevalecer no sistema previdenciário entre a arrecadação e a despesa, impedindo que este apresente déficits orçamentários. Ressalte-se, todavia, que no cálculo do equilíbrio financeiro devem ser computados os tributos destinados ao financiamento da seguridade social.

O equilíbrio atuarial representa a paridade entre o cálculo de seguros na sociedade e o montante de despesas no pagamento dos benefícios previdenciários, de modo que haja uma equivalência entre eles. Traduz-se na simetria entre os proventos da aposentadoria e o benefício da pensão ofertada e a contribuição realizada pelo cidadão; nessa relação deve haver uma equação isonômica entre o que o cidadão contribuiu e o que ele receberá quando obtiver direito à aposentadoria ou os seus dependentes à pensão.

Quando se instituiu a contribuição previdenciária dos inativos e pensionistas se esfacelou o equilíbrio financeiro e atuarial, porque foi criada uma prestação sem a previsão de uma contraprestação que amparasse tal obrigação, aviltando os benefícios pagos pelo sistema previdenciário.

O princípio da irredutibilidade salarial foi agasalhado pela Constituição brasileira nos seguintes dispositivos: no inc. VI do art. 7º, aos trabalhadores urbanos e rurais, com exceção ao disposto em convenção ou acordo coletivo; no inc. XV do art. 37, assegurando a irredutibilidade dos subsídios e vencimentos dos servidores públicos; para os membros do Ministério Público, na alínea *c*, inc. II, do art. 128; para os membros da Magistratura, no inc. III do art. 95; e como objetivo da seguridade social, previsto no inc. IV do art. 194.

Com relação aos proventos da Previdência Social, que também são irredutíveis, a Lei Maior expõe da seguinte forma: o §4º do art. 201 assevera que é garantido o reajustamento dos benefícios previdenciários para preservar-lhes, em caráter permanente, o valor real, conforme critérios definidos em lei; o §3º do art. 40 assegura que os proventos da aposentadoria e as pensões serão calculados com base na remuneração do servidor, correspondendo à totalidade da remuneração; o §7º planteia que o benefício da pensão por morte será igual ao valor dos proventos do servidor falecido.

Portanto, conclui-se que o princípio da irredutibilidade de vencimentos e proventos abrange os trabalhadores urbanos e rurais, todos os servidores públicos e agentes políticos, de qualquer unidade federativa, seja da Administração direta ou indireta, e todos os aposentados e pensionistas.

---

[34] Esse é o posicionamento de Ives Gandra da Silva Martins: "Tenho para mim que os direitos individuais não são apenas aqueles elencados no art. 5º, mas em todo o Título II, pois todos dizem respeito aos direitos fundamentais para o amplo exercício da cidadania. Neste caso, todos os direitos sociais e políticos, além de outros expressos ou implícitos no texto de 1988, são cláusulas pétreas, interpretação esta que me parece mais adequada, pois entendo, nesta matéria, ser de inspiração jusnaturalista a Constituição Federal, cujos constituintes asseguram, em seu preâmbulo estar agindo sob a proteção de Deus" (MARTINS, Ives Gandra Silva. *Constituição Federal 15 anos*. Mutação e evolução. Comentários e perspectivas. São Paulo: Método, 2003. p. 188).

No que concerne às aposentadorias e pensões do serviço público, a irredutibilidade abrange dois momentos: o momento da concessão do benefício previdenciário e o momento da manutenção de seu valor real. Ela transpassa o seu valor meramente nominal, para assegurar igualmente o seu valor real, protegendo o poder aquisitivo do beneficiado, por intermédio da atualização periódica dos proventos. Essa redução agora intentada chega ao disparate de não ser nem mesmo restrita ao valor real dos proventos da aposentadoria e ao benefício das pensões, preservando o seu poder de compra, mas atinge o seu valor nominal, isto é, o seu *quantum*, reduzindo o seu valor.

Outra forma de reduzir os benefícios previdenciários dos servidores públicos é não conceder o mesmo reajuste das parcelas agregativas que formam a remuneração dos servidores da ativa, como gratificações ou reclassificação aos proventos da aposentadoria e do benefício das pensões. Por exemplo: concede-se aos servidores da ativa determinada gratificação e esta não é repassada para os aposentados e pensionistas.

A irredutibilidade é fatalmente ferida pela quebra da paridade e integralidade salarial, pelo redutor das pensões, pela revogação da regra de transição implementada pela Emenda Constitucional nº 20 e pela contribuição dos inativos.

A contribuição previdenciária dos inativos choca-se frontalmente com o princípio da isonomia, ao proibir esta contribuição para o Regime Geral de Previdência Social (RGPS), art. 195, II, da Constituição, e permitir a contribuição para o Regime Próprio de Previdência Social (RPPS), *caput* do art. 40 da Constituição. Não obstante a imprescindibilidade das funções estatais, os requisitos exigidos pelo regime previdenciário dos servidores públicos são mais rigorosos que os exigidos pelo regime previdenciário dos trabalhadores da iniciativa privada.

É fato notório que a inclusão da ordem social na Constituição mexicana, de 1917, e na de Weimar, de 1919, teve a intenção de proporcionar direitos mínimos aos hipossuficientes. A ordem social, que aparece pela primeira vez na Constituição brasileira de 1934, tem como escopo principal estruturar o Estado de Bem-Estar Social brasileiro.

Na Constituição de 1988, logo no seu preâmbulo, está expresso que uma das finalidades da Carta Magna consiste em assegurar o bem-estar dos cidadãos. Acrescente-se que, no seu art. 3º, reafirmou-se que um dos objetivos fundamentais dos entes políticos é promover o bem de todos, sem qualquer tipo de discriminação. Como ilação do Estado Democrático Social de Direito, agasalhado pela Constituição brasileira, qualquer tentativa de aviltar o estado de bem-estar, como a instituição de uma contribuição previdenciária para os aposentados e pensionistas, deve ser repelida por afrontar dispositivos contidos na Constituição.

Todas essas inconstitucionalidades perpetradas pela Emenda Constitucional nº 41 provocam um aviltamento nos indicadores sociais do país e contribuem para o sucateamento do serviço público, impossibilitando, de forma consequente, a prática de políticas públicas que possam retirar da miséria o grande contingente de pessoas necessitadas existente na sociedade brasileira. Portanto, há um descumprimento evidente dos princípios apanágios de um Estado Democrático Social de Direito, cuja finalidade primordial é a concretização de um Estado de Bem-Estar Social, configurando-se esse acinte como mais uma das inconstitucionalidades da Emenda nº 41.[35]

---

[35] ALVAREZ CONDE, Enrique. *Curso de derecho constitucional*. 3. ed. Madrid: Tecnos, 1997. p. 114.

Aqueles que defendem a constitucionalidade da contribuição dos inativos partem dos seguintes argumentos: a) a contribuição foi instituída pelo Poder Reformador e, portanto, a supralegalidade constitucional ampara tal modificação; b) o impedimento de se criar contribuição sobre aposentadoria e pensão (art. 195, II, da Constituição Federal) deve ser interpretado de acordo com uma visão sistêmica da Constituição, incorporando o conteúdo da Emenda nº 41; c) o princípio da irredutibilidade da remuneração resguarda apenas o seu valor, independentemente da incidência de tributos; d) o princípio da solidariedade fundamenta o ônus adicional dos aposentados e pensionistas; e) o direito adquirido não pode ser invocado diante da incidência futura de tributo.

De modo algum se tenciona a perenidade da legislação previdenciária; inclusive, é necessário o seu ajustamento para se adequar às necessidades de uma sociedade em constante evolução como a brasileira, pois, como ressaltou Rudolf Von Jhering, a contínua mudança das relações sociais parece constituir, de forma intrínseca, a essência do direito.[36] Todavia, por hipótese alguma esta Reforma pode perpetrar teratologias contra a Constituição e contra os direitos adquiridos dos cidadãos. Uma sociedade que não respeita os seus idosos não é apta para incutir esperança nos seus jovens, desfazendo o compromisso de construção de um Estado Democrático Social de Direito.

## 21.16 Decisão do Supremo Tribunal Federal sobre contribuição previdenciária

O Supremo Tribunal Federal, depois de longa controvérsia, decidiu pela constitucionalidade da contribuição previdenciária, pelos seguintes motivos:[37]

a) Por serem as contribuições espécies de tributo, não há como lhes opor a garantia constitucional ao direito adquirido, não podendo ser considerada direito subjetivo a imunidade tributária absoluta dos proventos inerentes à situação de servidor inativo. Seria como criar uma imunidade tributária absoluta sem previsão legal.

b) O princípio da irredutibilidade da remuneração dos servidores públicos não se estende aos tributos porque não se configura como imunidade tributária.

c) A não configuração de *bis in idem* de imposto sobre a renda pela utilização da percepção de proventos como fato gerador da contribuição previdenciária porque as contribuições previdenciárias não constituem imposto. Também não consubstancia bitributação o fato de as contribuições apresentarem a mesma base de cálculo do imposto sobre a renda em relação aos inativos, haja vista a existência de autorização constitucional expressa (CF, art. 195, II).

d) A contribuição instituída tem uma finalidade determinada (impedir o colapso do sistema previdenciário), atingindo uma categoria específica de cidadãos, o que impede a sua tipificação como tributação arbitrária ou confiscatória, sendo regida pelos princípios da solidariedade e da contributividade.

---

[36] JHERING, Rudolf Von. *A finalidade do direito*. Tradução de Heder K. Hoffmann. São Paulo: Bookseller, 2002. t. I. p. 289.
[37] ADI nº 3.105/DF e ADI nº 3.128/DF, Rel. orig. Min. Ellen Gracie, Rel. para acórdão Min. Cezar Peluso, 18.8.2004.

e) O sistema previdenciário nunca foi de natureza jurídico-contratual, regido por normas de direito privado. O valor destinado pelo servidor nunca foi de natureza sinalagmática, mas tributo, contribuição previdenciária, destinada ao custeio da Previdência Social.

f) A motivação é feita com base no princípio da solidariedade, que deve ser custeado de forma direta e indireta pela sociedade, visando garantir condições de subsistência, independência e dignidade pessoais ao servidor idoso por meio do pagamento de proventos da aposentadoria durante a velhice. Um dos arrimos do princípio da solidariedade é o princípio da distributividade, que deve ser interpretado de forma sistêmica com o princípio da universalidade, uniformidade, irredutibilidade e equidade (parágrafo único do art. 194 da CF). O fato de haver cidadãos já aposentados à data da publicação da emenda não pode retirar a responsabilidade social pelo custeio, em decorrência do princípio da solidariedade e do caráter contributivo da Previdência Social, garantindo a "equidade na forma de participação de custeio" (CF, art. 194, IV).

g) A cobrança aos aposentados não ofende em si o princípio da isonomia porque distinguiu três grupos de sujeitos passivos da contribuição previdenciária: os que já se aposentaram; os que entraram no sistema anteriormente e ainda não se aposentaram; os que entraram e se aposentarão depois do advento da Emenda nº 41.

Entretanto, considerou o Supremo Tribunal Federal que é inconstitucional traçar critérios diferenciados para a aposentadoria de servidores públicos da União, de um lado, e servidores públicos dos estados, municípios e Distrito Federal, de outro, pelos motivos expostos a seguir:

a) O fato de existir servidores inativos ou pensionistas dos estados, do Distrito Federal ou dos municípios não legitima o tratamento diferenciado dispensado aos servidores inativos e pensionistas da União, que se encontram em idêntica situação jurídica.

b) O fato de ter se aposentado o servidor antes ou depois da publicação da emenda não justifica tratamento desigual quanto à sujeição do tributo. Salientou-se que o parágrafo único do art. 4º da EC nº 41/2003, ao criar exceção à imunidade prevista no §18 do art. 40 da CF, com a redação dada pela própria emenda, faz exceção, da mesma forma, à imunidade do inc. II do art. 195 da CF, aplicável, por extensão, aos servidores inativos e pensionistas, por força da interpretação teleológica e do disposto no §12 do art. 40 da CF. Diante disso, e considerando o caráter unitário do fim público dos regimes geral de previdência e dos servidores públicos e o princípio da isonomia, concluiu-se que o limite a que alude o inc. II do art. 195 da CF – R$2.400,00 (EC nº 41/2003, art. 5º) – haveria de ser aplicado a ambos os regimes, sem nenhuma distinção. Portanto, se aplica, à hipótese do art. 4º da EC nº 41/2003, o §18 do art. 40 do texto permanente da Constituição, introduzido pela mesma emenda constitucional.

# CAPÍTULO 22

# REGIÕES

Regiões são espaços geográficos que possuem determinadas características em comum que os unem, possuindo as mesmas condições geoeconômicas, sociais, culturais, climáticas, históricas etc. A Constituição de 1988 foi o primeiro texto constitucional a dispor sobre as regiões com a finalidade de que aquelas menos desenvolvidas pudessem receber um tratamento diferenciado do governo federal (art. 43, *caput*, da CF).

Sua criação se deve a um esforço de planificação do crescimento, para que este atinja de forma uniforme as regiões. É um planejamento macroterritorial, respeitada a autonomia dos entes federativos. Fazem parte do planejamento as regiões metropolitanas e as aglomerações urbanas. Como as regiões têm características em comum, podem ser elaboradas políticas socioeconômico-culturais que propiciem seu desenvolvimento de maneira conjunta, de forma que os recursos públicos possam ser aplicados de forma mais eficiente. O objetivo da implementação dessas políticas é diminuir as desigualdades entre as várias regiões que compõem o Brasil, estimulando um crescimento mais igualitário. Com a imensa disparidade de desenvolvimento existente no país, o modelo federativo resta maculado, reproduzindo manchas de pobreza que só tendem a agravar a distância entre as regiões e impedir o seu crescimento.

As regiões, como foram estipuladas no Brasil, não gozam de personalidade jurídica, ao contrário do que ocorre em outros países, como a Itália, cujo ordenamento lhes confere personalidade. As regiões foram definidas pelo governo federal para poderem pressionar por políticas diferenciadas que impulsionem seu desenvolvimento, mas carecem de competência administrativa ou legislativa.

O plano plurianual estabelecerá, de forma regionalizada, as diretrizes, os objetivos e as metas da Administração Pública para atendimento dos programas de direção continuada. O fato de o plano plurianual conter a exposição das diretrizes orçamentárias regionalizadamente permite que os estados-membros realizem atuações em conjunto.

Por meio de lei complementar serão determinadas as condições para a integração das regiões em desenvolvimento e a composição de organismos regionais que executarão os planos de desenvolvimento econômico e social, como a antiga Sudene e Sudema, que foram extintas por meio de medida provisória, sob a alegação de que semeavam projetos ilegais, descurando-se do seu papel de órgãos fomentadores. Em seus lugares foram criadas a ADA (Agência de Desenvolvimento da Amazônia) e a Adene (Agência de Desenvolvimento do Nordeste), sem corpo administrativo ou orçamento que lhes garanta condições de exequibilidade (art. 43, §1º, I e II, da CF).

Em 2007, as leis complementares nº 124 e nº 125 recriaram, respectivamente e sob a forma de autarquias federais, a Sudam e a Sudene, extinguindo a ADA e a Adene, e os fundos Constitucional do Nordeste (FNE) e de Desenvolvimento do Nordeste (FDNE). Já em 2011, a Lei Complementar nº 129 criou a Sudeco, Superintendência de Desenvolvimento do Centro-Oeste, também sob a forma de autarquia, com sede em Brasília.

É de se estranhar a extirpação da patologia existente nesses órgãos mediante uma medida extrema, como foi a sua extinção, sem a criação de nenhum sucedâneo capaz de suprir a função desempenhada por eles e propiciar uma diminuição nas disparidades entre os estados-membros.

Outro meio de redução das desigualdades regionais é a política de incentivos fiscais, que pode versar sobre: igualdade de tarifas, fretes ou outros insumos de custos e preços; juros favorecidos para financiamento de atividades prioritárias; isenções, reduções ou diferimento temporário de tributos federais e prioridade para o aproveitamento econômico e social dos rios e das massas de água represadas nas regiões de baixa renda (art. 43, §2º, I a IV, da CF).

Particularmente no Nordeste brasileiro, um dos grandes obstáculos para o crescimento econômico é a questão climática. Por isso, a União deve incentivar a recuperação das terras áridas, principalmente apoiando os pequenos e médios proprietários rurais na irrigação de suas terras (art. 43, §3º, da CF).

A questão da irrigação deve ser levada em conta como um dos vários elementos que devem compor uma política agrária justa, que privilegie as pequenas e médias propriedades rurais, e não apenas estimule o latifúndio improdutivo, que ofereça condições para a produção de alimentos para o mercado consumidor interno, e não financie exclusivamente os exportadores de produtos agrícolas primários, como exemplo, a soja.

Paulo Bonavides postula acabar com a dualidade entre União/estado-membro por estorvar os mecanismos funcionais diante de uma realidade já exaurida. Segundo o mestre cearense, o federalismo brasileiro não deu certo porque foi criado mediante uma intervenção do poder central, quebrando uma estrutura unitária já existente por mais de meio século, pegando os entes componentes da federação despreparados para o exercício da autonomia que lhes fora outorgada.[1]

Seu objetivo seria o de reduzir as desigualdades regionais e planificar as ações públicas para garantir maior eficiência dos entes públicos. Configura-se como uma tentativa para mitigar alguns males do federalismo, como excessiva centralização do governo federal que extirpou várias prerrogativas dos entes federativos; modelo de crescimento anacrônico, que privilegiou algumas regiões em detrimento de outras; ausência de elementos sociopolítico-econômicos que desenvolvessem a autonomia de certos estados.

---

[1] BONAVIDES, Paulo. *A Constituição aberta*. Temas políticos e constitucionais da atualidade, com ênfase no federalismo das regiões. 2. ed. São Paulo: Malheiros, 1996. p. 362.

Atendendo aos anseios e às peculiaridades das regiões, não haveria o problema da formulação de políticas econômicas unitárias para o país, que implicariam, de forma inexorável, a mitigação das autonomias federativas. Ocorrendo a formulação destas políticas em nível regional, de acordo com as peculiaridades dos estados, a autonomia deles seria respeitada e não se impediria a coordenação de políticas públicas, antes pelo contrário, potencializar-se-ia a eficácia das ações implementadas.

A Constituição de 1988 avança na criação de um federalismo de regiões, todavia, não produziu os avanços esperados quando não outorgou autonomia às regiões nem as concebeu como unidades componentes da federação no art. 1º.

# PODER LEGISLATIVO

O Poder Legislativo é composto de duas casas, o Senado e a Câmara dos Deputados (art. 44, *caput*, da CF). O modelo bicameral foi escolhido como forma de manter o equilíbrio federativo, em que a Câmara dos Deputados representa a população em geral e o Senado representa os estados-membros (art. 45, *caput*, da CF).[1] No âmbito estadual, o modelo seguido foi o unicameral, em que a Assembleia Legislativa é formada apenas por deputados estaduais.

Não se pode precisar com exatidão o surgimento da função de representação dos interesses da população. Há relatos da existência de assembleias na Índia, em que o povo nomeava o Conselho de Anciãos. Na Grécia, há farta comprovação da existência do Conselho dos Quinhentos, formado por representantes escolhidos pela população. Na Idade Média, havia cidadãos que representavam o povo nas corporações e nos estamentos. Entretanto, o conceito moderno de deputado e senador nasce com a Revolução Gloriosa de 1688, na Inglaterra, e com a Revolução Francesa de 1789. Devido à influência do primeiro acontecimento histórico, o poder foi deslocado definitivamente da Coroa para o Parlamento, passando os deputados a encarnar as prerrogativas estatais, enquanto o segundo movimento social citado contribuiu para acabar com a representação corporativa, através dos Estados Gerais, delineando as estruturas do regime democrático que se aprimoram a cada dia.

Portanto, a ideia de representação política, sob diversos níveis de densidade, é um conceito que esteve presente em muitas sociedades ao longo do tempo; não obstante ser o conceito de deputado e senador uma figura típica do mundo moderno, nascendo com a democracia representativa e evoluindo suas funções *pari passu* com o desenvolvimento da organização política estabelecida.

---

[1] "Mas a segunda câmara, ainda em suas origens, nem sempre foi a casa da federação ou existiu para satisfazer as necessidades representativas do princípio federativo. Nasceu historicamente numa forma unitária de Estado – a Inglaterra – e serviu de assento à representação da mais alta nobreza, conforme o desenho de representação de classes que se esboçou desde a infância do Parlamento inglês. Essa representação, reminiscência das desigualdades sociais dos tempos do feudalismo, só se extingue de todo na sua eficácia legislativa como órgão formador da vontade estatal durante o século XX, com a despolitização da Câmara dos Lordes e a reforma que ditou uma *capitis diminutio* às suas prerrogativas" (BONAVIDES, Paulo. *Teoria do Estado*. 3. ed. São Paulo: Malheiros, 1995. p. 179).

O Senado representa os estados-membros. A federação brasileira tem como pressuposto a igualdade entre os seus participantes. Portanto, as unidades federativas têm a mesma representatividade: cada qual poderá eleger três senadores, inclusive o Distrito Federal. A eleição é feita pelo sistema eleitoral majoritário. Somente se elegem aqueles que obtiverem maior número de votos, ficando sem representatividade a minoria que optou por outro candidato. A igualdade de senadores para cada estado-membro visa a dar paridade aos estados grandes e aos pequenos, permitindo-lhes, em tese, a mesma influência na federação.

A Câmara dos Deputados representa a população brasileira, e o sistema eleitoral imperante é o proporcional, em que o candidato, para ser eleito, necessita atingir certo número de votos, determinado pelo quociente eleitoral. Por esse sistema, tanto os partidos que ganharam a eleição para o Poder Executivo quanto os que a perderam terão representação no Poder Legislativo. Trata-se de um sistema eleitoral que permite a representação da maioria e da minoria.

O número de deputados federais por estado, bem como pelo Distrito Federal, será fixado por lei complementar, de forma proporcional ao seu número de habitantes, não podendo ser inferior a oito nem superior a setenta (art. 45, §1º, da CF).[2] Modificações no número de representantes apenas podem ser realizadas um ano antes da eleição e não podem ultrapassar os limites fixados: o mínimo de oito e o máximo de setenta deputados por estado. O prazo do mandato dos deputados é de quatro anos (art. 44, parágrafo único, da CF), e cada território elege quatro representantes, independentemente de sua população (art. 45, §2º, da CF).

A forma como foi fixado o número de representantes, na Câmara dos Deputados de cada estado, de cada território e do Distrito Federal, resultou em uma supervalorização da representação dos estados da região Norte, em detrimento dos estados da região Sudeste, de tal forma que o voto de um eleitor de Roraima equivale ao voto de 33 eleitores de São Paulo.

O mandato de senador é de oito anos, sendo que numa eleição é escolhido um representante e, na outra, são eleitos dois, isto é, a renovação é de um terço e dois terços, alternadamente (art. 46, §2º, da CF). O candidato ao Senado, quando for registrar sua candidatura, imediatamente registrará a de dois suplentes para substituí-lo em caso de necessidade (art. 46, §3º, da CF). Os territórios não têm senadores porque carecem de autonomia; na realidade, integram a União.

Essa forma de escolha dos suplentes de senadores gera um acinte à soberania popular porque eles são escolhidos sem o voto direto da população e podem substituir os senadores, que muitas vezes são eleitos para outros mandatos ou passam a ocupar outros cargos, como o de ministro. Seria mais consentânea com a vontade popular a eleição direta também para os suplentes de senadores.

---

[2] A lei complementar mencionada é a de nº 78, de 30.12.1993, que dispõe: "Art. 1º Proporcional à população dos Estados e do Distrito Federal, o número de Deputados Federais não ultrapassará 513 (quinhentos e treze) representantes, fornecida, pela Fundação Instituto Brasileiro de Geografia e Estatística, no ano anterior às eleições, a atualização estatística demográfica das unidades da federação. Parágrafo único. Feitos os cálculos da representação dos Estados e do Distrito Federal, o Tribunal Superior Eleitoral fornecerá aos Tribunais Regionais Eleitorais e aos partidos políticos o número de vagas a serem disputadas. Art. 2º Nenhum dos Estados-membros da Federação terá menos de 8 (oito) Deputados Federais. Art. 3º O Estado mais populoso será representado por 70 (setenta) Deputados Federais".

O suplente tem a incumbência de representar o titular do mandato nos casos de substituição ou sucessão. Os direitos dos suplentes são: a) de substituição, em caso de impedimento; b) de sucessão, na hipótese de vaga.

Como os senadores são eleitos pelo sistema eleitoral majoritário e dispõem de um mandato de oito anos, a densidade de seus mandatos passa a ser mais substanciosa, gozando de maior legitimidade que um deputado federal. Outrossim, como o Senado Federal é composto de 81 membros e a Câmara dos Deputados de 513 membros, a opinião de um senador, pelo seu menor número, ganha maior notoriedade que a opinião de um deputado.

O funcionamento do Senado tende a refrear o ímpeto da Câmara dos Deputados, pois com um menor número de membros a discussão dos projetos tende a ser feita com maior maturação, conhecendo-se, nitidamente, o posicionamento de cada senador. Como a eleição é majoritária, ganhando quem tiver o maior número de votos, há um favorecimento dos grandes grupos políticos, que são conservadores, apoiados pelo *lobby* dos grandes conglomerados econômicos. Assim, a diversidade de representação no Senado é pequena, pois apenas os candidatos que apresentam grandes estruturas e pertencem a partidos consolidados podem disputar a eleição com chances de sucesso, o que impede a fragmentação da representação no Senado, com o surgimento de novas correntes políticas, em que as minorias possam ocupar espaço.

Essa função de sopesamento atribuída ao Senado, moderando as decisões da Câmara dos Deputados, também pode ser atribuída ao fato de que o mandato dos senadores é de oito anos. Assim, um presidente da República que ganhe uma eleição e consiga também eleger uma maioria parlamentar na Câmara terá de conviver com um terço ou dois terços de senadores que foram eleitos na legislatura passada, sob outro contexto político-partidário.

Como o sistema é bicameral, a propositura normativa necessita da anuência das duas Casas, isolando açodamentos de apenas um dos componentes do Poder Legislativo.

Muitos autores, como Pontes de Miranda, não concordam que a missão maior do Senado é representar o equilíbrio federativo, porque os senadores são eleitos na mesma circunscrição dos deputados, não havendo uma vinculação explícita com os interesses dos estados, como ocorre na Alemanha, em que eles são escolhidos pela Assembleia Legislativa.

Apesar das críticas nesse sentido, os interesses regionais dos estados-membros influenciam na hora de os senadores tomarem suas decisões. Para assegurarem sua reeleição, precisam obter uma boa votação em todo o estado e para tanto devem demonstrar aos seus eleitores que se empenharam na defesa dos interesses estaduais.

Segundo Paulo Napoleão Nogueira da Silva, o Senado Federal é um órgão *sui generis* porque, embora integrando o Poder Legislativo, exerce competências outras que se ligam à representação dos estados-membros.[3] Eis as suas palavras:

> Já poderia servir como indicador da distinção entre as naturezas de ambas, e sobretudo, na natureza entre os dois órgãos: as da Câmara eram históricas, tradicional e doutrinariamente

---

[3] Na Constituição de 1934 o Senado tinha a função de coordenação dos poderes federais e de manutenção da continuidade administrativa. Ele era excluído do Poder Legislativo, e cabia-lhe, como órgão autônomo, a função de auxiliar a Câmara dos Deputados na feitura das leis.

cometidas aos Parlamentos; enquanto as do Senado são por essência federativas, de interesse das vontades de todas e de cada uma das unidades federadas, não se confundindo com o interesse que é próprio e exclusivo da representação popular.[4]

Segundo Uadi Lammêgo Bulos, entre as funções específicas do Senado, merecem destaque: a) funcionar como tribunal político no julgamento por crime de responsabilidade; b) aprovar, previamente, os indicados para ocuparem importantes cargos nos três poderes; c) autorizar operações financeiras.[5]

## 23.1 Quorum

Basicamente, na Constituição existem três tipos de *quoruns*: maioria simples ou relativa, maioria absoluta e maioria qualificada. Para a obtenção desses *quoruns* são necessárias duas fases: a primeira, denominada comparecimento, em que os parlamentares atestam sua presença em plenário, e a segunda, denominada votação, em que os parlamentares podem se posicionar aprovando, rejeitando ou se abstendo de votar a matéria.

A primeira fase do *quorum* de maioria relativa e de maioria absoluta é igual. Nesta etapa são computadas todas as presenças em plenário. Para sua concretização, é necessária a presença de metade mais um do total de deputados ou senadores, ou seja, 257 (metade mais um de 513) e 41 (metade mais um de 81), respectivamente. Só haverá a segunda fase depois de realizada a primeira fase de comparecimento.

Na segunda etapa, a de votação, apenas os votos favoráveis à implementação da medida serão contados. O parlamentar pode votar de três formas: a favor da matéria, contra a matéria e se abster.

O *quorum* de maioria absoluta necessita, para ser aprovada a matéria na segunda fase, de metade mais um dos votos, número igual ao da primeira fase, mas apenas composto por parlamentares que votaram pela aprovação, excluindo os votos contrários e as abstenções.

O *quorum* de maioria simples, por sua vez, necessita de qualquer maioria de votos favoráveis para ser aprovada a matéria na segunda fase, desde que estes sejam superiores àqueles contrários à aprovação da matéria. Conclui-se, portanto, que inexiste um número específico na segunda fase desse *quorum*. Qualquer número de votos dados, desde que ultrapasse os votos contrários, servirá para a aprovação do texto. Por exemplo: determinado projeto de lei ordinária, na primeira fase, obtém no Senado o *quorum* de cinquenta e três senadores presentes; na segunda fase, a de votação, consegue trinta e três votos a favor, quinze votos contra e cinco abstenções; com isso, a propositura normativa é aprovada e segue para deliberação da Câmara dos Deputados.

Os *quoruns* de maioria qualificada são de dois terços e três quintos. Para encontrar esses *quoruns*, basta multiplicá-los pelo número total de senadores – 81 –, ou pelo número de deputados – 513. Exemplo: para encontrar o *quorum* de três quintos de deputados, devemos multiplicar 3/5 por 513 = 308 deputados.

---

[4] SILVA, Paulo Napoleão Nogueira da. *A evolução do controle de constitucionalidade e a competência do Senado Federal.* São Paulo: RT, 1992. p. 73.

[5] BULOS, Uadi Lammêgo. *Constituição Federal anotada.* 2. ed. São Paulo: Saraiva, 2001. p. 663.

Segundo o exemplo dado, na primeira fase, a de comparecimento, é necessária a presença de três quintos dos parlamentares e, na segunda fase, a de votação, também são necessários três quintos de votos para a aprovação da propositura legislativa.

Se o texto constitucional não previu o *quorum* a ser utilizado, deve ser usado o *quorum* de maioria simples, mediante lei ordinária, lei delegada ou medida provisória. Assim, quando a Constituição estabelecer que determinada matéria deve ser regulamentada por lei, esta lei pode ser uma lei ordinária, com o *quorum* de maioria simples. A necessidade de lei complementar, com o *quorum* de maioria absoluta, deve sempre vir expressa na Carta Magna (art. 47 da CF).

## 23.2 Atribuições do Congresso Nacional

A origem das competências do Congresso Nacional reside na autonomia de que goza o Poder Legislativo para se estruturar e cumprir as funções que lhe foram designadas pela Constituição. Assim, observando os limites impostos pelos princípios constitucionais, o Poder Legislativo pode dispor sobre suas normas internas, por meio dos regimentos de cada uma das Casas e do Congresso Nacional.

A fonte de validade desses regimentos internos encontra-se na prerrogativa de auto-organização ou competência deliberativa, de que dispõe cada poder componente da federação brasileira. A sua atribuição ainda abrange as funções de legislar, fiscalizar e julgar.

De uma forma bastante abrangente podemos dizer que o Congresso Nacional dispõe de quatro funções: legislativa, fiscalizadora, deliberativa (que permite exercer os atos típicos de sua autonomia, como exemplo, administrar o funcionamento de seus serviços) e julgadora (no caso do *impeachment* do presidente da República, em que a Câmara dos Deputados funciona como juízo de admissibilidade e o Senado como instância de julgamento nos crimes de responsabilidade).

Todas as funções do Legislativo são importantes, mas a atividade de fiscalização funciona como um meio para a moralização da coisa pública. Ela deve ser concebida da forma mais abrangente possível, incidindo sobre todos aqueles que disponham de dinheiro público. Doutrina Geraldo Ataliba:

Por último, é de se considerar que – embora seja ampla, genérica, rica e irrestrita a faculdade de fiscalização que o Congresso Nacional tem sobre o Poder Executivo – os meios de sua viabilização são os que ele, Congresso, criar. Essa fiscalização abrange, obviamente, tanto a administração direta como a indireta, incluindo, além das autarquias, as empresas públicas, as sociedades de economia mista. Todos são irrestritamente sujeitos ao poder de fiscalização do Congresso.[6]

As atribuições do Poder Legislativo se subdividem em atribuições do Congresso Nacional – representando a vontade do Senado e da Câmara dos Deputados –; atribuições privativas do Senado e atribuições privativas da Câmara dos Deputados. Como nosso modelo legislativo é bicameral, uma Casa não serve unicamente para revisar o trabalho da outra, possuindo também competências peculiares.[7]

---

[6] ATALIBA, Geraldo. *República e Constituição*. 2. ed. São Paulo: Malheiros, 1988. p .65.
[7] Na trajetória constitucional, as maiores alterações foram sofridas pelo Senado, com modificações nas suas competências: já foi denominado de Conselho Federal, deixando de integrar o Poder Legislativo e atuando também como coordenador de poderes, conforme disposição da Constituição de 1934.

## 23.2.1 Atribuição legislativa imprópria

Denomina-se atribuição legislativa imprópria aquela, outorgada ao Congresso Nacional, em que, para haver o seu exercício, terá de existir a sanção por parte do presidente da República. É denominada atribuição legislativa imprópria porque há a interferência do Poder Executivo no exercício de uma atribuição do Poder Legislativo. O rol elencado no art. 48 da Constituição é meramente exemplificativo, haja vista que outras matérias podem ser inseridas, e todas elas são de competência da União.

Nesse tipo de atribuição, o chefe do Executivo atua no processo legislativo, cabendo a ele sancionar ou vetar o projeto de lei. Se houver veto, o Congresso Nacional poderá derrubá-lo em sessão unicameral, com um *quorum* de maioria absoluta de votos. O instrumento normativo utilizado será a lei ordinária.

É atribuição imprópria do Congresso Nacional dispor sobre:

I – sistema tributário, arrecadação e distribuição de rendas;
II – plano plurianual, diretrizes orçamentárias, orçamento anual, operações de crédito, dívida pública e emissões de curso forçado;
III – fixação e modificação do efetivo das Forças Armadas;
IV – planos e programas nacionais, regionais e setoriais de desenvolvimento;
V – limites do território nacional, espaço aéreo e marítimo e bens do domínio da União;
VI – incorporação, subdivisão ou desmembramento de áreas de Territórios ou Estados, ouvidas as respectivas Assembleias Legislativas;
VII – transferência temporária da sede do Governo Federal;
VIII – concessão de anistia;
IX – organização administrativa, judiciária, do Ministério Público e da Defensoria Pública da União e dos Territórios e organização judiciária e do Ministério Público do Distrito Federal;
X – criação, transformação e extinção de cargos, empregos e funções públicas, observado o que estabelece o art. 84, VI, *b*;
XI – criação e extinção de Ministérios e órgãos da Administração Pública;
XII – telecomunicações e radiodifusão;
XIII – matéria financeira, cambial e monetária, instituições financeiras e suas operações;
XIV – moeda, seus limites de emissão, e montante da dívida mobiliária federal;
XV – fixação do subsídio dos Ministros do Supremo Tribunal Federal, observado o que dispõem os arts. 39, §4º, 150, II, 153, III, e 153, §2º, I.

## 23.2.2 Atribuição legislativa própria

A atribuição de que trata o art. 49 da Carta Magna é denominada atribuição própria do Congresso Nacional porque não há interferência do presidente da República na sua concretização, que ocorre por meio de decreto legislativo. Esse tipo de competência do Congresso Nacional evidencia uma vontade por parte do Poder Legislativo de impor limites ao Poder Executivo, cerceando sua possibilidade de se intrometer em algumas matérias que passam a ser de controle do parlamento. Depois da aprovação do diploma normativo, não há necessidade de sanção presidencial e imediatamente a norma será promulgada e publicada pelo presidente do Congresso Nacional. A atribuição própria é aquela inerente às funções do Poder Legislativo, isto é, refere-se às prerrogativas que possibilitam ao Legislativo o exercício de sua autonomia e o cumprimento das obrigações delineadas na Lei Maior. O elenco do art. 49 da Constituição é exauriente, não podendo ser inserida nova matéria em nível infraconstitucional, sob pena da fragmentação do equilíbrio entre os três poderes. Somente podem ser inseridas novas matérias por intermédio de emendas constitucionais e que respeitem o conteúdo sistêmico da Lei Maior.

São atribuições privativas do Congresso Nacional:

I – resolver definitivamente sobre tratados, acordos ou atos internacionais que acarretem encargos ou compromissos gravosos ao patrimônio nacional;
II – autorizar o Presidente da República a declarar guerra, a celebrar a paz, a permitir que forças estrangeiras transitem pelo território nacional ou nele permaneçam temporariamente, ressalvados os casos previstos em lei complementar;
III – autorizar o Presidente e o Vice-Presidente da República a se ausentarem do País, quando a ausência exceder a quinze dias;
IV – aprovar o estado de defesa e a intervenção federal, autorizar o estado de sítio, ou suspender qualquer uma dessas medidas;
V – sustar os atos normativos do Poder Executivo que exorbitem do poder regulamentar ou dos limites de delegação legislativa;
VI – mudar temporariamente sua sede;
VII – fixar idêntico subsídio para os Deputados Federais e os Senadores, observado o que dispõem os arts. 37, XI, 39, §4º, 150, II, 153, III, e 153, §2º, I;
VIII – fixar os subsídios do Presidente e do Vice-Presidente da República e dos Ministros de Estado, observado do que dispõem os arts. 37, XI, 39, §4º, 150, II, 153, III, e 153, §2º, I;
IX – julgar anualmente as contas prestadas pelo Presidente da República e apreciar os relatórios sobre a execução dos planos de governo;
X – fiscalizar e controlar, diretamente, ou por qualquer de suas Casas, os atos do Poder Executivo, incluídos os da administração indireta;
XI – zelar pela preservação de sua competência legislativa em face da atribuição normativa dos outros Poderes;
XII – apreciar os atos de concessão e renovação de concessão de emissoras de rádio e televisão;
XIII – escolher dois terços dos membros do Tribunal de Contas da União;
XIV – aprovar iniciativas do Poder Executivo referentes a atividades nucleares;
XV – autorizar referendo e convocar plebiscito;
XVI – autorizar, em terras indígenas, a exploração e o aproveitamento de recursos hídricos e a pesquisa e lavra de riquezas minerais;
XVII – aprovar, previamente, a alienação ou concessão de terras públicas com área superior a dois mil e quinhentos hectares.

## 23.2.3 Direito de convocação

O direito de convocação baseia-se no poder de fiscalização do Poder Legislativo, consistindo na prerrogativa de que dispõe a Câmara dos Deputados, o Senado ou qualquer uma de suas comissões de convocar qualquer ministro de Estado ou membro subordinado à Presidência da República para prestar informações sobre assuntos previamente definidos, de competência dos seus respectivos cargos (art. 50, *caput*, da CF).

Caso eles não atendam a esse chamado, sem motivo razoável que o justifique, estará tipificado o crime de responsabilidade.[8]

O presidente da República não pode ser convocado em virtude da importância do cargo que ocupa, pois isso significaria a invasão de um poder na esfera de outro. O direito de convocação existe em razão da função de fiscalização que incumbe ao Poder Legislativo.

### 23.2.4 Direito de audiência

É a prerrogativa que detêm exclusivamente os ministros de Estado para comparecerem à Câmara dos Deputados, ao Senado ou a alguma de suas comissões a fim de exporem assuntos importantes da alçada de seus ministérios (art. 50, §1º, da CF). O direito de audiência advém do princípio da publicidade que deve nortear os atos administrativos, possibilitando uma maior fiscalização por parte do Poder Legislativo. Uma vez requerido, ele não pode ser negado. Cabe à Casa ou à comissão parlamentar pertinente marcar o dia e hora para que a audiência possa ser realizada.

### 23.2.5 Direito de informação administrativa

As Mesas do Senado Federal e da Câmara dos Deputados, caso haja matéria relevante e do seu interesse, poderão requisitar informações escritas a ministros de Estado ou a quaisquer funcionários ligados ao Poder Executivo, dentro de um prazo de 30 dias, resultando na tipificação de crime de responsabilidade o seu não atendimento ou a prestação de informações falsas (art. 50, §2º, da CF).

## 23.3 Atribuições da Câmara dos Deputados

As atribuições privativas da Câmara dos Deputados estão descritas no art. 51 da Constituição Federal. O instrumento legislativo para sua realização é a resolução, não havendo possibilidade de delegação para o Senado. A terminologia empregada – atribuição privativa – é considerada acertada se tomada no sentido de que é uma atividade legislativa. Se fôssemos considerar a impossibilidade de delegação, étimo mais condizente seria o de competência exclusiva.

As atribuições privativas do Senado Federal e da Câmara dos Deputados se realizam em sessões separadas, sem necessidade de que uma Casa funcione como revisora da outra, pois se trata de competência específica de um dos componentes do Poder Legislativo, atuando de forma isolada. Difere da atribuição legislativa própria ou imprópria, em que as duas Casas atuam de forma separada, mas uma complementa o trabalho da outra.

São atribuições específicas da Câmara dos Deputados:

> I – autorizar, por dois terços de seus membros, a instauração de processo contra o Presidente e o Vice-Presidente da República e os Ministros de Estado;

---

[8] Súmula nº 722, do Supremo Tribunal Federal: "É de competência legislativa da União a definição dos crimes de responsabilidade e o estabelecimento das respectivas normas de processo e julgamento".

II – proceder à tomada de contas do Presidente da República, quando não apresentadas ao Congresso Nacional dentro de sessenta dias após a abertura da sessão legislativa;

III – elaborar seu regimento interno;

IV – dispor sobre sua organização, funcionamento, polícia, criação, transformação ou extinção dos cargos, empregos e funções de seus serviços, e a iniciativa de lei para fixação da respectiva remuneração, observados os parâmetros estabelecidos na lei de diretrizes orçamentárias;

V – eleger membros do Conselho da República, nos termos do art. 89, VII.

## 23.4 Atribuições do Senado

As atribuições do Senado, descritas no art. 52 da Constituição, realizam-se mediante resolução, não havendo possibilidade de delegação.

O Senado, como representante da federação, além de sua atribuição típica, atuando no processo legislativo, possui funções de equilíbrio federativo, como autorizar operações externas de natureza financeira e propor limites globais para a dívida consolidada. Ainda atua no controle de constitucionalidade, podendo suspender a lei declarada inconstitucional pelo STF; possui competência para referendar determinadas escolhas realizadas pelo presidente da República, funcionando como limite para os excessos do Poder Executivo; e tem a prerrogativa de processar e julgar o presidente e o vice-presidente da República por crimes de responsabilidade.

São atribuições específicas do Senado:

I – processar e julgar o Presidente e o Vice-Presidente da República nos crimes de responsabilidade e os Ministros de Estado nos crimes da mesma natureza conexos com aqueles;

II – processar e julgar os Ministros do Supremo Tribunal Federal, os membros do Conselho Nacional de Justiça e do Conselho Nacional do Ministério Público, o Procurador-Geral da República e o Advogado-Geral da União nos crimes de responsabilidade;

III – aprovar previamente, por voto secreto, após arguição pública, a escolha de:

a) magistrados, nos casos estabelecidos nesta Constituição;

b) Ministros do Tribunal de Contas da União indicados pelo Presidente da República;

c) Governador de Território;

d) presidente e diretores do Banco Central;

e) Procurador-Geral da República;

f) titulares de outros cargos que a lei determinar;

IV – aprovar previamente, por voto secreto, após arguição em sessão secreta, a escolha dos chefes de missão diplomática de caráter permanente;

V – autorizar operações externas de natureza financeira, de interesse da União, dos Estados, do Distrito Federal, dos Territórios e dos Municípios;

VI – fixar, por proposta do Presidente da República, limites globais para o montante da dívida consolidada da União, dos Estados, do Distrito Federal e dos Municípios;

VII – dispor sobre limites globais e condições para as operações de crédito externo e interno da União, dos Estados, do Distrito Federal e dos Municípios, de suas autarquias e demais entidades controladas pelo poder público federal;

VIII – dispor sobre limites e condições para a concessão de garantia da União em operações de crédito externo e interno;

IX – estabelecer limites globais e condições para o montante da dívida mobiliária dos Estados, do Distrito Federal e dos Municípios;

X – suspender a execução, no todo ou em parte, de lei declarada inconstitucional por decisão definitiva do Supremo Tribunal Federal;

XI – aprovar, por maioria absoluta e por voto secreto, a exoneração, de ofício, do Procurador-Geral da República antes do término de seu mandato;

XII – elaborar seu regimento interno;

XIII – dispor sobre sua organização, funcionamento, polícia, criação, transformação ou extinção dos cargos, empregos e funções de seus serviços, e a iniciativa de lei para fixação da respectiva remuneração, observados os parâmetros estabelecidos na lei de diretrizes orçamentárias;

XIV – eleger membros do Conselho da República, nos termos do art. 89, VII.

Nos casos de condenação, por crime de responsabilidade, do presidente da República, vice-presidente da República, ministros do Supremo Tribunal Federal, procurador-geral da República e advogado-geral da União, o Senado atua como instância julgadora, havendo a aprovação do *impeachment* mediante o *quorum* de dois terços de votos, com a consequente perda de seus cargos, com a inabilitação por oito anos para o exercício de função pública, sem prejuízo de outras sanções judiciais.[9] Nos casos descritos acima, quem presidirá o Senado será o presidente do Supremo Tribunal, porque essa Casa do Congresso Nacional funciona como um tribunal jurisdicional.

O impedimento para o exercício de função pública refere-se não só a funções eletivas, mas também a cargos públicos e ao exercício de múnus público, como o realizado pelo mesário à época de eleição ou o papel desempenhado pelo jurado no Tribunal do Júri.

Durante o prazo de impedimento, o cidadão não poderá nem mesmo concorrer a cargo público, mediante concurso de provas e títulos, ainda que, na data da sua posse, a proibição tenha terminado. Também é impedida a homologação de registro de candidatura pela Justiça Eleitoral, porque o procedimento eleitoral é uno, iniciando-se com os atos preparatórios e concluindo-se com a diplomação dos eleitos. Em qualquer uma dessas fases é imprescindível o pleno gozo dos direitos políticos, pois todas as etapas eleitorais implicam exercício de função pública, recebendo para tanto verbas públicas, fundo partidário, horário gratuito no rádio e na televisão e exclusividade pelo uso da sigla.

## 23.5 Imunidades parlamentares e perda de mandato

Imunidade parlamentar é a prerrogativa de que gozam os deputados federais e senadores em virtude do cargo que ocupam, para poderem exercer suas funções com a independência e o empenho desejados. Enrique Alvarez Conde assevera que as imunidades tiveram sua origem no direito inglês, sob a denominação *freedom from arrest*, consistindo na impossibilidade de prisão e de processo contra parlamentares, a não ser que houvesse o preenchimento de determinados requisitos.[10] As imunidades

---

[9] No *impeachment* da Presidente Dilma Rousseff, em 2016, o Senado Federal entendeu que essas duas penas não seriam cumulativas, e decretou apenas a perda do cargo de presidente da República, mantendo a elegibilidade de Dilma Rousseff.

[10] ALVAREZ CONDE, Enrique. *Curso de derecho constitucional*. 3. ed. Madrid: Tecnos, 1997. p. 103.

foram reconhecidas na Carta Constitucional de 1824 e continuaram a ser referência nas Constituições brasileiras, com exceção das Cartas autoritárias de 1937 e 1967/1969.[11]

Na Comissão de Constituição e Justiça que apreciava a Emenda Constitucional nº 35, o Senador Pedro Simon proferiu alentado parecer histórico acerca da origem das imunidades, nos seguintes termos:

> Historicamente, como se sabe, o instituto das imunidades parlamentares surgiu na Inglaterra, como medida de defesa contra a Coroa, especialmente durante a época dos Tudor e dos Stuart.
>
> Abrangia, inicialmente, apenas a liberdade de opinião (*freedom of speech*), instituída por lei votada em 1512, a partir da qual todo processo dirigido contra um membro do Parlamento, em razão de um *bill*, discurso, ou declaração qualquer sobre matéria em tramitação, seria considerado nulo e de nenhum efeito.
>
> Posteriormente, por volta de 1603, seu conceito recebeu considerável dilargamento, passando a abranger o que o direito inglês consagrou na expressão *freedom from arrest*, cujo principal objetivo era impedir a prisão por dívidas, prática muito usual à época.
>
> Plasmaram-se, assim, os dois tipos de imunidades parlamentares a que alude a doutrina moderna: 1) a imunidade material (*freedom of speech*), que, para proteger a liberdade dos debates, assegura ao parlamentar inviolabilidade por suas opiniões, palavras e votos, no recinto da respectiva Câmara; e 2) a imunidade formal (*freedom from arrest*), destinada a proteger o congressista contra as prisões arbitrárias e processos tendenciosos.

A imunidade pode ser de dois tipos: formal e material. Ambas têm início com a diplomação (ratificação do resultado da eleição pela Justiça Eleitoral) dos mandatários. A imunidade pode excluir a responsabilidade penal (imunidade material) ou afastá-la durante o tempo de duração do mandato (imunidade formal), caso haja autorização para sustação do processo pela Casa à qual pertence o parlamentar.[12]

Pontes de Miranda denomina a imunidade material de inviolabilidade e a imunidade formal de imunidade própria. Aquela não permite a responsabilização pelos resultados decorrentes do crime e esta apenas pode sustar o processo criminal durante o mandato, se houver autorização da Casa respectiva.[13] A inviolabilidade seria absoluta e a imunidade seria relativa.

---

[11] Na Carta Constitucional de 1937 a imunidade parlamentar era restrita apenas ao funcionamento do Parlamento e havia uma limitação para a imunidade real, mesmo quando as palavras, opiniões e votos fossem emitidos no exercício das funções parlamentares (deve ser ressaltado que o Parlamento Nacional não funcionou durante a vigência da Constituição de 1937). A Lei Maior de 1967/1969 asseverou que os deputados e senadores são invioláveis no exercício do mandato, por suas opiniões, palavras e votos, salvo nos casos de injúria, difamação ou calúnia e nos casos previstos na Lei de Segurança Nacional.

[12] Grassa na doutrina um dissídio para saber se a imunidade material impede a tipificação penal, por força do mandamento constitucional, ou se na verdade há a concretização da tipificação penal, mas ela impede apenas a responsabilidade pelo delito praticado.

[13] Explica Pontes de Miranda: "A inviolabilidade somente concerne a opiniões, palavras e votos, isto é, à liberdade de exprimir o pensamento. No recinto, ou, mesmo, fora do recinto, em função congressual, o deputado ou o senador não é inviolável, e pode cometer crimes. Mas, se há, *in casu*, inviolabilidade, tanto é no tocante ao direito penal quanto ao direito privado" (MIRANDA, Francisco Cavalcanti Pontes de. *Comentários à Constituição de 1967 com a Emenda nº 1 de 1969*. 3. ed. Rio de Janeiro: Forense, 1987).

A imunidade material exclui totalmente a responsabilização do crime.[14] Os seus elementos permanecem consubstanciados – ato antijurídico, típico, cujo pressuposto da pena é a culpabilidade (corrente finalista) –, mas as suas consequências não podem ser imputadas a quem lhe deu causa devido à imunidade que ampara os parlamentares. Os deputados e senadores são invioláveis, civil e penalmente, por suas opiniões, palavras e votos, desde que haja relação com o exercício do seu mandato (art. 53, *caput*, da CF).[15] Assim, no exercício do cargo ou por questões ligadas ao seu desempenho, delitos como a calúnia, a difamação e a injúria não podem ser tipificados.[16] A extensão da imunidade material se limita basicamente a esses tipos de crimes. A finalidade é garantir a integralidade do direito de expressão de pensamento[17] e possibilitar aos parlamentares o exercício da sua função de fiscalizar a coisa pública.

O Supremo Tribunal Federal entende que a inviolabilidade material (mediante palavras, opiniões e votos) abrange toda manifestação do parlamentar que se possa identificar com a sua qualidade de mandatário político, ainda que praticada fora do estrito exercício do mandato.[18] Esse tipo de imunidade só atinge os parlamentares que estiverem no exercício de suas funções públicas, tanto no recinto do Congresso Nacional quanto fora dele.[19] Contudo, o parlamentar que esteja licenciado de suas funções, seja para tratamento de saúde, seja para assumir outro cargo, perde a sua imunidade.

O suplente, em sua posição de substituto eventual de membro do Congresso Nacional, não goza, enquanto permanecer nessa condição, das prerrogativas constitucionais deferidas ao titular do mandato legislativo, como também não lhe podem ser imputadas as incompatibilidades previstas na Constituição para incidir em quem desempenha mandato parlamentar. A Constituição Federal não amparou o suplente com a prerrogativa de foro privilegiado, por não pertencer ele a nenhuma das Casas que compõem o Congresso Nacional.[20] Qualquer prerrogativa de caráter institucional, inerente ao mandato parlamentar, somente poderá ser estendida ao suplente mediante expressa previsão constitucional, tal como o fez a Constituição Republicana de 1934, que

---

[14] "Desde que as manifestações dos congressistas guardem relação com o exercício do mandato, ainda que produzidas fora do recinto da própria Casa Legislativa [...], ou, com maior razão, quando exteriorizadas no âmbito do Congresso Nacional" (STF, Pleno, Inq./Queixa-crime nº 681, *RTJ*, 155/396). "Consequentemente, não se caracteriza a imunidade material por falta de relação entre o fato apontado como crime contra a honra do ofendido e o exercício do mandato parlamentar pelo ofensor" (STF, Pleno, Inq. nº 803/SP, *RTJ*, 156/772).

[15] No RE nº 220.687/MG, em 13.4.1999, de relatoria do Min. Carlos Velloso, decidiu-se que a imunidade material prevista na Constituição alcança o campo da responsabilidade civil.

[16] As manifestações sobre matéria alheia ao exercício do mandato não estão abrangidas pela imunidade material dos deputados e senadores prevista no art. 53 da CF (Inq. nº 1.905/DF, Rel. Min. Sepúlveda Pertence).

[17] Por outro lado, o STF já decidiu que a propagação, por parlamentar, de ideias contrárias à ordem constitucional e ao Estado Democrático transbordam os limites da liberdade de expressão, sendo passível de enquadramento nas figuras típicas descritas na Lei de Segurança Nacional (Lei nº 7.170/1973) (Inq. nº 4.781/DF, Decisão Monocrática, Rel. Min. Alexandre de Moraes, 16.2.2021).

[18] "A inviolabilidade parlamentar elide não apenas a criminalidade ou a imputabilidade criminal do parlamentar, mas também a sua responsabilidade civil por danos oriundos da manifestação coberta pela imunidade ou pela divulgação dela: é conclusão assente, na doutrina nacional e estrangeira, por quantos se têm ocupado especificamente do tema" (*Informativo do STF*, n. 232).

[19] Em que pese as manifestações proferidas fora do recinto do Congresso Nacional serem, em regra, abrangidas pela imunidade material, o STF já reconheceu estado de flagrância na prática de crimes contra a segurança nacional (Lei nº 7.170/1973) na difusão, pela internet e por parlamentar federal, de afrontas à ordem constitucional e subversão ao Estado Democrático (Inq. nº 4.781/DF, Decisão Monocrática, Rel. Min. Alexandre de Moraes, 16.2.2021).

[20] Inq. nº 1.684/PR, Rel. Min. Celso de Mello.

concedeu "ao suplente imediato do Deputado em exercício" a garantia da imunidade processual (art. 32, *caput, in fine*). Ele não possui direito adquirido à imunidade, mas possui mera expectativa de direito.[21]

A imunidade formal, que ocorre quando há autorização do pedido de sustação, impede apenas o início da ação penal, que ocorre com o recebimento da denúncia ou queixa, podendo os atos investigatórios ser concluídos e, até mesmo, confeccionada a denúncia.[22] A sustação do processo suspende a prescrição enquanto durar o mandato, ou seja, o cidadão poderá passar vinte anos como deputado e mesmo assim a conduta delituosa não será atingida pela prescrição (art. 53, §5º, da CF). Do contrário, restaria institucionalizada a impunidade. As demais ações, como as trabalhistas e as cíveis, que não tenham conexão com a imunidade material, correm normalmente, sem nenhum empecilho.[23]

Desde a expedição do diploma, como decorrência da imunidade formal, os parlamentares só podem ser presos por crimes inafiançáveis, e mesmo por estes a nota de culpa, ato que formaliza a prisão em flagrante, para ser expedida, dependerá da anuência da Casa à qual pertencer o parlamentar, exigindo-se um *quorum* de maioria absoluta. O pedido para que a Casa respectiva se posicione sobre a prisão deve ser enviado para o Congresso Nacional no prazo de 24 horas (art. 53, §2º, da CF).

Antes da Emenda Constitucional nº 35, a decisão acerca da prisão de parlamentares por flagrante delito de crimes inafiançáveis era tomada em sessão secreta. Agora, como não há menção à votação secreta, ela obrigatoriamente terá de ser aberta, pois aquele tipo de votação tem de estar expressamente previsto na Constituição.

Assim, se o presidente da Casa à qual pertencer o parlamentar não tiver interesse de colocar em pauta de votação a licença para a formalização da nota de culpa do flagrante, o parlamentar deverá ser liberado imediatamente.

Com relação à questão de flagrante de parlamentar, decidiu o STF, no caso do então Senador Delcídio do Amaral, que pode haver a possibilidade de prisão em flagrante delito se for a hipótese de um crime permanente. Inicialmente, entendeu a Egrégia Corte que os atos praticados pelo senador não tinham a característica de crime inafiançável.[24] No entanto, a Corte Suprema considerou que estavam presentes os motivos que autorizam a decretação da prisão preventiva (tentativa de calar o depoimento de colaborador, tentativa de influenciar os julgadores e planejamento de fuga), e, portanto, diante de uma situação que não admite fiança, com base no art. 324, IV, do CPP.

---

[21] O Supremo Tribunal Federal entende que a prerrogativa de foro privilegiado se estende apenas ao Senador que estiver em exercício no cargo, não abrangendo o suplente, que não tem jus às prerrogativas inerentes ao cargo enquanto o titular estiver em exercício, haja vista que ele tem mera expectativa do direito de substituir, eventualmente, o senador com o qual foi eleito. Assim, posiciona-se o STF que a atração de sua competência, de natureza *intuitu funcionae*, ocorre, desde a diplomação, unicamente em relação ao titular eleito para exercer o cargo. Se o legislador quisesse estender a referida proteção aos suplentes, teria providenciado a sua inclusão na Constituição Federal ou remetido a sua disciplina à legislação ordinária. Precedente citado: Inq. nº 2.453 AgR/MS, Rel. Min. Ricardo Lewandowski, 17.5.2007.

[22] "Entretanto, são válidos os atos praticados no processo, inclusive a denúncia, antes do acusado tornar-se parlamentar" (STF, Pleno, Inq. nº 526/DF, *RTJ*, 152/410).

[23] "[...] sendo o termo inicial da suspensão da prescrição [...] o momento em que, reconhecendo-a necessária, o relator determina a solicitação da licença com o consequente sobrestamento do feito" (STF, Pleno, Inq. nº 457/DF, *RTJ*,149/692).

[24] O art. 5º, incs. XLII, XLIII e XLIV, e o art. 323 do CPP preveem a lista de crimes inafiançáveis: a) racismo; b) tortura; c) tráfico de drogas; d) terrorismo; e) crimes hediondos; f) crimes cometidos por ação de grupos armados, civis ou militares, contra a ordem constitucional e o Estado Democrático.

No caso da prisão do Deputado Federal Daniel Silveira, a Corte entendeu que a publicação de vídeo nas redes sociais, ainda disponível, cujo conteúdo se amolda aos crimes previstos na Lei nº 7.170/1973 (Lei de Segurança Nacional), caracterizaria crime permanente, autorizando-se a prisão em flagrante.[25]

A jurisprudência do STF construiu duas outras relativizações à imunidade formal do parlamentar para a prisão, extrapolando a hipótese constitucionalmente explícita do flagrante de crime inafiançável:

a) é possível que o Poder Judiciário, em circunstâncias de excepcional gravidade e por autoridade própria, imponha a parlamentares quaisquer das medidas cautelares previstas pelo art. 319 do Código de Processo Penal. Se estas afetarem, de qualquer maneira, o exercício regular do mandato, os autos serão remetidos para apreciação da Casa respectiva em 24 horas, em votação nominal e aberta, que poderá relaxar as medidas.[26]

b) a imunidade formal para a prisão não impede o encarceramento do parlamentar para o cumprimento de pena imposta por sentença judicial transitada em julgado.[27]

Segundo a Súmula nº 245 do STF, a imunidade, tanto a formal como a material, não se estende para o coautor do delito que não seja parlamentar. Também é entendimento da Egrégia Corte que a imunidade não pode ser objeto de renúncia pelos senadores e deputados. Ela não pode ser renunciada porque não se configura como prerrogativa privada dos parlamentares, não podendo ser livremente disposta de forma discricionária. Sua natureza é de prerrogativa pública, decorrente do múnus público estatal, razão pela qual seu exercício obedece às normativas disciplinadas na Constituição a bem do interesse coletivo.

### 23.5.1 Requisitos para abertura de processo contra parlamentares (imunidade formal)

Este tópico versa essencialmente sobre a imunidade formal, porque a imunidade material sob hipótese alguma permite a abertura de processo criminal.

A Emenda Constitucional nº 35 modificou a imunidade formal dos parlamentares, com o objetivo de que a garantia para o exercício do mandato não se transmudasse em véu para a impunidade. O processo não fica mais suspenso *a priori*, à espera de deliberação da Casa respectiva – a suspensão processual somente ocorre se houver uma autorização do Senado Federal ou da Câmara dos Deputados, com um *quorum* de maioria absoluta, em sessão aberta.

Recebida a denúncia contra o parlamentar, o Supremo Tribunal Federal formalizará ciência à Casa respectiva, que poderá sustar o andamento da ação, por iniciativa de partido político nela representado (art. 53, §3º, da CF). O pedido de sustação será

---

[25] "Relembre-se que, considera-se em flagrante delito aquele que está cometendo a ação penal, ou ainda acabou de cometê-la. Na presente hipótese, verifica-se que o parlamentar Daniel Silveira, ao postar e permitir a divulgação do referido vídeo, que repiso, permanece disponível nas redes sociais, encontra-se em infração permanente e consequentemente em flagrante delito, o que permite a consumação de sua prisão em flagrante" (Inq. nº 4.781/DF, Decisão Monocrática, Rel. Min. Alexandre de Moraes, 16.2.2021).

[26] STF, Tribunal Pleno, ADI nº 5.526/DF, Rel. Min. Edson Fachin, Redator p/ Acórdão Min. Alexandre de Moraes, *DJe*, 7.8.2018.

[27] STF, 1ª Turma, AP nº 863/SP, Rel. Min. Edson Fachin, j. 23.5.2017.

apreciado pela Casa respectiva no prazo improrrogável de quarenta e cinco dias do seu recebimento pela mesa diretora (art. 53, §4º, da CF). Se dentro desse prazo não houver deliberação, o processo segue o seu curso normal.

O partido político pode a qualquer momento solicitar a sustação do prosseguimento do processo, desde que não haja sentença transitada em julgado, sendo um ato discricionário seu. Entretanto, uma vez protocolado o pedido, haverá um prazo improrrogável de quarenta e cinco dias para a sua apreciação.

Antes da emenda, o parlamentar somente poderia ser processado se a Casa à qual ele pertencesse concedesse uma licença. Para tanto se exigia um *quorum* de maioria absoluta de votos, em sessão secreta. As votações no Congresso Nacional são abertas, ostensivas, seguindo os preceitos da publicidade e da moralidade. As votações secretas são excepcionais, ocorrendo apenas quando expressamente previstas na Constituição. Licença era a autorização da Casa à qual o parlamentar pertencia, permitindo a quebra da imunidade formal.

Atualmente há uma inversão do procedimento: os processos seguem o seu trâmite normal, podendo ser sustados apenas se houver autorização da Casa à qual o parlamentar pertencer, com o *quorum* de maioria absoluta em sessão aberta.

A competência para processar e julgar senadores e deputados, desde a expedição do diploma e na constância do mandato, passou a pertencer ao Supremo Tribunal Federal a partir da Emenda Constitucional de 1969 (art. 53, §1º, da CF). No direito comparado, não é uma regra a prerrogativa de foro para os parlamentares.

A Súmula nº 394 do STF, que garantia que os parlamentares sempre seriam julgados pelo Pretório Excelso, mesmo com a perda de seus mandatos, foi revogada. Ela expressava o seguinte: "Cometido o crime durante o exercício funcional, prevalece a competência especial por prerrogativa de função, ainda que o inquérito ou a ação penal seja iniciada após a cessação daquele exercício".[28]

Agora, a nova orientação é no sentido de que o parlamentar só será julgado pelo Supremo Tribunal Federal por crimes cometidos durante o mandato e julgados na constância da representação popular. Iniciada a ação penal após o término do mandato parlamentar, caso tenha sido deferida a sustação do processo, a competência será da justiça de primeira instância. Caso o parlamentar não seja reeleito, e inexistindo decisão transitada em julgado, os autos devem ser remetidos para o órgão competente de primeira instância, seja ele da Justiça Estadual, Federal ou Eleitoral.

Além disso, já compôs maioria no plenário do Supremo Tribunal Federal a tese de que, além de ter sido cometido durante o mandato, o crime precisa guardar nexo com o exercício da função parlamentar para atrair a prerrogativa de foro, tendo sido esta a tese fixada no julgamento da Ação Penal nº 937/RJ.[29] Atualmente, o entendimento tem sido aplicado não apenas para o foro especial dos parlamentares, mas de todas as demais autoridades públicas com esta prerrogativa, como governadores e conselheiros de tribunais de contas.[30]

---

[28] Em provimento de recurso extraordinário, o STF anulou acórdão do Tribunal de Justiça do Estado de Goiás que entendera subsistir a sua competência para julgar ex-prefeito, cujas condutas supostamente ilícitas ocorreram durante o exercício do mandato. A Turma, aplicando orientação de que a Súmula nº 394 foi revogada, entendeu que a competência especial por prerrogativa de função não alcança as pessoas que não mais exercem mandato de prefeito.

[29] STF, AP nº 937/RJ, Rel. Min. Luís Roberto Barroso, *DJe*, 11 dez. 2018.

[30] STJ, AgRg/AP nº 866/DF, Rel. Min. Luís Felipe Salomão, j. 3.8.2018.

Se o delito foi cometido antes da diplomação do parlamentar, a competência é deslocada da primeira instância para o STF, desde a sua diplomação. Se ocorrer o julgamento ainda durante o mandato parlamentar e o crime for conexo ao exercício deste, o STF será a instância competente. Contudo, terminado o mandato sem julgamento do delito, a competência novamente se desloca, agora do STF para a primeira instância.

Outro marco importante foi a definição pelo STF do *termo final* do foro especial, isto é, o momento a partir do qual este não mais pode ser deslocado para outra instância. Esse momento é o final da fase de instrução, com a intimação das partes do despacho que determina a apresentação de alegações finais na ação penal.[31] A partir desse ato processual, portanto, não mais se admite a remessa dos autos para julgamento em outro foro.

A possibilidade de deferimento da suspensão do processo apenas pode ocorrer para os crimes realizados após a diplomação. Os crimes realizados antes da diplomação seguem o trâmite processual normal, sendo a competência para julgamento deslocada para o STF.

Durante o exercício do cargo, o foro privilegiado é vital para impedir que o parlamentar, usando de suas prerrogativas, interfira no julgamento da ação penal. Como o processo se desenvolve perante o Supremo, as chances de este órgão vir a sofrer pressões do parlamentar são reduzidas, permitindo a formação de um veredicto imparcial.

Todavia, as ações penais originárias do Supremo Tribunal Federal têm seu desfecho prolongado pelo acúmulo de processos e pela dificuldade na colheita de provas em razão da distância do local da ocorrência do delito. Essa lentidão no julgamento de ex-parlamentares transmite a sensação de impunidade, que pode ser evitada com o processamento do feito perante a primeira instância. Assim, perdendo o parlamentar o mandato, ele não tem mais como pressionar o Judiciário, nada impedindo que seja julgado na primeira instância.

A revogação da Súmula nº 394 por parte do Supremo somente opera efeitos *ex nunc*. Os processos que já transitaram em julgado e os em curso ficam sujeitos à orientação anterior, mesmo sendo possível aplicar o novo entendimento do Supremo aos processos em tramitação.

A imunidade também abrange a não obrigatoriedade de testemunhar sobre dados recebidos ou prestados em razão do exercício do mandato. Igualmente, os parlamentares não estão obrigados a identificar as pessoas que lhes prestaram informações (art. 53, §6º, da CF).

Considerado como requisito indispensável ao exercício amplo das funções parlamentares, a imunidade permanece vigente até mesmo no estado de sítio e no estado de defesa, podendo somente ser suspensa mediante o voto de dois terços dos membros da Casa respectiva e, assim mesmo, para atos praticados fora do recinto do Congresso e que sejam incompatíveis com a execução das medidas de excepcionalidade legal (art. 53, §8º, da CF).

---

[31] Tal prorrogação da competência do Supremo para julgar a ação penal ocorre ainda que os fatos apurados sejam estranhos ao mandato parlamentar, mas a fase instrutória já esteja encerrada (STF, AP nº 984/AP, Rel. Min. Luís Roberto Barroso, *DJe*, 11.6.2019).

A incorporação às Forças Armadas de deputados e senadores, embora militares e ainda que em tempo de guerra, dependerá de prévia licença da Casa respectiva (art. 53, §7º, da CF).

### 23.5.2 Extensão da imunidade

- Membros do Poder Legislativo: os deputados estaduais, deputados federais e senadores possuem tanto a imunidade formal quanto a material. Os vereadores somente possuem imunidade material, e na sua circunscrição, por atos ligados ao exercício de suas funções. Eles não possuem imunidade formal.[32]
- Presidente da República: possui tanto a imunidade material quanto a formal. Aliás, não pode ser preso nem mesmo em flagrante delito por crime inafiançável. A prisão somente se tornará exequível após sentença transitada em julgado, nos crimes penais comuns. O presidente da República apenas pode ser processado depois de aprovado o juízo de admissibilidade na Câmara dos Deputados com o *quorum* de 2/3 dos votos. É o detentor de cargo público que possui um grau mais intenso de imunidade.
- Governador de estado-membro: tem imunidade material e formal. Nas infrações penais comuns, caso haja deferimento da suspensão do processo, o prazo prescricional é suspenso até o término do mandato.
- Prefeito municipal: tem imunidade material, por palavras, opiniões e votos, na circunscrição do município em que exerce o seu mandato. Nas infrações penais comuns, goza de foro privilegiado, sendo julgado pelo Tribunal de Justiça.

### 23.5.3 Impedimentos dos parlamentares

Esses impedimentos, que são incompatibilidades, referem-se a determinadas condutas dos parlamentares que possam comprometer a lisura e a honradez do mandato em que foram investidos. Busca-se limitar o envolvimento pernicioso do parlamentar com a troca de favores e com a corrupção, que poderia surgir a partir de um maior contato com entidades públicas ou privadas.

Os impedimentos podem ocorrer desde a expedição do diploma (art. 54, I, da CF) e desde a posse (art. 54, II, da CF).[33]

Desde a expedição do diploma:

a) firmar ou manter contrato com pessoa jurídica de direito público, autarquia, empresa pública, sociedade de economia mista ou empresa concessionária de serviço público, salvo quando o contrato obedecer a cláusulas uniformes (cláusulas uniformes são aquelas em que o contrato elaborado segue um padrão, independentemente do signatário);

---

[32] As imunidades do vereador são apenas aquelas fixadas pela Constituição Federal, ou seja, apenas a imunidade material na circunscrição do seu município, desfalecendo de competência as Constituições estaduais para estabelecer outras imunidades que não aquelas expressamente elencadas no texto da lei (ADI nº 371/SE, Rel. Min. Maurício Corrêa).

[33] Quando não na iminência de assumir o mandato, essas restrições não se estendem ao suplente (MS nº 21.266/DF, Rel. Min. Célio Borja).

b) aceitar ou exercer cargo, função ou emprego remunerado, inclusive os de que sejam demissíveis *ad nutum*, nas entidades constantes da alínea anterior (demissíveis *ad nutum* são aqueles servidores públicos detentores de cargos em comissão, que podem ser demitidos a qualquer momento, sem qualquer formalidade, dependendo da vontade de quem os colocou no cargo).

Em resumo, nenhum parlamentar pode contratar ou exercer função, cargo ou emprego em entidades da Administração direta e indireta. A exceção de contratos com cláusulas uniformes se justifica porque, nesse caso, o parlamentar não pode usar sua influência para se beneficiar, pois as cláusulas são iguais para todos.

Desde a posse:
a) ser proprietário, controlador ou diretor de empresa que goze de favor decorrente de contrato com pessoa jurídica de direito público, ou nela exercer função remunerada;
b) ocupar cargo ou função de que seja demissível *ad nutum*, em pessoa jurídica de direito público, autarquia, empresa pública, sociedade de economia mista ou empresa concessionária de serviço público;
c) patrocinar causa em que seja interessada pessoa jurídica de direito público, autarquia, empresa pública, sociedade de economia mista ou empresa concessionária de serviço público;
d) ser titular de mais de um cargo ou mandato público eletivo.

## 23.5.4 Perda do mandato

São casos de perda de mandato de deputado ou de senador (art. 55, I a VI, da CF):
a) A infração aos impedimentos constantes no art. 54 da Constituição Federal, seja depois da diplomação, seja depois da posse.
b) A falta de decoro parlamentar. Sua tipificação é um conceito indeterminado, que varia de acordo com as decisões políticas.[34] Uma das tipificações mais comuns de perda de mandato por falta de decoro parlamentar ocorre quando o deputado ou senador mente em plenário, seja em depoimento na comissão parlamentar de inquérito, seja em declarações proferidas em plenário. Elenco extensivo dos casos de falta de decoro parlamentar pode ser encontrado no regimento interno, que tipifica o abuso das prerrogativas asseguradas aos parlamentares e a percepção de vantagens indevidas, praticados durante o exercício do mandato. Impossível imputar aos parlamentares a responsabilidade pela prática de atos anteriores ao exercício do seu mandato.
c) Ausência à terça parte das sessões ordinárias da Casa à qual pertencer, salvo licença ou em missão autorizada.

---

[34] Eros Roberto Grau não admite a existência de conceitos indeterminados; na realidade, existiriam conceitos que devem ser completados pelos operadores jurídicos. Ensina: "Os conceitos consubstanciam sumas de ideias que, para se realizarem como conceitos, hão de ser, no mínimo, determinadas. A mencionada indeterminação dos conceitos jurídicos, pois, não é deles, mas sim dos termos que os expressam, mercê da sua ambiguidade ou imprecisão [...]. Nesse sentido, talvez pudéssemos referi-los como conceitos carentes de preenchimento com dados extraídos da realidade. Daí a afirmação, que introduzo, de que os parâmetros para tal preenchimento – quando se trate de conceito aberto por imprecisão – devem ser buscados na realidade, inclusive na consideração das concepções políticas predominantes, concepções essas que variam conforme a atuação das forças sociais" (GRAU, Eros Roberto. *Direito, conceitos e normas jurídicas*. São Paulo: RT, 1988. p. 72).

d) Suspensão ou perda dos seus direitos políticos, consonante o exposto no art. 15 da *Lex Excelsa*.
e) Mediante decreto proferido pela Justiça Eleitoral, nos casos previstos na Constituição Federal, como exemplo, nas ações de impugnação da diplomação por fraude, corrupção e abuso do poder econômico.
f) Condenação criminal em sentença transitada em julgado.

Nos casos de falta de decoro, de sentença transitada em julgado e perda de mandato por ter o parlamentar infringido os impedimentos constantes no art. 54 da Constituição, a Casa à qual pertencer terá de autorizar o processo, mediante provocação da respectiva Mesa ou partido político representado no Congresso Nacional, assegurada a ampla defesa, com um *quorum* de maioria absoluta de votos (art. 55, §2º, da CF).[35]

Com relação à perda de mandato por sentença criminal transitada em julgado, entende-se tradicionalmente que é necessária uma votação por parte da Casa à qual ele pertencer, porque a decisão da Justiça não seria autoaplicável em razão da imunidade.[36] A Constituição tomou essa direção como forma de resguardar os congressistas de manipulações, evitando que processos judiciais sirvam de instrumento casuísta para a perda de mandato.

Nos casos de o parlamentar faltar a mais de um terço das sessões ou em virtude de sentença por parte da Justiça Eleitoral nos casos previstos na Constituição Federal ou se ele perder ou tiver suspensos os direitos políticos, a decisão será declarada pela Mesa da Casa respectiva, de ofício ou mediante provocação de qualquer de seus membros, ou de partido político representado no Congresso Nacional, sem necessidade de nenhum tipo de votação, de forma imediata. Em qualquer das hipóteses, sempre deve ser assegurada ampla defesa ao parlamentar (art. 55, §3º, da CF).

Resumindo, o parlamentar somente perderá seu mandato, automaticamente, sem necessidade de votação pela Casa à qual pertencer, no caso de faltar a mais de um terço das sessões ou em virtude de sentença por parte da Justiça Eleitoral ou se ele perder ou tiver suspensos os direitos políticos. Não serão automáticos, dependendo de votação da Casa à qual pertencer, os demais casos: falta de decoro parlamentar; infração aos impedimentos contidos no art. 54 da Constituição; e quando houver condenação criminal com sentença transitada em julgado.

Contudo, a despeito da literalidade do texto constitucional e considerando a posição da Corte de que a imunidade parlamentar não impede a execução de sentença penal transitada em julgado, a 1ª Turma do STF entende que a perda do mandato é automática caso a condenação criminal seja à pena de reclusão, em regime fechado, superior a 120 dias.[37] Caso contrário, eventual perda do mandato dependerá de deliberação do Parlamento, nos moldes constitucionais.[38]

---

[35] A cautelar que suspenda o exercício do mandato não impede o trâmite de processo de cassação do parlamentar dentro da Casa Legislativa (MS nº 34.327/DF, Rel. Min. Luís Roberto Barroso).
[36] Precedente não vinculante no Supremo cria a possibilidade de perda automática do mandato, declarada pela Mesa da Casa Legislativa, quando for decretada a prisão em regime fechado e o cumprimento da pena obstaculizar a presença do parlamentar em mais de 1/3 das sessões ordinárias (AP nº 694, Rel. Min. Rosa Weber, 2.5.2017).
[37] STF, 1ª Turma, AP nº 863/SP, Rel. Min. Edson Fachin, j. 23.5.2017; AP nº 694, Rel. Min. Rosa Weber, 2.5.2017.
[38] Ressalte-se que a 2ª Turma ainda adota a posição tradicional de que a perda do mandato dependeria, em qualquer hipótese, de deliberação da Casa Parlamentar (AP nº 996, j. 29.5.2018). Resta aguardar a composição da divergência entre os colegiados do STF.

A renúncia do parlamentar que esteja submetido a processo que vise ou possa levar à perda de mandato terá seus efeitos suspensos até a deliberação final do processo que ocasione a perda do seu cargo, porque, nesse caso, a renúncia é um ardil para evitar que o parlamentar fique inelegível por oito anos (art. 55, §4º, da CF).[39]

A suspensão dos efeitos da renúncia dos parlamentares foi elaborada pela Emenda Constitucional de Revisão nº 6. Preceitua esta que a renúncia do parlamentar sujeito à investigação, que tenha procedimento protocolado à Mesa da respectiva Casa à qual ele pertencer, fica sujeita à condição suspensiva, somente produzindo efeitos se a decisão final não concluir pela sanção. Se a decisão for pela perda do mandato, a declaração da renúncia estará arquivada e, como sanção, por causa do processo parlamentar, ele será considerado inelegível por oito anos.

Com a aprovação da Emenda Constitucional nº 76/2013, no dia 28.11.2013, estabeleceu-se o fim do voto secreto nas votações envolvendo a perda de mandato de parlamentares e a apreciação de vetos por parte do Poder Executivo no Congresso Nacional. Deve ser ressaltado que na redação originária da Constituição Federal era previsto o escrutínio secreto para esses tipos de deliberação. Contudo, diante de uma pressão muito forte da mídia e da sociedade, principalmente em razão dos casos de impunidade envolvendo parlamentares envolvidos em escândalos de corrupção, aprovou-se a respectiva emenda, objetivando-se permitir que a sociedade possa controlar de uma forma mais eficaz a atuação dos seus representantes.

No entanto, deve ser ressaltado que mesmo com a aprovação da EC nº 76/2013, nem todas as votações na Câmara dos Deputados e do Senado Federal serão deliberadas por meio do voto aberto. Ainda existem quatro situações em que há votação secreta. As três primeiras estão previstas na Constituição Federal (art. 52, III, IV e XI). E a quarta hipótese é tratada apenas pelo regimento interno do Senado e da Câmara.[40]

## 23.5.5 Investidura, pelos parlamentares, em outros cargos

Os parlamentares não perdem os seus cargos se assumirem a função de ministro de Estado, governador de território, secretário de estado, do Distrito Federal, ou chefe de missão diplomática temporária. Quando deixarem esses cargos, havendo ainda tempo

---

[39] "Art. 1º A renúncia de parlamentar sujeito à investigação por qualquer órgão do Poder Legislativo, ou que tenha contra si procedimento já instaurado ou protocolado junto à Mesa da respectiva Casa, para apuração das faltas a que se referem os incisos I e II do art. 55 da Constituição Federal, fica sujeita à condição suspensiva, só produzindo efeitos se a decisão final não concluir pela perda do mandato. Parágrafo único. Sendo a decisão final pela perda do mandato parlamentar, a declaração da renúncia será arquivada" (Decreto Legislativo nº 16, de 24.3.1994).

[40] "Compete privativamente ao Senado Federal: [...] III – aprovar previamente, por voto secreto, após arguição pública, a escolha de: a) Magistrados, nos casos estabelecidos nesta Constituição; b) Ministros do Tribunal de Contas da União indicados pelo Presidente da República; c) Governador de Território; d) Presidente e diretores do banco central; e) Procurador-Geral da República; f) titulares de outros cargos que a lei determinar; IV – aprovar previamente, por voto secreto, após arguição em sessão secreta, a escolha dos chefes de missão diplomática de caráter permanente; XI – aprovar, por maioria absoluta e por voto secreto, a exoneração, de ofício, do Procurador-Geral da República antes do término de seu mandato" (art. 52 da CF). Ademais, o Regimento do Senado Federal preconiza o seguinte: "Art. 60. A eleição dos membros da Mesa será feita em escrutínio secreto, exigida maioria de votos, presente a maioria da composição do Senado e assegurada, tanto quanto possível, a participação proporcional das representações partidárias ou dos blocos parlamentares com atuação no Senado". Por sua vez, o regimento interno da Câmara dos Deputados assevera: "Art. 7º A eleição dos membros da Mesa far-se-á por escrutínio secreto, exigida maioria absoluta de votos, em primeiro escrutínio, e maioria simples, em segundo escrutínio, presente a maioria absoluta dos Deputados [...]".

de mandato para ser cumprido, poderão retornar ao Parlamento para o qual foram eleitos (art. 56, I, da CF). Retornando o parlamentar titular ao cargo, o suplente deixa o exercício de suas funções representativas.

O parlamentar poderá optar entre o seu subsídio como membro do Legislativo ou aquele a que tem direito no exercício da função para a qual foi designado (art. 56, §3º, da CF).

### 23.5.6 Licenças

O parlamentar pode se licenciar da respectiva Casa por motivo de doença, com o recebimento do subsídio, ou para tratar de interesse particular, sem o recebimento de remuneração, desde que o afastamento requerido não ultrapasse cento e vinte dias (art. 56, II, da CF). Se o prazo da licença for superior a cento e vinte dias, o suplente deve assumir o mandato (art. 56, §1º, da CF). O retorno do parlamentar ao Congresso Nacional implicará o afastamento automático do suplente.

Caso não haja suplente ou este não possa assumir a vaga, haverá necessidade de preenchê-la se faltarem mais de quinze meses para o término do mandato, mediante nova eleição (art. 56, §2º, da CF).

### 23.5.7 Afastamento de parlamentares

As recentes decisões no âmbito do Supremo Tribunal Federal sobre o afastamento de parlamentares federais tornam necessárias as discussões sobre esse procedimento. Inicialmente, o STF compreendeu que podia afastar parlamentar com o objetivo de proteger a probidade das investigações, com base na medida cautelar prevista no art. 319, VI, do CPP. Assim o fez no caso do afastamento do Deputado Federal Eduardo Cunha.

Parte da doutrina jurídica defende que, em uma interpretação conforme a Constituição Federal, somente as Casas Legislativas do Congresso Nacional têm competência para decidir sobre a perda do mandato político ou o seu afastamento. No entanto, a Suprema Corte entendeu que essa situação não afastava a possibilidade de o Poder Judiciário suspender o exercício do mandato parlamentar, uma vez que a Carta Magna faz referência à *perda* do mandato e não ao afastamento.[41] Para tanto, argumentou-se o princípio da inafastabilidade da jurisdição (art. 5º, XXXV, da CF/88) e o fato de que as imunidades parlamentares não são absolutas, podendo ser relativizadas quando o cargo não for exercido segundo os fins constitucionalmente previstos.

Posteriormente, a Egrégia Corte, evoluindo o seu posicionamento, considerou necessário que tanto para o afastamento quanto para a perda de mandato faz-se necessário o deferimento da Casa ao qual o parlamentar participe. Decidiu que as medidas cautelares previstas no art. 319 do Código de Processo Penal, que prejudicam o livre exercício do mandato, apenas podem ser executadas em caso de parlamentares presos em flagrante de crime inafiançável e que a medida judicial seja submetida à Casa ao qual ele pertencer em 24 horas, que deve decidir sobre o cumprimento das medidas. Ou seja,

---

[41] STF, Plenário, AC nº 4.070/DF, Rel. Min. Teori Zavascki, j. 5.5.2016.

mesmo para a aplicação de medidas cautelares, aplica-se o art. 53 da Constituição.[42] A prerrogativa de rejeitar eventual prisão preventiva e medidas cautelares decretadas pelo Poder Judiciário que comprometam o exercício do mandato estende-se às assembleias legislativas,[43] mas não às câmaras municipais, visto que os vereadores não gozam de imunidade formal.

O caso em baila foi o do Senador Aécio Neves, em que uma decisão monocrática, sem que ao menos houvesse o recebimento da denúncia, o afastou do cargo. Benfazeja a evolução jurisprudencial, pois se não fosse assim, estar-se-ia diante de uma interferência do Poder Judiciário na esfera do Poder Legislativo, relegando parâmetros constitucionais explícitos.

## 23.6 Reunião

O período anual de trabalho no Congresso Nacional denomina-se sessão legislativa, que se divide em dois períodos, o primeiro de 2 de fevereiro a 17 de julho e o segundo de 1º de agosto a 22 de dezembro. O período não incluído nesses dias denomina-se recesso parlamentar e consiste no lapso temporal em que os parlamentares devem ficar em suas bases para ter contato direto com o povo que o elegeu (art. 57 da CF).

O termo *legislatura* significa o tempo de mandato dos deputados, que é de quatro anos.

Os deputados e senadores tomam posse no dia 1º de janeiro do ano subsequente ao da eleição e apenas entram em exercício efetivo no dia 2 de fevereiro. Contudo, a partir do dia 1º de fevereiro começam eles a se reunir, em sessões preparatórias, para definir a composição das Mesas Diretoras, tanto do Senado quanto da Câmara dos Deputados (art. 57, §4º, da CF).

A Mesa Diretora é o órgão que comanda todos os trabalhos do Congresso. Sua função é bastante ampla. Ela tem a prerrogativa de organizar a pauta de votação, gerir o orçamento do Poder Legislativo, administrar o seu corpo de funcionários etc. Importante ressaltar que a Mesa Diretora não tem função legislativa – sua esfera de abrangência se concentra nos assuntos administrativos.

A Mesa Diretora do Congresso Nacional, que comanda os trabalhos nas sessões conjuntas, em que os senadores se reúnem com os deputados federais, é formada pela junção das Mesas da Câmara e do Senado, cabendo a sua direção ao presidente da Mesa do Senado (art. 57, §5º, da CF).[44] O STF entende que a Mesa do Congresso Nacional é distinta da Mesa do Senado e da Câmara dos Deputados. Assim, foi decidido por unanimidade que, nas hipóteses de ausência eventual ou afastamento por licença do presidente do Senado Federal, cabe ao primeiro vice-presidente da Mesa do Congresso Nacional, que é o primeiro vice-presidente da Câmara dos Deputados, convocar e presidir a sessão conjunta do Congresso Nacional.

---

[42] STF, Tribunal Pleno, ADI nº 5.526/DF, Rel. Min. Edson Fachin, Redator p/ Acórdão Min. Alexandre de Moraes, DJe, 7 ago. 2018.

[43] STF, Plenário, ADI nº 5.823 MC/RN, ADI nº 5.824 MC/RJ e ADI nº 5.825 MC/MT, Rel. Min. Edson Fachin, Red. p/ acórdão. Min. Marco Aurélio, j. 8.5.2019.

[44] ARAÚJO, Luiz Alberto David; NUNES JÚNIOR, Vidal Serrano. *Curso de direito constitucional*. 2. ed. São Paulo: Saraiva, 1999. p. 257.

Com esse entendimento, o Tribunal deferiu mandado de segurança para cassar a convocação do Congresso Nacional para sessão conjunta, feita pelo primeiro vice-presidente do Senado Federal, na condição de presidente interino do Senado Federal. Considerou-se que a Mesa do Congresso Nacional, criada pela CF/1988, é distinta das Mesas da Câmara e do Senado, de modo que o presidente interino do Senado Federal não pode presidir as sessões do Congresso Nacional, pois sequer é integrante da Mesa do Congresso Nacional, devendo a substituição ser feita pelos membros desta, nos termos do art. 57, §5º, da CF.[45]

Expõe o art. 57 §4º, da Constituição Federal que os membros das respectivas Mesas são eleitos para um mandato de dois anos, sendo vedada a recondução para o mesmo cargo na eleição imediatamente subsequente. Em 1999, para possibilitar a reeleição de Antônio Carlos Magalhães para a Presidência do Senado e a de Michel Temer para a Presidência da Câmara dos Deputados, foi dada interpretação *contra legem* ao artigo citado, permitindo a reeleição, desde que não fosse na mesma legislatura. Assim, se ao final do mandato o presidente do Senado e o presidente da Câmara dos Deputados conseguirem se reeleger, podem tentar também a reeleição para as presidências das Mesas da Câmara e do Senado, respectivamente. Esse entendimento foi reafirmado pela Corte em sede de ação direta (ADI nº 6.524/DF), fixando-se a impossibilidade de "recondução de Membro da Mesa para o mesmo cargo, na eleição imediatamente subsequente, que ocorre no início do terceiro ano da legislatura",[46] e não em caso de nova legislatura.

Essa interpretação fere categoricamente a Constituição, além de ser extremamente casuística. O desiderato da Constituição foi impedir a perpetuação dos presidentes de Mesa, justamente para impedir o continuísmo e evitar a utilização da máquina administrativa. O recurso hermenêutico utilizado para restringir a vedação da reeleição apenas durante uma legislatura ultrapassa as estruturas normativas da *Lex Mater*, sendo clara a sua inconstitucionalidade.

É bom frisar que, no âmbito das Constituições estaduais, o Supremo decidiu que a vedação do art. 57, §4º, da atual Carta Magna não é de reprodução obrigatória pelo Poder Decorrente.[47] Dessa forma, a possibilidade ou não de impedimento irá depender da existência de vedação expressa no texto da Constituição estadual.[48]

A composição das Mesas é de um presidente, um 1º e um 2º vice-presidente e um 1º, um 2º, um 3º e um 4º secretário. Essa escolha é feita de acordo com a composição partidária existente dentro do Congresso Nacional, e ocorre através de votação.

A função de cada cargo da Mesa da Câmara é a mesma para a Mesa do Senado, exercida em cada Casa, respectivamente. O presidente determina os projetos que serão votados em plenário, responde às indagações dos parlamentares, chamadas de questões de ordem, indica os membros do Legislativo que participarão de viagens oficiais da Câmara e do Senado etc. O 1º vice-presidente substitui o presidente e encaminha os

---

[45] MS nº 24.041/DF, Rel. Min. Nelson Jobim.
[46] STF, ADI nº 6.524/DF, Rel. Min. Gilmar Mendes, j. 15.12.2020.
[47] ADI/MC nº 2.371/ES, Rel. Min. Moreira Alves.
[48] Há indicativo de mudança desse posicionamento no âmbito da Suprema Corte, visto que foram deferidas liminares nas ADIs nº 6.270/AL (Rel. Min. Luís Roberto Barroso, 14.4.2021) e nº 6.271/RJ (Rel. Min. Luís Roberto Barroso, 13.4.2021), vetando sucessivas reeleições para a presidência daquelas assembleias legislativas, limitando-se as reconduções a uma consecutiva.

pedidos de informações requisitadas pelos parlamentares às autoridades. O 2º vice-presidente exerce as funções de corregedor da Câmara e do Senado, fiscalizando a conduta dos deputados e senadores, sendo também responsável pelo reembolso das despesas médico-hospitalares. O 1º secretário, segundo cargo mais importante da Mesa, cuida de toda a parte administrativa da Câmara ou do Senado, definindo, por exemplo, as empresas que prestarão serviços à Casa a qual pertencer. O 2º secretário cuida da relação com as embaixadas, responsabilizando-se pela emissão de passaportes. O 3º secretário controla a quota de passagens aéreas dos parlamentares e as justificativas para as suas faltas às sessões. O 4º secretário se incumbe dos apartamentos funcionais e do auxílio-moradia.

### 23.6.1 Sessões extraordinárias

As sessões realizadas dentro do recesso parlamentar são designadas sessões extraordinárias, e por sua convocação é vedado o recebimento de pagamento a deputados e senadores de parcela indenizatória em razão da sua convocação (art. 57, §7º, da CF). Há restrição nas suas deliberações, somente havendo votação sobre a matéria para a qual foram convocados. A exceção são as medidas provisórias em vigor na data da convocação extraordinária do Congresso Nacional, que são automaticamente incluídas na pauta de votação (art. 57, §8º, da CF).

A convocação para sessões extraordinárias far-se-á (art. 57, §6º, da CF):
a) pelo presidente do Senado Federal, nos casos de estado de sítio, estado de defesa, intervenção federal e tomada de compromisso e posse do presidente da República e vice-presidente. Nesses casos específicos, a atribuição é exclusiva do presidente do Senado, e na sua ausência poderá convocar a sessão extraordinária o primeiro vice-presidente da mencionada Casa;
b) pelo presidente da República, pelos presidentes da Câmara e do Senado ou por requerimento subscrito pela maioria absoluta de ambas as Casas, nos casos de urgência e interesse público relevante, desde que essa convocação não se trate de atribuição exclusiva do presidente do Senado. A configuração de urgência e interesse público relevante fica condicionada à decisão política, desde que, em todas estas hipóteses, haja a aprovação da maioria absoluta de cada uma das Casas do Congresso Nacional.

### 23.6.2 Sessões conjuntas

De acordo com a natureza do sistema bicameral, as votações, tanto no Senado Federal quanto na Câmara dos Deputados, se realizam de forma separada: uma norma, para ser aprovada, tem de ser votada nas duas Casas Legislativas, uma funcionando como revisora da outra. Exceção ao sistema bicameral ocorre quando há sessões conjuntas, nas quais as votações são realizadas com a reunião de senadores e deputados, em uma mesma votação, sem necessidade de votação em separado.

Explica o Prof. Cretella Júnior:

> Como é de tradição, em nosso Direito, desde o Império, o Congresso Nacional, reunião da Câmara e do Senado, é o órgão que procede à inauguração da sessão legislativa, ou período

legislativo. "Sessão conjunta" é a reunião de abertura das duas Casas, no mesmo lugar; "sessão legislativa" é o período de tempo em que os trabalhos se realizam, participando, lado a lado, os membros da Câmara dos Deputados e do Senado Federal, agora na qualidade de congressistas.[49]

Os casos de sessão conjunta são *numerus clausus*, ou seja, não podem ser incluídos outros além dos delineados na Constituição Federal. Neles, a contagem dos votos é feita separadamente para cada Casa Legislativa: há apenas a reunião de Senado e Câmara num mesmo recinto. A votação começa pela Câmara dos Deputados, à exceção de projeto de lei vetado de autoria do Senado. O voto contrário de uma das casas implica a rejeição da matéria.[50] Difere, portanto, da sessão unicameral, prevista no art. 3º do ADCT. Na sessão unicameral, o Senado é diluído pela Câmara dos Deputados: os votos de cada parlamentar passam a ser computados de maneira igual, e as duas casas reunidas deliberam como se fossem uma só, composta por 594 parlamentares (81 do Senado e 513 da Câmara dos Deputados). Os casos de sessão conjunta são os seguintes (art. 57, §3º, I a IV, da CF):

a) para inaugurar sessão legislativa, no dia 15 de fevereiro. Essa sessão marca o início do período legislativo anual;

b) para elaborar regimento comum, com o objetivo de regular o funcionamento interno do Congresso Nacional. Os regimentos internos são feitos por resolução. Regimento é a lei que regulamenta o funcionamento de cada uma das Casas do Parlamento e das sessões conjuntas. Portanto, há três regimentos: o Regimento da Câmara dos Deputados, o Regimento do Senado Federal e o Regimento do Congresso Nacional, para as sessões conjuntas e atribuições comuns;

c) para receber o compromisso do presidente e do vice-presidente da República na sua posse. Desta data se inicia o efetivo exercício de seus mandatos. O compromisso é o juramento de fidelidade às normas da Constituição brasileira;

d) para conhecer do veto e decidir se o mantém ou o derruba. O veto é a discordância do presidente com uma proposição normativa elaborada pelo Congresso Nacional;

e) para outros casos previstos na Constituição.

Conforme o art. 3º do Ato das Disposições Constitucionais Transitórias, o Congresso Nacional se reúne em sessão unicameral, com o *quorum* de maioria absoluta, para deliberar alterações no texto constitucional (revisão constitucional). A modificação da Carta Magna por esse procedimento não pode ser novamente realizada, pois foi disciplinada no ADCT para adequar a Constituição Federal às decisões do plebiscito de 1993.

A disposição do último artigo, no sentido de que a votação da revisão será realizada em sessão unicameral, deve ser interpretada de forma restrita, haja vista configurar-se em um menosprezo à estrutura federativa brasileira, principalmente à paridade entre os estados-membros, representada pelo Senado. Afora as exceções previstas na Constituição, a estrutura do Poder Legislativo é bicameral.

---

[49] CRETELLA JÚNIOR, José. *Comentários à Constituição*. 2. ed. Rio de Janeiro: Forense Universitária, 1992. v. 5. p. 2.687.

[50] Regimento Comum do Congresso Nacional, art. 43.

## 23.7 Comissão representativa

A comissão representativa do Congresso Nacional, cuja formação obedecerá à composição partidária existente no Parlamento, será eleita na última sessão legislativa para funcionar no recesso, com as funções atribuídas pelo regimento interno. Sua missão é desempenhar as funções do Poder Legislativo durante o recesso, caso haja necessidade. Existindo um acontecimento de natureza mais grave, o Congresso Nacional será convocado extraordinariamente (art. 58, §4º, da CF).

Com isso se evita a anomia do Poder Legislativo, que poderia propiciar um assenhoreamento de suas funções pelo chefe do Executivo, ou, ainda, que questões relevantes ficassem sem a apreciação do Congresso Nacional.

## 23.8 Comissões

As comissões são núcleos formados por deputados e/ou senadores, cujos objetivos são analisar e deliberar sobre determinados assuntos. As comissões são divididas em temporárias e permanentes, funcionando tanto na Câmara dos Deputados quanto no Senado Federal (art. 58, *caput*, da CF).

As comissões permanentes, também formadas por deputados e/ou senadores, têm sua função adstrita aos assuntos contidos na Constituição, com o objetivo de exararem pareceres acerca dos temas postos sob sua análise. Assim, a Comissão de Constituição e Justiça analisa a constitucionalidade das normas; a Comissão Econômica, os assuntos econômicos; a de Ciência e Tecnologia, as questões referentes a estas matérias; e assim sucessivamente. A matéria só será posta em votação quando for aprovada pela respectiva comissão, com ou sem emenda.

O funcionamento das comissões é regulamentado pelo Regimento Interno do Congresso Nacional, da Câmara dos Deputados e do Senado Federal, que definem a sua competência. Elas podem, no caso de delegação legislativa, atuar em substituição ao plenário da Casa à qual pertencem (art. 58, §2º, I, da CF). Portanto, nos casos previstos no regimento interno, o projeto de lei pode ser votado e aprovado pela comissão sem necessidade de ir para votação em Plenário. Na Câmara, essa prerrogativa é chamada de poder conclusivo e, no Senado, de poder terminativo. Contudo, se houver recurso de um décimo dos membros da Casa, inexoravelmente, a matéria terá de ser remetida para Plenário.

A composição das comissões reflete as formações partidárias com assento no Congresso Nacional ou de blocos constituídos por esses partidos, de forma proporcional (art. 58, §1º, da CF).

## 23.9 Comissões parlamentares de inquérito

As comissões parlamentares de inquérito surgiram na Inglaterra, no século XVI, sendo depois transpostas para os Estados Unidos da América. No Brasil, elas foram instituídas em nível constitucional na Carta de 1934, sendo as Cartas de 1824 e 1891 silentes em relação à matéria, embora tenham estabelecido algumas comissões com a finalidade de investigação.

Elas têm poder de investigação próprio do Judiciário quanto aos assuntos trazidos à sua apreciação. Sua natureza é de caráter investigatório, administrativo e inquisitorial. Investigatório porque buscam provas sobre determinados fatos; administrativo porque os atos praticados assim se caracterizam, sem natureza jurisdicional; inquisitorial porque os parlamentares têm ampla autonomia para analisar o objeto enfocado, respeitando os direitos humanos.

Para a sua formação são necessários requisitos temporais, formais e substanciais. O requisito temporal exige que o seu funcionamento seja por um período determinado, podendo ser prorrogado posteriormente. Não há impedimento para prorrogações sucessivas do trabalho da CPI, desde que se observe o prazo fatal do término da legislatura.[51] A condição formal se refere à necessidade de obtenção de determinado *quorum* para a criação da comissão parlamentar de inquérito. Para a comissão ser criada na Câmara ou no Senado é necessário o apoio de um terço de deputados ou senadores de cada Casa respectiva; se a criação for no Congresso Nacional, é necessário o apoio de um terço de deputados e senadores.[52] A condição substancial se relaciona com o assunto a ser investigado, que deve ser determinado antes da sua criação.

Na Câmara dos Deputados, no Senado Federal ou no Congresso Nacional somente pode funcionar ao mesmo tempo um máximo de cinco comissões parlamentares de inquérito, a não ser que haja permissão através de resolução, subscrita por no mínimo um terço dos membros componentes da Casa respectiva e aprovada em Plenário. O STF entende que a constituição de CPI, adimplidos todos os seus requisitos formais, é um direito subjetivo das minorias parlamentares, não se sujeitando a juízo de conveniência por parte da Mesa Diretora.[53]

Uma vez concluído o trabalho da comissão, com a realização de todos os atos imprescindíveis, será confeccionado um relatório, com a narrativa de todas as investigações realizadas e as conclusões advindas da investigação. As conclusões da CPI devem ser encaminhadas ao Ministério Público, que deverá tomar as medidas cabíveis, exercendo sua função de *dominus litis* em relação às ações penais públicas.[54] É importante

---

[51] Em sentido contrário ver BULOS, Uadi Lammêgo. *Comissão parlamentar de inquérito.* Técnica e prática. São Paulo: Saraiva, 2001. p. 225.

[52] O requisito constitucional de 1/3, no mínimo, para a criação de determinada CPI diz respeito à subscrição do requerimento de instauração da investigação parlamentar, exigência que deve ser examinada no momento do protocolo do pedido perante a Mesa da Casa legislativa e que não necessita de posterior ratificação. No mérito, entendeu-se que a maioria não poderia, sustentando a inobservância do art. 58, §3º, da CF, e valendo-se de meios regimentais, deslocar, para o Plenário da Câmara dos Deputados, a decisão final sobre a efetiva criação da CPI, sob pena de se frustrar o direito da minoria à investigação parlamentar (MS nº 26.441/DF, Rel. Min. Celso de Mello, 25.4.2007).

[53] "A criação de comissões parlamentares de inquérito é prerrogativa político-jurídica das minorias parlamentares, a quem a Constituição assegura os instrumentos necessários ao exercício do direito de oposição e à fiscalização dos poderes constituídos, como decorrência da cláusula do Estado Democrático de Direito. De acordo com consistente linha de precedentes do STF, a instauração do inquérito parlamentar depende, unicamente, do preenchimento dos três requisitos previstos no art. 58, § 3º, da Constituição: (i) o requerimento de um terço dos membros das casas legislativas; (ii) a indicação de fato determinado a ser apurado; e (iii) a definição de prazo certo para sua duração. Atendidas as exigências constitucionais, impõe-se a criação da Comissão Parlamentar de Inquérito, cuja instalação não pode ser obstada pela vontade da maioria parlamentar ou dos órgãos diretivos das casas legislativas" (STF, MS nº 3.7760/DF, Rel. Min. Luís Roberto Barroso, j. 14.4.2021).

[54] "Se o Ministério Público é o autor da ação penal por excelência nos crimes de ação penal pública, não é admissível, teleologicamente, que as CPI's usurpem estas atribuições para, de acordo com suas conveniências e oportunidades políticas, só remetam ao Ministério Público o que entenderem conveniente e oportuno, ou seja, 'se for o caso'. Se admitirmos, mesmo em tese, tamanha incongruência, estaremos admitindo, por via oblíqua,

salientar que os dados sigilosos colhidos pela CPI não podem obter publicidade até sua conclusão, em razão do sigilo bancário, fiscal e telefônico, que restringe a divulgação arbitrária dessas informações.

A eficácia imediata da CPI revela-se quando os envolvidos são parlamentares, pois as suas conclusões podem ensejar a perda de mandato dos congressistas, por quebra de decoro parlamentar. Nos demais casos, as medidas devem ser tomadas pelo Poder Judiciário, com obediência ao devido processo legal. Depreende-se, portanto, que as possíveis sanções penais não são da competência da Comissão Parlamentar de Inquérito, e sim do Judiciário.

O STF decidiu, no MS nº 23.452, em que funcionou como relator o Ministro Celso de Mello, que cabe apreciação judiciária dos atos da CPI, sem que ocorra nenhum acinte ao princípio da separação de poderes.[55] Qualquer medida contra as comissões parlamentares de inquérito, em âmbito federal, deve ser impetrada junto à superior instância judiciária, o Supremo Tribunal Federal, que tem competência originária para a apreciação de tais medidas.

As comissões parlamentares de inquérito possuem prerrogativas próprias de autoridade judiciária, podendo tomar depoimentos de testemunhas, requisitar documentos, quebrar sigilo bancário e fiscal e determinar qualquer diligência que seja considerada imprescindível para a colheita de provas.[56] Os poderes de investigação próprios de autoridades judiciárias de que as CPI são constitucionalmente investidas não são absolutos (CF, art. 58, §3º).

Os limites impostos ao seu trabalho são os direitos e garantias fundamentais. À exceção dos poderes de investigação próprios de qualquer autoridade judiciária, a CPI não goza de prerrogativas que estejam fora das funções do Poder Legislativo: não pode prender, a não ser no caso de flagrante delito;[57] não pode decretar o sequestro de bens e ativos financeiros; não pode formular acusações nem punir delitos;[58] não pode realizar a apreensão ou decretar a indisponibilidade de bens;[59] não pode determinar a quebra do sigilo de correspondência ou a interceptação telefônica (CF, art. 5º, XII); não pode desrespeitar o direito contra a autoincriminação que assiste a qualquer indiciado

---

que as CPI's se transformem em verdadeiros 'tribunais de exceção', de vez que, havendo prática de crimes de ação pública e não sendo remetido ao Ministério Público, por não ser o caso – *a contrario sensu* –, estar-se-á, por via transversa, dando poderes às CPI's para absolver sumariamente aquele beneficiado pela não remessa da conclusão ou de peças informativas ao Ministério Público, que porventura tenha praticado infração penal" (SILVA, Francisco Rodrigues da. *CPI's federais, estaduais e municipais*. Poderes e limitações. Recife: Bargaço, 2000. p. 291).

[55] Afirma o Ministro Celso de Mello no MS nº 23.452: "Esse princípio, que tem assento no art. 2º da Carta Política, não pode constituir e nem se qualificar como um inaceitável manto protetor de comportamentos abusivos e arbitrários, por parte de qualquer agente do Poder Público ou de qualquer instituição estatal. O Poder Judiciário, quando intervém para assegurar as franquias constitucionais e para garantir a integridade e a supremacia da Constituição, desempenha, de maneira plenamente legítima, as contribuições que lhe conferiu a própria Carta da República. O regular exercício da função jurisdicional, por isso mesmo, desde que pautado pelo respeito à Constituição, não transgride o princípio da separação de poderes. Desse modo, não se revela lícito afirmar, na hipótese de desvios jurídico-constitucionais nos quais incida uma Comissão Parlamentar de Inquérito, que o exercício da atividade de controle jurisdicional possa traduzir situação de ilegítima interferência na esfera de outro Poder da República".

[56] O STF assim decidiu no MS nº 23.561-MA, de relatoria do Min. Octavio Gallotti.

[57] *RDA*, 199/205, Rel. Min. Paulo Brossard.

[58] *RDA*, 199/205, Rel. Min. Paulo Brossard.

[59] MS nº 23.642-DF, Rel. Min. Néri da Silveira.

ou testemunha.⁶⁰ No entanto, a Lei nº 13.367/2016 conferiu às CPIs a legitimidade para requerer, em qualquer fase da investigação, a adoção de medidas cautelares sujeitas à reserva de jurisdição ao juiz criminal competente (art. 3º-A da Lei nº 1.579/1952).

Os membros do Poder Judiciário podem ser investigados por seus atos administrativos, nunca por suas decisões judiciais, que estão protegidas pelo princípio constitucional da universalidade de jurisdição.⁶¹ O Regimento Interno do Senado Federal, no seu art. 146, veda, terminantemente, a instalação de CPI para investigar atribuições típicas do Poder Judiciário.

Idêntica vedação atinge o que a doutrina norte-americana denomina *private affairs*, isto é, a garantia de que o direito de privacidade dos cidadãos deve se manter incólume às investigações da CPI. Entretanto, a privacidade pode ser arrefecida quando houver o confronto com interesses públicos, devendo preponderar os anseios coletivos. Em relação às questões de natureza essencialmente política, denominadas *political question doctrine*, descabe qualquer tipo de interferência investigativa por parte das comissões parlamentares.

### 23.9.1 Dever de comparecimento à Comissão Parlamentar de Inquérito

As Comissões Parlamentares de Inquérito, dada a equiparação entre seus poderes investigatórios e os das autoridades judiciais, podem convocar testemunhas para depoimento, ocasião em que incide o regramento do Código de Processo Penal. Assim, a testemunha deve prestar compromisso; caso suas declarações sejam mentirosas, cometerá o crime do art. 4º, II, da Lei nº 1.579/1952, podendo, inclusive, ser ordenada sua prisão em flagrante pela própria Comissão Parlamentar (art. 301 do CPP).

Contudo, a investigação parlamentar não licencia a violação ao princípio da separação de poderes. Desse modo, não podem ser convocados a depor, na condição de testemunhas juramentadas, o presidente da República, governadores estaduais⁶² ou membros do Poder Judiciário. Não há óbice, contudo, para a convocação de ministros de estado, servidores públicos em geral ou parlamentares do Senado Federal e da Câmara dos Deputados.

Aplica-se às Comissões Parlamentares de Inquérito o art. 218 do Código de Processo Penal, que prevê a condução coercitiva da testemunha que, devidamente intimada para comparecer, falta sem motivo justificado. Nos termos da Lei nº 13.367/2016, a CPI deverá solicitar a intimação ao juízo do local em que o depoente resida ou se encontre. Sobre esse procedimento não pende qualquer inconstitucionalidade, podendo, inclusive, ser solicitada ao juízo a aplicação de mecanismos indiretos de coerção, como a apreensão de passaporte.⁶³ Ademais, esse juízo auxiliar não exerce o controle de legalidade da medida, sob pena de usurpação da competência do Supremo Tribunal Federal, foro adequado para insurgir-se contra a requisição parlamentar.⁶⁴

---

⁶⁰ *RDA*, 196/195, Rel. Min. Celso de Mello.
⁶¹ O STF decidiu, no HD nº 80.089, que juiz de direito não pode dar explicações acerca de suas sentenças à CPI, em razão da separação e independência dos poderes.
⁶² ADPF nº 848-MC, Rel. Min. Rosa Weber, Plenário, 28.6.2021.
⁶³ HC nº 203.387/DF-MC, Rel. Min. Luís Roberto Barroso, Decisão Monocrática, 18.6.2021.
⁶⁴ Durante a CPI da Pandemia de Covid-19, o Presidente da Comissão oficiou ao Tribunal Regional Federal da 3ª Região para que designasse juízo federal do município de residência de uma testemunha. O juiz de primeiro

Há situações-limite em que o convocado a depor pode figurar como testemunha em relação a determinada moldura fática, e como investigado em relação a outra. Nesses casos, fica-se obrigado ao comparecimento, facultado o direito ao silêncio para impedir a autoincriminação.[65] Ressalte-se que, em qualquer situação, é assegurado o direito de fazer-se acompanhar por advogado, vedado qualquer induzimento deste às respostas aos questionamentos regulares, isto é, que não levem à autoincriminação.

## 23.9.2 Transferência de sigilos bancário, fiscal, telemático e telefônico

Os direitos humanos não podem ser ultrajados por nenhuma atividade do Poder Legislativo. Cite-se, por exemplo, que, para o STF, a determinação da quebra dos sigilos telefônico e telemático não elide o dever de preservação da confidencialidade inerente aos documentos, cujo exame e circulação há de restringir-se ao investigado, aos seus advogados e aos integrantes da Comissão Parlamentar de Inquérito.[66]

Dispõe o Min. Celso de Mello:

> O sigilo bancário, o sigilo fiscal e o sigilo telefônico (sigilo este que incide sobre os dados/registros telefônicos e que não se identifica com a inviolabilidade das comunicações telefônicas) – ainda que representem projeções específicas do direito à intimidade, fundado no art. 5º, X, da Carta Política – não se revelam oponíveis, em nosso sistema jurídico, às Comissões Parlamentares de Inquérito, eis que ato que lhes decreta a quebra traduz natural derivação dos poderes de investigação que foram conferidos, pela própria Constituição da República, aos órgãos de investigação parlamentar. As Comissões Parlamentares de Inquérito, no entanto, para decretarem, legitimamente, por autoridade própria, a quebra do sigilo bancário, do sigilo fiscal e/ou do sigilo telefônico, relativamente a pessoas por elas investigadas, devem demonstrar, a partir de meros indícios, a existência concreta de causa provável que legitime a medida excepcional (ruptura da esfera de intimidade de quem se acha sob investigação), justificando a necessidade de sua efetivação no procedimento de ampla investigação dos fatos determinados que deram causa à instauração do inquérito parlamentar, sem prejuízo de ulterior controle jurisdicional dos atos em referência.[67]

Portanto, qualquer medida tomada pela CPI, que seja própria de autoridade judicial, tem de estar devidamente fundamentada, seguindo, por analogia, o art. 93, IX, da Constituição Federal, que afirma que as decisões judiciais devem ser fundamentadas, sob pena de nulidade.[68] Dessa forma, o alicerce dos atos que ordenam a quebra dos sigilos bancário, fiscal e telefônico é imprescindível, visto que, assim como os atos judiciais

---

grau diligenciou junto à Polícia Federal para localizar o depoente, e, em seguida, expediu a ordem de condução coercitiva. A matéria foi tratada como "requisição" parlamentar, o que evidencia não caber ao juízo deliberar sobre a conveniência ou oportunidade da medida, mas apenas auxiliar os trabalhos da CPI (Petição Criminal nº 5008462-19.2021.4.03.6105).

[65] HC nº 201.912/DF-MC, Rel. Min. Ricardo Lewandowski, e HC nº 203.736/DF-MC, Rel. Min. Alexandre de Moraes.
[66] MC-MS nº 37.973/DF, Rel. Min. Cármen Lúcia.
[67] MS nº 23.452/RJ, Rel. Min. Celso de Mello.
[68] Para ter-se fundamentada a decisão de quebra dos sigilos, considera-se o teor do requerimento, bem como o que exposto, no momento da submissão a voto, aos integrantes da Comissão Parlamentar de Inquérito, descabendo exigir que o ato conte com a mesma estrutura, com relatório, fundamentação e parte dispositiva, de uma decisão judicial (MS nº 23.716/AM, Rel. Min. Marco Aurélio).

são nulos se não fundamentados, também o são os atos das comissões parlamentares de inquérito.[69]

No entanto, cumpre asseverar que, nos termos da jurisprudência do STF, "a fundamentação exigida das Comissões Parlamentares de Inquérito quanto à quebra de sigilo bancário, fiscal, telefônico e telemático não ganha contornos exaustivos equiparáveis à dos atos dos órgãos investidos do ofício judicante".[70]

Nesse contexto, o STF tem sido instado a exercer, pela via do mandado de segurança, o controle da legalidade das transferências de sigilo determinadas pela CPI.[71] O papel da Corte cinge-se a uma análise da adequada fundamentação e pertinência das medidas em relação ao objeto investigatório, ao qual a atuação parlamentar fica vinculada. O Supremo já reputou como ilegais as decretações de transferência de sigilo em que: (i) haja violação ao sigilo das comunicações entre cliente e advogado, salvo quando a atuação do advogado transborde as balizas regulares e importem na prática de crimes;[72] (ii) não sejam individualizadas as condutas investigadas, com a apresentação de indícios de autoria;[73] (iii) a requisição emane apenas do presidente da Comissão, sem a deliberação pelo órgão colegiado;[74] e (iv) abranja-se período anterior ao investigado pela CPI.[75]

Dentro de sua esfera de atribuições, os atos das CPI gozam de autoexecutoriedade, podendo executar suas medidas sem necessidade de autorização do Poder Judiciário. Desse modo, diversamente das situações de condução coercitiva de testemunha, não há a necessidade de recorrer-se a um órgão auxiliar: a CPI requisita as informações diretamente aos órgãos de direito (Banco Central, Receita Federal, Anatel etc.), sem prejuízo do ulterior controle da fundamentação pela via do mandado de segurança.

## 23.9.3 Princípio da colegialidade

O princípio da colegialidade planteia que as decisões das comissões parlamentares de inquérito, à exceção das de mera propulsão de seus trabalhos, terão de ser tomadas de forma colegiada, pela maioria dos membros da Comissão, de forma fundamentada. Caso contrário, suas decisões serão inquinadas pelo vício de nulidade.[76] O Ministro Celso de Mello, em várias oportunidades, tem defendido que o princípio da colegialidade

---

[69] No MS nº 23.619/DF, em 4.5.2000, o relator, Min. Octavio Gallotti, acatou medida de segurança contra ato da CPI do narcotráfico que determinara a quebra do sigilo bancário, fiscal e telefônico do impetrante, por falta de fundamentação.
[70] MS nº 24.749/DF, Rel. Min. Marco Aurélio.
[71] MS nº 24.749/DF, Rel. Min. Marco Aurélio.
[72] MS nº 38.001/DF-MC, Rel. Min. Rosa Weber.
[73] MS nº 38.031/DF-MC, Rel. Min. Roberto Barroso.
[74] MS nº 38.010/DF-MC, Rel. Min. Dias Toffoli.
[75] MS nº 37.968/DF-MC, Rel. Min. Nunes Marques.
[76] "É preciso ter presente que o princípio da colegialidade traduz diretriz de fundamental importância na regência das deliberações tomadas por qualquer CPI, notadamente quando esta, no desempenho de sua competência investigatória, ordena a adoção de medidas restritivas de direitos, como aquela que importa na revelação das operações financeiras ativas e passivas de qualquer pessoa" (MS nº 23.669/DF, Rel. Min. Celso de Mello, 12.4.2000).

condiciona a eficácia das deliberações de qualquer comissão parlamentar de inquérito, especialmente quando se tratar de quebra de sigilo bancário.[77]

---

[77] No MS nº 23.669/DF, cujo relator foi o Min. Celso de Mello, assim foi decidido: "O princípio da colegialidade condiciona a eficácia das deliberações de qualquer Comissão Parlamentar de Inquérito, especialmente em tema de quebra do sigilo bancário".

# PROCESSO LEGISLATIVO

O processo legislativo não foi disposto de forma exauriente no texto constitucional, o seu procedimento também se encontra disciplinado nos regimentos do Senado Federal, da Câmara dos Deputados e do Congresso Nacional. Apenas os procedimentos considerados essenciais para o processo legislativo foram dispostos constitucionalmente, com a finalidade de fornecer garantias para que a feitura das normas se realize segundo os parâmetros da legalidade e do Estado Democrático de Direito.

E não poderia ser de outra forma: mesmo uma Constituição analítica como a brasileira é limitada para dispor acerca de questiúnculas procedimentais que devem ficar a cargo de leis infraconstitucionais. Ela deve disciplinar as garantias do processo legislativo e a sua tramitação essencial, definindo os limites para a atuação do legislador ordinário.

O processo legislativo tem a missão de delinear a forma como as normas são concretizadas, instituindo o procedimento que deve ser seguido para a sua realização. A Constituição desempenha o seu papel de *Lex Mater*, exercendo função normogenética. Como norma principal do ordenamento jurídico, ela delineia o modo como as normas infraconstitucionais são criadas, sob pena de que, desrespeitado esse procedimento, sejam declaradas inconstitucionais sob a modalidade formal. No art. 59 da Carta Magna de 1988 estão elencados os tipos de disposições normativas existentes no ordenamento jurídico pátrio.

Jurisprudência do Supremo Tribunal Federal definiu, de modo pacífico, que é obrigatória a obediência das regras do processo legislativo constitucional nas Constituições estaduais, tanto no que se refere às leis de iniciativa privativa como em relação aos limites do Poder Reformador.[1]

---

[1] É obrigatória a reprodução do processo legislativo pelas Constituições Federais (ADIMC nº 2.314/RJ, Rel. Min. Moreira Alves). O Ministro Sepúlveda Pertence assim se posicionou na ADIMC nº 872/RS: "Consolidação da jurisprudência do STF no sentido de que – não obstante a ausência de regra explícita na Constituição de 1988 – impõe-se aos Estados-membros a observância das linhas básicas do correspondente modelo federal, particularmente as de reserva de iniciativa, na medida em que as configuram prisma relevante do perfil do regime positivo de separação e independência dos poderes, que é princípio fundamental ao qual se vinculam compulsoriamente os ordenamentos das unidades federadas".

## 24.1 Da não existência de hierarquização no art. 59 da CF

Tese bastante discutida é a hierarquização das espécies do processo legislativo, ou seja, se as emendas são superiores às leis complementares e se estas são superiores às leis ordinárias, e assim sucessivamente. Essa hierarquização parte do postulado kelseniano, segundo o qual a norma superior alicerça a norma inferior, estabelecendo seu suporte de validade.

A hierarquização é um dos meios para a solução do problema das antinomias jurídicas. Igualmente é instrumento para evitar o choque de normas, a divisão por hipótese de incidência, a especialidade e a temporalidade das leis.

A tese da hierarquização dos mandamentos constitucionais está em crescente descrédito, haja vista a decadência do normativismo exacerbado. Parte da doutrina prefere a tese de que as normas contidas no art. 59 não estão em uma escala de hierarquização, mas se estruturam de modo que cada espécie normativa ocupa determinado espaço de incidência. Cada norma foi elaborada para desempenhar determinada função, não havendo a superposição de uma a outra. As normas infraconstitucionais foram divididas segundo o critério de competência *ratione materiae* (em razão da matéria), em que cada uma delas ocupa determinado espaço normativo. Portanto, lei complementar não é superior à lei delegada nem à lei ordinária. A primeira tem a função de complementar a *Lex Mater*, a segunda serve para atos conjuntos do Executivo e Legislativo e a terceira para disciplinar os demais casos de forma geral.

Só podemos falar em dois tipos de hierarquia jurídica: entre normas constitucionais e normas infraconstitucionais, ou seja, entre as normas contidas na Lei Maior e todas as outras que compõem o ordenamento jurídico; e entre normas infraconstitucionais e atos administrativos.[2]

Dentro dessa temática, discussão calorosa é travada a respeito da suposta superioridade da lei complementar com relação à lei ordinária. Kildare Gonçalves Carvalho planteia pela existência de uma hierarquização entre a lei complementar e a lei ordinária, por intermédio de três argumentos:

> a) posição topográfica da lei complementar no texto constitucional (art. 59, II), logo abaixo das emendas à Constituição, revelaria a sua posição hierárquica entre as regras jurídicas componentes do ordenamento jurídico brasileiro; b) formalmente, a lei complementar é superior à lei ordinária, pois esta não pode alterá-la, mas, ao contrário, a lei complementar revoga e altera a lei ordinária; c) o *quorum* especial e qualificado exigido pela Constituição para a aprovação da lei complementar (maioria absoluta dos membros das duas Casas do Congresso Nacional) conferiria à lei complementar uma superioridade formal com relação à lei ordinária.[3]

Ao contrário dessa assertiva, a doutrina majoritária considera que cada norma ocupa determinado espaço de incidência, exercendo específica função, de acordo com lição de Themístocles Cavalcanti de que as leis complementares são leis ordinárias votadas com *quorum* especial.[4] O fato de a lei complementar exigir *quorum* de maioria absoluta,

---

[2] Decisões administrativas não podem se sobrepor a qualquer lei (ADIMC nº 2.473/DF, Rel. Min. Néri da Silveira).
[3] CARVALHO, Kildare Gonçalves. *Direito constitucional didático*. 6. ed. Belo Horizonte: Del Rey, 1999. p. 350.
[4] CAVALCANTI, Themístocles Brandão. *Constituições brasileiras*. Brasília: Senado Federal e Ministério da Ciência e Tecnologia, Centro de Estudos Estratégicos, 2001. v. IV. p. 22.

de suas disposições não poderem ser revogadas por lei ordinária e de ocuparem posição topográfica mais elevada no art. 59 da CF não serve de argumento substancioso para a defesa da sua superioridade. O *quorum* maior é uma exigência para a sua criação, uma técnica legislativa para garantir maior perenidade para as normas; a posição topográfica foi uma opção dos constituintes. Pensando dessa forma, a lei ordinária seria superior à lei delegada, a medida provisória superior ao decreto legislativo e à resolução, o que é descabido; por fim, o argumento de superioridade da lei complementar não se sustenta porque, se ela extrapolar a sua área de incidência, poderá ser revogada normalmente por uma lei ordinária, uma medida provisória ou uma lei delegada.

Defende Michel Temer que a teoria da hierarquia das normas contida no art. 59 da Constituição, de acordo com o escalonamento vertical de validade, significa que a norma inferior aufere o seu extrato de validade da norma superior, ou seja, que a lei complementar tem o seu escalonamento de validade baseado na emenda, que a resolução encontra-se amparada pelo decreto legislativo etc. Tal fato não ocorre na Carta Magna, pois todas as normas têm seu extrato de validade ancorado na Constituição, que forma o padrão normogenético do ordenamento jurídico, sem a menor possibilidade de que uma norma infraconstitucional possa validar outra.[5]

O argumento de que o *quorum* da lei complementar, maioria absoluta, por ser superior ao *quorum* exigido para a aprovação da lei ordinária sustentaria a tese da hierarquização das normas do ordenamento jurídico não pode prosperar, considerando que ele não é um requisito de eficácia da norma, mas um requisito para sua existência.

Exemplificando o exposto: se a Constituição expressar que o conteúdo entre A e B deverá ser regulamentado por lei complementar e esta, em vez de disciplinar apenas esse conteúdo, exorbitar sua função, regulando o conteúdo entre B e C, a parcela de exorbitância – B a C – poderá ser revogada por lei ordinária, enquanto o espaço entre A e B, que realmente deveria ser regulamentado por lei complementar, só pode ser revogado por outra norma da mesma espécie. Concluindo, pode-se dizer que uma lei ordinária pode revogar uma lei complementar, desde que ela tenha exorbitado sua função.

O STF entende que o princípio da simetria se aplica sobre a definição das matérias reservadas à lei complementar. Desse modo, não podem as Constituições estaduais prever hipótese de edição de lei complementar distinta das elencadas na Constituição Federal, sob pena de restrição indevida do arranjo democrático.[6]

## 24.2 Emendas constitucionais

As emendas são supressões, adições ou modificações que alteram o texto da Lei Maior. Elas são realizadas pelo Poder Reformador, que, no caso brasileiro, ficou sob a

---

[5] "Hierarquia, para o Direito, é a circunstância de uma norma encontrar sua nascente, sua fonte geradora, seu ser, seu engate lógico, seu fundamento de validade numa norma superior. A lei é hierarquicamente inferior à Constituição porque encontra nesta o seu fundamento de validade. Aliás, podemos falar nesse instrumento chamado lei, porque a Constituição o cria. Tanto isto é verdade que o Supremo Tribunal Federal, ao declarar que uma lei é inconstitucional está dizendo: 'aquilo que todos pensaram que era lei, lei não era', dado que é instrumento criado pelo Texto Constitucional. Pois bem, se hierarquia assim se conceitua é preciso indagar: lei ordinária, por encontrar seu fundamento de validade, seu engate lógico, sua razão de ser, sua fonte geradora na lei complementar? Absolutamente não!" (TEMER, Michel. *Elementos de direito constitucional*. 11. ed. São Paulo: Malheiros, 1994. p. 140).

[6] STF, ADI nº 5.003/SC, Rel. Min. Luiz Fux, j. 5.12.2019.

incumbência do Congresso Nacional. Sua função é adequar a Constituição às mudanças que ocorrem na sociedade.

O Poder Reformador foi criado pelo Poder Constituinte e possui as seguintes características: é subordinado, derivado e limitado.[7]

As emendas podem ser introduzidas no texto constitucional como parte efetivamente integrante, "inserção", ou no seu final, como um anexo, "anexação". A Constituição de 1891, art. 90, §3º, adotou a forma da incorporação (inserção), como parte integrante da Carta Magna, atendo-se à numeração anterior. Na *Lex Mater* de 1934, em que havia distinção entre emenda e revisão, esta era inserida e aquela anexada. Na Constituição de 1937, houve omissão a respeito, não mencionando ela regras de inserção ou de anexação. As demais leis excelsas, de 1946, 1967/1969 e 1988, adotaram o princípio da anexação.

## 24.2.1 Limites materiais

Limites materiais, ou, como são comumente denominados, cláusulas pétreas, são partes da Constituição que não podem ser modificadas pelo processo de reforma. Sua função é garantir segurança jurídica, protegendo os direitos subjetivos dos cidadãos, no que funciona como um bloqueio à função legislativa ordinária. Essa vedação imposta atinge qualquer tentativa de modificar o elemento conceitual do conteúdo expresso no art. 60, §4º, da Constituição Federal de 1988. E não permite nem mesmo a suspensão temporária dessas garantias, pois sua suspensão representaria uma abolição, sendo que por um período determinado.

As cláusulas pétreas insculpidas no texto constitucional de 1988 foram: a forma federativa de Estado; o voto direto, secreto, universal e periódico; a separação de poderes; e os direitos e garantias individuais.

A forma federativa de Estado foi cláusula pétrea nas Constituições de 1891, 1946 e 1967/1969. Diz respeito à forma de estruturação do poder no país, explicitando a descentralização de competências e garantindo, em âmbito constitucional, as prerrogativas dos estados-membros e dos municípios.[8] Daí deflui que tentativas no sentido de tolher as competências dos estados, ferindo o pacto federativo, são inconstitucionais. A proteção do federalismo como cláusula pétrea também defende os interesses dos municípios, que foram alçados ao *status* de componentes autônomos da federação pelo atual texto, ou seja, tentativas de diminuir competências outorgadas aos municípios esbarram nesse obstáculo.

O voto direto, secreto, universal e periódico aparece pela primeira vez como cláusula pétrea. Foi ele inserido no seleto rol por causa da ausência de democracia que assolou o país por mais de trinta anos e ensejou o movimento "Diretas já", que empolgou a população brasileira. Essa garantia de sufrágio objetiva concretizar e solidificar a

---

[7] A definição das características do Poder Reformador, subordinado, derivado e limitado, pode ser encontrada no tópico a ele referente.

[8] Como forma de garantia da federação, entendeu o STF que o princípio da imunidade tributária recíproca impede que a União, em relação aos estados e ao Distrito Federal, e estes em relação aos municípios instituam impostos sobre o patrimônio, rendas ou serviços uns dos outros (ADIn nº 939, *RDA*, 198/123).

soberania popular, em consequência da qual o poder emana do povo, devendo ele se expressar frequentemente, como forma de legitimar as decisões políticas tomadas.[9]

O voto direto é aquele pelo qual o eleitor elege, sem a necessidade de intermediários, os próprios representantes, refletindo assim sua vontade na escolha dos mandatários públicos. O sigilo do voto é uma garantia para a consubstanciação do sufrágio, evitando represálias pela escolha efetuada e respeitando um fundamento constitucional – o pluralismo político. O fato de o voto ser universal possibilita que um maior número de pessoas participe do processo político, demonstrando suas opções, enriquecendo o regime democrático. A periodicidade das eleições tem como função aferir a vontade popular continuamente, permitindo modificar os representantes, se eles não atenderem às expectativas, e aprimorar a consciência política dos eleitores.

A separação de poderes foi introduzida no texto constitucional pela primeira vez na Carta de 1891, e depois na de 1946 e na de 1967/1969. Visa impedir a formação de governos autoritários e obter o harmônico e independente funcionamento dos poderes Executivo, Judiciário e Legislativo, expondo que cada um tem sua função peculiar.

Acontece que, pelo desenvolvimento e complexidade das relações sociais, cada um dos três poderes exerce as três funções. Contudo, uma é exercida de forma precípua. Assim, por exemplo, o Judiciário exerce de forma essencial a função de judicar e, de forma secundária, as funções de legislar, função precípua do Legislativo, e de administrar, função primordial do Executivo. Com as necessidades crescentes do Estado pós-moderno, a linha demarcatória das funções dos três poderes fica mais difícil de ser visualizada, havendo um entrelaçamento simbiótico na realização das funções.

A última cláusula pétrea é a que assegura os direitos e as garantias individuais. Esses direitos estão colocados no início da Constituição, justamente para mostrar a sua relevância, contrastando com os textos anteriores, em que eles vinham estipulados no final. São fruto do desenvolvimento da sociedade humana e, desde a Declaração dos Direitos do Homem e do Cidadão, todas as Constituições absorveram várias das prerrogativas contidas no texto francês e acrescentaram outras. A extensão dos direitos constitucionais irá refletir o desenvolvimento de uma sociedade.

O capítulo dos direitos e das garantias individuais é o que mais controvérsia suscita, movimentando intensas discussões. A primeira questão diz respeito à extensão desses limites. Será que a proteção se refere apenas aos direitos contidos no art. 5º? Ou exclusivamente aos direitos contidos na Constituição? Ou a todos os direitos, estejam eles dentro ou fora da Constituição? A maior parte da doutrina firmou entendimento de que os direitos e garantias protegidos pela mencionada cláusula pétrea são os constitucionais e os infraconstitucionais que assegurem os direitos explicitados na Lei Maior.

Diz um brocardo latino que *in claris cessat interpretatio*, isto é, na claridade da lei não há necessidade de interpretação. Apesar do caráter relativo do brocardo, o texto constitucional é bem claro ao proteger "os direitos e garantias individuais", abrangendo tanto os direitos com sede constitucional como os encontrados infraconstitucionalmente

---

[9] "Mas a generalização das cláusulas pétreas de limites expressos foi simultânea à ampliação do seu objeto. Nota-se a partir de então uma tendência das Constituições a eleger como seu conteúdo rígido os elementos definidores do Estado de Direito e da democracia, eventualmente ao lado das formas de Estado e de governo" (COSTA E SILVA, Gustavo Just. *Os limites da reforma constitucional*. Rio de Janeiro: Renovar, 2000. p. 96).

que com aqueles tenham conexão. Se a lei não restringiu, como é que o intérprete pode determinar o sentido restritivamente, principalmente quando se expurgam direitos?[10]

Além disso, o art. 5º, §2º, preceitua que são direitos e garantias as prerrogativas contidas em todas as partes da Constituição, e não apenas no art. 5º, e que eles não são taxativos, mas, sim, exemplificativos, sendo considerados também direitos outros que possam adentrar no nosso sistema jurídico.

A segunda pergunta que se faz é se a proteção só incide nos direitos e garantias individuais ou se abrange também os sociais. Ora, se a proteção pode abranger princípios implícitos que asseguram prerrogativas constitucionais explícitas contidas na Constituição Federal, então, forçosamente, terá de abranger os direitos individuais e sociais. Não se justifica, sob argumentos jurídicos e racionais, a tentativa de exclusão das prerrogativas de segunda dimensão, pois no próprio art. 5º encontramos uma plêiade desses direitos.

Os direitos fundamentais foram alçados à categoria de cláusulas pétreas na Constituição Cidadã. Antes, contudo, eram cláusulas pétreas implícitas e, como parte destas, abrangeriam tanto os direitos individuais quanto os sociais. Dessa forma, como os direitos individuais e sociais estão protegidos como cláusulas pétreas implícitas, não faria sentido que a cláusula pétrea explícita protegesse apenas os direitos individuais e deixasse os sociais para a proteção da implícita.

Os direitos sociais são fruto do desenvolvimento dos direitos individuais. Estes são majoritariamente de primeira dimensão, enquanto aqueles são de segunda e de terceira dimensão. Como poderemos, então, negar os direitos sociais, que significam uma sequência dos direitos individuais, sem negar a existência destes?

Quando o legislador constituinte mencionou apenas os direitos e garantias individuais, não o fez *numerus clausus*, e, sim, exemplificativamente. Havendo má redação do legislador, como é aqui o caso, devem os intérpretes da lei se balizar pela *mens legis* e incluir como cláusula pétrea os direitos individuais e sociais.

Portanto, a Constituição de 1988 denominou direitos e garantias fundamentais os arts. 5º a 17, englobando com a garantia das cláusulas pétreas os direitos individuais, sociais, coletivos, políticos e de nacionalidade.[11]

## 24.2.2 Limites temporais

Os limites temporais são determinados lapsos de tempo em que estão terminantemente proibidas reformas no texto constitucional – nega-se ao Poder

---

[10] Em sentido contrário pensa Celso Ribeiro Bastos: "[...] entendo que os direitos e garantias individuais são aqueles direitos fundamentais plasmados no Texto Constitucional – e apenas nele –, afastando-se, de um lado, da implicitude dos direitos não expressos ou de veiculação infraconstitucional, bem como restringindo, por outro lado, aqueles que são direitos que são assim considerados pelo próprio texto e exclusivamente por ele" (BASTOS, Celso Ribeiro; MARTINS, Ives Gandra da Silva. *Comentários à Constituição do Brasil*. 4. ed. São Paulo: Saraiva, 1995. p. 372).

[11] Assim se expressa Ives Gandra: "Tenho para mim que os direitos individuais não são apenas aqueles elencados no art. 5º, mas em todo o Título II, pois todos dizem respeito aos direitos fundamentais para o amplo exercício da cidadania. Nesse caso, todos os direitos sociais e políticos, além de outros expressos ou implícitos no texto de 1988, são cláusulas pétreas, interpretação esta que me parece mais adequada, pois entendo, nessa matéria, ser de inspiração jusnaturalista a Constituição Federal, cujos constituintes asseguram em seu preâmbulo estar agindo sob a proteção de Deus" (MARTINS, Ives Gandra Silva. Das cláusulas pétreas. In: MARTINS, Ives Gandra Silva. *Constituição Federal 15 anos*. Mutação e evolução. Comentários e perspectivas. São Paulo: Método, 2003. p. 188).

Reformador a faculdade de modificar a Constituição por certo período. No Brasil, a única Constituição a adotar tal tipo de limitação foi a de 1824 (art. 174), que impedia alterações pelo prazo mínimo de quatro anos. A Constituição Federal atual não incorporou o limite temporal porque vários dos signatários da Carta, já nos seus primórdios, tentavam implantar modificações no seu conteúdo.

A restrição temporal serve para cimentar o que os teóricos chamam de solidificação da legalidade democrática: quanto mais tempo uma norma passar com eficácia, produzindo efeitos em determinado lapso temporal, maior será a sua possibilidade de se incorporar ao inconsciente coletivo, solidificando seu conteúdo. As constantes modificações servem para diminuir a eficácia das leis constitucionais, fazendo com que a população não distinga se uma lei está em vigor ou não.

## 24.2.3 Limites circunstanciais

Limites circunstanciais são as circunstâncias que impedem a modificação da *Lex Mater*.

A Constituição de 1988 agasalhou as limitações circunstanciais em seu texto, no art. 60, §1º: "A Constituição não poderá ser emendada na vigência de intervenção federal, de estado de defesa ou de estado de sítio".

Essas limitações começaram a ser encontradas nos textos constitucionais brasileiros a partir de 1934, impossibilitando a reforma quando houvesse estado de sítio. Variam elas muito de acordo com o contexto histórico de cada país, sendo exemplo a limitação existente no direito francês, de vedação à reforma quando o seu território estiver ocupado por forças estrangeiras.

A intervenção federal é uma exceção ao princípio da autonomia dos estados-membros, refluindo no próprio equilíbrio federativo. As intervenções realizadas pelos estados-membros nos municípios e pela União nos municípios dos territórios não podem ser concebidas como limites circunstanciais ao Poder Reformador. A única limitação é a intervenção realizada pela União nos estados-membros.

A intervenção ocorre em razão de circunstâncias específicas, tanto contra os estados (art. 34, I a VII, da CF) quanto contra os municípios (art. 35, I a IV, da CF), com a finalidade de defender princípios como a preservação do Estado, garantir a federação, defender as finanças públicas, garantir a ordem jurídica e os denominados princípios sensíveis.

O estado de sítio bem como o estado de defesa, este inspirado no estado de emergência português, por mais paradoxal que isso possa parecer, são restrições aos direitos humanos com o objetivo de defesa das instituições democráticas, apesar de cercearem direitos. Constituem eles um estado de legalidade extraordinária.

José Afonso da Silva preleciona acerca do estado de sítio:

> Consiste na instauração de uma legalidade extraordinária, por determinado tempo e em certa área (que poderá ser o Território nacional inteiro), objetivando preservar ou restaurar a normalidade constitucional, perturbada por motivo de comoção grave de repercussão nacional ou por situação de beligerância com Estado estrangeiro.[12]

---

[12] SILVA, José Afonso da. *Curso de direito constitucional positivo*. 16. ed. São Paulo: Malheiros, 1999. p. 700.

O estado de sítio pode ser decretado pelo presidente da República, ouvidos o Conselho da República e o Conselho de Defesa Nacional, nos casos de relevante perturbação social de repercussão nacional, se ficar comprovada a ineficácia do estado de defesa, e, por último, no caso de declaração de guerra ou resposta à agressão armada estrangeira. Somente entrará em vigor quando for aprovado pelo Congresso Nacional com o *quorum* de maioria absoluta.

O estado de defesa funciona quase como um estado de sítio mitigado, podendo ser decretado pelo presidente da República, ouvidos o Conselho da República e o Conselho de Defesa Nacional, visando preservar ou restabelecer, em locais restritos e determinados, a normalidade social. Após a sua decretação, ele será submetido ao Congresso Nacional, que decidirá com o *quorum* de maioria absoluta.

Tanto o estado de sítio como o estado de defesa têm limitada a extensão das medidas possíveis de serem implementadas e devem respeito ao Estado Democrático de Direito.

### 24.2.4 Procedimento das emendas

As emendas à Constituição, já que não pode mais haver a ocorrência de uma nova revisão, constituem a única forma possível de alteração do texto jurídico maior do país. Seu procedimento está regulamentado em sede constitucional, compondo-se de duas fases básicas: propositiva e deliberativa.

A primeira fase explicita quais são os órgãos que dispõem de competência para solicitar modificações na Constituição. Esse elenco é taxativo, não admitindo que possam advir de outros órgãos. A existência de restrições ao número daqueles que podem propor modificações tem o objetivo de ensejar uma maior duração à Constituição, garantindo-lhe estabilidade jurídica. A fase propositiva pode ser exercida: a) por iniciativa de um terço, no mínimo, dos membros da Câmara dos Deputados ou do Senado Federal; b) por iniciativa do presidente da República; c) por iniciativa de mais da metade das Assembleias Legislativas das unidades da Federação, manifestando-se, cada uma delas, pela maioria relativa de seus membros (art. 60, I a III, da CF).[13]

As formas de iniciativa das emendas constitucionais são apenas aquelas previstas no art. 60, I, II e III, da CF de 1988. Nenhuma outra iniciativa é permitida, mesmo se ela for proposta através de iniciativa popular. A legitimidade aferida por um plebiscito não pode ensejar uma forma de proposição que não fora prevista pela Lei Maior, porque o grau de consenso obtido em torno dela é muito maior que o obtido por intermédio dessa forma de participação popular.

O *quorum* qualificado para as proposituras oriundas do Congresso se justifica no escopo de evitar as propostas demagógicas, alienadas da realidade, destituídas de apoio parlamentar e social, evitando-se projetos ocasionais que possam ferir a rigidez constitucional.

Como exposto acima, a competência para a proposição das emendas é taxativa, não admitindo outros legitimados, afora os estipulados no art. 60, incs. I, II e III, da Constituição. Portanto, não pode ser iniciado projeto de emenda por intermédio de

---

[13] Art. 60, incs. I a III, da Constituição Federal.

iniciativa popular (art. 61, §2º, da CF), porque essa forma propositiva se limita às leis ordinárias.[14]

A iniciativa por parte do presidente da República foi permitida nas Constituições de 1937 e 1967, tendo sido agasalhada pelo texto atual. Ocorre que, enquanto as duas Constituições anteriores eram típicas de períodos autoritários, esta é a Constituição mais democrática que o país já teve. Entretanto, ainda contém pequenos resquícios da ditadura.

A titularidade do Poder Reformador pertence ao Congresso Nacional, bem como a primazia da competência legislativa. Portanto, não se justifica que o presidente da República possa exercer a competência propositiva.

Essa, mesmo que simbólica, não deveria ter sido atribuída ao presidente, por se mostrar inócua. Se ele quiser aprovar uma emenda, não irá se expor com uma iniciativa própria. As modificações do seu interesse podem ser colocadas por sua base parlamentar. A simbologia reside na possibilidade de intromissão do presidente na reforma constitucional, significando o teor autoritário da iniciativa, porque ele tem a máquina de governo e pode usá-la em favor de seus interesses.

A possibilidade de emenda por parte das Assembleias Legislativas reflete uma substância do federalismo, do *pactum foederis*, podendo os estados-membros, integrantes da federação, propor alterações à Constituição, o que delineia os moldes da repartição de poderes e serve de substrato para dar segurança contra as arbitrariedades da União. José Alfredo de Oliveira Baracho assevera que a competência para a propositura de emendas por parte dos estados fortalece o equilíbrio das unidades federativas, pois enseja adequações constitucionais na direção do fortalecimento da federação.[15]

Nos Estados Unidos, a força dos estados-membros é mais relevante do que no Brasil, porque lá foram treze estados independentes que primeiramente formaram uma confederação e depois a federação, e aqui foi um governo unitário que se fragmentou em entes federativos. Nota-se a enorme influência que têm os estados-membros e, consequentemente, a federação nos Estados Unidos, pois eles têm de participar sempre e diretamente para concretizar as emendas. Podemos falar em uma dupla atuação, pois são representados pelo Senado e, passando pelo Congresso, devem ratificar as emendas por um *quorum* de três quartos. A Constituição americana é passível de ser modificada pelo Congresso com o *quorum* de dois terços e depois deve ser ratificada por três quartos dos estados. No Brasil, os estados só participam da fase propositiva quando obtêm o consentimento da maioria absoluta das entidades federativas e, na fase deliberativa, do Senado.

A segunda fase regula o modo de concretização das emendas, evidenciando os procedimentos necessários para a sua validade jurídica. Denomina-se fase deliberativa. Essa fase se compõe das seguintes etapas: a proposta será discutida e votada em cada Casa do Congresso Nacional, em dois turnos.[16] A emenda será aprovada se obtiver, em cada Casa e em cada turno, três quintos dos votos dos respectivos membros. Se esse

---

[14] Em sentido contrário pensa José Afonso da Silva (SILVA, José Afonso da. *Curso de direito constitucional positivo*. 16. ed. São Paulo: Malheiros, 1999. p. 66).

[15] BARACHO, José Alfredo de Oliveira. *Teoria geral do federalismo*. Rio de Janeiro: Forense, 1986. p. 60.

[16] Não há parâmetro objetivo definido pela Constituição para o interstício mínimo entre os dois turnos de votação. O mérito incumbe ao Poder Legislativo, descabendo interferência judicial nesse sentido (ADI nº 4.425, Rel. Min. Luiz Fux).

número exigido não for alcançado, a propositura será arquivada e não será levada, obviamente, para o segundo turno.

O presidente da República termina sua competência em relação ao Poder Reformador na fase propositiva, quando tomar a iniciativa. Ele não exara sua sanção ou veto. As emendas serão promulgadas pelas Mesas da Câmara dos Deputados e do Senado Federal, que são os órgãos que ultimam os atos do Poder Reformador, com o respectivo número de ordem. A emenda adentra no ordenamento depois de sua promulgação, e, após a data determinada na publicação, que é uma comunicação destinada a levar o conhecimento da emenda ao público, torna-se exigível perante todos.

Uma emenda rejeitada em uma sessão legislativa não poderá ser proposta no mesmo período, ao contrário da propositura de lei que, mesmo rejeitada, pode ser proposta novamente em uma mesma sessão legislativa, desde que tenha o apoio de maioria absoluta de senadores ou de deputados (art. 60, §5º, da CF).[17]

As emendas são anexadas à parte final da Constituição, em numeração cardinal, e as partes que elas alteraram no interior do texto têm sua redação modificada, seguindo o conteúdo estipulado nas emendas.

## 24.3 Leis complementares

As leis complementares apareceram pela primeira vez na *Lex Mater* de 1946. Foram introduzidas pela Emenda Constitucional nº 4, de 2.9.1961, com a finalidade de regulamentar a organização do sistema de governo parlamentarista que fora criado. Tradicionalmente, pela influência do direito comparado, era considerada lei complementar toda norma que tivesse a função de completar a Constituição. Com a adoção da emenda parlamentarista no Brasil, em 1961, sua principal característica passa a ser o *quorum* de maioria absoluta de votos.[18]

Sua função primordial é assegurar eficácia concretiva às normas constitucionais, fazendo com que seus preceitos possam ser aplicados na totalidade. Como a Constituição não pode ser um texto prolixo, que discipline as matérias de forma integral, essa regulamentação foi deixada ao legislador infraconstitucional, por meio de leis complementares, em alguns casos expressos no seu texto.

Não existe nenhuma sistematização ontológica para se definir o espaço que deve ser ocupado pelas leis complementares. Nem mesmo a importância de determinados conteúdos pode servir como direcionante. As matérias que foram deixadas para serem regulamentadas por essa espécie normativa foram escolhidas pelo legislador constituinte sem nenhum critério de natureza essencial – a única intenção foi garantir uma maior estabilidade, haja vista a necessidade de um *quorum* de maioria absoluta.

A lei complementar tem dois requisitos: o material e o formal.[19]

O requisito material implica que, como condição para a sua concretização, tem de haver determinação expressa da Constituição que estipule que tal disposição tem

---

[17] ADIn nº 1.546/SP, Rel. Min. Nelson Jobim.
[18] BASTOS, Celso Ribeiro. *Curso de direito constitucional*. 18. ed. São Paulo: Saraiva, 1997. p. 356.
[19] A lei complementar pode ser materialmente ordinária e apenas formalmente complementar (Rel. nº 2.475 AgR/MG, Rel. Min. Carlos Velloso).

de ser regulamentada por lei complementar. Exemplo significativo encontra-se no art. 192, que dispõe:

> sistema financeiro nacional, estruturado de forma a promover o desenvolvimento equilibrado do País e a servir aos interesses da coletividade, em todas as partes que o compõem, abrangendo as cooperativas de crédito, será regulado por leis complementares [...].

A lei complementar regulará esse artigo porque isso foi expressamente firmado no texto; caso contrário, se não houvesse, taxativamente, essa estipulação, poderia o artigo ser regulamentado por lei ordinária, lei delegada ou medida provisória.

O requisito formal se refere ao seu *quorum*, que será sempre de maioria absoluta. O motivo para o legislador constituinte ter determinado um maior número de votos foi o de assegurar uma estabilidade mais consolidada a essas disposições que regulamentam a Lei Excelsa, tentando evitar constantes modificações, que poderiam ser ocasionadas por um *quorum* mais facilitado.

O Poder Decorrente, que cria as Constituições estaduais, pode estipular em seus textos, como elemento normativo, leis complementares estaduais, com função análoga às de suas congêneres nacionais, obviamente com os mesmos requisitos.[20]

O processo legislativo das leis complementares segue o mesmo procedimento das leis ordinárias, inclusive os órgãos legitimados para a sua iniciativa são os mesmos. As diferenças residem apenas no *quorum* mais elevado e na hipótese de incidência, que tem de estar definida previamente na Constituição.

## 24.4 Leis ordinárias. Procedimento ordinário

São aquelas normas infraconstitucionais que nascem no Congresso Nacional e respondem pela maior parte da produção legislativa. Têm a denominação de ordinárias porque obedecem ao procedimento padrão para o processo legislativo. A abrangência de sua competência pode ser classificada como residual: todas as matérias que não lhes sejam vedadas, como as reservadas às emendas constitucionais, às leis complementares, aos decretos legislativos e às resoluções, podem ser disciplinadas por intermédio delas.

Dentro da delimitação do espaço de incidência, elas podem atuar na mesma seara da medida provisória e da lei delegada. Como têm o mesmo âmbito de atuação, o que as diferencia é a origem: a lei ordinária nasce da atuação do Congresso Nacional, a medida provisória da atuação imediata do presidente da República, a lei delegada da atuação conjunta do Congresso Nacional e do presidente da República.

A iniciativa de lei ordinária pode ser tomada: por qualquer senador ou deputado federal; por qualquer comissão em funcionamento no Congresso Nacional; pelo presidente da República; pelo procurador-geral da República; e pelos Tribunais Superiores (art. 61 da CF). O cidadão, individualmente, não pode propor normas, sendo-lhe

---

[20] Postula Roque Antonio Carrazza: "Em face de tudo quanto exprimimos, podemos afiançar que, se obedecerem ao processo legislativo traçado pela Constituição Federal, os Estados podem prever em suas respectivas Constituições novas hipóteses de lei complementar, além das já contempladas na Carta Magna da Nação" (CARRAZZA, Roque Antonio. *Curso de direito constitucional tributário*. 5. ed. São Paulo: Malheiros, 1993. p. 87).

permitido apenas de forma coletiva, devendo a proposta ser subscrita por, no mínimo, um por cento do eleitorado nacional, distribuído por pelo menos cinco estados, com não menos de três décimos por cento de eleitores em cada um deles (art. 61, §2º, da CF).

A possibilidade de a população realizar um projeto de lei denomina-se iniciativa popular. Não significa que a propositura deva ser necessariamente aprovada, pois ela pode até mesmo nem chegar ao plenário. Todavia, é a proposta normativa que ostenta maior legitimidade dentro do processo legislativo.

Iniciativa privativa significa que a proposição de lei somente poderá proceder de determinado órgão ou pessoa, seja ele o chefe do Executivo, seja o Poder Judiciário, seja o Poder Legislativo. Se essa iniciativa privativa não for obedecida, ocorrerá uma inconstitucionalidade formal. Na Constituição de 1967/1969, proveniente do período autoritário, a iniciativa privativa do presidente da República era muito mais vasta, inclusive para a criação ou aumento de tributos, deixando essas matérias a talante do Executivo.

O Supremo Tribunal Federal tem entendido que o desrespeito à cláusula de iniciativa reservada de leis, em qualquer das hipóteses taxativamente previstas no texto da Constituição, representa uma inconstitucionalidade formal, insuscetível de produzir qualquer consequência válida no ordenamento jurídico.[21]

É iniciativa privativa do presidente da República propor projetos de leis sobre os seguintes assuntos determinados[22] (art. 61, §1º, II, *a* a *f*, da CF):

a) criação de cargos, funções ou empregos públicos na administração direta e autárquica ou aumento de sua remuneração;

b) organização administrativa e judiciária, matéria tributária e orçamentária, serviços públicos e pessoal da administração dos Territórios.[23]

c) servidores públicos da União e Territórios, seu regime jurídico, provimento de cargos, estabilidade e aposentadoria;

d) organização do Ministério Público e da Defensoria Pública da União, bem como normas gerais para a organização do Ministério Público e da Defensoria Pública dos Estados, do Distrito Federal e dos Territórios. A interpretação dessa iniciativa privativa – art. 61, §1º, inc. II, alínea d – juntamente com o art. 22, XVII, fornece os argumentos necessários para defender a inclusão do Ministério Público como um órgão do Poder Executivo, dotado de relevante autonomia, e não um quarto poder;

e) criação e extinção de ministérios e órgãos da administração pública, observado o disposto no art. 84, VI;

f) militares das Forças Armadas, seu regime jurídico, provimento de cargos, promoções, estabilidade, remuneração, reforma e transferência para a reserva.

A iniciativa privativa do presidente da República vai se transpor para as Constituições estaduais e para as leis orgânicas municipais, como princípio constitucional

---

[21] "A usurpação da prerrogativa de iniciar o processo legislativo qualifica-se como ato destituído de qualquer eficácia jurídica, contaminando, por efeito de repercussão causal prospectiva, a própria validade constitucional da lei que dele resulte" (ADIn nº 2.364/AL, Rel. Min. Celso de Mello).

[22] Decidiu o Supremo Tribunal Federal que as matérias de iniciativa do Executivo não podem ser reguladas por emendas constitucionais propostas por parlamentares (ADIn nº 2.966/RO, Rel. Min. Joaquim Barbosa).

[23] Entende o Supremo Tribunal Federal que o conteúdo contido na referida alínea não é de observância obrigatória para os estados-membros, mas somente para os territórios (ADIn nº 2.320/SC, Rel. Min. Eros Grau).

de repetição obrigatória, princípio simétrico, ficando mencionadas matérias da iniciativa privativa dos chefes do Executivo municipal e estadual. Assim, as leis acerca do regime jurídico dos servidores públicos são de iniciativa privativa do Executivo, devendo ser de repetição obrigatória nas Constituições estaduais e leis orgânicas, delineando-se, dessa forma, a separação dos três poderes.

A lei de iniciativa do chefe do Executivo pode ser objeto de emenda parlamentar, desde que os dispositivos introduzidos no seu texto não estejam destituídos de pertinência temática com o projeto original, nem acarretem aumento de despesa.[24]

Não pode haver aumento de despesa nos projetos de iniciativa do presidente da República, com exceção das emendas ao projeto de lei do orçamento anual e das emendas ao projeto de lei de diretrizes orçamentárias (art. 63, I, da CF). Igualmente, não pode haver aumento de despesa nos projetos sobre organização dos serviços administrativos da Câmara dos Deputados, do Senado Federal, dos Tribunais Federais e do Ministério Público (art. 63, II, da CF).

São iniciativas privativas do Poder Legislativo aquelas que tenham o objetivo de dispor sobre sua organização, funcionamento, polícia, criação, transformação ou extinção de cargos, empregos e funções de seus serviços, e a iniciativa para fixação da respectiva remuneração, além das demais medidas necessárias para o seu autogoverno (arts. 51, IV, e 52, XIII, da CF).

São iniciativas privativas do Poder Judiciário aquelas que tenham a missão de criar, extinguir ou dispor sobre a remuneração dos cargos na administração judiciária; alterar o número de membros dos tribunais inferiores; alterar a organização e a divisão judiciárias; estruturar as comarcas e outras medidas administrativas (art. 96, II, *a* a *d*, da CF).[25] Isso ocorre em função da autonomia dos três poderes, resvalando prerrogativas próprias para tratar de assuntos afetos aos seus interesses.

A iniciativa do Procurador-Geral da República e dos Tribunais Superiores (Superior Tribunal Militar, Tribunal Superior do Trabalho, Tribunal Superior Eleitoral, Supremo Tribunal Federal e Superior Tribunal de Justiça) é limitada apenas a assuntos de seu interesse. Jurisprudência do STF considera também o Tribunal de Contas da União como instância superior para a propositura de projetos de lei.

A iniciativa privativa do Supremo Tribunal Federal compreende: o estabelecimento do estatuto da magistratura, através de lei complementar (art. 93 da CF); a alteração do número de membros dos tribunais inferiores (art. 96, II, *a*, da CF); a criação e extinção de seus cargos e a remuneração de seus serviços auxiliares e dos juízos que lhes forem vinculados, bem como a fixação do subsídio de seus membros e dos juízes, inclusive dos tribunais inferiores (art. 96, II, *b*, da CF); a criação ou extinção dos tribunais inferiores (art. 96, II, *c*, da CF). Os tribunais superiores têm, dentro da sua esfera de atuação, a mesma competência do STF, exceto propor o estatuto da magistratura.

---

[24] "Entretanto, a jurisprudência desta Corte já se firmou (particularmente ao julgar a ADIn nº 176) no sentido de que o estabelecimento, em Constituição Estadual, de data-limite para o pagamento dos servidores estaduais e a determinação de correção monetária, em caso de atraso, não ofendem o princípio da independência dos Poderes, pois não implicam a criação de cargos ou aumento de remuneração, nem ferem o poder de iniciativa exclusiva por parte do Governador de Estado" (STF, 1ª Turma, RE nº 223.454-1, *RDA*, 213/183).

[25] Lei de iniciativa exclusiva do Poder Judiciário pode sofrer emenda parlamentar, desde que os dispositivos introduzidos no texto da lei não estejam destituídos de pertinência temática com o projeto original (ADI nº 2.350/GO, Rel. Min. Maurício Corrêa).

O procurador-geral da República pode propor ao Poder Legislativo a criação e extinção de seus cargos e serviços auxiliares, provendo-os por concurso público de provas ou de provas e títulos, e pode, igualmente, propor a política remuneratória e os planos de carreira (art. 127, §2º, da CF). Na verdade, essa é uma competência concorrente porque também pertence ao chefe do Executivo (art. 61, §1º, II, *d*, da CF).

O presidente da República, além de exercer a iniciativa privativa, também exerce, de forma impositiva, a iniciativa vinculada, prerrogativa que ele não pode se furtar de exercer. Obrigatoriamente, o chefe do Executivo tem de enviar ao Congresso Nacional, dentro do prazo legal, projeto de lei para o plano plurianual, a lei de diretrizes orçamentárias e o orçamento anual (arts. 165, I a III, e 84, XXIII, da CF). A diferença entre a iniciativa privativa e a vinculada está no fato de que esta o presidente é obrigado a exercer, dentro dos prazos legais, e aquela ele exercerá de acordo com a sua vontade.

A iniciativa será concorrente quando mais de um órgão catalogado no *caput* do art. 61 da Constituição puder realizar a propositura normativa.

Normalmente, os projetos de lei começam a ser votados na Câmara dos Deputados. Obrigatoriamente, terão de começar na Câmara dos Deputados os projetos propostos pelo presidente da República, pelo Supremo Tribunal Federal, pelos Tribunais Superiores, os que forem oriundos de iniciativa popular e as medidas provisórias. Excetuados esses casos elencados, funcionará o Senado como instância inicial apenas quando o projeto for oriundo de um senador, comissão do Senado e quando a proposta de emenda constitucional for oriunda de mais da metade das Assembleias Legislativas das unidades da federação (art. 212 do Regimento Interno do Senado Federal).

Depois de iniciado o processo legislativo através da concretização da iniciativa, o projeto de lei é encaminhado à Câmara e ao Senado, onde ficará sobre a Mesa para receber emendas (não confundir com emendas que têm o objetivo de reformar a Constituição), ou seja, pode qualquer parlamentar ou qualquer de suas comissões propor alterações ao projeto de lei apresentado.[26]

Na próxima fase, as propostas passam pela Comissão de Constituição e Justiça e pelas comissões temáticas respectivas. Ambas são comissões existentes tanto na Câmara dos Deputados como no Senado.[27]

A Comissão de Constituição e Justiça tem a função de realizar o controle preventivo de constitucionalidade, de teor político. Se um projeto de lei for apresentado com infringência aos preceitos constitucionais, a Comissão deve arquivá-lo, evitando a feitura de leis inconstitucionais. A questão relevante nessa Comissão é que sua análise tem caráter político, os deputados e senadores que a compõem declaram a constitucionalidade ou não das normas de acordo com os interesses envolvidos. A metodologia de valoração utilizada relega a apreciação jurídica e aplica um critério de conveniência e oportunidade.

As comissões temáticas, divididas de acordo com assuntos específicos, como a Comissão de Orçamento, de Desporto, de Educação etc., analisam os projetos de lei e emitem um parecer acerca da matéria abordada, podendo propor alterações ao projeto ou rejeitá-lo por ser contrário aos interesses públicos. Presume-se que os deputados e

---

[26] CARVALHO, Kildare Gonçalves. *Técnica legislativa*. 2. ed. Belo Horizonte: Del Rey, 2001. p. 100.

[27] A Comissão de Constituição e Justiça na Câmara dos Deputados se denomina Comissão de Constituição e Justiça e Redação, e, no Senado, Comissão de Constituição e Justiça e Cidadania.

senadores que compõem essas comissões são afeitos às matérias apreciadas e, portanto, podem analisá-las com maior conhecimento.

A diferença entre o trabalho da Comissão de Constituição e Justiça e o trabalho realizado pelas comissões temáticas é que nestas há a apreciação do mérito da matéria proposta, podendo os parlamentares fazer emendas para melhorar o projeto ou rejeitá-lo; naquela não há apreciação de mérito, restringindo-se à análise da constitucionalidade da matéria apreciada, realizando um juízo de admissibilidade de seu conteúdo.

Confeccionado o parecer, e não se opinando pela rejeição do projeto, a proposta legislativa vai ao Plenário da Câmara e do Senado. Parecer é a proposição com que a comissão se posiciona sobre a matéria sujeita a seu exame. Conforme disposição constitucional, as comissões podem discutir e votar projetos de lei, dispensando apreciação em plenário, conforme disposto no regimento. Essa prática é uma exceção, já que suprime da maior parte dos parlamentares a possibilidade de apreciar, discutir e votar o projeto. Havendo requerimento de um décimo dos membros de qualquer uma das duas Casas, a matéria terá de ir à análise e votação em plenário (art. 58, §2º, I, da CF).

No plenário das duas Casas legislativas haverá os debates, em que o governo e a oposição tentarão aliciar os parlamentares para as suas posições. A fase de discussão é a fase destinada ao embate de posicionamentos em plenário. Por meio das discussões, os parlamentares podem esclarecer suas dúvidas acerca do projeto e a opinião pública pode pressioná-los para atendimento dos seus objetivos.

As espécies normativas, para serem aprovadas, necessitam de determinado *quorum*. Basicamente são três os quóruns: maioria simples ou relativa, maioria absoluta e maioria qualificada (como dois terços e três quintos).[28] As votações podem ser secretas ou ostensivas. As votações secretas somente podem ocorrer naqueles casos expressamente indicados na Lei Maior.

As iniciativas das proposições legislativas podem ser alteradas através de emendas, que ocorrem em plenário ou nas comissões, podendo ser supressivas, aglutinativas, substitutivas, aditivas e modificativas. As emendas supressivas retiram do texto parte do seu conteúdo; as emendas aglutinativas resultam da fusão de duas outras emendas ou destas com o texto, aproximando os seus conteúdos; emenda substitutiva é aquela que altera parte substancial do texto em seu conjunto; emenda aditiva acrescenta uma outra proposição; emenda modificativa altera a proposição do texto, sem modificá-lo em seu conjunto.

Para se transformarem em lei, os projetos normativos necessitam ser aprovados na Câmara e no Senado, funcionando uma Casa como revisora da outra, em decorrência da estrutura bicameral do nosso Poder Legislativo. A Casa que realiza a primeira votação é denominada inicial e a segunda, Casa revisora. Uma propositura que, por exemplo, se inicie na Câmara, após sua aprovação, vai para o Senado; se este a modificar, volta ela para a Câmara que ou aprovará a norma ou determinará seu arquivamento, não podendo ser realizada uma subemenda. Somente volta para a Casa originária aquela parte do projeto que sofreu modificação, estando vedada a realização de qualquer tipo de alteração.

---

[28] É bom relembrar que, de acordo com o art. 47 da Carta Magna, quando o *quorum* não for previsto no texto da Constituição, ele será de maioria simples.

Contudo, o Supremo Tribunal Federal decidiu que não há ofensa ao parágrafo único do art. 65 da Constituição quando as modificações realizadas pelo Senado não importarem a alteração do sentido da proposição legislativa, isto é, quando não forem modificações essenciais.[29] Nesse sentido se posicionou o Min. Nelson Jobim:

> O retorno do projeto emendado à Casa iniciadora não decorre do fato de ter sido simplesmente emendado. Só retornará se, e somente se, a emenda tenha produzido modificação de sentido na proposição jurídica. Ou seja, se a emenda produzir proposição jurídica diversa da proposição emendada. Tal ocorrerá quando a modificação produzir alterações em qualquer dos âmbitos de aplicação do texto emendado: material, pessoal, temporal ou espacial. Não basta a simples modificação do enunciado pela qual se expressa a proposição jurídica. O comando jurídico – a proposição – tem que ter sofrido alteração.[30]

Obtendo *quorum* suficiente, a norma aprovada nas duas Casas segue para a sua proclamação por parte do presidente da mesa da última Casa votante. A importância da proclamação é atestar que a norma obteve o *quorum* necessário e vai para a sanção presidencial. Antes da sanção presidencial, a proposição normativa é encaminhada para a Comissão de Constituição e Justiça para receber a sua redação final. Nessa Comissão pode haver as denominadas emendas de redação, que têm a finalidade de corrigir defeitos de linguagem, vício ou erro manifesto.

Após, o presidente da última Casa votante envia a norma para sanção, que é ato privativo do chefe do Executivo (art. 66 da CF). A sanção pode ser expressa, quando o presidente solenemente consentir com seu conteúdo, ou tácita, quando passarem quinze dias sem que ele se pronuncie a respeito.

Caso não haja sanção expressa ou tácita, haverá inexoravelmente o veto, que acontece quando o presidente considera a proposta inconstitucional ou contrária aos interesses públicos (art. 66, §1º, da CF). A sanção ocorre quando há o consentimento e o veto acontece quando o consentimento é negado. O STF já se posicionou no sentido de que o critério para decidir o que é inconstitucional ou contrário aos interesses públicos pertence ao arbítrio do presidente da República.

A rejeição da proposta é um ato exclusivo do chefe do Executivo, constituindo-se na sua atuação mais drástica dentro do processo legislativo, ocorrendo quando ele discorda da propositura normativa votada pelo Congresso Nacional. Deve ser sempre expressa, fundamentando o presidente da República os motivos que o levaram a praticá-lo.

O veto não é absoluto, mas relativo, porque o Congresso Nacional pode derrubá-lo, aprovando a propositura normativa. Ele sinaliza a ideia de discordância de uma propositura legislativa. Assim, o chefe do Executivo não pode utilizar esse instituto para modificar o trabalho dos parlamentares, acrescentando, suprimindo ou modificando partes da propositura apresentada.

---

[29] "O retorno do projeto emendado à Casa iniciadora não decorre do fato de ter sido simplesmente emendado. Só retornará se, e somente se, a emenda tiver produzido modificação de sentido na proposição jurídica. Ou seja, se a emenda produzir proposição jurídica diversa da proposição emendada. Tal ocorrerá quando a modificação produzir alterações em qualquer dos âmbitos de aplicação do texto emendado: material, pessoal, temporal ou espacial. Não basta a simples modificação do enunciado pela qual se expressa a proposição jurídica. O comando jurídico – a proposição – tem que ter sofrido alteração" (ADIn nº 3.395/DF).

[30] ADC nº 4, Rel. Min. Nelson Jobim.

Kildare Carvalho assevera que o veto parcialmente rejeitado pelo Congresso Nacional acarretará duas datas de vigência da lei: a da parte sancionada e a da parte cujo veto foi rejeitado, esta última começando a vigorar a partir da publicação do ato promulgatório do dispositivo aprovado pelo Congresso Nacional.[31]

O não consentimento do chefe do Executivo poderá abranger parte integral de artigo, parágrafo, alínea ou inciso; o que significa que não pode haver veto com a supressão de palavras ou expressões (art. 66, §2º, da CF). Pode ser vetado um artigo inteiro, mas nunca apenas palavras ou expressões desse artigo.

Ocorrido o veto, este será comunicado ao presidente do Senado, no prazo de quarenta e oito horas, juntamente com sua exposição de motivos (art. 66, §1º, da CF). O veto será apreciado em sessão conjunta, dentro de trinta dias a contar do seu recebimento, podendo ser rejeitado pela maioria absoluta dos deputados e senadores (art. 66, §4º, da CF).[32] Se ele não for votado no prazo citado, será posto na ordem do dia da sessão imediata e sobrestará as demais proposições até sua votação final (art. 66, §6º, da CF). Ele só não obstaculizará a votação das medidas provisórias, que têm maior urgência do que a deliberação sobre o veto.

Se o veto for mantido, a proposta será rejeitada. Se for derrubado, será a proposta enviada ao presidente da República para promulgação, dentro do prazo de quarenta e oito horas. Se a proposta não for por ele promulgada, caberá ao presidente do Senado ou ao seu vice-presidente fazê-lo, já que há competência sucessiva (art. 66, §7º, da CF). Também cabe ao presidente do Senado ou ao seu vice-presidente realizar a promulgação quando há sanção tácita do chefe do Executivo e, dentro do prazo de quarenta e oito horas, ele não realiza a promulgação.

Se o vice-presidente do Senado Federal também se recusar a promulgar a propositura normativa, não haverá crime de responsabilidade, em decorrência da inexistência de sua tipificação na Constituição e na Lei nº 1.079/1950. Outrossim, é impossível *impeachment* contra presidente ou vice-presidente do Senado Federal. Se houver essa recusa, a competência passa para o 2º vice-presidente e depois para o 1º secretário da mesa do Senado, e assim sucessivamente.

A promulgação é a entrada da norma no ordenamento jurídico, atestando sua existência – a partir daí a norma passa a ter validade. O seu cumprimento se torna obrigatório depois da publicação, que é o conhecimento do seu conteúdo por toda a população. Cabe a quem promulgou a norma mandá-la para publicação.[33]

A norma passa a integrar o ordenamento na promulgação e não na sanção, apesar de muitos doutrinadores pensarem em contrário, porque é na promulgação que todos os requisitos normativos estão concretizados, recebendo a lei sua data, que marca o seu nascimento. Com a sanção, o conteúdo do projeto normativo está pronto e acabado, mas não podemos falar ainda em lei, pois ainda não entrou no ordenamento jurídico.

Kildare Carvalho entende que a sanção atua no projeto de lei e que a promulgação atua na lei, ou seja, a lei se forma com a sanção, mas apenas entra no ordenamento jurídico com a promulgação. Materialmente, a norma com a sanção está completa; contudo,

---

[31] CARVALHO, Kildare Gonçalves. *Técnica legislativa*. 2. ed. Belo Horizonte: Del Rey, 2001. p. 108.
[32] A Constituição Cidadã de 1988 reduziu o *quorum* para derrubar o veto, que na Constituição autoritária de 1967/1969 era de dois terços dos membros de cada uma das duas Casas.
[33] CLÈVE, Clèmerson Merlin. *Atividade legislativa do Poder Executivo*. 2. ed. São Paulo: RT, 2000. p. 119.

fica difícil conceber uma lei que ainda não pertença ao ordenamento.[34] Assim, somente podemos falar em lei quando a norma pertencer ao conjunto normativo, obtendo assim validade.

Ensina Pontes de Miranda:

> Se, de regra, a sanção e a promulgação vêm juntos, o que só se pode dar nos atos legislativos vetáveis, pode suceder que venham separados, como se o ato legislativo, destinado a ser promulgado em data certa, subiu à sanção (positiva), o que implica no direito de vetar (sanção negativa); mas há atos legislativos que podem ser promulgados sem serem sancionados. Onde há promulgabilidade sem sancionabilidade não há veto. Se o ato legislativo vai ao Presidente da República, só para que o promulgue, não pode vetá-lo, ou deixar de promulgá-lo.[35]

A promulgação é um ato obrigatório do processo legislativo, devendo ser feito nos moldes estipulados na Constituição.

Quanto à natureza da promulgação, a doutrina a classifica em administrativa ou legislativa. A primeira considera a promulgação um mero ato administrativo do presidente da República, sem caráter discricionário, após o término do processo legislativo. A segunda considera a promulgação um ato dentro do procedimento de produção legislativa, concluindo o procedimento de elaboração da norma. Esta tese tem maior força porque a promulgação decorre dos demais atos legislativos, sendo consequência inexorável deles; depois porque ela serve para operacionalizar os outros procedimentos legislativos; e, por último, porque ela fixa a entrada da norma no ordenamento jurídico.

Doutrina Paulo Napoleão Nogueira da Silva:

> A primeira das funções a merecer exame é a de promulgação das leis, sobre a qual diversas teorias têm sido expostas. Segundo a teoria "declaratória", ao promulgá-la o Chefe de Estado somente atesta a existência da lei, e a regularidade do respectivo processo de formação; por essa ótica, assim, exerceria na espécie a função de notário. Outra teoria, a "legislativa", coloca-o como partícipe do processo de produção normativa, uma vez que a promulgação é elemento indispensável à perfeição – aperfeiçoamento – da lei, além de ser requisito igualmente imprescindível à sua eficácia. Uma terceira teoria, a da "administração", indica que a promulgação confere a marca da autoridade, e consequentemente a exigibilidade do cumprimento; em suma, a promulgação confere à lei a executoriedade. E, por fim, a teoria da "constitucionalidade" afirma que a promulgação confere à lei a inquestionabilidade de sua legitimidade e adequação face aos princípios constitucionais.[36]

Existe uma presunção absoluta de eficácia da publicação: depois do prazo firmado por ela, serão tidas como conhecidas pela população as suas disposições, independentemente de prova em sentido contrário. Nenhum cidadão poderá descumprir lei sob a alegação de que desconhecia o seu conteúdo.

---

[34] Ensina o mencionado autor: "Num caso ou noutro, a promulgação não se confunde com a sanção, esta incidindo sobre o projeto e aquela sobre a lei. Daí, a rigor, não ser correto falar-se em sanção da lei, apesar de estar consagrada tal expressão na prática legislativa brasileira" (CARVALHO, Kildare Gonçalves. *Técnica legislativa*. 2. ed. Belo Horizonte: Del Rey, 2001. p. 104).

[35] MIRANDA, Francisco Cavalcanti Pontes de. *Comentários à Constituição de 1967*. 2. ed. São Paulo: RT, 1970. t. III. p. 182.

[36] SILVA, Paulo Napoleão Nogueira da. *A chefia do Estado*. São Paulo: RT, 1994. p. 90.

A matéria constante em um projeto rejeitado não poderá ser, na mesma sessão legislativa, objeto de nova deliberação, a não ser que obtenha o apoio da maioria absoluta dos membros de quaisquer das Casas do Congresso Nacional (art. 67 da CF). Tal imposição, de se proibir a renovação de matérias rejeitadas, foi uma criação da Câmara dos Lordes, no Parlamento inglês, em 1606, sendo seguida pela Câmara dos Comuns, em 1610.

Em razão de o art. 87, I, do Texto Maior, plantear que os ministros de Estado têm competência para referendar atos e decretos assinados pelo chefe do Executivo, alguns constitucionalistas defendem a tese de que a lei, para adentrar no ordenamento jurídico, tem de contar com a assinatura do presidente da República, promulgando-a, e a do respectivo ministro, titular da pasta à qual a lei se refere. Caso ela contenha só a assinatura do presidente, será destituída de validade.

Na verdade, a lei necessita, exclusivamente, da assinatura do presidente da República. Não existe no processo legislativo a determinação de que a promulgação da norma deva ser realizada também pelo ministro de Estado, e se torna sem sentido criar esse prerrequisito para a concretização das normas se é o chefe do Executivo quem tem o direito de escolher os seus subordinados e demiti-los na hora que quiser. Os ministros de Estado, obrigatoriamente, por força de mandamento constitucional, devem referendar formalmente os atos presidenciais, sem nenhuma consequência no processo legislativo.

## 24.5 Procedimento sumário

De iniciativa privativa do presidente da República, o procedimento sumário pode ser utilizado quando a mensagem de iniciativa presidencial solicite urgência na tramitação da propositura (art. 64, §§1º a 4º, da CF). O prazo para a tramitação do processo em cada uma das Casas é de quarenta e cinco dias. Se houver emendas no Senado, a sua apreciação pela Câmara dos Deputados deve ser feita em dez dias. Caso não seja votada dentro do prazo, deve ser colocada na ordem do dia, sobrestando a votação das demais matérias até que se ultime o procedimento. Exceções para o sobrestamento são as matérias que tenham prazos determinados pela Constituição.

## 24.6 Procedimento sumaríssimo

É o procedimento mais célere existente no processo legislativo, previsto no art. 155 do Regimento Interno da Câmara dos Deputados e no art. 336, inc. I, do Regimento Interno do Senado Federal. A urgência poderá ser requerida fundamentalmente quando se tratar de matéria que envolva a defesa da sociedade democrática e das liberdades fundamentais, quando exigir providências para atender à calamidade pública e qualquer matéria que tenha urgência e relevância nacional.

O procedimento de urgência dispensa as exigências, os interstícios ou formalidades regimentais, salvo os pareceres das comissões, a sua publicação e distribuição e o *quorum* para deliberação. Ele pode ser apresentado na Câmara dos Deputados por dois terços dos membros da Mesa, quando se tratar de matéria de competência desta; um terço dos membros da Câmara, ou líderes que representem esse número; dois terços dos membros de comissão competente para opinar sobre o mérito da proposição. Ele pode ser apresentado no Senado pela maioria dos membros do Senado ou líderes que representem esse número; por dois terços da composição do Senado; pelas comissões do Senado e pela Comissão de Assuntos Econômicos, quando se tratar de pedido de autorização para realizar operações de crédito.

## 24.7 Procedimento legislativo abreviado

É o procedimento que dispensa apreciação pelo plenário, em virtude de a deliberação ocorrer nas comissões (art. 58, §2º, I, da CF). Foi disciplinado no art. 24, II, do Regimento Interno da Câmara dos Deputados e no art. 91 do Regimento Interno do Senado Federal.

Como esse procedimento, apesar de garantir celeridade, impede a apreciação da propositura por todos os deputados e senadores, existem várias matérias cuja apreciação é vedada, como: projeto de lei complementar; proposta de código; proposta de iniciativa popular; proposta acerca do elenco de matérias não delegáveis, contidas no §1º do art. 68 da CF; projeto de lei de comissões; projeto oriundo de outra Casa do Congresso, que tenha sido votado em plenário; projeto com pareceres divergentes; projeto em regime de urgência; proposta de emenda à Constituição; projeto que altere o regimento interno.

## 24.8 Procedimento legislativo concentrado

É aquele utilizado para a apreciação de matérias sujeitas à análise em sessão conjunta de deputados e senadores, cada uma com procedimento específico próprio.

## 24.9 Procedimento legislativo especial

É aquele utilizado para a propositura de emendas à Constituição e para a elaboração de códigos.[37]

Como a elaboração de códigos é uma tarefa bastante ampla e complexa, este é o procedimento legislativo mais lento, com o intuito de contribuir na elaboração de um melhor projeto. Segundo o art. 212, parágrafo único, do Regimento Interno da Câmara dos Deputados, a Mesa somente receberá o projeto de lei, para tramitação por esse procedimento, quando a matéria, por sua complexidade ou abrangência, puder ser tratada como um código.

Na Câmara dos Deputados não pode ser realizada a tramitação simultânea de mais de dois projetos de códigos. No Senado Federal, a presidência da Mesa designará uma comissão temporária para estudar o projeto de código, composta por onze membros, e fixará o calendário de sua tramitação (art. 374 do Regimento Interno do Senado Federal). Formadas as comissões, em ambas as Casas, para elaborar o projeto, haverá a designação de um relator-geral e de relatores parciais para analisar as diversas partes do código. Não há prazo específico para a tramitação dos projetos de códigos, podendo ser requisitadas novas sessões ou haver a suspensão de seus prazos.

---

[37] O procedimento de emenda à Constituição foi tratado em tópico específico.

## 24.10 Leis delegadas

A lei delegada foi introduzida no nosso ordenamento por inspiração dos textos constitucionais da França, da Itália e de Portugal (neste país, ela se denomina autorização legislativa).

No contexto brasileiro, a importância da lei delegada é diminuta. Se o presidente tiver real interesse em normatizar determinado assunto, fá-lo-á por intermédio de medida provisória e não pelo procedimento de lei delegada. A sua importância se deve à possibilidade de dividir responsabilidades, pelo fato de a lei ser feita pelos poderes Executivo e Legislativo, garantindo com isso maior legitimidade institucional.

A lei delegada se origina de uma resolução do Congresso Nacional, que delega poderes para que o presidente a elabore, mediante solicitação deste. A resolução especificará a delimitação do conteúdo e a forma como ela será exercitada.

A iniciativa solicitadora do presidente da República de lei delegada será remetida ou apresentada ao presidente do Senado Federal, que convocará sessão conjunta, a ser realizada dentro de setenta e duas horas, para que o Congresso Nacional dela tome conhecimento. Na mencionada sessão será distribuída a matéria em avulsos, sendo constituída uma comissão mista para emitir parecer sobre a proposta. A comissão deve especificar o conteúdo da delegação, os termos para o seu exercício, e fixará prazo não superior a quarenta e cinco dias para sua promulgação, publicação ou remessa do projeto elaborado para apreciação pelo Congresso Nacional (art. 119 do Regimento Interno do Congresso Nacional).

O parecer será discutido em sessão a realizar-se cinco dias após a distribuição dos avulsos com o seu texto. Encerrada a discussão, convoca-se a sessão de votação, para verificar se o Congresso Nacional concorda ou não com a delegação. A aprovação da delegação é realizada por maioria simples, mediante resolução do Congresso Nacional, que estipulará os limites da delegação.

As leis delegadas, elaboradas pelo presidente da República, vão à promulgação imediata, salvo se a resolução do Congresso Nacional houver determinado a votação do projeto pelo plenário (art. 123 do Regimento Interno do Congresso Nacional e art. 68, §3º, da CF).

Determinando a resolução que o Congresso Nacional examine a propositura de lei delegada, após sua feitura pelo chefe do Executivo, haverá o exame de sua conformidade com o conteúdo da delegação e a votação do projeto em bloco, admitindo-se o destaque de partes que tenham excedido os limites da delegação. O projeto de resolução, uma vez aprovado, será promulgado dentro de vinte e quatro horas, feita a comunicação ao presidente da República (art. 122 do Regimento Interno do Congresso Nacional).

Nada impede que, uma vez rejeitado o projeto de lei delegada, elaborado pelo Presidente da República, ou mesmo negado o direito de realizá-la, pelo Congresso Nacional, o Poder Legislativo regulamente a matéria por intermédio de lei ordinária, em decorrência da irrenunciabilidade da prerrogativa legiferante.

Depreende-se, portanto, que a lei delegada pode ter dois procedimentos, que serão determinados pelo conteúdo da resolução: um, no qual o chefe do Executivo, depois do deferimento pelo Poder Legislativo, realiza o projeto de lei e o promulga, sem retorno ao Congresso Nacional; e outro, no qual, após ter o presidente da República realizado o projeto de lei, deve o Poder Legislativo examinar se o conteúdo da resolução foi obedecido. Voltando o projeto de lei ao Congresso, a este somente cabe o papel de manter a propositura normativa ou não, sem nenhuma possibilidade de fazer emendas, à exceção das denominadas emendas de redação.

Para não se atribuir à lei delegada a quebra da separação de poderes, a Carta Magna estipulou determinadas matérias que não podem ser por ela disciplinadas. Tais matérias são as seguintes (art. 68, §1º, I a III, da CF):
   a) competência exclusiva do Congresso Nacional e competência privativa da Câmara dos Deputados ou do Senado Federal;
   b) matéria reservada à lei complementar;
   c) organização do Ministério Público e Poder Judiciário;
   d) nacionalidade, cidadania, direitos individuais, políticos e eleitorais;
   e) plano plurianual, diretrizes orçamentárias e orçamentos.

## 24.11 Medidas provisórias

A medida provisória nasceu para ser o sucedâneo do antigo decreto-lei, que foi o instrumento preferido das ditaduras, nascido na Constituição de 1937 e ressuscitado na de 1967/1969.[38] Foi idealizada para arrefecer esse instrumento ditatorial, mas acabou ultrapassando-o em teratologia, até o surgimento da Emenda Constitucional nº 32.

O decreto-lei foi regulamentado no art. 55 da Constituição de 1967/1969, apresentando algumas diferenças em relação à medida provisória. O decreto-lei, se não fosse votado no prazo de sessenta dias, seria aprovado, mesmo sem o consentimento do Congresso Nacional, por decurso de prazo; não poderia sofrer emendas; somente poderia versar sobre matérias de segurança nacional, sobre matéria financeira e tributária e sobre criação e fixação de cargos públicos; não poderia aumentar gastos; e, caso não fosse aprovado, os seus efeitos produzidos seriam convalidados. Como similaridade entre os dois institutos podemos apontar que seus requisitos são conexos, ou seja, relevância e urgência para as medidas provisórias e urgência ou interesse público relevante no caso do decreto-lei.[39]

A medida provisória foi inspirada, principalmente, no similar italiano – *proveddimenti provvisori* –[40] e, em menor grau, no espanhol – *disposiciones legislativas*

---

[38] Nos dois mandatos de FHC, ele foi responsável por oitenta e seis por cento das medidas provisórias realizadas desde a vigência da Constituição de 1988; contando as reedições e a criação de novas normas, há uma média de 92 medidas provisórias por mês (SOARES, Marcelo. FHC editou 86% das medidas provisórias. *Folha de S. Paulo*, 7 jan. 2001. p. A-8).

[39] Dispõe o art. 55 da Constituição de 1969: "O Presidente da República, em casos de urgência ou de interesse público relevante, e desde que não haja aumento de despesa, poderá expedir decretos-leis sobre as seguintes matérias: I – segurança nacional; II – finanças públicas, inclusive normas tributárias; e III – criação de cargos públicos e fixação de vencimentos. §1º Publicado o texto, que terá vigência imediata, o decreto-lei será submetido pelo Presidente da República ao Congresso Nacional, que o aprovará ou rejeitará, dentro de sessenta dias a contar do seu recebimento, não podendo emendá-lo; se, nesse prazo, não houver deliberação, aplicar-se-á o disposto no §3º do art. 51, §2º A rejeição do decreto-lei não implicará a nulidade dos atos praticados durante a sua vigência".

[40] Frederico Del Giudice expõe as características dos *provvedimenti provvisori*: "O governo não pode, sem delegação das Câmaras, realizar decreto que tenha valor de lei ordinária. Quando, em caso de extraordinária necessidade e urgência, o governo adota, sob a sua responsabilidade, *provvedimenti provvisori* com força de lei, deve no mesmo dia apresentá-la para conversão às Câmaras, que, se estiverem em recesso, devem ser convocadas no prazo de cinco dias. O decreto perde a sua eficácia se não for convertido em lei no prazo de sessenta dias contados da sua publicação. As Câmaras podem, todavia, regular através de lei as relações jurídicas do decreto que não foi convertido em lei" (DEL GIUDICE, Frederico. *La costituzione esplicata*. Napoli: Giuridiche Simone, 2000. p. 158).

*provisionales* – e no francês – *ordennances*.⁴¹ Contudo, todos esses casos encontrados na literatura estrangeira são instrumentos jurídicos de um regime parlamentarista, e não de um presidencialismo superdimensionado como o nosso, um dos que mais concentram poderes nas mãos do chefe do Executivo em toda a América.

A medida provisória não é lei, mas tem força de lei, tendo eficácia imediata e devendo ser submetida ao Congresso Nacional. Seria norma de eficácia resolutiva, concretizando sua existência definitivamente quando ratificada pelo Poder Legislativo. Apesar do dissídio na doutrina, em relação à natureza da medida provisória, taxando-a de ato político, de lei ou de ato administrativo, o Supremo Tribunal Federal entende que se trata de um ato político, praticado com grande margem de discricionariedade, seguindo os parâmetros da Constituição.⁴²

No ordenamento jurídico brasileiro, até a Emenda Constitucional nº 32, o maior responsável pela produção legislativa era o presidente da República, por medidas provisórias, superando em muito a produção realizada pelo Congresso Nacional. Com isso, o Poder Legislativo tinha as suas funções reduzidas e havia uma concentração de poder em torno do chefe do Executivo.⁴³ As medidas provisórias geraram uma inflação normativa sem precedentes na história brasileira, contribuindo para aumentar a insegurança jurídica. O objetivo da Emenda Constitucional nº 32 foi o de restringir a abrangência e a frequência da mencionada espécie legal.

A alteração mais significativa foi abolir a possibilidade de reedições indeterminadas de medidas provisórias. Antes da emenda, elas tinham vigência de trinta dias, mas eram reeditadas indefinidamente, e o conteúdo de uma era renovado pelo de outra mediante cláusula de convalidação, até que o Congresso Nacional votasse a matéria. Agora só é possível uma única prorrogação automática.

A *mens legis* da regulamentação anterior era de que as medidas provisórias deveriam perder sua eficácia se, dentro de trinta dias, não fossem votadas pelo Congresso Nacional. Por força de uma mutação constitucional, prevaleceu a interpretação de que, se elas não fossem aprovadas no prazo de trinta dias, poderiam ser sucessivamente reeditadas, com a modificação de um dígito no seu número de publicação.

A partir das reedições, as medidas provisórias traziam uma cláusula de convalidação, revalidando os efeitos produzidos anteriormente. Teoricamente, os seus efeitos eram de 30 dias; depois desse prazo, ou elas eram transformadas em lei ou seus efeitos seriam interrompidos e a eficácia realizada seria disciplinada pelo Congresso Nacional. Ficticiamente, a reedição de uma medida provisória funcionava como uma nova medida, para atender ao prazo de trinta dias estipulado na *Lex Mater*. Se, na reedição

---

⁴¹ DANTAS, Ivo. *Medidas provisórias*. 2. ed. Brasília: Consulex, 1991. p. 49.

⁴² ADIMC nº 293/DF, Rel. Min. Celso de Mello.

⁴³ "A medida provisória já anda na casa das quatro mil – o mais estrondoso escândalo de uma república constitucional – e nem sequer é lei, mas ato de poder, com teor normativo, consentido ou delegado ao Executivo pela Constituição, nos termos do art. 62 [...]. Tornamos, por conseguinte, a dizer noutros termos: sendo apenas medida, não é lei, posto que tenha força de lei. Quem expede – o Executivo – o faz em caráter provisório, obedecendo ao mandamento do Texto Constitucional. O abuso de tais Medidas, porém, as converteu, no Brasil, em instrumento por excelência da ditadura constitucional, ressuscitando a república de decretos-leis, abolida desde a queda do Estado Novo de 1937 e, uma vez reinstalada em 1964, varrida de nosso sistema pelo constituinte de 1988, que jamais imaginou haver procriado um monstro" (BONAVIDES, Paulo. *Teoria constitucional da democracia participativa*. São Paulo: Malheiros, 2001. p. 219).

de uma medida provisória, não houvesse menção à convalidação dos efeitos da medida anterior, haveria uma anomia (ausência de normatização).

Por força da Emenda Constitucional nº 32, se as medidas provisórias não forem convertidas em lei no prazo de sessenta dias, contados da sua publicação, perderão a eficácia desde a sua edição (art. 62, §3º, da CF). É apenas permitida uma prorrogação automática, por outro período de sessenta dias, ou seja, contando com uma prorrogação permitida, o seu prazo máximo de vigência é de cento e vinte dias (art. 62, §7º, da CF).

Depois desse prazo, se o seu conteúdo não for aprovado pelo Congresso, a medida provisória perderá sua eficácia imediatamente, e caberá ao Legislativo regulamentar as relações jurídicas já realizadas, mediante decreto legislativo. É o denominado decurso de prazo, que opera os efeitos inversos do antigo decreto-lei. Passando o prazo de cento e vinte dias, contado com a prorrogação, se não for a medida provisória convertida em lei, os seus efeitos perderão eficácia.

Se a medida provisória não for apreciada em até quarenta e cinco dias contados da sua publicação, entrará em regime de urgência em cada uma das Casas legislativas, passando a ter prioridade em relação às outras matérias, que ficarão sobrestadas até que se ultime a sua votação (art. 62, §6º, da CF).

Os seus requisitos básicos são a relevância e a urgência, havendo necessidade da conjunção de ambos (art. 62, *caput*, da CF).[44] Contudo, esses dois requisitos deixam de ser de livre prerrogativa do chefe do Executivo, para poderem ser apreciados pelo Poder Legislativo. Até pouco tempo atrás, o STF considerava esses requisitos prerrogativas discricionárias do presidente, podendo este aferir quando eles ocorriam.[45] Essa tese parte do pressuposto de que as questões políticas não podem sofrer controle por parte do Poder Judiciário.

Diante dos abusos cometidos, com a edição de três medidas provisórias por dia útil, o Pretório Excelso começou a reconhecer que a relevância e a urgência podem ser por si só aferidas.[46] Alicerçou-se na lição de Hely Lopes Meirelles, de que discricionariedade não quer dizer arbitrariedade.[47] O presidente terá de provar o preenchimento dos requisitos exigidos.

Relevância e urgência são dois requisitos que significam que a necessidade de produção de determinada espécie normativa é tão premente que não há possibilidade de se aguardar o trâmite normal do processo legislativo. A relevância representa o *fumus bonis juris* e a urgência o *periculum in mora*.

Nesse direcionamento são as palavras de Edilson Pereira Nobre Júnior:

> Não obstante o perfil discricionário que ostentem, imperioso dizer que os conceitos de relevância e urgência longe estão de constituir uma categoria conducente ao arbítrio. Não subtraída a limites, o exercício da competência discricionária não poderá descambar à irracionalidade. Assim, na hipótese de excesso de poder, haverão os pressupostos

---

[44] "Requisitos de urgência e relevância: caráter político. Em princípio, a sua apreciação fica por conta dos Poderes Executivo e Legislativo, a menos que a relevância ou urgência evidencie-se improcedente. No sentido de que urgência e relevância são questões políticas, que o Judiciário não aprecia: RE nº 62.739/SP, Baleeiro, Plenário, RTJ, 44/54; RDP 5/223" (ADIn nº 1.397, Medida Cautelar, *RDA*, 210/294).

[45] MARIOTTI, Alexandre. *Medida provisória*. São Paulo: Saraiva, 1999. p. 82.

[46] Como exemplos temos a ADIn nº 162/DF e a ADIn nº 1.397/DF.

[47] MEIRELLES, Hely Lopes. *Direito administrativo brasileiro*. 25. ed. São Paulo: Malheiros, 2000. p. 151.

propulsores da edição de medida provisória de sofrer pleno controle do Judiciário, quer no plano abstrato, quer quando a execução do instrumento normativo lese, ou ameace de lesão, direitos subjetivos.[48]

Antes de deliberar sobre o mérito da matéria, cada uma das Casas do Congresso Nacional deve fazer uma avaliação para verificar o atendimento dos pressupostos constitucionais. Nesse sentido, a Emenda Constitucional nº 32 dispôs claramente que a deliberação de cada uma das Casas do Congresso Nacional sobre o mérito das medidas provisórias ficará condicionada ao juízo prévio sobre o atendimento de seus pressupostos constitucionais (art. 62, §5º, da CF).

Se não houver o cumprimento dos requisitos constitucionais de relevância e urgência, deve o Congresso Nacional exercer o controle repressivo de constitucionalidade, negando a conversão da medida provisória em lei.

Entende o Supremo Tribunal Federal que o controle dos requisitos inerentes à medida provisória, relevância e urgência, é excepcional, sendo apenas admitido quando a falta de um destes requisitos se manifestar de forma evidente.[49]

Quarenta e oito horas depois da publicação da medida provisória, a Presidência da Mesa do Congresso Nacional fará publicar e distribuir avulsos da matéria e designará Comissão Mista para emitir parecer sobre ela (art. 2º da Resolução nº 1, de 2002). Essa comissão será integrada por doze senadores e por doze deputados federais e igual número de suplentes, obedecida tanto quanto possível a proporcionalidade dos partidos ou blocos parlamentares em cada Casa (art. 2, §2º, da Resolução nº 1, de 2002).

Uma vez designada, a Comissão terá o prazo de vinte e quatro horas para sua instalação, quando serão eleitos o seu presidente e o vice-presidente, bem como designados os relatores para a matéria (art. 3, *caput*, da Resolução nº 1, de 2002).

A apreciação da medida provisória em plenário sempre começa na Câmara dos Deputados, já que ela é proposta pelo presidente da República (art. 62, §8º, da CF). Anteriormente à Emenda Constitucional nº 32, a sua apreciação era realizada em sessão unicameral, com a presença conjunta de deputados e senadores.

Sofrendo alterações por parte do Congresso Nacional, o projeto de conversão de lei deve voltar ao presidente da República para que o sancione. Se for aprovado sem emendas, vai ao presidente para que realize a sua publicação.[50]

O Congresso Nacional não pode inovar em relação à matéria tratada na lei que aprovar a medida provisória, disciplinando objeto que não fora anteriormente cominado. A lei que realizar a conversão da medida provisória tem de se cingir ao assunto por ela enfocado.[51]

---

[48] NOBRE JÚNIOR, Edilson Pereira. *Medidas provisórias*. Controles legislativos e jurisdicionais. Porto Alegre: Síntese, 2000. p. 182.

[49] Med. Cautelar em ADIn nº 2.332/DF.

[50] No RE nº 217.194-PR, cujo relator foi o Min. Maurício Corrêa, o STF decidiu pela inconstitucionalidade da Lei nº 7.689/1999, lei de conversão da MP nº 22/1988, por ausência da sanção presidencial, considerando que a sanção somente é exigível quando a medida provisória for alterada pelo Congresso Nacional, com supressão ou acréscimos de seus dispositivos.

[51] Esta prática inconstitucional denomina-se "contrabando legislativo". O STF já decidiu que a emenda parlamentar ao projeto de conversão da MP em lei deve ser pertinente ao tema relevante e urgente da medida (ADI nº 5.127/DF, Rel. Min. Edson Fachin).

Não pode ser reeditada, na mesma sessão legislativa, medida provisória que tenha sido rejeitada ou que tenha perdido sua eficácia por decurso de prazo (art. 62, §10, da CF), nem mesmo se houver *quorum* de maioria absoluta dos membros de qualquer uma das Casas do Congresso Nacional.

Se lei ordinária for revogada por medida provisória, e não sendo esta convertida em lei pelo Congresso Nacional, e como esta não é, materialmente falando, uma norma, a lei ordinária terá sua vigência reassegurada, não se podendo falar em repristinação, já que apenas norma formalmente oriunda do Poder Legislativo pode revogar outra. Isso ocorre porque a medida provisória tem força suspensiva de lei, não possuindo poder revogatório definitivo enquanto não for convertida.[52] A norma anterior será mantida no ordenamento, com sua validade inalterada, mas sem eficácia. Se não for editado decreto legislativo para regulamentar as relações constituídas e decorrentes da medida provisória pelo Congresso Nacional, até sessenta dias após a sua rejeição ou perda de eficácia, os atos realizados serão mantidos e regidos pelo seu conteúdo (art. 62, §11, da CF).

Advindo o recesso parlamentar, o prazo da publicação da medida provisória ou o prazo da sua prorrogação é suspenso, começando a correr, computado o prazo já decorrido, com a volta dos trabalhos legislativos (art. 62, §4º, da CF). Na regulamentação anterior, se o Congresso Nacional estivesse em recesso, deveria ser convocado extraordinariamente no prazo de cinco dias.

Por força do art. 57, §8º (dispondo que as medidas provisórias em vigor na data da convocação extraordinária serão automaticamente incluídas na pauta de votação), as medidas provisórias devem fazer parte do elenco de proposituras normativas a serem apreciadas na sessão extraordinária. Contudo, uma vez não tendo sido analisadas, seja por qual for o motivo, o prazo de sua publicação ou republicação será suspenso devido à exigência de uma interpretação sistêmica da Constituição.

Aprovado o projeto de lei de conversão alterando o texto originário da medida provisória, os seus efeitos serão mantidos até que seja sancionado ou vetado o projeto (art. 62, §12, da CF).

A Emenda nº 32 também estabeleceu que as medidas provisórias editadas em data anterior à publicação dessa emenda continuam em vigor até que medida ulterior as revogue explicitamente ou até deliberação definitiva do Congresso Nacional.

Explicitamente, antes da referida emenda não existiam limites para a atuação das medidas provisórias – a única exceção contextualizada sob prisma legal foi a insculpida no art. 246, que vedava a concessão de medidas provisórias para a regulamentação de artigos que tivessem sido alterados por emendas depois de 1995. Contudo, a EC nº 32 alterou a redação do art. 246 da Constituição Federal. Agora é permitida a edição de medidas provisórias na regulamentação de artigos da Carta Magna cuja redação tenha sido alterada por intermédio de emendas promulgadas a partir de janeiro de 1995, desde que essas medidas provisórias ocorram a partir de 11.9.2001.

O objetivo da restrição foi o de evitar que matérias que antes eram tratadas como constitucionais e que foram colocadas como infraconstitucionais pelos reformadores constituintes pudessem ser regulamentadas por medidas provisórias, sem a participação do Congresso e consequentemente da sociedade.

---

[52] MASSUDA, Janine Malta. *Medidas provisórias*. Os fenômenos da reedição. Porto Alegre: Fabris, 2001. p. 87.

Com a nova regulamentação houve a estipulação de alguns limites explícitos para a atuação das medidas provisórias. Agora é vedada a sua expedição sobre as seguintes matérias (art. 62, §1º, I, da CF):
a) nacionalidade, cidadania, direitos políticos, partidos políticos e direito eleitoral;
b) direito penal, processual penal e processual civil;
c) organização do Poder Judiciário e do Ministério Público, a carreira e a garantia de seus membros;
d) planos plurianuais, diretrizes orçamentárias, orçamento e créditos adicionais e suplementares, ressalvada a abertura de crédito extraordinário apenas para atender a despesas imprevisíveis e urgentes, como as decorrentes de guerra, comoção interna ou calamidade pública;
e) que visem à detenção ou ao sequestro de bens, de poupança popular ou qualquer outro ativo financeiro;
f) reservadas à lei complementar;
g) já disciplinadas em projeto de lei aprovado pelo Congresso Nacional e pendentes de sanção ou veto do presidente da República.

A primeira conclusão que se depreende das limitações impostas é que medida provisória não pode regulamentar aquelas matérias que são impedidas de serem disciplinadas por lei delegada. Se é proibido ao presidente da República a feitura dessa lei, com relação às matérias constantes no art. 68, §1º, I a III, com autorização do Congresso Nacional, o que se dirá sem a outorga do Poder Legislativo.

Medida provisória somente pode instituir ou majorar tributos para produzir efeitos no exercício financeiro seguinte se houver sido convertida em lei até o último dia do exercício em que foi editada. Dessa forma, é respeitado o princípio da anterioridade (art. 62, §2º, da CF).

Exceção ao princípio da anterioridade é a majoração dos seguintes impostos: sobre importação de produtos estrangeiros; sobre exportação de produtos nacionais ou nacionalizados; sobre produtos industrializados; sobre operações de crédito, câmbio e seguro, ou relativas a títulos ou valores imobiliários; e extraordinários, na iminência ou no caso de guerra externa.

O Supremo Tribunal Federal já adotava o posicionamento de que a medida provisória é o instrumento normativo hábil para estabelecer tributos: "Tendo força de lei, é o meio hábil, a medida provisória, para instituir tributos e contribuições sociais, a exemplo do que já sucedia com o antigo decreto-lei do regime ultrapassado, como sempre esta Corte entendeu".[53]

A doutrina é unânime diante da possibilidade de se instituir tributos extraordinários por intermédio de medidas provisórias porque são compatíveis com a urgência e relevância exigidas como requisitos dessa espécie normativa. Tributos extraordinários são aqueles tributos que podem ser instituídos na iminência ou em caso de guerra externa, compreendidos ou não na esfera tributária da União, sendo suprimidos gradativamente quando cessadas as causas para a sua criação.

Não pode medida provisória criar tipificações penais, porque estas só podem ser criadas por lei, segundo o princípio da estrita legalidade penal. A legalidade penal

---

[53] ADIn nº 1.417-DF.

é estabelecida pelo Poder Legislativo e nunca pelo Poder Executivo, de acordo com a separação de poderes, em que cada um deles desempenha função precípua.

Os argumentos para impedir a incidência de medidas provisórias em matéria penal são as seguintes: a) somente lei em sentido formal, oriunda do Poder Legislativo, pelo princípio absoluto da reserva da lei, pode definir crimes e impor penas; b) a provisoriedade e a resolubilidade da medida provisória são características incompatíveis com a irreversibilidade e a irreparabilidade da lei penal; c) se a lei delegada não pode versar sobre direitos individuais, como o princípio da liberdade, este impedimento é extensível às medidas provisórias.

O Ministro Moreira Alves, do Supremo Tribunal Federal, tem posicionamento mais flexível: mesmo que *contra legem*, entende ele que as medidas provisórias podem dispor sobre direito penal, mas apenas quando for para estabelecer tipificações mais benéficas.

## 24.11.1 Medidas provisórias editadas por governadores

Parte da doutrina é contrária à possibilidade de governadores e prefeitos municipais editarem medidas provisórias, mesmo contida a prerrogativa na Constituição estadual ou na lei orgânica. O art. 84 da CF diz que é competência privativa do presidente da República, sem possibilidade de delegação, a edição de medidas provisórias com força de lei (inc. XXVI). Portanto, pode-se concluir que apenas o presidente pode editar medidas provisórias, excluindo-se os governadores de estados e os prefeitos de municípios. Outrossim, o art. 62, que institui a medida provisória, expressa apenas que o presidente da República pode adotá-la, sem mencionar segunda autoridade.

Outra justificativa reside na esfera política. Pelas peculiaridades estaduais e municipais, existe um superdimensionamento, maior que na esfera federal, dos poderes do Executivo. Se o governador ou o prefeito legislarem por intermédio de medidas provisórias, haverá suplantação da separação de poderes e demasiada concentração de poder nas mãos do Executivo, que suprimiria as prerrogativas do Legislativo.

Contudo, a jurisprudência predominante no Supremo Tribunal Federal tem se posicionado no sentido de que os governadores e prefeitos municipais podem editar medidas provisórias com força de lei.[54] Essa posição é sustentada com base na autonomia dos estados-membros e dos municípios, que gozam de autogoverno na esfera normativa, podendo fazê-lo desde que suas Constituições estaduais e leis orgânicas assim o permitam.

Alega o Supremo Tribunal Federal que o processo legislativo se configura como princípio estabelecido, devendo o procedimento para a feitura das normas ser obrigatoriamente obedecido pelos estados-membros e municípios.

Esse entendimento foi perfilhado pela Emenda Constitucional nº 5, que determinou que os estados podem explorar diretamente, ou mediante concessão, os serviços locais de gás canalizado, vedada a edição de medida provisória para a sua regulamentação. Ou seja, o dispositivo constitucional admitiu que os estados-membros podem editar medidas provisórias (art. 25, §2º, da CF).

---

[54] ADIn nº MC 812-9/TO, Rel. Min. Moreira Alves.

## 24.12 Lei federal e lei nacional

A separação dessas espécies normativas surgiu da diferenciação formulada por Kelsen entre normas locais, normas centrais e um terceiro gênero, que são aquelas espécies destinadas a integrar a normatização local e a central. A vertente brasileira não se balizou por essa diferenciação, preferindo separar as normas que regulam apenas os órgãos federais e aquelas que regulam todos os entes políticos.

Lei federal é aquela que se dirige exclusivamente para os órgãos que pertencem à União, como seus funcionários, suas autarquias, suas fundações etc. Esse disciplinamento normativo não atinge a autonomia dos municípios e dos estados-membros. Lei nacional é aquela que vincula a União, os estados, os municípios e o Distrito Federal, como o Código Penal, a Lei de Responsabilidade Fiscal etc. A distinção não é a extensão do território abrangido, e sim se a norma afeta apenas a União ou as demais unidades federativas.

Uma lei, para ser considerada nacional, deve ter como prerrequisitos a generalidade e a abrangência da totalidade dos entes federativos. Se a lei nacional somente causar efeitos no Distrito Federal ou apenas em um estado, não deve ser assim considerada. Ela será instrumentalizada, na maioria das vezes, por meio de lei ordinária.

A lei nacional representa uma delimitação na autonomia legislativa da União, dos governos estaduais e municipais. A finalidade da lei nacional é disciplinar os interesses de todas as entidades federativas, diferenciando-se da lei federal, estadual e municipal porque o seu interesse é compartilhado por todos os elementos da federação, sem nenhuma distinção.

Dentro do nosso direito constitucional, não há tradição de diferenciação hierárquica entre lei federal e lei nacional. Tanto é assim que norma nacional pode revogar norma federal e vice-versa, respeitadas a autonomia dos entes estatais e a esfera específica de competência, sem existir sobreposição de uma em relação a outra.

Uma classificação jurídica somente tem valia quando traz resultados palpáveis e concretos, o que não é o caso da diferenciação citada. O que acontece, especificamente, é uma divisão na atuação das normas, formulada pelo art. 59 da Constituição, indicando o campo de incidência de atuação de cada uma das espécies normativas.

No mesmo sentido, Celso Ribeiro Bastos:

> Não é lícito erigirem-se regimes jurídicos próprios a cada uma dessas categorias normativas, por não serem estas alicerçadas em escoras do direito positivo brasileiro. A Constituição não faz qualquer discriminação entre lei federal e lei nacional. Ela cuida apenas de uma distribuição constitucional de competências, responsável pela afetação, em exclusivo, à União de certas matérias.[55]

## 24.13 Decretos legislativos e resoluções

Decreto legislativo e resolução são espécies normativas que propiciam a realização das prerrogativas constitucionais do Poder Legislativo. José Afonso da Silva aponta que o decreto legislativo serve para regulamentar atos externos do Congresso e a resolução, preponderantemente, para atos internos, podendo haver algumas delas para atos

---

[55] BASTOS, Celso Ribeiro. *Lei complementar*. Teoria e comentários. São Paulo: Saraiva, 1985. p. 32.

externos, como as do Senado para matéria financeira e tributária (art. 52, incs. V, VI, VII, VIII e IX), a homologação de atos políticos do presidente da República, como a escolha de ministros do Supremo Tribunal Federal (art. 101, parágrafo único).[56]

A definição mais precisa é a de Manoel Gonçalves Ferreira Filho, alicerçado no Regimento Interno da Câmara dos Deputados e do Senado Federal, no qual a resolução segue um procedimento próprio e o decreto legislativo um procedimento semelhante ao da feitura da lei ordinária, votado nas duas Casas, sem precisar, obviamente, da sanção do presidente.[57] O decreto legislativo deve ser votado nas duas Casas do Congresso Nacional e, ao final, se aprovado, deve ser promulgado e mandado publicar pelo seu presidente, que é o presidente do Senado Federal. Já as normas de elaboração da resolução se encontram dispostas nos respectivos regimentos internos.[58]

O decreto legislativo serve para atos privativos do Congresso Nacional, como por exemplo os atos elencados no art. 49 da Carta Magna. Os atos privativos do Poder Legislativo são aqueles que não necessitam da sanção do presidente. Igualmente é da competência do decreto legislativo a regulamentação, por parte do Congresso Nacional, das relações decorrentes de medidas provisórias não aprovadas ou que perderam a sua eficácia (art. 62, §3º, da CF). As votações sempre ocorrem em separado, no Senado e na Câmara dos Deputados Federais.

A resolução serve para atos de competência do Congresso Nacional, como delegar ao presidente da República competência para elaborar leis (art. 68, §2º), ou de uma das suas Casas, como os descritos nos arts. 51 e 52 da Carta Magna (competências privativas da Câmara dos Deputados e do Senado Federal). Nas resoluções por parte do Congresso Nacional, as duas Casas devem participar, discutindo e votando as matérias pertinentes.

Quem promulga e manda publicar as resoluções do Congresso Nacional e as do Senado é o presidente do Senado, e as resoluções da Câmara dos Deputados são mandadas promulgar e publicar pelo presidente da Câmara dos Deputados.[59] Se o presidente do Senado ou da Câmara dos Deputados não promulgar a resolução, a incumbência passa para a prerrogativa do vice-presidente das respectivas Casas.

## 24.14 Tratados internacionais

Em relação aos tratados, existem duas correntes acerca do momento em que eles começam a produzir os seus efeitos. Para a primeira corrente, denominada monista, os tratados obtêm validade no momento imediato em que são assinados, sem a necessidade de mais nenhum ato que o corrobore. Para a segunda corrente, denominada dualista, os tratados só obtêm validade internamente quando forem aprovados por uma norma de direito interno. No caso brasileiro, a validade ocorre por intermédio de um decreto legislativo, e promulgação mediante decreto presidencial, em ato complexo formado pelo Poder Executivo e pelo Poder Legislativo.

Na doutrina prevalece a segunda teoria, a dualista, pois é a única que se compatibiliza com os preceitos da soberania nacional. Os tratados internacionais não

---

[56] SILVA, José Afonso da. *Curso de direito constitucional positivo*. 16. ed. São Paulo: Malheiros, 1999. p. 524.
[57] FERREIRA FILHO, Manoel Gonçalves. *Curso de direito constitucional*. 24. ed. São Paulo: Saraiva, 1997. p. 211-213.
[58] MIRANDA, Francisco Cavalcanti Pontes de. *Comentários à Constituição de 1967*. 2. ed. São Paulo: RT, 1970. t. III. p. 142.
[59] Regimento Interno da Câmara dos Deputados, art. 17, inc. VI, alínea *m*.

são hierarquicamente superiores às normas infraconstitucionais brasileiras, devendo se adequar aos ditames das normas constitucionais e se ater à sua esfera de competência.

Uma norma do ordenamento estrangeiro, por si só, não pode gerar vinculações no ordenamento jurídico pátrio, predominando a autonomia da legislação brasileira diante da legislação de além-mar. Contudo, o princípio do dualismo dos ordenamentos não foi aqui agasalhado de forma absoluta, admitindo certa flexibilização.

As normas internacionais apenas podem ser incorporadas ao ordenamento jurídico brasileiro quando houver assentimento por parte dos entes estatais nacionais, isto é, mediante processo no qual o chefe do Executivo e o Congresso Nacional consintam na entrada da norma estrangeira no ordenamento jurídico.

O tratado internacional passa a integrar o nosso ordenamento jurídico após sofrer um processo complexo, com obediência a duas vontades homogêneas. Primeiramente, o presidente da República celebra o tratado internacional, determinando a orientação da política internacional (art. 84, VIII, da CF); em segundo lugar, o Poder Legislativo, por intermédio de decreto legislativo, aprova o conteúdo do tratado (art. 49, I, da CF); por fim, novamente o chefe do Executivo tem o dever de promulgá-lo, mediante decreto presidencial. Esse decreto presidencial tem a função de promulgar o tratado internacional, de publicar o seu texto oficial e expressar a executoriedade do ato no prazo disposto em lei. Portanto, o presidente da República tanto atua na escolha das diretrizes da política internacional quanto na entrada da norma no ordenamento jurídico, exercendo função dúplice.

Os tratados internacionais são subordinados aos mandamentos do ordenamento jurídico brasileiro, fruto da soberania normativa que emana da Constituição Federal, devendo, ao se integrarem no ordenamento jurídico pátrio, se adequar aos mandamentos constitucionais. Por conta disso, devem ser submetidos ao controle de constitucionalidade, tanto material quanto formal, e, caso seja constatada alguma inconstitucionalidade, devem ser expurgados do ordenamento jurídico.

Quando os tratados internacionais entram no ordenamento jurídico, sua natureza passa a ser de normas infraconstitucionais, havendo paridade de tratamento com as normas internas, estando, portanto, no mesmo patamar hierárquico. Cumpre enfatizar que os tratados internacionais não podem incidir normativamente no espaço reservado às leis complementares, às emendas, à Constituição, às resoluções ou aos decretos legislativos, sob pena de ser tipificada uma inconstitucionalidade formal.

Contudo, após a Emenda Constitucional nº 45, os tratados internacionais podem ser equiparados a emendas constitucionais, desde que sejam aprovados em dois turnos, com o *quorum* de 3/5 de votos no Congresso Nacional.

## 24.15 Leis orçamentárias

Apesar de não constarem como integrantes do processo legislativo, a Constituição Federal delineou um procedimento específico para a criação das leis orçamentárias, que abrangem o plano plurianual, a Lei de Diretrizes Orçamentárias e a Lei do Orçamento Anual (art. 165 da CF). Como característica comum, as leis orçamentárias são temporárias, feitas para vigorarem por determinado período.

A lei que instituir o plano plurianual deve especificar, de forma regionalizada, diretrizes, objetivos e metas da Administração Pública federal para as despesas de capital, e outras delas decorrentes; e para as relativas aos programas de duração continuada (art. 165, §1º, da CF).

A Lei de Diretrizes Orçamentárias compreenderá as metas e prioridades da Administração Pública federal, incluindo as despesas de capital para o exercício financeiro subsequente, orientará a elaboração da Lei Orçamentária Anual, disporá sobre as alterações na legislação tributária e estabelecerá a política de aplicação das agências financeiras oficiais de fomento (art. 165, §2º, da CF).

A Lei Orçamentária compreenderá o orçamento fiscal referente aos poderes da União, seja da Administração direta seja da Administração indireta, o orçamento de investimento das empresas em que a União detenha a maioria do capital social com direito a voto e o orçamento da Seguridade Social (art. 165, §5º, I a III, da CF).

Na feitura da Lei Orçamentária Anual, não poderá haver dispositivo estranho à previsão da receita e à fixação da despesa, não se incluindo na proibição a autorização para abertura de créditos suplementares e contratação de operações de crédito, mesmo que seja por antecipação de receita (art. 165, §8º, da CF).

A iniciativa das três leis orçamentárias é privativa do presidente da República, configurando-se como uma competência vinculada, impondo a apresentação do projeto pelo chefe do Executivo no prazo estipulado por lei complementar (arts. 165, §9º, I, e 84, XXIII, da CF). Mesmo depois de enviado ao Congresso Nacional o projeto orçamentário, o presidente da República pode propor a sua modificação, desde que a Comissão Mista ainda não tenha iniciado a votação da parte cuja alteração é proposta.

A função da Comissão Mista é examinar e emitir parecer sobre o projeto de lei orçamentária e sobre as contas apresentadas anualmente pelo chefe do Executivo; examinar e emitir parecer sobre os planos e programas nacionais, regionais e setoriais, previstos na Constituição; exercer o acompanhamento e a fiscalização orçamentária, sem prejuízo da atuação das demais comissões do Congresso Nacional e de suas Casas (art. 166, §1º, I e II, da CF).

Depois do parecer da Comissão Mista, o projeto segue para plenário, onde pode ser aprovado ou rejeitado. Se for aprovado, o presidente pode sancioná-lo ou vetá-lo.

Chegando o projeto no Congresso Nacional, será ele apreciado nas duas Casas, de forma separada. Os parlamentares podem oferecer emendas, desde que não sejam incompatíveis com o plano plurianual e com a Lei de Diretrizes Orçamentárias (art. 166, §§2º e 4º, da CF). As emendas serão apresentadas na Comissão Mista, formada por deputados e senadores, para apreciação no plenário da Câmara dos Deputados e do Senado Federal.

Se as emendas ao orçamento anual forem aceitas, elas poderão alterar a destinação dos recursos. Contudo, além de não poderem ser incompatíveis com a Lei de Diretrizes Orçamentárias e com o plano plurianual, deverão indicar os recursos necessários, admitidas apenas as provenientes de anulação de despesa, excluídas as que incidam sobre dotações para pessoal e seus encargos, serviço da dívida, transferências tributárias constitucionais para os estados, municípios e Distrito Federal; e ainda que sejam relacionadas com a correção de erros ou omissões ou com dispositivos do texto do projeto de lei.

Segundo o Prof. José Afonso da Silva, o Congresso Nacional pode rejeitar Projeto de Lei Orçamentária Anual, podendo os recursos que ficaram sem despesas correspondentes ser utilizados mediante créditos adicionais, especiais ou suplementares, com prévia e específica autorização legislativa (art. 166, §8º, da CF).⁶⁰ Entretanto, o ilustre professor não admite a rejeição de Projeto de Lei de Diretrizes Orçamentárias, em razão de a Constituição expressar que a sessão legislativa não será interrompida sem a sua aprovação (art. 57, §2º, da CF).

---

⁶⁰ SILVA, José Afonso da. *Curso de direito constitucional positivo*. 16. ed. São Paulo: Malheiros, 1999. p. 721.

CAPÍTULO 25

# FISCALIZAÇÃO CONTÁBIL, FINANCEIRA E ORÇAMENTÁRIA

A fiscalização das atividades públicas se mostra como uma das mais importantes atividades do *check and balances*, que foi delineado na Inglaterra, por Harrington, à época de Cromwell, devendo ser exercida no interior dos poderes, pelos poderes entre si e pela cidadania, em uma vigilância contínua e inarredável dos órgãos públicos.

Há dois sistemas de fiscalização do erário público: o dos tribunais de contas, que teve sua origem na França e se espraiou para os países latinos, e o das controladorias, que teve sua origem no direito anglo-saxônico.[1]

O sistema dos tribunais de contas tem composição colegiada, formada por membros com as mesmas prerrogativas da magistratura, com prioridade para a fiscalização por meio do controle de legalidade. O sistema das controladorias tem composição individual, com prioridade para a fiscalização por meio do controle de mérito, verificando se a Administração atinge seus objetivos com um menor custo.

Simplifica a questão Antonio Roque Citadini:

> Este controle de mérito, que procura verificar a economicidade do ato do administrador, é sem dúvida a principal marca das controladorias. Somente nos anos recentes os Tribunais de Contas vêm-se libertando do mero controle de legalidade, para adotar meios de fiscalização mais eficientes, dentre eles o que privilegia as auditorias, como acontece no controle de mérito ou gestão. Neste tipo de controle, procura-se verificar a relação existente entre o serviço ou obra realizada e o seu custo.[2]

O controle se estende à Administração direta e indireta (a Administração indireta compreende as autarquias, as fundações instituídas pelo Poder Público, as empresas públicas e as sociedades de economia mista), bem como às entidades que receberam

---

[1] Adotam o sistema do Tribunal de Contas, entre outros, os seguintes países: Argélia, Alemanha, Áustria, Bélgica, Brasil, Espanha, Itália, Portugal, República da China etc. Adotam o sistema de controladorias, entre outros, os seguintes países: Israel, México, Inglaterra, Estados Unidos, Índia etc.

[2] CITADINI, Antonio Roque. *O controle externo da Administração Pública*. São Paulo: Max Limonad, 1995. p. 18-19.

dinheiro público. São obrigadas a prestar contas quaisquer pessoas, físicas ou jurídicas, públicas ou privadas, que administrem, utilizem ou arrecadem bens públicos.

O parâmetro da fiscalização não é apenas legal, devendo ser levada em conta a legitimidade, se os atos estão de acordo com os anseios da coletividade, e a economicidade, se o dinheiro público não é dissipado, atendendo a suas funções com o menor preço possível. Pode-se afirmar que o princípio da razoabilidade está implícito nas atividades dos órgãos estatais, devendo os meios ser compatíveis com os fins colimados.

A fiscalização do erário público pode ser interna ou externa.

A fiscalização interna deve ser exercida pelo próprio órgão administrativo, atuando cada um dos poderes internamente na fiscalização de seus atos. Como as entidades governamentais são estruturadas hierarquicamente, as de grau superior devem supervisionar as de grau inferior, coibindo práticas que afrontem os princípios da Administração Pública. O controle interno deve ser realizado nos três poderes, nas esferas municipal, estadual e federal, tomando como parâmetro os orçamentos (plano plurianual, Lei de Diretrizes Orçamentárias e Lei Orçamentária) e verificando a concretização de seus resultados, plasmados pelo princípio da eficiência e da moralidade. Deve igualmente verificar o controle das operações de crédito, avais e garantias.

A fiscalização externa é exercida pelo Poder Legislativo auxiliado pelo Tribunal de Contas.[3] Externo porque é realizado pelo Legislativo em órgãos do Executivo ou do Judiciário e não por órgãos da estrutura interna desses poderes. O objetivo principal do controle externo é a fiscalização financeira dos recursos estatais.[4] A fiscalização orçamentária (tarefa de verificar se a previsão de receita e a fixação de despesa, para determinado exercício financeiro, se ajustam ao que fora estipulado no orçamento) e a fiscalização patrimonial (que incide nos bens pertencentes ao Estado) estão compreendidas na fiscalização financeira.

A ideia do Tribunal de Contas surgiu no Brasil, ainda no Império, em 1826. Formalmente, ele se consolidou na República, pelo Decreto nº 996-A, em 7.11.1890. Constitucionalmente, foi disposto no art. 89 da Constituição de 1891:

> É instituído um Tribunal de Contas para liquidar as contas da receita e despesa e verificar a sua legalidade, antes de serem prestadas ao Congresso. Os membros deste tribunal serão nomeados pelo Presidente da República com aprovação do Senado e somente perderão os seus lugares por sentença.

O Tribunal de Contas da União compõe-se de nove ministros, que satisfaçam as seguintes condições: a) mais de trinta e cinco e menos de sessenta e cinco anos de idade; b) idoneidade moral e reputação ilibada; c) notórios conhecimentos jurídicos, contábeis, econômicos, financeiros ou de Administração Pública; d) mais de dez anos de exercício de função ou de efetiva atividade profissional (art. 73, §1º, I a IV, da CF). Os auditores

---

[3] "O regime de controle externo, institucionalizado pelo novo ordenamento constitucional, propicia, em função da própria competência fiscalizadora outorgada ao Tribunal de Contas da União, o exercício, por esse órgão estatal, de todos os poderes que se revelem inerentes e necessários à plena consecução dos fins que lhe foram cometidos" (MS nº 21.466/DF, Rel. Min. Celso de Mello).

[4] Atividade financeira é a atividade desenvolvida pelos entes estatais com a finalidade de atender às demandas da sociedade, com a utilização de recursos materiais, regulando a gestão, a distribuição e a arrecadação dos meios econômicos pertencentes ao Estado.

que atuam junto ao Tribunal de Contas, quando substituírem os ministros, gozarão das mesmas vantagens e impedimentos de seus titulares e, quando no exercício das demais atribuições da judicatura, das de juiz de Tribunal Regional Federal (art. 73, §4º, da CF).

Um terço dos seus membros serão escolhidos pelo presidente da República, com aprovação do Senado Federal, por um *quorum* de maioria simples, mediante resolução. Dos apontados pelo mandatário maior, dois devem ser escolhidos alternadamente entre auditores e membros do Ministério Público junto ao Tribunal de Contas da União, indicados por esse egrégio Tribunal, em lista tríplice, segundo os critérios de antiguidade e merecimento (art. 73, §2º, I, da CF).[5]

Os dois terços restantes devem ser escolhidos pelo Congresso Nacional (art. 73, §2º, II, da CF). O Decreto Legislativo nº 6/1993, que regulamentou a escolha de ministros do TCU pelo Poder Legislativo da União, prescreveu que somente as lideranças das Casas do Congresso Nacional disporão de legitimidade para formalizar a indicação de candidatos ao preenchimento das vagas, que, abertas no Tribunal de Contas da União, são constitucionalmente reservadas à instituição parlamentar. Os candidatos devem apresentar o seu *curriculum vitae*, sendo arguidos publicamente e depois apreciados pelo plenário do Congresso Nacional.

Sediado no Distrito Federal, o TCU dispõe de recursos próprios, através de duodécimos, quadro próprio de pessoal e jurisdição na totalidade do território nacional. Seus ministros gozam das mesmas garantias, prerrogativas, remuneração e vantagens que os ministros do Superior Tribunal de Justiça (art. 73, §3º, da CF).

Concretizando o princípio da publicidade, o Tribunal de Contas da União deve, trimestralmente (relatório parcial) e anualmente (relatório total), encaminhar relatório de suas atividades ao Congresso Nacional.

As disposições constantes na Constituição, referentes ao Tribunal de Contas, devem ser aplicadas às Constituições estaduais no que couber.[6] Como normas de repetição obrigatória, o Poder Decorrente tem liberdade apenas para as adequar às peculiaridades locais.

Os Tribunais de Contas estaduais devem ter sete conselheiros (percebe-se que a denominação foi trocada de ministro para conselheiro, expressando que em nível estadual não existe o cargo de ministro). Segundo jurisprudência do Supremo Tribunal Federal, os Tribunais de Contas estaduais devem ser compostos de quatro conselheiros, escolhidos pela Assembleia Legislativa, e três escolhidos pelo chefe do Poder Executivo estadual,

---

[5] "O art. 73, §2º, I, da Constituição Federal, prevê a existência de um Ministério Público junto ao Tribunal de Contas da União, estendendo, no art. 130 da mesma Carta, aos membros daquele órgão os direitos, vedações e a forma de investidura atinentes ao *Parquet* comum. Trata-se de modelo jurídico heterônomo estabelecido pela própria Carta Federal que possui estrutura própria de maneira a assegurar a mais ampla autonomia a seus integrantes. Inadmissibilidade de transmigração para o Ministério Público especial de membros de outras carreiras. Declaração de inconstitucionalidade de Procuradores da Fazenda junto aos Tribunais de Contas exercerem as funções do Ministério Público" (ADI nº 328-SC, Rel. Min. Ricardo Lewandowski).

[6] "Julgando o mérito de ação direta ajuizada pelo Procurador-Geral da República, o Tribunal declarou a inconstitucionalidade de dispositivos da Constituição do Estado de Pernambuco, que atribuíam à Assembleia Legislativa estadual poderes para julgar suas próprias contas e, ainda, as contas do Tribunal de Justiça e do Tribunal de Contas do Estado, bem como das expressões que conferiam, às mesas diretoras das câmaras municipais, poderes para julgar suas próprias contas. Reconheceu-se a violação ao art. 75 da CF, que estende aos Tribunais de Contas dos Estados e dos Municípios o modelo de organização, composição e fiscalização do Tribunal de Contas da União, de observância obrigatória" (ADIn nº 1.779/PE, Rel. Min. Ilmar Galvão).

cabendo a este selecionar um entre auditores, outro entre membros do Ministério Público, que atue junto ao Tribunal de Contas, alternadamente, e um terceiro livremente.[7]

Anualmente, o Tribunal de Contas da União tem a missão de apreciar as contas prestadas pelo presidente da República, referentes ao exercício financeiro do ano anterior, mediante parecer prévio, que deverá ser elaborado em sessenta dias a contar do seu recebimento. Importante salientar que a fiscalização incide em todos os órgãos públicos ou entidades privadas que tenham recebido recursos públicos, inclusive empresas transnacionais de cujo capital social a União participe. Quando o dinheiro público for proveniente dos estados-membros, a função de fiscalização será dos Tribunais de Contas estaduais.

A análise do Tribunal de Contas é um ato de fiscalização, atendo-se a parâmetros legais e a cálculos matemáticos e financeiros, sem a possibilidade de adentrar no caráter político das decisões. O relatório deve ser minucioso, robustecido com dados exaurientes, que permitam uma interpretação clara por parte do Congresso Nacional.

O relatório é uma peça de natureza administrativa, contábil, matemática, jamais de natureza judicante. A decisão deve se limitar à regularidade formal, sem incidir na decisão de escolha da alocação dos recursos. Contudo, os parâmetros da economicidade e da razoabilidade devem ser levados em consideração. O julgamento do relatório, apreciando as contas do exercício financeiro do ano anterior, é função do Congresso Nacional, que o faz por meio de decreto legislativo, tratando-se de competência privativa do Poder Legislativo.

Esclarece Cretella Júnior:

> A expressão julgar as contas ou julgar das contas merece especial análise, porque o verbo julgar poderia levar, como levou os menos avisados, a pensar que o Tribunal de Contas e o Poder Legislativo exerceriam funções judicantes, do mesmo modo que os demais tribunais brasileiros. Julgar as contas é examiná-las, conferir-lhes a exatidão, ver se estão certas ou erradas, traduzindo-se o resultado do exame, em concreto, no parecer elaborado, peça de natureza administrativa, jamais de natureza judicante. Trata-se de função matemática, contábil, não de função jurisdicional. O tribunal julga as contas, não julga os responsáveis.[8]

A decisão proferida pelo Tribunal de Contas não vincula a apreciação do Poder Legislativo. Contudo, se for apurado no relatório que houve qualquer irregularidade, pode o Tribunal de Contas impor como sanção uma multa ao administrador do recurso público, proporcional ao dano causado, com eficácia de título executivo (art. 71, *caput*, VIII e §3º, da CF).

A decisão do órgão auxiliar do Poder Legislativo funciona como uma prejudicial para a imputação da improbidade financeira. Se nada for apurado que possa desabonar a conduta do chefe do Executivo, o Poder Legislativo, na apreciação do relatório, seguirá a

---

[7] ADIMC nº 2.208/DF, Rel. Min. Néri da Silveira. "A composição do Tribunal de Contas dos Estados compostos por sete conselheiros – composição que impede a adoção do modelo federal da terça parte – faz com que o Supremo asseverar-se a seguinte composição: quatro conselheiros devem ser escolhidos pela Assembleia Legislativa e três pelo Chefe do Executivo estadual, cabendo a este escolher um dentre auditores e outro dentre membros do Ministério Público, e um terceiro à sua livre escolha" (ADIn nº 1.632/DF, Rel. Min. Sydney Sanches).

[8] CRETELLA JÚNIOR, José. *Comentários à Constituição*. 2. ed. Rio de Janeiro: Forense Universitária, 1992. v. 5. p. 2.797.

conclusão nele contida. Se o presidente da República não apresentar as contas do exercício financeiro anterior, pode haver a concretização de um crime de responsabilidade, por improbidade financeira, dando início ao procedimento de *impeachment*.

O Tribunal de Contas, na sua função de órgão auxiliar do Poder Legislativo, fornecendo subsídios para que os parlamentares exerçam da melhor forma sua função de fiscalização, pode realizar inspeções e auditorias de natureza contábil, financeira, orçamentária, operacional e patrimonial em qualquer órgão público ou entidade que tenha recebido dinheiro público. A iniciativa para realizar essas inspeções ou auditorias pode ser *sponte propria*, da Câmara dos Deputados, do Senado, de comissão técnica ou de comissão de inquérito. A qualquer momento pode o Poder Legislativo requerer informações do Tribunal de Contas.

Com o texto da Constituição Cidadã de 1988, além de velar pela legalidade das concessões de aposentadorias, pensões, o Tribunal de Contas passou a fiscalizar também a legalidade da admissão dos cidadãos para cargos públicos. Admissão é a forma de provimento de cargos através da qual o cidadão entra para o serviço público. Havendo preenchimento dos requisitos legais, o ato de admissão obtém o registro, tanto na Administração direta quanto na indireta. Os cargos em comissão (aqueles preenchidos por pessoas que entram para o serviço público sem concurso, com provimento livre, sendo demissíveis *ad nutum*) estão fora da fiscalização do Tribunal de Contas.

O Tribunal de Contas tem a competência de julgar os responsáveis pelos recursos públicos. Essas decisões não têm o caráter de sentenças judiciais,[9] não fazendo coisa julgada, mesmo porque no Brasil vigora o princípio da unicidade de jurisdição, pertencendo esta ao Poder Judiciário.[10]

Verificada a ilegalidade do ato, o Tribunal de Contas assinará prazo para que o órgão devido tome as providências necessárias (art. 71, IX, da CF). Se o ato não for sustado, o próprio Tribunal o sustará,[11] comunicando a decisão à Câmara dos Deputados e ao Senado Federal (art. 71, X, da CF). Contudo, se o ato eivado de ilegalidade for um contrato, por ser ato bilateral, a decisão de sustação deve ser tomada pelo Congresso Nacional, que solicitará as medidas cabíveis ao Poder Executivo (art. 71, §1º, da CF). Se o Congresso Nacional ou o Poder Executivo, no prazo de noventa dias, não revogar o contrato, o Tribunal de Contas decidirá a respeito (art. 71, §2º, da CF).

---

[9] Todavia, conforme a Súmula Vinculante nº 3, nos processos do TCU que possam resultar na revogação de ato administrativo que beneficie o interessado, devem ser assegurados o contraditório e a ampla defesa, à exceção daqueles que apreciem o ato de concessão inicial de aposentadoria. Neste último caso, o TCU, Tribunal de Contas da União, dispõe do prazo de 5 (cinco) anos, a partir da chegada do processo de aposentadoria, reforma ou pensão à Corte de Contas, após o qual se considerarão definitivamente registrados (STF, RE nº 636.553/RS, Rel. Min. Gilmar Mendes, j. 19.2.2020, Tema nº 445 de Repercussão Geral).

[10] "Nos termos do art. 75 da Constituição, as normas relativas à organização e fiscalização do Tribunal de Contas da União se aplicam aos demais tribunais de contas. O art. 71 da Constituição não insere na competência do TCU a aptidão para examinar, previamente, a validade de contratos administrativos celebrados pelo Poder Público. Atividade que se insere no acervo de competência da Função Executiva. É inconstitucional norma local que estabeleça a competência do tribunal de contas para realizar exame prévio de validade de contratos firmados com o Poder Público" (ADI nº 916-MT, Rel. Min. Joaquim Barbosa).

[11] Em sede do MS nº 33.092/DF, o Supremo entendeu que, quando imprescindível à defesa do patrimônio público lesado, pode o TCU declarar a indisponibilidade dos bens dos responsáveis ao dano detectado em tomada de contas especial.

Eis a lição de Pontes de Miranda:

Se o Tribunal de Contas assina o prazo, que há de ser razoável, e não a seu líbito, e o órgão da administração pública, que praticou o ato, desatende, tem o Tribunal de Contas de sustar a execução do ato. Não, porém, se se trata de contrato, porque o contrato, negócio jurídico bilateral ou plurilateral, em que a União é um dos figurantes, há de ser examinado com mais profundeza.[12]

São funções do Tribunal de Contas da União:

I – apreciar as contas prestadas anualmente pelo Presidente da República, mediante parecer prévio, que deverá ser elaborado em sessenta dias a contar de seu recebimento;
II – julgar as contas dos administradores e demais responsáveis por dinheiros, bens e valores públicos da administração direta e indireta, incluídas as fundações e sociedades instituídas e mantidas pelo Poder Público federal, e as contas daqueles que derem causa a perda, extravio ou outra irregularidade de que resulte prejuízo ao erário público;
III – apreciar, para fins de registro, a legalidade dos atos de admissão de pessoal, a qualquer título, na administração direta e indireta, incluídas as fundações instituídas e mantidas pelo Poder Público, excetuadas as nomeações para cargo de provimento em comissão, bem como a das concessões de aposentadoria, reformas e pensões, ressalvadas as melhorias posteriores que não alterem o fundamento legal do ato concessório;
IV – realizar, por iniciativa própria, da Câmara dos Deputados, do Senado Federal, de Comissão técnica ou de inquérito, inspeções e auditorias de natureza contábil, financeira, orçamentária, operacional e patrimonial, nas unidades administrativas dos Poderes Legislativo, Executivo e Judiciário, e demais entidades referidas no inciso II;
V – fiscalizar as contas nacionais das empresas supranacionais de cujo capital social a União participe, de forma direta ou indireta, nos termos do tratado constitutivo;
VI – fiscalizar a aplicação de quaisquer recursos repassados pela União, mediante convênio, acordo, ajuste ou outros instrumentos congêneres, a Estado, ao Distrito Federal ou a Município;
VII – prestar as informações solicitadas pelo Congresso Nacional, por qualquer de suas Casas, ou por qualquer das respectivas Comissões, sobre a fiscalização contábil, financeira, orçamentária, operacional e patrimonial e sobre resultados de auditorias e inspeções realizadas;
VIII – aplicar aos responsáveis, em caso de ilegalidade de despesa ou irregularidade de contas, as sanções previstas em lei, que estabelecerá, entre outras cominações, multa proporcional ao dano causado ao erário;
IX – assinar prazo para que o órgão ou entidade adote as providências necessárias ao exato cumprimento da lei, se verificada ilegalidade;
X – sustar, se não atendido, a execução do ato impugnado, comunicando a decisão à Câmara dos Deputados e ao Senado Federal;
XI – representar ao Poder competente sobre irregularidades ou abusos apurados.
§1º No caso de contrato, o ato de sustação será adotado diretamente pelo Congresso Nacional, que solicitará, de imediato, ao Poder Executivo as medidas cabíveis.
§2º Se o Congresso Nacional ou o Poder Executivo, no prazo de noventa dias, não efetivar as medidas previstas no parágrafo anterior, o Tribunal decidirá a respeito.

---

[12] MIRANDA, Francisco Cavalcanti Pontes de. *Comentários à Constituição de 1967 com a Emenda nº 1 de 1969*. 3. ed. Rio de Janeiro: Forense, 1987. t. II. p. 258.

§3º As decisões do Tribunal de que resulte imputação de débito ou multa terão eficácia de título executivo.

§4º O Tribunal encaminhará ao Congresso Nacional, trimestral e anualmente, relatório de suas atividades.

Durante muitos anos, entendeu o STF pela possibilidade de o Tribunal de Contas, no exercício de suas atribuições, apreciar a constitucionalidade dos atos do Poder Público. Nesse sentido, foi editada a Súmula nº 347 do STF. Essa posição restou superada quando do julgamento do MS nº 35.410, em que a Corte decidiu que o exercício do controle de constitucionalidade pelo TCU usurpa a função de guardião da Constituição outorgada ao Supremo Tribunal Federal.[13]

---

[13] STF, Plenário, MS nº 35.410, Rel. Min. Alexandre de Moraes, j. 12.4.2021.

# CAPÍTULO 26

# PODER EXECUTIVO

O Poder Executivo Federal é formado pelo presidente da República e pelo vice-presidente. No registro da candidatura do presidente é conjuntamente inscrito o vice-presidente (art. 77, §1º, da CF). Eles são eleitos na mesma chapa, realizando-se o primeiro turno das eleições no primeiro domingo de outubro e, caso nenhum candidato tenha obtido metade mais um dos votos válidos, abstraídos os votos brancos e nulos, haverá um segundo turno, que se realizará no último domingo do mencionado mês (art. 77, §§2º e 3º, da CF).

Pelo texto constitucional de 1946, os cidadãos podiam votar em um candidato à Presidência de um partido ou coligação e em um vice-presidente de outro partido ou coligação. Com isso, podendo a população livremente escolher o vice-mandatário da nação, ele ganhava legitimidade. Ainda podia ocorrer que ambos pertencessem a forças políticas opostas, o que servia para arrefecer o presidencialismo brasileiro, que é superdimensionado, com uma concentração inaudita de poderes nas mãos do presidente, o que lhe permite uma interferência indevida nos outros poderes.[1]

Para que o presidente e o seu vice possam ser eleitos são necessários os seguintes requisitos: ter mais de trinta e cinco anos de idade, ser brasileiro nato, estar no gozo dos direitos políticos, possuir alistamento eleitoral e filiação partidária e não ser considerado inelegível (art. 14, §3º, da CF).

Acontecendo a morte de um dos candidatos antes da realização do segundo turno, o terceiro colocado em número de votos assumirá a vaga para disputar as eleições. Havendo empate entre os candidatos, o desempate será realizado pelo requisito idade, prevalecendo o mais idoso (art. 77, §§4º e 5º, da CF). O mandato será de quatro anos,

---

[1] "O presidencialismo brasileiro contemporâneo funciona como uma totalidade compósita para cujo desempenho e cujos efeitos concorrem, além do sistema formal de governo, a representação proporcional, o pluripartidarismo congressual e a federação multirregional, com o bicameralismo que lhe é inerente e com a participação política extraconstitucional mas poderosa dos Governadores estaduais eleitos nas decisões do governo da União, reproduzindo-se residualmente a 'política dos Governadores' que constituíra o eixo hegemônico de equilíbrio da Primeira República" (TAVARES, José Antônio Giusti. O presidencialismo brasileiro contemporâneo. In: *Instituições políticas comparadas dos países do Mercosul*. Rio de Janeiro: Fundação Getúlio Vargas, 1998. p. 267).

permitida uma reeleição (art. 82 da CF). Depois do segundo turno, mesmo com a morte do presidente, assume o vice, independentemente de não ter ainda havido a diplomação.

A posse do presidente e do vice-presidente ocorrerá no dia 1º de janeiro do ano subsequente ao da eleição, em sessão conjunta do Congresso Nacional, na qual eles prestarão o compromisso de manter, defender e cumprir a Constituição, observar as leis, promover o bem geral do povo brasileiro, sustentar a União, a integridade e a independência do Brasil (art. 78, *caput*, da CF).

Salvo motivo de força maior, se o presidente e o vice-presidente não assumirem o mandato no prazo de dez dias, o cargo presumir-se-á vago e novas eleições deverão ser convocadas (art. 78, parágrafo único, da CF).

Portanto, como se pode depreender, vacância e impedimento são dois institutos jurídicos diferentes. O primeiro significa a não existência de um titular para assumir o cargo, como no caso de o presidente e o vice-presidente não terem assumido no prazo de dez dias da posse. O segundo pode ser caracterizado como o conjunto das diversas circunstâncias que impedem o titular de um cargo público de assumi-lo.

Em casos de impedimento ou morte do presidente da República, deve assumir o vice-presidente e, em caso de ocorrer também a morte ou impedimento deste, deve assumir, sucessivamente, o presidente da Câmara dos Deputados, o presidente do Senado e o presidente do Supremo Tribunal Federal (art. 80 da CF).

Em caso de impedimento ou morte do presidente, somente o vice-presidente fica no cargo até cumprir o mandato para o qual o chefe do Executivo foi eleito; os demais ficam no cargo provisoriamente, para convocar novas eleições. Durante sua permanência provisória no cargo, o presidente da Câmara dos Deputados ou o presidente do Senado ou o presidente do Supremo Tribunal Federal exerce, sem nenhuma restrição, a totalidade dos poderes do chefe do Executivo, responsabilizando-se para que a sucessão possa ocorrer de forma democrática, lícita e pacífica.[2]

Vagando o cargo nos dois primeiros anos de mandato, uma eleição direta será convocada dentro de noventa dias (art. 81 da CF). Vagando nos dois últimos anos, haverá uma eleição indireta no Congresso Nacional, em que somente deputados e senadores votarão, dentro de trinta dias, podendo qualquer cidadão disputar o pleito indireto (art. 81, §1º, da CF).

Essa única possibilidade de eleição indireta afronta o art. 60, §4º, II, que torna cláusula pétrea o voto direto, secreto, universal e periódico. A alegação de que, vagando os cargos de presidente e de vice-presidente nos dois últimos anos do mandato, não haveria tempo suficiente para um procedimento eleitoral que abrisse espaço para a discussão popular; e a alegação de que a missão do novo mandatário maior da nação seria apenas a de conduzir os destinos do país até uma nova eleição popular não são motivos substanciosos para aceitar a eleição indireta. Se a legitimidade dos representantes é haurida da soberania popular, inexistem motivos que possam justificar a exclusão do povo do processo eleitoral, resgatando práticas típicas da ditadura, como é o caso das eleições indiretas.

---

[2] O STF negou a possibilidade de assumir a Presidência da República aos cidadãos que ostentem a condição de réus criminais perante a Corte. Todavia, a condição de réu não obstaculiza o exercício da presidência do poder que integre (ADPF nº 402/DF, Rel. Min. Marco Aurélio, 7.12.2016).

Apesar da decisão do legislador constituinte ter sido lastimável, a possibilidade de eleição indireta é uma exceção à cláusula pétrea do voto direto, inclusive impedindo que o legislador reformador possa introduzir outras exceções ao voto direto por intermédio de emendas constitucionais.[3]

O novo presidente eleito não permanecerá no cargo pelo período de quatro anos – sua permanência é pelo tempo que restava para que o chefe do Executivo anterior completasse o seu mandato (art. 81, §2º, da CF).

O estado-membro dispõe de competência para disciplinar o processo de escolha, por sua Assembleia Legislativa, do governador e do vice-governador de estado, nas hipóteses em que se verificar a dupla vacância desses cargos nos últimos dois anos do período governamental. Essa competência legislativa do estado-membro decorre da capacidade de autogoverno que lhe outorgou a própria Constituição da República.[4]

O modelo constitucional brasileiro não quis seguir o modelo implantado pelos Estados Unidos e seguido por grande parte dos países da América Latina, em que o vice-presidente da República acumula a função de presidente do Senado Federal, funcionando como um contrapeso para o poder do presidente da República.

Na sistemática brasileira, sobretudo nas duas últimas Cartas Constitucionais, a função do vice-mandatário da nação tem sido bastante depreciada, reduzindo-se ao cumprimento de missões especiais quando convocado, não obstante existir a possibilidade de lei complementar estabelecer funções diversas para ele, como exemplo, o desempenho de alguma função administrativa ou a atuação, cumulativamente, como ministro de Estado (art. 79, parágrafo único, da CF).

## 26.1 Competência do presidente da República

O sentido dado à expressão "governar", função precípua do Executivo, foi o mais extenso possível, permitindo, assim, que uma vasta gama de atribuições fosse direcionada para a sua esfera de competência. As funções do presidente estão delineadas na Carta Magna, de forma mais intensa no seu art. 84. São elas:

> I – nomear e exonerar os Ministros de Estado;
> 
> II – exercer, com o auxílio dos Ministros de Estado, a direção superior da administração federal;
> 
> III – iniciar o processo legislativo, na forma e nos casos previstos nesta Constituição;
> 
> IV – sancionar, promulgar e fazer publicar as leis, bem como expedir decretos e regulamentos para sua fiel execução;
> 
> V – vetar projetos de lei, total ou parcialmente;
> 
> VI – dispor, mediante decreto, sobre:
> 
> a) organização e funcionamento da administração federal, quando não implicar aumento de despesa nem criação ou extinção de órgãos públicos;
> 
> b) extinção de funções ou cargos públicos, quando vagos;

---

[3] A teoria das normas constitucionais inconstitucionais foi elaborada pelo Prof. Otto Bachof e agasalhada por uma decisão da Corte Estadual da Baviera e em acórdãos do Tribunal de Karlsruhe. Essa teoria parte do pressuposto de que há normas constitucionais, provenientes do Poder Constituinte, que, por confrontarem com outras normas constitucionais superiores, deveriam ser tidas por inconstitucionais (BACHOF, Otto. *Normas constitucionais inconstitucionais*. Tradução de José Manuel M. Cardoso da Costa. Coimbra: Almedina, 1994).

[4] ADIMC nº 1.057/BA, Rel. Min. Celso de Mello.

VII – manter relações com Estados estrangeiros e acreditar seus representantes diplomáticos;

VIII – celebrar tratados, convenções e atos internacionais, sujeitos a referendo do Congresso Nacional;

IX – decretar o estado de defesa e o estado de sítio;

X – decretar e executar a intervenção federal;

XI – remeter mensagem e plano de governo ao Congresso Nacional por ocasião da abertura da sessão legislativa, expondo a situação do País e solicitando as providências que julgar necessárias;

XII – conceder indulto e comutar penas, com audiência, se necessário, dos órgãos instituídos em lei. A concessão de indulto é de natureza extraordinária por parte do Presidente da República, que pode impor restrições ao benefício, estipulando quais os pré-requisitos necessários para a sua concretização;[5]

XIII – exercer o comando supremo das Forças Armadas, nomear os Comandantes da Marinha, do Exército e da Aeronáutica, promover seus oficiais- generais e nomeá-los para os cargos que lhes são privativos;

XIV – nomear, após aprovação pelo Senado Federal, os Ministros do Supremo Tribunal Federal e dos Tribunais Superiores, os Governadores de Territórios, o Procurador-Geral da República, o presidente e os diretores do Banco Central e outros servidores, quando determinado em lei;

XV – nomear, observado o disposto no art. 73, os Ministros do Tribunal de Contas da União;

XVI – nomear os magistrados, nos casos previstos nesta Constituição, e o Advogado-Geral da União;

XVII – nomear membros do Conselho da República, nos termos do art. 89, VII;

XVIII – convocar e presidir o Conselho da República e o Conselho de Defesa Nacional;

XIX – declarar guerra, no caso de agressão estrangeira, autorizado pelo Congresso Nacional ou referendado por ele, quando ocorrida no intervalo das sessões legislativas, e, nas mesmas condições, decretar, total ou parcialmente, a mobilização nacional;

XX – celebrar a paz, autorizado ou com o referendo do Congresso Nacional;

XXI – conferir condecorações e distinções honoríficas;

XXII – permitir, nos casos previstos em lei complementar, que forças estrangeiras transitem pelo Território nacional ou nele permaneçam temporariamente;

XXIII – enviar ao Congresso Nacional o plano plurianual, o projeto de lei de diretrizes orçamentárias e as propostas de orçamento previstas nesta Constituição;

XXIV – prestar, anualmente, ao Congresso Nacional, dentro de sessenta dias após a abertura da sessão legislativa, as contas referentes ao exercício anterior;

XXV – prover e extinguir os cargos públicos federais, na forma da lei;

XXVI – editar medidas provisórias com força de lei, nos termos do art. 62;

XXVII – exercer outras atribuições previstas nesta Constituição.

Importante missão desempenha o presidente da República no comando da política externa brasileira, sendo ele responsável pelas diretrizes das relações exteriores. A definição da política exterior é realizada pelo Executivo, por meio dos tratados internacionais, ficando a cargo do Congresso Nacional aprová-los, introduzindo-os no ordenamento jurídico.

---

[5] Em dezembro de 2017, o STF deferiu medida cautelar em ADI ajuizada pela procuradora-geral da República, suspendendo parte dos efeitos do Decreto nº 9.246/2017, por violação ao princípio da moralidade administrativa e a efetividade mínima do direito penal. Segundo o relator, a extensão do decreto ofendeu o princípio da separação de poderes, já que o presidente da República não pode legislar privativamente em matéria penal (ADI nº 5.874, Rel. Min. Luís Roberto Barroso).

Os tratados internacionais, por si sós, não entram no ordenamento jurídico pátrio, apenas produzindo os seus efeitos se forem aprovados pelo Congresso Nacional. Se isso não ocorrer, não haverá a produção de nenhum efeito jurídico. Pensar de forma diversa seria subverter a autonomia do ordenamento jurídico brasileiro e retroagir a uma fase histórica pretérita, a do colonialismo jurídico, sepultando a soberania estatal.

A maioria das competências elencadas acima são competências privativas do presidente da República. As competências dos incs. VI, XII e XXV, primeira parte, podem ser delegadas aos ministros de Estado, ao procurador-geral da República ou ao advogado-geral da União, que observarão os limites traçados nas respectivas delegações. A delegação de prerrogativas do chefe de governo para os ministros de Estado é utilizada de forma frequente em países parlamentaristas, sendo uma exceção em países presidencialistas, justificando-se em situações restritas.

A competência descrita no inc. IV, a de expedir decretos e regulamentos para a fiel execução das proposições jurídicas, deve ser interpretada tendo em vista o vetor preponderante do princípio da legalidade. No nosso ordenamento jurídico, apenas lei em sentido formal, emitida pelo Poder Legislativo, pode obrigar o cidadão a fazer ou deixar de fazer alguma coisa. Portanto, não existe decreto autônomo, com força de lei, mas apenas decreto regulamentar, com o objetivo de facilitar a sua aplicação. Decreto não pode modificar o conteúdo da norma que regulamenta.

Trata-se de um decreto regulamentar de organização, o que proporciona ao Poder Executivo maior agilização para a estruturação da máquina governamental, desde que seja respeitado o princípio da reserva legal.

## 26.2 Ministros de Estado

Qualquer brasileiro nato ou naturalizado poderá ser ministro de Estado, desde que tenha vinte e um anos de idade e goze dos seus direitos políticos (art. 87, *caput*, da CF). A única exceção é para o Ministério da Defesa, que obrigatoriamente terá de ser ocupado por brasileiro nato. E não poderia ser de outra forma, pois se, para ser oficial das Forças Armadas, é necessário ser brasileiro nato, o ministro responsável por elas tem de preencher o mesmo requisito. Atendidas essas condições, o presidente poderá livremente escolhê-lo e igualmente poderá demiti-lo quando quiser – demissão *ad nutum*.

A lei ordinária deve disciplinar a quantidade de ministérios e as suas atribuições (art. 88 da CF). Ao longo da nossa história republicana, o número de ministérios e as suas competências têm variado de acordo com a concepção de Estado que os chefes do Executivo tentam implantar. Os ministros têm liberdade para implementar as suas diretrizes, dentro das atribuições que lhes forem conferidas e da concepção política implantada pelo presidente. A fiscalização dos seus atos tanto pode ser exercida pelo Executivo, sob pena de ser responsabilizado pelos erros cometidos, como pelo Poder Legislativo.

Os ministros de Estado são escolhidos livremente pelo presidente da República, sem nenhum tipo de interferência por parte do Poder Legislativo, e não podem ao mesmo tempo fazer parte do Executivo e do Legislativo: se forem parlamentares, terão de se licenciar de suas funções.[6]

---

[6] PÉREZ ROYO, Javier. *Curso de derecho constitucional*. 6. ed. Madrid: Marcial Pons, 1999. p. 694.

O mandado de segurança contra atos dos ministros de Estado deve ser impetrado junto ao Superior Tribunal de Justiça e não junto ao Supremo Tribunal Federal, que tem competência para julgá-los em decorrência de crimes comuns, em razão do foro privilegiado.

> São atribuições do ministro de Estado (art. 87, parágrafo único, I a IV, da CF):
> I – exercer a orientação, coordenação e supervisão dos órgãos e entidades da administração federal na área de sua competência e referendar os atos e decretos assinados pelo Presidente da República;
> II – expedir instruções para a execução das leis, decretos e regulamentos;
> III – apresentar ao Presidente da República relatório anual de sua gestão no Ministério;
> IV – praticar os atos pertinentes às atribuições que lhe forem outorgadas ou delegadas pelo Presidente da República.

## 26.3 Impeachment

### 26.3.1 Histórico

O *impeachment*, embora de matriz inglesa, foi mais bem elaborado doutrinariamente na América do Norte, apesar de nunca ter havido um caso nos Estados Unidos (os procedimentos iniciados contra Andrew Johnson, Nixon e Bill Clinton não foram concluídos). Ele apareceu pela primeira vez na Inglaterra, no ano de 1376, com Eduardo III, como uma instituição na qual a Câmara dos Comuns realizava as acusações e a Câmara dos Lordes julgava os reis e seus ministros.

Na nossa Constituição não aparecem as expressões *impeachment* ou *impedimento*, tendo o legislador constituinte optado por referir-se à responsabilidade do presidente da República (art. 85 da CF). Conceitua-se como a destituição do mandatário maior da nação, na duração do seu mandato, por ter incidido em crime de responsabilidade ou em crime tipificado em lei penal. É uma forma jurídica de perda do cargo do chefe do Executivo, sem ser necessário recorrer à quebra da legalidade democrática. Suprime-se a representação popular, transformada em instrumento para a prática de atos atentatórios contra as disposições constitucionais vigentes.

O impedimento é cabível não somente nos crimes praticados pelo presidente da República, como também naqueles perpetrados pelos ministros do Supremo Tribunal Federal, pelo procurador-geral da República, pelo advogado-geral da União e pelos ministros de Estado, nos crimes conexos com o chefe do Executivo. Na esfera estadual, o impedimento é cabível principalmente nos crimes praticados pelo governador de estado, e, na esfera municipal, principalmente nas infrações dos prefeitos municipais.

As condições políticas para a concretização de um processo de *impeachment* contra o presidente da República são muito difíceis, o que levou Tobias Barreto a afirmar que se trataria de uma bala de canhão maior que o próprio canhão, tornando-o ineficaz. O alto *quorum* exigido para a decisão – dois terços de votos –, tanto no juízo de admissibilidade quanto na fase de julgamento, torna sua realização quase impossível, isso sem levar em conta que o Poder Legislativo brasileiro, historicamente, vive atrelado às benesses do Poder Executivo, tanto na esfera federal como nas esferas estaduais e municipais.

Tem suscitado controvérsia saber se a natureza do *impeachment* é penal ou política. A maioria da doutrina sustenta sua natureza como sendo política, porque ele só se realiza após a aceitação da acusação pela Câmara dos Deputados, responsável pelo juízo de admissibilidade. Ensina o Prof. Pinto Ferreira:

> A pena é política, como geralmente a entende a doutrina e se concretiza nos textos constitucionais, provocando a desqualificação funcional e a inabilitação para o exercício de funções públicas durante certo período de tempo, variável nos países e nas Constituições.[7]

A outra corrente, que defende a natureza penal do *impeachment*, alega que a consequência palpável da sua realização seria destituir o presidente e aplicar-lhe uma sanção, o que ficaria bem caracterizado quando houvesse um procedimento por crime comum, em que a consequência imediata seria a aplicação da pena correspondente ao delito (na condenação por crime de responsabilidade a sanção é a perda do cargo e a inelegibilidade por oito anos; na condenação por crime comum a sanção é a perda do cargo e a inelegibilidade pelo tempo da reprimenda penal imposta) tanto nos procedimentos por crime de responsabilidade como nos de crime comum, em que há a penalidade de perda do cargo e a inelegibilidade por oito anos. O exercício de qualquer cargo público não gera uma imunidade material ilimitada. A infração de preceitos considerados essenciais pelo ordenamento jurídico deve ter como consequência inexorável uma punição. E a punição, para essa corrente, é considerada a essência e a finalidade última do instituto.

A doutrina predominante considera a natureza do impedimento como preponderantemente política.[8] Como pré-requisito para a aplicação da penalidade ao final do procedimento, exige-se uma decisão política no juízo de admissibilidade, ou seja, antes que exista uma sanção é necessária a anuência por parte da Câmara dos Deputados, que verifica a conveniência e a oportunidade da medida. Isso não significa que a conduta do presidente da República não existiu ou que ele não possa ser responsabilizado por ela, mas apenas que os riscos provocados pela instabilidade política seriam mais danosos do que a conduta realizada.

### 26.3.2 Crimes de responsabilidade

De acordo com o Ministro Paulo Brossard, os crimes de responsabilidade, enquanto relacionados a ilícitos políticos, deveriam ter a denominação de infrações políticas para não serem confundidos com os crimes comuns.[9] Eles têm uma tipificação aberta, polissêmica, possuindo vários significados, necessitando para sua tipificação das condicionantes do momento sociopolítico. Para o seu enquadramento é imprescindível uma vontade política.

Crimes de responsabilidade são aqueles praticados contra a Constituição, de forma geral os elencados no art. 85 da Lei Maior. O rol mencionado neste artigo é bastante

---

[7] FERREIRA, Pinto. *O impeachment*. 2. ed. Recife: Sopece, 1993. p. 22.
[8] Este é o posicionamento do Min. Paulo Brossard: "É uma pena política a que se aplica no processo de responsabilidade. Sua existência, natureza e alcance decorrem da Constituição, que não se limitou, como a imperial, a estabelecer a responsabilidade dos Ministros e Conselheiros de Estado, confiando ao critério do legislador a escolha do tipo de responsabilidade. Ela própria o fez, e separou a jurisdição política da jurisdição criminal" (BROSSARD, Paulo. *O impeachment*. 3. ed. São Paulo: Saraiva, 1992. p. 126).
[9] BROSSARD, Paulo. *O impeachment*. 3. ed. São Paulo: Saraiva, 1992. p. 70.

abstrato, sendo determinado pelos tipos constantes na Lei nº 1.079/1950, consentânea com a vontade política predominante. Deve-se sublinhar que a vontade política existente nos crimes de responsabilidade não pode retirar dos acusados os direitos fundamentais, tais como o devido processo legal, a ampla defesa e o contraditório. Apenas há uma maior liberdade para o enquadramento do crime, devendo, após, ser obedecido o devido processo legal específico.

Discordamos que a relação desses crimes seja absolutamente exemplificativa. Pode a lei infraconstitucional acrescer novas tipificações, desde que se relacionem com o gênero individualizado pela Constituição, pois, caso contrário, estar-se-ia adicionando tipificações não vislumbradas pela Carta Magna, com quebra da supremacia constitucional.

Dispõe o art. 85 da Constituição que são crimes de responsabilidade os atos do presidente da República que atentem contra a Constituição Federal e, especialmente, contra:

I – a existência da União;
II – o livre exercício do Poder Legislativo, do Poder Judiciário, do Ministério Público e dos Poderes constitucionais das unidades da Federação;
III – o exercício dos direitos políticos, individuais e sociais;
IV – a segurança interna do País;
V – a probidade na administração;
VI – a lei orçamentária;
VII – o cumprimento das leis e das decisões judiciais.
Parágrafo único. Esses crimes serão definidos em lei especial, que estabelecerá as normas de processo e julgamento.

## 26.3.3 Crimes comuns

São aqueles tipificados nas leis penais, seja no Código Penal, seja nas leis penais esparsas. Esses crimes têm tipificação bastante rígida, não cabendo nenhuma direcionante política para o seu enquadramento em uma conduta delituosa.

A vontade política, no caso do *impeachment*, restringe-se ao início do procedimento, o juízo de admissibilidade, e não se refere à existência da conduta delituosa que é clara.

## 26.3.4 Procedimento nos crimes de responsabilidade

O procedimento, tanto para os crimes comuns quanto para os crimes de responsabilidade, está contido na Lei nº 1.079/1950, narrando os mecanismos para a imposição da sanção devida.

O *impeachment* se divide em duas fases: acusação e julgamento. A primeira, realizada pela Câmara dos Deputados, e a segunda, para os crimes de responsabilidade, pelo Senado.

A Câmara dos Deputados exerce a acusação, que se inicia depois de recebida uma *notitia criminis*, assinada por um cidadão brasileiro, descrevendo minuciosamente o delito e dando os nomes das testemunhas. Não têm direito de formalizar a imputação criminal os estrangeiros, os que não podem votar e os que tiveram seus direitos políticos perdidos ou suspensos.

É imprescindível que a acusação parta de um cidadão, impedindo que ela nasça de partidos políticos ou de pessoas jurídicas. Os deputados e senadores podem fazer a acusação na qualidade de cidadãos e não como mandatários da vontade popular. O *status civitatis* revela a possibilidade de intervenção do cidadão nos negócios da cidade, e, se ele é parte ativa nos destinos da coletividade, nada mais justo que ele possa formalizar a *notitia criminis* nos delitos de responsabilidade.

Realizada a *notitia criminis*, será ela recebida pelo presidente da Câmara dos Deputados, que a enviará para uma comissão eleita especialmente para discutir e votar se a imputação necessita ir a plenário ou não. Caso seu parecer seja em sentido negativo, a acusação será arquivada. Essa comissão é formada proporcionalmente pelas forças políticas existentes no Congresso Nacional.

Todas as votações do processo de *impeachment* serão nominais e abertas, sem a possibilidade de voto secreto. Aliás, o voto secreto, incondizente com o regime democrático, só pode ser admitido quando vier expressamente textualizado na Constituição.

A Câmara dos Deputados funciona como um juízo de admissibilidade.[10] Ela deliberará se a acusação chegará ou não ao Senado. A sua decisão será eminentemente política. Mesmo existindo a configuração do delito, podem os deputados achar que o momento não é apropriado para o início do processo de impedimento, significando que não há conveniência de se julgar o maior mandatário da nação.

Como decorrência da realização da primeira fase, com a admissão da *notitia criminis*, o presidente ficará afastado de suas funções por, no máximo, 180 dias. Não sendo julgado no mencionado prazo, ele terá o direito de ser restituído ao cargo (art. 86, §2º, da CF). O afastamento do presidente é uma medida cautelar e não uma sanção. Seu escopo tem a finalidade de evitar que o Poder Executivo possa causar embaraço ao trabalho dos parlamentares, usando a máquina administrativa, impedindo que eles livremente deliberem acerca da acusação. O afastamento tem início, nos crimes de responsabilidade, após a instauração do processo pelo Senado Federal (art. 86, §1º, II, da CF).

A segunda fase será realizada no Senado, que servirá como órgão julgador. A Câmara não tomará parte no julgamento por ser um órgão parcial, já que iniciou o impedimento e admitiu a acusação. O Senado está obrigado a decidir acerca do libelo acusatório formulado contra o presidente da República.

A autorização para a instauração do processo será recebida pela Mesa do Senado e lida na sessão seguinte, sendo eleita uma comissão formada proporcionalmente por um quarto dos senadores dos vários partidos, que realizará todas as diligências necessárias para o julgamento da acusação.

Essa comissão terá a incumbência de formular o libelo acusatório que, juntamente com o processo, será remetido para o presidente do Senado. Este, por sua vez, o remeterá para o presidente do Supremo Tribunal Federal, com a data para julgamento. O presidente da República será intimado para, se quiser, contestar o libelo acusatório, apresentar o rol de testemunhas e providenciar as demais provas que julgar necessárias.

O presidente do STF, que preside a sessão de julgamento do Senado, mandará ler em plenário o libelo acusatório e a peça de defesa, bem como realizará os atos inerentes

---

[10] Não há necessidade de prévia autorização do Poder Legislativo para o processamento de governador de estado ou do Distrito Federal, de competência do Superior Tribunal de Justiça. Trata-se de uma peculiaridade restrita ao cargo de presidente da República (ADI nº 5.540/MG, Rel. Min. Edson Fachin).

ao procedimento de julgamento. Haverá debates, por no máximo duas horas, para a acusação e a defesa e, depois, terá início a discussão por parte dos senadores.

A finalidade de o presidente do Supremo Tribunal Federal presidir a sessão tem o escopo de garantir ao acusado todos os seus direitos fundamentais, como o contraditório, a ampla defesa e o devido processo legal. Terminada essa fase, o presidente do STF fará relatório resumido da acusação e da defesa, expondo suas colocações, e submeterá o libelo à votação, sempre nominal e aberta. Para sua aprovação é necessário o quórum de dois terços dos votos. A sentença do Senado será proferida por meio de resolução.

Concordando o Senado com a condenação, cabe ao presidente do STF realizar a proclamação do resultado. O poder decisório do presidente do Pretório Excelso se mostra diminuto porque ele não tem a prerrogativa de tomar decisões no julgamento pelo Senado. Incumbe-lhe a presidência do procedimento do *impeachment*, seguindo os trâmites legais, aplicando a decisão tomada pelos senadores.

### 26.3.5 Procedimento nos crimes comuns

O julgamento dos crimes comuns será realizado no Supremo Tribunal Federal por ser a instância mais propícia para deliberar sobre um delito praticado pelo mandatário do mais alto cargo público existente no país (art. 86, *caput*, da CF). Depois da decisão política de iniciar o procedimento de *impeachment* tomada pela Câmara dos Deputados, o STF, de forma essencialmente jurídica, apreciará se houve a prática ou não de ilícito penal.

A denúncia, no caso de crimes de ação pública, será realizada pelo procurador-geral da República. A ele cabe, em sede de juízo discricionário, decidir a respeito do seu cabimento. Se optar pelo arquivamento da denúncia, não há possibilidade de recurso, porque ele é o *dominus litis* da ação.

Oferecida a denúncia, caberá ao Supremo Tribunal Federal exercer um juízo de admissibilidade de natureza jurídica. Ela terá de revestir-se dos requisitos formais cabíveis; caso contrário, será considerada inepta e não poderá haver prosseguimento do processo de *impeachment*.

A diferença entre o juízo de admissibilidade exercido pela Câmara dos Deputados e a avaliação prévia realizada pelo Supremo Tribunal Federal é que, neste, a análise é jurídica, verificando-se se a denúncia preenche ou não os requisitos cabíveis; na Câmara, o juízo de admissibilidade é tipicamente político.

Ofertada a denúncia, realizada pelo procurador-geral da República, ela será enviada ao presidente do STF, que a analisará, verificando se constam os requisitos essenciais da peça inicial da ação penal. Constando todos os requisitos, mandá-la-á para o presidente da Câmara dos Deputados, que a remeterá para análise da Comissão de Constituição e Justiça e Redação e, sendo este parecer favorável, a colocará em plenário para votação. Nessa comissão, o acusado terá o prazo de dez sessões para se defender, indicando as provas cabíveis; caso assim não proceda, será nomeado um defensor dativo.

Se a decisão for pela admissibilidade da acusação, a comissão realizará as diligências que julgar necessárias e oferecerá seu parecer, que será publicado e inserido com preponderância na ordem do dia da Câmara. O parecer será lido em plenário e, depois de discussão e votação, será aprovado, com o quórum de dois terços, em votação aberta. Com o deferimento da Câmara, a instauração do processo penal tem a sua permissão.

Antes do juízo de admissibilidade, somente podem ser realizados o inquérito policial e a denúncia, obviamente, sem o respectivo recebimento desta.[11] O afastamento do presidente da República tem início quando a denúncia, se a ação for pública, ou a queixa-crime, nas ações privadas, for recebida pelo STF (art. 86, §1º, I, da CF). Quem irá deliberar acerca do recebimento da denúncia é o plenário do STF.

Aprovado o juízo de admissibilidade, será escolhido um relator entre os ministros do STF, que mandará notificar o acusado para providenciar sua defesa no prazo de 15 dias, antes da decisão do recebimento ou rejeição da denúncia.

Sendo a denúncia recebida, será marcado dia e hora para o interrogatório do acusado, providenciando-se sua citação e a notificação do Procurador-Geral da República. Após o interrogatório, há o prazo de cinco dias para a defesa prévia, sendo marcada audiência para a oitiva das testemunhas de acusação e de defesa. Subsequentemente, há intimação das partes para providenciarem diligências em cinco dias e alegações finais em quinze. No dia marcado para a decisão, haverá sustentação oral da acusação e da defesa e, em seguida, a votação, nominal e aberta. A condenação será proferida pelo quórum de dois terços dos membros do Supremo Tribunal Federal.

## 26.3.6 Sanção

A sanção estabelecida pelo *impeachment* nos crimes de responsabilidade é a perda do exercício do mandato, no caso do presidente e do vice-presidente, e a perda do cargo no caso de ministros de Estado, procurador-geral da União, ministros do Supremo e advogado-geral da União.[12] Além desta consequência, o cidadão, em qualquer caso, ficará impedido de exercer função pública pelo prazo de oito anos, seja em cargo eletivo, concurso público, função de confiança ou cargo honorífico. O impedimento ao exercício de funções governamentais funciona como um atestado que desqualifica o cidadão para o trato com a coisa pública. Todavia, no caso de Dilma Rousseff, assentou-se que o Senado Federal pode aplicar somente a pena de afastamento, sem a obrigatoriedade de aplicação do impedimento de exercer cargo ou função pública pelo prazo de oito anos.

Foi utilizado o argumento de que a lei, de 1950, que versa sobre o processo de *impeachment* deixa brechas para essa possibilidade.[13] A grande questão é que o parágrafo único do art. 52 da Constituição Federal é claro quando diz que o processo de *impeachment* causará a perda do cargo, com inabilitação, por oito anos, para o exercício de função ou cargo público. Na verdade, como os motivos levantados não eram suficientes para o afastamento da presidenta, por uma questão de culpa inconsciente, mesmo sendo *contra legem*, resolveu-se retirar a sanção de inelegibilidade.

---

[11] "O juízo político de admissibilidade exercido pela Câmara dos Deputados precede a análise jurídica pelo STF para conhecer e julgar qualquer questão ou matéria defensiva suscitada pelo denunciado. [...] Somente após a autorização da Câmara dos Deputados, é que se pode dar sequência à persecução penal no âmbito do STF" (Inq. nº 4.483, Rel. Min. Edson Fachin, 21.9.2017).

[12] "A inabilitação para o exercício de função pública, decorrente da perda do cargo de Presidente da República por crime de responsabilidade, compreende o exercício de cargo ou mandato eletivo. Com esse entendimento, a Turma manteve acórdão do TSE que julgou procedente a impugnação ao pedido de registro de candidatura do ex-Presidente Fernando Collor de Mello" (RE nº 234.223/DF, Rel. Min. Octavio Gallotti).

[13] "Art. 33. No caso de condenação, o Senado por iniciativa do presidente fixará o prazo de inabilitação do condenado para o exercício de qualquer função pública; e no caso de haver crime comum deliberará ainda sobre se o Presidente o deverá submeter à justiça ordinária, independentemente da ação de qualquer interessado" (Lei nº 1.079/50).

No *impeachment*, por crime comum, além dessas sanções mencionadas, há a pena tipificada no delito cometido, com o seu cumprimento imediato.[14] Neste caso, o impedimento para o exercício de função pública é a duração do cumprimento da pena.

### 26.3.7 Responsabilidade relativa do presidente da República

Preceitua o art. 86, §4º, da CF que o presidente não será responsabilizado por atos estranhos ao exercício da função.[15] Isso significa que delitos praticados que não guardem conexão com o exercício do mandato ou ocorridos antes de ele assumir a presidência ficam impedidos de serem analisados na esfera judicial, durante o seu mandato, mesmo no processo de *impeachment*.[16] Tratando-se, no entanto, de atos praticados *in officio*, e desde que possuam qualificação penal, praticados na vigência de seu mandato, tornar-se-á constitucionalmente lícito instaurar contra o presidente da República a pertinente persecução penal, uma vez exercido, positivamente, o controle prévio de admissibilidade da acusação pela Câmara dos Deputados.

O atual texto constitucional destoa da teoria da irresponsabilidade absoluta agasalhada pela Carta de 1824. A responsabilidade do chefe do Executivo subsiste, havendo a *persecutio* penal após o término do mandato presidencial.

Todavia, há uma vedação absoluta com relação à prisão do presidente da República antes de sentença transitada em julgado. Destarte, mesmo se a infração for ligada ao exercício do mandato presidencial, ele somente poderá ser preso depois que a sentença condenatória transitar em julgado, ou seja, o chefe do Executivo não poderá ser preso em flagrante delito, nem mesmo por crimes inafiançáveis.[17]

### 26.3.8 Competência do STF para julgamento dos crimes comuns

Compete ao Supremo Tribunal Federal julgar nos crimes comuns:[18]
a) o presidente da República;
b) os ministros de Estado;
c) os membros dos Tribunais Superiores, inclusive os membros do Tribunal de Contas da União;
d) os chefes de missão diplomática de caráter permanente;
e) o vice-presidente da República;

---

[14] O STF tem decidido, em reiterados julgados, que há autonomia entre as instâncias penal e administrativa, ressalvadas as hipóteses de inexistência material do fato, de negativa da sua autoria e de fundamento lançado na instância administrativa referente a crime contra a Administração Pública (MS nº 21.708/DF, Rel. Min. Maurício Corrêa).

[15] O conteúdo desse dispositivo "se destina expressamente ao Chefe do Poder Executivo da União, não autorizando, por sua natureza restritiva, qualquer interpretação que amplie sua incidência a outras autoridades, nomeadamente do Poder Legislativo" (Inq. nº 3.983/DF, Rel. Min. Teori Zavascki).

[16] Inq. nº 1.418/RS, Rel. Min. Celso de Mello.

[17] "Essa prerrogativa, bem assim a do parágrafo anterior, impossibilidade de prisão em flagrante, não se aplica aos Governadores, os quais estão permanentemente sujeitos, uma vez obtida a necessária licença da respectiva Assembleia Legislativa [...], a processo penal condenatório, ainda que as infrações penais a eles imputadas sejam estranhas ao exercício das funções governamentais" (ADIn nº 978-8, Rel. Min. Ilmar Galvão, *DJU*, 17 nov. 1995).

[18] Conforme maioria consolidada no julgamento da AP nº 937, o Supremo Tribunal Federal entendeu que, no caso dos parlamentares, o foro por prerrogativa de função abrange apenas os crimes cometidos durante e em razão do mandato.

f) seus próprios ministros;
g) os membros do Congresso Nacional;
h) o procurador-geral da República;
i) os comandantes da Marinha, Exército e Aeronáutica.

## 26.3.9 Competência do STJ para julgamento dos crimes comuns

Compete ao Superior Tribunal de Justiça julgar nos crimes comuns:
a) os governadores dos estados-membros e do Distrito Federal;
b) os desembargadores dos Tribunais de Justiça;
c) os membros dos Tribunais de Contas Estaduais;
d) os membros dos Tribunais Regionais Federais, dos Tribunais Regionais Trabalhistas e do Tribunal Regional Eleitoral;
e) os membros dos Tribunais de Contas municipais e os membros do Ministério Público que atuem perante os tribunais.

Destaque-se que são inconstitucionais as normas que condicionem a instauração de ação penal contra autoridade à prévia autorização do Poder Legislativo, com exceção do Presidente da República. Desse modo, não podem as Constituições estaduais prever a anuência prévia da Assembleia Legislativa para o recebimento de denúncia contra governador ou o seu afastamento do mandato – nesse caso, compete ao STJ aplicar as medidas cautelares do art. 319 do Código de Processo Penal, inclusive o afastamento do cargo.[19]

## 26.3.10 *Impeachment* da Presidenta Dilma Rousseff

Em razão do agravamento da crise econômica e da cisão da sociedade civil em polos antagônicos, a conjuntura política propiciou um novo processo de *impeachment*, retirando do cargo a então Presidenta Dilma Rousseff.

A denúncia apresentada contra a presidenta, recebida pelo então presidente da Câmara, baseava-se na prática de desinformações contábeis e fiscais; edição de decretos ilegais; ausência de registro de valores no rol de passivos da dívida líquida no setor público; responsabilização política da presidenta por fatos praticados em mandato anterior, como o caso da Refinaria de Pasadena, do qual ela foi posteriormente inocentada.

A prática de desinformações contábeis e fiscais, as chamadas "pedaladas fiscais", foi uma das principais questões que fundamentaram o pedido de *impeachment*, em virtude do parecer prévio do TCU que recomendava a rejeição das contas do ano de 2014. Esclarece-se, portanto, que essa prática diz respeito ao atraso que ocorre nos repasses do Tesouro Nacional para que o Banco do Brasil e a Caixa Econômica Federal paguem os benefícios sociais. Dessa forma, o governo paga, pelo atraso, juros aos bancos públicos. Nesse sentido, considera-se que são práticas que impossibilitam a boa gestão das finanças públicas.

A imputação de crime de responsabilidade com relação às "pedaladas fiscais" foi bastante criticada, haja vista que se tratavam de práticas corriqueiras dos mandatários

---

[19] STF, ADI nº 4.777/BA, Rel. Min. Dias Toffoli, *DJe*, 6 fev. 2018.

do Poder Executivo, nos três níveis federativos, com relação às quais os Tribunais de Contas nunca tomaram medidas para restrição. Indubitavelmente, tratou-se de uma manobra para retirar a presidenta do poder. É necessário observar, no entanto, a própria essência do parecer emitido pelo Tribunal de Contas da União, uma vez que se trata de órgão auxiliar do Poder Legislativo, tendo seu parecer natureza de ato de administrativo, tratando-se de uma manifestação de opinião,[20] o que demonstra a necessidade de apreciação pelo Congresso Nacional para que tenha contornos normativos. Igualmente, em outro prisma, mas sobre o mesmo fato, configurou-se teratológico responsabilizar o mandatário maior por fatos ocorridos em outro mandato, pois o parecer do TCU fazia referência ao ano de 2014, ou seja, período pertinente ao primeiro mandato, e não ao segundo que ela estava exercendo.

É primordial que se esclareça que reeleição não significa continuidade de um mandato, cujo período de duração é de apenas 4 anos. Atenta-se para existência de um novo processo eleitoral que institui novo e diferente mandato, com diplomação também específica. Não se pode interpretar o procedimento de *impeachment* de forma a flexibilizá-lo por se tratar de um instrumento jurídico excepcional, possuindo cortes epistemológicos muito rígidos, como temporal e material, para sua concretização. Ele deve ser utilizado para atos que atentem contra a Constituição de forma verdadeira, não podendo se constituir em um instrumento para retirar mandatários que não dispõem de uma base parlamentar.[21] Assim, conclui-se que a responsabilização e eventual impedimento do chefe do Poder Executivo só poderá se referir a atos praticados na vigência do atual mandato, não sendo possível sequer cogitar o segundo mandato decorrente de reeleição como uma continuidade do primeiro. Ademais, o próprio procedimento interno para que fosse dado início ao processo de *impeachment* gerou situações controversas, abrindo espaço para que fosse decidido pelo STF na ADPF nº 378.[22]

Interessante que a destituição da Presidenta Dilma Rousseff, sobre a qual até o momento não paira nenhuma mácula em sua atuação, afora a dificuldade de se relacionar com a classe política, abriu a alameda para que uma conjunção política envolvida em várias denúncias tomasse as rédeas do poder no Brasil. O decorrer do tempo mostrará como foi perniciosa a flexibilização do instituto do *impeachment*, que passou a servir de instrumental para o Parlamento destituir presidentes que não conseguem estabelecer uma maioria parlamentar.

## 26.3.11 O *impeachment* de governadores e prefeitos

A definição do conteúdo e do processamento dos crimes de responsabilidade é, para o Supremo Tribunal Federal, matéria de direito penal e processual penal, de modo que a competência legislativa privativa para tal está reservada à União (CF, art. 22, I); nesse sentido, a Súmula Vinculante nº 46. Assim, são inconstitucionais as normas

---

[20] BANDEIRA DE MELLO, Celso Antônio. *Curso de direito administrativo*. 12. ed. São Paulo: Malheiros, 2000. p. 450.
[21] PÉREZ ROYO, Javier. *Curso de derecho constitucional*. 6. ed. Madrid: Marcial Pons, 1999. p. 699.
[22] ADPF nº 378 – Processo de *impeachment* – Definição da legitimidade constitucional do rito previsto na Lei nº 1.079/1950 (Disponível em: <http://www.stf.jus.br/arquivo/cms/noticianoticiastf/anexo/adpf__378__ementa_do_voto_do_ministro_roberto_barroso.pdf>).

estaduais que atribuem à Assembleia Legislativa a competência para processar e julgar os governadores por crime de responsabilidade.

Aplica-se à matéria o regramento da Lei Federal nº 1.079/1950 e, subsidiariamente, o Código de Processo Penal, de modo que, após o recebimento da denúncia pela Assembleia Legislativa, o julgamento do chefe do Executivo estadual compete a um Tribunal Misto. Este é composto de cinco membros do Legislativo, eleitos pela Assembleia, e de cinco desembargadores sorteados, funcionando sob a presidência do presidente do Tribunal de Justiça local, que terá direito de voto no caso de empate (art. 78, §3º). Nos mesmos moldes do *impeachment* do presidente da República, há o afastamento do governador do cargo quando do recebimento da denúncia pelo Tribunal Misto. Paira forte suspeita de incompatibilidade destas disposições em relação à Constituição de 1988; isto porque o Tribunal Misto, integrado por membros escolhidos após a prática dos crimes de responsabilidade, é verdadeiro juízo *ad hoc*, de exceção, o que é vedado pelo art. 5º, XXXVII, da Lei Maior.

Em 2020, foram instaurados os primeiros processos de *impeachment* de governadores nos moldes acima descritos, em Santa Catarina e no Rio de Janeiro. Neste último, o Tribunal Misto condenou, em 30.4.2021, o então mandatário estadual, Wilson Witzel, por crime de responsabilidade na gestão de recursos públicos durante a pandemia de Covid-19.

Em relação aos prefeitos municipais, regula a matéria o Decreto-Lei Federal nº 201/1967. Este lista, em seu art. 1º, os crimes de responsabilidade sujeitos a julgamento pelo Poder Judiciário; no art. 4º, traz os crimes de responsabilidade cujo julgamento compete às Câmaras Municipais.

# CONSELHO DA REPÚBLICA E CONSELHO DE DEFESA NACIONAL

O Conselho da República e o Conselho de Defesa Nacional têm a função de assessorar o presidente da República, fornecendo-lhe informações em questões consideradas essenciais para o país, no sentido de que suas decisões possam ser tomadas da forma mais ponderada possível. O assessoramento dos mencionados órgãos se traduz na elaboração de um parecer que não tem eficácia mandamental, não vinculando o presidente na direção de determinada conduta. O chefe do Executivo ocupa a presidência nas reuniões dos dois Conselhos.

## 27.1 Conselho da República

O Conselho da República é chamado a se pronunciar em questões referentes ao estado de defesa, ao estado de sítio, à intervenção federal e em questões consideradas essenciais para a estabilidade das instituições democráticas (art. 90, I e II, da CF). Sua criação foi inspirada no Conselho de Estado português (art. 144º da Constituição portuguesa), funcionando como órgão auxiliar do presidente da República, exercendo funções consultivas.

As medidas necessárias no estado de excepcionalidade legal, configurado no estado de sítio e no estado de defesa, além da intervenção federal, pelas consequências advindas ao regime democrático, precisam ser tomadas com maturidade e ponderação, devendo o presidente, além de sentir o clamor da sociedade, ouvir obrigatoriamente o Conselho da República.

Com referência às questões relevantes para as instituições democráticas, qualquer tipo de acinte que ponha em perigo a democracia pode ser analisado pelo Conselho da República. Por outro lado, o estado de sítio e o estado de defesa são, por si sós ameaças às instituições estabelecidas, caso suas medidas não se atenham aos limites impostos pelos princípios do Estado Democrático de Direito.

São componentes do Conselho da República: o vice-presidente da República, o presidente da Câmara dos Deputados, o presidente do Senado, os líderes da maioria e da minoria na Câmara dos Deputados, os líderes da maioria e da minoria no Senado, o ministro da Justiça e seis cidadãos, brasileiros natos e com mais de trinta e cinco anos de idade, sendo dois nomeados pelo presidente da República, dois eleitos pelo Senado e dois eleitos pela Câmara dos Deputados, com mandatos de três anos, vedada a recondução (art. 89, I a VII, da CF).

Os líderes da maioria e da minoria no Senado e na Câmara dos Deputados representam o princípio da proporcionalidade, e sua presença tem o desiderato de dar maior relevo ao Poder Legislativo, fazendo dele parte efetiva nas decisões do Conselho da República. O Conselho da República é uma instituição de influência parlamentarista, que, paradoxalmente, foi concebido por uma Constituição que acabou por adotar o sistema de governo presidencialista, o que enfraqueceu suas funções.

Além dos componentes fixados pela Constituição, os ministros de Estado podem ser convocados para prestar esclarecimentos acerca de assuntos relacionados ao seu ministério. A organização e funcionamento do Conselho da República fica a cargo de lei ordinária específica, aprovada com o *quorum* de maioria simples.

A anuência do Conselho da República não é requisito para a decretação do estado de sítio, do estado de defesa e da intervenção federal. Mesmo que seu parecer seja contrário à decretação das mencionadas medidas, poderá o presidente da República decretá-las. O Conselho funciona como um instrumento para fornecer informações e de certa forma legitimar decisões presidenciais nessas matérias.[1] É necessário que o presidente da República ouça o Conselho, independentemente do resultado do seu parecer.

## 27.2 Conselho de Defesa Nacional

O objetivo primordial do Conselho de Defesa Nacional é resguardar a soberania nacional e deliberar nas questões a ela vinculadas. Foi idealizado para substituir o Conselho de Segurança Nacional, criado pela ditadura militar. Especificamente, compete ao Conselho de Defesa Nacional (art. 91, §1º, I a IV, da CF):

> I – opinar nas hipóteses de declaração de guerra e de celebração da paz, nos termos desta Constituição;
> II – opinar sobre a decretação do estado de defesa, do estado de sítio e da intervenção federal;
> III – propor os critérios e condições de utilização de áreas indispensáveis à segurança do território nacional e opinar sobre seu efetivo uso, especialmente na faixa de fronteira e nas relacionadas com a preservação e a exploração dos recursos naturais de qualquer tipo;
> IV – estudar, propor e acompanhar o desenvolvimento de iniciativas necessárias a garantir a independência nacional e a defesa do Estado Democrático.

Compõem o Conselho de Defesa Nacional o vice-presidente da República, o presidente da Câmara dos Deputados, o presidente do Senado Federal, o ministro da Justiça, o ministro da Defesa, o ministro das Relações Exteriores, o ministro do Planejamento e os comandantes da Marinha, Exército e Aeronáutica (art. 91, I a VIII, da CF).

---

[1] BASTOS, Celso Ribeiro. *Dicionário de direito constitucional*. São Paulo: Saraiva, 1994. p. 25.

A competência do Conselho de Defesa Nacional se mescla com a competência do Conselho da República em relação ao estado de sítio, ao estado de defesa e à intervenção federal. Para a realização de qualquer uma das três hipóteses são necessários pareceres dos dois órgãos. Na verdade, uma competência não exclui a outra, nem um órgão se sobrepõe ao outro. Os enfoques são diferentes: um analisa a questão sob a ótica da defesa das instituições democráticas, e o outro, sob o ponto de vista da preservação da soberania nacional.

Porém, quando o assunto disser respeito à segurança nacional, a competência para o assessoramento do chefe do Executivo é exclusiva do Conselho de Defesa. Suas decisões não têm eficácia normativa e todos os seus pronunciamentos devem respeitar o Estado Democrático de Direito. Da mesma forma que as decisões proferidas pelo Conselho da República, as decisões do Conselho de Defesa, que se constitui em um órgão superior de assessoramento, têm a forma de parecer, que pode ser seguido ou não pelo presidente da República. Em 19.2.2018, foram ouvidos o Conselho da República e o Conselho da Defesa Nacional, que por maioria pronunciaram-se a favor do Decreto nº 9.288, que determinava a intervenção federal por grave comprometimento à ordem pública no estado do Rio de Janeiro.

A organização e o funcionamento do Conselho de Defesa devem ser definidos por meio de lei ordinária, aprovada com o *quorum* de maioria simples.

# PODER JUDICIÁRIO

## 28.1 Estrutura do Poder Judiciário

O Poder Judiciário é um dos três poderes componentes da República Federativa do Brasil. Como poder independente e harmônico que é, possui prerrogativas que lhe garantem autonomia, como exemplo, capacidade financeira e administrativa própria. A limitação de sua atuação se faz pela fiscalização interna, de sua exclusiva responsabilidade, e por meio dos freios e contrapesos, em que cada um dos poderes fiscaliza o outro para que se evite a afronta das prerrogativas constitucionais. Com a Emenda Constitucional nº 45 foi criado o Conselho Nacional de Justiça, que exerce um controle "externo" da magistratura.

Em um regime democrático, as incumbências do Poder Judiciário tendem a se valorizar porque cabe a este poder o controle da legalidade, o exercício da jurisdição constitucional e o resguardo dos direitos humanos dos cidadãos. Em um regime autoritário, a atuação do Poder Judiciário é mitigada porque o princípio da legalidade sofre um arrefecimento, predominando o arbítrio em detrimento da lei.

São magistrais as palavras de Oliveira Viana ao demonstrar a simbiose que existe entre o Poder Judiciário e a democracia:

> Os nossos reformadores constitucionais e os nossos sonhadores liberais ainda não se convenceram de que nem a generalização do sufrágio direto, nem o *self-government* valerão nada sem o primado do Poder Judiciário – sem que este Poder tenha pelo Brasil toda a penetração, a segurança, a acessibilidade que o ponha a toda hora e a todo momento ao alcance do jeca mais humilde e desamparado, não precisando ele, para tê-lo junto a si, de mais do que um gesto da sua mão numa petição ou de uma palavra de sua boca num apelo.[1]

Santi Romano diferencia o Poder Judiciário do Poder Legislativo porque este tem a missão de criar o conjunto normativo, e aquele apenas tutela a aplicação da lei.

---

[1] VIANA, Oliveira. *Instituições políticas brasileiras*. Brasília: Senado Federal, 1999. p. 501.

Para o mencionado professor, a diferença entre o Poder Judiciário e o Poder Executivo é que neste a autoridade é parte interessada nas relações e nas situações sobre as quais recaem seus atos, enquanto naquele as prerrogativas são exercidas por uma autoridade que não tem nenhum tipo de interesse pelo desfecho da relação ou do objeto litigado.[2]

São órgãos do Poder Judiciário: o Supremo Tribunal Federal; o Conselho Nacional de Justiça; o Superior Tribunal de Justiça; os Tribunais Regionais Federais e os juízes federais; os Tribunais e juízes do Trabalho; os Tribunais e juízes Eleitorais; os Tribunais e juízes Militares; e os Tribunais e juízes dos estados e do Distrito Federal e territórios (art. 92, I a VII, da CF). O Supremo Tribunal Federal, o Conselho Nacional de Justiça e os Tribunais Superiores têm sede na capital federal (art. 92, §1º, da CF). O STF e os Tribunais Superiores têm jurisdição em todo o território nacional (art. 92, §2º, da CF).

No Brasil, ele se faz presente na esfera federal e na esfera estadual. Os municípios não dispõem de Judiciário próprio – quem realiza a prestação jurisdicional é a Justiça Federal e a Justiça estadual. Essa divisão se deve à forma federativa de governo implantada, em que coexistem a jurisdição dos estados-membros e a jurisdição da União.

Em razão de haver duas esferas distintas de atuação, pode-se dizer que o Poder Judiciário é dual. Foi com a República e a implantação do federalismo que foi criada, no Brasil, a Justiça Federal, através do Decreto nº 848, de 11.10.1890. Em princípio somente havia os juízes federais, funcionando como primeira instância, e o Supremo Tribunal Federal, funcionando como segunda instância. Os Tribunais Regionais Federais, apesar de previstos na Constituição de 1891, somente foram implementados bem mais tarde.

O Poder Judiciário também se divide em Justiça Comum e em Justiça Especial. A Justiça Comum se bifurca em Justiça Estadual e Federal. A Justiça Especial se ramifica em Militar, Eleitoral e Trabalhista. Essas justiças são especializadas porque apenas tratam de matérias determinadas, como exemplo, a Justiça Eleitoral, que tem competência exclusiva para os feitos eleitorais e as questões conexas. A Justiça Comum abrange todos os feitos, excluídos os determinados como competência da Justiça Especial.

Os órgãos da Justiça estão divididos em entrância e instância. Entrância é a divisão administrativa das comarcas espalhadas no estado, ficando a cargo do Tribunal de Justiça a sua denominação. Em Pernambuco, as comarcas se dividem em comarcas de primeira entrância, as menos complexas e com menor volume de processos, até comarcas de terceira entrância, que possuem maior demanda de processos. Instância é o grau jurisdicional, partindo os recursos de uma instância para outra. A primeira instância é composta dos juízes de direito; os Tribunais de Justiça formam a segunda instância; o Superior Tribunal de Justiça forma a terceira instância; e o Supremo Tribunal Federal pode funcionar como quarta instância.

Enrique Alvarez Conde afirma que, em certa medida, o Poder Judiciário é um poder difuso, pois todos os magistrados exercem funções jurisdicionais. Por outro lado, resta ultrapassada a tradição liberal que concebia o juiz como um mero executor das normas – atualmente, é ele concebido como titular de um poder do Estado, sem nenhuma limitação material, pois é difícil encontrar âmbitos vedados à intervenção judicial, afora casos expressamente delineados na Constituição.[3]

---

[2] ROMANO, Santi. *Princípios de direito constitucional geral*. São Paulo: RT, 1977. p. 382.
[3] ALVAREZ CONDE, Enrique. *Curso de derecho constitucional*. 3. ed. Madrid: Tecnos, 1997. p. 244.

As obrigações e direitos dos membros do Poder Judiciário foram estipulados no Estatuto da Magistratura, por intermédio de uma lei complementar de iniciativa do Supremo Tribunal Federal (art. 93, *caput*, da CF).[4]

Pelas peculiaridades que a magistratura apresenta, a Constituição de 1988 elenca algumas vedações e algumas prerrogativas que foram estabelecidas para resguardar os seus direitos. As vedações servem para proteger a imparcialidade dos juízes e as garantias para cimentar sua independência.

Como garantias os magistrados possuem vitaliciedade, inamovibilidade e irredutibilidade de vencimentos (art. 95, I a III, da CF). Essas garantias têm o objetivo de assegurar a liberdade funcional da magistratura, o que reforça a independência do Poder Judiciário, possibilitando que o exercício da prestação jurisdicional seja realizado com absoluta liberdade. Argumenta Zaffaroni:

> A independência do juiz, ao revés, é a que importa a garantia de que o magistrado não estará submetido às pressões de poderes externos à própria magistratura, mas também implica a segurança de que o juiz não sofrerá as pressões dos órgãos colegiados da própria judicatura.[5]

Enquanto as garantias contidas no art. 95 têm a finalidade de resguardar a autonomia funcional dos magistrados, as vedações contidas no parágrafo único do mesmo art. 95 apresentam o objetivo de proteger a imparcialidade dos juízes. Entretanto, esta imparcialidade (resguardada pelas prerrogativas do parágrafo único do art. 95) apenas pode ser vislumbrada se houver a concretização da independência do Poder Judiciário, haja vista que as garantias do art. 95 (*caput* e seus incisos) são requisitos para o posicionamento equânime da magistratura.

A vitaliciedade, depois de concretizada, permite que os juízes apenas possam ser demitidos por sentença judicial transitada em julgado ou por decisão do tribunal ao qual estejam vinculados durante o estágio probatório. Ela será adquirida depois de dois anos de efetivo exercício da função, período em que se atesta a aptidão do cidadão para o exercício de suas funções.

A inamovibilidade é a garantia de que o juiz somente poderá ser transferido de sua comarca por sua própria vontade, impedindo que interferências políticas possam direcionar suas decisões. Essa garantia foi criada na Grã-Bretanha, no século XVIII, e transplantada para os Estados Unidos e depois para o Brasil.[6] Por motivo de interesse público, pode o Tribunal respectivo, com um *quorum* de dois terços, transferi-lo para outra comarca, assegurando-lhe ampla defesa. Jamais o magistrado poderá ser removido pelo Poder Executivo ou pelo Poder Legislativo.

Os juízes gozam também de irredutibilidade de vencimentos, garantia assegurada a todos os funcionários públicos. Essa garantia tem o óbvio motivo de impossibilitar flutuações econômicas no padrão de vida dos magistrados, tornando-os mais susceptíveis

---

[4] Lei Complementar nº 35/1979, recepcionada pela Constituição de 1988.
[5] ZAFFARONI, Eugenio Raúl. *Poder Judiciário*. Crise, acertos e desacertos. Tradução de Juarez Tavares. São Paulo: RT, 1995. p. 88.
[6] MAGALHÃES, Roberto Barcellos de. *A Constituição Federal de 1967*. Rio de Janeiro: José Konfino, 1967. t. II. p. 293.

a pressões externas. A única exceção à mencionada garantia é a possibilidade de aumento no imposto de renda. Pontes de Miranda explica a regra constitucional:

> A vitaliciedade sem irredutibilidade de vencimentos seria garantia falha. Aqui se tiraria parte do que ali se assegurou: a independência econômica, elemento de relevo, que muitos reputam o maior da independência funcional. O exemplo de tornar irredutíveis os vencimentos dos juízes tivemo-lo na Constituição norte-americana (art. 3º, seção 1ª).[7]

As vedações aos magistrados são as seguintes: proibição de dedicação a atividades político-partidárias, ficando até mesmo proibida sua filiação em qualquer partido político (essa proibição, obviamente, não atinge o direito de votar, pois os juízes são cidadãos como outro qualquer); receber, a qualquer título ou pretexto, custas ou participação em processos; exercer outra função, mesmo que em disponibilidade, ressalvada uma única de professor (art. 95, parágrafo único, I a III, da CF); receber, a qualquer título ou pretexto, auxílios ou contribuições de pessoas físicas, entidades públicas ou privadas, ressalvadas as exceções previstas em lei (art. 95, parágrafo único, IV, da CF); exercer a advocacia no juízo ou tribunal do qual se afastou, antes de decorridos três anos do afastamento do cargo por aposentadoria ou exoneração (art. 95, parágrafo único, V, da CF). De uma forma geral, as vedações tencionam garantir aos magistrados sua imparcialidade, obstaculando que interferências situadas fora do mundo jurídico possam macular a isenção da prestação jurisdicional. A primeira vedação se justifica no sentido de evitar que interesses políticos possam mitigar a imparcialidade do juiz. A isenção, que deve ser uma característica intrínseca da magistratura, não se compatibiliza com questões políticas. O recebimento de custas ou participação em processos, da mesma forma, pode criar interesses nos juízes que os impeçam de agir consonante sua consciência, deixando de lado o posicionamento jurídico para agasalhar posicionamentos pessoais. A vedação de evitar que o juiz acumule muitas atividades tem a finalidade de fazer com que ele se concentre nas tarefas judicantes, dedicando a maior parte de seu tempo a esta função imprescindível. Por isso, há permissão para o exercício de apenas uma atividade, a de professor, caso queira com sua experiência contribuir para o ensino jurídico.[8]

Proibiu-se o recebimento, a qualquer título ou pretexto, de auxílios ou contribuições, abrangendo entidades públicas ou privadas, entidades físicas ou jurídicas, ressalvadas as exceções previstas em lei, para evitar o favorecimento ilícito, geralmente realizado com a oferta de "presentes" ou "dádivas" de grande valor econômico, como exemplo, as passagens aéreas pagas pela CBF para que magistrados fossem assistir aos jogos da Copa do Mundo de futebol. As exceções mencionadas apenas podem ser previstas por lei, a exemplo do auxílio financeiro prestado aos magistrados quando se deslocam para outras comarcas.

---

[7] MIRANDA, Francisco Cavalcanti Pontes de. *Comentários à Constituição de 1967 com a Emenda nº 1 de 1969.* 3. ed. Rio de Janeiro: Forense, 1987. t. V. p. 547.

[8] O Tribunal, por maioria, referendou liminar que fora concedida pelo Min. Nelson Jobim, em ação impetrada pela AJUFE, para suspender a terminologia "única" constante no art. 1º da Resolução nº 336/2003, que assevera que ao magistrado da Justiça Federal é defeso o exercício de outro cargo ou função, ressalvado um(a) único(a) de magistério público ou particular. Considerou o mencionado ministro que a determinação para que haja apenas uma "única" função de magistério não atende ao objetivo da Constituição, já que a finalidade foi de apenas impedir que a acumulação autorizada prejudique o exercício da magistratura em virtude do número de horas dedicadas ao magistério (ADIn nº 3.085/CE, Rel. Min. Gilmar Mendes).

A vedação de exercício da advocacia por três anos no juízo ou tribunal que atuou o ex-magistrado visa não permitir que ele possa usar sua influência para atendimento de seus pleitos. Instituiu-se uma quarentena, período em que o ex-juiz não pode exercer nenhum tipo de atividade advocatícia, nem mesmo de consultoria, no juízo ou tribunal em que desenvolveu suas atividades, por três anos, garantindo que nenhum tipo de interferência possa prejudicar a lisura da prestação jurisdicional. A remuneração da magistratura é feita através de subsídio, fixado em lei e escalonado, em nível federal e estadual, obedecido o limite estipulado pelo teto salarial de ministro do Supremo Tribunal Federal e não podendo a diferença ser superior a dez por cento entre uma instância e outra, ou inferior a cinco por cento, nem podendo exceder noventa e cinco por cento do subsídio mensal dos ministros dos Tribunais Superiores (art. 93, V, da CF).

A aposentadoria dos magistrados pode ser compulsória ou facultativa. Será compulsória quando o magistrado completar 75 anos de idade (Lei Complementar nº 152/2015). Para obter a aposentadoria facultativa, o magistrado deverá ter, no mínimo, 60 anos de idade e trinta e cinco anos de contribuição, se homem, e 55 anos de idade e trinta de contribuição, se mulher. Desse tempo de contribuição, pelo menos dez anos devem ser de serviço público e cinco anos de exercício da magistratura (art. 40, §1º, I a III, *a* e *b*, da CF).

## 28.2 Obrigatoriedade de três anos de exercício de atividades jurídicas

O ingresso na carreira da magistratura continua sendo feito mediante concurso público de provas e títulos, com participação da Ordem dos Advogados do Brasil em todas as suas fases, incluindo a elaboração do edital, consonante o que dispõe o art. 37, II, da Constituição, que alberga o princípio que exige, em regra geral, a necessidade de concurso para provimento em cargo no serviço público.[9]

Os juízes ingressam na carreira como juízes substitutos, adquirindo vitaliciedade com dois anos de efetivo exercício no cargo. Os juízes dos Tribunais Superiores, bem como dos Tribunais Regionais Federais e dos Tribunais de Justiça, adquirem vitaliciedade imediata, sem necessitarem de estágio probatório. Em maio de 2012, o STF reconheceu que a inamovibilidade abrange também juízes substitutos como forma de garantir a independência e a imparcialidade dos magistrados (*vide* MS nº 27.958).

A novidade trazida pela Emenda nº 45 foi exigir do bacharel em direito, como requisito inexorável para o ingresso na magistratura ou no Ministério Público, a comprovação do exercício de três anos de atividades jurídicas. Tal interstício somente poderá ser exigido quando da posse porque a exigência é para o exercício dos mencionados cargos e não para a inscrição em concurso público, consonante entendimento perfilado pelo Enunciado nº 266 do Superior Tribunal de Justiça, que assevera que o diploma ou habilitação legal para o exercício do cargo deve ser exigido na posse e não na inscrição para o concurso público.[10] Tornar esse requisito exigível quando da inscrição no concurso,

---

[9] Exceção à regra que exige concurso público para provimento em cargo no serviço público são os cargos em comissão e a contratação por tempo determinado para atender à necessidade temporária de excepcional interesse público.

[10] "Mandado de segurança – Concessão de liminar – Concurso – Magistério público – *Periculum in mora* e *fumus boni iuris* – Apresentação de diploma – Súmula 3/TJDF – I – A concessão de liminar sujeita-se ao concurso dos requisitos da plausibilidade do direito invocado e do perigo de dano na demora do provimento jurisdicional almejado.

ou em qualquer outra etapa que não a posse, seria criar uma obrigatoriedade que não está prevista em lei, cerceando o conteúdo disposto na Reforma.

A finalidade almejada pela Reforma do Judiciário nesse tópico foi a de exigir dos novos membros do Ministério Público e da magistratura um tempo mínimo de experiência no mundo jurídico. O referido tempo de maturação servirá para que os bacharéis afeitos às mencionadas carreiras jurídicas possam se preparar melhor para exercerem suas funções, acumulando vivência no mundo jurídico, após a conclusão do bacharelado, que lhes propiciará melhor desempenho em seu mister.[11]

Por outro lado, a nova exigência constitucional impedirá que bacharéis recém-egressos dos bancos escolares possam vir a ocupar os mencionados cargos. Não se está contestando a capacidade teórica daqueles que recentemente deixaram as universidades, contudo, falta-lhes, em alguns casos, maturidade para enfrentar os complexos problemas que serão postos cotidianamente para sua resolução e, principalmente, experiência para a apreciação das questões apresentadas. O prazo de três anos de exercício de atividade jurídica é um tempo de maturação, de sedimentação do conhecimento acumulado durante o curso de direito – um lapso temporal para que o bacharel possa colocar em prática o que aprendeu durante a sua preparação universitária.

Não há nenhum tipo de inconstitucionalidade que paire sobre essa restrição. Não houve nenhum cerceamento discriminatório, seja por idade ou qualquer outro requisito. Ele se configura compatível com a natureza dos referidos cargos devido à complexidade do exercício de suas funções e da necessidade de que seus membros realmente estejam preparados para o desempenho de tão relevantes múnus públicos.

Consonante o teor literal do conteúdo da emenda, o prazo de três anos é exigido do bacharel em direito, ou seja, somente quando o candidato conseguir se tornar bacharel em direito é que começa a contar o referido prazo. Portanto, estágios supervisionados, mesmo que sejam em órgãos públicos, realizados por estudantes, não poderiam ser computados para completar o triênio legal. A estruturação do enunciado do inciso não permite outro tipo de interpretação, já que expressamente expõe que a exigência é para o bacharel em direito.

A atividade jurídica mencionada, que obrigatoriamente deve ser exercida por bacharel em direito, pode ser qualquer função desenvolvida em órgãos judiciais ou que tenha ligação com tais funções. O texto constitucional não fala de prática forense, inerente ao exercício da função de advogado. A amplitude conceitual da terminologia adotada permite que servidores públicos impedidos de advogar possam estar aptos a ingressar na magistratura, desde que exerçam atividades jurídicas.[12]

---

II – Presente o *fumus boni iuris*, o candidato, desde que aprovado no concurso para professor, tem direito líquido e certo de ser nomeado e empossado, posto que a apresentação do diploma, para o ingresso na carreira do serviço público, de acordo com a Súmula nº 02 desta egrégia Corte, só é obrigatória na data da posse. III – O diploma ou certificado de conclusão de curso superior, é documento suficiente para habilitar profissionalmente o aprovado em concurso público para o exercício de cargo compatível com sua formação. IV – Recurso conhecido e não provido. Unânime" (TJDF, 5ª T. Cív., AGI nº 20020020061861/DF, Rel. Des. Haydevalda Sampaio, *DJU*, 28 maio 2003, p. 79).

[11] Em igual sentido expressa José Soares Filho: "Consideramos salutar essa exigência, tendo em vista que o bom desempenho do cargo de juiz requer, além dos conhecimentos teóricos, tirocínio, que se obtém na prática de uma atividade jurídica. A falta dessa experiência tem concorrido, em não poucos casos, para o exercício deficiente, ou problemático do múnus, traduzido em relacionamentos traumáticos entre juízes, advogados, servidores ou outras pessoas ligadas ao juízo" (SOARES FILHO, José. Alguns aspectos da Reforma do Judiciário. *Revista CEJ*, v. 9. n. 28, jan./mar. 2005. Disponível em: <http://www.jf.jus.br/ojs2/index.php/revcej/article/viewArticle/648>. Acesso em: 1º abr. 2005).

[12] Pode-se computar o exercício em cargo não privativo de bacharel em Direito, uma vez que sejam jurídicas as funções desempenhadas (MS nº 28.226/DF, Rel. Min. Luiz Fux).

Com relação à aplicabilidade do dispositivo, consideramos que ele tem concretude imediata, sendo classificado como norma de eficácia contida. Ele não pode ser classificado como norma de eficácia limitada porque está pronto para ser utilizado, mesmo com a ausência de regulamentação, o que não lhe cerceia a concretude normativa. A indeterminação acerca do conceito do que seja atividade jurídica não pode ser argumento para lhe tolher a eficácia imediata, pois, se assim fosse, todas as normas que contivessem princípios também seriam classificadas dessa forma.

Ademais, desde 1988, a Carta Magna impõe para ingresso na magistratura ou no Ministério Público a realização de concurso de provas e títulos, sem, entretanto, haver nenhuma norma que venha a especificar o que seria título e, nem por isso, a referida exigência deixou de ter eficácia imediata.

Se o dispositivo em análise está perfeito para sua aplicabilidade imediata, não se pode classificá-lo como norma de eficácia limitada. Todavia, considerando a falta de definição do conceito de atividade jurídica, inexiste impedimento de que uma lei infraconstitucional possa, posteriormente, sem se configurar em condição para sua eficácia, determinar o conteúdo dessa expressão e facilitar a aplicação da norma esclarecendo outras lacunas.

## 28.3 Introdução de parâmetros objetivos de aferição por merecimento

Uma auspiciosa inovação trazida pela Reforma do Judiciário foi a introdução de parâmetros objetivos na aferição do conceito de merecimento. Os dois critérios utilizados para promoção na magistratura são a antiguidade e o merecimento. O primeiro, que é uma valoração objetiva, garante previsibilidade em seu resultado, impedindo que interesses outros possam direcionar o processo de ascensão funcional na carreira. O segundo, que era uma valoração subjetiva, como não estava amparado em elementos determinados, propiciava que a escolha fosse calcada de acordo com as conveniências internas da instância superior, podendo acarretar a subserviência de juízes de primeiro grau aos juízes de segundo.

A promoção por merecimento faz-se mediante a elaboração de uma lista tríplice, sendo obrigatória a promoção do magistrado quando figurar por três vezes consecutivas ou cinco alternadas em lista de merecimento. A lista é composta por juízes com dois anos de exercício na respectiva entrância e que integrem a primeira quinta parte da lista de antiguidade, salvo se não houver, com tais requisitos, quem aceite o lugar vago (art. 93, II, *a* e *b*).

Por causa das modificações implementadas, a determinação do merecimento se guiará pelo desempenho dos juízes, de acordo com parâmetros objetivos de produtividade, presteza no exercício de suas funções e aproveitamento em cursos reconhecidos de aperfeiçoamento. A produtividade é aferida consonante o número de atos processuais proferidos por cada magistrado em determinado período, geralmente processos decididos no lapso temporal de um ano, o que engloba sentenças e demais atos inerentes ao desempenho de sua função, como despachos, oitiva de testemunhas etc. Além da produtividade, o magistrado deve ter presteza no exercício da jurisdição, cumprindo suas funções com a agilidade suficiente para dirimir os litígios e garantir a segurança jurídica. A frequência e o aproveitamento em cursos reconhecidos de aperfeiçoamento tencionam a estimular os magistrados a manterem uma constante atualização jurídica, que se refletirá na melhora da qualidade de sua prestação jurisdicional.

A análise do dispositivo legal (art. 93, *c*) faz-nos chegar à ilação de que a aferição do merecimento para promoção dos magistrados, outrora feita pelos parâmetros de presteza e segurança, de natureza subjetiva, agora se dará observando as diretrizes de produtividade, celeridade na atividade desenvolvida pelo juiz e aproveitamento em cursos reconhecidos de aperfeiçoamento, todos de natureza objetiva, que expungem qualquer vetor subjetivo que possa macular a moralidade do critério de promoção por merecimento.

A produtividade diz respeito a todos os atos que o juiz pratica, no uso de suas atribuições jurisdicionais, em determinado período de tempo. O art. 203 do Código de Processo Civil de 2015 dispõe que os atos do juiz consistirão em sentenças, decisões interlocutórias e despachos; todavia, o rol previsto é meramente exemplificativo, já que se refere apenas a pronunciamentos do juiz. Há que se levar em conta na produtividade do magistrado outros atos, como a realização de audiências e as inspeções judiciais.

A presteza, por outro lado, tange à agilidade, à rapidez com que a prestação jurisdicional será entregue aos jurisdicionados pelo Pretor. Ela é a solicitude com que os magistrados devem pautar sua linha de atuação, efetivando o acesso à Justiça em toda sua extensão.

A importância de se colocar o aproveitamento em cursos reconhecidos de aperfeiçoamento, igualmente, como requisito objetivo para a promoção por merecimento, reside em tentar qualificar e atualizar constantemente os juízes, para que sua melhor capacitação intelectual possa torná-los mais eficientes no desempenho de seus afazeres. Sem esquecer que o princípio da eficiência não pode ser valorado de forma absoluta, como planteia Otfried Höffe, as instituições básicas de uma sociedade não devem se distinguir simplesmente por serem eficientes, mas, sobretudo, por serem justas.[13]

Mesmo antes da Emenda nº 45 alguns doutrinadores, como Celso Ribeiro Bastos, motivados pela importância da constante capacitação dos juízes, defendiam que lei infraconstitucional poderia exigir, como requisito objetivo, certificado de frequência em determinados cursos de aperfeiçoamento para obtenção de promoção por merecimento.[14]

Os parâmetros da produtividade, da presteza e frequência em cursos de aperfeiçoamento atendem ao princípio da eficiência, contido no art. 37, *caput*, da Constituição Cidadã. Significam, sobretudo, a concretização do sonho de muitos magistrados, mormente daqueles destituídos de apadrinhamento, de se verem promovidos efetivamente por merecimento e não por razões de conveniência do Tribunal a que estejam subordinados administrativamente.

É indubitável que a produtividade do juiz é um critério fácil de ser aferido por ocasião de promoção por merecimento. É simples saber se o juiz trabalhou muito ou pouco, considerando as devidas proporções, em um lapso temporal predeterminado. Ao contrário, como averiguar a segurança no exercício da jurisdição pelo magistrado? Como apreciar a convicção que o levou a se posicionar desta ou daquela forma em uma sentença? Foi buscando evitar esse tipo de subjetividade que o Poder Reformador excluiu o critério da segurança do texto constitucional. Junte-se a isso o fato de que a segurança é um critério que deve ser apanágio a todo ato judicial.

---

[13] HÖFFE, Otfried. *Justiça política*. Barcelona: Paidós, 2003. p. 13.
[14] BASTOS, Celso Ribeiro; MARTINS, Ives Gandra da Silva. *Comentários à Constituição do Brasil*. São Paulo: Saraiva, 2000. v. 4. t. 3. p. 39.

Não se pode fugir, entretanto, ao fato de que caberá a cada tribunal especificar regras para tornar viável a aplicação prática dos critérios objetivos da produtividade.[15]

## 28.4 Recusa do juiz mais antigo

A alínea *d* do inc. II do art. 93 trata do veto à promoção por antiguidade, impedindo que juízes destituídos de merecimento, só porque são mais antigos, possam conseguir promoção para uma entrância ou instância superior. O tribunal somente poderá recusar o juiz mais antigo quando obtiver dois terços de votos fundamentados de seus membros, conforme procedimento próprio, repetindo-se, então, a votação até fixar-se a indicação.

O juiz mais antigo não dispõe de direito absoluto à promoção pelo critério de antiguidade. Apesar de ser aferido por parâmetros objetivos, há a necessidade de ser o nome aprovado pelo tribunal respectivo. O procedimento de promoção por antiguidade constitui-se em ato complexo, em que o tribunal faz a indicação do magistrado mais antigo e, posteriormente, reserva-se o direito de vetá-lo.

O conteúdo do dispositivo constitucional quase não foi alterado, adicionando-se que na recusa do juiz mais antigo pelo voto de dois terços dos membros do tribunal deve ser oferecido oportunidade para ele produzir sua defesa. Como a recusa sempre terá que ser motivada, obrigatoriamente, deve ser assegurado ao juiz denegado oportunidade para se defender das imputações que lhe estiverem sendo direcionadas.

Fica facultado ao juiz recusado em sua promoção por antiguidade o acesso às vias judiciais para garantir seu direito. Se ele conseguir provar que as imputações não são verdadeiras, a recusa passa a não mais ter valia jurídica devido à teoria dos motivos determinantes. Comprovando-se que as alegações imputadas não correspondem à realidade, a decisão a respeito da recusa não pode mais subsistir.

## 28.5 Impedimento de promoção

A alínea *e* do inc. II do art. 93 da Constituição não existia antes da Emenda nº 45. Sua importância consubstancia-se em impedir que juízes retenham, de forma injustificada, autos em seu poder por longos períodos, o que nos meios forenses se denominou "embargos de gaveta". Com esse tipo de expediente, há um estorvo à celeridade da prestação jurisdicional, afrontando o princípio da eficiência que deve nortear a Administração Pública (art. 37, I, da CF), a presteza no exercício de suas funções (art. 93, II, *c*, da CF) e o acesso à Justiça (art. 5º, XXXV, da CF).

Como a presteza no exercício da jurisdição configura-se em critério objetivo para aferição de merecimento, sua desobediência não poderia acarretar outra consequência

---

[15] O Tribunal de Justiça do Estado da Paraíba foi um dos pioneiros a instituir, através da Resolução nº 3/2001 do Conselho da Magistratura, o IPJ – Índice de Produtividade dos Juízes. O IPJ era resultante da soma do Índice de Produtividade Básica (IPB) com o Índice de Presteza (IP). O IPB levava em conta os processos julgados, distribuídos, paralisados, conclusos com excesso de prazo, ativos e redistribuídos. O IP, por outro lado, levava em consideração índice de sentenças prolatadas de acordo com o seu grau de dificuldade, segundo tabela elaborada pelo Tribunal. Através de tal cálculo, era possível saber, de forma justa, quais eram os juízes que mais trabalhavam no mês, elaborando-se, inclusive, lista mensal com desempenho dos juízes, o que favorecia o princípio da publicidade.

lógica a não ser o impedimento à promoção. A retenção injustificada de autos durante largo período, além de atingir os princípios mencionados, macula o exercício da prestação jurisdicional porque estimula dúvidas a respeito da imparcialidade do magistrado.

Caso haja um razoável motivo que possa explicar a retenção dos autos além do prazo legal determinado, a sanção não poderá ser aplicada, como nos casos de licença médica do juiz. A interpretação dessa exceção deve ser realizada de forma restrita, permitindo apenas que casos excepcionalíssimos, devidamente argumentados, possam impedir a aplicação da sanção.

Se não houver disposição legal especificando o prazo em que a atividade jurisdicional deva ser cumprida, apesar do elenco contido no Código de Processo Civil, o princípio da razoabilidade pode se configurar em um parâmetro de grande valia para que a *mens legis* do instituto jurídico possa ser concretizada.

Além da sanção de não ser promovido, seja pelo critério da antiguidade seja pelo critério do merecimento, o magistrado não pode devolver os autos ao cartório sem o devido despacho ou decisão. De forma obrigatória, ele terá que exercer a atividade que deveria ter sido executada em tempo hábil.

Carece de regulamentação a determinação do período em que o impedimento à promoção será vigente, já que ele não pode ser por tempo indeterminado. Lei infraconstitucional especificará o período de duração da vedação. Outrossim, o impedimento à promoção abrange todas as esferas do Poder Judiciário em que a ascensão funcional seja feita com base nos critérios de merecimento e de antiguidade.

## 28.6 Critérios de acesso aos tribunais de segundo grau

O acesso aos tribunais de segundo grau realiza-se por antiguidade e por merecimento, alternadamente, apurados apenas na última entrância, sem possibilidade de existência de qualquer tipo de tribunal intermediário (art. 93, III, CF).

O objetivo do presente inciso, como bem expressa o art. 4º da Reforma do Judiciário, é extinguir os Tribunais de Alçada, que são tribunais intermediários entre a primeira e a segunda instância, com a função de julgar as causas de menor complexidade. Propugna-se a extinção desses tribunais porque suas vantagens são pífias diante de suas desvantagens. Sua eliminação provocará robusta economia orçamentária com a reorganização dos cargos existentes e agilizará a prestação jurisdicional pela eliminação de uma instância judiciária que provocava dúvidas com relação à sua esfera de competência.

Os tribunais de alçada existentes nos estados de São Paulo, de Minas Gerais e do Paraná, por força da Emenda nº 45, foram extintos, e seus membros incorporados ao Tribunal de Justiça respectivo, respeitadas a antiguidade e a classe de origem de seus membros. Os Tribunais de Alçada existentes nos estados do Rio Grande do Sul e do Rio de Janeiro tinham sido extintos antes da Reforma.

Nos estados em que existiam os Tribunais de Alçada, os critérios de promoção para o Tribunal de Justiça, tanto por antiguidade quanto por merecimento, eram apurados na instância intermediária. Agora, com sua extinção, a aferição desses critérios faz-se na última entrância de primeira instância.

## 28.7 Cursos de preparação, aperfeiçoamento e promoção de magistrados

Além da Reforma do Judiciário ter considerado a frequência e o aproveitamento em cursos oficiais de preparação, aperfeiçoamento e promoção de magistrados como critério objetivo para a determinação do conceito de merecimento, para solidificar a importância desses cursos, ela ainda os considerou como etapa obrigatória do processo de vitaliciamento, que ocorre após o estágio probatório, quando o magistrado apenas pode perder seu cargo por sentença transitada em julgado.

Requisito para a existência de cursos oficiais é que eles sejam reconhecidos pela Escola Nacional de Formação e Aperfeiçoamento de Magistrados, criada pela Emenda nº 45 para fiscalizar os cursos de preparação, aperfeiçoamento e promoção de magistrados.

A frequência nos cursos de preparação, aperfeiçoamento e promoção não é obrigatória para os magistrados que participem desses cursos na qualidade de professores. Se determinados magistrados alcançaram um grau de excelência jurídica que lhes permite lecionar para seus colegas juízes, não tem sentido obrigá-los a participar dos cursos também na qualidade de alunos. Seria uma obrigação despicienda e sem amparo lógico, haja vista que o aperfeiçoamento é atestado pela cátedra que exercem.

Pinto Ferreira considera que a previsão de cursos oficiais de preparação e aperfeiçoamento de magistrados deveria ter sido disciplinada em lei infraconstitucional e não na Carta Magna, porque esse conteúdo não está inserido na parte material da Constituição.[16] O comentário do ilustre professor pernambucano tinha pertinência na vigência do texto anterior; com a Reforma, a frequência em cursos oficiais é requisito obrigatório para o processo de vitaliciamento e parâmetro objetivo para a promoção por merecimento, cabendo assento constitucional, em decorrência da importância que foi alçada à matéria.

## 28.8 Obrigatoriedade de residência na comarca

A obrigatoriedade de o magistrado residir na respectiva comarca tenciona aproximar o juiz de seus jurisdicionados, agilizando, por outro lado, a apreciação das demandas que chegam ao Poder Judiciário, pois o juiz está sempre à disposição para as questões urgentes, como exemplo, a necessidade de decidir um *habeas corpus* (art. 93, VII).

Essa exigência constitucional é pertinente apenas aos juízes de primeira instância, não sendo extensível às demais instâncias, haja vista que os Tribunais se localizam nas capitais dos estados, e os Tribunais Superiores se localizam em Brasília. Obrigar os desembargadores e os membros dos Tribunais Superiores a residir em suas comarcas não iria aproximá-los da população, tendo em vista o grande número de habitantes dessas cidades e a distância que os separa daqueles que moram no interior. Igualmente, a celeridade não restaria prejudicada, pois, como os Tribunais são órgãos colegiados, sempre há um magistrado plantonista para apreciar as questões urgentes.[17]

---

[16] FERREIRA, Pinto. *Comentários à Constituição brasileira*. São Paulo: Saraiva, 1992. v. 4. p. 10.

[17] "Entre os deveres do juiz está o de residir na comarca em que judica. Esta obrigatoriedade tem a sua razão de ser, eis que o preceito diz respeito apenas ao magistrado titular de 1º instância, cuja presença pode ser reclamada a qualquer hora do dia ou da noite. É o caso, por exemplo, do paciente que, fora do horário de expediente, necessita

O juiz titular continua com a obrigação de residir na respectiva comarca, sob pena de perda do cargo. Entretanto, com a autorização do tribunal respectivo, pode o magistrado residir em outras comarcas. Isso ocorre porque vários municípios do interior não dispõem de condições mínimas para que o juiz possa fixar residência ou porque eles moram em comarcas bem próximas onde podem exercer sua profissão sem prejudicar a celeridade da prestação jurisdicional.

Essa flexibilidade em nada distancia o juiz de seus jurisdicionados, já que eles residem em locais próximos ou, de forma transitória, por motivos excepcionais, tenham que fixar residência longe de suas comarcas. A regra geral é que os magistrados morem nas suas respectivas comarcas, para que possam se manter mais perto da população e, assim, resguardar o Estado de Direito.[18]

## 28.9 Remoção, disponibilidade e aposentadoria dos magistrados

O ato de remoção, disponibilidade e aposentadoria do magistrado, por interesse público, fundar-se-á em decisão por voto de maioria absoluta do respectivo Tribunal ou Conselho Nacional de Justiça, assegurando ampla defesa ao juiz. O direito à ampla defesa, a rigor, não precisaria estar expresso no referido dispositivo porque a Constituição garante, em seu art. 5º, inc. LV, aos litigantes, em processo judicial ou administrativo, e, aos acusados em geral, o direito ao contraditório e à ampla defesa.

A modificação efetuada pela Emenda nº 45 consiste na prerrogativa outorgada ao Conselho Nacional de Justiça, que, juntamente com o tribunal do qual faça parte o magistrado, poderá flexibilizar a garantia de sua inamovibilidade ou colocá-lo em disponibilidade ou aposentá-lo. Igualmente, foi alterado o *quorum* exigido para a aplicação de tais sanções, que antes era de dois terços e agora se exige maioria absoluta. O *quorum* de dois terços era muito alto, o que estimulava a impunidade de juízes que cometiam irregularidades. A diminuição propicia que tais medidas possam ser tomadas de forma mais frequente, todas as vezes que houver afronta aos parâmetros legais.

Havia certa incredulidade com a possibilidade de concretização dessa sanção porque antes da Reforma apenas o Tribunal respectivo poderia punir o magistrado com a remoção, a disponibilidade ou a aposentadoria. Argumentavam os críticos que na maioria dos casos agia o Tribunal de forma corporativa, em defesa mais dos interesses dos membros do Judiciário do que dos interesses da sociedade. Com a inclusão do Conselho Nacional da Justiça no exercício dessa função sancionatória, tencionou-se obter melhor fiscalização, estabelecendo o "controle externo" da magistratura, mesmo que nove de seus quinze participantes sejam membros do Poder Judiciário.

Como regra geral, os juízes gozam da garantia da inamovibilidade, que, juntamente com a vitaliciedade e com a irredutibilidade de vencimentos formam a tríade protetora da independência da magistratura,[19] representando a proteção dos juízes às injunções

---

impetrar *habeas corpus* na própria residência do juiz, por ser essa medida de grande urgência" (BASTOS, Celso Ribeiro; MARTINS, Ives Gandra da Silva. *Comentários à Constituição do Brasil*. São Paulo: Saraiva, 2000. v. 4. t. 3. p. 43).

[18] CANOTILHO, José Joaquim Gomes. *Estado de Direito*. Lisboa: Gradiva, 1999. p. 11.

[19] "A independência do juiz, ao revés, é a que importa a garantia de que o magistrado não estará submetido às pressões de poderes externos à própria magistratura, mas também implica a segurança de que o juiz não sofrerá

do poder político, como defende Giuseppe de Vergottini.[20] A independência do Poder Judiciário somente é possível se for garantida a independência de seus membros.[21]

A inamovibilidade é a garantia de que o juiz somente poderá ser transferido de sua comarca por sua própria vontade, impedindo que interferências políticas possam direcionar suas decisões. A disponibilidade ocorre quando o cargo que o juiz ocupava é declarado extinto ou foi declarada sua desnecessidade. Em consequência, ele deixará de exercer suas funções e receberá remuneração proporcional a seu tempo de serviço. A aposentadoria é o descanso remunerado do servidor, que acontece quando há o preenchimento dos requisitos estabelecidos. Entretanto, no referido inciso, ela se configura como uma sanção.

Portanto, a remoção, a disponibilidade e a aposentadoria dos magistrados configuram ato excepcional, que somente pode ocorrer em decorrência de interesse público, de forma fundamentada, com o *quorum* de maioria absoluta dos membros do respectivo Tribunal. Mesmo sem ter sido explicitado pela *Lex Mater*, o ato que flexibiliza a inamovibilidade dos juízes, ou o coloca em disponibilidade, ou o aposenta tem que ser fundamentado, porque dessa forma pode o direito à ampla defesa ser melhor exercido.

Há possibilidade de remoção de magistrados a pedido ou sua permuta desde que haja permissão do Tribunal de Justiça respectivo e que seja entre comarcas de igual entrância, respeitado o disposto nas alíneas *a*, *b*, *c* e *e* do inc. II do art. 93 da Carta Magna.

## 28.10 Publicidade dos julgamentos e eleição para a composição do órgão especial

A regra geral é que todos os julgamentos dos órgãos do Poder Judiciário serão públicos e fundamentadas suas decisões, sob pena de nulidade. A fundamentação das decisões do Judiciário significa a obrigatoriedade de que seus atos sejam motivados, com a intenção de submeter os magistrados ao império da lei, impedindo que extrapolem o exercício normal de suas atribuições.

Em determinados casos, desde que não prejudique o interesse público à informação, a lei poderá limitar a presença às próprias partes e a seus advogados para preservar o direito à intimidade do interessado. A exceção à publicidade dos julgamentos é que seja determinada por lei, para preservar o direito à intimidade do interessado, e para que não prejudique o interesse público à informação.

Em virtude do princípio da reserva legal, exclusivamente lei, em sentido formal, pode restringir o princípio da publicidade dos atos processuais. Sem amparo legal, não poderá o juiz restringir a publicidade dos atos processuais, sob pena de afronta à Constituição. O princípio da legalidade ganhou ares de unanimidade com o advento do movimento racionalista, em que a legitimidade que estava assentada em base teocrática, de caráter divino, foi substituída pela legitimidade calcada na legalidade, enunciando um princípio clássico de limitação do constitucionalismo.[22] De forma ampla, o princípio

---

as pressões dos órgãos colegiados da própria judicatura" (ZAFFARONI, Eugenio Raúl. *Poder Judiciário*. Crise, acertos e desacertos. Tradução de Juarez Tavares. São Paulo: RT, 1995. p. 88).

[20] VERGOTTINI, Giuseppe de. *Diritto costituzionale comparato*. 5. ed. Padova: Gordini, 1999. p. 355-368.
[21] ALVAREZ CONDE, Enrique. *Curso de derecho constitucional*. 2. ed. Madrid: Tecnos, 1993. v. II. p. 255.
[22] DALLA VIA, Alberto Ricardo. *Manual de derecho constitucional*. Buenos Aires: Lexis Nexis, 2004. p. 233.

mencionado exprime a ideia de lei como ato supremo e preponderante sobre qualquer direito de outra natureza.[23] Sem a existência de lei, resta lógico que o juiz se encontra impedido de formular restrições ao princípio da publicidade.

A Reforma do Judiciário cristalizou a supremacia do interesse público à informação em relação ao direito à intimidade do interessado. Não faz mais sentido utilizar-se dessa prerrogativa para a prática de ilegalidades que afrontam a ordem jurídica estabelecida.[24] Em uma sociedade extremamente heterogênea como a pós-moderna, considerar os interesses individuais como *standards* significa abdicar de parâmetros gerais que possam disciplinar coletivamente a sociedade.[25]

Todos os julgamentos do Poder Judiciário devem ser públicos para que a população possa fiscalizá-los. Essa é uma das formas de colocar o Judiciário mais próximo dos cidadãos, impedindo que ele se feche em uma redoma impenetrável e decida de acordo com seus interesses corporativos, alçando-se ao posto de instância moral superior da sociedade.[26] Julgamentos realizados fora da fiscalização pública somente podem ocorrer em excepcionais oportunidades, quando for previsto em lei e não prejudicar o interesse público à informação.

Como corolário do princípio da supremacia do interesse público, o dispositivo *supra* não deve ser interpretado restritivamente, no sentido de que apenas os julgamentos dos órgãos do Poder Judiciário que exercem função jurisdicional devam ser públicos e suas decisões fundamentadas. Deve incidir, de igual modo, sobre julgamentos de processos administrativos de todos os órgãos do Poder Judiciário, com a ressalva constante na própria norma constitucional. Ora, se o Conselho Nacional de Justiça é órgão do Poder Judiciário, que exerce função fiscalizatória e de natureza administrativa, também se submete à prescrição constitucional em apreço.

As decisões disciplinares continuam a necessitar do *quorum* de maioria absoluta de seus membros para se efetivarem, como forma de legitimar as decisões que estabelecem sanções contra os magistrados.

Como consequência da alteração efetuada pela Reforma do Judiciário, modificou-se a interpretação do art. 5º, inc. LX, também da Constituição, que expressa que a lei só poderá restringir a publicidade dos atos processuais quando a defesa da intimidade ou o interesse social o exigirem. Agora, a lei somente poderá mitigar a publicidade dos atos processuais quando a defesa da intimidade ou o interesse social o exigirem e quando não houver prejuízo ao interesse público à informação.

Outra modificação desse tópico refere-se ao órgão especial, que poderá existir nos tribunais com número superior a vinte e cinco julgadores, composto com o mínimo de onze e o máximo de vinte e cinco membros para o exercício das atribuições

---

[23] ZAGREBELSKY, Gustavo. *Il diritto mite, legge, diritti, giustizia*. 2. ed. Torino: Einaudi, 1992. p. 24.

[24] AGRA, Walber de Moura. *Manual de direito constitucional*. São Paulo: RT, 2002. p. 172.

[25] Neste sentido, verificar: DWORKIN, Ronald. *Sovereign virtue*. The theory and practice of equality. Massachusetts: Harvard University Press, 2000. p. 211.

[26] "Quando a justiça ascende ela própria à condição de mais alta instância moral da sociedade passa a escapar de qualquer mecanismo de controle social; controle ao qual normalmente se deve subordinar toda instituição do Estado em uma forma de organização democrática. No domínio de uma Justiça superior que contrapõe um direito 'superior', dotado de atributos morais, ao simples direito dos outros poderes do Estado e à sociedade é notória a regressão a valores pré-democráticos de parâmetros de integração social" (MAUS, Ingeborg. O Judiciário como superego da sociedade – Sobre o papel da atividade jurisprudencial na sociedade órfã. *Anuário dos cursos de pós-graduação em Direito*, Recife, n. 11, 2000. p. 129).

administrativas e jurisdicionais delegadas pelo Tribunal Pleno. Metade de seus membros é composta por antiguidade e a outra metade é eleita pelo Tribunal Pleno.

Quando o Tribunal Pleno, composto pela totalidade dos desembargadores, tiver número superior a vinte e cinco julgadores, poderá criar órgão especial. Essa é uma prerrogativa facultativa, dependendo de critério discricionário do Tribunal. Se for criado, deve o Tribunal Pleno especificar as funções administrativas e jurisdicionais que lhe foram delegadas. Quem deve convocar os desembargadores para decidir sobre a criação do referido órgão é o presidente do Tribunal de Justiça.

A razão para a criação do Tribunal Especial é que as decisões são mais difíceis de serem tomadas em Tribunais com grande número de membros – *quantum* esse determinado pela Constituição como colegiados formados por mais de vinte e cinco julgadores. O estabelecimento de um órgão com menor número de componentes facilita a formação de consensos, o que acelera o processo de decisão.

A escolha dos membros que compõem o órgão especial é feita metade pelo critério da antiguidade e metade por eleição, da qual participam os membros do Tribunal Pleno. Assim, democratiza-se o processo de escolha dos membros que compõem o órgão especial, com a possibilidade de qualquer desembargador vir a fazer parte de sua composição. O restante das vagas é escolhido pelo critério de antiguidade, que é claro e objetivo, evitando a utilização de critérios subjetivos e indeterminados.

A modificação implementada, ao mesmo tempo que preservou o critério de antiguidade, democratizou a oportunidade de acesso ao órgão especial, possibilitando que os magistrados que eram excluídos de qualquer participação no processo de escolha possam escolher metade de seus integrantes. Portanto, essa e outras alterações produzidas pela Reforma do Judiciário significam o fortalecimento dos princípios norteadores da democracia na estruturação do Poder Judiciário.[27]

## 28.11 Agilização da prestação jurisdicional

Importante inovação trazida pela Emenda Constitucional nº 45 consiste na extinção das férias coletivas ou recessos nos juízos e tribunais de 2º grau, tornando a prestação jurisdicional ininterrupta. Numa sociedade em que as demandas jurídicas se avolumam, tornando lenta a prestação jurisdicional, não fazia sentido que houvesse férias coletivas ou recessos forenses nos juízos e tribunais de 2º grau, que paralisavam as atividades judiciárias por determinado período.[28]

Como planteia Pontes de Miranda, a missão precípua do Poder Judiciário é julgar, e, quando a atividade jurisdicional é interrompida por um lapso temporal razoável, macula-se a própria razão de existência desse poder.[29]

---

[27] Böckenförde considera o povo como titular do poder do Estado, e esse é o principal traço do regime democrático de governo (BÖCKENFÖRDE, Ernst Wolfgang. *Estudios sobre el estado de derecho y la democracia*. Madrid: Trotta, 2000. p. 53-54).

[28] O Tribunal deferiu medida cautelar em ação direta de inconstitucionalidade para suspender a eficácia de qualquer instrumento normativo que conceda férias coletivas, ficando estas definitivamente extintas em razão do art. 93, XII, que prescreve a atividade jurisdicional que será ininterrupta (ADI nº 3.823/DF, Rel. Min. Cármen Lúcia, 6.12.2006).

[29] MIRANDA, Francisco Cavalcanti Pontes de. *Comentários à Constituição de 1967*. 2. ed. São Paulo: RT, 1970. t. III. p. 563.

O princípio da prestação jurisdicional ininterrupta tenciona que o Poder Judiciário funcione continuamente, sem as paralisações decorrentes de férias coletivas ou recessos que sobrestavam todo o Judiciário. Recessos de meio e fim de ano nos tribunais de justiça foram abolidos. Os juízes e desembargadores continuam a gozar de seu direito de férias normalmente, com dois períodos de descanso individuais para cada magistrado por ano.

Mesmo nos dias em que não houver expediente forense normal, como nos dias feriados, para garantir a ininterrupção da atividade jurisdicional deve haver juízes plantonistas permanentemente, analisando os casos urgentes apresentados.

Por incrível que possa parecer, esse dispositivo (art. 93, XII) da Reforma contou com a oposição da Ordem dos Advogados do Brasil, que teoricamente deveria ser a entidade mais interessada no novo conteúdo, alegando que a ininterrupção contínua da atividade jurisdicional retira do advogado militante a condição de descanso, já que, se os tribunais estiverem funcionando, os advogados terão que atuar.[30]

Grave problema que afeta a jurisdição brasileira é o diminuto número de juízes em relação ao número de habitantes, o que contribui para dilatar o prazo de entrega da *jurisdictio*. No Brasil, a relação é de um juiz para cada trinta mil habitantes. Na Alemanha, por exemplo, para se fazer uma rápida comparação, há um juiz para cada 3.863 habitantes. A proporção ideal é de um juiz para cada dez mil habitantes.[31]

Para agilizar a prestação jurisdicional, que foi um dos escopos da Reforma, determina a Constituição Federal que o número de juízes será proporcional à efetiva demanda judicial e à respectiva população (art. 93, XIII). Com a supremacia, que é seu apanágio, estabelece a Carta Magna que o número de juízes será determinado por dois critérios objetivos: a efetiva demanda judicial e a população respectiva. Tenta-se configurar uma equação matemática que possa garantir uma prestação jurisdicional eficiente, que seja apta a atender às controvérsias postas à apreciação do Poder Judiciário e solucioná-las.

Na tentativa de evitar que os juízes percam muito tempo em atividades burocráticas, pode haver delegação aos servidores da prática de atos de administração e atos de mero expediente sem caráter decisório (art. 93, XIV), o que não descaracteriza sua natureza de função pública de caráter restrito pelo fato de serem prestadas por servidores públicos, como ensina Klaus Stern.[32] Não há necessidade de que todos os atos processuais passem pela apreciação do juiz, que perde tempo bastante apreciável para a resolução de questões meramente administrativas, deixando de se concentrar em sua função primordial de *jurisdictio*. Sendo excluídos os atos de natureza decisória da possibilidade dessa delegação, descabe qualquer tipo de argumentação contra ela, que deixa intacto o princípio da universalidade da jurisdição nas mãos do Poder Judiciário e,[33] como vantagem, acelera a eficiência da jurisdição.

Ainda com a finalidade de agilizar a prestação jurisdicional, a distribuição de processos será imediata, em todos os graus de jurisdição, ultrapassando as barreiras impostas pelos entraves burocráticos (art. 93, XV, da CF). Em razão da distribuição imediata dos processos, com a indicação de magistrado competente, espera-se evitar a perda de tempo

---

[30] Relatório à PEC nº 29, de 2000, de Bernardo Cabral.
[31] Relatório à PEC nº 29, de 2000, de Bernardo Cabral.
[32] STERN, Klaus. *Derecho del Estado de la República Federal Alemana*. Madrid: Centro de Estudios Constitucionales, 1987. p. 604.
[33] PÉREZ ROYO, Javier. *Curso de derecho constitucional*. 6. ed. Madrid: Marcial Pons, 1999. p. 881.

que ocorria até que eles chegassem às mãos dos magistrados, extinguindo o represamento de processos e recursos no setor de distribuição dos tribunais e fóruns do país.

Impede-se, com essa medida, que os processos fiquem paralisados no cartório, sem que o juiz possa ser imputado pela demora. Estando o processo imediatamente à disposição do magistrado, começa a contagem do prazo para se configurar a retenção dos autos além do tempo estipulado legalmente.

A distribuição de processos é obrigatória onde existir mais de um juiz, de acordo com a exegese do art. 284 do CPC/2015. E é assim, para evitar que haja sobrecarga de trabalho para um juiz em detrimento do outro.

A distribuição, em regra, é feita por computador, logo que o processo ingressa no setor competente, utilizando-se os critérios da igualdade e da alternatividade. Ocorre que, em alguns fóruns do país, um processo demora muito para ser distribuído. Milhares de peças processuais amontoam-se, aguardando a ordem cronológica de distribuição, bem como a capacidade de julgamento de cada seção.

Essa norma constitucional, que antes inexistia na Constituição, veio acabar com esse tipo de mazela, tendo por objetivo maior a rápida entrega da prestação jurisdicional, independentemente dos problemas que alguns tribunais enfrentarão para colocar em prática a regra em epígrafe.

A palavra *imediata* não pode ser interpretada de forma literal. Há que se esperar determinado lapso temporal, considerando-se a demanda de processos e o tempo que medeia a chegada do processo e sua saída do setor de distribuição, haja vista ser lá que também ocorrem, em regra, a autuação e registro do feito.

A constitucionalização da distribuição imediata de processos em todos os graus de jurisdição, que já era realidade em muitos estados, dotando-os de supremacia constitucional, obriga seu cumprimento a todos os entes federativos, além de revogar todas as legislações em sentido contrário.

## 28.12 Quinto constitucional nos tribunais

Estabelecido na Constituição de 1934, seu escopo foi o de impedir o corporativismo do Judiciário e oxigenar este poder com a presença de outras categorias ligadas ao funcionamento da Justiça, tornando-o, assim, mais democrático.

A Constituição estabeleceu que a quinta parte dos lugares dos Tribunais Regionais Federais e dos Tribunais dos Estados e Territórios deve ser composta de membros do Ministério Público, com mais de dez anos de carreira, e de advogados, com o mesmo tempo de carreira, de notório saber jurídico e reputação ilibada. Cada órgão de classe indica uma lista sêxtupla, que será tornada tríplice pelo tribunal respectivo, havendo depois a escolha por parte do chefe do Executivo (art. 94 da CF).

Nas vagas reservadas para o Ministério Público e para os advogados vigora o princípio da infungibilidade, isto é, essas vagas somente podem ser ocupadas por promotores e advogados, impedida a nomeação de juiz.

Quando o resultado do quinto constitucional for número fracionado, não importando que a fração seja inferior a meio, deve-se fazer o arredondamento para cima.[34]

---

[34] AO nº 493, Rel. Min. Octavio Gallotti, 6.6.2000.

Assim, um quinto de tribunal que tenha dezesseis membros é quatro, porque um quinto de dezesseis é três vírgula dois, devendo o número ser arredondado para uma casa decimal acima.[35]

Os advogados e membros do Ministério Público que compõem o Tribunal Superior Eleitoral e o Superior Tribunal Militar não se enquadram no quinto constitucional, pois se configuram em uma fração diversa. Já os membros do Tribunal Superior do Trabalho e dos Tribunais Regionais do Trabalho se enquadram no quinto constitucional.

## 28.13 Juizados Especiais e Justiça de Paz

Com o objetivo de solucionar um dos principais problemas do Judiciário brasileiro – a morosidade no julgamento dos processos –, foram regulamentados pela Lei nº 9.099/1995, os Juizados Especiais de causas cíveis e criminais, que podem ser criados pela União e pelos estados (art. 98, I, da CF). Lei federal disporá sobre a criação de Juizados Especiais no âmbito da Justiça Federal (art. 98, §1º, da CF).[36]

Formados por juízes togados e leigos, os Juizados Especiais têm a competência de realizar conciliação, julgamento e execução das causas cíveis de menor complexidade, entre elas as que tenham um valor de até 40 salários mínimos, e de julgar as infrações penais de menor potencial ofensivo.

Para acelerar o julgamento dos processos, sem afronta ao devido processo legal, ao contraditório e à ampla defesa, o procedimento será sumaríssimo e, na medida do possível, oral. Há maior possibilidade de ser realizada a transação (acordo entre as partes) e os recursos serão julgados por uma turma de juízes de primeiro grau – o colégio recursal –, formada por três membros.

A Justiça de Paz foi prevista, inicialmente, no texto da Carta de 1824, com o objetivo de auxiliar o Poder Judiciário em determinadas tarefas. Formada por cidadãos eleitos pelo voto direto, universal e periódico, com mandato de quatro anos, tem ela as funções de celebrar casamentos, verificar o trâmite para os proclamas matrimoniais, exercer atividades conciliatórias de caráter não jurisdicional, além de outras decorrentes de legislação infraconstitucional (art. 98, II, da CF).

---

[35] "O Tribunal, por maioria, indeferiu mandado de segurança impetrado pela Associação Nacional dos Procuradores da República – ANPR contra a nomeação de integrante da classe dos advogados para a nova vaga no TRF da 5ª Região (criada pela Lei nº 9.967/2000) destinada ao quinto constitucional. Alegava-se que, com a criação da nova vaga tornando ímpar o número de vagas destinadas ao quinto constitucional, a sua primeira composição deveria ser preenchida pela classe dos advogados, conforme dispõe o §2º do art. 100 da LOMAN ('Nos Tribunais em que for ímpar o número de vagas destinadas ao quinto constitucional, uma delas será, alternada e sucessivamente, preenchida por advogado e por membro do Ministério Público, de tal forma que, também sucessiva e alternadamente, os representantes das duas classes superem os da outra em uma unidade'). O Tribunal entendeu não ser aplicável à espécie o mencionado §2º do art. 100, porquanto se tratava do primeiro provimento de vaga que determinara o número ímpar do quinto constitucional, e não da alternância de vaga ímpar já existente. Considerou-se, ainda, que não há qualquer previsão constitucional ou legal disciplinando tal hipótese e, por isso, a decisão do TRF da 5ª Região que destinara a nova vaga aos advogados não incorreu em qualquer ilegalidade. Salienta-se, também, que a ordem das palavras na composição dos Tribunais Regionais Federais prevista no art. 107, I, da CF, em que a palavra 'advogados' é mencionada antes da palavra 'membros do Ministério Público Federal', não é critério significativo, uma vez que o art. 94 da CF, ao dispor sobre o quinto constitucional, cita primeiramente o Ministério Público Federal e, depois, os advogados. Vencido o Min. Marco Aurélio, que deferia a segurança, por entender que o TRF não poderia escolher entre egresso da advocacia ou do Ministério Público [...]" (MS nº 23.972/DF, Rel. Min. Carlos Velloso, *Informativo do STF*, 12 set. 2001).

[36] Os Juizados Especiais Civis e Criminais no âmbito da Justiça Federal apenas foram regulamentados em 2001, pela Lei nº 10.259.

A Justiça de Paz ainda não foi instituída no Brasil. O custo que teria a realização de eleições diretas, aliado às ingerências políticas, serve de freio para a sua implantação.

## 28.14 Autonomia do Poder Judiciário

A autonomia do Poder Judiciário possibilita o autogoverno da magistratura. Com essa liberdade, o Judiciário se organiza para atender às suas funções da melhor forma possível, assegurando a celeridade da prestação jurisdicional (art. 99 da CF).

Os tribunais elaboram suas propostas orçamentárias, dentro dos limites estipulados nas diretrizes orçamentárias e na Lei de Responsabilidade Fiscal.[37] O encaminhamento da proposta, ouvidos os tribunais interessados, compete: no âmbito da União, ao presidente do Supremo Tribunal Federal e aos presidentes dos Tribunais Superiores, com aprovação das respectivas Cortes; e, no âmbito dos estados e no Distrito Federal e territórios, aos presidentes dos Tribunais de Justiça, com aprovação dos respectivos tribunais (art. 99, §§1º e 2º, da CF).[38]

Se os órgãos supramencionados não encaminharem as respectivas propostas orçamentárias dentro do prazo estabelecido, o Poder Executivo considerará, para fins de consolidação da proposta orçamentária anual, os valores aprovados na lei orçamentária vigente, ajustados de acordo com a Lei de Diretrizes Orçamentárias (art. 99, §3º, da CF). Se as propostas orçamentárias forem encaminhadas em desacordo com os limites estipulados na forma da Lei de Diretrizes Orçamentárias, o Poder Executivo procederá aos ajustes necessários para fins de consolidação da proposta orçamentária anual (art. 99, §4º, da CF).

Durante a execução orçamentária não poderá haver a realização de despesas ou a assunção de obrigações que extrapolem os limites estabelecidos na lei de diretrizes orçamentárias, exceto se previamente autorizadas, mediante a abertura de créditos suplementares ou especiais (art. 99, §5º, da CF).

As custas e emolumentos serão destinados exclusivamente ao custeio dos serviços afetos às atividades específicas da Justiça (art. 98, §2º, da CF). Com a finalidade de agilizar o julgamento dos processos, nos tribunais com número superior a vinte e cinco julgadores, poderá ser constituído órgão especial, com o mínimo de onze e o máximo de vinte e cinco membros, para o exercício de funções administrativas e jurisdicionais de competência do Tribunal Pleno (art. 93, XI, da CF). As decisões administrativas dos tribunais serão motivadas, e as decisões disciplinares tomadas pelo voto da maioria absoluta de seus membros (art. 93, X, da CF).

As decisões referentes ao controle de constitucionalidade, pela sua importância, somente podem ser tomadas pelo voto da maioria absoluta dos membros do respectivo órgão especial, declarando a lei ou ato normativo emanado do Poder Público como inconstitucional. É a chamada reserva de plenário, que serve para que as decisões acerca dessa matéria só possam ser tomadas com o mencionado *quorum*, o que lhes confere

---

[37] "Não pode o Poder Judiciário usurpar competência legislativa do Poder Executivo e criar, para si, nova receita pública, que não está na lei de execução orçamentária, e prever a assunção de despesas sem indicar receitas legalmente constituídas" (ADI nº 2.855/MT, Rel. Min. Marco Aurélio, 26.10.2006).

[38] Súmula nº 339 do Supremo Tribunal Federal: "Não cabe ao Poder Judiciário, que não tem função legislativa, aumentar vencimentos de servidores públicos, sob o fundamento de isonomia".

uma maior legitimação, reforçando a presunção de constitucionalidade das normas jurídicas (art. 97 da CF).

São competências privativas dos tribunais (art. 96, I, da CF):

> a) eleger seus órgãos diretivos e elaborar seus regimentos internos, com observância das normas de processo e das garantias processuais das partes, dispondo sobre a competência e o funcionamento dos respectivos órgãos jurisdicionais e administrativos;
> b) organizar suas secretarias e serviços auxiliares e os dos juízos que lhes forem vinculados, velando pelo exercício da atividade correicional respectiva;
> c) prover, na forma prevista nesta Constituição, os cargos de juiz de carreira da respectiva jurisdição;
> d) propor a criação de novas varas judiciárias;
> e) prover, por concurso público de provas, ou provas e títulos, obedecido o disposto no art. 169, parágrafo único, os cargos necessários à administração da justiça, exceto os de confiança assim definidos em lei;
> f) conceder licença, férias e outros afastamentos a seus membros e aos juízes e servidores que lhes forem imediatamente vinculados.

Nas matérias delineadas a seguir, a iniciativa é exclusiva do Judiciário, havendo necessidade de lei específica para a sua realização. Se o projeto de lei não for proposto pelo Poder Judiciário, haverá inconstitucionalidade formal subjetiva.

Cabe ao Supremo Tribunal Federal, aos Tribunais Superiores e aos Tribunais de Justiça propor ao Poder Legislativo respectivo (art. 96, II, da CF):

> a) a alteração do número de membros dos tribunais inferiores;
> b) a criação e a extinção de cargos e a remuneração dos seus serviços auxiliares e dos juízos que lhes forem vinculados, bem como a fixação do subsídio de seus membros e dos juízes, inclusive dos tribunais inferiores, onde houver;
> c) a criação ou extinção dos tribunais inferiores;
> d) a alteração da organização e da divisão judiciárias.

Aos Tribunais de Justiça cabe julgar os juízes estaduais e do Distrito Federal e territórios, bem como os membros do Ministério Público, nos crimes comuns e de responsabilidade, ressalvada a competência da Justiça Eleitoral (art. 96, III, da CF).

## 28.15 Supremo Tribunal Federal

O Supremo Tribunal Federal foi criado pelo Decreto nº 510, de 22.6.1890, sendo regulamentado em nível constitucional em 1891, pelo Decreto nº 848, de 11 de outubro, sucedendo ao antigo Supremo Tribunal de Justiça, que por sua vez foi o sucessor da antiga Casa de Suplicação.

É composto de onze ministros, escolhidos entre cidadãos, brasileiros natos, com mais de trinta e cinco e menos de sessenta e cinco anos de idade, de notável saber jurídico e reputação ilibada (art. 101, *caput*, da CF).[39]

---

[39] Brasileiros naturalizados não podem ser escolhidos, por força do art. 12, §3º, inc. IV, da Constituição Federal.

Nem sempre esse foi o número de ministros do Supremo. Na Constituição de 1891, o seu número era de quinze; no texto de 1934, o número era de onze, que também era o estipulado nas Cartas de 1937 e 1946. O Ato Institucional nº 2, de 1965, no seu art. 6º, aumentou o número para dezesseis ministros, aceito pela Carta de 1967. O Ato Institucional nº 6, de 1969, no seu art. 1º, voltou a diminuir o número para onze, quantidade esta adotada pela Carta de 1988.

Notável saber jurídico significa que o cidadão, obrigatoriamente, deve ser bacharel em direito, com robustos conhecimentos que se traduzam em sapiência nos julgamentos. Não é requisito para o ingresso no Supremo Tribunal Federal o exercício da magistratura, do Ministério Público, da Defensoria Pública, nem mesmo o exercício efetivo da advocacia. O notável saber jurídico é concretizado com a obtenção do título de bacharel em direito do indicado pelo presidente da República e a demonstração do seu cabedal de conhecimentos jurídicos.

A reputação ilibada pode ser traduzida pela exigência de que a conduta do cidadão indicado para compor o STF seja pautada nos parâmetros da ética, guiando sua conduta de acordo com as obrigações morais vigentes na sociedade. Esses vetores morais devem pautar a conduta do indicado tanto no campo profissional como no campo pessoal.

Na história do Supremo, já houve casos de ministros que não eram bacharéis em direito. Floriano Peixoto, com base na Constituição Federal de 1891, que trazia como requisito apenas o "notável saber", nomeou o médico Barata Ribeiro e os generais Inocêncio Galvão de Queiroz e Raymundo Ewerton de Quadros.

Os ministros são escolhidos pelo presidente da República, devendo a indicação obter aprovação do Senado Federal, com o *quorum* de maioria absoluta, mediante resolução (art. 101, parágrafo único, da CF). Antes da aprovação, os ministros devem ser submetidos à sabatina pelos senadores.[40] O *quorum* de maioria absoluta é o exigido para a aprovação dos ministros do Supremo; para os demais Tribunais Superiores, o *quorum* é o de maioria relativa.

O número de ministros do Supremo Tribunal Federal pode ser alterado por emenda constitucional sem que isso signifique lesão a direitos fundamentais ou a cláusulas pétreas, desde que o procedimento siga o desenhado pela Constituição. A independência do Judiciário restaria assim mantida e com todas as garantias constitucionais preservadas.

O Supremo é formado por um órgão monocrático, a Presidência, com a função de exercer as prerrogativas administrativas da cúpula do Poder Judiciário, e por dois órgãos colegiados, o Plenário, formado por todos os ministros, e as Turmas, em número de duas, formada cada uma por cinco membros.

O STF não seguiu os moldes das cortes constitucionais europeias, que têm suas atividades restritas apenas ao resguardo dos textos constitucionais (os tribunais constitucionais concentram de forma exclusiva o controle de constitucionalidade, não existindo o controle difuso, por parte de todos os órgãos do Judiciário). No Brasil, o STF, além da missão de guardião da Constituição, desempenha o papel de órgão recursal, funcionando como uma quarta instância para o Poder Judiciário. Com essa dupla função,

---

[40] Infelizmente, no Brasil a função do Senado Federal é homologar a indicação do presidente da República, ao contrário dos Estados Unidos, em que o Senado, no século XIX, rejeitou cinco indicados para o cargo de ministro da Suprema Corte norte-americana.

o Supremo não consegue se dedicar exclusivamente à jurisdição constitucional, o que não o deixa funcionar plenamente na defesa da Lei Maior.

As cortes constitucionais, para funcionarem atendendo à sua relevante missão, devem ser estruturadas para obterem a maior densidade possível de legitimidade, consenso no seio da sociedade, e pluralidade política, representando os componentes da divisão de poderes.[41] Essas duas exigências, no caso brasileiro, ficam maculadas porque os ministros do Supremo têm mandato vitalício, se aposentam compulsoriamente com 70 anos de idade, e são indicados pelo presidente da República, depois de aprovação pelo Senado. Com isso, a renovação dos seus quadros é muito lenta e a indicação dos seus membros, pelas peculiaridades do presidencialismo pátrio, pertence preponderantemente ao presidente, o que faz com que o ministro escolhido não tenha legitimidade social.

O Supremo Tribunal Federal e o Superior Tribunal de Justiça formam o núcleo central do Poder Judiciário brasileiro. Expressa-se, a respeito do assunto, o Min. Carlos Velloso:

> Assim, abaixo do Supremo Tribunal Federal, que é a cúpula do Judiciário brasileiro, por isso colocado no ápice da pirâmide judiciária nacional, situa-se o Superior Tribunal de Justiça, que assumiu competência antes conferida à Corte Suprema e ao extinto Tribunal Federal de Recursos.[42]

Esses dois tribunais têm competência nacional, tanto na esfera federal quanto na esfera estadual, velando pela uniformidade do sistema jurídico.

A abrangência de competências e a forma centralizadora de escolha dos seus membros fazem com que o Supremo Tribunal Federal venha recebendo críticas de vários setores da sociedade, que contribuem para o fortalecimento da proposta de transformá-lo em uma Corte Constitucional nos padrões europeus, com adaptações, evidentemente, à nossa realidade social.

Orlando Soares elenca os motivos de insatisfação com a atuação do Supremo:

> Dentre os motivos e fatores, que frustraram as expectativas, quanto à missão constitucional do Supremo Tribunal Federal, podem ser citados os seguintes: decisiva influência do poder econômico, nos destinos do País; autoritarismo político; prepotência e indisciplina das Forças Armadas; pressões imperialistas, atuando nos bastidores, provocando instabilidade institucional, permanentemente; concepções ideológicas retrógradas, por parte das chamadas elites jurídicas, e assim por diante.[43]

As competências do STF são a originária (art. 102, I, da CF) e a recursal, dividindo-se esta em ordinária (art. 102, II, da CF) e extraordinária (art. 102, III, da CF). A competência para julgar os seus ministros pertence ao próprio Supremo.

Competência originária significa que sobre determinadas matérias apenas o Supremo tem a prerrogativa para solucionar o caso, cabendo das suas decisões

---

[41] MORAES, Alexandre de. *Jurisdição constitucional e tribunais constitucionais*. São Paulo: Atlas, 2000. p. 77.

[42] VELLOSO, Carlos Mário da Silva. O Superior Tribunal de Justiça – Competências originárias e recursal. In: *Recursos no Superior Tribunal de Justiça*. São Paulo: Saraiva, 1991. p. 4.

[43] SOARES, Orlando. *Comentários à Constituição da República Federativa do Brasil*. 5. ed. Rio de Janeiro: Forense, 1991. p. 458.

unicamente a ação rescisória e os embargos declaratórios. Como exemplo, podem ser apontados o conflito de competências entre tribunais superiores, o julgamento de algumas infrações com foro privilegiado relativo à dignidade da função etc. Em razão da complexidade e da essencialidade das matérias postas à apreciação originária, seu elenco é exaustivo.

Competência recursal ordinária é aquela em que a matéria chega ao Supremo mediante dois tipos de situações: primeiramente, quando há denegação em única instância, por tribunais superiores, de *habeas corpus*, mandado de segurança, *habeas data* e mandado de injunção; em segundo lugar, nos crimes políticos.

A competência recursal extraordinária se realiza mediante recurso extraordinário, assim chamado porque previsto na Constituição Federal para posicionamentos judiciais que contrariem o Texto Magno e que tenham sido decididos em única ou última instância.

São competências do Supremo Tribunal Federal (art. 102, I a III, da CF):

> I – processar e julgar, originariamente:
> a) a ação direta de inconstitucionalidade de lei ou ato normativo federal ou estadual e a ação declaratória de constitucionalidade de lei ou ato normativo federal;
> b) nas infrações penais comuns, o Presidente da República, o Vice-Presidente, os membros do Congresso Nacional, seus próprios Ministros e o Procurador-Geral da República;
> c) nas infrações penais comuns e nos crimes de responsabilidade, os Ministros de Estado, ressalvado o disposto no art. 52, I, os membros dos Tribunais Superiores, os do Tribunal de Contas da União e os chefes de missão diplomática de caráter permanente;
> d) o *habeas corpus*, sendo paciente qualquer das pessoas referidas nas alíneas anteriores; o mandado de segurança e o *habeas data* contra atos do Presidente da República, das Mesas da Câmara dos Deputados e do Senado Federal, do Tribunal de Contas da União, do Procurador-Geral da República e do próprio Supremo Tribunal Federal;
> e) o litígio entre Estado estrangeiro ou organismo internacional e a União, o Estado, o Distrito Federal ou o Território;
> f) as causas e os conflitos entre a União e os Estados, a União e o Distrito Federal, ou entre uns e outros, inclusive as respectivas entidades da administração indireta;[44]
> g) a extradição solicitada por Estado estrangeiro;
> h) (Revogado pela Emenda Constitucional nº 45);
> i) o *habeas corpus*, quando o coator for Tribunal Superior ou quando o coator ou o paciente for autoridade ou funcionário cujos atos estejam sujeitos diretamente à jurisdição do Supremo Tribunal Federal, ou se trate de crime sujeito à mesma jurisdição em uma única instância;
> j) a revisão criminal e a ação rescisória de seus julgados;
> l) a reclamação para a preservação de sua competência e garantia da autoridade de suas decisões;
> m) a execução de sentença nas causas de sua competência originária, facultada a delegação de atribuições para a prática de atos processuais;

---

[44] A competência originária concedida ao STF pelo art. 102, I, *f*, da CF diz respeito, tão só, àqueles litígios que possam provocar situações caracterizadoras de conflito federativo. Com esse entendimento, o Tribunal, resolvendo questão de ordem, afastou a competência do STF para julgar mandado de segurança impetrado pela Assembleia Legislativa do Estado do Amazonas contra ato do presidente da 6ª Câmara de Recursos da Previdência Social, porquanto a controvérsia não colocava em risco a federação, e determinou a devolução dos autos ao juízo federal de primeira instância (MS(QO) nº 23.482/DF, Rel. Min. Ilmar Galvão).

n) a ação em que todos os membros da magistratura sejam direta ou indiretamente interessados, e aquela em que mais da metade dos membros do tribunal de origem estejam impedidos ou sejam direta ou indiretamente interessados;[45]

o) os conflitos de competência entre o Superior Tribunal de Justiça e quaisquer tribunais, entre Tribunais Superiores, ou entre estes e qualquer outro tribunal;

p) o pedido de medida cautelar das ações diretas de inconstitucionalidade;

q) o mandado de injunção, quando a elaboração da norma regulamentadora for atribuição do Presidente da República, do Congresso Nacional, da Câmara dos Deputados, do Senado Federal, da Mesa de uma dessas Casas Legislativas, do Tribunal de Contas da União, de um dos Tribunais Superiores, ou do próprio Supremo Tribunal Federal;

r) as ações contra o Conselho Nacional de Justiça e contra o Conselho Nacional do Ministério Público.

II – julgar, em recurso ordinário:

a) o *habeas corpus*, o mandado de segurança, o *habeas data* e o mandado de injunção decididos em única instância pelos Tribunais Superiores, se denegatória a decisão;

b) o crime político;

III – julgar, mediante recurso extraordinário, as causas decididas em única ou última instância, quando a decisão recorrida:

a) contrariar dispositivo desta Constituição;

b) declarar a inconstitucionalidade de tratado ou lei federal;

c) julgar válida lei ou ato de governo local contestado em face desta Constituição;

d) julgar válida lei local contestada em face de lei federal.

§1º A arguição de descumprimento de preceito fundamental, decorrente desta Constituição, será apreciada pelo Supremo Tribunal Federal, na forma da lei.

## 28.16 Extensão dos efeitos vinculantes da decisão

Com a Reforma do Judiciário, as decisões definitivas de mérito proferidas pelo Supremo Tribunal Federal nas ações diretas de inconstitucionalidade e nas ações declaratórias de constitucionalidade produzirão eficácia contra todos e efeito vinculante (art. 102, §2º, da CF).[46] Antes da referida emenda, em nível constitucional, a única ação do controle abstrato que produzia esse efeito era a ação declaratória de constitucionalidade.[47]

Ficam vinculadas às decisões meritórias do STF todos os órgãos do Poder Judiciário e a Administração Pública direta e indireta de todas as esferas da federação. Ou seja, o único órgão que não fica adstrito às decisões do Egrégio Tribunal é o Poder Legislativo, em decorrência da liberdade de produção normativa que foi deferida a este poder pela

---

[45] O STF reconheceu a competência para julgar duas ações, ajuizadas pelos juízes de direito do estado da Bahia e pela Associação dos Magistrados do mesmo estado – AMAB, em que se pretende a incorporação aos vencimentos dos associados do índice de 11,98%, decorrente da conversão do valor de suas remunerações pela URV. O Supremo decidiu que era matéria de sua competência, com base no art. 102, I, *n*, devido à constatação de que todos os juízes de direito do estado da Bahia pertencem à referida associação (AO nº 614/BA, Rel. Min. Néri da Silveira).

[46] ARAÚJO, Luiz Alberto David. A reforma do Poder Judiciário (EC nº 45) e o controle concentrado de constitucionalidade. In: TAVARES, André Ramos; LENZA, Pedro; LORA ALARCÓN, Pietro de Jesús. *Reforma do Judiciário*. Analisada e comentada. São Paulo: Método, 2005. p. 226.

[47] Entende o Min. Eros Grau que a interpretação conferida pelo Supremo à Constituição, fortalecida pelo efeito vinculante, produz um juízo de constitucionalidade sobre determinado texto normativo infraconstitucional que atinge a todos, sem distinção, compulsoriamente afetados pelas consequências normativas das decisões definitivas de mérito proferidas pelo STF nas ações diretas de inconstitucionalidade e nas ações declaratórias de constitucionalidade (Rcl nº 4.219/SP, Rel. Min Joaquim Barbosa, 7.3.2007).

Constituição Federal. Se o Legislativo também ficasse adstrito ao efeito vinculante das decisões do Supremo, acabar-se-ia com sua função primordial, a produção legislativa, já que teria que se submeter às decisões proferidas, ocasionando a subordinação deste poder.

Sergio Bermudes ensina que a expressão *decisão definitiva de mérito* expressa um pleonasmo, já que toda decisão de mérito é terminativa. A ênfase na terminologia utilizada tencionou deixar clarividente que o efeito vinculante somente começa a produzir os seus efeitos com o trânsito em julgado da decisão.[48]

Com a alteração efetuada, ficam sepultadas todas as indagações a respeito da constitucionalidade da Lei nº 9.869/99, que concede, por via infraconstitucional, efeito vinculante à ação direta de constitucionalidade. Agora ficaram clarividentes os seus efeitos vinculantes e sua eficácia *erga omnes*. Ficaram de fora da extensão dos efeitos vinculantes a ação de descumprimento de preceito fundamental, a ação interventiva e a ação direta de constitucionalidade por omissão.

## 28.17 Súmula vinculante

Súmulas vinculantes são reiteradas decisões do Supremo Tribunal Federal sobre determinada matéria, que, após obter o consentimento de dois terços de seus membros e a partir de sua publicação, tornam-se de observância obrigatória para os órgãos do Judiciário e da Administração Pública direta e indireta, nas esferas federal, estadual e municipal (art. 103-A da CF). Ela foi regulamentada pela Lei nº 11.417/2006.

Sua criação foi precedida de intensos debates, em que severas críticas foram formuladas contra o novel instituto. Seus defensores sustentam que a súmula vinculante agiliza a prestação jurisdicional porque obstacula a repetição de processos que versem sobre matéria já sumulada, o que permite uma maior eficiência na realização de suas funções. Seus opositores afirmam que ela quebra o livre convencimento dos juízes ao atrelá-los a decisões que não refletem a realidade de seus casos específicos, impede a renovação da jurisprudência e cria uma hierarquização entre os órgãos do Poder Judiciário.

Possui legitimidade para provocar o Pretório Excelso para a edição, revisão ou cancelamento de enunciado de súmula vinculante os seguintes órgãos: o presidente da República; a Mesa do Senado Federal; a Mesa da Câmara dos Deputados; a Mesa da Assembleia Legislativa ou da Câmara Legislativa do Distrito Federal; o governador de estado e do Distrito Federal; o procurador-geral da República; o Conselho Federal da Ordem dos Advogados do Brasil; partido político com representação no Congresso Nacional; confederação sindical ou entidade de classe de âmbito nacional; defensor público-geral da União; os Tribunais Superiores, os Tribunais de Justiça de Estados ou do Distrito Federal e Territórios, os Tribunais Regionais Federais, os Tribunais Regionais do Trabalho, os Tribunais Regionais Eleitorais e os Tribunais Militares.

Os municípios não foram outorgados com a legitimidade ativa. Contudo, de forma incidental ao curso de processo em que seja parte, podem propor edição, revisão ou cancelamento de enunciado de súmula vinculante, o que não autoriza a suspensão do processo.

---

[48] BERMUDES, Sergio. *A reforma do Judiciário pela Emenda Constitucional nº 45*. Rio de Janeiro: Forense, 2005. p. 52.

O conteúdo constante da súmula necessariamente já deve ter sido apreciado em reiteradas discussões, o que demonstra a importância da consolidação de seu entendimento para o ordenamento jurídico. Acrescentando-se ainda que a questão suscitada tem que ter natureza constitucional, o que impede a elaboração de súmulas que versem sobre matéria infraconstitucional. De forma bastante superficial podemos dizer que matéria constitucional é toda aquela contida na Lei Maior, contudo, pela generalidade da definição a indicação em cada caso concreto sobre a existência de conteúdo constitucional é realizada pelo Egrégio Pretório.

A súmula começará a produzir seus efeitos na data da publicação oficial na imprensa. A partir deste termo inicial, ela passa a ter efeito vinculante em relação aos demais órgãos do Poder Judiciário e à Administração Pública direta e indireta, em todas as esferas federativas. O *quorum* exigido para a edição, revisão ou cancelamento da súmula vinculante é o de dois terços de votos, razão pela qual as votações necessariamente devem ser realizadas no plenário do STF, impedindo sua realização por órgãos fracionários. A proposta de súmula vinculante não autoriza a suspensão dos processos em que se discuta a mesma questão.

O único órgão do Poder Judiciário que pode emitir súmulas vinculantes é o Supremo Tribunal Federal, que poderá ser compelido a realizá-las de ofício, por vontade própria, ou mediante provocação, desde que consiga o consentimento de dois terços de seus membros, ou seja, é necessário o apoio de oito de seus ministros. Os outros tribunais não podem realizar súmulas vinculantes; poderão expressar suas jurisprudências por intermédio de súmulas não vinculantes.

Portanto, depois do advento da Emenda nº 45 existem dois tipos de súmulas: as vinculantes e as não vinculantes, que têm apenas valor persuasivo. Para que as súmulas existentes adquiram efeitos vinculantes é necessário que elas cumpram todos os procedimentos exigidos pela mencionada emenda, inclusive necessitando da obtenção do *quorum* de dois terços dos membros do STF e sua publicação no *Diário Oficial*. Aquelas que foram produzidas anteriormente, sem o preenchimento dos requisitos ora exigidos, não possuem efeitos vinculantes, dispondo de valor indicativo.

Lenio Streck concorda que as súmulas elaboradas antes da Emenda nº 45 podem adquirir efeitos vinculantes, desde que preencham os requisitos necessários. Eis o seu posicionamento:

> Consequentemente, é possível afirmar que as súmulas que versem sobre matéria constitucional anteriores à Emenda, para receberem o manto de "validade vinculante", deverão passar pelos seguintes requisitos: que versem sobre controvérsia atual, sendo que essa controvérsia deve ser de âmbito nacional, envolvendo decisões de diferentes tribunais e não meramente de divergência entre órgãos fracionários de tribunais; que sejam confirmadas pelo *quorum* de dois terços; se for o caso de súmula que diga respeito à matéria constante no final do parágrafo primeiro (controvérsia entre os tribunais e a administração pública que acarrete grave insegurança jurídica e relevante multiplicação de processos sobre questão idêntica), parece razoável concluir no sentido de que a referida controvérsia não seja antiga.[49]

---

[49] STRECK, Lenio Luiz. As súmulas (vinculantes), a reserva constitucional e suas consequências em relação à admissibilidade recursal. In: *Comentários à reforma do Poder Judiciário*. Rio de Janeiro: Forense, 2005. p. 187.

O objetivo da súmula é expressar um posicionamento em relação à validade, eficácia e interpretação de questões constitucionais, nas quais haja controvérsias entre órgãos do Judiciário ou entre estes e a Administração Pública, que acarretem grave insegurança jurídica e relevante multiplicação de processos sobre questão idêntica, impedindo a edição de súmulas sobre divergências pouco significativas ou sobre questões futuras (art. 103-A, §1º, da CF).[50]

São estes os requisitos para que uma decisão possa ser sumulada: a) que a matéria tenha sido apreciada em reiteradas decisões; b) com o objetivo de discutir a validade, a interpretação e a eficácia de normas determinadas; c) que haja controvérsia atual entre órgãos judiciários ou entre estes e a Administração Pública; d) acarretando grave insegurança jurídica e relevante multiplicação de processos sobre questão idêntica; e) obtenção do *quorum* de dois terços de votos dos ministros do STF; f) discussão sobre matéria exclusivamente constitucional.

Quanto à discussão a respeito da natureza das súmulas, pode-se seguramente afirmar que elas não são lei, nem têm força de lei. Tanto é assim que o seu objetivo versa sobre a validade, a interpretação e a eficácia de dispositivos jurídicos, ou seja, sua criação está adstrita à existência de uma lei, o que leva à conclusão de que elas não podem adentrar na seara reservada ao princípio da legalidade. Desta forma, caso seja revogada ou modificada a lei em que se fundou a edição de enunciado de súmula vinculante, o STF, de ofício ou por provocação, tem a função de revisá-la ou cancelá-la, conforme o caso.

Como conclusão pode-se depreender que inexiste impedimento a que uma norma possa cancelar ou realizar a revisão de uma matéria sumulada. As súmulas não podem ser caracterizadas como instrumento de diminuição do princípio da legalidade, não podendo exercer a função outorgada ao Legislativo pelo Estado de Direito. Somente lei em seu sentido formal pode criar obrigações coercitivas para a população.

O recurso contra ato administrativo ou decisão judicial que contrariar o conteúdo sumulado, negar-lhe vigência ou que aplicá-lo indevidamente é a reclamação ao Supremo Tribunal Federal, que pode ser impetrada contra ato administrativo ou decisão judicial (art. 103-A, §3º, da CF). Também podem ser impetrados todos os recursos e outros meios admissíveis de impugnação.

A reclamação é cabível tanto quando houver a não aplicação do objeto sumulado, como quando ela for aplicada de forma indevida, ou negar-lhe vigência, utilizando-a em desacordo com o que fora estipulado pelo Egrégio Tribunal. Sendo a reclamação considerada procedente, se for um ato administrativo ele será anulado, se for uma decisão judicial ela será cassada, determinando que outra decisão seja proferida, com ou sem a aplicação da súmula. Contra omissão ou ato da Administração Pública, o uso da reclamação só será admitido após o esgotamento das vias administrativas.

Devido ao princípio da separação dos poderes e da autonomia das instâncias judiciais, fica vedado ao STF substituir ato ou decisão judicial que contrariar a súmula, restringindo-se a anular o ato administrativo ou cassar a decisão judicial; com relação à decisão judicial há sua cassação e seu reenvio para que o juízo natural exerça a prestação jurisdicional em consonância com o objeto sumulado ou sem sua aplicação quando não

---

[50] Interessante a crítica realizada por Rosmar Alencar acerca da interpretação do efeito vinculante sem os cuidados devidos (ALENCAR, Rosmar Rodrigues. *Efeito vinculante e concretização do direito*. Porto Alegre: Sérgio Antônio Fabris, 2009. p. 163-165).

houver pertinência com a matéria posta em discussão, pois muitas vezes pode-se tentar aplicar uma súmula vinculante fora de seu contexto.

Para evitar a imutabilidade das súmulas, o que provocaria uma petrificação de suas decisões, com a perda de eficácia das normas em virtude da distância entre os fatos e o mundo jurídico, há a possibilidade de sua revisão ou cancelamento. Revisão é a modificação parcial do conteúdo sumulado, enquanto o cancelamento significa sua supressão total. Podem requerer a revisão ou cancelamento das súmulas os entes autorizados pelo art. 103 ou por decisão *ex officio* do Supremo Tribunal Federal (art. 103-A, §2º, da CF).

No procedimento de edição, revisão ou cancelamento de enunciado da súmula vinculante, o relator pode admitir, por decisão irrecorrível, a manifestação de terceiros na questão. Exceto nas propostas em que houver formulado, o procurador-geral da República deve ser notificado para apresentar sua manifestação na formulação, revisão ou cancelamento das súmulas vinculantes.

Sob influência da possibilidade de modulação de efeitos em ações abstratas, apesar de a súmula vinculante ter eficácia imediata, facultou-se ao Supremo Tribunal Federal, por decisão de 2/3 dos seus membros, restringir os efeitos vinculantes ou decidir que somente tenha eficácia a partir de outro momento, tendo em vista razões de segurança jurídica ou excepcional interesse público.

Alegando-se violação de súmula vinculante na esfera recursal, o órgão competente para decidir o recurso tem a obrigação de explicar as razões para sua aplicabilidade ou sua inaplicabilidade. Acolhida a reclamação de violação de enunciado de súmula vinculante, será dada ciência à autoridade prolatora e ao órgão competente para julgamento do recurso, que devem adequar suas futuras decisões em casos semelhantes, sob pena de responsabilização pessoal nas esferas cível, administrativa e penal.

## 28.18 Súmulas vinculantes publicadas pelo Supremo Tribunal Federal

> Súmula Vinculante nº 1 – Ofende a garantia constitucional do ato jurídico perfeito a decisão que, sem ponderar as circunstâncias do caso concreto, desconsidera a validez e a eficácia de acordo constante de termo de adesão instituído pela Lei Complementar nº 110/2001.

A discussão sobre a temática ocorreu por conta do Enunciado nº 21 das Turmas Recursais do Rio de Janeiro. Este enunciado desconsiderava o acordo firmado pelo trabalhador, relativo ao saldo expurgado do Fundo de Garantia por Tempo de Serviço – FGTS, baseado na LC nº 110/2001, em que milhares de trabalhadores transacionaram com o governo federal para a correção do FGTS, pondo fim a um contencioso de imensas proporções. Como consequência, a Caixa Econômica Federal (CEF) não pode ser obrigada, judicialmente, a pagar a totalidade das correções relativas a planos econômicos sobre o FGTS.

Assim, o Supremo entendeu que o afastamento de ato jurídico perfeito e acabado frauda a garantia constitucional prevista no art. 5º, XXXVI, da Constituição Federal, ferindo mortalmente a estabilidade dos atos jurídicos. Esta súmula fora realizada para impedir a multiplicidade de processos que adviriam da reanálise dos termos do mencionado acordo, o que seria, segundo cálculos estimativos, cerca de trinta e dois milhões de demandas.

> Súmula Vinculante nº 2 – É inconstitucional a lei ou ato normativo estadual ou distrital que disponha sobre sistemas de consórcios e sorteios, inclusive bingos e loterias.

Em razão de que muitos entes federativos estavam legislando sobre bingos e loterias, havendo um excesso de demandas judiciais visando à sua declaração de inconstitucionalidade, o Supremo Tribunal Federal resolveu editar súmula com o objetivo de impedir que os estados-membros legislem sobre os sistemas de consórcios e sorteios (bingos e loterias). O argumento utilizado foi que o art. 22, XX, da Constituição Federal determina que essa matéria se configura como competência privativa da União. Restou claro que a prerrogativa de regulamentar os mencionados jogos caberia apenas à União, por intermédio de lei específica. Apenas o Min. Marco Aurélio votou contra a feitura da mencionada na análise do caso porque a União não poderia disciplinar um serviço prestado por uma unidade da Federação.

> Súmula Vinculante nº 3 – Nos processos perante o Tribunal de Contas da União asseguram-se o contraditório e a ampla defesa quando da decisão puder resultar anulação ou revogação de ato administrativo que beneficie o interessado, excetuada a apreciação da legalidade do ato de concessão inicial de aposentadoria, reforma e pensão.

Esta súmula veio garantir efeito vinculante e *erga omnes* ao entendimento já firmado no Supremo Tribunal Federal sobre a necessidade de utilização do devido processo legal, o que inclui o contraditório e a ampla defesa, no âmbito do Tribunal de Contas da União, em qualquer caso, quando houver a possibilidade de o ato restringir, anulando ou revogando, prerrogativa do cidadão interessado na decisão.

A súmula será aplicada nos processos de registro de atos de admissão de pessoal e nos demais casos em que a anulação ou revogação puder resultar em prejuízo para o administrando. Contudo, não será aplicada na apreciação de concessão de aposentadoria, reforma ou pensão quando a apreciação versar sobre legalidade, ou seja, quando esses atos houverem sido maculados por ilegalidade ou acinte à Constituição. Tal exceção se justifica no caso de concessão de aposentadoria, reforma ou pensão porque nessas hipóteses o posicionamento do TCU é condição para a feitura dos atos, não se podendo falar em prejuízo por um direito que ainda não fora deferido.

> Súmula Vinculante nº 4 – Salvo nos casos previstos na Constituição, o salário-mínimo não pode ser usado como indexador de base de cálculo de vantagem de servidor público ou de empregado, nem ser substituído por decisão judicial.

A partir da edição desta súmula vinculante o STF vetou a utilização do salário mínimo como indexador para a base de cálculo de vantagem de servidor público ou de empregado, consequentemente, declarou que o art. 192 da CLT é inconstitucional.[51]

---

[51] "Art. 192. O exercício de trabalho em condições insalubres, acima dos limites de tolerância estabelecidos pelo Ministério do Trabalho, assegura a percepção de adicional respectivamente de 40% (quarenta por cento), 20%

Assim, o entendimento esposado é que a base de cálculo do adicional de insalubridade configura-se no salário base recebido pelo trabalhador, exatamente como a base de cálculo para o adicional de periculosidade.

> Súmula Vinculante nº 5 – A falta de defesa técnica por advogado no processo administrativo disciplinar não ofende a constituição.

No processo administrativo disciplinar, a presença de advogado é uma mera faculdade do servidor público, e não uma obrigatoriedade, no que se declarou a inconstitucionalidade do art. 156 da Lei nº 8.112/90.[52] Dessa forma, a sua ausência não implicará nulidade do processo. Essa conclusão decorre da possibilidade de que as decisões da esfera administrativa sejam modificadas na seara jurídica, na qual a exigência de acompanhamento de advogado se configura como exigência inarredável.

> Súmula Vinculante nº 6 – Não viola a constituição o estabelecimento de remuneração inferior ao salário mínimo para as praças prestadoras de serviço militar inicial.

Conforme o enunciado, os praças prestadores de serviço militar obrigatório inicial não estão acobertados pela garantia constitucional do salário mínimo, visto que não são servidores públicos civis, nem trabalhadores rurais ou urbanos; sendo submetidos a um regime próprio. O conteúdo asseverado pela Súmula nº 6 flexibilizou o salário mínimo como referência de proteção a todos os cidadãos de forma geral, ensejando um acinte ao mandamento constitucional referido.

> Súmula Vinculante nº 7 – A norma do §3º do artigo 192 da constituição, revogada pela Emenda Constitucional nº 40/2003, que limitava a taxa de juros reais a 12% ao ano, tinha sua aplicação condicionada à edição de lei complementar.

Dessa forma houve a reprodução da Súmula nº 648 do STF,[53] em que os ministros resolveram dar efeito vinculante com o objetivo de aumentar a segurança jurídica do objeto sumulado, evitando a multiplicação de processos sobre a questão. Antes da EC nº 40/03, o art. 192, §3º, da CF dispunha que o sistema financeiro seria regulado em lei complementar, dispondo sobre taxas de juros reais, no que limitava a taxa de juro real em doze por cento ao ano.

Antes da mencionada emenda, esse dispositivo constitucional gerou bastante discussão, confrontando de um lado os que se posicionavam no sentido de que a norma era autoaplicável e, de outro, os que entendiam que sua aplicabilidade era condicionada à existência de lei complementar. Chegou-se à conclusão de que, antes de sua revogação,

---

(vinte por cento) e 10% (dez por cento) do salário mínimo da região, segundo se classifiquem nos graus máximo, médio e mínimo".

[52] "É assegurado ao servidor o direito de acompanhar o processo pessoalmente ou por intermédio de procurador, arrolar e reinquirir testemunhas, produzir provas e contraprovas e formular quesitos, quando se tratar de prova pericial" (Lei nº 8.112/90, art. 156).

[53] "A norma do §3º do art. 192 da Constituição, revogada pela emenda constitucional 40/2003, que limitava a taxa de juros reais a 12% ao ano, tinha sua aplicabilidade condicionada à edição de lei complementar" (Súmula nº 648 do STF).

o art. 192, §3º não era dotado de autoaplicabilidade e não produziu seus efeitos, pois não houve a edição de nenhuma norma regulamentadora.

> Súmula Vinculante nº 8 – São inconstitucionais o parágrafo único do artigo 5º do Decreto-Lei nº 1.569/1977 e os artigos 45 e 46 da Lei nº 8.212/1991, que tratam de prescrição e decadência de crédito tributário.

Os eminentes ministros do Supremo sumularam o entendimento de que os dispositivos citados na súmula são inconstitucionais, para isso utilizaram como fundamento o art. 146, III, da CF.[54]

A partir dessa decisão, a Fazenda Pública não poderá exigir as contribuições no prazo de 10 anos existente nos dispositivos declarados inconstitucionais. A decisão retroage somente para os casos em que já foram ajuizadas ações judiciais. Contudo, os recolhimentos efetuados no prazo de 10 anos antes admitidos e que não foram impugnados judicialmente são legítimos.

> Súmula Vinculante nº 9 – O disposto no artigo 127 da Lei nº 7.210/1984 (Lei de Execução Penal) foi recebido pela ordem constitucional vigente, e não se lhe aplica o limite temporal previsto no *caput* do artigo 58.

A Lei de Execução Penal dispôs no art. 127 que o "condenado que cumpre a pena em regime fechado ou semiaberto poderá remir, pelo trabalho, parte do tempo de execução da pena". Pelo exposto, a cada três dias trabalhados o preso terá descontado um dia na pena a que foi condenado. Contudo, quando o condenado comete falta grave perderá ou será desconsiderado o desconto dos dias trabalhados, iniciando novo período a partir da data do cometimento da infração disciplinar.

De acordo com o entendimento sumulado, nos casos de perda ou desconsideração dos dias remidos, não será aplicado o art. 58 da Lei de Execução Penal, assim, o tempo desconsiderado ou perdido poderá ultrapassar 30 dias;[55] ou seja, cometendo falta grave, o condenado perderá os dias trabalhados, podendo essa sanção ultrapassar o prazo de 30 dias.

> Súmula Vinculante nº 10 – Viola a cláusula de reserva de plenário (art. 97 da CF) a decisão de órgão fracionário de tribunal que, embora não declare expressamente a inconstitucionalidade de lei ou ato normativo do poder público, afasta sua incidência, no todo ou em parte.

---

[54] "Cabe à lei complementar: [...] III – estabelecer normas gerais em matéria de legislação tributária, especialmente sobre: a) definição de tributos e de suas espécies, bem como em relação aos impostos discriminados nesta Constituição, a dos respectivos fatos geradores, bases de cálculo e contribuintes; b) obrigação, lançamento, crédito, prescrição e decadência tributários; c) adequado tratamento tributário ao ato cooperativo praticado pelas sociedades cooperativas; d) definição de tratamento diferenciado e favorecido para as microempresas e para as empresas de pequeno porte, inclusive regimes especiais ou simplificados no caso do imposto previsto no art. 155, II, das contribuições previstas no art. 195, I e §§12 e 13, e da contribuição a que se refere o art. 239" (art. 146, Constituição Federal).

[55] "Art. 58. O isolamento, a suspensão e a restrição de direitos não poderão exceder a trinta dias, ressalvada a hipótese do regime disciplinar diferenciado (Redação dada pela Lei nº 10.792, de 1º.12.2003)".

Esta súmula versa sobre o princípio da reserva de plenário, determinando que somente pelo voto da maioria absoluta dos integrantes do tribunal pode haver a declaração de inconstitucionalidade de lei ou ato normativo (art. 97 da CF).[56]

Mesmo que não seja declarada a inconstitucionalidade, não pode o órgão fracionário do Tribunal afastar a incidência, de todo ou em parte, de lei ou ato normativo. A fundamentação utilizada é que esse afastamento só poderá ocorrer pela maioria absoluta dos membros do tribunal ou dos membros do órgão especial, no que garante a legitimidade e validade do ato.

> Súmula Vinculante nº 11 – Só é lícito o uso de algemas em casos de resistência e de fundado receio de fuga ou de perigo à integridade física própria ou alheia, por parte do preso ou de terceiros, justificada a excepcionalidade por escrito, sob pena de responsabilidade disciplinar, civil e penal do agente ou da autoridade e de nulidade da prisão ou do ato processual a que se refere, sem prejuízo da responsabilidade civil do estado.

Esta súmula foi originária da decisão tomada pelo Supremo no julgamento do Habeas Corpus nº 91.952. Neste julgamento o plenário anulou a condenação do pedreiro Antonio Sérgio da Silva pelo Tribunal do Júri de Laranjal Paulista – SP, pelo fato de durante o seu julgamento o pedreiro encontrar-se algemado, sem que houvesse uma justificativa convincente para o caso.[57] O STF também considerou que o uso generalizado de algemas, com a exposição de cidadãos pela mídia, trata-se de um uso abusivo do instrumento.

Só se deve utilizá-las em casos de resistência, de fundado receio de fuga ou de perigo à integridade física própria ou alheia. Em todos os demais casos encontra-se impedido o uso de algemas porque elas foram consideradas uma forma de humilhação ao preso, sem necessidade.

Como respaldo legal, pode ser citado o princípio da dignidade da pessoa humana, como também os arts. 284[58] e 292[59] do Código de Processo Penal, que tratam do uso da força para a realização de uma prisão.

> Súmula Vinculante nº 12 – A cobrança de taxa de matrícula nas universidades públicas viola o disposto no art. 206, IV, da Constituição Federal.

O Supremo entendeu que a cobrança de matrícula nas universidades públicas viola o art. 206, IV, da Constituição Federal,[60] o qual estabelece a gratuidade do ensino

---

[56] "Art. 97. Somente pelo voto da maioria absoluta de seus membros ou dos membros do respectivo órgão especial poderão os tribunais declarar a inconstitucionalidade de lei ou ato normativo do Poder Público".

[57] O art. 474 do Código de Processo Penal – alterado pela Lei nº 11.689/08 – dispõe, em seu §3º: "Não se permitirá o uso de algemas no acusado durante o período em que permanecer no plenário do Júri, salvo se absolutamente necessário à ordem dos trabalhos, à segurança das testemunhas ou à garantia da integridade física dos presentes".

[58] "Não será permitido o emprego de força, salvo a indispensável no caso de resistência ou de tentativa de fuga do preso" (art. 284 do Código de Processo Penal).

[59] "Se houver, ainda que por parte de terceiros, resistência à prisão em flagrante ou à determinada por autoridade competente, o executor e as pessoas que o auxiliarem poderão usar dos meios necessários para defender-se ou para vencer a resistência, do que tudo se lavrará auto subscrito também por duas testemunhas" (art. 292 do Código de Processo Penal).

[60] "Art. 206. O ensino será ministrado com base nos seguintes princípios: [...] IV – gratuidade do ensino público em estabelecimentos oficiais; [...]".

público em estabelecimentos oficiais. Também ocorre uma afronta ao art. 208 da Lei Maior,[61] pois o Estado é obrigado a proporcionar condições à educação de todos e em todos os níveis, não devendo a sociedade compartilhar com o Estado os custos da educação nas instituições públicas. Dessa forma, a cobrança da taxa de matrícula é um óbice à garantia constitucional do ensino público gratuito nos estabelecimentos oficiais.

> Súmula Vinculante nº 13 – Nomeação de cônjuge, companheiro ou parente em linha reta, colateral ou por afinidade, até o terceiro grau, inclusive, da autoridade nomeante ou de servidor da mesma pessoa jurídica investido em cargo de direção, chefia ou assessoramento, para o exercício de cargo em comissão ou de confiança ou, ainda, de função gratificada na administração pública direta e indireta em qualquer dos poderes da União, dos Estados, do Distrito Federal e dos Municípios, compreendido o ajuste mediante designações recíprocas, viola a Constituição Federal.

Com esta súmula, o Supremo Tribunal Federal confirmou a Resolução nº 7/2005 do Conselho Nacional de Justiça (CNJ), que proíbe o nepotismo no Poder Judiciário. Ao analisar o Recurso Extraordinário nº 576.951/RN, os ministros reafirmaram o entendimento de que a Constituição Federal veda o nepotismo, estendendo essa restrição a todos os poderes estabelecidos.

O art. 37 da Constituição Federal[62] determina que a Administração Pública guiará seus atos de acordo com os princípios da moralidade e da impessoalidade, tornando-os, pela sua importância, normas autoaplicáveis. Em resumo, podemos dizer que o nepotismo é um ato inconstitucional, por força dos princípios constitucionais da moralidade e da impessoalidade, bem como dos demais princípios deles decorrentes.

Subjetivamente ela atinge cônjuge, companheiro ou parente em linha reta, colateral ou por afinidade, até terceiro grau. O impedimento abrange inclusive a autoridade nomeante ou servidor da mesma pessoa jurídica investido em cargo de direção, chefia ou assessoramento. Objetivamente sua extensão abarca os órgãos da Administração direta e indireta, de todos os entes federativos, e o nepotismo cruzado, entre municípios ou estados diversos.

> Súmula Vinculante nº 14 – É direito do defensor, no interesse do representado, ter acesso amplo aos elementos de prova que, já documentados em procedimento investigatório realizado por órgão com competência de polícia judiciária, digam respeito ao exercício do direito de defesa.

---

[61] "Art. 208. O dever do Estado com a educação será efetivado mediante a garantia de: I – ensino fundamental, obrigatório e gratuito, assegurada, inclusive, sua oferta gratuita para todos os que a ele não tiveram acesso na idade própria; II – progressiva universalização do ensino médio gratuito; III – atendimento educacional especializado aos portadores de deficiência, preferencialmente na rede regular de ensino; IV – educação infantil, em creche e pré-escola, às crianças até 5 (cinco) anos de idade; V – acesso aos níveis mais elevados do ensino, da pesquisa e da criação artística, segundo a capacidade de cada um; VI – oferta de ensino noturno regular, adequado às condições do educando; VII – atendimento ao educando, no ensino fundamental, através de programas suplementares de material didático-escolar, transporte, alimentação e assistência à saúde. §1º O acesso ao ensino obrigatório e gratuito é direito público subjetivo. §2º O não oferecimento do ensino obrigatório pelo Poder Público, ou sua oferta irregular, importa responsabilidade da autoridade competente. §3º Compete ao Poder Público recensear os educandos no ensino fundamental, fazer-lhes a chamada e zelar, junto aos pais ou responsáveis, pela frequência à escola".

[62] "A administração pública direta e indireta de qualquer dos Poderes da União, dos Estados, do Distrito Federal e dos Municípios obedecerá aos princípios de legalidade, impessoalidade, moralidade, publicidade e eficiência e, também, ao seguinte: [...]" (art. 37 da Constituição Federal).

A Súmula Vinculante nº 14 estabelece amplo acesso dos advogados e demais profissionais jurídicos a inquéritos policiais contra seus clientes, mesmo que estes tramitem em sigilo. A súmula foi apresenta ao STF pelo Conselho Federal da Ordem dos Advogados do Brasil (CFOAB) e a sua edição foi comemorada por todas as seccionais do país.

Afirmou o Presidente da OAB-PE Jayme Asfora:

> Os ritos investigatórios e processuais foram postos com o objetivo de garantir a Justiça igual para todos. Desta forma, a edição da Súmula Vinculante nº 14 vem representar não só uma vitória da advocacia brasileira, como também faz valer o respeito pleno ao direito de defesa e ao devido processo legal.

> Súmula Vinculante nº 15 – O cálculo de gratificações e outras vantagens do servidor público não incide sobre o abono utilizado para se atingir o salário.

Com a súmula vinculante em questão, proposta pelo Min. Ricardo Lewandowski, conforme o julgamento da Questão de Ordem do Recurso Extraordinário nº 572.921, o Supremo entendeu que o abono que é empregado para que se atinja o salário não pode ser atingido pelo cálculo de gratificações e outras vantagens do servidor público. Argumenta-se que, do contrário, estar-se-ia violando o art. 7º, IV, da Constituição Federal,[63] que veda a vinculação do salário mínimo para qualquer fim, tanto é que o Min. Carlos Britto afirmou que o salário mínimo é o mínimo existencial, prevalecendo até sobre a cláusula financeira da reserva do possível.[64]

Consideração que pode ser extraída explicitamente deste verbete é que esta vedação é exclusiva para o abono dos servidores públicos, haja vista que na iniciativa privada para a formação dessa remuneração, que é o menor salário de referência legal, normalmente não existe outra parcela agregativa. A redação da proposta desta súmula vinculante aduzia que "o cálculo de gratificações e outras vantagens não incide sobre o abono utilizado para se atingir o salário mínimo, por importar vinculação vedada pelo art. 7º, IV, da Constituição". Assim, ao deixar expressa a vedação só para o salário do servidor público, STF propugnou no sentido de excluir esta proibição para cálculo sobre o salário de trabalhadores da iniciativa privada.

> Súmula Vinculante nº 16 – Os artigos 7º, IV, e 39, §3º (redação da EC 19/98) da Constituição, referem-se ao total de remuneração percebida pelo servidor público.

Esta súmula vinculante, de proposta do Min. Ricardo Lewandowski, na Questão de Ordem do Recurso Extraordinário nº 582.019, determina que a não vinculação do salário mínimo, prevista no art. 37, IV, da CF, e a regra do art. 39, §3º, CF,[65] tenham como

---

[63] "Art. 7º São direitos dos trabalhadores urbanos e rurais, além de outros que visem à melhoria de sua condição social: [...] IV – salário mínimo, fixado em lei, nacionalmente unificado, capaz de atender às suas necessidades vitais básicas e às de sua família com moradia, alimentação, educação, saúde, lazer, vestuário, higiene, transporte e previdência social, com reajustes periódicos que lhe preservem o poder aquisitivo, sendo vedada sua vinculação para qualquer fim".

[64] PSV nº 7, DJe, n. 213, 2009.

[65] "Art. 39. A União, os Estados, o Distrito Federal e os Municípios instituirão conselho de política de administração e remuneração de pessoal, integrado por servidores designados pelos respectivos Poderes. [...] §3º Aplica-se aos

parâmetro o total da remuneração que o servidor público perceba. Com isto, o piso salarial não é o próprio salário mínimo, mas, sim, a somatória de toda a remuneração, incluindo as gratificações e demais benefícios recebidos.[66]

> Súmula Vinculante nº 17 – Durante o período previsto no parágrafo 1º do artigo 100 da Constituição, não incidem juros de mora sobre os precatórios que nele sejam pagos.

O Supremo Tribunal Federal, por meio desta súmula vinculante, unificou entendimento, agora obrigatório, de que os juros da mora não incidem sobre os precatórios cujo pagamento seja efetuado no período de 1º de julho até o final do exercício do seguinte.

A Constituição Federal, em seu art. 100, §1º, determina o prazo de 18 meses, de 1º de julho até o final do exercício do ano seguinte, para o pagamento dos precatórios que sejam apresentados até o termo inicial deste prazo. Durante este período, não incidirão mais os juros da mora, justamente porque é o prazo que o Estado possui para adimplir o precatório.[67]

Posicionou-se contra esta súmula vinculante o Min. Marco Aurélio, propugnando pela sua rejeição, em razão de configurar-se como um prazo largo para o pagamento dos precatórios que não está suscetível à incidência dos juros da mora do Estado, e de que o art. 78 do ADCT[68] afirma expressamente que os juros da mora incidem neste período.[69]

> Súmula Vinculante nº 18 – A dissolução da sociedade ou do vínculo conjugal, no curso do mandato, não afasta a inelegibilidade prevista no §7º do artigo 14 da Constituição Federal.

A súmula vinculante em tela visa a impedir que haja simulação da dissolução da sociedade ou do vínculo conjugal para que o cônjuge dos chefes do Executivo, ou de quem os substituiu dentro de seis meses antes das eleições, não possa concorrer a cargo eletivo, sem sofrer a inelegibilidade do art. 14, §7º, CF, que o torna inelegível no território da jurisdição do titular, com exceção se já for titular de mandato eletivo ou candidato à reeleição.[70]

---

servidores ocupantes de cargo público o disposto no artigo 7º, IV, VII, VIII, IX, XII, XIII, XV, XVI, XVII, XVIII, XIX, XX, XXII e XXX, podendo a lei estabelecer requisitos diferenciados de admissão quando a natureza do cargo o exigir".

[66] PSV nº 8, *DJe*, n. 213, 2009.

[67] "Art. 100. À exceção dos créditos de natureza alimentícia, os pagamentos devidos pela Fazenda Federal, Estadual ou Municipal, em virtude de sentença judiciária, far-se-ão exclusivamente na ordem cronológica de apresentação dos precatórios e à conta dos créditos respectivos, proibida a designação de casos ou de pessoas nas dotações orçamentárias e nos créditos adicionais abertos para este fim. §1º É obrigatória a inclusão, no orçamento das entidades de direito público, de verba necessária ao pagamento de seus débitos oriundos de sentenças transitadas em julgado, constantes de precatórios judiciários, apresentados até 1º de julho, fazendo-se o pagamento até o final do exercício seguinte, quando terão seus valores atualizados monetariamente".

[68] "Art. 78. Ressalvados os créditos definidos em lei como de pequeno valor, os de natureza alimentícia, os de que trata o artigo 33 deste Ato das Disposições Constitucionais Transitórias e suas complementações e os que já tiverem os seus respectivos recursos liberados ou depositados em juízo, os precatórios pendentes na data da publicação desta Emenda e os que decorram de ações iniciais ajuizadas até 31 de dezembro de 1999 serão liquidados pelo seu valor real, em moeda corrente, acrescido de juros legais, em prestações anuais, iguais e sucessivas, no prazo máximo de dez anos, permitida a cessão dos créditos".

[69] PSV nº 32, *DJe*, n. 223, 2009.

[70] "§7º São inelegíveis, no território de jurisdição do titular, o cônjuge e os parentes consanguíneos ou afins, até o segundo grau ou por adoção, do Presidente da República, de Governador de Estado ou Território, do Distrito

Neste caso, há uma presunção *juris et de juris* de que a dissolução da sociedade ou do vínculo conjugal justamente na constância do mandato possui o escopo de burlar a inelegibilidade do art. 14, §7º, CF. É de se salientar que a redação sobre a vedação trazida por esta súmula é ampla, abrangendo as hipóteses de dissolução da sociedade ou do vínculo conjugal, previstas no art. 1.571 do Código Civil, como a morte de um dos cônjuges; a nulidade do casamento; a separação judicial ou o divórcio. Para que se evite esta prática, que deveras acontece, principalmente em pequenas cidades interioranas do país, o STF sumulou este entendimento.[71]

> Súmula Vinculante nº 19 – A taxa cobrada exclusivamente em razão dos serviços públicos de coleta, remoção e tratamento ou destinação de lixo ou resíduos provenientes de imóveis não viola o art. 145, II, da Constituição Federal.

O art. 145, II, da CF, estabelece que a União, os estados, o Distrito Federal e os municípios poderão instituir taxas, devido ao exercício do poder de polícia ou pela utilização, efetiva ou potencial, de serviços públicos divisíveis e específicos, prestados ao contribuinte, ou postos à sua disposição. Deste modo, a súmula vinculante em comento extinguiu qualquer dúvida em saber se a cobrança de taxa exclusivamente em razão dos serviços públicos de coleta, remoção e tratamento ou destinação de lixo ou resíduos provenientes de imóveis não viola a faculdade dos entes federativos, prevista no art. 145, II, CF.

> Súmula Vinculante nº 20 – A Gratificação de Desempenho de Atividade Técnico-Administrativa – gdata, instituída pela Lei nº 10.404/2002, deve ser referida aos inativos nos valores correspondentes a 37,5 (trinta e sete vírgula cinco) pontos no período de fevereiro a maio de 2002 e, nos termos do art. 5º, parágrafo único, da Lei nº 10.404/2002, até a conclusão dos efeitos do último ciclo de avaliação a que se refere o artigo 1º da Medida Provisória nº 198/2004, a partir da qual passa a ser 60 (sessenta) pontos.

A GDATA é uma gratificação referente à avaliação do desempenho de atividade individual e institucional de servidor público que exerça função técnico-administrativa. A GDATA fora instituída pela Lei nº 10.404/2002, mas extinta pela Lei nº 11.357/2006, que dispôs sobre o Plano Geral de Cargos do Poder Executivo.

Com esta súmula vinculante, estabelecem-se diferentes períodos em que incidirão distintos valores da GDATA: a) no período de fevereiro a maio de 2002, esta gratificação rege-se pelo valor de 37,5 pontos, valor este estipulado pelo art. 6º da Lei nº 10.404/2002; b) entre junho de 2002 e a produção dos efeitos do último ciclo de avaliação do art. 1º da Medida Provisória nº 198/2004 (convertida na Lei nº 10.971/2004), balizar-se-á a gratificação pelo valor de 30 pontos; c) depois da produção dos efeitos do último ciclo de avaliação da MP nº 198/2004, a GDATA terá como valor 60 pontos.

O primeiro valor da GDATA, 37,5 pontos, é oriundo da determinação do próprio art. 3º da Lei nº 10.404/2002.

---

Federal, de Prefeito ou de quem os haja substituído dentro dos seis meses anteriores ao pleito, salvo se já titular de mandato eletivo e candidato à reeleição".

[71] Cf. RE nº 568.596; RE nº 433.460; RE nº 446.999.

O segundo valor, 30 pontos, advém do comando do art. 5º da Lei nº 10.404/2002, o qual determina que a GDATA integrará os proventos de aposentadoria e pensões, de acordo com a média recebida nos últimos 60 meses, ou conforme o valor de trinta pontos quando recebida por período inferior a estes 60 meses, média esta que se aplica também às aposentadorias e pensões que já forem existentes quando da publicação desta lei. O texto da súmula vinculante em tela não é claro; por isso, deve-se atentar para o fato de que o valor de 37,5 pontos não continua a ser aplicado no segundo período (de junho de 2002 até a produção dos efeitos do último ciclo da MP nº 198/2004). A redação desta súmula vinculante seria de maior clareza se aludisse diretamente ao valor de 30 pontos, e não se referisse tão só à expressão "nos termos do art. 5º, parágrafo único, da Lei nº 10.04/2004".[72]

O terceiro valor, 60 pontos, fora estabelecido pelo art. 1º da MP nº 198/2004. Assim, a Súmula Vinculante nº 20 visa pacificar a disciplina dos diferentes prazos e valores da GDATA, findando as controvérsias jurisprudenciais sobre a sua aplicação.[73]

> Súmula Vinculante nº 21 – É inconstitucional a exigência de depósito ou arrolamento prévio de dinheiro ou bens para admissibilidade de recurso administrativo.

Esta súmula vinculante vem a inibir a prática da Administração Pública, direta e indireta, de exigir, para que se proceda à admissão de recursos em sede administrativa, que haja prévio depósito ou arrolamento de dinheiro ou bens com esta finalidade. Pensar em contrário é desprestigiar o direito ao acesso à justiça, que, da forma como foi consagrado na Constituição, é de extensão bastante ampla, abrangendo tanto a via judicial quanto a via administrativa.[74] Assim, fica impedido que qualquer ente público possa condicionar o depósito ou arrolamento prévio de dinheiro ou bens para se postular na esfera administrativa.

> Súmula Vinculante nº 22 – A Justiça do Trabalho é competente para processar e julgar as indenizações por danos morais e patrimoniais decorrentes de acidente de trabalho propostas por empregado contra empregador, inclusive aquelas que ainda não possuíam sentença de mérito em primeiro grau quando da promulgação da Emenda Constitucional nº 45/04.

Muito se discutia se a Justiça do Trabalho seria competente para feitos que envolvessem indenizações por danos morais e patrimoniais que ocorressem no orbe das causas trabalhistas ou se elas eram afetas à Justiça Comum. A súmula vinculante analisada, ao determinar a competência da Justiça do Trabalho para estes feitos, optou por otimizar a prestação jurisdicional, enfatizando que estas ações de indenizações por danos morais ou patrimoniais também devem ser processadas e julgadas perante a Justiça do Trabalho.

Ressalva que merece consideração é a assertiva de que a Justiça do Trabalho somente será competente também para as ações que forem propostas pelo empregado

---

[72] ALBUQUERQUE, Fabrício Sarmanho de. Súmula vinculante 20 do STF deixa dúvidas. *Consultor Jurídico*, 27 nov. 2009. Disponível em: <https://www.conjur.com.br/2009-nov-27/sumula-vinculante-20-stf-nao-clara-prazo-validade>. Acesso em: 7 jan. 2010.

[73] Cf. RE nº 476.279; RE nº 476.390; RE nº 597.154 RG-QO.

[74] "Art. 5º [...] XXXIV – são a todos assegurados, independentemente do pagamento de taxas: a) o direito de petição aos Poderes Públicos em defesa de direitos ou contra ilegalidade ou abuso de poder".

contra o empregador, não tratando da competência quando as ações forem propostas por empregador contra empregado. Atentou-se para o fato de que, na quase totalidade das vezes, o empregado é a parte hipossuficiente da relação, não se desrespeitando, assim, o princípio da isonomia.

Do mesmo modo, igualmente será competência da Justiça do Trabalho as ações propostas antes da Reforma do Poder Judiciário, desde que não possuam sentença de mérito em primeiro grau antes da EC nº 45/04.

> Súmula Vinculante nº 23 – A Justiça do Trabalho é competente para processar e julgar ação possessória ajuizada em decorrência do exercício do direito de greve pelos trabalhadores da iniciativa privada.

Com a mesma finalidade da súmula vinculante anterior, de proteger o polo hipossuficiente da relação empregado-empregador, a Súmula Vinculante nº 23 determina a competência da Justiça do Trabalho para as causas que versem sobre ação possessória em virtude do exercício do direito de greve pelos trabalhadores da iniciativa privada. Como claramente se pode auferir, esta regra só se aplica a ações propostas por trabalhadores da iniciativa privada, não albergando os servidores públicos.

> Súmula Vinculante nº 24 – Não se tipifica crime material contra a ordem tributária, previsto no art. 1º, incisos de I a IV, da Lei nº 8.137/1990, antes do lançamento definitivo do tributo.

A Lei nº 8.130/1990 (Lei dos Crimes Tributários), em seu art. 1º, incs. I, II, III e IV, determina que seja considerado crime contra a ordem tributária a conduta que, suprimindo ou reduzindo tributo, ou contribuição social e qualquer acessório: a) omitir, ou prestar declarações falsas às autoridades fazendárias; b) fraudar a fiscalização tributária, inserindo elementos inexatos, ou omitindo operação de qualquer natureza, em documento ou livro exigido pela lei fiscal; c) falsificar ou alterar nota fiscal, fatura, duplicata, nota de venda, ou qualquer outro documento relativo à operação tributável; d) elaborar, distribuir, fornecer, emitir ou utilizar documento que saiba ou deva saber inexato.

Assim, só não será considerado crime contra a ordem tributária se a conduta for realizada antes do lançamento definitivo do tributo, ou seja, quando ele estiver com todos os procedimentos necessários para sua cobrança finalizados.[75]

> Súmula Vinculante nº 25 – É ilícita a prisão civil de depositário infiel, qualquer que seja a modalidade do depósito.

A insigne súmula vinculante ora comentada foi editada pelo Supremo Tribunal Federal na Sessão Plenária do dia 16.12.2009.[76] Configura-se um importante marco histórico, ao passo que representa a constitucionalização do Pacto de São José da Costa Rica em nosso ordenamento jurídico. Por conseguinte, entende o Ministro Celso de Mello

---

[75] Cf. RE nº 579.648; CJ nº 6.959; RE nº 238.737; AI nº 611.670; AI nº 598.457; RE nº 555.075; RE nº 576.803.
[76] DOU, 23 dez. 2009, p. 1.

que o valor constitucional dos tratados que versem sobre direitos humanos não implica *supralegalidade*, mas sim retirada das normas inferiores contrárias à sua substância.⁷⁷

Por todo o exposto, a aplicabilidade da prisão civil de depositário infiel tornou-se obsoleta e inócua, ao passo que em seu art. 7º o Pacto de São José da Costa Rica assegura o seguinte: "Ninguém deve ser detido por dívidas. Este princípio não limita os mandados de autoridade judiciária competente expedidos em virtude de inadimplemento de obrigação alimentar". Dessa forma, somente possui aplicabilidade a prisão civil na hipótese de dívida alimentar, afastando-se a aplicabilidade da prisão civil de depositário infiel (judicial ou não).

> Súmula Vinculante nº 26 – Para efeito de progressão de regime no cumprimento de pena por crime hediondo, ou equiparado, o juízo da execução observará a inconstitucionalidade do art. 2º da Lei nº 8.072, de 25 de julho de 1990, sem prejuízo de avaliar se o condenado preenche, ou não, os requisitos objetivos e subjetivos do benefício, podendo determinar, para tal fim, de modo fundamentado, a realização de exame criminológico.

Esta súmula comprova a tese de inconstitucionalidade do §2º do art. 2º da Lei nº 8.072/1990 (Lei de Crimes Hediondos e Equiparados), que vedava em sua redação originária explicitamente a progressão de regime em crimes hediondos.

Por conseguinte, a progressão de regime passou a ser aplicada também aos crimes hediondos. Todavia, com o advento da Lei nº 11.464/2007, a progressão de regime em crimes hediondos passou a ser mais dura (1/5 para o condenado primário e 3/5 para o reincidente).

Contudo, em atenção ao brocardo *Tempus regit actum*, os presos dos quais as penas não estavam extintas (antes do advento da nova lei) puderam se beneficiar do art. 112 da Lei de Execuções Penais, que previa a progressão de regime, entre outros requisitos, com base no cumprimento de 1/6 da pena.

Assim, o cidadão que cometeu crime *a posteriori* à edição da súmula em análise pode progredir de regime, desde que sejam devidamente respeitados os novos ditames processuais decorrentes de progressão de pena, nos limites de 2/5 até 3/5, sendo inexorável observar se o condenado é reincidente ou não em crime hediondo.

> Súmula Vinculante nº 27 – Compete à Justiça Estadual julgar causas entre consumidor e concessionária de serviço público de telefonia, quando a Anatel não seja litisconsorte passiva necessária, assistente nem opoente.

Por meio da presente súmula, o Supremo Tribunal Federal firmou sólido entendimento determinando que a Justiça Comum/Estadual é competente para julgamento de ações envolvendo consumidores e concessionários de serviço de telefonia. Seguindo este diapasão, a Justi'ça Federal excepcionalmente será competente quando, nos casos em que a Anatel configure como parte interessada, ou seja, nos casos de litisconsorte passivo necessário, assistente ou oponente.

---

⁷⁷ Nesse sentido, Min. Celso de Mello (no Pleno do STF – HC nº 87.587-TO e RE nº 466.343-SP).

Súmula Vinculante nº 28 – É inconstitucional a exigência de depósito prévio como requisito de admissibilidade de ação judicial na qual se pretenda discutir a exigibilidade de crédito tributário.

A proposta foi encaminhada pelo Min. Joaquim Barbosa com sustentação no julgamento da Ação Direta de Inconstitucionalidade nº 1.074, em que o Supremo Tribunal Federal decidiu pela inconstitucionalidade do art. 19 da Lei nº 8.870/1994, que exigia depósito prévio para ações judiciais contra o INSS.

O Pretório Excelso firmou entendimento "unânime" de que o art. 19 da Lei nº 8.870/1994, que cominava o depósito prévio do valor supostamente devido como condição invariável para propositura de eventual ação que tenha por objeto discutir a dívida com o Fisco, era inconstitucional.

Nesse passo, com arrimo nas garantias constitucionais, o Supremo Tribunal Federal decidiu pela inconstitucionalidade de qualquer lei que exija depósito prévio como condição imprescindível ao conhecimento da ação com escopo de discutir crédito tributário.

Súmula Vinculante nº 29 – É constitucional a adoção, no cálculo do valor de taxa, de um ou mais elementos da base de cálculo própria de determinado imposto, desde que não haja integral identidade entre uma base e outra.

De relatoria do Min. Ricardo Lewandowski, o entendimento sumulado é calcado no Recurso Extraordinário nº 576.321, ao qual o Pretório Excelso admitiu a relativização do art. 145, §2º, da CF, considerando constitucionais taxas de limpeza baseadas no tamanho do imóvel, desde que não haja integral identidade entre uma base e outra.

Súmula Vinculante nº 31 – É inconstitucional a incidência do imposto sobre serviços de qualquer natureza (ISS) sobre operações de locação de bens móveis.

Em verdade, o art. 110 do Código Tributário Nacional veda a legislação tributária municipal de alterar a definição e o alcance de conceitos de direito privado. Logo, o Ministro Celso de Mello entende que não se revela tributável, mediante ISS, a locação de veículos automotores (que consubstancia obrigação de dar ou de entregar), eis que esse tributo municipal somente pode incidir sobre obrigações de fazer, a cuja matriz conceitual não se ajusta a figura contratual da locação de bens móveis.[78]

Súmula Vinculante nº 32 – O ICMS não incide sobre alienação de salvados de sinistro pelas seguradoras.

A matriz hermenêutica que motivou a edição desta súmula configura-se na vedação da cobrança de ICMS sobre a alienação dos salvados, ou seja, dos veículos que foram objeto de algum acidente ou colisão e que foram recuperados pela própria seguradora e, posteriormente, alienados para terceiros.

---

[78] STF, Segunda Turma, RE nº 446.003, DJ, 4 ago. 2006, p. 71.

Com efeito, o objeto social das empresas seguradoras se volta ao escopo teológico de prestação de seguros, e não à recuperação dos "salvados", para posteriormente revendê-los. Nesse sentido, a atividade de seguro configura-se como uma inexorável atividade-fim das empresas seguras, posto que deverá atrair a incidência do IOF, imposto federal, e não de ICMS.

Por tal razão, conforme dicção sumulada pelo Supremo Tribunal Federal, caberá à seguradora ressarcir o segurado pela perda do veículo. Se, porventura, ela conseguir alienar o automóvel, essa transação comercial não ensejará incidência do fato gerador do ICMS, mas apenas do IOF.

Súmula Vinculante nº 33 – Aplicam-se ao servidor público, no que couber, as regras do regime geral da previdência social sobre aposentadoria especial de que trata o artigo 40, §4º, inciso III da Constituição Federal, até a edição de lei complementar específica.

Súmula Vinculante nº 34 – A Gratificação de Desempenho de Atividade de Seguridade Social e do Trabalho – GDASST, instituída pela Lei 10.483/2002, deve ser estendida aos inativos no valor correspondente a 60 (sessenta) pontos, desde o advento da Medida Provisória 198/2004, convertida na Lei 10.971/2004, quando tais inativos façam jus à paridade constitucional (EC 20/1998, 41/2003 e 47/2005).

Súmula Vinculante nº 35 – A homologação da transação penal prevista no artigo 76 da Lei 9.099/1995 não faz coisa julgada material e, descumpridas suas cláusulas, retoma-se a situação anterior, possibilitando-se ao Ministério Público a continuidade da persecução penal mediante oferecimento de denúncia ou requisição de inquérito policial.

Súmula Vinculante nº 36 – Compete à Justiça Federal comum processar e julgar civil denunciado pelos crimes de falsificação e de uso de documento falso quando se tratar de falsificação da Caderneta de Inscrição e Registro (CIR) ou de Carteira de Habilitação de Amador (CHA), ainda que expedidas pela Marinha do Brasil.

Súmula Vinculante nº 37 – Não cabe ao Poder Judiciário, que não tem função legislativa, aumentar vencimentos de servidores públicos sob o fundamento de isonomia.

Súmula Vinculante nº 38 – É competente o Município para fixar o horário de funcionamento de estabelecimento comercial.

Súmula Vinculante nº 39 – Compete privativamente à União legislar sobre vencimentos dos membros das polícias civil e militar e do corpo de bombeiros militar do Distrito Federal.

Súmula Vinculante nº 40 – A contribuição confederativa de que trata o art. 8º, IV, da Constituição Federal, só é exigível dos filiados ao sindicato respectivo.

Súmula Vinculante nº 41 – O serviço de iluminação pública não pode ser remunerado mediante taxa.

Súmula Vinculante nº 42 – É inconstitucional a vinculação do reajuste de vencimentos de servidores estaduais ou municipais a índices federais de correção monetária.

Súmula Vinculante nº 43 – É inconstitucional toda modalidade de provimento que propicie ao servidor investir-se, sem prévia aprovação em concurso público destinado ao seu provimento, em cargo que não integra a carreira na qual anteriormente investido.

Súmula Vinculante nº 44 – Só por lei se pode sujeitar a exame psicotécnico a habilitação de candidato a cargo público.

Súmula Vinculante nº 45 – A competência constitucional do Tribunal do Júri prevalece sobre o foro por prerrogativa de função estabelecido exclusivamente pela constituição estadual.

Súmula Vinculante nº 46 – A definição dos crimes de responsabilidade e o estabelecimento das respectivas normas de processo e julgamento são da competência legislativa privativa da União.

Súmula Vinculante nº 47 – Os honorários advocatícios incluídos na condenação ou destacados do montante principal devido ao credor consubstanciam verba de natureza alimentar cuja satisfação ocorrerá com a expedição de precatório ou requisição de pequeno valor, observada ordem especial restrita aos créditos dessa natureza.

Súmula Vinculante nº 48 – Na entrada de mercadoria importada do exterior, é legítima a cobrança do ICMS por ocasião do desembaraço aduaneiro.

Súmula Vinculante nº 49 – Ofende o princípio da livre concorrência lei municipal que impede a instalação de estabelecimentos comerciais do mesmo ramo em determinada área.

Súmula Vinculante nº 50 – Norma legal que altera o prazo de recolhimento de obrigação tributária não se sujeita ao princípio da anterioridade.

Súmula Vinculante nº 51 – O reajuste de 28,86%, concedido aos servidores militares pelas Leis 8622/1993 e 8627/1993, estende-se aos servidores civis do Poder Executivo, observadas as eventuais compensações decorrentes dos reajustes diferenciados concedidos pelos mesmos diplomas legais.

Súmula Vinculante nº 52 – Ainda quando alugado a terceiros, permanece imune ao IPTU o imóvel pertencente a qualquer das entidades referidas pelo art. 150, VI, "c", da Constituição Federal, desde que o valor dos aluguéis seja aplicado nas atividades para as quais tais entidades foram constituídas.

Súmula Vinculante nº 53 – A competência da Justiça do Trabalho prevista no art. 114, VIII, da Constituição Federal alcança a execução de ofício das contribuições previdenciárias relativas ao objeto da condenação constante das sentenças que proferir e acordos por ela homologados.

Súmula Vinculante nº 54 – A medida provisória, editada até a Emenda Constitucional 32/2001, e que não foi apreciada pelo congresso nacional, pode ser reeditada dentro do seu prazo de eficácia de trinta dias, mantidos os efeitos de lei desde a primeira edição.

Súmula Vinculante nº 55 – O direito ao auxílio-alimentação não se estende aos servidores inativos.

Súmula Vinculante nº 56 – A falta de estabelecimento penal adequado não autoriza a manutenção do condenado em regime prisional mais gravoso.

Súmula Vinculante nº 57 – A imunidade tributária constante do art. 150, VI, d, da CF/88 aplica-se à importação e comercialização, no mercado interno, do livro eletrônico (e-book) e dos suportes exclusivamente utilizados para fixá-los, como leitores de livros eletrônicos (e-readers), ainda que possuam funcionalidades acessórias.

Súmula Vinculante nº 58 – Inexiste direito a crédito presumido de IPI relativamente à entrada de insumos isentos, sujeitos à alíquota zero ou não tributáveis, o que não contraria o princípio da não cumulatividade.

## 28.19 Conselho Nacional de Justiça

O Conselho Nacional de Justiça (CNJ) compõe-se de quinze membros com mandato de dois anos, admitida uma recondução (art. 103-B, *caput*, da CF, com redação dada pela Emenda Constitucional nº 61, de 11.11.2009). Antes do advento da EC nº 61/2009, havia limite de idade para a nomeação dos membros do Conselho Nacional de Justiça, podendo apenas ser escolhidos cidadãos com mais de trinta e cinco e menos de sessenta e seis anos de idade. Agora, esta restrição foi abolida, não se fazendo mais menção a qualquer restrição de idade dos membros.

Seus membros são nomeados pelo presidente da República, depois da indicação ter sido aprovada pela maioria absoluta do Senado Federal. Se as indicações não forem efetuadas no prazo legal, a escolha deve ser realizada pelo Supremo Tribunal Federal (art. 103-B, §2º, da CF, com redação dada pela Emenda Constitucional nº 61, de 11.11.2009).

A composição do Conselho Nacional de Justiça é heterônoma, havendo membros da magistratura, do Ministério Público, da Ordem dos Advogados do Brasil e da sociedade civil. Eles são denominados conselheiros. Sua formação dá-se da seguinte forma: o presidente Supremo Tribunal Federal, indicado pelo respectivo tribunal; um ministro do Superior Tribunal de Justiça, indicado pelo respectivo tribunal; um ministro do Tribunal Superior do Trabalho, indicado pelo respectivo tribunal; um desembargador de Tribunal de Justiça, indicado pelo Supremo Tribunal Federal; um juiz estadual, indicado pelo Supremo Tribunal Federal; um juiz de Tribunal Regional Federal, indicado pelo Superior Tribunal de Justiça; um juiz federal, indicado pelo Superior Tribunal de Justiça; um juiz de Tribunal Regional do Trabalho, indicado pelo Tribunal Superior do Trabalho; um juiz do trabalho, indicado pelo Tribunal Superior do Trabalho; um membro do Ministério Público da União, indicado pelo procurador-geral da República; um membro do Ministério Público estadual, escolhido pelo procurador-geral da República entre os nomes indicados pelo órgão competente de cada instituição estadual; dois advogados, indicados pelo Conselho Federal da Ordem dos Advogados do Brasil; dois cidadãos, de notável saber jurídico e reputação ilibada, indicados um pela Câmara dos Deputados e outro pelo Senado Federal (art. 103-B, I a XIII, da CF).

Se as indicações não forem efetuadas depois de trinta dias do prazo final para a instalação do CNJ, que é de cento e oitenta dias da promulgação da Emenda nº 45, as nomeações para sua composição devem ser realizadas pelo Supremo Tribunal Federal (art. 103-B, §3º, da CF).

O Conselho Nacional de Justiça não pode ser classificado como um órgão de natureza jurisdicional, haja vista que lhe falta incumbência para prolatar qualquer tipo de sentença ou acórdão, impedindo que ele possa emitir qualquer tipo de decisão acerca de interpretação ou aplicação da lei. Portanto, sua natureza é administrativa, já que sua função primordial é fiscalizar o Poder Judiciário, notadamente exercendo o controle administrativo e financeiro. Em suma, é o órgão incumbido de exercer o controle externo do Poder Judiciário.

Sua competência para o controle administrativo e financeiro abrange todos os órgãos do Poder Judiciário, bem como seus juízes, englobando a primeira instância até os tribunais superiores. A única exclusão é o Supremo Tribunal Federal, já que lhe foi outorgado o controle jurisdicional das decisões do CNJ (art. 102, I, *r*, da CF), e configurando-se como órgão hierarquicamente superior não pode ser fiscalizado por outro inferior.

O motivo apontado para sua criação foi a tentativa de dar uma maior transparência ao Poder Judiciário e não mitigar a plenitude do exercício de suas funções, haja vista que entre suas competências se encontram zelar pela autonomia do Judiciário e pelo cumprimento do Estatuto da Magistratura. Tanto é assim que a maioria de seus quinze membros, nove, são oriundos do próprio Judiciário. Em uma sociedade em que o clamor por transparência aflora nos mais diversos segmentos sociais, os magistrados não poderiam ficar excluídos de prestar contas à população. No momento em que as atividades do Conselho Nacional de Justiça se imiscuírem nas atividades do Poder Judiciário, estar-se-á cometendo uma crassa inconstitucionalidade, que deve ser repelida pelo Supremo Tribunal Federal, órgão de cúpula desse poder.

Ele será presidido pelo presidente do Supremo Tribunal Federal e, nas suas ausências e impedimentos, pelo vice-presidente do Supremo Tribunal Federal (art. 103-B, §1º, da CF, com redação dada pela Emenda Constitucional nº 61, de 11.11.2009). Antes da EC nº 61/2009, presidia o Conselho Nacional de Justiça o ministro do Supremo Tribunal Federal escolhido, o qual só votaria em caso de empate. Agora, a EC nº 61/2009 determinou expressamente que o presidente do Conselho Nacional de Justiça será o presidente do Supremo Tribunal Federal.

A função de ministro-corregedor é exercida pelo ministro do Superior Tribunal de Justiça indicado, que, devido às obrigações inerentes à função de corregedor, fica excluído da distribuição de processos no STJ. Seu mister é investigativo, consistindo na realização de diligências nos órgãos do Judiciário, mesmo nos prestadores de serviços de notários e de registro, com a finalidade de zelar pela qualidade da prestação jurisdicional (art. 103-B, §5º, da CF).

Afora as atribuições definidas pelo Estatuto da Magistratura, tem o corregedor as competências descritas *infra*: a) receber as reclamações e denúncias, de qualquer interessado, relativas aos magistrados e aos serviços judiciários; b) exercer funções executivas do Conselho, de inspeção e de correição geral; c) requisitar e designar magistrados, delegando-lhes atribuições, e requisitar servidores de juízos ou tribunais, inclusive nos estados, Distrito Federal e territórios (art. 103-B, §5º, I a III, da CF).

Junto ao Conselho Nacional de Justiça atuam o Procurador-Geral da República e o presidente do Conselho Federal da Ordem dos Advogados do Brasil, com a função de auxiliar no desenvolvimento das atividades de administração e fiscalização. Eles não fazem parte do colegiado e, portanto, não podem votar nas questões analisadas, mas têm competência para se pronunciar em todos os processos que forem postos à apreciação do órgão (art. 103-B, §6º, da CF).

O elenco de suas funções não foi taxativo, podendo o Estatuto da Magistratura conferir-lhe outras atribuições, de acordo com a evolução das atividades desenvolvidas. Expressou a Constituição, através da Emenda nº 45, suas competências (art. 103-B, §4º, I a VII, da CF):
 a) zelar pela autonomia do Poder Judiciário e pelo cumprimento do Estatuto da Magistratura, podendo expedir atos regulamentares, no âmbito de sua competência, ou recomendar providências;
 b) resguardar os princípios da Administração Pública (art. 37 da CF). Com esse objetivo, ele tem o dever de apreciar, de ofício ou mediante provocação, a legalidade dos atos administrativos praticados por membros ou órgãos do Poder Judiciário. Caso seja constatada qualquer irregularidade, pode revê-la ou fixar prazo para a adoção de providências necessárias para o cumprimento legal, sem obstacular as funções de fiscalização do Tribunal de Contas da União (TCU). O CNJ não possui competência para interferir nos atos jurisdicionais dos magistrados, prevalecendo o princípio do livre convencimento motivado;[79]
 c) receber e reconhecer das reclamações contra membros ou órgãos do Poder Judiciário, inclusive contra seus serviços auxiliares, serventias e órgãos prestadores de serviços notariais e de registro que atuem por delegação do Poder Público ou oficializados, sem prejuízo da competência disciplinar e correcional dos tribunais. Para o cumprimento dessa função, pode o CNJ avocar processos disciplinares em curso e determinar a remoção, a disponibilidade ou a aposentadoria com subsídios ou proventos proporcionais ao tempo de serviço e aplicar outras sanções administrativas, assegurada ampla defesa;
 d) representar ao Ministério Público, no caso de crime contra a Administração Pública ou de abuso de autoridade;
 e) rever, de ofício ou mediante provocação, os processos disciplinares de juízes e membros de tribunais julgados há menos de um ano;
 f) elaborar semestralmente relatório estatístico sobre processos e sentenças prolatadas, por unidade da Federação, nos diferentes órgãos do Poder Judiciário;
 g) elaborar relatório anual, propondo as providências que julgar necessárias sobre a situação do Poder Judiciário no país e as atividades do Conselho, o qual deve integrar mensagem do presidente do Supremo Tribunal Federal a ser remetida ao Congresso Nacional, por ocasião da abertura da sessão legislativa.

---

[79] Planteia sobre a matéria o Professor George Salomão: "No âmbito de sua competência para controlar a atuação administrativa do Poder Judiciário, cuida ao Conselho Nacional de Justiça zelar pela observância do art. 37 da Constituição Federal, além de apreciar de ofício ou mediante provocação, a legalidade dos atos administrativos praticados por membros ou órgãos do Judiciário, podendo desconstituí-los, revê-los ou fixar prazo para que se adotem as providências necessárias ao exato cumprimento da lei, sem prejuízo da competência do Tribunal de Contas da União. Desse modo, pode o *Conselho de Justiça* declarar a ilegalidade do ato praticado por membro ou órgão do Judiciário, desconstituindo-o, portanto; pode, também, rever o ato eivado de nulidade, produzindo outro em seu lugar; e, ainda, pode fixar um prazo que membro ou órgão do Poder Judiciário venha a produzir um novo ato compatível com o ordenamento jurídico" (SALOMÃO, George Leite. Competência do Conselho Nacional de Justiça. In: *Comentários à Reforma do Poder Judiciário*. Rio de Janeiro: Forense, 2005. p. 222).

Com o intento de descentralizar as atividades desenvolvidas pelo CNJ, estruturando-o perto dos jurisdicionados, a União, inclusive no Distrito Federal e nos territórios, deve criar ouvidorias de Justiça com a finalidade de receber reclamações e denúncias de qualquer interessado contra membros ou órgãos do Poder Judiciário, ou contra seus serviços auxiliares, representando diretamente ao Conselho Nacional de Justiça (art. 103-B, §7º, da CF).

Compete ao Supremo Tribunal Federal o processamento e o julgamento de quaisquer ações propostas contra atos do Conselho Nacional de Justiça praticados no exercício de suas atividades-fim.[80] Anteriormente, entendia-se que tal competência genérica seria da Justiça Comum Federal, cabendo ao STF apenas o processamento das ações constitucionais contra o CNJ (mandado de segurança, *habeas corpus* e *habeas data*). Em virtude da nova posição esposada pela Corte Suprema, são ineficazes as decisões judiciais sustativas de deliberações do CNJ proferidas por órgão judiciário que não o STF.[81]

## 28.20 A constitucionalidade do Conselho Nacional de Justiça

O Supremo Tribunal Federal julgou improcedente a ação direta de inconstitucionalidade formulada pela Associação dos Magistrados Brasileiros que arguia a inconstitucionalidade do Conselho Nacional de Justiça. A alegação, em síntese, consistiu no fato de que a criação do mencionado órgão ofenderia o princípio da separação e independência dos poderes e também o pacto federativo, no sentido de que a Reforma do Judiciário submeteu os órgãos do Poder Judiciário dos estados a uma supervisão administrativa, orçamentária, financeira e disciplinar por instituição da União.[82]

Decidiu-se como improcedente a alegação de que o CNJ ofende ao princípio da separação e independência dos poderes porque a Constituição de 1988 desenhou uma estrutura de freios e contrapesos recíproca entre os poderes estabelecidos, formando um sistema de integração e cooperação preordenado a assegurar equilíbrio dinâmico entre eles. O mencionado órgão faz parte do Poder Judiciário, composto na sua maioria por membros desse poder, com uma composição híbrida que não macula a independência interna e externa do Judiciário.

Também foi relegada a imputação de violação ao pacto federativo em razão de que se considera o CNJ órgão federal, formado pela associação dos estados-membros, não podendo ser considerado órgão da União, mas sim do Poder Judiciário nacional. Ainda mais porque seus membros são indicados entre componentes das duas estruturas judiciárias, que são os estados e municípios, no que reafirma o princípio federativo.

## 28.21 A Resolução nº 7 do Conselho Nacional de Justiça

Resolução que acarretou discussões no mundo jurídico foi a de número 7, que impede contratação de parentes até terceiro grau no Judiciário.[83] A principal crítica é

---

[80] STF, Plenário, Rcl nº 33.459 AgR/PE, Red. p/ acórdão Min. Gilmar Mendes, j. 18.11.2020.
[81] STF, Plenário, ADI nº 4.412/DF, Rel. Min. Gilmar Mendes, j. 18.11.2020.
[82] ADIn nº 3.367/DF, Rel. Min. Cezar Peluso.
[83] Semelhante medida fora tomada pelo Conselho Nacional do Ministério Público.

que o Conselho Nacional de Justiça agiu como se fosse legislador, estabelecendo uma obrigação não prevista, de forma direta, na Constituição.

Todavia, considerou o Supremo Tribunal Federal a constitucionalidade da Resolução nº 7/05 com os seguintes argumentos: a) a mencionada resolução é dotada de caráter normativo primário, já que se alicerça diretamente no §4º do art. 103-B da Constituição; b) os condicionamentos impostos não incidem contra a prerrogativa de nomeação e exoneração dos cargos em comissão e funções de confiança desde que sua interpretação esteja em sintonia com os princípios agasalhados no *caput* do art. 37, como impessoalidade, eficiência, igualdade e moralidade; c) não há afronta ao modelo federativo ou à separação dos poderes porque o CNJ não é órgão estranho ao Poder Judiciário, que existem princípios estabelecidos que devem ser cumpridos pelos estados-membros ao organizarem a Justiça estadual e em razão de que a estruturação judiciária federal se configura compatível com a estruturação estadual.[84]

A mencionada resolução se configura benfazeja no mundo jurídico. Uma Constituição considerada "cidadã", que agasalha princípios como moralidade, eficiência, igualdade, razoabilidade, impessoalidade, não poderia coadunar-se com qualquer tipo de prática nepotista. Espera-se agora que semelhante impedimento possa ser transposto para os outros poderes, principalmente o Executivo, o que densifica a nossa República.[85]

## 28.22 Superior Tribunal de Justiça

O Superior Tribunal de Justiça, criado pela Constituição Cidadã, substituiu o antigo Tribunal Federal de Recursos, oriundo da Constituição de 1946. O objetivo de sua criação foi diminuir o excesso de trabalho que emperra as decisões do Supremo Tribunal Federal, retirando-lhe a competência para julgar os recursos referentes às questões de natureza infraconstitucional.

A ideia de criar um tribunal para desafogar o STF surgiu na década de sessenta, em mesa-redonda na Fundação Getúlio Vargas, presidida pelo Ministro Themístocles Brandão Cavalcanti e composta por Caio Tácito, Miguel Seabra Fagundes e Caio Mário, que concluiu pela necessidade de criação de um tribunal que se posicionasse como última instância da Justiça Comum.

A pretensão almejada com a criação do STJ não foi a de mitigar a competência do Supremo, muito menos a de retirar-lhe a prerrogativa de "tribunal da federação". O Supremo Tribunal Federal se manteve como instância de cúpula do Judiciário, reduzindo-se lhe a extensão das atribuições, com a finalidade de aumentar a celeridade da prestação jurisdicional e possibilitando-lhe maior zelo pela jurisdição constitucional.

O Superior Tribunal de Justiça, estruturado como uma instância judiciária e zelando pelo caráter sistêmico das leis federais, funciona como tribunal superior não

---

[84] Medida Cautelar em ADC nº 12/DF, Rel. Min. Carlos Britto.
[85] "Os condicionamentos impostos pela Resolução em foco não atentam contra a liberdade de nomeação e exoneração dos cargos em comissão e funções de confiança (incisos II e V do art. 37). Isto porque a interpretação dos mencionados incisos não pode se desapegar dos princípios que se veiculam pelo *caput* do mesmo art. 37. Donde o juízo de que as restrições constantes do ato normativo do CNJ são, no rigor dos termos, as mesmas restrições já impostas pela Constituição de 1988, dedutíveis dos republicanos princípios da impessoalidade, da eficiência, da igualdade e da moralidade. É dizer: o que já era constitucionalmente proibido permanece com essa tipificação, porém, agora, mais expletivamente positivado" (ADC nº 12 MC/DF, Rel. Min. Carlos Britto, *DJ*, 1º set. 2006).

constitucional. Possui ampla gama de prerrogativas; por esse motivo, o legislador constituinte fixou sua composição mínima, facultando ao legislador infraconstitucional aumentá-la quando houvesse necessidade premente (art. 104 da CF).

É ele formado por, no mínimo, trinta e três ministros, nomeados pelo presidente da República, entre brasileiros natos e naturalizados, com mais de trinta e cinco e menos de sessenta e cinco anos de idade, de notável saber jurídico e reputação ilibada, depois de aprovada a escolha pelo Senado, mediante *quorum* de maioria absoluta de seus membros. A aprovação se faz por resolução (art. 104, parágrafo único, da CF).

Um terço dos membros deve ser escolhido entre desembargadores federais dos Tribunais Regionais Federais e um terço entre desembargadores dos Tribunais de Justiça, indicados em lista tríplice elaborada pelo próprio STJ; e o último terço entre advogados e membros do Ministério Público Federal, Estadual e dos Territórios, alternadamente. As entidades das respectivas classes mencionadas anteriormente elaboram lista sêxtupla, o STJ a reduz para lista tríplice e o presidente da República realiza a escolha (art. 104, I e II, da CF).

Suas competências são similares às do Supremo Tribunal Federal: competência originária (art. 105, I, da CF), competência ordinária (art. 105, II, da CF) e competência para julgar recurso especial (art. 105, III, da CF). As duas últimas são competências recursais.

Competência originária significa que sobre algumas matérias apenas o Superior Tribunal de Justiça tem a competência para decidir, cabendo, como medidas contra suas decisões, dependendo do caso: ação rescisória de seus julgados, embargo declaratório, recurso extraordinário e recurso ordinário para o STF (art. 105, I, da CF).

Exemplo de competência originária é a que tem a finalidade de garantir a jurisdição constitucional das liberdades, julgando garantias constitucionais como o *habeas corpus*, o *habeas data* ou o mandado de segurança. O julgamento desses *writs* pelo STJ se justifica quando o sujeito passivo for autoridade pertencente à cúpula de um dos três poderes, como ministro de Estado, por exemplo, impedindo que decisões sejam tomadas por força de pressões políticas. Com o deslocamento da competência para o Superior Tribunal de Justiça, tenta-se garantir a isenção das decisões, sem interferências extradogmáticas.

Na sua competência ordinária, compete ao Superior Tribunal de Justiça julgar (art. 105, II, da CF):

a) os *habeas corpus* decididos em única ou última instância pelos Tribunais Regionais Federais ou pelos Tribunais dos Estados, quando a sua decisão for denegatória;

b) os mandados de segurança decididos em única instância pelos Tribunais Regionais Federais ou pelos Tribunais dos Estados, do Distrito Federal e Territórios, quando denegatória a decisão;

c) as causas em que forem partes Estado estrangeiro ou organismo internacional, de um lado, e, do outro, Município ou pessoa residente ou domiciliada no País.

No primeiro e segundo casos, o objetivo foi valorizar a liberdade individual e o direito líquido e certo dos cidadãos. De igual modo, mantém-se preservado o duplo grau de jurisdição nas decisões de única instância. Das decisões que concederem *habeas corpus* ou mandado de segurança não existe possibilidade de impetração do recurso ordinário. No terceiro caso, as ações em que forem partes Estado estrangeiro ou organismo internacional, de um lado, e, do outro, município ou pessoa domiciliada ou residente no Brasil, a competência recursal ordinária foi deferida ao Superior Tribunal de Justiça em virtude do interesse despertado pela lide. Em primeira instância, serão julgadas por juiz federal.

O recurso especial pode ser impetrado contra decisões que estorvem lei federal proferidas em única ou última instância pelos Tribunais Regionais Federais e pelos Tribunais dos Estados e dos Territórios. Sua origem decorre do recurso extraordinário, porque ele não é nada mais do que o recurso extraordinário restrito à seara infraconstitucional. No direito comparado, foi inspirado no *writ of error* do direito norte-americano.

O recurso especial cabível das decisões judiciais proferidas em única ou última instância pelos Tribunais Regionais Federais e pelos Tribunais de Justiça dos estados, do Distrito Federal e dos territórios abrange os seguintes casos (art. 105, III, *a* a *c*, da CF):

a) afronta a tratado ou lei federal;
b) quando forem julgados válidos lei ou ato normativo do governo local contestado em face da lei federal; e
c) quando houver interpretação divergente de lei federal.

Funcionará junto ao Superior Tribunal de Justiça o Conselho da Justiça Federal, com a finalidade de exercer a supervisão administrativa e orçamentária da Justiça Federal de primeira e segunda instância. Surgiu este Conselho no lugar do antigo Conselho Nacional da Magistratura, disciplinado no art. 120 da Constituição de 1967/1969. Seu objetivo não é cercear a livre convicção dos juízes, mas realizar a fiscalização da gestão administrativa e orçamentária dos órgãos federais de primeiro e segundo grau. A composição e atribuições do Conselho da Justiça Federal ficam a cargo de lei complementar (art. 105, parágrafo único, da CF).

São competências do Superior Tribunal de Justiça (art. 105, I a III, da CF):

I – processar e julgar, originariamente:
a) nos crimes comuns, os Governadores dos Estados e do Distrito Federal, e, nestes e nos de responsabilidade, os desembargadores dos Tribunais de Justiça dos Estados e do Distrito Federal, os membros dos Tribunais de Contas dos Estados e do Distrito Federal, os dos Tribunais Regionais Federais, dos Tribunais Regionais Eleitorais e do Trabalho, os membros dos Conselhos ou Tribunais de Contas dos Municípios e os do Ministério Público da União que oficiem perante tribunais;
b) os mandados de segurança e os *habeas data* contra ato de Ministro de Estado, dos Comandantes da Marinha, do Exército e da Aeronáutica ou do próprio Tribunal;
c) os *habeas corpus*, quando o coator ou paciente for qualquer das pessoas mencionadas na alínea *a*, ou quando coator for tribunal, sujeito à sua jurisdição, Ministro de Estado ou Comandante da Marinha, do Exército e da Aeronáutica, ressalvada a competência da Justiça Eleitoral;
d) os conflitos de competência entre quaisquer tribunais, ressalvado o disposto no art. 102, I, o, bem como entre tribunal e juízes a ele não vinculados e entre juízes vinculados a tribunais diversos;
e) as revisões criminais e as ações rescisórias de seus julgados;
f) a reclamação para a preservação de sua competência e garantia da autoridade de suas decisões;
g) os conflitos de atribuições entre autoridades administrativas e judiciárias da União, ou entre autoridades judiciárias de um Estado e administrativas de outro ou do Distrito Federal, ou entre as deste e da União;

h) o mandado de injunção, quando a elaboração da norma regulamentadora for atribuição de órgão, entidade ou autoridade federal, da administração direta ou indireta, excetuados os casos de competência do Supremo Tribunal Federal e dos órgãos da Justiça Militar, da Justiça Eleitoral, da Justiça do Trabalho e da Justiça Federal;

i) a homologação de sentenças estrangeiras e a concessão de *exequatur* às cartas rogatórias.

II – julgar, em recurso ordinário:

a) os *habeas corpus* decididos em única ou última instância pelos Tribunais Regionais Federais ou pelos tribunais dos Estados, do Distrito Federal e Territórios, quando a decisão for denegatória;

b) os mandados de segurança decididos em única instância pelos Tribunais Regionais Federais ou pelos Tribunais dos Estados, do Distrito Federal e Territórios, quando denegatória a decisão;

c) as causas em que forem partes Estado estrangeiro ou organismo internacional, de um lado, e, do outro, Município ou pessoa residente ou domiciliada no País;

III – julgar, em recurso especial, as causas decididas, em única ou última instância, pelos Tribunais Regionais Federais ou pelos Tribunais dos Estados, do Distrito Federal e Territórios, quando a decisão recorrida:

a) contrariar tratado ou lei federal, ou negar-lhes vigência;

b) julgar válido ato de governo local contestado em face de lei federal;

c) der a lei federal interpretação divergente da que lhe haja atribuído outro tribunal.

Parágrafo único. Funcionará junto ao Superior Tribunal de Justiça o Conselho da Justiça Federal, cabendo-lhe, na forma da lei, exercer a supervisão administrativa e orçamentária da Justiça Federal de primeiro e segundo graus.

Uma das competências primárias do Supremo, que foi deslocada para o STJ, foi a homologação de sentenças estrangeiras e a concessão de *exequatur*, que são atos de soberania, não havendo necessidade de serem motivados.[86]

Como o Estado Nacional goza do monopólio jurídico, vigora o princípio da unicidade de jurisdição, ou seja, no território pátrio, apenas as decisões judiciais emanadas do Poder Judiciário podem ser cumpridas, necessitando as sentenças estrangeiras serem homologadas pelo Superior Tribunal de Justiça para terem vigência. Ainda em consequência do princípio do monopólio jurídico em território nacional, para que um ato judicial de outro país possa ser executado no Brasil, como exemplo, o cumprimento de uma citação, esse ato tem de ser permitido através de uma decisão do STJ. Tal permissão denomina-se *exequatur*.

A maioria dos pedidos para a homologação de sentenças estrangeiras e a concessão de *exequatur* era de questões de menor monta, que não são compatíveis com o relevo das atribuições desempenhadas pelo Supremo Tribunal Federal. Com tantas matérias proeminentes aguardando decisão da Egrégia Corte, era destituído de razoabilidade outorgar-lhe essa função, que pode ser plenamente exercida pelo Superior Tribunal de Justiça.

O mencionado deslocamento de competência foi benfazejo porque retirou do Excelso Pretório uma atribuição que tem nítida natureza infraconstitucional. O Supremo Tribunal Federal deveria apenas se ocupar das funções de garantir a concretização da Constituição, devendo todas as tarefas de matriz infraconstitucional serem repassadas ao Superior Tribunal de Justiça.

---

[86] RMS nº 23.760/DF, Rel. Min. Moreira Alves.

O STJ deixou de ser competente para o julgamento da validade de lei de governo local contestado em face de lei federal, ostentando apenas a competência de julgar ato de governo local contestado em face de lei federal. Como o número de recursos especiais fundamentados em leis que afrontam dispositivo federal é maior que o de atos que padeçam da mesma contrariedade, houve uma redução da incidência do recurso especial e um aumento da incidência do recurso extraordinário.

Tem funcionamento junto ao Superior Tribunal de Justiça a Escola Nacional de Formação e Aperfeiçoamento de Magistrados, cabendo-lhe, entre outras funções, regulamentar os cursos oficiais para ingresso e promoção na carreira (art. 105, parágrafo único, I, da CF). A retrocitada escola tem a função de disciplinar os mencionados cursos, indicando a forma de sua estruturação e funcionamento, o conteúdo a ser ministrado, a qualificação exigida dos professores, bem como estabelecer as demais disposições necessárias.

Também funciona junto ao STJ o Conselho da Justiça Federal, com a competência para exercer, na forma da lei, a supervisão administrativa e orçamentária da Justiça Federal de primeiro e segundo graus, como órgão central do sistema e com poderes correcionais, cujas decisões têm caráter vinculante (art. 105, parágrafo único, II, da CF). Ele não se configura como um órgão de jurisdição, não podendo apreciar qualquer decisão já prolatada. Mas tipifica-se como um órgão de fiscalização, imprescindível para a supervisão administrativa e orçamentária da Justiça Federal de primeira e segunda instância, dispondo suas decisões, para o exercício de suas funções correcionais, de caráter vinculante.

## 28.23 Recurso extraordinário e recurso especial

A Constituição de 1891, que criou o Supremo Tribunal Federal, em nenhum momento fez menção ao recurso extraordinário. Ele somente foi criado em 1894, pela Lei nº 221, portanto, sem fazer parte de mandamento constitucional. Com a reforma de 1926, o art. 59, no seu §1º, regulamentou o instituto em sede constitucional e ainda ampliou a admissibilidade do recurso.[87] O recurso especial foi criado pela Constituição de 1988. Sua inspiração foi o *writ of error*, do direito norte-americano, criado pelo *Judiciary Act*, de 1795.

Esses recursos são denominados "extraordinários" não apenas porque estão disciplinados na Constituição Federal, enquanto os demais têm a sua normatização contida em lei infraconstitucional, mas porque necessitam de mais alguns elementos para a sua aplicação. A simples sucumbência não é considerada requisito essencial para a impetração dos recursos mencionados. Urge a ocorrência de um *plus*, que se configura, no caso do recurso extraordinário, numa questão constitucional ou, no caso do recurso especial, numa questão federal.

Têm a necessidade, ambos, do exaurimento das instâncias inferiores. Rodolfo de Camargo Mancuso doutrina que o recurso extraordinário e o recurso especial pressupõem um julgado contra o qual já foram esgotadas todas as possibilidades de impugnação nas várias instâncias, sem deixar em branco nenhuma possibilidade de impugnação.[88]

---

[87] MÓSCA, Hugo. *O Supremo Tribunal ontem e hoje*. Brasília: Gutemberg, 1986. p. 23.
[88] MANCUSO, Rodolfo de Camargo. *Recurso extraordinário e recurso especial*. 4. ed. São Paulo: RT, 1996. p. 69.

O recurso extraordinário se refere às causas decididas em última ou única instância, em qualquer grau de jurisdição. O referido recurso pode ser impetrado até mesmo das decisões proferidas por juiz singular. O recurso especial pode ser aplicado àquelas causas decididas em única ou última instância pelos Tribunais Regionais Federais ou pelos Tribunais dos Estados, do Distrito Federal e Territórios. Assim, o mencionado recurso não pode ser impetrado das decisões proferidas por juízes singulares, sendo restrita, dessa forma, a sua incidência.

Causa é um objeto posto à apreciação do Poder Judiciário, tanto na jurisdição contenciosa como na jurisdição voluntária. Sua conceituação não guarda semelhança com a conceituação de lide, no sentido carneluttiano, que significa oposição de interesses acerca de um mesmo objeto. Qualquer questão colocada à apreciação judicial, mesmo quando a sua função seja a de apenas homologar decisões dos particulares, como no exemplo da homologação de um arrolamento amigável, é denominada causa.

Em razão da sua natureza, o Supremo Tribunal Federal e o Superior Tribunal de Justiça ficam impedidos de apreciar matéria de fato. Funcionando como órgãos da cúpula do Judiciário, não podem reexaminar as provas produzidas porque, além do empecilho da distância do local onde os fatos ocorreram, o reexame das provas demandaria excessivos trabalhos, o que dificultaria a agilização da prestação jurisdicional e se afastaria da finalidade de criação desses dois órgãos, que não é a revisão das decisões injustas, mas a manutenção do caráter sistêmico do ordenamento jurídico, evitando que decisões contraditórias tomadas pelos tribunais possam gerar insegurança. É o que está preceituado na Súmula nº 279 do STF: "Para simples reexame de prova não cabe recurso extraordinário".

O prequestionamento é requisito tanto do recurso extraordinário como do recurso especial. Significa a obrigatoriedade de que a matéria objeto desses dois recursos constitucionais já tenha sido discutida, anteriormente, pela instância *a quo*. A exigência de prequestionamento ficou clara com as súmulas nºs 282 e 356 do STF:

> Súmula nº 282 – É inadmissível o recurso extraordinário, quando não ventilada, na decisão recorrida, a questão federal suscitada.

> Súmula nº 356 – O ponto omisso da decisão, sobre o qual não foram opostos embargos declaratórios, não pode ser objeto de recurso extraordinário, por faltar o requisito do prequestionamento.

Ambos os recursos têm juízo de admissibilidade duplo (juízo de admissibilidade é a decisão em que se observa se o recurso preenche os requisitos formais e, portanto, pode ser apreciado pela instância *ad quem*), devendo sofrer apreciação no juízo *a quo* e no juízo *ad quem*. Se o juízo *a quo* indeferir o cabimento do recurso, caberá agravo do despacho denegatório para o tribunal competente.

- Pressupostos do recurso especial: a) existência de causa decidida em única ou última instância pelos Tribunais Regionais Federais ou pelos Tribunais de Justiça dos Estados e do Distrito Federal; b) a decisão, a ser impugnada através dele, ser definitiva; c) existência de questão federal enquadrável nas alíneas do inc. III do art. 105 da Constituição, que são: contrariar tratado ou lei federal, ou negar-lhe vigência; julgar válido ato de governo local contestado em face de

lei federal; dar à lei federal interpretação divergente da que lhe haja atribuído outro tribunal.
- Pressupostos do recurso extraordinário: a) existência de causa decidida em única ou última instância; b) a decisão, a ser impugnada através dele, ser definitiva; c) existência de questão constitucional enquadrável nas alíneas do inc. III do art. 102 da Constituição, que são: contrariar dispositivo da Constituição; declarar a inconstitucionalidade de tratado ou lei federal; julgar válida lei ou ato de governo local contestado em face da Constituição; julgar válida lei de governo local contestada em face de lei federal (alteração promovida pela Emenda Constitucional nº 45); d) existência de repercussão geral dos recursos extraordinários.[89]

O efeito produzido pelos recursos extraordinário e especial é apenas devolutivo, devolvendo-se a matéria para a apreciação da instância *ad quem*. Os dois recursos não produzem efeito suspensivo. Contudo, o Supremo Tribunal Federal aceita a interposição de medida cautelar para garantir efeito suspensivo a recurso extraordinário. Ressalve-se que há o impedimento de interposição de medida cautelar com efeito suspensivo quando o recurso extraordinário ainda não for objeto de juízo de admissibilidade ou quando ainda está pendente o seu julgamento pelo presidente do Tribunal de origem (súmulas nºs 634 e 635 do STF).

Mesmo com esse posicionamento bastante consolidado, o Min. Gilmar Ferreira Mendes considera que, a despeito do recurso extraordinário não ter sido admitido pelo tribunal de origem, estando pendente agravo de instrumento, pode ser concedida medida cautelar em situações excepcionais, em que está patente a plausibilidade jurídica do pedido, pelo fato de a decisão recorrida contrariar jurisprudência ou súmula do STF, e o perigo de dano irreparável ou de difícil reparação for facilmente constatado.[90]

## 28.24 Repercussão geral dos recursos extraordinários

Com a finalidade de diminuir o número crescente de recursos extraordinários que são apreciados pelo Supremo Tribunal Federal anualmente, a Emenda Constitucional nº 45 passou a exigir que o recorrente comprovasse a repercussão geral das questões constitucionais discutidas (art. 102, §3º, da CF). Este maior rigor no juízo de admissibilidade impede que matérias específicas, que não apresentem um teor de generalidade, possam ser analisadas pelo Supremo, permitindo-lhe o fortalecimento de seu papel como guardião da Constituição.

O requisito da repercussão geral configura-se como vetor para aferir a transcendência da matéria e, assim, reduzir a demanda processual deste órgão, já que não tem mais sentido deixar a cúpula do Poder Judiciário apreciar questões particulares, que deveriam ter sido debatidas nas instâncias inferiores. A inspiração pátria para o mencionado requisito de admissibilidade recursal, apesar das diferenças procedimentais, veio da Emenda nº 7 à Carta de 1967-69, que criou a "arguição de relevância da questão federal" como condição para apreciação do recurso extraordinário.

---

[89] O Supremo Tribunal Federal entende possível a desistência do recurso extraordinário (RE nº 235.800/SP, Rel. Min. Ilmar Galvão).
[90] AC nº 1.550 MC/RO, Min. Relator Gilmar Mendes.

A expressão *repercussão geral* foi conceituada pela Lei nº 11.418/2006, como fora expressamente previsto no dispositivo realizado pelo Poder Reformador.[91] Ela configura-se como a existência de relevantes pontos de vista econômico, político, social ou jurídico, que ultrapassem os interesses subjetivos da causa.

Seu sentido significa que a matéria discutida deve ter certo grau de generalidade que a faça possível de ser aplicada a outros casos semelhantes, contribuindo para a solução de questões controversas.[92] Seus efeitos não podem repercutir apenas na seara privada dos litigantes, mas devem extrapolar este limite e atingir a coletividade, daí o seu caráter de transcendência, sendo afastadas as causas irrelevantes, que pela pouca importância são passíveis de serem apreciadas por outras instâncias. O requisito essencial é que a decisão possa ir além dos limites subjetivos da causa.

Haverá preenchimento da repercussão geral quando o recurso impugnar decisão contrária à súmula ou jurisprudência dominante no Tribunal. Esta foi uma forma encontrada para manter a força normativa das súmulas, afora o instituto da reclamação, e da jurisprudência dominante das decisões do Supremo Tribunal Federal.

O exame da existência da repercussão geral será realizado anteriormente ao juízo de admissibilidade, em que são verificados os pressupostos processuais e condições de ação do recurso extraordinário.[93] Pode-se dizer que três são as fases do recurso extraordinário: a) constatação da repercussão geral; b) verificação dos requisitos inerentes à admissibilidade; c) julgamento do mérito.

Outro requisito para exame do recurso extraordinário é que as questões suscitadas tenham natureza constitucional, pois se versarem acerca de matéria infraconstitucional não poderão ser apreciadas por meio deste recurso. Portanto, dois são os requisitos necessários para a apreciação do recurso extraordinário: repercussão geral da matéria e que ela tenha natureza constitucional.

A competência para verificar a existência ou não de repercussão geral é do Plenário do Supremo Tribunal Federal, especificamente por meio de ferramenta eletrônica conhecida como "Plenário Virtual", bastando, neste, a manifestação de quatro ministros pelo preenchimento do requisito (art. 323-A, RISTF).

Ou seja, para a rejeição do recurso extraordinário por ausência de repercussão geral são necessários o voto de oito ministros do Pretório Excelso, pois se houver o posicionamento favorável à admissibilidade de quatro dos seus membros, ela será apreciada, mesmo que o teor de sua repercussão geral seja mitigado.

Negada a existência da repercussão geral, a decisão valerá para todos os recursos sobre matéria idêntica, que serão indeferidos liminarmente, salvo se houver revisão

---

[91] "Parece que foi intenção da Reforma não deixar com o próprio STF a definição e esclarecimento do que se deva entender por 'repercussão geral', retirando-lhe essa competência para abrigá-la na liberdade de conformação do legislador. Caso contrário, a expressão 'nos termos da lei' seria despicienda" (TAVARES, André Ramos. A repercussão geral no recurso extraordinário. In: *Reforma do Judiciário*. Analisada e comentada. São Paulo: Método, 2005. p. 217). A Lei nº 11.418/2006 regulamentou a exigência de repercussão geral nos recursos extraordinários.

[92] Com relação à demonstração da repercussão geral no recurso extraordinário exige-se o seguinte: 1) a demonstração da repercussão geral das questões constitucionais discutidas em qualquer recurso extraordinário; 2) que a verificação da existência de demonstração formal e fundamental da repercussão geral das questões discutidas no recurso extraordinário pode fazer-se tanto na origem quanto no Supremo Tribunal Federal, cabendo exclusivamente a este Tribunal, no entanto, a decisão sobre a efetiva existência da repercussão geral (AI nº 664.567 QO/RS, Rel. Min. Sepúlveda Pertence, 18.6.2007).

[93] ALVIM, Arruda. A EC nº 45 e o instituto da repercussão geral. In: *Reforma do Judiciário*. Primeiras reflexões sobre a Emenda Constitucional nº 45/2004. São Paulo: RT, 2005. p. 64.

do posicionamento dominante. É irrecorrível a decisão do STF que não reconhecer a existência da repercussão geral, devendo este requisito ser demostrado em preliminar do recurso.

O relator tem a prerrogativa de admitir a manifestação de terceiros na análise da repercussão geral, subscrita por procurador habilitado. A súmula que apreciar a matéria sobre repercussão geral constará em ata, publicada no *Diário Oficial*, e vale como acórdão.

A Lei nº 11.418/2006 definiu também o procedimento adequado quando houver multiplicidade de recursos com fundamentos em idêntica controvérsia. O tribunal de origem deve selecionar um ou mais dos recursos mais representativos da controvérsia e enviar ao Supremo Tribunal Federal, sobrestando os demais até pronunciamento definitivo. Negada a existência da repercussão geral, os recursos sobrestados serão considerados não admitidos. Tal rito foi incorporado pelo CPC (arts. 1.036 a 1.042), positivando a chamada sistemática dos *recursos extraordinários repetitivos*.

Julgado o mérito do recurso extraordinário depois de constatada a repercussão geral, os recursos sobrestados serão apreciados pelos tribunais, turmas de uniformização ou turmas recursais, que podem declará-los prejudicados ou retratar-se. Caso os tribunais inferiores não se adequem ao posicionamento determinado no julgamento que reconhece a existência da repercussão geral, o Supremo Tribunal Federal poderá cassar ou reformar, liminarmente, o acórdão contrário à orientação firmada.

## 28.25 Tribunais Regionais Federais e juízes federais

A Justiça Federal foi implantada pela Constituição de 1891. Somente a Carta de 1937 a suprimiu, deixando as suas funções sob a incumbência dos juízes estaduais, funcionando o Supremo Tribunal Federal como uma segunda instância. O texto constitucional de 1946 restaurou a Justiça Federal, que foi mantida nos textos subsequentes.

A Constituição de 1891 previu a criação de Tribunais Federais localizados em várias regiões do país. A Constituição de 1946 criou o Tribunal Federal de Recursos e igualmente previu a criação de mais tribunais em outras regiões do país. Contudo, foi a Constituição de 1988 que criou cinco Tribunais Regionais Federais, a serem instalados no prazo de seis meses a contar da sua promulgação (ADCT, art. 27, §6º). O Tribunal da 5ª Região, por exemplo, abrange os estados do Rio Grande do Norte, Paraíba, Pernambuco, Ceará, Alagoas e Sergipe.

Os juízes federais efetivamente foram criados na Constituição de 1891, com a denominação de juízes seccionais, exercendo a jurisdição federal de primeira instância. Em cada estado funciona uma seção judiciária federal, tendo por sede a respectiva capital, e demais varas espalhadas pelo seu território. Nos territórios, a competência da Justiça Federal é suprida pela Justiça local.

Quando, no domicílio do cidadão, não houver vara federal, a lide será decidida na justiça local, para que ele não tenha seu direito preterido por não poder se deslocar para o foro onde esteja localizada a vara federal.[94] Entretanto, como segunda instância, funcionará o Tribunal Regional Federal respectivo. Naquelas comarcas que não forem

---

[94] "Tratando-se de ação previdenciária, o segurado pode ajuizá-la perante as varas de seu domicílio ou perante

sede de varas da Justiça Federal, o Supremo decidiu que as lides sobre questões previdenciárias podem ser ajuizadas perante o juízo estadual do seu domicílio ou perante as varas federais da capital do estado-membro (art. 109, §3º, da CF).[95]

As causas ajuizadas contra a União podem ser impetradas no foro em que for domiciliado o autor, naquele onde houver ocorrido o ato ou fato que deu origem à demanda ou onde esteja situada a coisa, ou, ainda, no Distrito Federal (art. 109, §2º, da CF). As causas em que a União for autora serão aforadas na seção judiciária onde tiver domicílio a outra parte (art. 109, §1º, da CF).

Os Tribunais Regionais Federais serão compostos de, no mínimo, sete juízes, denominados desembargadores federais; recrutados, quando possível, na respectiva região e nomeados pelo presidente da República entre brasileiros natos e naturalizados com mais de trinta e menos de sessenta e cinco anos de idade (art. 107, *caput*, da CF).

Um quinto deve ser escolhido entre advogados com mais de dez anos de efetiva atividade profissional e membros do Ministério Público Federal com mais de dez anos de carreira. O restante deve ser escolhido entre juízes federais, com mais de cinco anos de exercício, alternadamente por promoção e merecimento (art. 107, I e II, da CF).

Os juízes federais têm garantias idênticas àquelas estipuladas para os magistrados de forma geral e têm como segunda instância os Tribunais Regionais Federais, que abrangem a circunscrição de vários estados. Pode haver remoção ou permuta de juízes dos Tribunais Regionais Federais, em consonância com lei específica que regulamenta a matéria.

Visando atender de forma mais eficiente às demandas da população, os Tribunais Regionais Federais devem instalar a Justiça itinerante, com a realização de audiências e demais funções da atividade jurisdicional, nos limites territoriais da respectiva jurisdição, servindo-se de equipamentos públicos e comunitários. Com esse mesmo objetivo mencionado, os Tribunais Regionais Federais poderão funcionar descentralizadamente, constituindo Câmaras regionais a fim de assegurar o pleno acesso do jurisdicionado à Justiça em todas as fases do processo.

A Emenda Constitucional nº 73, promulgada em 6.6.2013 e de eficácia imediata à data de sua publicação, acresceu o §11 ao art. 27 dos Atos das Disposições Constitucionais Transitórias, em criação aos Tribunais Regionais Federais das 6ª, 7ª, 8ª e 9ª Regiões.[96]

O ato promulgatório implicaria, em até seis meses, a existência de nove Tribunais Regionais Federais, estando as sedes dos quatro novos situadas em Belo Horizonte (MG), Curitiba (PR), Manaus (AM) e Salvador (BA).[97]

A expansão conduzida com a Emenda Constitucional nº 73/2013 representa a dilatação da efetivação do direito ao acesso à Justiça, uma vez que facilita o ingresso a essa instância do Judiciário, conferindo maior celeridade processual e economia.

---

as varas federais da capital do Estado-membro, uma vez que o art. 109, §3º, da Constituição Federal prevê uma faculdade em seu benefício, não podendo esta norma ser aplicada para prejudicá-lo" (RE nº 224.799/RS).

[95] RE nº 293.244/RS, Rel. Min. Sepúlveda Pertence.

[96] "Art. 27. [...] §11. São criados, ainda, os seguintes Tribunais Regionais Federais: o da 6ª Região, com sede em Curitiba, Estado do Paraná, e jurisdição nos Estados do Paraná, Santa Catarina e Mato Grosso do Sul; o da 7ª Região, com sede em Belo Horizonte, Estado de Minas Gerais, e jurisdição no Estado de Minas Gerais; o da 8ª Região, com sede em Salvador, Estado da Bahia, e jurisdição nos Estados da Bahia e Sergipe; e o da 9ª Região, com sede em Manaus, Estado do Amazonas, e jurisdição nos Estados do Amazonas, Acre, Rondônia e Roraima. (NR)".

[97] Decisão liminar em sede da ADI nº 5.017/DF suspendeu os efeitos da Emenda Constitucional nº 73.

Evidentemente, os novos Tribunais Regionais Federais serão compostos também por, no mínimo, sete juízes, se possível recrutados na respectiva região e nomeados pelo presidente da República entre brasileiros com mais de 35 anos, sendo um quinto entre advogados com mais de dez anos de efetiva atividade profissional e membros do Ministério Público com mais de dez anos de carreira, os demais, mediante promoção de juízes federais com mais de cinco anos de exercício, respeitados, respectivamente, a antiguidade e o merecimento.

A criação de Tribunais Regionais Federais implicará futura descentralização, mediante constituição de Câmaras Regionais, com o intuito de assegurar o pleno acesso do jurisdicionado à Justiça em todas as fases processuais. No mesmo sentido estará a instalação da Justiça itinerante, com a realização de audiências e demais funções da atividade jurisdicional, delimitada pelo território da respectiva jurisdição.

Compete aos Tribunais Regionais Federais (art. 108 da CF):

I – processar e julgar, originariamente:

a) os juízes federais da área de sua jurisdição, incluídos os da Justiça Militar e da Justiça do Trabalho, nos crimes comuns e de responsabilidade, e os membros do Ministério Público da União, ressalvada a competência da Justiça Eleitoral;

b) as revisões criminais e as ações rescisórias de julgados seus ou dos juízes federais da região;

c) os mandados de segurança e os *habeas data* contra ato do próprio Tribunal ou de juiz federal;

d) os *habeas corpus*, quando a autoridade coatora for juiz federal;

e) os conflitos de competência, entre juízes federais vinculados ao Tribunal;

II – julgar, em grau de recurso, as causas decididas pelos juízes federais e pelos juízes estaduais no exercício da competência federal da área de sua jurisdição.

Os juízes federais são competentes para processar e julgar (art. 109 da CF):

I – as causas em que a União, entidade autárquica ou empresa pública federal forem interessadas na condição de autoras, rés, assistentes ou oponentes, exceto as de falência, as de acidentes de trabalho e as sujeitas à Justiça Eleitoral e à Justiça do Trabalho;[98]

II – as causas entre Estado estrangeiro ou organismo internacional e Município ou pessoa domiciliada ou residente no País;

III – as causas fundadas em tratado ou contrato da União com Estado estrangeiro ou organismo internacional;

IV – os crimes políticos e as infrações penais praticadas em detrimento de bens, serviços ou interesse da União ou de suas entidades autárquicas ou empresas públicas, excluídas as contravenções e ressalvada a competência da Justiça Militar e da Justiça Eleitoral;

---

[98] Compete à Justiça Federal processar e julgar prefeito municipal acusado de desvio de verba da União transferida, a título de subvenção federal, para a realização de obras ou serviços de competência da União. Trata-se, na espécie, de verba repassada a município, por intermédio do Ministério da Ação Social, como subvenção social para a compra de alimentos, vestuário e medicação. Entendeu-se que, como a verba fora transferida para aplicação em obras de assistência social, da competência comum da União, estados e municípios, subsiste o interesse da União na aplicação desses recursos, e, dessa forma, a competência da Justiça Federal (RE nº 232.093/CE, Rel. Min. Sepúlveda Pertence).

V – os crimes previstos em tratado ou convenção internacional, quando, iniciada a execução no País, o resultado tenha ou devesse ter ocorrido no estrangeiro, ou reciprocamente;
V– A – as causas relativas a direitos humanos a que se refere o §5º deste artigo;
VI – os crimes contra a organização do trabalho e, nos casos determinados por lei, contra o sistema financeiro e a ordem econômico-financeira;
VII – os *habeas corpus*, em matéria criminal de sua competência ou quando o constrangimento provier de autoridade cujos atos não estejam diretamente sujeitos a outra jurisdição;
VIII – os mandados de segurança e os *habeas data* contra ato de autoridade federal, excetuados os casos de competência dos tribunais federais;
IX – os crimes cometidos a bordo de navios ou aeronaves, ressalvada a competência da Justiça Militar;
X – os crimes de ingresso ou permanência irregular de estrangeiro, a execução de carta rogatória, após o *exequatur*, e de sentença estrangeira, após a homologação, as causas referentes à nacionalidade, inclusive a respectiva opção, e à naturalização;
XI – a disputa sobre direitos indígenas.

É competente a Justiça Federal para julgar crimes de abuso de autoridade e de lesões corporais praticados por policiais militares contra silvícolas no interior de reserva indígena.

Com relação ao crime de homicídio praticado contra o índio Galdino Jesus dos Santos – jovens de classe média jogaram substância inflamável e atearam fogo no índio enquanto este dormia no banco de uma parada de ônibus –, a Egrégia Corte decidiu no sentido de firmar a competência da Justiça Comum do Distrito Federal, afastando a alegação de que a expressão "disputa sobre direitos indígenas" abrangeria todos os crimes que fossem praticados por ou contra silvícolas para efeito de atrair a competência da Justiça Federal para o processo de julgamento do feito (art. 109, XI). O crime não foi cometido em razão de ser a vítima um índio nem teve motivação direcionada a atingir qualquer dos direitos indígenas previstos no art. 231 da CF.

### 28.25.1 Julgamento de crimes contra direitos humanos pela Justiça Federal

Os direitos humanos ocupam um lugar de nítido destaque nos ordenamentos jurídicos ocidentais, de forma que constituem alicerces de legitimação do Estado Democrático Social de Direito. Quando há uma afronta aos direitos humanos, essa infração se mostra muito mais grave que as demais porque expõe a insegurança do sistema, que não pode defender de forma satisfatória seu núcleo mais importante.

Assim, quando houver grave violação de direitos humanos contidos em tratados internacionais dos quais o Brasil seja signatário, poderá o procurador-geral da República solicitar perante o Superior Tribunal de Justiça, com a finalidade de assegurar o cumprimento de obrigações decorrentes desses tratados, em qualquer fase do inquérito ou processo, o incidente de deslocamento de competência para a Justiça Federal (art. 109, §5º, da CF).

O pedido de deslocamento pode ser realizado em qualquer momento processual, seja de primeira ou de segunda instância, podendo haver deslocamento para os juízes federais ou para os Tribunais Regionais Federais.

Portanto, o objetivo é o deslocamento para a Justiça Federal da competência para julgar crime praticado contra direitos humanos contidos em tratados assinados pelo Brasil. O sujeito ativo para o deslocamento de competência é o procurador-geral da República, sendo sujeito passivo o Superior Tribunal de Justiça. Se o crime não implicar grave violação dos direitos humanos ou não afrontar tratados internacionais, a possibilidade de deslocamento para a Justiça Federal deixa de existir.

Para que ela possa ocorrer são necessários os seguintes requisitos: a) grave violação de direitos humanos; b) garantia do cumprimento de obrigações decorrentes de tratados internacionais de direitos humanos; c) solicitação do procurador-geral da República perante o Superior Tribunal de Justiça.

O deslocamento da competência para julgamento de crimes contra direitos humanos, expressos em tratados internacionais assinados pelo Brasil para a Justiça Federal, é uma forma de se garantir a repressão ao delito efetuado, principalmente quando ele ocorre em regiões distantes que não dispõem de uma estrutura judicial eficiente que realize o *jus puniendi*. A intenção foi assegurar que os crimes contra os direitos humanos não ficassem sem punição.

## 28.26 Tribunais e juízes do Trabalho

A Justiça do Trabalho foi implantada para amparar os direitos trabalhistas, enquadrados como direitos de segunda dimensão, que exigem intervenção do Estado no mercado para defender os interesses dos trabalhadores. Se as relações entre os patrões e os empregados se realizarem livremente, sem qualquer garantia para estes, que são a parte menos favorecida da relação, haverá o aumento da exploração dos empregados por parte dos patrões. Seria a institucionalização da "liberdade de opressão".

O surgimento da legislação trabalhista no Brasil começa depois da Revolução de Trinta, em 1932, com a criação das Juntas de Conciliação e Julgamento. Em nível constitucional ela foi regulamentada pela Carta de 1934. Contudo, somente a partir da Constituição de 1946 é que a Justiça do Trabalho passa a integrar o Poder Judiciário. Antes, pela Constituição de 1934, havia sido regulamentada no título relativo à ordem social e econômica, fazendo parte do Poder Executivo.

Compõem a Justiça Especializada Do Trabalho o Tribunal Superior do Trabalho, os Tribunais Regionais do Trabalho e os juízes do Trabalho (art. 111, I a III, da CF).

### 28.26.1 Regulamentação do Superior Tribunal do Trabalho

Desde a extinção do cargo de juiz classista, realizada pela Emenda Constitucional nº 24, a regulamentação dos Tribunais e juízes do Trabalho merecia uma reestruturação, dando-lhe melhor sistematização. Tal escopo tentou-se alcançar com a Reforma do Judiciário.

Ela revogou o parágrafo primeiro do art. 111, que estruturava o Tribunal Superior do Trabalho, deixando apenas que o referido dispositivo explicitasse os órgãos da Justiça Laboral. O TST foi regulamentado, na sua totalidade, no art. 111-A.

Aumentou-se o número de ministros do Tribunal Superior do Trabalho, que passou de dezessete para vinte e sete, o que acrescenta dez novos ministros, nomeados todos pelo presidente da República. Com isso, o número de membros do TST retornou ao que era antes da Emenda nº 24, quando foram extintos dez cargos de juízes classistas. Entretanto, esse acréscimo no número de componentes do TST não soluciona em nada o problema da morosidade processual.

Devido à diminuição provocada pela Emenda nº 24, foi o TST obrigado a convocar dez juízes dos Tribunais Regionais do Trabalho para substituir os classistas. Com a Reforma, haverá a necessidade do preenchimento de mais dez vagas, acabando com a convocação de desembargadores dos TRTs, que, apesar de exercerem as mesmas funções dos ministros do Tribunal Superior do Trabalho, tinham nomenclatura conceitual e vantagens pertinentes diversas.[99]

Outra novidade consiste no aumento do *quorum* de aprovação pelo Senado dos ministros que compõem o Tribunal Superior do Trabalho, que antes era de maioria simples e agora se exige o *quorum* de maioria absoluta. O objetivo acalentado se configura em aumentar a legitimidade de origem, como a denominou Villalón, ou seja, aquela que se vincula à forma como é composto o órgão que exerce a jurisdição constitucional.[100]

Em virtude do aumento do *quorum*, a indicação efetuada pelo Poder Executivo tem que contar com amplo apoio do Congresso Nacional, o que impõe um diálogo maior na escolha dos componentes do Tribunal Superior do Trabalho para a obtenção do número de votos necessários.

Além da inclusão do *caput* do art. 111-A da Carta Magna, também foram acrescidos incisos e parágrafos. O primeiro inciso do mencionado artigo expõe que um quinto dos ministros escolhidos deve ser composto de advogados com mais de dez anos de efetiva atividade profissional e membros do Ministério Público do Trabalho com mais de dez anos de efetivo exercício, desde que tenham notório saber jurídico e reputação ilibada, indicados em lista sêxtupla pelos órgãos de representação das respectivas classes.

O segundo inciso do art. 111-A assevera que os demais juízes do TST, afora os advogados e membros do Ministério Público do Trabalho, serão indicados entre juízes dos Tribunais Regionais do Trabalho, oriundos da magistratura de carreira, indicados pelo próprio Tribunal Superior.

O §1º versa sobre a competência do Tribunal Superior do Trabalho, que continua a ser regulamentado por lei. A única diferença é que anteriormente era disciplinado pelo art. 113 da Carta Magna.

Em decorrência de que os cursos de aperfeiçoamento se tornaram critério objetivo de promoção por merecimento e constituem-se etapa obrigatória para o processo de

---

[99] "Com o restabelecimento do número de 27 ministros, o TST deixa de convocar juízes de regionais para atuar como substitutos naquele tribunal, o que tem causado problemas em vários regionais, que sentem pelo remanejamento provocado entre as instâncias, diminuindo, assim, o número de juízes que atuam na primeira instância, local onde são recebidos os maiores números de processos. Desde março de 1997, o TST convoca extraordinariamente juízes dos TRT, para dar vazão ao excessivo número de processos que recebe, o que permite concluir que desde antes da extinção dos representantes classistas, em 1999, já estava defasada a composição da Corte. Com a extinção da representação classista, o TST convoca reiteradamente 10 juízes dos TRT, que na prática desempenham de fato o cargo de ministro sem ter a prerrogativa da função. Ou seja, há uma divisão de trabalho sem a divisão de poder. Tal medida é salutar para a renovação da Corte e para o enfrentamento do acúmulo de processos" (COUTINHO, Grijalbo Fernandes. *Reforma do Judiciário*: análise. Reforma do Judiciário. Amatra-IX. Disponível em: <file:///G/;/reformajudiciarioOI.htm>. Acesso em: 22 jan. 2005).

[100] CRUZ VILLALÓN, Pedro. *La curiosidad del jurista persa, y otros estudios sobre la Constitución*. Madrid: Centro de Estudios Políticos y Constitucionales, 1999. p. 535-539.

vitaliciamento, determinou a Emenda nº 45 que funcionará junto ao Tribunal Superior do Trabalho a Escola Nacional de Formação e Aperfeiçoamento de Magistrados do Trabalho, cabendo-lhe, entre outras funções, regulamentar os cursos oficiais para o ingresso e a promoção na carreira (art. 111-A, §1º, I, da CF).

Junto ao Tribunal Superior do Trabalho funcionam a Escola Nacional de Formação e Aperfeiçoamento de Magistrados do Trabalho e o Conselho Superior do Trabalho. O primeiro órgão tem como função primordial regulamentar os cursos oficiais para o ingresso e promoção na carreira; e o segundo, na forma da lei, exercer a supervisão administrativa, orçamentária, financeira e patrimonial da Justiça do Trabalho de primeiro e segundo graus, na qualidade de órgão central do sistema, tendo suas decisões efeitos vinculantes (art. 111-A, §2º, I e II, da CF).

### 28.26.2 Criação do Conselho Superior da Justiça do Trabalho

A Reforma do Judiciário também inovou ao criar o Conselho Superior da Justiça do Trabalho, órgão que tem natureza idêntica ao Conselho da Justiça Federal. Não se pode considerá-lo um instrumento de controle externo, haja vista sua composição homogênea formada por juízes e desembargadores da Justiça Laboral.

Ele tem a função de exercer a supervisão administrativa, orçamentária, financeira e patrimonial da Justiça do Trabalho, na primeira e segunda instâncias, com competência em todo o território nacional, como órgão central do sistema, funcionando junto ao Tribunal Superior do Trabalho. Dentro da sistemática adotada pela Reforma, suas decisões têm efeitos vinculantes, obrigando todos os órgãos dessa esfera do Judiciário, assegurando a uniformização de seus procedimentos.

### 28.26.3 Varas da Justiça do Trabalho

A primeira instância da Justiça Laboral é composta pelas Varas do Trabalho. Elas são criadas por lei, de acordo com a demanda dos jurisdicionados. Nas comarcas não abrangidas por sua jurisdição pode ser atribuída competência aos juízes de direito para julgar as lides pertinentes. O deslocamento de competência ocorre apenas para garantir a prestação jurisdicional naquelas comarcas em que a Justiça do Trabalho ainda não estiver estabelecida. Nas comarcas onde não for instituída uma Vara da Justiça do Trabalho, a possibilidade de que sua esfera de competência seja deslocada para os juízes de direito já estava prevista na redação anterior do art. 112 da Constituição.

Entretanto, quando for atribuída aos juízes de direito a prerrogativa de decidir sobre as questões trabalhistas, e for impetrado recurso, ele não será apreciado pelo Tribunal de Justiça, mas pelo Tribunal Regional do Trabalho respectivo. Havendo necessidade da atuação de outras instâncias, o procedimento seguirá seu trâmite normal, obedecendo ao que fora previsto pela legislação trabalhista.

### 28.26.4 Competência da Justiça do Trabalho

Competência é uma demarcação da jurisdição, delimitando sua atuação a determinadas searas do direito, no que exprime a relação da parte com o todo.[101] Representa a parcela de jurisdição atribuída a cada órgão, em que se dividem os litígios em razão de certos critérios como matéria, território, função etc., com a finalidade de agilizar a prestação jurisdicional. A competência da Justiça do Trabalho continuou a ser disciplinada no art. 114, todavia, foram acrescentadas atribuições que não estavam determinadas em nível constitucional. No texto que fora revogado pela Emenda nº 45, a competência da Justiça do Trabalho era restrita porque seu campo de atuação se limitava aos conflitos entre empregadores e trabalhadores.

Com o advento da Reforma do Judiciário, sua competência obteve expansão porque passou a abranger os dissídios decorrentes da relação de trabalho, apresentando uma esfera de atuação bem maior. Anteriormente, a Justiça do Trabalho somente apreciava as relações de emprego, ou seja, aquelas informadas pelo elemento da subordinação, figurando em um dos polos da relação um empregador e no outro um trabalhador.

À Justiça do Trabalho foi outorgada competência para apreciar as relações de trabalho, o que engloba todo tipo de prestação de serviço para outrem, abrangidos os entes de direito público externo e da Administração Pública direta e indireta da União, dos estados, do Distrito Federal e dos municípios (art. 114, I). Ficaram de fora dessa seara poucas matérias que guardam pertinência com as relações laborais, como crimes contra a organização do trabalho, cuja apreciação pertence à Justiça Federal; matérias relativas a servidores públicos estatutários, cuja competência é da Justiça Federal, se se tratar de servidores da União, e da Justiça Estadual, se se tratar de servidores dos estados e dos municípios;[102] matérias previdenciárias contra o INSS, cuja competência igualmente pertence à Justiça Federal. Quando os servidores públicos forem temporários ou celetistas a competência é da Justiça do Trabalho.[103]

Houve extensão da competência da Justiça do Trabalho, fortalecendo-a, porque ela agora está apta a analisar todos os casos de relação de trabalho e não apenas aqueles que envolvem emprego formal. Sua competência ultrapassou os limites da relação empregador-empregado, reclamador-reclamante.

Consonante o art. 114, IX, em virtude de lei infraconstitucional, poderá a Justiça do Trabalho vir a ser competente para apreciar ações não inseridas explicitamente no art. 114 da Lei Maior, desde que digam respeito a relações laborais. Dessa forma, possibilita-se à Justiça do Trabalho acompanhar *pari passu* as novas relações laborais que surgirão devido ao avanço tecnológico, oferecendo eficiente prestação jurisdicional aos que dela necessitarem.

Até mesmo a imunidade de jurisdição do Estado estrangeiro tem caráter relativo quando as causas versarem sobre matérias trabalhistas, principalmente com relação a empregados brasileiros, nada impedindo que tribunais e juízes pátrios conheçam de tais controvérsias e sobre elas apliquem a sua jurisdição.

O texto original da Constituição de 1988 não contemplou a Justiça do Trabalho com a atual amplitude de competências. Quando de seu nascimento, ela não dispunha

---

[101] COUTURE, Eduardo J. *Fundamentos del derecho procesal civil*. Buenos Aires: Depalma, 1958. p. 27-31.

[102] Tal entendimento foi sedimentado na Súmula nº 137 do Superior Tribunal de Justiça, segundo a qual: "compete à Justiça Comum Estadual processar e julgar ação de servidor público municipal, pleiteando direitos relativos ao vínculo estatutário".

[103] SOUZA, Percival de. Agora, uma Justiça mais forte. *Anamatra*. Disponível em: <www.anamatra.org.br/reformaaj.htm>. Acesso em: 28 dez. 2005.

de infiltração em todos os lugares do país, mormente naqueles mais distantes; apenas nas grandes e médias cidades existia Junta de Conciliação e Julgamento. Hoje, a realidade é diversa, a Justiça do Trabalho melhorou sua estrutura e está presente na maioria das cidades brasileiras. Não fazia mais sentido manter sua competência mitigada.

Sintetiza a competência da Justiça do Trabalho, o Presidente da Anamatra, Grijalbo Fernandes Coutinho:

> Como consequência, a Justiça do Trabalho passa a ser o segmento do Poder Judiciário responsável pela análise de todos os conflitos decorrentes da relação de trabalho, à exceção dos servidores públicos estatutários e dos ocupantes de cargo em comissão. Os trabalhadores autônomos, de um modo geral, bem como os respectivos tomadores de serviço, terão as suas controvérsias conciliadas e julgadas pela Justiça do Trabalho. Empreiteiros, corretores, representantes comerciais, vendedores-viajantes, representantes de laboratórios, médicos conveniados, estagiários, *free-lance*, contratados do Poder Público por tempo certo ou por tarefa, consultores, contadores, economistas, arquitetos, engenheiros, dentre tantos outros profissionais, ainda que não empregados, assim como também as pessoas que locaram a respectiva mão de obra, havendo descumprimento do contrato civil firmado para a prestação de serviços, podem procurar a Justiça do Trabalho para solucionar os conflitos que tenham origem em tal ajuste, escrito ou verbal.[104]

Essa maior extensão na competência da Justiça do Trabalho, inclusive com a competência para apreciar relações de prestação de serviços, significou uma densificação no acesso ao Poder Judiciário, diminuindo os custos da demanda judiciária por parte dos prestadores de serviços porque, em regra geral, não há necessidade do pagamento de taxas para ingressar com a ação, e o próprio interessado pode pleitear seus direitos, sem necessidade de advogado.

Considerando que a Consolidação das Leis do Trabalho regulamenta apenas as relações estabelecidas entre empregador e empregado, a base legal utilizada para dirimir os serviços prestados por profissionais liberais, como advogados e dentistas, deve ser a legislação civil comum, ou seja, o Código Civil, não obstante serem elas julgadas pela Justiça do Trabalho.

Entretanto, essa é uma questão longe de ser pacificada. Os consumeristas não admitem que a Justiça do Trabalho possa apreciar relações de prestação de serviços, pois entendem que essa competência pertence à Justiça Ordinária, já que são relações de consumo, fundamentando sua posição com base na Lei nº 8.078, de 11.9.1990, o Código de Defesa do Consumidor.[105]

Outra fonte de controvérsias é o art. 114, inc. I da Emenda nº 45, que dá à Justiça do Trabalho competência para julgar ações oriundas de relações de trabalho. Na votação no Senado Federal foi inserida e aprovada uma exceção para os casos que envolvem servidores públicos estatutários. Entretanto, a exceção ficou de fora do texto que foi à promulgação, dando ensejo à alegação de inconstitucionalidade formal do referido dispositivo.

---

[104] COUTINHO, Grijalbo Fernandes. Reforma do Judiciário: análise. Reforma do Judiciário. *Amatra-IX*. Disponível em: <file;//G/;/reformajudiciarioOI.htm>. Acesso em: 22 jan. 2005.

[105] "Consumidor é toda pessoa física ou jurídica que adquire ou utiliza produto ou serviço como destinatário final" (art. 2º do CDC). "Fornecedor é toda pessoa física ou jurídica, pública ou privada, nacional ou estrangeira, bem

O problema reside no fato de que o texto promulgado omitiu a vedação à Justiça do Trabalho de apreciar as demandas dos servidores estatutários, dos ocupantes de cargos criados por lei ou de provimento efetivo em cargos de comissão, que fora votada em plenário.[106] A interpretação que prepondera na doutrina, como explicitado anteriormente, é que as ações envolvendo servidores estatutários ou os que exercem cargos em comissão devem ser atribuídas, conforme o caso, à instância judiciária estadual ou federal, em razão de que a Justiça do Trabalho somente apresenta competência para processar as ações oriundas de relação de trabalho e não de relação jurídica de cunho institucional, como é da índole do regime jurídico estatutário.

A questão foi apreciada pelo Ministro Nelson Jobim, em sede de liminar, por intermédio de ação direta de inconstitucionalidade, impetrada pela AJUFE, alegando a violação do processo legislativo constitucional, vez que o acréscimo aprovado no Senado Federal não fora incluído no texto promulgado. Ao final, requereu sustação dos efeitos do inc. I do art. 114 da CF, redação da Emenda nº 45, ou que fosse dado ao dispositivo uma interpretação conforme a Constituição para dirimir divergência de entendimento sobre a competência para julgar servidores estatutários.

O presidente do Supremo Tribunal Federal admitiu o pedido de liminar, dando interpretação conforme a Constituição ao inc. I do art. 114 da CF, na redação da Emenda nº 45, suspendendo, *ad referendum*, toda e qualquer interpretação do inc. I do art. 114 da CF, na redação trazida pela EC nº 45/2004, que inclua, na competência da Justiça do Trabalho, a apreciação de causas que versem sobre servidores regidos pelo regime estatutário. Alegou que a não inclusão do texto aprovado pelo Senado em nada altera o conteúdo do mandamento constitucional, porque mesmo partindo do pressuposto de existência de inconstitucionalidade formal, permaneceria vigente o *caput* do art. 114, que atribui competência à Justiça do Trabalho apenas para apreciar as relações de trabalho, excluídas as relações estatutárias.

Explicita seu posicionamento o Ministro Nelson Jobim:

> A CF, em sua redação, dispunha: "Art. 114. Compete à Justiça do Trabalho conciliar e julgar os dissídios individuais e coletivos entre trabalhadores e empregadores, abrangidos os entes de direito público externo e da Administração Pública direta e indireta dos Municípios, do Distrito Federal, dos Estados e da União, e, na forma da lei, outras controvérsias decorrentes da relação de trabalho, bem como os litígios que tenham origem no cumprimento de suas próprias sentenças, inclusive coletivas". O Supremo, quando dessa redação, declarou a inconstitucionalidade de dispositivo da Lei nº 8.112/90, pois entendeu que a expressão "relação de trabalho" não autorizava a inclusão, na competência da Justiça trabalhista, dos litígios relativos aos servidores públicos. Para esses o regime é o "estatutário e não o contratual trabalhista" (Celso de Mello, ADI 492). Naquela ADI, disse mais Carlos

---

como os entes despersonalizados, que desenvolvem atividades de produção, montagem, criação, construção, transformação, importação, exportação, distribuição ou comercialização de produtos ou prestação de serviços" (art. 3º do CDC).

[106] Eis o texto que fora votado em plenário, mas que não fora promulgado: "Art. 114. Compete à Justiça do Trabalho processar e julgar: I – as ações oriundas da relação de trabalho, abrangidos os entes de direito público externo e da administração pública direta e indireta da União, dos Estados, do Distrito Federal e dos Municípios, exceto os servidores ocupantes de cargos criados por lei, os estatutários, os de provimento efetivo ou em comissão, incluídas as autarquias e fundações públicas dos referidos entes da federação".

Velloso (Relator): "[...] Não com referência aos servidores de vínculo estatutário regular ou administrativo especial, porque o art. 114, ora comentado, apenas diz respeito aos dissídios pertinentes a trabalhadores, isto é, ao pessoal regido pela Consolidação das Leis do Trabalho, hipótese que, certamente, não é a presente. [...]". O SF, quando após o acréscimo referido acima e não objeto de inclusão no texto promulgado, meramente explicitou, na linha do decidido na ADI 492, o que já se continha na expressão "relação de trabalho", constante da parte inicial do texto promulgado.[107]

A greve, consagrada como apanágio dos trabalhadores, foi expressamente agasalhada pela Constituição, como matéria típica do direito coletivo do trabalho (art. 9º da CF). É legalmente considerada como a suspensão coletiva, temporária e pacífica, total ou parcial, de prestação pessoal de serviços ao empregador. Foi regulamentada pela Lei nº 7.783/89.[108] Arnaldo Süssekind afirma que a greve constitui meio de pressão contra os empregadores ou as associações representativas de determinados empresários, para que negociem de boa-fé com os correspondentes sindicatos de trabalhadores, tendo por fim a adoção ou revisão de condições de trabalho, por meio de convenções, contratos ou acordos coletivos.[109]

Não obstante entender o Supremo Tribunal Federal, por maioria, que o direito de greve é uma norma constitucional de eficácia limitada, necessitando de lei específica que o regulamente, grande parte da doutrina entende essa prerrogativa como norma de eficácia plena, em razão da aplicabilidade imediata das normas definidoras dos direitos e garantias fundamentais (art. 5º, §2º, da CF).

Todas as ações que versem sobre o direito de greve, que antes eram julgadas pela Justiça Ordinária, por força de mandamento constitucional elaborado pelo Poder Reformador, passam a ser julgadas pela Justiça do Trabalho, como exemplo, a ação de indenização por danos materiais causados pelo exercício abusivo do direito de greve (art. 114, II, da CF). O direito de greve não é autônomo, seu contexto insere-se nas relações laborais, e por isso não teria sentido deixá-lo fora da órbita da jurisdição trabalhista. Ele está submetido aos princípios constitucionais e aos princípios do direito do trabalho, nada representando sem as relações laborais que o antecedem e as quais se configuram como força motriz para sua realização.

A Justiça do Trabalho ganhou a competência, que saiu da esfera da Justiça Estadual, para analisar as ações sobre representação sindical, que englobam as relações entre sindicatos, entre sindicatos e trabalhadores e sindicatos e empregadores. Nesse caso, podem ser citados como exemplos a legitimidade dos sindicatos para atuarem em determinada base territorial e a contestação da cobrança da contribuição confederativa (art. 114, III).

O sindicato é uma pessoa jurídica de direito privado que tem a função de proteger os interesses coletivos e individuais dos trabalhadores. Ele é criado pelos próprios interessados através de registro no órgão competente, seguindo o princípio da autonomia

---

[107] ADIn nº 3.395-6 – Medida Liminar, Min. Nelson Jobim.

[108] "O que caracteriza doutrinariamente a greve é a recusa de trabalho que rompe com o quotidiano, bem como o seu caráter coletivo. Não há greve de uma só pessoa. Nem haverá, também, sem o elemento subjetivo, a intenção de se pôr fora do contrato para obter uma vantagem trabalhista" (NASCIMENTO, Amauri Mascaro. *Iniciação ao direito do trabalho*. São Paulo: LTr, 1998. p. 661).

[109] SÜSSEKIND, Arnaldo. *Direito constitucional do trabalho*. 2. ed. Rio de Janeiro: Renovar, 2001. p. 452-453.

organizativa, que foi agasalhada no texto constitucional.[110] Se as ações sobre representação sindical decorrem das relações laborais, nada mais plausível do que elas pertencerem à esfera de atribuições da Justiça do Trabalho.

Também adentrou em sua esfera de competência o exame de mandado de segurança, *habeas corpus* e *habeas data* que envolvam matéria sujeita à jurisdição trabalhista (art. 114, IV). Os três mencionados institutos são *writs* constitucionais, igualmente chamados de remédios ou garantias, com a função de proteger os direitos da coletividade. Por serem considerados imprescindíveis à cidadania, foram regulamentados em sede constitucional, gozando de uma série de prerrogativas. Com a ampliação da competência da Justiça do Trabalho, versando o litígio sobre matéria sujeita à sua jurisdição, nada mais lógico do que seus órgãos serem os responsáveis por sua apreciação.

Incorporou a Justiça do Trabalho a competência para decidir sobre conflitos de competência entre órgãos da jurisdição trabalhista, excluindo a competência originária do Supremo Tribunal Federal (art. 114, V). O conflito ocorre quando, simultaneamente, mais de um órgão do Poder Judiciário se julga competente ou incompetente para processar e julgar uma mesma causa. Segundo o art. 66 do Código de Processo Civil, existe conflito quando: a) dois ou mais juízes se declaram competentes; b) dois ou mais juízes se consideram incompetentes; c) entre dois ou mais juízes surge controvérsia acerca da reunião ou da separação de processos.

Compete à Justiça do Trabalho julgar as ações de indenização por dano moral ou patrimonial decorrentes da relação de trabalho (art. 114, VI). A competência da Justiça do Trabalho para julgar a indenização por dano moral e material, mesmo antes de ser explicitada pela Reforma do Judiciário, era respaldada por farta jurisprudência. Por exemplo, no Recurso Extraordinário nº 238.737-4/SP, cujo relator foi o Min. Sepúlveda Pertence:

> Indenização por dano moral – Justiça do Trabalho – Competência. Ação de reparação de danos decorrentes de imputação caluniosa irrogada ao trabalhador pelo empregador a pretexto de justa causa para a despedida e, assim, decorrente da relação de trabalho, não importando deva a controvérsia ser dirimida à luz do Direito Civil. [...] Cuida-se, pois, de dissídio entre o trabalhador e o empregador, o que basta, conforme o art. 114 da Constituição, a firmar a competência da Justiça do Trabalho, nada importando que deva ser solvido à luz das normas do Direito Civil.[111]

A Reforma do Judiciário pacificou essa controvérsia judicial.

A Justiça do Trabalho é competente para apreciar as penalidades administrativas, como multas impostas aos empregadores pelos órgãos de fiscalização das relações de trabalho, retirando essa prerrogativa das atribuições da Justiça Federal. E não poderia ser diferente, já que ela tem a prerrogativa de executar as parcelas trabalhistas deferidas em sentenças (art. 114, VII). Em virtude desse deslocamento para a Justiça do Trabalho, foram beneficiados principalmente os pequenos e médios empresários, que podem demandar

---

[110] NASCIMENTO, Amauri Mascaro. *Iniciação ao direito do trabalho*. São Paulo: LTr, 1998. p. 757-758.

[111] "No que se refere à indenização por danos morais, não falar-se em incompetência desta Justiça Especializada na matéria. Se a questão decorre de litígio oriundo de contrato de trabalho, cabe ao julgador trabalhista, e somente a este, dirimir a controvérsia" (TRT, 4ª Reg., SE, REO nº 94.011783-5, Rel. Juiz Ehlers de Moura, j. 11.4.95, *LTr*, set. 1995, p. 1.228).

em juízo com os custos minorados, haja vista, como regra geral, a inexistência de taxas para o ingresso da ação. Ressalte-se, todavia, que as ações de caráter procrastinatório devem ser severamente reprimidas.

A prerrogativa mencionada acima não defere ao juiz competência para aplicar multas administrativas de ofício aos empregadores referentes às penalidades impostas no curso dos processos trabalhistas. Tal deferência depende de aprovação da Câmara dos Deputados, cujo texto assegura à Justiça do Trabalho competência para executar, de ofício, multas por infração à legislação trabalhista, reconhecida em sentença que proferir.

Manteve-se a competência, que fora acrescentada pela Emenda Constitucional nº 20, para executar, de ofício, as contribuições sociais pertinentes ao empregador, à empresa e à entidade a ela equiparada, ao trabalhador e aos demais segurados da previdência social, bem como a seus acréscimos legais, decorrentes das sentenças que proferir. Não houve extensão para que a Justiça Trabalhista pudesse executar toda e qualquer contribuição social, restringindo-se a apenas essas espécies de contribuições (art. 114, VIII).

Diante da crise de eficiência que paira contra o Judiciário como um todo, crescem as sugestões para que a solução dos conflitos trabalhistas não seja mais monopólio estatal. Insofismável a importância da Justiça do Trabalho para a solução das lides que versam sobre as relações laborais dos cidadãos, todavia, se as próprias partes pudessem contribuir para a resolução dos conflitos, haveria maior celeridade em seus desfechos.

Um efetivo sistema de acesso à Justiça não pode apenas se basear em mecanismos judiciais para a resolução de conflitos;[112] maior agilidade apresentaria se pudesse combinar sistemas judiciais e extrajudiciais.[113] Entre os mecanismos existentes, pode-se mencionar a conciliação, a mediação e a arbitragem, que podem apresentar natureza judicial quando ocorrem dentro dos trâmites processuais, ou podem apresentar natureza extrajudicial quando ocorrem fora dos trâmites processuais.

Recusando-se qualquer das partes à negociação coletiva ou à arbitragem, é facultado a elas, de comum acordo, ajuizarem dissídio coletivo de natureza econômica, podendo a Justiça do Trabalho decidir o conflito, respeitadas as disposições mínimas legais de proteção ao trabalho, bem como as convencionadas anteriormente (art. 114, §2º, da CF). Os dissídios coletivos não mais podem ser propostos somente pelos empregadores ou pelos empregados, devendo contar com a anuência de ambos para serem apreciados, o que diminui a possibilidade de dissídio coletivo de natureza econômica.

Não havendo acordo entre empregadores e empregados, no caso de impasse na negociação da data-base, e também havendo rejeição à arbitragem, os trabalhadores estarão impedidos de acionar a Justiça do Trabalho, não lhes restando outra alternativa a

---

[112] "Portanto, não se está querendo afastar de todo o Estado, e sim, afirmando que a via judicial não é nem mesmo a única via estatal (a arbitragem hoje está regulada pelo direito estatal) quanto mais a única via de solução de conflito. Aliás, para nós a pior via, pois pensamos que o ideal do processo (de solução de conflitos) é o não processo (judicial) como procuraremos demonstrar" (BEZERRA, Paulo Cesar Santos. *Acesso à justiça*. Um problema ético-social no plano da realização do direito. Rio de Janeiro: Renovar, 2001. p. 61).

[113] "Embora o acesso à justiça venha sendo crescentemente aceito como direito social básico nas modernas sociedades, o conceito de 'efetividade' é, por si só, algo vago. A efetividade perfeita, no contexto de um direito substantivo, poderia ser expressa como a completa 'igualdade de armas' – a garantia de que a conclusão final depende apenas dos méritos que sejam estranhos ao Direito e que, no entanto, afetam a afirmação e reivindicação dos direitos" (CAPPELLETTI, Mauro; GARTH, Bryant. *Acesso à justiça*. Tradução de Ellen Gracie Northfleet. Porto Alegre: Fabris, 1988. p. 15).

não ser a greve. A conclusão a que se pode chegar é que há mitigação no poder normativo dessa esfera judiciária, cerceando que os Tribunais do Trabalho, no julgamento de dissídios coletivos, possam fixar normas para dirimir a questão. O que pode parecer uma contradição da Reforma: de um lado, houve o aumento na competência da Justiça Trabalhista; por outro, diminui-se seu poder regulamentar.

A Justiça Trabalhista dispõe de poder normativo para regulamentar as relações trabalhistas que são postas sob a sua apreciação. A força normativa das suas disposições é retirada da Constituição Federal e não de disposições infraconstitucionais. O limite para tal prerrogativa é a obediência à legislação trabalhista vigente e aos mandamentos insculpidos na Lei Maior.

Dissídio significa conflituosidade, divergência, lide posta à apreciação do Poder Judiciário, dividindo-se em individuais ou coletivas. Os dissídios coletivos são aqueles que apresentam a finalidade de solucionar os conflitos coletivos de trabalho, discutindo-se a criação de novas normas ou condições de trabalho para a categoria, ou mesmo a interpretação de certa norma jurídica. Compete à Justiça do Trabalho, por meio dos Tribunais Regionais do Trabalho ou do Tribunal Superior do Trabalho, a conciliação e o julgamento dos dissídios coletivos, bem como o cumprimento de suas sentenças.[114] O dissídio coletivo, de natureza econômica, além de respeitar as disposições mínimas legais de proteção ao trabalho, tem que respeitar o que fora anteriormente convencionado.

A Convenção nº 154 da Organização Internacional do Trabalho (OIT) expressa que a negociação coletiva abrange todas as negociações estabelecidas entre um empregador, ou grupo de empregadores, ou uma organização, ou várias organizações de empregadores; e de outra parte, uma ou várias organizações de trabalhadores. Sua finalidade consiste em fixar as condições de trabalho e de emprego, regular as relações entre empregadores e trabalhadores e disciplinar as relações entre empregadores ou suas organizações e uma ou várias organizações de trabalhadores, ou alcançar todos esses objetivos mencionados ao mesmo tempo.

A arbitragem é um procedimento no qual as partes pactuam para submeter o litígio a um terceiro neutro, que tem a função de apresentar uma decisão sobre a questão suscitada. As partes conflitantes têm oportunidade para realizar a instrução probatória, produzindo todas as provas necessárias para fundamentar sua argumentação. Ela diferencia-se da mediação e da conciliação porque a decisão não é formada por acordo entre as partes, mas estabelecida pelo árbitro.

Quando o conflito não puder ser resolvido pelas partes, com ajuda de um conciliador ou mediador, pode-se apelar para um árbitro que inexoravelmente chegará a uma solução para o litígio, mesmo que essa solução possa desagradar a ambos os contendores, através de um laudo arbitral.[115] A arbitragem pode ser obrigatória ou voluntária. A primeira decorre de mandamento legal, enquanto a segunda necessita de prévio acordo para respaldá-la.

O Ministério Público do Trabalho, em caso de greve em atividade essencial, com possibilidade de lesão do interesse público, tem a prerrogativa de ajuizar dissídios coletivos, competindo à Justiça do Trabalho decidir o conflito. Por ser o Ministério Público

---

[114] MARTINS, Sergio Pinto. *Direito do trabalho*. 20. ed. São Paulo: Atlas, 2004. p. 790.
[115] MARTINS, Sergio Pinto. *Direito do trabalho*. 20. ed. São Paulo: Atlas, 2004. p. 786.

o órgão constitucionalmente incumbido da defesa dos interesses sociais e individuais indisponíveis, quando a greve afetar atividade essencial, causando sérios embaraços à coletividade, ele pode ajuizar o dissídio coletivo para que os serviços paralisados sejam restabelecidos (art. 114, §3º, da CF).

## 28.26.5 Tribunais Regionais do Trabalho

Os Tribunais Regionais do Trabalho, que antes eram regulamentados no *caput* do art. 112 e no art. 115 da Constituição, passaram a ser regulamentados de forma única no art. 115. Os Tribunais Regionais do Trabalho foram estruturados seguindo, em linhas gerais, os mesmos critérios que disciplinam os Tribunais Regionais Federais. Eles são compostos por, no mínimo, sete juízes, recrutados, quando possível, na respectiva região e nomeados pelo presidente da República entre brasileiros com mais de trinta e menos de sessenta e cinco anos. Os juízes componentes dos TRTs são chamados de desembargadores federais do trabalho (art. 115, *caput*, da CF).

Entre os indicados para o cargo de desembargadores do Tribunal Regional do Trabalho, um quinto deve ser escolhido entre advogados com mais de dez anos de efetiva atividade profissional e entre membros do Ministério Público do Trabalho, com mais de dez anos de efetivo exercício, com notório saber jurídico e reputação ilibada, indicados em lista sêxtupla pelos órgãos de representação das respectivas classes (art. 115, I, da CF).

Os demais componentes serão juízes do trabalho, escolhidos, alternadamente, por antiguidade e merecimento (art. 115, II, da CF).

Com a finalidade de tornar a Justiça mais acessível aos cidadãos, apagando a imagem de que ela é apenas um serviço à disposição da elite,[116] os Tribunais Regionais do Trabalho instalarão a justiça itinerante, com a realização de audiências e demais funções de atividade jurisdicional nos limites territoriais da respectiva jurisdição, servindo-se de equipamentos públicos e comunitários. As audiências, inclusive, podem ser realizadas em outros espaços que não os foros, como colégios e repartições públicas em geral (art. 115, §1º, da CF).

A Justiça itinerante é uma descentralização do funcionamento da Justiça, consubstanciando-se em uma das inovações da Reforma, o que, de forma geral, é um de seus avanços. Ela inverte a estruturação clássica do Poder Judiciário, segundo a qual são os cidadãos que devem buscar a prestação jurisdicional; invertendo a lógica, faz com que o Poder Judiciário busque o cidadão para solucionar suas demandas.

Sua grande utilidade reflete-se, sobretudo, naquelas regiões mais distantes dos grandes centros, onde existe precariedade dos serviços jurisdicionais ou onde o acesso é dificultoso. Pelo amparo aos hipossuficientes da relação trabalhista, sua descentralização representa grande avanço social, colocando a Justiça a serviço de quem dela mais necessita: a população dos distantes rincões do país.

Para assegurar a descentralização da prestação jurisdicional da Justiça Trabalhista, os Tribunais Regionais do Trabalho poderão constituir Câmaras Regionais, a fim de assegurar o pleno acesso do jurisdicionado à Justiça em todas as fases do processo (art.

---

[116] ALMEIDA, Agassiz. *A república das elites*. Ensaios sobre a ideologia das elites e do intelectualismo. Rio de Janeiro: Bertrand Brasil, 2004. p. 62.

115, §2º, da CF).

## 28.27 Tribunais e juízes eleitorais

A Justiça Eleitoral é composta pelo Tribunal Superior Eleitoral, pelos Tribunais Regionais Eleitorais, pelos Juízes Eleitorais e pelas Juntas Eleitorais (art. 118, I a IV, da CF). Ela foi fruto da Revolução de Trinta, que teve como um dos seus objetivos a moralização do procedimento eleitoral (na Primeira República era normal candidatos serem eleitos e terem sua diplomação negada pelo Poder Legislativo). Em 1932 surgiu o Código Eleitoral, criado sob inspiração do Tribunal Eleitoral tcheco, de 1920, idealizado por Kelsen, que unificou a legislação eleitoral e concedeu autonomia para que o Poder Judiciário realizasse as eleições. A legislação eleitoral brasileira começa a ser disciplinada em nível constitucional no texto de 1934.[117]

Como parte da Justiça Especializada, a Justiça Eleitoral tem competência *sui generis*: além de julgar todos os feitos relacionados com o processo eleitoral, tem funções administrativas, coordenando a totalidade dos procedimentos necessários para a realização da eleição.[118]

A Justiça Eleitoral possui algumas peculiaridades, como a premência das suas decisões, já que as datas eleitorais são previamente marcadas; a capacidade interpretativa, mediante resoluções; a existência de procedimentos específicos; e não possuir um quadro de juízes próprio.

Os juízes da Justiça Eleitoral são cedidos dos demais órgãos do Poder Judiciário, por tempo determinado – dois anos (renováveis por mais dois) –, recebendo por esse exercício uma gratificação eleitoral. Os magistrados eleitorais possuem todas as garantias referentes ao exercício da magistratura.

O Tribunal Superior Eleitoral é formado de, no mínimo, sete membros. Interessante notar que não foram denominados ministros; entretanto, como cinco dos seus componentes são ministros, do Supremo Tribunal Federal e do Superior Tribunal de Justiça, apenas os advogados, constitucionalmente, não tiveram essa denominação. Sua composição é realizada da seguinte forma: pelo voto secreto, o Supremo Tribunal Federal escolhe três dos seus membros para a composição do Tribunal, entre os quais são indicados o seu presidente e o vice-presidente. Da mesma maneira, o Superior Tribunal de Justiça escolhe dois dos seus membros, entre os quais é indicado o seu corregedor eleitoral. E, por nomeação do presidente da República, são escolhidos dois advogados, entre seis de notável saber jurídico e idoneidade moral, designados pelo Supremo Tribunal Federal (art. 119 da CF).

Os juízes do TSE são os únicos membros de tribunais superiores que não precisam de aprovação pelo Senado Federal. O motivo reside na sua composição, em que cinco dos seus sete membros já foram aprovados pelo Senado quando da sua indicação para

---

[117] FARIA, Bento de. *Repertório da Constituição nacional*. Lei de Segurança Nacional. Rio de Janeiro: F. Briguiet, 1935. p. 151.

[118] O STF considerou que as circunstâncias descritas na denúncia evidenciariam a finalidade eleitoral do delito – consistente na falsa imputação ao presidente da República e a outras autoridades estatais de que seriam sócios de uma empresa nas Ilhas Cayman – e deferiu em parte *habeas corpus* para, afastando a alegação do impetrante de que a competência para julgar a espécie seria da Justiça comum, anular o acórdão do STJ que mantivera a competência da Justiça Federal, e, em seguida, determinou a remessa dos autos para o juízo eleitoral.

o STF e o STJ, respectivamente, e não faria sentido exigir aprovação pelo Senado apenas para os dois membros da advocacia, porque se poderia criar uma hierarquização dentro do Tribunal.

As decisões do Tribunal Superior Eleitoral são irrecorríveis, excetuadas as que contrariarem a Constituição, para as quais o remédio cabível é o recurso extraordinário, e as decisões denegatórias de *habeas corpus* ou mandado de segurança (art. 121, §3º, da CF). A jurisdição da Justiça Eleitoral é também penal, englobando todos os crimes eleitorais e aqueles que lhes forem conexos.

Os Tribunais Regionais Eleitorais são formados por sete membros, havendo um tribunal sediado na capital de cada estado, com a incumbência de coordenar as eleições na respectiva unidade federativa. Sua composição é realizada da seguinte forma: por voto secreto, o Tribunal de Justiça escolherá dois juízes entre os seus desembargadores, dos quais é indicado o presidente e o vice-presidente do Tribunal; da mesma maneira, o Tribunal de Justiça escolherá dois juízes de direito; o Tribunal Regional Federal com sede na capital do estado escolherá um juiz entre os seus desembargadores federais, ou, não havendo, um juiz federal, escolhido, em qualquer caso, pelo TRF respectivo; e, por nomeação do presidente da República, haverá dois advogados, entre uma lista sêxtupla oferecida pelo Tribunal de Justiça (art. 120 da CF).

Como forma de garantir a celeridade dos atos processuais, as decisões dos Tribunais Regionais Eleitorais somente serão passíveis de recurso ao Tribunal Superior Eleitoral quando: a) forem proferidas contra disposição expressa da Constituição; b) ocorrer divergência na interpretação de lei entre dois ou mais tribunais eleitorais; c) versarem sobre inelegibilidade ou expedição de diplomas nas eleições federais ou estaduais; d) anularem diplomas ou decretarem a perda de mandatos eletivos federais ou estaduais; e) denegarem *habeas corpus*, mandado de segurança, *habeas data* ou mandado de injunção (art. 121, §4º, da CF).

Os juízes eleitorais são escolhidos pelos respectivos Tribunais de Justiça, entre juízes do seu quadro, para o exercício da função por um período de dois anos (art. 121, §2º, da CF).

As Juntas Eleitorais têm a função de auxiliar os juízes eleitorais no período macroeleitoral, isto é, nos anos em que há a realização de eleições. São compostas por dois a quatro cidadãos, escolhidos pelo juiz eleitoral. A função das Juntas Eleitorais é realizar a apuração das eleições, sendo os trabalhos dirigidos pelo juiz eleitoral. Elas apuram as eleições realizadas nas zonas eleitorais que dependem da sua jurisdição e realizam a diplomação dos candidatos que foram eleitos.[119]

São as seguintes as principais atribuições das Juntas Eleitorais (art. 40 do Código Eleitoral): a) apurar, no prazo de dez dias, as eleições realizadas nas zonas eleitorais sob a sua jurisdição; b) resolver as impugnações e demais incidentes verificados durante os trabalhos de contagem e de apuração; c) expedir os boletins de apuração, que deverão mencionar o número de votantes da respectiva zona eleitoral, a votação dos candidatos, os votos das legendas partidárias, os votos nulos e em branco, bem como os recursos, se houver, de acordo com o art. 179 do Código Eleitoral; d) expedir diploma aos que forem eleitos para cargos municipais.

---

[119] FERREIRA, Pinto. *Código Eleitoral comentado*. 4. ed. São Paulo: Saraiva, 1997. p. 80.

Lei complementar disporá sobre a organização e competência dos tribunais, dos juízes de direito e das juntas eleitorais (art. 121 da CF).

## 28.28 Tribunais e juízes militares

A Justiça Militar surgiu no Brasil com a Constituição de 1891, no seu art. 77, que determina: "Os militares da terra e mar têm foro especial nos delitos militares". São seus órgãos o Superior Tribunal Militar e os tribunais e juízes militares (art. 122 da CF).

O Superior Tribunal Militar é composto de quinze ministros vitalícios, dos quais dez ministros escolhidos entre os militares e cinco ministros civis, nomeados pelo presidente da República, devendo a indicação obter a aprovação do Senado, com um *quorum* de maioria simples, mediante resolução. Trata-se de um tribunal superior que tem colegialidade heterogênea, composta por membros civis e militares, mesclando o conhecimento do cotidiano militar com a técnica jurídica exigível para as decisões do Superior Tribunal Militar (art. 123 da CF).

Dos ministros militares três devem ser oficiais-generais da Marinha, três devem ser oficiais-generais da Aeronáutica e quatro devem ser oficiais-generais do Exército. Todos eles devem estar na ativa e ocupar os postos mais elevados nas respectivas carreiras (art. 123, *caput*, da CF).

Entre os civis, todos com mais de trinta e cinco anos de idade, três devem ser advogados, dotados de notável saber jurídico e conduta ilibada, com mais de dez anos de efetiva atividade profissional, e dois serão escolhidos entre juízes auditores e membros do Ministério Público da Justiça Militar, em paridade (art. 123, parágrafo único, I e II, da CF).

Os tribunais e juízes militares são estruturados por lei, segundo as estipulações contidas na Carta Magna. Os tribunais são as auditorias militares, existentes nas Forças Armadas – Exército, Marinha e Aeronáutica. Os juízes militares têm o seu provimento mediante concurso público específico, de provas e títulos, com a participação da OAB em todas as suas fases.

Compete à Justiça Militar processar e julgar os crimes militares definidos em lei, bem como os cometidos por militares em situação de atividade ou assemelhados e os praticados contra militar na mesma situação ou assemelhados (art. 124, *caput*, da CF). Para que haja crime militar é necessário que o autor dos fatos imputados seja militar, que o ato ou omissão esteja previsto na lei penal militar e que tenha sido praticado em razão do serviço.

O Prof. Pinto Ferreira define o que vem a ser um crime militar:

> Crime militar é assim toda ação ou omissão especificamente militar, imputável ao militar ou à pessoa que por lei lhe é assemelhada, praticado ou cometido contra a hierarquia, a ordem jurídica, o dever, a segurança, a subordinação ou a disciplina militar, sendo punível pela lei militar como uma infração funcional, específica e própria do militar.[120]

É possível a coautoria de civil em crime militar desde que as condições ou circunstâncias de caráter pessoal, quando forem elementares do crime militar, se comuniquem

---

[120] FERREIRA, Pinto. *Comentários à Constituição brasileira*. São Paulo: Saraiva, 1992. v. 4. p. 529.

entre os autores no caso do concurso de agentes.[121] Assim, fica claro que o civil pode ser submetido à norma penal militar.

Fica evidente que, se o militar cometer um crime numa ocasião em que não esteja a serviço ou se um sentinela atirar em um civil que passe pela rua, a competência é da Justiça Comum.

Nos estados-membros que tenham um efetivo militar superior a vinte mil homens, abrangendo a polícia militar e o corpo de bombeiros, poderá ser criada uma Justiça Militar estadual, composta, em primeiro grau, pelos juízes de direito e pelos Conselhos de Justiça e, em segundo grau, pelo próprio Tribunal de Justiça ou pelo Tribunal de Justiça Militar. A criação da Justiça Militar estadual é uma criação facultativa, mediante proposta do Tribunal de Justiça, de acordo com a demanda na matéria específica de sua competência (art. 125, §3º, da CF).[122]

Tem esse órgão do Judiciário competência para processar e julgar os militares nos estados, nos crimes militares definidos em lei e nas ações judiciais contra atos disciplinares militares, ressalvada a competência do júri quando a vítima for civil, cabendo a este tribunal civil decidir sobre a perda do posto e da patente dos oficiais e da graduação das praças (art. 125, §4º, da CF).

Os juízes de direito do juízo militar gozam da prerrogativa para processar e julgar, singularmente, os crimes militares cometidos contra civis e as ações judiciais contra atos disciplinares militares, como exemplo, as medidas judiciais contra as punições efetuadas. Cabe ao Conselho da Justiça, sob a presidência de um juiz de direito, processar e julgar os demais crimes militares (art. 125, §5º, da CF).

Portanto, compete a esse órgão específico da Justiça estadual julgar a Polícia Militar e o Corpo de Bombeiros nos crimes definidos no Código Penal Militar e em outros mandamentos penais, bem como em relação a ações contra atos disciplinares militares. Quando o crime for praticado contra civil, a competência é dos juízes de direito do juízo militar, e nos crimes dolosos contra a vida a competência pertence ao Tribunal do Júri. Com relação a todas as ações civis, a competência é da Justiça Comum.

Para facilitar o acesso à Justiça, o Tribunal de Justiça e a Justiça Militar podem funcionar descentralizadamente, constituindo Câmaras Regionais com o objetivo de assegurar o pleno acesso do jurisdicionado à Justiça em todas as fases do processo (art. 125, §6º, da CF). Também de acordo com a discricionariedade do Tribunal de Justiça, pode ser instalada a Justiça itinerante, com a realização de audiências e demais funções da atividade jurisdicional nos limites territoriais da respectiva jurisdição, servindo-se de equipamentos públicos e comunitários (art. 125, §7º, da CF).

---

[121] HC nº 81.438/RJ, Rel. Min. Nelson Jobim.

[122] A Justiça Militar estadual surgiu no direito constitucional brasileiro com a promulgação da Constituição de 1946 (art. 124, inc. XII). Em linhas gerais, a Justiça Militar estadual apareceu ao lado da polícia militar como mecanismo judiciário para o julgamento das condutas de seus integrantes, ganhando espaço durante os regimes de exceção por causa da ampliação de sua competência privativa. Durante a ditadura militar de 1964, por exemplo, à Justiça Militar cabia julgar os chamados crimes contra a segurança nacional, que eram usados como um dos principais mecanismos de coerção social por parte do regime militar (ALMEIDA FILHO, Agassiz. Justiça militar estadual. In: *Comentários à reforma do Poder Judiciário*. Rio de Janeiro: Forense, 2005. p. 282).

## 28.29 Tribunais e juízes dos estados

Em decorrência do modelo federativo adotado pelo Brasil e da auto-organização de que gozam os estados-membros, têm estes competência para organizar seu Poder Judiciário próprio. A produção do direito material e processual é competência privativa da União, mas a estruturação da Justiça Comum (excluída a Justiça Federal), fixada constitucionalmente a abrangência de sua atuação, pertence aos estados.

A Justiça Estadual nasce com a Constituição de 1891, sem que houvesse nenhuma regulamentação constitucional da sua estrutura, o que possibilitou ampla liberdade aos estados-membros. Com exceção de pouquíssimos estados, os resultados produzidos não surtiram os efeitos desejados. A partir da Constituição de 1934, começa a haver a regulamentação do Poder Judiciário na Carta Magna federal, constituindo-se em princípios obrigatórios para os entes federativos e base para a organização do Poder Judiciário estadual (art. 125, *caput*, da CF).

Em razão da separação de poderes, o Poder Judiciário estadual possui autonomia, dentro dos limites estipulados pelas Constituições Federal e Estadual, devendo seus excessos ser mitigados pelos poderes Executivo e Legislativo estaduais.[123]

O Judiciário estadual é composto pelos juízes de primeira instância e pelos desembargadores do Tribunal de Justiça. A estruturação de suas atividades realiza-se pelo Estatuto de Organização Judiciária, de iniciativa do Tribunal de Justiça, que tem a função de delinear a criação das comarcas, a divisão da competência judicial, as atribuições do Tribunal, dos juízes e dos seus servidores etc. (art. 125, §1º, da CF).

O número de desembargadores componentes do Tribunal de Justiça é fixado mediante lei de iniciativa exclusiva do próprio Tribunal. Na determinação dos seus membros, deve ser obedecida a regra do quinto constitucional, em que um quinto dos seus componentes deve ser oriundo da advocacia e do Ministério Público. O Tribunal de Justiça funciona como segunda instância das decisões dos juízes estaduais – a terceira e quarta instâncias tramitam na seara federal. Nos Tribunais de Justiça com número superior a vinte e cinco desembargadores, poderá ser constituído órgão especial, com um mínimo de onze e um máximo de vinte e cinco membros para o desempenho de atividades administrativas e jurisdicionais.

Por força de mandamento constitucional, os tribunais têm a incumbência de julgar as representações de inconstitucionalidade de leis ou atos normativos estaduais e municipais que colidam com a Constituição Estadual. Os tribunais estaduais funcionam como guardiões das ordens constitucionais estaduais, exercendo tanto o controle difuso como o controle concentrado com relação às normas oriundas do Poder Decorrente (art. 125, §2º, da CF).

A Constituição Federal teve o cuidado de expressamente impedir que a legitimidade ativa para ajuizar as ações diretas de inconstitucionalidade fosse conferida

---

[123] Decidiu o STF que não podem os membros da magistratura estadual ficar submetidos a subteto de remuneração, ou seja, remuneração menor que a percebida por ministro do Supremo, no que alegou que houve violação do princípio da isonomia por estabelecerem, sem nenhuma razão lógico-jurídica que o justifique, tratamento discriminatório entre magistrados federais e estaduais que desempenham iguais funções e se submetem a um só estatuto de âmbito nacional; mesmo estando em contradição com o estipulado pela EC nº 41/2003, porque o Poder Reformador não pode descurar dos limites fornecidos pelo Poder Constituinte (ADI nº 3.854 MC/DF, Rel. Min. Cezar Peluso, 28.2.2007).

a um único órgão.

Assume proeminente importância o controle direto de constitucionalidade, realizado pelo Tribunal de Justiça, das normas municipais. Pelo fato de não caber controle direto das normas municipais pelo Supremo Tribunal Federal, com exceção da arguição de descumprimento de preceito fundamental, o único controle direto de constitucionalidade é o realizado na seara estadual, com a eficácia de retirar a norma do ordenamento e produzir efeitos *erga omnes*.

Nos estados que apresentem problemas latifundiários, o Tribunal de Justiça deve propor a criação de varas especializadas, com competência exclusiva para questões latifundiárias, ou seja, que envolva grandes extensões de terra, na maioria dos casos improdutiva (art. 126 da CF). Essa foi mais uma das inovações da Constituição Cidadã. A designação de uma vara privativa para as questões agrárias, acelerando o julgamento dos feitos, teve o objetivo de diminuir os litígios ligados à questão da terra e acelerar a reforma agrária. Inclusive, há a previsão para que sempre que seja necessário à eficiente prestação jurisdicional, o juiz far-se-á presente no local do conflito para colher maior número de informações e poder realizar da melhor forma a prestação jurisdicional (parágrafo único do art. 126 da CF).

## 28.30 Precatórios

Precatórios são ordens de pagamento emitidas pela Justiça, provenientes de títulos judiciais (não podem ser oriundos de títulos extrajudiciais).[124] A terminologia provém da palavra latina *precata*, que significa requisitar alguma coisa de alguém.[125] Leciona o Prof. Pinto Ferreira: "O precatório é a determinação do juiz à repartição competente para o pagamento de certas indenizações, ou para levantamento de quantias depositadas nas ditas repartições. É o instrumento hábil que consubstancia uma requisição judicial".[126]

A execução contra a Fazenda Pública apresenta essa peculiaridade por serem os bens públicos impassíveis de penhora. O pagamento dos débitos dos entes públicos se processa por meio de precatórios, inclusive os referentes a autarquias e fundações públicas. Com relação às empresas públicas e às sociedades de economia mista, o procedimento executório segue o rito previsto no Código de Processo Civil.

Os precatórios foram regulamentados pela primeira vez na Constituição de 1934, permanecendo em todas as Cartas posteriores. Têm a importante missão de moralizar o pagamento de títulos judiciais pelo Poder Público, procurando extirpar o tráfico de influências e o mau uso das verbas governamentais.

Os pagamentos devidos pelas entidades políticas – União, estados e municípios, bem como o Distrito Federal –, em virtude de decisão judiciária, serão feitos na ordem cronológica de sua apresentação, em correspondência com o montante do crédito orçamentário destinado a tal fim (art. 100, *caput*, da CF, com redação dada pela Emenda Constitucional nº 62, de 11.11.2009).

---

[124] O pagamento das custas processuais devidas por autarquia, por força de condenação judicial em feito de natureza previdenciária, sujeita-se ao regime de precatórios, tendo em vista que o art. 100 da CF não faz qualquer distinção quanto à natureza do débito (RE nº 234.443/RS, Rel. Min. Ilmar Galvão).

[125] SILVA, Américo Luís Martins. *Do precatório-requisitório na execução contra a Fazenda estadual*. Rio de Janeiro: Lumen Juris, 1998. p. 100.

[126] FERREIRA, Pinto. *Comentários à Constituição brasileira*. São Paulo: Saraiva, 1992. v. 4. p. 63.

São considerados débitos de natureza alimentícia aqueles decorrentes de salários, vencimentos, proventos, pensões e suas complementações, benefícios previdenciários e indenizações por invalidez ou por morte, fundadas em responsabilidade civil, em decorrência de sentença judicial transitada em julgado. Estes débitos de natureza alimentícia serão pagos com preferência sobre todos os demais débitos, exceto sobre aqueles cujos titulares tenham sessenta anos de idade ou mais, ou sejam portadores de doença grave (art. 100, §2º, da CF).

Como fora dito anteriormente, portanto, criou-se uma preferência nos débitos de natureza alimentícia, cujos titulares possuam 60 anos de idade ou mais ou sejam portadores de doença grave, ensejando que seus créditos sejam pagos com preferência sobre todos os demais, até o valor equivalente ao triplo do fixado para o maior benefício do regime geral de previdência social. Em relação aos titulares com mais de 60 anos de idade, importante ressaltar que, na redação original do §2º, determinada pela EC nº 62/2009, restringia-se o pagamento apenas aos que já haviam completado essa idade na data de expedição do título judicial. O STF, no entanto, declarou inconstitucional essa limitação de data.

Contudo, na prática, o que ocorre é a feitura de duas ordens de pagamento, uma para os créditos de natureza alimentar e outra para o restante, o que gera delongas no pagamento dos créditos alimentícios. Com a Emenda Constitucional nº 62, na seara dos créditos alimentícios elaborou-se uma subdivisão entre aqueles privilegiados e os não privilegiados.

Ficam excepcionados do recebimento via precatório os pagamentos de obrigações definidas em lei como de pequeno valor que as Fazendas das entidades políticas devam fazer em virtude de sentença judicial transitada em julgado (art. 100, §3º, da CF).

Para que o pagamento de obrigações de pequeno valor não seja efetuado via precatório, atendendo ao que dispõe o art. 100, §3º, da CF, as entidades políticas poderão fixar, por leis próprias, valores que representem "pequeno valor", segundo as suas diferentes capacidades econômicas, sendo o mínimo igual ao valor do maior benefício do regime geral de previdência social (art. 100, §4º, da CF).

Fica vedada a expedição de precatórios complementares ou suplementares de valor pago, bem como o fracionamento, repartição ou quebra do montante da execução para fins de enquadramento nas quantias consideradas de pequeno valor. Esta regra nada mais é do que o antigo §4º do art. 100 da CF, o qual afirmava que era vedada a expedição de precatório complementar ou suplementar de débito pago, bem como fracionamento, repartição ou quebra da quantia da execução, a fim de que seu pagamento não se faça, em parte, através de obrigações de pequeno valor, que não precisam de precatório, e, em parte, mediante expedição de precatório.

Fica terminantemente proibida a especificação de pessoas ou casos, seja nas dotações orçamentárias, seja nos créditos adicionais (posteriores ao orçamento). Com isso, a ordem cronológica de apresentação dos precatórios fica resguardada, evitando-se burlas ao sistema delineado na Constituição Federal, como no caso de um cidadão apresentar o seu crédito depois e receber antes daqueles que estavam inscritos.

É obrigatória a inclusão, no orçamento das entidades de direito público, de verba necessária ao pagamento de seus débitos, oriundos de sentenças transitadas em julgado, constantes de precatórios judiciários apresentados até 1º de julho, fazendo-se o pagamento até o final do exercício seguinte, quando terão seus valores atualizados monetariamente (art. 100, §5º, da CF). Esta determinação já constava da redação do antigo §1º do art. 100 da CF, cuja redação foi literalmente reproduzida para o novo §5º do art. 100 da CF.[127]

As dotações orçamentárias e os créditos abertos serão consignados diretamente ao Poder Judiciário, cabendo ao presidente do Tribunal que proferir a decisão exequenda determinar o pagamento integral e autorizar, a requerimento do credor e exclusivamente para os casos de preterimento de seu direito de precedência ou de não alocação orçamentária do valor necessário à satisfação de seu débito, o sequestro da quantia respectiva (art. 100, §6º, da CF).

Esta regra, anteriormente à EC nº 62/2009, vinha consubstanciada no antigo §2º do art. 100 da CF, com uma diferença: o pagamento do crédito era realizado segundo as possibilidades do depósito. A inovação da EC nº 62/2009 foi determinar critérios para que o pagamento seja efetuado integralmente, de acordo com as disposições normativas. Assim, ficou mantido o comando de que, caso seja desrespeitada a ordem cronológica dos precatórios ou a não alocação do valor necessário devido, o credor poderá requerer, ao presidente do Tribunal competente, o sequestro da quantia necessária à satisfação de seu crédito.

Se o presidente do Tribunal competente, por ato omissivo ou comissivo, retardar ou tentar frustrar a liquidação regular de precatórios, ele incorrerá em crime de responsabilidade e responderá, também, perante o Conselho Nacional de Justiça (art. 100, §7º, da CF). A inovação trazida pela EC nº 62/2009 foi determinar que, além de responder pelo crime de responsabilidade, como era previsto na redação anterior, o presidente do Tribunal também será responsabilizado por sanção administrativa do Conselho Nacional de Justiça.

Não há nenhuma sanção para o caso de o orçamento não contemplar a totalidade dos precatórios exigidos, afora o valor mínimo previsto no regime especial. A demora deveria ser de no máximo dezoito meses, mas não é o que se verifica na prática, podendo o pagamento se prolongar por anos e anos, o que favorece o caminho para a corrupção. Nem mesmo o sequestro pode ser realizado, a não ser por desobediência à ordem cronológica dos precatórios ou não alocação do valor mínimo determinado no regime especial (art. 101, ADCT). É por causa da existência do regime de precatórios que não se admite, em regra, o sequestro de verbas públicas para o pagamento de dívidas da Fazenda Pública, inclusive as trabalhistas.[128]

O precatório é uma medida natural e subsequente a uma decisão judicial que condenou a Fazenda Pública;[129] o procedimento termina com a sua concretização, não havendo necessidade de novo processo para a sua formação. Portanto, trata-se de um procedimento de natureza judicial, decorrente de sentença.

A atividade do presidente do Tribunal é meramente administrativa: recebe o precatório do juiz sentenciante e o apresenta à entidade de direito público responsável. Caso a ordem de pagamento seja desconsiderada, o presidente do Tribunal poderá,

---

[127] O STF decidiu que não são devidos juros moratórios no período compreendido entre a data de expedição e a do efetivo pagamento de precatório relativo a crédito de natureza alimentar, no prazo constitucionalmente estabelecido, à vista da não caracterização de inadimplemento por parte do Poder Público (RE nº 298.616/SP, Rel. Gilmar Mendes).

[128] STF, Plenário, ADPF nº 485/AP, Rel. Min. Roberto Barroso, j. 7.12.2020.

[129] A terminologia *fazenda pública* pode significar o ente estatal quando ele atua como arrecadador e instituidor de impostos ou quando ele atua em juízo, litigando acerca de direitos patrimoniais.

se demandado, ordenar o sequestro de bens suficientes para honrar a dívida.[130] Não há atividade jurisdicional, mas sim uma atividade administrativa cominada pela Constituição, por isso que foi estabelecida sanção administrativa pelo CNJ, que é órgão de natureza administrativa do Poder Judiciário, para o presidente do Tribunal que tenha frustrado a liquidação regular de precatórios. Justamente por sua natureza administrativa, cabe mandado de segurança das decisões do presidente do Tribunal acerca do processamento de precatórios.[131]

Se o sequestro não surtir efeito, a única alternativa é a tipificação do crime de responsabilidade e a realização do processo de intervenção, além da já referida instauração de processo perante o CNJ. Convém salientar que vários tribunais pátrios já decidiram que o atraso de pagamento pelos municípios, por motivo de dificuldade financeira, não enseja a intervenção estadual, desde que a ordem cronológica dos precatórios seja obedecida.[132]

Nos precatórios emitidos contra os estados, os municípios e o Distrito Federal, o tribunal competente é o Tribunal de Justiça dos respectivos estados ou do Distrito Federal. No caso de decisões contra a Fazenda Federal, o tribunal competente será aquele ao qual estiver vinculado o juiz que formalizou o precatório: no caso de um juiz federal, o Tribunal Regional Federal; no caso de um ministro do Supremo, o Supremo Tribunal Federal.

O Supremo Tribunal Federal declarou a inconstitucionalidade do regime de compensação obrigatória entre o credor do precatório e a respectiva Fazenda Pública, instituído pela Emenda Constitucional nº 62/2009. Decidiu o plenário do Pretório Excelso que o regime de compensação obrigatória se afigura inconstitucional, uma vez que estabelece uma inexorável discrepância processual em benefício da Fazenda Pública, violando os cânones do devido processo legal, do contraditório, da ampla defesa, da coisa julgada, da isonomia, ferindo o princípio da separação dos poderes.[133]

Continuou permitida a cessão dos créditos. Assim, quem não puder ou não quiser esperar pelo término do prazo poderá negociar a cessão de seus créditos para outrem. O credor pode ceder normalmente seu direito e, se ele for de natureza alimentícia, será transmitido ao cessionário com estas mesmas qualidades.[134] A cessão de créditos de precatório pode ser realizada independentemente da anuência da Fazenda Pública devedora. Outro requisito para que a cessão de créditos oriundos de precatório é que a cessão seja comunicada, por meio de petição protocolizada, ao tribunal de origem e à entidade devedora (art. 100, §13, da CF).

---

[130] "O ato impugnado faz-se-à no fato de ter havido quebra da ordem cronológica de precedência do pagamento dos precatórios vencidos, o que é suficiente para legitimar o sequestro, conforme estabelece a parte final do parágrafo 2º do art. 100 da CF" (RCL nº 1.979/RN, Rel. Min. Maurício Corrêa).

[131] "É firme a jurisprudência desta Corte de que cabe a impetração de Mandado de Segurança contra ato da Presidência de Tribunal, porquanto os atos do Presidente que disponham sobre o processamento dos precatórios possuem caráter administrativo. Aplicação da Súmula 311/STJ" (STJ, AgRg no REsp nº 1.288.572/AM, Rel. Min. Napoleão Nunes Maia Filho, *DJe*, 26 out. 2016).

[132] *RT*, 513/202.

[133] STF, Plenário, ADI nº 4.357/DF, ADI nº 4.425/DF, ADI nº 4.372/DF, ADI nº 4.400/DF, Rel. Min. Ayres Britto, 6 e 7.0.2013.

[134] "A cessão de crédito não implica alteração da natureza" (STF, Plenário, RE nº 631.537, Rel. Min. Marco Aurélio, j. 22.5.2020, Tema nº 361 da Repercussão Geral).

Como forma de garantir o pagamento do precatório, ficou estabelecida faculdade de o credor comprar imóveis públicos do respectivo ente federado devedor, mediante a entrega de créditos em precatórios. Esta modalidade alternativa de pagamento indireto fica condicionada à regulamentação, por lei, da respectiva entidade federativa devedora (art. 100, §11, da CF).

Outra garantia de pagamento do precatório foi a previsão de que, a seu critério exclusivo, e na forma da lei, a União poderá assumir débitos, oriundos de precatórios, de estados, Distrito Federal e municípios, refinanciando-os diretamente (art. 100, §16, da CF). *A priori*, mesmo havendo esta previsão de assunção de débitos dos demais entes federativos por parte da União, é de se considerar, pragmaticamente, a pouca probabilidade de concretização dessa hipótese, a não ser que haja o delineamento de um novo pacto federativo.

Definiu-se que a partir da promulgação da Emenda nº 62, a atualização de valores após sua expedição até o efetivo pagamento será realizada pelo índice oficial de remuneração básica da caderneta de poupança. Para fins de compensação de juros de mora utilizar-se-ão igualmente os juros incidentes sobre a caderneta de poupança, ficando terminantemente excluída a possibilidade de incidência de juros compensatórios (art. 100, §12, da CF).

Ocorre que o Supremo Tribunal Federal também declarou a inconstitucionalidade da expressão "índice oficial de remuneração básica da caderneta de poupança", constante do §12 do art. 100 da CF, com fulcro no argumento de que esse índice é fixado *ex ante*, ou seja, previamente, a partir dos parâmetros técnicos não correlacionados com a inflação considerada no respectivo período. Desse modo, restou decidido que qualquer índice definido *ex ante* é incapaz de refletir a real flutuação de preços apurada no período em consideração.

A EC nº 62/2009 ainda conferiu a possibilidade de lei complementar estabelecer regime especial para pagamento de crédito de precatórios de estados, Distrito Federal e municípios, dispondo sobre vinculações à receita corrente líquida e forma e prazo de liquidação (art. 100, §15, da CF). A possibilidade de implantação desse regime especial, por si só, representa uma burla clara ao instituto jurídico do precatório, haja vista que posterga o pagamento do valor devido. Tal possibilidade provoca uma insegurança jurídica muito grande, alquebrando os princípios básicos da responsabilidade estatal.

Leonardo Carneiro da Cunha aduziu, com certa razão, que a Emenda Constitucional nº 62/2009 acabou instituindo, de certa forma, uma espécie de "moratória" ou "concordata" para os estados, o Distrito Federal e os municípios.[135] Diante do exposto, o Supremo Tribunal Federal declarou a inconstitucionalidade do §15 do art. 100 da Constituição e da integralidade do art. 97 do ADCT.

O que se percebe, na realidade, é que o regime especial instituído pela Emenda Constitucional nº 62/2009 era acintoso ao ordenamento jurídico e aos princípios gerais da Administração Pública, uma vez que autorizava os entes federativos a burlarem o preceito constitucional da responsabilidade administrativa. Além de postergar os débitos pelo prazo de 15 anos, coagia os particulares credores a participarem de leilões

---

[135] DIDIER JR., Fredie *et al. Curso de direito processual civil*. Salvador: JusPodivm, 2013. p. 764.

e das câmaras de conciliação, resultando no aviltamento completo do valor que lhes era devido, pois muitos cidadãos, pelas premências do dia a dia, têm necessidades de recebimento imediato do que lhes é devido.

Por tal razão, o Supremo Tribunal Federal entendeu que a EC nº 62/2009 acabou violando os princípios e os valores concernentes ao Estado de Direito, do devido processo legal, do acesso à justiça e da razoável duração do processo. Ademais, afigurou-se também comprovada a violação ao princípio da moralidade administrativa, da impessoalidade e da isonomia. Nesse contexto, observou-se que, para a parte majoritária dos entes federados, o problema do inadimplemento dos precatórios não é por falta de verba orçamentária, mas sim de compromisso e vontade política por parte dos governantes, mormente no que tange ao cumprimento das decisões judiciais. Com efeito, também restou pacificado que o adimplemento dos precatórios não obsta o desenvolvimento dos serviços públicos de incumbência do respectivo ente político, assim como impor aos credores a sobrecarga de um alongamento temporal para recebimento dos respectivos créditos não é prática concernente aos primórdios da razoabilidade e da proporcionalidade.[136] As emendas constitucionais nº 94/2016, nº 99/2017 e nº 109/2021 cuidaram de instituir, em âmbito nacional, um novo regime especial de pagamento dos precatórios, válido para os débitos da Fazenda Pública vencidos até 25.3.2015 e os que vencerem entre esta data e o dia 31.12.2029, data-limite de vigência do regime especial. Neste período, caberá ao Poder Executivo destinar, na lei orçamentária, percentual da receita corrente líquida suficiente para a quitação dos débitos. A Constituição não define o percentual, mas exige que esse índice, ainda que variável, não pode ser inferior ao estabelecido pelo ente quando do início do regime especial (art. 101, ADCT). Mensalmente, o Executivo depositará 1/12 do percentual legal em conta vinculada ao Tribunal respectivo, destinada exclusivamente ao pagamento dos precatórios. Durante a vigência do regime especial, é possível a utilização de outras fontes de receita para o pagamento dos precatórios, como os depósitos judiciais e os depósitos administrativos referentes a processos judiciais, administrativos ou tributários (art. 101, §2º, ADCT).

A conta vinculada é administrada pelo respectivo Tribunal, responsabilizando-se pelo pagamento dos precatórios expedidos. Do montante contabilizado para as contas especiais, 50% devem ser utilizados para pagamento de precatórios em ordem cronológica de apresentação. O restante pode ser utilizado para pagamento de precatórios por meio de leilão ou destinados a pagamento por acordo direto com os credores, por intermédio de câmara de conciliação (art. 102, ADCT).

## 28.31 Ativismo judicial e estado de coisa inconstitucional

Poder Judiciário é, sem dúvidas, um tema fecundo para inúmeros debates, como a sua própria relação com a política. Fala-se, ultimamente, em uma judicialização da política, quando o Judiciário adentra em questões que não lhe são pertinentes, muitas vezes sem parâmetro legal. Para o Ministro Luís Roberto Barroso isso quer dizer que

---

[136] STF, Plenário, ADI nº 4.357/DF, ADI nº 4.425/DF, ADI nº 4.372/DF, ADI nº 4.400/DF, Rel. Min. Ayres Britto, 6 e 7.3.2013.

questões relevantes do ponto de vista político, social ou moral estão sendo decididas, em caráter final, pelo Poder Judiciário.[137]

É essa conjuntura que traz ao debate o ativismo judicial, o qual vem a ser a forma como o Judiciário exerce essa atuação em uma seara que não era originalmente sua. Esclarece-se que a posição ativista seria aquela que ultrapassa os limites do Poder Judiciário, sem alicerce legal, invadindo as esferas dos poderes Legislativo e Executivo. Nesse sentido, inúmeras questões de grande importância foram levadas, nos últimos anos, em sede judicial, principalmente no STF, como exemplo, pesquisas com células-tronco, a questão das quotas raciais e o reconhecimento das relações homoafetivas. É bem verdade que a expressão *ativismo* tem um caráter multidimensional, englobando desde a possibilidade de caracterização da atitude de um único juiz ou de um grupo de juízes ou períodos de atuação de cada Corte. Porém, o que é perceptível é que a noção de ativismo não pode ser encarada como estanque, podendo as decisões mudarem em cada caso.[138] Assim, entende-se que o ativismo pode ser considerado sob a influência de três fatores: de natureza política, social e jurídico-cultural e está tanto na dimensão das decisões de determinada Corte, como no próprio comportamento dos seus membros.[139]

É nessa discussão que surge a ideia de estado de coisa inconstitucional, como exemplo concreto de postura ativista. A expressão foi criada pela Corte Constitucional colombiana em 1997, com a chamada "Sentencia de Unificación (SU)" e é utilizada como um dos principais aportes de proteção aos direitos humanos. O estado de coisa inconstitucional ocorre quando é possível verificar um quadro de constantes violações aos direitos humanos, em virtude da inércia estatal ou da paralisia dos setores políticos para modificar a situação, falando-se em falhas estruturais.[140] Ou seja, essa situação não se refere somente ao descumprimento de enunciados constitucionais, mas à própria ausência de políticas públicas que possam efetivar os direitos humanos.

Quando uma Corte Constitucional declara o estado de coisa inconstitucional em determinada área está abrindo espaço para a própria Corte interferir nas políticas públicas referentes àquele problema.

A decisão do Supremo Tribunal Federal, na ADPF nº 347, exemplifica bem a problemática. Na ação proposta pelo Partido Socialista Brasileiro, o pedido é para que se declare o estado de coisa inconstitucional no sistema penitenciário brasileiro e que, portanto, a Corte determine inúmeras ações a serem tomadas pela União e os estados. Na ação foram usadas numerosas situações para fundamentação de sua existência na organização penitenciária, entre elas: violação generalizada e sistêmica de direitos humanos; inércia ou incapacidade reiterada e persistente das autoridades públicas em modificar a conjuntura; situação que exige a atuação não apenas de um órgão, mas sim de uma pluralidade de autoridades para resolver o problema.

---

[137] BARROSO, Luís Roberto. Judicialização, ativismo judicial e legitimidade democrática. *Revista Direito do Estado*, Salvador, ano 4, n. 13, p. 71-91, jan./mar 2009.

[138] LIMA, Flávia Danielle Santiago. *Ativismo e autocontenção no Supremo Tribunal Federal*: uma proposta de delimitação do debate. Recife: O Autor, 2013.

[139] CAMPOS, Carlos Alexandre de Azevedo. *Dimensões do ativismo judicial do STF*. Rio de Janeiro: Forense, 2014.

[140] CAMPOS, Carlos Alexandre de Azevedo. *Estado de coisa inconstitucional*. Salvador: JusPodivm, 2016.

Em uma decisão inovadora, a Corte Suprema entendeu, no pedido liminar, que no sistema prisional brasileiro realmente há uma violação generalizada de direitos humanos dos presos, o que desrespeita diversos dispositivos constitucionais e documentos internacionais. Logo, caberia ao STF intervir para reagir à incapacidade dos demais poderes e coordenar ações visando resolver o problema e monitorar os resultados alcançados.[141]

---

[141] No entanto, o STF compreendeu que não pode substituir os demais poderes nas suas tarefas assim como não considerou necessário estipular as atitudes a serem tomadas por outros juízes e Tribunais, porque já são deveres impostos a todos os magistrados pela CF/88 e pelas leis.

# CAPÍTULO 29

# JURISDIÇÃO CONSTITUCIONAL

## 29.1 Conceito de jurisdição

O conceito de jurisdição provém da soberania estatal, traduzindo-se na prerrogativa de concretizar o direito substantivo.[1] A função da jurisdição é robustecer o princípio da soberania, que indiscutivelmente se configura como um apanágio inerente ao Estado. A soberania representa a mais alta autoridade, o poder supremo dos entes estatais que é personificado nos dispositivos legais, constituindo-se na "verdade específica" do Estado.[2]

Ao dirimir os litígios de acordo com os paradigmas legais preestabelecidos, além de reafirmar a coercitividade do ordenamento jurídico, a jurisdição exerce a atividade de pacificar as relações sociais, fornecendo as condições imprescindíveis para o desenvolvimento social. Desde que o Estado suprimiu a possibilidade de composição dos litígios por intermédio da autotutela, os órgãos estatais têm o dever de solucionar as questões consonante o modelo legal estabelecido. Tal prerrogativa não pode ser considerada apenas como um poder, já que o Estado tem a obrigação de compor os conflitos, situação comprometedora da paz social, configurando-se como uma função imprescindível, ligada à própria razão de sua existência.

Para Eduardo Couture, a definição de jurisdição como poder não é suficiente, devendo ser concebida como uma função. Ele distingue a função jurisdicional das demais funções, notadamente pela irrevogabilidade de suas decisões através da coisa julgada. Assim ele a define:

---

[1] Ensina Pontes de Miranda: "Anteriormente, nos comentários ao início do Código de Processo Civil, ao tratarmos do princípio da pretensão processual dirigida ao Estado, frisamos que a expressão 'jurisdição', no sentido de todo o poder público, seja legislativa, seja judiciária, seja executiva, revela conteúdo medieval. O sentido exato é o de poder dizer o direito (*dicere jus*), razão por que se há de exigir o pressuposto conceptual de julgamento, de 'dizer' (*dictio*) qual a regra jurídica, o *ius*, que incidiu" (MIRANDA, Francisco Cavalcanti Pontes de. *Comentários ao Código de Processo Civil*. 5. ed. Atualização legislativa de Sergio Bermudes. Rio de Janeiro: Forense, 1997. t. I. p. 78).

[2] PAUPERIO, Artur Machado. *Teoria geral do direito do Estado*. Rio de Janeiro: Forense, 1979. p. 136.

Função pública realizada por órgãos competentes do Estado, de acordo com as formas requeridas por lei, em virtude da qual, por ato judicial, se determina o direito das partes, com o objetivo de dirimir seus conflitos e as suas controvérsias de relevância jurídica, mediante decisões com autoridade de coisa julgada, eventualmente factível de execução.[3]

O direito não se resume apenas à elaboração de leis, pois mais premente do que essa tarefa é a missão de torná-las efetivas, fazendo com que façam parte da realidade. A defesa do ordenamento jurídico não é incumbência dos cidadãos, tal encargo foi deferido de forma proeminente ao Poder Judiciário. Aos cidadãos, de forma individual, restaram pouquíssimos casos de atuação privada para assegurar a aplicação dos seus direitos, como nos casos de legítima defesa, desforço *in continenti* na defesa da posse, casos de autocomposição etc.

A universalidade de jurisdição conferida ao Poder Judiciário, afora as exceções previstas na Constituição Federal, foi determinada como forma de melhor estruturar o Estado Democrático Social de Direito, garantindo que os comportamentos sociais sejam regidos por lei e não por arbítrios voluntários. Se não existissem parâmetros racionais para direcionar a conduta humana, preponderaria o axioma do mais forte, degenerando o tecido social.

A jurisdição constitucional apresenta as seguintes características: a) dependência da existência de uma estrutura normativa previamente estabelecida, já que sua função é a concretização dessa norma; b) subsunção da norma a um fato concreto, individualizando a aplicação da lei ao caso concreto; c) autoridade de coisa julgada de suas decisões; d) inércia de sua atuação, devendo haver a provocação da parte; e) seu caráter substitutivo-coercitivo, em que a decisão judicial substitui a vontade das partes e tem a prerrogativa de autoexecução, de forma imperativa.

## 29.2 Classificação da jurisdição

A jurisdição de acordo com a sua concepção de expressão da plenipotenciariedade estatal não pode ser dividida, já que a soberania é una e uma multiplicidade de jurisdições representaria uma multiplicidade de núcleos de poder que esfacelaria a soberania estatal. Quando se fala em espécies de jurisdição isto significa uma divisão em categorias, com o intento de propiciar a sua melhor aplicação, sem que, em nenhum momento, possa imaginar-se que há uma fragilização da soberania estatal.

Diversas são as formas de classificação da jurisdição constitucional, tomando como referência o objeto no qual incide a jurisdição. Assim, a jurisdição pode ser classificada em diversos prismas, como exemplo: a) quanto à matéria: dividindo-se em civil e criminal; b) quanto à graduação: dividindo-se em inferior e superior; c) quanto ao objeto: dividindo-se em contenciosa e graciosa; e d) quanto ao critério de exclusão: dividindo-se em comum e especial.

A classificação de jurisdição adotada é a realizada pelo Prof. Alfredo Baracho, que a divide em: jurisdição ordinária – efetuada pelos juízes de direito; jurisdição especial – realizada por outros órgãos como o Senado Federal ou o Tribunal de Contas;

---

[3] COUTURE, Eduardo J. *Fundamentos del derecho procesal civil*. Buenos Aires: Depalma, 1958. p. 40.

jurisdição administrativa – que não é praticada no Brasil, mas que abrange o contencioso administrativo, adotado, por exemplo, na França e na Itália; e, por fim, a jurisdição constitucional – com o escopo de concretizar os mandamentos da Lei Maior.[4]

A jurisdição ordinária é aquela exercida tipicamente pelo Poder Judiciário, devido ao princípio da universalização jurisdicional por ele exercida (art. 5º, XXXV, da CF). Sua regulamentação ocorre em sede infraconstitucional, consonante os princípios esculpidos na Constituição, e sua titularidade pertence aos membros do Poder Judiciário.

Como o Supremo Tribunal Federal não foi estruturado de modo semelhante a um tribunal constitucional, funcionando também como última instância recursal naquelas ações em que há lesão aos dispositivos constitucionais, os juízes ordinários podem decidir acerca da inconstitucionalidade das leis, não havendo, portanto, no Brasil, a diferenciação entre jurisdição constitucional e jurisdição ordinária. Essa distinção é pertinente apenas àqueles países que instituíram um tribunal constitucional que tem competência exclusiva de decidir sobre as questões constitucionais, restando às demais matérias, que não versam sobre dispositivos contidos na Lei Maior, a jurisdição ordinária. No ordenamento jurídico pátrio, a jurisdição constitucional pode ser exercida tanto no sistema concentrado quanto no difuso.

A origem da jurisdição especial foge da esfera normativa para encontrar guarida na esfera fática, mormente nas questões que versam sobre a estruturação do poder. Ela significa uma exceção à jurisdição exercida pelos juízes ordinários e aos procedimentos infraconstitucionais. Se a jurisdição especial não se adequar ao Estado Democrático Social de Direito, atendendo às cominações do princípio da razoabilidade, ela se transforma em um instrumento próprio das ditaduras, que tem como uma de suas primeiras medidas o seu desenvolvimento. Como exemplo de jurisdição especial pode ser apontado o julgamento por crime de responsabilidade, realizado pelo Senado Federal, em que o procedimento para a realização da decisão difere dos demais e a sentença é tomada sem o apego estrito a um parâmetro legal, em virtude da abrangência da figura típica e da discricionariedade da imputação.

Pelo fato de o Brasil ter adotado o monopólio da jurisdição nas mãos do Poder Judiciário, seguindo o modelo preconizado pela Constituição norte-americana, de 1787, configura-se incompatível falar-se, nas terras pátrias, de uma jurisdição administrativa, com as características que lhes são inerentes. A jurisdição administrativa tem a competência de julgar os litígios que têm um caráter administrativo, em que a Administração Pública é parte, com um procedimento processual específico e com um quadro de juízes que é investido nas suas funções de uma forma diversa daquela dos juízes da jurisdição ordinária.

Portanto, de acordo com a classificação mencionada, no Brasil, até a transformação do Supremo Tribunal Federal em tribunal constitucional, podemos mencionar apenas a existência da jurisdição ordinária-constitucional e das jurisdições especiais, exercidas, por exemplo, pelo Senado Federal consonante a sua esfera de competência.

---

[4] BARACHO, José Alfredo de Oliveira. *Processo constitucional*. Rio de Janeiro: Forense, 1984. p. 74-111.

## 29.3 Definição de jurisdição constitucional

O conceito de jurisdição constitucional configura-se de difícil definição, haja vista que já na sua formação abriga dois conteúdos semânticos de difícil precisão: jurisdição e Constituição. No seu sentido objetivo a dificuldade é estabelecer o que é uma matéria constitucional, pois essa é ampliada por uma *Lex Mater* de extensão analítica como a brasileira, pelo motivo de se tentar garantir determinada estabilidade jurídica. Do ponto de vista subjetivo, a dificuldade consiste em delimitar a extensão de quem pode exercê-la, com a finalidade de evitar choques entre as instâncias diversas, em virtude de que o ordenamento brasileiro permite o seu exercício, tanto através do Supremo Tribunal Federal quanto das instâncias judiciárias inferiores.

Segundo Pedro Cruz Villalón, a jurisdição constitucional passou por um processo de desenvolvimento para assumir a sua atual feição. A derivação mais antiga da jurisdição constitucional é aquela política, denominada jurisdição política, encontrada nos países europeus, que tem um nascimento anterior à jurisdição jurídica. Ela tinha a finalidade de pacificar as relações entre os sujeitos políticos, representantes de uma estruturação de poder, através do arbitramento de suas litigâncias por uma câmara ou uma assembleia. Em um segundo momento, ela se encontra preocupada em sedimentar a sua supralegalidade, estabelecendo que as leis infraconstitucionais devem se subordinar aos parâmetros da Constituição, firmando o controle de constitucionalidade. E em um terceiro momento, ela é associada à jurisdição dos direitos humanos, configurando-se como um instrumento para a sua concretização, realizando o reforço da tutela de determinados direitos.[5]

O conceito de jurisdição constitucional, algumas vezes, é estabelecido com a mesma definição de garantias constitucionais, refletindo que o seu escopo maior é assegurar os direitos humanos. Nessa perspectiva, a extensão do conceito de jurisdição constitucional se resume a garantias constitucionais para simbolizar a importância que os direitos humanos assumem no ordenamento jurídico. Apesar da relevância mencionada, essa perspectiva, ao restringir a amplitude do conceito de jurisdição constitucional, descura importantes esferas de sua atuação, o que não contribui para a sua integral percepção.

A jurisdição constitucional é a função estatal que tem a missão de concretizar os mandamentos contidos na Constituição, fazendo com que as estruturas normativas abstratas possam normatizar a realidade fática. Ela exprime a intenção de estabilizar as relações sociais, de acordo com os parâmetros da Carta Magna, evitando o risco do arrefecimento de sua força normativa.

A jurisdição constitucional compreende, além do controle de constitucionalidade, a regulamentação do processo de *impeachment*, os conflitos de atribuições, as garantias processuais contidas na Constituição, a tutela dos direitos humanos, a estruturação do Poder Judiciário, o delineamento do sistema federativo de Estado, a criação de partidos políticos, as normas do regime político etc. Entre todas essas atividades, uma das mais relevantes, de forma clara, é o controle de constitucionalidade das leis e atos normativos, com a finalidade de garantir a supralegalidade das normas constitucionais.

---

[5] CRUZ VILLALÓN, Pedro. *La curiosidad del jurista persa, y otros estudios sobre la Constitución*. Madrid: Centro de Estudios Políticos y Constitucionales, 1999. p. 489-491.

De forma esquemática, podemos dizer que a jurisdição constitucional compreende as seguintes atividades: a) proteção e garantia de concretização dos direitos humanos; b) controle de constitucionalidade das normas e atos normativos; c) controle e fiscalização do sistema eleitoral, englobando os institutos da democracia participativa, como o plebiscito e o referendo, com o escopo de velar pela lisura das eleições; d) funcionamento como instância judiciária, para assegurar o equilíbrio federativo, solucionando os litígios entre os entes componentes do Estado; e) demarcação dos limites de incidência das competências dos entes federativos; f) controle dos poderes públicos para que eles possam atuar com eficiência e atender ao bem comum da sociedade.[6]

## 29.4 Natureza da jurisdição constitucional

A jurisdição constitucional tem uma taxionomia jurídica, cuja estruturação e funcionamento foram estabelecidos pela Constituição, tornando-se parte da seara do direito público.[7] Como órgão cujo delineamento é regido pela ciência do direito, tem a função de garantir a supralegalidade da Constituição, guiando-se por dispositivos previamente fixados para evitar acintes contra o Estado Democrático Social de Direito. Ela tem natureza jurídica, apesar da grande repercussão política de suas medidas, porque o seu vetor balizante são as normas constitucionais, o que não obscurece certa discricionariedade das decisões proferidas, desde que elas se insiram nos dispositivos da Lei Maior.

Os defensores da natureza jurídica não negam que a jurisdição constitucional decide conflitos cujas consequências produzem efeitos políticos, haja vista que na maior parte dos litígios constitucionais deflui determinado grau de discricionariedade. Contudo, a resolução desses conflitos é resolvida por critérios e métodos jurídicos, fundamentados na Carta Magna.[8]

Apesar de o Poder Constituinte, criador da Constituição, ter uma natureza política, já que as circunstâncias político-econômico-sociais que circundam o momento histórico da sua formação são os vetores que ditam o conteúdo das normas constitucionais, a Carta Magna tem uma natureza essencialmente jurídica. Não obstante ter nascido de um poder político, todo o seu funcionamento se insere em uma perspectiva jurídica, assim devendo ser analisada, dentro de um caráter dialógico.

---

[6] Não é fácil tentar diferenciar a jurisdição constitucional dos demais tipos de jurisdição. Bastante elucidativas as palavras de Manoel Carlos: "Nesse sentido, a jurisdição deve ser abalizada consoante a natureza do conflito. Portanto, quando o conflito cuidar de matéria de natureza constitucional, ou seja, aquele que tem por finalidade a guarda da Constituição mediante a fiscalização da constitucionalidade das leis ou atos normativos, certamente a jurisdição é constitucional" (ALMEIDA NETO, Manoel Carlos. *O novo controle de constitucionalidade municipal*. Rio de Janeiro: Forense, 2010. p. 41-42).

[7] "Para uns, a maioria dos autores, estamos, designadamente no caso do Tribunal Constitucional, perante actuação jurídica, porque ocupada prevalecentemente com a determinação do Direito mediante critérios de racionalidade jurídica, vinculada na sua essência; sem caráter genericamente oficioso; arrancando da independência e imparcialidade orgânica e dos titulares; recorrendo a procedimento também ele juridificado" (SOUZA, Marcelo Rebelo de. Legitimidade da justiça constitucional e composição dos tribunais constitucionais. In: *Legitimidade e legitimação da justiça constitucional*. Coimbra: Coimbra Editora, 1995. p. 214).

[8] "Portanto, é certo que o Tribunal Constitucional espanhol decide conflitos políticos, mas a característica é que a resolução dos mesmos ocorre por critérios e métodos jurídicos" (GARCÍA DE ENTERRÍA, Eduardo. *La constitución como norma y el tribunal constitucional*. 3. ed. Madrid: Civitas, 2001. p. 178).

Como a jurisdição constitucional é delineada pela Constituição, sua natureza inexoravelmente configura-se como jurídica, cujo espaço de atuação fica condicionado ao conteúdo dos mandamentos contidos no seu texto, livre de amarras impostas por leis infraconstitucionais. Sua taxionomia está condicionada a vetores legais, postos pela Lei Maior, que é a norma jurídica basilar do ordenamento. Portanto, como ela é uma decorrência da Constituição, a sua natureza não poderia ser diferente.

A defesa da natureza jurídica da jurisdição constitucional parte dos seguintes argumentos: que os conflitos são decididos com base na Constituição e em métodos jurídicos; que a discricionariedade das decisões não é absoluta por causa do marco da Lei Fundamental; que as decisões prolatadas têm que ser fundamentadas com base na Carta Magna; que a jurisdição constitucional não pode ser exercida por um órgão que participa do processo de criação normativa.

A jurisdição constitucional não pode ter natureza política porque ao se outorgar o seu controle a um órgão que participa do processo de elaboração das leis estar-se-ia dando a vigilância do ordenamento constitucional a quem tem a prerrogativa de elaborar as normas que são passíveis de sofrer controle de constitucionalidade.[9] Argumenta Kelsen que ninguém pode ser juiz de sua própria causa, ou seja, que a jurisdição constitucional não pode ser exercida por quem tem interesse nas suas decisões, portanto, ela deve ser exercida por um outro poder independente das funções tradicionalmente estabelecidas.[10]

Os argumentos utilizados para afirmar que a jurisdição constitucional tem natureza política são os seguintes: a subsunção normativa não ocorre diante de um caso concreto, atingindo as normas de forma genérica e abstrata; as suas decisões inovam no ordenamento jurídico e em consequência não pode ser controlada por órgão jurídico; a sua definição como taxionomia jurídica superdimensionaria o Poder Judiciário, criando um "Estado Judicial"; o grau de discricionariedade contido nas decisões da jurisdição constitucional é igual ao contido nas decisões políticas.

A jurisdição constitucional tem uma natureza política porque a sua incidência, apesar dos limites impostos pelo texto constitucional, é guiada por interesses políticos, que são sempre os alicerces das decisões judiciais, bem como político é o critério de indicação de seus juízes.[11]

Ao expurgar uma norma do ordenamento jurídico, a jurisdição constitucional atua como um legislador negativo, atividade nitidamente de produção normativa, haja vista que a atividade judiciária ordinária atua diante de um caso concreto, enquanto a função legislativa incide diante de normas genéricas, com caráter vinculante para todos. Se a natureza da jurisdição constitucional fosse jurídica, estar-se-ia quebrando a separação

---

[9] "Não há hipótese de garantia da regularidade em que possa ser maior a tentação de confiar a anulação dos atos irregulares ao próprio órgão que os produziu do que a da garantia da Constituição. E, em nenhum dos casos, esse procedimento seria, precisamente, mais contraindicado" (KELSEN, Hans. A garantia jurisdicional da Constituição. In: *Jurisdição constitucional*. Tradução de Alexandre Krug. São Paulo: Martins Fontes, 2003. p. 150).

[10] KELSEN, Hans. A garantia jurisdicional da Constituição. In: *Jurisdição constitucional*. Tradução de Alexandre Krug. São Paulo: Martins Fontes, 2003. p. 240.

[11] "Para Schmitt o Tribunal Constitucional não chega a conhecer nem de verdadeiros conflitos constitucionais nem tão pouco de um litígio verdadeiro, no sentido processual e técnico do conceito. Não há conflito constitucional porque para que houvesse em sentido correto as partes envolvidas deveriam estar em uma certa relação com a Constituição, assumindo o papel de parte processual em função de sua legitimação ativa e passiva. Esta situação apenas poderia ocorrer quando a Constituição fosse considerada como um contrato [...]. Mas a Constituição não é um contrato" (GARCÍA DE ENTERRÍA, Eduardo. *La constitución como norma y el tribunal constitucional*. 3. ed. Madrid: Civitas, 2001. p. 159).

dos poderes, que é um dos princípios basilares do Estado de Direito, em razão de que estar-se-ia adentrando na esfera típica do Poder Judiciário.

O debate que fixou os contornos da discussão ocorreu entre Schmitt e Kelsen. O primeiro, no livro *A defesa da Constituição*, publicado em 1931, defende que o guardião da Constituição deve ser um órgão de natureza política – no caso da República de Weimar, o Presidente do *Reich* –, enquanto o segundo, no livro *Quem deve ser o defensor da Constituição*, publicado logo depois, defende que a defesa da Lei Maior deve ser feita por um tribunal constitucional, de natureza jurídica.

## 29.5 Função da jurisdição constitucional

A função imperiosa da jurisdição constitucional é servir como instrumento de defesa da Constituição, garantindo que todas as suas normas possam ter eficácia concretiva e que não haja ameaça de lesão ou lesão a direitos fundamentais, assegurando os valores agasalhados pelos dispositivos constitucionais.[12] Além disso, tem a missão de garantir o respeito da Lei Maior pelos entes estatais, pelo legislador e pela sociedade. Em última instância, a finalidade da jurisdição constitucional é aumentar a densidade normativa das normas contidas na Constituição, realizando o que Calamandrei intitula de velar pela obediência prática do direito objetivo.[13]

O princípio que norteia a função da jurisdição constitucional é o da subsidiariedade, no sentido de que ela não pode ser considerada como uma finalidade em si porque o seu escopo reside em assegurar o conteúdo das normas constitucionais e garantir a concretização de seus dispositivos. A Constituição, além de ser a referência que especifica a sua atuação, configura-se como uma limitação para o exercício da jurisdição constitucional.

A função da jurisdição constitucional apresenta ao menos seis fatores teleológicos: controle de constitucionalidade; definição da atuação dos órgãos federais e dos estados-membros, protegendo o funcionamento harmônico da forma federativa de Estado; separação dos poderes, zelando pelo funcionamento do *checks and balances*; defesa dos direitos e garantias fundamentais; garantia e incentivo do funcionamento do regime democrático; proteção das minorias. Nem todas estas funções foram agasalhadas pelos modelos clássicos de jurisdição constitucional constituídos pelo *judicial review* norte-americano e pelo Tribunal Austríaco, de 1920. Muitas delas foram sendo aprimoradas e desenvolvidas com o decorrer do tempo.

Cronologicamente falando, umas das primeiras funções da jurisdição constitucional, e nem por isto de somenos importância, é garantir a integralidade dos mandamentos insertos na Constituição. Se o paradigma de respeito aos parâmetros legais tem significativa importância na seara infraconstitucional, maior deve ser o seu relevo na seara constitucional, em virtude de que as normas mencionadas possuem um conteúdo mais densificado de legitimidade. Se houvesse um escalonamento do grau de acinte ao direito, o acinte aos mandamentos constitucionais seria muito mais danoso que o perpetrado pelo acinte aos mandamentos infraconstitucionais, embora essas duas infrações ao ordenamento jurídico devam ter sua validade cerceada.

---

[12] JAYME, Fernando G. *Tribunal constitucional*: exigência democrática. Belo Horizonte: Del Rey, 2000. p. 93.
[13] CALAMANDREI, Piero. *Opere giuridiche*. Napoli: Morano, 1965. t. I. p. 72.

Portanto, uma das mais importantes tarefas da jurisdição constitucional, indubitavelmente, é o controle de constitucionalidade. Fiscalizar se as normas infraconstitucionais se adequam aos parâmetros ofertados pela Carta Magna, evitando a concretização dos vários tipos de inconstitucionalidade, solidifica a sua supremacia e potencializa a eficácia do sistema jurídico.

Entretanto, a jurisdição constitucional não se esgota no controle de constitucionalidade, havendo ainda outras funções de igual relevância. Ela exerce a imprescindível função de garantir a unidade política da federação, impedindo que entes políticos entrem em litígio, o que acarreta instabilidades entre as esferas de poder. Na defesa da Constituição, avulta a função de órgão responsável pela cooperação entre as entidades políticas, solucionando os eventuais litígios ocasionados.

Outro dos seus predicados é garantir a independência dos poderes. Esta função não apresenta um gravame contra o sistema de freios e contrapesos – *checks and balances* –, pois, muito pelo contrário, busca definir a área de atuação de cada um dos poderes componentes do Estado para que os seus atritos e conflitos de atribuições não prejudiquem a eficiência dos serviços públicos. O conflito de atribuições entre os poderes do Estado ou entre os seus órgãos componentes é uma função da jurisdição constitucional devido à importância que apresenta para a própria existência do Estado Social Democrático de Direito.

A proteção dos direitos e garantias fundamentais também é uma das funções da jurisdição constitucional. Eles são o núcleo substancial da Constituição, servindo como vetor de atuação das decisões do Supremo Tribunal Federal, o que lhes assegura uma finalidade garantista. De igual forma, a proteção dos direitos humanos se configura em um dos alicerces de legitimidade para a jurisdição constitucional, mesmo que seja contra disposições normativas feitas por representantes populares.[14] Essa é a sua principal função e em virtude de sua relevância as decisões nesse sentido devem ter força vinculante para todos os órgãos estatais.

Defender as bases do regime democrático, propiciando o seu desenvolvimento e garantindo a construção de uma democracia participativa no seu sentido material é igualmente uma das tarefas da jurisdição constitucional. A democracia participativa é um avanço em relação ao conceito empregado por Montesquieu, de natureza formal, que se caracteriza pelo fato de a soberania popular residir nos representantes populares, permitindo uma participação da sociedade de maneira episódica nos momentos eleitorais definidos em lei.[15]

A jurisdição constitucional, estruturada de acordo com as exigências de uma sociedade pós-moderna, representa a substancialização dos princípios materiais do regime democrático, guiada na sua incidência pelos direitos humanos que são requisitos inexoráveis para a realização de uma democracia que não se restrinja apenas ao seu aspecto formal, mas que incorpore o aspecto material, o que possibilita a real participação de todos os setores da sociedade. Se ela for implementada sob um regime autoritário, não visará à defesa dos direitos da cidadania, mas sim à manutenção do *status quo* do sistema, legitimando o arbítrio e a prepotência. A defesa dos direitos humanos significa

---

[14] RIVERO, Jean. *Le conseil constitutionnel et les libertes*. 2. ed. Paris: Universitaires D'Aix-Marseille, 1987. p. 181.

[15] MONTESQUIEU, Charles de Secondat. *Lo spirito delle leggi*. Tradução de Beatrice Boffito Serra. 5. ed. Milano: Universale Rizzoli, 1999. v. I. p. 155.

assegurar prerrogativas inalienáveis e imprescritíveis aos cidadãos, que não podem ser descuradas sob forma alguma, mesmo se for respaldado pelos institutos da democracia formal.

Quando a jurisdição constitucional declara a inconstitucionalidade de uma norma, ela não está cometendo um acinte ao princípio democrático porque a sua função é resguardar a supralegalidade da Constituição, oriunda do Poder Constituinte que apresenta um teor de legitimidade muito mais denso do que o princípio majoritário, que permite aos vencedores das eleições apresentarem-se como porta-vozes da soberania popular.[16] Não há nenhum contrassenso ao regime democrático, ao contrário, há o resguardo de suas prerrogativas.

Imprescindível é o seu papel na defesa dos direitos das minorias. Um dos pilares do regime democrático é o respeito pela vontade da maioria, o que não quer dizer que essa vontade seja valorada de forma absoluta, evitando que as decisões políticas sejam estabelecidas pela força avassaladora de uma maioria arrogante e interesseira, conforme definição de James Madison.[17] O princípio majoritário, *majoritarian principle*, de forma alguma pode tolher direitos humanos das minorias que foram instituídos pela Carta Magna. As minorias devem acatar as decisões políticas tomadas pela maioria, desde que elas não atinjam aqueles direitos considerados essenciais pela Constituição.

Dispondo de direitos e garantias fundamentais, no caso brasileiro protegidos como cláusulas pétreas, a jurisdição constitucional impede a tirania da maioria, assegurando que as minorias sociais tenham as suas prerrogativas preservadas. Obviamente, o padrão democrático planteia que o governo pertença à maioria, contudo, esta maioria não pode suprimir direitos e garantias fundamentais das minorias.[18] A legitimidade haurida pela Constituição é muito mais significativa do que a legitimidade estabelecida por uma maioria que é episódica e transitória.

Em razão do desenvolvimento das dimensões dos direitos humanos, a jurisdição constitucional sentiu a necessidade de começar a atuar protegendo a heterogeneidade sociocultural e o pluralismo. Um dos princípios basilares do pluralismo, ligado umbilicalmente ao regime democrático, é a tolerância, em que os vários interesses sociais devem coexistir sob parâmetros mínimos que são ofertados pelos dispositivos constitucionais. Quando a vontade da maioria suprimir os direitos mínimos das minorias, a jurisdição constitucional atuará como instrumento de garantia dessas prerrogativas, suprimindo os abusos de uma maioria parlamentar.

---

[16] BRAUD, Philippe. *La science politique*. Paris: Universitaires de France, 1982. p. 71.

[17] "Ouvem-se em toda parte queixas apresentadas por nossos mais dignos e virtuosos cidadãos, igualmente defensores da fé pública e privada e da liberdade pessoal e coletiva, julgando nossos governos por demais instáveis, o bem público ignorado nos conflitos entre partidos rivais e as providências muitas vezes decididas, não de acordo com as normas da justiça e os direitos do partido minoritário, mas pela força avassaladora de uma maioria arrogante e interesseira. Por mais ansiosamente que possamos desejar que tais queixas seja infundadas, a evidência de fatos conhecidos não nos permitirá negar que elas são em grande parte procedentes" (HAMILTON, Alexander; MADISON, James; JAY, John. *O federalista*. Campinas: Russel, 2003. p. 77).

[18] PEREZ FRANCESCH, Juan Luis. *El gobierno*. 2. ed. Madrid: Tecnos, 1996. p. 73.

# CONTROLE DE CONSTITUCIONALIDADE

## 30.1 Fundamentação

O controle de constitucionalidade advém, basicamente, da supremacia e da supralegalidade de que goza a Constituição.[1] Parte-se da premissa de que a Carta Magna é a lei mais importante do ordenamento jurídico.[2] Para Carl Schmitt, a lei fundamental é uma norma absolutamente inviolável e suas regulamentações não podem ser desobedecidas pelo legislador infraconstitucional.[3]

Uma das funções precípuas do controle de constitucionalidade é a garantia dos direitos humanos, para que os cidadãos possam usufrui-los na sua inteireza. Jorge Miranda ensina que o controle de constitucionalidade é também uma norma que expressa função constitucional – a função de garantia. A defesa dos direitos humanos abrange a proteção contra inconstitucionalidades materiais e formais e a não concretização das normas de eficácia limitada.[4]

Para Zagrebelsky, o controle de constitucionalidade possui duas características: uma de natureza jurídico-formal, que ressalta a Constituição como norma jurídica, e a outra de natureza política, que enfatiza o pluralismo político como força social. A primeira é a condição teórica da justiça constitucional e a segunda, a condição prática.[5]

Do ponto de vista normativo, a Constituição é a norma principal do ordenamento jurídico, ápice do escalonamento normativo kelseniano.[6] Sob o prisma sociológico,

---

[1] OTTO, Ignacio de. *Derecho constitucional*. Sistemas de fuentes. 6. ed. Barcelona: Ariel, 1998. p. 24.
[2] COLAUTTI, Carlos E. *Derecho constitucional*. 2. ed. Buenos Aires: Editorial Universidad, 1998. p. 54.
[3] SCHMITT, Carl. *Teoría de la constitución*. Tradução de Francisco Ayla. 2. ed. Madrid: Alianza, 1992. p. 63.
[4] MIRANDA, Jorge. *Contributo para uma teoria da inconstitucionalidade*. Coimbra: Coimbra Editora, 1996. p. 225.
[5] ZAGREBELSKY, Gustavo. *La giustizia costituzionale*. Bologna: Il Mulino, 1988. p. 14.
[6] Sobre o assunto expõe Kelsen: "Todas as normas cuja validade pode ser reconduzida a uma e mesma norma fundamental formam um sistema de normas, uma ordem normativa. A norma fundamental é a fonte comum da validade de todas as normas pertencentes a uma e mesma ordem normativa, o seu fundamento de validade comum" (KELSEN, Hans. *Teoria pura do direito*. Tradução de João Baptista Machado. 4. ed. Coimbra: Armênio Amado, 1976. p. 269).

conforme idealizado por Lassalle, a fundamentação da Carta Magna estaria calcada na maior legitimação de que ela desfruta na sociedade.

O controle da constitucionalidade toma maior vulto nas Constituições rígidas, em que há diferenciação jurídica entre normas constitucionais e normas infraconstitucionais. Nas Constituições flexíveis, em que a norma infraconstitucional revoga a norma constitucional se com ela entrar em contradição, não se pode falar em controle material de constitucionalidade. Contudo, a Constituição continua sendo a norma de referência do ordenamento, mesmo se for flexível. Sua supremacia refoge do âmbito jurídico para encontrar guarida no campo social, em que diversas vezes ganha *status* de imutabilidade maior do que a de certos textos denominados rígidos.

Nas Constituições flexíveis pode-se falar em controle de constitucionalidade formal, em controle de constitucionalidade material e formal com relação aos atos administrativos e em inconstitucionalidade por omissão. Nos casos mencionados, a preponderância da Constituição flexível ganha densidade, devendo o controle constitucional ser exercido. Se não fosse assim, não teria sentido falar em Constituição, voltando-se aos ordenamentos jurídicos pré-modernos. Não há supremacia dos textos constitucionais flexíveis em relação às normas infraconstitucionais, desde que obedecido o procedimento de criação legislativa.[7]

O controle atinge tanto as leis, espécie genérica que representa todas as proposições normativas, a exemplo das emendas constitucionais, medidas provisórias, leis complementares, como abrange os denominados atos normativos (art. 101 da CF). Estes são espécies produzidas na esfera administrativa e que, por contrariarem as disposições constitucionais, são passíveis de controle de constitucionalidade. Planteia Michel Temer sobre o assunto: "Por ato normativo entende-se: a) decretos do Poder Executivo; b) normas regimentais dos tribunais federais e estaduais e suas resoluções".[8]

Pelo princípio da presunção de constitucionalidade das normas jurídicas, são elas consideradas constitucionais até que sejam declaradas inconstitucionais, levando estabilidade e segurança às relações disciplinadas.

## 30.2 Natureza do ato declarado inconstitucional

O Supremo Tribunal Federal, seguindo a lição dos constitucionalistas norte-americanos, posiciona-se no sentido de que a natureza da decisão acerca da inconstitucionalidade é declaratória, pois nenhum novo aspecto é acrescentado à norma ou ato ao se decidir que ele destoa dos parâmetros de constitucionalidade, sendo considerado nulo.[9] Todavia, em alguns casos, a sua natureza é constitutivo-negativa, tornando-se o ato inconstitucional por vontade do Poder Judiciário, dimensionando-se o STF como um órgão legislativo negativo.[10]

---

[7] Sob supremacia constitucional interessante a exposição de Casseb (CONTINENTINO, Marcelo Casseb. *Revisitando os fundamentos do controle de constitucionalidade*. Uma crítica à prática judicial brasileira. Porto Alegre: Sérgio Antônio Fabris, 2008. p. 152-153).

[8] TEMER, Michel. *Elementos de direito constitucional*. 11. ed. São Paulo: Malheiros, 1994. p. 48.

[9] "Cumpre enfatizar, por necessário, que, não obstante essa pluralidade de visões teóricas, a jurisprudência do Supremo Tribunal Federal – apoiando-se na doutrina clássica – ainda considera revestir-se de nulidade a manifestação do Poder Público em situação de conflito com a Carta Política" (ADIn nº 2.215, Rel. Min. Celso de Mello).

[10] "A crescente complexidade do Estado e de suas relações com a sociedade requerem uma maior diferenciação interna de procedimentos, e, portanto, uma separação nítida das funções no mesmo sentido do que fora elaborado

Como exceção à natureza declaratória, podemos mencionar o caso da inconstitucionalidade interventiva. Sintetiza o assunto José Afonso da Silva:

> Visa não apenas obter a declaração de inconstitucionalidade, mas também restabelecer a ordem constitucional no Estado, ou Município, mediante a intervenção. A sentença já não será meramente declaratória, pois, então, já não cabe ao Senado a suspensão da execução do ato inconstitucional. No caso, a Constituição declara que o decreto (do Presidente da República ou do Governador do Estado, conforme o caso) se limitará a suspender a execução do ato impugnado, se essa medida bastar ao restabelecimento da normalidade. Daí se vê que a decisão, além de decretar a inconstitucionalidade do ato, tem um efeito condenatório, que fundamenta o decreto de intervenção.[11]

A natureza acerca da decisão do controle de constitucionalidade liga-se, umbilicalmente, à natureza do ato, seja este considerado inexistente, nulo ou anulável.[12] A decisão será constitutivo-negativa se o ato for anulável, produzindo efeitos até a decretação de sua nulidade. É constitutiva porque os efeitos produzidos são mantidos e negativa em razão da supressão dos efeitos posteriores à decisão de inconstitucionalidade. Hans Kelsen defende a anulabilidade do ato.

Se a natureza da norma ou ato se reveste de nulidade ou inexistência, a natureza da decisão será declaratória. Nulo é o ato que traz vício substancial que o impede de produzir efeitos; inexistente é aquele que padece de vício inexorável, impedindo-o mesmo de entrar no ordenamento jurídico.

Para Francisco Campos, o ato inconstitucional é inexistente; já Rui Barbosa e Alfredo Buzaid se posicionam pela sua nulidade. Em ambos os casos, a decisão não acrescenta nada à essência da norma ou ato, mas apenas afirma sua inconstitucionalidade.[13] O Supremo Tribunal Federal firmou entendimento no sentido de determinar que o ato inconstitucional é nulo.[14]

---

pela doutrina revolucionária. Essa mesma diferenciação interna tem levado que em um dos pontos concretos se rompa a barreira firme que a teoria revolucionária impedia que os juízes participassem da função de criação normativa. Em primeiro lugar, a prerrogativa de que as normas mesmas se convertam em objeto passível de jurisdição – as leis pela jurisdição constitucional, os regulamentos pela jurisdição ordinária – convertem os juízes em legisladores negativos, entendido o termo legislador como alusivo a lei e a regulamento, por permitir-lhes eliminar do ordenamento a lei inconstitucional e o regulamento ilegal" (OTTO, Ignacio de. *Derecho constitucional*. Sistemas de fuentes. 6. ed. Barcelona: Ariel, 1998. p. 285).

[11] SILVA, José Afonso da. *Curso de direito constitucional positivo*. 16. ed. São Paulo: Malheiros, 1999. p. 57.

[12] "Impõe-se reconhecer, no entanto, que se registra, no magistério jurisprudencial desta Corte, e no que concerne a determinadas situações (como aquelas fundadas na autoridade da coisa julgada ou apoiadas na necessidade de fazer preservar a segurança jurídica, em atenção ao princípio da boa-fé), uma tendência claramente perceptível no sentido de abrandar a rigidez dogmática da tese que proclama a nulidade radical dos atos estatais incompatíveis com o texto da Constituição da República" (ADIn nº 2.215, Rel. Min. Celso de Mello).

[13] "Da inconstitucionalidade da lei por omissão de formalidades prescritas na Constituição Federal ao seu processo legislativo, segue-se, inevitavelmente, a de outorgado aos tribunais de lhe recusarem aplicação aos casos ocorrentes" (CAMPOS, Francisco. *Direito constitucional*. Rio de Janeiro: Freitas Bastos, 1956. v. 1. p. 399).

[14] José Afonso da Silva, seguindo linha adotada por Themístocles Cavalcanti, defende que no sistema brasileiro não é possível uma analogia com a distinção norte-americana de ato inexistente, nulo ou anulável, de matriz eminentemente privatística. No sistema brasileiro não podemos traçar uma distinção tão nítida entre esses atos, como no controle difuso, em que o ato declarado inconstitucional deixa de produzir efeitos para as partes, mas continua a produzir efeitos para os demais casos (SILVA, José Afonso da. *Curso de direito constitucional positivo*. 16. ed. São Paulo: Malheiros, 1999. p. 55).

Por sua vez, os efeitos produzidos pela sentença dependerão da natureza da decisão do controle de constitucionalidade: sendo a natureza declaratória, os efeitos produzidos serão *ex tunc*; sendo a natureza constitutivo-negativa, os efeitos produzidos serão *ex nunc*. Contudo, mesmo em sede de controle direto, os efeitos da decisão poderão ser *ex nunc*, de acordo com a Lei nº 9.868/1999, que permite ao Supremo, se houver *quorum* de dois terços dos seus membros, e mediante razões de segurança jurídica ou de excepcional interesse social, modificar os efeitos de *ex tunc* para *ex nunc*, ou, até mesmo, impor que a decisão somente produza efeitos a partir de determinada data. Portanto, a natureza do ato dependerá da extensão dos seus efeitos.

## 30.3 Histórico

Desde a antiguidade clássica havia distinção no ordenamento jurídico entre as normas que regulamentavam as relações de poder e as demais. Aristóteles compilou mais de 158 *Politeíai*, delineando os órgãos governamentais das mais diversas cidades gregas, que funcionavam como normas que construíam as estruturas de poder, definindo o regime político da cidade. Em várias das cidades-estados gregas havia diferenciação entre *nómos* (a lei) e *psefísma* (o decreto), segundo a qual este deveria se adequar àquela.

Para defender a hierarquia da lei e da "Constituição" das cidades-estados gregas, Péricles criou o *graphé paranomón*, que poderia ser usado por qualquer cidadão grego, com efeito retroativo, para denunciar lei ou ato contrário à *Politeía* ou à *nómos*. Explica Ronaldo Poletti:

> O *graphé paranomón* opunha-se aos arrebatamentos da *Ecclésia*, como os excessos dos demagogos... A democracia deve ter por fundamento o respeito à lei. Na verdade, o *graphé paranomón* era instituto judiciário de natureza criminal, de uma sabedoria precoce, que procurava conter a onipotência da *Ecclésia* nos seus exatos limites. Nisso, sem dúvida, a rima com o controle de constitucionalidade das leis, as quais tudo podem, menos contrariar a Lei Fundamental.[15]

Esse instituto representou uma grande evolução porque antes as leis eram preservadas pelo *Areópago*, um tribunal que tinha atribuições religiosas. Esclarece Aristóteles:

> O Conselho do Areópago era o guardião das leis e vigiava os oficiais para que exercessem seus cargos em conformidade com as leis. Era permitido a quem fosse injustiçado apresentar denúncia ao Conselho dos Areopagitas, indicando contra qual lei se cometera injustiça.[16]

Em Roma, o Senado exerceu importante função no controle de constitucionalidade, principalmente na República, pois possuía competência de confirmar as decisões tomadas nas assembleias populares. As deliberações, para produzir efeitos, deveriam receber aprovação do Senado. Caso essa deliberação lhes fosse negada, a lei não teria eficácia.[17]

---

[15] POLETTI, Ronaldo. *Controle da constitucionalidade das leis*. 2. ed. Rio de Janeiro: Forense, 1994. p. 10.
[16] ARISTÓTELES. *A Constituição de Atenas*. Tradução de Francisco Murari Pires. Edição bilíngue. São Paulo: Hucitec, 1995. p. 21.
[17] Na República, a *patrum auctoritas* representou um instrumento poderoso e eficaz, impedindo os golpes de mão eventuais, derivados do predomínio dos plebeus na assembleia popular. O Senado confirmava as leis, depois

Na Inglaterra, fruto de várias decisões jurisprudenciais, como no caso Bonham (1610), ficou assentada a subordinação da lei à *common law*. Os atos do Parlamento, bem como os atos praticados pelo rei, não podem afrontar o direito consuetudinário, os costumes arraigados nas tradições britânicas. Se assim acontecer, os atos serão nulos e, portanto, expulsos do ordenamento jurídico. Posteriormente, fruto de eventos históricos, a teoria mencionada acima não foi agasalhada, prevalecendo a tese que defendia a supremacia do Parlamento, na qual a fiscalização constitucional é exercida pelos membros do Poder Legislativo.

Todavia, todos esses sistemas foram formas rudimentares de controle de constitucionalidade. A jurisdição constitucional, nos moldes que concebemos hoje, planteando a supremacia da Lei Fundamental, foi concebida nos Estados Unidos, em 1803, no célebre caso *Madison v. Marbury*, em que o *Chief of Justice* Marshall (equivalente, no Brasil, ao cargo de presidente do Supremo Tribunal Federal) decidiu que a Constituição dos Estados Unidos é suprema em relação a todas as normas infraconstitucionais, e estas normas devem se adequar aos parâmetros estabelecidos pela Lei Maior.

## 30.4 Retrospectiva do controle de constitucionalidade nas Constituições brasileiras

Na primeira *Lex Mater* brasileira, a de 1824, não existia o controle de constitucionalidade judicial das normas. Esse controle cabia ao Poder Legislativo, composto do Senado e da Assembleia-Geral Legislativa. Determinava o seu art. 15, inc. IX, ao Legislativo, "velar na guarda da Constituição e promover o bem geral da nação".

O Judiciário ficou impedido de exercer o controle de constitucionalidade como consequência das influências francesa e inglesa.

Em função da influência francesa, o Judiciário não poderia atuar no controle constitucional uma vez que, na França, historicamente, ele foi um apêndice do poder imperial. A Revolução Francesa pôs fim a esse estado de coisas, mas enfraqueceu o Poder Judiciário. Com o novo regime, o princípio da legalidade, legitimado pela soberania popular, se tornou dogma imperativo para o ordenamento jurídico, consolidando o prestígio do Poder Legislativo, órgão que tem a incumbência de realizar a produção normativa.

Pela influência inglesa, o Parlamento é considerado o órgão supremo do poder estatal, e, portanto, não poderia o Judiciário declarar a inconstitucionalidade de uma norma feita por um órgão que representava a mais alta esfera de governo.

Assim, na Constituição de 1824 não havia controle de constitucionalidade pelo Judiciário por causa da supremacia do Parlamento (influência inglesa) e da relevância do princípio da legalidade, que expressava a vontade geral (influência francesa), devendo a fiscalização constitucional ser efetuada por quem realiza as normas, o Poder Legislativo.

Na Constituição de 1891, a primeira republicana, que pelas mãos de Rui Barbosa foi fortemente influenciada pela doutrina norte-americana, o controle de constitucionalidade passou a ser exercido pelo Supremo Tribunal Federal, que sucedeu o antigo Supremo

---

de verificar se elas iriam, ou não, contra os costumes, e, na hipótese de isso ocorrer, decidia-se se a revogação dos costumes seria justificada (POLETTI, Ronaldo. *Controle da constitucionalidade das leis*. 2. ed. Rio de Janeiro: Forense, 1994. p. 16).

Tribunal de Justiça existente no Império. Como consequência dos ensinamentos da Águia de Haia, o Brasil passou a ter um controle de constitucionalidade difuso.

Preceituava o art. 59, 3, §1º, *a* e *b*, da Constituição de 1891:

> Das sentenças da justiça dos Estados em última instância haverá recurso para o Supremo Tribunal Federal:
> a) quando se questionar sobre a validade ou a aplicação de tratados e leis federais, e a decisão do Tribunal do Estado for contra ela;
> b) quando se contestar a validade das leis ou atos dos governos dos Estados em face da Constituição, ou leis federais, e a decisão do Tribunal do Estado considerar válidos os atos ou leis impugnadas.

O grande erro dessa Constituição foi ter estabelecido o sistema difuso de controle de constitucionalidade sem prescrever um instituto que pudesse uniformizar as decisões, o que somente veio a ser realizado com a Carta de 1934, que outorgou ao Senado Federal a prerrogativa de determinar a suspensão da execução de lei declarada inconstitucional pelo Supremo Tribunal Federal.

Assim, na vigência do Texto Magno de 1891, o sistema de constitucionalidade brasileiro funcionou como um controle que valia exclusivamente para os casos particulares, ante a ausência de instrumentos que produzissem efeitos *erga omnes*, o que acarretou uma perda na eficácia do sistema.[18]

O controle difuso implantado nos Estados Unidos tem funcionamento eficaz porque lá existe o *stare decisis*, que vincula as decisões das várias instâncias judiciais ao que fora firmado pela Suprema Corte norte-americana, sistema esse que não foi adotado pelo ordenamento jurídico brasileiro.

A força do *stare decisis* advém do fato de que o sistema da *common law* tem a origem de suas normas radicada no precedente judicial e não no direito legislado, vinculando a decisão dos juízes na direção do que fora decidido anteriormente. Djanira Maria de Sá explica melhor o tema: "Assim, nos países de *common law*, a sentença, além de decidir a controvérsia e impedir às partes a renovação do debate sobre as questões *in concreto* já decididas, funciona também como precedente *in abstracto* para casos semelhantes no futuro".[19]

A Constituição de 1934 realizou algumas modificações no controle de constitucionalidade. Houve a introdução do quórum de maioria absoluta, como requisito para decretar a inconstitucionalidade de qualquer lei em órgãos colegiados (art. 179). No seu art. 68 foi vedado ao Poder Judiciário apreciar questões exclusivamente políticas, o que a doutrina norte-americana denomina de *political questions*. Outra inovação foi possibilitar ao Senado Federal suspender a execução, no todo ou em parte, de ato declarado inconstitucional pelo Supremo Tribunal Federal, estendendo os efeitos à generalidade dos casos semelhantes, ou seja, *erga omnes*.

---

[18] Explica magistralmente o conceito de eficácia *erga omnes* Dimitri e Soraya: "Sabe-se também que a eficácia *erga omnes* é própria dos atos normativos de natureza geral, atingindo um número indefinido de destinatários. O número e as características dos destinatários dependem do dispositivo examinado" (DIMOULIS, Dimitri; LUNARDI, Soraya. *Curso de processo constitucional*. Controle de constitucionalidade e remédios constitucionais. São Paulo: Atlas, 2011. p. 190).

[19] SÁ, Djanira Maria Radamés de. *Súmula vinculante*. Análise crítica de sua adoção. Belo Horizonte: Del Rey, 1996. p. 61.

Contribuição de relevo da Constituição de 1934 foi a introdução da primeira ação direta de controle de constitucionalidade – a ação interventiva –, com o objetivo de assegurar a integridade dos princípios sensíveis.

A Constituição de 1937, a mais autoritária até então, manteve os mesmos parâmetros contidos na Carta anterior, mas fez uma apologia ao desequilíbrio entre os poderes, através do seu art. 96, parágrafo único:

> No caso de ser declarada a inconstitucionalidade de uma lei que, a juízo do Presidente da República, seja necessária ao bem-estar do povo, à promoção ou defesa de interesse nacional de alta monta, poderá o Presidente da República submetê-la novamente ao exame do Parlamento; se este a confirmar por dois terços de votos em cada uma das Câmaras, ficará sem efeito a decisão do Tribunal.

Na verdade, o art. 96 instituiu um processo de emendas àquelas disposições consideradas inconstitucionais e "convalidadas" pelo Congresso.

A Constituição de 1946 manteve os institutos da Carta de 1934 e expurgou os entulhos autoritários produzidos em 1937. Fato importante foi a extinção do dispositivo que atribuía ao procurador-geral da República a função de comunicar a decisão proferida pelo Supremo Tribunal Federal ao Senado, para que este pudesse suspender a execução da lei. A comunicação passou a ser feita pelo próprio Supremo, diminuindo o procedimento burocrático.

A Emenda Constitucional nº 16/1965 traz como novidade para a ordem constitucional brasileira o controle concentrado de constitucionalidade, a ser exercido pelo STF. A introdução da ação direta de inconstitucionalidade muda todo o sistema até então adotado, graças à influência exercida pelos tribunais constitucionais europeus.

A Constituição de 1967/1969 não produziu alterações no controle de constitucionalidade, mantendo a estrutura anterior.

Sob a égide da Constituição de 1988, observam-se algumas inovações a respeito da jurisdição constitucional, principalmente com relação ao controle direto de constitucionalidade. Surgiu a ação direta de inconstitucionalidade por omissão, com a função de assegurar eficácia às normas constitucionais; foi prevista a arguição de descumprimento de preceito fundamental, para garantir a concretização dos preceitos considerados fundamentais; foi criada, por emenda constitucional, a ação declaratória de constitucionalidade, com efeitos vinculantes, unificando a jurisprudência das instâncias judiciais.

No tocante aos legitimados para impetrar as ações diretas, a Carta Magna de 1988 ampliou o rol até então existente. Atualmente, vários são os órgãos que podem impetrar a ação, como o Conselho Federal da OAB, as confederações sindicais, os partidos políticos com representação no Congresso Nacional etc. (art. 103, I a IX, da CF), enquanto o texto anterior atribuía tal legitimidade apenas ao procurador-geral da República.

No que tange ao controle difuso, a principal inovação foi a criação do mandado de injunção, para suprir a omissão do legislador infraconstitucional, garantindo a eficácia dos mandamentos constitucionais diante de casos concretos.

## 30.5 Órgãos de controle de constitucionalidade

Basicamente, a doutrina divide os órgãos de controle de constitucionalidade em políticos e jurídicos, conforme se trate do modelo europeu ou do modelo norte-americano, respectivamente.

O modelo europeu é o concentrado, em que todas as decisões acerca do controle de constitucionalidade apenas podem ser julgadas pelo tribunal constitucional. O modelo norte-americano é o difuso, em que qualquer órgão judicial pode decidir acerca da constitucionalidade das normas e dos atos normativos. O modelo brasileiro é o híbrido, adotando tanto o controle difuso quanto o controle concentrado, potencializando a eficácia do sistema.

O controle político parte do pressuposto de que a forma de controle mais consentânea com a divisão de poderes é a realizada por um órgão distinto dos demais poderes estabelecidos, por intermédio de um tribunal constitucional, evitando-se a preponderância do Poder Judiciário, que poderia atuar como um legislador negativo, expurgando normas do ordenamento jurídico.[20] Como as normas são postas por um órgão político, apenas outro dessa natureza teria competência para controlá-lo. Carl Schmitt afirma que o grande mal do controle jurídico é que ele coloca o juiz com uma certa superioridade em relação à lei e ao legislador.[21]

O controle político foi impulsionado pela Revolução Francesa. Na sociedade pré-revolucionária, havia uma aversão generalizada aos juízes, que exerciam seus cargos com a finalidade de obterem o maior lucro possível. Os escolhidos para esse importante mister eram membros da nobreza que estavam passando por dificuldades econômicas, e o provimento dos seus cargos era feito de pai para filho, como se fossem títulos nobiliárquicos. Em virtude desses fatos, a Revolução se encarregou de mitigar os poderes do Judiciário, criando o controle político de constitucionalidade e a dualidade de jurisdição, dois órgãos exercendo a função jurisdicional – o Poder Judiciário e o Conselho de Estado. O Conselho de Estado se incumbia de dirimir os litígios administrativos, enquanto o Poder Judiciário decidia as demais questões. Seu primeiro mentor foi o Abade Sieyès, que projetou o Senado Conservador com o objetivo de realizar a proteção dos preceitos constitucionais.

Como forma de equilibrar os três poderes, o resguardo da constitucionalidade fica a cargo de outro órgão, distinto dos três, cujos membros não pertencem ao Poder Judiciário e têm mandatos previamente determinados, podendo, assim, exercer sua função de forma imparcial. Exemplo dessa forma de controle é o Conselho Constitucional francês, composto por nove membros, com mandato de nove anos. Três deles são escolhidos pelo presidente da República; três pelo Parlamento e três pelo Senado. O controle político de constitucionalidade é predominante nos países europeus.

---

[20] Este sistema é também designado por sistema francês. Não obstante Sieyès ter logo sugerido na Constituição do ano VIII a criação de um *jury constitutionnaire*, a concepção rousseauniano-jacobina da lei como instrumento da vontade geral manteve-se sempre aliada ao dogma da soberania da lei que só as próprias assembleias poderiam politicamente controlar (CANOTILHO, José Joaquim Gomes. *Direito constitucional e teoria da Constituição*. 2. ed. Coimbra: Almedina, 1997. p. 790).

[21] SCHMITT, Carl. *Il custode della costituzione*. Tradução de Antonio Caracciolo. Milano: Giuffrè, 1981. p. 38.

O controle jurídico de constitucionalidade, que vigora nos Estados Unidos e demais países que sofreram sua influência, consiste em entregar a um órgão do Poder Judiciário a jurisdição constitucional.

Os adeptos do controle jurídico não consideram que essa atribuição do Poder Judiciário desequilibre a harmonia dos poderes, pois ele age dentro dos moldes estabelecidos na Constituição, nunca de forma arbitrária. Como é um poder neutro, o conteúdo das normas não interessa: a interpretação ocorre dentro de proposições jurídicas, adequando-as aos mandamentos constitucionais. Seus membros pertencem ao Poder Judiciário e seus cargos são vitalícios.

Dispor do sentido da Lei Maior de forma política, segundo os partidários dessa tese, seria torná-la cambiante, sujeita às variações sentidas no meio político, o que serviria para enfraquecer a segurança do sistema jurídico.

O controle de constitucionalidade exercido no Brasil é de teor jurídico, ficando a cargo do Supremo Tribunal Federal. Entretanto, há resquícios de controle político quando o presidente veta um projeto de lei sob alegação de sua inconstitucionalidade, ou quando a propositura legislativa é declarada inconstitucional pela Comissão de Constituição e Justiça da Câmara dos Deputados ou do Senado. Nesses casos, o controle será político, porque serão as contingências da conveniência e da oportunidade que irão ditar se as normas são ou não constitucionais.

Schmitt e Kelsen tiveram acirrados debates para estabelecer qual órgão deveria ser o guardião da Constituição. Para o primeiro, como as normas são fruto de uma vontade política, o órgão apropriado a exercer o controle deve ter natureza política. Para o segundo, o controle deve ficar a cargo de um órgão jurídico, que pode exercer a jurisdição de forma imparcial, zelando pela garantia das normas constitucionais.

Para Schmitt, autor da teoria da ordem concreta, quem tem legitimidade para a jurisdição constitucional é o chefe de Estado.[22] Caso contrário, haveria um veto do Poder Judiciário. Ele sustenta que o chefe de Estado, por ser eleito diretamente pelo povo, não estaria sujeito à ingerência dos partidos políticos na sua atuação de guardião constitucional, por isso poderia agir com independência, configurando-se como instância suprema e neutra.[23]

Para Kelsen, o controle deve ser jurídico, pois o fenômeno do "dever ser", essencialmente normativo, tem de ser analisado sob o prisma jurídico. Assim, defendia a criação de uma corte constitucional, com a finalidade de manter o ordenamento livre de injunções políticas, para que se assegurasse o caráter neutro das normas jurídicas.

## 30.6 Tipos de inconstitucionalidade

Jorge Miranda ensina que a norma ou o ato inconstitucional afeta toda a Carta Magna, e, até ser destruído, comporta-se como elemento estranho à ordem

---

[22] Critica François Regaux a tese de Schmitt: "A identificação carismática da vontade do povo e da do Führer furta-se a qualquer análise jurídica séria... Para que fazer leis, qual é a função dos tribunais se a vontade de um único homem pode fazer a lei, isentar dela, supri-la? O problema é que não se poderia governar uma grande nação, que conservou instituições complexas, em virtude apenas das palavras saídas da boca do ditador" (REGAUX, François. *A lei dos juízes*. São Paulo: Martins Fontes, 2000. p. 113).

[23] SCHMITT, Carl. *La defensa de la constitución*. Tradução de Manuel Sanchez Sarto. Prólogo de Pedro Veja. 2. ed. Madrid: Tecnos, 1998. p. 20.

jurídica. Portanto, seja de que tipo for a inconstitucionalidade, deve ela ser expulsa do ordenamento da forma mais eficaz possível.[24]

No ordenamento jurídico brasileiro pode-se falar em quatro tipos de inconstitucionalidades: a) por ação, que se subdivide em formal e material; b) por omissão; c) por descumprimento de preceito fundamental; d) valorativa.

A inconstitucionalidade por ação pode ser de dois tipos: material ou formal. A primeira ocorre quando a norma infraconstitucional contraria o conteúdo de um dispositivo constitucional, atingindo o sentido de sua determinação. Ela afeta apenas a parte da norma que afronta a Constituição; as demais partes, se forem autônomas, permanecerão em vigor. A inconstitucionalidade material permite sua convalidação: uma vez retirada a parte da norma que contraria a Constituição, o vício deixará de existir.

Portanto, a inconstitucionalidade material acontece quando a norma infraconstitucional colide com a matéria expressa pelo dispositivo constitucional. A inconstitucionalidade não versa sobre a forma, analisando se o procedimento para a criação normativa foi obedecido – ela infringe a matéria disposta na norma constitucional. Pode-se dizer que a inconstitucionalidade material é mais afrontosa à Constituição do que a inconstitucionalidade formal, porque naquela há a subversão da supremacia constitucional, fragilizando a concretude normativa da Lei Maior.

A inconstitucionalidade formal acontece quando as normas infraconstitucionais não obedecem ao procedimento estabelecido na Lei Maior, ou seja, o processo legislativo previsto nos arts. 59 a 69 da Constituição. Por ferir o procedimento devido, ela atinge toda a norma que foi gerada.

A inconstitucionalidade formal é classificada como inconstitucionalidade formal objetiva quando fere as regras procedimentais estipuladas pela Constituição. É o caso, por exemplo, de uma lei ordinária que não foi aprovada pelo Senado Federal. A inconstitucionalidade formal subjetiva existe quando há um vício na propositura da norma, por ter sido encaminhada por um órgão que não tem legitimidade para tanto. Seria o caso, por exemplo, de um projeto de lei que, tendo sido proposto por um parlamentar, versasse sobre aumento do efetivo das Forças Armadas, pois a Constituição estabelece a legitimidade exclusiva do presidente da República para a iniciativa de projeto de lei sobre a matéria.[25]

A inconstitucionalidade formal não permite convalidação, já que o processo legislativo tem de ser obedecido de forma integral, devendo ser seguidos todos os trâmites expostos na Lei Maior.

A Súmula nº 5 do STF entendia que a sanção expressa do presidente da República supriria o vício formal da falta de iniciativa do Poder Executivo. Assim, pelo exposto na mencionada súmula, a sanção expressa do chefe do Executivo convalidaria a inconstitucionalidade formal. Contudo, a Súmula nº 5 foi revogada. Atualmente, o Supremo Tribunal Federal entende que a sanção, seja expressa ou tácita, não convalida inconstitucionalidade formal.[26]

---

[24] MIRANDA, Jorge. *Contributo para uma teoria da inconstitucionalidade*. Coimbra: Coimbra Editora, 1996. p. 237.

[25] Exemplo de inconstitucionalidade formal subjetiva se configura quando um projeto de lei, proposto por um parlamentar, se refere à remuneração de servidores públicos, ferindo o mandamento constitucional que planteia a exclusividade de iniciativa de leis que versem sobre a remuneração de servidores públicos.

[26] Conforme decisões inseridas em Rp nº 890-GB e ADIMC nº 1.963/PR, Rel. Min. Maurício Correia.

A Constituição vigente não serve de parâmetro para aferir a constitucionalidade formal de leis anteriores. Não se pode arguir uma inconstitucionalidade formal com base no processo legislativo da nova Carta Magna. O brocardo *tempus regit actum* (o tempo rege o ato) prevalece.[27]

O controle de constitucionalidade pode incidir em qualquer norma ou ato normativo que viole a Constituição. Os atos normativos são espécies administrativas passíveis de controle, desde que tenham caráter normativo e que sejam genéricos, abstratos e impessoais.

Até a vigência da Constituição de 1988 somente existia a inconstitucionalidade por ação, ou seja, quando a norma infraconstitucional afrontasse a Constituição. Com a Carta Magna de 1988 foi criada a inconstitucionalidade por omissão, que ocorre quando o legislador infraconstitucional não regulamenta dispositivo constitucional. Determinados mandamentos constitucionais somente produzem efeitos positivos se forem regulamentados pelos legisladores infraconstitucionais. A omissão do Poder Legislativo impede que a norma constitucional adquira completa eficácia, cometendo o legislador ordinário uma inconstitucionalidade.

Planteia Canotilho:

> A força dirigente e determinante dos direitos a prestações (econômicos, sociais e culturais) inverte, desde logo, o objeto clássico da pretensão de omissão dos poderes públicos (direito a exigir que o Estado se abstenha de interferir nos direitos, liberdades e garantias) transitando-se para uma proibição de omissão (direito a exigir que o Estado intervenha ativamente no sentido de assegurar prestações aos cidadãos).[28]

Com a regulamentação do art. 102, §1º, da Constituição Federal pela Lei nº 9.868/1999, surgiu um novo tipo de inconstitucionalidade: o descumprimento de preceito fundamental. Sua peculiaridade é proteger exclusivamente preceitos fundamentais que não possam ser assegurados por intermédio de outras medidas jurídicas. Sendo necessário, na maior parte dos casos, uma prestação material do Estado no sentido de proporcionar aos cidadãos o gozo de seus preceitos fundamentais.

Devido ao fortalecimento da concepção de que a Constituição possui caráter dialógico, mantendo uma sincronia com o desenvolvimento das relações sociais, acentuou-se a convicção da natureza valorativa que permeia os mandamentos constitucionais. Cada dispositivo contido na Constituição, além de sua estrutura normativa, textual, dispõe de determinada carga valorativa, que vai sendo preenchida em decorrência de circunstâncias fáticas. Então, quando um dispositivo constitucional for aplicado descurando de seu núcleo axiológico, distanciando-se do sentido como ele vem sendo empregado, estar-se-á configurada uma inconstitucionalidade valorativa. Exemplo claro desse tipo de afronta à Lei Maior ocorre na inconstitucionalidade parcial sem redução de texto,

---

[27] Ensinam Vital Moreira e Canotilho: "A inconstitucionalidade superveniente só pode dizer respeito à inconstitucionalidade material, pois a inconstitucionalidade orgânica ou formal – que necessariamente diz respeito à formação do acto – só pode ser aferida pelas normas constitucionais vigentes à data dessa formação. Por outro lado, pela sua própria natureza, ela só pode afectar a legitimidade da norma a partir do momento em que a norma se tornou inconstitucional" (CANOTILHO, José Joaquim Gomes; MOREIRA, Vital. *Fundamentos da Constituição*. Coimbra: Coimbra Editora, 1991. p. 268).

[28] CANOTILHO, José Joaquim Gomes. *Constituição dirigente e vinculação do legislador*. Contributo para a compreensão das normas constitucionais programáticas. Coimbra: Coimbra Editora, 1994. p. 365.

em que se declara a inconstitucionalidade de certa interpretação que afronta a base valorativa dominante.

A inconstitucionalidade material, pelo seu grau de afronta ao ordenamento jurídico, pode ser dividida em algumas espécies, sendo as principais a superveniente, a consequente e a oblíqua.

Inconstitucionalidade superveniente significa que a norma deixou de ser constitucional pelo surgimento de uma emenda que modificou a Carta Magna. A norma infraconstitucional que passou a ser contrária à Constituição por causa de uma emenda, para ser expurgada do ordenamento, deve ser declarada inconstitucional. Esse tipo de inconstitucionalidade somente ocorre na modalidade material, não se podendo falar na sua incidência na seara formal porque os atos necessários para a sua concretização já foram realizados. O conteúdo normativo pode ser imputado de vício, resguardando o processo legislativo efetivado.

Não se admite controle de constitucionalidade quando, após a feitura de determinada medida processual, há alteração do parâmetro constitucional invocado ou não pelo requerente que compunha, necessariamente, o parâmetro de aferição da inconstitucionalidade.[29] Não pode ser ajuizada nenhuma ação abstrata ou acionado o controle difuso pela circunstância de ter sido proposta em face de outros dispositivos constitucionais, os quais foram alterados posteriormente.[30]

Assim, as normas infraconstitucionais que forem contrárias à modificação efetuada na Constituição não são revogadas imediatamente – precisam ser declaradas inconstitucionais pelo Poder Judiciário para serem expulsas do ordenamento jurídico. O efeito dessa declaração é *ex tunc*, retroagindo até a data da promulgação da emenda. Uma vez declarada a inconstitucionalidade, os efeitos produzidos pela norma serão suprimidos a partir da data da promulgação da emenda.

A inconstitucionalidade consequente acontece quando, declarada a inconstitucionalidade de uma norma, outra vem a ser atingida por depender dessa última. Portanto, quando uma norma for declarada inconstitucional, também o será a outra que a regulamentava.

Inconstitucionalidade reflexa ou oblíqua ocorre quando a norma inferior ultrapassar o limite definido pela norma superior, gerando um controle de legalidade, e não de constitucionalidade, mesmo que o excesso possa ter contrariado indiretamente a Constituição. A jurisdição constitucional brasileira não aceita a inconstitucionalidade reflexa ou oblíqua.[31] Como exemplo, pode ser mencionada a ação direta de inconstitucionalidade

---

[29] Reconheceu-se a impossibilidade jurídica do pedido porquanto a norma constitucional invocada como padrão de aferição da alegada inconstitucionalidade, inovações da Emenda nº 19/1998, é posterior aos dispositivos atacados, de maneira que, em tais casos, a alegada inconstitucionalidade superveniente se traduz em revogação (ADIMC nº 2.501/MG, Rel. Min. Moreira Alves).

[30] ADIn nº 2.475/BA, Rel. Min. Maurício Correa.

[31] "EMENTA: Ação direta de inconstitucionalidade: descabimento: caso de inconstitucionalidade reflexa. Portaria nº 001-GP1, de 16.01.2004, do Presidente do Tribunal de Justiça de Sergipe, que determina que o pagamento por via bancária dos emolumentos correspondentes aos serviços notariais e de registro – obtidos através do sistema informatizado daquele Tribunal – somente pode ser feito nas agências do Banco do Estado de Sergipe S/A – BANESE. Caso em que a portaria questionada, editada com o propósito de regulamentar o exercício de atividade fiscalizatória prevista em leis federais (L. 8.935/94; L. 10.169/2000) e estadual (L.est. 4.485/2001), retira destas normas seu fundamento de validade e não diretamente da Constituição. Tem-se inconstitucionalidade reflexa – a cuja verificação não se presta a ação direta – quando o vício de ilegitimidade irrogado a um ato normativo é o desrespeito à Lei Fundamental por haver violado norma infraconstitucional interposta, a cuja observância estaria vinculado pela Constituição" (ADIn nº 3.132/SE, Rel. Min. Sepúlveda Pertence).

que não foi conhecida pelo STF porque teria o escopo de expurgar do ordenamento jurídico portarias do ministro da Previdência e Assistência Social. Entendeu o Supremo Tribunal Federal que não é cabível, em sede de controle direto, a tutela de atos normativos de hierarquia inferior, destinados à regulamentação de lei, cujos eventuais excessos não revelam inconstitucionalidade, mas sim eventual ilegalidade frente à lei ordinária regulamentada, sendo indireta ou reflexa a alegada ofensa à Constituição Federal.[32]

O Supremo Tribunal Federal decidiu que não se conhece de ação direta de inconstitucionalidade quando é necessário o prévio confronto entre a norma infraconstitucional e o ato administrativo impugnado, de modo a evidenciar sua inconstitucionalidade, verificando o caráter reflexo da violação da Constituição.[33] Portanto, não cabe ação direta contra norma que ao regulamentar a lei ultrapasse os limites por ela definidos, haja vista que se está diante de questão de ilegalidade e não de inconstitucionalidade.

Igualmente foi firmado pelo Pretório Excelso que as questões de interpretação regimental estão imunes ao controle judicial por estarem compreendidas, a princípio, no conceito de ato *interna corporis*.[34] Entretanto, a alegação de ato *interna corporis* não pode servir de justificativa para a afronta de direitos humanos.[35] Da mesma forma, está imune ao controle judicial o procedimento legislativo que siga todas as estipulações da Constituição e do regimento respectivo.

Por fim, o STF entende pela possibilidade de uma emenda constitucional ser julgada formalmente inconstitucional se ficar demonstrado, inequivocamente, que a reforma foi aprovada com votos "comprados", desde que o número destes seja suficiente para comprometer o resultado da votação.[36]

## 30.7 Momentos de incidência do controle de constitucionalidade

A incidência do controle de constitucionalidade pode ocorrer em dois momentos: antes do surgimento das normas (elas entram no ordenamento jurídico após serem promulgadas) ou após a sua concretização. No primeiro caso, o controle será denominado preventivo; no segundo, repressivo.[37] No processo legislativo brasileiro, até a promulgação da norma, só cabe o controle preventivo; depois, cabe o controle repressivo.

O controle preventivo pode ser exercido pelo Poder Executivo, quando este veta uma proposta de lei sob o fundamento de sua inconstitucionalidade; pelo Poder Legislativo, quando a Comissão de Constituição e Justiça declara a inconstitucionalidade

---

[32] ADIn MC nº 2.024/DF, Rel. Min. Sepúlveda Pertence.

[33] Os atos administrativos têm como características a sua autoexecutoriedade e a sua presunção de legitimidade. A primeira significa que o ato administrativo tem execução imediata, sem depender da atividade de nenhum outro poder; a segunda pode ser traduzida como a sua legalidade – o ato administrativo é considerado válido até que se prove o contrário.

[34] "Conforme autoriza a jurisprudência pacificada do Supremo Tribunal Federal, quando da análise do pedido de suspensão de decisão (SS 846-AgR/DF, Rel. Ministro Sepúlveda Pertence, DJ 29.5.96; SS 1.272-AgR, Rel. Ministro Carlos Velloso, DJ 18.5.2001, dentre outros), em um juízo mínimo de delibação, assevero que esta Corte entende pela impossibilidade do controle judicial dos atos dos parlamentares, porque *interna corporis*, salvo se houver desrespeito a direitos e/ou garantias de índole constitucional" (MS nº 24.831/DF, Rel. Min. Celso de Mello, Plenário, DJ, 22 jun. 2006; MS nº 24.356/DF, Rel. Min. Carlos Velloso, DJ, 12 set. 2003, entre outros).

[35] MS nº 24.832-MC/DF, Rel. Min. Cezar Peluso.

[36] STF, Plenário, ADIs nº 4.887/DF, nº 4.888/DF e nº 4.889/DF, Rel. Min. Cármen Lúcia, j. 10.11.2020.

[37] OLIVEIRA, Germana Moraes de. O controle jurisdicional da constitucionalidade do processo legislativo. São Paulo: Dialética, 1998, p. 39.

de um projeto normativo; e pelo Poder Judiciário, quando este impede o trâmite de projeto tendente a abolir cláusula pétrea. Nesse tipo de controle, ainda não existe propriamente uma norma, mas um projeto em trâmite no Congresso Nacional.

A modalidade de veto que deve ser considerada como controle preventivo de constitucionalidade ocorre quando o presidente alega que o projeto de lei fere a Constituição. O veto realizado sob a alegação de que o projeto de lei é contrário ao interesse público não pode ser considerado forma de controle de constitucionalidade, porque se trata de simples decisão política.

O veto por inconstitucionalidade de projeto de lei é um controle de constitucionalidade de natureza política, porque o chefe do Executivo, de acordo com suas valorações ideológicas, irá definir se o projeto de lei se conforma aos mandamentos constitucionais. Nesse caso, não se pode exigir do presidente da República subsídios doutrinários que alicercem sua decisão sob perfil estritamente jurídico – seus interesses de conveniência e oportunidade preponderam em relação aos seus fundamentos jurídicos. O controle político de constitucionalidade permite incorporar à jurisdição constitucional parâmetros extradogmáticos de interpretação.

A Comissão de Constituição e Justiça, comissão permanente existente tanto no Senado quanto na Câmara dos Deputados, formada pela composição das forças partidárias existentes no Congresso Nacional, tem a missão de analisar os projetos normativos e impedir o trâmite daqueles que são considerados inconstitucionais. Sua avaliação não é jurídica, mas decide sobre o controle de constitucionalidade dos projetos legislativos de acordo com preceitos políticos.

Em regra, o Poder Judiciário não pode exercer o controle preventivo, quando ainda não existir uma lei. Os projetos legislativos são discutidos nas duas Casas do Congresso, não podendo o Supremo Tribunal Federal imiscuir-se em assuntos internos de competência do Legislativo, a não ser que haja afronta à Constituição ou a direitos humanos. Diferente é o modelo adotado pelo controle francês, que incide de forma preventiva.

Entretanto, a única ocasião em que o Poder Judiciário pode exercer o controle preventivo, de feição jurídica, ocorre quando há o trâmite de um projeto de emenda constitucional (PEC), que flagrantemente tente abolir as cláusulas pétreas (art. 60, *caput*, da CF).

O fundamento para essa exceção é garantir o "núcleo inalterável da Constituição", as cláusulas pétreas. O projeto de emenda que afronte o art. 60, §4º, da Carta Magna não pode sequer ser recebido pelo Congresso Nacional, devendo ser imediatamente indeferido.

Tramitando o projeto de emenda evidentemente inconstitucional na Câmara dos Deputados, o seu presidente deverá impedir o prosseguimento (art. 137, II, *b*, do Regimento Interno da Câmara dos Deputados). Tramitando o projeto flagrantemente contrário às cláusulas pétreas no Senado, a obrigação de impedir o seu prosseguimento cabe ao seu presidente. Se assim não for feito, o órgão competente do Poder Judiciário, o Supremo Tribunal Federal, poderá exercer o controle preventivo quando for solicitado.

Os membros do Congresso Nacional, deputados e senadores, têm legitimidade *ad causam* para impetrar mandado de segurança nesse caso específico, e em todos os casos em que o objetivo seja preservar o devido processo legal no Poder Legislativo.[38] O Supremo Tribunal Federal reconhece como direito subjetivo público dos parlamentares o direito à ação para garantir a observação das prerrogativas constitucionais.[39] Contudo, a tese predominante no STF é que não pode haver apreciação de atos *interna corporis*, a não ser quando for o caso de afronta a direitos humanos.

O controle repressivo de constitucionalidade é realizado de forma preponderante pelo Poder Judiciário. Ele se dá depois da promulgação da norma. Contudo, outros órgãos podem realizar o controle repressivo.

Uma forma de o Poder Legislativo exercer o controle repressivo de constitucionalidade ocorre quando ele não converte uma medida provisória em lei, sob a alegação de inconstitucionalidade. A não conversão de uma medida provisória pode ocorrer por motivos políticos ou por inconstitucionalidade. A jurisdição constitucional apenas será exercida quando houver a imputação de inconstitucionalidade, haja vista que o critério político se vincula à conveniência e oportunidade.

A medida provisória, para ser convertida em lei, necessita se adequar a todos os parâmetros estabelecidos pela Constituição, como a obediência ao critério de relevância e urgência e a proibição de regulação de determinadas matérias. Se o Congresso Nacional entende que um dos requisitos exigidos não foi cumprido, deve se negar a converter a medida provisória em lei, sob a alegação de sua inconstitucionalidade, exercendo assim um controle repressivo.

Na realidade, quando o Congresso Nacional não converte uma medida provisória em lei, alegando sua inconstitucionalidade, não está exercendo uma função típica do Legislativo, mas executando uma forma repressiva de controle. Em idêntico posicionamento, Clèmerson Merlin Clève:

> Lamentavelmente, porém, o Congresso Nacional tem relegado a segundo plano o exercício do controle jurídico das providências normativas de urgência. Consequências: medidas provisórias flagrantemente inconstitucionais têm sido, às dezenas, convertidas em lei. Na prática, o controle duplo vem sendo simplificado até sua redução àquele de natureza exclusivamente política.[40]

O Supremo Tribunal Federal, na Súmula nº 347, permite que o controle de constitucionalidade seja realizado pelo Tribunal de Contas da União e pelos seus congêneres estaduais, desde que em matérias afetas à sua área de competência. Nessa hipótese, o Tribunal de Contas da União não retirará a norma do ordenamento, ou não declarará sua inconstitucionalidade com efeitos vinculantes, pois essas são funções exclusivas do Poder Judiciário: ele apenas deixa de aplicar a norma em decorrência da sua inconstitucionalidade.

---

[38] "A *ratio* subjacente a esse entendimento jurisprudencial apoia-se na relevantíssima circunstância de que, embora extraordinária, essa intervenção jurisdicional, ainda que instaurada no próprio momento de produção das normas pelo Congresso Nacional, tem por precípua finalidade assegurar ao parlamentar (e a este, apenas) o direito público subjetivo – que lhe é inerente – de ver elaborados, pelo Legislativo, atos estatais compatíveis com o texto constitucional, garantindo-se, desse modo, àqueles que participam do processo legislativo, a certeza de prevalecimento da supremacia da Constituição, excluídos, necessariamente, no que se refere à extensão do controle judicial, os aspectos discricionários concernentes às questões políticas e aos atos *interna corporis*, que se revelam essencialmente insindicáveis" (*RTJ*, 102/27, *RTJ*, 112/598, *RTJ*, 112/1023, *RTJ*, 169/181-182).

[39] MS nº 24.041/DF, Rel. Min. Nelson Jobim.

[40] CLÈVE, Clèmerson Merlin. *Medidas provisórias*. 2. ed. São Paulo: Max Limonad, 1999. p. 118.

Questão que suscita polêmica é saber se o Poder Executivo pode descumprir uma norma pela alegação de sua inconstitucionalidade. Os doutrinadores que defendem essa tese partem do arrimo oferecido pelo art. 23, inc. I, da Constituição Federal, que dispõe que compete à União, aos estados-membros, ao Distrito Federal e aos municípios a competência de zelar pela guarda da Constituição, das leis e das instituições democráticas e conservar o patrimônio público.

Apesar de as posições predominantes serem em sentido contrário, defendemos a tese de que o Poder Executivo não pode deixar de aplicar a norma por considerá-la inconstitucional.[41] Primeiro, por causa da presunção de legitimidade: uma norma é constitucional até decisão judicial em contrário; segundo, porque a unicidade de jurisdição, afora algumas exceções, impede que outros órgãos exerçam o controle de constitucionalidade repressivo; e, por último, para garantir a segurança do ordenamento. Em um país onde existem mais de cinco mil municípios, permitir ao Poder Executivo aferir a constitucionalidade ou não das normas seria admitir interferências políticas na jurisdição constitucional e gerar insegurança jurídica.

Com relação ao tema, o Supremo Tribunal Federal já decidiu que pode o Poder Executivo, nas suas três esferas, deixar de cumprir uma norma alegando a sua inconstitucionalidade. De qualquer forma, uma vez declarada a constitucionalidade de uma norma pelo controle direto, o seu efeito é vinculante e *erga omnes*, não podendo o Poder Executivo de qualquer das esferas federativas se posicionar em sentido contrário.

## 30.8 Controle das normas constitucionais no tempo

Com exceção da ação de arguição de descumprimento de preceito fundamental, o controle de constitucionalidade por via de ação só pode ser feito em relação às normas que continuam em vigor no ordenamento, mesmo com o surgimento de uma nova Constituição. As normas criadas antes da Constituição de 1988, e com ela incompatíveis, não foram recepcionadas pelo novo ordenamento, não podendo sofrer controle direto de constitucionalidade. Cabe controle difuso em relação às normas não recepcionadas pela nova ordem constitucional, mas que de qualquer maneira geraram danos para os cidadãos.

As normas infraconstitucionais que tinham vigência antes da Constituição são denominadas pré-constitucionais. Se forem compatíveis com o novo ordenamento, serão recebidas – teoria da recepção. Sendo incompatíveis com a nova ordem constitucional, serão revogadas automaticamente, ou, com melhor precisão técnica, não recepcionadas. No caso das normas pré-constitucionais, não há necessidade de declaração por parte do Poder Judiciário para que sejam expulsas do ordenamento. Entrando em vigência a nova Constituição, as normas do ordenamento jurídico anterior, que forem incompatíveis com o atual, perderão imediatamente sua eficácia, não sendo recepcionadas.

A declaração de inconstitucionalidade de normas pré-constitucionais por via do controle direto configura-se impossível (exceto com a arguição de descumprimento de preceito fundamental – ADPF). Se a norma considerada inconstitucional na vigência da Constituição anterior houver causado lesões a direitos subjetivos dos cidadãos, a

---

[41] Em sentido contrário ver MORAES, Alexandre de. *Direito constitucional*. 11. ed. São Paulo: Atlas, 2001. p. 488.

solução cabível é propiciada pelo controle difuso de constitucionalidade. Exemplo: uma lei inconstitucional, pelos parâmetros da Constituição de 1967/1969, aboliu determinadas gratificações dos funcionários públicos federais. Com o texto de 1988, dita lei não é recepcionada, querendo os lesados pela perda das gratificações à época da Constituição de 1967/1969 reavê-las, terão de pugnar pelos seus direitos por meio do controle difuso, ajuizando as ações competentes, baseando-se nos argumentos jurídicos da Carta autoritária.

Se uma norma era inconstitucional sob o ordenamento jurídico anterior, mas ainda não tinha sido assim declarada pelo Poder Judiciário, e com a nova Constituição se adequou aos parâmetros do ordenamento vigente, será ela convalidada, operando efeitos *ex nunc*, validando os atos produzidos desde o início da nova *Lex Mater*. Exemplo: determinada lei X era inconstitucional sob o ordenamento jurídico da Constituição de 1967/1969 e passou a ser considerada constitucional sob a vigência da Constituição de 1988. Se ela não foi declarada inconstitucional na vigência da Constituição de 1967/1969, ela será convalidada pelo novo ordenamento, devendo os cidadãos que sofreram lesão no período de 1967 até 1988 recorrerem ao controle difuso para reparar seus direitos.

Relevante se mostra diferenciar a lei em tese da norma de efeito concreto. A primeira está no ordenamento jurídico, possui vigência, mas pode não incidir diretamente contra o demandante da ação. A segunda tem de possuir vigência e eficácia e ainda atingir aquele que demanda em juízo. A contribuição previdenciária para os inativos é uma lei em tese para um jovem de dezoito anos porque não o atinge. Contudo, é uma lei de efeito concreto para os aposentados. Nunca é demais repetir que, em regra, não cabe controle abstrato contra lei de efeito concreto.[42]

Inexiste controle de constitucionalidade com relação às normas provenientes do Poder Constituinte, não tendo sentido falar de normas constitucionais inconstitucionais, como queria Bachof.[43] Esse autor alemão defende a tese de que, na Constituição, existiriam normas, mesmo oriundas do Poder Constituinte, que seriam inconstitucionais porque afrontariam os princípios preponderantes da Carta Magna. Ressalte-se que já se encontra plenamente pacificado pelo Supremo Tribunal Federal que o controle de constitucionalidade pode incidir sobre emendas constitucionais, fruto do Poder Reformador.

Alguns doutrinadores consideram que o exercício pelo Poder Legislativo da prerrogativa de sustar os atos normativos do Executivo, que excedam ao seu poder regulamentar, consiste em uma forma de controle repressivo de constitucionalidade (art. 49, V, da CF). Não concebemos essa hipótese como controle de constitucionalidade, mas como controle de legalidade. Por exemplo, no caso em que o Legislativo transfere ao presidente da República competência para realizar uma lei delegada e este extrapola os limites recebidos, devendo o Congresso Nacional sustar o excesso por meio de um decreto legislativo.

O caso exemplificado constitui um controle de legalidade e não um controle de constitucionalidade, porque a afronta direta não foi à Constituição, e sim ao conteúdo

---

[42] O STF não conheceu ação direta de inconstitucionalidade com o objetivo de sustar deferimentos de adesões e atos de demissões relativos a programa governamental com relação a alguns servidores públicos em decorrência de irregularidades detectadas porque se entendeu a ausência de abstração e generalidade (ADI nº 1.937 QO/PI, Rel. Min. Sepúlveda Pertence, 20.6.2007).

[43] BACHOF, Otto. *Normas constitucionais inconstitucionais*. Tradução de José Manuel M. Cardoso da Costa. Coimbra: Almedina, 1994. p. 68.

da resolução, que é uma norma infraconstitucional que fixa os limites para a atuação do chefe do Executivo na elaboração da lei delegada.

## 30.9 Extensão da inconstitucionalidade

No controle de constitucionalidade admite-se o princípio da divisibilidade da lei. Ela pode ser dividida, desde que a sua essência não fique prejudicada, isto é, desde que ela possa atender à finalidade para a qual foi criada. Havendo uma inconstitucionalidade, apenas a parte eivada de vício será retirada – as demais partes da lei permanecem no ordenamento, a não ser que percam sua autonomia, não podendo mais subsistir de forma isolada.

A maior extensão da inconstitucionalidade ocorre quando há dependência entre as partes da lei – inexistindo interdependência, as partes normativas não afetadas pela inconstitucionalidade permanecem em vigor.

Em sede de controle abstrato, o STF pode declarar a inconstitucionalidade, em declaração incidente de norma cuja validade seja prejudicial da decisão principal a tomar, a qual pode se dar de ofício, mesmo que não faça parte do pedido. Suponha-se que seja pedida a declaração de inconstitucionalidade de uma norma $X$ que tenha sido regulamentada por uma norma $Y$. Tem o Pretório Excelso a prerrogativa de declarar a inconstitucionalidade do dispositivo $Y$, mesmo que não faça parte do pedido, e, em decorrência, declarar a inconstitucionalidade de $X$. Como o controle é objetivo, o princípio da inércia processual não se aplica, havendo a predominância de se garantir a higidez dos mandamentos da Carta Magna.[44]

Já configura cediço na doutrina e na jurisprudência que, quando uma norma é declarada inconstitucional, o dispositivo anterior que tinha sido revogado pelo seu surgimento retoma validade sem que se possa falar em repristinação ou revigoração de normas anteriores à Constituição de 1988.[45] Apenas, como a norma revogante fora declarada nula, o dispositivo revogado retorna ao ordenamento jurídico porque continua preenchendo todas as condições de validez. Da mesma forma, encontra-se consolidado que em sede de controle em abstrato da constitucionalidade, o requerente deve impugnar todo o complexo normativo supostamente inconstitucional, inclusive as normas revogadas que poderão retornar eventualmente ao ordenamento jurídico.[46]

## 30.10 Ação direta de inconstitucionalidade – ADIn

O citado controle é denominado direto, abstrato ou concentrado. Direto porque a norma é julgada de forma originária pelo Supremo, não podendo ser apreciada por nenhuma outra instância judiciária; abstrato em razão de a sua arguição se realizar independentemente de qualquer litígio concreto; e concentrado porque apenas o Supremo Tribunal Federal pode julgar as ações diretas de controle de constitucionalidade. O modelo de controle constitucional por meio de ações diretas, em que um único órgão

---

[44] ADI nº 2.154/DF e ADI nº 2.258/DF, Rel. Min. Sepúlveda Pertence, 14.2.2007.
[45] ADI nº 3.111/RJ, Rel. Min. Alexandre de Moraes, j. 30.6.2017.
[46] STF, Plenário, ADI nº 3.660/MS, Rel. Min. Gilmar Mendes, j. 18.6.2007.

aprecia a constitucionalidade das normas, foi o adotado na maior parte dos países europeus. No Brasil pode haver tanto o controle de constitucionalidade difuso quanto o concentrado.

A fundamentação constitucional para que o STF possa julgar a ação direta de inconstitucionalidade de lei[47] ou ato normativo federal ou estadual encontra-se disciplinada no art. 102, inc. I, alínea *a*, da Constituição Federal. Para fins do cabimento da ADIn, são considerados atos normativos aqueles de caráter primário, gerais e abstratos. Desse modo, admite-se a propositura da ação direta contra decretos autônomos editados pelo Executivo, e contra resoluções e atos administrativos de Tribunais,[48] desde que gerais e abstratos. Por outro lado, não cabe ADIn para questionar decretos regulamentares,[49] dado o caráter secundário deste ato normativo, dependente em relação à lei regulamentada.

Somente as entidades catalogadas na Constituição podem propor o controle direto.[50] Segundo o seu art. 103, podem propor esse tipo de controle: o presidente da República, a Mesa do Senado Federal, a Mesa da Câmara dos Deputados, a Mesa da Assembleia Legislativa e a Mesa da Câmara Legislativa do Distrito Federal, o governador de estado e do Distrito Federal, o procurador-geral da República, o Conselho Federal da Ordem dos Advogados do Brasil, partido político com representação no Congresso Nacional e confederação sindical ou entidade de classe de âmbito nacional.[51]

O presidente da República tem competência para impetrar uma ação direta de inconstitucionalidade mesmo que tenha sancionado a norma anteriormente.[52]

O STF, em sede de ação direta de inconstitucionalidade, por maioria de votos, com discordância dos mins. Carlos Britto e Celso de Mello, que mantinham a orientação anterior da Corte segundo a qual não se qualificam como entidades de classe aquelas que, congregando exclusivamente pessoas jurídicas, apresentam-se como verdadeiras associações de associações, tampouco as pessoas jurídicas de direito privado, ainda que coletivamente representativas de categorias profissionais ou econômicas, porque não são entidades de âmbito nacional. Entende agora o Egrégio Tribunal que possui *legitimatio ad causam* a entidade de classe, no caso a Fenaca, Federação Nacional de Associações dos Produtores de Cachaça de Alambique, que atua na defesa da mesma categoria social, apesar de se reunir em associações correspondentes a cada estado.

---

[47] Uma lei em sentido formal que tenha destinatários determináveis ainda assim é impugnável por meio de ação direta de inconstitucionalidade (STF, 1ª Turma, RE nº 1.186.465/TO, Rel. Min. Alexandre de Moraes, j. 8.10.2019).

[48] STF, Plenário, ADI nº 1.244 QO-QO/SP, Rel. Min. Gilmar Mendes, j. 19.12.2019.

[49] STF, Plenário, ADI nº 4.409/SP, Rel. Min. Alexandre de Moraes, j. 6.6.2018.

[50] Lembramos que a ação direta foi instituída como instrumento de salvaguarda da higidez da ordem jurídica e não para a tutela de pretensões de direito dos sujeitos legitimados para propô-la e que, em razão disso, a recepção do princípio do pedido no processo objetivo da jurisdição constitucional há de ser dimensionada a partir dessa perspectiva institucional do sistema de controle abstrato de normas (ADI nº 2.154/DF e ADI nº 2.258/DF, Rel. Min. Sepúlveda Pertence, 14.2.2007).

[51] Foi negada competência para a Associação Nacional de Municípios e Meio Ambiente propor ação direta de inconstitucionalidade alegando o STF falta de legitimidade por não se caracterizar ela como uma entidade de classe de âmbito nacional para efeitos do art. 103 da Constituição Federal (ADI nº MC 23.608, Rel. Min. Moreira Alves).

[52] O STF firmou jurisprudência no sentido de que, no âmbito das ações diretas, pelas quais os colegitimados têm capacidade postulatória especial, não há necessidade de as petições serem assinadas por advogados (ADIn nº 1.272/AL, Rel. Min. Celso de Mello, 4.12.1992).

Assim se posicionou o Ministro Sepúlveda Pertence:

> Mas, data vênia, o paralogismo é patente. A entidade é de classe, da classe reunida nas associações estaduais que lhe são filiadas. O seu objetivo é a defesa da mesma categoria social. E o fato de uma determinada categoria se reunir por mimetismo com a organização federativa do País, em associações correspondentes a cada Estado, e essas associações se reunirem para, por meio de uma entidade nacional, perseguir o mesmo objetivo institucional de defesa de classe, a meu ver, não descaracteriza a entidade de grau superior como o que ela realmente é: uma entidade de classe.[53]

O STF entabulou objetivamente, em sua jurisprudência, os requisitos para que uma entidade de classe tenha legitimidade ativa para a propositura de ação direta de inconstitucionalidade ou ação declaratória de constitucionalidade, quais sejam:[54]
   a) a caracterização como entidade de classe ou sindical, decorrente da representação de categoria empresarial ou profissional;
   b) a abrangência ampla do vínculo, não se admitindo que a entidade represente apenas fração de uma categoria;
   c) o caráter nacional da representatividade, aferido por meio da presença da entidade em pelo menos 9 (nove) estados da Federação;
   d) a pertinência temática entre o objeto da impugnação e as finalidades da entidade.

Já é pacífico na Corte Suprema que a única entidade autárquica de fiscalização profissional com competência para impetrar a ação de inconstitucionalidade é a Ordem dos Advogados do Brasil – OAB. Foi denegada legitimidade para que o Conselho Federal de Serviço Social pudesse propor ação direta de inconstitucionalidade.[55]

O Supremo Tribunal Federal, por maioria de votos, modificou o entendimento de que a perda da representação do partido político implicava também a perda de sua capacidade postulatória. Agora entende que a aferição da legitimidade deve ser feita no momento da propositura da ação e que a perda superveniente de representação do partido no Congresso Nacional não o desqualifica como legitimado ativo para a ação direta de inconstitucionalidade.[56]

A Lei nº 9.868/1999, no seu art. 2º, V, acrescentou mais um órgão que pode impetrar ação direta de inconstitucionalidade – o governador do Distrito Federal –, solucionando a querela acerca de sua legitimidade. Na verdade, sempre houve essa legitimidade, diante da isonomia que prevalece entre os estados-membros e o Distrito Federal.

A atual Constituição aumentou o número de órgãos legitimados a propor a ação direta de inconstitucionalidade, democratizando o acesso ao instituto jurídico. Antes a competência era restrita ao procurador-geral da República, tradição histórica que começou com a ação interventiva, no texto de 1934, e continuou sendo seguida, inclusive na Constituição de 1967/1969.

---

[53] ADI nº 3.153 AgR/DF, Rel. Min. Celso de Mello, Rel. para acórdão Min. Sepúlveda Pertence.
[54] STF, AgRg/ADI nº 6.465/DF, Rel. Min. Alexandre de Moraes, j. 20.10.2020.
[55] ADIn nº 1.463/RS, Rel. Min. Ilmar Galvão e ADPF nº 264 AgR/DF, Rel. Min. Dias Toffoli.
[56] Os votos contrários foram dos mins. Carlos Velloso (relator) e Celso de Mello (ADI nº 2.159 AgR/DF, Rel. originário Min. Carlos Velloso, Rel. para acórdão Min. Gilmar Mendes).

A exclusividade de ação por parte do procurador-geral da República era um traço autoritário das Constituições anteriores. Como o presidente da República escolhe o chefe do Ministério Público, o controle de constitucionalidade ficava inteiramente nas mãos de um único órgão, funcionando o procurador-geral da República como guardião exclusivo da Constituição, sem dispor de legitimidade e imparcialidade para tanto.

A Mesa da Assembleia Legislativa, o governador de estado ou do Distrito Federal e a confederação sindical ou entidade de classe de âmbito nacional têm competência para impetrar a ação direta desde que a matéria seja do seu interesse. Eles somente podem impetrar a ação se houver pertinência temática, ou seja, se o impetrante tiver interesse na lei que está sendo objeto de impugnação. É o que a doutrina chama de legitimidade especial.[57]

Possui pertinência temática o governador de estado para a propositura de ação direta de inconstitucionalidade ante a real perspectiva de a lei impugnada vir a causar o fechamento de um mercado consumidor de produtos fabricados em seu território, com prejuízo para a geração de empregos, o desenvolvimento da economia local e a arrecadação tributária estadual.[58]

Os demais elencados na Constituição têm a denominada legitimidade universal, ou seja, independente da matéria, podendo propor ação de inconstitucionalidade acerca de qualquer tema, havendo ou não pertinência temática. Têm competência universal: o presidente da República, a Mesa do Senado Federal, a Mesa da Câmara dos Deputados, o procurador-geral da República, o Conselho Federal da Ordem dos Advogados do Brasil e o partido político com representação no Congresso Nacional.[59]

Uma vez impetrado qualquer tipo de ação de controle direto de inconstitucionalidade, não cabe desistência do pedido, em virtude de o objeto litigado ser um bem de ordem pública. Adota-se o princípio da indisponibilidade do interesse público, descabendo decisão volitiva com relação ao seu prosseguimento.[60]

Não há prazo decadencial para a propositura de ações que visem resguardar a supremacia da Constituição. Também pelas peculiaridades do controle objetivo, as controvérsias de fato não são passíveis de serem discutidas nesse tipo de controle de constitucionalidade.[61] O sistema direto atinge a lei em tese, que é abstrata, genérica e impessoal.[62] A norma declarada inconstitucional por via direta é imediatamente expulsa

---

[57] "Ementa: Ação direta de inconstitucionalidade – Confederação dos servidores públicos do Brasil (CSPB) – Ausência de legitimidade ativa *ad causam* por falta de pertinência temática – Insuficiência, para tal efeito, da mera existência de interesse de caráter econômico-financeiro – Hipótese de incognoscibilidade – Ação direta não conhecida. – O requisito da pertinência temática – que se traduz na relação de congruência que necessariamente deve existir entre os objetivos estatutários ou as finalidades institucionais da entidade autora e o conteúdo material da norma questionada em sede de controle abstrato – foi erigido à condição de pressuposto qualificador da própria legitimidade ativa *ad causam* para efeito de instauração do processo objetivo de fiscalização concentrada de constitucionalidade" (Med. caut. em ADI nº 1.157/DF, Rel. Min. Celso de Mello).

[58] ADIn nº 2.396/MS, Rel. Min. Ellen Gracie.

[59] Outro exemplo de falta de pertinência temática pode ser encontrado na ADIn nº 2.242/PR, na qual o STF não reconheceu ação direta de inconstitucionalidade, ajuizada pela Mesa da Assembleia Legislativa do Estado do Paraná, contra o art. 93, VI, que traça os parâmetros para a aposentadoria dos magistrados, por carecer a Mesa citada de interesse para tratar do assunto.

[60] Decisão do STF na ADIn nº 2.188/RJ, de relatoria do Min. Néri da Silveira.

[61] ADI nº 484/PA, Rel. Min. Eros Grau, 13.12.2006.

[62] MENDES, Gilmar Ferreira. *Jurisdição constitucional*. O controle abstrato de normas no Brasil e na Alemanha. São Paulo: Saraiva, 1996. p. 154.

do ordenamento jurídico. Os seus efeitos são *erga omnes* e *ex tunc*, ceifando todos os resultados produzidos pela norma jurídica, com efeitos retro-operantes.[63]

O advogado-geral da União deve ser ouvido em todas as ações diretas de inconstitucionalidade, dentro do prazo de quinze dias, e tem a função de defender a norma impugnada, zelando pela sua constitucionalidade. Essa função de defesa da norma imputada como inconstitucional foi criada por Kelsen, na Constituição austríaca de 1920.

Como a Advocacia-Geral da União é o órgão que tem a missão constitucional de defender os interesses do Governo Federal, segundo o art. 131 da Constituição, se a defesa da constitucionalidade de uma norma for contrária aos interesses da União, ela poderá deixar de defender a norma impugnada, omitindo-se de atuar. Portanto, o advogado-geral da União não poderá concordar com o pedido de inconstitucionalidade, mas poderá se manter silente.[64]

Exemplifica, sobre o tema, Oswaldo Luiz Palu:

> Na ação direta de inconstitucionalidade nada impede que o Advogado-Geral da União deixe de responder, defendendo o ato impugnado. Basta imaginar lei tributária estadual que extravase a competência local e invada a competência tributária da União, diminuindo-lhe receitas e ferindo preceitos da Constituição da República. Proposta a ação direta, há que se supor não deva o Advogado-Geral da União defender o ato estadual acoimado de inconstitucionalidade e prejudicial à própria União.[65]

Para que seja declarada a inconstitucionalidade de uma norma, torna-se imperiosa a concretização da denominada reserva de plenário, isto é, a necessidade de um número mínimo de votos. O quórum necessário para que uma norma seja declarada inconstitucional é de maioria absoluta nos órgãos colegiados (art. 97 da CF). Nos juízos monocráticos, a decisão do juiz singular é suficiente para afastar, no caso concreto, a aplicação da norma inconstitucional.

Uma mitigação à exigência da reserva de plenário foi estabelecida pelo parágrafo único do art. 949 do Código Processual Civil, ao afirmar que os órgãos fracionários dos tribunais não submeterão ao plenário, ou ao órgão especial, a arguição de inconstitucionalidade quando já houver pronunciamento destes ou do plenário do Supremo Tribunal Federal sobre a questão.

O Supremo Tribunal Federal tem entendido que vigora o princípio da causa de pedir aberta nas ações diretas, ou seja, em suas decisões o Egrégio Tribunal não se encontra vinculado à fundamentação jurídica do pedido veiculado em sede de ação direta.[66]

---

[63] Já houve pacificação na doutrina de que a norma declarada inconstitucional por via direta é imediatamente retirada do ordenamento jurídico, sem necessitar de uma resolução do Senado.

[64] "Incumbe ao Advogado-Geral da União a defesa do ato ou texto impugnado na ação direta de inconstitucionalidade, não lhe cabendo emissão de simples parecer, a ponto de vir a concluir pela pecha de inconstitucionalidade" (ADI nº 4.983/DF, Rel. Min. Marco Aurélio).

[65] PALU, Oswaldo Luiz. *Controle de constitucionalidade*. Conceitos, sistemas e efeitos. São Paulo: RT, 1999. p. 85.

[66] "É da jurisprudência do Plenário, o entendimento de que, na ação direta de inconstitucionalidade, seu julgamento independe da *causa petendi* formulada na inicial, ou seja, dos fundamentos jurídicos nela deduzidos, pois, havendo, nesse processo objetivo, arguição de inconstitucionalidade, a Corte deve considerá-la sob todos os aspectos em face da Constituição e não apenas diante daqueles focalizados pelo autor. É de se presumir, então, que, no precedente, ao menos implicitamente, hajam sido considerados quaisquer fundamentos para eventual arguição de inconstitucionalidade, inclusive os apresentados na inicial da presente ação" (ADI nº 1.896-MC, Rel. Min. Sydney Sanches, j. 18.2.1999, *DJ*, 28 maio 1999).

Dessa forma, o STF pode utilizar um fundamento jurídico mesmo que não tenha sido formulado na petição inicial.

Em sua função suprema de guardião da Constituição, o STF não se vincula ao pedido direcionado na ação direta, mas pode proferir um julgamento agasalhando toda a extensão da Constituição, não se atendo aos argumentos trazidos pelo legitimado ativo.

Essa prerrogativa denomina-se causa de pedir aberta,[67] conferindo uma maior discricionariedade aos julgadores para que possam auferir se há ou não afronta ao texto constitucional.

Importante ressaltar que caso o ato normativo que estava sendo impugnado na ADIn seja revogado antes do julgamento da ação, ela não poderá ser conhecida, pois existirá a perda superveniente do objeto da ação. Porém, não haverá perda do objeto se ficar demonstrando que houve uma tentativa de evitar a declaração de inconstitucionalidade no intuito de impedir a anulação dos efeitos por ela produzidos.[68] Além disso, existe mais uma exceção, que se refere à possibilidade de o conteúdo da norma estar repetido em outro dispositivo.[69] Eventual medida provisória que revoga lei atacada por ADIn não impede o julgamento da ação direta, enquanto a MP não for convertida em lei pelo Poder Legislativo.[70]

## 30.11 Ação direta de inconstitucionalidade por omissão

O texto originário da Constituição Cidadã de 1988 poderia ser classificado como o de uma Constituição dirigente, em que o Estado intervém em vários setores da sociedade para garantir condições mínimas aos hipossuficientes.[71] O maior problema que atinge esse tipo de texto constitucional em países periféricos é a baixa eficácia de seus dispositivos normativos, o que acarreta descrédito com relação à sua força normativa e, consequentemente, enfraquece o sistema constitucional. Grande parte dos mandamentos constitucionais da Carta de 1988 encontra-se, ainda hoje, destituída de eficácia, servindo apenas como valor retórico para garantir o poder do *status quo*.

Na tentativa de aumentar a força normativa da Constituição, o legislador constituinte criou a ação direta de inconstitucionalidade por omissão, inerente ao controle concentrado, e o mandado de injunção, inerente ao controle difuso. Esses institutos, que representaram uma grande inovação na tutela constitucional brasileira, foram inspirados na ação de inconstitucionalidade por omissão do direito português e no mandado de injunção do direito iugoslavo,[72] criados respectivamente pela Constituição de 1976 e pela

---

[67] "O Plenário desta colenda Corte, ao julgar a ADI nº 2.031, rejeitou todas as alegações de inconstitucionalidade do *caput* e dos §§1º e 2º do art. 75 do ADCT, introduzidos pela Emenda Constitucional 21/1999. Isto porque as ações diretas de inconstitucionalidade possuem *causa petendi* aberta. É dizer: ao julgar improcedentes ações dessa natureza, o Supremo Tribunal Federal afirma a integral constitucionalidade dos dispositivos questionados (Precedente: RE nº 343.818, Relator Ministro Moreira Alves)".

[68] STF, Plenário, ADI nº 3.306, Rel. Min. Gilmar Mendes, j. 17.3.2011.

[69] STF, Plenário, ADI nº 2418/DF, Rel. Min. Teori Zavascki, j. 4.5.2016.

[70] STF, Plenário, ADI nº 5.717/DF, Rel. Min. Rosa Weber, j. 27.3.2019.

[71] CANOTILHO, José Joaquim Gomes. *Constituição dirigente e vinculação do legislador*. Contributo para a compreensão das normas constitucionais programáticas. Coimbra: Coimbra Editora, 1994. p. 167.

[72] "Estabelecido no Direito anglo-americano o conceito de injunção como ordem que emana de uma corte de equidade determinando a alguém fazer ou deixar de fazer algo que possa prejudicar outrem pela violação de direitos pessoais ou de propriedade, resta distinguir as seguintes modalidades desse remédio processual: a injunção

Constituição de 1979.[73] Seu fator teleológico é garantir concretude normativa a todos os dispositivos constitucionais, impedindo que determinadas matérias fiquem relegadas de eficácia porque não são do interesse das classes políticas dominantes.

A ação direta de inconstitucionalidade por omissão surgiu no direito português para tentar assegurar eficácia aos mandamentos constitucionais.[74] Tanto é assim que a Constituição portuguesa de 1976 expõe no art. 283:

> [...] O Tribunal Constitucional aprecia e verifica o não cumprimento da Constituição por omissão de medidas legislativas necessárias para tornar exequíveis as normas constitucionais. 2. Quando o Tribunal Constitucional verificar a existência de inconstitucionalidade por omissão, disso dará conhecimento ao órgão legislativo competente.

A ação direta de inconstitucionalidade por omissão não incide contra uma inconstitucionalidade material, em que sua expulsão do ordenamento representa a solução do problema. Sua finalidade é regulamentar determinada situação jurídica para que os cidadãos possam exercer os direitos contidos na Constituição. A norma não é expulsa do ordenamento; muito pelo contrário, há a exigência de uma regulamentação do comando normativo. Necessita-se, na maioria dos casos, da atuação do Poder Legislativo que não pode se manter omisso diante da exigência da Carta Magna.

Esse novel instituto tem a feição de um instrumento típico do Estado Democrático Social de Direito, em que os órgãos públicos cada vez mais recebem um maior número de incumbências para oferecer à coletividade. A inércia que caracterizava o Estado Liberal dá lugar a uma atuação decidida em favor dos hipossuficientes, em que a população cada vez mais é chamada para participar ativamente das decisões políticas. A importância da ação direta de inconstitucionalidade por omissão configura-se em uma tentativa para efetivar o "pacto vivencial da sociedade" de forma integral, preponderantemente nos dispositivos que outorgam direitos à população.

A não efetivação da ação de inconstitucionalidade por omissão deixa de contribuir para a consolidação de um Estado de Bem-Estar Social porque relega sem concretude normativa a maioria dos direitos humanos de dimensão social, singularmente as normas programáticas, impedindo os excluídos da sociedade de usufruírem de direitos considerados essenciais a uma existência digna.[75]

A ação de inconstitucionalidade por omissão serve para dar concretude a mandamentos constitucionais que estejam destituídos de eficácia por falta de normas que as complementem. Ela incide principalmente nas denominadas normas de eficácia limitada, que apenas possuem eficácia mediata quando são regulamentadas, caso

---

mandatória e a injunção preventiva; a injunção preliminar ou interlocutória e a injunção permanente" (BONAVIDES, Paulo; ANDRADE, Paes de. *História constitucional do Brasil*. 3. ed. Rio de Janeiro: Paz e Terra, 1991. p. 503).

[73] CORREIA, Marcus Orione Gonçalves. *Direito processual constitucional*. São Paulo: Saraiva, 1998. p. 43.

[74] "[...] já que o efeito da verificação da omissão é apenas o de reconhecimento da necessidade de legislação, não tendo sequer hoje o valor jurídico de uma recomendação concreta – o que revela a incapacidade do próprio Tribunal Constitucional para remediar a inconstitucionalidade (substituindo-se o legislador na emissão da norma ou dirigindo-lhe injunções nesse sentido) e, desse modo, reconhece-se e fortalece até a autonomia do legislativo" (ANDRADE, José Carlos Vieira de. Legitimidade da justiça constitucional e princípio da maioria. In: BRITO, José Souza e et al. *Legitimidade e legitimação da justiça constitucional*. Coimbra: Coimbra Editora, 1995. p. 78).

[75] ROSA, André Vicente Pires. *Las omisiones legislativas y su control constitucional*. Rio de Janeiro: Renovar, 2006. p. 295.

típico das normas programáticas. Deve ser ressaltado que toda norma tem eficácia imediata, ou seja, nenhuma norma infraconstitucional pode contraditar seu conteúdo; por exemplo, se uma norma determinar que a taxa máxima de juros deve ser de 12% ao ano, e necessitar para sua eficácia de regulamentação; mesmo sem sua complementação não pode lei ordinária estabelecer que a taxa de juros é de 20%. As normas de eficácia limitada têm eficácia mediata quando forem regulamentadas, obedecendo ao caráter sistemático da Constituição.

Como a ação de inconstitucionalidade por omissão é uma forma de controle concentrado, seus efeitos temporais são *ex tunc*, retroagindo até a data de nascimento da inconstitucionalidade, e os efeitos subjetivos são *erga omnes*, servindo para regulamentar o dispositivo constitucional para que ele possa ter eficácia para todos os cidadãos.

A evolução apresentada por esse novo tipo de mácula à Constituição foi que o ordenamento jurídico não mais considera inconstitucional apenas uma norma que afronta a Constituição de forma comissiva, formal ou material, mas também aquelas que resultam de inércia do legislador ordinário em sua tarefa de regulamentar os dispositivos constitucionais.[76] O simples expurgo da norma do ordenamento não mais serve para restabelecer a integridade do sistema jurídico. São necessárias medidas no sentido de colmatar a omissão produzida pelo legislador, no sentido de complementar os mandamentos constitucionais.

Todas as vezes em que é constatado que um direito constitucional não pode ser exercido por causa da ausência de regulamentação por parte do legislador infraconstitucional, o Supremo Tribunal Federal, em sede de ação de inconstitucionalidade por omissão, tem a obrigação de garantir a regulamentação do comando constitucional para possibilitar o gozo do direito.

A inércia que o legislador constituinte teve o objetivo de repelir do ordenamento jurídico é a omissão em relação a uma norma que impõe a obrigação de agir, e não em virtude de motivos naturais. A omissão não nasce da seara fática, mas em virtude de motivos normativos: o descumprimento de um preceito disposto pela norma constitucional. A inércia que enseja a propositura de uma ação de inconstitucionalidade por omissão serve apenas para indicar a ausência de atividade dos poderes públicos para regulamentar dispositivos constitucionais através de leis, no sentido formal, ou de atos normativos. Ela não é o instrumento cabível para suprir a ausência de celeridade de ato judicial, cuja solução se encontra no ordenamento infraconstitucional, ou omissões de cunho político.

A ausência de regulamentação que pode ensejar a ação de inconstitucionalidade por omissão não se resume à ausência da produção legislativa necessária. Também pode ser motivo para sua impetração a regulamentação de dispositivo constitucional de forma imperfeita, não atendendo às condições estabelecidas para garantir eficácia normativa ao dispositivo.

A omissão aqui tratada pode ser total ou parcial. Total, quando não houver a elaboração do instrumento legislativo adequado, e parcial quando houver sua elaboração, porém, de forma inconclusa, sem a completa regulamentação de seu espaço de incidência. Gilmar Ferreira Mendes advoga que a omissão é total quando há ausência de

---

[76] Para ver o sentido do conceito de omissão vigente na União Europeia, *vide*: MARTINS, Ana Maria Guerra. *Curso de direito constitucional da União Europeia*. Coimbra: Almedina, 2004. p. 476.

normas, e parcial na hipótese de cumprimento imperfeito ou insatisfatório da obrigação constitucional de cumprir um comando normativo.[77]

Não é apenas o Poder Legislativo que pode realizar uma inconstitucionalidade por omissão, o Poder Executivo também pode realizá-la, quando deixa de regulamentar determinados comandos normativos que complementam a Lei Maior por meio de decreto; tanto é que a omissão também se divide em legislativa e não legislativa, proveniente esta última do Poder Executivo. Se um mandamento constitucional foi completado por lei ordinária, e esta lei depende, para ter eficácia, de um decreto regulamentador, é cabível uma ação de inconstitucionalidade por omissão contra o Poder Executivo. Mas, na maioria dos casos, a ação de inconstitucionalidade por omissão é proposta contra o Legislativo.

Anna Cândida da Cunha Ferraz afirma que os principais tipos de inconstitucionalidade por omissão são os seguintes: a) omissão legislativa por parte do órgão que tem como função realizar a complementação dos dispositivos normativos; b) omissão por parte dos poderes estabelecidos; c) omissão por parte do Poder Executivo quando ele tem a obrigação de realizar a regulamentação de leis.[78]

Para que seja configurada a inércia, é necessário conceder um tempo razoável para que os poderes públicos respectivos possam regulamentar o dispositivo constitucional. Sabe-se que os procedimentos do Congresso Nacional, em parte por causa de sua composição bicameral, necessitam de determinado lapso temporal para a regulamentação dos mandamentos constitucionais.

No entanto, há a possibilidade da existência da *inertia deliberandi*. A *inertia deliberandi* é um tipo de omissão inconstitucional que se dá quando o projeto de lei já se encontra em tramitação no Congresso Nacional, em fase de discussão ou votação, mas não é levado a termo, não sendo, assim, promulgado, exclusivamente pela demora dos parlamentares. *A priori*, o Supremo Tribunal Federal entende que, iniciado o processo legislativo, não se configura a omissão inconstitucional, porque é próprio do regime democrático e do pluralismo político que os agentes políticos manifestem e discutam suas intenções políticas, o que, obviamente, leva certo tempo para alcançar o término do processo legislativo. No entanto, essa posição não pode ser levada a termos extremos, de modo a possibilitar uma conduta desidiosa do legislador. Assim, dependendo do caso concreto, se for esgotado um prazo razoável para que se edite determinada norma, sem esta vir a lume, em virtude da inércia em finalizar seu processo legislativo, abre-se espaço para a incidência da omissão inconstitucional por *inertia deliberandi*, sujeitando-se à ação direta de inconstitucionalidade por omissão.[79]

Apenas se pode falar em inconstitucionalidade por omissão e, destarte, censura jurídico-constitucional ao legislador na medida exata em que haja obrigação agasalhada

---

[77] MENDES, Gilmar Ferreira. *Jurisdição constitucional*. O controle abstrato de normas no Brasil e na Alemanha. São Paulo: Saraiva, 1996. p. 289.

[78] FERRAZ, Anna Cândida Cunha. Inconstitucionalidade por omissão: uma proposta para a constituinte. *Revista de Informação Legislativa*, n. 89, 1986. p. 54.

[79] "Foi julgada procedente pelo Supremo Tribunal Federal, de forma unânime, em 9 de maio de 2007, a Ação Direta de Inconstitucionalidade (ADI) nº 3.682, Rel. Min. Gilmar Mendes, ajuizada pela Assembleia Legislativa do Estado de Mato Grosso contra o Congresso Nacional, em virtude da *inertia deliberandi* deste último, pela mora na elaboração de norma federal que regulamentasse o art.18, §4º, da Constituição Federal, mora esta de mais de dez anos, especificamente desde a promulgação da Emenda Constitucional nº 15/1996" (*Informativo do STF*, n. 466).

de forma normativa na Constituição. Mesmo quando essa obrigação não for perfeitamente definida por ser exposta por norma programática, sua eficácia deve ser assegurada, garantindo-se um conteúdo mínimo para sua realização.[80]

Todavia, uma das mais importantes inovações do legislador constituinte de 1988 teve seus efeitos esvaídos, transformando-se em uma "folha de papel".[81] O Supremo Tribunal Federal estiolou por muito tempo a eficácia da ação direta de inconstitucionalidade por omissão, curvando-se a um dimensionamento ultrapassado do princípio da separação dos poderes, firmando que, mesmo constatada a omissão, não pode o STF exercer função legislativa supletiva e preencher a lacuna normativa existente. Houve o apego a um entendimento ultrapassado do princípio da separação dos poderes porque ele, em um mundo pós-moderno, não se reduz a seu aspecto funcional, ganhando maior relevância sua finalidade de assegurar a real eficácia dos dispositivos constitucionais, o que impede que omissões de comandos constitucionais possam existir na realidade fática.

Mesmo com esse entendimento retrógrado do STF, muitos autores defendiam que a ação direta de inconstitucionalidade tinha efeitos mandamentais; posição da qual discordamos porque existe grande diferença entre o mundo do ser e o do dever ser.[82] Considerávamos que seus efeitos tinham natureza apenas declaratória, pois somente atestavam a inércia do Poder Legislativo.

Há concordância da força mandamental da ação de inconstitucionalidade por omissão quando o dever de regulamentação for de competência de órgão administrativo, que então terá trinta dias para executá-lo, sob pena de responsabilidade por descumprimento de ordem judicial. Outra possibilidade de efeito mandamental concreto verifica-se, em decorrência da sentença concessiva da ação de inconstitucionalidade por omissão, na declaração de mora do poder que deveria regulamentar o comando constitucional e não o fez, o que pode acarretar responsabilidade por parte da administração.[83] Contudo, mesmo nessa hipótese, devido à autonomia dos entes federativos, configura-se difícil imputar responsabilidade a um estado-membro, por exemplo, quando a competência normativa for do Congresso Nacional.

O anterior posicionamento do Supremo Tribunal Federal baseou-se em uma visão ultrapassada da atuação de cada um dos poderes que compõem a República brasileira, em que preponderaram modelos do século XIX, em que decisões do Poder Judiciário não podiam interferir nas atividades do Poder Legislativo, tentando evitar o *judicial activism*.[84] Esse posicionamento, desconexo da realidade, deixa o controle de constitucionalidade sem um importante instrumento de proteção e não contribui para a densificação, o fortalecimento, dos mandamentos constitucionais.

---

[80] Segundo o Professor José Carlos Vieira de Andrade, a possibilidade de verificação da inconstitucionalidade depende do grau de densidade da norma impositiva e, consequentemente, do grau de vinculação do legislador em face da Constituição. Posição que não estimula a efetividade das normas constitucionais (ANDRADE, José Carlos Vieira de. *Os direitos fundamentais na Constituição portuguesa de 1976*. 2. ed. Coimbra: Almedina, 2001. p. 382-383).

[81] LASSALLE, Ferdinand. *¿Qué es una constitución?* 4. ed. Buenos Aires: Siglo Veinte Uno, 1969. p. 21.

[82] MORAES, Alexandre de. *Direito constitucional*. 17. ed. São Paulo: Atlas, 2005. p. 688.

[83] LENZA, Pedro. *Direito constitucional esquematizado*. 10. ed. São Paulo: Método, 2006. p. 163.

[84] BRENNAN JR., William J. A personal remembrance. In: SCHWARTZ, Bernard. *The Warren Court*. A retrospective. New York: Oxford, 1996. p. 10; RODOTÀ, Carla. *Storia della Corte Costituzionale*. Roma: Laterza, 1999. p. 130-136.

Cumprindo a missão de garantir a regulamentação da Constituição, não está o Poder Judiciário exorbitando suas funções porque a novel estruturação do princípio da separação de poderes não é mais feita baseada em funções primordiais, mas no escopo de cumprir a Lei Maior. Assim, cada um dos poderes pode suplementar a competência de outro desde que haja omissão e que seja para cumprir um mandamento constitucional.

O anterior posicionamento do STF praticamente exauria as diferenças entre a ação direta de inconstitucionalidade por omissão e o mandado de injunção, fazendo com que dois institutos jurídicos fiquem sem utilidade alguma, chocando-se com os ensinamentos ministrados por Pontes de Miranda, para quem na Constituição não haveria disposições inócuas.

Enquanto o mandado de injunção destina-se à proteção de direitos subjetivos dos cidadãos, pressupondo interesse jurídico de seu autor, a ação direta de inconstitucionalidade por omissão, por não ter como pressuposto a necessidade de garantir um direito subjetivo, configurando-se como controle abstrato, prescinde da existência de interesse jurídico específico.

De forma didática podem ser elencadas as seguintes diferenças:
- Mandado de injunção → qualquer pessoa ameaçada ou lesada em seus direitos pode utilizá-lo; seus efeitos são *inter partes* e *ex nunc* em relação aos beneficiados por decisão transitada em julgado, salvo se a aplicação da norma editada lhes for mais favorável;[85] aplica-se diante de um fato concreto; todo juiz de direito poderia decidir, normatizando a situação para determinado caso concreto. Importante lembrar que sua função é regulamentar direitos e liberdades constitucionais e as prerrogativas inerentes à nacionalidade, soberania e cidadania, abrangendo qualquer direito contido na Constituição.
- Ação direta de inconstitucionalidade por omissão → apenas as entidades catalogadas no art. 103 podem impetrá-la; os efeitos são *erga omnes* e *ex tunc*; atinge as normas em abstrato; apenas o Supremo Tribunal Federal pode decidir a questão, normatizando o fato para todas as situações semelhantes de forma genérica e abstrata. Qualquer norma que não tiver sido regulamentada pode ser passível de ação de inconstitucionalidade por omissão, mesmo que não se trate de resguardar direitos humanos.

Para se efetivar um sistema de jurisdição constitucional mais condizente com a necessidade de densificar a legitimidade da jurisdição constitucional, a ação direta de inconstitucionalidade por omissão e o mandado de injunção precisam que seus efeitos assumam natureza realmente mandamental, consonante com sua própria finalidade. Deveria ser estipulado determinado lapso temporal para que o poder ou órgão omisso regulamentasse a situação. Findo esse prazo, provisoriamente, deveria o Supremo Tribunal Federal regulamentar a situação para permitir o exercício do direito contido na Constituição.

De forma inovadora, em sede de mandado de injunção, impetrado contra o Congresso Nacional para que seja assegurado o direito de greve de determinada categoria sindical, a maioria dos ministros do STF decidiu conhecer o pedido para que, enquanto não seja regulamentado o direito de greve estabelecido no art. 37, VII, da Constituição

---

[85] Lei nº 13.300/2016, art. 11.

Federal, aplicar, observando o princípio da continuidade do serviço público, a Lei nº 7.783/89, que disciplina o direito de greve na iniciativa privada, com o objetivo de garantir eficácia às decisões proferidas pelo STF com relação às inconstitucionalidades por omissão.[86]

A consolidação do novo posicionamento, reconhecendo o efeito mandamental da ação direta de inconstitucionalidade por omissão ocorreu na ADIn nº 3.682/MT, em que o STF, por unanimidade, declarou procedente a mora do Congresso Nacional em elaborar a lei complementar que rege o §4º do art. 18 da Constituição Federal. Por maioria, estabeleceu o prazo de 18 meses para a adoção das providências necessárias para a regulamentação da matéria. Assim, formou-se definitivamente a posição doutrinária que defende que a eficácia das decisões em ação direta de inconstitucionalidade por omissão e no mandado de injunção deve ter força mandamental.

A Lei nº 12.063, de 27.10.2009, tratou de regulamentar em alguns pontos a ação direta de inconstitucionalidade por omissão, acrescentando oito artigos à Lei nº 9.868/1999. Antes desta nova lei, a ação direta de inconstitucionalidade por omissão possuía seu delineamento construído na práxis do Supremo Tribunal Federal, obedecendo às regras gerais da ação direta de inconstitucionalidade. Agora, a ação direta de inconstitucionalidade ganha regulamentação própria, o que contribui para maximizar tanto a própria efetividade desta ação de controle abstrato quanto a eficácia das normas constitucionais que necessitem de regulamentação pelo legislador ordinário.

Com relação aos legitimados para a propositura da ação direta de inconstitucionalidade por omissão, ficou estabelecido de forma explícita o que já era realizado na prática: podem propor a ação direta de inconstitucionalidade por omissão os legitimados à propositura da ação direta de inconstitucionalidade e da ação declaratória de constitucionalidade (art. 12-A da Lei nº 9.868/1999). É de se felicitar esta regra porque acaba com eventuais dúvidas sobre quem pode propor esta ação, não sendo restrito o número de seus legitimados, bem como contribuiu para harmonização dos institutos de controle abstrato de constitucionalidade.

Consoante a ação direta de inconstitucionalidade e a ação declaratória de constitucionalidade, desde quando proposta a ação direta de inconstitucionalidade por omissão, dela não se admitirá desistência (art. 12-D da Lei nº 9.868/1999).

A petição inicial dessa espécie abstrata deverá conter, além do pedido, com suas especificações, a indicação da omissão inconstitucional, seja ela total, ou parcial, para que se proceda ao cumprimento do dever constitucional de legislar, ou à adoção de providência de índole administrativa (art. 12-B da Lei nº 9.868/1999). Além da indicação do pedido, deve ser demonstrada a omissão inconstitucional, que, por sua vez, deve advir da existência do dever de legislar, cumprindo ao Estado regulamentar o exercício dos direitos humanos, bem como a indicação de mora do órgão legiferante competente, pelo escoamento de prazo razoável para que a norma tenha sido regularmente editada.

A função do advogado-geral da União em sede de controle abstrato de constitucionalidade é a de velar pela constitucionalidade da norma, ou seja, ele tem como função atuar na preservação da presunção de constitucionalidade das leis, atributo que todas possuem desde quando promulgadas. Na ação direta de inconstitucionalidade

---

[86] MI nº 712/PA, Rel. Min. Eros Grau.

por omissão, o objetivo do controle é atestar a mora do órgão legiferante competente em editar norma que venha a regulamentar preceito constitucional, mandamento este que necessita de regulamentação para que possa ter concretude.

Assim, como referido, o seu objetivo não é expurgar a norma do ordenamento jurídico, declarando sua inconstitucionalidade, mas, ao contrário, tem por escopo manter a norma, porém com a regulamentação de que ela necessita para ter ampla incidência na seara fática. Fixados estes pressupostos, é de se considerar que a atuação do advogado-geral da União em processos de ação direta de inconstitucionalidade por omissão não é obrigatória, já que não é atacada a presunção de constitucionalidade das normas. Deste modo, será faculdade do relator do processo solicitar ou não a manifestação do advogado-geral da União. Se assim decidir, o relator possui prazo de quinze dias para o envio desta solicitação de manifestação, contado da distribuição do processo (art. 12-E, §2º, da Lei nº 9.868/1999).

O contrário acontece em relação ao procurador-geral da República. Nas ações diretas de inconstitucionalidade por omissão que não tenham sido por ele propostas, sempre terá vista do processo, pelo prazo de quinze dias, após o decurso do prazo para prestação das informações das autoridades em mora. Neste caso, o procurador-geral da República atuará com *custus legis*, fiscalizando a regularidade do processo de controle abstrato (art. 12-E, §3º, da Lei nº 9.868/1999).

Regra importante fixada pela nova lei foi a de explicitar a possibilidade de concessão de medida cautelar em sede de ação direta de inconstitucionalidade por omissão. Em caso de excepcional urgência e relevância da matéria, o Supremo Tribunal Federal, por decisão da maioria absoluta de seus membros, observado o quórum de oito ministros para instalação da sessão, poderá conceder medida cautelar, após a audiência com órgãos e autoridades responsáveis pela omissão inconstitucional impugnada. Estes deverão pronunciar-se no prazo de cinco dias (art. 12-F da Lei nº 9.868/1999). Assim, para concessão de cautelar, são necessários os seguintes requisitos: excepcionalidade da urgência e da relevância do caso; quórum de oito ministros para instalação da sessão de julgamento; quórum de seis ministros para concessão da cautela; e somente depois da manifestação dos órgãos e autoridades pretensamente em mora.

Os efeitos da medida cautelar dependem da natureza da omissão. Se a omissão for parcial, ou seja, quando já presente determinada lei regulamentadora do preceito constitucional, mas que o faça de forma insuficiente, a medida cautelar poderá regulamentá-la na parte lacunosa ou consistir na suspensão da aplicação da lei ou do ato normativo questionado, bem como na suspensão de processos judiciais ou de procedimentos administrativos em que ela esteja a ser aplicada. No caso de omissão inconstitucional total, quando houver a ausência absoluta de norma regulamentadora, o STF poderá dotar outra providência que julgar necessária (art. 12-F, §1º, da Lei nº 9.868/1999).

Na concessão de medida cautelar, ficará a critério do relator ouvir ou não o procurador-geral da República, no prazo de três dias (art. 12-F, §2º, da Lei nº 9.868/1999).

Se concedida a medida cautelar, o Supremo Tribunal Federal publicará, em seção especial do *Diário Oficial da União* e do *Diário da Justiça da União*, a parte dispositiva da decisão no prazo de dez dias, devendo solicitar as informações à autoridade ou ao órgão responsável pela omissão inconstitucional (art. 12-G da Lei nº 9.868/1999).

## 30.12 Ação declaratória de constitucionalidade – ADC

O principal objetivo do referido instituto foi o de evitar que divergências judiciais pudessem prosperar no Judiciário, unificando as decisões do Supremo Tribunal Federal. A desvantagem é que fica enfraquecido o controle difuso de constitucionalidade. A ação declaratória de constitucionalidade tem como pano de fundo uma tentativa do Poder Executivo Federal de suprimir as divergências judiciais que fragilizam a "segurança jurídica".

Enquanto os demais instrumentos de controle de constitucionalidade declaram a inconstitucionalidade da norma, retirando-a do ordenamento, a ação declaratória decide se a norma é ou não constitucional, vinculando todas as decisões dentro do Poder Judiciário ao que for estabelecido pelo Supremo Tribunal Federal.

É a única norma que possui força vinculante por expressa disposição da Lei Maior, devendo todos os órgãos judiciais e administrativos se adequar às suas proposições.[87] Da mesma forma, tendo sido a ação declaratória deferida, decidindo pela constitucionalidade da norma, fica impedida a propositura de ação direta de inconstitucionalidade, e as ações que estejam tramitando no controle difuso com esse objeto devem ser extintas.

O efeito vinculante obriga o legislador ao cumprimento estrito da interpretação realizada pelo STF. Contudo, não impede a repetição do mesmo conteúdo em outro diploma legal. Explica Gilmar Ferreira Mendes: "Ao contrário do estabelecido na proposta original, que se referia à vinculação dos órgãos e agentes públicos ao efeito vinculante consagrado na Emenda nº 3, de 1993, ficou reduzido, no plano subjetivo, aos órgãos do Poder Judiciário e do Poder Executivo".[88]

Clara é a definição do Min. Moreira Alves:

> A eficácia contra todos ou *erga omnes* já significa que todos os juízes e tribunais, inclusive o Supremo Tribunal Federal, devem obedecer às decisões do controle concentrado; a inovação residiria apenas em que a EC nº 3, de 1993, ao dar nova redação ao §2º do art. 102 da Constituição, além de atribuir eficácia contra todos, aludiu também ao efeito vinculante, relativamente aos demais órgãos do Poder Judiciário e ao Poder Executivo.[89]

Antes da Emenda Constitucional nº 45, tinha competência para impetrar a ação declaratória ao STF o presidente da República, a Mesa do Senado Federal, a Mesa da Câmara dos Deputados e o procurador-geral da República. A Emenda nº 3 agiu em sentido contrário ao que fora adotado pela Carta Magna, restringindo os legitimados à propositura da referida ação, em uma clara tentativa de centralizar o controle de constitucionalidade.

Após, sob bons auspícios, houve uma democratização nos entes legitimados a impetrarem a ADC, permitindo que todos os legitimados a proporem a ADIn pudessem fazer uso dessa ação abstrata. Inexistia argumento razoável que amparasse a diminuição dos legitimados a utilizar o mencionado instrumento de controle abstrato, restringindo-o

---

[87] BASTOS, Celso Ribeiro. *Curso de direito constitucional.* 18. ed. São Paulo: Saraiva, 1997. p. 410.
[88] MARTINS, Ives Gandra da Silva; MENDES, Gilmar Ferreira. *Controle concentrado de constitucionalidade.* São Paulo: Saraiva, 2001. p. 343.
[89] *Apud* DANTAS, Ivo. *O valor da Constituição.* Do controle de constitucionalidade como garantia da supralegalidade constitucional. Rio de Janeiro: Renovar, 1996. p. 144.

ao presidente da República, ao procurador-geral da República, à Mesa da Câmara dos Deputados e à Mesa do Senado Federal.

Estão legitimados a impetrarem a ação declaratória de constitucionalidade: o presidente da República, a Mesa do Senado Federal, a Mesa da Câmara dos Deputados, a Mesa da Assembleia Legislativa e a Mesa da Câmara Legislativa do Distrito Federal, o governador de estado e do Distrito Federal, o procurador-geral da República, o Conselho Federal da Ordem dos Advogados do Brasil, partido político com representação no Congresso Nacional e confederação sindical ou entidade de classe de âmbito nacional.

Requisito indispensável para a propositura da ação declaratória de constitucionalidade é a indicação da existência de controvérsia judicial relevante sobre a norma impugnada, cujos reflexos possam trazer instabilidade para o sistema normativo. A ação declaratória, tecnicamente, tem a função de garantir a harmonia do sistema constitucional, suprimindo aparentes lacunas e sopesando os princípios constitucionais.

A ação declaratória de constitucionalidade somente pode ser impetrada em relação às normas federais, não cabendo a sua utilização para o caso de normas estaduais ou municipais que afrontem a Constituição.

Já é pacífico no Supremo que cabe liminar em sede de ação declaratória, desde que sejam preenchidos os requisitos necessários à sua decretação.

Com o deferimento da ação declaratória de constitucionalidade, as normas paralelas, ou seja, aquelas normas estaduais que tenham o mesmo conteúdo, também serão declaradas constitucionais. Portanto, declarada a constitucionalidade de determinada lei federal, as leis estaduais que tenham o mesmo conteúdo também serão consideradas constitucionais.

É dominante no âmbito da jurisprudência do Supremo Tribunal Federal o entendimento de que, tanto em processos de ação direta de inconstitucionalidade quanto em processos de ação declaratória de constitucionalidade, vigora o princípio da causa *petendi aberta*, segundo o qual o STF não está limitado aos fundamentos expostos pelo requerente para apreciar a constitucionalidade da norma impugnada. Então a causa de pedir da ação declaratória de constitucionalidade é aberta, autorizando o STF a se valer de outros fundamentos para averiguar a compatibilidade da norma com a Constituição Federal. [90] A causa *petendi aberta* é uma decorrência das peculiaridades do processo objetivo de controle de constitucionalidade, em que as normas processuais infraconstitucionais não podem ser aplicadas como se houvesse um litígio envolvendo partes e um objeto que pudesse ser transacionado durante o processo. Ela se configura como uma das diferenças mais marcantes com o processo subjetivo, de matriz infraconstitucional.

O efeito vinculante da ação declaratória de constitucionalidade não impede que o STF reveja as decisões já proferidas. Pensar de forma contrária seria engessar as suas próprias decisões, impedindo a evolução da jurisprudência. Obviamente que as decisões transitadas em julgado devem ser respeitadas.

Se algum tribunal ou juiz desrespeitar o acórdão proferido, cabe o instituto da reclamação por parte daqueles que foram lesados pela decisão. A reclamação é o instituto jurídico para a preservação da competência e a garantia dos julgados do Supremo Tribunal Federal e do Superior Tribunal de Justiça. Sua natureza é jurídica, dividindo-se

---

[90] MENDES, Gilmar Ferreira; COELHO, Inocêncio Mártires; BRANCO, Paulo Gustavo Gonet. *Curso de direito constitucional*. São Paulo: Saraiva, 2009. p. 1.186.

em penal e cível. Não pode ser confundida com o instituto da avocatória, devendo ser qualificada como uma ação e não como um recurso.[91] Não cabe reclamação quando a decisão já transitou em julgado.[92]

Muitas celeumas têm sido suscitadas acerca da constitucionalidade ou não da ação declaratória de constitucionalidade. Afirmam que ela quebra o contraditório e a ampla defesa porque não há parte para se contrapor ao pedido; que veda o acesso ao Judiciário porque a decisão tem efeito vinculante; acusam-na de esfacelar a autonomia dos juízes e gerar uma hierarquia entre os escalões judiciários, obrigando as instâncias inferiores a respeitar as superiores; arrefece o controle de constitucionalidade por via difusa, dando primazia ao controle concentrado; entre outras teratologias.[93]

Edvaldo Brito entende que ela não deve nem mesmo ser enquadrada como uma ação. Esclarece o professor baiano seu pensamento:

> Diante do exposto, a chamada ação declaratória de constitucionalidade não participa da natureza jurídica de ação, porque a formulação da legitimidade ativa *ad causam*, no §4º que foi introduzido na Constituição ao seu art. 103, não enseja qual é a parte contrária. Logo, não podendo haver ação sem partes, a inovação não pode prevalecer, sob pena de infirmar toda a pragmática da comunicação normativa processual.[94]

Uma das principais máculas da ação declaratória de constitucionalidade reside na quebra do princípio do contraditório, haja vista que o Supremo pode tomar a sua decisão sem que tenha havido posicionamento em sentido contrário.[95] Na ação direta de inconstitucionalidade o procedimento é democratizado, tanto na sua propositura quanto na sua discussão, permitindo o contraditório e a ampla defesa.[96]

Outro grave defeito é o de quebrar o princípio da separação de poderes, outorgando à cúpula do Poder Judiciário a competência de atuar com efeito vinculante, obrigando as demais instâncias judiciárias e o Poder Executivo.

No julgamento da primeira ação declaratória de constitucionalidade, o relator, Ministro Moreira Alves, repeliu as alegações de inconstitucionalidade baseadas na afronta à separação de poderes e na quebra dos direitos individuais referentes ao acesso ao Judiciário, ao devido processo legal, ao princípio do contraditório e à ampla defesa, explicitando o seguinte:

---

[91] Explica Marcelo Navarro Ribeiro Dantas: "Observe-se ainda o fato de que, em outros acórdãos, o Supremo dissera – como depois vem repetir – que, se da decisão reclamada cabe recurso, que não foi interposto, descabe a reclamação. Aqui, porém, esclarece que, sendo interposto o recurso próprio, nada obsta a que se interponha, também, conforme o caso, a reclamação. Isso parece revelar que não se pode pretender seja a reclamação um recurso, mas uma via autônoma de impugnação – uma ação, portanto" (DANTAS, Marcelo Navarro Ribeiro. *Reclamação constitucional no direito brasileiro*. Porto Alegre: Fabris, 2000. p. 322).

[92] Regimento Interno do Supremo Tribunal Federal, art. 156.

[93] Foi no julgamento da ADC nº 01-1/DF, de relatoria do Min. Moreira Alves, que ficou livre a ação declaratória de constitucionalidade da imputação de inconstitucionalidade. Ficaram afastadas as alegações de quebra da separação de poderes, do acesso ao Judiciário, do devido processo legal, do contraditório e da ampla defesa.

[94] BRITO, Edvaldo. Aspectos inconstitucionais da ação declaratória de constitucionalidade de lei ou de ato normativo federal. In: *Ação declaratória de constitucionalidade*. São Paulo: Saraiva, 1996. p. 48.

[95] TUCCI, José Rogério Cruz e. Aspectos processuais da denominada ação declaratória de constitucionalidade. In: *Ação declaratória de constitucionalidade*. São Paulo: Saraiva, 1996. p. 150.

[96] FIGUEIREDO, Marcelo. Ação declaratória de constitucionalidade – Inovação infeliz e inconstitucional. In: *Ação declaratória de constitucionalidade*. São Paulo: Saraiva, 1996. p. 180.

Em um processo objetivo de controle de constitucionalidade não se aplicam os preceitos constitucionais que dizem respeito exclusivamente a processos subjetivos (processos *inter partes*) para a defesa concreta de interesses de alguém juridicamente protegido. [...] se o acesso ao Judiciário sofresse qualquer arranhão, este arranhão decorreria da adoção do próprio controle concentrado, o qual se fez pelo Poder Constituinte, e não exclusivamente da instituição de um de seus instrumentos [...].[97]

Hodiernamente é pacífico no Supremo Tribunal Federal a constitucionalidade da ação declaratória.

## 30.13 Ação direta interventiva

A ação interventiva foi a primeira forma de controle direto de constitucionalidade surgida no Brasil, na Constituição de 1934. Ela tem o objetivo de decretar a intervenção no ente federativo que descumpriu os chamados princípios sensíveis.[98]

A intervenção é exceção à autonomia dos estados e municípios, constituindo-se na principal sanção política existente no ordenamento jurídico para esses entes políticos. Segundo esse instituto, a União pode intervir nos estados-membros, e estes podem intervir nos municípios, quando houver infringência aos preceitos contidos nos arts. 34 e 35 da Carta Magna. A ação interventiva é um instrumento jurídico que busca retirar do ordenamento determinadas estruturas normativas que atentem contra princípios considerados essenciais para o Estado Democrático de Direito, os princípios sensíveis.

As finalidades da ação direta interventiva são duas: a) jurídica, que é assegurar a supremacia das normas constitucionais, expurgando do ordenamento as normas declaradas inconstitucionais; b) política, que é realizar a intervenção no ente federativo que descumpriu os princípios sensíveis, desde que seja realmente necessário.

São princípios sensíveis:
a) a forma republicana, o sistema representativo e o regime democrático. Por preservar a República, o Prof. Pinto Ferreira afirma que essa forma de governo é cláusula pétrea, não obstante o plebiscito que foi previsto no art. 2º do ADCT;[99]
b) direitos da pessoa humana, que são todas as prerrogativas referentes ao cidadão contidas na Constituição, especialmente as relacionadas nos arts. 5º ao 17;
c) autonomia municipal. Os municípios, que a partir da Constituição de 1988 ganharam relevância na federação, têm asseguradas as suas prerrogativas de autogoverno, traduzidas na garantia de autonomia;[100]
d) prestação de contas da Administração Pública, direta e indireta;
e) aplicação do mínimo exigido da receita resultante de impostos, compreendida a proveniente de transferências na manutenção e desenvolvimento do ensino,

---

[97] ADC nº 1-1/DF, Rel. Min. Moreira Alves.
[98] SARAIVA, Paulo Lopo. *Manual de direito constitucional*. São Paulo: Acadêmica, 1995. p. 1.995.
[99] Art. 2º do Ato das Disposições Constitucionais Transitórias: "No dia 7 de setembro de 1993 o eleitorado definirá, através de plebiscito, a forma (república ou monarquia constitucional) e o sistema de governo (parlamentarismo ou presidencialismo) que devem vigorar no País".
[100] Com base na jurisprudência do STF, o Tribunal declarou incidentalmente a inconstitucionalidade da Lei nº 6.570/1988, do município de Goiânia, que estabelecia o reajuste automático do salário de servidores municipais pela variação do IPC, por ofensa ao princípio da autonomia municipal (RE nº 247.387/GO, Rel. Min. Néri da Silveira).

e nas ações e serviços públicos de saúde. O mínimo exigido na manutenção e desenvolvimento do ensino é de vinte e cinco por cento da receita proveniente de impostos para os municípios e para os estados-membros.

Quem tem legitimidade para propor a ação interventiva é o procurador-geral da República, em âmbito federal, e o procurador-geral de Justiça, em âmbito estadual. Nota-se uma sensível redução na esfera de legitimados à propositura da ação interventiva, já que, das pessoas arroladas no art. 103 da Constituição, apenas o chefe do Ministério Público tem legitimidade para tanto.

O pedido se denomina representação, e é endereçado ao Supremo, que, caso o acolha, emitirá uma decisão sob a forma de provimento. Não há obrigatoriedade de provimento da representação por parte do Supremo Tribunal Federal, que deverá verificar se ela preenche os requisitos para a sua admissão.

Para assegurar o contraditório, antes da decisão, o presidente do Supremo Tribunal Federal solicitará informações à autoridade estadual ou municipal, à qual estão sendo imputadas condutas incompatíveis com os princípios sensíveis.

Sendo a representação acolhida sob a forma de provimento, o STF formulará uma requisição endereçada ao presidente da República, que obrigatoriamente deve aceitá-la, elaborando um decreto para concretizar a intervenção. O decreto que estabelecer a intervenção estipulará as medidas a serem tomadas, o prazo de sua duração e a sua amplitude.

Realizada a intervenção, o princípio sensível que fora afrontado será preservado. O efeito da ação interventiva é fazer com que o ente que descumpriu o princípio sensível corrija seu gravame. Na maioria dos casos, a exclusão da norma infratora do ordenamento jurídico restabelece a normalidade constitucional. Caso seja necessário, pode-se nomear um interventor, para o exercício de funções administrativas. A autoridade que sofreu a intervenção poderá voltar ao seu cargo, após o cumprimento das medidas, se não houver concorrido para a perda da autonomia.

Nas ações interventivas não pode haver medidas cautelares, nem é necessária a participação do advogado-geral da União.

## 30.14 Arguição de descumprimento de preceito fundamental – ADPF

A arguição de descumprimento de preceito fundamental foi prevista na Constituição, no art. 102, §1º, e regulamentada pela Lei nº 9.882/1999. Seu objetivo é evitar o descumprimento de preceito fundamental, aumentando o grau de proteção jurisdicional. A sua origem está dentro do diapasão de garantir aos preceitos fundamentais plena eficácia, seja no seu aspecto positivo, seja no seu aspecto negativo. A regulamentação do art. 102, §1º, da Constituição demorou cerca de onze anos – durante esse período o Supremo Tribunal Federal rejeitou todas as ações de arguição de descumprimento de preceito fundamental intentadas.

A arguição de descumprimento de preceito fundamental pode ser preventiva, quando houver uma ameaça exequível; ou repressiva, quando o dano já tiver ocorrido. A ameaça para dar ensejo a essa arguição tem de ser palpável, ser concretizável, mediante a existência de reais elementos para que se possa aferir a sua realização.

A mencionada lei ainda regulamentou a arguição por equiparação, também chamada de controle incidental de constitucionalidade, para ser utilizada quando houver relevante fundamento de controvérsia constitucional sobre lei ou ato normativo federal, estadual ou municipal, inclusive os anteriores à Constituição.

Preceito, segundo o *Dicionário Houaiss da Língua Portuguesa*, significa "determinação, ordem, prescrição".[101] O real conceito de preceito fundamental não está claro nem na doutrina, nem na jurisprudência. O seu conceito não deve ficar restrito apenas aos direitos fundamentais, contidos principalmente nos arts. 5º a 17 da Constituição, e às cláusulas pétreas. Qualquer direito fundamental defendido pela Constituição, esteja contido na ordem econômica, ou na organização dos poderes, deve ser definido como preceito fundamental e resguardado por intermédio de arguição de descumprimento de preceito fundamental.

José Afonso da Silva se posiciona no sentido de que preceito fundamental não é a mesma coisa que princípio fundamental, obtendo um alcance mais amplo para abranger todas as prescrições que dão o sentido básico do regime constitucional, como exemplo, a forma de governo, o sistema de governo, o regime político e, de forma preponderante, os direitos e garantias fundamentais.[102]

Contudo, como ainda não há uma definição legal do que seja preceito fundamental, a sua determinação deve ser indicada pelas decisões do STF.[103] Dependendo da extensão dada ao mencionado instituto jurídico, ele pode se tornar um relevante instrumento para a garantia dos direitos humanos da sociedade, mormente quando não há nenhum sentido para uma interpretação restritiva do seu alcance, abrangendo apenas os princípios fundamentais.

Deve-se ter o cuidado para não transformar a arguição de descumprimento de preceito fundamental em um instrumento para garantir a concretização de todos os dispositivos constitucionais, de forma irrestrita, pois esse não é entendimento mais consentâneo com a essência do instituto, que deve ser utilizado apenas quando não houver uma solução jurídica mais adequada para garantir preceito fundamental.

Restringiu-se a arguição apenas aos preceitos fundamentais contidos na Constituição. Se preceitos fundamentais forem expressos por normas infraconstitucionais, não será cabível o controle de constitucionalidade por intermédio de arguição. A expressão "preceitos decorrentes desta Constituição" – adotada pela Constituição – deve ser entendida como referente àqueles contidos na Lei Maior e aos princípios implícitos que garantem o cumprimento dos preceitos contidos no texto constitucional.

---

[101] HOUAISS, Antônio. *Dicionário Houaiss da língua portuguesa*. Rio de Janeiro: Objetiva, 2001. p. 2.280.

[102] SILVA, José Afonso da. *Curso de direito constitucional positivo*. 16. ed. São Paulo: Malheiros, 1999. p. 559.

[103] Thomas Bustamante traça um panorama de diversos autores acerca da definição do que seja preceito fundamental: "Vicente Greco Filho, por exemplo, chegou a equiparar a arguição de descumprimento de preceito fundamental à ação direta de inconstitucionalidade por omissão e ao mandado de injunção. Paulo Napoleão Nogueira da Silva, diferentemente, procurou conceituar como 'preceitos fundamentais' os constantes do Título I da Carta Política (à exceção do princípio republicano, que não seria imutável); as cláusulas pétreas (artigo 60, §4º); e, finalmente, o *caput* do artigo 60, ressaltando que seria necessária a edição de lei definindo a legitimação, o rito e os efeitos da decisão. José Afonso da Silva, por sua vez, entendeu como preceitos fundamentais os 'princípios fundamentais' (Título I), além de 'todas as prescrições que dão o sentido básico do regime constitucional, como são, por exemplo, as que apontam para a autonomia dos Estados, do Distrito Federal e especialmente as designativas de direitos e garantias fundamentais'. Sustenta ainda este autor que o instituto teria, na verdade, natureza semelhante ao recurso constitucional alemão (*Verfassungsbeschwerde*)" (BUSTAMANTE, Thomas da Rosa. A arguição de descumprimento de preceito fundamental e sua regulamentação pela Lei nº 9.882, de 3 de dezembro de 1999. Incidente de inconstitucionalidade? *Inforjus*, jan. 2000).

Não pode haver confusão entre a arguição de descumprimento de preceito fundamental e a ação de inconstitucionalidade por omissão. Esta tem o escopo de regulamentar qualquer norma constitucional que ainda não tenha eficácia por causa de uma omissão legislativa, enquanto aquela visa concretizar os preceitos fundamentais, que não são usufruídos pelos cidadãos, seja porque sofreram uma inconstitucionalidade material ou uma inconstitucionalidade omissiva.

A arguição de descumprimento de preceito fundamental se concretiza com atividades materiais para garantir a realização do direito ou para retirar impedimento normativo que restringia o seu gozo; e a ação de inconstitucionalidade por omissão é assegurada com a simples regulamentação do preceito normativo. A arguição necessita de medidas efetivas, no sentido de tornar concreta para a população a fruição de determinadas prerrogativas. Na ação de inconstitucionalidade por omissão, a simples regulamentação, elaboração legislativa, supre a omissão.

A arguição de descumprimento de preceito fundamental pode ser utilizada tanto para suprimir uma omissão que impeça a realização dos preceitos fundamentais quanto para obrigar os poderes pertinentes a efetivarem os mandamentos constitucionais, como ocorre, por exemplo, com as normas programáticas; ou ainda para suprimir um impedimento legislativo que impedia a sua realização. A ação de inconstitucionalidade por omissão nunca ocorre por uma afronta da lei infraconstitucional à Constituição, mas sempre terá como prerrequisito uma omissão do legislador em não regulamentar uma disposição constitucional.

## 30.14.1 Competência

A competência para julgar a arguição de descumprimento de preceito fundamental é exclusiva do Supremo Tribunal Federal, e os legitimados para a sua propositura são os mesmos da ação direta de inconstitucionalidade, com os mesmos prerrequisitos. São eles: o presidente da República, a Mesa do Senado Federal, a Mesa da Câmara dos Deputados, a Mesa da Assembleia Legislativa, o governador do Estado, o procurador-geral da República, o Conselho Federal dos Advogados do Brasil, partido político com representação no Congresso Nacional, confederação sindical com representação de classe de âmbito nacional.

O presidente da República vetou o inc. II do art. 2º da lei disciplinadora, que permitia o ajuizamento da arguição por qualquer pessoa lesada ou ameaçada por ato do Poder Público, *quisquis populo*. Porém, permaneceu na lei o dispositivo que prevê que qualquer pessoa pode representar ao procurador-geral da República, encaminhando-lhe as fundamentações jurídicas, para que possa decidir se impetrará ou não a ação. Não significa isso que todos os cidadãos têm legitimidade *ad causam* para impetrar a ação; mas qualquer um do povo poderá representar ao procurador-geral da República que, discricionariamente, avaliará o cabimento ou não da arguição de descumprimento de preceito fundamental.

Ao fundamentar o veto, o presidente da República alegou que a possibilidade de impetração de arguição por todo e qualquer cidadão implicaria um grande aumento na demanda de processos para o STF, prejudicando ainda mais a celeridade das decisões. O citado argumento não é plausível porque, além da existência do princípio da subsidiariedade, poderia haver um juízo de admissibilidade mais rígido para fazer a análise das demandas que iriam para o Supremo.

Somente os entes públicos podem ser alvo da arguição de descumprimento de preceito fundamental. Similarmente à doutrina do mandado de segurança, também os entes privados que exerçam uma função pública são passíveis de arguição, em razão da natureza da função que eles desempenham.

Interessante observar que a expressão "ato do poder público", presente no art. 1º da Lei nº 9.882/99, possibilita também a proposição da ADPF em face de decisão judicial que afronte cláusulas fundamentais da ordem constitucional.[104] No entanto a arguição de descumprimento de preceito fundamental não tem como função desconstituir a coisa julgada, não cabendo, portanto, contra decisão transitada em julgado.[105] Igualmente, ela não pode ser aplicada contra casos concretos específicos, em razão da perda de seu conteúdo de generalidade e abstração. A decisão ocorreu diante do pedido de uma gestante para afastar a criminalização do aborto nas 12 primeiras semanas da gestação.[106]

## 30.14.2 Inovações

A arguição de descumprimento de preceito fundamental introduziu algumas inovações no controle de constitucionalidade que merecem análise mais atenta. A primeira delas é a possibilidade de arguição contra ato ou lei municipal, instituindo-se o controle direto com relação às normas e atos desse ente federativo que ofendam aos preceitos fundamentais.

Havendo alguma lesão a preceito fundamental por lei municipal, o Supremo Tribunal Federal pode proteger o ordenamento e declarar a sua inconstitucionalidade. O objetivo dessa inovação foi impedir que os vários Tribunais de Justiça tivessem um posicionamento discrepante em relação a uma mesma matéria. Anteriormente não era previsto controle direto para as inconstitucionalidades municipais, para evitar uma grande demanda para o Supremo. A exceção aberta com a arguição se justifica em razão da premência do objeto protegido: os preceitos fundamentais.

A segunda inovação diz respeito ao controle de constitucionalidade de normas anteriores à Constituição. As normas do ordenamento anterior que se chocaram com o novo Texto Magno foram imediatamente, sem necessidade de pronunciamento judicial, retiradas do ordenamento jurídico, não recepcionadas.

O Supremo não aceita as ações diretas de inconstitucionalidade de leis anteriores à Constituição e que não foram recepcionadas pelo novo ordenamento jurídico. Para recuperar os direitos lesionados, do período anterior à vigência da atual Carta Magna, somente poderia ser invocado o controle difuso de constitucionalidade. Com a regulamentação da arguição de descumprimento de preceito fundamental, o controle normativo das Constituições anteriores pode ser realizado por via direta, com ação para o Supremo Tribunal Federal, desde que incidam contra preceitos fundamentais.

Outra inovação consiste na possibilidade de se analisar, em sede de controle direto, a constitucionalidade de um caso concreto. O controle de constitucionalidade

---

[104] STF, Decisão Monocrática, ADPF nº 127, Rel. Min. Teori Zavascki, j. 25.2.2014.
[105] STF, Decisão monocrática, ADPF nº 81 MC, Rel. Min. Celso de Mello, j. 27.10.2015.
[106] ADPF nº 442, Rel. Min. Rosa Weber.

concentrado até então existente somente era utilizado diante da lei em tese, sem necessidade de especificação de um caso concreto. Agora, o controle concentrado, por intermédio da arguição, vai poder ocorrer em face de casos concretos, mantendo-se a extensão *erga omnes* dos seus efeitos.

Pelas peculiaridades do caso concreto, o alcance dos efeitos *erga omnes* tende a ser um pouco mais restrito, obrigando a uma interpretação mais genérica das decisões da arguição de descumprimento de preceito fundamental para que possam ser usadas em outros casos.

O caráter subsidiário da ADPF, combinado com a expressão "ato do Poder Público" que define o seu cabimento, tem ensejado uma ampliação das hipóteses de ADPF. Recentemente, tem-se admitido arguição contra omissões estatais[107] ou mesmo contra um conjunto de decisões judiciais[108] que ofendam preceito fundamental. Outrossim, a alegação da necessidade do preenchimento do princípio da subsidiariedade não pode afetar a efetividade dos mandamentos constitucionais, abrindo-se a possibilidade de impetração de ADPF, mesmo ultrapassando-se o princípio da subsidiariedade, para a garantia efetiva dos preceitos fundamentais.

## 30.14.3 Procedimento

A petição inicial deverá conter a indicação do preceito fundamental que se considera violado, a indicação do ato questionado, a prova da violação do preceito fundamental, o pedido com suas especificações e, se for o caso, a comprovação de controvérsia judicial relevante sobre a aplicação do preceito violado, na hipótese da arguição por equiparação.

Ela deve vir acompanhada dos documentos necessários, em duas vias, com as cópias do ato litigado, e conter os documentos necessários para comprovar a impugnação. O instrumento procuratório somente é necessário quando a petição for de iniciativa de partido político com representação no Congresso Nacional, ou de iniciativa de confederação sindical ou entidade de classe de âmbito nacional. Os demais legitimados pelo art. 103 da Constituição não necessitam de instrumento procuratório.

Caso não haja o preenchimento desses requisitos, a petição inicial deverá ser indeferida pelo relator. Do indeferimento caberá agravo para o plenário, no prazo de cinco dias.

Nas arguições de descumprimento de preceito fundamental pode ser dada liminar, mediante o quórum de maioria absoluta dos membros do Supremo Tribunal Federal, desde que estejam presentes o *periculum in mora* e o *fumus boni juris*.

Em casos de extrema urgência ou de perigo de grave lesão, ou ainda durante o recesso dos trabalhos forenses, poderá o relator conceder liminar em decisão monocrática, que deverá ser referendada posteriormente pelo Pleno do Tribunal. Para melhor legitimar a sua decisão liminar, o relator poderá – ato discricionário – ouvir as autoridades responsáveis pelo ato questionado e o procurador-geral da República, em um prazo comum de cinco dias, em razão da urgência.

Concedida a medida liminar, os juízes e tribunais deverão suspender o andamento dos processos, os efeitos das decisões interlocutórias ou de qualquer outra medida que

---

[107] STF, Plenário, ADPF nº 272/DF, Rel. Min. Cármen Lúcia, j. 25.3.2021.
[108] STF, Plenário, ADPF nº 548/DF, Rel. Min. Cármen Lúcia, j. 15.5.2020.

apresente relação com a matéria objeto da arguição. Somente restarão inalteradas as decisões que já estiverem com o trânsito em julgado.

Apreciado o pedido de liminar, o relator solicitará informações às autoridades responsáveis pela prática do ato questionado em um prazo de dez dias. Com o intento de colher maior número de informações, "democratizando" as decisões, o relator poderá requisitar informações adicionais das partes demandantes, requisitar informações de peritos ou comissões de peritos para que emitam um parecer sobre a questão, ou ainda marcar data para audiência pública de pessoas com experiência e autoridade na matéria. Nessas audiências pode ser autorizada, de acordo com a decisão do relator, sustentação oral ou juntada de memoriais, por requerimento dos interessados no processo.

Passado o prazo para a apresentação das informações, o relator lançará relatório, com cópia a todos os ministros, e pedirá pauta para marcar o dia do julgamento.

O Ministério Público, nas arguições em que não for parte demandante, terá vistas do processo, pelo prazo de cinco dias, para se manifestar. Essa imposição da lei é despicienda, porque o §1º do art. 103 da Constituição Federal já obriga a oitiva do procurador-geral da República em todas as ações de inconstitucionalidade e em todos os processos de competência do Supremo. O advogado-geral da União não atua como defensor do vínculo, isto é, defendendo o ato que descumpriu o preceito fundamental. Ele poderá ser ouvido com o intento de obtenção de maiores subsídios para o julgamento da ação.

A decisão de mérito somente poderá ser proferida quando presentes, pelo menos, dois terços dos ministros do Supremo Tribunal Federal, com um quórum de maioria absoluta dos seus membros. Deferido o pedido, a autoridade da qual o ato for emanado será comunicada para o cumprimento imediato da decisão, de acordo com as condições e o modo de interpretação e aplicação do preceito fundamental.

A decisão tem efeitos *erga omnes* e é vinculante para todos os órgãos do Poder Público. Caso não venha a ser cumprida, cabe reclamação para o Supremo Tribunal Federal.[109]

Sendo uma lei infraconstitucional, a Lei nº 9.882/1999 poderia atribuir a uma decisão efeito vinculante para todos os três poderes? Se é bastante discutível o efeito vinculante estabelecido por emenda constitucional, que dirá por uma norma hierarquicamente inferior? Uma lei ordinária não tem competência para mitigar a esfera de atuação do Poder Executivo ou do Poder Judiciário. As formas pertinentes de controle de constitucionalidade apenas podem ser estabelecidas pelo Poder Constituinte ou pelo Poder Reformador, mas nunca pelo legislador ordinário.

Dentro do prazo de dez dias contados do trânsito em julgado da decisão, a parte dispositiva da arguição de descumprimento de preceito fundamental será publicada em seção especial do *Diário Oficial da União*.

A decisão na arguição de descumprimento de preceito fundamental não admite ação rescisória, podendo ser interposto apenas embargo declaratório.

---

[109] Foi deferido pedido de medida liminar em ação de reclamação, ajuizada pela União, para garantir a autoridade da decisão proferida pelo STF na ADC nº 4-DF, que suspendeu liminarmente, com eficácia *ex nunc* e com efeito vinculante, até final julgamento da ação, a prolação de qualquer decisão sobre pedido de inconstitucionalidade do art. 1º da Lei nº 9.494/1997, por entender que a tutela antecipada fora concedida com desrespeito à referida decisão.

Por razões de segurança jurídica ou de excepcional interesse social, poderá o STF, com o quórum de dois terços dos seus membros, restringir os efeitos da decisão ou decidir que ela só tenha eficácia a partir de seu trânsito em julgado ou de outro momento que venha a ser fixado.[110] Ou seja: com o preenchimento desses requisitos – segurança jurídica ou excepcional interesse social –, com o quórum de dois terços, a decisão proferida em sede de arguição poderá ter efeitos *ex nunc* ou *pro futuro*. Sem esses requisitos, a regra geral é que a decisão tenha efeitos *ex tunc*.

A fixação dos efeitos da arguição de descumprimento de preceito fundamental como *ex nunc* ou *pro futuro* representa uma decisão política, proferida por um órgão jurídico que é o Supremo Tribunal Federal, com o intuito de adequar o alcance dos seus acórdãos às situações fáticas, deliberando qual seria o momento mais conveniente para a produção dos seus efeitos, para preservar a concretude do ordenamento jurídico.

A Lei nº 9.868/1999, que regulamenta o procedimento para as ações diretas de inconstitucionalidade e para as ações declaratórias de constitucionalidade, suprirá as lacunas existentes para o processamento das arguições de descumprimento de preceito fundamental, orientando a ação com os ritos nela previstos. Não existe prazo específico para se impetrar a arguição de descumprimento de preceito fundamental.

### 30.14.4 Princípio da subsidiariedade

A arguição de descumprimento de preceito fundamental não poderá ser intentada quando for admitida outra ação direta para realizar o controle de constitucionalidade ou quando for possível impetrar outra medida judicial. Pelas peculiaridades dessa ação, com uma seara específica de atuação, ela não pode ser sucedânea das clássicas garantias constitucionais brasileiras, como o mandado de segurança, o *habeas corpus* etc., ou até mesmo de outras ações do controle direto de constitucionalidade. A arguição somente poderá ser usada quando não houver mais nenhum mecanismo adequado para a garantia dos preceitos fundamentais, ou quando esses mecanismos não produzirem os efeitos desejados.[111]

Pelos motivos elencados, não será admitida arguição de descumprimento de preceito fundamental quando houver omissão por parte do Poder Legislativo na regulamentação da matéria, pois nesse caso é cabível o mandado de injunção ou a ação de inconstitucionalidade por omissão – a não ser que esses remédios jurídicos já tenham sido usados e não tenham conseguido produzir o efeito esperado.

---

[110] "Embora o Supremo Tribunal Federal nunca tenha determinado a aplicação do efeito *ex nunc* de suas decisões de mérito no controle concentrado de constitucionalidade, muitas vezes, Ministros de nossa Corte Constitucional têm admitido essa possibilidade, mesmo antes de previsão legal nesse sentido, nos casos, por exemplo, de ocorrência de uma forte e antiga presunção de constitucionalidade de lei, por fim, julgada inconstitucional, tendo em vista a segurança jurídica, a boa-fé do Poder Público e as consequências econômicas avassaladoras para o País que a declaração de inconstitucionalidade com efeito *ex tunc* poderia trazer" (SARAIVA FILHO, Oswaldo Othon de Pontes. Arguição de descumprimento de preceito fundamental. *Revista Jurídica Virtual do Palácio do Planalto*, n. 19, dez. 2000).

[111] "A mera possibilidade de utilização de outros meios processuais, no entanto, não basta, só por si, para justificar a inovação do princípio em questão, pois, para que esse postulado possa legitimamente incidir, revelar-se-á essencial que os instrumentos disponíveis mostrem-se aptos a sanar, de modo eficaz e real, a situação de lesividade que se busca neutralizar com o ajuizamento da ação constitucional de arguição de descumprimento de preceito fundamental" (ADPF nº 17/AP, Rel. Min. Celso de Mello).

Pensar de outra forma é tentar subverter o trâmite processual, criando obstáculos, pelo excesso de trabalho, à celeridade da prestação jurisdicional do Supremo Tribunal Federal. Não teria sentido criar um novo instituto jurídico para realizar uma função que já é própria de outro instrumento processual.[112] Criar várias normas para incidir em um mesmo caso concreto significa produzir o que García de Enterría denominou de inflação desmedida das leis, que apenas produz instabilidades no sistema jurídico.[113]

Ao contrário do que pensa Gilmar Ferreira Mendes, não se pode dar interpretação mais elástica à arguição, contrariando o princípio da subsidiariedade e fazendo com que o instituto seja cabível, de forma concomitante, com outros institutos do controle direto de constitucionalidade.[114]

Forma arguta de se tentar quebrar o princípio da subsidiariedade é colocá-lo como pertinente, exclusivamente, à arguição de descumprimento de preceito fundamental, sem ser obrigatório para a arguição incidental de constitucionalidade. Ora, se o incidente de constitucionalidade é inconstitucional, imagine-se a aberração jurídica de considerar a subsidiariedade apenas obrigatória para a arguição e não também para o incidente de constitucionalidade, quando o princípio norteia obrigatoriamente toda lei?[115]

Pelas razões evocadas acima, a definição do princípio da subsidiariedade deve permanecer restrita à *mens legis* do seu texto. Somente é cabível o novel instrumento na ausência de outro meio eficaz para sanar a lesão ou ameaça.[116] No mesmo sentido se posiciona Alexandre de Moraes:

> Observe-se, porém, que o cabimento da arguição de descumprimento de preceito fundamental não exige a inexistência de outro mecanismo jurídico, mas seu prévio esgotamento sem real efetividade, ou seja, sem que tenha havido cessação à lesividade a preceito fundamental, pois a lei não previu exclusividade de hipóteses para a utilização da arguição de descumprimento de preceito fundamental, mas sua subsidiariedade.[117]

---

[112] Na ADPF nº 3/CE, em 18.5.2000, o relator, Min. Sydney Sanches, afirmou ser incabível ADPF quando ainda existe medida eficaz para sanar lesividade. Com esse entendimento, o Tribunal não conheceu o denominado remédio, ajuizado pelo governador do estado do Ceará contra ato do Tribunal de Justiça.

[113] GARCÍA DE ENTERRÍA, Eduardo. *Justicia y seguridad jurídica en un mundo de leyes desbocadas*. Madrid: Civitas, 1999. p. 47.

[114] Expõe Gilmar Ferreira Mendes: "À primeira vista, poderia parecer que somente na hipótese de absoluta inexistência de qualquer meio eficaz a eventual lesão poder-se-ia manejar, de forma útil, a arguição de descumprimento de preceito fundamental. É fácil ver que uma leitura excessivamente literal dessa disposição, que tenta introduzir entre nós o princípio da subsidiariedade vigente no Direito alemão e no Direito espanhol para, respectivamente, o recurso constitucional e o recurso de amparo, acabaria por retirar desse instituto qualquer significado prático" (MENDES, Gilmar Ferreira. Arguição de descumprimento de preceito fundamental: demonstração de inexistência de outro meio eficaz. *Revista Jurídica Virtual do Palácio do Planalto*, jun. 2000).

[115] Defende tal argúcia BERNARDES, Juliano Taveira. Lei nº 9.882/1999: arguição de descumprimento de preceito fundamental. *Jus Navigandi*, fev. 2000.

[116] No mesmo sentido, Thomas Bustamante: "Não se pode negar que, cabendo qualquer recurso para a decisão judicial atacada, há um meio eficaz para se 'sanar a lesividade', o próprio recurso cabível! Qualquer que seja o sentido atribuído pelo legislador à expressão 'eficácia' é razoável se presumir que o recurso para um outro órgão julgador, ou mesmo para o Supremo Tribunal Federal, nos casos contemplados pela Carta Magna, é um mecanismo eficiente para a proteção da norma constitucional supostamente violada. A conclusão contrária importaria numa contradição insuperável no sistema jurídico: a inexistência de eficácia da decisão de um Tribunal ao reformar a decisão recorrida" (BUSTAMANTE, Thomas da Rosa. A arguição de descumprimento de preceito fundamental e sua regulamentação pela Lei nº 9.882, de 3 de dezembro de 1999. Incidente de inconstitucionalidade? *Inforjus*, jan. 2000).

[117] MORAES, Alexandre de. Comentários à Lei nº 9.882/1999 – Arguição de descumprimento de preceito constitucional. In: TAVARES, André Ramos Tavares; ROTHENBURG, Claudius (Org.). *Arguição de descumprimento de preceito fundamental*: análises à luz da Lei nº 9.882/1999. São Paulo: Atlas, 2001. p. 27.

A alegação de que o recurso constitucional alemão e o amparo espanhol, apesar da necessidade de exaurirem todas as instâncias, permitem, em casos de grave lesão ou interesse público, a sua implementação sem esse exaurimento não serve para todos os casos. A regra geral para o recurso constitucional alemão é o princípio da subsidiariedade, sendo a sua exceção admitida em pouquíssimos casos.

O recurso de amparo, previsto no art. 161, *b*, da Constituição espanhola, prevê que o Tribunal Constitucional tem jurisdição em todo o território espanhol e é competente para conhecer do recurso de amparo nos casos e formas que a lei estabelecer, sendo esse o recurso cabível quando houver uma ameaça ou lesão a um direito ou garantia constitucional.

Um instituto jurídico estrangeiro não pode ser transposto para o nosso país, com desprezo pela nossa realidade específica. Tentar comparar institutos jurídicos estrangeiros, que não guardam nenhuma similaridade com a realidade brasileira, é perpetrar um "idealismo utópico", no sentido empregado por Oliveira Viana.

O que postulam alguns doutrinadores é que, por meio de uma interpretação conforme a Constituição, seja permitido, em determinadas situações não especificadas explicitamente, que o requisito do esgotamento das vias judiciais não se torne exigível.

Lenio Streck explicita o campo de ação da arguição de descumprimento de preceito fundamental:

> Assim, em face desse processo hermenêutico, torna-se razoável afirmar que a ação de descumprimento de preceito fundamental passa a ser remédio supletivo para os casos em que não caiba ação direta de inconstitucionalidade. Nesse sentido, poderão agora ser questionados atos normativos (regulamentos, resoluções, por exemplo) que anteriormente não eram passíveis de enquadramento na via da ação direta de inconstitucionalidade.[118]

Somente nos casos em que não há remédio específico na seara do controle de constitucionalidade é que a arguição de descumprimento de preceito fundamental pode ser utilizada sem sofrer restrições pelo princípio da subsidiariedade.

## 30.14.5 Analogia com o recurso constitucional alemão

Podem ser traçadas algumas analogias entre a arguição de descumprimento de preceito fundamental e o recurso constitucional alemão – *Verfassungsbeschwerde* –, previsto no art. 93, alínea 1, nº 4, e introduzido pela Décima Nona Lei Modificadora, de 29.1.1969. O recurso constitucional alemão é uma garantia instrumental constitucional extraordinária, com a finalidade de afastar ofensas aos direitos humanos perpetradas pelo Poder Público.

Dispõe o art. 90 da lei que regula o Tribunal Constitucional Federal alemão, no seu inc. I:

> Qualquer pessoa pode propor o recurso constitucional no Tribunal Constitucional Federal com a alegação de estar sendo violada pelo Poder Público, em alguns dos seus direitos

---

[118] STRECK, Lenio Luiz. Os meios de acesso do cidadão à jurisdição constitucional, a arguição de descumprimento de preceito fundamental e a crise de efetividade da Constituição. *Revista da Esmape*, v. 6, n. 13, jan./jun. 2001. p. 275.

fundamentais ou em alguns dos seus direitos contidos no art. 20, alínea 4, arts. 33, 38, 101, 103 e 104, da Lei Fundamental.

Uma das principais características do recurso constitucional alemão é que ele pode ser impetrado por qualquer pessoa, configurando-se, assim, a legitimidade *ad causam* como bastante extensiva, com o desiderato de defender direitos fundamentais que venham a ser ameaçados ou violados, seja por uma ação ou por uma omissão do Poder Público. Essa estipulação legal, ao permitir que qualquer cidadão possa impetrar o recurso constitucional, busca garantir a autoaplicabilidade dos direitos fundamentais e seus assemelhados, mediante um instrumento jurídico capaz de assegurar a sua efetividade.

No Brasil, a arguição de descumprimento de preceito fundamental pode ser proposta tão somente pelas entidades enfocadas no art. 103 da Constituição Federal.

O objeto de proteção do recurso constitucional alemão são os direitos fundamentais, definidos nos arts. 1º a 19, e os direitos assemelhados aos fundamentais, contidos nos arts. 20, itens 4; 33; 38; 101 e 104. O similar brasileiro não tem objeto previamente definido, pois o conceito de preceito fundamental deverá ser especificado pela doutrina e pela jurisprudência do Pretório Excelso.

O Tribunal Constitucional alemão – *Bundesverfassungsgericht* – não é instância jurisdicional de revisão. Todas as questões processuais ordinárias são apreciadas pelos tribunais inferiores. O Tribunal Constitucional alemão não tem competência para verificar se essas decisões são corretas do ponto de vista do direito ordinário, restringindo-se à análise do descumprimento dos direitos fundamentais e assemelhados.

Como requisito para a impetração do recurso constitucional alemão exige-se o esgotamento prévio das vias judiciais, segundo o preceituado pelo §2º, frase 1, da lei sobre o Tribunal Constitucional, com o art. 94, alínea 2, fase 2, da Lei Fundamental. O princípio do esgotamento prévio das vias judiciais é mitigado no §90, alínea 2, frase 2, que afirma que o Tribunal alemão pode desconsiderar esse pressuposto processual caso o recurso constitucional seja de significado geral ou suceda ao promovente um prejuízo grave e irreparável, em decorrência da remessa primeiro à via judicial.

Nesse ponto há uma diferença com o instituto brasileiro, porque na arguição de descumprimento de preceito fundamental não há excepcionalidade para o princípio da subsidiariedade. O instituto pátrio é uma regra absoluta, que não admite exceções.

O Tribunal Constitucional alemão também aprecia a admissibilidade dos seus recursos constitucionais. Há uma seção formada por três juízes, que por unanimidade pode inadmitir o prosseguimento do recurso, por não estarem presentes os pressupostos de admissibilidade, sendo que essa é uma decisão irrecorrível e não necessita ser fundamentada. No sucedâneo brasileiro, o juízo de admissibilidade é realizado nas instâncias *a quo* e *ad quem*, cabendo do seu indeferimento recurso de agravo.

Vale ressaltar que a análise do hermeneuta já nasce mitigada, pois se trata da comparação entre dois institutos de sistemas de controle de constitucionalidade diversos. Comparar dois institutos diante de tamanha discrepância de sistemas jurídicos é tarefa de difícil realização, principalmente quando a análise se restringe a apenas uma característica do instituto estrangeiro, com o propósito de modificar o princípio da subsidiariedade no mecanismo da arguição de descumprimento de preceito fundamental brasileira.

## 30.14.6 Incidente de constitucionalidade e a sua inconstitucionalidade

O governo federal aproveitou a regulamentação da arguição de descumprimento de preceito fundamental para instituir o chamado controle incidental de constitucionalidade, também chamado arguição por equiparação. Explicita o art. 1º, inc. I, da Lei nº 9.882/1999 que, quando for relevante o fundamento da controvérsia constitucional sobre lei ou ato normativo federal, estadual ou municipal, incluídos os anteriores à Constituição, caberá o incidente de constitucionalidade.

A função da mencionada lei era dar eficácia à arguição de descumprimento de preceito fundamental, regulamentando-a. Dessa feita, ao ultrapassar os limites expressos na Constituição e instituir o incidente de constitucionalidade, como se fora arguição de descumprimento de preceito fundamental, equiparando dois institutos jurídicos, o Poder Legislativo extrapolou os limites fixados pelo legislador constituinte para regulamentação da arguição.

Como uma lei infraconstitucional, como é o caso de Lei nº 9.882/1999, possuindo o mesmo nível hierárquico das demais normas, pode prescrever uma forma de controle de constitucionalidade? O controle de constitucionalidade somente poderá provir do Poder Constituinte ou do Poder Reformador.

O incidente de constitucionalidade estabelece que, quando houver divergências jurisprudenciais no Poder Judiciário, inclusive com relação a atos ou leis municipais, poderão os legitimados do art. 103 da Constituição pleitear que o Supremo Tribunal Federal decida a matéria, expurgando a controvérsia. Alegam os seus defensores que o incidente de constitucionalidade bane a insegurança do ordenamento, tornando-o mais célere.

Consideramos que o mencionado instituto representa uma crassa inconstitucionalidade. Primeiro, porque somente mediante emenda constitucional pode-se criar uma nova forma de controle de constitucionalidade – do contrário, estar-se-ia perpetrando uma fraude à Constituição. Segundo, porque estiola os princípios do juízo natural, do acesso à jurisdição e da liberdade jurisdicional dos juízes. Terceiro, porque fere flagrantemente o controle difuso e a sua função precípua, que é a de defesa dos direitos dos cidadãos. Quarto, porque acrescenta uma nova competência ao STF sem a utilização do devido instrumento legal – os legisladores infraconstitucionais não podem ampliar o rol de competências dos Tribunais Superiores sem o mecanismo legislativo propício, a saber, a emenda constitucional.[119]

O que se pretendeu foi ressuscitar o instituto da avocatória, típico instrumento dos regimes autoritários.[120] Para coibir a propalada insegurança jurídica decorrente da

---

[119] No mesmo sentido Alexandre de Moraes: "O legislador ordinário utilizou-se de manobra para ampliar, irregularmente, as competências constitucionais do Supremo Tribunal Federal, que, conforme jurisprudência e doutrina pacíficas, somente podem ser fixadas pelo texto magno. Manobra essa eivada de flagrante inconstitucionalidade, pois deveria ser precedida de emenda à Constituição" (MORAES, Alexandre de. *Direito constitucional*. 17. ed. São Paulo: Atlas, 2005. p. 615).

[120] Define o instituto o Prof. Sacha Calmon: "A avocatória foi proposta pelo Presidente Collor numa de suas emendas à Constituição de 1988. O simples fato de a proposta ter partido do Executivo já demonstra o incômodo que lhe causa um Judiciário de 1ª instância decidido e capaz, como é o caso da Justiça Federal. Isto de lado, a avocatória é um mecanismo que permite ao Supremo Tribunal Federal chamar a si a competência para julgar causas que estiverem tramitando nos juízos e tribunais inferiores. Poderá avocar a pedido do Presidente da República ou do Procurador-Geral de Justiça ou do Ministro da Justiça, conforme venha a ser a fórmula legislativa idealizada para a iniciativa" (COELHO, Sacha Calmon Navarro. Avocatória. *Revista Trimestral de Direito Público*, São Paulo, n. 2, 1993. p. 191).

divergência jurisprudencial, deve-se propor uma ação direta de inconstitucionalidade, para obter uma decisão sobre a inconstitucionalidade da norma.

Outrossim, aumentar a competência do Supremo, que já convive com uma demanda insustentável de processos, constitui verdadeiro entrave à celeridade processual, quando o objetivo do instituto seria justamente o contrário.

O argumento de que o incidente de constitucionalidade é uma ponte entre o controle difuso e o concentrado também não é suficiente. Ele é uma forma de controle de constitucionalidade típica de regimes autoritários, sem a intenção de preservar os direitos humanos. O incidente de constitucionalidade destrói o controle difuso, deixando na orfandade a defesa das prerrogativas ofertadas pela Constituição.

Diante da imensa repercussão negativa que a arguição de descumprimento de preceito fundamental por equiparação, também chamada incidente de constitucionalidade, suscitou por afrontar diversos mandamentos constitucionais, não se compadecendo a medida com a normalidade jurídica reinante em um Estado Democrático de Direito, está sendo tentada a sua implementação no mundo jurídico por intermédio de uma emenda constitucional.

O projeto de emenda constitucional acrescenta um parágrafo ao art. 103 da Constituição Federal, dispondo que o Supremo Tribunal Federal, acolhendo incidente de constitucionalidade, proposto por pessoas ou entidades referidas no *caput* do mencionado artigo, poderá, em caso de reconhecida relevância, determinar a suspensão de todos os processos em curso perante qualquer juízo ou tribunal, para proferir decisão com efeitos vinculantes aos três poderes institucionalizados.[121]

Não se confunda este incidente de constitucionalidade da Lei nº 9.882/1999 com o incidente de arguição de inconstitucionalidade, regulamentado entre os arts. 948 e 950 do CPC/2015 e aplicável à declaração de inconstitucionalidade pelos Tribunais em controle difuso.

## 30.15 Controle difuso ou por via de exceção

O controle difuso ou por via de exceção não foi regulamentado de forma explícita na *Lex Mater*, mas foi disciplinado de forma indireta, pela plenitude de jurisdição do Poder Judiciário (art. 5º, XXXV, da CF) e pelo recurso extraordinário para o Supremo (art. 102, III, da CF). O controle difuso pode ser utilizado contra qualquer tipo de lei infraconstitucional ou ato normativo que afronte a Constituição, seja este proveniente da União, dos estados-membros ou dos municípios. É o tipo de controle realizado pelos Estados Unidos da América do Norte.

Este tipo de controle é exercido em um processo *inter partes*, com o objetivo de dirimir uma controvérsia jurídica exposta em uma lide, em defesa de direitos subjetivos pertencentes às partes interessadas. Ele se configura como uma prejudicial de mérito, sendo concretizada de forma incidental, no curso do processo, significando que a questão meritória apenas pode ser decidida após a apreciação da prejudicial. Sua concretização

---

[121] "Não há dúvida de que, em face do novo sistema constitucional, é o STF competente para, em controle difuso ou concentrado, examinar a constitucionalidade, ou não, de emenda constitucional – no caso, a nº 2, de 25 de agosto de 1992 – impugnada por violadora de cláusulas pétreas explícitas ou implícitas" (ADIn nº 8.293/DF, Rel. Min. Moreira Alves).

pode ocorrer de muitas formas, como por meio de medida cautelar, contestação ou por meio de preliminar em qualquer ação principal. Pode ainda ser efetivado através de recurso extraordinário, recurso ordinário, mandado de segurança ou *habeas corpus*.

Esse controle é denominado difuso, controle de norma de efeito concreto ou por via de exceção, incidental.[122] Difuso, porque toda instância judiciária pode decidir acerca da constitucionalidade; controle de norma de efeito concreto, porque somente pode ser suscitado por aqueles cidadãos atingidos diretamente pela norma inconstitucional; e controle por exceção ou por via incidental, porque surge no decorrer de uma lide que versa sobre matéria infraconstitucional. Canotilho explica que a terminologia "via de exceção" se deve ao fato de que a inconstitucionalidade não se deduz como alvo da ação, mas como subsídio para a justificação de um direito, cuja reivindicação se discute.[123]

A terminologia utilizada de "via de exceção" é no sentido de abranger qualquer defesa oposta à lesão ou ameaça de lesão a direito, sem significar, obrigatoriamente, um meio de defesa indireta do processo. Ela pode ocorrer no polo ativo ou no polo passivo, isto é, pode ser ensejada por meio de uma ação proposta pelo interessado, *habeas corpus* ou mandado de segurança, por exemplo, ou através de uma defesa de uma ação, em uma contestação. O que a doutrina e a jurisprudência terminantemente vedam é que ela possa ser proposta diretamente contra ato inconstitucional, como pedido, e não como fundamento ou causa de pedir. Portanto, para que se possa falar de controle difuso, tem de existir um caso concreto, em que haja interesses contrapostos, e que o pedido da declaração de inconstitucionalidade seja uma questão que deva necessariamente ser decidida antes da apreciação do mérito.[124]

Os atos em tese apenas podem ser passíveis de controle de constitucionalidade por via de controle concentrado, enquanto os atos de efeito concreto podem ser passíveis de controle pelo sistema difuso. Atos em tese são aqueles dotados de generalidade, impessoalidade e teor abstrato, em que situações específicas, concretas, não foram *a priori* previstas. O seu grau de teor abstrato é tão intenso que os casos a serem regulamentados são definidos de modo bastante abrangente, sem especificações que possam determiná-los *a priori*, o que não acarreta prejuízo a órgão ou agente de forma específica. Atos de

---

[122] Zagrebelsky doutrina acerca do controle difuso: "Dado que nos juízos comuns se trata de uma questão pertinente ao direito das partes, a não aplicação da norma declarada inconstitucional assume o significado da defesa de um Direito individual; o procedimento assume as características de um juízo subjetivo; a constituição é chamada a assumir uma eficácia direta, com força normativa de lei, nas relações (horizontais) entre o sujeito e o direito. A lei inconstitucional será declarada nula e em seu lugar o juiz fará a aplicação direta da Constituição" (ZAGREBELSKY, Gustavo. *La giustizia costituzionale*. Bologna: Il Mulino, 1988. p. 167).

[123] CANOTILHO, José Joaquim Gomes. *Direito constitucional e teoria da Constituição*. 2. ed. Coimbra: Almedina, 1997. p. 792.

[124] "Assim, à semelhança do paradigma norte-americano, o controle incidental ou incidenter tantum é provocado, no Direito brasileiro, por via de exceção, entendendo-se, aqui, por exceção, não um meio de defesa indireta do processo, mas no seu sentido amplo que abrange qualquer defesa oposta a uma lesão ou ameaça de lesão a direito, pouco importando, hodiernamente, se essa defesa é realizada passivamente, ou seja, pelo interessado residindo no polo passivo de alguma ação contra ele intentada, ou se ela se dá numa ação proposta pelo interessado, em posição ativa, atacando, desde logo, o ato violador a direito seu, já praticado ou simplesmente ameaçado de ser praticado, com fundamento em lei ou ato normativo inconstitucional. Daí por que a doutrina também denominou a 'via de exceção' 'via de defesa'. Enfim, a jurisdição constitucional incidental pode ser provocada por qualquer ação, 'desde que exista, ou possa existir, um litígio e para sua decisão seja mister o exame da eficácia da lei, pouco importa a forma processual adotada'. A ação, portanto, não pode visar diretamente ao ato inconstitucional, limitando-se a se referir à inconstitucionalidade do ato apenas como fundamento ou causa de pedir, e não como o próprio pedido" (CUNHA JÚNIOR, Dirley da. *Controle de constitucionalidade*. Teoria e prática. Salvador: JusPodivm, 2006. p. 100-101).

efeitos concretos são aqueles dotados de caráter pessoal, grau de precisão e definição que possibilitam seu enquadramento em situações predeterminadas, incidindo contra determinado cidadão, munindo-o de legitimidade *ad causam* para proteger-se contra a lesão ou ameaça de lesão.

É pacífica no Supremo Tribunal Federal a jurisprudência de que não cabe nenhuma ação direta contra atos normativos de efeito concreto (afora o ADPF). Por provocarem danos aos cidadãos, os atos estatais de efeitos concretos não podem ser apreciados em sede de controle abstrato, haja vista a existência de processo subjetivo e a existência de lide, características que não são inerentes a este tipo de controle. O controle cabível para se impugnar atos normativos de efeito concreto é o difuso, por intermédio de qualquer um de seus instrumentos.

A via difusa pode chegar ao Supremo Tribunal Federal por meio do recurso extraordinário, do recurso ordinário, ou de uma ação originária, que não seja obviamente uma ação direta. Portanto, pode haver controle difuso tanto de estruturas legais e atos normativos, quanto de decisões judiciais que causem lesão aos cidadãos por serem inconstitucionais.

Qualquer pessoa tem legitimidade *ad causam* para suscitar o controle difuso, qualquer juiz, exercendo suas atribuições, pode julgá-lo, e o STF poderá apreciá-lo em sede de recurso extraordinário, recurso ordinário, ou de competência originária, exarando a decisão definitiva. Seus efeitos são *ex tunc*, retroagindo até a origem da sentença, ato ou norma inconstitucional, atingindo exclusivamente os componentes do litígio. São beneficiados apenas aqueles que recorreram ao Judiciário para a defesa do seu direito.

Se a decisão acerca da inconstitucionalidade da norma chegar ao STF e for confirmada por ele, o Senado, no exercício do seu poder discricionário, poderá suspender a eficácia do ato (art. 52, X, da CF). A resolução do Senado Federal, nesse caso, tem as seguintes características: política, porque não há previsibilidade para determinar seu conteúdo; irreversível, porque não pode ser desfeita; discricionária, porque ele decide de forma livre.

Assim, a lei incidentalmente declarada inconstitucional pelo STF poderá ser suspensa do ordenamento pelo Senado, cuja decisão terá efeitos *ex nunc* e *erga omnes*, atingindo, a partir de então, todos que se encontrem na mesma situação, a despeito de não terem entrado com as ações específicas perante o Judiciário.

A decisão do Senado Federal modifica os efeitos do controle difuso, aumentando a sua abrangência. Seus efeitos deixam de ser *inter partes* e *ex tunc* para se tornarem *erga omnes* e *ex nunc*. Portanto, mesmo aqueles cidadãos que não pleitearam seus direitos pelo controle difuso serão atingidos pela decisão do Senado, com efeitos *erga omnes* e *ex nunc*.

Em princípio é o Supremo Tribunal Federal que deve avisar ao Senado sobre a declaração incidental de inconstitucionalidade, por ofício endereçado à Mesa Diretora do Senado Federal. Essa comunicação também poderá ser feita pelo procurador-geral da República e pela Comissão de Constituição e Justiça e Cidadania do Senado Federal, por intermédio de um projeto de resolução suspensiva. Não existe prazo para o posicionamento do Senado.

Se a decisão do Supremo Tribunal Federal se referir a acórdão judicial, de caráter singular, não há possibilidade de atuação do Senado, porque a decisão foi específica para um caso concreto, não podendo ser elasticida pela inexistência de casos similares com as mesmas circunstâncias.

Considerando que a resolução do Senado tem apenas efeitos *ex nunc*, aqueles que quiserem ser protegidos pelos efeitos retroativos deverão recorrer ao Poder Judiciário para terem direitos resguardados integralmente, pela via difusa.

O Senado não revoga a lei declarada inconstitucional porque quem revoga lei é o Poder Legislativo. Ele irá suspender a sua eficácia, por meio de uma resolução suspensiva. A norma continuará com validade, sem, contudo, produzir nenhum efeito. É pacífico na doutrina e na jurisprudência que, no controle direto de constitucionalidade, não cabe intromissão por parte do Senado, porque a função é exclusiva do Supremo. Ele só atua, em sede de controle difuso, quando a decisão chegar ao STF e for declarada incidentalmente a sua inconstitucionalidade.

Quando a apreciação do controle difuso couber a um juízo colegiado, a matéria da qual se arguiu a inconstitucionalidade não poderá ser julgada pelas turmas do tribunal, a não ser que o mérito já tenha sido apreciado pelo STF, devendo ser remetida ao Pleno, que é o órgão com competência para o seu julgamento, em respeito ao princípio da reserva de plenário, que comina que a decisão acerca da inconstitucionalidade apenas pode ser tomada pela maioria absoluta dos membros do órgão colegiado. Nos juízos monocráticos não há possibilidade de vigência do mencionado princípio, podendo a matéria ser decidida pelo juiz singular (art. 97 da CF).

Suscitada a discussão, perante um mesmo tribunal, acerca da inconstitucionalidade de uma norma pela via difusa e pela via concentrada, o controle concentrado deverá ser exercido em primeiro lugar.[125]

Um instrumento constitucional que pode ser utilizado no controle difuso de controle de constitucionalidade é a ação civil pública. Contudo, importante ressalvar que ela apenas tem efeito *erga omnes* quando for utilizada como instrumento de controle de constitucionalidade *incidenter tantum*, de acordo com a indivisibilidade do dano.

O Ministro Celso de Mello diferencia a ação civil pública da ação direta de inconstitucionalidade:

> Ação direta de inconstitucionalidade é instrumento do controle concentrado da constitucionalidade; por outro lado, a ação civil pública, como todas as ações individuais ou coletivas, mesmo sendo um instrumento de processo objetivo para a defesa de interesse público, é instrumento de controle difuso da constitucionalidade. Observe-se, ainda, que, na ação civil pública, a eficácia *erga omnes* da coisa julgada material alcança a questão prejudicial da inconstitucionalidade, é de âmbito nacional, regional ou local, conforme a extensão e a indivisibilidade do dano ou ameaça de dano. Na ação direta, a declaração de inconstitucionalidade faz coisa julgada material *erga omnes* no âmbito de vigência espacial da lei ou ato normativo impugnado (nacional ou estadual). Ademais, as ações civis públicas estão sujeitas a toda a cadeia recursal prevista nas leis processuais, onde se inclui o recurso extraordinário para o Supremo Tribunal Federal, enquanto que as ações diretas são julgadas em grau único de jurisdição. Portanto, a decisão proferida na ação civil pública no que se refere ao controle de constitucionalidade, como qualquer ação, se submete, sempre, ao crivo do egrégio Supremo Tribunal, guardião final da Constituição Federal.[126]

---

[125] QO/AgRg nº 2.066/SP, Rel. Min. Carlos Velloso.

[126] "O Supremo Tribunal Federal tem reconhecida a legitimidade da utilização da ação civil pública como instrumento idôneo de fiscalização incidental de constitucionalidade, pela via difusa, de quaisquer leis ou atos do Poder Público, mesmo quando contestados em face da Constituição da República, desde que, nesse processo coletivo, a controvérsia constitucional, longe de identificar-se como objeto único da demanda, qualifique-se como

A ação civil pública não poderá ser utilizada com a finalidade de substituir o controle abstrato de constitucionalidade, próprio das ações diretas.[127] Nestas, apenas os agentes catalogados no art. 103 da Constituição têm legitimidade para agir – qualquer outro impetrante carece de *legitimatio ad causam*. Outrossim, apenas o STF possui competência para julgar a demanda. Caso ela seja ajuizada em outra instância, poderá haver uma reclamação para que o Supremo restaure suas prerrogativas.

Em sede de controle de constitucionalidade somente permite-se a utilização da ação civil pública no modelo difuso, arguindo a inconstitucionalidade como questão prejudicial ou principal.[128] Nenhuma das garantias constitucionais são aptas para arguir a inconstitucionalidade de uma norma ou ato de forma abstrata, pois se estaria adentrando em uma seara reservada à competência das ações diretas. Seu objetivo não é declarar a inconstitucionalidade de uma norma, mas forçar a análise de um caso concreto.

São questões prejudiciais aquelas que devem ser decididas antes do mérito por influenciarem no seu julgamento, e, se forem acatadas, impedem o julgamento do pedido da ação. Eis a lição de Calamandrei:

> Para poder aplicar a lei na causa pendente, ele, o juiz, deve saber, acima de tudo, se esta lei é constitucionalmente legítima; a questão de legitimidade constitucional deve ser resolvida, então, com precedência, como etapa necessária no *iter* lógico ao qual o juiz deve recorrer para chegar à conclusão.[129]

É pacífica a orientação do STF de que a ação rescisória não pode ser utilizada como meio difuso de controle de constitucionalidade para que as decisões da Egrégia Corte não tenham a sua eficácia diminuída com a manutenção de decisões de tribunais que sejam divergentes, o que acarretaria o fortalecimento das decisões das instâncias ordinárias em detrimento das decisões do Supremo.[130]

O mandado de segurança é também um instrumento de controle difuso de constitucionalidade de leis de efeitos concretos, não podendo ser utilizado para o controle concentrado, segundo a Súmula nº 266 do Supremo Tribunal Federal.[131] O mesmo serve para a utilização da ação popular.

## 30.16 Modulação de efeitos em sede de controle difuso

A Lei nº 9.868/99, em seu art. 27, e a Lei nº 9.992/99, em seu art. 11, apenas previram a possibilidade de modulação de efeitos na ação direta de inconstitucionalidade, na

---

simples questão prejudicial, indispensável à resolução do litígio principal" (Rcl nº 1.733/SP – Medida Liminar, Rel. Min. Celso de Mello).

[127] Ag nº 189.601/GO, Rel. Min. Carlos Velloso.

[128] "Certo, em nosso complexo sistema de convivência do sistema concentrado e direito com o sistema difuso e incidente de controle de normas, não se discute que, nesse último, a questão de inconstitucionalidade possa traduzir o fundamento principal, quiçá o único, de uma demanda, sem que, no entanto, essa se confunda por isso com a ação direta: basta que nela se veicule pretensão que, na via do controle abstrato, seria inadmissível" (Rcl nº 1.017/SP, Rel. Min. Sepúlveda Pertence).

[129] CALAMANDREI, Piero. *Direito processual civil*. Campinas: Bookseller, 1999. v. 3. p. 59.

[130] RE nº 395.662 AgR/RS, Rel. Min. Carlos Velloso.

[131] O mandado de segurança não pode ser sucedâneo de ação direta de inconstitucionalidade (ADIn nº, Rel. Min. Celso de Mello, *RTJ*, 132/1.136).

ação declaratória de constitucionalidade e na arguição de descumprimento de preceito fundamental. A doutrina tem admitido a modulação de efeitos também, diante de lacuna normativa, nas ações interventivas e na ação direta de inconstitucionalidade por omissão.

Modular efeitos significa a discricionariedade para determinar, diante dos requisitos de excepcional interesse público e segurança jurídica e do *quorum* de 2/3, se a decisão em controle abstrato é *ex tunc*, *ex nunc* ou *pro futuro*, dando ao Supremo Tribunal Federal a prerrogativa de ultrapassar o dogma de que a declaração de inconstitucionalidade sempre produz efeitos *ex tunc*.[132]

A modulação de efeitos ou liberdade de determinação da extensão temporal das decisões era aplicada apenas no controle concentrado de constitucionalidade em razão de que essa discricionariedade tem a função de melhor garantir a segurança jurídica e de adequar o controle de constitucionalidade às demandas da sociedade.

Recentemente, o Supremo Tribunal Federal, em caráter inovador, também tem adotado a modulação de efeitos no controle difuso, principalmente em recursos extraordinários.[133] Havendo excepcional interesse público e necessidade de se garantir segurança jurídica, pode o STF relegar o dogma que os efeitos da declaração de inconstitucionalidade serão sempre *ex tunc*, para evitar que essa declaração seja mais perniciosa à população do que a própria manutenção da inconstitucionalidade.[134] Para resguardar a segurança jurídica, a Corte admite a modulação de efeitos em controle difuso até mesmo quando não haja declaração incidental de inconstitucionalidade, observando-se o quórum de maioria absoluta.[135] Isto é, para a modulação de efeitos quando houver a declaração de inconstitucionalidade (em controle difuso ou concentrado), aplica-se o quórum de 2/3 (oito ministros);[136] quando não houver essa declaração, em controle difuso, para modular seus efeitos, exige-se a maioria absoluta (seis ministros).

A modulação de efeitos possibilita ao Supremo Tribunal Federal fazer uma análise de cada caso específico, verificando quais as consequências da determinação de efeitos *ex tunc*. Assim, pode-se realizar uma ponderação em cada caso entre o princípio da segurança jurídica do ordenamento normativo e a teoria tradicional da inconstitucionalidade dos atos.

---

[132] FERREIRA, Olavo Alves. *Controle de constitucionalidade e seus efeitos*. São Paulo: Método, 2003. p. 70-80.
[133] AI nº 582.280, Rel. Min. Gilmar Ferreira Mendes.
[134] "A Turma deu provimento a agravo regimental e, desde logo, a recurso extraordinário interposto por servidora pública estadual aposentada que tivera seus proventos reduzidos em decorrência da declaração de inconstitucionalidade, com efeitos *ex tunc*, que a promovia em transposição de cargos públicos. Em face do princípio da segurança jurídica, entendeu-se que o ato administrativo que homologara a transposição deveria ser mantido. Ressaltou-se que, a despeito de a ordem jurídica brasileira não possuir preceitos semelhantes aos da alemã, no sentido da intangibilidade dos atos não mais suscetíveis de impugnação, não se deveria supor que a declaração de nulidade afetasse todos os atos praticados com fundamento em lei inconstitucional. Nesse sentido, haver-se-ia de conceder proteção ao ato singular, em homenagem ao princípio da segurança jurídica, procedendo-se à diferenciação entre o efeito da decisão no plano normativo e no plano das fórmulas de preclusão. Concluiu-se, dessa forma, que os atos praticados com base na lei inconstitucional, que não mais se afigurem passíveis de revisão, não são atingidos pela declaração de inconstitucionalidade. Ademais, asseverou-se que transcorrera prazo superior a 5 anos entre o ato de concessão da aposentadoria e o início, para a recorrente, do procedimento administrativo tendente à sua revisão. Por fim, aduziu-se que a revisão *in concreto* de sua aposentadoria não se traduziria em efeito imediato da declaração de inconstitucionalidade do referido dispositivo" (RE nº 21.7141 AgR, Rel. Min. Gilmar Mendes).
[135] STF, Plenário, RE nº 638.115 ED-ED/CE, Rel. Min. Gilmar Mendes, j. 18.12.2019.
[136] STF, Plenário, RE nº 522.897/RN, Rel. Min. Gilmar Mendes, j. 16.3.2017.

A própria Suprema Corte norte-americana, na qual foi construído o dogma de que as decisões atestando inconstitucionalidade apresentam efeitos *ex tunc*, já atenuou seu rigor proferindo várias decisões, após a precursora *Linkletter v. Walker*, 381 U.S. 616 (1965), em que a Corte firmou a hipótese de que suas decisões podem ter efeitos *ex nunc*, ou seja, prospectivos, relativos ao futuro, fundamentando sua decisão de que inexiste proibição legal para que os efeitos não retroajam.

Gilmar Ferreira Mendes é um dos maiores defensores da modulação de efeitos no controle difuso. Dessa forma ele se posiciona:

> Não se nega o caráter de princípio constitucional ao princípio da nulidade da lei inconstitucional. Entende-se, porém, que tal princípio não poderá ser aplicado nos casos em que se revelar absolutamente inidôneo para a finalidade perseguida (casos de omissão ou de exclusão de benefício incompatível com o princípio da igualdade), bem como nas hipóteses em que a sua aplicação pudesse trazer danos para o próprio sistema jurídico constitucional (grave ameaça à segurança jurídica). Configurado eventual conflito entre os princípios da nulidade e da segurança jurídica, que, entre nós, tem *status* constitucional, a solução da questão há de ser, igualmente, levada a efeito em processo de complexa ponderação. O princípio da nulidade continua a ser a regra também. O afastamento de sua incidência dependerá de severo juízo de ponderação que, tendo em vista análise fundada no princípio da proporcionalidade, faça prevalecer a ideia de segurança jurídica ou outro princípio constitucionalmente relevante manifestado sob a forma de interesse social preponderante. Assim, aqui, a não aplicação do princípio da nulidade não se há de basear em consideração de política judiciária, mas em fundamento constitucional próprio.[137]

## 30.17 Transcendência dos motivos em ações diretas

Como toda sentença, as decisões das ações diretas de inconstitucionalidade são formadas por três partes: relatório, fundamentação e dispositivo. Segundo a ótica processualista tradicional, apenas a parte dispositiva da sentença transitava em julgado, servindo de limite objetivo para protegê-la de ser modificada em outros processos judiciais. Nos processos afeitos à jurisdição constitucional, em razão da força normativa da Constituição e da necessidade de se garantir a integralidade de seu conteúdo sistêmico, existe o efeito vinculante, que tradicionalmente incidia também apenas na parte dispositiva do acórdão.

Recentemente,[138] para atender às demandas cada vez mais complexas da atualidade, o Supremo Tribunal Constitucional vem entendendo, no controle abstrato de normas, que o efeito vinculante abrangeria a parte dispositiva da sentença e sua fundamentação, *ratio decidendi*, projetando seus efeitos em maior extensão do que a concepção agasalhada pela doutrina tradicional.[139]

---

[137] AI nº 582.280, Rel. Min. Gilmar Ferreira Mendes.
[138] Rcl nº 1.987/DF, Rel. Min. Maurício Correa.
[139] "O caráter transcendente e vinculante dos fundamentos foi reafirmado com o seguinte acordão: 'Assinale-se que a aplicação dos fundamentos determinantes de um *leading case* em hipóteses semelhantes tem-se verificado, entre nós, até mesmo no controle de constitucionalidade das leis municipais. Em um levantamento precário, pude constatar que muitos juízes desta Corte têm, constantemente, aplicado em caso de declaração de inconstitucionalidade o precedente fixado a situações idênticas reproduzidas em leis de outros municípios. Tendo em

A extensão do efeito vinculante à fundamentação da sentença, *causa petendi*, reflete a intenção de consolidar as decisões do STF no controle abstrato, dotando-o de melhor instrumental para a garantia da supremacia dos dispositivos constitucionais.[140]

Para a concretização da transcendência dos motivos, o contexto examinado tem que guardar similaridades com a realidade da qual emanou a *ratio decidendi* anterior, demonstrando elementos conexos que possibilitem a transcendência. O STF analisa se o caso se apresenta revestido das mesmas características que possibilitem transpor a fundamentação de um caso a outros.

Como conclusão pode-se afirmar que a eficácia vinculante não só concerne à parte dispositiva, mas refere-se, também, aos próprios fundamentos decididos pelo STF quando declara a inconstitucionalidade.

Como conclusão pode-se afirmar que o STF já demonstrou apreço pela teoria da transcendência dos motivos, como em decisão proferida em processo de fiscalização normativa e abstrata de constitucionalidade.[141] No entanto, esse posicionamento ainda não está consolidado, em recentes decisões passou-se a rejeitar a mencionada tese. Seguindo a teoria restritiva entende-se que os motivos invocados na decisão não produzem efeito vinculante, somente o dispositivo da decisão.[142]

## 30.18 Efeito vinculante em sede de controle difuso?

Por intermédio de emenda constitucional, foi criado o efeito vinculante no controle abstrato de constitucionalidade. Em virtude de sua característica de obrigar o Poder Executivo e as demais instâncias do Judiciário a seguirem o conteúdo indicado, sua interpretação tem que ser restritiva, atendendo sua incidência ao determinado pelos comandos da Lei Maior.

No controle difuso, constitucionalmente, não há efeito vinculante, podendo-se falar de efeito *erga omnes*, restrito ao *thema decidendum*, quando o Senado Federal, através de uma resolução suspensiva, susta a eficácia da norma declarada inconstitucional pelo Supremo Tribunal Federal. Não obstante, não há vinculação para o Executivo nem para o Judiciário.

Em sentido contrário, o Min. Gilmar Ferreira Mendes defende que em controle concentrado também pode ser utilizado o efeito vinculante, mesmo sem a resolução suspensiva por parte do Senado Federal. Advoga que a doutrina tradicional que considera como ato político a prerrogativa do Senado estaria ultrapassada, pois a amplitude

---

vista o disposto no *caput* e §1º-A do artigo 557 do Código de Processo Civil, que reza sobre a possibilidade de o relator julgar monocraticamente o recurso interposto contra decisão que esteja em confronto com súmula ou jurisprudência dominante do Supremo Tribunal Federal, os membros desta Corte vêm aplicando tese fixada em precedentes onde se discutiu a inconstitucionalidade de lei, em sede de controle difuso, emanada por ente federativo diverso daquele prolator da lei objeto do recurso extraordinário sob exame" (Rcl nº 2.363/PA, Rel. Min. Gilmar Mendes).

[140] "Na realidade, essa preocupação, realçada pelo magistério doutrinário, tem em perspectiva um dado de insuperável relevo político jurídico, consistente na necessidade de preservar-se, em sua integralidade, a força normativa da Constituição, que resulta da indiscutível supremacia, formal e material, de que se revestem as normas constitucionais, cuja integridade, eficácia e aplicabilidade, por isso mesmo, hão de ser valorizadas, em face de sua precedência, autoridade e grau hierárquico" (Rcl nº 2.986 MC/SE).

[141] Rcl nº 2.986, Rel. Min. Celso de Mello, *DJU*, 18 mar. 2005

[142] STF, Plenário, Rcl nº 8.168/SC, Rel. orig. Min. Ellen Gracie, red. p/ o acórdão Min. Edson Fachin, j. 19.11.2015.

conferida ao controle abstrato de normas e a possibilidade de se suspender, em sede de liminar, a eficácia de leis ou atos normativos reestruturaram a concepção rígida de separação dos poderes. Além do que houve restrição na incidência do controle difuso pelo aumento dos legitimados a proporem ações abstratas. Sustenta o mencionado ministro que são inevitáveis as reinterpretações dos institutos vinculados ao controle incidental, como exemplo, na suspensão de execução de lei pelo Senado porque esse ato tem a finalidade de simplesmente firmar sua publicidade, haja vista que, quando o STF declara a inconstitucionalidade de uma lei ou de um ato normativo, se retira, de imediato, a norma do ordenamento, fazendo-se a comunicação ao Senado exclusivamente para que a decisão seja publicada no *Diário Oficial*.[143]

O caso em que o Min. Gilmar Ferreira Mendes estabeleceu o efeito vinculante em controle concentrado versou sobre um pedido de reclamação em que se tenciona impugnar decisões do Juiz de Direito da Vara de Execuções Penais da Comarca de Rio Branco – AC, que indeferira pedido de progressão de regime quando essa matéria já tinha sido decidida anteriormente, no *Habeas Corpus* nº 82.959/SP, no sentido de permitir a progressão de regime. A alegação parte da premissa de que a decisão proferida em sede de controle abstrato goza de efeitos vinculantes.[144]

O Min. Eros Grau, em voto-vista, também afirmou que houve uma verdadeira mutação constitucional do art. 52, X, da CF, cabendo ao Senado Federal uma competência apenas para dar publicidade à suspensão da execução de lei declarada inconstitucional, no todo ou em parte, por decisão definitiva do Supremo Tribunal Federal, haja vista que essa decisão contém força normativa bastante para suspender a execução da lei.[145]

Em divergência, o Min. Sepúlveda Pertence julgou improcedente a reclamação, mas concedeu *habeas corpus* de ofício para reexame da progressão, reportando-se aos fundamentos de um de seus votos anteriores, em que se declarou dispensável a reserva de plenário nos outros tribunais quando já houvesse declaração de inconstitucionalidade de determinada norma legal pelo Supremo, ainda que na via do controle incidente. Postulou a impossibilidade de se reduzir o papel do Senado, que quase todos os textos constitucionais subsequentes a 1934 mantiveram. Ressaltou ser evidente que a convivência paralela, desde a EC nº 16/65, dos dois sistemas de controle tem levado a uma prevalência do controle concentrado, e que o mecanismo, no controle difuso, de outorga ao Senado da competência para a suspensão da execução da lei tem se tornado cada vez mais obsoleto, mas afirmou que combatê-lo, por meio do que chamou de "projeto de decreto de mutação constitucional", já não seria mais necessário. Aduziu, no ponto, que a EC nº 45/2004 dotou o Supremo de um poder que, praticamente, sem reduzir o Senado a um órgão de publicidade de suas decisões, dispensaria essa intervenção, qual seja, o instituto da súmula vinculante (CF, art. 103-A).[146]

---

[143] "Reputou ser legítimo entender que, atualmente, a fórmula relativa à suspensão de execução da lei pelo Senado há de ter simples efeito de publicidade, ou seja, se o STF, em sede de controle incidental, declarar, definitivamente, que a lei é inconstitucional, essa decisão terá efeitos gerais, fazendo-se a comunicação àquela Casa Legislativa para que publique a decisão no Diário do Congresso. Concluiu, assim, que as decisões proferidas pelo juízo reclamado desrespeitaram a eficácia *erga omnes* que deve ser atribuída à decisão do STF no HC 82.959/SP" (Rcl nº 4.335/AC, Rel. Min. Gilmar Mendes).

[144] Rcl nº 4.335/AC, Rel. Min. Gilmar Mendes.

[145] Rcl nº 4.335/AC, Rel. Min. Gilmar Mendes.

[146] Rcl nº 4.335/AC, Rel. Min. Gilmar Mendes.

Por sua vez, o Min. Joaquim Barbosa considerou que, apesar das razões expostas pelo relator, a suspensão da execução da lei pelo Senado não representaria obstáculo à ampla efetividade das decisões do Supremo, mas complemento. Afirmou a possibilidade de edição de súmula vinculante, no que serviria para a manutenção da leitura tradicional do art. 52, X, da CF, que trata de uma autorização ao Senado de determinar a suspensão de execução do dispositivo tido por inconstitucional e não de uma faculdade de cercear a autoridade do STF. Afastou, ainda, a ocorrência da alegada mutação constitucional. Asseverou que, com a proposta do relator, ocorreria, pela via interpretativa, tão somente a mudança no sentido da norma constitucional em questão, e, que, ainda que se aceitasse a tese da mutação, seriam necessários dois fatores adicionais não presentes: o decurso de um espaço de tempo maior para verificação da mutação e o consequente e definitivo desuso do dispositivo. Por fim, enfatizou que essa proposta, além de estar impedida pela literalidade do art. 52, X, da CF, iria na contramão das conhecidas regras de autorrestrição.[147] Posteriormente, o Min. Ricardo Lewandowski pediu vista.

Este posicionamento defendido por alguns ínclitos ministros do Supremo Tribunal Federal mostra-se muito controverso e suscitará bastante debate. Configura-se difícil propugnar por efeitos vinculantes em sede de controle difuso em razão de que se estaria quebrando uma prerrogativa do Senado Federal por meio de uma mutação constitucional crassamente *contra legem*. Se o objetivo para a introdução da mencionada prerrogativa foi tentar solucionar o problema do grande número de processos que chegam à Egrégia Corte, a transcendência de motivos do recurso extraordinário e a súmula vinculante podem propiciar melhores resultados.

No entanto, o Novo Código de Processo Civil, em seu art. 926, abre espaço para um caráter vinculante dos precedentes, uma espécie de vinculação orgânica-material dos julgadores, com o intuito de estabilizar e tornar coerente a jurisprudência dos tribunais. Como são decisões proferidas pela mais alta Corte jurisdicional do país, baseadas em alicerces constitucionais, o efeito de seus precedentes tende a ser densificado, garantindo a supralegalidade da Carta Magna. Indubitavelmente, há uma tendência de fortalecimento dos precedentes do STF.

## 30.19 O controle difuso e a reserva de plenário

Quando a apreciação do controle difuso couber a um juízo colegiado, a não ser que o mérito já tenha sido decidido pelo STF, a matéria à qual se arguiu a inconstitucionalidade não poderá ser julgada pelas câmaras ou turmas do tribunal, devendo ser remetida ao pleno ou ao órgão especial com competência para seu julgamento, em respeito ao princípio da reserva de plenário (art. 97 da CF). Nos juízos monocráticos, não há possibilidade de vigência do mencionado princípio, podendo a matéria ser decidida pelo juiz singular.

O disciplinamento da reserva de plenário ou cláusula do *full bench* foi regulamentada no art. 97 da Constituição, com o seguinte teor: "Somente pelo voto da maioria absoluta de seus membros ou dos membros do respectivo órgão especial poderão os tribunais declarar a inconstitucionalidade de lei ou ato normativo do poder público".

---
[147] Rcl nº 4.335/AC, Rel. Min. Gilmar Mendes.

Gilmar Ferreira Mendes a denomina de cisão funcional de competência, permitindo que no julgamento da inconstitucionalidade de norma perante tribunais o plenário ou o órgão especial julguem a inconstitucionalidade ou a constitucionalidade da norma. Dessa forma, o órgão fracionário fica vinculado a julgar a questão de acordo com o que foi firmado no julgamento da questão constitucional.[148]

A natureza da reserva de plenário tem a taxionomia de requisito objetivo para a eficácia da decisão judicial, representando uma condição de eficácia da decisão. Sem o preenchimento desse requisito, a decisão proferida não pode produzir efeitos, configurando-se como inconstitucionalidade formal que não pode ser convalidada.

A iniciativa de suscitar o incidente de inconstitucionalidade dentro do poder difuso cabe a qualquer das partes da lide, ao Ministério Público ou aos componentes do colegiado julgador. Como o Ministério Público é o órgão que tem a função de defesa da ordem jurídica, se requerer, poderá manifestar-se no incidente de inconstitucionalidade. Da mesma forma, as pessoas jurídicas de direito público, responsáveis pela edição dos atos questionados, se manifestarem interesse, poderão se pronunciar no incidente de inconstitucionalidade. Em ambos os casos, deverão ser observados os prazos e condições fixados no regime interno do tribunal.

Os órgãos ou autoridade legitimados para impetrar ação direta de controle de constitucionalidade, de acordo com o art. 103 da Constituição Federal, havendo interesse, poderão se manifestar, por escrito, sobre a questão constitucional, objeto de apreciação pelo órgão especial ou pelo pleno do tribunal, no prazo fixado em regimento, sendo-lhes assegurado o direito de representar memoriais ou de pedir juntada de documentos.

Em analogia com o firmado pela Lei nº 9.868/99, o relator poderá, em caso de relevância da matéria, e, considerando ainda a representatividade dos postulantes, admitir, por despacho irrecorrível, a manifestação de outros órgãos ou entidades. Entidades como a OAB (Ordem dos Advogados do Brasil), MST (Movimento dos Sem Terras), FIESP (Federação das Indústrias do Estado de São Paulo) etc., podem intervir no processo como *amicus curiae*, fornecendo ao processo subsídios e possibilitando maior legitimidade das decisões judiciais.

A amplitude da análise pelo plenário ou pelo órgão especial não engloba a inteireza da lide debatida no processo; restringe-se à imputação de inconstitucionalidade, não sendo a esfera adequada para a apreciação de questões fáticas ou outras questões de direito. Como peculiar espécie recursal, apresenta dois efeitos que lhe são inerentes: o efeito devolutivo e o suspensivo. Suspensivo, porque a decisão meritória apenas pode ser proferida quando houver a decisão relativa à questão de inconstitucionalidade, sobrestando o feito até a mencionada decisão. Devolutivo, porque não é o órgão fracionário o competente para julgar, mas o plenário ou o órgão especial, limitando sua apreciação à questão impugnada como inconstitucional.

Todas as vezes que uma instância judiciária de segundo grau receber um processo sobre o qual paire a alegação de inconstitucionalidade, terá duas atitudes a realizar: declarar a constitucionalidade do ato, rejeitando a alegação de inconstitucionalidade, no que passa a decidir a questão meritória; ou concordar com a imputação de que a lei

---

[148] MENDES, Gilmar Ferreira. Mudanças no controle de constitucionalidade. *BUSCALEGIS.ccj.ufsc.br*. Disponível em: <http://www.buscalegis.ufsc.br/revistas/files/anexos/14132-14133-1-PB.htm>. Acesso em: 25 nov. 2002.

ou o ato normativo podem ser inconstitucionais, sobrestar o andamento do processo e remetê-lo à apreciação do plenário ou do órgão especial. Se a solução encontrada for essa segunda alternativa, a câmara ou turma lavrará o respectivo acórdão.[149]

Tendo havido decisão anterior do Pleno do Supremo Tribunal Federal ou do plenário ou órgão especial do respectivo tribunal, com relação ao mesmo objeto e à mesma *causa petendi*, as turmas dos tribunais podem julgar as questões sem necessidade de remeter a matéria para o Pleno ou órgão competente. Todavia, havendo variação na *causa petendi*, a decisão, inexoravelmente, não poderá ser decidida pelas turmas, obedecendo ao estabelecido pelo art. 97 da Constituição, de acordo com o princípio da reserva de plenário.

O Novo Código de Processo Civil manteve esse entendimento no seu art. 932, podendo o relator negar provimento ao recurso, em decisão monocrática, quando houver afronta à súmula e à jurisprudência consolidada no Supremo Tribunal Federal e nos Tribunais Superiores. Com tal dispositivo legal, tenta-se reforçar o conteúdo sistêmico do ordenamento jurídico e impedir a repetição de ações idênticas quando o STF ou os Tribunais Superiores já possuem entendimento a respeito da matéria contrário ao postulado nesses recursos. No mesmo sentido foi editado o art. 949 do mesmo Código de Processo Civil, que determina que os órgãos fracionários dos tribunais não submeterão ao plenário ou a órgão especial pedido de análise acerca da inconstitucionalidade quando já existir pronunciamento desses ou do plenário do STF sobre a questão posta sob apreciação. Depois de decidida a questão pelo plenário ou órgão especial, a matéria volta para apreciação do órgão fracionário, desde que a declaração de inconstitucionalidade não se configure como impedimento à apreciação do mérito.

Há de ressaltar-se que, no controle difuso de constitucionalidade, o pedido se restringe apenas à declaração, por parte do órgão do Poder Judiciário, da inconstitucionalidade da lei ou do ato normativo para o caso concreto. Não há o que se falar em efeito *erga ommes*, nem muito menos a norma é retirada do ordenamento jurídico. Ela apenas deixa de ser aplicada ao caso posto sob apreciação judicial, continuando a ter eficácia nos demais casos até resolução suspensiva do Senado Federal.

## 30.20 Controle de constitucionalidade nos âmbitos estadual e municipal

A Constituição Federal de 1988 atribui ao Supremo Tribunal Federal, em sede de ação direta de inconstitucionalidade, o controle de constitucionalidade das normas e atos federais e estaduais (art. 102, I, *a*, da CF). Com relação às normas municipais, a Carta Magna não previu o controle dessas espécies normativas pelo STF, pela via concentrada, com exceção da arguição de descumprimento de preceito fundamental. O controle difuso pode ocorrer em todas as instâncias e órgãos judiciais.

Dessa forma, é incabível ação direta de inconstitucionalidade contra lei ou ato normativo municipal que afronte a Constituição Federal perante o Supremo Tribunal Federal.[150] Admite-se, porém, ação direta de inconstitucionalidade proposta perante o

---

[149] AMARAL JÚNIOR, José Levi Mello do. *Incidente de arguição de inconstitucionalidade.* Comentários ao art. 97 da Constituição e aos arts. 480 a 482 do Código de Processo Civil. São Paulo: Revista dos Tribunais, 2002. p. 57.
[150] "EMENTA: AÇÃO DIRETA DE INCONSTITUCIONALIDADE. CONSTITUIÇÃO DO ESTADO DE SÃO PAULO. ART. 74, XI. CONTROLE DE CONSTITUCIONALIDADE, PELO TRIBUNAL DE JUSTIÇA, DE LEI

Tribunal de Justiça, contra lei municipal, alegando-se afronta à Constituição Estadual, ou o controle pela via difusa.[151]

Explica o Ministro Paulo Brossard:

> O nosso sistema constitucional não admite o controle concentrado de constitucionalidade de lei ou ato normativo municipal em face da Constituição Federal; nem mesmo perante o Supremo Tribunal Federal, que tem, como competência precípua, a sua guarda, art. 102. O único controle de constitucionalidade de lei e de ato normativo municipal em face da Constituição Federal que se admite é o difuso, exercido *incidenter tantum*, por todos os órgãos do Poder Judiciário, quando do julgamento de cada caso concreto.[152]

Os Tribunais de Justiça dos Estados têm competência para verificar a inconstitucionalidade das leis estaduais e municipais, em face da Constituição Estadual. A Carta Magna prevê que os estados-membros poderão instituir representação de inconstitucionalidade de leis ou atos normativos estaduais ou municipais, em face da Constituição estadual, desde que não seja conferida a um único órgão a legitimação para impetrar as ações, como na Constituição de 1967/1969, em que a competência pertencia a um único órgão, o procurador-geral da República.

Os órgãos que têm legitimidade para dispor da ação direta estadual estão elencados na Lei Maior estadual.[153]

As Constituições estaduais repetem, em várias de suas partes, dispositivos da Constituição Federal, ou por livre disposição ou por força dos princípios simétricos que devem ser obedecidos, como a forma de governo republicana, o regime democrático etc.[154] Quando uma norma infraconstitucional afronta um dispositivo constante no texto federal e repetido no estadual, e são propostas duas ações diretas concomitantes, uma endereçada ao Tribunal de Justiça e a outra endereçada ao Supremo Tribunal Federal,

---

OU ATO NORMATIVO MUNICIPAL EM FACE DA CONSTITUIÇÃO FEDERAL. PROCEDÊNCIA. É pacífica a jurisprudência do Supremo Tribunal Federal, antes e depois de 1988, no sentido de que não cabe a tribunais de justiça estaduais exercer o controle de constitucionalidade de leis e demais atos normativos municipais em face da Constituição Federal. Precedentes. Inconstitucionalidade do art. 74, XI, da Constituição do Estado de São Paulo. Pedido julgado procedente" (ADI nº 347-SP, Rel. Min. Joaquim Barbosa).

[151] "Admite-se o ajuizamento de ação direta de inconstitucionalidade perante tribunal de justiça estadual contra lei municipal frente a dispositivos da Constituição local (art. 125, §2º, da CF), ainda que estes dispositivos sejam de reprodução obrigatória de normas da Constituição Federal" (RE nº 176.484/SP, Rel. Min. Marco Aurélio, *Informativo STF*, n. 192).

[152] Rel. Min. Paulo Brossard, *RTJ*, 164/832.

[153] O art. 60 da Constituição Estadual de Pernambuco outorga legitimação aos seguintes órgãos: governador do estado; Mesa da Assembleia Legislativa; procurador-geral de Justiça; prefeitos e Mesas das Câmaras de Vereadores, ou entidades de classe de âmbito municipal, quando se tratar de lei ou ato normativo do respectivo município; conselhos regionais das profissões reconhecidas, sediadas em Pernambuco; partido político com representação nas Câmaras Municipais, na Assembleia Legislativa ou no Congresso Nacional; e federação sindical, sindicato ou entidade de classe de âmbito estadual.

[154] "Assim, se as proposições remissivas constantes das diversas Constituições Estaduais, apesar de seu caráter dependente e incompleto, mantêm sua condição de proposições jurídicas, não haveria razão para se lhes negar a condição de parâmetro normativo idôneo para se proceder, em face delas, ao controle abstrato de normas perante os Tribunais de Justiça. Essa parece ser a tese subjacente ao entendimento adotado pelo Plenário do Supremo Tribunal Federal, que, no julgamento da RCL 733, por unanimidade de votos, seguiu a orientação do Min. Ilmar Galvão, no sentido de que as normas constitucionais estaduais remissivas à disciplina de determinada matéria prevista na Constituição Federal constituem parâmetro idôneo de controle no âmbito local. [...]" (Rcl nº 4.432/TO, Rel. Min. Gilmar Mendes).

deve-se suspender a ação proposta perante a Justiça estadual até a decisão final do Supremo.[155]

A decisão do Supremo Tribunal Federal tem efeitos *erga omnes* e *ex tunc*, retirando a norma do ordenamento jurídico e vinculando a decisão do Tribunal de Justiça, o que levará à extinção da ação direta proposta em âmbito estadual.

Observa-se que quando os Tribunais de Justiça exercem controle abstrato de constitucionalidade de leis municipais, o parâmetro de análise será a Constituição estadual. Porém, desde que se trate de normas de reprodução obrigatória pelos estados, o controle abstrato de constitucionalidade de leis municipais pode ser feito pelos Tribunais tendo como parâmetro as normas da Constituição Federal.[156]

Pode acontecer de a ação proposta no Tribunal de Justiça ter outros fundamentos jurídicos, *causa petendi* diversa. Nesse caso, a decisão do Supremo Tribunal Federal somente vinculará as decisões da Justiça estadual se houver, nas ações diretas, a mesma *causa petendi* analisada. Ocorrendo entre as ações fundamentos jurídicos diversos, poderá a ação estadual continuar, proferindo o Tribunal de Justiça a sua decisão sem nenhum tipo de vinculação.[157]

A decisão do Tribunal estadual tem eficácia *erga omnes* na esfera de sua competência, limitando sua amplitude à *causa petendi* que fora pleiteada, em consonância com o parâmetro estabelecido pela Constituição Estadual.

Como já fora mencionado, as Constituições estaduais detêm prerrogativa de instituir o controle concentrado, por intermédio de seus tribunais de justiça, das normas ou atos normativos que desrespeitem a lei orgânica municipal. Mesmo sem haver previsão expressa no art. 125, §2º, da Lei Maior, inexiste óbice legal porque a finalidade é a proteção do ordenamento jurídico municipal, impedindo delongas na declaração de normas que afrontem a lei orgânica.[158]

Há o entendimento consolidado de que a lei orgânica se configura como a estrutura basilar dos municípios, devendo ser protegida com as características de supremacia e supralegalidade, não obstante não ter sido denominada Constituição municipal. Portanto, para assegurar uma maior eficácia ao sistema normativo municipal, permite-se que o controle da lei orgânica possa ser realizado por meio de controle abstrato nos respectivos tribunais de justiça.

Esse é o entendimento dominante, desde que haja previsão explícita contida nas cartas estaduais. Por exemplo, a Constituição do Estado de Pernambuco, promulgada em 1989, dispõe em seu art. 61, I, L, que o Tribunal de Justiça é competente para processar e julgar lei ou ato normativo municipal em face de lei orgânica respectiva.[159]

---

[155] "Preliminarmente, o Tribunal rejeitou o alegado prejuízo da ADIn pelo ajuizamento concomitante de representação de inconstitucionalidade perante o Tribunal de Justiça do Estado do Ceará – contra a mesma norma em face do preceito da Constituição Estadual que reproduziu dispositivo da Constituição Federal – e determinou a suspensão da representação perante o Tribunal de Justiça até o julgamento da ADIn pelo STF" (ADI MC nº 2.361/CE, Rel. Min. Maurício Corrêa).

[156] STF, Plenário, RE nº 650.898-RS. Rel. originário Min. Marco Aurélio, Rel. para acórdão Min. Roberto Barroso, j. 1º.2.2017.

[157] PALU, Oswaldo Luiz. *Controle de constitucionalidade*. Conceitos, sistemas e efeitos. São Paulo: RT, 1999. p. 184.

[158] "Art. 125. Os Estados organizarão sua Justiça, observados os princípios estabelecidos nesta Constituição [...] §2º Cabe aos Estados a instituição de representação de inconstitucionalidade de leis ou atos normativos estaduais ou municipais em face da Constituição Estadual, vedada a atribuição da legitimação para agir a um único órgão".

[159] "Lei Orgânica Municipal não é uma lei ordinária comum, ela é a constituição do ente federado chamado município. Isso é o que eu defendo, e a Constituição Federal ao estabelecer que os Estados poderiam instituir a

Ocorrendo a afronta de uma lei municipal à lei orgânica municipal (LOM), ter-se-á uma ilegalidade e não uma "inconstitucionalidade municipal", apesar de a LOM gozar de supremacia em relação às demais normas do ordenamento jurídico municipal. Como o *status* da lei orgânica não é o mesmo de uma Constituição, porque o seu espaço de autonomia já foi bastante reduzido pela Constituição Federal e Estadual, é mais apropriado falar em ilegalidade.[160] A lei orgânica representa a "Constituição Municipal", concretizada em dois turnos de votação, num prazo entre uma votação e outra de dez dias, com o quórum de dois terços dos membros da Câmara Municipal. Portanto, pela forma como é promulgada, a LOM dispõe de maior legitimidade, gozando de supremacia em relação às demais leis municipais.

Por isso, quando houver uma lei municipal que afronte a lei orgânica, o controle de legalidade poderá ser realizado em qualquer instância judiciária. O que se modifica é a terminologia, mas o sentido de preservar a jurisdição da LOM é o mesmo: a norma municipal que afrontar a lei orgânica deve ser declarada pelos órgãos judiciários como ilegal. Inclusive, se a afronta atingir também a Constituição Federal, o litígio poderá chegar ao STF, mediante recurso extraordinário.

## 30.21 Interpretação conforme a Constituição e inconstitucionalidade parcial sem redução de texto

A interpretação conforme a Constituição é um tipo decisão de controle de constitucionalidade no qual, sem alteração na estrutura do texto legal, se muda a sua interpretação, para que se conforme aos dispositivos da Lei Maior. A norma permanece no ordenamento jurídico, realizando-se uma determinação no seu significado, devendo os operadores jurídicos se aterem a essa estipulação.

Como condição para a interpretação conforme a Constituição, deve existir mais de uma interpretação cabível para a norma, compatíveis com os dispositivos da Lei Maior. A opção escolhida será aquela que permita uma sincronia mais intensa com as normas constitucionais.[161]

A interpretação conforme a Constituição é uma técnica de decisão originária da doutrina alemã, contudo, sua matriz teórica é norte-americana, traduzida pelo princípio da presunção de constitucionalidade, abrangendo os casos em que a invalidade não é manifesta e quando há diversas interpretações possíveis de serem realizadas. A primeira é uma subespécie da segunda, já que esta se configura de maior incidência.

---

representação de inconstitucionalidade de Lei Municipal em face da Constituição Estadual, ela não vedou que ele ampliasse para a criação da instituição da Ação Direta em face da Lei Orgânica" (TJPE, CE-ADIn nº 135.590-0, N. taquigráficas, j. 17.6.2006).

[160] Preceitua o Prof. Roque Carrazza: "Parece-nos evidente que a Lei Orgânica do Município é dotada de maior positividade que as simples leis ordinárias municipais. Estas só serão válidas se e enquanto se adequarem àquela. Em termos mais precisos, as leis ordinárias municipais haurem a validade e a legitimidade na Lei Orgânica do respectivo Município. Estão em patamar inferior da chamada 'pirâmide jurídica'. Havendo, pois, um descompasso entre elas, prevalecerá a de maior hierarquia jurídica: a Lei Orgânica Municipal" (CARRAZZA, Roque Antonio. *Curso de direito constitucional tributário*. 5. ed. São Paulo: Malheiros, 1993. p. 103).

[161] "Se uma interpretação, que não contradiz os princípios da Constituição, é possível segundo os demais critérios de interpretação, há de preferir-se a qualquer outra em que a disposição viesse a ser inconstitucional. A disposição é então, nesta interpretação, válida. Disto decorre, então, que dentre várias interpretações possíveis segundo os demais critérios sempre obtém preferência aquela que melhor concorde com os princípios da Constituição. Conformidade à Constituição é, portanto, um critério de interpretação" (LARENZ, Karl. *Metodologia da ciência do direito*. Tradução de José Lamego. 3. ed. Lisboa: Fundação Calouste Gulbenkian, 1997. p. 480).

O limite para esse tipo de controle de constitucionalidade é que a literalidade do texto não seja alterada, impedindo, assim, que o Judiciário funcione como se fosse um órgão legislativo, realizando modificações na norma. Outrossim, a *mens legislatoris* tem de ser respeitada, não podendo o intérprete judiciário funcionar como se fosse um legislador constituinte.

Sobre o assunto, esclarece Gilmar Ferreira Mendes:

> Também entre nós utilizam-se doutrina e jurisprudência de uma fundamentação diferenciada para justificar o uso da interpretação conforme a Constituição. Ressalta-se, por um lado, que a supremacia da Constituição impõe que todas as normas jurídicas ordinárias sejam interpretadas em consonância com seu texto. Em favor da admissibilidade da interpretação conforme a Constituição, milita também a presunção da constitucionalidade da lei, fundada na ideia de que o legislador não poderia ter pretendido votar lei inconstitucional.[162]

A declaração de inconstitucionalidade parcial sem redução de texto, igualmente chamada de declaração de inconstitucionalidade sem pronúncia de nulidade, é uma técnica de decisão de controle de constitucionalidade em que se verifica a ocorrência de uma inconstitucionalidade, podendo ser com ou sem redução de texto. No primeiro caso, há necessidade de se retirar parte do texto declarado inconstitucional; no segundo, o texto é mantido intacto, havendo necessidade apenas de restringir algumas hipóteses de incidência da norma.

Ela se mostra relevante para evitar lacunas jurídicas decorrentes da declaração de inconstitucionalidade, que podem gerar uma anomia no ordenamento mais ameaçadora do que a própria inconstitucionalidade.[163] Exemplo desse tipo de controle é a inconstitucionalidade parcial sem redução de texto temporal, que ocorre quando determinada extensão de tempo não foi respeitada.

Na inconstitucionalidade parcial sem redução de texto temporal, se o lapso de eficácia da norma for diferido para o futuro por decisão judicial, a inconstitucionalidade desaparece, sem necessidade de alterações no texto legal. Exemplo desse tipo de controle é a cobrança de tributos sem o cumprimento do princípio da anterioridade, pois o Supremo firmou entendimento de que é inconstitucional a cobrança do tributo que houver sido criado ou aumentado no mesmo exercício financeiro (Súmula nº 67). Portanto, a criação de tributos sem a observância desse princípio importará na declaração de inconstitucionalidade sem redução de texto, impondo que a vigência do tributo somente possa produzir efeitos no exercício financeiro posterior.

Apesar de a doutrina e a jurisprudência pátria frequentemente confundirem a interpretação conforme a Constituição e a declaração de inconstitucionalidade sem pronúncia de nulidade, elas são técnicas de decisões de controle de constitucionalidade diferentes. Nesta há uma declaração de inconstitucionalidade, atestando que ocorreu um acinte à Lei Maior, enquanto naquela inexiste qualquer mácula de inconstitucionalidade, apenas escolheu-se determinada interpretação normativa que melhor se adequava ao caráter sistêmico dos dispositivos constitucionais.

---

[162] MENDES, Gilmar Ferreira. *Jurisdição constitucional*. O controle abstrato de normas no Brasil e na Alemanha. São Paulo: Saraiva, 1996. p. 270.

[163] MENDES, Gilmar Ferreira. Declaração de inconstitucionalidade sem pronúncia da nulidade da lei, na jurisprudência da corte constitucional alemã. *Revista Trimestral de Direito Público*, São Paulo, n. 9, 1995. p. 68.

Na interpretação conforme, como o pedido de inconstitucionalidade é rejeitado, pode haver sua análise por juiz monocrático, sem a necessidade de decisão por órgão colegiado. Na declaração de inconstitucionalidade sem pronúncia de nulidade, como o pedido de inconstitucionalidade é aceito, obrigatoriamente, a postulação tem de ser apreciada por órgão colegiado, seguindo o princípio da reserva de plenário, esculpido no art. 97 da Constituição Federal.

Respeitadas suas especificidades, a interpretação conforme a Constituição e a declaração de inconstitucionalidade sem pronúncia de nulidade podem ser proferidas tanto em sede de controle concentrado quanto em sede de controle difuso.

## 30.22 Procedimento do sistema concentrado de controle de constitucionalidade. Lei nº 9.868/1999 (ação direta de inconstitucionalidade e ação declaratória de constitucionalidade)

A petição inicial da ação direta de inconstitucionalidade (ADIn) precisa indicar o dispositivo da lei ou do ato normativo questionado, os fundamentos jurídicos do pedido em relação a cada uma das impugnações e o pedido com suas especificações (art. 3º, I e II, da Lei nº 9.868/1999).[164]

Já na ação declaratória de constitucionalidade, a petição inicial deve conter o dispositivo da lei ou do ato normativo questionado, o pedido com suas fundamentações e a indicação da existência de controvérsia judicial relevante sobre o objeto impugnado.[165]

Em ambas as ações diretas, se a petição inicial for genérica e abstrata, sem especificar de forma fundamentada o pedido de inconstitucionalidade ou o pedido de declaração de constitucionalidade, será considerada inepta e deve ser liminarmente indeferida pelo relator. Cabe agravo da decisão que indeferir a petição inicial (art. 4º, parágrafo único, da Lei nº 9.868/1999).

A petição inicial necessita vir acompanhada de instrumento procuratório, ser subscrita por advogado e apresentada em duas vias. Na ação direta de inconstitucionalidade precisam ser anexadas ao pedido as cópias da lei ou do ato normativo impugnado e dos documentos necessários para comprovar a impugnação.[166] Na ação declaratória de constitucionalidade são imprescindíveis as cópias do ato normativo questionado e dos documentos necessários para a comprovação da procedência do pedido, atestando a existência de controvérsia judicial (art. 3º, parágrafo único, da Lei nº 9.868/1999).

---

[164] "Assentadas essas premissas, cumpre assinalar que não basta somente arguir a inconstitucionalidade de determinada norma, já positivada ou em fase de elaboração, impondo-se, a quem alega a situação de conflito com o texto da Constituição, demonstrá-la satisfatoriamente, fazendo-o com apoio em fundamentação consistente e juridicamente densa, em ordem a viabilizar o reconhecimento da própria plausibilidade jurídica da pretensão deduzida por aquele que invoca, perante os Tribunais, a ocorrência de antagonismo insuperável de certa regra, contestada em face da Lei Fundamental do Estado. Esse dever de fundamentar a arguição de inconstitucionalidade, quer em sede de controle incidental (como no caso), quer no plano da fiscalização abstrata, onera e incide sobre aquele que faz tal afirmação, assumindo, por isso mesmo, um caráter de indeclinável observância" (*Informativo do STF*, n. 320).

[165] O pedido de aditamento da petição inicial para estender o pedido de declaração de inconstitucionalidade nos autos de ação direta deve ser requerido formalmente, não se admitindo que ele seja feito oralmente pelo advogado durante a sustentação oral que antecede o julgamento do feito (ADI MC nº 2.159/DF, Rel. Min. Néri da Silveira).

[166] "Não se conhece de ação direta de inconstitucionalidade se a inicial deixa de proceder ao exame analítico dos dispositivos do ato impugnado, bem como das leis nela referidas, tendo em vista os preceitos constitucionais invocados ou violados" (ADIn nº 2.190/CE, Rel. Min. Maurício Corrêa).

Não se admite intervenção de terceiros no processo, nem desistência em nenhum dos dois casos (art. 7º da Lei nº 9.868/1999).

Nas ações diretas de inconstitucionalidade, recebida a ação, o relator solicitará informações ao órgão que criou a lei ou o ato normativo suscitado, devendo estas ser prestadas no prazo de trinta dias contados do recebimento do pedido.[167] Decorrido o prazo, serão ouvidos, sucessivamente, o advogado-geral da União e o procurador-geral da República, que deverão se manifestar, cada qual, no prazo de quinze dias. Vencidos os prazos mencionados, o relator lançará o relatório, com cópia para todos os ministros, e pedirá dia para julgamento (arts. 6º, 8º e 9º da Lei nº 9.868/1999).

Segundo decisão do STF, em ação direta de inconstitucionalidade é inaplicável o prazo em dobro para os representantes da Fazenda Pública, por se tratar de processo objetivo em que não há o envolvimento de interesse subjetivo do Estado.[168]

Não cabe atuação do advogado-geral da União na ação interventiva, na ação de inconstitucionalidade por omissão, na arguição de descumprimento de preceito fundamental e na ação declaratória de constitucionalidade, porque nessas espécies de controle direto não há necessidade de se defender a constitucionalidade das normas federais. Somente cabe atuação do advogado-geral da União quando ele funcionar como defensor do vínculo, ou seja, quando ele pugnar pela constitucionalidade da lei de interesse do Governo Federal. Portanto, sua atuação somente será permitida na ADIn.

Nas ações declaratórias, o advogado-geral da União não atua como defensor do vínculo, pois o pedido do governo é no sentido de declarar sua constitucionalidade, e não seria razoável que dois entes efetuassem o mesmo pedido. Quem pode intervir na ação é o demandante e o procurador-geral da República, no prazo de quinze dias.

Nas ações declaratórias de constitucionalidade, recebida a ação, o relator abre vistas para o procurador-geral da República, que deve se pronunciar no prazo de quinze dias. Vencido esse prazo, o relator lançará o relatório, com cópia a todos os ministros, e pedirá dia para o julgamento.

A Lei nº 9.868/1999 inovou no procedimento da ação direta de inconstitucionalidade, ao admitir, seguindo as ideias do constitucionalista alemão Peter Haberle, a democratização do controle de constitucionalidade.[169] Segundo o citado autor, quanto maior for o número de pessoas que puderem se pronunciar acerca de uma matéria, maiores serão as possibilidades de se democratizar a sua interpretação, impedindo manuseios casuístas.

Portanto, existe a permissão para que o relator, considerando a relevância da matéria e a representatividade dos postulantes, possa ouvir, por despacho irrecorrível, no prazo de 30 dias, a manifestação de outros órgãos ou entidades, na qualidade de *amicus curiae*, como a OAB (Ordem dos Advogados do Brasil), o IAB (Instituto dos Advogados do Brasil), a CNBB (Confederação Nacional dos Bispos do Brasil), a FIESP (Federação

---

[167] Pela ausência de interesse subjetivo, não se aplica, no controle abstrato de constitucionalidade instaurado perante Tribunal de Justiça, o art. 4º da Lei nº 8.437/1992 ("Compete ao presidente do tribunal, ao qual couber o conhecimento do respectivo recurso, suspender, em despacho fundamentado, a execução da liminar nas ações movidas contra o Poder Público") (AgRg nº 1.543/SP, Rel. Min. Marco Aurélio).
[168] ADIn nº 1.797/PE, Rel. Min. Ilmar Galvão.
[169] HABERLE, Peter. *Hermenêutica constitucional*. A sociedade aberta dos intérpretes da Constituição: contribuição para a interpretação pluralista e procedimental da constituição. Tradução de Gilmar Ferreira Mendes. Porto Alegre: Fabris, 1997. p. 22.

das Indústrias do Estado de São Paulo) etc.[170] Essa prerrogativa foi direcionada apenas para as ações diretas de inconstitucionalidade, inexistindo nas ações declaratórias de constitucionalidade.

Expressa a importância do instituto o Ministro Celso de Mello:

> A intervenção de terceiros no processo da ação direta de inconstitucionalidade é regra excepcional prevista no art. 7º, §2º, da Lei nº 9.868/1999, que visa a permitir "que terceiros – desde que investidos de representatividade adequada – possam ser admitidos na relação processual, para efeito de manifestação sobre a questão de direito subjacente à própria controvérsia constitucional. A admissão de terceiro, na condição de *amicus curiae*, no processo objetivo de controle normativo abstrato qualifica-se como fator de legitimação social das decisões da Suprema Corte, enquanto Tribunal Constitucional, pois viabiliza, em obséquio ao postulado democrático, a abertura do processo de fiscalização concentrada de constitucionalidade, em ordem a permitir que nele se realize, sempre sob uma perspectiva eminentemente pluralística, a possibilidade de participação formal de entidades e de instituições que efetivamente representem os interesses gerais da coletividade ou que expressem os valores essenciais e relevantes de grupos, classes ou estratos sociais. Em suma: a regra inscrita no art. 7º, §2º, da Lei nº 9.868/1999 – que contém a base normativa legitimadora da intervenção processual do *amicus curiae* – tem por precípua finalidade pluralizar o debate constitucional.[171]

Contudo, entende o Supremo Tribunal Federal, à exceção do Min. Carlos Britto, que o *amicus curiae* não tem legitimidade para recorrer em uma ação na qual ele interveio nesta qualidade.[172]

Nos dois tipos de ações, tanto na direta quanto na declaratória, havendo uma maior necessidade de esclarecimento da matéria ou notória insuficiência das informações existentes, pode o relator: requisitar informações adicionais; designar perito ou comissão de peritos para que emita parecer sobre a questão suscitada; fixar data para, em audiência pública, ouvir depoimento de pessoas com contundente experiência no assunto. As informações, perícias e audiências devem ser realizadas no prazo de trinta dias. Caso seja necessário, poderão ser solicitadas informações aos Tribunais Superiores, aos Tribunais Federais e aos Tribunais Estaduais acerca da norma impugnada no âmbito de sua jurisdição.

Pode ser proferida medida cautelar na ação direta de inconstitucionalidade, na ação declaratória de constitucionalidade, na ação direta de inconstitucionalidade por omissão e na arguição de descumprimento de preceito fundamental.[173] Não cabe medida cautelar na ação direta interventiva porque é uma exceção restrita à autonomia dos entes

---

[170] "Por maioria, o Tribunal, preliminarmente, deixou de referendar a admissibilidade no processo da Associação Paulista dos Magistrados na qualidade de *amicus curiae*, uma vez que a mesma formulara pedido de admissão no feito depois de já iniciado o julgamento da medida liminar. Considerou-se que a manifestação do *amicus curiae* é para a instrução, não sendo possível admiti-la quando em curso o julgamento. Vencidos os Ministros Ilmar Galvão, Carlos Velloso e Sepúlveda Pertence" (ADI MC nº 2.238/DF, Rel. Min. Ilmar Galvão).

[171] ADIn nº 2.130/MC, Rel. Min. Celso de Mello.

[172] ADI nº 2.591 ED/DF, Rel. Min. Eros Grau, 14.12.2006.

[173] A possibilidade de cautelar em sede de controle concentrado somente foi concretizada com a Emenda Constitucional nº 7, de 1977, que acrescentou a alínea *p* ao art. 119 da Constituição pretérita, conferindo ao Supremo Tribunal Federal competência para decidir o pedido de medida cautelar nas representações oferecidas pelo procurador-geral da República.

federativos, não sendo passível de ser executada sem uma decisão definitiva, protegida pela segurança da sentença judicial.

Para que a medida cautelar seja deferida na ação direta de inconstitucionalidade, faz-se necessário um quórum de maioria absoluta dos votos dos membros do STF, presentes no mínimo 2/3 dos seus membros.[174] Durante o período de recesso, o relator poderá deferi-la sem a presença dos demais membros. A decisão monocrática do ministro plantonista está sujeita à confirmação do Tribunal, nas primeiras sessões após o recesso.

Entende o STF, no que se refere ao §2º do art. 11 da Lei nº 9.868/99 (concessão da medida cautelar torna aplicável a legislação anterior, salvo expressa manifestação em sentido contrário), que ele pode apreciar incidentemente a constitucionalidade da lei precedente à impugnada para, julgando-a igualmente inválida, impedir o retorno de sua validade decorrente da declaração de inconstitucionalidade da que a tenha revogado.[175]

Regra geral, antes da decisão sobre o deferimento da medida cautelar, na ação direta de inconstitucionalidade, haverá o pronunciamento, no prazo de cinco dias, dos órgãos ou autoridades dos quais a lei ou o ato normativo tiver emanado. Apenas em caso de excepcional urgência, o Tribunal poderá deferir a medida cautelar sem a audiência dos mencionados órgãos ou autoridades.

Ao apreciar o pedido cautelar da ação direta de inconstitucionalidade, o relator, julgando indispensável, ouvirá o advogado-geral da União e o procurador-geral da República, no prazo de três dias. É uma faculdade discricionária do relator, que serve para muni-lo de maior quantidade de informações.

No julgamento é facultada a sustentação oral pelos representantes judiciais. Essa foi uma inovação da Lei nº 9.868/1999, permitindo que os advogados possam fazer sustentação oral pelo prazo de quinze minutos, de acordo com o Regimento Interno do Supremo Tribunal Federal.

Na ação direta de inconstitucionalidade, havendo pedido de medida cautelar, o relator, considerando a relevância da matéria e sua importância para a ordem social e a segurança jurídica, poderá, após a prestação das informações, no prazo de dez dias, do órgão do qual emanou a lei ou ato impugnado, e informações do advogado-geral da União e do procurador-geral da República, sucessivamente, no prazo de cinco dias, submeter o processo diretamente ao Tribunal, que terá a faculdade de julgar definitivamente a ação. O relator pode adotar o procedimento mais célere, mas o Tribunal é que decide a data do julgamento.

Esse procedimento mais rápido se justifica diante da necessidade de uma decisão de mérito, garantindo a segurança do ordenamento, haja vista que o deferimento da decisão cautelar é provisório, sendo possível a sua modificação na decisão de mérito.

---

[174] "Esse problema gerou, no Tribunal, há pouco tempo, uma discussão que terminou com uma conclusão unânime: toda vez que a Corte suspende a eficácia de uma norma (através de medida cautelar), na realidade, o efeito dessa suspensão é um efeito muito mais grave do que à primeira vista parece ser. Ou seja, toda vez em que há suspensão da eficácia de uma norma, todos os processos em que há necessidade da aplicação daquela norma ou, pelo menos, do exame de sua aplicação para saber se a ela se subsume o caso concreto ou não devem ser suspensos. E devem ser suspensos por uma razão singelíssima: é que esta norma tem a sua eficácia suspensa apenas provisoriamente. Consequentemente, é possível que, no julgamento final da ação direta de inconstitucionalidade, a decisão seja contrária à adotada quando da concessão dessa liminar. E, consequentemente, aquela norma que fora suspensa volta a ter sua eficácia plena" (conferência inaugural do XXIII Simpósio Nacional de Direito Tributário proferida pelo Min. Moreira Alves na capital paulista em outubro de 1998).

[175] ADI nº 2.154/DF e ADI nº 2.258/DF, Rel. Min. Sepúlveda Pertence, 14.2.2007.

Pode até mesmo a cautelar ser indeferida e o relator, diante da magnitude da matéria, adotar o procedimento mais célere para a decisão de mérito.

Concedida a medida cautelar, o STF tem o prazo máximo de dez dias para publicar a decisão no *Diário Oficial*. A comunicação da decisão também pode ser feita através de telegrama, ao órgão do qual emanou a norma ou ato normativo, sendo a publicação formal feita posteriormente.

A medida cautelar tem eficácia *erga omnes* e produz efeitos *ex nunc*, salvo se o Supremo Tribunal Federal expressamente estipular o contrário, ou seja, conceder-lhe efeitos *ex tunc*. O deferimento da liminar torna aplicável a legislação anteriormente vigente, exceto se houver disposição em contrário.

Na ação declaratória de constitucionalidade, para que a medida cautelar seja tomada, faz-se necessária uma decisão com o quórum de maioria absoluta de votos dos membros do STF. O efeito da cautelar não é retirar a norma do ordenamento, mas determinar que todos os juízes e tribunais suspendam os processos que envolvam a aplicação da lei ou do ato normativo objeto da ação até o seu julgamento em definitivo. A decisão na liminar não extingue o processo, apenas paralisa o seu procedimento, a fim de que se aguarde a decisão final de mérito.

Os efeitos do deferimento da medida cautelar são diferentes na ação declaratória de constitucionalidade e na ação direta de inconstitucionalidade. Nesta, suspende-se a eficácia da lei ou ato, só sendo ele afastado definitivamente com a decisão de mérito; naquela, há a imposição da suspensão de qualquer processo que verse sobre a matéria suscitada, ressalvadas as decisões transitadas em julgado. Depreende-se, então, que existe um efeito vinculante, para as demais instâncias judiciárias, na decisão que concede cautelar em sede de ação declaratória de constitucionalidade.

Na ação declaratória a eficácia da medida cautelar é *erga omnes* e o efeito sempre é *ex nunc*, sem possibilidade de decisão em contrário. Nesse tipo de ação, como apenas o procurador-geral da República se pronuncia, não cabe procedimento mais célere para o julgamento do mérito.

A parte dispositiva da decisão da ação declaratória deve ser publicada no *Diário Oficial* no prazo máximo de dez dias. Uma vez concedida a cautelar, o Supremo Tribunal Federal tem o prazo de cento e oitenta dias para proferir a decisão de mérito, sob pena de perda da eficácia do provimento cautelar.

Nos dois tipos de ações, a decisão somente poderá ser tomada na presença de, no mínimo, oito ministros. Destes, pelo menos seis terão de se manifestar, posicionando-se no sentido da inconstitucionalidade da medida. Caso não haja ministros suficientes, o julgamento será suspenso até que se atinja o número necessário. Julgada a ação, far-se-á a comunicação à autoridade ou ao órgão responsável pela expedição do ato.

A sentença proferida, em ambos os procedimentos mencionados do controle direto, é irrecorrível, não podendo sequer ser impetrada ação rescisória. O único recurso possível são os embargos de declaração.

A ação direta de inconstitucionalidade e a ação declaratória de constitucionalidade possuem efeitos dúplices ou ambivalentes: se a ação de inconstitucionalidade for declarada improcedente, será firmado o efeito declaratório da lei ou ato normativo; se a ação declaratória for improcedente, será determinada a inconstitucionalidade da lei ou ato normativo. Portanto, ao julgar que determinada lei ou ato normativo não é inconstitucional, imediatamente o STF declara a sua constitucionalidade, e, ao julgar que determinada lei não é constitucional, imediatamente ele declara a sua inconstitucionalidade.

Inovação trazida pela Lei nº 9.868/1999 foi possibilitar que o STF, declarando a inconstitucionalidade da lei ou ato normativo, mediante o quórum qualificado de dois terços dos seus componentes, e levando em conta razões de segurança jurídica ou de excepcional interesse social, modifique os efeitos *ex tunc*, tidos como regra geral, para *ex nunc* ou *pro futuro* ou restrinja os efeitos daquela declaração.[176] Com isso, há um maior espaço para decisões discricionárias por parte do Supremo Tribunal Federal no controle de constitucionalidade. De acordo com a conveniência do caso concreto, com a finalidade de atender à segurança jurídica e ao interesse social, a extensão dos efeitos das decisões pode ser *ex tunc, ex nunc* ou *pro futuro*.[177]

Em sentido contrário à inovação se posiciona Ives Gandra:

> Em face desse raciocínio, não entendo viável em nosso ordenamento – não é a opinião de Gilmar Ferreira Mendes – a adoção de instituto semelhante ao do Direito alemão, de se dar eficácia *ex nunc* às decisões definitivas, se oito dos Ministros da Suprema Corte assim decidirem. Tal entendimento pode gerar, principalmente no campo do Direito Tributário, a irresponsabilidade impositiva, com a possibilidade de as exações inconstitucionais, mesmo após a decisão definitiva da Suprema Corte, terem seus inconstitucionais efeitos perpetuados, entendendo-se o Estado – que violentou a Constituição – autorizado a permanecer com o produto de arrecadação ilegítima, pela eficácia ofertada à decisão definitiva.[178]

A eficácia das decisões de declaração de constitucionalidade ou de inconstitucionalidade, inclusive a interpretação conforme a Constituição e a declaração parcial de inconstitucionalidade sem redução de texto, regra geral, é *erga omnes*.

Uma outra inovação bastante discutida da Lei nº 9.868/1999 foi instituir o efeito vinculante também para as ações diretas de inconstitucionalidade, o que antes era restrito à ação declaratória pela Emenda Constitucional nº 3. O efeito vinculante incide em relação aos órgãos do Poder Judiciário e aos órgãos da Administração Pública, em seus três níveis. O Supremo Tribunal Federal vem adotando esse entendimento.

---

[176] A ADIn nº 2.154/DF, Rel. Min. Sepúlveda Pertence, impetrada pela Confederação Nacional dos Profissionais Liberais, e a ADIn nº 2.258/DF, Rel. Min. Sepúlveda Pertence, impetrada pelo Conselho Federal da Ordem dos Advogados do Brasil, impugnam algumas disposições implementadas pela Lei nº 9.868/1999. A primeira – ADIn nº 2.154, da Confederação Nacional dos Profissionais Liberais –, além de imputar ao diploma ilegítima omissão parcial atinente às garantias do contraditório e da ampla defesa no processo da ADC, argui a inconstitucionalidade do art. 26, *in fine* – no que veda a ação rescisória das decisões definitivas dos processos de controle direto que disciplina –, e do art. 27 – que autoriza ao STF a manipulação da eficácia temporal da declaração de inconstitucionalidade. A segunda – ADIn nº 2.258, da Ordem dos Advogados do Brasil – impugna a validade desse mesmo art. 27 e mais a do art. 11, §2º, *in fine* – que admite possa o Tribunal, ao deferir medida cautelar –, e a do art. 21 – que admite consistir a medida cautelar na ADC na "determinação de que os juízes e os Tribunais suspendam o julgamento dos processos que envolvam a aplicação da lei ou do ato normativo objeto da ação até seu julgamento definitivo". Em ambas, há pedido cautelar. As mencionadas ações aguardam julgamento.

[177] Exemplo de efeito pró-futuro foi verificado no RE nº 197.917/SP, Rel. Min. Maurício Corrêa, em que a decisão de reduzir o número de vereadores da cidade de Mira Estrela, município paulista, tem eficácia apenas pró-futuro, vigorando para as próximas eleições.

[178] MARTINS, Ives Gandra da Silva; MENDES, Gilmar Ferreira. *Controle concentrado de constitucionalidade*. São Paulo: Saraiva, 2001. p. 206.

Ives Gandra da Silva Martins e Gilmar Ferreira Mendes professam o mesmo posicionamento:

> A Lei nº 9.868/1999, por sua vez, em seu art. 28, parágrafo único, trouxe afinal um tratamento uniforme e coerente à matéria, prevendo que a declaração de constitucionalidade ou de inconstitucionalidade, inclusive a interpretação conforme a Constituição e a declaração parcial de inconstitucionalidade sem redução de texto, têm eficácia contra todos e efeito vinculante em relação aos demais órgãos do Poder Judiciário e à administração pública federal, estadual e municipal.[179]

Apesar do entendimento mencionado acima, consideramos que o efeito vinculante instituído pela mencionada lei é inconstitucional, porque, além de outros fatores, quebra o princípio da autonomia dos três poderes. Ainda que se entenda que o efeito vinculante é constitucional, ele somente poderia ser implantado por meio de emenda à Constituição e nunca por meio de uma lei ordinária.

## 30.23 Bloco de constitucionalidade

Bloco de constitucionalidade são princípios, contidos ou não na Carta Magna, que compartilham a mesma ideia de Constituição material, unidos por um mesmo núcleo valorativo, agasalhando a percepção de ordem constitucional global. Os franceses o denominam *bloc de constitucionnalité*, os espanhóis, *bloque de la constitucionalidad* e os americanos, *block of constitutionality*.

A concepção de bloco de constitucionalidade foi registrada pela primeira vez em 16.6.1971, por uma decisão do Conselho Constitucional da França, que firmou o valor jurídico do preâmbulo da Constituição de 1958, estendendo o sentido material da Lei Maior. Nessa decisão foi firmado o valor jurídico do preâmbulo, asseverando que integram a Constituição de 1958, mesmo sem fazer parte de seu texto formal, tanto a Declaração dos Direitos do Homem e do Cidadão de 1789 como o preâmbulo da Constituição de 1946, que contém uma declaração de direitos econômicos e sociais.

A ideia de bloco de constitucionalidade representa sentido de unidade, mesmo sem estar contido expressamente na Lei Maior, o que provoca extensão da incidência do controle de constitucionalidade, haja vista que novos parâmetros normativos serão considerados constitucionais. Ultrapassa os limites postos pelo formalismo jurídico de que as normas constitucionais são apenas aquelas contidas na Carta Magna, asseverando que existem outros dispositivos de valor constitucional que não estão contidos de forma explícita em seu texto formal, no que atesta, assim, a existência de princípios implícitos. Dessa forma, mandamentos não contidos na Constituição passam a ser vetores de controle de constitucionalidade.

Sobre a decisão mencionada, assim se posiciona Miguel Josino Neto:

> A decisão revela a existência não apenas da Constituição de 1958 em si, mas, sim, de um "bloco" de normas e princípios materialmente constitucionais. A partir de 1971, o Conselho

---

[179] MARTINS, Ives Gandra da Silva; MENDES, Gilmar Ferreira. *Controle concentrado de constitucionalidade*. São Paulo: Saraiva, 2001. p. 338.

Constitucional, usando do seu poder de interpretação, passou a recriar, incessantemente, a Constituição. Recriar a Constituição significa ampliar os seus domínios, espargir seus horizontes, encarando-a como um sistema aberto de regras e princípios permeável a valores jurídicos suprapositivos, onde a ideia de justiça e de plena concretização dos direitos fundamentais têm um papel de significativa relevância. A compreensão do que seja o bloco de constitucionalidade permite um reencontro entre o direito e a ética, a partir da perspectiva de que a releitura de princípios, e a incorporação de outros, dá à Constituição uma nova dimensão, valorizando a dignidade da pessoa humana, a solidariedade, a paz, a justiça e a igualdade.[180]

A concepção de bloco de constitucionalidade parte do pressuposto de que existem princípios que mesmo que não estejam contidos na Constituição são materialmente constitucionais porque ostentam valores profundamente arraigados na sociedade, representando a Constituição como realidade social.[181] O que traz como ilação que ele perpassa as normas contidas na Carta Magna, acarretando extensão de seus dispositivos. Fazem parte do seu núcleo princípios que densificam as normas contidas na Constituição, mantendo com ela um forte vínculo, resguardando seu caráter sistêmico. Como exemplos, podem ser mencionados o duplo grau de jurisdição, o direito de resistência etc.

Decorrente dessa concepção, a Lei Maior é tomada como texto aberto e incompleto, norma dialógica, permitindo o contato da seara fática com a normativa. Como a maior parte das normas constitucionais são abstratas, permitindo calibrações em sua esfera de incidência, a Constituição sofre maior influência de injunções extradogmáticas, o que resulta na necessidade de se manter fina sincronia com o desenvolvimento das forças sociais. Devido a essa cláusula de abertura, há sincronia entre as modificações da seara fática e da jurídica, impedindo o aparecimento de fossos normativos, em que as normas envelhecem e não acompanham as modificações produzidas pela sociedade.

Outra consequência do caráter aberto das normas constitucionais, dialógico, é que há princípios que mesmo não estando contidos em seu texto apresentam natureza constitucional em seu aspecto material, ou seja, detêm supremacia, supralegalidade e imutabilidade relativa, não do ponto de vista formal, mas porque foram absorvidos pela sociedade, com um grau intenso de legitimidade. Qualquer mandamento infraconstitucional que lhes afronte o sentido deve ser retirado do ordenamento jurídico, haja vista serem dotados de supremacia que assegura a supralegalidade. Portanto, o bloco de constitucionalidade é formado pelos princípios e pelas regras de valor constitucional.[182]

O bloco de constitucionalidade assume importância capital no fortalecimento de direitos e garantias fundamentais, que mesmo não disciplinados na Constituição assumem papel relevante no ordenamento jurídico. Ele funciona no sentido de expandir os direitos e garantias constitucionais, ultrapassando o sentido da constituição formal, para garantir valores sedimentados na sociedade.

O alicerce jurídico que ampara o bloco de constitucionalidade na Constituição brasileira de 1988 é o art. 5º, §2º, que assevera que os direitos e as garantias expressos em seu texto não excluem outros decorrentes do regime e dos princípios por ela adotados,

---

[180] JOSINO NETO, Miguel. O bloco de constitucionalidade como fator determinante para a expansão dos direitos fundamentais da pessoa humana. *Jus Navigandi*, jan. 2003. Disponível em: <http://www1.Jus.com.br/doutrina/texto.aspid=3619>. Acesso em: 2 jan. 2003.

[181] HERAS, Jorge Xifra. *Curso de derecho constitucional*. Barcelona: Bosch, 1957. t. I. p. 47.

[182] FAVOREAU, Louis; LLORENTE, Francisco Rubio. *El bloque de la constitucionalidad*. Madrid: Civitas, 1991. p. 19.

ou dos tratados internacionais em que o Brasil for signatário. Quaisquer direitos ou garantias fundamentais que guardem ligação com o caráter sistêmico da Constituição, por essa cláusula da exemplificação dos preceitos constitucionais, devem ser considerados parte da Constituição material.

Pelo fato de a interpretação dos princípios componentes do bloco de constitucionalidade exigir constante elaboração, assume maior relevo a função do Supremo Tribunal Federal. A ele cabe definir os princípios que o compõem, bem como seu alcance. Por isso, o STF funciona como uma instância de mediação entre os valores sedimentados na Constituição e o sentido das normas constitucionais, ganhando maior relevância suas decisões quando houver maior sincronia entre a norma e os fatos sociais, o que sinaliza mais uma motivação para o fortalecimento de sua legitimidade.

O Supremo Tribunal Federal, em alguns julgados, vem posicionando-se pela existência do bloco de constitucionalidade, distanciando-se das exigências do positivismo jurídico, no que concebe a Carta Magna muito mais que o conjunto de normas e princípios nela formalmente positivados, entendendo-a em função do próprio espírito que a anima, afastando-se, desse modo, de uma concepção impregnada de evidente minimalismo conceitual.[183] Ensina o Min. Celso de Mello:

> É por tal motivo que os tratadistas [...] em vez de formularem um conceito único de Constituição, costumam referir-se a uma pluralidade de acepções, dando ensejo à elaboração teórica do conceito de bloco de constitucionalidade, cujo significado – revestido de maior ou de menor abrangência material – projeta-se, tal seja o sentido que se lhe dê, para além da totalidade das regras constitucionais meramente escritas e dos princípios contemplados, explícita ou implicitamente, no corpo normativo da própria Constituição formal, chegando, até mesmo, a compreender normas de caráter infraconstitucional, desde que vocacionadas a desenvolver, em toda a sua plenitude, a eficácia dos postulados e dos preceitos inscritos na Lei Fundamental, viabilizando, desse modo, e em função de perspectivas conceituais mais amplas, a concretização da ideia de ordem constitucional global.[184]

## 30.24 Inconstitucionalidade da coisa julgada

Coisa julgada é a prerrogativa de que gozam as sentenças judiciais de não mais serem modificadas, no mesmo processo ou em outro, após certo prazo de sua publicação.[185] Afirma Ovídio Baptista que a coisa julgada é fenômeno peculiar e exclusivo da atividade jurisdicional, não sendo extensiva aos atos dos poderes Executivo e Legislativo.[186] Liebman afirma que o instituto analisado é a imutabilidade do comando emergente de uma sentença, constituindo-se como uma qualidade de que se reveste o ato, tornando-o definitivo.[187]

---

[183] *RTJ*, 71/289, 292, *RTJ*, 77/657.
[184] ADIn nº 2.010-2, Rel. Min. Celso de Mello.
[185] Precisa seu conceito Giuseppe Chiovenda: "O bem da vida que o autor deduziu em juízo (*res in iudicium deducta*) com a afirmação de que uma vontade concreta de lei o garante a seu favor ou nega ao réu, depois que o juiz o reconheceu ou desconheceu com a sentença de recebimento ou de rejeição da demanda, converte-se em coisa julgada [...] Para os romanos, como para nós, salvo as raras exceções em que uma norma expressa de lei dispõe diversamente" (CHIOVENDA, Giuseppe. *Instituições de direito processual civil*. Campinas: Bookseller, 1998. v. 1. p. 446-447).
[186] SILVA, Ovídio A Baptista da. *Curso de processo civil*. 3. ed. Porto Alegre: Sérgio Antonio Fabris, 1996. v. 1. p. 411.
[187] LIEBMAN, Enrico Tullio. *Eficácia e autoridade da sentença*. 3. ed. Rio de Janeiro: Forense, 1984. p. 54.

A coisa julgada pode ser classificada em formal e material. Formalmente, significa que a sentença não poderá ser modificada por meio de recursos, seja porque nela não os caibam mais, seja porque esses não foram interpostos no prazo, ou porque do recurso se desistiu ou se renunciou a ele.[188] Materialmente, significa a impossibilidade de modificação do conteúdo da sentença em qualquer outro processo, vedando o reexame da questão já definitivamente apreciada e revista.[189] A primeira ocorre dentro do processo, e a segunda irradia seus efeitos para além dele, impedindo sua renovação por intermédio de instrumentos jurídicos.

A finalidade da coisa julgada é garantir a segurança jurídica do sistema normativo. No apogeu do positivismo, em que o formalismo ocupava lugar indelével, a intangibilidade da coisa julgada era considerada dogma, passível de modificação apenas com o instituto da ação rescisória e da revisão criminal.

Em um mundo marcado por conflitos em todas as esferas sociais, em que a incerteza se configura como uma de suas características, a segurança jurídica representa um esteio, um arrimo em que os cidadãos podem se resguardar contra o risco de infortúnio. Sem a certeza na segurança jurídica, as relações sociais não podem se desenvolver de forma adequada porque a qualquer momento podem ser alteradas por fatores alheios a seus interesses. Como já mencionou Vicente Raó, o que seria das relações sociais se os homens não tivessem ao menos segurança com relação a seu passado.

Sem representar contradição com o que fora dito anteriormente, mesmo concordando com a relevância apresentada pelo princípio da segurança jurídica, não se pode tomá-la como algo absoluto, que não apresente exceções. Se até o direito à vida é flexibilizado, os demais princípios seguem o mesmo diapasão. E não poderia ser diferente em um ordenamento jurídico estabelecido como sistema. Diante dos valores que permeiam nossa sociedade, muitos princípios constitucionais estão em constante atrito, devendo, de acordo com cada caso concreto, com o auxílio do princípio da proporcionalidade, buscar-se a solução razoavelmente mais adequada, em sintonia com o caráter sistêmico da *Lex Mater*.

Em consequência do que fora mencionado anteriormente, foi ganhando adeptos a hipótese de relativização da coisa julgada, tanto na doutrina como na jurisprudência, imbuída da intenção de flexibilizar a imutabilidade das decisões judiciais para assegurar a realização da justiça.[190] Ou seja, todas as vezes em que esse valor puder ser maculado, relativizar-se-á o dogma da coisa julgada. Ocorrendo a colisão da carga valorativa inerente à justiça, e a carga valorativa inerente à coisa julgada, opta-se por privilegiar aquela em detrimento desta. Portanto, a concretização *equitas* tornou-se parâmetro para a relativização da coisa julgada.

Entre os casos de relativização da coisa julgada, o interesse enfocado aqui se restringe, em razão da matéria analisada, aos casos decorrentes da declaração de inconstitucionalidade de uma lei ou de um ato normativo que amparava sentença judicial

---

[188] SANTOS, Moacyr Amaral. *Primeiras linhas de direito processual civil*. São Paulo: Saraiva, 1993. 3 v. p. 44.

[189] THEODORO JÚNIOR, Humberto. *Curso de direito processual civil*. 13. ed. Rio de Janeiro: Forense, 1994. v. 1. p. 521.

[190] Essa não é uma questão pacificada na doutrina e na jurisprudência. Por exemplo, Leonardo Greco entende que a relativização da coisa julgada se configura impossível porque ela é uma garantia fundamental decorrente do princípio da segurança jurídica (GRECO, Leonardo. Efeitos da declaração *erga omnes* de constitucionalidade ou inconstitucionalidade em relação à coisa julgada anterior. *Mundo Jurídico*. Disponível em: <www.mundojuridico.adv.br/html/artigos/documentos/texto167.htm>. Acesso em: 7 jan. 2005).

ou quando a decisão se choca com dispositivo previsto na Constituição.[191] Assim, quando uma sentença contrariar mandamento da Lei Maior, a decisão judicial mesmo protegida pela coisa julgada mantém sua validade? O dogma da coisa julgada deve se sobrepor à força normativa da Constituição?

Por outro lado, a imutabilidade da coisa julgada, insculpida no art. 5º, XXXVI da Constituição de 1988, é cláusula pétrea, ou seja, não pode ser modificada, muito menos relativizada, a não ser pelo Poder Constituinte, que constrói novos alicerces para o sistema jurídico. Verifica-se, então, um atrito entre a coisa julgada e a força normativa da Constituição.

A solução esposada pela doutrina dominante é que a coisa julgada não pode ser relativizada de forma ampla, fazendo com que a cidadania perca um instrumento de sua defesa. Mas, quando uma decisão judicial for proferida com base em norma declarada inconstitucional ou quando for proferida em contrário ao mandamento da *Lei Maior*, essa sentença padece de um vício insanável que impede a formalização da coisa julgada. Nos casos mencionados, não se verifica a relativização da coisa julgada porque não existe, em virtude da afronta à Constituição, sentença perfeita, imaculada, que possa ser amparada pela garantia da imutabilidade.

Quando uma norma for declarada inconstitucional pelo controle concentrado, com efeitos temporais *ex tunc*, as decisões judiciais proferidas que foram tomadas com base nessa lei inconstitucional não transitam em julgado, podendo ser impugnadas pelos recursos processuais existentes em nosso ordenamento.[192] Nesse caso, a norma declarada inconstitucional é considerada nula, não podendo produzir efeitos na esfera jurídica, o que impede a formação da coisa julgada.[193]

Uma decisão tomada com base em uma lei X que posteriormente é declarada inconstitucional jamais fará coisa julgada, podendo ser impugnada pelos recursos previstos no ordenamento. A exceção é se houver modulação dos efeitos da decisão, posicionando-se o Supremo Tribunal Federal, em virtude de proteger a segurança jurídica e em razão de excepcional interesse público, que seus efeitos são apenas *ex nunc*, sem que possam retroagir até o nascimento da lei ou do ato normativo.[194]

---

[191] Eduardo Talamini elenca as seguintes hipóteses de sentença e coisa julgada inconstitucional: a) sentença amparada na aplicação de norma inconstitucional. Pode ser que já tenha sido anteriormente declarada inconstitucional ou que venha a ser declarada inconstitucional posteriormente; b) sentença amparada em interpretação incompatível com a Constituição; c) sentença amparada na indevida afirmação de inconstitucionalidade de uma norma; d) sentença amparada na violação direta de normas constitucionais ou cujo dispositivo viola diretamente normas constitucionais. Por exemplo, quando a sentença, por estar amparada em lei inconstitucional, nega um direito assegurado pela Constituição; e) sentença que, embora sem incidir em qualquer das hipóteses anteriores, estabelece ou declara uma situação diretamente incompatível com os valores fundamentais da ordem constitucional (TALAMINI, Eduardo. *Coisa julgada e sua revisão*. São Paulo: Revista dos Tribunais, 2005. p. 406-414).

[192] "Sintetizando: a ineficácia da sentença inconstitucional transitada em julgado poderá ser reconhecida por qualquer meio idôneo, ou seja, por qualquer meio capaz de permitir que essa questão seja suscitada em outro processo, como questão principal ou como questão prévia" (CÂMARA, Alexandre Freitas. Relativização da coisa julgada material. In: DIDIER JUNIOR, Fredie (Org.). *Relativização da coisa julgada*. Enfoque crítico. 2. ed. Salvador: JusPodivm, 2006. p. 28).

[193] Paulo Otero também considera essas sentenças nulas (OTERO, Paulo. *Ensaio sobre o caso julgado inconstitucional*. Lisboa: Lex, 1993. p. 64).

[194] "[...] Todavia, cumpre reiterar que ainda vigora, como regra geral, a doutrina da nulidade do ato inconstitucional, apenas que, a partir de uma análise das situações concretas, pode o STF mitigar os efeitos da declaração de inconstitucionalidade, preservando-se alguns efeitos produzidos pela norma para atender a princípios como boa-fé e segurança jurídica, este último a ensejar a manutenção das decisões á transitadas em julgado" (LEITE, Glauco Salomão. Coisa julgada inconstitucional: relativizando a "relativização". *Revista de Direito Constitucional e Internacional*, ano 14, n. 57, out./dez. 2006. p. 184).

De igual maneira acontece quando a decisão judicial é proferida em sentido contrário ao disposto em mandamento constitucional. A supremacia da *Lex Mater* impede que sentenças possam ser proferidas ferindo seu conteúdo, agredindo o "pacto vivencial da sociedade". A força da Constituição impede que decisões possam contrariar seu conteúdo, o que faz com que essas sentenças não possam transitar em julgado.[195] Como exemplo, pode-se afirmar o caso de uma decisão em matéria tributária que afronta o princípio da anterioridade, cuja mácula a impede de torná-la imutável.

Nas decisões em que o fundamento legal posteriormente não é declarado inconstitucional e não estando em contradição a mandamentos constitucionais, há trânsito em julgado da sentença e não se pode falar em sua alteração, configurando-se a imutabilidade da decisão proferida.[196]

---

[195] "Pensamos também, conforme se explicará adiante, que as sentenças que são inconstitucionais porque acolhem pedidos inconstitucionais, são sentenças (estas sim!) que não transitam em julgado por que foram proferidas em processos instaurados por meio de mero exercício de direito de petição (e não de direito de ação) já que não havia possibilidade jurídica do pedido" (WAMBIER, Teresa Arruda Alvim; MEDIN, José Miguel Garcia. Relativização da coisa julgada. *Revista de Direito Constitucional e Internacional*, ano 14, n. 57, out./dez. 2006. p. 343).

[196] DÍAZ REVORIO, Francisco Javier. *Las sentencias interpretativas del tribunal constitucional*. Valladolid: Lex Nova, 2001. p. 112.

# FUNÇÕES ESSENCIAIS À JUSTIÇA

Funções essenciais à Justiça são algumas profissões que se configuram imperiosas para a exequibilidade da prestação jurisdicional. Sem o auxílio delas a resolução dos conflitos sairia da esfera jurídica para voltar, em uma exacerbação do atavismo, à autotutela, pelos mecanismos da vingança privada e da lei do mais forte. Essas funções são desempenhadas por algumas profissões que se configuram imperiosas para a exequibilidade da prestação jurisdicional.

Sabe-se, perfeitamente, que a jurisdição é composta por dois princípios basilares, o *Nemo iudex sine actore* e o *Ne procedat iudex ex officio*. O primeiro consiste em dizer que não existe Estado-Juiz sem autores e o segundo significa que o Estado-Juiz não pode agir de ofício, estando as atividades jurisdicionais umbilicalmente dependentes de uma provocação. Esta provocação, inexoravelmente, deve ocorrer por parte dos órgãos e entidades que têm a função de serem essenciais ao provimento da jurisdição.

Sem o auxílio das funções essenciais à Justiça, ou seja, aquelas elencadas no Capítulo IV da CF/1988, como Ministério Público, Advocacia Pública, Advocacia e Defensória Pública, a composição dos conflitos sairia da esfera jurídica para voltar aos primórdios, em uma exacerbação do atavismo, à autotutela, pelos mecanismos da vingança privada e da lei do mais forte. Para Chiovenda, a jurisdição "consiste na atuação da lei mediante a substituição da atividade alheia pela atividade de órgãos públicos, afirmando a existência de uma vontade da lei e colocando-a, posteriormente, em prática".[1]

Com a consolidação do Estado de Direito, tornou-se imprescindível trazer ares democráticos ao processo, separando substancialmente as funções de acusar, defender e julgar, sendo atribuída cada uma delas a personagens específicos e distintos, garantindo o contraditório e a ampla defesa e que o órgão julgador seja dotado de imparcialidade.

É justamente a inércia do Poder Jurisdicional que garante a imparcialidade do magistrado, ao passo que é imprescindível para o tratamento isonômico entre as partes dentro da relação processual, evitando quaisquer devaneios e quaisquer decisões teratológicas fundamentadas na cortesia e no favoritismo.

---

[1] CHIOVENDA, Giuseppe. *Derecho procesal civil*. México: Cardenas, 1989. v. 1. t. 1. p. 369.

Seguindo este diapasão, evidencia-se a importância das funções essenciais à justiça (entidades e órgãos públicos) como corolário básico para o exercício da jurisdição e para a manutenção do Estado Democrático Social de Direito. Por conseguinte, o cidadão renuncia ao seu direito de resolver individualmente o seu conflito de interesse qualificado por uma pretensão resistida ou insatisfeita (lide) e entrega nas mãos do Estado para que este, por meio de sua soberania estatal, aplique uma resposta justa, célere e definitiva ao caso concreto, resolvendo o conflito e preservando a paz social.

## 31.1 Ministério Público

A origem do Ministério Público remonta a alguns séculos antes da Era Cristã, mas as suas funções não eram as mesmas das delineadas hodiernamente. No Egito Antigo havia os Magiai, que eram funcionários do faraó, com a função de reprimir os rebeldes e proteger os cidadãos; em Esparta havia os Ésforos, que exerciam o *jus accusationis*; na Grécia antiga, os Thesmotetis; e, entre o povo germânico, os Saions. Em Roma, a expressão *ministério público* designava todos aqueles que exerciam funções públicas.[2]

Contudo, o antecedente mais similar às atuais funções do Ministério Público está radicado na *Ordonnance*, de 1302, de Felipe, rei da França, criando a figura dos procuradores da Coroa. A Revolução Francesa, que mitigou o poder dos juízes, fortaleceu esses servidores públicos, dotando-os de maior autonomia. Em 1790 foi estabelecida a sua vitaliciedade, e, pouco tempo depois, a codificação napoleônica reforçou as prerrogativas da categoria.

No Brasil, a instituição foi criada em 1609, na figura do procurador dos Feitos da Coroa e do promotor de Justiça, pelo Tribunal de Relação da Bahia. Houve referência ao "promotor da ação penal", no Código de Processo Criminal do Império, em 1832, instituição regulamentada pelo Decreto nº 120, de 1843, que definia o critério de nomeação dos promotores.

Para que houvesse a consolidação do Ministério Público no Brasil foi necessária uma lenta evolução. A Constituição de 1824 foi omissa a seu respeito. A Constituição de 1891 apenas mencionou que o procurador-geral da República seria escolhido pelo presidente, entre os membros do Supremo Tribunal Federal.

A constitucionalização da instituição começou com a Carta de 1934, em normas que a organizavam na Seção I – art. 95, §1º – do Capítulo VI – dos Órgãos de Cooperação nas Atividades Governamentais. Por essa Constituição, o chefe do Ministério Público deixava de ser escolhido entre os ministros do Supremo e passava a ser escolhido pelo presidente da República, entre os cidadãos que preenchessem os requisitos para ministro da Suprema Corte. O avanço só não foi maior porque o procurador-geral da República poderia ser demitido a qualquer momento pela vontade do chefe do Executivo.

Como os interesses do Ministério Público são inconciliáveis com os interesses dos regimes ditatoriais, na Constituição de 1937 houve um aviltamento das suas prerrogativas, sendo a instituição regulamentada juntamente com o Supremo Tribunal Federal. Na Constituição de 1946, o Ministério Público foi novamente alçado à sua devida importância, ganhando título próprio e tendo suas prerrogativas reafirmadas.

---

[2] MAZZILI, Hugo Nigro. *Manual do promotor de justiça*. 2. ed. São Paulo: Saraiva, 1991. p. 2.

Com a Constituição de 1967/1969 foi a instituição posicionada, primeiramente, no capítulo do Poder Judiciário (1967) e, depois, no capítulo do Poder Executivo (1969), com quase as mesmas prerrogativas constantes da Constituição de 1946.

Com a Constituição de 1988, o *Parquet* atinge o apogeu de sua relevância. Posicionado no capítulo atinente às funções essenciais da Justiça, foi dotado de uma gama de prerrogativas que o tornam autônomo, com condições de realizar as funções dispostas na Constituição. Nenhuma Carta Magna anterior tinha elencado suas obrigações, e assim fragilizava sua importância, ao deixar sua definição para as normas infraconstitucionais.

O Ministério Público é uma instituição permanente e essencial para a prestação jurisdicional, tendo a função de proteger a ordem jurídica, o regime democrático e os interesses sociais e individuais indisponíveis (art. 127, *caput*, da CF).

Na proteção do ordenamento jurídico, o Ministério Público atua como *custos legis*, fiscalizando o andamento dos processos para verificar se as normas jurídicas são cumpridas. Funciona de forma imparcial, não com a obrigação de velar pelo interesse estatal, mas de resguardar os interesses amparados pelos dispositivos legais.

A garantia do regime democrático é uma das funções do *Parquet*. A fiscalização da coisa pública é uma de suas prerrogativas mais importantes, que somente pode frutificar em regimes democráticos, em que há liberdade de expressão, para que atue aliado com a opinião pública. Assim, o Ministério Público fiscaliza a relação dos mandatários com a coisa pública, assumindo primordial importância as ações civis públicas, as impugnações de mandatos eletivos etc. Nas eleições, em qualquer nível, o Ministério Público atua para que a vontade popular não seja maculada, fiscalizando a lisura do procedimento eleitoral.

Interesses sociais e individuais indisponíveis são aqueles que não pertencem à esfera de deliberação dos particulares, isto é, aqueles de que os cidadãos não podem abdicar, que não podem ser negociados ou ser objeto de transação. Interesse social é o que pertence a uma coletividade determinada ou indeterminada de pessoas, e que está fora da área de decisão de apenas um cidadão, que não pode dele dispor da maneira como quiser. Interesse individual indisponível é o que foge da deliberação do particular, como os direitos inerentes à personalidade: o nome, o estado civil, a paternidade etc.

## 31.1.1 Natureza do Ministério Público

O Ministério Público não pode ser classificado como um quarto poder, desvinculado dos poderes Executivo, Judiciário e Legislativo, apesar do extenso rol de garantias que a Carta Magna outorgou ao exercício de suas funções. Ele está adstrito ao Poder Executivo, e não apenas pelo fato de o procurador-geral da República ser escolhido pelo presidente, haja vista que o chefe do Executivo também escolhe os ministros do Supremo e nem por isso deixa o Supremo de ser o órgão de cúpula do Poder Judiciário.

O principal empecilho a que o Ministério Público seja considerado um quarto poder é que, quando a Constituição explicitou os poderes existentes na federação, apenas mencionou três (Legislativo, Judiciário e Executivo – art. 2º da CF), sem elencá-lo, em nenhum momento, como um poder independente. Outro obstáculo é a determinação de que a organização do Ministério Público é de iniciativa concorrente do presidente da República e do procurador-geral da República (art. 61, §1º, II, *d*, c/c art. 128, §5º, da CF), enquanto a iniciativa para a organização do Poder Legislativo (art. 51, IV, e art. 52, XIII, da CF) e do Poder Judiciário (art. 93, I a III, da CF) pertence exclusivamente a cada um desses poderes, respectivamente. Além do que, no Título IV da Constituição, que disciplina a regulamentação dos poderes federativos, há capítulo específico para o Judiciário, para o Legislativo e para o Executivo, e o Ministério Público não é regulamentado como um poder específico, mas foi estruturado dentro das funções essenciais à Justiça, juntamente com a Advocacia Pública, a Advocacia e a Defensoria Pública.

É claro que a ideia de o considerar um quarto poder propicia melhores condições para o desempenho de suas atividades. Inclusive esta é a tendência do constitucionalismo moderno, criando um quarto poder, formado pelo Ministério Público e pelo Tribunal de Contas, com a finalidade de fiscalizar a coisa pública e zelar pela aplicação da lei. A Constituição venezuelana de 1999, no seu art. 273, criou um quarto poder, o Poder Cidadão, formado pela Defensoria do Povo, o Tribunal de Contas e o Ministério Público.

O Professor José Afonso da Silva não aceita a tese que postula que o Ministério Público forma um quarto poder por entender que, mesmo com a ampliação das competências estabelecidas pelo texto constitucional de 1988, a essência de suas atividades ainda é executiva, sendo uma instituição vinculada ao Poder Executivo. Explica ainda que seus membros são agentes políticos, com ampla liberdade funcional, desempenhando suas atribuições com prerrogativas e responsabilidades estabelecidas na Constituição e em leis especiais. Em suma, seria um órgão vinculado ao Poder Executivo, mas dotado de autonomia administrativa para o fiel cumprimento de suas obrigações.[3]

A opção do legislador constituinte brasileiro de 1988 foi a de enquadrá-lo como órgão do Poder Executivo, dotando-o de significativa autonomia para a realização de suas prementes tarefas. Os que classificam o Ministério Público como um quarto poder partem de uma construção teórica, baseando-se no que deveria ter sido estipulado, sem respaldo na Constituição Federal.

### 31.1.2 Princípios institucionais (art. 127, §1º, da CF)

### 31.1.2.1 Unidade

O princípio da unidade significa que todos os membros do Ministério Público, seja federal ou estadual, possuem a mesma natureza, partilhando das mesmas prerrogativas funcionais. Todavia, inexiste unidade entre Ministérios Públicos diversos, como entre os representantes de Ministérios Públicos estaduais dos vários estados federativos ou entre os membros do Ministério Público federal e estadual.[4]

O Ministério Público está estruturado em nível federal e estadual, com as suas competências previstas no texto constitucional. Fazem parte da sua estrutura na esfera federal (art. 128, I, da CF): o Ministério Público Federal, o Ministério Público do Trabalho, o Ministério Público Militar, o Ministério Público do Distrito Federal e Territórios e o Ministério Público que atua junto ao Tribunal de Contas da União. Fazem parte da sua estrutura na esfera estadual (art. 128, II, da CF): o Ministério Público dos estados e o Ministério Público que atua junto ao Tribunal de Contas dos estados-membros. O Ministério Público Eleitoral não existe de forma autônoma, como carreira específica: suas atribuições são realizadas pelo Ministério Público Federal e pelo Ministério Público Estadual.

---

[3] SILVA, José Afonso da. *Curso de direito constitucional positivo*. 16. ed. São Paulo: Malheiros, 1999. p. 583.
[4] MAZZILI, Hugo Nigro. *Manual do promotor de justiça*. 2. ed. São Paulo: Saraiva, 1991. p. 53.

Houve uma omissão do constituinte no art. 128 da Constituição, por não haver incluído o Ministério Público que atua junto ao Tribunal de Contas da União e aos Tribunais de Contas dos estados.⁵ Todavia, o art. 130 reconhece a existência desses órgãos, aplicando aos seus membros as disposições referentes aos direitos, vedações e forma de investidura dos membros do Ministério Público. O art. 73, §2º, I, da Lei Maior dispõe acerca da existência de um órgão do Ministério Público que atua junto ao Tribunal de Contas da União, devendo esta estipulação, por força dos princípios constitucionais estabelecidos, vigorar também para os estados-membros.

O chefe do Ministério Público da União é o procurador-geral da República, nomeado pelo presidente da República entre os integrantes da carreira, maiores de trinta e cinco anos, após a aprovação pela maioria absoluta do Senado Federal, em votação secreta, para um mandato de dois anos, permitindo que ele seja reconduzido ao cargo indefinidas vezes, pois não há limitação para o número de reconduções (art. 128, §1º, da CF).

O procurador-geral da República pode ser escolhido entre os representantes dos vários ramos do Ministério Público da União, seja o Ministério Público Federal, seja o Ministério Público do Trabalho, ou ainda o Ministério Público da Justiça Militar e o Ministério Público do Distrito Federal e Territórios.⁶

O procurador-geral da República não pode ser destituído livremente pelo presidente. Para a sua destituição, por iniciativa exclusiva do chefe do Executivo, o Senado deve consentir com o *quorum* de maioria absoluta, em votação secreta, o que garante ao chefe do Ministério Público certa liberdade para o exercício de suas prerrogativas constitucionais (art. 128, §2º, da CF).

No Ministério Público dos estados, Distrito Federal e Territórios, o procurador-geral de Justiça será escolhido, entre uma lista tríplice formada por integrantes da carreira, pelo chefe do Poder Executivo, para um mandato de dois anos, permitida uma recondução.⁷ Para os estados-membros, a recondução apenas pode ser realizada uma vez (art. 128, §3º, da CF).

---

⁵ No art. 128 da Constituição faltou mencionar o Ministério Público, que atua junto aos Tribunais de Contas, tanto os Tribunais de Contas Estaduais como o Tribunal de Contas da União.

⁶ O fato de a Constituição Federal cometer determinadas atribuições ao procurador-geral da República não implica que outras não possam ser-lhe conferidas por lei. Essa foi a orientação fixada pela maioria do Tribunal, ao julgar improcedente pedido formulado em ação direta na qual se pretendia a declaração de inconstitucionalidade do art. 48, II e parágrafo único, da Lei Complementar nº 75/93 – Lei Orgânica do MPU, que estabelece incumbir ao procurador-geral da República a propositura, perante o STJ, da ação penal, nas hipóteses que elenca o art. 105, I, *a*, da CF, e autoriza a delegação dessa competência ao subprocurador-geral da República – v. *Informativos* n. 409 e 515. Entendeu-se que a norma impugnada decorreria do art. 128, §5º, da CF ("Art. 128. O Ministério Público abrange: [...] §5º Leis complementares da União e dos Estados, cuja iniciativa é facultada aos respectivos Procuradores-Gerais, estabelecerão a organização, as atribuições e o estatuto de cada Ministério Público, observadas, relativamente a seus membros: [...]"). Ressaltou-se que, do que disposto no art. 36, III, da CF – que trata da intervenção federal no estado-membro, a qual dependerá de provimento, pelo STF, de representação do PGR, na hipótese do art. 34, VII, e no caso de recusa à execução de lei federal –, não se poderia concluir a falta de atribuição do PGR para propor, perante o STJ, ação penal originária. Também do que previsto no art. 102, I, *b*, da CF – que estabelece a competência originária do STF para processar e julgar o PGR nas infrações penais comuns –, também não implicaria que as atribuições do PGR somente seriam exercidas junto ao STF (*Informativo do STF*, n. 547).

⁷ O art. 70 da Constituição de Pernambuco regulamenta o mencionado assunto: "O Ministério Público tem por chefe o Procurador-Geral de Justiça, nomeado pelo Governador do Estado dentre integrantes da carreira indicados em lista tríplice para um mandato de dois anos, permitida uma recondução e podendo ser destituído, antes do término do mandato por deliberação da maioria absoluta da Assembleia Legislativa, na forma prevista em lei complementar".

Os representantes do Ministério Público do Distrito Federal e dos territórios fazem parte do *Parquet* pertencente à União.

## 31.1.2.2 Indivisibilidade

O princípio da indivisibilidade significa que um membro do Ministério Público pode substituir o outro sem nenhuma interrupção no processo ou modificação na sua natureza. A indivisibilidade deflui do princípio da unidade, sinalizando que todos os seus membros formam um único corpo, exercendo as mesmas prerrogativas, sem estar vinculados a um processo determinado. Processualmente, a modificação do membro do Ministério Público não acarreta nenhum efeito: os atos praticados anteriormente continuam a ter a mesma natureza de quando foram realizados.

Assim, se um promotor que estava atuando em um caso, por qualquer motivo, tiver de se afastar, a Procuradoria de Justiça pode indicar outro para substituí-lo, continuando o trabalho do seu antecessor, sem que o princípio da indivisibilidade seja fragilizado.

## 31.1.2.3 Independência funcional

Os membros do Ministério Público são livres para atuarem no processo segundo suas convicções jurídicas, tendo plena liberdade para agir de acordo com suas consciências, por não estarem adstritos a imposições dos seus superiores no modo de atuação processual. Todas as suas decisões devem ser motivadas, explicitando os fundamentos que os levaram a adotar determinada posição.

Não há controle hierárquico dos atos processuais praticados pelos membros do Ministério Público. Seguindo os parâmetros legais, eles têm total liberdade de atuação. Administrativamente, sua conduta está sujeita ao controle de órgãos superiores e diretivos da instituição, como a Procuradoria-Geral de Justiça, o Colégio de Procuradores, o Conselho Superior do Ministério Público e a Corregedoria-Geral do Ministério Público.

A independência funcional do Ministério Público reside no fato de que não há uma estrutura hierarquizada entre os seus membros – todos têm liberdade funcional de atuação, obedecendo aos mandamentos legais. A direção do trabalho fica a cargo do procurador-geral, indicado pelo chefe do Executivo. Não há ligação entre o Ministério Público Estadual e o da União: cada um tem um procurador-geral específico, cumprindo as mesmas atribuições em esferas federativas diferentes, um nos estados-membros e o outro em nível federal.

A independência funcional não representa contradição com os princípios da unidade e da indivisibilidade porque ambos se complementam. A independência funcional garante a liberdade necessária para a atuação do membro do Ministério Público dentro de uma estrutura uniforme e indivisível, possibilitando que as decisões não sejam tomadas pela cúpula e que sejam respeitados os diversos posicionamentos existentes na categoria. Segundo Gerald Furkel, a independência funcional somente pode ser realizada com a conscientização paulatina das forças sociais, firmando o império da lei em detrimento do interesse privado, alçando o membro do Ministério Público ao papel de guardião dos interesses indisponíveis.[8]

---

[8] FURKEL, Gerald. *Law and society*. Critical approaches. Boston: Allyn & Bacon, 1996. p. 143.

Esclarece Otacílio Paula Silva:

> Não importa o capítulo da Constituição a que o Poder da República se encontre formalmente vinculado, a independência do Ministério Público é de caráter funcional. O órgão, no exercício específico de suas funções, age em nome do Ministério Público (princípio da unidade). Neste particular, ele não presta obediência ao seu superior hierárquico (Procurador-Geral) nem ao chefe do Poder a que esteja formalmente vinculada sua consciência, como órgão do Estado, e não do Governo, com a missão vinculada à realização da justiça em todas as suas nuances.[9]

## 31.1.3 Garantias

A finalidade dessas prerrogativas é fortalecer a autonomia funcional da categoria, para que a sua atuação, atendendo a relevantes interesses sociais, seja livre de qualquer pressão (art. 128, §5º, I, da CF). O objetivo das garantias é permitir o melhor desempenho das atribuições contidas no mandamento constitucional.

### 31.1.3.1 Vitaliciedade

A garantia da vitaliciedade significa que o exercício do cargo tem um início determinado, mas não tem previsão para o seu término, podendo este se dar com a exoneração, com a aposentadoria voluntária, cumpridos os requisitos legais, ou com a aposentadoria compulsória, com setenta anos de idade. O membro do Ministério Público não pode perder o cargo, depois de aprovado em um estágio probatório de dois anos, a não ser por intermédio de sentença transitada em julgado quando a pena aplicada for superior a quatro anos, nos crimes praticados com abuso de poder ou violação de dever para com a Administração Pública.[10]

### 31.1.3.2 Inamovibilidade

Os membros do Ministério Público não podem ser removidos da jurisdição onde atuam, a não ser pelo voto da maioria absoluta dos membros do órgão colegiado competente por motivo de interesse público, sendo assegurada ampla defesa. Esse impedimento evita a ingerência do Poder Público no sentido de pressionar os promotores para o atendimento de interesses políticos, funcionando como uma garantia que impede a chantagem para o atendimento de pleitos quase sempre ilícitos (art. 128, §5º, I, b, da CF).

---

[9] SILVA, Otacílio Paula. *Ministério Público*. São Paulo: Sugestões Literárias, 1981. p. 13.

[10] Art. 92 do Código Penal: "São também efeitos da condenação: I – a perda de cargo, função pública ou mandato eletivo: a) quando aplicada pena privativa de liberdade por tempo igual ou superior a um ano, nos crimes praticados com abuso de poder ou violação de dever para com a Administração Pública; b) quando for aplicada pena privativa de liberdade por tempo superior a quatro anos nos demais casos; II – a incapacidade para o exercício do pátrio poder, tutela ou curatela, nos crimes dolosos, sujeitos à pena de reclusão, cometidos contra o filho, tutelado ou curatelado; III – a inabilitação para dirigir veículo, quando utilizado como meio para a prática de crime doloso. Parágrafo único. Os efeitos de que trata este artigo não são automáticos, devendo ser motivadamente declarados na sentença".

## 31.1.3.3 Irredutibilidade de subsídios

Os subsídios recebidos pelos membros do Ministério Público não podem ser reduzidos, a não ser no caso do imposto de renda. A estabilidade financeira constitui o calcanhar de Aquiles de qualquer servidor público, e a garantia da sua irredutibilidade representa a proteção da sua liberdade de atuação, sem o temor de nenhum tipo de pressão no desempenho das atividades funcionais.

## 31.1.4 Vedações

As vedações que incidem sobre a instituição visam preservar a independência funcional dos membros do Ministério Público e impedir que o exercício de outras funções atrapalhe as suas atividades (art. 128, §5º, II, da CF). Elas são as seguintes:
   a) Receber, a qualquer pretexto, honorários, percentagens e custas processuais. Atuando o Ministério Público como *custos legis*, fiscal da lei, de que forma poderia ele ter isenção se auferisse alguma vantagem processual? Esse impedimento serve para preservar a imparcialidade de atuação do órgão.
   b) Exercer a advocacia e participar em sociedade comercial. A atuação do *Parquet* deve ser isenta, para alcançar os objetivos propugnados nos comandos normativos. Com esse desiderato veda-se a criação de interesses, por parte do Ministério Público, que possam tornar suspeita a sua atuação. O exercício da advocacia e a participação em sociedades comerciais abrangem uma vasta gama de interesses que certamente iriam influenciar as decisões do *Parquet*.
   c) Exercer, ainda que em disponibilidade, qualquer outra função pública, salvo uma no magistério. O mencionado impedimento tem a finalidade de evitar que o acúmulo de tarefas possa prejudicar o promotor de Justiça ou o procurador da República no exercício de sua função, retardando a resolução dos feitos judiciais.[11] Não há impedimento ao exercício da nobre função de professor; muito pelo contrário, ela permite um arejamento intelectual e deveria ser até incentivada. A vedação é para a multiplicidade de atuações no magistério, com a finalidade de permitir uma dedicação mais fecunda às obrigações dispostas em lei.
   d) Exercer qualquer tipo de atividade político-partidária. A Emenda nº 45 acabou com a possibilidade outorgada pela Lei Complementar nº 75/1993 – o Estatuto do Ministério Público da União – de permitir que seus membros pudessem se dedicar a atividades político-partidárias, desde que estivessem afastados do exercício de suas funções institucionais, mediante licença. Assim, nenhum membro do Ministério Público pode exercer qualquer tipo de atividade político-partidária, seja em época de eleição, seja em eventos políticos, o que reforça sua imparcialidade e o comprometimento com a coisa pública, sem incorrer em desvios provocados por parcialidades políticas.
   e) Receber, a qualquer título ou pretexto, auxílios ou contribuições de pessoas físicas, entidades públicas ou privadas, ressalvadas as exceções previstas em lei.
   f) Exercer a advocacia no juízo ou tribunal do qual se afastou, antes de decorridos três anos do afastamento do cargo por aposentadoria ou exoneração.

---

[11] O membro do Ministério Público apenas pode exercer outra função quando ocupar cargos na administração superior do seu próprio órgão (ADI nº 3.574/SE, Rel. Min. Ricardo Lewandowski).

## 31.1.5 Autonomia administrativa e funcional

O Ministério Público tem liberdade para criar sua estrutura administrativa e funcional, observados os limites dispostos na Lei de Responsabilidade Fiscal, em que o Ministério Público dos estados-membros pode gastar até dois por cento da receita corrente líquida dos estados e o Ministério Público da União pode gastar até seis décimos por cento da receita corrente líquida do Governo Federal (art. 127, §2º, da CF). Também pode propor ao Poder Legislativo a criação e a extinção de seus cargos, instituindo políticas remuneratórias e planos de carreira.

Hely Lopes Meirelles esclarece o conteúdo da autonomia administrativa: "Autonomia administrativa é a faculdade de gestão dos negócios da entidade ou do órgão segundo as normas legais que o regem, editadas pela entidade estatal competente".[12]

Já Alexandre de Moraes esclarece o sentido da autonomia funcional:

> O órgão do Ministério Público é independente no exercício de suas funções, não ficando sujeito às ordens de quem quer que seja, somente devendo prestar contas de seus atos à Constituição, às leis e à sua consciência. Nem seus superiores hierárquicos podem ditar-lhe ordens no sentido de agir desta ou daquela maneira dentro de um processo.[13]

A autonomia administrativa, específica para gerir os interesses próprios, não pode ser confundida com autonomia política, inerente aos entes federativos (União, estados-membros, municípios e Distrito Federal). A intensidade desta autonomia é maior do que a daquela, abrangendo a prerrogativa de elaborar leis dentro da sua esfera de competência.

O art. 127, §2º, que instituiu a autonomia funcional e administrativa do Ministério Público, não mencionou a autonomia financeira. Ela foi criada no art. 3º da Lei Orgânica Nacional do Ministério Público. A autonomia financeira permite que a instituição organize e administre o seu quadro de pessoal ativo e inativo, confeccione sua folha de pagamentos, adquira bens e serviços, estipule a fixação e o reajuste dos vencimentos de seus membros etc. O instrumento para a concretização da autonomia financeira é o duodécimo: de acordo com o limite máximo estipulado acima, há o repasse de um doze avos, mensalmente, do montante devido ao Ministério Público.

O Estatuto do Ministério Público, criado mediante lei complementar, cuja iniciativa é atribuída aos respectivos procuradores-gerais, configura-se como o mecanismo jurídico para regular a organização da carreira.

## 31.1.6 Autonomia financeira e proposta orçamentária do Ministério Público

A autonomia financeira do Ministério Público se configura como um instrumento para que ele possa desempenhar satisfatoriamente suas funções em defesa de um Estado Social Democrático de Direito. Sem a liberdade para locar os recursos que foram destinados a esta instituição, impossibilita-se a solidificação do princípio da eficiência na prestação de seus serviços.

---

[12] MEIRELLES, Hely Lopes. *Revista do Ministério Público de São Paulo*, n. 123.
[13] MORAES, Alexandre de. *Direito constitucional*. 11. ed. São Paulo: Atlas, 2001. p. 495.

Como forma de assegurar a sua autonomia financeira, ele tem a prerrogativa de elaborar sua proposta orçamentária dentro dos limites estabelecidos na Lei de Diretrizes Orçamentárias, seguindo, nesse sentido, as mesmas prerrogativas conferidas ao Poder Judiciário (art. 127, §3º, da CF).

Se não houver o encaminhamento da respectiva proposta orçamentária dentro do prazo estabelecido na Lei de Diretrizes Orçamentárias, o Poder Executivo considerará, para fins de consolidação da proposta orçamentária anual, os valores aprovados na Lei Orçamentária vigente, ajustados de acordo com os limites estipulados na Lei de Diretrizes Orçamentárias (art. 127, §4º, da CF). Contudo, se a proposta orçamentária for encaminhada em desacordo com os limites estipulados na Lei de Diretrizes Orçamentárias, o Poder Executivo procederá aos ajustes necessários para fins de consolidação da proposta orçamentária anual (art. 127, §5º, da CF).

Durante a execução orçamentária do exercício, não poderá haver a realização de despesas ou a assunção de obrigações que extrapolem os limites estabelecidos na lei de diretrizes orçamentárias, exceto se previamente autorizadas, mediante a abertura de créditos suplementares ou especiais (art. 127, §6º, da CF).

### 31.1.7 Provimento

Para o ingresso na carreira do Ministério Público é necessária a aprovação em concurso de provas e títulos, com a participação da Ordem dos Advogados do Brasil em todas as suas fases, seguindo as nomeações a ordem de classificação. Somente quem estiver na carreira pode exercer suas funções. É terminantemente vedada a criação de cargos *ad hoc* no Ministério Público, sem a necessidade de concurso público.

Exige-se do cidadão que queira pertencer ao Ministério Público a qualificação de bacharel em direito e que tenha, no mínimo, a experiência de três anos de atividade jurídica – requisitos iguais aos exigidos para pertencer à magistratura (art. 129, §3º, da CF). Os integrantes do *Parquet* devem residir na comarca da respectiva lotação, salvo autorização do chefe da instituição (art. 129, §2º, da CF).

Os princípios gerais que norteiam a carreira dos magistrados, estabelecidos no art. 93 da CF, no que couber, igualmente servem de vetor para regulamentar a carreira do Ministério Público (art. 129, §4º, da CF). A distribuição de processos no Ministério Público será imediata, em simetria com o que fora estipulado ao Poder Judiciário (art. 129, §5º, da CF).

### 31.1.8 Funções institucionais

São funções institucionais do Ministério Público:
a) Promover, privativamente, a ação penal pública, na forma da lei. O promotor funciona como o *dominus litis* das ações públicas incondicionadas e das condicionadas à representação. Se ele não intentar as devidas ações, existe a possibilidade de o ofendido impetrar uma ação penal substitutiva.
b) Zelar pelo efetivo respeito aos poderes públicos e aos direitos assegurados na Lei Maior, promovendo as medidas necessárias à garantia dos mandamentos constitucionais. Nessa prerrogativa, o Ministério Público funciona como fiscal

da lei, resguardando a aplicação dos dispositivos constitucionais segundo os parâmetros da legalidade.
c) Promover o inquérito civil e a ação civil pública, para a proteção do patrimônio público e social, do meio ambiente e de outros interesses difusos e coletivos.[14] Normalmente, os inquéritos são realizados por um delegado de polícia. Contudo, nas ações civis públicas, pela sua relevância social, quem vai presidir o inquérito é um promotor de Justiça ou procurador da República.
d) Promover a ação de inconstitucionalidade ou representação para fins de intervenção nos estados-membros e nos municípios, nos casos previstos na Constituição, como exemplo, a ação interventiva, visando ao resguardo dos princípios sensíveis.
e) Defender judicialmente os direitos e interesses das populações indígenas. Os índios, enquanto não forem integrados ao processo civilizatório, são considerados hipossuficientes e, portanto, devem ser amparados judicialmente pelo *Parquet*.
f) Expedir notificações nos procedimentos administrativos de sua competência, requisitando informações e documentos para instruí-los, na forma da lei complementar respectiva.
g) Exercer o controle externo da atividade policial. O controle da atividade policial objetiva preservar as prerrogativas dos cidadãos, principalmente dos cidadãos mais pobres, que têm seus direitos constantemente violados pelos órgãos oficiais.
h) Requisitar diligências investigatórias e a instauração de inquérito policial, indicados os fundamentos jurídicos de suas manifestações processuais.
i) Exercer outras funções que lhe forem conferidas, desde que compatíveis com sua finalidade, sendo-lhe vedadas a representação judicial e a consultoria jurídica de entidades públicas. Os promotores de Justiça não podem representar judicialmente entes estatais ou suas empresas, cabendo tais papéis aos respectivos advogados e/ou procuradores (art. 129, I a IX, da CF).

## 31.2 Controle "externo" do Ministério Público

O Conselho Nacional do Ministério Público (CNMP) compõe-se de quatorze membros, nomeados pelo presidente da República depois de aprovação da indicação por maioria absoluta de votos do Senado Federal, para um mandato de dois anos, admitindo uma única recondução por igual período (art. 130-A da CF).

A composição do Conselho Nacional do Ministério Público também é heterônoma, havendo membros da Magistratura, do Ministério Público, da Ordem dos Advogados do Brasil e da sociedade civil. Eles são denominados conselheiros. Sua composição se configura da seguinte forma: o procurador-geral da República, que preside o órgão; quatro membros do Ministério Público da União, assegurada a representação de cada uma de suas carreiras; três membros do Ministério Público dos Estados; dois juízes, sendo um

---

[14] A 2ª Turma do STF reconheceu a competência do Ministério Público como parte legítima para impetrar ação civil pública visando à fixação e ao pagamento de mensalidades escolares, que o aresto considerou como direitos ou interesses coletivos.

indicado pelo Supremo Tribunal Federal e o outro indicado pelo Superior Tribunal de Justiça; dois advogados indicados pelo Conselho Federal da Ordem dos Advogados do Brasil; dois cidadãos de notável saber jurídico e reputação ilibada, indicados um pela Câmara dos Deputados e outro pelo Senado Federal. Os membros do CNMP oriundos do *Parquet* serão indicados pelos respectivos Ministérios Públicos, na forma da lei (art. 130-A, I a VI, da CF).

Não se pode classificar o CNMP como um órgão que exerce as atribuições do Ministério Público, afinal ele não tem nenhum poder para zelar pela integridade do ordenamento jurídico, dos anseios coletivos ou de direitos dos hipossuficientes. Portanto, não pode ele desistir de nenhuma ação penal, oferecer denúncia, interferir em promoções de membros do Ministério Público etc.

Sua função é de controle da atuação administrativa e financeira do *Parquet*, zelando pelo cumprimento dos deveres funcionais dos membros do Ministério Público. Ele se configura como um órgão administrativo, de composição colegiada, cuja competência para apreciar ações interpostas contra ele pertence ao Supremo Tribunal Federal. Exerce a função de controle externo do Ministério Público.

Igualmente ao que ocorre com o Conselho Nacional de Justiça, os motivos elencados para a criação do Conselho Nacional do Ministério Público foram garantir uma maior transparência ao funcionamento do *Parquet* e não se imiscuir no exercício de suas atribuições que, diga-se de passagem, foi uma das melhores inovações da Constituição de 1988 para a defesa dos direitos da cidadania.

Compete ao Conselho Nacional do Ministério Público o controle da atuação administrativa e financeira do *Parquet*, atuando com as seguintes atribuições (art. 130-A, §2º, I a V, da CF):

a) zelar pela autonomia funcional e administrativa do Ministério Público, podendo expedir atos regulamentares, no âmbito de sua competência, ou recomendar providências;

b) zelar pela observância dos princípios da Administração Pública (art. 37 da CF) e apreciar, de ofício ou mediante provocação, a legalidade dos atos administrativos praticados por membros ou órgãos do Ministério Público da União e dos estados, podendo desconstituí-los, revê-los ou fixar prazo para que se adotem as providências necessárias ao exato cumprimento da lei, sem prejuízo da competência dos Tribunais de Contas;

c) receber e conhecer das reclamações contra membros ou órgãos do Ministério Público da União ou dos estados, inclusive contra seus serviços auxiliares, sem prejuízo da competência disciplinar e correcional da instituição, podendo avocar processos disciplinares em curso, determinar a remoção, a disponibilidade ou a aposentadoria com subsídios ou proventos proporcionais ao tempo de serviço e aplicar outras sanções administrativas, assegurada ampla defesa;

d) rever, de ofício ou mediante provocação, os processos disciplinares de membros do Ministério Público da União ou dos estados julgados há menos de um ano;

e) elaborar relatório anual, propondo as providências que julgar necessárias sobre a situação do Ministério Público no país e as atividades do Conselho, o qual deve integrar a mensagem prevista no art. 84, XI.

Ademais, a jurisprudência do STF sedimentou o entendimento de que cabe ao CNMP dirimir os conflitos de competência deflagrados entre o Ministério Público Federal e os Ministérios Públicos Estaduais.[15]

Ao contrário do Conselho Nacional de Justiça, cuja função de corregedor é exercida pelo ministro indicado pelo Superior Tribunal de Justiça, no Conselho Nacional do Ministério Público o corregedor é escolhido em votação secreta, entre os membros do Ministério Público que o integram, vedada sua recondução[16] (art. 130-A, §5º, da CF). Sua função é investigativa, consistindo na realização de diligências nos órgãos do *Parquet* para melhorar a qualidade de suas atividades.

Suas atribuições, além de outras que podem ser conferidas por lei infraconstitucional, são: a) receber reclamações e denúncias, de qualquer interessado, relativas aos membros do Ministério Público e seus serviços auxiliares; b) exercer funções executivas do Conselho, de inspeção e correição geral; e c) requisitar e designar membros do Ministério Público, delegando-lhes atribuições, e requisitar servidores de órgãos do Ministério Público.

O presidente do Conselho Federal da Ordem dos Advogados do Brasil oficiará junto ao CNMP, cabendo a ele se pronunciar em todos os processos administrativos do referido órgão, podendo, ainda, efetuar as denúncias e reclamações que achar necessárias. Ressalte-se que o presidente da OAB não faz parte do colegiado do CNMP, não podendo participar de suas decisões (art. 130-A, §6º, da CF).

Por intermédio de lei infraconstitucional, a União e os estados criarão ouvidorias do Ministério Público, competentes para receber reclamações e denúncias de qualquer interessado contra membros ou órgãos do Ministério Público, inclusive contra seus serviços auxiliares, representando diretamente ao Conselho Nacional do Ministério Público (art. 130-A, §7º, da CF).

Compete ao STF o julgamento de quaisquer ações propostas contra atos do CNMP relacionados às suas atividades-fim.[17]

## 31.3 Advocacia pública

A terminologia "advocacia pública", dada pela Emenda Constitucional nº 19, no seu art. 16, designa os advogados que têm a missão de defender os interesses dos entes estatais, judicialmente ou extrajudicialmente, prestando-lhes assessoramento e consultoria. No âmbito federal, tal incumbência está adstrita à Advocacia-Geral da União e, na esfera estadual, às Procuradorias dos estados-membros (art. 131, *caput*, da CF).

---

[15] STF, Plenário, Pet. nº 4.891, Rel. Min. Marco Aurélio, Red. p/ ac. Min. Alexandre de Moraes, j. 16.6.2020.
[16] Assim se expressa George Salomão: "A função correicional, exercida pelo Corregedor Nacional, consiste em receber reclamações e denúncias, de qualquer interessado, relativas aos membros do Ministério Público e de seus serviços auxiliares, além de poder requisitar e designar membros do Ministério Público, delegando-lhes atribuições, e requisitar servidores de órgãos do *Parquet* Estadual ou Federal" (SALOMÃO, George Leite. Corregedoria do Conselho Nacional do Ministério Público. *Comentários à Reforma do Poder Judiciário*. Rio de Janeiro: Forense, 2005).
[17] STF, Plenário, Rcl nº 33.459 AgR/PE, Red. p/ ac. Min. Gilmar Mendes, j. 18.11.2020.

Assim houve um fortalecimento das procuradorias estaduais e do Distrito Federal, porque passaram a ser disciplinadas constitucionalmente em uma seção específica, que engloba tanto a Advocacia-Geral da União quanto a Procuradoria dos estados-membros.

Por vezes, há confusão na diferenciação entre as Procuradorias dos estados e as Procuradorias de Justiça. O procurador do Estado é um advogado que atua na defesa dos interesses estatais. Sua missão é parcial: defender as prerrogativas do estado. A estrutura dessa carreira é diferente da do Ministério Público, havendo concursos distintos para ingressar nela. Os promotores de Justiça, bem como os procuradores da República, os primeiros atuando nos estados-membros e os segundos na esfera federal, cumprem a missão de serem órgãos imparciais, que garantem o cumprimento da lei, zelam pelos interesses públicos e pelos direitos individuais indisponíveis.

A Advocacia-Geral da União é a instituição que representa judicial e extrajudicialmente o Governo Federal, exercendo as atividades de consultoria e assessoramento do Poder Executivo. Ela se organiza nos termos de lei complementar, que deve determinar seu estatuto. Seu chefe é o advogado-geral da União, de livre nomeação do presidente da República, independentemente de homologação por parte do Senado Federal, escolhido entre cidadãos maiores de trinta e cinco anos de idade, de notável saber jurídico e reputação ilibada. O ingresso na carreira ocorre mediante concurso público de provas e títulos, exigindo-se a participação da OAB em todas as etapas (art. 131, §§1º e 2º, da CF).

Na Constituição anterior, a representação judicial da União cabia ao Ministério Público, o que trazia inconvenientes para o desempenho dessa função, dado o acúmulo de tarefas. O *Parquet* deveria ser um órgão imparcial, e essa imparcialidade era quebrada quando ele tinha de defender os interesses estatais. O art. 131 da nova ordem constitucional trouxe uma grande inovação porque, além de fortalecer o Ministério Público, outorgando-lhe prerrogativas em nível constitucional, criou um órgão específico para a representação judicial do Governo Federal, munindo-o com condições para o exercício de sua tarefa.

Com relação à cobrança da dívida ativa de natureza tributária, a competência deixa de ser da Advocacia-Geral da União e passa a ser da Procuradoria da Fazenda Nacional (art. 131, §3º, da CF). Essa bifurcação na representação do Governo Federal teve o objetivo de, ao se especializar determinado órgão para a cobrança da dívida ativa de natureza tributária, possibilitar uma atuação com maior grau de eficiência.

A Procuradoria-Geral do Estado é o órgão que representa os estados-membros e o Distrito Federal judicialmente e extrajudicialmente, exercendo as atividades de consultoria e assessoramento do Poder Executivo estadual. Sua organização geralmente se faz nos termos de lei complementar, que determina seu estatuto. Seu chefe é o procurador-geral do estado, nomeado pelo governador (art. 132 da CF).[18]

O ingresso na carreira ocorre mediante concurso de provas e títulos, com a participação da OAB em todas as suas fases (a participação da OAB em todas as fases do concurso público se tornou obrigatória com a Emenda nº 19).

A estabilidade dos procuradores, tanto na esfera estadual como na esfera federal, ocorre depois do estágio probatório, que passou a ser de três anos (art. 132, parágrafo

---

[18] Podem as Constituições estaduais, com fundamento no disposto no art. 125, §1º, da CF, atribuir aos procuradores do estado a prerrogativa de serem julgados, nos crimes comuns ou de responsabilidade, pelo Tribunal de Justiça estadual (ADI nº 541/PB, Rel. Min. Carlos Velloso, 10.5.2007).

único, da CF). A aprovação no estágio probatório depende da aprovação na avaliação de desempenho, realizada por relatório da respectiva corregedoria.

Considerando o dispositivo constitucional que atribui aos procuradores dos estados o exercício da representação judicial e a consultoria jurídica das unidades federadas de forma exclusiva, qualquer dispositivo das Constituições estaduais que permita a representação judicial por assessor jurídico, com cargo efetivo ou com cargo de provimento em comissão, deve ser classificado como inconstitucional.[19] Para o STF, as funções de representação judicial e consultoria jurídica atribuídas à Procuradoria-Geral do Estado pelo art. 132 da CF referem-se unicamente à Administração direta, autárquica e fundacional; desse modo, são consideradas inconstitucionais as normas que confiram à Procuradoria-Geral do Estado a prestação de serviços jurídicos às empresas públicas e sociedades de economia mista.[20]

Com esse entendimento se posicionou o Ministro Celso de Mello:

> O desempenho das atividades de assessoramento jurídico no âmbito do Poder Executivo estadual traduz prerrogativa de índole constitucional, outorgada aos Procuradores do Estado pela Carta Federal. A Constituição da República, em seu art. 132, operou uma inderrogável imputação de específica e exclusiva atividade funcional aos membros integrantes da Advocacia Pública do Estado, cujo processo de investidura no cargo que exercem depende, sempre, de prévia aprovação em concurso de provas e títulos.[21]

Após a nova denominação de advocacia pública, reforçou-se a tese de que deveria ser vedado aos advogados públicos o exercício da advocacia privada. Seus defensores sustentam que o exercício da militância particular faz com que os procuradores não cuidem devidamente de suas funções e permite que interesses estranhos comprometam o efetivo exercício de sua tarefa.

Contra essa assertiva, milita a tese de que a exclusividade da advocacia pública, impedindo a advocacia privada, nos estados-membros onde já foi implantada, não obteve os resultados esperados. O que ocorreu foi um abandono dos melhores profissionais, que preferiram se dedicar aos seus escritórios privados, ou tentar concurso para cargos mais rentáveis, como a magistratura.

Houve um desestímulo ao aprimoramento técnico, já que não existe incentivo para a capacitação profissional; o aumento na jornada de trabalho fez cair a produtividade; a profissão virou uma carreira intermediária, de quem espera passar em melhores concursos.

Por outro lado, os malefícios de uma inserção dos procuradores na advocacia privada poderiam ser evitados se houvesse uma atuação mais firme por parte das corregedorias.

Em 2020, a Corte Suprema pacificou a questão. Ao julgar ação direta de inconstitucionalidade que questionava o percebimento de honorários sucumbenciais por

---

[19] Comina o art. 72 da Constituição do Estado de Pernambuco: "A Procuradoria-Geral do Estado é a instituição que representa o Estado e suas autarquias, judicial e extrajudicialmente, cabendo-lhe, nos termos da lei complementar que dispuser sobre a sua organização e seu funcionamento, as atividades de consultoria jurídica do Poder Executivo".
[20] STF, Plenário, ADI nº 3.536/SC, Rel. Min. Alexandre de Moraes, j. 2.10.2019.
[21] ADI nº 881/ES, Rel. Min. Celso de Mello.

advogados públicos, o STF decidiu por sua constitucionalidade, desde que o somatório daqueles com o subsídio percebido pelo servidor não ultrapasse o teto remuneratório constitucional.[22] Contudo, tal possibilidade dependerá do regime funcional atribuído aos advogados públicos pela lei de cada ente da Federação.

O Governo Federal, por meio da Medida Provisória nº 1.587-7/1998, convertida na Lei nº 9.651/1998, proibiu o exercício da advocacia, fora das atribuições funcionais, aos ocupantes das carreiras jurídicas federais, como os advogados da União, os procuradores e advogados de autarquias e fundações públicas, os procuradores da Fazenda Nacional, os procuradores do Banco Central etc. O Conselho Federal da OAB ajuizou uma ação direta de inconstitucionalidade alegando a inconstitucionalidade da vedação, tendo o STF indeferido a medida cautelar, assegurando a constitucionalidade da medida provisória.

A consequência de tal imposição foi a perda dos melhores quadros do serviço público e a queda acintosa no padrão de vida dos funcionários, o que se reflete em uma diminuição da excelência dos seus serviços, pela impossibilidade de requalificação continuada.

## 31.4 Advogados

Os advogados (do latim *advocatus*) são indispensáveis à administração da Justiça, sendo invioláveis por seus atos e manifestações no exercício da profissão (art. 133 da CF). A indispensabilidade do advogado provém do fato de que ele é o instrumento para que os cidadãos possam ter restabelecidos os seus direitos afrontados.

A história constitucional de nosso país comprova que, além de serem os advogados indispensáveis à administração da Justiça, são também imprescindíveis para a manutenção do Estado Democrático de Direito, por atuarem em um exercício extremamente salutar de defesa da democracia e cumprimento dos direitos e garantias fundamentais, visando sempre à preservação dos direitos humanos.

Nas palavras do professor Pinto Ferreira, "o advogado exerce uma nobilitante função social, facilitando a obra do juiz e a aplicação da justiça".[23] Realmente, o causídico está intrinsecamente ligado à organização judicial, intermediando a relação entre o juiz – Estado – e a parte, na busca de uma prestação jurisdicional que seja justa para aqueles envolvidos no caso concreto. Por esta razão, o advogado é indispensável à justiça, vale dizer, ao Estado, atuando como um "servidor do Direito".

As palavras do ilustre professor ressaltam que a atividade do causídico é de extrema relevância social, haja vista que ele tem a função de intermediar o relacionamento do cidadão com o Estado-Juiz durante a relação processual. Desse modo, a advocacia contribui de maneira salutar para a aplicação da justiça em um Estado de Direito, impedindo mitigações aos direitos subjetivos dos cidadãos e garantindo que todos possam se defender de maneira justa e equitativa.

*Rui Barbosa já alertava indiretamente para os problemas de uma eventual banalização do processo*,[24] alertando que o advogado tem participação insubstituível na Justiça pelo fato

---

[22] STF, Plenário, ADI nº 6.053, Rel. Min. Marco Aurélio, Red. p/ ac. Min. Alexandre de Moraes, j. 22.6.2020.

[23] FERREIRA, Pinto. *Comentários à Constituição brasileira*. São Paulo: Saraiva, 1992. p. 75.

[24] "Na missão do advogado também se desenvolve uma espécie de magistratura. As duas se entrelaçam, diversas nas funções, mas idênticas no objeto e na resultante: a justiça. Com o advogado, justiça militante. Justiça

de atuar, na maioria das vezes, como o primeiro juiz da causa. Ou seja, nas lições do insigne jurista, é o advogado quem terá a capacidade de optar se é relevante ou não propor a ação, movimentando ou não a máquina do Judiciário para solucionar aquela causa.

Hodiernamente, presenciamos inúmeras tentativas processuais de garantir o direito à razoável duração do processo. De fato, a avalanche de processos é muito grande, deixando o Estado-Juiz em um constante dilema entre a celeridade e a análise acurada do conteúdo. Entretanto, nós não podemos pensar apenas na celeridade da entrega da prestação jurisdicional, esquecendo de certos valores processuais consagrados na Lex Mater. É inexorável evitar que a prestação jurisdicional seja apenas uma fábrica de decisões, não podemos esquecer as peculiaridades de cada caso concreto, evitando remeter os conflitos em uma vala comum. O ofício judicante não pode ser uma mera atividade de bater carimbo.

Nenhuma das nossas Constituições pretéritas outorgou à advocacia tratamento semelhante ao reconhecer a profissão do advogado como indispensável à administração da Justiça (art. 133). O intuito foi evidenciar a função social da advocacia e preservar as suas prerrogativas em um patamar constitucional mais proeminente do que desfrutavam nos demais textos constitucionais.

A advocacia passou a ser vista como um *munus* público, por servir como requisito para as demais funções essenciais à Justiça. Inclusive, o Conselho Federal da Ordem dos Advogados do Brasil foi um dos colegitimados a exercer o controle direto de constitucionalidade.[25]

A relevância constitucional dada aos advogados não deve ser analisada como um privilégio, colocando o exercício da advocacia em um patamar de superioridade em relação às demais funções essenciais à Justiça. O que se pretende apenas é preservar o equilíbrio entre as funções ditas como essenciais à Justiça, estabelecendo uma isonomia substancial de tratamento.

Além da essencialidade de sua função na aplicação da Justiça, tem ela o mister de defender os direitos humanos, como a vida, a liberdade, a propriedade etc. Na época de sombras implementadas por governos arbitrários, as primeiras vozes a se manifestarem são as dos advogados e são eles os primeiros a sentirem o rigor das medidas de exceção. Diante desse contexto, entendeu o STF que a OAB não está vinculada aos ditames impostos à Administração Pública direta ou indireta, garantindo o seu caráter institucional, público, independente e autônomo.[26] Para cumprir a contento esses

---

imperante, no magistrado" (BARBOSA, Rui. *Oração aos moços*. Notas de Adriano da Gama Kury. 5. ed. Rio de Janeiro: Casa de Rui Barbosa, 1999. p. 47).

[25] Julgado da ADI nº 4.405, proposta pelo Conselho Federal da OAB e de relatoria do Min. Marco Aurélio: "[...] O Conselho Federal da OAB está dentre os órgãos, considerados legitimados universais à propositura de ações de controle concentrado, não havendo necessidade de demonstrarem interesse, muito embora as ações por promovidas neste órgão se pautem pela tutela dos direitos do cidadão e da classe profissional".

[26] "[...] Não procede a alegação de que a OAB sujeita-se aos ditames impostos à Administração Pública Direta e Indireta. 3. A OAB não é uma entidade da Administração Indireta da União. A Ordem é um serviço público independente, categoria ímpar no elenco das personalidades jurídicas existentes no direito brasileiro. 4. A OAB não está incluída na categoria na qual se inserem essas que se tem referido como 'autarquias especiais' para pretender-se afirmar equivocada independência das hoje chamadas 'agências'. 5. Por não consubstanciar uma entidade da Administração Indireta, a OAB não está sujeita a controle da Administração, nem a qualquer das suas partes está vinculada. Essa não vinculação é formal e materialmente necessária. 6. A OAB ocupa-se de atividades atinentes aos advogados, que exercem função constitucionalmente privilegiada, na medida em que são indispensáveis à administração da Justiça [artigo 133 da CB/88]. É entidade cuja finalidade é afeita a atribuições,

misteres, planteia Ives Gandra Martins que é imperioso que o advogado tenha uma sólida formação humanista, cabendo a ele a defesa e a interpretação de todo um sistema jurídico que rege o agir social humano.[27]

Para o exercício da profissão, o advogado tem de estar habilitado perante a Ordem dos Advogados do Brasil – OAB, sob pena de inexistência dos atos processuais praticados e das sanções penais cabíveis. O requisito para essa habilitação na OAB, segundo o disposto na Lei nº 8.906/1994 (Estatuto da OAB), nos seus arts. 3º e 8º, IV, é a aprovação no exame da Ordem, uma prova na qual a capacidade dos advogados deve ser aferida.

O Estatuto da Ordem dos Advogados do Brasil prevê os direitos e os deveres dos advogados, os requisitos para a inscrição na Ordem, os impedimentos e as incompatibilidades com o exercício da advocacia, a estipulação dos honorários, os princípios éticos que direcionam a atuação profissional etc.

A Ordem dos Advogados do Brasil foi criada pelo Decreto nº 19.408/1930. Antes, os interesses dos advogados eram defendidos pelo Instituto dos Advogados Brasileiros, criado em 1843.[28] A função da OAB transcende a defesa dos interesses dos seus associados, e se constituiu no repositório de lutas para a garantia da democracia, dos direitos humanos e dos predicativos do Estado Democrático de Direito.

Para o exercício profissional da advocacia sem óbices que possam enfraquecê-la, há a garantia constitucional de inviolabilidade do advogado pelos seus atos e manifestações na atuação da profissão. A intangibilidade para o exercício das prerrogativas funcionais do advogado não deve ser vislumbrada de forma absoluta. Como seu escopo é garantir uma proteção especial para o desempenho profissional, os parâmetros legais definirão o seu alcance. Importante ressaltar que os abusos e as práticas atentatórias à dignidade da Justiça devem ser severamente punidos.

A inviolabilidade do advogado se resume aos atos praticados no exercício da profissão. Assim, o art. 142 do Código Penal estabelece que não constitui crime de injúria ou difamação a ofensa irrogada em juízo, na discussão da causa, por parte do procurador.[29] Porém, se a ofensa for gratuita, sem nenhuma ligação com o exercício profissional, não podemos falar em inviolabilidade.

O advogado é o profissional que tem o cabedal de conhecimentos necessários para que a prestação jurisdicional consiga seu intento. Por isso possui ele exclusividade no

---

interesses e seleção de advogados. Não há ordem de relação ou dependência entre a OAB e qualquer órgão público. 7. A Ordem dos Advogados do Brasil, cujas características são autonomia e independência, não pode ser tida como congênere dos demais órgãos de fiscalização profissional. A OAB não está voltada exclusivamente a finalidades corporativas. Possui finalidade institucional [...]" (julgamento da ADI nº 3.026-DF, proposta pelo Conselho Federal da OAB, tendo como relator o Min. Eros Grau, em 7.6.2006).

[27] "É o advogado, portanto, o mais relevante dos profissionais sociais, porque lhe cabe a função mais transcendente no organismo social, ou seja a de defesa e interpretação da sua própria estrutura primeira, que é o sistema jurídico. É o advogado, portanto, a espinha dorsal de todos os profissionais dedicados às ciências sociais" (MARTINS, Ives Gandra da Silva. A função social do advogado. *Revista do Advogado*, v. 4, n. 14, p. 94-99, jul./set. 1983).

[28] "A profissão de advogado constituía, porém, à época, verdadeiro tabu para a mulher, convindo lembrar que, só em 1903, após tenaz oposição, fruto de discriminação preconceituosa, foi permitido a uma mulher, a advogada Dra. Myrtes Gomes de Campos, o ingresso como membro do Instituto dos Advogados" (PEREIRA, Áurea Pimentel. *Estudos constitucionais*. Rio de Janeiro: Renovar, 2001. p. 399).

[29] O STF deferiu *habeas corpus* para trancar ação penal instaurada contra advogado pela prática do crime de injúria, pelo motivo de ter fornecido representação à Corregedoria-Geral de Justiça de Minas Gerais. A turma considerou que a representação, por não demonstrar a intenção de ofender, mas apenas de narrar fatos à autoridade competente, enquadra-se na inviolabilidade referente a atos e manifestações de advogados (RHC nº 80.429-MG, Rel. Min. Marco Aurélio).

*jus postulandi*, ou seja, apenas munido de advogado pode o cidadão postular na Justiça os seus direitos. Certos institutos jurídicos, pela sua importância na defesa da liberdade e da cidadania, não necessitam de advogado para a sua implementação, como o *habeas corpus* e o direito de petição, configurando-se como exceções à regra.

O Código de Processo Civil de 2015, no seu art. 103, registra a única hipótese em que não se necessita da assistência de um advogado. Não precisa de advogado o cidadão para postular em causa própria, desde que tenha habilitação legal para o exercício da advocacia, porque nesse caso específico ele possui o *jus postulandi*. Nas causas processadas perante os juizados especiais, entre elas as questões com valores inferiores a quarenta salários mínimos, o advogado também não é necessário.

Existe farta jurisprudência a respeito, inclusive decisões do Superior Tribunal de Justiça, no sentido de que o advogado tem o direito de entrar em todas as repartições públicas, em qualquer horário, estando presentes os funcionários. Ademais, não pode o juiz impedir o seu acesso aos autos em horário reservado ao expediente interno.[30] Essa prerrogativa deve ser entendida como um instrumento para o exercício de suas atribuições, protegendo de forma eficaz os direitos postos sob sua tutela.

## 31.5 Defensoria Pública

Entre as múltiplas ondas que efetivam o acesso à Justiça, conforme Ensina Mauro Capelletti, a primeira onda evidencia-se como inexorável para a aplicação do princípio da universalidade de jurisdição. Sua concretização configura-se como uma atenção inestimável às pessoas menos favorecidas, promovendo-se assistência judiciária gratuita para os desfavorecidos (cidadãos que comprovarem sua insuficiência de recursos).

Hodiernamente, percebe-se uma grande dificuldade de desenvolver o acesso à justiça em países subdesenvolvidos, com baixos níveis culturais e altos índices de desigualdade social. A necessidade de majorar a Defensoria Pública, como sendo a primeira forma para o acesso à Justiça, tem como escopo democratizar o acesso ao Judiciário e concretizar o princípio da universalidade, possibilitando que as pessoas menos favorecidas possam ter seus litígios disputados em patamares isonômicos no Judiciário.

Nesse passo, o papel primordial da Defensoria Pública é proteger os direitos dos hipossuficientes, possibilitando uma ajuda efetiva aos mais necessitados, que, por muitas vezes, encontram-se abandonados pelo Estado. Proteger o cidadão significa apresentar-lhe direitos e mostrar-lhe o caminho de sua defesa, sendo o instrumento de emancipação de um povo que historicamente cultiva o silêncio e a omissão por receio, mas que não pode ser esquecido e abandonado pela Justiça, muito menos pelo Estado Democrático Social de Direito.

A Defensoria Pública foi implantada como forma de assegurar aos necessitados, hipossuficientes, acesso à prestação jurisdicional em todos os graus. Esse órgão foi criado para assegurar o cumprimento do art. 5º, inc. LXXIV, que obriga o Estado a prestar assistência jurídica integral e gratuita aos que comprovarem insuficiência de recursos (art. 134, *caput*, da CF).[31]

---

[30] STJ, *RDA*, 189/283.

[31] O Tribunal considera que é dever do estado-membro o custeio do exame pericial de DNA quando a parte for beneficiária da Justiça gratuita (Lei nº 1.060/50, art. 3º), o que viabiliza o efetivo exercício do direito à assistência

A prestação judiciária gratuita no Brasil começou com as Ordenações Filipinas. Em 1870, o Instituto dos Advogados do Brasil, sob a presidência de Nabuco de Araújo, corporificou ideias no sentido de defender e dar consultas gratuitas aos pobres. Com a Proclamação da República, no Governo Provisório do Marechal Deodoro da Fonseca, o ministro da Justiça foi autorizado a formar uma "comissão de patrocínio dos pobres para as ações criminais e civis". Contudo, as duas primeiras Constituições, a de 1824 e a de 1891, não previram a prestação de assistência judiciária gratuita aos pobres, vindo ela a ser assegurada na Constituição de 1934 (art. 113, nº 32), voltando ao patamar constitucional na de 1946 e permanecendo até o texto atual.

O direito à advocacia gratuita, como forma de preservar a prestação jurisdicional, nasce como uma prerrogativa das Constituições sociais do pós-guerra. As associações dos advogados de vários países europeus começaram a instituir assistência jurisdicional gratuita para os mais carentes a título de *munus honorificum*. Como o sistema dependia da benevolência dos advogados, ele não propiciou os resultados esperados. A Inglaterra evoluiu na prestação jurisdicional, oferecendo aos cidadãos uma lista de advogados pagos pelo Estado. O aperfeiçoamento do modelo ocorreu nos Estados Unidos, onde o Estado contratou advogados que montaram escritórios nos bairros mais pobres e começaram a exercer a sua atividade gratuitamente.

Compete à lei complementar a estruturação da carreira de defensor público, nos estados-membros e no Distrito Federal, sendo o ingresso nela realizado mediante concurso público, assegurada aos seus integrantes a inamovibilidade funcional.[32] Pela liberdade que os entes acima mencionados têm para estruturar a Defensoria Pública, conclui-se que poderão regulamentá-la de forma autônoma, mediante lei, com prerrogativas financeiras e administrativas próprias (art. 134, §1º, da CF).

Antes da Constituição de 1988, a função de defesa judicial dos hipossuficientes ficava a cargo do Ministério Público, que, pelo acúmulo de funções, não podia exercê-la a contento. Com a designação, em âmbito constitucional, de uma instituição específica para o atendimento dos necessitados, o princípio constitucional da universalidade da jurisdição restou assegurado.

O defensor tem a obrigação de velar pelos interesses dos seus clientes, ficando impedido de dispor sobre direito alheio. Ele tem a incumbência de esgotar todos os meios possíveis de defesa, amparado pelos recursos cabíveis.

A Lei nº 1.060/1950, que regulamentou a prestação de assistência jurídica aos necessitados, dispunha que teriam direito à assistência gratuita os cidadãos que atestassem, com apenas uma declaração de insuficiência de recursos, sua condição de miserabilidade, e esta teria valor absoluto. Agora, com a alteração do texto legal pela Lei nº 7.115/1983, exige-se que o cidadão, ao solicitar o auxílio da Defensoria Pública, comprove a sua insuficiência de recursos.

---

judiciária, consagrado no art. 5º, LXXIV, da CF. Asseverou-se, ainda, que os arts. 1º e 2º, II, da lei em questão refletem determinações constantes da Lei nº 1.060/50 (ADI nº 3.394/AM, Rel. Min. Eros Grau, 2.4.2007).

[32] O §1º do art. 134 da Constituição do Brasil repudia o desempenho, pelos membros da Defensoria Pública, de atividades próprias da advocacia privada. Improcede o argumento de que o exercício da advocacia pelos defensores públicos somente seria vedado após a fixação dos subsídios aplicáveis às carreiras típicas de Estado. Os §§1º a 3º do art. 134 da Constituição do Brasil veiculam regras atinentes à estruturação das Defensorias Públicas, que o legislador ordinário não pode ignorar (ADI nº 3.043/MG, Rel. Min. Eros Grau).

Com o advento da Emenda Constitucional nº 45/2004, foi acrescido o §2º ao art. 134 da Constituição Federal, que assegura autonomia funcional e administrativa às Defensorias Públicas estaduais.

O defensor público tem prazo em dobro para recorrer e quádruplo para contestar, devendo ser intimado pessoalmente para todos os atos processuais, sob pena de nulidade, a teor do disposto no art. 5º, §5º, da Lei nº 1.060/1950, com a redação dada pela Lei nº 7.871/1989.[33]

Quanto à extensão de atuação da Defensoria Pública, seus núcleos norteadores são o *caput* do art. 134 e o inc. LXXIV do art. 5º, expondo que a ela incumbem a orientação jurídica e a defesa dos necessitados, sendo estes aqueles que comprovarem insuficiência de recursos.

Não somos de acordo com a ideia de se definir o conceito de necessitado exclusivamente do ponto de vista econômico, muito menos somos favoráveis a se determinar que a incidência desse vocábulo seja o de necessitado organizacional, o que, teoricamente, poderia abranger, inclusive, grandes empresários que não estejam organizados em associações.[34] Assim, para evitar superposição de função, desvirtuando a gênese de criação da Defensoria Pública, o conceito de necessitado precisa de uma nuance de valoração econômica, mas não de forma exclusiva. Deixar totalmente de lado a perspectiva econômica pode forcejar a criação de uma advocacia privada estatal. Nesse diapasão, ela tem a missão de zelar pelas prerrogativas de grupos hipossuficientes, a despeito de questões econômicas, como as pessoas na melhor idade, os portadores de necessidades especiais, os jovens e as crianças.

## 31.6 Autonomia da Defensoria Pública

Outra relevante modificação efetuada pela Emenda Constitucional nº 45 foi o fortalecimento das Defensorias Públicas estaduais, garantindo-lhes condições materiais para que possam cumprir a contento suas funções, prestando uma efetiva assistência jurídica a todos aqueles que não dispõem de condições econômicas para contratar um advogado. A ausência de uma Defensoria forte e atuante coloca em risco a efetividade do princípio constitucional do acesso universal à Justiça, já que aqueles que não podem contratar um advogado ficam impossibilitados de defender seus interesses de forma satisfatória.

Foi assegurado a elas autonomia funcional e administrativa, bem como iniciativa de elaborar sua proposta orçamentária dentro dos limites estabelecidos na Lei de Diretrizes Orçamentárias (art. 134, §2º, da CF).[35] A outorga dessas prerrogativas garante

---

[33] HC nº 28.042, Rel. Min. Paulo Gallotti.

[34] Quem defende o conceito de *necessitado organizacional* é a Prof. Ada Pellegrini Grinover, em parecer a pedido da Associação Nacional dos Defensores Públicos – Anadep.

[35] "Apesar de se garantir a autonomia da Defensoria Pública, o Supremo Tribunal Federal entende que a Constituição não conferiu isonomia direta para os integrantes das carreiras jurídicas. Esta Corte firmou entendimento de que a Constituição federal não concedeu isonomia direta entre as denominadas carreiras jurídicas, pois, apesar de tê-la prescrito no art. 241 (em sua redação originária), sua implementação, em decorrência do disposto no art. 39, §1º, também da Carta Magna, depende de lei específica para ser concretizada. No caso, verifica-se a inexistência, no estado do Piauí, à época, de lei ordinária que regulamentasse a equiparação de vencimentos entre delegados de polícia e defensores públicos" (AR nº 1.598-PI, Rel. Min. Joaquim Barbosa. *Informativo do STF*, n. 546).

a sua autogestão, permitindo a estruturação de seu trabalho da melhor forma possível; diminuindo, ainda, a ingerência do Poder Executivo, que, na maioria dos casos, colocava a Defensoria Pública para atender aos seus interesses políticos.[36]

A garantia de autonomia funcional e administrativa das Defensorias Públicas estaduais se configura como uma primeira medida para torná-las eficazes, superando a situação de precariedade que caracteriza essa instituição em quase todos os estados da Federação. Conforme assevera o Professor George Salomão, a Defensoria Pública é uma instituição essencial à função do Estado, zelando pela orientação e defesa daqueles que comprovarem insuficiência de recursos, no que viabiliza o irrestrito acesso à Justiça.[37]

A Emenda Constitucional nº 74 delineou a estruturação da Defensoria Pública Federal. Ela dispôs que lei complementar organizará a Defensoria Pública da União, do Distrito Federal e dos territórios. Prescreveu, ainda, que a mencionada lei complementar deve conter normas gerais para sua organização nos estados, em cargos de carreira, providos, na classe inicial, mediante concurso público de provas e títulos, assegurando aos seus integrantes a garantia da inamovibilidade e a vedação ao exercício da advocacia fora das atribuições institucionais. A Emenda Constitucional nº 69/2012, no entanto, transferiu da União para o Distrito Federal as atribuições de manter e organizar a Defensoria Pública do DF.

---

[36] "A Defensoria Pública se revela como instrumento de democratização do acesso às instâncias judiciárias, de modo a efetivar o valor constitucional da universalização da justiça (inciso XXXV do art. 5º da CF/88). Por desempenhar, com exclusividade, um mister estatal genuíno e essencial à jurisdição, a Defensoria Pública não convive com a possibilidade de que seus agentes sejam recrutados em caráter precário. Urge estruturá-la em cargos de provimento efetivo e, mais que isso, cargos de carreira. A estruturação da Defensoria Pública em cargos de carreira, providos mediante concurso público de provas e títulos, opera como garantia da independência técnica da instituição, a se refletir na boa qualidade da assistência a que fazem jus os estratos mais economicamente débeis da coletividade" (ADI nº 3.700-RN, Rel. Min. Carlos Britto).

[37] LEITE, George Salomão. Autonomia das defensorias públicas. In: AGRA, Walber de Moura (Coord.). *Comentários à Reforma do Poder Judiciário*. Rio de Janeiro: Forense, 2005.

# CAPÍTULO 32

# ESTADO DE EXCEPCIONALIDADE LEGAL

O estado de sítio e o estado de defesa são excepcionalidades do Estado Democrático de Direito, e compõem o chamado "sistema constitucional de crises", só podendo ser concretizados em situações de anormalidade. Isso acarreta, na esfera jurídica, a supressão de determinadas garantias, a maioria delas de âmbito constitucional, para fazer frente a essas anormalidades.

Essas medidas não anulam o Estado Democrático de Direito. Elas são tomadas na sua vigência, e continuam a ser regidas pelos padrões democráticos, só que por uma legislação normativa extraordinária, temporária e excepcional, mas que sofre controle dos poderes estabelecidos.

Para que se possa decretar o estado de excepcionalidade legal é necessária uma anomalia de tal monta que acarrete um acinte ao ordenamento jurídico e à estabilidade da sociedade. O seu objetivo é a manutenção do *establishment* jurídico, garantindo a normalidade social e impedindo o surgimento de revoluções. Pode parecer um paradoxo, mas concentram-se poderes e retiram-se direitos para que sejam mantidas a normalidade e a ordem constitucional.

As causas para a decretação do estado de sítio e do estado de defesa podem residir internamente, como catástrofes naturais ou rebeliões, ou externamente, como a declaração de guerra (art. 137, I e II, da CF).

O estado de sítio já de longa data tem previsão nos textos constitucionais brasileiros, aparecendo pela primeira vez na Constituição de 1824. O estado de defesa é de criação recente, inspirado no estado de emergência do direito português.

A diferenciação entre os dois estados excepcionais está na intensidade de suas medidas, sendo o estado de sítio muito mais gravoso para os direitos humanos do que o estado de defesa. As restrições aos direitos são muito mais intensas naquele do que neste.

A regulamentação dos estados excepcionais deve ser realizada de forma bastante minuciosa, porque podem servir como instrumentos para a instalação de uma ditadura, em razão da concentração de poderes e da supressão de direitos e garantias fundamentais. Por isso, uma das suas características é a transitoriedade das medidas implementadas, devendo sua duração ser previamente fixada, de modo que os atos tomados na legalidade extraordinária tenham a menor duração possível.

Não há obrigatoriedade no estabelecimento de todas as medidas elencadas na Constituição para o estado de excepcionalidade. Elas apenas devem ser tomadas se houver realmente necessidade, de forma que causem o menor número possível de lesões aos direitos dos cidadãos.

## 32.1 Histórico

O estado de excepcionalidade pode seguir o modelo francês, o modelo anglo-saxônico ou o modelo romano. O primeiro modelo é o adotado pelo Brasil e será detalhado adiante.[1]

O modelo anglo-saxônico baseia-se no estabelecimento da lei marcial. Ele não pode ser tipificado propriamente como um estado de excepcionalidade, porque apenas exclui a antijuridicidade das ações do poder estatal que tenham o objetivo de manter a ordem. Nenhum direito público é cerceado, e, se houver ação que extrapole os limites necessários à manutenção da ordem, o Poder Judiciário deve punir os seus responsáveis.

Concomitantemente à lei marcial, esse modelo jurídico prevê a suspensão do *habeas corpus*, para que a autoridade policial possa prender suspeitos e depois providenciar as provas necessárias. Justifica as medidas tomadas no estado de excepcionalidade Sampaio Doria: "Não há tempo a perder. A acusação, ainda a mais grave, dispensa provas, por não haver meio para coligi-las. O que arde no coração dos juízes de espada é a chama do terror crepitante, por amor da pátria em perigo".[2]

O modelo romano é o da "ditadura constitucional" ou da suspensão da Constituição, como previsto na Carta Magna francesa do ano VIII, atendendo aos interesses de Napoleão Bonaparte. A Constituição é suspensa temporariamente até que a situação de normalidade seja restabelecida.

Os romanos utilizavam o estado de excepcionalidade legal para enfrentar seus graves problemas. Entretanto, em razão da ameaça de uma grande invasão bárbara e das tensões internas, o Senado romano entregou o poder a Júlio César, para que este pudesse debelá-las. Júlio César concentrou o poder, acabando com as querelas internas, e venceu as hordas bárbaras. Não obstante, nunca mais devolveu as prerrogativas que recebeu do Senado, sendo-lhe conferido o título de ditador perpétuo e tendo sido eleito cônsul por cinco vezes até a sua morte. Roma adentrou em sua terceira fase: começou como um reinado, tornou-se uma república e findou transformando-se em um império, com o poder concentrado em apenas uma pessoa, passando o outrora poderoso Senado romano a servir de figura decorativa.[3]

A Constituição argentina, com a reforma realizada em 1994, prescreve, no seu art. 36, uma disposição para o estado de crise constitucional, mantendo o ordenamento jurídico mesmo que haja uma interrupção na sua vigência por parte de revoluções ou

---

[1] FERREIRA FILHO, Manoel Gonçalves. *Curso de direito constitucional*. 24. ed. São Paulo: Saraiva, 1997. p. 326.
[2] DORIA, A. de Sampaio. *Direito constitucional (teoria geral do estado)*. 5. ed. São Paulo: Max Limonad, 1962. v. l. p. 824.
[3] Explica Canotilho quando surgiu o primeiro modelo jurídico do estado de excepcionalidade: "No séc. XVIII (mais precisamente em 1714) surge o primeiro modelo jurídico de regulamentação dos motins ou perturbações da ordem – o *Riot Act*. Nele se qualifica como crime de felonia a participação em tumultos com desobediência às ordens de dissolução por parte das autoridades e se consideram isentos de qualquer responsabilidade (*indemnity*) por danos os agentes encarregados do restabelecimento da ordem" (CANOTILHO, José Joaquim Gomes. *Direito constitucional e teoria da Constituição*. 2. ed. Coimbra: Almedina, 1997. p. 963).

golpes de estado. Preceitua o mencionado artigo: "Esta Constituição manterá seu império ainda quando seja interrompida a sua observância por atos de força contra a ordem institucional e o sistema democrático. Estes atos serão declarados nulos".

Assim, a Constituição argentina procurou manter a sua normatividade, mesmo que atos de força venham a suprimir temporariamente a sua eficácia. As medidas implementadas pelas forças insurgentes serão declaradas nulas, não havendo vinculação jurídica que faça a população obedecer, a não ser o uso da força.

O problema dessas situações de anormalidade democrática é que elas podem degenerar em uma ditadura. Portanto, a concentração de poderes nunca pode ser total, devendo ser regida pelos parâmetros ofertados pelo Estado Democrático de Direito. O seu controle se realiza por meio da esfera jurídica e da esfera política. Qualquer uma das medidas pode ser passível de controle de constitucionalidade, e, assim, imediatamente suspensa.

## 32.2 Estado de defesa

É de competência exclusiva do presidente da República decretar o estado de defesa, após consulta ao Conselho de Defesa e ao Conselho da República (art. 136, *caput*, da CF). Esses dois órgãos, delineados nos arts. 89 *usque* 91, atuam no sentido de auxiliar o chefe do Executivo na sua decisão. O teor do seu parecer no estudo dos fatos postos sob sua apreciação tem caráter meramente opinativo, podendo conter sugestões, sem vincular a decisão do presidente.

O Poder Executivo consubstancia sua decisão em um decreto, que deverá especificar o prazo, a abrangência e as condições de execução da medida (art. 136, §1º, da CF). Juntamente com o decreto, será enviada a sua justificativa, para que os congressistas saibam as razões que o ensejaram. Sua natureza é de um ato discricionário, conexo, contudo, com a causa que o ensejou, vinculando-se a decisão à causa, segundo a teoria dos motivos determinantes (o estado de sítio segue igual procedimento).

O estado de defesa pode ser decretado pelo presidente da República com o estabelecimento de todas as medidas imediatas, e, *a posteriori*, o Congresso Nacional pode ratificá-lo, mantendo ou não a vigência das medidas.

Após a sua concretização, e dentro de vinte e quatro horas, o decreto deverá ser enviado ao Congresso Nacional, que o apreciará, aprovando-o com um *quorum* de maioria absoluta (art. 136, §4º, da CF). Do seu recebimento, os parlamentares terão dez dias para se posicionar (art. 136, §6º, da CF). Caso o estado de defesa seja rejeitado, as medidas tomadas deverão ser revogadas imediatamente (art. 136, §7º, da CF).

A sua duração será de, no máximo, trinta dias; podendo haver uma única prorrogação, pelo mesmo prazo, se os motivos que levaram à sua decretação ainda persistirem (art. 136, §2º, da CF). Durante a vigência das medidas excepcionais, o Congresso Nacional permanecerá em funcionamento, para que possa fiscalizar a sua implementação.

## 32.3 Motivos para a instalação do estado de defesa

Os motivos que ensejam a decretação do estado de defesa são os seguintes (art. 136, *caput*, da CF):

a) preservar ou restabelecer, em locais restritos e determinados, a ordem pública ou a paz social ameaçadas por grave e iminente instabilidade institucional;
b) preservar ou restabelecer as áreas atingidas por calamidades da natureza de grandes proporções.

O estado de defesa tanto pode ser preventivo, na iminência da ocorrência desses fatos, como repressivo, concretizando-se após os acontecimentos previstos. Configura-se no meio idôneo para enfrentar instabilidades sociais que ocorram em partes determinadas e restritas do território nacional. Se houver um gravame na totalidade do país, o meio mais indicado será o estado de sítio. O acinte à ordem democrática, no estado de defesa, é de menor monta.

Para o estado de defesa ser implementado na sua modalidade preventiva, deve a iminência dos fatos estar devidamente configurada, pois, caso contrário, pode dissimular uma tentativa de golpe de estado.

O estado de defesa é o estado de excepcionalidade apropriado quando as instabilidades para a ordem pública ou a paz social provêm de fatores internos e atingem determinadas regiões do país, como rebeliões ou convulsões sociais. Se o perigo provém de ameaças externas, mesmo se a beligerância se resumir à parte do território nacional, o estado de excepcionalidade pertinente é o estado de sítio.

Quaisquer calamidades da natureza podem ser enfrentadas com a decretação do estado de defesa, mesmo que elas atinjam a totalidade do território.

## 32.4 Medidas do estado de defesa

As medidas que podem ser tomadas no estado de defesa terão um caráter menos intenso do que aquelas necessárias ao estado de sítio, já que neste as ameaças são mais gravosas. A escolha dessas medidas, contidas taxativamente na Carta Magna, cabe ao presidente, que deverá especificá-las, delineando sua extensão.

As medidas de restrição abrangerão os direitos de (art. 136, §1º, I, da CF): a) reunião, ainda que exercida no seio de associações; b) sigilo de correspondência; c) sigilo de comunicação telegráfica e telefônica. Essas medidas de restrição não significam cerceamento de forma geral, a abranger todos os cidadãos. A mitigação dos direitos mencionados somente pode ocorrer quando houver conexão com as causas que geraram o estado de defesa. Não há nenhuma restrição à liberdade de expressão de pensamento por meio de rádios e jornais.

As medidas coercitivas abrangerão, ainda, a ocupação e uso temporário de bens e serviços públicos, respondendo a União pelos danos ocorridos (art. 136, §1º, II, da CF). Dessa forma, o Governo Federal poderá requisitar bens públicos dos estados, dos municípios e do Distrito Federal, sem que estes possam negar o pedido.

Quanto às medidas processuais, poderão elas, na verdade, lesar algumas garantias estabelecidas pela Constituição, justificando-se isso pela premência dos fatos. O que fará com que sejam consideradas constitucionais é o princípio da proporcionalidade.

O cidadão poderá ser preso, acusado de crime praticado contra o Estado, sem autorização da autoridade judiciária competente ou prisão em flagrante. O prazo não poderá ser superior a dez dias (art. 136, §3º, III, da CF), devendo a prisão ser comunicada imediatamente ao juiz, que a relaxará caso não a entenda legal (art. 136, §3º, I, da CF).

Para os crimes contidos no Código Penal ou nas leis esparsas que não guardam relação com os motivos que levaram à decretação das medidas excepcionais, a prisão somente poderá ser efetuada por meio de ordem judicial ou flagrante delito.

A comunicação da prisão deverá ser acompanhada de uma declaração, emitida pela autoridade que prendeu, narrando as condições físicas e psíquicas em que o cidadão se encontrava no momento de sua prisão (art. 136, §3º, II, da CF). É facultado ao preso requerer exame de corpo de delito para verificar se foi atingido em sua integridade física (art. 136, §3º, I, da CF).

É absolutamente vedada a incomunicabilidade do preso (art. 136, §3º, IV, da CF), assegurando-se-lhe o direito de ser acompanhado por seu advogado e por seus familiares (art. 5º, inc. LXIII, da CF).

## 32.5 Estado de sítio

No estado de sítio, como no estado de defesa, o presidente da República, antes de decretá-lo, terá de ouvir o Conselho da República e o Conselho de Defesa (art. 137, *caput*, da CF). A decisão dar-se-á por decreto, que estipulará as condições para o cumprimento do estado de excepcionalidade legal, sua abrangência e o tempo de duração das medidas, informando ainda as razões que o ensejaram. Como condição para a sua realização, cabe ao Congresso Nacional autorizar a medida.

A grande diferença é que no estado de defesa o presidente primeiro decreta as medidas de excepcionalidade legal e depois as coloca em votação pelo Congresso, e, no estado de sítio, as medidas só adquirem eficácia depois de serem aprovadas pelo Poder Legislativo, com um *quorum* de maioria absoluta (art. 137, parágrafo único, da CF). No estado de defesa as medidas obtêm eficácia imediata e depois é que serão referendadas pelo Legislativo. Tanto é assim que no art. 49, IV, da Constituição há a menção da exigência de se autorizar o estado de sítio e de se aprovar o estado de defesa.

O decreto do estado de sítio deve individualizar sua duração, relatar os motivos determinantes do pedido, as medidas necessárias à sua execução e os direitos humanos que ficarão suspensos. Deve ainda designar o executor das medidas específicas e as áreas abrangidas (art. 138, *caput*, da CF).

Afora o caso de guerra declarada, em que o prazo das medidas será o tempo em que a beligerância for mantida, o estado de sítio terá duração de até trinta dias, nada impedindo a estipulação de um período menor, que poderá ser elasticido quantas vezes forem necessárias para debelar o problema (art. 138, §1º, da CF).

Se a solicitação ocorrer durante o recesso parlamentar, o presidente do Senado, representando o Congresso na qualidade de seu presidente, deverá convocar extraordinariamente os deputados e senadores para se reunirem em cinco dias e apreciarem o ato (art. 138, §2º, da CF).

Tanto no estado de sítio como no estado de defesa, o Congresso deverá permanecer em funcionamento para exercer o controle político sobre as medidas tomadas durante a legalidade extraordinária (art. 138, §3º, da CF). O Poder Judiciário se incumbe do controle jurídico, que pode ocorrer durante a execução das medidas ou após a sua implementação.

## 32.6 Motivos para a instalação do estado de sítio

Os motivos que ensejam a instalação do estado de sítio são os seguintes (art. 137, I e II, da CF):
  a) comoção de grave repercussão nacional ou ocorrência de fatos que comprovem a ineficácia de medida tomada durante o estado de defesa, que tem duração máxima de sessenta dias;
  b) declaração de guerra ou resposta à agressão armada estrangeira.

A primeira hipótese envolve duas situações distintas. Numa, o estado de sítio é decretado em razão de uma instabilidade contra a ordem social que repercuta na totalidade do território nacional. Essa instabilidade tem de ser de tal ordem que não possa ser resolvida pelos meios repressivos convencionais. Noutra, o estado de excepcionalidade é instalado quando as medidas tomadas no estado de defesa forem consideradas ineficazes, persistindo a causa que o originou.

O estado de defesa tem um prazo determinado – no máximo trinta dias –, podendo ser prorrogado por igual período. Se durante esse interregno as medidas forem julgadas insuficientes, ou mesmo não produzirem os efeitos desejados, pode ser declarado o estado de sítio.

A segunda hipótese ocorre quando o Brasil declarar guerra ou quando for atacado por outro país.

O período das medidas no estado de sítio será indeterminado quando for o caso de guerra declarada, perdurando enquanto houver o estado de beligerância. Nos demais casos, a duração do estado de sítio será de no máximo trinta dias, podendo ser prorrogado, por igual período, quantas vezes forem necessárias para debelar as situações previstas. Nas prorrogações, o mesmo procedimento para a sua decretação deve ser seguido.

## 32.7 Medidas do estado de sítio

As medidas que devem ser tomadas no estado de sítio são mais drásticas porque são mais gravosas as ameaças que pairam sobre a normalidade democrática e o Estado de Direito. Elas também podem ser tomadas de forma preventiva, quando houver probabilidade de ocorrência de um dos motivos ensejadores de sua decretação.

Quando a decretação ocorrer por causa de guerra declarada ou agressão estrangeira, poderão ser tomadas as medidas elencadas na Constituição Federal e mais quaisquer outras que se mostrem necessárias para debelar a crise, como exemplo, a suspensão do direito de culto.

No caso de instabilidades sociais que incidam em todo o território, podem ser tomadas as seguintes medidas (art. 139, I a VII, da CF):
  a) Obrigação de permanecer em localidade determinada. Essa restrição é um claro estorvo ao direito de ir e vir, direito de locomoção, e, consequentemente, uma restrição ao uso do *habeas corpus*.
  b) Detenção em edifício não destinado a acusados ou condenados por crimes comuns, evitando-se o efeito da chamada "contaminação carcerária". Tanto no estado de sítio quanto no estado de defesa, com relação aos crimes contra o Estado, poderão ser efetuadas prisões sem mandado judiciário e sem ser o caso de flagrante delito. Contudo, sem a autorização do Poder Judiciário, sua duração não poderá ser superior a dez dias.

c) Restrições relativas à inviolabilidade de correspondência, ao sigilo das comunicações, à prestação de informações e à liberdade de imprensa, radiodifusão e televisão. Essas restrições são muito mais intensas do que as previstas no estado de defesa. Neste, só se restringe o sigilo de correspondência, comunicação telegráfica e telefônica. No estado de sítio pode ser restrita a liberdade de imprensa. Não se incluem nessas restrições os pronunciamentos dos parlamentares realizados nas suas Casas legislativas, desde que liberados pelas suas respectivas Mesas (art. 139, parágrafo único, da CF).
d) Suspensão da liberdade de reunião, enquanto no outro estado de excepcionalidade há apenas a sua restrição. Deve-se entender por restrição o impedimento de sua realização em determinados lugares.
e) Busca e apreensão em domicílio sem a autorização judiciária devida.
f) Intervenção nas empresas de serviços públicos, de modo que, durante o estado excepcional, elas serão controladas da maneira que o governo impuser.
g) Requisição de bens. Diferentemente do art. 5º, XXV, da Constituição Federal, a requisição no caso de estado de sítio não necessita do requisito de iminente perigo público.

Essas medidas são taxativas, não podendo outras ser criadas, exceto na hipótese de guerra declarada. Durante os estados de necessidade constitucional, o direito português estipula determinados limites: a) proibição absoluta da suspensão de alguns direitos, liberdades e garantias e de alguns princípios constitucionais, conceituados como invioláveis; b) exigência de especificação dos direitos, liberdades e garantias afetados pelas medidas do estado de excepcionalidade; c) proibição de excessos, devendo os parâmetros legais ser obedecidos; d) limitação temporal.[4]

## 32.8 Disposições gerais do estado de sítio e de defesa

As disposições gerais são válidas tanto para o estado de sítio quanto para o estado de defesa e têm como finalidade fiscalizar seu implemento.

Durante as medidas, serão nomeados cinco membros (entre deputados e senadores) para fiscalizarem a sua execução. Eles serão indicados pela Mesa do Congresso Nacional, depois de ouvidos os líderes partidários (art. 140 da CF).

Os efeitos dessas medidas se estenderão pelo período em que for mantida a excepcionalidade. Contudo, os atos ilícitos praticados durante a vigência das leis de exceção serão julgados, mesmo após o término de sua aplicação, o que é denominado ultratividade dos efeitos penais (art. 141, *caput*, da CF).

Todas as medidas tomadas serão relatadas pelo presidente da República ao Congresso Nacional, devidamente detalhadas e especificadas, com relação nominal dos atingidos e dos direitos que foram restritos (art. 141, parágrafo único, da CF).

---

[4] CANOTILHO, José Joaquim Gomes. *Direito constitucional e teoria da Constituição*. 2. ed. Coimbra: Almedina, 1997. p. 979-980.

# FORÇAS ARMADAS

A necessidade de formar uma força armada especializada para a defesa das nações já existia nas mais remotas civilizações, desde o surgimento da divisão de trabalho na sociedade e da propriedade privada. O seu aperfeiçoamento se deu com o Estado moderno, em que as guerras para a definição dos territórios se tornaram uma constante e a formação de exércitos maiores e mais bem preparados se tornou uma exigência.

As Forças Armadas, constituídas pela Marinha, Exército e Aeronáutica, são o contingente de homens que têm como prerrogativa precípua a defesa da nação.[1] Organizadas nacionalmente, de forma permanente e regular, cabe à lei complementar a sua estruturação (art. 142, §1º, da CF). A regulamentação é dada por esse tipo normativo para atribuir maior estabilidade à matéria que é tão sensível às instituições democráticas.

As Forças Armadas exercem um papel imprescindível na manutenção da soberania nacional. São dispostas de forma permanente, porque se ligam à própria existência do Estado, não podendo ser dissolvidas, e regular, porque funcionam de modo contínuo.

O presidente da República é o comandante supremo das Forças Armadas, destinando-as à defesa da pátria, à garantia dos poderes constitucionais e, por iniciativa de qualquer destes, da lei e da ordem (art. 142, *caput*, da CF). As três armas têm relativa autonomia, obedecendo às diretrizes formuladas pelo ministro da Defesa.

A Emenda Constitucional nº 23/1999 modificou a sua estruturação. Como herança da ditadura militar, antes havia três ministérios militares, sem subordinação a um ministério civil, como ocorre na maioria das nações democráticas. Agora, com a referida emenda, foi criado o Ministério da Defesa, a ser ocupado privativamente por brasileiros natos, com a responsabilidade de gerir as Forças Armadas. A sua criação é marcada de

---

[1] Paulo Napoleão Nogueira da Silva explica o seguinte: "Embora a Marinha seja o menor dos ramos das Forças Armadas, ela sempre figura em primeiro lugar na enumeração constitucional. A razão disso é histórica e cerimonial: o Ministério da Marinha foi o primeiro dentre os militares a ser criado no País; e mais, o Brasil foi descoberto por mar. Essa precedência cerimonial, inclusive, faz com que em igualdade de condições um oficial da Marinha tenha precedência aos das outras Armas em qualquer ato ou cerimônia oficial, e esteja teoricamente em comando" (SILVA, Paulo Napoleão Nogueira da. *Curso de direito constitucional*. 2. ed. São Paulo: RT, 1999. p. 335).

simbolismo, significando, de uma vez por todas, a subordinação das forças militares ao poder civil estabelecido.[2]

Para a chefia de cada uma dessas forças foi criado o cargo de comandante, tanto na Marinha como no Exército e na Aeronáutica. Os comandantes são nomeados pelo presidente da República, e, apesar da modificação na sua denominação, eles permanecem com o mesmo *status* de ministros de Estado, mantendo o foro privilegiado no Supremo Tribunal Federal.

Os membros das Forças Armadas são considerados servidores públicos, mas de um corpo especial da Administração, distinguindo-se dos demais pela sua militarização, que acarreta algumas peculiaridades na sua estruturação.

Têm como objetivos a defesa da pátria, a garantia dos poderes constitucionais e, por iniciativa de qualquer um deles, a defesa da lei e da ordem. Portanto, para a atuação interna das Forças Armadas, necessita-se da requisição de um dos três poderes, não podendo elas agir livremente.

As funções das Forças Armadas podem ser divididas em internas e externas. Em âmbito externo, elas atuam de forma a garantir a soberania da nação contra ameaças estrangeiras. Em nível interno, historicamente, elas funcionaram como mecanismos de garantia da lei e da ordem, o que lhes dava o papel de guardiãs da estabilidade, ficando a seu arbítrio o momento de intervir na sociedade civil. Em razão das sequelas da ditadura militar implantada no país por trinta anos, a Constituição de 1988 trouxe como condição para a atuação interna das Forças Armadas a requisição de qualquer um dos poderes estabelecidos.

Não se pode negar o papel político desempenhado pelas Forças Armadas ao longo da história constitucional brasileira, principalmente no transcorrer da primeira Constituição republicana. Entretanto, o poder político deve ser exercido pela sociedade civil, seguindo os direcionamentos ofertados pelo Texto Magno. Todas as vezes que as Forças Armadas assumiram o poder na República houve acinte ao Estado Democrático de Direito, em maior ou menor grau.

Ensina Orlando Soares:

> Desde a antiguidade se apregoa o princípio da obediência e submissão das Forças Armadas ao poder civil, isto é, aos órgãos institucionais que compõem o Poder Público. Cícero proclamou: *Cedant armae togae* (cedam as armas à toga). No Brasil, diante das sucessivas revoltas e rebeliões militares, desde o início da República, Ruy Barbosa pregou a "submissão das Forças Armadas militares à magistratura constitucional da toga, da palavra e da lei".[3]

Em decorrência do nosso passado histórico recente, a Constituição Cidadã estabeleceu, como requisito inafastável para a intervenção interna das Forças Armadas, a solicitação para a garantida dos poderes constitucionais ou, por iniciativa de qualquer

---

[2] Explica Roberto Valdes: "Poderia se afirmar que o princípio da subordinação da organização militar, as Forças Armadas, segundo qualquer prisma enfocado, ao poder político não é apenas uma exigência prática derivada da nova realidade da defesa como atividade global, complexa e integrada, mas também com uma íntima integração com um princípio anterior, o princípio da organização estatal, inquestionável sob o ponto de vista democrático" (BLANCO VALDES, Roberto L. *La ordenación constitucional de la defensa*. Madrid: Tecnos, 1988. p. 22).

[3] SOARES, Orlando. *Comentários à Constituição da República Federativa do Brasil*. 5. ed. Rio de Janeiro: Forense, 1991. p. 531.

um desses poderes, o resguardo da lei e da ordem. Para tanto, é necessário que a solicitação tenha suporte legal, ou seja, a solicitação deve ser para o cumprimento de mandamentos constitucionais e não para a realização de golpes de Estado. Inclusive, a regulamentação das Forças Armadas está no título pertinente à defesa do Estado e das instituições democráticas, indicando que sua função preponderante é a defesa do regime democrático, incompatível com qualquer estrutura ditatorial, ou o desempenho da função de guardiãs da sociedade civil.

Apenas os chefes dos três poderes de âmbito federal podem solicitar a intervenção das Forças Armadas na manutenção da lei e da ordem, excluindo-se dessa competência os chefes dos poderes estaduais e municipais. Quem pode solicitar a intervenção é o presidente da República, o presidente do Congresso Nacional e o presidente do Supremo Tribunal Federal.

Nas Constituições de 1824 (art. 147) e de 1937 (art. 161), a atuação das Forças Armadas estava adstrita à "fiel obediência" ao rei e ao presidente da República, respectivamente. As demais Constituições atribuíam-lhes, como uma de suas funções, a defesa da lei e da ordem, intensificando sua competência sobre assuntos internos.

Em um mundo denominado de globalizado, as funções das Forças Armadas não se arrefecem; muito pelo contrário, aumentam de importância, principalmente porque a "nova ordem mundial" quer implantar nos países periféricos políticas econômicas que são contra os seus interesses, e a defesa da soberania é o fundamental papel desempenhado pelos militares.

Sua organização é feita sob hierarquia e disciplina, em que os superiores exercem uma ascendência direta sobre seus subordinados. Caso haja o descumprimento de uma ordem superior, o subordinado estará sujeito a uma punição. Por isso, para manter a hierarquia e a disciplina, não cabe *habeas corpus* de punições disciplinares militares, a não ser que sejam proferidas por autoridade incompetente (art. 142, §2º, da CF). Essa vedação abrange os militares na ativa, os da reserva e os reformados, pois a disciplina e o respeito à hierarquia devem ser mantidos em todas as circunstâncias entre os seus membros.

A hierarquia pode ser definida como a ordenação da autoridade em diferentes níveis, estruturando-se em uma série contínua de escalões em que há subordinação do inferior ao superior. Disciplina é o poder proveniente da hierarquia, incumbindo aos superiores hierárquicos impor aos seus subordinados o cumprimento das ordens emanadas. Representa o controle do escalonamento das funções.

Esse escalonamento hierárquico é realizado através de patentes privativas existentes nas três Forças Armadas, outorgadas pelo presidente da República, com os seus deveres e direitos inerentes, tanto para os oficiais da ativa como para os da reserva (art. 142, §3º, I, da CF).[4] As patentes e os uniformes são exclusivos dos seus titulares.

---

[4] Nas Forças Armadas existem os seguintes postos, respectivamente no Exército, Marinha e Aeronáutica, em ordem decrescente: marechal, almirante e marechal do ar (somente preenchidos em casos excepcionais porque são a mais alta honraria aos membros das Forças Armadas); general de exército, almirante de esquadra, tenente-brigadeiro; general de divisão, vice-almirante, major-brigadeiro; general de brigada, contra-almirante, brigadeiro do ar; coronel, capitão de mar e guerra, coronel-aviador; tenente-coronel, capitão de fragata, tenente-coronel-aviador; major, capitão de corveta, major-aviador; capitão, capitão-tenente, capitão-aviador; primeiro-tenente (nas três armas); segundo-tenente (nas três armas); aspirante a oficial, guarda-marinha, aspirante a oficial-aviador; subtenente, suboficial; primeiro-sargento (nas três armas); segundo-sargento (nas três armas); terceiro-sargento (nas três armas); cabo (nas três armas); soldado, marinheiro, soldado.

Por ter uma estruturação peculiar, o militar não pode se sindicalizar, fazer greve ou se filiar a partido político enquanto estiver no serviço ativo, evitando-se uma politização exacerbada de uma categoria militarizada. A filiação a partido político somente pode ser feita na condição de agregado ou por militares na reserva (art. 142, §3º, IV e V, da CF).

Os militares podem se agrupar em associações para se mobilizarem em defesa de seus interesses. Quando eles paralisam suas atividades, não se pode chamar essa paralisação de greve. Trata-se de uma sublevação, tipificação penal prevista no Código Penal Militar.

O oficial poderá perder o posto e a patente se for julgado indigno do oficialato ou com ele incompatível, por um tribunal militar competente. Em tempo de paz, a perda do posto e da patente dependerá de decisão do Superior Tribunal Militar, e, em tempo de guerra, da decisão de um tribunal militar devidamente constituído (art. 142, §3º, VI, da CF). Se o militar for condenado a uma pena privativa de liberdade, superior a dois anos, com sentença transitada em julgado, haverá um novo julgamento militar para que seja decidido se ele perderá o posto e a patente, caso seja considerado indigno do oficialato ou incompatível com ele (art. 142, §3º, VII, da CF).

Se o militar em atividade passar a exercer cargo, emprego ou função civil, ele será transferido para a reserva. Sendo atividade de natureza temporária, de caráter não eletivo, após o seu término será ele agregado ao quadro que ocupava, ou seja, exercerá apenas funções administrativas, podendo ser promovido, enquanto durar essa situação, somente por antiguidade, contando o tempo de serviço apenas para aquela promoção e transferência para a reserva. Durante a atividade civil mais de dois anos, de forma contínua ou não, igualmente haverá sua transferência para a reserva. Para os militares profissionais da área de saúde, a Emenda Constitucional nº 77/2014 estendeu-lhes a possibilidade de acumulação de cargos prevista no art. 37, XVI, "c".

O serviço militar é obrigatório aos dezoito anos (art. 143, *caput*, da CF). A partir dessa idade, quem não comprovar o alistamento não poderá exercer nenhuma função pública. O serviço militar consiste no exercício de atividades específicas, na Marinha, no Exército ou na Aeronáutica, com a finalidade de formar reservas destinadas a atender às necessidades de pessoal e aos encargos relacionados com a defesa nacional, em caso de mobilização (arts. 1º e 2º da Lei nº 8.239/1991). Quem é convocado para o serviço militar e não se apresenta é considerado insubmisso, e os que abandonam o serviço militar são considerados desertores. Para tais comportamentos existe tipificação no Código Penal Militar.

Compete às Forças Armadas atribuir serviço alternativo, em tempo de paz, para aqueles que, alegando escusa de consciência, se recusarem a prestar serviço de caráter essencialmente militar. Em caso de guerra declarada, a escusa de consciência não pode ser invocada (art. 143, §1º, da CF).[5]

Cabe à lei ordinária disciplinar o modo de ingresso nas Forças Armadas, os limites de idade, a transferência para a inatividade, os direitos e deveres e as demais cominações inerentes à sua atividade (art. 142, §3º, X, da CF). A iniciativa de lei para fixação ou modificação do efetivo das Forças Armadas é de competência privativa do presidente da República.

---

[5] A escusa de consciência foi regulamentada pela Lei nº 8.239/1991.

Não sendo caso de guerra ou estado de exceção da legalidade, as mulheres e aqueles que se dediquem à atividade religiosa ficam isentos do serviço militar, podendo a lei atribuir-lhes outros encargos, de acordo com suas aptidões e no interesse da mobilização (art. 143, §2º, da CF).

# SEGURANÇA PÚBLICA

O conceito de segurança pública tem sido alvo de controvérsias no Brasil, principalmente em consequência da tradição de concebê-la como dispositivo direcionado exclusivamente à defesa da propriedade privada, seguindo a Constituição de 1824, em que os direitos civis e políticos tinham como finalidade assegurar a liberdade, a segurança individual e a propriedade (art. 179). A segurança pública, nos moldes atuais, visa garantir a todos os cidadãos a proteção dos seus direitos, inclusive os sociais, deixando de lado um passado não muito distante, em que sua função se resumia à defesa da propriedade de uma pequena elite da população brasileira.

Outro conceito passível de controvérsias é o de ordem pública. O que é ordem? De forma mais simples podemos chegar a uma definição contrária: ordem significa o inverso de desordem. Definindo-a de forma mais precisa, podemos concebê-la como a adequação das relações sociais segundo parâmetros preestabelecidos. Portanto, seguindo esse prisma, estando as relações sociais de acordo com regulamentações previamente determinadas, temos a concretização do conceito de ordem, mesmo que essa ordem provenha de um regime fascista ou nazista.

Obviamente, o conceito de ordem pública não pode ser delineado apenas no seu sentido repressivo, com descaso pelos princípios que permeiam um Estado Democrático de Direito. A ordem pública também precisa ser analisada no seu sentido positivo, em que os entes governamentais são chamados para proporcionar condições dignas de vida à coletividade. Ela não pode ser analisada relegando-se a importância dos direitos humanos, como a vida, o bem-estar, o trabalho, entre outros. O estabelecimento da ordem pública encontra sua razão de ser na realização dos direitos humanos.

Se houver dicotomia entre os postulados estabelecidos pela ordem pública e os direitos humanos, estes últimos devem prevalecer, com respaldo no imemorial direito à resistência, que ampara os cidadãos contra as arbitrariedades do Estado.

O vocábulo *polícia* tem sua origem no vocábulo grego *politeia*, com significado de ordem estabelecida pelas decisões tomadas na *ágora*, que representa a organização política e administrativa do Estado. Seus antecedentes históricos podem ser encontrados em várias civilizações antigas, como exemplo, no Egito. Em Roma, ela foi consolidada pelo Imperador Augusto, que instituiu o cargo de inspetor, sob a supervisão do pretor.

De uma forma restrita, a segurança pública tem a incumbência de impedir a violação das normas estabelecidas, estando diluída nas esferas dos entes estatais, como a polícia administrativa, a judiciária, a civil, a florestal etc.

Planteia a Constituição que é dever do Estado, e direito e responsabilidade de todos, garantir a segurança pública (art. 144, *caput*, da CF). Não obstante o enunciado, essa obrigação recai substanciosamente no Poder Público, porque este tem os meios necessários para o seu exercício. Se a população tivesse o dever de realizar a segurança pública, retrocederíamos ao tempo das vinditas privadas, em que a vontade do mais forte prevalecia. A obrigação dos cidadãos reside no cumprimento das leis e no respeito aos direitos humanos, criando uma consciência de cidadania na sociedade.

A segurança pública no Brasil pode ser preventiva, de natureza administrativa, ou judiciária, de natureza repressiva. Preventiva é aquela que atua no sentido de evitar a prática de condutas delituosas e judiciária é aquela que busca desvendar a autoria da infração já praticada. A primeira tem como missão primordial a vigilância e a proteção da sociedade, mantendo a ordem, a tranquilidade pública e velando pela garantia dos direitos humanos. A segunda concentra a sua atuação no momento posterior à infração, colhendo todos os elementos para a identificação dos autores do ilícito e fornecendo os subsídios que vão embasar a ação penal. Importante salientar que tanto a polícia administrativa como a polícia judiciária não exercem nenhuma função judicial, exercício esse exclusivo do Poder Judiciário.

A segurança pública do país está escalonada nas três esferas de governo. Na órbita federal, há a polícia federal, a polícia rodoviária federal e a polícia ferroviária federal, todas organizadas de forma permanente; na esfera estadual, temos a polícia civil, a polícia militar e o corpo de bombeiros; e, em âmbito municipal, há a guarda municipal e os agentes de trânsito, cujas carreiras foram compreendidas nas atividades de segurança pública pela EC nº 82/2014.

A polícia federal é organizada em carreira e tem natureza de polícia preventiva e repressiva (art. 144, §1º, da CF). Cabe a ela, entre outras funções, apurar as infrações penais praticadas contra a ordem política e social, que desestabilizem o regime democrático. Porém, a sua principal função é prevenir e impedir a prática de crimes contra bens, serviços e interesses da União ou de suas entidades autárquicas e empresas públicas; bem como de crimes que tenham repercussão interestadual, internacional ou que exijam repressão uniforme. Em razão dessas prerrogativas, compete-lhe com exclusividade o exercício da polícia judiciária na esfera federal (art. 144, §1º, IV, da CF).

Incluem-se, ainda, entre as suas funções prevenir e reprimir o tráfico ilícito de entorpecentes e drogas afins (substâncias impedidas de utilização pelo Ministério da Saúde), o contrabando e o descaminho, bem como policiar os aeroportos, mares e as fronteiras do país, sem prejuízo da ação fazendária e de outros órgãos públicos nas respectivas áreas de competência (art. 144, §1º, II e III, da CF).[1]

Podemos resumir a competência da polícia federal em *ratio materiae*, com relação aos crimes contra a ordem política e social, tráfico ilícito de entorpecentes e drogas afins, e *ratio personae*, com relação aos ilícitos que atingem bens, serviços e interesses da União ou de suas entidades autárquicas e empresas públicas.

---

[1] É a União que tem competência privativa para legislar acerca de direito penal – art. 22, inc. I. Somente ela pode adotar as medidas específicas em relação ao tráfico ilícito de entorpecentes e drogas afins.

A polícia rodoviária tem a função de patrulhar as rodovias federais, tanto para evitar acidentes, como para impedir a prática de crimes (art. 144, §2º, da CF). Ela tem competência para realizar vistoria nas condições dos veículos, verificar a sua documentação e realizar a fiscalização e o controle do trânsito. A polícia ferroviária federal, por sua vez, tem a função de patrulhar as ferrovias federais (art. 144, §3º, da CF).

Nos estados, a segurança pública é dividida entre a polícia militar, que exerce a função repressiva, e a polícia civil, que exerce a função judiciária, exceto para os crimes militares. Essa divisão de tarefas, em âmbito estadual, tem redundado em fracasso, porque as atividades são realizadas de forma separada, sem interligação, ocorrendo muitas vezes um choque de atribuições, o que enfraquece a segurança pública. Para enfrentar a situação, muitos estados, a exemplo do estado de Pernambuco, têm unificado o comando das duas polícias, em uma única secretaria de defesa civil.

Afora outros fatores, a modificação na estrutura da polícia civil e da polícia militar é de difícil realização porque depende de emenda constitucional, haja vista sua regulamentação se encontrar inserida na Constituição Federal.

A polícia militar está organizada em uma estrutura baseada na hierarquia e na disciplina, de modo a desempenhar, de forma eficiente, o papel de polícia repressiva, executando o policiamento ostensivo para manter a ordem pública e garantir o cumprimento da lei (art. 144, §5º, da CF). A polícia civil, que não está organizada militarmente, tem seus trabalhos dirigidos por um delegado, que comanda os policiais civis, com a missão de exercer a função de polícia judiciária, buscando a elucidação dos delitos (art. 144, §4º, da CF).

O corpo de bombeiros pode formar uma corporação autônoma ou ser regulamentado conjuntamente com a polícia militar. Tem suas atribuições definidas em lei, competindo-lhe a função de defesa civil (art. 144, §5º, da CF). É organizado sob a forma militar, estando incumbido de combater incêndios e acidentes que quebrem a tranquilidade da coletividade e ponham em perigo a normalidade social.

A segurança pública nos estados-membros está subordinada ao governador, a quem cabe o comando da polícia civil, militar e do corpo de bombeiros (art. 144, §6º, da CF).

Tanto as polícias militares como o corpo de bombeiros são forças auxiliares e de reserva do Exército, podendo atuar externamente nos casos de guerra declarada.

A guarda municipal tem a missão de proteger os bens, instalações e serviços do município, não se imiscuindo nas atribuições da polícia civil, militar ou mesmo federal. Muitos municípios têm usado a guarda municipal como polícia repressiva; contudo, tal prática reveste-se de inconstitucionalidade crassa. Melhor proveito teriam se canalizassem suas energias para cuidar de suas verdadeiras atribuições constitucionais, que são deixadas ao acaso. Ademais, a criação de mais um órgão com a incumbência de zelar pela segurança pública não atenuaria o problema da violência, cuja principal causa reside na brutal desigualdade de renda existente na sociedade brasileira.

Segundo alteração promovida pela Emenda Constitucional nº 19/1998, todos os servidores que trabalham na segurança pública devem receber sua remuneração na forma de subsídio (art. 144, §9º, da CF). Por fim, assevere-se que a jurisprudência do Supremo Tribunal Federal, apreciando a greve dos policiais civis do estado de Goiás, declarou como vedado o exercício do direito de greve por parte dos servidores que atuam na área de segurança pública.[2]

A Emenda Constitucional nº 104/2019 cuidou de instituir uma nova força de segurança pública: a polícia penal, substituindo a antiga categoria dos agentes penitenciários (art. 144, VI, da CF). A polícia penal é vinculada à unidade federativa a que pertencerem os estabelecimentos prisionais, e o preenchimento dos cargos será feito, exclusivamente, por meio de concurso público e pela transformação dos atuais agentes penitenciários ou equivalentes (art. 4º).

---

[2] ARE nº 654.432/GO, Rel. Min. Edson Fachin, 5.4.2017.

# SISTEMA TRIBUTÁRIO NACIONAL

## 35.1 Tributo e espécies tributárias

### 35.1.1 Conceito de tributo

É toda prestação pecuniária, ou seja, um valor monetário que pode ser expresso em dinheiro, que se configura em uma obrigação que independe da vontade do cidadão para ser cumprida.[1] Sua criação não decorre de ato ilícito, como no caso de multa, mas tem origem em ato lícito, previsto por uma obrigação imposta pelo Estado.

Como o tributo baseia-se no princípio da legalidade, devendo, portanto, ser instituído por lei, as atividades administrativas para a sua cobrança não podem deixar margem para a prática de arbitrariedades, sendo todas as condutas disciplinadas por parâmetros legais.

Assim define tributo o Código Tributário Nacional: "é toda prestação pecuniária compulsória, em moeda ou cujo valor nela se possa exprimir, que não constitua sanção de ato ilícito, instituída em lei e cobrada mediante atividade administrativa plenamente vinculada" (art. 3º do CTN).

### 35.1.2 Espécies de tributos

Antes da promulgação da Constituição de 1988, as principais leis que formatavam o sistema tributário nacional eram a Lei nº 4.320/64 (Direito Financeiro) e a Lei nº 5.172/65 (Código Tributário Nacional), ambas recepcionadas pela atual ordem jurídica. Esses

---

[1] "Os tributos, como já vimos, são as receitas derivadas que o Estado recolhe do patrimônio dos indivíduos, baseado no seu poder fiscal (poder de tributar, às vezes consorciado com o poder de regular), mas disciplinado por normas de direito público que constituem o Direito Tributário. As outras receitas chamadas originárias e provenientes do próprio patrimônio do Estado, como já vimos, nada têm que ver com o Direito Tributário, esse direito somente disciplina as receitas derivadas, provenientes da exigência sobre a economia dos particulares e que são os tributos" (NOGUEIRA, Ruy Barbosa. *Curso de direito tributário*. 10. ed. São Paulo: Saraiva, 1990. p. 159).

diplomas adotam uma classificação tripartite das espécies tributárias, em impostos, taxas e contribuições de melhoria, o que foi reproduzido pela atual Lei Maior em seu art. 145.

Ocorre que a doutrina majoritária, bem como o Supremo Tribunal Federal, entende que a Constituição de 1988 instituiu uma classificação pentapartite das espécies tributárias, englobando, além das três elencadas pelo art. 145, os empréstimos compulsórios e as contribuições especiais. Ricardo Alexandre ensina que o rol do art. 145 é enunciativo apenas das espécies tributárias cuja cobrança é de competência comum dos entes federativos, sem distinções.[2]

A classificação pentapartite possui uma impropriedade técnica no que se refere à natureza jurídica das espécies tributárias. Estipula o art. 4º do CTN que estas se diferenciam de acordo com o fato gerador da respectiva obrigação, sendo irrelevantes para qualificar uma espécie tributária a sua nomenclatura ou o destino de sua arrecadação. Todavia, o fato gerador das contribuições especiais e dos empréstimos compulsórios é não vinculado, assim como o dos impostos. O resultado prático disso é uma abertura constitucional para a existência de *bis in idem*, caso do lucro da pessoa jurídica, tributado tanto pelo imposto de renda (IRPJ) quanto por uma contribuição social (CSLL), instituídas por um mesmo ente político (a União).

Só é possível distinguir os empréstimos compulsórios e as contribuições sociais dos impostos quanto ao destino do produto arrecadado, desvinculado no caso dos impostos e vinculado à seguridade social no caso da contribuição social. Desse modo, conclui-se que houve uma não recepção parcial do art. 4º do CTN pela Constituição de 1988.[3]

### 35.1.2.1 Impostos

São aquelas obrigações tributárias, que podem ser cobradas pela União, estados, municípios ou pelo Distrito Federal, dentro do âmbito de suas competências, cujo fato gerador (descrição de como nascem os tributos) independe de qualquer atividade estatal. Têm caráter obrigatório, sendo disciplinados em lei, sem correlação com qualquer tipo de vinculação com serviço ou qualquer tipo de contraprestação por parte dos entes estatais.

Imposto é uma prestação de valor pecuniário, cobrada pelos entes estatais dos cidadãos para suprir sua capacidade financeira, mediante parâmetros estabelecidos em lei. Como sua característica, podemos mencionar sua natureza de prestação pecuniária, obrigatoriedade e coação. Roque Carrazza o conceitua da seguinte forma: "[...] Juridicamente falando, imposto é uma modalidade de tributo que tem por hipótese de incidência um fato qualquer, não consistente numa atuação estatal. Os impostos são, pois, prestações pecuniárias desvinculadas de qualquer relação de troca ou utilidade".[4]

A Constituição veda que a lei vincule o produto arrecadado com os impostos a qualquer fundo ou despesa (art. 167, IV). É inconstitucional, por exemplo, uma lei estadual que vincule os recursos arrecadados pelo IPVA à manutenção das rodovias. Contudo, o próprio texto constitucional traz várias exceções a essa proibição geral, sendo permitida a vinculação do arrecadado com os impostos para:[5] destinar às ações

---

[2] ALEXANDRE, Ricardo. *Direito tributário*. 14. ed. Salvador: JusPodivm, 2020. p. 51.
[3] ALEXANDRE, Ricardo. *Direito tributário*. 14. ed. Salvador: JusPodivm, 2020. p. 55.
[4] CARRAZZA, Roque Antonio. *Curso de direito constitucional tributário*. 18. ed. São Paulo: Malheiros, 2002. p. 457.
[5] LEITE, Harrison. *Manual de direito financeiro*. 10. ed. Salvador: JusPodivm, 2021.

de saúde e desenvolvimento do ensino; destinar às atividades da administração tributária; prestar garantia nas operações de crédito por antecipação de receita; prestar garantia e contragarantia à União; destinar às ações de inclusão e promoção social (art. 204, parágrafo único) e programas culturais (art. 216, §6º); destinar ao pagamento de precatórios (art. 100, §19, ADCT).

### 35.1.2.2 Taxas

São aquelas espécies tributárias que podem ser cobradas pela União, estados, municípios ou pelo Distrito Federal, dentro de sua esfera de atribuições. Elas podem ser de dois tipos: a) em razão do exercício do poder de polícia; b) pela utilização, efetiva ou potencial, de serviços públicos, específicos e divisíveis, prestados ao contribuinte ou postos a sua disposição.[6]

Poder de polícia é a atividade administrativa que tem a função de disciplinar as atividades desenvolvidas pelos particulares com o objetivo de resguardar o bem-comum. Expõe o Código Tributário Nacional, no seu art. 78, que o poder de polícia é toda atividade, preventiva ou repressiva, exercida pela Administração com a finalidade de regulamentar o exercício dos direitos individuais, compatibilizando-os com o exercício de outros direitos.

A utilização, efetiva ou potencial, de serviço público tem de ser específica e divisível, ou seja, determinada em unidades autônomas e passível de individualização, podendo acontecer efetivamente pelo contribuinte ou potencialmente, quando colocado à sua disposição. Assim, depreende-se que, diante da natureza impositiva do tributo, não há necessidade de o cidadão vir a fazer ou não uso do serviço.[7] Contudo, só é possível a cobrança pelo uso potencial no caso de serviços públicos de utilização compulsória (art. 79, I, "b", CTN).

A necessidade de o serviço público remunerado por taxa ser específico e divisível levou o Supremo Tribunal Federal a reconhecer a inconstitucionalidade da criação, por lei municipal, das "taxas de iluminação pública" (Súmula Vinculante nº 41). Para compensar a perda de arrecadação, foi criada pela Emenda Constitucional nº 39 uma contribuição especial para o custeio de iluminação pública, cuja instituição é de competência exclusiva dos municípios e do Distrito Federal (art. 149-A).

As taxas não podem ter base de cálculo (previsão, disposta em lei, que determina o terreno econômico em que vai incidir o tributo) igual àquelas utilizadas pelos impostos (art. 145, §2º, da CF).[8] Contudo, é possível a adoção, na base de cálculo da taxa, de um ou mais elementos próprios da base de cálculo de um imposto, desde que não haja identidade completa entre um e outro (Súmula Vinculante nº 29). Nesse sentido, é possível que a taxa de coleta de lixo (serviço público específico e divisível) seja atrelada à área do imóvel.[9] Ressalte-se, no entanto, que a base de cálculo da taxa deve guardar

---

[6] Estabelece a Súmula Vinculante nº 41 que o serviço de iluminação pública não pode ser remunerado mediante taxa.
[7] BASTOS, Celso Ribeiro. *Curso de direito financeiro e de direito tributário*. São Paulo: Saraiva, 1991. p. 150.
[8] No entanto, as taxas podem adotar parcialmente os elementos da base de cálculo própria de determinado imposto (Súmula Vinculante nº 29).
[9] RE nº 971.511, Rel. Min. Edson Fachin, j. 14.10.2016.

referibilidade com a atividade estatal desenvolvida, visto que se trata de um tributo vinculado ao fato gerador. É vedada, por exemplo, a instituição de taxa de fiscalização (poder de polícia) diferenciada quanto ao número de empregados ou quanto ao ramo de atividade de uma empresa, visto que esses elementos não guardam causalidade com a atividade estatal exigida.[10] A taxa é um tributo vinculado ao seu fato gerador e à destinação dos recursos arrecadados, que devem servir apenas à remuneração das atividades estatais desempenhadas.

Não é possível a instituição de taxa com base na utilização de bens públicos. Embora seja permitida a cobrança, instituída por lei, pelo uso de uma área pública (art. 103 do Código Civil), aquela não poderia revelar as hipóteses de incidência de taxa, já que taxativamente limitadas pela Constituição às situações do art. 145, II. Contudo, o Poder Público pode auferir receitas originárias pela instituição de *preços públicos*. Muitas são as distinções entre taxas e preços públicos, notadamente, a natureza jurídica tributária (direito público) nas primeiras e contratual (direito privado) nos últimos. A despeito do que sugere a redação do art. 150, V, da Constituição, os pedágios são um exemplo de preço público, não se revestindo de natureza tributária.[11]

### 35.1.2.3 Contribuição de melhoria

A contribuição de melhoria é decorrente dos benefícios proporcionados por obras públicas, realizadas pela União, estados, municípios e pelo Distrito Federal, no âmbito de suas atribuições. São dois os requisitos para sua existência: a) realização de uma obra pública; b) que ela tenha acarretado uma valorização do imóvel. Ela é o tributo sobre a mais-valia imobiliária causada pelo Estado.[12] A instituição de uma contribuição de melhoria é adequada para as situações de uma valorização imobiliária ordinária provocada por alguma intervenção estatal; quando essa valorização for extraordinária, descambando em uma verdadeira privatização das vantagens de determinada obra pública, a medida adequada, à luz do princípio da isonomia, é a desapropriação, numa modalidade denominada "desapropriação por zona".[13]

Sua finalidade é de uma contraprestação pela despesa realizada que tenha acarretado a valorização do imóvel, tendo como limite individual o acréscimo de valor que resultar para cada imóvel beneficiado ou, como limite total, o valor integral da despesa realizada. Sua base de cálculo é o custo total ou parcial da obra, proporcionalmente dividido entre todos os proprietários da área de influência do referido benefício. O fato gerador é a valorização imobiliária decorrente de uma obra pública específica, devendo o tributo ser pago após o seu término.

---

[10] RE nº 554.951, Rel. Min. Dias Toffoli, j. 15.10.2013.
[11] A cobrança de pedágios tem natureza de preço público e não de taxa, não se adstrindo, portanto, ao princípio da legalidade tributária (ADI nº 800/RS, Rel. Min. Teori Zavascki).
[12] COÊLHO, Sacha Calmon Navarro. *Curso de direito tributário brasileiro*. 6. ed. Rio de Janeiro: Forense, 2001. p. 411-412.
[13] "No caso de valorização geral extraordinária, pode o Estado valer-se da desapropriação por zona ou extensiva, prevista no art. 4º do Decreto-Lei 3.365/41. Havendo valorização exorbitante de uma área, pode o Estado incluí--la no plano de desapropriação e, com a revenda futura dos imóveis ali abrangidos, socializar o benefício a toda coletividade, evitando que apenas um ou alguns proprietários venham a ser beneficiados com a extraordinária mais valia" (STJ, REsp nº 795.580/SC, Rel. Min. Castro Meira, j. 12.12.2006).

## 35.1.2.4 Empréstimos compulsórios

Configura-se como uma espécie tributária excepcional, somente podendo ser instituída pela União, impedindo sua criação por estados, municípios ou pelo Distrito Federal. O empréstimo compulsório diferencia-se das demais espécies tributárias, chegando alguns, até mesmo, a negar seu caráter tributário, porque, teoricamente, ele se configura como um empréstimo, devendo, posteriormente, ser devolvido aos cidadãos.[14] Tanto que a Lei nº 4.320/64, editada na vigência de ordem constitucional anterior, trata o empréstimo compulsório como uma receita própria da dívida ativa não tributária (art. 39, §2º). Contudo, não cabe nenhuma discussão acerca de sua coercitividade, ou seja, não cabe ao cidadão a prerrogativa de querer ou não o pagar, já que sua obrigatoriedade não permite esta opção.

O empréstimo compulsório pode ser de dois tipos: a) para atender a despesas extraordinárias, decorrentes de calamidade pública, de guerra externa ou sua iminência; b) no caso de investimento público de caráter urgente e de relevante interesse nacional, desde que respeitado o princípio da anterioridade (art. 148, I e II, da CF).

A aplicação dos recursos provenientes de empréstimo compulsório é vinculada, isto é, seus recursos apenas podem ser gastos para cobrir a despesa que fundamentou sua criação (art. 148, parágrafo único, da CF).

## 35.1.2.5 Contribuições especiais

A Constituição Federal admitiu a existência de três tipos de contribuições (o gênero é comumente denominado "contribuições especiais"), de competência exclusiva da União: contribuições sociais, contribuições de intervenção no domínio econômico e contribuições de interesse das categorias profissionais ou econômicas. Além destas, é classificada como uma contribuição especial a instituída para o custeio da iluminação pública, de competência exclusiva dos municípios e do Distrito Federal.

Para Luciano Amaro, a Constituição caracteriza as contribuições sociais pela sua destinação, que são recursos direcionados a financiar a atuação da União no setor da ordem social.[15] O seu art. 195 faz referência às contribuições destinadas à seguridade social, com a finalidade de manter a Previdência Social. Elas são financiadas com recursos provenientes do empregador, da empresa e da entidade a ela equiparada incidentes sobre: a) folha de salário dos empregados, mesmo sem vínculo empregatício (que incide sobre o total das remunerações pagas ou creditadas, a qualquer título), b) receita ou faturamento e c) lucro (art. 195, I, da CF).[16] Igualmente incide sobre o trabalhador e demais segurados da Previdência Social e sobre receita de concursos e prognósticos. Além destas, há outras contribuições sociais, como o salário-educação.

---

[14] "O empréstimo compulsório, lido numa lei, por ser tributo restituível abriga duas normas jurídicas. A literalidade do texto abriga direitos e deveres recíprocos em momentos diversos. Há norma tributária mandando pagar e há norma financeira mandando restituir" (COÊLHO, Sacha Calmon Navarro. Comentários à Constituição de 1988. Sistema tributário. 9. ed. Rio de Janeiro: Forense, 2005. p. 114).

[15] AMARO, Luciano. Direito tributário brasileiro. 4. ed. São Paulo: Saraiva, 1999. p. 53.

[16] Expõe a Súmula nº 10 do TRT da 5ª Região: "A contribuição previdenciária incide sobre a parte da folha de pagamento da empresa aos seus administradores, sócio-gerentes e autônomos".

Como exceção à regra de que as contribuições sociais apenas podem ser estabelecidas pela União, os estados-membros, o Distrito Federal e os municípios devem instituir contribuição, cobrada de seus servidores, para o custeio, em benefício destes, de regime previdenciário, cuja alíquota (grandeza que multiplicada pela base de cálculo resultará no montante a ser pago pelo contribuinte ao fisco) não pode ser inferior à da contribuição dos servidores titulares de cargos efetivos da União (art. 149, §1º, da CF).

As contribuições de intervenção sobre domínio econômico, que também foram incorporadas à Lei Fundamental da Alemanha, no seu art. 44, item II, são um *tertium genus* entre os impostos e as taxas, pois têm um caráter contraprestacional, sendo remuneratória de serviço público, muito embora corresponda à atividade indivisível da Administração.[17] Traço marcante das contribuições é que, enquanto nos impostos é vedada a vinculação de sua receita a órgão, fundo ou despesa, nas contribuições os recursos são obrigatoriamente vinculados à referida área de atuação.

Elas visam efetuar uma atuação estatal na seara econômica, interferindo sobre determinada atividade econômica por intermédio da instituição e cobrança desse tributo. Elas foram criadas para arrecadar recursos para entidades da Administração que exercem a atividade de regular o exercício de certa atividade econômica. Esta contribuição é uma contraprestação pela atividade reguladora em determinado setor produtivo.

As contribuições sociais e de intervenção no domínio econômico obedecem às seguintes regulamentações (art. 149, §2º, I a III, da CF):

I - não incidirão sobre as receitas decorrentes de exportação;

II - incidirão também sobre a importação de produtos estrangeiros ou serviços. A pessoa individual destinatária das operações de importação pode ser equiparada à pessoa jurídica, nos moldes expressos na lei (art. 149, §3º, da CF);

III - poderão ter alíquotas:

a) *ad valorem*, tendo por base o faturamento, a receita bruta ou o valor da operação e, no caso de importação, o valor aduaneiro;

b) específica, tendo por base a unidade de medida adotada.

As contribuições no interesse de categorias profissionais ou econômicas, também denominadas contribuições corporativas, são instituídas para possibilitar a manutenção de algumas entidades, como órgãos sindicais e profissionais. São contribuições oriundas de atividades fiscalizadoras do exercício das diversas profissões, e são destinadas a órgãos que regulamentam estas ocupações, como Crea, CRM, OAB, e ainda relativas a serviços autônomos, como Sesi, Senai, Sesc. O sujeito passivo são aqueles cidadãos que estão envolvidos com a atividade profissional regulamentada, sem abranger terceiros estranhos à categoria.

Malsinada prática constitucional brasileira é a instituição de sucessivas desvinculações da receita da União (DRU). Tendo em vista que os vultuosos recursos arrecadados pelas contribuições especiais são vinculados a determinada atividade

---

[17] Define o conceito de contribuição, Ricardo Lobo Torres: "A contribuição econômica é devida pelo benefício especial auferido pelo contribuinte em virtude da contraprestação de serviço público indivisível oferecida ao grupo social de que participa. Caracterizam-na, pois, a contraprestação estatal em favor do grupo, que pode ser qualquer ato de intervenção no domínio econômico, de interesse de certa coletividade [...]" (TORRES, Ricardo Lobo. *Curso de direito financeiro e tributário*. Rio de Janeiro: Renovar, 1993. p. 340).

estatal, a DRU tem como objetivo liberar esses recursos para o atendimento de despesas gerais, como o pagamento de pessoal e a rolagem da dívida pública. Nos termos do art. 76 do ADCT (redação dada pela Emenda Constitucional nº 93), são desvinculados 30% do montante arrecadado pela União com as "contribuições sociais", de intervenção no domínio econômico e com as taxas.

## 35.2 Limitações ao poder de tributar

As limitações ao poder de tributar ou limitações de competência são restrições que impedem os órgãos estatais de instituírem tributos descumprindo as vedações estabelecidas pela Constituição. Funcionam como garantias da cidadania, configurando-se como direitos humanos, portanto, tipificados como cláusulas pétreas, o que impossibilita de serem mitigados pelo Poder Reformador.

Essas limitações não são taxativas, outras podem ser criadas até mesmo por normas infraconstitucionais, contudo, elas devem se estender à União, aos estados, ao Distrito Federal e aos municípios (art. 150 da CF). Caso os impedimentos ao poder de tributar sejam desrespeitados, compete ao Poder Judiciário suprimir tamanha afronta aos direitos humanos, já que se estará incorrendo em uma crassa inconstitucionalidade. Elas são de duas espécies: (a) os princípios constitucionais tributários, que regem a atuação do ente político arrecadador; (b) as imunidades, verdadeiras normas de limitação da competência tributária.

### 35.2.1 Princípio da legalidade tributária

Decorrente do princípio da legalidade que afirma que ninguém será obrigado a fazer ou deixar de fazer alguma coisa senão em virtude de lei, a legalidade tributária impõe que somente uma lei em sentido estrito poderá criar ou aumentar tributo (art. 150, I, da CF). Por causa das especificidades da obrigação tributária, não é qualquer lei que pode atender aos requisitos da tipicidade tributária, devendo a norma especificar o fato que pode criar a obrigação de pagar o tributo (hipótese de incidência), estabelecer a base de cálculo (operação que indicará o seu valor), a alíquota (percentual) que incidirá na base de cálculo e o sujeito passivo (cidadão que arcará com a obrigação de pagá-lo).[18]

### 35.2.2 Reserva de lei complementar em matéria tributária

Com o objetivo de assegurar uma maior estabilidade à regulamentação de alguns conteúdos da Carta Magna, foi previsto o disciplinamento apenas por lei complementar nos seguintes casos (art. 146 da CF):

> I – dispor sobre conflitos de competência, em matéria tributária, entre a União, os Estados, o Distrito Federal e os Municípios;
> II – regular as limitações constitucionais ao poder de tributar;
> III – estabelecer normas gerais em matéria de legislação tributária, especialmente sobre:

---

[18] BASTOS, Celso Ribeiro. *Curso de direito financeiro e de direito tributário*. São Paulo: Saraiva, 1991. p. 108.

a) definição de tributos e de suas espécies, bem como, em relação aos impostos discriminados nesta Constituição, a dos respectivos fatos geradores, bases de cálculo e contribuintes;
b) obrigação, lançamento, crédito, prescrição e decadência tributários;
c) adequado tratamento tributário ao ato cooperativo praticado pelas sociedades cooperativas;
d) definição de tratamento diferenciado e favorecido para as microempresas e para as empresas de pequeno porte.

Para além do rol acima, a Constituição Federal exige a lei complementar nacional para:
a) instituir regime único de arrecadação dos impostos e contribuições (Simples Nacional – LC nº 123/2006);
b) estabelecer critérios especiais de tributação com o objetivo de prevenir desequilíbrios concorrenciais (art. 146-A);
c) instituir os empréstimos compulsórios (art. 148);
d) instituir o imposto sobre grandes fortunas (art. 153, VII);
e) instituir os impostos residuais da União (art. 154, I);
f) fixar a competência para a arrecadação do ITCMD nos casos de bens, domicílio do de cujus ou domicílio do doador situado no exterior (art. 155, §1º, III);
g) disciplinar o ICMS, inclusive quanto à instituição de benefícios fiscais (art. 155, §2º, XII);
h) definir os serviços sobre os quais incidirá o ISSQN e regulamentá-lo (art. 156, III e §3º);
i) disciplinar a repartição constitucional de receitas tributárias (art. 161).

Por força dessas exigências, fica bastante restrita a atuação dos entes políticos quando da instituição dos impostos de sua competência. É que os fatos gerados, as bases de cálculo e os contribuintes do imposto já vêm previstos por lei complementar nacional, reservado ao ente federativo a definição das alíquotas.

## 35.2.3 Princípio da isonomia

O princípio da isonomia, uma das bases do regime democrático, por sua importância para o ordenamento jurídico ultrapassa qualquer limitação a sua incidência e também está presente na ordem tributária.[19] Ele impede tratamento desigual entre contribuintes que se encontrem em situação equivalente, proibida qualquer distinção em razão de ocupação profissional ou função exercida, independentemente da denominação jurídica dos rendimentos, títulos ou direitos (art. 150, II, da CF).

Devido aos princípios da isonomia e republicano, toda norma tributária deve ser igual para aqueles que estejam na mesma situação fática e jurídica, evitando tratamentos privilegiados que maculem a estabilidade social. Toda norma que submeter cidadãos que se encontrem em idênticas situações, privilegiando uns em detrimento de outros, deve ser declarada inconstitucional e expurgada do ordenamento jurídico.

---

[19] "A regra da igualdade não consiste senão em quinhoar desigualmente aos desiguais, na medida em que se desigualam. Nesta desigualdade social, proporcionada à desigualdade natural, é que se acha a verdadeira lei da igualdade" (BARBOSA, Rui. *Oração aos moços*. São Paulo: Mesário Acadêmico, 1921. p. 25).

## 35.2.4 Princípio da irretroatividade

Em geral, o princípio da irretroatividade veda que as leis possam atingir fatos já realizados. A finalidade é proteger os fatos pretéritos, propiciando aos cidadãos segurança para que eles possam planejar seu futuro com a certeza da solidez de seu passado. Fruto dessa vedação, nenhuma norma que houver instituído ou aumentado determinado tributo pode retroagir a fatos geradores anteriores ao início de sua vigência (art. 150, III, *a*, da CF).

Segundo Aliomar Baleeiro o princípio da irretroatividade veda a cobrança de tributos em relação a fatos geradores ocorridos antes do início da vigência da lei que os houver instituído ou aumentado. Segundo este autor, o princípio citado não admite exceções à irretroatividade, afora os impostos como os aduaneiros, sobre produtos industrializados ou sobre operações de crédito, câmbio e seguros.[20]

O Código Tributário Nacional, no seu art. 106, traz algumas exceções, que estabelecem a possibilidade de utilização da lei mais benigna aos contribuintes e aos responsáveis, desde que o ato não tenha transitado em julgado.[21]

Concretizando o princípio da irretroatividade, o STF cancelou, em 2020, o Verbete nº 584 de sua súmula, que previa que "ao imposto de renda calculado sobre os rendimentos do ano-base, aplica-se a lei vigente no exercício financeiro em que deve ser apresentada a declaração". A consequência prática desse entendimento, agora superado, era a possibilidade de tributação dos rendimentos auferidos em um exercício anterior com base em alíquota mais alta instituída no ano seguinte, quando a declaração deve ser apresentada.

## 35.2.5 Princípio da anterioridade

Nenhuma espécie tributária pode ser cobrada no mesmo exercício financeiro em que foi criada ou aumentada (art. 150, III, *b*, da CF). Um tributo criado ou que sofreu uma majoração em um exercício financeiro, que começa no dia 1º de janeiro e termina no dia 31 de dezembro, apenas poderá começar a ser cobrado no outro exercício financeiro, ou seja, no ano seguinte à sua instituição ou majoração.[22] O princípio da anterioridade tem a finalidade de garantir certo lapso temporal para que os cidadãos possam adequar suas condutas de forma a sofrerem uma menor incidência da obrigação tributária instituída ou majorada.

Contudo, o princípio da anterioridade não é absoluto, no que comporta as seguintes exceções: empréstimo compulsório para atender a despesas extraordinárias,

---

[20] BALEEIRO, Aliomar. *Limitações constitucionais ao poder de tributar*. 7. ed. Rio de Janeiro: Forense, 2005. p. 194.

[21] Art. 106 do CTN: "A lei aplica-se a ato ou fato pretérito: I – em qualquer caso, quando seja expressamente interpretativa, excluída a aplicação de penalidade à infração dos dispositivos interpretados; II – tratando-se de ato não definitivamente julgado: a) quando deixe de defini-lo como infração; b) quando deixe de tratá-lo como contrário a qualquer exigência de ação ou omissão desde que não tenha sido fraudulento e não tenha implicado falta de pagamento de tributo; c) quando lhe comine penalidade menos severa que a prevista na lei vigente ao tempo da sua prática".

[22] "O princípio da anterioridade expressa a ideia de que a lei tributária seja conhecida com antecedência, de modo que os contribuintes, pessoas naturais ou jurídicas, saibam com certeza e segurança a que tipo de gravame estarão sujeitos no futuro imediato, podendo dessa forma organizar e planejar seus negócios e atividade" (COÊLHO, Sacha Calmon Navarro. *Curso de direito tributário brasileiro*. 6. ed. Rio de Janeiro: Forense, 2001. p. 195).

decorrentes de calamidade pública, de guerra externa ou de sua iminência; imposto de importação e de exportação; imposto sobre produtos industrializados – IPI; e imposto sobre operações financeiras – IOF (art. 150, §1º, da Constituição Federal).

### 35.2.6 Princípio da noventena

A noventena configura-se na vedação à União, aos estados-membros, ao Distrito Federal e aos municípios de cobrar tributos antes de decorridos noventa dias da data da publicação da lei que os instituiu ou aumentou, desde que seja observado o princípio da anterioridade tributária, que expressamente impede a cobrança de tributos no mesmo exercício financeiro em que haja sido publicada a lei que os instituiu ou aumentou (art. 150, III, c, da Constituição Federal).

O princípio da noventena, também chamado de princípio da anterioridade nonagesimal ou da anterioridade mitigada, significa que pelo lapso temporal de noventa dias, o tributo não produzirá nenhum efeito. Antes da Reforma Tributária, a noventena tributária era exigida apenas para as contribuições sociais. Ela foi adotada no art. 195, §6º, da Constituição Federal, constituindo-se em uma exceção ao princípio da anterioridade em decorrência da premência de se instituir as contribuições sociais.

O princípio da noventena comporta as seguintes exceções: empréstimo compulsório para atender a despesas extraordinárias, decorrentes de calamidade pública, de guerra externa ou sua iminência; imposto de importação e de exportação; imposto de renda – IR – e imposto sobre operações financeiras – IOF. Ele também não se aplica à fixação da base de cálculo do imposto de propriedade de veículos automotores – IPVA, de competência dos estados-membros e do Distrito Federal, e do IPTU – Imposto sobre Propriedade Territorial Urbana, de competência dos municípios (art. 150, §1º, da Constituição Federal).

### 35.2.7 Princípio da proibição de confisco

A atividade arrecadatória por parte do Estado é essencial para a manutenção das prestações estatais, contudo, ela não pode ser tão intensa a ponto de suprimir o direito de propriedade, considerado como prerrogativa fundamental. A proibição de confisco não se reduz apenas à supressão da propriedade, mas também se configura quando a obrigação tributária instituída impede a própria sobrevivência dos negócios privados (art. 150, IV, da CF). Portanto, a acepção da palavra *confisco* pode significar tanto a perda da propriedade para os entes estatais, quanto à imposição de ônus que torne impraticável a manutenção das atividades privadas.

Como a proibição de confisco tem natureza principiológica, e o legislador não precisou de nenhum tipo de conteúdo, sua determinação será feita pelo Poder Judiciário.[23] Nesse diapasão, entende o Supremo Tribunal Federal que a avaliação para identificar se

---

[23] "Se a soma dos diversos tributos incidentes representa carga que impeça o pagador de tributos de viver e se desenvolver, estar-se-á perante carga geral confiscatória, razão pela qual todo o sistema terá que ser revisto, mas principalmente aquele tributo que, quando criado, ultrapasse o limite da capacidade contributiva do cidadão. Há, pois, um tributo confiscatório e um sistema confiscatório decorrencial. A meu ver, a Constituição proibiu

o tributo apresenta efeito confiscatório deve ser feita em função da totalidade do sistema tributário, e não em função de cada tributo isoladamente.²⁴

A jurisprudência do Supremo Tribunal Federal estendeu a aplicação do princípio do não confisco às multas, embora estas não sejam tributos. Para a Corte, o legislador deve observar um limite máximo de 20% (vinte por cento) para as multas moratórias²⁵ e de 100% (cem por cento) do valor da obrigação principal para as multas punitivas,²⁶ sob pena de serem as exações consideradas confiscatórias.

No que se refere às taxas, a aferição de seu caráter confiscatório deve ocorrer em cotejo com os custos da atividade estatal, dada a necessária referibilidade entre a cobrança desse tributo e a prestação do Poder Público que o desencadeia. Assim, as taxas não podem ter finalidade "arrecadatória" em sentido estrito, devendo o produto de sua arrecadação ser limitado ao necessário para cobrir as despesas estatais com a prestação do serviço público ou com o exercício do poder de polícia.²⁷

## 35.2.8 Princípio da capacidade contributiva

Sempre que possível, os impostos terão caráter pessoal, individualizando os cidadãos abrangidos pela obrigação tributária, com o estabelecimento do valor devido de acordo com a capacidade econômica do contribuinte (art. 145, §1º, da CF). Este princípio não se refere às condições econômicas subjetivas do contribuinte, de forma individualizada, mas às suas manifestações objetivas de riquezas, como o patrimônio de cada cidadão.²⁸ Se um contribuinte, mesmo sem dispor de dinheiro, possui um imóvel de elevado valor, apresenta capacidade contributiva e, portanto, deve arcar com o cumprimento das respectivas obrigações tributárias.

Fica facultado à administração tributária, no intento de garantir o princípio da capacidade contributiva, identificar, respeitados os direitos individuais e os parâmetros legais, o patrimônio, os rendimentos e as atividades econômicas do contribuinte.

De acordo com José Maurício Conti, o princípio da capacidade contributiva pode ser visto sob os ângulos estrutural e funcional. O primeiro é definido como a aptidão de suportar o ônus tributário, arcando com a despesa decorrente do pagamento do tributo devido.²⁹ O segundo é visto como critério destinado a diferenciar as pessoas, com o objetivo de identificar quem são os iguais sob o aspecto do direito tributário, de modo a orientar um tratamento tributário específico.³⁰

A progressividade tributária é um conceito intimamente relacionado à capacidade contributiva. Pode ser definida como a fixação de uma linearidade proporcional entre

---

a ocorrência dos dois, como proteção ao cidadão" (BASTOS, Celso Ribeiro; MARTINS, Ives Gandra da Silva. *Comentários à Constituição do Brasil*. 2. ed. São Paulo: Saraiva, 2001. v. 6. t. I. p. 178-179).

²⁴ ADIn MC nº 2.010/DF, Rel. Min. Celso de Mello.
²⁵ AgRg/AI/RE nº 727.872/RS, Rel. Min. Roberto Barroso.
²⁶ ADI nº 551/RJ, Rel. Min. Ilmar Galvão.
²⁷ ALEXANDRE, Ricardo. *Direito tributário*. 14. ed. Salvador: JusPodivm, 2020. p. 185-186.
²⁸ CARRAZZA, Roque Antonio. *Curso de direito constitucional tributário*. 18. ed. São Paulo: Malheiros, 2002. p. 77.
²⁹ Há recorrentes ressalvas na jurisprudência do Supremo Tribunal Federal quanto à adoção de critérios desconexos à capacidade econômica do contribuinte. Vide Súmula nº 656 (STF) e RE nº 854.869, Rel. Min. Cármen Lúcia.
³⁰ CONTI, José Maurício. *Sistema constitucional tributário interpretado pelos tribunais*. São Paulo: Oliveira Mendes, 1998. p. 24.

alíquota e base de cálculo, o que possibilita, por exemplo, que pessoas que auferem maior renda sujeitem-se a alíquotas maiores do imposto de renda ou da contribuição previdenciária. Historicamente, o entendimento do Supremo Tribunal Federal é de que a progressividade somente se aplica aos impostos chamados "pessoais", que incide sobre fatos gerados inerentes à pessoa do contribuinte, como é caso do imposto de renda. Nesse sentido, foi editada a Súmula STF nº 656, que considera inconstitucional a lei que estabelece alíquotas progressivas para o ITBI com base no valor venal do imóvel transferido.

Contudo, paulatinamente, verifica-se uma salutar virada jurisprudencial, no sentido de se permitir a instituição de alíquotas progressivas em quaisquer espécies de impostos, embora a Súmula nº 656 ainda não tenha sido cancelada. Primeiro, a Emenda Constitucional nº 29 trouxe a possibilidade de instituição de alíquota progressiva, conforme o valor do imóvel, no IPTU (art. 156, §1º), um imposto real. Nos últimos anos, a jurisprudência do Supremo Tribunal Federal entendeu constitucionais a fixação das alíquotas progressivas no ITCMD[31] e no ITR.[32]

### 35.2.9 Princípio da liberdade de tráfego

Os entes estatais têm impedimento para estabelecer limitações ao tráfego de pessoas ou bens, por meio de tributos interestaduais ou intermunicipais, ressalvada a cobrança de pedágio pela utilização de vias conservadas pelo Poder Público (art. 150, V, da CF). O que o princípio da liberdade de tráfego busca é impedir que a carga tributária possa limitar o tráfego interestadual ou intermunicipal, de bens ou pessoas. Este impedimento encontra igualmente respaldo na garantia constitucional de liberdade de locomoção (art. 5º, XV, da CF).

Ensina Luciano Amaro:

> O que a Constituição veda é o tributo que onere o tráfego interestadual ou intermunicipal de pessoas ou de bens; o gravame tributário seria uma forma de limitar esse tráfego. Em última análise, o que está em causa é a liberdade de locomoção (pessoas ou de bens), mais do que a não discriminação de bens ou pessoas, a pretexto de irem para outra localidade ou de lá virem; ademais, prestigia a liberdade de comércio e o princípio federativo.[33]

O princípio da liberdade de tráfego apresenta duas exceções: a) uma prevista constitucionalmente, referente aos pedágios, que é um gravame exigido pela utilização ou conservação de rodovias; b) e a outra, em nível doutrinário, atinente ao ICMS, em que as autoridades fiscais, nos postos de fiscalização, podem realizar fiscalização nas estradas de rodagem, nas divisas dos Estados, mitigando um pouco a liberdade de tráfego.[34] Ressalte-se que, em que pese a menção aos pedágios no art. 150, III, da CF, estes são considerados preços públicos, não possuindo natureza tributária.

---

[31] RE nº 562.045/RS, Rel. Min. Ricardo Lewandowski, Red. p/ ac. Min. Cármen Lúcia.
[32] AgRg/RE nº 1.038.357/SP, Rel. Min. Dias Toffoli.
[33] AMARO, Luciano. *Direito tributário brasileiro*. 10. ed. São Paulo: Saraiva, 2004. p. 144.
[34] O STF considerou constitucional a apreensão de mercadorias desacompanhadas de documentação fiscal idônea e sua retenção até a comprovação da legitimidade da posse pelo proprietário, não considerando que tal caso tipificaria uma limitação ao tráfego de pessoas ou bens. Assinalou não se estar diante de hipótese normativa de

## 35.2.10 Vedação de diferenças tributárias em razão da procedência ou destino de bens e serviços de qualquer natureza

Essencial para o desenvolvimento de uma forma federativa de governo é o estabelecimento de regras comuns nas relações tributárias entre seus entes componentes, impedindo discriminações de qualquer natureza, haja vista a necessidade de formar um mercado interno comum. Para atender a esse objetivo, veda-se aos estados, ao Distrito Federal e aos municípios estabelecer diferença tributária entre bens e serviços, de qualquer natureza, em razão de sua procedência ou destino (art. 152 da CF).

## 35.2.11 Imunidades tributárias

As imunidades são consideradas obstáculos constitucionais ao poder de tributar dos entes de direito público componentes da Federação brasileira. Podem ser encaradas como hipóteses de não incidência referidas pela Constituição, compondo uma exclusão do próprio poder de tributar, sendo aplicáveis somente a uma categoria de tributos: os impostos.[35] É uma restrição à competência tributária.

A imunidade seria uma forma qualificada de não incidência por determinação constitucional e a isenção também seria uma forma qualificada de não incidência, mas por determinação de lei ordinária. Destarte, as imunidades constitucionais são normas que cominam restrições às pessoas jurídicas de direito público em tributar com impostos determinadas situações.

### 35.2.11.1 Imunidade recíproca

Esta imunidade abrange o patrimônio, a renda ou serviços dos entes de direito público componentes da Federação. Seria despicienda a tributação entre os entes federativos, já que é através do tributo que eles adquirem o numerário suficiente para o atendimento de suas finalidades; exaurindo as rendas dessas entidades, a que mais lucrou tributando as outras, que quase sempre seria a União, teria a obrigação de repassar recursos para as demais atenderem às suas finalidades. O que lucrasse na tributação perderia para o atendimento das finalidades essenciais do Estado em geral (art. 150, VI, *a*, da CF).

Dispondo os entes federativos do poder de se tributarem entre si, ficaria indiscutivelmente abalado o federalismo, ensejando beligerâncias na avidez por conseguir maiores recursos. Estaria em perigo um dos princípios classificados como cláusula pétrea do texto constitucional: o federalismo brasileiro.

---

coação para fins de pagamento de valores ao Fisco, mas de atribuição inerente ao poder de polícia tributária, ou seja, fiscalização do cumprimento da legislação tributária (ADI nº 395/SP, Rel. Min. Cármen Lúcia, 17.5.2007).

[35] Discorda que as imunidades sejam hipótese de não incidência o Professor Paulo de Barros Carvalho: "Realmente, asseverar que a regra não incide equivale a negar-lhe tom de juridicidade, marca universal das unidades jurídico-normativas. Norma que não tenha essa virtude está à margem do direito ou não foi produzida segundo os ditames do ordenamento em vigor" (CARVALHO, Paulo de Barros. *Curso de direito tributário*. 4. ed. São Paulo: Saraiva, 1991. p. 117).

Realmente, em que se configura a imunidade recíproca? Configura-se na impossibilidade de um ente político, componente da Federação, instituir impostos aos demais. Assim, a União não pode estabelecer imposto incidente aos municípios e estados. Essa imunidade protege o patrimônio, a renda e os serviços da União, dos estados, dos municípios, do Distrito Federal, abrangendo as autarquias e as fundações instituídas e mantidas pelo Poder Público, no concernente ao patrimônio, renda ou serviços relacionados a finalidades pertinentes à sua atuação (art. 150, §2º, da CF). O STF entende que essa imunidade se estende também às empresas públicas e sociedades de economia mista prestadoras de serviços públicos.[36] Ressalve-se, contudo, que é inaplicável, quando cominada em relação ao patrimônio, renda ou serviços de intervenção dos entes estatais no campo econômico, regidas por cominações do direito privado ou que haja contraprestação ou pagamento de preços ou tarifas pelo usuário (art. 150, §3º, da CF). Se a sociedade de economia mista for prestadora de serviço público, mas ainda negociar ações na bolsa, como forma de remunerar controladores e acionistas, descabe a imunidade recíproca.[37] A OAB e suas Caixas de Assistência, apesar de não integrarem a Administração Pública, gozam de imunidade recíproca.[38]

Quando a Administração celebra contratos com particulares, é preciso distinguir algumas situações. Primeiro, goza de imunidade recíproca o bem adquirido por pessoa jurídica de direito público por meio de contrato de alienação fiduciária (ex.: a aquisição de um veículo por um ente político).[39] Contudo, se um ente público imune cede bens a um particular, este não estará acobertado pela imunidade recíproca (ex.: a cessão de imóvel público à concessionária de serviço público não afasta a incidência do IPTU).[40]

### 35.2.11.2 Imunidade dos templos de qualquer natureza

A religião acompanha o homem ao longo do tempo, sendo tão remoto seu aparecimento que se acredita em seu surgimento correlativamente com o dos homens. Influenciando o comportamento humano, houve períodos na história onde o poder dos sacerdotes era maior do que o estatal, e também houve épocas onde o poder religioso se configurava no próprio poder estatal. A imunidade dos templos se relaciona com influência exercida no seio social pela religião. Sendo imunes os templos, garante-se uma liberdade constitucional: a liberdade de crença e prática religiosa (art. 150, VI, *b*, da CF).

A questão mais controversa com relação a essa imunidade é sobre sua abrangência. Primeiramente, devemos esclarecer que sua incidência atua em qualquer religião, seja oriunda do ocidente ou do oriente. Estão livres de quaisquer impostos as missas, os batizados, os cultos, as procissões ou qualquer atividade religiosa.

Porém, poderá incidir sobre todo o patrimônio das entidades religiosas não utilizado em finalidades espirituais, já que ela abrange apenas as atividades religiosas consideradas essenciais (art. 150, §4º, da CF). Essas instituições detêm grandes patrimônios, os quais nem sempre são aplicados na comunicação com o divino; então,

---

[36] AgRg/ARE nº 983.083, Rel. Min. Roberto Barroso, j. 30.6.2017.
[37] RE nº 600.867, Rel. Min. Luiz Fux, j. 29.6.2020.
[38] RE nº 405.267, Rel. Min. Edson Fachin, j. 6.9.2018.
[39] RE nº 727.851, Rel. Min. Marco Aurélio, j. 22.6.2020.
[40] STJ, AgRg/REsp nº 1.381.034/RJ, Rel. Min. Francisco Falcão, j. 9.5.2019.

nesses patrimônios, incidem impostos. Prédios alugados, terrenos alugados, ações, até mesmo empresas, pertencentes às entidades religiosas podem ser passíveis de impostos.[41]

### 35.2.11.3 Imunidade dos partidos políticos, das entidades sindicais e das instituições de educação ou de assistência social sem fins lucrativos

Os partidos políticos, pela Constituição brasileira de 1988, são considerados entes privados, entretanto, mesmo sem serem entes públicos, gozam das prerrogativas de exercer uma função pública. São os pilares do processo democrático em todos os países. Pela sua relevância é que os partidos políticos são imunes aos impostos. Esta imunidade abrange a renda, serviços e suas fundações. Essa garantia à liberdade política se completa com a criação do fundo partidário, criado com a finalidade de ceifar o poder econômico (art. 150, VI, c, da CF).

São, ainda, imunes a renda, serviços e fundações das entidades sindicais dos trabalhadores. Tem o escopo teleológico de incentivar o fortalecimento dos órgãos representativos dos trabalhadores, de forma a organizá-los para lutar por seus interesses. De forma alguma quebra o princípio da imunidade o fato de só serem imunes as entidades dos trabalhadores e não a dos patrões, já que estes não são hipossuficientes financeiramente.

Em um país com a maioria da população grassando na miséria, nada mais justo do que a imunidade em relação às instituições de educação e de assistência social.[42] Não é qualquer instituição de educação ou qualquer organização de assistência social que goza de imunidade, por isso torna-se imperiosa a consumação de alguns requisitos, contidos no art. 14 do CTN: não distribuírem qualquer parcela de seu patrimônio ou de suas rendas a título de lucro ou de participação no seu resultado; aplicarem integralmente, no país, os seus recursos na manutenção de seus objetivos institucionais; manterem escrituração de suas receitas e despesas em livros revestidos de formalidades capazes de assegurar sua exatidão. Portanto, essa imunidade, como explicita o CTN, é condicional. Ela alcança o patrimônio, a renda e os serviços ligados às atividades essenciais dessas entidades (art. 150, §4º, da CF). Ricardo Lobo Torres assevera que o fundamento dessa imunidade é a proteção das condições da liberdade, pois se trata do mínimo existencial.[43]

A verificação da regularidade das condições acima para que uma entidade assistencial goze da imunidade tributária é feita por meio da expedição do certificado de entidade beneficente de assistência social (Cebas). Este documento tem natureza declaratória, de modo que a imunidade deve retroagir à data em que verificado o adimplemento das condicionantes impostas pelo CTN (Súmula STJ nº 612).

---

[41] "O Supremo Tribunal Federal consolidou o entendimento de que não cabe à entidade religiosa demonstrar que utiliza o bem de acordo com suas finalidades institucionais. Ao contrário, compete à Administração tributária demonstrar a eventual predestinação do bem gravado pela imunidade" (ARE nº 800.395/ES AgR, Rel. Min. Luís Roberto Barroso, 28.10.2014).

[42] Súmula do STF, nº 730: "A imunidade tributária conferida a instituições de assistência social sem fins lucrativos pelo art. 150, VI, c, da Constituição, somente alcança as entidades fechadas de previdência social privada se não houver contribuição dos beneficiários".

[43] TORRES, Ricardo Lobo. Curso de direito financeiro e tributário. Rio de Janeiro: Renovar, 1993. p. 63.

### 35.2.11.4 Imunidade dos livros, jornais, periódicos e o papel destinado à sua impressão

A imunidade dos livros, jornais, periódicos e o papel destinado à sua impressão veda a tributação por meio de impostos desses meios de comunicação, em todas suas fases de elaboração, o que não impede a instituição de taxas e de contribuições.[44] A restrição ao poder de instituir impostos não se refere só à impressão, mas atinge todo o processo de produção do livro, jornal ou periódico, englobando ainda o papel necessário à sua impressão (art. 150, VI, d, da CF) e a tinta aplicada, mas não a aquisição do maquinário.[45] Essa imunidade está amparada em um princípio constitucional recentemente conquistado, a duras penas, pelo povo brasileiro: a liberdade de expressão, que é uma das garantias do regime democrático.

O STF pacificou a questão no tocante à extensão dessa imunidade aos livros digitais. Nos termos da Súmula Vinculante nº 57, o benefício estende-se "à importação e comercialização, no mercado interno, do livro eletrônico (e-book) e dos suportes exclusivamente utilizados para fixá-los, como leitores de livros eletrônicos (e-readers), ainda que possuam funcionalidades acessórias".

### 35.2.11.5 Imunidade para fonogramas e videofonogramas musicais produzidos no Brasil

A Emenda Constitucional nº 75, promulgada no dia 15.10.2013, instituiu uma nova espécie de imunidade ao Sistema Tributário Nacional, incluindo a alínea "e" ao contexto orgânico do art. 150, VI, da Constituição Federal, impedindo a incidência tributária aos fonogramas e videofonogramas musicais produzidos no Brasil contendo obras musicais ou literomusicais de autores brasileiros e/ou obras em geral interpretadas por artistas brasileiros, bem como os suportes materiais ou arquivos digitais que os contenham, salvo na etapa de replicação industrial de mídias ópticas de leitura a laser.

Assim, conforme preconizado pelo poder reformador, os CDs e DVDs produzidos dentro do território nacional com obras musicais ou literomusicais de autores nacionais não poderão sofrer nenhuma incidência tributária, quando na modalidade de imposto, uma vez que estão acobertados pela não incidência constitucionalmente qualificada dos impostos, conforme expressa previsão do art. 150, inciso VI.

Como se percebe, tal medida objetiva otimizar o acesso aos meios culturais, democratizando os respectivos meios, permitindo e incentivando que a sociedade tenha acesso aos bens culturais nacionais da forma menos onerosa possível, fortalecendo o arcabouço histórico da nossa cultura e a nossa origem.

## 35.3 Exoneração tributária e "guerra fiscal"

Qualquer liberação de tributos, seja por subsídio ou isenção, redução de base de cálculo, concessão de crédito presumido, anistia ou remissão, relativos a impostos, taxas

---

[44] Súmula do STF nº 657: "A imunidade prevista no art. 150, VI, d, da Constituição Federal abrange os filmes e papéis fotográficos necessários à publicação de jornais e periódicos".
[45] ARE nº 1.100.204/SP, Rel. Min. Marco Aurélio, j. 29.5.2018.

ou contribuições, só poderá ser concedida mediante lei específica, do respectivo ente estatal, regulamentando exclusivamente a matéria, ressalvado o campo de incidência da lei complementar (art. 150, §6º, da CF).

Essa vedação impede que qualquer liberação de tributo ocorra por delegação legislativa, autorizando o chefe do Executivo a conceder, por exemplo, subsídios, anistias, remissões etc. Devido à proibição constitucional, a exoneração apenas pode ocorrer por intermédio de lei específica. Além dessa exigência constitucional, a Lei de Responsabilidade Fiscal (LC nº 101/2000) entabula os seguintes requisitos para a concessão de benefícios tributários (art. 14):

a) estar acompanhada de estimativa do impacto orçamentário-financeiro no exercício em que deva iniciar sua vigência e nos dois seguintes;
b) atender ao disposto na lei de diretrizes orçamentárias;
c) demonstrar que não se afetarão as metas de resultados fiscais ou, alternativamente, estabelecer medidas de compensação consistentes em elevação de alíquotas, ampliação da base de cálculo, majoração ou criação de tributo ou contribuição. Nesta segunda hipótese, o benefício só entrará em vigor após a implementação da medida de compensação.

Ademais, a Emenda Constitucional nº 109/2021 introduziu o art. 167-A, X, à Constituição Federal, de modo que fica vedada a concessão ou a ampliação de benefício tributário no ente político quando a relação entre despesas correntes e receitas correntes supera 95% nos estados, no Distrito Federal e nos municípios.

Outra controvérsia que circunda a liberação do pagamento de tributos é a chamada "guerra fiscal". Para atrair novos investidores aos seus territórios, os diversos entes políticos oferecem benefícios fiscais de ICMS, no caso dos estados, e de ISSQN, no caso dos municípios, de forma sucessiva e desenfreada, tendo como consectário dessa concorrência predatória uma queda generalizada na arrecadação tributária.

No tocante ao ICMS, o Constituinte trouxe a necessidade de edição de lei complementar para regular a forma como os estados e o Distrito Federal concederiam e revogariam benefícios relativos a esse imposto. A matéria é tratada pela Lei Complementar nº 24/1975, que instituiu o Conselho Nacional de Política Fazendária (Confaz), integrado por representantes de todos os estados e do Distrito Federal, sob a presidência de representantes do Governo Federal. Para a instituição de benefício fiscal de ICMS, é necessária a celebração prévia de um convênio entre todos os estados e o Distrito Federal, no âmbito do Confaz, que deverão aprová-lo por unanimidade e, em seguida, ratificá-lo, também por unanimidade, por meio de decreto do Poder Executivo de cada estado, num prazo de quinze dias (art. 4º da LC nº 24/1975). Para a revogação do benefício fiscal, o quórum exigido é o de 4/5 (quatro quintos) dos membros do Confaz.

Em suma, a exoneração tributária de ICMS depende da edição de lei específica, amparada em prévio convênio celebrado por todos os estados e pelo Distrito Federal no âmbito do Confaz. A instituição do benefício sem o convênio é inconstitucional. Contudo, durante muitas décadas, os entes da Federação ignoraram esse mandamento, praticando a malsinada guerra fiscal. Para pôr um termo a essa situação, foi editada a Lei Complementar nº 160/2017, que permite aos membros do Confaz celebrarem novos convênios para convalidar os benefícios instituídos em desacordo à disposição constitucional.

No que tange aos municípios, a problemática da guerra fiscal foi atenuada pela Lei Complementar nº 157/2016, que estipulou uma alíquota mínima para o ISSQN em todo o território nacional. Atualmente, portanto, os entes municipais devem fixar suas alíquotas de ISSQN entre 2% (mínimo) e 5% (máximo).

## 35.4 Substituição tributária "para frente"

A substituição tributária "para frente" (ou progressiva) é a imposição para que o sujeito passivo pague sua obrigação tributária previamente, em virtude de uma antecipação do fato gerador, com a presunção de sua base de cálculo. Se for comprovado que ele pagou a mais do que devia ou se o fato gerador presumido não se realizar, é assegurada a imediata e preferencial restituição da quantia paga (art. 150, §7º, da CF), nos termos do art. 166 do CTN.

É um procedimento fiscal em que se atribui ao contribuinte a responsabilidade pelo pagamento do imposto devido pelo seu cliente, com o recolhimento do tributo na fonte e seu posterior repasse ao preço da mercadoria. Há o estabelecimento do deslocamento do pagamento do tributo, em que o substituto tributário paga a obrigação devida pela operação do substituído.

Como exemplo, pode ser mencionada a tributação no segmento de cervejas, em que é o fabricante quem recolhe o ICMS e não o adquirente da mercadoria, impedindo que o restante da cadeia produtiva possa sonegar, já que o tributo foi pago na fonte.

## 35.5 Vedações à União

A União não pode instituir tributo que não seja uniforme em todo o território nacional ou que implique distinção ou preferência em relação a estado, ao Distrito Federal ou a município, em detrimento de outro. Somente pode haver a concessão de incentivos fiscais para diminuir as desigualdades regionais, promovendo o equilíbrio do desenvolvimento socioeconômico entre as diferentes regiões do país. Como a Federação brasileira é alicerçada no princípio da isonomia dos estados-membros, não se poderia, mesmo na ausência desse dispositivo, haver distinções ou preferências entre os entes estatais, pois significaria a destruição do equilíbrio federativo tributário. A única possibilidade de distinções tributárias é para incentivar o desenvolvimento dos entes federativos mais pobres (art. 151, I, da CF).

Não pode a União favorecer seus títulos públicos, através de tratamento diferenciado, por exemplo, com melhor remuneração, prejudicando as obrigações da dívida pública dos estados, Distrito Federal e dos municípios. Igualmente, não pode tributar a remuneração e os proventos dos servidores públicos dos estados, municípios e do Distrito Federal em percentual superior ao fixado para a tributação dos servidores federais (art. 151, II, da CF).

Por fim, impede-se a União de instituir isenções heterônomas, isto é, isenções de tributos da competência dos estados, do Distrito Federal ou dos municípios, extrapolando a esfera de sua competência (art. 151, III, da CF). Esse tipo de liberalidade tributária apenas pode partir de cada ente específico, de forma autônoma, e ainda por cima através de lei específica. Ocorrendo por parte da União na esfera de competência, por exemplo, dos estados-membros, haveria um acinte à repartição de competência estabelecida pela Constituição, concretizando uma visível inconstitucionalidade.

Há exceção no tocante à concessão de isenções por meio de tratados internacionais. Nessa situação, entende-se não haver inconstitucionalidade, visto que, na celebração desses acordos, o presidente da República atua como chefe de Estado brasileiro, e não como chefe de governo da União, de modo que não se trata de uma isenção imposta por uma esfera federativa à outra.[46]

## 35.6 Tratamento diferenciado para as microempresas e empresas de pequeno porte

Adicionou-se aos princípios gerais do Sistema Tributário Nacional tratamento diferenciado para as microempresas e empresas de pequeno porte. Lei complementar irá definir tratamento diferenciado e favorecido para as microempresas e para as empresas de pequeno porte, inclusive com regimes especiais ou simplificados para os seguintes tributos: ICMS (Imposto de Circulação de Mercadorias e Serviços); contribuições para a seguridade social devida pelos empregadores/empresas; Programa de Integração Social (PIS) e Programa de Formação do Patrimônio do Servidor Público (Pasep) (art. 146, III, *d*, da Constituição Federal).

A lei complementar[47] que regulamentar o tratamento diferenciado e favorecido para as microempresas e para as empresas de pequeno porte poderá instituir um regime único de arrecadação dos impostos e contribuições da União, dos estados, do Distrito Federal e dos municípios, observando os seguintes critérios (parágrafo único do art. 146 da Constituição Federal):

> I – caráter opcional para os contribuintes;
> II – possibilidade do estabelecimento de condições de enquadramento diferenciadas por Estado;
> III – recolhimento unificado e centralizado, com a distribuição imediata da parcela de recursos pertencentes aos respectivos entes federados, vedado qualquer tipo de retenção ou condicionamento;
> IV – a arrecadação, a fiscalização e a cobrança poderão ser compartilhadas pelos entes federados, adotado cadastro nacional único dos contribuintes.

A lei complementar referida acima poderá estabelecer critérios especiais de tributação, com o objetivo de prevenir desequilíbrios da concorrência, sem prejuízo de que a União, dentro da sua esfera de competência, possa, por lei, estabelecer normas de igual objetivo (art. 146-A da Constituição Federal).

Cumprindo o mandamento constitucional, foi editada a Lei Complementar nº 123/2006 (Estatuto da Microempresa e da Empresa de Pequeno Porte), que instituiu, para essas pessoas jurídicas, o Simples Nacional, sistemática de recolhimento unificado de impostos e contribuições da União, dos estados e dos municípios.

---

[46] ALEXANDRE, Ricardo. *Direito tributário*. 14. ed. Salvador: JusPodivm, 2020.
[47] A Lei Complementar nº 123/2006 regula parcialmente esta previsão constitucional.

## 35.7 Impostos da União

### 35.7.1 Imposto de importação e exportação sobre comércio exterior

O imposto de produtos importados, um dos mais antigos do mundo, tem seu fato gerador tipificado no momento em que bens estrangeiros entram no território nacional por qualquer via de acesso.[48] Ele apresenta também um significado de política econômica, podendo ser diferenciado para evitar uma concorrência desleal, propiciando o desenvolvimento de setores considerados prioritários para o país.[49] A alíquota pode ser específica, com relação à unidade de quantificação da mercadoria; ou *ad valorem*, com relação à porcentagem calculada sobre o valor do bem. O sujeito passivo da obrigação de pagar o tributo é qualquer pessoa, física ou jurídica, que faça a introdução do produto dentro dos limites do território nacional (art. 153, I, da CF).

O imposto de exportação é aquele que tem seu fato gerador concretizado com a saída do produto do território nacional, desde que ele seja nacional ou nacionalizado, com destino a outros países (por ficção legal, a saída da mercadoria ocorre quando a guia de exportação ou documento equivalente é expedido). Como o imposto de importação, a alíquota pode ser específica, com relação à unidade de quantificação da mercadoria; ou *ad valorem*, com relação à porcentagem calculada sobre o valor do bem (art. 153, II, da CF). O sujeito passivo é o exportador ou quem a lei a ele equiparar. A tendência mundial é de uma diminuição do aspecto tributário do imposto de produtos exportados, haja vista a essencialidade que o superávit das contas externas representa para os países, principalmente os periféricos.

### 35.7.2 Imposto sobre renda e proventos de qualquer natureza

O imposto sobre renda e proventos de qualquer natureza, mais conhecido como Imposto de Renda, apresenta uma função fiscal, significando uma das principais fontes de receita tributária. Ele deveria desempenhar uma função de redistribuição de riqueza, transferindo renda dos mais ricos para os mais pobres, o que infelizmente não se verifica no Brasil porque atinge principalmente a classe assalariada. Tem como fato gerador a aquisição da disponibilidade econômica e jurídica, consistindo: a) no ganho de renda, que pode ser oriundo do produto do capital, do trabalho ou da combinação entre ambos; b) em proventos de qualquer natureza, que compreende os acréscimos patrimoniais que não provêm de renda. O montante tributável é o valor real, arbitrado ou presumido da renda ou dos acréscimos patrimoniais (art. 153, III, da CF). Ele é baseado nos critérios da generalidade, da universalidade e da progressividade, de acordo com o preceituado em lei (art. 153, §2º, I, da CF).

---

[48] "Imposto dos mais antigos no mundo, o de importação evolveu de receita puramente fiscal para instrumento extrafiscal destinado à proteção dos produtos nacionais e, mais tarde, também a do câmbio e do balanço de pagamentos. Perdeu, assim, a sua importância como fonte de receita – a maior no tempo da monarquia brasileira – e ganhou relevo como arma política econômica e fiscal" (BALEEIRO, Aliomar. *Direito tributário brasileiro*. Rio de Janeiro: Forense, 1980. p. 124).

[49] "Predominante, no imposto de importação, é sua função extrafiscal. Ele é muito mais importante como instrumento de proteção da indústria nacional do que como instrumento de arrecadação de recursos financeiros para o tesouro público" (MACHADO, Hugo de Brito. *Curso de direito tributário*. 11. ed. São Paulo: Malheiros, 1996. p. 206).

## 35.7.3 Imposto sobre Produtos Industrializados

O Imposto sobre Produtos Industrializados (IPI), de competência da União, tem sua incidência direcionada sobre produtos manufaturados da indústria nacional. Consoante o art. 46 do Código Tributário Nacional, o IPI tem como fato gerador: o desembaraço aduaneiro, quando o produto for de procedência estrangeira; a saída de mercadoria manufaturada de estabelecimento; a sua arrematação – transferência de domínio – quando apreendida ou abandonada e levada a leilão (art. 153, IV, da CF).

A inovação realizada pela primeira fase da Reforma Tributária foi reduzir, por meio de lei infraconstitucional, o impacto do IPI sobre os bens de capital, que são máquinas, equipamentos e insumos necessários para a fabricação de outros produtos (art. 153, §3º, IV, da Constituição Federal). Essa medida propicia um incentivo ao desenvolvimento da indústria nacional, ao facilitar a aquisição de máquinas e insumos imprescindíveis ao processo produtivo.

O IPI tem as seguintes características: a seletividade, a não cumulatividade e a não incidência sobre produtos industrializados destinados ao exterior. A seletividade significa que a alíquota do IPI incide progressivamente na razão inversa da essencialidade do produto, isto é, quanto maior for a utilidade de determinado produto menor será a sua alíquota e vice-versa. A não cumulatividade significa que o valor devido em cada operação será compensado com o montante cobrado nas anteriores. A não incidência de imposto sobre produtos industrializados destinados ao exterior torna mais competitivos os produtos brasileiros, assegurando um superávit comercial adequado às nossas necessidades econômicas (art. 153, §3º, I, II, III, da CF). Registre-se que a seletividade é atributo obrigatório do IPI, mas facultativo do ICMS (art. 155, §2º, III).

## 35.7.4 Imposto sobre Operações Financeiras – IOF

O Imposto sobre Operações Financeiras engloba as operações de crédito, câmbio e seguro, ou relativas a títulos ou valores mobiliários. Sua função é predominantemente extrafiscal, consistindo em um instrumento para a intervenção nas operações descritas anteriormente. Segundo Sacha Calmon, o IOF nasceu como imposto extrafiscal para equalizar o mercado financeiro, podendo o Executivo determinar suas alíquotas por ato administrativo, dentro dos limites fixados em lei.[50] Concretiza-se o fato gerador quando há o aporte do numerário que constitui o objeto da obrigação nas operações financeiras. O sujeito passivo da obrigação tributária é todo cidadão que realizar operações financeiras (art. 153, V, da CF).

O ouro, quando definido em lei como ativo financeiro ou instrumento cambial, apenas pode sofrer a incidência do IOF devido na operação de origem. A alíquota mínima será de um por cento, assegurada a transferência do montante da arrecadação nos seguintes termos: trinta por cento para o estado, o Distrito Federal ou o território, conforme a origem; setenta por cento para o município de origem (art. 153, §5º, da CF).

---

[50] COÊLHO, Sacha Calmon Navarro. *Comentários à Constituição de 1988*. Sistema tributário. 9. ed. Rio de Janeiro: Forense, 2005. p. 424.

## 35.7.5 Imposto sobre Propriedade Territorial Rural

O Imposto sobre Propriedade Territorial Rural tem uma finalidade extrafiscal, com o objetivo de incentivar uma redistribuição de terras no Brasil, que apresenta um alto índice de concentração agrária, através da fixação de alíquotas de forma a desestimular a manutenção de propriedades improdutivas. Segundo o art. 29 do Código Tributário Nacional o seu fato gerador é a propriedade, o domínio útil ou a posse de imóvel localizado fora da zona urbana do município (art. 153, VI, da CF).

Apesar de na maioria dos países o Imposto sobre Propriedade Territorial Rural pertencer aos municípios, no Brasil sua competência foi deferida à União. Essa reticência quanto à eficiência da fiscalização por parte dos municípios deve-se, como tão bem observou Aliomar Baleeiro, ao fato de que no interior do Brasil, principalmente nas cidades menos desenvolvidas, o zelo das prefeituras é mitigado por causa da enorme pressão dos proprietários de latifúndios improdutivos.[51]

Dentro das amplas negociações que antecederam a Reforma Tributária, foi acordado que o Imposto sobre Propriedade Territorial Rural, de pouca repercussão fiscal, mesmo continuando na competência da União, poderia ter o produto de sua arrecadação direcionado totalmente para os municípios.

Se o município decidir fiscalizar e cobrar o citado tributo, por intermédio de convênio com a União, a este caberá a totalidade do montante arrecadado. Se o município decidir não fiscalizar e cobrar o mencionado tributo, terá direito a 50% do produto de arrecadação do Imposto de Propriedade Territorial Rural, relativamente aos imóveis nele situados (art. 158, II, da Constituição Federal).

O imposto sobre propriedade territorial rural passa a ter as seguintes características: a) será progressivo e suas alíquotas serão fixadas de forma a desestimular a manutenção de propriedades improdutivas; b) não incidirá sobre pequenas glebas rurais definidas em lei, quando as explore o proprietário que não possua outro imóvel; c) será fiscalizado e cobrado pelos municípios que assim optarem, na forma da lei, desde que não implique redução do imposto ou qualquer outra forma de renúncia fiscal (art. 153, §4º, da Constituição Federal).

## 35.7.6 Imposto sobre Grandes Fortunas

A Constituição de 1988 criou pela primeira vez o Imposto sobre Grandes Fortunas em uma tentativa de diminuir a desigualdade social existente no Brasil, que é um de nossos mais graves problemas (art. 153, VII, da CF). Esse tributo nunca ganhou efetividade porque ainda não foi regulamentado pela específica lei complementar; o que parece estranho, haja vista ser o único imposto, previsto pela Carta Magna, que não saiu do papel.

A crítica elaborada contra a criação do mencionado tributo baseia-se nas dificuldades técnicas para sua implantação, em virtude da complexidade de se definir o que seria uma grande fortuna e a avaliação dos bens. Os motivos alegados não se sustentam, em virtude de ser um tributo conhecido em outros países, como a França. Em verdade, secularmente no Brasil há uma restrição à criação de qualquer tributo que possa onerar

---

[51] BALEEIRO, Aliomar. *Uma introdução à ciência das finanças*. 9. ed. Rio de Janeiro: Forense, 1973. p. 318.

as classes dirigentes e distribuir renda. O Imposto sobre Grandes Fortunas não adquire eficácia concretiva plena porque falta vontade política e inexiste interesse em se atenuar as desigualdades sociais que maculam a estabilidade social.

O Projeto de Lei do Senado nº 173, de 1989, prevê os seguintes elementos componentes do Imposto sobre Grandes Fortunas:
   a) o fato gerador, em cada ano-base, é a situação que a lei complementar definir como grande fortuna;
   b) a base de cálculo é o valor da grande fortuna no ano-base, deduzidas as dívidas que a onerem, ou o valor que foi indicado na lei complementar;
   c) o contribuinte do imposto é a pessoa física que detiver a propriedade, o domínio útil, a titularidade ou a posse de grande fortuna.

### 35.7.7 Competência residual e impostos extraordinários

Por intermédio de lei complementar, pode a União instituir impostos ainda não previstos desde que sejam não cumulativos e não tenham fato gerador ou base de cálculo próprios dos discriminados nesta Constituição (art. 154, I, da CF). Essa prerrogativa decorre da competência residual, ou seja, a União, de forma exclusiva, é o único ente federativo que pode criar tributos ainda não previstos desde que não sejam iguais a outros já existentes e tenham outro fato gerador.

Em caso da iminência ou de guerra externa pode a União criar impostos extraordinários, compreendidos ou não em sua competência tributária, que serão suprimidos gradativamente, quando desaparecerem as causas de sua criação (art. 154, II, da CF). É o que se denomina tributos extraordinários, aqueles que são criados para se contrapor a uma situação anômala e grave, e que serão suprimidos paulatinamente à medida que o evento que os ensejaram desaparecer.

### 35.8 Impostos dos estados e do Distrito Federal

### 35.8.1 Imposto de Transmissão *Causa Mortis* e Doação

O fato gerador deste imposto se encontra definido em lei estadual, mas de forma geral pode-se dizer que ele ocorre quando há transmissão *causa mortis*, em decorrência do falecimento do titular dos bens, ou a doação.[52] Incide o Imposto *Causa Mortis* e Doação sobre bens imóveis e móveis ou quaisquer outros bens ou direitos, concretos ou abstratos (art. 155, I, da CF).

As alíquotas são determinadas por cada estado-membro e pelo Distrito Federal, sendo que as alíquotas máximas são fixadas pelo Senado Federal, por intermédio de resolução (art. 155, §1º, IV, da CF). Em caso de herança o contribuinte é o herdeiro ou legatário; em caso de doação, que pode abranger quaisquer bens ou direitos, *a priori* pode ser tanto o doador como o donatário.

Compete instituir o Imposto *Causa Mortis* e Doação relativamente a bens imóveis e seus respectivos direitos, ao estado (ou o Distrito Federal) em que o bem estiver localizado

---

[52] "É legítima a incidência do Imposto de Transmissão Causa Mortis no inventário por morte presumida" (Súmula nº 331, Supremo Tribunal Federal).

(art. 155, §1º, I, da CF). Com relação a bens móveis, títulos e créditos a competência é do estado (ou do Distrito Federal) onde se processar o inventário ou arrolamento, ou tiver domicílio o doador (art. 155, §1º, II, da CF).

É competência da lei complementar regulamentar o citado imposto se o doador tiver domicílio no exterior ou se o *de cujus* possuía bens, era residente ou domiciliado ou teve o seu inventário processado no exterior (art. 155, §1º, III, *a* e *b*, da CF). Não tendo sido editada essa lei complementar, diversos estados regulamentavam a matéria em lei própria, declarando-se competentes para arrecadar o ITCMD nessas situações, o que foi reputado inconstitucional pelo Supremo Tribunal Federal.[53]

### 35.8.2 Imposto sobre Circulação de Mercadorias e Serviços – ICMS

O Imposto sobre Circulação de Mercadorias e Serviços foi criado pela Emenda Constitucional nº 18/65 para substituir o Imposto sobre Vendas e Consignações. Seu fato gerador são as operações de circulação de mercadorias englobando ainda as prestações de serviços de transporte interestadual e intermunicipal e de comunicação, ainda que as operações se iniciem no exterior (art. 155, II, da CF).

Ele é um tributo de incidência plurifásica, sendo aplicado em todas as fases produtivas e não cumulativo, havendo a compensação do valor correspondente ao montante cobrado nas operações anteriores (art. 155, §2º, I, da CF). Poderá ainda ser seletivo, em função da essencialidade das mercadorias e dos serviços (art. 155, §2º, III, da CF). O ICMS é o tributo que possibilita a maior arrecadação para os estados e o Distrito Federal.

As alíquotas aplicáveis às operações e prestações, interestaduais e de exportação, são de iniciativa do presidente da República ou de um terço dos senadores, através de resolução do Senado Federal, devendo ser aprovadas pelo *quorum* de maioria absoluta de seus membros (art. 155, §2º, IV, da CF).

Nas operações internas, fica facultado ao Senado Federal estabelecer alíquotas mínimas, por intermédio de iniciativa de um terço de seus membros e aprovadas pela maioria absoluta de votos. Ainda pode o Senado, se houver interesse, fixar alíquotas máximas nas operações internas para resolver conflito específico que envolva interesse dos estados-membros, seguindo o mesmo procedimento descrito anteriormente (art. 155, §2º, V, *a* e *b*, da CF).

O Imposto de Circulação de Mercadorias e Serviços incidirá sobre a entrada de bem ou mercadoria importado do exterior por pessoa física ou jurídica, ainda que não seja contribuinte habitual do imposto, qualquer que seja sua finalidade, assim como sobre o serviço prestado no exterior, cabendo o imposto ao estado onde estiver situado o domicílio ou o estabelecimento do destinatário da mercadoria, bem ou serviço.[54] Incidirá também ICMS sobre o valor total da operação quando mercadorias forem fornecidas com serviços não compreendidos na competência tributária dos municípios (art. 155, §2º, IX, *a* e *b*, da CF).

---

[53] RE nº 851.108/SP, Rel. Min. Dias Toffoli, j. 27.2.2021.

[54] "O ICMS incide sobre qualquer entrada de bem ou mercadoria importadas do exterior — desde que atinente a operação relativa à circulação desse mesmo bem ou mercadoria — por pessoa física ou jurídica, ainda que não seja contribuinte habitual do imposto" (RE nº 461.968/SP, Rel. Min. Eros Grau, 30.5.2007).

Com exceção do ICMS e do imposto sobre produtos importados e exportados nenhum outro imposto poderá incidir sobre operações relativas à energia elétrica, serviços de telecomunicações, derivados de petróleo, combustíveis e minerais do país (art. 155, §3º, da CF).

Por meio da Emenda Constitucional nº 42, desonerou-se da incidência de ICMS as operações que destinem mercadorias para o exterior e os serviços prestados a destinatários no exterior, assegurada a manutenção e o aproveitamento do montante do imposto cobrado nas operações e prestações anteriores, com a finalidade de aumentar as exportações brasileiras, condição imprescindível para a superação de uma das nossas deficiências econômicas estruturais mais graves (art. 155, §2º, X, *a*, da CF).[55]

Para compensar a perda de arrecadação dos estados provocada pela Emenda Constitucional nº 42, o art. 91 do ADCT previa que a União iria entregar aos estados e ao Distrito Federal montante definido em lei complementar. Passada mais de uma década sem a edição da referida norma, o Supremo Tribunal Federal reconheceu, em sede de ação direta de inconstitucionalidade por omissão, a mora inconstitucional do Congresso Nacional.[56] Em 2020, a Corte homologou acordo firmado entre a União, os estados e o Distrito Federal para a instituição definitiva da compensação[57] a que se referia o art. 91 do ADCT, revogado posteriormente pela Emenda Constitucional nº 109/2021.

Igualmente não incidirá ICMS nos seguintes casos: sobre operações que destinem a outros estados petróleo, inclusive lubrificantes, combustíveis líquidos e gasosos dele derivados, e energia elétrica; o ouro quando definido em lei como ativo financeiro ou instrumento cambial; nas prestações de serviço de comunicação nas modalidades de radiodifusão sonora e de sons e imagens de recepção livre e gratuita (art. 155, §2º, X, *b*, *c*, *d*, da CF).

No intento de aumentar a arrecadação tributária dos estados-membros e do Distrito Federal permitiu-se que os fundos, que são reservas de recursos, no caso estaduais e distritais, fossem financiados com um adicional de até dois pontos percentuais na alíquota do ICMS sobre produtos e serviços supérfluos, na forma definida por lei complementar. Esse adicional não se aplica sobre a percentagem do ICMS que pertence aos municípios. A definição de produtos e serviços supérfluos deve ser feita por meio de lei federal (art. 82, §1º, do Ato das Disposições Constitucionais Transitórias).

## 35.8.3 Imposto sobre Propriedade de Veículos Automotores – IPVA

O Imposto sobre Propriedade de Veículos Automotores (IPVA) foi instituído pela Emenda à Constituição nº 27, de 1985, substituindo a taxa rodoviária única. Ele incide sobre a propriedade de qualquer veículo automotor que esteja registrado no órgão competente de cada um dos estados, já que é um tributo de competência dos estados-membros e do Distrito Federal (art. 155, III, da CF).

---

[55] Súmula do STF nº 536: "São objetivamente imunes ao imposto sobre circulação de mercadorias os 'produtos industrializados', em geral, destinados à exportação, além de outros, com a mesma destinação, cuja isenção a lei determinar".
[56] ADO nº 25/DF, Rel. Min. Gilmar Mendes, j. 30.11.2016.
[57] ADO nº 25/DF-QO, Rel. Min. Gilmar Mendes, j. 20.5.2020.

Seu sujeito passivo é o proprietário do veículo, sendo indicado pelo documento de seu licenciamento. O fato gerador é a propriedade do veículo. O valor do tributo a ser pago é estabelecido pelos estados-membros e pelo Distrito Federal, de acordo com a marca, o modelo e o ano de fabricação.

O referido imposto terá alíquotas mínimas fixadas pelo Senado Federal. Essas alíquotas podem ser diferenciadas em função do tipo de veículo e de sua utilização (art. 155, §6º, I e II da Constituição Federal).

## 35.9 Impostos municipais

### 35.9.1 Imposto sobre Propriedade Predial e Territorial Urbana – IPTU

O Imposto sobre Propriedade Predial e Territorial Urbana – IPTU passou a ser de competência dos municípios desde a Constituição de 1934, constituindo-se em um de seus principais tributos. Seu fato gerador é a propriedade, o domínio útil ou a posse de bem imóvel por natureza ou por acessão física, como definido na lei civil, localizado na zona urbana do município (art. 156, I, da CF). Pela sua extensão, essa espécie tributária abrange tanto a área em que está localizado o imóvel quanto suas edificações.

A base de cálculo do IPTU é o valor venal do imóvel. Este numerário é o provável valor da venda do bem, o chamado valor de mercado, o preço pelo qual seria vendido. O sujeito passivo é o proprietário, aquele que detém o domínio útil ou a posse não precária do imóvel urbano. O bem precisa estar localizado nas zonas urbanas ou áreas urbanizáveis do município.[58]

A alíquota do IPTU é definida por lei municipal, podendo ser progressiva, mas seu limite é que ela não implique confisco. Foi a Emenda Constitucional nº 29, de 13.9.2000, que constitucionalizou a possibilidade de instituição da progressividade nas alíquotas do IPTU, adequando o princípio da propriedade com sua função social.

Sem prejuízo da progressividade no tempo a que se refere o art. 182, §4º, inc. II, o IPTU poderá: a) ser progressivo em razão do valor do imóvel, ou seja, quanto maior for o valor do imóvel maior a alíquota incidente nesse tributo; b) ter alíquotas variáveis em consonância com a localização do imóvel (art. 156, §1º, I e II, da CF).

### 35.9.2 Imposto de Transmissão *Inter Vivos*

O Imposto de Transmissão *Inter Vivos* incide a qualquer título, por ato oneroso, de bens imóveis, por natureza ou acessão física, e de direitos reais sobre imóveis, exceto os de garantia, bem como cessão de direitos a sua aquisição (art. 156, II, da CF). Em resumo, pode-se dizer que é o imposto incidente sobre transferência de imóveis operada pela vontade da pessoa, enquanto viva, que realiza a transmissão. O seu fato gerador é a transferência da propriedade da coisa, realizada a título oneroso (por exemplo, compra e venda); se a transmissão for realizada por doação, passa a ser sobre imposto estadual. A base de cálculo do imposto é o valor venal dos bens ou direitos transmitidos. A alíquota é determinada por lei ordinária do município competente.

---

[58] Art. 32, §2º, do CTN: "A lei municipal pode considerar urbanas as áreas urbanizáveis, ou de expansão urbana, constantes de loteamentos aprovados pelos órgãos competentes, destinados à habitação, à indústria ou ao comércio, mesmo que localizados fora das zonas definidas nos termos do parágrafo anterior".

A instituição do Imposto de Transmissão *Inter Vivos* é de competência do município da situação do bem (art. 156, §2º, II, da CF). Este imposto não incide sobre a transmissão de bens ou direitos incorporados ao patrimônio de pessoa jurídica em realização de capital, nem sobre a transmissão de bens ou direitos decorrente de fusão, incorporação, cisão ou extinção de pessoa jurídica, salvo se, nesses casos, a atividade preponderante do adquirente for a compra e venda desses bens ou direitos, locação de bens imóveis ou arrendamento mercantil (art. 156, §2º, I, da CF).

### 35.9.3 Imposto sobre Serviços – ISS

O Imposto sobre Serviços – ISS engloba serviços de qualquer natureza, não compreendidos entre aqueles pertinentes ao ICMS (serviços de transporte não estritamente municipais e comunicações), definidos em lei complementar realizada pelo Congresso Nacional (art. 156, III, da CF).

O Imposto sobre Serviços tem como fato gerador a prestação, por empresa ou profissional autônomo, com ou sem estabelecimento fixo, de serviços elencados como tributáveis. Dentro de sua esfera de competência, cabe aos municípios fixar as alíquotas do ISS. Como regra geral, sua base de cálculo é o preço do serviço. O contribuinte é a empresa ou o trabalhador autônomo que presta serviço tributável.

Compete à lei complementar regulamentar os seguintes aspectos do Imposto sobre Serviços (ISS): fixar suas alíquotas máximas e mínimas; excluir de sua incidência exportações de serviços; regular a forma e as condições como isenções, incentivos e benefícios fiscais serão concedidos e revogados (art. 156, §3º, I, II, III, da CF).

### 35.10 Repartição das receitas tributárias

A repartição das receitas tributárias, também denominada transferência fiscal, configura-se como um dos cernes do equilíbrio dos estados federados, porque se ela não for realizada de modo razoável, a autonomia, que é a base dessa forma de organização política, não poderá ser exercida plenamente. Ela significa a forma como a receita tributária será repartida entre os entes componentes da estrutura estatal. De acordo com o modo como for realizada a divisão da carga tributária pode-se saber qual o modelo federativo adotado, se ele foi centralizador, centrípeto, ou descentralizador, centrífugo.

Ela ocorre devido à complexidade do sistema federativo, em que os entes não dispõem apenas dos tributos que arrecadam, mas têm a prerrogativa de também partilhar daqueles que estão fora de sua alçada de competência. Dessa forma, cada ente componente da organização política participa da arrecadação tributária de outra unidade.[59]

Segundo Sacha Calmon, há duas formas de participação dos entes políticos no produto da arrecadação tributária de outro ente federativo: de maneira direta, quando há determinado percentual do tributo auferido, como exemplo, cinquenta por cento do IPVA relativo aos veículos licenciados no território dos municípios;

---

[59] "O direito de codividir receitas alheias só nasce para a pessoa credora quando aquela que detém a competência para criar o tributo o faz. Não há, pois, um condomínio do tributo. Este pertence à pessoa política a quem a Constituição o conferiu" (BASTOS, Celso Ribeiro. *Curso de direito financeiro e de direito tributário*. São Paulo: Saraiva, 1991. p. 136).

de maneira indireta, quando são formados fundos, nos quais fluem as receitas de impostos que depois serão rateados entre seus partícipes, como o Fundo de Participação dos Estados (FPE) e o Fundo de Participação dos Municípios.[60]

### 35.10.1 Repartição direta aos estados e ao Distrito Federal

Os estados e o Distrito Federal têm direito ao produto da arrecadação do Imposto de Renda, de competência da União, incidente na fonte sobre os vencimentos e proventos de seus servidores e os rendimentos pagos pelo estado, a qualquer título, pela Administração direta, autarquias e fundações (art. 157, I, da CF). Compete-lhes ainda vinte por cento do produto da arrecadação dos impostos que a União vier a criar devido à sua prerrogativa residual (art. 157, II, da CF).

### 35.10.2 Repartição direta aos municípios

Em virtude da repartição tributária, os municípios têm direito aos seguintes tributos:
   a) ao produto da arrecadação do imposto de renda, de competência da União, incidente na fonte sobre rendimentos pagos, a qualquer título, por esses entes, suas autarquias e fundações (art. 158, I, da CF);
   b) a cinquenta por cento do produto da arrecadação do imposto sobre a propriedade territorial rural, com relação aos imóveis neles situados. Cabe-lhes a totalidade da arrecadação se o município decidir fiscalizar e cobrar o citado tributo, por intermédio de convênio com a União (art. 158, II, da CF);
   c) a cinquenta por cento do produto da arrecadação do imposto do estado sobre a propriedade de veículos automotores licenciados em seus territórios (art. 158, III, da CF);
   d) a vinte e cinco por cento do produto da arrecadação do ICMS (art. 158, IV, da CF). Destes, 65% serão creditados na proporção do valor adicionado das mercadorias e serviços realizados no território de cada município; os 35% restantes serão repartidos nos termos da lei estadual, sendo obrigatória a destinação de, pelo menos, dez pontos percentuais com base em indicadores de melhoria do ensino e aprendizagem (Emenda Constitucional nº 108/2020).

### 35.10.3 Repartição indireta por parte da União

Da arrecadação do IR (Imposto de Renda) e do IPI (Imposto sobre Produtos Industrializados), a União repartirá quarenta e oito por cento da seguinte maneira: a) vinte e um e meio por cento para o Fundo de Participação dos Estados e do Distrito Federal; b) vinte e dois e meio por cento para o Fundo de Participação dos Municípios; c) três por cento para aplicação em programas de financiamento ao setor produtivo das regiões Norte, Nordeste e Centro-Oeste; d) um por cento ao Fundo de Participação dos

---

[60] COÊLHO, Sacha Calmon Navarro. *Comentários à Constituição de 1988*. Sistema tributário. 9. ed. Rio de Janeiro: Forense, 2005. p. 655.

Municípios, que será entregue no primeiro decêndio do mês de dezembro de cada ano (art. 159, I, *a, b* e *c, d*, da CF). A Emenda Constitucional nº 55 concedeu mais um por cento da arrecadação de IR e IPI ao Fundo de Participação dos Municípios, com a finalidade de conceder mais autonomia financeira a essas entidades federativas.

Para efeito da repartição do Imposto de Renda, exclui-se do cálculo a parcela de arrecadação pertencente aos estados, ao Distrito Federal e aos municípios (art. 159, §1º, da CF).

Da arrecadação sobre o IPI (Imposto sobre Produtos Industrializados), dez por cento pertence aos estados e ao Distrito Federal, de acordo com o valor das respectivas exportações de produtos industrializados (art. 159, II, da CF).

Para não acentuar as desigualdades regionais, nenhuma unidade federada pode receber parcela superior a vinte por cento do IPI repartido pela União aos estados e ao Distrito Federal, devendo o eventual excedente ser distribuído entre os demais participantes (art. 159, §2º, da CF). Do montante recebido pelos estados da transferência do IPI, vinte e cinco por cento dos recursos pertencem aos respectivos municípios (art. 159, §3º, da CF).

Da arrecadação da contribuição de intervenção no domínio econômico, vinte e nove por cento pertencem aos estados e ao Distrito Federal, consonante disposto em lei (art. 159, III, da CF). Do montante recebido pelos estados da transferência da contribuição de intervenção no domínio econômico, vinte e cinco por cento dos recursos pertencem aos respectivos municípios, respeitando os parâmetros legais (art. 159, §4º, da CF).

## 35.10.4 Vedação de retenção

Em regra, fica vedada a retenção ou qualquer restrição à entrega e ao emprego dos recursos pertencentes aos estados, ao Distrito Federal e aos municípios (art. 160 da CF). Todavia, a União e os estados podem condicionar a entrega dos recursos nestas condições: a) para que haja o pagamento dos créditos devidos pelos entes federativos, inclusive de suas autarquias; b) para que sejam aplicados, anualmente, em ações e serviços públicos de saúde recursos mínimos, na forma como fora previsto (art. 160, I e II, da CF).

A União, os estados, o Distrito Federal e os municípios devem divulgar, até o último dia do mês subsequente ao da arrecadação, os montantes de cada um dos tributos arrecadados, os recursos recebidos, os valores de origem tributária entregues e a entregar e a expressão numérica dos critérios de rateio. Os dados divulgados pela União são discriminados por estado e por município; os dos estados, por município (art. 162, *caput* e parágrafo único, da CF).

# FINANÇAS PÚBLICAS

## 36.1 Normas gerais

O capítulo sobre finanças públicas trata das normas gerais sobre dívida pública, emissão e resgate de títulos públicos, fiscalização financeira da Administração Pública direta e indireta, enfim, regulamenta de forma genérica a matéria constitucional relacionada às receitas e às despesas públicas.

A competência para regulamentar normas gerais sobre direito financeiro é da União, segundo o art. 24, I, da Constituição Federal, por intermédio de norma complementar, estendendo os seus efeitos a todos os entes federativos. As normas gerais têm a função de sistematizar as linhas mestras das finanças públicas, de forma genérica e abstrata, sem descurar das peculiaridades dos estados, municípios e do Distrito Federal. Esses dispositivos são normas de princípio institutivo, necessitando de mandamentos infraconstitucionais para garantir eficácia plena a seus dispositivos.

A base de regulamentação das normas gerais sobre finanças públicas é lei complementar, abordando vários tópicos, entre eles os *infra* elencados.[1]

a) Finanças públicas – Para precisar seu conceito, preciosas são as palavras de Aliomar Baleeiro:

> Ela é a disciplina que, pela investigação dos fatos, procura explicar os fenômenos ligados à obtenção e dispêndio do dinheiro necessário ao funcionamento dos serviços a cargo do Estado, ou de outras pessoas de direito público, assim como os efeitos outros resultantes dessa atividade governamental.[2]

b) Dívida pública externa e interna, incluída a das autarquias, fundações e demais entidades controladas pelo Poder Público – Dívida interna é aquela contraída

---

[1] A Lei Complementar nº 101, de 4.5.2000, estabelece normas de finanças públicas voltadas para a responsabilidade na gestão fiscal e dá outras providências.
[2] BALEEIRO, Aliomar. *Uma introdução à ciência das finanças*. 9. ed. Rio de Janeiro: Forense, 1973. p. 22.

por pessoa física ou jurídica dentro dos limites territoriais do país. Dívida externa, por sua vez, é aquela contraída por pessoa física ou jurídica fora dos limites legais do país.

c) Concessão de garantias pelas entidades públicas – É o compromisso formal oferecido pelas entidades públicas para o cumprimento de obrigações financeiras, desde que obedecidos os limites e condições fixados pelo Senado (art. 52, VIII, da CF).

d) Emissão e resgate de títulos da dívida pública – Emissão é a criação de um título, e resgate se configura no seu pagamento. Título da dívida pública é um documento que formaliza um débito por parte do ente federativo.

e) Fiscalização financeira da Administração Pública direta e indireta – A lei complementar deve estabelecer procedimentos para verificar se as instituições da Administração direta e indireta estão cumprindo os dispositivos contidos no referido dispositivo legal.

f) Operações de câmbio realizadas por órgãos e entidades da União, dos estados, do Distrito Federal e dos municípios – São operações financeiras de venda, compra ou troca de valores monetários, como ações, moedas estrangeiras etc. Este tipo de operação é disciplinado pela lei complementar referida, em consonância com os objetivos da política econômica implementada pelo governo.

g) Compatibilização das funções das instituições oficiais de crédito da União, resguardadas as características e condições operacionais plenas voltadas ao desenvolvimento regional – Se lei complementar regulamenta as finanças públicas de forma geral, não poderia deixar sem normatizar as instituições oficiais de crédito, que se forem mal geridas podem redundar em grande prejuízo para os entes federativos (art. 163, I a VII, da CF).

A competência da União para emitir moeda será exercida exclusivamente pelo Banco Central (art. 164 da CF). É vedado ao Banco Central conceder, direta ou indiretamente, empréstimos ao Tesouro Nacional e a qualquer órgão ou entidade que não seja instituição financeira (art. 164, §1º, da CF). Pode este órgão financeiro, havendo necessidade, comprar e vender títulos de emissão do Tesouro Nacional, com o objetivo de regular a oferta de moeda ou a taxa de juros (art. 164, §2º, da CF).

O Banco Central é uma autarquia federal, com a função de emitir moeda, a qual exerce de forma exclusiva. Cabe à União, sem possibilidade de delegação, legislar sobre o sistema monetário.[3]

As sobras financeiras da União serão depositadas no Banco Central e as dos estados, do Distrito Federal, dos municípios e dos órgãos ou entidades do Poder Público e das empresas por ele controladas, em instituições financeiras oficiais, ressalvados os casos previstos em lei (art. 164, §3º, da CF).

---

[3] Assim se expressa o Professor José Afonso da Silva: "A função primordial do Banco Central consiste no controle de assuntos monetários, controle de crédito e do câmbio, controle de capitais estrangeiros. Para tanto, autoriza o funcionamento das instituições financeiras, fiscaliza-as, autoriza-lhes a prática de operações de câmbio, crédito e venda de títulos da dívida pública federal, estadual e municipal, ações e debêntures, letras hipotecárias e outros títulos de crédito" (SILVA, José Afonso da. *Comentário contextual à Constituição*. São Paulo: Malheiros, 2005. p. 687).

## 36.2 Leis orçamentárias

O Poder Executivo tem a obrigação de estabelecer as seguintes leis orçamentárias: a) o plano plurianual; b) as diretrizes orçamentárias; c) os orçamentos anuais (art. 165, I a III, da CF). Esta é uma competência privativa do Executivo, vinculada, cujo desrespeito enseja a configuração de uma inconstitucionalidade formal.

Orçamento são atos de previsão e de autorização de receitas e de despesas públicas em que se avaliam os projetos e se acompanham os serviços e encargos governamentais em cada exercício financeiro.[4] Aliomar Baleeiro conceitua o orçamento, nos países democráticos, como sendo

> o ato pelo qual o Poder Legislativo prevê e autoriza ao Poder Executivo, por certo período e em pormenor, as despesas destinadas ao funcionamento dos serviços públicos e outros fins adotados pela política econômica ou geral do país, assim como a arrecadação das receitas já criadas em lei.[5]

No orçamento foi contemplado o princípio da universalidade, que assevera que todas as receitas e as despesas governamentais devem ser nele incluídas, sem que haja vinculação entre receitas de impostos e despesas específicas (art. 167, IV).

O plano plurianual, de forma regionalizada, estabelece as diretrizes, objetivos e metas da Administração Pública Federal para as despesas de capital (são aquelas inerentes à aquisição de máquinas, equipamentos e outros insumos necessários ao crescimento econômico) e outras delas decorrentes e para as relativas aos programas de duração continuada (art. 165, §1º, da CF). O plano plurianual se configura como um planejamento estrutural, influenciando a confecção das demais leis orçamentárias, com prazo de vigência definido em lei complementar, exigindo, a cada ano, que ele seja efetivado pela Lei Orçamentária. Ele é um planejamento estrutural porque busca incrementar a promoção do desenvolvimento econômico, do equilíbrio entre as diversas regiões do país e da estabilidade econômica. Conforme o art. 35, §2º, I, do ADCT, o plano plurianual tem vigência até o primeiro ano do mandato seguinte ao que foi elaborado. O objetivo desse mecanismo é mitigar os efeitos da ingerência política no planejamento orçamentário do governo, mantendo uma continuidade entre os programas de desenvolvimento.

Infelizmente, o descumprimento do plano plurianual não acarreta uma sanção específica, configurando-se como uma programação ou orientação, que deve ser respeitada pelo Executivo na execução dos orçamentos anuais, mas que não vincula o Legislativo na feitura das leis orçamentárias. Todavia, o orçamento fiscal e o orçamento de investimento das empresas estatais devem ser realizados em consonância com o plano plurianual, e nenhum investimento cuja execução ultrapasse um exercício financeiro poderá ser iniciado sem prévia inclusão no plano plurianual, ou sem lei que autorize a inclusão.[6]

---

[4] "Dessa forma, os orçamentos das empresas privadas visam a planejar formas de maximização dos lucros. O orçamento público responde a uma problemática diferente, posto que não existe 'lucro', no senso monetário do termo, nos orçamentos estatais. As previsões contidas nos orçamentos públicos refletem as preocupações, as necessidades da sociedade e se caracterizam por previsões de receita e autorizações de despesas" (NÓBREGA, Marcos. *Lei de Responsabilidade Fiscal e leis orçamentárias*. São Paulo: Juarez de Oliveira, 2002. p. 84).

[5] BALEEIRO, Aliomar. *Uma introdução à ciência das finanças*. 9. ed. Rio de Janeiro: Forense, 1973. p. 387.

[6] TORRES, Ricardo Lobo. *Curso de direito financeiro e tributário*. 10. ed. Rio de Janeiro: Renovar, 2003. p. 155-156.

A Lei de Diretrizes Orçamentárias compreende as metas e prioridades da Administração Pública Federal, incluindo as despesas de capital para o exercício financeiro subsequente, para orientar a elaboração da Lei Orçamentária anual, dispor sobre as alterações na legislação tributária e estabelecer a política de aplicação das agências financeiras oficiais de fomento (art. 165, §2º, da CF). Trata-se de uma lei anual, que pela sua finalidade de orientar a elaboração da Lei Orçamentária deve ser enviada pelo chefe do Executivo ao Poder Legislativo anteriormente a esta, pois orientará sua confecção.

O Poder Executivo tem a obrigação de publicar, até trinta dias após o encerramento de cada bimestre, relatório resumido da execução orçamentária, com o objetivo de que o acompanhamento orçamentário propicie o cumprimento da previsão de gastos e receitas, o que, infelizmente, não é praxe na realidade brasileira (art. 165, §3º, da CF). Os planos e programas nacionais, regionais e setoriais previstos nesta Constituição são elaborados em consonância com o plano plurianual e apreciados pelo Congresso Nacional (art. 165, §4º, da CF).

A Lei Orçamentária anual compreende os seguintes tópicos: a) o orçamento fiscal referente aos poderes da União, seus fundos, órgãos e entidades da Administração direta e indireta, inclusive fundações instituídas e mantidas pelo Poder Público; b) o orçamento de investimento das empresas em que a União, direta ou indiretamente, detenha a maioria do capital social com direito a voto; c) o orçamento da seguridade social, abrangendo todas as entidades e órgãos a ela vinculados, da Administração direta ou indireta, bem como os fundos e fundações instituídos e mantidos pelo Poder Público (art. 165, §5º, I a III, da CF).

Portanto, a Lei Orçamentária, que é anual, compreende a parte do orçamento fiscal, o orçamento de investimento e o orçamento da seguridade social. Embora seja una, a referida lei é formada por três partes diversas que se harmonizam e se integram em sua finalidade. Engloba os poderes Legislativo, Executivo e Judiciário, bem como os fundos, órgãos e entidades da Administração direta e indireta, inclusive fundações instituídas e mantidas pelo Poder Público.[7]

O Projeto de Lei Orçamentária será acompanhado de demonstrativo regionalizado do efeito, sobre as receitas e despesas, decorrente de isenções, anistias, remissões, subsídios e benefícios de natureza financeira, tributária e creditícia (art. 165, §6º, da CF). Consoante o princípio da especificação, a discriminação das receitas e das despesas é realizada por ente federativo, para se saber quanto poderá render ou despender cada unidade considerada. Dessa forma, as receitas e as despesas são autorizadas pelo Poder Legislativo, não em bloco, mas de forma específica.[8]

Na Lei Orçamentária o orçamento fiscal e de investimentos necessitam ser compatibilizados com o plano plurianual, apresentando entre suas funções a de reduzir desigualdades inter-regionais, segundo critério populacional (art. 165, §7º, da CF).

A Lei Orçamentária anual não tem dispositivo estranho à previsão da receita e à fixação da despesa, não se incluindo na proibição a autorização para abertura de créditos suplementares (são recursos financeiros com o objetivo de reforçar as dotações

---

[7] As despesas correntes das estatais dependentes, isto é, que percebem recursos do ente da Federação para as despesas de custeio, estarão contidas no orçamento fiscal e no da Seguridade Social (LC nº 101/2000, art. 2º, §2º, III).
[8] CAMPOS, Dejalma de. *Direito financeiro e orçamentário*. São Paulo: Atlas, 1995. p. 73.

orçamentárias. São autorizadas pelo Legislativo e abertas por ato do Executivo, com a indicação dos recursos correspondentes) e contratação de operações de crédito (negócio jurídico mediante o qual o Poder Público capta recursos), ainda que por antecipação de receita (são recursos que devem ser pagos em curto prazo, logo que houver o recebimento da receita antecipada), nos termos da lei (art. 165, §8º, da CF). Este é o princípio da exclusividade, que impede que emendas parlamentares possam incluir nas leis orçamentárias matéria estranha ao direito financeiro.

Para disciplinar o plano plurianual, a Lei de Diretrizes Orçamentárias e a Lei Orçamentária, deve ser elaborada lei complementar fornecendo as diretrizes que orientam a feitura destas normas, disciplinando preceitos gerais como o prazo do exercício financeiro, sua vigência etc. Compete à referida lei complementar disciplinar os seguintes tópicos: a) dispor sobre o exercício financeiro (que pode não ser o mesmo do exercício civil), a vigência, os prazos, a elaboração e a organização do plano plurianual, da Lei de Diretrizes Orçamentárias e da Lei Orçamentária anual; b) estabelecer normas de gestão financeira e patrimonial da Administração direta e indireta, bem como condições para a instituição e funcionamento de fundos (art. 165, §9º, I e II, da CF).

## 36.3 Procedimento de confecção das leis orçamentárias

Os projetos de lei relativos ao plano plurianual, às diretrizes orçamentárias, ao orçamento anual e aos créditos adicionais são apreciados pelo Poder Legislativo, na forma do regimento comum, de modo separado em cada uma de suas Casas (art. 166 da CF). Recebida a iniciativa por parte do Congresso Nacional, ela será lida em sessão conjunta e depois submetida a uma comissão mista permanente, formada de senadores e deputados.

Compete à comissão mista que aprecia as leis orçamentárias (art. 166, §1º, I e II, da CF):

> I – examinar e emitir parecer sobre os projetos referidos neste artigo e sobre as contas apresentadas anualmente pelo Presidente da República;
> II – examinar e emitir parecer sobre os planos e programas nacionais, regionais e setoriais previstos nesta Constituição e exercer o acompanhamento e a fiscalização orçamentária, sem prejuízo da atuação das demais comissões do Congresso Nacional e de suas Casas.

As propostas de modificação das leis orçamentárias são apresentadas na comissão mista, que sobre elas emite parecer e, posteriormente, devem ser apreciadas nas duas Casas do Congresso Nacional (art. 166, §2º, da CF).

As emendas ao projeto de lei do orçamento anual ou aos projetos que o modifiquem somente podem ser aprovadas caso: a) sejam compatíveis com o plano plurianual e com a Lei de Diretrizes Orçamentárias; b) indiquem os recursos necessários, admitidos apenas os provenientes de anulação de despesa, excluídas as que incidam sobre dotações para pessoal e seus encargos, serviço da dívida, transferências tributárias constitucionais para estados, municípios e Distrito Federal; c) sejam relacionadas com a correção de erros ou omissões e com dispositivos do texto do projeto de lei (art. 166, §3º, I a III, da CF).

As emendas ao projeto de Lei de Diretrizes Orçamentárias não podem ser aprovadas quando incompatíveis com o plano plurianual (art. 166, §4º, da CF). O presidente da República pode enviar mensagem ao Congresso Nacional para propor modificação nos projetos a que se refere este artigo enquanto não iniciada a votação, na Comissão mista, da parte cuja alteração é proposta (art. 166, §5º, da CF).

Os projetos de lei do plano plurianual, das diretrizes orçamentárias e do orçamento anual serão enviados pelo presidente da República ao Congresso Nacional, nos termos da lei complementar que regulamenta as leis financeiras (art. 166, §6º, da CF). Enquanto a lei regulamentadora não é editada, cumpre-se o disposto no art. 35, §2º do ADCT: o plano plurianual deve ser enviado até quatro meses antes do final do primeiro exercício financeiro do mandato, e devolvido para sanção até o encerramento da sessão legislativa; a lei orçamentária anual segue, anualmente, as mesmas datas do plano plurianual, que é quadrienal. A LDO, por sua vez, deve ser encaminhada ao Congresso até oito meses e meio antes do encerramento do exercício financeiro e devolvida para a sanção até o encerramento da sessão legislativa.

Aplicam-se aos projetos mencionados neste artigo, no que não contrariar o disposto nesta seção, como as disposições sobre a Comissão Mista, as emendas e as modificações do projeto pelo chefe do Executivo, as demais normas relativas ao processo legislativo (art. 166, §7º, da CF). Os recursos que, em decorrência de veto, emenda ou rejeição do projeto de Lei Orçamentária anual, ficarem sem despesas correspondentes poderão ser utilizados, conforme o caso, mediante créditos especiais, para atender a despesas que não foram computadas no orçamento, ou suplementares, com prévia e específica autorização legislativa (art. 166, §8º, da CF).

A Constituição não previu a possibilidade de rejeição do projeto de Lei de Diretrizes Orçamentárias porque planteia que a sessão legislativa não será interrompida sem sua aprovação. Contudo, admitiu a possibilidade de rejeição do projeto de Lei Orçamentária quando expressou que em decorrência de sua rejeição os recursos inerentes poderão ser utilizados mediante créditos especiais ou suplementares. Caso não seja confeccionado o orçamento, as despesas deverão ser autorizadas caso a caso pelo Legislativo, por intermédio de créditos especiais ou suplementares.[9]

## 36.4 Vedações às leis orçamentárias

As vedações impostas às leis orçamentárias pretendem assegurar que essas normas cumpram suas finalidades, fazendo com que elas deixem de ser meras peças formais. São vedados:

a) O início de programas ou projetos não incluídos na Lei Orçamentária anual – Esta é uma decorrência do princípio da legalidade, impedindo qualquer gasto sem previsão orçamentária.

b) A realização de despesas ou a assunção de obrigações diretas que excedam os créditos orçamentários ou adicionais – Créditos orçamentários são aqueles previstos na Lei Orçamentária anual, enquanto que os adicionais são autorizações que não foram incluídas no orçamento ou que foram incluídas de forma insuficiente.

---

[9] SILVA, José Afonso da. *Comentário contextual à Constituição*. São Paulo: Malheiros, 2005. p. 687.

c) A realização de operações de créditos que excedam o montante das despesas de capital, ressalvadas as autorizadas mediante créditos suplementares ou especiais com finalidade precisa, aprovados pelo Poder Legislativo por maioria absoluta ("regra de ouro") – Créditos suplementares e especiais são espécies de créditos adicionais, consistindo em dotações que não estavam previstas nas leis orçamentárias. Os primeiros têm a função de reforçar os créditos orçamentários, e os segundos são criados para atender a despesas que não foram previstas.

d) A vinculação de receita de impostos a órgão, fundo ou despesa – Contudo, configuram-se como exceções: a) a repartição do produto da arrecadação dos impostos devidos aos municípios e a repartição das receitas tributárias por parte da União; b) a destinação de recursos para as ações e serviços públicos de saúde, para manutenção e desenvolvimento do ensino e para a realização de atividades da administração tributária; c) a prestação de garantias às operações de crédito por antecipação de receita; d) a vinculação de receitas próprias geradas por impostos estaduais e municipais e dos recursos a eles pertinentes, bem como para prestação de garantia ou contragarantia à União para pagamento de débitos para com esta. O dispositivo ora em análise explicita o princípio da não vinculação, ou não afetação, de receitas tributárias, que proíbe a vinculação da receita de impostos a órgãos estatais, fundo ou despesas, afora as exceções expressamente permitidas.

e) A abertura de crédito suplementar ou especial sem prévia autorização legislativa e sem indicação dos recursos correspondentes – Houve a reafirmação da obrigatoriedade da permissão legislativa, acrescido da necessidade de indicação de onde estes recursos serão empregados.

f) A transposição, o remanejamento ou a transferência de recursos de uma categoria de programação para outra ou de um órgão para outro, sem prévia autorização legislativa, salvo no âmbito das atividades de ciência, tecnologia e inovação (Emenda Constitucional nº 85/2015) – Estes tipos de relocação de verba orçamentária apenas podem ser permitidos por autorização normativa, reforçando o papel de fiscalização exercido pelo Poder Legislativo. Tal vedação denomina-se proibição de estorno de verbas.

g) A concessão ou utilização de créditos ilimitados – Como as dotações orçamentárias não podem ser ilimitadas, igualmente não podem existir créditos ilimitados, pois se assim fosse desapareceria a finalidade das leis orçamentárias de conter e fiscalizar os gastos do Poder Executivo.

h) A utilização, sem autorização legislativa específica, de recursos do orçamento fiscal e da seguridade social para suprir necessidade ou cobrir déficit de empresas, fundações e fundos – A operação mencionada se constitui em uma forma de relocação de recursos e tal tipo de operação somente pode ocorrer mediante autorização legislativa, advindo, assim, sua proibição.

i) A instituição de fundos de qualquer natureza, sem prévia autorização legislativa – Fundos são aportes de recursos monetários estruturados para atender a determinadas finalidades que motivaram sua criação. Como obedecem ao princípio da legalidade, não podem ser criados sem permissão do Poder Legislativo. Além disso, a Emenda Constitucional nº 109/2021 trouxe a vedação

à criação de fundos públicos quando seus objetivos puderem ser alcançados de outras formas, como pela execução direta por programação orçamentária ou pela vinculação de receitas específicas (art. 167, XIV).
j) A transferência voluntária de recursos e a concessão de empréstimos, inclusive por antecipação de receita, pelos governos federal e estaduais e suas instituições financeiras, para pagamento de despesas com pessoal ativo, inativo e pensionista, dos estados, do Distrito Federal e dos municípios – Transferência voluntária é a entrega de recursos a outro ente federativo, a título de cooperação, auxílio ou assistência financeira, excetuando-se o disposto na Constituição.
k) A utilização dos recursos provenientes das contribuições sociais para a realização de despesas distintas do pagamento de benefícios do regime geral de previdência social – Se as contribuições sociais são espécies tributárias arrecadadas com destinação específica, não tem sentido sua alocação para finalidades outras, sob pena da declaração de sua inconstitucionalidade (art. 167, I a XI, da CF).
l) a transferência voluntária de recursos, concessão de garantias, avais e subvenções, pela União, aos estados e municípios que descumprirem as regras gerais do regime de Previdência Social – Essa vedação foi introduzida pela Emenda Constitucional nº 103/2019 (Reforma da Previdência), com o objetivo de obrigar os demais entes federativos a adequar os seus regimes próprios às novas regras constitucionais.

Nenhum investimento cuja execução ultrapasse um exercício financeiro pode ser iniciado sem prévia inclusão no plano plurianual, ou sem lei que autorize a inclusão, sob pena de crime de responsabilidade (art. 167, §1º, da CF). Se o plano plurianual não for respeitado, o planejamento orçamentário de longo prazo não será eficaz e, como consequência, não se pode esperar uma maior eficiência dos gastos da Administração Pública.

Em regra, os créditos especiais e extraordinários terão vigência no exercício financeiro em que forem autorizados pelo Legislativo, salvo se a autorização for promulgada nos últimos quatro meses daquele exercício, caso em que, reabertos nos limites de seus saldos, serão incorporados ao orçamento do exercício financeiro subsequente (art. 167, §2º, da CF). Como espécie de créditos adicionais, a instituição de créditos extraordinários se justifica para atender a despesas imprevisíveis e urgentes, como as decorrentes de guerra, comoção interna ou calamidade pública. Diante da premência de sua criação, são abertos através de medida provisória, que é uma exceção de que apenas lei formal pode aprovar os orçamentos e os créditos adicionais (art. 167, §3º, da CF).

Os recursos correspondentes às dotações orçamentárias (quantidade de recursos previstos no orçamento), compreendidos os créditos suplementares e especiais, destinados aos órgãos dos poderes Legislativo e Judiciário, do Ministério Público e da Defensoria Pública, ser-lhes-ão entregues até o dia 20 de cada mês, em duodécimos (art. 168 da CF).

## 36.5 Despesas de pessoal

A despesa com pessoal ativo e inativo da União, dos estados, do Distrito Federal e dos municípios não poderá exceder os limites da receita corrente líquida de 50% para a União e de 60% para os estados e municípios (art. 169 da CF).

A concessão de qualquer vantagem ou aumento de remuneração, a criação de cargos, empregos e funções ou alteração de estrutura de carreiras, bem como a admissão ou contratação de pessoal, a qualquer título, pelos órgãos e entidades da Administração direta ou indireta, inclusive fundações instituídas e mantidas pelo Poder Público, somente podem ser feitas quando forem atendidos os requisitos expostos: a) existência de prévia dotação orçamentária suficiente para atender às projeções de despesa de pessoal e aos acréscimos dela decorrentes; b) existência de autorização específica na Lei de Diretrizes Orçamentárias, ressalvadas as empresas públicas e as sociedades de economia mista; c) enquadramento dessas vantagens dentro das limitações impostas para a despesa de pessoal ativo e inativo (art. 169, §1º, da CF).

Até que os entes federativos não se compatibilizem aos limites mencionados anteriormente, dentro do prazo estipulado em lei complementar, como sanção, foi prevista a suspensão de todos os repasses de verbas federais ou estaduais aos estados, ao Distrito Federal e aos municípios (art. 169, §2º, da CF).

Se os entes federativos não estiverem enquadrados nos limites determinados para gasto com pessoal, devem, primeiramente, adotar as seguintes medidas: a) redução em pelo menos vinte por cento das despesas com cargos em comissão e funções de confiança; b) exoneração dos servidores não estáveis (art. 169, §3º, da CF). Não sendo estas medidas suficientes para a adequação à determinação constitucional, o servidor estável poderá perder o cargo, desde que por ato normativo motivado de cada um dos poderes, especificando a atividade funcional, o órgão ou unidade administrativa objeto da redução de pessoal (art. 169, §4º, da CF).

O servidor que perder o cargo em virtude da conformação com o estabelecido para as despesas de pessoal ativo e inativo de 50%, por parte da União, e 60%, por parte dos estados e municípios, da receita corrente líquida tem direito a uma indenização correspondente a um mês de remuneração por ano de serviço (art. 169, §5º, da CF). O cargo que for objeto da redução mencionada será considerado extinto, vedada a criação de cargo, emprego ou função com atribuições iguais ou assemelhadas pelo prazo de quatro anos (art. 169, §6º, da CF).

## 36.6 Emendas parlamentares e a natureza jurídica do orçamento

Tradicionalmente, a doutrina majoritária e a jurisprudência do STF[10] apontam que o orçamento brasileiro é lei em sentido formal, isto é, de efeitos concretos, faltando-lhe generalidade e abstração – em que pese poder ser objeto de controle concentrado de constitucionalidade.[11] Por tal razão, entende-se que o orçamento público no Brasil é meramente autorizativo no que toca à execução das despesas públicas, cuja efetivação dependerá da conveniência e das possibilidades do Poder Executivo ao longo do exercício financeiro. Em verdade, a obrigatoriedade na realização de determinados gastos – a exemplo do pagamento de salários e da aplicação de percentuais obrigatórios com a saúde e com o desenvolvimento do ensino – decorre de vinculações normativas pré-orçamentárias, e não da própria "lei de meios".

---

[10] STF, Plenário, ADO nº 453/PR, Red. p/ ac. Min. Ellen Gracie, j. 24.5.2007.
[11] STF, MC/ADI nº 4.048/DF, Rel. Min. Gilmar Mendes, j. 14.5.2008.

Essa característica do orçamento público brasileiro acabou por causar distorções à separação de poderes,[12] dada a concentração das decisões alocativas no Poder Executivo, em detrimento do Congresso Nacional, em que a lei orçamentária necessariamente deve ser discutida e aprovada. O controle da liberação de recursos para a execução de despesas incluídas no orçamento por emendas parlamentares tornou-se um dos principais instrumentos de barganha para o controle político do Parlamento pelo presidente da República, no âmbito do que se convencionou chamar "presidencialismo de coalizão".

Em reação à problemática acima exposta, o Congresso Nacional passou a aprovar diversas reformas constitucionais com o intuito de tornar a execução orçamentária cada vez mais impositiva, reforçando, assim, o papel do Poder Legislativo na alocação dos recursos públicos. A seguir, as principais modificações empreendidas:

a) Emenda Constitucional nº 86/2015 – instituiu as emendas parlamentares individuais impositivas, de execução obrigatória e equitativa pelo Poder Executivo. Estas correspondem a 1,2% da receita corrente líquida prevista no projeto de LOA encaminhado ao Congresso, devendo metade desse percentual ser necessariamente destinado a ações e serviços públicos de saúde (art. 166, §§9º e 10). Os valores não podem, em hipótese alguma, ser destinados ao pagamento de despesas de pessoal.

b) Emenda Constitucional nº 100/2019 – instituiu as emendas impositivas de bancada de parlamentares de estado ou do Distrito Federal. Suas regras são similares às das emendas individuais; contudo, o percentual limite é de 1% da receita corrente líquida, e não existe a obrigatoriedade de destinação de metade dos recursos às ações e serviços públicos de saúde (art. 166, §12).

c) Emenda Constitucional nº 105/2019 – buscou facilitar a aplicação dos recursos de emendas parlamentares individuais. Estes, quando alocados na modalidade de "transferências especiais" (art. 166-A, I), não precisam mais estar, necessariamente, vinculados a um programa do Governo Federal, podendo ser transferidos diretamente do Tesouro Nacional para o estado ou município destinatário, independentemente da celebração de convênios. Pelo menos 70% desses valores devem ser empregados em despesas de capital (art. 166-A, §7º); é vedada a aplicação dos recursos oriundos das emendas individuais para o pagamento de despesas de pessoal ou para o serviço da dívida (art. 166-A, §1º).

Desse modo, no que toca às emendas parlamentares individuais e de bancada, nos limites acima descritos, o orçamento torna-se impositivo. As únicas exceções à impositividade dessas emendas são a existência de algum impedimento técnico à execução da despesa (art. 166, §§13 e 18).

Outrossim, a Emenda Constitucional nº 100/2019 alterou a redação do art. 165, §10 da CF, que passou a estipular que "a administração tem o dever de executar as programações orçamentárias, adotando os meios e as medidas necessários, com o propósito de garantir a efetiva entrega de bens e serviços à sociedade". Parte da doutrina,[13] revisitando o posicionamento tradicional, tem sustentado que essa reforma constitucional tornou

---

[12] OLIVEIRA, Cláudio Ladeira; FERREIRA, Francisco G. B. O orçamento público no Estado constitucional democrático e a deficiência crônica na gestão das finanças públicas no Brasil. *Sequência*, Florianópolis, n. 76, p. 183-212, ago. 2017.

[13] PASCOAL, Valdecir. Um novo orçamento público? *O Estado de São Paulo*, 25 jun. 2019.

o orçamento público brasileiro impositivo. Assim, embora não se obrigue a execução orçamentária faticamente impossível, exige-se que o Poder Executivo justifique de forma clara as razões pelas quais determinada despesa não foi efetuada.[14]

Ainda não há pronunciamento dos Tribunais Superiores acerca da matéria, após a edição da emenda constitucional. Certo é que, se vingar a tese do orçamento impositivo, será enrijecido o papel do Congresso Nacional como definidor da despesa pública, para a efetivação dos direitos humanos, o que acena para uma maior participação democrática na tomada de decisões alocatícias.

## 36.7 Novo Regime Fiscal e as medidas de austeridade fiscal

A Emenda Constitucional nº 95, de 15.12.2016, introduziu no Ato das Disposições Constitucionais Transitórias (ADCT) o Novo Regime Fiscal, conhecido como "teto de gastos públicos". Em síntese, o crescimento das despesas públicas ano a ano passa a ser limitado por um indexador constitucional, qual seja, a inflação dos 12 meses anteriores, medida pelo índice IPCA (art. 107, §1º, ADCT). Na prática, portanto, congela-se o valor real das despesas públicas. A limitação do crescimento atinge apenas as despesas primárias, não abrangendo os encargos financeiros do Estado, isto é, os juros e a amortização da dívida pública (art. 107, *caput*, ADCT). Desse modo, eventual *superávit* orçamentário verificado destinar-se-á apenas ao pagamento do serviço da dívida, tendo em vista o congelamento das despesas primárias pela inflação.

O prazo de vigência do Novo Regime Fiscal é de 20 anos, isto é, até o exercício financeiro de 2036. Contudo, a partir do décimo ano de vigência, é possível que o indexador seja modificado por lei complementar de iniciativa do Poder Executivo, limitada a alteração a uma por mandato presidencial (art. 108, ADCT). O art. 107, §6º, do ADCT, elenca algumas exceções ao teto de gastos: a abertura de créditos extraordinários, as transferências tributárias constitucionais, as despesas excepcionais da Justiça Eleitoral com a realização de eleições e o aumento de capital das empresas estatais independentes. Ademais, diante da pandemia de Covid-19, a Emenda Constitucional nº 106/2020 (art. 3º) dispensou, excepcionalmente, a observância das limitações legais quanto à criação, à expansão ou ao aperfeiçoamento de ação governamental que acarrete aumento de despesa.

A instituição do Novo Regime Fiscal não foi indene de forte criticismo por parcela da opinião pública. Em primeiro lugar, é inédita a elevação ao patamar constitucional de uma norma de indexação das despesas públicas. A inocuidade de tal opção foi revelada pela pandemia de Covid-19, que obrigou a edição de uma outra emenda constitucional (nº 106) para excepcionar o cumprimento do teto de gastos. Em segundo lugar, é criticável a estipulação de prazo tão longo (20 anos) para um congelamento do valor real das despesas públicas, visto que a mera correção inflacionária destoa da demanda efetiva da sociedade por mais investimentos públicos em saúde, educação ou infraestrutura.

Por fim, causa espécie a exclusão das despesas financeiras do Estado do teto de gastos públicos (juros e amortização da dívida). Para amenizar essa problemática, foi promulgada a Emenda Constitucional nº 109, de 15.3.2021, que, entre outras disposições,

---

[14] LEITE, Harrisson. *Manual de direito financeiro*. 10. ed. Salvador: JusPodivm, 2021. p. 120.

reserva à lei complementar o encargo de dispor acerca da sustentabilidade da dívida pública, especificando a trajetória de convergência do montante da dívida com os limites definidos em legislação, além de medidas de ajuste, suspensões e vedações (art. 163, VIII, CF). Foi, ainda, inserido o art. 164-A ao texto da Lei Maior, obrigando os entes federativos a conduzirem suas políticas fiscais de forma a manter a dívida pública em níveis sustentáveis, na forma da lei complementar.

Pelo exposto, nota-se uma tendência de constitucionalização das medidas de austeridade fiscal, mormente no que toca ao controle das despesas públicas primárias – justamente aquelas que possibilitam a concretização dos direitos humanos prestacionais constitucionalmente entabulados.

# DA ORDEM ECONÔMICA E FINANCEIRA

## 37.1 Constituição econômica

Inicialmente, é preciso esclarecer que os conceitos não são permanentes – uma vez expostos, tomam seus próprios caminhos, de acordo com o andamento histórico.[1] O conceito de Constituição econômica segue essa trajetória, no sentido de que há modificações fundamentais na forma de interpretá-lo ao longo do tempo, no que se conclui que sua exegese jamais será tomada como um conceito estanque. Essa complexidade avoluma-se quando, além de imperativos históricos, o mencionado conceito, ainda, recebe fortes influxos político-ideológicos.[2]

Como bem observa André Ramos Tavares, o conceito de Constituição econômica traz em si forte carga histórica, refletindo as formas de organização da economia, adotadas ao longo de um vasto período. Falta-lhe o *a priori* normativo, ou conceitual, que possa defini-lo sem a influência das injunções metajurídicas.[3]

Para Laubadère, uma Constituição econômica sempre existiu em qualquer Estado, significando que, desde o advento do movimento constitucionalista, houve uma Constituição econômica, no sentido da normatização de instituições produtivas basilares da sociedade, como a propriedade privada, a livre iniciativa e a liberdade contratual.[4]

O disciplinamento econômico não apareceu *pari passu* com o surgimento da teorética sobre a Constituição econômica, sua gênese remonta a séculos anteriores. A Constituição econômica é um debate do século XX, na busca pela realização de seu

---

[1] CYRINO, André. Análise econômica da Constituição econômica e interpretação institucional. *Constituição, Economia e Desenvolvimento: Revista da Academia Brasileira de Direito Constitucional*, Curitiba, v. 8, n. 15, jul./dez. 2016. p. 495. Disponível em: http://abdconst.com.br/revista16/revista15.pdf. Acesso em: 18 abr. 2018.

[2] ESTEVES, João Luiz Martins. *A vinculação hermenêutica ao sentido ideológico do comando político-jurídico da Constituição brasileira*. 2015. 268 f. Tese (Doutorado) – Faculdade de Direito, Universidade Federal de Santa Catarina, 2015. p. 64.

[3] TAVARES, André Ramos. *Direito constitucional econômico*. São Paulo: Método, 2006. p. 73.

[4] LAUBADÈRE, André de. *Direito público econômico*. Tradução de Evaristo Mendes. Coimbra: Almedina, 1985. p. 27-28.

conteúdo.⁵ Essa compreensão passa também pela observação de que as Constituições dos séculos XVIII e XIX já traziam o tratamento da questão produtiva, ou seja, apresentavam normas com conteúdo econômico. Isso significa que as características indeléveis das Constituições – supremacia, supralegalidade e imutabilidade relativa – forneceram as condições para o desenvolvimento e consolidação do direito econômico.⁶

Entretanto, a informação complementar que precisa ser esclarecida é sobre a abordagem dada à matéria econômica nessas Constituições que carregavam um aspecto completamente liberal, interpretando esse conteúdo por uma via econômica natural, sem atender à necessidade de um regramento mais eficiente por parte dos órgãos estatais. Somente com o constitucionalismo social, no século XX, é que houve o entendimento de que uma Constituição não deve recepcionar uma ordem econômica de modo passivo, mas, pelo contrário, deve tentar modificá-la, quando necessário. Nesse sentido, não se concebe mais a ideia de um mercado que funciona espontaneamente, parte-se, então, da percepção de que ele necessita de uma regulação, para seu desenvolvimento eficiente e com o fim de alcançar os objetivos propostos. Passou-se a exigir um comportamento positivo, dirigido à consecução de programas, com o objetivo de alcançar determinadas metas previamente estipuladas.⁷ Verifica-se o caráter transformador do direito, não mais de viés conservador, que visa manter inalteradas as relações existentes.⁸ Trata-se agora de um ordenamento jurídico que não se contenta apenas com o ser, mas que, opostamente, também estimula a concretização de um dever-ser, auferindo *standards* que foram traçados pelo legislador constituinte.

Por algum tempo, as Constituições foram compreendidas como um conjunto de núcleos separados e, entre esses núcleos, estava a Constituição econômica, no sentido de que havia uma Constituição política e uma econômica.⁹ Porém, a ideia de uma Constituição econômica passou a ser interpretada não por meio de uma perspectiva estanque e independente, mas sim como parte integrante da Constituição total.¹⁰ Por conseguinte, é indispensável entender o próprio processo histórico de formação do seu conceito.

---

5   Embora as Constituições liberais dos séculos XVIII e XIX também contivessem preceitos de conteúdo econômico, como a garantia da propriedade ou da liberdade de indústria, o debate sobre a Constituição econômica é, sobretudo, um debate do século XX. As Constituições do século XX não representam mais a composição pacífica do que já existe, mas lidam com conteúdos políticos e com a legitimidade, em um processo contínuo de busca de realização de seus conteúdos, de compromisso aberto de renovação democrática (BERCOVICI, Gilberto. Política econômica e direito econômico. *Revista da Faculdade de Direito da Universidade de São Paulo*, v. 105, jan./dez. 2010. p. 396. Disponível em: http://www.revistas.usp.br/rfdusp/article/view/67907/70515. Acesso em: 27 abr. 2018).

6   AGRA, Walber de Moura. *Fraudes à Constituição*: um atentado ao Poder Reformador. Porto Alegre: Sérgio Antônio Fabris Editor, 2000. p. 53.

7   O legislador ordinário já não é soberano em matéria de política econômica ou social, mas deve pautar suas decisões legislativas pelos princípios e diretrizes constantes do texto constitucional. Tais princípios e diretrizes não são apenas de caráter negativo, fixando limites intransponíveis à ação legislativa. Eles impõem, também, tanto ao administrador público quanto ao próprio legislador, um comportamento positivo, dirigido à consecução de objetivos determinados e ao desenvolvimento de programas de ação no campo social e econômico (COMPARATO, Fábio Konder. Regime constitucional do controle de preços no mercado. *Revista de Direito Público*, São Paulo, n. 97, jan./mar. 1991. p. 18).

8   CYRINO, André. Análise econômica da Constituição econômica e interpretação institucional. *Constituição, Economia e Desenvolvimento: Revista da Academia Brasileira de Direito Constitucional*, Curitiba, v. 8, n. 15, jul./dez. 2016. p. 493. Disponível em: http://abdconst.com.br/revista16/revista15.pdf. Acesso em: 18 abr. 2018.

9   BERCOVICI, Gilberto. *Constituição econômica e desenvolvimento*: uma leitura a partir da Constituição de 1988. São Paulo: Malheiros, 2005. p. 13.

10  SOUZA, Washington Peluso Albino de. *Teoria da Constituição econômica*. Belo Horizonte: Del Rey, 2002. p. 22-24.

Modernamente, não se está de acordo com a ideia de que a Constituição econômica seja uma parte autônoma, distinta das demais agasalhadas pela *Lex Mater*. Essa especificação da zona de atuação tem apenas a finalidade de melhor analisar sua atuação, na tentativa de densificar sua eficácia. Todavia, nem a epistemologia constitucional nem a taxionomia de suas normas têm diferença com relação ao restante de suas congêneres.

Gaspar Ariño observa que a Constituição econômica é um conjunto de princípios, regras e valores fundamentais que presidem a vida econômico-social de um país, auferindo seu substrato de legitimidade na própria Carta Magna. Obviamente, a intensidade de sua eficácia varia em função do ordenamento jurídico e do contexto sociopolítico-econômico.[11] Dalla Via define a Constituição econômica como o conjunto de normas de natureza constitucional que tem a missão de ordenar a vida econômica.[12] À medida que o Estado vai intervindo na economia, de acordo com a finalidade e os objetivos descritos normativamente, mais a Constituição econômica, paulatinamente, vai consolidando-se, uma vez que os resultados da implementação da política econômica não ocorrem de forma imediata, formatando-se na medida em que a materialidade desejada se realiza e produz os seus efeitos. Diante dessa perspectiva, afirmam Baldo Kresalja e César Ochoa que um dos problemas centrais do constitucionalismo é especificar os critérios de participação do Estado na vida econômica.[13]

Andrés Gil Domínguez, de forma percuciente, delineia os contornos conceituais da expressão "Constituição econômica", a qual apresenta os seguintes aspectos: permite estabelecer o valor normativo ou político de uma Constituição em relação à economia e às suas consequências; impacta na orientação teleológica que persegue a ordem econômica; delimita a atuação dos poderes públicos e dos particulares, em suas relações de natureza econômica; permite observar a forma de produção de recursos e os mecanismos de configuração desse gasto público; reconhece que os direitos econômicos, sociais e culturais são igualmente direitos humanos, no que permite sua satisfação prestacional e consolida sua exigibilidade; exige a construção de um sistema de garantias que permite superar os acintes aos direitos econômicos, sociais e culturais.[14]

Para Norbert Reich, a Constituição econômica pode assumir diferentes concepções: a) a representação de determinado sistema econômico consagrado pela Carta Magna, regrando a intervenção estatal em uma economia de mercado; b) o conjunto de preceitos constitucionais que encaminham a intervenção estatal em determinada direção, delineando suas funções; c) os instrumentos que a Constituição coloca à disposição do Estado para poder concretizar sua intervenção na atividade econômica; d) as extensões e demarcações da intervenção estatal, protegendo os participantes do mercado e os detentores dos meios de produção.[15]

A Constituição econômica abrange o conjunto de preceitos que institui uma ordem produtiva específica, analisando o mundo do ser, juntamente com o conjunto de princípios e regras que disciplinam o funcionamento da produção econômica e suas relações

---

[11] ARIÑO, Gaspar. *Economía y Estado*. Madrid: Marcial Pons, 1993. p. 95.
[12] DALLA VIA, Alberto. *Derecho constitucional económico*. 1. ed. Buenos Aires: Abeledo-Perrot, 1999. p. 49.
[13] KRESALJA, Baldo; OCHOA, César. *Derecho constitucional económico*. Lima: Fondo Editorial PUCP, 2009. p. 135.
[14] GIL DOMÍNGUEZ, Andrés. *Constitución socioeconómica y derechos económicos, sociales y culturales*. Buenos Aires: Ad-Hoc, 2009. p. 16-17.
[15] REICH, Norbert. *Mercado y derecho*. Tradução de de Antoni Font. Barcelona: Ariel, 1985. p. 68-72.

adjacentes, e o mundo do dever-ser, instituído em determinado sistema econômico.[16] Em suma, mesmo que sua conceituação ostente substratos que não contam com aprovação unânime, no âmbito normativo tem como objetivo disciplinar a intervenção do Estado na economia, em diversos setores.

Vital Moreira indaga se é mais pertinente um critério econômico, em função das relações produtivas, ou um critério jurídico, em função das peculiaridades jurídicas, no que concerne à estruturação das normas e dos institutos da Constituição econômica. Ele responde, dizendo que o critério econômico, alicerçado em elementos puramente econômicos, remete a Constituição econômica a um plano exterior, o que não se configura legítimo. Prefere, então, um critério jurídico em que se parta da Constituição econômica, associando-a às relações produtivas como um todo estruturado em determinado sistema ou em dada forma econômica. Assim, classifica em três regiões institucionais a Constituição econômica, conforme o critério jurídico: direitos econômicos fundamentais, intervenção do Estado, organização econômica.[17]

Não se pode falar, de forma objetiva, na existência fática de um conteúdo mínimo da Constituição econômica. As especificidades inerentes às formações produtivas, além de muito cambiantes, são ainda mais voláteis diante do fator espaçotemporal; na verdade, refletem determinado sistema econômico vigente, ostentando eficácia mediata ou imediata, dependendo de circunstâncias que escapam dos rígidos enquadramentos jurídicos. Vital Moreira argumenta que o critério que permite identificá-las é o material, em razão de que exprimem a estrutura do sistema econômico, esculpindo o modo de produção, o modo de distribuição e apropriação e o modo de interação da atividade econômica em seus múltiplos setores. Destarte, segundo esse autor, são parte essencial da Constituição econômica os institutos que definem a propriedade dos meios de produção e suas relações necessárias, a delimitação da esfera de produção do Estado e dos entes privados etc.[18]

A Constituição econômica material não necessariamente deve ser acolhida na *Lex Mater*, uma vez que sua relevância não advém do *locus* normativo, mas sim da sua substancialidade, pois esta representa elementos essenciais. Contudo, como sustenta Vital Moreira, se o sistema econômico é a base do sistema social global, e se aquela contém a ordem jurídico-política fundamental do sistema social, conclui-se que, inexoravelmente, precisa ter lugar na Constituição – e assim acontece em todas as Constituições, seja em um capítulo específico, seja em artigos esparsos, seja de forma explícita ou implícita, no que constitui uma Constituição econômica formal.[19]

Por outro lado, o conceito de Constituição econômica formal tem menor âmbito de incidência, pois compreende as normas de conteúdo econômico, incluídas no texto constitucional, portando uma incidência tópica.[20] A extensão topográfica dessas normas

---

[16] GRAU, Eros Roberto. *A ordem econômica na Constituição de 1988*. 4. ed. São Paulo: Malheiros, 1998, p. 62.

[17] MOREIRA, Vital. *A ordem jurídica do capitalismo*. Coimbra: Centelha, 1973. p. 144-145.

[18] MOREIRA, Vital. *A ordem jurídica do capitalismo*. Coimbra: Centelha, 1973. p. 136.

[19] MOREIRA, Vital. *A ordem jurídica do capitalismo*. Coimbra: Centelha, 1973. p. 137.

[20] Pode-se considerar a Constituição econômica formal como a parcela da Constituição que abriga e interpreta o sistema econômico (no caso brasileiro, em sua essência, capitalista). A Constituição econômica formal brasileira consubstancia-se na parte da Constituição Federal que contém os direitos que legitimam a atuação dos sujeitos econômicos, o conteúdo e limites desses direitos e a responsabilidade que são inerentes ao exercício da atividade econômica no país (TAVARES, André Ramos. *Direito constitucional econômico*. São Paulo: Método, 2006. p. 78).

não pode ser muito abrangente, não apenas pela ausência de substrato material, com legitimidade inerente, mas, principalmente, em razão da extrema mobilidade das relações econômicas, que não possuem parâmetros predeterminados, dificultando a pré-modelação do fático. Todavia, corroborando a tese de Cosimo Mazzoni, o elemento formal sempre é indefectível a qualquer atividade de controle.[21]

Mesmo os mais radicais dos liberais não podem olvidar que a Constituição econômica ostenta um papel normativo, fazendo com que suas normas saiam do plano da abstração e adentrem a concretização da realidade fática. A questão a ser levada em conta é a que consiste em mensurar a intensidade e o campo de incidência desse poder de concretização normativa. Essa modalidade de Constituição foi denominada, por Gilberto Bercovici, de Constituição política estatal, aplicada às relações econômicas. Travaram-se grandes debates políticos e ideológicos, concernentes à Constituição Cidadã, oriundos de conflitos socioeconômicos vividos na sociedade. Não por outro motivo, constitui-se na seara em que aqueles que defendem uma ideia liberal da economia a criticam, taxando suas normas de compromissos dilatórios e de normas programáticas, no sentido de ausência de efetividade, na tentativa de bloquear sua efetividade.[22]

A Constituição econômica nega a ordem econômica liberal, demonstrando uma nova realidade, na qual o Estado precisa intervir na economia, para atender a determinados objetivos estipulados pelas decisões políticas.[23] A denominada intervenção do Estado, no domínio econômico, é mitigada em um Estado liberal, em que as Cartas Magnas reduziam-se à organização dos poderes públicos e à declaração dos direitos individuais.[24] Nesse sentido, o conceito atual de Constituição econômica procede dessa conjuntura, da necessidade de que o Estado constitucional interfira no andamento da economia para que os fins e objetivos estatuídos na Carta Magna possam incidir na realidade fática, disciplinando as forças produtivas, para que elas tenham mais eficiência e possam atender aos mais desamparados socialmente.

## 37.2 Da ordem econômica

O vocábulo "ordem" significa coesão, integridade, estabilidade, o que indica a boa disposição das coisas, em que cada uma ocupa o lugar que lhe corresponde, ficando todas subordinadas a um princípio, ou regra, que lhes outorga funcionalidade.[25] Ele expressa, portanto, o sentido de unidade, ou seja, de um conjunto de normas que mantém uma

---

[21] MAZZONI, Cosimo Marco. I controlli sulle attività economiche. In: GALGANO, Francesco; GENGHINI, Riccardo (Dir.). Trattato di diritto commerciale e di diritto pubblico dell'economia. Padova: Cedam, 1977. v. 1. p. 330.

[22] BERCOVICI, Gilberto. Política econômica e direito econômico. Revista da Faculdade de Direito da Universidade de São Paulo, v. 105, p. 392-395, dez./jan. 2010. Disponível em: http://dx.doi.org/10.11606/issn.2318-8235.v105i0p389-406. Acesso em: 16 fev. 2018.

[23] Percebe-se, portanto, que a terminologia tem início bastante preciso, já que surge para demonstrar o aparecimento de uma nova concepção constitucional. A Constituição econômica teria passado a existir quando da conformação consciente e sistemática da ordem econômica por uma decisão política, sendo viável, inclusive, expressá-la pela ideia de política econômica, conforme assinalado anteriormente (TAVARES, André Ramos. Direito constitucional econômico. São Paulo: Método, 2006. p. 72.)

[24] COMPARATO, Fábio Konder. Regime constitucional do controle de preços no mercado. Revista de Direito Público, São Paulo, n. 97, p. 18-23, jan./mar. 1991.

[25] SILVA, Adalberto Prado e (Org). Novo dicionário brasileiro. São Paulo: Melhoramentos, 1965. v. 3. p. 515.

funcionalidade e sistematicidade dentro de parâmetros harmônicos.[26] Nesse sentido, a interpretação da ordem econômica da Constituição de 1988 deve pautar-se por um escopo uniforme, tentando evitar antinomias desnecessárias, que somente enfraquecem os seus dispositivos normativos.

Todavia, a consecução da estabilidade na ordem econômica suscita uma questão delicada, pois, diante da velocidade das mudanças econômicas, mormente em uma sociedade em que os avanços tecnológicos são exponenciais, bastante difícil mostra-se qualquer tipo de tentativa de petrificar o ordenamento jurídico. As relações econômicas são bastante cambiantes, o que está em consonância com as demandas do mercado, dificultando, consideravelmente, uma previsão eficiente do comportamento dos agentes econômicos, a não ser que haja acentuado grau de planificação e consequente reestruturação do sistema capitalista.

O conceito de ordem econômica (normativa) é pertinente à ordem do dever-ser, baseado na relação do pressuposto normativo e dos efeitos da subsunção, regido por normas jurídicas com suas características inerentes. Por outro lado, a ordem econômica, calcada nas premências do mundo do ser, constitui-se, primordialmente, por demandas e injunções econômicas, que perpassam os limites epistemológicos da ciência do direito.[27]

Quanto mais distante da realidade social, maior será o *gap* das normas jurídicas, o que acarreta uma baixa eficácia normativa de suas disposições. Por outro lado, quando elas forem consentâneas com a realidade fática, alicerçadas pela legitimidade de uma vontade política majoritária, sua força de transformação configurar-se-á em uma concretização relevante. Não é que as normas jurídicas não apresentem a capacidade de mudar a realidade, mas é que sua força, necessariamente, tem que estar atrelada aos atores políticos dominantes, pois, em caso contrário, a ordem econômica será apenas uma ilusão constitucional, no dizer de Pinto Ferreira.[28]

Segundo Eros Roberto Grau, ainda que se oponha a ordem jurídica à ordem econômica, esta é usada para referir-se a uma parcela da ordem jurídica, que ainda abrange a ordem social, a pública e a privada.[29] Ela se configura no produto da normogênese legislativa, segundo os trâmites constitucionais e infraconstitucionais, obviamente, sem descurar as interferências intensas entre a política, a economia e o direito, que assumem relevâncias distintas em condições históricas e geográficas diferentes.

O conceito de ordem econômica sofre variações decorrentes de seu *locus* de incidência e aferição, apresentando modificações quando analisado no direito constitucional ou na seara econômica.[30] No entanto, pode-se depreendê-lo, não obstante as particularidades de análise, como constituindo um conjunto de elementos compatíveis

---

[26] WEBER, Max. *Economia e società*: sociologia del diritto. Tradução de de Pietro Chiodi e Giorgio Giordano. Milano: Edizione di Comunita, 1995. v. 3. p. 186.

[27] GRAU, Eros Roberto. *A ordem econômica na Constituição de 1988*. 4. ed. São Paulo: Malheiros, 1998. p. 51.

[28] FERREIRA, Pinto. *Democracia, globalização e nacionalismo*. Recife: Edição da Sociedade Pernambucana de Cultura e Ensino Ltda., 1999. p. 3.

[29] "[...] conjunto de normas que define, institucionalmente, um determinado modo de produção econômica. Assim, ordem econômica, parcela da ordem jurídica (mundo do dever-ser), não é senão o conjunto de normas que institucionaliza uma determinada ordem econômica (mundo do ser)" (GRAU, Eros Roberto. *A ordem econômica na Constituição de 1988*. 18. ed. São Paulo: Malheiros, 2017. p. 57).

[30] MOREIRA NETO, Diogo de Figueiredo; PRADO, Ney. Uma análise sistêmica do conceito de ordem econômica e social. *Revista de Informação Legislativa*, v. 24, n. 96, out./dez. 1987. p. 121. Disponível em: http://www2.senado.leg.br/bdsf/handle/id/181813. Acesso em: 5 mar. 2018.

entre si que irão ordenar a vida econômica de um Estado, direcionando-o a um fim específico.[31]

As normas de uma ordem econômica não ostentam uma mesma taxionomia, pois coexistem normas de maior conotação liberal e normas de conotação mais intervencionista, havendo, por conseguinte, a preponderância de normas de uma dessas matrizes. Esse fator não provoca uma quebra de sua unidade ou funcionalidade, uma vez que a harmonização é conseguida por meio da ponderação de suas normas, privilegiando as diretrizes que estiverem em consonância com os fatores reais do poder político e econômico.[32]

A expressão "ordem econômica" surgiu com a Constituição de Weimar, em 1919.[33] Contudo, direitos sociais já tinham sido outorgados, como na Constituição mexicana de 1917, na Declaração dos Direitos do Povo Trabalhador e Explorado, de 1918, e na Convenção da Liga das Nações, de 1920. Igualmente, nesse período histórico é formada a Organização Internacional do Trabalho – OIT – em 1919.[34]

A partir da Constituição de 1934, incluindo a Carta de 1937, passando pela de 1967/1969, em todos os textos constitucionais brasileiros há menção da existência de uma ordem econômica. Nos textos anteriores, como o de 1891, não houve, no ordenamento pátrio, a consolidação da ideia de Constituição econômica e, sequencialmente, de ordem econômica, mesmo havendo tradição, desde a primeira Constituição Imperial, a de 1824, de normas de caráter econômico, como o direito de propriedade.[35]

A Constituição de 1934 foi fruto de um processo histórico, no qual o Estado começou a exercer um papel relevante na organização das forças produtivas, principalmente, diante das consequências amargas da depressão econômica de 1929.[36] Foi o primeiro texto a tratar, de forma explícita, sobre uma ordem econômica no Brasil,[37] em seu Título IV, dedicado à ordem econômica e social.[38] Começa a existir, portanto, uma característica intervencionista na Carta Magna brasileira, tentando construir o chamado Estado de Bem-Estar Social, trazendo, por exemplo, a proteção ao trabalhador.[39] Sustenta André Tavares que houve um desenvolvimento dos direitos humanos com a superação das

---

[31] CUNHA JÚNIOR, Dirley da. *Curso de direito constitucional*. Salvador: JusPodivm, 2016. p. 1.057.
[32] LASSALE, Ferdinand. *Qué es una Constitución*. Buenos Aires: Siglo Veinte Uno, 1969. p. 21.
[33] A Constituição de Weimar, como as demais Constituições econômicas do século XX, não pretendia receber a estrutura econômica existente, mas alterá-la. O que é inovador neste tipo de Constituição não é a previsão de normas que disponham sobre conteúdo econômico, mas é a positivação das tarefas a serem realizadas pelo Estado e pela sociedade, no âmbito econômico, buscando atingir certos objetivos determinados, também, no texto constitucional (BERCOVICI, Gilberto. *Entre o Estado total e o Estado social*: atualidade do debate sobre direitos, Estado e economia na República de Weimar. 2003. 170 f. Tese (Livre-Docência) – Faculdade de Direito, Universidade de São Paulo, São Paulo, 2003. p. 25).
[34] COMPARATO, Fábio Konder. *A afirmação histórica dos direitos humanos*. 3. ed. São Paulo: Saraiva, 2003. p. 54.
[35] COMPARATO, Fábio Konder. *A afirmação histórica dos direitos humanos*. 3. ed. São Paulo: Saraiva, 2003. p. 54.
[36] TAVARES, André Ramos. *Direito constitucional econômico*. São Paulo: Método, 2006. p. 107.
[37] Já no seu Preâmbulo havia menção à questão econômica: "Nós, os Representantes do Povo Brasileiro, pondo a nossa confiança em Deus, reunidos em Assembleia Nacional Constituinte para organizar um regime democrático, que assegure à Nação a unidade, a liberdade, a justiça e o bem-estar social e econômico, decretamos e promulgamos a seguinte Constituição da República dos Estados Unidos do Brasil".
[38] Art. 115 da Constituição de 1934: "A ordem econômica deve ser organizada conforme os princípios da justiça e as necessidades da vida nacional, de modo que possibilite a todos existência digna. Dentro desses limites, é garantida a liberdade econômica".
[39] Art. 121 da Constituição de 1934: "A lei promoverá o amparo da produção e estabelecerá as condições de trabalho, na cidade e nos campos, tendo em vista a proteção social do trabalhador e os interesses econômicos do país".

Constituições liberais pelas Constituições sociais.[40] Porém, é necessário esclarecer que o texto constitucional de 1934 manteve os contornos liberais, enfatizando a predominância da propriedade privada e a eficácia retórica dos direitos sociais.[41]

Já a Constituição de 1937, resultado de um golpe do Presidente Getúlio Vargas, traz uma clara referência à intervenção do Estado na economia, afirmando que esta se daria de forma subsidiária, para suprir as deficiências da iniciativa individual e coordenar os fatores de produção.[42] Paulo Bonavides e Paes de Andrade sustentam que esta Carta Magna foi a primeira a não utilizar a representação constituinte, adotando os moldes autoritários então vigentes, tentando se legitimar por meio de um plebiscito que nunca aconteceu.[43] Evidentemente, faz-se indispensável observar novamente o momento histórico no qual essa Constituição foi concebida, influenciada pela era corporativista da Itália e de Portugal.[44]

A Constituição de 1946 retorna à ordem de 1934, destacando a questão econômica em seu Título V, falando em uma economia de mercado, mas também abrindo espaço para o intervencionismo.[45] Ela continuou a permitir a intervenção estatal de forma subsidiária, haja vista que a proeminência da atividade econômica foi atribuída à iniciativa privada, permitindo-se a atuação estatal apenas para regulamentar, fiscalizar e desenvolver atividades em setores específicos.[46]

A Constituição de 1967/69 mantém, em parte, a tradição da anterior, no que se refere aos princípios fundamentais do ordenamento econômico.[47] Porém, entre as críticas a ela dirigidas, está a indefinição e a dificuldade em bem traçar os contornos de uma ordem

---

[40] TAVARES, André Ramos. *Direito econômico diretivo*: percursos das propostas transformativas. 2015. 440 f. Tese (Concurso para Cargo de Professor Titular para o Departamento de Direito Econômico, Financeiro e Tributário – Área de Direito Econômico e Economia Política) – Faculdade de Direito, Universidade de São Paulo, São Paulo, 2015. p. 134.

[41] Art. 113 da Constituição de 1934: "A Constituição assegura a brasileiros e a estrangeiros residentes no País a inviolabilidade dos direitos concernentes à liberdade, à subsistência, à segurança individual e à propriedade, nos termos seguintes: 17) É garantido o direito de propriedade, que não poderá ser exercido contra o interesse social ou coletivo, na forma que a lei determinar. A desapropriação por necessidade ou utilidade pública far-se-á nos termos da lei, mediante prévia e justa indenização. Em caso de perigo iminente, como guerra ou comoção intestina, poderão as autoridades competentes usar da propriedade particular até onde o bem público o exija, ressalvado o direito à indenização ulterior".

[42] Art. 135 da Constituição de 1937: "Na iniciativa individual, no poder de criação, de organização e de invenção do indivíduo, exercido nos limites do bem público, funda-se a riqueza e a prosperidade nacional. A intervenção do Estado no domínio econômico só se legitima para suprir as deficiências da iniciativa individual e coordenar os fatores de produção, de maneira a evitar ou resolver os seus conflitos e introduzir no jogo das competições individuais o pensamento dos interesses da Nação, representados pelo Estado".

[43] BONAVIDES, Paulo; ANDRADE, Paes. *História constitucional do Brasil*. 3. ed. Rio de Janeiro: Paz e Terra, 1991. p. 339-340.

[44] Art. 140 da Constituição do 1937: "A economia da população será organizada em corporações, e estas, como entidades representativas das forças do trabalho nacional, colocadas sob a assistência e a proteção do Estado, são órgãos destes e exercem funções delegadas de Poder Público".

[45] Art. 145 da Constituição de 1946: "A ordem econômica deve ser organizada conforme os princípios da justiça social, conciliando a liberdade de iniciativa com a valorização do trabalho humano. Parágrafo único: A todos é assegurado trabalho que possibilite existência digna. O trabalho é obrigação social"; art. 146 da Constituição de 1946: "A União poderá, mediante lei especial, intervir no domínio econômico e monopolizar determinada indústria ou atividade. A intervenção terá por base o interesse público e por limite os direitos fundamentais assegurados nesta Constituição"; art. 147 da Constituição de 1946: "O uso da propriedade será condicionado ao bem-estar social. A lei poderá, com observância do disposto no art. 141, §16, promover a justa distribuição da [propriedade] propriedade, com igual oportunidade para todos".

[46] NAZAR, Nelson. *Direito econômico*. 3. ed. São Paulo: Edipro, 2014. p. 99.

[47] FERREIRA FILHO, Manoel Gonçalves. *Comentários à Constituição brasileira*. São Paulo: Saraiva, 1977. p. 144.

econômica específica, no sentido de que existe uma indecisão quanto aos traços do liberalismo ou de prerrogativas intervencionistas.[48] Essa discussão ocorreu porque o Regime Militar impulsionou a atividade empresarial do Estado, estimulando o surgimento de entidades de economia mista, empresas públicas e autarquias, como um caminho para o desenvolvimento econômico. Não se pode dizer que o intervencionismo dessa Constituição autoritária tenha algo a ver com a consecução de um socialismo ou a instituição de um *welfare state*, mas, conforme observado pelos corifeus dessa política econômica, seu objetivo foi buscar o desenvolvimento econômico e garantir a soberania da nação.[49]

Com relação à Constituição de 1988, os fundamentos da ordem econômica encontram-se no Título VII, Da Ordem Econômica e Financeira, desde os arts. 170 a 192.[50]

Para José Afonso da Silva, a interpretação mais consentânea com essa ordem econômica é aquela que consiste em classificá-la como uma forma econômica capitalista, partindo-se do pressuposto de que suas bases estruturais estão ancoradas na apropriação privada dos meios de produção e na livre iniciativa.[51] Por outro lado, Raul Machado Horta verifica uma conjuntura mais complexa, na qual a ordem econômica do texto constitucional partilha elementos pertinentes ao capitalismo liberal e, ao mesmo tempo, reflete fundamentos intervencionistas.[52]

Inúmeros posicionamentos são possíveis, em relação à Constituição Cidadã, uma vez que ela agasalhou postulados liberais tradicionais, defesa da propriedade privada; intervencionistas, como a criação de monopólios; e a tentativa de efetivar um Estado de Bem-Estar Social, com a autonomia do capítulo da ordem social. Mesmo depois de várias reformas constitucionais, que diminuíram a incidência de suas normas intervencionistas e sociais, existem vários princípios explícitos que permitem uma atuação mais enérgica do Estado na defesa da soberania nacional e na concretização dos direitos sociais.

Para Eros Roberto Grau, referindo-se à Lei Fundamental da Alemanha, que não se pode aplicar à realidade brasileira, em virtude de a ordem constitucional daquele país não ter estabelecido uma Constituição econômica em seu texto, com normas diretivas, disciplinando esse conteúdo em normatização infraconstitucional, pode-se chegar à conclusão de que a Constituição econômica está morta.[53]

---

[48] Art. 157 da Constituição de 1967: "A ordem econômica tem por fim realizar a justiça social, com base nos seguintes princípios: I - liberdade de iniciativa; II - valorização do trabalho como condição da dignidade humana; III - função social da propriedade; IV - harmonia e solidariedade entre os fatores de produção; V - desenvolvimento econômico; VI - repressão ao abuso do poder econômico, caracterizado pelo domínio dos mercados, a eliminação da concorrência e o aumento arbitrário dos lucros".

[49] SOUZA, Washington Peluso Albino de. O discurso intervencionista nas Constituições brasileiras. *Revista de Informação Legislativa*, v. 21, n. 81, p. 338-339, jan./mar. 1984. Disponível em: http://www2.senado.leg.br/bdsf/item/id/181512. Acesso em: 6 fev. 2018.

[50] Art. 170 da Constituição de 1988: "A ordem econômica, fundada na valorização do trabalho humano e na livre iniciativa, tem por fim assegurar a todos existência digna, conforme os ditames da justiça social, observados os seguintes princípios: I - soberania nacional; II - propriedade privada; III - função social da propriedade; IV - livre concorrência; V - defesa do consumidor; VI - defesa do meio ambiente, inclusive mediante tratamento diferenciado conforme o impacto ambiental dos produtos e serviços e de seus processos de elaboração e prestação; VII - redução das desigualdades regionais e sociais; VIII - busca do pleno emprego; IX - tratamento favorecido para as empresas de pequeno porte constituídas sob as leis brasileiras e que tenham sua sede e administração no País. – Parágrafo único: É assegurado a todos o livre exercício de qualquer atividade econômica, independentemente de autorização de órgãos públicos, salvo nos casos previstos em lei".

[51] SILVA, José Afonso. *Curso de direito constitucional positivo*. 19. ed. São Paulo: Malheiros, 2001. p. 764.

[52] HORTA, Raul Machado. Constituição e ordem econômica e financeira. *Revista de Informação Legislativa*, v. 28, n. 111, jul./set. 1991. p. 13. Disponível em: http://www2.senado.leg.br/bdsf/item/id/175896. Acesso em: 7 maio 2018.

[53] "Finalidade dos conceitos jurídicos é a de ensejar a aplicação de normas jurídicas. Não são usados para definir essências, mas sim para permitir e viabilizar a aplicação de normas jurídicas. Sucede que o conceito de ordem

A desarticulação da ordem econômica, em razão da contradição do novo padrão sistêmico de acumulação com o paradigma da Constituição dirigente, implica o surgimento de uma Constituição dirigente invertida, em que o seu poder de normatização da realidade diminui de forma impactante.[54] O que se quer dizer com essa afirmação é que, baseando-se nos postulados neoliberais implementados por várias emendas, a nossa Constituição Cidadã ficou empobrecida de garantias sociais e de efetividade. A exagerada exaltação de seus paradigmas neoliberais pareceu empoderar suas cláusulas, tornando-as a parte mais importante da Constituição.

De qualquer maneira, sem a possibilidade de concretização de níveis razoáveis de eficácia pragmática da ordem econômica, inviabiliza-se, por completo, a realização da Constituição econômica, o que impede a efetivação de uma política econômica para o setor mais carente da sociedade, e entroniza-se o poder econômico como núcleo central do sistema político.

## 37.3 Dos princípios gerais da ordem econômica

No Brasil, a ordem econômica, fundada na valorização do trabalho humano e na livre iniciativa, tem por fim assegurar a todos existência digna, conforme os ditames da justiça social (art. 170 da CF). Nesse sentido, é assegurado o livre exercício de qualquer atividade econômica, independentemente de autorização de órgãos públicos, salvo nos casos previstos em lei[55] (art. 170, parágrafo único, da CF).

Os princípios gerais da ordem econômica encontram-se dispostos no art. 170, incs. I a IX, da CF. Esses princípios identificam o referencial axiológico que compõe o sistema de valores consagrados na ordem constitucional e que devem ser materializados quando da adoção das medidas de política econômica.[56] André Ramos Tavares salienta que inúmeros outros princípios insertos na Constituição também têm evidente e direta repercussão econômica, como o princípio do Estado de Direito; o princípio do Estado federal; dos valores sociais do trabalho e da livre iniciativa; do desenvolvimento social; da erradicação da pobreza e da marginalização; e da redução das desigualdades sociais e regionais.[57] São os seguintes os princípios que orientam a ordem econômica (art. 170, I a IX, da CF):

---

econômica constitucional não permite, não enseja, não viabiliza a aplicação de normas jurídicas. Logo, não é um conceito jurídico. Presta-se unicamente a indicar, topologicamente, no texto constitucional, disposições que, em seu conjunto, institucionalizam a ordem econômica (mundo do ser) [...] somos levados a concluir não apenas pela inutilidade do(s) conceitos(s) de ordem econômica, mas também pela perniciosidade do uso da expressão ordem econômica no plano da metalinguagem que é a linguagem da Dogmática do Direito" (GRAU, Eros Roberto. *A ordem econômica na Constituição de 1988*. 4. ed. São Paulo: Malheiros, 1998. p. 81).

[54] BERCOVICI, Gilberto; MASSONETTO, Luís Fernando. A Constituição dirigente invertida: a blindagem da Constituição financeira e a agonia da Constituição econômica. *Boletim de Ciências Econômicas*, Coimbra, v. 49, 2006. p. 73. Disponível em: https://digitalis-dsp.uc.pt/bitstream/10316.2/24845/1/BoletimXLIX_Artigo2.pdf?ln=pt-pt. Acesso em: 27 abr. 2018.

[55] Para o STF, são inconstitucionais, por violação aos princípios da livre iniciativa e da livre concorrência, a proibição do transporte individual de passageiros por meio de motoristas cadastrados em aplicativos. Ademais, no exercício de sua competência para regulamentação e fiscalização do transporte privado individual de passageiros, os municípios e o Distrito Federal não podem contrariar os parâmetros fixados pelo legislador federal (Tema nº 967 da Repercussão Geral, Rel. Min. Luís Roberto Barroso, DJe, 6 set. 2019).

[56] CAMARGO, Ricardo Antônio Lucas. *Curso elementar de direito econômico*. Porto Alegre: Núria Fabris Editora, 2014. p. 81.

[57] TAVARES, André Ramos. *Direito constitucional econômico*. São Paulo: Método, 2006. p. 126.

a) Soberania nacional.

Para José Afonso da Silva, a soberania significa poder político supremo e independente. Supremo, porque não está limitado por nenhum outro na ordem interna; e independente, porque, na ordem internacional, não tem de acatar regras que não sejam voluntariamente aceitas e está em pé de igualdade com os poderes supremos dos outros povos.[58] Conforme assinala Celso Ribeiro Bastos, a soberania ainda pode ser concebida como uma qualidade que cerca o poder do Estado, identificando-se, na ordem interna, como o princípio da subordinação, com o Estado no ápice da pirâmide, e, na ordem internacional, com o princípio da coordenação.[59]

No que importa à ordem econômica, interpreta-se o princípio da soberania nacional como a subordinação das forças produtivas aos imperativos da nação. O sentido empregado é o poder de interferência nas decisões econômicas relevantes ao país, possibilitando a execução de políticas públicas que atendam aos interesses da coletividade. Até mesmo porque sem soberania econômica não há soberania política.

Aspecto importante a ser observado atualmente quando da interpretação do princípio da soberania é o processo de globalização. Muitos fatores colaboraram para eclosão do fenômeno da globalização, sendo o principal fator o resultante do incremento de tecnologia nos meios de comunicação e do intenso comércio. Sustenta Regis Fernandes de Oliveira que "nenhum Estado vive de isolamento. No conglomerado das nações, é fundamental que os estados interajam, que troquem conhecimentos, mercadorias, informações, valores, etc. O interagir compõe a dimensão dos países do mundo de hoje".[60]

Não se desconhece, diante disso, que a soberania estatal hoje deve ser compreendida a partir de conceitos de abertura, cooperação e integração.[61] No entanto, é preciso destacar que a soberania nacional impõe que o Brasil esteja descolado de qualquer relação de dependência, principalmente econômica, com outros estados, destacadamente as grandes potências, para que se possa preservar, com isso, a sua capacidade de autodeterminação, com a presença da livre concorrência no mercado nacional e a garantia dos direitos inerentes à dignidade da pessoa humana.[62]

b) Propriedade privada e sua função social.

É indubitável que a propriedade recebeu fortes influxos da Constituição Federal, no que exerce outras funções, além da econômica e política, o que exigiu uma

---

[58] SILVA, José Afonso da. *Comentário contextual à Constituição*. São Paulo: Malheiros, 2005. p. 35.
[59] BASTOS, Celso Ribeiro; TAVARES, André Ramos. *As tendências do direito público no limiar de um novo milênio*. São Paulo: Saraiva, 2000. p. 98.
[60] OLIVEIRA, Regis Fernandes de. Princípios gerais de direito comunitário. *In*: BAPTISTA, Luiz Olavo; FONSECA, José Roberto Franco da (Coord.). *O direito internacional no terceiro milênio*. São Paulo: LTr, 1998. p. 233.
[61] MALISKA, Marcos Augusto. *Estado e século XXI A integração supranacional sob a ótica do direito constitucional*. Rio de Janeiro: Renovar, 2006. p. 147.
[62] Nesse sentido, ensina o Ministro Eros Roberto Grau que "a afirmação da soberania nacional econômica não supõe o isolamento econômico, mas antes, pelo contrário, o desenvolvimento da economia – e da sociedade – e a ruptura de nossa situação de dependência em relação às sociedades desenvolvidas. Está vinculada à superação do subdesenvolvimento, como prescreve o art. 3º, II, da CB, no sentido de rompimento com a situação de dominação externa e interna em que se encontra o País, a partir da transformação das estruturas socioeconômicas que possibilitem a integração democrática de toda a população ao processo de desenvolvimento e internalizem os centros de decisão econômica" (GRAU, Eros Roberto. Comentários ao art. 170, inciso I, da CF/88. *In*: CANOTILHO, J. J. Gomes; MENDES, Gilmar Ferreira; SARLET, Ingo W.; STRECK, Lenio L. (Coord.). *Comentários à Constituição do Brasil*. São Paulo: Saraiva/Almedina, 2013. p. 1.796).

redefinição do seu núcleo mínimo. Trata-se da necessidade inexorável de promover uma compatibilização com interesses que fogem aos limites patrimoniais privados. É o que se denomina função social da propriedade.[63]

A função social, conforme construída pela doutrina italiana, tem por finalidade o direcionamento e orientação do exercício dos direitos para a realização do interesse público, sem comprometer o núcleo de individualidade a eles inerente. Conforme o escólio de Pietro Perlingieri, a função social não serve apenas à delimitação dos limites dos interesses e direitos subjetivos, mas também comporta uma dimensão ativa ou impulsiva.[64]

A propriedade privada deve estar equalizada com sua função social, sob pena de sofrer consequências, máxime se também não houver sintonia com outros vetores da ordem econômica. Além de serem direitos humanos, são conceitos que devem ser interpretados de maneira simbiótica, o que possibilita a concretização da justiça social interligada ao respeito da livre iniciativa.

c) Livre concorrência.[65]

Esclarece André Ramos Tavares que em sendo livre a concorrência, as leis do mercado determinarão as circunstâncias em que haverá ou não o êxito do empreendedor. A livre concorrência não tolera o monopólio ou qualquer outra forma de distorção do mercado, com o afastamento artificial da competição entre os empreendedores. Pressupõe, ao revés, inúmeros competidores, em situação plena de igualdade.[66]

Já para Tércio Sampaio Ferraz Júnior, a livre concorrência de que fala a *Lex Mater* trata-se de um processo comportamental competitivo que admite gradações tanto de pluralidade quanto de fluidez, sendo a competitividade que a define. De um ponto de vista político, a livre concorrência é a garantia de oportunidades iguais a todos os agentes, consubstanciada, por isso mesmo, em uma forma de desconcentração de poder. De um ângulo social, a competitividade deve gerar extratos intermediários entre grandes e pequenos agentes econômicos, como garantia de uma sociedade mais equilibrada.[67]

Significa que todos os cidadãos podem participar das mais diversas atividades produtivas, livremente, em igualdade de condições, competindo para a conquista de novos mercados, o que veda a concorrência desleal, bem como a intervenção de órgãos públicos no sentido de favorecimento de uma empresa ou de uma atividade em detrimento de outra. Representa também a liberdade de exercício de qualquer atividade econômica independentemente de autorização de quaisquer órgãos públicos, afora os casos dispostos em lei.[68]

---

[63] "Se a restrição ao direito de construir advinda da limitação administrativa causa aniquilamento da propriedade privada, resulta, em favor do proprietário, o direito à indenização. Todavia, o direito de edificar é relativo, dado que condicionado à função social da propriedade. Se as restrições decorrentes da limitação administrativa pre-existiam à aquisição do terreno, assim já do conhecimento dos adquirentes, não podem estes, com base em tais restrições, pedir indenização ao poder público" (RE nº 140.436, Rel. Min. Carlos Velloso).

[64] PERLINGIERI, Pietro. *O direito civil na legalidade constitucional*. Rio de Janeiro: Renovar, 2008. p. 940.

[65] Baseado no princípio da livre concorrência, o STF publicou em 2015 a Súmula Vinculante nº 49, que proíbe à lei municipal impedir a instalação de estabelecimentos comerciais do mesmo ramo em determinada área.

[66] TAVARES, André Ramos. *Direito constitucional da empresa*. São Paulo: Método, 2013. p. 40.

[67] FERRAZ JR., Tércio Sampaio. A economia e o controle do Estado. *O Estado de São Paulo*, 4 jun. 1989.

[68] Assim define o conceito de concorrência Washington Souza: "Vemos que mais um elemento se configurou no mercado, a esta altura. Trata-se da 'concorrência'. Esta oferece os elementos para a concepção do 'mecanismo

Em decorrência das falhas inerentes ao funcionamento do mercado, que, inexoravelmente, acarretam o aparecimento de monopólios e de crises cíclicas, o Estado tem a incumbência de tentar dirimir essas falhas crônicas, mormente em um mundo que sofre de forma pungente as consequências nefastas da Covid-19.

d) Defesa do consumidor.

Em uma sociedade globalizada economicamente, em que predominam os grandes monopólios transnacionais, a necessidade de proteção ao consumidor se mostra imprescindível, sob pena de práticas abusivas nas relações de consumo se tornarem uma constante, lesando a população. A proteção jurídica de todos que adquirem mercadorias ou serviços, além de ter sido prevista como direito fundamental, foi ratificada na ordem econômica e financeira para explicitá-la como prerrogativa que deve ser respeitada nas relações produtivas.[69]

Assevera Vicente Bagnoli que, uma vez realizada a opção pela economia de mercado, deve-se promover a defesa do consumidor de forma direta, no contexto microeconômico, mas também por meio da defesa da livre concorrência, pois garantir a rigidez desse princípio na seara fática implica beneficiar o consumidor com produtos e serviços de maior qualidade e preços mais vantajosos.[70]

A proteção jurídica do consumidor em situação de exposição a danos patrimoniais é acentuada no Supremo Tribunal Federal,[71] que, inclusive, tem realçado que o princípio da livre iniciativa, por não ser absoluto, não pode ser invocado para afastar regras de regulamentação do mercado e de defesa do consumidor.[72]

---

autorregulador' do mercado, visto que aciona a oferta e a procura, atuando na configuração dos preços. Efetiva-se entre sujeitos da mesma posição, isto é, de ofertantes contra ofertantes e de procurantes contra procurantes. Arma-se, portanto, um duplo sentido de disputa, de luta ou concorrência" (SOUZA, Washington Peluso Albino de. *Teoria da Constituição econômica*. Belo Horizonte: Del Rey, 2002. p. 433-434).

[69] Aduz Rizzato Nunes que "ao estipular como princípios a livre concorrência e a defesa do consumidor, o legislador constituinte está dizendo que nenhuma exploração poderá atingir os consumidores nos direitos a eles outorgados (que estão regrados na Constituição e também nas normas infraconstitucionais). Está, também, designando que o empreendedor tem de oferecer o melhor de sua exploração, independentemente de atingir ou não os direitos do consumidor. Ou, em outras palavras, mesmo respeitando os direitos do consumidor, o explorador tem de oferecer mais" (NUNES, Rizzato. Comentários ao art. 170, inciso V, da CF/88. *In*: CANOTILHO, J. J. Gomes; MENDES, Gilmar Ferreira; SARLET, Ingo W.; STRECK, Lenio L. (Coord.). *Comentários à Constituição do Brasil*. São Paulo: Saraiva/Almedina, 2013. p. 1796).

[70] BAGNOLI, Vicente. *Direito econômico e concorrencial*. 8. ed. São Paulo: Revista dos Tribunais, 2020. p. 168.

[71] "Ação direta de inconstitucionalidade. Lei 8.039, de 30 de maio de 1990, que dispõe sobre critérios de reajuste das mensalidades escolares e dá outras providências. - Em face da atual Constituição, para conciliar o fundamento da livre iniciativa e do princípio da livre concorrência com os da defesa do consumidor e da redução das desigualdades sociais, em conformidade com os ditames da justiça social, pode o Estado, por via legislativa, regular a política de preços de bens e de serviços, abusivo que é o poder econômico que visa ao aumento arbitrário dos lucros. - Não é, pois, inconstitucional a Lei 8.039, de 30 de maio de 1990, pelo só fato de ela dispor sobre critérios de reajuste das mensalidades das escolas particulares [...]" (Ação Direta de Inconstitucionalidade nº 319-4/DF, Rel. Min. Moreira Alves, *DJ*, 30 abr. 1993).

[72] "AGRAVO REGIMENTAL NO AGRAVO DE INSTRUMENTO. CONSTITUCIONAL. COMERCIALIZAÇÃO DE DERIVADOS DE PETRÓLEO. ATIVIDADE FISCALIZATÓRIA E REGULADORA DO MERCADO DE COMBUSTÍVEIS. PROTEÇÃO AO CONSUMIDOR. RESTRIÇÕES. AGRAVO REGIMENTAL AO QUAL SE NEGA PROVIMENTO. O Supremo Tribunal Federal assentou que o princípio da livre iniciativa não pode ser invocado para afastar regras de regulamentação do mercado e de defesa do consumidor. Precedentes" (Agravo de Instrumento nº 636.883 AgR, Rel. Min. Cármen Lúcia, Primeira Turma, *DJe*, 1º mar. 2011).

e) Defesa do meio ambiente.[73]

Diante das catástrofes naturais e do aumento no nível de poluição, a proteção ao meio ambiente assume grande relevância na atualidade, inclusive através de disposições diferenciadas conforme o impacto ambiental dos produtos e serviços e de seus processos de elaboração e prestação. Pela sua importância, a defesa do meio ambiente foi considerada um dos princípios que orientam a ordem econômica, o que evidencia que o desenvolvimento não pode ser feito sem respeitar a natureza.[74]

Como o direito constitucional ao meio ambiente equilibrado é orientado pelos princípios da precaução/prevenção,[75] deve-se também primar pelo desenvolvimento sustentável, que tem por escopo harmonizar a economia ao meio ambiente, de modo a garantir que a geração presente e a futura desfrutem do direito humano ao meio ambiente.[76]

f) Redução das desigualdades regionais e sociais.

Este é um dos objetivos fundamentais da República Federativa do Brasil, não apenas devido à necessidade de se garantir dignidade a todos os cidadãos, mas para suplantar um dos obstáculos ao desenvolvimento nacional que reside nos baixos índices sociais de que padecem algumas regiões brasileiras.[77] A única forma de superação dessas

---

[73] "O direito à integridade do meio ambiente – típico direito de terceira geração – constitui prerrogativa jurídica de titularidade coletiva, refletindo, dentro do processo de afirmação dos direitos humanos, a expressão significativa de um poder atribuído, não ao indivíduo identificado em sua singularidade, mas, num sentido verdadeiramente mais abrangente, a própria coletividade social" (Mandado de Segurança nº 22.164/SP, Plenário, Rel. Min. Celso de Mello, DJ, 17 nov. 1995).

[74] "Assim, ao se tratar de questões ambientais – sempre, como visto, com reflexo sobre o econômico –, há de se ter em conta que os direitos ambientais são mesmo um prolongamento dos direitos humanos e que, portanto, haverão de ser compreendidos como um instrumento capaz de fazer com que eles assegurem uma melhor qualidade de vida à coletividade em geral. Certo é, contudo, que *a defesa do meio ambiente* impõe uma modificação do modo de desenvolvimento da atividade econômica, como esta tem ocorrido na ideologia dominante" (PETTER, Lafayete Josué. *Princípios constitucionais da ordem econômica*: o significado e o alcance do art. 170 da Constituição Federal. São Paulo: Revista dos Tribunais, 2005. p. 244).

[75] "O princípio da precaução é um critério de gestão de risco a ser aplicado sempre que existirem incertezas científicas sobre a possibilidade de um produto, evento ou serviço desequilibrar o meio ambiente ou atingir a saúde dos cidadãos, o que exige que o Estado analise os riscos, avalie os custos das medidas de prevenção e, ao final, execute as ações necessárias, as quais serão decorrentes de decisões universais, não discriminatórias, motivadas, coerentes e proporcionais. Não há vedação para o controle jurisdicional das políticas públicas sobre a aplicação do princípio da precaução, desde que a decisão judicial não se afaste da análise formal dos limites desses parâmetros e que privilegie a opção democrática das escolhas discricionárias feitas pelo legislador e pela administração pública" (RE nº 627.189, Rel. Min. Dia Toffoli, Tribunal Pleno, j. 8.6.2016, DJe, 3 abr. 2017).

[76] "princípio do desenvolvimento sustentável, além de impregnado de caráter eminentemente constitucional, encontra suporte legitimador em compromissos internacionais assumidos pelo Estado brasileiro e representa fator de obtenção do justo equilíbrio entre as exigências da economia e as da ecologia, subordinada, no entanto, a invocação desse postulado, quando ocorrente situação de conflito entre valores constitucionais relevantes, a uma condição inafastável, cuja observância não comprometa nem esvazie o conteúdo essencial de um dos mais significativos direitos fundamentais: o direito à preservação do meio ambiente, que traduz bem de uso comum da generalidade das pessoas, a ser resguardado em favor das presentes e futuras gerações" (ADI nº 3.540-MC/DF, Rel. Min. Celso de Mello, Tribunal Pleno, j. 1º.9.2005, DJ, 3 fev. 2006).

[77] Assim planteia Gilberto Bercovici: "A existência das desigualdades regionais é um problema da sociedade nacional como um todo, não apenas dos residentes nas regiões menos desenvolvidas. Os problemas regionais não estão isolados dos nacionais, pelo contrário, o caso do Nordeste, segundo Celso Furtado, reflete toda a exclusão social do desenvolvimento brasileiro. Os grandes problemas nacionais só podem ser estudados corretamente se levarem em consideração os desequilíbrios regionais" (BERCOVICI, Gilberto. *Desigualdades regionais, Estado e Constituição*. São Paulo: Max Limonad, 2003. p. 62-63).

desigualdades é através de políticas públicas que possam gerar renda, deixando de lado as tradicionais políticas de clientelismo que privilegiam as estruturas de poder dominante.

g) Busca do pleno emprego.

Significa o equilíbrio entre a procura de trabalho e a oferta de emprego, acarretando a ausência de desemprego, que é um dos objetivos da ordem econômica, apanágio de um Estado de Bem-Estar Social.[78] Emprego pode ser definido como a atividade laborativa desenvolvida pelo cidadão, no setor público ou privado, mediante a estipulação de um salário; enquanto o étimo da palavra *pleno*, que vem do latim *plenus*, exprime o sentido de completude, de inteireza.

A busca pelo pleno emprego se enquadra como uma norma principiológica, de natureza programática. Essa classificação não lhe retira sua força normativa ou lhe proporciona uma finalidade meramente retórica. Sua efetividade deve ser concretizada mediante uma relação intrínseca entre a normalidade e a normatividade, respeitando a reserva do possível desde que essa restrição não implique o esvaziamento dessa prerrogativa. Eros Roberto Grau afirma que a busca do pleno emprego é classificada como uma norma constitucional impositiva, trazendo um objetivo a ser alcançado, de caráter constitucional conformador, que direciona a implementação de políticas públicas.[79]

Para o Estado atingir tal desiderato, urge a implementação de políticas públicas para a garantia de sua concretização, proporcionando a todos igualdade real de oportunidades.[80] Uma organização política liberal dificilmente pode efetivar o pleno emprego, sendo necessária a construção de um Estado Social, que intervenha em vários setores da sociedade para possibilitar que os cidadãos tenham acesso à plenitude de ocupação laboral.

A explicitação de se garantir a busca do pleno emprego como objetivo constitucional serve para densificar essa prerrogativa, conferindo a sua força normativa maior grau de eficácia. Todavia, se essa não fosse a opção do legislador constituinte, a proteção se daria de modo implícito, tomando-se como vetores o princípio da dignidade da pessoa humana, da função social da propriedade, da valorização do trabalho humano e do direito social ao trabalho.

h) Tratamento favorecido para as empresas de pequeno porte.

A Emenda Constitucional nº 6, que, além de revogar o art. 171, modificou o inc. IX do art. 170 da CF, para permitir o tratamento favorecido às empresas de pequeno porte constituídas sob as leis brasileiras e que tenham sua sede e administração no país. Antes, apenas podiam receber tratamento favorecido as empresas brasileiras de capital nacional e de pequeno porte. A diferença é que qualquer empresa, mesmo uma multinacional, constituída sob as leis brasileiras pode receber os aludidos benefícios. Antes era considerada empresa brasileira de capital nacional aquela cujo controle efetivo

---

[78] DINIZ, Maria Helena. *Dicionário jurídico*. São Paulo: Saraiva, 1998. v. 2. p. 611.
[79] GRAU, Eros Roberto. *A ordem econômica na Constituição de 1988*. 4. ed. São Paulo: Malheiros, 1998. p. 263.
[80] DALLA VIA, Alberto Ricardo. *Manual de derecho constitucional*. Buenos Aires: Lexis Nexis, 2004. p. 191.

estivesse em caráter permanente sob a titularidade direta ou indireta de pessoas físicas domiciliadas e residentes no país ou de entidades de direito público interno (art. 171 da CF antes da revogação). Com a supressão do art. 171 ficaram as empresas brasileiras de capital nacional sem nenhuma proteção constitucional para enfrentar a concorrência, muitas vezes desleal, dos grandes conglomerados transnacionais, que recebem ajuda de seus governos.

Se a fonte de poder de um país se baseia na soberania, os interesses nacionais têm que prevalecer sobre quaisquer vontades, mormente aquelas que são oriundas de outros países, cujo compromisso não é a criação de um Estado de Bem-Estar nacional. Assim, lei infraconstitucional disciplinará, com arrimo no interesse pátrio, os investimentos de capital estrangeiro, incentivando os reinvestimentos e regulando a remessa de lucros, já que ela significa a saída de divisas (art. 172 da CF). O capital estrangeiro deve desempenhar uma função de contribuir para os interesses nacionais, advindo daí a necessidade de seu disciplinamento.

## 37.4 Intervenção do Estado na economia

A intervenção do Estado na economia é realizada estritamente sob parâmetros legais, evitando que essa interferência possa mitigar o desenvolvimento da iniciativa privada. Eros Roberto Grau classifica em três as formas de intervenção estatal no domínio econômico: intervenção por absorção ou participação, quando o Estado intervém no domínio econômico como sujeito ativo; intervenção por direção, quando o papel dos entes governamentais é estabelecer mecanismos e editar normas de conduta para a iniciativa privada; intervenção por indução, quando o Estado, através de incursões na seara econômica, orienta o comportamento dos entes privados.[81]

Celso Antônio Bandeira de Mello assevera que há três possibilidades de intervenção do Estado na economia: através de seu poder de polícia; mediante incentivos à iniciativa privada, atuando como propulsor das atividades econômicas; e por meio de sua atuação como agente ativo no setor empresarial consonante as normas constitucionais.[82]

O Professor José Afonso da Silva distingue duas modalidades de atuação do Estado na ordem econômica, sob a forma de participação e intervenção. A primeira acontece quando os entes estatais executam atividades econômicas, e a segunda ocorre quando ele, o Estado, aparece como agente normativo da cadeia produtiva, abrangendo as funções de fiscalização, incentivo e planejamento.[83]

No exercício de seu papel de agente fomentador, os entes estatais se incubem de propiciar estímulos à iniciativa privada, que podem ser concretizados através de financiamentos, isenções fiscais, realizações de obras de infraestrutura etc.

Ressalvados os casos expressos na Constituição, a exploração direta de atividade econômica pelo Estado só será permitida quando necessária aos imperativos da segurança nacional ou a relevantes interesses coletivos determinados em lei (art. 173). Pelas reformas constitucionais implementadas, foi reduzida à presença do Estado

---

[81] GRAU, Eros Roberto. *A ordem econômica na Constituição de 1988*. 4. ed. São Paulo: Malheiros, 1998. p. 148.
[82] BANDEIRA DE MELLO, Celso Antônio. *Curso de direito administrativo*. 17. ed. São Paulo: Malheiros, 2004. p. 641.
[83] SILVA, José Afonso da. *Curso de direito constitucional positivo*. 16. ed. São Paulo: Malheiros, 1999. p. 778.

na economia, saindo até mesmo de setores considerados de segurança nacional e de relevante interesse coletivo.

A interpretação mais consentânea que se pode dar ao mencionado artigo é que a intervenção estatal quando houver matéria de segurança nacional ou relevante interesse coletivo será obrigatória, nos demais casos pode-se deixar para a esfera discricionária dos entes públicos decidir a conveniência da sua atuação.[84]

Sendo o Brasil uma economia capitalista, a atuação dos entes estatais não é uma regra, mas exceção, exercendo a iniciativa privada o papel preponderante. Todavia, alguns setores são considerados imprescindíveis para a sociedade, o que exige a presença do Estado. Nos demais setores, a intervenção dos entes estatais deve ser guiada pelo princípio da excepcionalidade, sendo imprescindível somente quando não houver sua execução em níveis adequados, suficientes, por parte dos agentes privados.

O estatuto jurídico da empresa pública (pessoa jurídica de direito privado, composta somente de capital público, para atender às finalidades do ente estatal que a criou), da sociedade de economia mista (pessoa jurídica de direito privado, composta de capital público e privado, para a execução de atividade ou serviço de interesse estatal) e de suas subsidiárias que explorem atividade econômica de produção ou comercialização de bens ou de prestação de serviços é estabelecido por lei, sendo esta a Lei nº 13.303/2016 (art. 173, §1º, da CF).[85] As empresas e entidades públicas que atuam na seara econômica necessitam de lei específica para sua criação. Essas empresas se sujeitam ao regime jurídico próprio das privadas, inclusive quanto aos direitos e obrigações civis, comerciais, trabalhistas e tributários, porque se assim não fosse estar-se-ia dando um tratamento privilegiado ao Estado, impedindo uma disputa em igualdade de condições.[86]

As empresas públicas e as sociedades de economia mista não poderão gozar de privilégios fiscais não extensivos às do setor privado. Se esses entes pudessem gozar de privilégios, desequilibrariam a livre concorrência e impediriam a expansão da iniciativa privada. Então, visa-se impedir a outorga de privilégios para as empresas estatais em detrimento dos particulares (art. 173, §2º, da CF).

As relações da empresa pública com o Estado e a sociedade devem ser reguladas por lei (art. 173, §3º, da CF). Igualmente cabe aos entes públicos, exercendo sua função de fiscalização, reprimir o abuso do poder econômico que vise à dominação dos mercados, à eliminação da concorrência e ao aumento arbitrário dos lucros (art. 173, §4º, da CF).

Os atos praticados contra a ordem econômica e financeira e contra a economia popular são considerados afrontas ao Estado e, por isso, prescrevem a responsabilidade da pessoa jurídica, sujeitando-a às punições compatíveis com sua natureza, sem prejuízo da responsabilidade individual de seus dirigentes (art. 173, §5º, da CF).

---

[84] SILVA, José Afonso da. *Curso de direito constitucional positivo*. 16. ed. São Paulo: Malheiros, 1999. p. 778.

[85] Distingue o Professor Marcos Nóbrega empresa pública de sociedade de economia mista: "A principal diferença está na formação do capital social. No caso da empresa pública, todo capital social será de propriedade pública [...]. Nos casos das sociedades de economia mista, o capital social é subscrito por entidades vinculadas à administração pública e por particulares, devendo, no entanto, haver o controle acionário das entidades vinculadas à administração. Somente será sociedade de economia mista se houver o controle acionário pela entidade vinculada à administração pública" (NÓBREGA, Marcos. *Curso de direito administrativo*. São Paulo: Juarez de Oliveira, 2004. p. 32).

[86] Há uma distinção no tratamento jurídico dado às empresas estatais prestadoras de serviço público e àquelas exploradoras de atividade econômica *strictu sensu*. As primeiras não se sujeitam integralmente ao regime jurídico do setor privado, conforme a ADI nº 1.642/MG, Rel. Min. Eros Grau, 3.4.2008.

## 37.5 O Estado como agente normativo

Segundo Eros Roberto Grau, a atividade econômica é um gênero do qual bifurcam duas espécies: atividade econômica (sentido estrito) e serviços públicos. A primeira é atinente à atuação do setor privado, com suas características peculiares, como a livre iniciativa, a busca do lucro etc. A segunda é atinente à atuação dos entes estatais, cumprindo as funções determinadas pelo Estado.[87]

De acordo com os parâmetros legais, o Estado pode intervir na seara produtiva como agente econômico, exercendo atividades em setores considerados essenciais, e como agente normativo e regulamentador, exercendo as funções de fiscalização, incentivo e planejamento das atividades produtivas, sendo esta última atributo determinante para o setor público e indicativa para o privado (art. 174 da CF). Portanto, o Estado pode intervir de duas formas na economia: exercendo uma atividade produtiva ou disciplinando determinados setores essenciais para o progresso material da sociedade.

A regulamentação econômica consiste no conjunto de técnicas empregadas pelos entes estatais para intervir no domínio econômico de maneira incisiva, com o objetivo de coibir as imperfeições naturais dos mercados.[88] Ela tem uma natureza de correção, na tentativa de mitigar os excessos do livre mercado, atendo-se aos mandamentos constitucionais de combate aos monopólios, da defesa da livre concorrência, da preservação do meio ambiente, da função social da propriedade etc.

Mesmo em economias capitalistas, o Estado exerce uma importante função como agente normatizador das relações econômicas, impedindo as crises cíclicas que atingem esse modo de produção. Assim, mesmo sendo a iniciativa privada o dínamo do desenvolvimento econômico, os entes estatais são chamados a exercer um papel normativo e regulamentador da atividade econômica.

O planejamento estatal é determinante para o setor público, configurando-se como normatizações imperativas, vinculantes; e indicativo para o setor privado porque não exerce força obrigatória, servindo como parâmetro para direcionar as atividades privadas. Pertinente ao setor público, o planejamento estatal exerce um controle bem maior, disciplinando de forma coercitiva a atuação de todos seus órgãos. No que se refere ao setor privado, a intervenção estatal é menor, haja vista que mesmo as interferências estatais na economia devem respeitar a propriedade privada e a livre iniciativa.

Fiscalização se caracteriza pela vigilância promovida pelos poderes públicos para verificar se os entes privados estão cumprindo as determinações legais. Incentivo é o estímulo que o Estado propicia aos entes privados para que eles possam se desenvolver e, assim, fomentar o crescimento do nível produtivo. Planejamento são metas traçadas para aumentar a eficiência da infraestrutura produtiva.

Cabe ao Estado estabelecer diretrizes e bases ao planejamento do desenvolvimento nacional equilibrado, o qual incorporará e compatibilizará os planos nacionais e regionais de desenvolvimento (art. 174, §1º, da CF).

Lei apoiará e estimulará o cooperativismo (união de produtores para exercerem atividades econômicas em proveito de seus componentes, eliminando a exploração de intermediários) e outras formas de associativismo (associação de pequenos produtores

---

[87] GRAU, Eros Roberto. *A ordem econômica na Constituição de 1988*. 4. ed. São Paulo: Malheiros, 1998. p. 103.
[88] CUÉLLAR, Leila. *As agências reguladoras e seu poder normativo*. São Paulo: Dialética, 2001. p. 53.

ou profissionais liberais para disporem de melhores colocações no mercado), bem como o turismo, que se configura como fator de desenvolvimento social e econômico (arts. 174, §2º, e 180 da CF). Ainda o Estado favorecerá a organização da atividade garimpeira em cooperativas, levando em conta a proteção do meio ambiente e a promoção econômico-social dos garimpeiros (art. 174, §3º, da CF). Como o cooperativismo, associativismo, a atividade garimpeira em cooperativas e o turismo são atividades que empregam bastante mão de obra, elas devem ser incentivadas por políticas públicas, exercendo o Estado uma de suas formas de intervenção na cadeia produtiva.

Essas referidas cooperativas têm prioridade na autorização (ato administrativo discricionário e precário que concede ao cidadão determinada prerrogativa) ou concessão (contrato administrativo no qual há delegação por parte do Executivo para que o cidadão possa executar um serviço de interesse público) para pesquisa e lavra dos recursos e jazidas de minerais garimpáveis, nas áreas onde estejam atuando e nas condições para o exercício da atividade de garimpagem de natureza associativa (art. 174, §4º, da CF).

## 37.6 Prestação de serviço público por parte do Estado

Dependendo da relevância do serviço público para a sociedade, podem os entes estatais prestá-lo diretamente, por meio de órgãos próprios, ou sob o regime de concessão ou permissão (ato administrativo discricionário e precário, no qual é facultado ao particular a execução de serviços de interesse coletivo), sempre através de licitação (art. 175 da CF). Tanto a concessão como a permissão são realizadas através de normas de direito público. A licitação se configura no procedimento administrativo, que se constitui em requisito obrigatório para que os entes públicos possam realizar um contrato, possibilitando a escolha da melhor proposta apresentada.

A questão que se coloca com relação à prestação de serviços públicos por concessão ou permissão é: como serviços considerados imprescindíveis para a população, como luz ou água, podem ser prestados por entidades privadas cuja finalidade é a obtenção do maior lucro possível? Se o Estado não exercer uma severa regulamentação e fiscalização, esses serviços públicos não poderão ser utilizados pelas classes sociais mais baixas devido ao seu alto custo.

Mesmo na prestação de serviços públicos pelos particulares, por intermédio de concessão ou permissão, as regras de direito público são vigentes, não podendo ser desobedecidas pela iniciativa privada. É a Administração Pública que fixa as formas de fiscalização e prestação dos serviços, o controle de preços e as causas que podem ensejar uma modificação contratual. As regras contratuais, mesmo que tenham sido estabelecidas por mútuo consenso, não podem ser opostas contra o interesse público.

Se o Estado optar por fazer a concessão ou a permissão para a concretização de serviço público, deve regulamentar os seguintes aspectos: a) o regime das empresas concessionárias e permissionárias de serviços públicos, o caráter especial de seu contrato e de sua prorrogação, bem como as condições de caducidade, fiscalização e rescisão da concessão ou permissão; b) os direitos dos usuários; c) a política tarifária; d) a obrigação de manter serviço adequado (art. 175, I a IV, da CF).

## 37.7 Regulamentação dos recursos minerais e potenciais de energia hidráulica

O solo sempre foi um dos apanágios da propriedade privada, abrangendo seu subsolo em toda sua profundidade. Todavia, a Constituição expressamente asseverou que as jazidas, em lavra, ou seja, exploradas, ou não, e demais recursos minerais e os potenciais de energia hidráulica constituem propriedade distinta da do solo, para efeito de exploração ou aproveitamento, e pertencem à União, garantida ao concessionário a propriedade do produto da lavra (art. 176 da CF). Não obstante, assegura ao proprietário a participação nos resultados da lavra, de acordo com o estabelecido em nível legal (art. 176, §2º, da CF).

O subsolo brasileiro é abundante de riquezas e, como estas são imprescindíveis para assegurar o desenvolvimento nacional, optou o constituinte de 1988 por torná-lo pertencente à União, diferenciando-o da propriedade do solo. Foi a forma encontrada para que essas fontes naturais fossem melhor racionalizadas e se adequassem a um planejamento estratégico de crescimento econômico. As jazidas, em lavra ou não, bem como os demais recursos minerais e os potenciais de energia hidráulica, aquela movida ou efetuada por meio de água, excepcionam a regra de que o acessório acompanha o principal, permitindo que essas atividades possam ser executadas por entes estatais ou por entes privados, através de concessão. Ao proprietário do solo foi outorgado o direito de participação nos dividendos resultantes da exploração.

A pesquisa e a lavra de recursos minerais e o aproveitamento dos potenciais de energia hidráulica apenas podem ser efetuados mediante autorização ou concessão da União, no interesse nacional, por brasileiros ou empresa constituída sob as leis brasileiras e que tenha sua sede e administração no Brasil, estabelecendo as condições específicas quando essas atividades se desenvolverem em faixa de fronteira ou terras indígenas (art. 176, §1º, da CF). Essa especificidade ocorre porque na faixa de fronteira há necessidade de se preservar a segurança nacional e nas terras indígenas há necessidade de assegurar proteção aos índios.

O texto originário de 1988 previa que a pesquisa e a exploração de recursos minerais e o aproveitamento dos potenciais de energia hidráulica apenas poderiam ser executados por brasileiros ou empresa brasileira de capital nacional. Depois das reformas na ordem econômica e financeira, essas atividades, consideradas insumos básicos da cadeia produtiva, podem ser implementadas por empresas multinacionais ou até mesmo tornar-se parte de oligopólios transnacionais.

A autorização de pesquisa é sempre por prazo determinado, e as autorizações e concessões previstas neste artigo não poderão ser cedidas ou transferidas, total ou parcialmente, sem prévia anuência do poder concedente (art. 176, §3º, da CF). Não depende de autorização ou concessão o aproveitamento do potencial de energia renovável de capacidade reduzida (art. 176, §4º, da CF).

A criação de monopólios por parte do Estado se justifica no sentido de atender a determinadas demandas econômicas, que, pelas suas dimensões, somente podem ser realizadas por seu intermédio. Eles devem ser evitados porque perpetram abuso do poder econômico, para dominar o mercado, eliminar a concorrência e, consequentemente, aumentar o lucro. Deve-se deixar bem claro que os monopólios são exceções, previstas somente no texto legal; a regra é a livre concorrência e a livre iniciativa, que impedem a dominação do mercado.

A Constituição de 1988 enumerou os setores que são monopólios da União, restritos ao petróleo, gás natural e minério e minerais naturais, na seguinte ordem:

I – a pesquisa e a lavra das jazidas de petróleo e gás natural e outros hidrocarbonetos fluidos;
II – a refinação do petróleo nacional ou estrangeiro;
III – a importação e exportação dos produtos e derivados básicos resultantes das atividades previstas nos incisos anteriores;
IV – o transporte marítimo do petróleo bruto de origem nacional ou de derivados básicos de petróleo produzidos no país, bem assim o transporte, por meio de conduto, de petróleo bruto, seus derivados e gás natural de qualquer origem;
V – a pesquisa, a lavra, o enriquecimento, o reprocessamento, a industrialização e o comércio de minérios e minerais nucleares e seus derivados, com exceção dos radio-isótopos cuja produção, comercialização e utilização poderão ser autorizadas sob regime de permissão.

Devido à flexibilização promovida pela Emenda Constitucional nº 9, a União, para realizar as atividades incluídas em seu monopólio, pode contratar com empresas estatais ou privadas, obedecendo ao estabelecido em lei (art. 177, §1º, da CF). A regulamentação para que empresas estatais ou privadas possam executar atividades que são monopólio da União dispõe dos aspectos a seguir: a) garantia do fornecimento dos derivados de petróleo em todo território nacional; b) condições de contratação; c) estrutura e atribuições do órgão regulador do monopólio da União (art. 177, §2º, da CF).

Na verdade, a Emenda Constitucional nº 9 promoveu a quebra do monopólio, ao permitir que suas atividades possam ser executadas por agentes privados. A modificação constitucional atende a pleitos de reduzir a presença estatal na economia, baseando-se em uma melhor eficiência da iniciativa privada. O problema é quando há a substituição de monopólios públicos por monopólios privados, atuando em setores estratégicos sem uma regulamentação adequada que impeça que interesses da *lex mercatoria* possam se sobrepor a interesses coletivos.

Em virtude da atuação do Estado na economia, pode ser instituída contribuição de intervenção no domínio econômico relativa às atividades de importação ou comercialização de petróleo e seus derivados, gás natural e seus derivados e álcool combustível. Os recursos arrecadados por essa contribuição são destinados ao pagamento de subsídios a preços ou transporte de álcool combustível, gás natural e seus derivados e derivados de petróleo, ao financiamento de projetos ambientais relacionados com a indústria do petróleo e do gás e ao financiamento de programas de infraestrutura de transportes (art. 177, §4º, I e II, da CF).

Fica ao encargo de lei a ordenação dos transportes aéreo, aquático e terrestre, devendo, quanto à ordenação do transporte internacional, observar os acordos firmados pela União, atendido o princípio da reciprocidade (art. 178 da CF). Igualmente devido à emenda constitucional foi permitido que o transporte de mercadorias na cabotagem, a navegação entre portos do mesmo país e a navegação interior possam ser feitos por embarcações estrangeiras, o que antes era proibido para proteger a indústria naval brasileira e resguardar nossa soberania interna (art. 178, parágrafo único, da CF).

A União, os estados, o Distrito Federal e os municípios dispensarão às microempresas e às empresas de pequeno porte tratamento jurídico diferenciado, visando incentivá-las pela simplificação de suas obrigações administrativas, tributárias, previdenciárias e creditícias, ou pela eliminação ou redução destas por meio de lei (art. 179 da CF). Tal tratamento privilegiado se justifica porque são as microempresas e as empresas de pequeno porte que mais contribuem para a geração de empregos na economia.

## 37.8 Política urbana

O desenvolvimento de uma cidade não pode ser feito de forma desordenada, sem a obediência a regulamentações, previamente estipuladas, que possam garantir que seu crescimento será realizado de forma harmoniosa. Desse modo, a política de desenvolvimento urbano, executada pelo Poder Público municipal, conforme diretrizes gerais fixadas em lei, tem por objetivo ordenar o pleno desenvolvimento das funções sociais da cidade e garantir o bem-estar de seus habitantes (art. 182 da CF).

A política urbana foi introduzida, de forma inovadora, em âmbito constitucional, pela Constituição de 1988, em decorrência do rápido processo de urbanização que se realizou no Brasil. De modo abrangente, pode-se dizer que são estas algumas de suas diretrizes gerais: desenvolvimento sustentável das cidades; proteção do meio ambiente e do patrimônio cultural; investimentos em obras de infraestrutura etc.

Quem tem competência para disciplinar normativamente a política urbana é a União, os estados, os municípios e o Distrito Federal, pois ela se classifica como uma competência concorrente. As diretrizes gerais da política urbana foram elaboradas pela União, com a Lei nº 10.257/2001, denominada Estatuto da Cidade.

A ferramenta imprescindível para a ordenação equilibrada das cidades é o plano diretor, que traça as regulamentações de desenvolvimento e de expansão urbana.[89] Ele é obrigatório para todos os entes locais que tenham mais de vinte mil habitantes (art. 182, §1º, da CF). Segundo o Professor Celso Ribeiro Bastos, o plano diretor vem a ser o instrumento pelo qual os municípios definem os objetivos e fixam suas regras básicas, determinam as diretrizes de planejamento, as normas de desenvolvimento urbano, as exigências quanto às edificações e outras matérias referentes ao uso do solo.[90]

## 37.9 Desapropriação de imóveis urbanos

Há muito tempo que a propriedade privada deixou de ser um valor absoluto. Ela sempre tem necessidade de ser analisada de acordo com sua função social e os demais dispositivos que normatizam sua extensão. O mesmo vale para as propriedades urbanas, que têm que atender à sua função social, consonante as ordenações expressas no plano diretor (art. 182, §2º, da CF). A função social da propriedade urbana se configura

---

[89] Estabelece o art. 41 do Estatuto das Cidades: "Segundo o Estatuto das cidades, o plano diretor é obrigatório nas cidades: I – com mais de vinte mil habitantes; II – integrantes de regiões metropolitanas e aglomerações urbanas; III – onde o Poder Público municipal pretenda utilizar os instrumentos previstos no parágrafo 4º do art. 182 da CF; IV – integrantes de áreas de especial interesse turístico; V – inseridas na área de influência de empreendimentos ou atividades com significativo impacto ambiental de âmbito regional ou nacional".

[90] BASTOS, Celso Ribeiro. *Curso de direito constitucional*. 18. ed. São Paulo: Saraiva, 1997. p. 459.

condicionada ao atendimento dos requisitos contidos no plano diretor e demais normas urbanísticas.

As desapropriações de imóveis urbanos serão feitas com prévia e justa indenização em dinheiro (art. 182, §3º, da CF). Caso o proprietário não edifique, subutilize ou não utilize seu imóvel urbano, é facultado ao Poder Público municipal exigir, mediante lei específica, seu adequado aproveitamento, sob pena de, sucessivamente, impor as seguintes sanções (art. 182, §4º, I a III, da CF):

I – parcelamento ou edificação compulsórios;
II – imposto sobre a propriedade predial e territorial urbana progressivo no tempo;
III – desapropriação com pagamento mediante títulos da dívida pública de emissão previamente aprovada pelo Senado Federal, com prazo de resgate de até dez anos, em parcelas anuais, iguais e sucessivas, assegurados o valor real da indenização e os juros legais.

A Constituição previu duas formas de desapropriação para a propriedade urbana: a desapropriação comum, feita com prévia e justa indenização em dinheiro; e a desapropriação-sanção, realizada com títulos da dívida pública, com prazo de pagamento de até dez anos. Quando o imóvel urbano não atender aos dispositivos legais específicos, a desapropriação-sanção é a medida mais extremada, podendo ser antes tomadas as medidas de parcelamento ou edificação compulsória ou o IPTU progressivo, dependendo do grau de acinte à disposição normativa.

## 37.10 Usucapião urbano

O usucapião *pro labore* urbano, também chamado de pró-moradia, criado pela Constituição de 1988, exige os seguintes requisitos: a) possuir como sua área urbana até duzentos e cinquenta metros quadrados; b) pelo período de cinco anos; c) ininterruptamente e sem oposição; d) utilizando-a para sua moradia ou de sua família; e) não possuindo nenhum outro imóvel urbano ou rural (art. 183 da CF). As facilidades determinadas para a aquisição da propriedade urbana, através do usucapião pró-moradia, têm a finalidade de arrefecer a especulação imobiliária e, além disso, atacar um dos graves problemas das cidades brasileiras, que é o déficit habitacional que atinge sua população mais pobre.

O título de domínio e a concessão de uso serão conferidos ao homem ou à mulher, ou a ambos, independentemente do estado civil, o que significa que não há necessidade de registro formal de casamento ou de união estável (art. 182, §1º, da CF). Esse direito não será reconhecido ao mesmo possuidor mais de uma vez, evitando que o cidadão venda o imóvel adquirido pelo usucapião e busque novamente a aquisição de um outro (art. 182, §2º, da CF). Os imóveis públicos não serão adquiridos por usucapião, haja vista, teoricamente, sua finalidade de atender aos interesses da sociedade (art. 182, §3º, da CF).

## 37.11 Política agrícola, fundiária e reforma agrária

Política agrícola e fundiária é o conjunto de ações públicas para regulamentar e planejar as atividades inerentes à agricultura e à propriedade rural, fortalecendo este setor produtivo e valorizando os que dela se ocupam, sem se esquecer da função social da propriedade rural. Em um país de grandes dimensões agricultáveis como o Brasil, é um absurdo a existência de enormes latifúndios improdutivos, enquanto milhões de trabalhadores não têm terra para plantar.

Para assegurar os desideratos mencionados, tem a União, para fins de reforma agrária, a competência para desapropriar o imóvel rural que não esteja cumprindo sua função social, mediante prévia e justa indenização em títulos da dívida agrária, com cláusula de preservação do valor real, resgatáveis no prazo de até vinte anos, a partir do segundo ano de sua emissão, e cuja utilização será definida em lei (art. 184 da CF).

Reforma agrária é o conjunto de medidas, concretizadas mediante a intervenção do Estado na propriedade rural, com o objetivo de repartir os latifúndios improdutivos entre os trabalhadores que não dispõem de terras para plantar. Este tipo de desapropriação constitui uma sanção porque o pagamento não será prévio e em dinheiro, mas em títulos da dívida pública, resgatáveis no prazo máximo de até vinte anos.

Os proprietários devem ser indenizados pelo valor de mercado das propriedades, recebendo em títulos da dívida agrária (TDA) o valor da terra nua e em dinheiro o valor das benfeitorias. A competência para executar a política agrícola e fundiária é da União, sem possibilidade de ser executada pelos estados, municípios ou pelo Distrito Federal.

As benfeitorias úteis e necessárias serão indenizadas em dinheiro (art. 184, §1º, da CF). O decreto que declarar o imóvel como de interesse social, para fins de reforma agrária, autoriza a União a propor a ação de desapropriação (art. 184, §2º, da CF).

O orçamento fixará anualmente o volume total de títulos da dívida agrária, assim como o montante de recursos para atender ao programa de reforma agrária no exercício (art. 184, §4º, da CF). Cabe à lei complementar estabelecer procedimento contraditório especial, de rito sumário, para o processo judicial de desapropriação; e são isentas de impostos federais, estaduais e municipais as operações de transferência de imóveis desapropriados para fins de reforma agrária (art. 184, §§3º e 5º, da CF).

Não são passíveis de sofrerem desapropriação para fins de reforma agrária as pequenas e médias propriedades rurais, assim definidas em lei, desde que seu proprietário não possua outra; e a propriedade produtiva, seja de pequena ou de grandes proporções (art. 185, I e II, da CF), desde que cumpra suas funções sociais.

A propriedade produtiva tem tratamento especial fixado em lei, com a cominação dos requisitos necessários para a determinação da sua função social (art. 185, parágrafo único, da CF).[91] Não se justifica a desapropriação da propriedade produtiva porque, ao cumprir sua função social, constitui-se em fator gerador de riquezas, o que contribui para atenuar a pobreza existente na sociedade.

A função social é cumprida quando a propriedade rural atende, simultaneamente, em conjunto aos seguintes requisitos: a) aproveitamento racional e adequado; b) utilização adequada dos recursos naturais disponíveis e preservação do meio ambiente; c) observância das disposições que regulam as relações de trabalho; d) exploração que favoreça o bem-estar dos proprietários e dos trabalhadores (art. 186, I a IV, da CF). A ausência de um desses requisitos já serve para afirmar que a propriedade não cumpre sua função social.

---

[91] Os critérios para determinação da função social da propriedade estão contidos no art. 186 da Constituição e na Lei nº 8.629/1996.

A política agrícola será planejada e executada na forma da lei, com a participação efetiva do setor de produção, envolvendo produtores e trabalhadores rurais, bem como dos setores de comercialização, de armazenamento e de transportes, levando em conta, especialmente: a) os instrumentos creditícios e fiscais; b) os preços compatíveis com os custos de produção e a garantia de comercialização; c) o incentivo à pesquisa e à tecnologia; d) a assistência técnica e extensão rural; e) o seguro agrícola; f) o cooperativismo; g) a eletrificação rural e irrigação; h) a habitação para o trabalhador rural (art. 187, I a VIII, da CF).

A destinação de terras públicas e devolutas será compatibilizada com a política agrícola e com o plano nacional de reforma agrária (art. 188 da CF). Terras públicas são aquelas que pertencem a quaisquer dos entes estatais, estejam ou não à disposição da coletividade. Terras devolutas são as que, em razão da origem pública da propriedade fundiária no Brasil, pertencem ao Estado, mas não estão sendo utilizadas em funções públicas porque não foram trespassadas do Poder Público aos particulares, ou não se integraram ao domínio privado por título legítimo.[92]

A alienação ou a concessão, a qualquer título, de terras públicas com área superior a dois mil e quinhentos hectares à pessoa física ou jurídica, ainda que por interposta pessoa, dependerá de prévia aprovação do Congresso Nacional, excetuando-se as alienações ou as concessões de terras públicas para fins de reforma agrária (art. 188, §§1º e 2º, da CF).

Os beneficiários da distribuição de imóveis rurais pela reforma agrária receberão títulos de domínio ou de concessão de uso, inegociáveis pelo prazo de dez anos, impedindo que a reforma agrária se transforme em um negócio rentável (art. 189 da CF). O título de domínio e a concessão de uso serão conferidos ao homem ou à mulher, ou a ambos, independentemente do estado civil, nos termos e condições previstos em lei (art. 189, parágrafo único, da CF).

A lei regulará e limitará a aquisição ou o arrendamento de propriedade rural por pessoa física ou jurídica estrangeira e estabelecerá os casos que dependem de autorização do Congresso Nacional (art. 190 da CF).

## 37.12 Usucapião rural

Igualmente chamado de usucapião *pro labore* agrário, ele se configura em uma possibilidade de aquisição de propriedade rural por parte de pequenos agricultores. Foi regulamentado na Lei Maior para ressaltar sua relevância, como meio de desconcentração fundiária, e dispor de requisitos mais fáceis de serem concretizados do que os exigidos para o usucapião regulamentado pelas normas infraconstitucionais.

Estes são seus requisitos: a) não dispor de imóvel rural ou urbano; b) pelo tempo de cinco anos ininterruptos, como se dono fosse; c) sem enfrentar contestação; d) com área de terra, localizada na zona rural, fora do perímetro urbano; e) não superior a cinquenta hectares; f) tornando-a produtiva com seu trabalho individual, podendo contar só com a ajuda da família; g) constituir nessa área de terra sua moradia (art. 191 da CF).

---

[92] BANDEIRA DE MELLO, Celso Antônio. *Curso de direito administrativo*. 17. ed. São Paulo: Malheiros, 2004. p. 775.

A Constituição, explicitamente, impede que imóveis públicos sejam adquiridos por usucapião, já que esses imóveis, teoricamente, pertencem à coletividade (art. 191, parágrafo único, da CF).

# SISTEMA FINANCEIRO NACIONAL

## 38.1 Correção da impropriedade temática

O Título VI da Constituição, que trata da Tributação e do Orçamento, no Capítulo II, das Finanças Públicas, dispõe acerca das normas gerais inerentes às finanças dos entes da Administração direta e indireta. Por erro dos legisladores constituintes de 1988, foi colocado no art. 163 da Lei Maior dispositivo a respeito da fiscalização das instituições financeiras, destoando da matéria pertinente, qual seja, a normatização da fiscalização financeira das entidades da Administração direta e indireta e, de modo algum, das instituições financeiras, que deveriam ser regulamentadas no capítulo sobre o Sistema Financeiro Nacional.

A Emenda Constitucional nº 40, de 22.3.2003, suprimiu essa incorreção ao modificar o texto do inc. V do art. 163, que passou a dispor sobre a regulamentação da fiscalização financeira da Administração Pública direta e indireta (art. 163, V, da Constituição Federal).[1]

A lei complementar que regulamentará essa fiscalização financeira da Administração direta e indireta tem a finalidade de estabelecer os dispositivos necessários à garantia da moralidade da gestão da coisa pública, delineando os mecanismos de acompanhamento dos gastos públicos por parte do próprio Governo, dos demais poderes e da sociedade civil.

A fiscalização das instituições financeiras deveria estar prevista no Capítulo IV do Título VII – Da Ordem Econômica e Financeira –, que trata do Sistema Financeiro Nacional, e não nas normas gerais das finanças públicas dos entes da Administração direta e indireta. A intenção da emenda, neste aspecto, foi corrigir essa distorção da Constituição.

---

[1] A denominada Reforma do Sistema Financeiro foi realizada pela Proposta de Emenda à Constituição nº 53/99, proposta pelo Ex-Senador José Serra (PSDB-SP), com alteração do substitutivo do Senador Jefferson Peres (PDT-AM).

## 38.2 Nova estruturação do art. 192

O art. 192 da Constituição Federal trata do Sistema Financeiro Nacional. Não restam dúvidas de que, graças ao sentimento predominante na Assembleia Constituinte, ao se contrapor à instabilidade social através de uma estabilidade jurídica, o texto constitucional foi bastante prolixo, disciplinando diversos aspectos do nosso cotidiano por meio de normas constitucionais.[2]

A forma como foi normatizado o Sistema Financeiro Nacional foi bastante extensa em conteúdo, abrangendo diversas matérias que, de acordo com a jurisprudência do Supremo Tribunal Federal, deveriam ser regulamentadas de forma conjunta, pela mesma lei complementar.[3] Como havia fortes interesses contra a regulamentação de alguns incisos daquele artigo, essa lei complementar nunca foi elaborada.[4]

Como não houve a regulamentação do art. 192 da Constituição, o disciplinamento do Sistema Financeiro continuou a ser feito pela Lei de Reforma Bancária, Lei nº 4.595, de 31.12.1964.

Com a Emenda Constitucional nº 40, todos os incisos e parágrafos do art. 192 foram revogados para permitir que o Sistema Financeiro Nacional fosse regulamentado de forma fracionária, seja no conteúdo, seja no tempo. Em vez de uma única lei complementar regulamentadora, abriu-se a possibilidade da existência de várias leis disciplinando o Sistema Financeiro Nacional.

---

[2] CANOTILHO, José Joaquim Gomes. *Direito constitucional e teoria da Constituição*. 2. ed. Coimbra: Almedina, 1997. p. 946.

[3] "Tendo a Constituição Federal, no único artigo em que trata do Sistema Financeiro Nacional (art. 192), estabelecido que este será regulamentado por lei complementar, com observância do que determinou no *caput*, nos seus incisos e parágrafos, não é de se admitir a eficácia imediata e isolada do disposto em seu parágrafo 3º, sobre taxa de juros reais (12% ao ano), até porque estes não foram conceituados. Só o tratamento global do Sistema Financeiro Nacional, na futura lei complementar, com a observância de todas as normas do *caput* dos incisos e parágrafos do artigo 192, é que permitirá a incidência da referida norma sobre juros reais e desde que estes também sejam conceituados em tal diploma" (ADIn nº 4, Rel. Min. Sydney Sanches).

[4] Era a seguinte a redação original do art. 192: "O Sistema Financeiro Nacional, estruturado de forma a promover o desenvolvimento equilibrado do País e a servir aos interesses da coletividade, será regulamentado em lei complementar, que disporá, inclusive, sobre: I – a autorização para o funcionamento das instituições financeiras, assegurado às instituições bancárias oficiais e privadas acesso a todos os instrumentos do mercado financeiro bancário, sendo vedada a essas instituições a participação em atividades não previstas na autorização de que trata este inciso; II – autorização e funcionamento dos estabelecimentos de seguro, resseguro, previdência e capitalização, bem como do órgão oficial fiscalizador; III – as condições para a participação do capital estrangeiro nas instituições a que se referem os incisos anteriores, tendo em vista, especialmente: a) os interesses nacionais; b) os acordos internacionais; IV – a organização, o funcionamento e as atribuições do Banco Central e demais instituições financeiras públicas e privadas; V – os requisitos para a designação de membros da diretoria do Banco Central e demais instituições financeiras, bem como seus impedimentos após o exercício do cargo; VI – a criação de fundo ou seguro, com o objetivo de proteger a economia popular, garantindo créditos, aplicações e depósitos até determinado valor, vedada a participação de recursos da União; VII – os critérios restritivos da transferência de poupança de regiões com renda inferior à média nacional para outras de maior desenvolvimento; VIII – o funcionamento das cooperativas de crédito e os requisitos para que possam ter condições de operacionalidade e estruturação próprias das instituições financeiras. §1º A autorização a que se referem os incisos I e II será inegociável e intransferível, permitida a transmissão do controle da pessoa jurídica titular, e concedida sem ônus, na forma da lei do Sistema Financeiro Nacional, à pessoa jurídica cujos diretores tenham capacidade técnica e reputação ilibada, e que comprove capacidade econômica compatível com o empreendimento. §2º Os recursos financeiros relativos a programas e projetos de caráter regional, de responsabilidade da União, serão depositados em suas instituições regionais de crédito e por elas aplicados. §3º As taxas de juros reais, nelas incluídas comissões e quaisquer outras remunerações direta ou indiretamente referidas à concessão de crédito, não poderão ser superiores a doze por cento ao ano; a cobrança acima deste limite será conceituada como crime de usura, punido, em todas as suas modalidades, nos termos que a lei determinar".

A respeito do conteúdo do *caput* do art. 192, a redação original foi quase toda mantida, acrescida da sua competência para também regulamentar, por lei complementar, as cooperativas de crédito e dispor sobre a participação do capital estrangeiro nas instituições que fazem uso desse capital (art. 192 da Constituição Federal).

A finalidade de se regulamentar o Sistema Financeiro Nacional por intermédio de lei complementar é assegurar uma maior estabilidade ao conteúdo dessas normas, que exigem o *quorum* de maioria absoluta para a sua feitura. Anteriormente à Constituição de 1988, a regulamentação era feita por meio de norma ordinária.

Muitos segmentos sociais afirmaram que a reestruturação do art. 192 foi motivada pelo interesse de se conceder autonomia ao Banco Central.[5] Com a modificação implementada, a autonomia do Banco Central pode ser estabelecida por meio de lei complementar específica. Outro problema é que algumas matérias relevantes, que antes deveriam ser regulamentadas, obrigatoriamente, por lei complementar que disciplinasse o citado artigo na íntegra, podem ficar sem nenhuma regulamentação.

Nesse sentido, podemos citar matérias importantes como os critérios restritivos da transferência de poupança de regiões com renda inferior à média nacional para outras de maior desenvolvimento; a obrigatoriedade de depósito dos recursos financeiros relativos a programas e projetos de caráter regional em instituições regionais de crédito e por elas aplicados; juros, máximos, incluídas comissões e quaisquer outras remunerações direta ou indiretamente referentes à concessão de crédito, de 12% ano, que foi a norma constitucional que mais ojeriza trouxe para o mercado financeiro. Essas matérias, entre outras, que foram deixadas de fora da Constituição, em um processo de desconstitucionalização por parte do Poder Reformador, podem nunca mais ser disciplinadas, já que perderam o *status* de normas constitucionais, e sua regulamentação se encontra, atualmente, ao alvedrio discricionário do legislador ordinário.

## 38.3 Modificação do art. 52 do ADCT

Como a redação anterior do art. 52 do Ato das Disposições Constitucionais Transitórias fazia remissão ao art. 192, III, da Constituição e este foi revogado, houve a necessidade de se modificar a sua redação para excluir alusão ao mencionado inciso.

O atual conteúdo expõe que, até que sejam fixadas as condições do art. 192 da *Lex Mater*, são vedados instalação, no país, de novas agências de instituições financeiras ou aumento do percentual de participação, no capital de instituições financeiras com sede no país, de pessoas físicas ou jurídicas residentes ou domiciliadas no exterior.

Todavia, o impedimento do *caput* é relativizado no parágrafo único, que ressalva as autorizações resultantes de acordos internacionais, de reciprocidades ou de interesse do Governo brasileiro.

## 38.4 Gastos públicos e a Emenda Constitucional nº 95

Em 2016 foi promulgada a Emenda Constitucional de nº 95 (PEC nº 55), que altera o Ato das Disposições Constitucionais Transitórias, para instituir o novo regime fiscal,

---

[5] FREITAS, Maria Cristina Penido. *A autonomia do Banco Central*. Disponível em: <http://www.cnbcut.com.br/popup.php?chave=4600>. Acesso em: 18 fev. 2004.

limitando os gastos públicos por 20 anos. Dessa forma, passa a existir uma reestruturação dos parâmetros de gastos do governo.[6]

O projeto de emenda foi enviado pelo Governo Michel Temer com o argumento de reequilibrar as contas públicas, no qual os gastos públicos serão atualizados somente pelo valor da inflação pelo Índice Nacional de Preços ao Consumidor Amplo (IPCA). Institui-se, portanto, uma nova limitação para todos os órgãos e poderes da República, havendo restrições para órgãos individualizados, como tribunais, Conselho Nacional de Justiça, Senado, Câmara, Tribunal de Contas da União (TCU), Ministério Público da União, Conselho Nacional do Ministério Público e Defensoria Pública da União.

O conteúdo da emenda constitucional autoriza punição para aqueles que descumprirem seu teto, como ficar impedido de, no ano seguinte, dar aumento salarial, contratar pessoal, criar novas despesas ou conceder incentivos fiscais, no caso do Executivo. No entanto, houve uma diferenciação no tratamento dos gastos com saúde e educação, pois somente a partir de 2018 é que as duas áreas passarão a seguir o critério da inflação (IPCA).

Interessante um país com altíssimos índices de desigualdades congelar o seu gasto social, sem que tenha congelado o seu gasto com juros da dívida interna, que, diga-se de passagem, historicamente, sempre foi um dos mais altos do mundo.

---

[6] "Art. 1º O Ato das Disposições Constitucionais Transitórias passa a vigorar acrescido dos seguintes arts. 106, 107, 108, 109, 110, 111, 112, 113 e 114: 'Art. 106. Fica instituído o Novo Regime Fiscal no âmbito dos Orçamentos Fiscal e da Seguridade Social da União, que vigorará por vinte exercícios financeiros, nos termos dos arts. 107 a 114 deste Ato das Disposições Constitucionais Transitórias'" (Emenda Constitucional nº 95, de 2016).

# ORDEM SOCIAL

Os direitos sociais surgem dentro de um processo de profundas reformulações sociopolítico-econômicas ocorridas no início do século XX. Os direitos de primeira dimensão – direitos civis e políticos – perderam sua densidade diante das necessidades do proletariado, que reivindicava condições dignas de vida. A "mão invisível do mercado" provocou sucessivas crises cíclicas na economia. A sociedade estava ansiosa pelo surgimento de novos direitos.

Os direitos de segunda dimensão são basicamente os direitos sociais, que foram disciplinados na Carta Magna para que, pela supremacia de que gozam os mandamentos constitucionais, fosse garantida eficácia aos seus dispositivos. A primeira Constituição que garantiu os direitos sociais foi a Carta Magna mexicana, de 1917, e a segunda Constituição foi a de Weimar, que conseguiu maior notoriedade por ter sido a Lei Maior da Alemanha, de 1919. No Brasil, a primeira Constituição a agasalhar os direitos de segunda dimensão foi a de 1934, o que foi seguido pelos demais textos constitucionais.[1]

Como característica primordial desses direitos, temos a intervenção do Estado em vários setores da sociedade para assegurar condições mínimas de vida para os cidadãos. A intervenção do Estado acarreta uma mitigação da propriedade privada e do interesse individual em prol do interesse coletivo. Os benefícios dos direitos sociais ensejaram um Estado de Bem-Estar Social, que propiciou, na Europa, uma época de desenvolvimento econômico com harmonia social.

## 39.1 Seguridade social

A seguridade social abrange a saúde, a previdência e a assistência social, ou seja, é a rede de proteção aos mais desvalidos da sociedade (art. 194, *caput*, da CF).[2] Esses

---

[1] Acerca da origem dos direitos sociais precisa Ivo Dantas: "Apesar de a Constituição francesa de 1848 ter consagrado alguns princípios de caráter social, é a partir de 1917, no México, que se tem constatado uma amplitude do conceito material de Constituição, no qual se deve destacar a inclusão, em seus textos, dos chamados Direitos Sociais, e dentro destes dos Direitos Trabalhistas" (DANTAS, Ivo. *Constituição Federal*. Teoria e prática. Rio de Janeiro: Renovar, 1994. p. 303).

[2] MOTTA FILHO, Sílvio; DOUGLAS, William. *Direito constitucional*. Rio de Janeiro: Impetus, 2002. p. 764.

itens possibilitam a concretização do Estado de Bem-Estar Social traçado no art. 3º da Constituição.

Orlando Soares explica a origem do vocábulo *seguridade social*:

> A noção de seguridade social evoluiu dos princípios da previdência social, que por sua vez se originou do chamado direito social, abrangendo múltiplos aspectos. [...] Sob esse prisma, os fundamentos do direito social se apoiam na função social do Estado, que tem por finalidade realizar o desenvolvimento nacional e a justiça social, princípios esses que passaram por uma longa discussão e evolução histórica, no entrechoque de debates, entre as quais se destacaram dois principais grupos: liberalistas e intervencionistas.[3]

A seguridade social tem como principais objetivos (art. 194, parágrafo único, I a VII, da CF):
   a) a universalidade de cobertura e atendimento. A seguridade deve atender a todos que dela necessitem, não havendo distinções entre pessoas ou categorias sociais;
   b) a uniformidade e a equivalência de benefícios, devendo as vantagens ser iguais tanto para as populações urbanas quanto para as rurais;
   c) a irredutibilidade do valor dos benefícios. A única forma de mudar essa regra seria por meio de um novo Poder Constituinte, jamais de uma emenda constitucional;
   d) seletividade e distributividade na prestação dos benefícios e serviços;
   e) equidade na forma de participação no custeio;
   f) caráter democrático e descentralizado da administração, com a participação dos trabalhadores, governo, empregadores e aposentados, em gestão quadripartite.

## 39.1.1 Diversidade de financiamento

Como a ordem social é primordial para o crescimento da nação, o Constituinte de 1988 preferiu optar pela diversidade de financiamento, ou seja, os vários setores da sociedade devem contribuir para a manutenção da seguridade social.[4]

Os recursos da seguridade vêm, principalmente:
   a) Do orçamento da União, dos estados, Distrito Federal e municípios. As esferas de Governo têm a obrigação de canalizar recursos para o sistema de seguridade social, como contraprestação pela elevada carga tributária suportada pelos cidadãos. Entretanto, nenhum benefício poderá ser criado sem a indicação da fonte de custeio (art. 195, *caput*, da CF).
   b) Do empregador, da empresa e da entidade a ela equiparada na forma da lei, incidindo na folha de salários e demais rendimentos dos trabalhos

---

[3] SOARES, Orlando. *Comentários à Constituição da República Federativa do Brasil*. 5. ed. Rio de Janeiro: Forense, 1991. p. 651.

[4] "Sob a égide das Constituições Federais de 1934, 1946 e 1967, bem como da Emenda Constitucional nº 1/1969, teve-se a previsão geral do tríplice custeio, ficando aberto campo propício a que, por norma ordinária, ocorresse a regência das contribuições. A Carta da República de 1988 inovou. Em preceitos exaustivos – incisos I, II e III do artigo 195 – impôs contribuições, dispondo que a lei poderia criar novas fontes destinadas a garantir a manutenção ou expansão da seguridade social" (RE nº 166.772-RG).

pagos ou creditados, na receita, no faturamento e no lucro. A contribuição incidente na folha salarial do empregador, que por várias vezes foi declarada inconstitucional pelo STF, foi convalidada com a Emenda nº 20, permitindo a sua incidência em qualquer contribuição da folha de salários e outros rendimentos pagos a qualquer título à pessoa física que lhe preste serviço. Antes, o STF entendia que o pagamento de pró-labore a administradores e autônomos não se configuraria como salário (art. 195, I, *a* a *c*, da CF).

c) Dos trabalhadores e demais segurados da previdência social, podendo ser adotadas alíquotas progressivas de acordo com o valor do salário de contribuição no regime próprio da previdência social (RPPS). Mas se deve ressaltar que essa possibilidade não se aplica aos aposentados e pensionistas do regime geral de previdência social (RGPS), que após assegurados os seus benefícios não mais contribuem para a seguridade social.

d) Sobre a receita de jogos de azar, como a sena, loteria esportiva etc. (art. 195, III, da CF).

As receitas dos entes estatais destinadas à seguridade social devem constar nos respectivos orçamentos, e as contribuições sociais apenas podem ser exigidas com o transcurso do prazo de noventa dias (art. 195, §1º, da CF).[5]

A proposta orçamentária da seguridade social é elaborada de forma conjunta pelos órgãos responsáveis pela saúde, previdência social e assistência social, obedecendo às cominações impostas pela lei de diretrizes orçamentárias, assegurando a cada área a gestão de seus recursos (art. 195, §2º, da CF).

As fontes de custeio da previdência podem ser outras, além das constantes na Constituição. Apenas não podem ter natureza cumulativa, com o mesmo fato gerador ou base de cálculo de um tributo qualquer (art. 195, §4º, da CF).

São isentas de contribuição para a seguridade social as entidades beneficentes de assistência social que atendam às exigências estabelecidas em lei infraconstitucional. A Constituição instituiu uma imunidade, garantia de não tributação contida em âmbito constitucional, porque essas entidades atendem à seguridade social, auxiliando o Estado em uma obrigação que é preponderantemente sua. Contudo, a lei infraconstitucional traçará rol de exigências que devem ser atendidas pelas entidades beneficentes de assistência social, para evitar que dinheiro público possa ser desperdiçado em entidades "pilantrópicas" (art. 195, §7º, da CF).

As contribuições sociais para financiamento da seguridade social poderão ter alíquota ou base de cálculo diferenciadas, em razão da atividade econômica, da utilização intensiva de mão de obra, do porte da empresa ou da condição estrutural do mercado de trabalho (art. 195, §9º, da CF).

Em razão da imperiosidade do financiamento do sistema de seguridade social, as pessoas jurídicas em débito com o sistema não poderão contratar com o Poder Público, nem dele receber benefícios ou incentivos fiscais ou creditícios (art. 195, §3º, da CF).

---

[5] "As contribuições sociais destinadas ao financiamento da seguridade social, muito embora revestidas de caráter tributário, estão meramente sujeitas ao princípio da anterioridade mitigada (CF, art. 195, §6º), podendo, em consequência, ser exigidas após decorridos noventa dias contados da data da publicação da lei que as houver instituído ou modificado, não lhes aplicando o disposto no art. 150, III, b, da Carta Política, que consagra, como regra geral, em matéria tributária, o postulado da anterioridade plena" (STF, 1ª Turma, RE nº 167.967-1).

## 39.2 Saúde

O acesso universal à saúde deve ser feito através de políticas sociais e econômicas, em atenção à sua natureza social, que visem à redução do risco de doenças, ou outros estados que comprometam a saúde da coletividade, e possibilitem acesso universal às ações e serviços para a sua promoção, proteção e recuperação (art. 196 da CF).

Pela sua importância, os serviços de saúde são de competência dos entes públicos, podendo a iniciativa privada exercê-los de forma complementar. Nesse caso, cabe aos órgãos estatais zelar pelo bom atendimento dos serviços, dispondo sobre sua regulamentação, fiscalização e controle, que devem ser vistos de forma integrada. A regulamentação da saúde, para ser eficaz, necessita de uma adequada fiscalização e um intenso controle por parte dos poderes públicos (art. 197 da CF).

As empresas privadas podem complementar o Sistema Único de Saúde, seguindo os parâmetros fixados pelas entidades governamentais, tendo preferência as entidades filantrópicas e as sem fins lucrativos (art. 199, §1º, da CF). O seu financiamento deve vir da iniciativa privada, que tem objetivo de lucro. O dinheiro público somente pode subvencionar as instituições privadas sem fins lucrativos, sendo terminantemente vedado ao Poder Público auxiliar ou subvencionar instituições privadas que não tenham finalidade beneficente (art. 199, §2º, da CF).

A assistência à saúde pode ser prestada pela iniciativa privada àquela parcela da população que tenha condições de pagar por esse serviço, o que não significa que a saúde privada deva ser a regra e a saúde pública, reservada aos menos favorecidos da sociedade. O Estado brasileiro não pode se omitir na prestação da saúde pública: além de estar estipulada na Constituição, a saúde pública é custeada com dinheiro de toda a sociedade.

As empresas multinacionais não podem participar do sistema de saúde privado, para complementar o sistema público. Esse incentivo foi idealizado para que as empresas brasileiras pudessem se estabelecer no mercado, impedindo um monopólio internacional no setor, o que seria extremamente danoso para o país (art. 199, §3º, da CF).

A saúde pública é estruturada em um sistema único, formado por órgãos regionalizados e hierarquizados. Esses órgãos são instituídos de forma descentralizada, permitindo a participação da sociedade, em que cada ente estatal tem competência para dispor os serviços da maneira que achar mais conveniente. Para que a eficiência dos serviços não seja prejudicada pela burocracia excessiva, a participação da comunidade se faz imprescindível. O atendimento na rede pública é integral, abrangendo todos os casos necessários e com prioridade para os serviços de natureza preventiva (art. 198, I a III, da CF).

O financiamento da saúde vem do orçamento da seguridade social, mas não há impedimento para a participação de outras fontes. Infelizmente, a saúde perdeu uma de suas principais fontes de financiamento quando o CPMF, no final de 2007, simplesmente por questões políticas e não por questões tributárias, fora revogado (art. 198, §1º, da CF).

A Emenda Constitucional nº 29/2000 procurou assegurar recursos mínimos para o financiamento das ações e serviços de saúde. De acordo com suas disposições, a União, os estados, o Distrito Federal e os municípios aplicarão, anualmente, em ações e serviços públicos de saúde, recursos mínimos, de acordo com a disposição legal (art. 198, §2º, da CF).

Devido à emenda constitucional, que flagrantemente fere o princípio de acesso ao serviço público por concurso público, foi permitido que os gestores locais do sistema único de saúde poderão admitir agentes comunitários de saúde e agentes de combate às endemias por meio de processo seletivo público, ou seja, sem a obrigatoriedade da realização de provas para a escolha dos candidatos mais aptos. Outrossim, de forma casuística, os mencionados profissionais, que na data de promulgação da emenda já desempenharem as atividades de agente comunitário de saúde ou de agente de combate às endemias, desde que tenham sido contratados a partir de anterior processo de seleção pública, ficam dispensados de se submeterem a novo processo seletivo público.

São as seguintes as fontes do seu custeio:
a) a União terá seu percentual de custeio definido por intermédio de lei complementar específica, que deve ser reavaliada, pelo menos, a cada cinco anos;
b) no caso dos estados e do Distrito Federal, deve ser investido na saúde, até o limite mínimo fixado: o produto da arrecadação do Imposto de Transmissão *Causa Mortis* e Doação, do Imposto sobre Circulação de Mercadorias e Serviços – ICMS, do Imposto sobre a Propriedade de Veículos Automotores – IPVA; o produto da arrecadação do imposto da União sobre rendas e proventos de qualquer natureza incidente nas autarquias e fundações estaduais; vinte por cento do produto da arrecadação dos impostos elaborados em decorrência da competência residual da União; e vinte e um inteiros e cinco décimos por cento do Fundo de Participação dos Estados e do Distrito Federal, proveniente do produto de arrecadação do imposto de renda;
c) no caso dos municípios e do Distrito Federal, deve ser investido na saúde, até o limite mínimo fixado: o produto da arrecadação do Imposto sobre a Propriedade Territorial Urbana – IPTU, do Imposto sobre Transmissão *Inter Vivos*, do Imposto sobre Serviços de Qualquer Natureza – ISS; da arrecadação do imposto da União sobre rendas e proventos das autarquias e fundações municipais; cinquenta por cento do produto da arrecadação do imposto da União sobre a propriedade territorial rural; cinquenta por cento do produto da arrecadação do estado sobre a propriedade de veículos automotores licenciados em seu território; vinte e cinco por cento do produto da arrecadação do imposto do estado sobre operações relativas ao ICMS; vinte e dois inteiros e cinco décimos por cento do Fundo de Participação dos Municípios, proveniente do produto da arrecadação do imposto de renda; e vinte e cinco por cento dos recursos que os estados-membros receberam em decorrência da repartição do Imposto sobre Produtos Industrializados.

A Lei Complementar nº 141, que regulamentou a Emenda Constitucional nº 29 e o §3º do art. 198 da Constituição Federal, conferiu percentuais mínimos a serem aplicados por cada ente político da federação em ações envolvendo serviços públicos de saúde. Dessa forma, a presente regulamentação objetiva fornecer critérios de transferências e destinação de valores para estados, municípios e Distrito Federal, definindo também as normas de fiscalização, avaliação e controle das despesas com saúde nos três níveis da federação.

Ademais, a respectiva lei complementar também conceituou o que são gastos com saúde; quais ações e serviços de saúde podem ou não ser financiados com os recursos da saúde. Assim como fora estipulado, os percentuais que cada ente federativo deve aplicar com exclusividade na saúde: municípios – 15% de suas despesas, estados – 12% de suas despesas e a União – o valor do ano anterior acrescido da variação do PIB.

> Art. 5º A União aplicará, anualmente, em ações e serviços públicos de saúde, o montante correspondente ao valor empenhado no exercício financeiro anterior, apurado nos termos desta Lei Complementar, acrescido, no mínimo, do percentual correspondente à variação nominal do Produto Interno Bruto (PIB) ocorrida no ano anterior ao da lei orçamentária anual.
> Art. 6º Os estados e o Distrito Federal aplicarão, anualmente, em ações e serviços públicos de saúde, no mínimo, 12% (doze por cento) da arrecadação dos impostos a que se refere o art. 155 e dos recursos de que tratam o art. 157, a alínea "a" do inciso I e o inciso II do *caput* do art. 159, todos da Constituição Federal, deduzidas as parcelas que forem transferidas aos respectivos municípios.
> Art. 7º Os municípios e o Distrito Federal aplicarão anualmente em ações e serviços públicos de saúde, no mínimo, 15% (quinze por cento) da arrecadação dos impostos a que se refere o art. 156 e dos recursos de que tratam o art. 158 e a alínea "b" do inciso I do *caput* e o §3º do art. 159, todos da Constituição Federal.
> Art. 8º O Distrito Federal aplicará, anualmente, em ações e serviços públicos de saúde, no mínimo, 12% (doze por cento) do produto da arrecadação direta dos impostos que não possam ser segregados em base estadual e em base municipal.

Lei ordinária disporá sobre as condições e os requisitos que facilitem a remoção de órgãos, tecidos e substâncias humanas para fins de transplante, pesquisa e tratamento, bem como a coleta, processamento e transfusão de sangue e seus derivados, sendo vedado qualquer tipo de comercialização. O objetivo do legislador constituinte é declaradamente o de abolir o comércio de órgãos humanos e o comércio ilegal de sangue, bem como os seus derivados (art. 199, §4º, da CF).

Além das atribuições contidas em lei ordinária específica, são atribuições do sistema único de saúde (art. 200, I a VIII, da CF):

> I – controlar e fiscalizar procedimentos, produtos e substâncias, participando da produção de medicamentos e equipamentos de interesse para a saúde;
> II – executar as ações de vigilância sanitária e epidemiológica;
> III – ordenar a formação de recursos humanos na área de saúde;
> IV – participar da formulação da política e da execução das ações de saneamento básico;
> V – incrementar, na sua área de atuação, o desenvolvimento científico e tecnológico;
> VI – fiscalizar e inspecionar alimentos, compreendido o controle de seu teor nutricional, bem como bebidas e águas para consumo humano;
> VII – participar do controle e fiscalização da produção, transporte, guarda e utilização de substâncias e produtos psicoativos, tóxicos e radioativos;
> VIII – colaborar na proteção do meio ambiente, nele compreendido o do trabalho.

### 39.2.1 Conceituação do direito à saúde

A Lei Maior de 1988 foi a primeira a agasalhar o direito à saúde, que antes não fora previsto por nenhuma outra, disciplinando-a em seu art. 6º e nos arts. 196 e seguintes. Além disso, a ordem social se apartou da ordem econômica, demonstrando sua autonomia e atestando que sua concretização não está subordinada de forma absoluta a conjunturas financeiras. Em razão de que os direitos humanos foram alçados ao patamar mais elevado da estrutura jurídica, a novel tutela constitucional encontrou uma sistemática propícia para sua evolução.

A saúde, por ser uma prerrogativa fundamental, é um direito de todos e dever do Estado (União, estados-membros, Distrito Federal e municípios), que deve possibilitar o seu acesso à população.[6] Caso os entes públicos se neguem a prestar esse atendimento fundamental à cidadania, é possível recorrer ao Poder Judiciário, a fim de que o mandamento constitucional seja obedecido.

O dispositivo constitucional citado não enseja a interpretação de que há uma imposição apenas aos entes estatais, com ausência de obrigação para sua proteção em relações cidadão-cidadão, também chamadas de relações horizontais. O posicionamento adotado pelo Supremo Tribunal Federal com relação ao *Drittwirkung* de direitos humanos é que eles vinculam as relações privadas devido a sua importância no ordenamento jurídico.[7] Existe obrigação para que todos os cidadãos respeitem as medidas protetivas ligadas à saúde, não podendo o axioma do *pacta sunt servanda* obnubilar essa obrigação. Pela complexidade do direito à saúde, sua concretização não pode ser relegada apenas à incumbência dos entes estatais. Ele assinala a exigência de interação entre as estruturas políticas e a sociedade[8] e impõe à coletividade o respeito aos dispositivos que garantem essa prerrogativa. De nada adiantaria as proteções legais se os particulares pudessem macular as políticas públicas nessa seara e não tivessem o incentivo de ampará-las.

O direito à saúde, garantido constitucionalmente, instiga o Estado ao cumprimento das demandas que possam propiciar aos cidadãos uma vida sem nenhum comprometimento que afete seu equilíbrio físico ou mental.[9] Sua extensão de incidência é muito ampla, já que engloba todas as medidas que protegem a integridade da pessoa humana. Portanto, exige medidas de caráter preventivo, com o objetivo de impedir o surgimento de doenças, e medidas de caráter recuperativo, visando restabelecer o bem-estar da população.

Segundo Orlando Soares, o direito à saúde corresponde a um conjunto de preceitos higiênicos, referentes aos cuidados para com as funções orgânicas e as medidas de ordem preventiva em relação às doenças. Significa o estado e o funcionamento correto de todos os órgãos do corpo humano.[10] Bertrand Mathieu afirma que o direito à saúde apenas pode ser concebido como a prerrogativa de os cidadãos receberem serviços que possam garantir sua integridade física e mental, ou seja, configura-se como um

---

[6] "A interpretação da norma programática não pode transformá-la em promessa constitucional inconsequente. O caráter programático da regra inscrita no art. 196 da Carta Política – que tem por destinatários todos os entes políticos que compõem, no plano institucional, a organização federativa do Estado brasileiro – não pode converter--se em promessa constitucional inconsequente, sob pena de o Poder Público, fraudando justas expectativas nele depositadas pela coletividade, substituir, de maneira ilegítima, o cumprimento de seu impostergável dever, por gesto irresponsável de infidelidade governamental ao que determina a própria Lei Fundamental do Estado" (RE (AgRg), Min. Celso de Mello).

[7] STF, RE nº 201.819/RJ.

[8] MORBIDELLI, G. et al. *Diritto costituzionale italiano e comparato*. 2. ed. Bologna: Monduzzi, 1995. p. 360.

[9] O STF declarou a inconstitucionalidade do art. 2º da Lei nº 9.055/1995, proibindo assim a extração, industrialização e distribuição do amianto no Brasil (ADIs nºs 3.406/RJ e 3.470/RJ).

[10] SOARES, Orlando. *Comentários à Constituição da República Federativa do Brasil*. 5. ed. Rio de Janeiro: Forense, 1991. p. 863.

direito material que exige dos entes estatais prestações de natureza fática.[11] Segundo o eminente constitucionalista francês o direito à saúde não pode ser concretizado apenas com prestações jurídicas, necessitando que o Estado coloque à disposição serviços que possam garantir a saúde da população. Assim, na França, essa garantia, que é disciplinada ao lado do direito aos meios necessários à existência condigna, permite que o cidadão tenha resguardada sua incolumidade física e psíquica por um sistema de assistência a doenças que seja largamente acessível.[12]

O direito ora retratado ultrapassa a vinculação com o direito à vida, que se encontra destituído de indicações valorativas, mormente, no mais das vezes, reduzido à constatação da produção de sinais vitais, para resguardar a proteção à integridade física, que engloba a saúde corporal e psicológica, bem como o direito ao desenvolvimento da personalidade. Não basta somente evitar que a pessoa humana seja acometida de doenças, mas também de igual importância se reveste seu papel de assegurar que o cidadão possa desenvolver todas as suas capacidades, de acordo com os objetivos que busca perseguir em sua existência.

Essa prerrogativa se classifica como um direito de segunda dimensão, pois evolui da concepção individualista restrita dos direitos de primeira dimensão para uma concepção plurissubjetiva, focada no social, em que a atuação dos entes estatais se mostra imprescindível para a implementação do direito à saúde.

O fato de ser considerado um direito social não lhe retira a prerrogativa de que qualquer tipo de inconstitucionalidade é passível de tutela jurisdicional. Então, um cidadão lesado em seus direitos inerentes à saúde pode ser sujeito ativo para acionar o Poder Judiciário, não se admitindo que obstáculos fáticos ou jurídicos possam macular o princípio da universalidade de jurisdição. E outra não poderia ser a conclusão, haja vista sua tipificação como direito social ter sido adotado pela Constituição e haver vinculação objetiva ao Estado para sua realização. Augusto Barbera e Carlos Fusaro sustentam que ele é um direito subjetivo absoluto e perfeito, justiciável mesmo sem regulamentação legal, compreendendo não apenas os casos de doenças, mas também abrangendo condições de vida e de trabalho que podem colocar em risco a saúde da população.[13]

Como o direito à saúde ostenta uma multifuncionalidade, ele é classificado como de defesa (negativo) ou à prestação (positivo) de forma concomitante, dependendo do caso tópico específico para definir sua incidência. Em ambas as hipóteses há necessidade de dispêndio de recursos e ambas têm natureza jurídica, são coercíveis e igualmente podem ser tuteladas pelo Poder Judicial. Pelo fato de possuírem essas características, o direito à promoção da saúde abrange todas as políticas que visem melhorar a condição de vida dos cidadãos, englobando aspectos preventivos e aspectos de recuperação, no que se denomina "saúde curativa" e os serviços a esse fator teleológico inerente.

Não se postula a aceitação da teoria de que todo direito pressupõe a existência de um dever, haja vista que direitos humanos são assimétricos, notadamente os de custo

---

[11] MATHIEU, Bertrand. *La Protection du Droit à la Santé par le Juge Constitutionnel*. À Propos et à Partir de la Décision de la Cour Constitutionnelle Italienne nº 185 du 20 mai 1998. Les Cahiers du Conseil Constitutionnel. Nº 6. 1999. Disponível em: <http://www.conseil-constitutionnel.fr/conseil-constitutionnel/root/bank_mm/pdf/pdf_cahiers/CCC6.pdf>. Acesso em: 14 nov. 2008.

[12] GAY, Laurence. Le Principe Constitutionnel de Protection de la Santé Peut-Il Être au Fondement d'une Liberté? In: *Renouveau du Droit Constitutionnel*. Mélanges en l'honneur de Louis Favoreau. Paris: Dalloz, 2007. p. 1580.

[13] BARBERA, Augusto; FUSARO, Carlos. *Corso di diritto pubblico*. Bologna: Il Mulino, 2001. p. 158.

material que não podem ser cobrados dos hipossuficientes sob pena de inviabilizá-los. Ao mesmo tempo em que é um direito dos cidadãos, ele é um dever do Estado, que tem a obrigação de efetivar essa tutela à sociedade.

O direito à saúde deve ser considerado conteúdo basilar da Constituição, consonante sua fundamentalidade material e formal. Pela sua fundamentalidade material, definido como direito humano, seu conteúdo apresenta um nível valorativo mais incrustado na sociedade, funcionando como invariável axiológica que contribui para sua efetividade. A importância desse diapasão provém da relevância do bem jurídico tutelado, a incolumidade corporal e psíquica dos cidadãos, requisito imprescindível para o desenvolvimento econômico da sociedade e implantação do *Welfare State*. Devido à sua fundamentalidade formal, ele é considerado mandamento constitucional, gozando das características da supremacia, da imutabilidade relativa e da supralegalidade, dotando-o de maior *status* na escala normativa.

## 39.2.2 Efetivação do direito à saúde

Como já fora falado antes, o direito à saúde dispõe de aplicação imediata, consonante o art. 5º, §1º da Constituição Federal. Alguns chegam a proclamá-lo como norma-princípio, funcionando como mandado de otimização que os órgãos estatais devem reconhecer para imprimir maior eficácia e efetividade possível a essas prerrogativas.[14] Consonante as peculiaridades tópicas, cada dispositivo dessa seara deve ser implementado a despeito da existência de regulamentação legislativa, obrigando-se os poderes estabelecidos a zelarem para que essa eficácia alcance sua densidade suficiente.

O principal problema que se reverbera é o de encontrar a definição precisa do que seja direito à saúde, estabelecendo-se um conteúdo para que os entes públicos sejam impelidos à efetivação dessas prerrogativas. Sem a determinação de parâmetros materiais prefixados, a implementação de uma política abrangente mostra-se pouco exequível, podendo mesmo apresentar um paradoxo tormentoso: ou deixam-se os mandamentos constitucionais referentes à saúde sem efetividade, no que se relega sua força normativa, reduzindo-se o papel da Lei Maior como vetor de estabilidade social; ou continua-se a permitir que o Poder Judiciário, sem nenhum critério definido e de forma discricionária, estabeleça a extensão da prestação jurisdicional, o que não ajuda na obtenção de uma tutela jurídica isonômica.

O problema de se deixar a tutela do direito à saúde sem nenhum tipo de regulamentação é que ela aprofunda o desequilíbrio social, deixando sem amparo aqueles que não têm condições de buscar proteção jurisdicional – ressalte-se ainda a alta probabilidade de sentenças contraditórias, o que leva descrédito ao Poder Judiciário. Ao mesmo tempo em que se garante proteção jurídica a doenças que exigem tratamentos extremamente complexos, pacientes que demandam cuidados relativamente simples são relegados porque não podem buscar a tutela jurídica de suas prerrogativas.

Não existe dúvida de que a definição do que sejam as prestações inerentes à saúde é obrigação insofismável do Poder Legislativo, pela própria outorga que se configurou

---

[14] SARLET, Ingo Wolfgang. Algumas considerações em torno do conteúdo, eficácia e efetividade do direito à saúde na Constituição de 1988. *Revista Eletrônica sobre a Reforma do Estado*, Salvador, n. 11, set./nov. 2007. p. 9.

na gênese de sua criação como poder independente e autônomo. Todavia, em virtude de sua omissão em realizar atividades constitucionalmente a ele deferidas, podem outros poderes estabelecer *standards* mínimos de atuação para que os mandamentos constitucionais tenham operacionalidade. O axioma da separação de poderes não pode servir de subterfúgio para que dispositivos constitucionais restem sem concretude, prevalecendo a materialidade constitucional, que assume posição invulgar diante de um *checks and balances* que não é mais funcionalista, prevalecendo seu caráter nitidamente teleológico.[15]

Ana Paula Barcellos cogita dois critérios para a definição do mínimo existencial em saúde: a) o primeiro, utilitarista, que diz respeito à relação entre o custo da prestação de saúde e o benefício que ela pode gerar para o maior número de pessoas; b) o segundo, conceitual, abrangendo todas as medidas de que as pessoas mais necessitam ou que algum dia necessitarão, como atendimento no parto, saneamento básico, tratamento de hipertensão e diabetes.[16] Infelizmente, essas duas diretrizes são terminologias conceituais bastante abertas, permitindo grande margem de discricionariedade, que pode produzir tratamento diferenciado para uns e ausência de tutela jurisdicional da densidade suficiente para a maioria dos cidadãos.

Sinalização importante para a solução da problemática enfocada da determinação do substrato da densidade suficiente são as doenças cujo tratamento exige-se dos planos de saúde, conforme dispõe a Lei nº 9.656/98, que regulamenta os atendimentos que as empresas privadas de saúde devem prestar. Semelhante a essa solução se encontra a opção de se exigir tratamento para as doenças elencadas pela Organização Mundial da Saúde (OMS).

Preferem-se essas duas últimas soluções porque haveria uma determinação precisa de quais seriam os serviços que os entes públicos obrigatoriamente deveriam prestar a seus cidadãos, retirando-se da seara do Poder Judiciário a prerrogativa de determinar, de forma discricionária e várias vezes de forma pouco razoável, os casos de atendimento compulsório para a concretização do direito à saúde.

O sujeito ativo que pode demandar o direito à saúde é qualquer cidadão, independente de sua condição social, econômica ou *status civitatis*,[17] em razão de que essa prerrogativa, como direito subjetivo público, é inerente a todos pela sua condição humana. Corrobora-se que as políticas públicas, não obstante buscarem finalidade distributiva, não devem discriminar cidadãos que estejam em idêntica situação. Claro que a estrutura do serviço público de saúde precisa ser direcionada preferencialmente aos hipossuficientes sociais, mas não se pode negar tratamento, principalmente os de urgência, àqueles que estão necessitando de forma imediata.

Saliente-se, todavia, que, indistintamente, os demandantes devem se submeter aos procedimentos inerentes ao atendimento, sem que haja qualquer tipo de privilégio ou regalia. A aceitação desse pressuposto não significará uma superlotação dos já precários serviços públicos porque os usuários de planos de saúde, que são os mais aquinhoados

---

[15] AGRA, Walber de Moura. *Reconstrução da legitimidade do STF*. Rio de Janeiro: Forense, 2005. p. 192.
[16] BARCELLOS, Ana Paula de. *A eficácia dos princípios constitucionais*. O princípio da dignidade da pessoa humana. Rio de Janeiro: Renovar, 2011. p. 280 e ss.
[17] LAFER, Celso. *A reconstrução dos direitos humanos*. Um diálogo com o pensamento de Hannah Arendt. São Paulo: Companhia das Letras, 2001. p. 146.

da sociedade, preferem o serviço privado, disponíveis dentro de sua conveniência, a ter que se submeter à capacidade de atendimento dos órgãos públicos.

A obrigação de prover os tratamentos propícios à manutenção da incolumidade física e psíquica dos cidadãos abrange, de forma inexorável, os planos de saúde, independentemente de sua classificação ou cláusulas contratuais, pois precisam atender a seus clientes de forma eficiente e com qualidade.[18] Inclusive, permite-se aos entes públicos intentar ações regressivas para serem ressarcidos por essas empresas privadas pelos serviços prestados aos usuários de planos privados de saúde.

O sujeito passivo que pode ser demandado para o cumprimento da obrigação ora discutida, indubitavelmente, até mesmo por mandamento constitucional, é a União, os estados e os municípios, no que se caracteriza como uma competência comum.[19] Entretanto, na determinação dessa competência, por imperativo da reserva do possível e do princípio da proporcionalidade deve-se atentar para qual tipo de tratamento é mais indicado para o caso específico porque, dependendo do município, pode estar além de suas disponibilidades financeiras. O mais indicado é que figurem no polo passivo a União e os estados-membros para doenças de alta complexidade ou procedimentos cirúrgicos mais delicados, deixando-se para os municípios a indicação de parte quando o serviço pleiteado se referir a doenças de menor complexidade e que, frequentemente, atingem a população em determinadas faixas etárias.

Em razão das peculiaridades que cercam a implementação do direito à saúde, no que avulta seu relevante custo financeiro, o atendimento das doenças determinadas no elenco da densidade suficiente não pode ocorrer de forma instantânea. Um determinado governante não pode ser responsabilizado pelo descaso praticado pelos anteriores nem há possibilidade de direcionar todas as políticas públicas em andamento para atender a essas demandas de forma imediata. A melhor forma de cumprimento desse mandamento constitucional é propiciar um razoável lapso temporal para que todas essas necessidades possam ser atendidas, sem que outras premências da população restem sem o devido atendimento. Dentre os instrumentos processuais disponíveis, o termo de ajustamento de conduta, decorrência da ação civil pública, mostra-se exequível para a realização dessa função, já que permite o delineamento de prazos e a especificação da realização das metas respectivas.

Não paira nenhum tipo de dúvida de que, em caso de urgência, quando a vida do paciente estiver em risco iminente, dependendo de procedimentos médicos que garantam sua integridade, há o dever do Estado de proteger essa prerrogativa fundamental. Sabe-se que isso acarretará um custo considerável ao Estado, haja vista ser frequente nas redes hospitalares públicas a ausência de leitos, médicos e procedimentos cirúrgicos de emergência. Nesses casos, não se pode permitir que sejam esvaídos mandamentos constitucionais considerados inexcedíveis em decorrência do princípio da reserva do possível. O direito à vida, considerado basilar para o desenvolvimento dos direitos

---

[18] MARQUES, Cláudia Lima. Solidariedade na doença e na morte: sobre a necessidade de 'ações afirmativas' em contratos de planos de saúde e de planos funerários frente ao consumidor idoso. In: SARLET, Ingo Wolfgang (Org.). *Constituição, direitos fundamentais e direito privado.* Porto Alegre: Livraria do Advogado, 2003. p. 195.

[19] "[...] Ressalte-se que a discussão em relação à competência para a execução de programas de saúde e de distribuição de medicamentos não pode se sobrepor ao direito à saúde, assegurado pelo art. 196 da Constituição da República, que obriga todas as esferas de governo a atuarem de forma solidária" (SS nº 3.205/AM, Rel. Min. Presidente Ellen Gracie).

humanos, não pode ficar ao talante de institutos teóricos que podem servir como álibi para o inadimplemento de prestações consideradas essenciais por parte dos entes estatais.

Indagação relevante se configura na definição de quais institutos processuais são os mais adequados para propiciar a tutela do direito à saúde por parte do Poder Judiciário, quando houver ausência de dispositivo normativo específico. Concernente a esse tópico não pode haver especificidades em razão da matéria, havendo a premência de se seguir os cânones do Código de Processo Civil brasileiro e das demais leis esparsas. Ou seja, qualquer meio processual idôneo pode ser utilizado. Pela complexidade e especificidade da matéria, o deferimento de tutela antecipada, medida liminar, medida cautelar, configuração de direito líquido e certo ou qualquer outro tipo de antecipação meritória deve ser feito com uma maior intensidade de zelo. Precisa-se atentar se o procedimento descrito é o mais idôneo ao restabelecimento do paciente, se há outras opções a serem analisadas, se o medicamento é reconhecido pelo Ministério da Saúde etc. Verificando-se a existência de outras hipóteses de solução para restituição da saúde do cidadão, urge que as partes municiem melhor o processo para que não haja o deferimento de uma prestação jurisdicional que possa onerar em demasia os cofres públicos.

Ainda com o objetivo de evitar gastos abusivos por parte dos entes públicos, pleiteia-se que, na medida do possível, se evite a utilização de tratamento médico experimental, em que existam dúvidas sobre a eficácia dos procedimentos adotados, impedindo-se a tutela jurisdicional de remédios ou tratamentos ainda em fase de teste. A questão não é nutrir uma aversão irracional contra a inovação dos procedimentos inerentes à saúde, mas porque são escassos os recursos públicos, necessitando as políticas públicas serem entabuladas da forma mais eficiente possível, sem qualquer tipo de excesso. O que, de forma alguma, impede investimentos do Ministério da Ciência e Tecnologia e do Ministério da Saúde em prol de pesquisas para o melhoramento dos procedimentos médicos.

Em caso de não atendimento, seja pelo descumprimento de dispositivo legal determinando a densidade suficiente de concretização ao direito à saúde, seja pelo descumprindo de ordem judicial em decorrência da omissão legal, fica a autoridade pública responsável passível de receber sanções penais, cíveis e administrativas cabíveis de modo exemplar, para que novos acintes não voltem a ser cometidos.

Como visto, inexistindo regulamentação legal específica acerca da concessão de medicamentos ou tratamentos médicos por meio de ordem judicial, coube à jurisprudência o estabelecimento paulatino dos parâmetros.

Para o fornecimento, por ordem judicial, de medicamentos não incorporados às listas do Sistema Único de Saúde, é necessária a cumulação dos seguintes requisitos pelo requerente:[20]

a) comprovação, por laudo médico, da imprescindibilidade do fármaco para o tratamento da moléstia;
b) comprovação da ineficácia dos medicamentos já incorporados à lista do SUS para o tratamento da moléstia;
c) incapacidade financeira do paciente de arcar com os custos do medicamento;
d) registro do medicamento junto à Anvisa.

---

[20] STJ, ED/REsp nº 1.657.156/RJ, Rel. Min. Benedito Gonçalves, j. 12.9.2018.

Para os medicamentos e tratamentos experimentais, isto é, que sequer possuam registro junto à Anvisa, é preciso que se demonstre, além dos requisitos acima, que a ausência de registro se deve à mora irrazoável da agência reguladora, extrapolando os prazos previstos em lei para apreciação, e, ainda:[21]

a) a existência de registro do medicamento em agências reguladoras renomadas no exterior;

b) a inexistência de substituto terapêutico com registro no Brasil.

Sob a ótica processual, o Superior Tribunal de Justiça consolidou as teses firmadas na jurisprudência da Corte acerca da judicialização do direito à saúde.[22] A ação que visa ao fornecimento de medicamento ou tratamento pode ser intentada em face da União, do estado ou do município, dada a responsabilidade solidária entre eles. O feito pode ser proposto pelo Ministério Público, por meio de ação civil pública, mesmo quando se referir a beneficiários individualizáveis, dada a indisponibilidade do direito; nesses casos, o juiz pode atribuir efeitos *erga omnes* à sentença. Admite-se a antecipação da tutela contra a Fazenda Pública para o fornecimento do fármaco ou realização do procedimento, sendo possível, inclusive, o bloqueio de valores com o fito de efetivar o cumprimento da decisão.

## 39.3 Previdência Social

A Previdência Social é um dos alicerces do sistema de seguridade social brasileiro, devendo amparar o cidadão em momentos excepcionais de sua vida, em que não disponha de recursos suficientes para a sua manutenção e a de sua família. Funciona como uma espécie de seguro, patrocinada pelo Governo e por toda a sociedade, para garantir à coletividade amparo em seus momentos difíceis.

A Previdência Social será organizada sob um regime geral que abrangerá todos os cidadãos, de caráter contributivo e filiação obrigatória (inovações introduzidas pela Emenda Constitucional nº 20/1998). Os cidadãos somente terão direito ao benefício da aposentadoria se contribuírem para a Previdência, não existindo a possibilidade da aposentadoria por idade, sem tempo algum de contribuição, o que demonstra seu caráter contributivo (art. 201, *caput*, da CF).

Mesmo contra a sua vontade, o trabalhador terá de contribuir. Ao ser empregado, seja no setor público ou privado, haverá imediatamente o desconto da contribuição previdenciária, pois o sistema previdenciário passou a ser de filiação obrigatória (EC nº 20/1998).

É vedada a participação do cidadão no sistema geral de Previdência Social na qualidade de segurado facultativo, participando ele de regime próprio de previdência. Com essa medida evita-se que, por exemplo, cidadãos que não sejam funcionários públicos possam contribuir e se aposentar como se funcionários públicos fossem (art. 201, §5º, da CF).

A Emenda Constitucional nº 20/1998 ainda introduziu os conceitos de equilíbrio financeiro e equilíbrio atuarial. O primeiro pode ser definido como o controle equânime

---

[21] STF, Plenário, RE nº 657.718/MG, Rel. Min. Marco Aurélio, Red. p/ ac. Min. Roberto Barroso, j. 22.5.2019 (Tema nº 500 de Repercussão Geral).

[22] STJ, *Jurisprudência em Teses*, n. 168.

de receitas e despesas, de modo que não haja gastos superiores àqueles previstos no orçamento. O segundo se traduz na paridade entre o cálculo de seguros na sociedade e o montante de despesas da Previdência Social, evitando-se que as fontes de custeio sejam excedidas.[23]

Os benefícios da Previdência deverão ser custeados pelo seu orçamento, o que traduz o equilíbrio financeiro. Todavia, como seu objetivo é servir como rede de proteção para amparar os hipossuficientes, realizando função social imprescindível, o déficit no sistema previdenciário, desde que proporcione cobertura eficiente aos desvalidos, deve ser coberto pelos entes estatais, porque é sua obrigação financiar a seguridade social. A predominância dos números em detrimento das demandas sociais leva milhões de brasileiros a perambular nas alamedas da miséria.

O equilíbrio atuarial significa que o benefício previdenciário estará em sintonia com a contribuição do cidadão: quanto maior a sua contribuição, maior será o seu benefício.

Os benefícios do sistema previdenciário deverão abranger (art. 201, I a V, da CF):
a) Cobertura de doença, invalidez, morte e idade avançada. A Emenda Constitucional nº 20/1998 excluiu da regulamentação constitucional os casos de acidentes do trabalho, o que representa um retrocesso no sistema previdenciário brasileiro. Os benefícios decorrentes de acidente do trabalho passaram a ser disciplinados por lei infraconstitucional, dividindo-se as responsabilidades entre o regime geral de previdência e o regime previdenciário do setor privado.
b) Ajuda à manutenção dos dependentes dos segurados de baixa renda.
c) Proteção à maternidade e à gestante, com o pagamento da licença-maternidade, que tem duração de quatro meses.
d) Proteção ao desempregado, no caso de desemprego involuntário, por meio do salário desemprego.
e) Proteção aos contribuintes de baixa renda, por meio do salário-família, e da família dos detentos, pelo auxílio-reclusão. Resolução do INSS permite deixar auxílio-reclusão, salário-família e pensão para os companheiros homossexuais. As prisões cautelares não dão ensejo a nenhum benefício previdenciário.
f) Pensão por morte do segurado, homem ou mulher, ao cônjuge ou companheiro e aos dependentes.

É vedada a adoção de requisitos e critérios diferenciados para a concessão de aposentadoria aos beneficiários do regime geral de Previdência Social, as denominadas "aposentadorias privilegiadas", ressalvados os casos de atividades exercidas sob condições especiais que prejudiquem a saúde ou a integridade física e quando se tratar de segurados portadores de deficiência, nos termos contidos em lei complementar (art. 201, §1º, da CF).

O legislador ordinário, objetivando regulamentar o art. 201, §1º, da *Lex Mater*, criou a Lei Complementar nº 142/2013, normatizando o art. 201, §1º, da Constituição Federal, no que concerne à aposentadoria de pessoas com deficiência segurada do RGPS.

A mencionada lei ainda define de forma clara os beneficiados por tal inovação, nos seguintes termos:

---

[23] BULOS, Uadi Lammêgo. *Constituição Federal anotada*. 2. ed. São Paulo: Saraiva, 2001. p. 1.178.

Art. 2º Considera-se pessoa com deficiência aquela que tem impedimentos de longo prazo de natureza física, mental, intelectual ou sensorial, os quais, em interação com diversas barreiras, podem obstruir sua participação plena e efetiva na sociedade em igualdade de condições com as demais pessoas.

As únicas aposentadorias "privilegiadas" mantidas no texto constitucional foram as dos segurados com deficiência e dos professores do ensino infantil, fundamental e médio, que comprovem tempo efetivo no exercício exclusivo de suas funções de magistério, tendo o direito de se aposentar com o tempo de contribuição reduzido em cinco anos (art. 201, §8º, da CF). Essa foi a fórmula encontrada para valorizar o magistério no Brasil, país que padece de índices alarmantes de analfabetismo.[24]

Jurisprudência do Supremo Tribunal Federal, em julgamentos proferidos por seu plenário, decidiu que a exigência do efetivo exercício de funções que são próprias do magistério, em sala de aula, é imprescindível para a obtenção da aposentadoria especial de professor.[25]

Seria de bom alvitre estender esse tipo de aposentadoria aos professores universitários, uma vez que necessitam eles dos mesmos incentivos dos demais membros do magistério. Uma Constituição que agasalha o princípio da isonomia como um dos seus pilares básicos não pode arrefecê-lo, discriminando uma categoria profissional fundamental para o desenvolvimento do país. Se os demais professores têm direito à aposentadoria especial, por que razão excluir os que trabalham nas universidades, sem que haja um motivo razoável para tanto?

Os critérios para a aposentadoria, com a Emenda Constitucional nº 20, passam a ser o tempo de contribuição e a idade, cumulativamente. A contagem do tempo de contribuição será recíproca, tanto na iniciativa privada quanto no serviço público (art. 201, §9º, da CF). Assim, se um cidadão tem cinco anos de serviço na iniciativa privada e passa em concurso para provimento de cargo no Governo Federal, esses cinco anos valerão para a contagem do tempo de serviço no setor público.

Antes da Emenda nº 20/1998, o benefício era reflexo das últimas trinta e seis contribuições; agora, para o cálculo dos benefícios, é necessária a contagem de todas as contribuições. A Emenda Constitucional nº 103/2019 buscou igualar os regimes próprio e geral de Previdência Social, principalmente no que toca aos requisitos para aposentadoria.

Estabeleceu-se a necessidade de preencher cumulativamente os requisitos da idade mínima e do tempo de contribuição – que, antes da EC nº 103/2019, eram alternativos. Desse modo, as idades mínimas passaram a ser de 62 (sessenta e dois) anos para mulheres e 65 (sessenta e cinco) anos para homens (CF, art. 201, §7º, I). Para os professores de educação infantil, ensino fundamental e médio, reduz-se 5 anos dessas idades mínimas (CF, art. 201, §8º). Até que seja editada lei dispondo acerca do tempo mínimo de trabalho e contribuição, este será de 15 (quinze) anos para a mulher e 20 (vinte) anos para o homem.

Para os trabalhadores rurais e para os que exercem suas atividades em regime de economia familiar, como os garimpeiros e pescadores artesanais, as idades mínimas

---

[24] É materialmente inconstitucional estender-se a aposentadoria especial de professor aqui prevista a outros servidores que, embora integrando a classe do magistério, estão ligados a atividades de caráter administrativo (como inspetor escolar e administrador educacional), estranhos à sala de aula (STF, *RDA*, 189/278).

[25] RE nº 276.040-SP, Rel. Min. Ilmar Galvão.

para a aposentadoria são de 60 (sessenta) anos para o homem e 55 (cinquenta e cinco) anos para a mulher.

As regras acima são aplicáveis apenas aos segurados que ingressarem após a edição da EC nº 103/2019. Para os que ingressaram antes, a reforma constitucional estabeleceu diversas regras de transição entre seus arts. 15 e 19.

O menor benefício previdenciário será igual ao valor do salário mínimo, que será reajustado para que seja preservado o seu padrão aquisitivo, em "valor real" (art. 201, §§2º e 3º, da CF). Aumentando o salário mínimo, aumentará, de imediato, o valor do menor benefício.[26] O valor do décimo terceiro salário dos aposentados e pensionistas será igual aos proventos do último mês de dezembro.

Os ganhos do empregado, seja a que título for, serão incorporados ao salário para efeitos de contribuição previdenciária e consequentes repercussões em seus benefícios (art. 201, §11, da CF).

Afora o regime público de aposentadoria, existe o regime de previdência privada, de caráter complementar, organizado de forma autônoma em relação ao sistema geral previdenciário e no qual os benefícios terão por base o valor da contribuição. Esse regime é facultativo, sendo regulamentado por lei complementar (art. 202, *caput*, da CF).

Fica proibido o aporte de recursos públicos, seja da União, dos estados-membros, do Distrito Federal e dos municípios; seja de suas autarquias, fundações, empresas públicas, sociedades de economia mista e outras entidades públicas em empresas de previdência privada (art. 202, §3º, da CF).

O Governo Federal, à época da promulgação da Emenda nº 20, privilegiou o sistema privado de aposentadoria, de natureza complementar, ao estabelecer um teto bastante reduzido para o pagamento de aposentadoria aos empregados da iniciativa privada pelo sistema da Previdência Social. O valor fixado à época foi de R$1.200,00 (mil e duzentos reais), ou seja, o trabalhador da iniciativa privada que quiser se aposentar com proventos maiores terá de recorrer à previdência privada.

Deve o Poder Público exercer a fiscalização dos fundos de previdência privada no gerenciamento do numerário depositado, de modo que os contribuintes possam ter segurança no recebimento de suas aposentadorias.

Inclusão previdenciária é a tentativa de incorporar ao sistema de seguridade social determinada parcela da população que está carente desses benefícios. Nesse sentido, lei infraconstitucional deve dispor sobre sistema especial de inclusão para atender a trabalhadores de baixa renda e àqueles sem renda própria que se dediquem exclusivamente ao trabalho doméstico no âmbito de sua residência, desde que pertencentes a famílias de baixa renda, garantindo-lhes acesso a benefícios de valor igual a um salário mínimo (art. 201, §12, da CF). Esse sistema de inclusão previdenciária terá alíquotas e carências inferiores às vigentes para os demais segurados do regime geral de Previdência Social (art. 201, §13, da CF).

---

[26] A correção dos benefícios da previdência social deve ter como base as variações do salário mínimo (RE nº 291.876-RJ, Rel. Min. Moreira Alves).

## 39.4 Assistência social

A assistência social é uma função típica dos direitos humanos de segunda dimensão, em que o Estado intervém na sociedade, principalmente no setor econômico, para garantir aos mais carentes condições mínimas de bem-estar social. No Brasil, foi a Carta de 1934 que primeiro regulamentou o assunto.

Os benefícios da assistência social se destinam aos desvalidos da sociedade, impedindo que sua profunda miséria possa pôr em risco o crescimento da nação e a segurança social. A falta de uma política firme na direção dos excluídos tem como consequências o aumento da miséria, os altos índices de violência e os baixos níveis de desenvolvimento. A assistência social exerce o papel de reintegrar o cidadão à sociedade, impedindo que milhões de pessoas permaneçam na exclusão social.

O mais gravoso da exclusão social é que ela se perpetua de geração para geração. Quando um indivíduo é atingido pela miséria, sua família inexoravelmente também o é, formando-se um contexto em que, se não houver condições sociopolítico-econômicas favoráveis, fornecidas pelos entes governamentais, dificilmente eles sairão da indigência na qual se encontram.

Para realizar essa tarefa, a assistência social deve atender a todos os necessitados, independentemente de contribuição ou qualquer outro requisito (art. 203, *caput*, da CF). Exigir contribuição social ou outro tipo de tributo para o recebimento dos seus benefícios significaria excluir os seus maiores destinatários, os marginalizados sociais, porque esses não têm condições de contribuir com nada além dos altos impostos indiretos que são obrigados a suportar. Os recursos financeiros da assistência social são provenientes do orçamento da seguridade social.

A finalidade da assistência social não é propiciar uma política pública de assistencialismo, amparando aquelas pessoas que não desejam trabalhar e querem viver a expensas do Estado. O art. 193 da Constituição planteia que a ordem social tem como base o primado do trabalho e, portanto, todos têm a obrigação de prover o seu sustento. O escopo da política de seguridade social é colocar o cidadão no mercado de trabalho, oferecendo-lhe condições para que consiga emprego e ganhe um salário capaz de suprir as suas necessidades básicas e as de sua família.

São objetivos da assistência social (art. 203, I a V, da CF):
a) A proteção à família, à maternidade, à infância, à adolescência e à velhice.
b) O amparo às crianças e adolescentes carentes.
c) A promoção da integração ao mercado de trabalho.
d) A habilitação e reabilitação das pessoas portadoras de deficiência.

Antonio Herman de Vasconcellos e Benjamin define o que são pessoas portadoras de deficiência:

> Em linhas amplas, portador de deficiência é qualquer indivíduo que apresente uma limitação física ou mental que o traga abaixo do padrão modelo fixado pelo grupo social. Poderíamos, sem qualquer intenção de limitar o seu conceito, dizer que na definição de deficiente dois elementos gerais, um objetivo e outro subjetivo, estão presentes: a) uma limitação física ou mental, real ou imaginária; b) uma atitude social ou pessoal (subjetiva) de reconhecimento desta limitação.[27]

---

[27] FIGUEIREDO, Guilherme José Purvin de (Coord.). *Direitos da pessoa portadora de deficiência*. São Paulo: Max Limonad, 1997. p. 15.

e) A garantia de um salário mínimo mensal aos deficientes e aos idosos que comprovem não possuir meios de prover a sua própria manutenção ou de serem sustentados por sua família.[28]

## 39.5 Educação

A educação é um direito de todos e está sob a responsabilidade do Estado, nas suas três esferas governamentais, e da família, devendo ainda haver a colaboração da sociedade. Trata-se de um direito subjetivo público dos cidadãos, isto é, uma prerrogativa que pode ser exigida do Estado diante do seu inadimplemento.

Seu objetivo, ao contrário do que muitos pensam, não é apenas preparar o cidadão para o mercado de trabalho, mas desenvolvê-lo como ser humano, para que possa contribuir com a sociedade, tornando-o apto para enfrentar os desafios do cotidiano. Como afirma a Constituição Cidadã, a principal função da educação é preparar o indivíduo para o exercício da cidadania (art. 205 da CF).

Como o Brasil é um país laico, que não adotou religião oficial, o ensino religioso, embora ministrado no horário normal nas escolas públicas fundamentais, é de matrícula facultativa, e o aluno pode se recusar a cursar a disciplina sem arcar com nenhum tipo de sanção (art. 210, §1º, da CF). É possível, portanto, que a disciplina ministrada tenha conteúdo ligado a determinada crença, sem que isto ofenda a laicidade estatal,[29] respeitada, nesse ponto, a Lei de Diretrizes e Bases da Educação Nacional.

Outra questão que surge controversa é a possibilidade ou não do *homeschooling*, isto é, da educação regular ministrada em casa, pelos pais, de forma complementar e não excludente em relação à educação formal, sujeitando-se, contudo, às avaliações pedagógicas aplicadas pela rede regular. Este não se confunde com o *unschooling*, opção radical dos pais pela não escolarização dos infantes, totalmente desvinculada dos currículos acadêmicos e pedagógicos empregados nas instituições de ensino.

Para o STF, o *homeschooling* não é, *per se*, inconstitucional. O que não se admite é o *unschooling*, em qualquer de suas modalidades, dada a completa exclusão da participação estatal solidária na formação da instrução e cidadania dos educandos. Contudo, não existe direito subjetivo dos alunos ou pais ao *homeschooling*, de modo que sua implementação depende da edição de lei federal que assegure, entre outros requisitos, o respeito ao núcleo básico de matérias acadêmicas e a supervisão, a avaliação e a fiscalização da educação doméstica pelo Poder Público.[30]

O ensino fundamental regular será ministrado em língua portuguesa, exceto nas comunidades indígenas, que poderão ser alfabetizadas em seu próprio idioma (art. 210, §2º, da CF).

São princípios básicos da educação (art. 206, I a VII, da CF):
a) Igualdade de condições para o acesso e permanência na escola. O Constituinte de 1988, a despeito de haver agasalhado o princípio isonômico, no seu art. 5º, houve por bem explicitar a isonomia também na área educacional para reforçar

---

[28] Essa previsão beneficia tanto os brasileiros como os estrangeiros residentes no Brasil, desde que atendidos os requisitos legais (RE nº 587.970/SP, Rel. Min. Marco Aurélio).
[29] STF, Plenário, ADI nº 4.439/DF, Rel. Min. Roberto Barroso, Red. p/ ac. Min. Alexandre de Moraes, j. 27.9.2017.
[30] STF, Plenário, RE nº 888.815/RS, Rel. Min. Roberto Barroso, Red. p/ ac. Min. Alexandre de Moraes, j. 12.9.2018.

o direito de acesso e, principalmente, de permanência na escola. É um direito da sociedade e uma obrigação dos pais em relação aos filhos menores de idade.
b) Liberdade de aprender, ensinar, pesquisar e divulgar o pensamento, a arte e o saber. Contudo, serão fixados conteúdos mínimos para o ensino fundamental, de maneira que sejam garantidos a formação básica para o cidadão e o respeito aos valores culturais e artísticos nacionais e regionais.
c) Pluralidade de ideias e de concepções pedagógicas. Se vivemos em uma democracia, temos de aprender a conviver com as mais diferentes posições ideológicas e pedagógicas. O princípio da liberdade de ensino está umbilicalmente ligado ao princípio da pluralidade de ideias, não podendo um viver sem o outro – é um apanágio intrínseco ao regime democrático.
d) Gratuidade de ensino nos estabelecimentos públicos. O ensino público deve atender a todos aqueles que optem por uma instituição pública e de boa qualidade, possibilitando aos seus usuários a mesma qualidade encontrada nos estabelecimentos de ensino privado. A instituição de qualquer modalidade de mensalidade ou taxa nas escolas públicas é contraditória com a razão de sua existência, por impedir o livre acesso da população mais pobre. Contudo, há uma exceção: a gratuidade de ensino não se aplica às instituições educacionais criadas por lei estadual ou municipal, editadas até a data da promulgação da Carta de 1988, e que não sejam mantidas com recursos públicos (art. 242 da CF).
e) Coexistência dos estabelecimentos públicos e privados de ensino.[31] O ensino é livre à iniciativa privada, desde que haja o cumprimento das normas gerais da educação nacional e a autorização e avaliação da qualidade pelo Poder Público (art. 209 da CF).
f) Valorização dos profissionais da educação escolar, garantidos planos de carreira, com ingresso exclusivamente por concurso público de provas e títulos aos professores das redes públicas. Uma educação de qualidade depende de uma boa qualificação dos professores; por isso, deve a valorização dos docentes ser estimulada, com incentivos à profissão e à sua melhoria técnica.
g) Piso salarial profissional nacional para os profissionais da educação escolar pública. A Emenda Constitucional nº 53, de forma louvável, criou um piso nacional para os profissionais da rede pública em mais uma tentativa de valorização profissional. Com o piso nacional, acabam-se as disparidades entre os estados e os municípios, estabelecendo uma remuneração mínima, o que serve de incentivo principalmente para as regiões mais pobres. A sua regulamentação é de competência de lei federal.
h) Gestão democrática do ensino público. Significa que as decisões inerentes ao ensino público devem ser tomadas da forma mais aberta possível, entre professores, alunos, funcionários e pais, de modo que a comunidade participe diretamente da vida escolar. Como exemplo de gestão democrática temos a eleição direta dos diretores de escolas.

---

[31] "Administrativo – Ensino superior – Proibição de prestação de exames finais ao aluno inadimplente – Impossibilidade. Ressalvado entendimento pessoal de que a instituição particular de ensino não pode ser obrigada à prestação de ensino sem a correspondente contraprestação, pelo aluno, mas diante da situação de fato consolidada pelo decurso de tempo, ante a concessão da liminar e, posteriormente, da segurança, confirma-se a sentença" (REO nº 94.01.00790-0-GO).

i) Garantia do padrão de qualidade. Em uma sociedade globalizada, pós-moderna, em que os avanços tecnológicos ocorrem com espantosa velocidade, a educação passa a desempenhar um papel de insumo de fundamental importância para o desenvolvimento, devendo apresentar um mínimo de qualidade a fim de que possa servir de alicerce para o crescimento da nação.

As universidades brasileiras, centros de desenvolvimento do ensino superior, detentoras de autonomia didático-científica, administrativa e de gestão financeira e patrimonial, estão estruturadas sob o princípio da pesquisa, ensino e extensão (art. 207 da CF). A Constituição Cidadã dispensou especial atenção às universidades, ao colocar em nível constitucional o princípio da autonomia universitária, concebendo-o sob três enfoques: o didático-científico; o administrativo e o de gestão financeira e patrimonial.

O princípio da autonomia universitária nasceu na Idade Média, para proteger os estudiosos que se abrigavam em torno das catedrais contra a influência da Igreja. Tratava-se de uma corporação de alunos e professores que se congregavam em uma autêntica *universitas*.[32] Dessa feita, as universidades gozam de autonomia didático-científica, com total liberdade de ensino e pesquisa, de autonomia financeira, podendo aplicar os seus recursos de acordo com suas necessidades, e de autonomia administrativa, gerenciando seus recursos da forma mais eficaz possível.

Houve definição constitucional das funções da universidade. O ensino deve propiciar aos alunos os conhecimentos necessários à sua profissão; a pesquisa desenvolve a busca por novas informações e técnicas, devendo os corpos docente e discente trabalhar em conjunto; a extensão representa contato do meio acadêmico com a sociedade, permitindo que os alunos testem seus conhecimentos e exerçam sua função social.

A Emenda Constitucional nº 11 outorgou liberdade às universidades na admissão de professores, de técnicos e de cientistas estrangeiros. O seu objetivo foi possibilitar o incremento do manancial intelectual do país pela contribuição dos professores estrangeiros, pois a formação do professor demanda volumosos recursos e certo tempo (art. 207, §1º, da CF).

Novo entendimento aponta também a possibilidade de as universidades públicas poderem cobrar por cursos de especialização. No caso em que foi dada repercussão geral pelo Supremo, a Universidade Federal de Goiás recorria de acórdão do Tribunal Regional Federal da 1ª Região que declarou inconstitucional a cobrança de mensalidades numa pós-graduação em Direito Constitucional. O relator reformou a decisão recorrida, pois entendeu que o teor do art. 213, §2º da CF autorizaria a captação de recursos privados pelas universidades públicas, para as atividades de pesquisa e extensão, não diretamente relacionadas à manutenção e qualidade do ensino.[33]

A educação básica é obrigatória e gratuita dos quatro aos dezessete anos de idade, assegurada inclusive sua oferta gratuita para todos os que a ela não tiveram acesso na idade própria. É dever da família velar pela frequência dos alunos, sob pena da tipificação de crime de abandono intelectual.[34] Outrossim, é assegurado atendimento ao educando, em todas as etapas da educação básica, por meio de programas suplementares de material

---

[32] BULOS, Uadi Lammêgo. *Constituição Federal anotada*. 2. ed. São Paulo: Saraiva, 2001. p. 1.197.
[33] RE nº 597.854/GO, Rel. Min. Edson Fachin, 26.4.2017.
[34] "Abandono intelectual: Deixar, sem justa causa, de prover à instrução primária de filho em idade escolar. Pena: Detenção, de quinze dias a um mês, ou multa" (art. 246 do Código Penal).

didático-escolar, transporte, alimentação e assistência à saúde (art. 208, I, II e VII, da CF, redação dada pela Emenda Constitucional nº 59, de 11.11.2009).

A redação anterior destes dispositivos não trazia prazo específico de obrigatoriedade da educação básica, afirmando apenas que o ensino fundamental era obrigatório e gratuito. Com o advento da EC nº 59/2009, ficou determinado que é obrigatória e gratuita a educação básica para indivíduo que tiver dos quatro aos dezessete anos de idade. Do mesmo modo, a EC nº 59/2009 garantiu atendimento ao educando, através de programas suplementares de material didático-escolar, transporte, alimentação e assistência à saúde em todas as etapas da educação básica, e não apenas na fase do ensino fundamental, como era previsto na redação anterior do dispositivo em tela.

O Estado tem a obrigação de proporcionar atendimento educacional especializado aos portadores de deficiência, preferencialmente na rede regular de ensino. Para as crianças de zero a cinco anos de idade, deve ser providenciado atendimento em creches e em pré-escolas (art. 208, III e IV, da CF).

A União, os estados-membros, os municípios e o Distrito Federal organizarão, em regime de colaboração, seus próprios sistemas educacionais, por ser essa uma competência administrativa comum (art. 23 da CF). Foi outorgada à União a competência para organizar o ensino dos territórios, devendo ela também atuar de forma suplementar e redistributiva, suprindo as deficiências de outros entes federativos, garantindo, assim, um padrão mínimo de qualidade nacional. Os estados devem priorizar o ensino médio, e os municípios devem atuar com maior preponderância no ensino fundamental e infantil (art. 211, §§1º a 3º, da CF).

A União, os estados, o Distrito Federal e os municípios definirão, na organização de seus sistemas de ensino, formas de colaboração, para assegurar a universalização do ensino obrigatório (art. 211, §4º, da CF, com redação dada pela Emenda Constitucional nº 59, de 11.11.2009). Inovação importante realizada pela EC nº 59/2009 foi a de expressamente obrigar a União e o Distrito Federal no dever de colaboração com os estados-membros e com os municípios para garantir a universalização do ensino obrigatório. Esta finalidade terá mais facilidade de ser atingida se as atividades realizadas pelos entes federativos forem sincronizadas, evitando desperdícios e potencializando a eficiência da organização do sistema de ensino. A redação anterior desta norma determinava que só estados-membros e municípios teriam de desenvolver esta colaboração.

A União, os estados-membros, os municípios e o Distrito Federal são obrigados a aplicar um mínimo da receita resultante de impostos na educação. A União tem a obrigação de aplicar, no mínimo, 18% da receita resultante de impostos em educação. Os estados-membros, os municípios e o Distrito Federal têm a obrigação de aplicar, no mínimo, 25% da receita resultante de impostos em educação (art. 212 da CF).

Esse percentual abrangerá todo e qualquer gasto proveniente da educação, como exemplo, a construção ou recuperação de estabelecimentos de ensino, a remuneração de professores etc. Os recursos públicos podem ser destinados a entidades comunitárias, confessionais ou filantrópicas, desde que elas não tenham finalidade lucrativa e desde que, no caso de encerramento de suas atividades, assegurem a destinação de seu patrimônio a outra escola comunitária filantrópica ou confessional ou ao Poder Público.

Ainda neste sentido, a distribuição dos recursos públicos deverá assegurar primazia ao atendimento das necessidades do ensino obrigatório, no que tange à universalização, à garantia de padrão de qualidade e equidade, nos termos do plano nacional de educação (art. 213, §3º, CF, com redação dada pela Emenda Constitucional nº 59, de 11.11.2009). A inovação trazida por esta EC foi a de determinar *standards* a serem obedecidos pelo plano nacional de educação. Assim, a distribuição dos recursos públicos para o ensino obrigatório deverá se balizar pela universalização do ensino e pela garantia do padrão de equidade e qualidade.

Por intermédio de emenda constitucional foi criado o Fundeb (Fundo de Manutenção e Desenvolvimento da Educação Básica e de Valorização dos Profissionais de Educação) em substituição ao Fundef (Fundo de Manutenção e Desenvolvimento do Ensino Fundamental e de Valorização do Magistério). Ele tem o escopo de se configurar em uma ferramenta imprescindível ao desenvolvimento educacional do país, já que aumenta as verbas destinadas à educação básica, compreendendo o ensino fundamental e o médio.

O Governo Federal deve estabelecer o plano nacional de educação, de duração decenal, com o objetivo de articular o sistema nacional de educação em regime de colaboração e definir diretrizes, objetivos, metas e estratégias de implementação para assegurar a manutenção e desenvolvimento do ensino em seus diversos níveis, etapas e modalidades por meio de ações integradas dos poderes públicos das diferentes esferas federativas com o objetivo de erradicação do analfabetismo, universalização do atendimento escolar, melhoria na qualidade do ensino, formação para o trabalho e promoção humanística, científica e tecnológica do país, e de estabelecer meta de aplicação de recursos públicos em educação como proporção do produto interno bruto (art. 214, I, *a*, VI, da CF, com redação dada pela Emenda Constitucional nº 59, de 11.11.2009). Com o advento da EC nº 59/2009, o plano nacional de educação deixou de ser plurianual, para ser de duração decenal.

## 39.6 Cultura

O termo *cultura*, apesar de traduzir vários significados, foi usado pelo legislador constituinte para expressar um sistema de ideias, conhecimentos, técnicas e artefatos, de padrões de comportamentos e atitudes, que caracteriza determinada sociedade.[35]

A cultura foi introduzida em nível constitucional a partir da Constituição de 1934, seguindo os rastros da Constituição de Weimar, de 1919. A grande maioria das Constituições do pós-guerra disciplina o acesso à cultura por parte da população.[36]

Os objetos oriundos de fontes culturais diferenciam-se daqueles que têm sua origem em fontes naturais, porque os últimos são produzidos independentemente da ação humana, enquanto aqueles necessitam da ação imprescindível do homem.

O Plano Nacional de Cultura foi fruto da Emenda Constitucional nº 48/2005 com o objetivo de planejar, em longo prazo, as políticas que devem incentivar a cultura brasileira, levando em consideração sua importância para o desenvolvimento

---

[35] PRADO E SILVA, Adalberto. *Novo dicionário brasileiro*. 3. ed. São Paulo: Melhoramentos, 1965. v. 1. p. 913.
[36] O direito à cultura está garantido na Declaração Universal dos Direitos Humanos, de 1948, no seu art. 27: "toda pessoa tem direito de tomar parte livremente na vida cultural da comunidade, de gozar das artes e de participar no progresso científico e nos benefícios que dele resultam, e toda pessoa tem direito à proteção dos interesses morais e materiais que lhe correspondem por razão das produções científicas, literárias ou artísticas de que seja autor".

da cidadania e dos insumos econômicos. Essas diretrizes devem englobar de forma abrangente as manifestações da realidade nacional para que sua organização possa propiciar um maior desenvolvimento cultural, possibilitando que a população mais carente possa ter acesso a bens sociais geralmente destinados à classe mais abastada.

A cultura sintetiza o modo de expressão de um povo, a forma como ele vive, a sua identidade própria. Por sua importância fundamental, o Estado deve garantir a todos o acesso a ela, apoiando-a e valorizando-a. Esse apoio deve ser dirigido à cultura nacional, que realmente representa o povo brasileiro, condicionando-o à sua realidade. Portanto, todas as formas de representação da cultura nacional devem ser incentivadas, independentemente da classe social a que pertençam.

Para isso, o Estado garantirá a todos o acesso às fontes de cultura e protegerá os direitos e as manifestações culturais (art. 215, *caput*, da CF).[37] Ao possibilitar acesso à cultura para a população mais necessitada, o Estado estará investindo no processo de integração do cidadão à sociedade, propiciando-lhe a incorporação dos valores predominantes e um sentimento de solidariedade social. A cultura é instrumento de emancipação social, conscientizando o cidadão para que ele possa lutar pelos seus direitos.

A proteção dos direitos e das manifestações culturais é a prerrogativa de exercer as várias formas culturais e poder manifestá-las livremente, sem a necessidade de autorização por parte da autoridade pública. As únicas restrições que podem ser impostas é que essas manifestações culturais não tipifiquem crimes contidos nas leis penais, como as que causam lesões corporais aos seus manifestantes.

A formação cultural brasileira é uma das mais ricas do mundo. Como o país foi formado pela miscigenação de várias raças, a sua cultura recebeu a influência de diversos elementos, como a contribuição dos negros, dos portugueses, dos índios e dos imigrantes, formando um patrimônio cultural complexo e diversificado (art. 215, §1º, da CF). O Estado deve proteger e incentivar todas as expressões culturais, sem nenhum tipo de discriminação ou preferência, porque essa conjunção de elementos é o motivo da fertilidade cultural brasileira.

As manifestações culturais populares, as indígenas e as afro-brasileiras devem ser especialmente incentivadas porque têm maior dificuldade de desenvolvimento em razão da carência de recursos. A cultura incorporada nas elites brasileiras não necessita de grandes incentivos, porque estes setores sociais dispõem de recursos para promover suas expressões culturais, o que não acontece com os setores marginalizados da sociedade brasileira.

Lei infraconstitucional fixará datas comemorativas de alta significação para os diversos segmentos étnicos nacionais, como forma de incentivar suas manifestações culturais específicas (art. 215, §2º, da CF). As datas comemorativas funcionam como estímulo à preservação cultural dos povos, rememorando fatos históricos para firmar a identidade nacional, que sirva como ligação entre o cidadão e o Estado.

---

[37] "A ação cultural do Estado há de ser ação afirmativa que busque realizar a igualização dos socialmente desiguais, para que todos, igualmente, aufiram os benefícios da cultura. Em suma: trata-se da democratização da cultura que represente a formulação política e sociológica de uma concepção estética que seja o seguimento lógico e natural da democracia social que inscreva o direito à cultura no rol dos bens auferíveis por todos igualmente; democratização, enfim, que seja o instrumento e o resultado da extensão dos meios de difusão artística e a promoção de lazer da massa da população, a fim de que possa efetivamente ter o acesso à cultura" (SILVA, José Afonso da. *Ordenação constitucional da cultura*. São Paulo: Malheiros, 2001. p. 49).

Para incentivar o desenvolvimento cultural do Brasil, através de um planejamento de longo prazo, foi previsto o Plano Nacional de Cultura, regulamentado mediante lei, de duração plurianual, visando ao nosso desenvolvimento cultural e à integração das ações do Poder Público, almejando os seguintes objetivos: a) defesa e valorização do patrimônio cultural brasileiro; b) produção, promoção e difusão dos bens culturais; c) formação de pessoal qualificado para a gestão da cultura em suas múltiplas dimensões; d) democratização do acesso aos bens de cultura; e e) valorização da diversidade étnica e regional (art. 215, §3º, I a V, da CF).

Constituem o patrimônio cultural brasileiro os bens, de natureza material ou imaterial, que possuem referência com a identidade, a ação, a memória dos diferentes grupos formadores da sociedade brasileira, especificamente as formas de expressão, os modos de vida, as criações científicas, artísticas e tecnológicas, os espaços destinados às manifestações culturais e o conjunto de valor histórico, artístico, paisagístico, ecológico, arqueológico etc.[38]

O Poder Público, contando com a colaboração da comunidade, tem a missão de promover e proteger o patrimônio público, pelo exercício do seu poder de polícia na defesa dos bens culturais, por intermédio de inventários, registros, tombamentos e desapropriações (art. 216, §1º, da CF).[39]

Inventariar é discriminar todo um acervo de bens culturais para facilitar o seu acesso. Registrar é consignar em local específico a existência dos bens culturais para preservá-los. Tombar é um ato administrativo, que pode ser realizado apenas por entes públicos, para a proteção de determinado bem cultural. Após o tombamento, o bem não pode sofrer nenhum tipo de modificação estrutural, sem expressa autorização do órgão competente. Desapropriar é determinar a perda da propriedade, mediante prévio e justo pagamento em dinheiro, em decorrência do *jus imperii* estatal.

Em consequência da importância outorgada pelo texto constitucional à cultura, os danos e ameaças ao patrimônio cultural devem ser punidos. Para a efetivação dessa punição, em decorrência do princípio da legalidade, é necessária a existência de uma lei infraconstitucional. A Lei nº 3.924/1961 tipifica como crime a destruição ou mutilação de monumentos arqueológicos ou pré-históricos.

Com o advento da Emenda Constitucional nº 71, de 29.11.2012, introduziu-se no texto constitucional o art. 216-A, que institui o Sistema Nacional de Cultura. Este, organizado em regime de colaboração, de forma descentralizada e participativa, confere um processo de gestão e de promoção conjunta de políticas públicas de cultura, democráticas e permanentes, pactuadas entre os entes da federação e a sociedade, objetivando promover o desenvolvimento humano, social e econômico com pleno exercício dos direitos culturais.

---

[38] Para a realização dessa tarefa se mostra imprescindível o estudo da etnografia, que é o estudo descritivo dos povos, sua raça, língua e costumes.

[39] Odete Medauar define tombamento: "Designa o ato administrativo pelo qual se declara o valor histórico, artístico, paisagístico, arqueológico, cultural, arquitetônico de bens, que, por isso, devem ser preservados, conforme as características indicadas no livro próprio. O principal efeito do tombamento sobre o bem é sua imodificabilidade, podendo haver, ainda, restrições quanto à destinação e alienabilidade" (MEDAUAR, Odete. *Direito administrativo moderno*. 2. ed. São Paulo: RT, 1998. p. 360).

O §1º do mencionado artigo ainda descreve que o Sistema Nacional de Cultura se fundamenta na política nacional de cultura e nas suas diretrizes, estabelecidas no Plano Nacional de Cultura, que se regem pelos seguintes princípios:

I – diversidade das expressões culturais;
II – universalização do acesso aos bens e serviços culturais;
III – fomento à produção, difusão e circulação de conhecimento e bens culturais;
IV – cooperação entre os entes federados, os agentes públicos e privados atuantes na área cultural;
V – integração e interação na execução das políticas, programas, projetos e ações desenvolvidas;
VI – complementaridade nos papéis dos agentes culturais;
VII – transversalidade das políticas culturais;
VIII – autonomia dos entes federados e das instituições da sociedade civil;
IX – transparência e compartilhamento das informações;
X – democratização dos processos decisórios com participação e controle social;
XI – descentralização articulada e pactuada da gestão, dos recursos e das ações;
XII – ampliação progressiva dos recursos contidos nos orçamentos públicos para a cultura.

O §2º estabelece a constituição e a estrutura do Sistema Nacional de Cultura, nas respectivas esferas da Federação:

I – órgãos gestores da cultura;
II – conselhos de política cultural;
III – conferências de cultura;
IV – comissões intergestores;
V – planos de cultura;
VI – sistemas de financiamento à cultura;
VII – sistemas de informações e indicadores culturais;
VIII – programas de formação na área da cultura; e
IX – sistemas setoriais de cultura.

## 39.7 Desporto

Desporto significa a prática de determinadas atividades que ajudam na prevenção de doenças, propiciam uma melhor qualidade de vida e ajudam na integração do homem à sociedade. Entre esse elenco se enquadram práticas esportivas, de lazer, recreação e diversão, principalmente quando possibilitam a inserção de cidadãos à sociedade, impedindo que eles caiam na marginalidade. Portanto, desporto não pode ser entendido apenas como atividade esportiva.

O Poder Público tem a obrigação de incentivar o lazer como forma de promoção social (art. 217, §3º, da CF). Esse dispositivo constitucional representa indelével avanço, pois foi comprovado que o ócio possibilita um maior incremento na produtividade dos trabalhadores, e quando esse ócio pode ser empregado em lazer, em atividades que proporcionem ao cidadão sentimentos de prazer, a sua capacidade laborativa é aumentada. Além dessa função econômica, o lazer propicia maior integração social, fazendo com que o sentimento de prazer seja revertido em condutas que robustecem a solidariedade social.

A Constituição não elenca as modalidades esportivas que devem receber atenção especial por parte do Estado. Todas elas precisam ser fomentadas, sem nenhuma distinção, sejam as formais, sejam as informais (art. 217, *caput*, da CF). A definição das atividades que receberão maior incentivo acontece de acordo com as condições materiais disponíveis e com a sua função social.

As entidades desportivas, como associações que são, gozam de autonomia, sendo vedada a ingerência do Estado nas suas atividades (art. 217, I, da CF). Essa autonomia significa que esses entes têm liberdade para estruturar suas atividades da melhor forma que possam atender às finalidades para as quais foram criadas. Não obstante, deve o Ministério Público velar pela regularidade do seu funcionamento e pela destinação correta dos seus recursos.

Os recursos públicos devem ser direcionados prioritariamente para a promoção dos desportos que tenham caráter educacional e daquelas modalidades desportivas que tenham sido criadas no Brasil. Portanto, a prioridade para a aplicação de recursos públicos nos desportos é nas modalidades que tenham uma finalidade educacional, fazendo com que a aplicação de vultosas somas em atividades destituídas desse caráter possa ser passível de anulação em qualquer tipo de arguição de inconstitucionalidade. Em casos específicos, podem ser privilegiados os esportes que propiciem alto rendimento financeiro, permitindo, assim, novos reinvestimentos (art. 217, II, da CF).

O Estado deve distinguir o tratamento dado ao desporto profissional e ao desporto não profissional, porque nesse último não há finalidade de lucro, nem é ele objeto de abundantes financiamentos por parte da iniciativa privada. Portanto, as atividades desportivas não profissionais devem ser incentivadas de forma preponderante em relação ao desporto profissional, que em alguns casos, como no futebol, propiciam lucros fabulosos, não precisando de ajuda governamental (art. 217, III, da CF).

A única exceção à universalidade de jurisdição, em que o Poder Judiciário tem exclusividade para julgar todas as contendas, refere-se aos litígios desportivos. Quando a ação for relativa à disciplina e às competições nessa esfera, o Poder Judiciário só poderá ser acionado quando se esgotarem suas instâncias, a não ser que, dentro do prazo de sessenta dias, contados da instauração do processo, a Justiça Desportiva ainda não tenha chegado a uma decisão (art. 217, §§1º e 2º, da CF). Dessa forma, fora criada a necessidade de exaurimento de instância administrativa desportiva no prazo de sessenta dias. Caso isso não ocorra, há um impedimento constitucional de se recorrer ao Poder Judiciário.

A Justiça Desportiva não pertence ao Poder Judiciário, haja vista não estar arrolada como um de seus órgãos (art. 92 da CF). Sua natureza é de órgão administrativo, criado para atuar nas competições desportivas. Ela é composta dos seguintes órgãos: Superior Tribunal de Justiça Desportiva; Tribunais de Justiça Desportiva; Comissões Disciplinares.

Os bingos no Brasil foram proibidos pela Lei nº 9.981/2000, interditando o funcionamento de todas as empresas que atuavam nesse setor. Em razão de que várias leis estaduais começaram a regulamentar essa atividade foi editada a Súmula Vinculante nº 2, que determinou que apenas lei de competência privativa da União pode disciplinar as atividades de consórcios, sorteios, bingos e loterias.

A Resolução nº 10/2005 do Conselho Nacional de Justiça determinou a proibição de integrantes do Poder Judiciário de participar de funções nos Tribunais de Justiça

Desportiva e em suas comissões disciplinares. O amparo legal para essa decisão proveio do art. 95, parágrafo único, da CF, que impede aos juízes, ainda em disponibilidade, o exercício de outro cargo ou função, salvo uma de magistério. A finalidade dessa resolução foi garantir a imparcialidade e independência dos magistrados, fazendo com que eles concentrem suas energias no mister da prestação jurisdicional.

## 39.8 Ciência e tecnologia

A ciência e a tecnologia são requisitos fundamentais para o desenvolvimento de um país, que deve contar com o incentivo do Estado para que este impulsione o desenvolvimento científico, a pesquisa e a capacitação tecnológica (art. 218, *caput*, da CF). Sem esses instrumentais, o Brasil nunca poderá aspirar à derrota do seu subdesenvolvimento.

Pela primeira vez um texto constitucional disciplinou a ciência e a tecnologia em capítulo próprio. Na Constituição de 1967/1969, o assunto era tratado em um único parágrafo. A intenção foi demonstrar a importância da ciência e da tecnologia como insumos imprescindíveis para a economia. Por essa razão, melhor seria tê-las disciplinado no capítulo da ordem econômica, e não no da ordem social, tendo em vista sua interligação com o desenvolvimento econômico da sociedade. O objetivo de ambas é concretizar técnicas que permitam o bem-estar de todos, o progresso do conhecimento e o desenvolvimento do sistema produtivo nacional e regional, servindo como remédio para os problemas brasileiros.

O Estado deve incentivar e promover as empresas que invistam em pesquisa e na criação de tecnologia e ciência, além de apoiar a formação de recursos humanos nas áreas de ciência, pesquisa e tecnologia, concedendo condições especiais aos profissionais que se ocupem de tais tarefas (art. 218, §3º, da CF). A função do Estado nesse caso é atuar como agente fomentador, criando parâmetros e induzindo esforços para o desenvolvimento da ciência e tecnologia.

Tecnologia é um conjunto de processos especiais relativos a determinado objeto, geralmente traduzida como a colocação de mananciais teóricos para o desenvolvimento de uma área produtiva. Pesquisas são as atividades que têm a finalidade de indagação, investigação, com a intenção de obter elementos acerca de um objeto que propicie o seu conhecimento.[40] E ciência, termo de difícil definição por causa da multiplicidade de posicionamentos filosóficos a seu respeito, pode ser definida, em linhas gerais, como um conhecimento que inclua, em qualquer forma ou medida, uma garantia para a sua própria validade, um substrato que dê razoabilidade ao seu conteúdo.[41]

O texto constitucional de 1988 dividiu a pesquisa em científica e tecnológica. A primeira deve receber do Estado tratamento prioritário, tendo em vista o bem público e o progresso da ciência. A segunda deve direcionar os seus esforços para a solução dos problemas brasileiros e para o desenvolvimento do sistema produtivo nacional e regional.

O objetivo dessa diferenciação foi vincular a pesquisa tecnológica à solução de problemas brasileiros, possibilitando o emprego imediato e direto das conclusões encontradas, melhorando a condição de vida da sociedade. Já a pesquisa científica pode

---

[40] PRADO E SILVA, Adalberto. *Novo dicionário brasileiro*. 3. ed. São Paulo: Melhoramentos, 1965. v. 1. p. 689.
[41] ABBAGNANO, Nicola. *Dicionário de filosofia*. Tradução de Ivone Castilho Benedetti. São Paulo: Martins Fontes, 2000. p. 136.

não ter uma finalidade produtiva, ou econômica, imediata, servindo para aumentar o conhecimento a respeito de determinado assunto específico.

Podem os estados-membros e o Distrito Federal vincular parte da receita orçamentária a entidades públicas de fomento ao ensino e à pesquisa científica e tecnológica (art. 218, §5º, da CF). A criação desse fundo vinculado ao impulso dos insumos científicos e tecnológicos deve ser determinada nas Constituições estaduais. Caso seja feito em nível infraconstitucional, há grande probabilidade de sua modificação em governos posteriores.

Em uma sociedade pós-moderna, devido ao constante incremento de novas tecnologias, o custo da produção tecnológica é muito alto, de modo que a sua viabilidade depende de um amplo mercado interno para a comercialização de produtos.

Assim, o mercado interno brasileiro é considerado parte integrante do patrimônio nacional e deverá ser incentivado para viabilizar o crescimento da nação. A sua defesa é feita com a imposição de altas tarifas para produtos importados que tenham preços subsidiados ou que concorram, de forma desleal, com produtos nacionais essenciais para o crescimento econômico. Com isso, não se está impondo uma restrição desmesurada aos produtos importados, mas garantindo uma demanda certa para os produtos nacionais e oferecendo condições para que a indústria brasileira possa se desenvolver (art. 219 da CF).

## 39.9 Comunicação social

A comunicação social veio regulamentada em um capítulo pela Constituição Federal de 1988, para que seja evidenciada a sua importância em um regime democrático, que necessita para o seu aperfeiçoamento de espaços onde a liberdade de opinião possa aflorar em seu caráter pluralístico, sem margens para o estabelecimento de monopólios ou a hegemonia de determinadas ideologias.

Comunicação é ato de interação entre os cidadãos, concretizando a liberdade de pensamento e de sua expressão. A denominação "social" significa que o tipo de comunicação regulamentada pelo texto constitucional é aquela destinada ao grande público, realizada por intermédio de rádios, televisões, jornais, revistas etc.

Uadi Lammêgo Bulos esclarece o sentido da expressão *comunicação social*:

> Comunicação é palavra que deriva do latim *communicare*, significando trocar opiniões, conferenciar. Em sentido lato, abrange toda e qualquer forma de exteriorização do pensamento escrito ou oral, através de impressos, sons ou imagens, como no caso dos alto-falantes colocados em uma árvore ou no cume de igrejas. Em sentido estrito, porém, comunicação é o ato de emitir ideias, veiculadas em jornais, revistas, rádios, televisões, dentre tantos instrumentos técnicos que propiciam a manifestação do pensamento, quer através da criação e da expressão, quer por intermédio da informação.[42]

A liberdade de pensamento e de informação foi assegurada já na parte dos direitos humanos. Por isso, a comunicação social ou, melhor dizendo, a regulamentação dos veículos de comunicação mereceu tratamento constitucional. As garantias ofertadas no art. 5º da Constituição, especificamente nos seus incs. IV, V, VI, IX, X, XIV, devem servir de amparo para a análise deste capítulo.

---

[42] BULOS, Uadi Lammêgo. *Constituição Federal anotada*. 2. ed. São Paulo: Saraiva, 2001. p. 1.217.

Para assegurar o exercício de suas garantias constitucionais, as empresas de comunicação têm resguardado o direito de antena, que se constitui na prerrogativa de captar e transmitir dados através de procedimentos mecânicos ou eletromagnéticos. Assim, fora permitido a essas empresas a liberdade de investir na qualificação de seus aparelhos para aumentar a capacidade de sua transmissão, desde que não haja impedimento legal estabelecido por lei ou na concessão ou na permissão.

Das liberdades delineadas acima, conclui-se que não pode haver nenhum tipo de censura ou licença para a veiculação de informação (art. 220, *caput*, da CF), da mesma forma que a publicação em veículo de comunicação escrita independe de licença por parte da autoridade competente. Não obstante, cabe ao Poder Público o poder de polícia para verificar se existe algum acinte contra os "bons costumes". Como essa expressão é polissêmica, devem servir como referencial os valores aceitos pela sociedade.[43]

A lei infraconstitucional pode estabelecer restrições com o objetivo de proteger a pessoa e a família de programas de televisão e rádio que contrariem valores éticos, ou que façam a apologia de produtos, serviços ou práticas nocivas à saúde e ao meio ambiente. A necessidade de classificar a programação de acordo com o horário e a faixa etária dos espectadores é uma dessas imposições (art. 220, §3º, I e II, da CF).

Além dessa fiscalização, visando à proteção dos parâmetros morais da sociedade, a única restrição existente à veiculação de informação se refere às propagandas de tabaco, bebidas alcoólicas, agrotóxicos, medicamentos e terapias, que, necessariamente, devem conter advertência acerca dos seus possíveis malefícios (art. 220, §4º, da CF).

As emissoras de rádio e televisão devem nortear a sua programação de acordo com os seguintes princípios: a) preferência aos programas educativos, artísticos, culturais e informativos; b) promoção da cultura nacional e regional, e estímulo à produção independente que objetive a sua divulgação; c) regionalização da produção cultural, artística e jornalística, conforme percentuais estabelecidos em lei; d) respeito aos valores éticos e sociais da pessoa e da família (art. 221, I a IV, da CF).

Por sua relevante função na sociedade, podendo tanto exercer papel de conscientização da população como de total alienação, proíbe-se que os meios de comunicação sejam objeto de monopólio ou oligopólio, de forma direta ou indireta (art. 220, §5º, da CF). Com a diversidade dos agentes detentores de veículos de comunicação de massa, o princípio do pluralismo político pode ser mais facilmente alcançado, permitindo-se um amplo debate para conscientizar a sociedade a exercer o seu papel de fiscalização dos negócios públicos.

Pela importância dos meios de comunicação social, um dos principais ingredientes do Estado Democrático de Direito, a propriedade de empresa jornalística e de radiodifusão sonora e de sons e imagens era privativa de brasileiros natos ou naturalizados há pelo menos dez anos. A relevância de tal vedação tinha o objetivo de impedir que os veículos de comunicação fossem utilizados em prol de interesses estrangeiros (art. 222, *caput*, da CF).

---

[43] Esclarece Uadi Lammêgo Bulos: "Proibir a censura não é dar margem à baderna, desordem ou bagunça generalizada. Daí a grande tarefa de se regularem as diversões, os espetáculos, a propaganda nociva ao meio ambiente, à saúde, à ética da sociedade. Nesse caso, não se há que falar em censura, em ato discriminatório, em ditadura etc. Trata-se do respeito que se deve ter à própria Constituição, que estatui no *caput* do art. 1º o regime democrático, totalmente adverso à anarquia e à libertinagem" (BULOS, Uadi Lammêgo. *Constituição Federal anotada*. 2. ed. São Paulo: Saraiva, 2001. p. 1.220).

Todavia, em decorrência da crise financeira que assola vários veículos de comunicação do país, houve pressão para que o Congresso Nacional aprovasse a Emenda Constitucional nº 36/2002, que permite que o capital estrangeiro participe em até trinta por cento do capital total ou capital votante das empresas jornalísticas e de radiodifusão sonora e de sons e imagens. Pelo menos setenta por cento do capital total e do capital votante dessas empresas deve continuar a pertencer a brasileiros natos ou naturalizados há mais de dez anos, ou a pessoas jurídicas constituídas sob as leis brasileiras e que tenham sede no país (art. 222, §1º, da CF).

Por pressão de setores nacionalistas do Congresso Nacional, a responsabilidade editorial e as atividades de seleção e direção da programação veiculada devem ser obrigatoriamente privativas de brasileiros natos ou naturalizados há mais de dez anos. Assim, a gestão das atividades que norteiam o conteúdo da programação continua a pertencer a brasileiro, ou seja, o capital estrangeiro não pode, em hipótese alguma, direcionar a programação dos veículos de comunicação (art. 222, §1º, da CF).

As alterações do controle societário das empresas de comunicação, permitindo a participação do capital estrangeiro, devem ser comunicadas ao Congresso Nacional, que tem a função de fiscalizar se os mandamentos constitucionais estão sendo cumpridos (art. 222, §5º, da CF).

Todos os meios de comunicação social eletrônica, independentemente da tecnologia utilizada para a prestação do serviço, devem ser norteados pelos princípios contidos no art. 221 da Constituição, garantindo que os profissionais brasileiros tenham prioridade na execução da produção nacional. Tenta-se com essa medida garantir a participação dos brasileiros na produção nacional, mas, como em todos os setores em que houve a participação do capital estrangeiro, haverá perda de postos de trabalho para cidadãos estrangeiros (art. 222, §3º, da CF).

Lei infraconstitucional disciplinará a participação de capital estrangeiro nas empresas de comunicação (art. 222, §4º, da CF).

Foi revogado o dispositivo que impedia a participação de pessoa jurídica no capital social da empresa jornalística ou de radiodifusão, que excetuava os partidos políticos e sociedades que pertenciam exclusiva e nominalmente a brasileiros. Com a Emenda Constitucional nº 36/2002 foi permitida a participação de pessoas jurídicas.

A competência para conceder concessão, permissão ou autorização para televisões e rádios é do presidente da República. Trata-se de uma competência privativa que não pode ser delegada. Ela abrange tanto o ato inicial, outorga, quanto as renovações quando do término do prazo estipulado.

Após a indicação, o Congresso Nacional receberá a mensagem informando os nomes contemplados pela concessão, tendo de aprová-la com o *quorum* de maioria simples, por meio de lei ordinária. Como é uma iniciativa legislativa do presidente da República, o prazo para a aprovação é de quarenta e cinco dias em cada uma das Casas, sob pena de ficarem todos os processos sobrestados, à exceção dos prazos constitucionais (art. 223, §1º, da CF).

O prazo para a concessão ou permissão será de dez anos para as rádios e quinze anos para as emissoras de televisão. No caso da autorização, como ela é um ato precário, unilateral, pode ser rescindida a qualquer momento. A renovação da concessão ou da permissão depende de uma decisão do presidente da República, que deve ser inexoravelmente fundamentada. Para a efetivação da decisão de não renovação há a exigência de um *quorum* de dois quintos de votos em cada uma das Casas do Congresso. Não se necessita de posicionamento do Congresso Nacional na hipótese da autorização, em virtude de ser ato precário.

Antes de vencido o prazo, o cancelamento das concessões ou permissões depende de decisão judicial (art. 223, §§2º a 5º, da CF). Se as empresas de comunicação não estiverem cumprindo o que fora pactuado nos termos da concessão ou permissão, bem como desatendendo às finalidades educacionais e culturais, há possibilidade para a concretização desse cancelamento antes do término do prazo. É preciso deixar bem claro que nesse caso existe o exercício de um *munus publico,* não constituindo essa prerrogativa um direito de propriedade como outro qualquer que pode ser utilizado com objetivo meramente lucrativo. Como serviço público que o é, elas têm que apresentar uma programação que possa ser útil à comunidade, dentro dos parâmetros legais. Caso haja o descumprimento dessas obrigações, o Poder Judiciário, havendo a demanda pertinente, tem o dever de pôr fim a esse acinte aos interesses sociais.

Para auxiliar nas questões referentes à comunicação social, a Lei Maior estabeleceu que o Congresso Nacional deveria instituir o Conselho de Comunicação Social para realizar estudos, projetos, pareceres e outras análises sobre as matérias pertinentes a esse setor. Ele é formado por treze membros, oito ligados à comunicação social e cinco à sociedade civil (art. 224 da CF).

## 39.10 Meio ambiente

Etimologicamente, "ambiente" vem do latim *ambiens, entis,* que significa rodear, envolver. É o meio em que vivemos, englobando os elementos naturais e os elementos que foram modificados e criados pelo homem. O meio ambiente é um patrimônio público, "bem de uso comum do povo", devendo ser protegido para o uso coletivo (art. 225, *caput,* da CF). Os seus elementos abrangem o solo, as águas, a flora e a fauna, bem como a preservação das áreas florestais, paisagísticas e outras riquezas naturais.

Somente com a Lei nº 6.938, de 31.10.1981, é que passamos a ter uma definição legal para o termo *meio ambiente,* como "o conjunto de condições, leis, influências e interações de ordem física, química e biológica, que permite, abriga e rege a vida em todas as suas formas" (art. 3º, inc. I).

Celso Antonio Pacheco Fiorillo define meio ambiente:

> Primeiramente, verificando a própria terminologia empregada, extraímos que meio ambiente relaciona-se a tudo aquilo que nos circunda. Costuma-se criticar tal termo, porque pleonástico, redundante, em razão de ambiente já trazer em seu conteúdo a ideia de "âmbito que circunda", sendo desnecessária a complementação pela palavra meio.[44]

A preocupação com o meio ambiente ficou notadamente acentuada na medida em que se percebeu o estrago provocado pela ação humana na natureza. Só para se ter uma ideia das proporções já atingidas, basta lembrar o efeito estufa, a diminuição da camada de ozônio e outros tantos efeitos danosos.

---

[44] FIORILLO, Celso Antonio Pacheco. *Curso de direito ambiental brasileiro.* 2. ed. São Paulo: Saraiva, 2001. p. 18.

A criação de instrumentos normativos para a defesa do meio ambiente resulta da atividade de diversos movimentos ecológicos, e tem como marco principal a Conferência de Estocolmo, de 1968, patrocinada pela Organização das Nações Unidas (ONU), que, na Declaração de Estocolmo, traçou as primeiras linhas de proteção à natureza. Outro evento importante foi a ECO 92, realizada no Brasil, na qual os países mais influentes do mundo discutiram políticas de defesa do meio ambiente.[45] A Lei nº 7.347/1985, que criou a ação civil pública, representou outro avanço na consolidação da defesa da natureza. Contudo, o passo mais decisivo ocorreu com a Constituição de 1988.

A nossa atual Constituição Federal adotou a tendência contemporânea de tutela dos interesses difusos e, em especial, do meio ambiente, colocando-o como direito constitucionalmente regulado de terceira dimensão. É a primeira Constituição brasileira a abordar expressamente essa problemática, abrindo um capítulo específico para tratar do direito a um meio ambiente ecologicamente equilibrado, em que a diversidade e a integridade do patrimônio genético do país sejam preservadas.

A proteção ao meio ambiente engloba a proteção à fauna, à flora e a proibição de práticas que danifiquem o ecossistema equilibrado ou que submetam os animais a castigos cruéis, provocando a extinção de espécies (art. 225, §1º, VII, da CF).[46] Portanto, as políticas formuladas de proteção ao meio ambiente devem ter caráter geral, em vez de políticas meramente tópicas e ocasionais, que não levam em conta um meio ambiente ecologicamente equilibrado.

As medidas ambientais não se chocam com o desenvolvimento econômico, mas apenas exigem que seja ele um desenvolvimento sustentado, adequando-se à preservação da natureza, ensejando uma potencialização dos recursos econômicos, sem comprometer as demandas do futuro.

A atividade protetora do meio ambiente impõe uma série de grandes responsabilidades à administração (art. 225, §1º, da CF), a começar pela educação ambiental em todos os níveis de ensino e pela conscientização pública para a defesa ambiental, até pelo reconhecimento de que a isolada atividade dos órgãos públicos, por si só, é insuficiente para garantir a proteção da natureza. Com a educação ambiental, principalmente dirigida às crianças, busca-se criar uma conscientização de proteção ao ecossistema (art. 225, §1º, VI, da CF).

O Supremo Tribunal Federal decidiu que, respeitada a repartição de competências federativas, a União, os estados-membros, os municípios e o Distrito Federal têm competência concorrente para legislar sobre proteção ao meio ambiente, controle de poluição, proteção e defesa da saúde.[47]

---

[45] Devemos observar que as políticas de proteção ambiental devem ser tomadas em âmbito global, pois como pontua Guido Soares: "no fundo, o meio ambiente é um conceito que desconhece os fenômenos das fronteiras, realidades essas que foram determinadas por critérios históricos e políticos, e que se expressam em definições jurídicas de delimitações dos espaços do Universo, denominadas fronteiras" (SOARES, Guido Fernando Silva. *Direito internacional do meio ambiente*. São Paulo: Atlas, 2001. p. 298).

[46] "A obrigação de o Estado garantir a todos o pleno exercício dos direitos culturais, incentivando a valorização e a difusão das manifestações, não prescinde da observância da norma do inciso VII do art. 225 da Constituição Federal, no que veda prática que acabe por submeter os animais à crueldade. Procedimento discrepante da norma constitucional denominada 'farra do boi'" (STF, 2ª Turma, RE nº 153.531-8-SC, *RDA*, 213/224).

[47] ADI MC nº 2.396/MS, Rel. Min. Ellen Gracie.

A política ambiental no Brasil, entre outros princípios, está calcada na prevenção e na precaução: na precaução, consubstanciada no cuidado no sentido de serem evitadas as degradações ambientais futuras, utilizando-se de políticas de longo prazo que reduzam as emissões de poluentes; e na prevenção, no sentido de serem impedidos, por meio da vigilância e da tomada de medidas cabíveis, desastres que possam pôr em risco o meio ambiente. Um dos seus objetivos é prevenir a poluição.

De grande repercussão foi a introdução pelo texto constitucional do princípio poluidor-pagador, que se trata de um recurso econômico para que o poluidor arque com os custos dos danos causados pela sua atividade. Na verdade, esse princípio visa à compensação dos danos causados pela poluição. Sua finalidade foi fazer com que a motivação econômica, que na maioria das vezes se configura como o motor das atividades poluentes, não seja mais viável do ponto de vista financeiro, fazendo com que a poluição deixe de ser uma atividade rentável.[48]

Como componentes da política de prevenção, as entidades governamentais devem controlar a produção e a comercialização de produtos e substâncias que comportem risco para a vida e para o meio ambiente (art. 225, §1º, V, da CF). Nessa função de prevenção, torna-se imprescindível o exercício do poder de polícia pelos entes públicos, já que a missão de proteger o meio ambiente e combater a poluição é competência comum de todos os entes federativos.

À luz da proibição da proteção deficiente, o Supremo Tribunal Federal entendeu ser inconstitucional o chamado "revogaço" de normas regulamentares ambientais promovido pelo Poder Executivo, sem que estas fossem substituídas por novos parâmetros adequados à concretização das balizas fixadas pela Política Nacional do Meio Ambiente.[49]

A Carta Magna de 1988 prevê algumas normas genéricas na defesa do meio ambiente:

a) O explorador de recursos minerais é obrigado a recuperar o entorno degradado, de acordo com solução técnica exigida pelo órgão público competente, na forma da lei. O princípio norteador, nesse caso, é o da reparação, pois os danos terão de ser recuperados por quem os provocou (art. 225, §2º, da CF).

b) Independentemente da responsabilidade civil de composição das perdas e danos, o cidadão que provocou a atividade ambiental lesiva, pessoa física ou jurídica, sujeita-se a sanções penais e administrativas. A Constituição trouxe uma inovação, originária do Código Penal francês de 1984, ao prever a responsabilidade criminal das pessoas jurídicas nos delitos cometidos contra o meio ambiente. Agora, não apenas os administradores das empresas poderão sofrer sanções penais pela prática de crimes contra o meio ambiente, mas as próprias empresas, na condição de pessoas jurídicas, poderão ser responsabilizadas criminalmente (art. 225, §3º, da CF).

---

[48] "O objetivo do princípio do poluidor-pagador é forçar a iniciativa privada a internalizar os custos ambientais gerados pela produção e pelo consumo na forma de degradação e de escasseamento dos recursos ambientais. Este princípio estabelece que quem utiliza o recurso ambiental deve suportar os custos da poluição [...]" (FARIAS, Talden. *Direito ambiental*: tópicos especiais. João Pessoa: Editora Universitária, 2007. p. 57-58).

[49] STF, Plenário, ADPF nº 747 MC-Ref/DF, Rel. Min. Rosa Weber, j. 27.11.2020.

Gilberto Passos de Freitas nomeia os requisitos para a tipificação das pessoas jurídicas:

> Quanto às primeiras, há que se atentar, inicialmente, para algumas características que envolvem a infração. Num primeiro passo, deve ficar demonstrado que a mesma foi cometida no interesse da sociedade, empresa ou ente despersonalizado. Em segundo lugar, que a infração foi praticada no âmbito de suas atividades. Finalmente, que o ilícito tenha sido cometido com o auxílio ou adesão do poderio da pessoa coletiva. Sem a ocorrência de tais circunstâncias, não há como se lhe imputar a prática do delito.[50]

Os crimes contra o meio ambiente foram definidos pela Lei nº 9.605/1998, que dispõe no seu art. 3º:

> As pessoas jurídicas serão responsabilizadas administrativa, civil e penalmente conforme o disposto nesta Lei, nos casos em que a infração seja cometida por decisão de seu representante legal ou contratual, ou de seu órgão colegiado, no interesse ou benefício da sua entidade.[51]

A Justiça estadual tem competência para julgar todas as ações referentes a questões ambientais. Contudo, se houver interesse de entidade federal, a competência deslocar-se-á para a Justiça Federal.[52][53]

    c) A Floresta Amazônica brasileira, a Mata Atlântica, a Serra do Mar, o Pantanal Mato-Grossense e a Zona Costeira são partes componentes do patrimônio nacional (art. 225, §4º, da CF). Sua utilização, inclusive quanto aos recursos naturais, é regulamentada na forma de lei. Nada impede que lei federal possa determinar novas reservas ecológicas, como integrantes do patrimônio nacional.

As unidades da federação têm autonomia para definir espaços territoriais e seus componentes que devem ser protegidos, condicionando a sua alteração ou supressão à permissão legal.

    d) A terra devoluta ou arrecadada pelos estados para a proteção dos ecossistemas naturais é indisponível (art. 225, §5º, da CF).

    e) A instalação de usina que opere com reator nuclear depende de lei federal que defina sua localização e autorize o seu funcionamento (art. 225, §6º, da CF).

---

[50] FREITAS, Gilberto Passos de. Tutela penal do meio ambiente. In: BENJAMIN, Antonio Herman V. Dano ambiental: prevenção, reparação e repressão. São Paulo: RT, 1993. p. 315.

[51] Ensina o Prof. Pinto Ferreira: "O crime ambiental tem lei rígida e cuida da punição de várias atitudes e comportamentos daqueles que antes buscavam a degradação da natureza. Conforme a Lei, nem pichadores nem grafiteiros poderão escapar de punições que antes eram permitidas. Resta somente saber se a nova lei será realmente aplicada ou será apenas uma piada" (FERREIRA, Pinto. O meio ambiente, os crimes e os danos ecológicos. Revista do Instituto dos Advogados de Pernambuco, Recife, v. 1, n. 2, 2000. p. 26).

[52] Compete, por exemplo, à Justiça Federal o julgamento de crime ambiental de caráter transnacional ou que envolva animais silvestres ameaçados de extinção ou protegidos por compromisso internacional assumido pelo Brasil (RE nº 835.558/SP, 9.2.2017).

[53] De determinar-se a competência da Justiça dos estados para o processo e julgamento dos crimes e contravenções praticados contra os animais que constituem nossa fauna silvestre (BORGES, Guiomar Teodoro. Crime ecológico – Competência jurisdicional. In: Dano ambiental. Prevenção, reparação e repressão. São Paulo: RT, 1993. p. 325).

Para a instalação de qualquer atividade que cause degradação ambiental, exige-se um estudo prévio sobre o seu impacto no meio ambiente, dando-lhe publicidade para que a sociedade possa se mobilizar contra a sua realização. Algumas atividades causam tamanhos danos à natureza que não vale implementá-las, daí a importância do estudo do impacto ambiental (art. 225, §1º, IV, da CF).[54]

O estudo do impacto ambiental é de origem norte-americana. Significa um processo de análise que tem por objetivo evidenciar os efeitos de uma atividade humana sobre o ambiente e especificar as medidas adequadas a prevenir possíveis danos.[55]

São requisitos do estudo de impacto ambiental: contemplar todas as alternativas tecnológicas e de localização do projeto, confrontando-as com a hipótese de não execução do projeto; identificar e avaliar sistematicamente os impactos ambientais gerados nas fases de implantação e operação da atividade; definir os limites da área geográfica a ser direta ou indiretamente afetada pelos impactos, denominada área de influência do projeto, considerando, em todos os casos, a bacia hidrográfica na qual se localiza; considerar os planos e programas governamentais, propostos e em implantação na área de influência do projeto, em sua compatibilidade (Resolução nº 5/1987 do Conama).

Segundo a doutrina mais abalizada, diversos tipos de avaliação de impacto podem ser concebidos, como os estudos de impacto de leis ou regulamentos, os estudos de impacto de programas e planos governamentais e os estudos de impacto de projetos determinados.

A conclusão a que se chega, em se tratando de meio ambiente, é que o problema em si é extremamente delicado: de um lado, exige medidas de preservação da natureza em seu estado natural; de outro, o desenvolvimento econômico, a que todos os povos aspiram como forma de contenção e supressão da miséria, implica, se não devidamente regulamentado, sacrifícios ao meio ambiente. O desafio consiste em encontrar meios de desenvolver a economia sem agredir o meio ambiente, o que nem sempre é fácil.

Por intermédio do Poder Reformador foi acrescentado o §7º ao art. 225, que determina que práticas desportivas que utilizem animais não são consideradas cruéis, nas condições que forem determinadas em lei específica para assegurar o bem-estar dos animais envolvidos, desde que sejam manifestações culturais, registradas como bem de natureza imaterial integrante do patrimônio cultural brasileiro. O motivo dessa emenda foi permitir que as vaquejadas não fossem consideradas uma prática ilegal. A Lei nº 13.873/2019 buscou regulamentar essas práticas, estabelecendo alguns parâmetros mínimos de asseguração do bem-estar animal.

## 39.11 Família

Quando se assevera que a Constituição desempenha a função de pacto vivencial da sociedade, tenciona-se afirmar que o texto de 1988 é a base estrutural da sociedade,

---

[54] O STF se posicionou contrário a qualquer lei infraconstitucional que dispense o estudo prévio de impacto ambiental no caso de áreas de florestamento ou reflorestamento para fins empresariais, por violação ao art. 225, §1º, IV, da CF (ADIn nº 1.086/SC, Rel. Min. Ilmar Galvão).

[55] Paulo de Bessa Antunes, a respeito da aplicação do estudo ambiental no Brasil, comenta: "Com efeito, no Brasil, o estudo de impacto ambiental é visto como um empecilho ao desenvolvimento, um instrumento a serviço daqueles que são contra o progresso. Exigido pela Constituição, o estudo é, ainda, uma avis rara entre nós" (ANTUNES, Paulo de Bessa. *Curso de direito ambiental*. 2. ed. Rio de Janeiro: Renovar, 1996. p. 105).

o alicerce sob o qual se erguem todas as demais instituições,⁵⁶ inclusive a família. Essa expressão deflagra que o conteúdo do texto constitucional se configura um inexorável pilar de sustentação para contribuir com formação de todo o liame social, garantindo a todos condições mínimas de estruturação e um Estado de Bem-Estar Social.

Para Rousseau, a família é a mais antiga das sociedades e a única natural.⁵⁷ A importância da família para o Estado é cogente, pelo fato de que ela molda os primeiros passos para a formação da pessoa humana, preparando-a para o convívio ante a sociedade civil. A família é o núcleo basilar para o desenvolvimento da personalidade e da moral do cidadão perante toda a coletividade.

A partir da nova ordem constitucional, a principal característica da família passou a ser a afetividade entre seus membros, diferentemente do que ocorreu no passado, quando as características derivavam de uma origem biológica.⁵⁸

Com uma análise do novo texto constitucional podemos visualizar três princípios regentes das relações familiares: a) o princípio da dignidade da pessoa humana, entendido como base estruturante de todo o atual sentido de família, no que compreende a relação afetiva existente entre os membros integrantes da instituição familiar; b) o princípio da liberdade, que tem relação com a comunidade familiar no sentido de permitir, sem influências exógenas, a sua livre constituição e extinção, o planejamento familiar, a livre administração dos bens familiares, a liberdade de definir seus valores; c) o princípio da isonomia entre os sexos, que permitiu aos integrantes do sistema familiar o gozo da plena igualdade de direitos.⁵⁹

A família, alicerce da estabilidade social, é a base da sociedade, seu núcleo ontológico (art. 226, *caput*, da CF). Ela é a responsável por transmitir valores de uma geração para outra. É na família que o cidadão aprende as regras para o convívio social, garante o atendimento de suas necessidades básicas, encontra o esteio na hora do desamparo, enfim, a família é a entidade social que acompanha o cidadão durante toda a sua vida, suprindo as suas necessidades materiais e espirituais mais prementes.

A primeira Constituição a disciplinar a família foi a de 1934. A Constituição de 1988 ampliou as formas de constituição da família, reconhecendo a união estável e a família monoparental como entidades familiares.⁶⁰ Até então o casamento era considerado a

---

⁵⁶ SALDANHA, Nelson. *Formação da teoria constitucional*. 2. ed. Rio de Janeiro: Renovar, 2000. p. 115.
⁵⁷ ROUSSEAU, Jean-Jacques. *Do contrato social*. Rio de Janeiro: Nova Fronteira, 2011.
⁵⁸ "Hoje, a família recuperou a função que, por certo, esteve nas suas origens mais remotas: a de grupo unido por desejos e laços afetivos, em comunhão de vida" (LOBO, Paulo Luiz Netto. Constitucionalização do direito civil. *Revista de Informação Legislativa*, v. 36, n. 141, p. 99-109, jan./mar. 1999).
⁵⁹ Miguel Reale em texto sobre o projeto do Novo Código Civil frisou: "As questões essenciais são decididas em comum, sendo sempre necessária a colaboração da mulher na direção da sociedade conjugal. A mulher, em suma, deixa de ser simples colaboradora e companheira – consoante posição que lhe atribui a lei vigente – para passar a ter 'poder de decisão', conjuntamente com o esposo" (REALE, Miguel. *O projeto de Código Civil*: situação atual e seus problemas fundamentais. São Paulo: Saraiva, 1986. p. 107).
⁶⁰ "A família é a mesma, mas a argamassa com que passou a ser revestida, dentro da realidade existente, é que modificou. Para o legislador constituinte de 1967 só existia uma família, a legítima, oriunda do casamento. Os demais relacionamentos passavam a constituir a família ilegítima. A lei, permitindo a dissolução da sociedade conjugal, mas não do casamento, através do desquite, propiciava a formação de relações naturais entre o homem e a mulher, assim gerada a origem do concubinato, encarado pela jurisprudência como um relacionamento estável entre o homem e a mulher fora do casamento. Ali estava o germe da união estável atual. Desvincula-se a família do caráter específico da legitimidade exclusiva quando unida ao casamento. Desconecta-se o conceito de família desse limite fechado para ser o livre relacionamento de pessoas" (MOELLER, Oscarlino. A união estável e seu suporte constitucional. *Revista da Escola da Magistratura*, ano 1, n. 2, jan./abr. 1997).

única maneira de constituição de uma família.⁶¹ O legislador constituinte buscou atender à realidade social, de modo que o texto constitucional pudesse refletir os novos valores da sociedade.

A Carta Constitucional de 1988 menciona três tipos de família (art. 226): a instituída pelo casamento, pela união estável e a família monoparental, isto é, a formada por qualquer dos pais e seus descendentes. O escopo é velar pela integridade familiar consubstanciada na pessoa de cada um dos seus integrantes, estabelecendo mecanismos para inibir a violência no âmbito das relações privadas e possibilitando uma formação.

A gênese da família está na união de pessoas que tenham um sentimento afetivo que as una, independentemente de formalidades legais. Essa união pode ser feita por meio de um casamento, sendo gratuita a sua celebração e tendo o casamento religioso efeitos civis (art. 226, §§1º e 2º, da CF), ou por meio de uma união estável, devendo a lei facilitar a sua conversão em casamento.

A união estável pode ser definida como a união duradoura, sem a necessidade de coexistência sob um mesmo teto (Súmula nº 382 do STF),⁶² mas com a intenção de vida em comum. Trata-se de relação de fato que pressupõe o afeto entre os seus componentes, a convivência notória e a continuidade no relacionamento sexual. A união deve se revestir de estabilidade, correspondendo a um estado de casamento aparente.⁶³

A família monoparental, formada pelo pai e pelo filho, ou pela mãe e pelo filho, é reconhecida como entidade familiar pelo §4º do art. 226 da Constituição Federal de 1988, devendo receber a mesma proteção dispensada pelo Estado às famílias tradicionais, formadas por pai, mãe e filhos.

Muito embora reconheça outras entidades familiares, a Constituição dá prevalência ao casamento como forma de constituição da família, estabelecendo que a lei deverá facilitar a conversão da união estável em casamento (§3º do art. 226 da CF).

O casamento é civil e a sua celebração é gratuita, mas a Constituição atribui efeitos civis ao casamento religioso, nos termos da lei.

Tanto o casamento civil como o religioso com efeitos civis devem seguir determinadas formalidades que garantam a espontaneidade da vontade dos nubentes. Doutrina Orlando Gomes: "O casamento é ato solene. A lei o reveste de formalidades destinadas não somente à sua publicidade, mas também à garantia da manifestação do consentimento dos nubentes".⁶⁴

O texto constitucional de 1988 não contemplou explicitamente as relações entre pessoas do mesmo sexo, o que não induz a ilação de que as uniões homoafetivas sofrem de impedimento constitucional. Como todos os seres humanos detêm a prerrogativa de dignidade da pessoa humana, independentemente de sua opção ou condição sexual, os cidadãos não podem sofrer restrições em suas garantias constitucionais.

Em razão da ausência de explicitação da Constituição em garantir as uniões homoafetivas, aliado à inércia do Poder Legislativo em regulamentar tal matéria, havia

---

[61] Assim cominava a Constituição de 1967/1969, no seu art. 175: "A família é constituída pelo casamento e terá direito à proteção dos poderes públicos".

[62] "A vida em comum sob o mesmo teto, *more uxorio*, não é indispensável à caracterização do concubinato" (Súmula nº 382 do STF).

[63] VIANA, Marco Aurélio S. *Curso de direito civil*. Direito de família. 2. ed. Belo Horizonte: Del Rey, 1998. v. 2. p. 195.

[64] GOMES, Orlando. *Direito de família*. 7. ed. Rio de Janeiro: Forense, 1993. p. 51.

um amontoado de decisões contraditórias, reconhecendo e negando tal possibilidade de união. Algumas delas tratavam as uniões homoafetivas como se fossem uma sociedade de fato, a despeito de países como a Dinamarca, a Noruega, a Suécia, a Holanda, entre outros, já terem regulamentado essas relações.

Sepultando a celeuma então existente, o Supremo Tribunal Federal decidiu que as uniões homoafetivas estão protegidas pelo nosso ordenamento, em razão de os direitos humanos atingirem a todos os cidadãos, não importando a que minoria eles pertencem. No entender da Suprema Corte, as normas que disciplinam a união estável não foram feitas com o escopo de excluir as relações homoafetivas da sua aplicação, pois, se o fizesse, estariam em dissonância com o que se interpreta de uma análise sistêmica da nossa Lei Fundamental, que tem por base a dignidade da pessoa humana e repudia a discriminação imotivada.[65]

Cabe ressaltar, ainda, que em decisão inédita a Quarta Turma do Superior Tribunal de Justiça, por maioria, proveu recurso de duas mulheres que pediam habilitação em casamento civil. Segundo o voto do relator, Ministro Luis Felipe Salomão, a Turma decidiu que a dignidade da pessoa humana não é aumentada tampouco diminuída em razão do uso da sexualidade, e que por essa razão a orientação sexual não pode servir de pretexto para excluir famílias da proteção jurídica representada pelo casamento.

Os direitos e deveres referentes à sociedade conjugal passaram a ser exercidos igualmente pelo homem e pela mulher, desaparecendo, em obediência ao princípio da isonomia entre os sexos adotado pela Lei Maior, a figura do *pater familias*, até então representada pelo marido. O Código Civil de 2002 garantiu a paridade de direitos entre homens e mulheres, também abolindo a figura do *pater familias*.

Os frutos da família, os filhos, são de responsabilidade dos pais, da sociedade e do Estado, cabendo a eles zelar pela sua integridade. Assim prescreve o art. 227 da Constituição de 1988:

> É dever da família, da sociedade e do Estado assegurar à criança, ao adolescente e ao jovem, com absoluta prioridade, o direito à vida, à saúde, à alimentação, à educação, ao lazer, à profissionalização, à cultura, à dignidade, ao respeito, à liberdade e à convivência familiar e comunitária, além de colocá-los a salvo de toda forma de negligência, discriminação, exploração, violência, crueldade e opressão.[66]

Apenas os maiores de dezoito anos possuem responsabilidade criminal, podendo sofrer as sanções cabíveis pela prática de infração penal. Os menores de dezoito anos estarão sujeitos a medidas socioeducativas. Esse limite à imputabilidade penal se justifica porque a criança e o adolescente ainda estão em processo de formação do seu caráter, da

---

[65] "No mérito, julgo procedentes as duas ações em causa. Pelo que dou ao art. 1.723 do Código Civil interpretação conforme a Constituição para dele excluir qualquer significado que impeça o reconhecimento da união contínua, pública e duradoura entre pessoas do mesmo sexo como 'entidade familiar', entendida esta como sinônimo perfeito de 'família'. Reconhecimento que é de ser feito segundo as mesmas regras e com as mesmas consequências da união estável heteroafetiva" (ADI 4.277, Rel. Min. Ayres Britto, 04.05.2011).

[66] José de Farias Tavares defende, como prerrogativa fundamental das crianças e dos adolescentes, o direito de brincar. Preleciona o ilustre professor: "O direito de brincar, fundamental para a pessoa em desenvolvimento, é liberdade peculiar à criança e ao adolescente. A privação desse direito caracteriza maus-tratos, que, como ilícito civil, pode acarretar a perda ou a suspensão do pátrio poder-dever, ou da tutela e guarda (art. 129, VIII, IX e X, e Código Civil, arts. 392 a 395 e 443, III). Pode constituir falta administrativa punível segundo o art. 249, ou ainda configurar crime, conforme o caso, previsto no Código Penal" (TAVARES, José de Farias. *Comentários ao Estatuto da Criança e do Adolescente*. 3. ed. Rio de Janeiro: Forense, 1999, p. 25).

sua personalidade, de modo que a sociedade pode prepará-los para o convívio social, o que não seria possível no nosso sistema penitenciário convencional.

Outra importante inovação trazida pela Constituição Cidadã foi o estabelecimento da absoluta paridade entre todos os filhos, havidos ou não da relação do casamento, ou por adoção, proibidas quaisquer designações discriminatórias relativas à filiação. A equiparação entre os filhos leva à plena igualdade de direitos, inclusive os de natureza sucessória, e produz reflexos no campo da investigação da paternidade. O Estatuto da Criança e do Adolescente, promulgado sob a égide da Constituição de 1988, consagra, no seu art. 27, o poder da livre investigação da paternidade, estabelecendo que o direito de ver reconhecido o estado de filiação não pode sofrer qualquer restrição.

Como os idosos são o elo mais fraco dentro da cadeia familiar, a Constituição Cidadã cuidou de prestar-lhes especial garantia, assegurando-lhes amparo na família, defendendo sua dignidade e bem-estar. Os programas de assistência aos idosos devem ser prestados preferencialmente em seus lares, porque é no convívio com os familiares que a sua integração social se torna mais fácil.[67] A Constituição Federal outorgou aos idosos com mais de sessenta e cinco anos o benefício da gratuidade dos transportes coletivos urbanos. E assim como os pais têm o dever de assistir, educar e criar os filhos menores, os filhos maiores têm o dever de amparar os pais na velhice, carência e enfermidade.

É comum ainda ouvirmos de determinados grupos sociais que o divórcio é coisa ignóbil. A premissa que alicerça esta ideia inócua é a de que ainda convivemos com velhos costumes arcaicos e métodos obsoletos. De fato, os apegos exacerbados aos resquícios de uma cultura suplantada ousam desafiar as evoluções históricas perdurando no tempo.

O étimo da palavra *divórcio* provém do latim *divortium*, derivado de *divertĕre*, consubstanciando o sentido de "separar-se". Por conseguinte, hodiernamente podemos defini-lo como um instituto em que o seu efeito implica o rompimento legal e definitivo do vínculo com o casamento civil, habilitando as pessoas a convolar novas núpcias, cessando os deveres de coabitação, fidelidade recíproca, regime de bens, entre outros, oriundos do matrimônio.

O saudoso Orlando Gomes relembra que a luta pela constituição do divórcio foi árdua. A longa resistência deve-se à obstinação dos católicos em colocar a questão do divórcio no terreno confessional, como sucedera, no século XIX, na França, colocação que é radicalmente falta, porque a lei é feita para todos.[68]

Leciona Maria Helena Diniz que o divórcio é a dissolução de um casamento válido, ou seja, a extinção do vínculo matrimonial existente.[69] Nesse sentido, acrescenta ainda Nelson Nery ao nos ensinar que o divórcio põe fenecimento ao casamento e aos efeitos civis do matrimônio.[70]

---

[67] Dispõe sobre a matéria o art. 1.696 do Código Civil: "O direito à prestação de alimentos é recíproco entre pais e filhos, e extensivo a todos os ascendentes, recaindo a obrigação nos mais próximos em grau, uns em falta de outros". No mesmo sentido o art. 1.695 do Código Civil: "São devidos os alimentos quando quem os pretende não tem bens suficientes, nem pode prover, pelo seu trabalho, à própria mantença, e aquele, de quem se reclamam, pode fornecê-los, sem desfalque do necessário ao seu sustento".

[68] "[...] A verdade é que, nas camadas mais esclarecidas da população, formou-se o consenso de que a solução do divórcio seria superior à do desquite, considerada falsa, artificial, incompleta, que gerava problemas e consequências mais inconvenientes do ponto de vista moral e social". GOMES, Orlando. *Direito de família*. 7. ed. Rio de Janeiro: Forense, 1993. p. 276.

[69] DINIZ, Maria Helena. *Curso de direito civil brasileiro*. 23. ed. São Paulo: Saraiva, 2006. v. 5.

[70] NERY JUNIOR, Nelson; NERY, Rosa Maria Andrade. *Código Civil comentado*. 4. ed. rev., atual. e ampl. São Paulo: RT, 2006. p. 553.

O divórcio foi instituído formalmente no ordenamento jurídico pátrio no dia 28.6.1977, por meio da Emenda Constitucional nº 9, que alterou a Carta ditatorial de 1969, prevendo em seu art. 175, §1º, o seguinte dispositivo: "o casamento somente poderá ser dissolvido, nos casos expressos em lei, desde que haja prévia separação judicial por mais de três anos".

A Constituição Federal de 1998, em parte, facilitou o divórcio, os legisladores constituintes não poderiam quedar-se inertes, nem indiferentes, à evolução histórica, diante das nuances dos diversos grupos sociais. Nessas quadras, a Carta Magna acabou reduzindo os prazos para a aplicação do divórcio. Assim mencionava o texto originário da Constituição de 1988, em seu art. 226, §6º: "O casamento civil pode ser dissolvido pelo divórcio, após prévia separação judicial por mais de um ano nos casos expressos em lei, ou comprovada separação de fato por mais de dois anos".

Todavia, por meio da entrada em vigor de Emenda Constitucional nº 66, de 2010, o §6º do art. 226 da CF passou a ter a seguinte redação: "O casamento civil pode ser dissolvido pelo divórcio". A reforma constitucional expurgou o requisito cogente da separação judicial, possibilitando novos horizontes para dissolução do vínculo matrimonial.

Torna-se clarividente que a reforma constitucional nada mais fez do que constitucionalizar um anseio latente, facilitando a dissolução do matrimônio, expurgando o fato de que pessoas separadas de "fato" eram condenadas a suportar por anos e anos o espectro de uma situação "indefinida", aguardando um lapso temporal inócuo, obsoleto e por muitas vezes prolixo, incompatível com a realidade social hodierna, para a concretização da dissolução matrimonial.

A doutrina tem se dividido acerca da manutenção ou não da "separação judicial". Parte entende que a separação judicial foi abolida do ordenamento jurídico[71] e outra parte defende que ela permanece indelével, inexistindo qualquer acalento de dissonância com o novel divórcio, deixando apenas de ser requisito insólito para a dissolubilidade do matrimônio.

Com o advento da reforma constitucional e a instauração do novel divórcio, a separação judicial tornou-se obsoleta e sem sentido, ao passo que o divórcio direto ou extrajudicial se configura um mecanismo inexoravelmente mais eficiente e prático para alcançar o mesmo desígnio que a separação judicial proporciona, ou seja, a dissolução do vinculado matrimonial. Qual a necessidade de se colocar um obstáculo jurídico à vontade livre e consciente das pessoas? Nessa seara é melhor deixar que elas possam decidir livremente.

Percebe-se que a Emenda Constitucional nº 66, de 2010, designa uma nova roupagem ao instituto do divórcio, tornando o processo de dissolução matrimonial mais célere e eficiente, possibilitando que os cidadãos contraiam novas núpcias mais rapidamente, sem obstáculos burocráticos estatais e obsoletos, desafogando um pouco o nó que sufoca invariavelmente.

---

[71] Nesse sentido: "Após essa emenda constitucional, o art. 226, §6º, da CF passou a ter uma redação mais simples: '§6º O casamento civil pode ser dissolvido pelo divórcio.' Na realidade, por meio dessa simplificação, duas modificações de impacto foram feitas: a) o fim do instituto da separação judicial; b) a extinção 'do prazo mínimo para a dissolução do vínculo matrimonial (eis que não há mais referência à separação de fato do casal há mais de dois anos)'" (STOLZE, Pablo. A nova emenda do divórcio: primeiras reflexões. *JusBrasil*, 2011. Disponível em: <https://arpen-sp.jusbrasil.com.br/noticias/2283887/artigo-a-nova-emenda-do-divorcio-primeiras-reflexoes-por-pablo-stolze-gagliano>. Acesso em: 26 abr. 2011).

## 39.12 Índios

O termo *índios*, utilizado na Constituição, denota, até mesmo pela sua utilização no plural, a pluralidade de etnias existentes, retratando uma diversidade interétnica e intraétnica. Ele abrange todos os habitantes que povoavam o Brasil antes da chegada dos portugueses.

Os índios foram amparados na Constituição como forma de assegurar os seus direitos, sepultados desde o "descobrimento". Foram reconhecidos a sua organização social, os seus costumes, línguas, crenças e tradições, bem como, e mais importante, a posse sobre as terras que ocupam (art. 231, *caput*, da CF). A propriedade das terras ocupadas pelos índios é da União.[72]

O reconhecimento da estrutura indígena remonta à Constituição de 1934, em seu art. 129.[73] A atual Constituição foi a que mais outorgou direitos aos indígenas, garantindo sua organização social, seus costumes, línguas, crenças, além do direito originário sobre as terras que tradicionalmente ocupam, acrescidas das áreas necessárias à sua preservação. Como os índios são nômades, deslocando-se em uma ampla área de terra para buscar os seus alimentos, as reservas indígenas possuem uma grande extensão capaz de atender às suas necessidades.

O Supremo Tribunal Federal planteia que os arts. 231 e 232 da Constituição são de natureza fraternal e solidária, mirando a instituição de um novo tipo de igualdade, a civil-moral de minorias, tendo em vista o valor da integração comunitária. Ela é constitucionalmente compensatória de desvantagens historicamente acumuladas, viabilizando-se por intermédio de ações afirmativas.[74]

Somente a União, por atos inerentes ao Poder Executivo, ostenta competência para instaurar e concluir o processo demarcatório das terras indígenas. Essas terras que foram demarcadas não se constituem em uma espécie de autarquia política, mas fazem parte do território estatal-brasileiro, no qual incidem com absoluta exclusividade as leis nacionais.

Cabe à União demarcar as terras dos índios, por meio de lei ordinária, bem como proteger e garantir os seus direitos. A remoção dos indígenas só poderá ser feita *ad referendum* do Congresso, em casos específicos, como em casos de epidemia ou catástrofe que ponha em risco a população indígena, ou no interesse da soberania nacional. Cessada a causa que lhe deu origem, devem eles retornar para as suas terras (art. 231, §5º, da CF). Outrossim, é competência privativa da União Federal legislar sobre populações indígenas.[75]

As terras ocupadas pelos índios são inalienáveis e indisponíveis, e os direitos sobre elas são imprescritíveis (art. 231, §4º, da CF). Por isso são nulos e extintos os contratos que produzam efeitos jurídicos com o escopo de ocupação, domínio e posse sobre essas terras, bem como não pode haver exploração das riquezas naturais do solo,

---

[72] "São bens pertencentes à União (art. 20, XI), constituindo para esta uma propriedade vinculada ou reservada, que se destina a garantir aos índios o exercício dos direitos que lhes foram reconhecidos constitucionalmente" (STF, 1ª Turma, RE nº 183.188-0-MS, RT, 740/212).

[73] O texto constitucional de 1934, art. 129, dizia o seguinte: "Será respeitada a posse de terras de silvícolas que nelas se achem permanentemente localizados, sendo-lhes, no entanto, vedado aliená-las".

[74] Ação Popular nº 3.388-RR, Rel. Min. Ayres Britto.

[75] ADIn nº 1.499/PA, Rel. Min. Néri da Silveira.

rios e lagos existentes, ressalvados os casos em que houver relevante interesse público da União (art. 231, §6º, da CF).

Os índios têm o usufruto exclusivo das riquezas do solo, rios e lagos existentes (art. 231, §2º, da CF). Para o aproveitamento dos recursos hídricos, incluindo os potenciais energéticos, e a pesquisa e lavra das riquezas minerais em terras indígenas, faz-se necessária autorização do Congresso Nacional, ouvidas as comunidades indígenas (art. 231, §3º, da CF).[76]

Cabe ao Ministério Público defender os índios e velar pelos seus interesses, já que eles são considerados relativamente incapazes. Por outro lado, podem eles ingressar em juízo em defesa de seus direitos, possuindo plena *legitimatio ad causam* (art. 232 da CF).

Compete à Justiça Federal solucionar os litígios que envolvam terras indígenas.[77] Contudo, o crime perpetrado entre dois índios pertence à competência da Justiça estadual.[78] Os crimes praticados contra os índios são de competência da Justiça federal.

---

[76] A autorização proferida pelo Congresso Nacional é realizada por meio de decreto legislativo, através de uma competência própria do Congresso Nacional, estipulada no art. 49, inc. XVI, que dispõe: "autorizar, em terras indígenas, a exploração e o aproveitamento de recursos hídricos e a pesquisa e lavra de riquezas minerais".

[77] Como consequência da proteção constitucional outorgada aos índios, o STF entende que eles não podem ser constrangidos a prestar depoimento a uma CPI de forma arbitrária e unilateral, sem respeitar as peculiaridades indígenas. Pela garantia deferida pela Constituição deverão ser acordados dia e hora predeterminados, com a presença de um representante da Funai e de um antropólogo com conhecimento na comunidade (RE nº 242.623-PR, Rel. Min. Moreira Alves).

[78] Nesse sentido decidiu o STF no RE nº 263.010-MS, cujo relator foi o Min. Ilmar Galvão.

# REFERÊNCIAS

ABBAGNANO, Nicola. *Dicionário de filosofia*. Tradução de Ivone Castilho Benedetti. São Paulo: Martins Fontes, 2000.

ACCIOLY, Hildebrando. *Manual de direito internacional público*. 11. ed. São Paulo: Saraiva, 1991.

ACCIOLY, Hildebrando; SILVA, Geraldo Eulálio Nascimento e. *Manual de direito internacional público*. 12. ed. São Paulo: Saraiva, 1996.

ACIOLLI, Wilson. *Teoria geral do Estado*. Rio de Janeiro: Forense, 1985.

ACKEL FILHO, Diomar. *Writs constitucionais*. São Paulo: Saraiva, 1991.

ACKERMAN, Bruce. *Ética e retórica*. Para uma teoria da dogmática jurídica. São Paulo: Saraiva, 2003.

ACKERMAN, Bruce. *We the people*. Foundations. Cambridge: The Belknap Press of Harvard University Press, 1991.

ADEODATO, João Maurício Leitão. *Ética e retórica*. São Paulo: Saraiva, 2009.

ADEODATO, João Maurício Leitão. *O problema da legitimidade*. No rastro do pensamento de Hannah Arendt. Rio de Janeiro: Forense Universitária, 1989.

AFTALIÓN, Enrique R.; VILANOVA, José. *Introducción al derecho*. 2. ed. Buenos Aires: Abeledo-Perrot, 1998.

AGRA, Walber de Moura. *A reconstrução da legitimidade do Supremo Tribunal Federal*. Densificação do Supremo Tribunal Federal. Rio de Janeiro: Forense, 2005.

AGRA, Walber de Moura. *Comentários* à *reforma do Poder Judiciário*. Rio de Janeiro: Forense, 2005.

AGRA, Walber de Moura. *Fraudes* à *Constituição*: um atentado ao poder reformador. Porto Alegre: Fabris, 2000.

AGRA, Walber de Moura. *Manual de direito constitucional*. São Paulo: RT, 2002.

AGRA, Walber de Moura. *Reconstrução da legitimidade do STF*. Rio de Janeiro: Forense, 2005.

AGRA, Walber de Moura. *Republicanismo*. Porto Alegre: Livraria do Advogado, 2005.

ALBUQUERQUE, Fabrício Sarmanho de. Súmula vinculante 20 do STF deixa dúvidas. *Consultor Jurídico*, 27 nov. 2009. Disponível em: https://www.conjur.com.br/2009-nov-27/sumula-vinculante-20-stf-nao-clara-prazo-validade. Acesso em: 7 jan. 2010.

ALENCAR, Rosmar Rodrigues. *Efeito vinculante e concretização do direito*. Porto Alegre: Sérgio Antônio Fabris, 2009.

ALEXY, Robert. *Concetto e validità del diritto*. Tradução de Fabio Fiore. Torino: Einaudi, 1997.

ALEXY, Robert. *Teoria da argumentação jurídica*. A teoria do discurso racional como teoria da justificação jurídica. Tradução de Zilda Hatchinson Schild Silva. São Paulo: Landy, 2001.

ALEXY, Robert. *Teoría de los derechos fundamentales*. Madrid: Centro de Estudios Constitucionales, 1997.

ALEXY, Robert. *Teoría de los derechos fundamentales*. Madrid: Centro de Estudios Constitucionales, 1993.

ALEXY, Robert. *Teoría de los derechos fundamentales*. Tradução de Ernesto Garzón Valdés. Madrid: Centro de Estudios Políticos y Constitucionales, 2002.

ALEXY, Robert. *Teoria dos direitos fundamentais*. Tradução de Virgílio Afonso da Silva. São Paulo: Malheiros, 2008.

ALMEIDA FILHO, Agassiz. Justiça militar estadual. In: *Comentários* à *reforma do Poder Judiciário*. Rio de Janeiro: Forense, 2005.

ALMEIDA NETO, Manoel Carlos. *O novo controle de constitucionalidade municipal*. Rio de Janeiro: Forense, 2010.

ALMEIDA, Agassiz. *A república das elites*. Ensaios sobre a ideologia das elites e do intelectualismo. Rio de Janeiro: Bertrand Brasil, 2004.

ALVAREZ CONDE, Enrique. *Curso de derecho constitucional*. 2. ed. Madrid: Tecnos, 1993.

ALVAREZ CONDE, Enrique. *Curso de derecho constitucional*. 3. ed. Madrid: Tecnos, 1997.

ALVAREZ CONDE, Enrique. *Curso de derecho constitucional*: el estado constitucional, el sistema de fuentes, los derechos y liberdades. 3. ed. Madrid: Tecnos, 1999. v. 1.

ALVIM, Arruda. A EC nº 45 e o instituto da repercussão geral. *In*: *Reforma do Judiciário*. Primeiras reflexões sobre a Emenda Constitucional nº 45/2004. São Paulo: RT, 2005.

ALVIM, José Eduardo Carreira. *Habeas data*. Rio de Janeiro: Forense, 2001.

AMARAL JÚNIOR, José Levi Mello do. *Incidente de arguição de inconstitucionalidade*. Comentários ao art. 97 da Constituição e aos arts. 480 a 482 do Código de Processo Civil. São Paulo: Revista dos Tribunais, 2002.

AMARO, Luciano. *Direito tributário brasileiro*. 10. ed. São Paulo: Saraiva, 2004.

AMARO, Luciano. *Direito tributário brasileiro*. 4. ed. São Paulo: Saraiva, 1999.

AMATO, Giuliano. Il mercato nella Costituzione. *In*: ASSOCIAZIONE ITALIANA DEI COSTITUZIONALISTI. *La Costituzione Econômica*. Padova: Cedam, 1997.

ANDRADE SANCHÉZ, Eduardo. *Derecho electoral*. México: Oxford University Press México, 2010.

ANDRADE, Agenor Pereira de. *Manual de direito internacional público*. 4. ed. São Paulo: Saraiva, 1987.

ANDRADE, José Carlos Vieira de. Legitimidade da justiça constitucional e princípio da maioria. *In*: BRITO, José Souza e et al. *Legitimidade e legitimação da justiça constitucional*. Coimbra: Coimbra Editora, 1995.

ANDRADE, José Carlos Vieira de. *Os direitos fundamentais na Constituição portuguesa de 1976*. 2. ed. Coimbra: Almedina, 2001.

ANDRADE, Luciano Benévolo de. *Curso moderno de direito administrativo*. São Paulo: Saraiva, 1975.

ANTUNES, Paulo de Bessa. *Curso de direito ambiental*. 2. ed. Rio de Janeiro: Renovar, 1996.

ARANHA, Márcio Iorio. *Interpretação constitucional e as garantias institucionais dos direitos fundamentais*. São Paulo: Atlas, 2000.

ARAS, Augusto. *Fidelidade e ditadura intrapartidárias*. Bauru: Edipro, 2011.

ARAS, Augusto. *Fidelidade partidária*: a perda do mandato parlamentar. Rio de Janeiro: Lumen Juris, 2006.

ARAÚJO, Luiz Alberto David. *A proteção constitucional do transexual*. São Paulo: Saraiva, 2000.

ARAUJO, Luiz Alberto David. A reforma do Poder Judiciário (EC nº 45) e o controle concentrado de constitucionalidade. *In*: *Reforma do Judiciário*. Analisada e comentada. São Paulo: Método, 2005.

ARAÚJO, Luiz Alberto David. A reforma do Poder Judiciário (EC nº 45) e o controle concentrado de constitucionalidade. *In*: TAVARES, André Ramos; LENZA, Pedro; LORA ALARCÓN, Pietro de Jesús. *Reforma do Judiciário*. Analisada e comentada. São Paulo: Método, 2005.

ARAÚJO, Luiz Alberto David; NUNES JÚNIOR, Vidal Serrano. *Curso de direito constitucional*. 2. ed. São Paulo: Saraiva, 1999.

ARAÚJO, Marcelo Labanca Corrêa de. *Jurisdição constitucional e federação*. O princípio da simetria na jurisprudência do STF. Rio de Janeiro: Elsevier, 2009.

ARCHETTI, Marcello. *Lo Spazio Ritrovato*. Antropologia della Cotemporaneità. Roma: Meltemi, 2002.

ARIÑO, Gaspar. *Economía y Estado*. Madrid: Marcial Pons, 1993.

ARISTÓTELES. *A Constituição de Atenas*. Tradução de Francisco Murari Pires. Edição bilíngue. São Paulo: Hucitec, 1995.

ARNAUD, André-Jean. *Entre Modernité et Mondalisation*. Cinq Leçons d'Histoire de la Philosophie du Droit et de l'État. Paris: Librairie Générale de Droit et de Jurisprudence, 1988.

ARNAUD, André-Jean. *Por une pensée juridique européenne*. Paris: Presses Universitaires de France, 1991.

ATALIBA, Geraldo. *República e Constituição*. 2. ed. São Paulo: Malheiros, 1988.

AVELÃS NUNES, Antonio José. Aventuras e desventuras do Estado Social. *Revista da Fundação Brasileira de Direito Econômico*, v. 3, 2011.

AZAMBUJA, Darcy. *Introdução à ciência política*. 12. ed. São Paulo: Globo, 1999.

AZAMBUJA, Darcy. *Introdução à ciência política*. 2. ed. Rio de Janeiro: Globo, [s.d.].

BACCELLI, Luca. *Critica del repubblicanesimo*. Bari: Laterza, 2003.

BACHOF, Otto. *Normas constitucionais inconstitucionais*. Tradução de José Manuel M. Cardoso da Costa. Coimbra: Almedina, 1994.

BADENI, Gregorio. *Tratado de derecho constitucional*. Buenos Aires: La Ley, 2004. t. I.

BAGNOLI, Vicente. *Direito econômico e concorrencial*. 8. ed. São Paulo: Revista dos Tribunais, 2020.

BALEEIRO, Aliomar. *Direito tributário brasileiro*. Rio de Janeiro: Forense, 1980.

BALEEIRO, Aliomar. *Limitações constitucionais ao poder de tributar*. 7. ed. Rio de Janeiro: Forense, 2005.

BALEEIRO, Aliomar. *Uma introdução à ciência das finanças*. 9. ed. Rio de Janeiro: Forense, 1973.

BALERA, Wagner. *Reforma previdenciária (parecer)*. São Paulo: Edições APMP, 2003.

BALKIN, Jack M. Respect worthy: Frank Michelman and the legitimate constitution. *Tulsa Law Review*, v. 39, 2004. Disponível em: http://ssrn.com/abstract=510482. Acesso em: 21 fev. 2004.

BANDEIRA DE MELLO, Celso Antônio. *Conteúdo jurídico do princípio da igualdade*. São Paulo: RT, 1978.

BANDEIRA DE MELLO, Celso Antônio. *Curso de direito administrativo*. 12. ed. São Paulo: Malheiros, 2000.

BANDEIRA DE MELLO, Celso Antônio. *Curso de direito administrativo*. 14. ed. São Paulo: Malheiros, 2002.

BANDEIRA DE MELLO, Celso Antônio. *Curso de direito administrativo*. 17. ed. São Paulo: Malheiros, 2004.

BANDEIRA DE MELLO, Celso Antônio. *Curso de direito administrativo*. 22. ed. São Paulo: Malheiros, 2007.

BANDEIRA DE MELLO, Celso Antônio. *Curso de direito administrativo*. 26. ed. São Paulo: Malheiros, 2008.

BANDEIRA DE MELLO, Celso Antônio. *Princípio jurídico da igualdade*. 3. ed. São Paulo: Malheiros, 2006.

BANDEIRA DE MELLO, Celso Antônio. *Reforma da Previdência (Parecer)*. São Paulo: Edições APMP, 2003.

BANDENI, Gregório. *Tratado de derecho constitucional*. Buenos Aires: La Ley, [s.d.]. t. I.

BARACHO, José Alfredo de Oliveira. *Processo constitucional*. Rio de Janeiro: Forense, 1984.

BARACHO, José Alfredo de Oliveira. *Teoria geral da cidadania*: a plenitude da cidadania e as garantias constitucionais e processuais. São Paulo: Saraiva, 1995.

BARACHO, José Alfredo de Oliveira. *Teoria geral do federalismo*. Rio de Janeiro: Forense, 1986.

BARACHO, José Alfredo de Oliveira. Teoria geral dos conceitos legais indeterminados. *In*: PEDRA, Adriano Sant'Ana (Org.). *Arquivos de direito público*. São Paulo: Método, 2007.

BARBERA, Augusto; FUSARO, Carlos. *Corso di diritto pubblico*. Bologna: Il Mulino, 2001.

BARBOSA, Rui. *Oração aos moços*. Notas de Adriano da Gama Kury. 5. ed. Rio de Janeiro: Casa de Rui Barbosa, 1999.

BARBOSA, Rui. *Oração aos moços*. São Paulo: Mesário Acadêmico, 1921.

BARCELLOS, Ana Paula de. *A eficácia dos princípios constitucionais*. O princípio da dignidade da pessoa humana. Rio de Janeiro: Renovar, 2011.

BARILE, Paolo. *Diritto dell'uomo e libertà fondamentali*. Bologna: Mulino, 1984.

BARRETO, Tobias. *Estudos de direito*. Campinas: Bookseller, 2000.

BARRETO, Tobias. *Introdução do estudo do direito*. São Paulo: Lady, 2001.

BARROSO, Luís Roberto. *Curso de direito constitucional contemporâneo*. São Paulo: Saraiva, 2009.

BARROSO, Luís Roberto. Gestação de fetos anencefálicos e pesquisa com células tronco: dois temas acerca da vida e da dignidade na Constituição. *Revista de Direito Administrativo*, Rio de Janeiro, jul./set. 2005.

BARROSO, Luís Roberto. *Interpretação e aplicação da Constituição*. 4. ed. São Paulo: Saraiva, 2001.

BARROSO, Luís Roberto. Judicialização, ativismo judicial e legitimidade democrática. *Revista Direito do Estado*, Salvador, ano 4, n. 13, p. 71-91, jan./mar 2009.

BARROSO, Luís Roberto. Neoconstitucionalismo e constitucionalização do direito (o triunfo tardio do direito constitucional do Brasil). *In*: *A constitucionalização do direito*. Fundamentos teóricos e aplicações específicas. São Paulo: Lumen Juris, 2007.

BARROSO, Luís Roberto. *O direito constitucional e a efetividade de suas normas*. 4. ed. Rio de Janeiro: Renovar, 2000.

BASTOS, Celso Ribeiro. *Curso de direito constitucional*. 18. ed. São Paulo: Saraiva, 1997.

BASTOS, Celso Ribeiro. *Curso de direito financeiro e de direito tributário*. São Paulo: Saraiva, 1991.

BASTOS, Celso Ribeiro. *Curso de teoria do Estado e ciência política*. 2. ed. São Paulo: Saraiva, 1989.

BASTOS, Celso Ribeiro. *Dicionário de direito constitucional*. São Paulo: Saraiva, 1994.

BASTOS, Celso Ribeiro. *Lei complementar*. Teoria e comentários. São Paulo: Saraiva, 1985.

BASTOS, Celso Ribeiro; MARTINS, Ives Gandra da Silva. *Comentários à Constituição do Brasil*. 4. ed. São Paulo: Saraiva, 1995.

BASTOS, Celso Ribeiro; MARTINS, Ives Gandra da Silva. *Comentários à Constituição do Brasil*. São Paulo: Saraiva, 2000.

BASTOS, Celso Ribeiro; MARTINS, Ives Gandra da Silva. *Comentários à Constituição do Brasil*. 2. ed. São Paulo: Saraiva, 2001. v. 6. t. I.

BASTOS, Celso Ribeiro; MARTINS, Ives Gandra da Silva. *Comentários à Constituição Federal de 1988*. São Paulo: Saraiva, 1989. v. 2.

BASTOS, Celso Ribeiro; TAVARES, André Ramos. *As tendências do direito público no limiar de um novo milênio*. São Paulo: Saraiva, 2000.

BAUMAN, Zygmunt. *Em busca da política*. 1. ed. Tradução de Marcus Penchel. Rio de Janeiro, Zahar, 2000.

BEDIN, Gilmar Antonio. Direitos humanos e acesso à justiça: aspectos nacionais e internacionais. *In*: MENEZES, Wagner. *O direito internacional e o direito brasileiro*. Ijuí: Unijuí, 2004.

BELLO, Enzo. O neoconstitucionalismo e a teoria constitucional contemporânea. *In*: *Perspectivas da teoria constitucional contemporânea*. São Paulo: Lumen Juris, 2007.

BENDA, Ernesto *et al*. *Manual de derecho constitucional*. 2. ed. Madrid: Marcial Pons, 2001.

BERCOVICI, Gilberto. A Constituição dirigente e a constitucionalização de tudo (ou do nada). *In*: SOUZA NETO, Cláudio Pereira de; SARMENTO, Daniel. *A constitucionalização do direito* – Fundamentos teóricos e aplicações específicas. Rio de Janeiro: Lumen Juris, 2007.

BERCOVICI, Gilberto. *Constituição e estado de exceção permanente*: atualidade de Weimar. Rio de Janeiro: Azougue, 2004.

BERCOVICI, Gilberto. *Constituição econômica e desenvolvimento*. Uma leitura a partir da Constituição de 1988. São Paulo: Malheiros, 2005.

BERCOVICI, Gilberto. *Desigualdades regionais, Estado e Constituição*. São Paulo: Max Limonad, 2003.

BERCOVICI, Gilberto. *Entre o Estado total e o Estado social:* atualidade do debate sobre direitos, Estado e economia na República de Weimar. 2003. 170 f. Tese (Livre-Docência) – Faculdade de Direito, Universidade de São Paulo, São Paulo, 2003.

BERCOVICI, Gilberto. Política econômica e direito econômico. *Revista da Faculdade de Direito da Universidade de São Paulo*, v. 105, jan./dez. 2010.

BERCOVICI, Gilberto; MASSONETTO, Luís Fernando. A Constituição dirigente invertida: a blindagem da Constituição financeira e a agonia da Constituição econômica. *Boletim de Ciências Econômicas*, Coimbra, v. 49, 2006.

BERMUDES, Sergio. *A reforma do Judiciário pela Emenda Constitucional nº 45*. Rio de Janeiro: Forense, 2005.

BERNARDES, Juliano Taveira. Lei nº 9.882/1999: arguição de descumprimento de preceito fundamental. *Jus Navigandi*, fev. 2000.

BEVILÁQUA, Clóvis. *Teoria geral do direito civil*. Campinas: Red, 2001.

BEZERRA, Paulo Cesar Santos. *Acesso à justiça*. Um problema ético-social no plano da realização do direito. Rio de Janeiro: Renovar, 2001.

BIELSA, Rafael. *Derecho constitucional*. 3. ed. Buenos Aires: Roque Depalma, 1959.

BITTAR, Carlos Alberto. *O direito civil na Constituição de 1988*. 2. ed. São Paulo: RT, 1991.

BLANCO VALDES, Roberto L. *La ordenación constitucional de la defensa*. Madrid: Tecnos, 1988.

BOBBIO, Norberto. *A era dos direitos*. Tradução de Carlos Nelson Coutinho. Rio de Janeiro: Campus, 1992.

BOBBIO, Norberto. *A teoria das formas de governo*. 10. ed. Brasília: Universidade de Brasília, 1998.

BOBBIO, Norberto. *Contratto sociale oggi*. Napoli: Guida, 1980.

BOBBIO, Norberto. *Estado*. Governo. Sociedade. Para uma teoria geral da política. 4. ed. Rio de Janeiro: Paz e Terra, 1992.

BOBBIO, Norberto. *O conceito de sociedade civil*. Rio de Janeiro: Graal, 1994.

BOBBIO, Norberto. *O futuro da democracia*: uma defesa das regras do jogo. 6. ed. Tradução de Marco Aurélio Nogueira. São Paulo: Paz e Terra, 1997.

BOBBIO, Norberto. *Teoria do ordenamento jurídico*. 10. ed. Brasília: Universidade de Brasília, 1997.

BOBBIO, Norberto; MATTEUCCI, Nicola; PASQUINO, Gianfranco. *Dicionário de política*. 11. ed. Brasília: Editora Universidade de Brasília, 1998. v. 2.

BOBBIO, Norberto; MATTEUCCI, Nicola; PASQUINO, Gianfranco. *Dicionário de política*. Brasília: Editora Universidade de Brasília. 1986.

BÖCKENFÖRDE, Ernst Wolfgang. *Estudios sobre el estado de derecho y la democracia*. Madrid: Trotta, 2000.

BONAVIDES, Paulo. *A Constituição aberta*. Temas políticos e constitucionais da atualidade, com ênfase no federalismo das regiões. 2. ed. São Paulo: Malheiros, 1996.

BONAVIDES, Paulo. *Ciência política*. 17. ed. São Paulo: Malheiros, 2010.

BONAVIDES, Paulo. *Curso de direito constitucional*. 12. ed. São Paulo: Malheiros, 2002.

BONAVIDES, Paulo. *Do Estado Liberal ao Estado Social*. 10. ed. São Paulo: Malheiros, 2011.

BONAVIDES, Paulo. *Do Estado Liberal ao Estado Social*. 6. ed. São Paulo: Malheiros, 1996.

BONAVIDES, Paulo. *Do país constitucional ao país neocolonial*. A derrubada da Constituição e a recolonização pelo golpe de estado institucional. São Paulo: Malheiros, 1999.

BONAVIDES, Paulo. *Teoria constitucional da democracia participativa*. São Paulo: Malheiros, 2001.

BONAVIDES, Paulo. *Teoria do Estado*. 3. ed. São Paulo: Malheiros, 1995.

BONAVIDES, Paulo; ANDRADE, Paes de. *História constitucional do Brasil*. 3. ed. Rio de Janeiro: Paz e Terra, 1991.

BORGES, Guiomar Teodoro. Crime ecológico – Competência jurisdicional. *In*: BENJAMIN, Antonio Herman V. *Dano ambiental*. Prevenção, reparação e repressão. São Paulo: RT, 1993.

BORJA, Rodrigo. *Derecho político y constitucional*. 2. ed. México: Fondo de Cultura Económica, 1991.

BORNHOLDT, Rodrigo Meyer. *Métodos para resolução do conflito entre direitos fundamentais*. São Paulo: RT, 2005.

BRAUD, Philippe. *La science politique*. Paris: Universitaires de France, 1982.

BRENNAN JR., William J. A personal remembrance. *In*: SCHWARTZ, Bernard. *The Warren Court*. A retrospective. New York: Oxford, 1996.

BRINDEIRO, Geraldo. Jurisdição constitucional e os direitos fundamentais. *In*: SAMPAIO, José Adércio Leite (Org.). *Jurisdição constitucional e direitos fundamentais*. Belo Horizonte: Del Rey, 2003.

BRITO, Edvaldo. Aspectos inconstitucionais da ação declaratória de constitucionalidade de lei ou de ato normativo federal. *In*: MARTINS, Ives Gandra da Silva; MENDES, Gilmar Ferreira (Coord.). *Ação declaratória de constitucionalidade*. São Paulo: Saraiva, 1996.

BROSSARD, Paulo. *O impeachment*. 3. ed. São Paulo: Saraiva, 1992.

BUENO, Cassio Scarpinella. *A nova Lei do Mandado de Segurança*. São Paulo: Saraiva, 2009.

BUENO, Cassio Scarpinella. *Mandado de segurança*. São Paulo: Saraiva, 2004.

BULOS, Uadi Lammêgo. *Comissão parlamentar de inquérito*. Técnica e prática. São Paulo: Saraiva, 2001.

BULOS, Uadi Lammêgo. *Constituição Federal anotada*. 2. ed. São Paulo: Saraiva, 2001.

BULOS, Uadi Lammêgo. *Mandado de segurança coletivo*. São Paulo: RT, 1996.

BULOS, Uadi Lammêgo. *Mutação constitucional*. São Paulo: Saraiva, 1997.

BURDEAU, Georges; HAMON, Francis; TROPER, Michel. *Droit constitutionnel*. 25. ed. Paris: LGDL, 1997.

BURKE, Edmund. Pensamientos sobre las causas del actual descontento. *In:* BURKE, Edmund. *Textos políticos*. Versión española e introducción de Vicente Herrero. Ciudad de México: Fondo de Cultura Económica, 1942.

BURNS, Edward McNall; LERNER, Robert; MEACHAM, Standish. *História da civilização ocidental*. Dos homens das cavernas às naves espaciais. 36. ed. São Paulo: Globo, 1995. v. I.

BUSTAMANTE, Thomas da Rosa. A arguição de descumprimento de preceito fundamental e sua regulamentação pela Lei nº 9.882, de 3 de dezembro de 1999. Incidente de inconstitucionalidade? *Inforjus*, jan. 2000.

CALAMANDREI, Piero. *Direito processual civil*. Campinas: Bookseller, 1999.

CALAMANDREI, Piero. *Opere giuridiche*. Napoli: Morano, 1965. t. I.

CALLEO, David P. *The American political system*. London: The Bodley Head, 1968.

CÂMARA, Alexandre Freitas. Relativização da coisa julgada material. *In*: DIDIER JUNIOR, Fredie (Org.). *Relativização da coisa julgada*. Enfoque crítico. 2. ed. Salvador: JusPodivm, 2006.

CAMARGO, Ricardo Antônio Lucas. *Curso elementar de direito econômico*. Porto Alegre: Núria Fabris Editora, 2014.

CAMPOS, Carlos Alexandre de Azevedo. *Dimensões do ativismo judicial do STF*. Rio de Janeiro: Forense, 2014.

CAMPOS, Carlos Alexandre de Azevedo. *Estado de coisa inconstitucional*. Salvador: JusPodivm, 2016.

CAMPOS, Dejalma de. *Direito financeiro e orçamentário*. São Paulo: Atlas, 1995.

CAMPOS, Francisco. *Direito constitucional*. Rio de Janeiro: Freitas Bastos, 1956. v. 1.

CANARIS, Claus Wilhelm. *Estudos sobre direitos fundamentais*. Coimbra: Coimbra Editora, 2004.

CANARIS, Claus Wilhelm. *Pensamento sistemático e conceito de sistema na ciência do direito*. Tradução de A. Menezes Cordeiro. 2. ed. Lisboa: Fundação Calouste Gulbenkian, 1996.

CANOTILHO, José Joaquim Gomes. *Constituição dirigente e vinculação do legislador*. Contributo para a compreensão das normas constitucionais programáticas. Coimbra: Coimbra Editora, 1994.

CANOTILHO, José Joaquim Gomes. *Direito constitucional e teoria da Constituição*. 2. ed. Coimbra: Almedina, 1997.

CANOTILHO, José Joaquim Gomes. *Direito constitucional e teoria da Constituição*. 3. ed. Coimbra: Almedina, 1998.

CANOTILHO, José Joaquim Gomes. *Direito constitucional e teoria da Constituição*. 7. ed. Coimbra: Almedina, 2003.

CANOTILHO, José Joaquim Gomes. *Direito constitucional e teoria da Constituição*. 6. ed. Coimbra: Almedina, 2002.

CANOTILHO, José Joaquim Gomes. *Direito constitucional*. 6. ed. Coimbra: Almedina, 2002.

CANOTILHO, José Joaquim Gomes. *Estado de Direito*. Lisboa: Gradiva, 1999.

CANOTILHO, José Joaquim Gomes. *Estudos sobre direitos fundamentais*. Coimbra: Coimbra Editora, 2004.

CANOTILHO, José Joaquim Gomes; MOREIRA, Vital. *Constituição da República portuguesa anotada*. Coimbra: Coimbra Editora, 1984. v. I.

CANOTILHO, José Joaquim Gomes; MOREIRA, Vital. *Fundamentos da Constituição*. Coimbra: Coimbra Editora, 1991.

CAPEZ, Fernando. *Curso de processo penal*. 6. ed. São Paulo: Saraiva, 2001.

CAPPELLETTI, Mauro; GARTH, Bryant. *Acesso à justiça*. Tradução de Ellen Gracie Northfleet. Porto Alegre: Fabris, 1988.

CARDUCCI, Michele. *Tecniche costituzionali*. Di argomentazione normazione comparazione. Lecce: Pensa MultiMedia, 2003.

CARRAZZA, Roque Antonio. *Curso de direito constitucional tributário*. 5. ed. São Paulo: Malheiros, 1993.

CARRAZZA, Roque Antonio. *Curso de direito constitucional tributário*. 18. ed. São Paulo: Malheiros, 2002.

CARVALHO FILHO, José dos Santos. *Manual de direito administrativo*. Rio de Janeiro: Freitas Bastos, 1997.

CARVALHO, Kátia. *Cláusula de barreira e funcionamento parlamentar* – Estudo. Brasília: Câmara dos Deputados, 2003.

CARVALHO, Kildare Gonçalves. *Direito constitucional didático*. 6. ed. Belo Horizonte: Del Rey, 1999.

CARVALHO, Kildare Gonçalves. *Técnica legislativa*. 2. ed. Belo Horizonte: Del Rey, 2001.

CARVALHO, Paulo de Barros. *Curso de direito tributário*. 4. ed. São Paulo: Saraiva, 1991.

CASTRO, José Nilo de. *Direito municipal positivo*. 2. ed. Belo Horizonte: Del Rey, 1991.

CAVALCANTI, Francisco Queiroz Bezerra. *O novo regime previdenciário dos servidores públicos*. Recife: Nossa Livraria, 1999.

CAVALCANTI, Francisco. *O novo regime jurídico do mandado de segurança*. São Paulo: MP, 2009.

CAVALCANTI, Themístocles Brandão. *Constituições brasileiras*. Brasília: Senado Federal e Ministério da Ciência e Tecnologia, Centro de Estudos Estratégicos, 2001. v. IV.

CAVALCANTI, Themístocles Brandão. *Curso de direito administrativo*. 10. ed. Rio de Janeiro: Freitas Bastos, 1977.

CAVALCANTI, Themístocles. Reflexões sobre o problema ideológico. *Revista de Direito Público e Ciência Política*, Rio de Janeiro, v. VIII, n. 3, set./dez. 1965.

CAVINO, Massimo. Il precedente tra certeza del diritto e liberta del giudice: la sintesi nel diritto vivent. *Diritto e società*, Padova, n. 1, gen./mar. 2001.

CENEVIVA, Walter. *Curso de direito constitucional brasileiro*. 2. ed. São Paulo: Saraiva, 1991.

CHANDER, Anupam. Sovereignity, referenda, and the entrenchment of a United Kingdom Bill of Right. *Yale Law Journal*, New Haven, n. 101, 1991-1992.

CHAPUS, René. *Droit administratif général*. 11. ed. Paris: Montchrestien, 1997.

CHIOVENDA, Giuseppe. *Derecho procesal civil*. México: Cardenas, 1989. v. 1. t. 1.

CHIOVENDA, Giuseppe. *Instituições de direito processual civil*. Campinas: Bookseller, 1998. v. 1.

CINTRA, Geraldo de Ulhoa. *De Statu Civitatis*. São Paulo, 1963.

CITADINI, Antonio Roque. *O controle externo da Administração Pública*. São Paulo: Max Limonad, 1995.

CLÈVE, Clémerson Merlin. A eficácia dos direitos fundamentais sociais. *Revista de Direito Constitucional e Internacional*, São Paulo, v. 14, n. 54, jan./mar. 2006.

CLÈVE, Clèmerson Merlin. *Atividade legislativa do Poder Executivo*. 2. ed. São Paulo: RT, 2000.

CLÈVE, Clèmerson Merlin. *Medidas provisórias*. 2. ed. São Paulo: Max Limonad, 1999.

COELHO, Sacha Calmon Navarro. Avocatória. *Revista Trimestral de Direito Público*, São Paulo, n. 2, 1993.

COÊLHO, Sacha Calmon Navarro. *Comentários à Constituição de 1988*. Sistema tributário. 9. ed. Rio de Janeiro: Forense, 2005.

COÊLHO, Sacha Calmon Navarro. *Curso de direito tributário brasileiro*. 6. ed. Rio de Janeiro: Forense, 2001.

COLAUTTI, Carlos E. *Derecho constitucional*. 2. ed. Buenos Aires: Editorial Universidad, 1998.

COMANDUCCI, Paolo. Formas de (neo) constitucionalismo: un análisis metateórico. In: CARBONELL, Miguel. *Neoconstitucionalismo(s)*. Madrid: Trotta, 2003.

COMPARATO, Fábio Konder. *A afirmação histórica dos direitos humanos*. 2. ed. São Paulo: Saraiva, 2001.

COMPARATO, Fábio Konder. *A afirmação histórica dos direitos humanos*. São Paulo: Saraiva, 1999.

COMPARATO, Fábio Konder. *Para viver a democracia*. 1. ed. São Paulo: Brasiliense, 1989.

COMPARATO, Fábio Konder. Regime constitucional do controle de preços no mercado. *Revista de Direito Público*, São Paulo, n. 97, jan./mar. 1991.

COMPLAK, Krystian. Dignidad humana como categoría normativa en Polonia. *Cuestiones Constitucionales. Revista Mexicana de Derecho Constitucional*, n. 14, ene./jun. 2006.

COMPLAK, Krystian. Por una comprensión adecuada de la dignidad humana. *Revista Jurídica del Perú*, ano 65, n. 65, nov./dic. 2005.

CONTI, José Maurício. *Sistema constitucional tributário interpretado pelos tribunais*. São Paulo: Oliveira Mendes, 1998.

CONTINENTINO, Marcelo Casseb. *Revisitando os fundamentos do controle de constitucionalidade*. Uma crítica à prática judicial brasileira. Porto Alegre: Sérgio Antônio Fabris, 2008.

COOLEY, Thomas. *Princípios gerais de direito constitucional dos Estados Unidos da América do Norte*. 2. ed. São Paulo: RT, 1982.

COOLEY, Thomas. *Princípios gerais de direito constitucional nos Estados Unidos da América*. Tradução de Ricardo Rodrigues Gama. São Paulo: Russell, 2002.

CORIZZI, Carlos Adroaldo Ramos. *Práticas abusivas do Serasa e do SPC*. 2. ed. São Paulo: Edipro, 2000.

CORRÊA, Oscar Dias. *A Constituição de 1988:* contribuição crítica. Rio de Janeiro: Forense, 1991.

CORREIA, Marcus Orione Gonçalves. *Direito processual constitucional*. São Paulo: Saraiva, 1998.

COSTA E SILVA, Gustavo Just. *Os limites da reforma constitucional*. Rio de Janeiro: Renovar, 2000.

COSTA, Marcos Roberto Nunes; PATRIOTA, Raimundo Antônio Marinho. *Origens medievais do Estado Moderno*. Contribuições da filosofia política medieval para construção do conceito de soberania popular na modernidade. Recife: Instituto Salesiano de Filosofia, 2004.

COSTA, Nelson Nery. *Teoria da desobediência civil*. Rio de Janeiro: Forense, 2000.

COSTA, Tito. *Responsabilidade de prefeitos e vereadores*. 3. ed. São Paulo: RT, 1998.

COSTAMAGNA, C. *Elementi di diritto costituzionale corporativo facista*. Firenze: Bemporad & Figlio, 1929.

COULANGES, Fustel de. *A cidade antiga*. São Paulo: Martin Claret, 2001.

COUTINHO, Grijalbo Fernandes. Reforma do Judiciário: análise. Reforma do Judiciário. *Amatra-IX*. Disponível em: file/;//G/;/reformajudiciarioOI.htm. Acesso em: 22 jan. 2005.

COUTINHO, Jacinto Nelson de Miranda (Org.). *Canotilho e a Constituição Dirigente*. Rio de Janeiro: Renovar, 2003.

COUTURE, Eduardo J. *Fundamentos del derecho procesal civil*. Buenos Aires: Depalma, 1958.

CRETELLA JÚNIOR, José. *Comentários* à *Constituição*. 2. ed. Rio de Janeiro: Forense Universitária, 1992. v. 5.

CRETELLA JÚNIOR, José. *Elementos de direito constitucional*. 4. ed. São Paulo: RT, 2000.

CRUZ VILLALÓN, Pedro. *La curiosidad del jurista persa, y otros estudios sobre la Constitución*. Madrid: Centro de Estudios Políticos y Constitucionales, 1999.

CUÉLLAR, Leila. *As agências reguladoras e seu poder normativo*. São Paulo: Dialética, 2001.

CUNHA JÚNIOR, Dirley da. A efetividade dos direitos fundamentais sociais e a reserva do possível. *In*: NOVELINO, Marcelo (Org.). *Leituras complementares de direito constitucional*. Direitos fundamentais. 2. ed. Salvador: JusPodivm, 2007.

CUNHA JÚNIOR, Dirley da. *Controle de constitucionalidade*. Teoria e prática. Salvador: JusPodivm, 2006.

CUNHA JÚNIOR, Dirley da. *Curso de direito constitucional*. Salvador: JusPodivm, 2007.

CUNHA, Paulo Ferreira da. *Direito constitucional geral*. Uma perspectiva luso-brasileira. São Paulo: Método, 2007.

CUNHA, Paulo Ferreira da. *Mito e constitucionalismo*. Perspectiva conceitual e histórica. Porto: Gráfica de Coimbra, 1990.

CUNHA, Paulo Ferreira da. *Teoria da Constituição*. Lisboa: Verbo, 2000. t. II.

CYRINO. André. Análise econômica da constituição econômica e interpretação institucional. *Constituição, Economia e Desenvolvimento: Revista da Academia Brasileira de Direito Constitucional*, Curitiba, v. 8, n. 15, jul./dez, 2016.

DALLA VIA, Alberto Ricardo. *Manual de derecho constitucional*. Buenos Aires: Lexis Nexis, 2004.

DALLA VIA, Alberto. *Derecho constitucional económico*. 1. ed. Buenos Aires: Abeledo-Perrot, 1999.

DALLARI, Dalmo de Abreu. *Elementos de teoria geral do Estado*. 19. ed. São Paulo: Saraiva, 1995.

DANTAS, Ivo. *Constituição Federal*. Teoria e prática. Rio de Janeiro: Renovar, 1994.

DANTAS, Ivo. *Medidas provisórias*. 2. ed. Brasília: Consulex, 1991.

DANTAS, Ivo. *O valor da Constituição*. Do controle de constitucionalidade como garantia da supralegalidade constitucional. Rio de Janeiro: Renovar, 1996.

DANTAS, Marcelo Navarro Ribeiro. *Mandado de segurança coletivo*. Legitimação ativa. São Paulo: Saraiva, 2000.

DANTAS, Marcelo Navarro Ribeiro. *Reclamação constitucional no direito brasileiro*. Porto Alegre: Fabris, 2000.

DAVID, René. *Os grandes sistemas do direito contemporâneo*. Tradução de Hermínio A. Carvalho. São Paulo: Martins Fontes, 1993.

DE PLÁCIDO E SILVA. *Dicionário jurídico*. 5. ed. Rio de Janeiro: Forense, 1978.

DEL GIUDICE, Frederico. *La costituzione esplicata*. Napoli: Giuridiche Simone, 2000.

DERRIDA, Jacques. Diritto alla giustizia. *In*: *Diritto, giustizia e interpretazione*. Roma: Laterza, 1998.

DERSHOWITZ, Alan. *America declares independence*. New Jersey: Wiley, 2003.

DI PIETRO, Maria Sylvia. *Direito administrativo*. 10. ed. São Paulo: Atlas, 1998.

DI PIETRO, Maria Sylvia. *Direito administrativo*. 12. ed. São Paulo: Atlas, 2000.

DI PIETRO, Maria Sylvia. *Direito administrativo*. 17. ed. São Paulo: Atlas, 2004.

DI RUFFIA, Paolo Biscaretti. *Direito constitucional*. São Paulo: RT, 1984.

DI RUFFIA, Paolo Biscaretti. *Introducción al derecho constitucional comparado*. Tradução de Héctor Fix-Zamudio. México: Fondo de Cultura Económica, 1998.

DÍAS, Elias. *Estado de derecho y sociedad democrática*. Madrid: Taurus, 1988.

DÍAZ REVORIO, Francisco Javier. *Las sentencias interpretativas del tribunal constitucional*. Valladolid: Lex Nova, 2001.

DICEY, A. V. *Introduction to the study of the law of the Constitution*. Indiana: Liberty Fund, 1982.

DIDIER JR., Fredie et al. *Curso de direito processual civil*. Salvador: JusPodivm, 2013.

DIDIER JR., Fredie. *Curso de processo civil*. Salvador: JusPodivm, 2007. v. 1.

DIMOULIS, Dimitri. *Dicionário brasileiro de direito constitucional*. São Paulo: Saraiva, 2007.

DIMOULIS, Dimitri. *Positivismo jurídico*. Introdução a uma teoria do direito e defesa do pragmatismo jurídico-político. São Paulo: Método, 2006.

DIMOULIS, Dimitri; LUNARDI, Soraya. *Curso de processo constitucional.* Controle de constitucionalidade e remédios constitucionais. São Paulo: Atlas, 2011.

DIMOULIS, Dimitri; MARTINS, Leonardo. *Teoria geral dos direitos fundamentais.* São Paulo: RT, 2006.

DINIZ, José Janguiê Bezerra. *O direito e a Justiça do Trabalho diante da globalização.* São Paulo: LTr, 1999.

DINIZ, Maria Helena. *Curso de direito civil brasileiro.* 23. ed. São Paulo: Saraiva, 2006. v. 5.

DINIZ, Maria Helena. *Curso de direito civil*: responsabilidade civil. São Paulo: Saraiva, 2017.

DINIZ, Maria Helena. *Dicionário jurídico.* São Paulo: Saraiva, 1998.

DINIZ, Maria Helena. *Norma constitucional e seus efeitos.* 2. ed. São Paulo: Saraiva, 1992.

DORIA, A. de Sampaio. *Direito constitucional (teoria geral do estado).* 5. ed. São Paulo: Max Limonad, 1962. v. l.

DOTTI, René Ariel. O ocaso de um mito. *In*: CALHEIROS BONFIM (Org.). *Pena de morte.* Rio de Janeiro: Destaque, 1998.

DOTTI, René Ariel. *Proteção da vida privada e liberdade de informação.* São Paulo: Revista dos Tribunais, 1980.

DUARTE, Écio Oto Ramos; POZZOLO, Susanna. *Neoconstitucionalismo e positivismo jurídico.* São Paulo: Landy, 2006.

DUGUIT, Leon. *Fundamentos do direito.* São Paulo: Ícone, 1996.

DUVERGER, Maurice. *Os partidos políticos.* Tradução de Cristiano Monteiro Oiticica. Brasília: Editora Universidade de Brasília, 1982.

DWORKIN, Ronald. *O império do direito.* São Paulo: Martins Fontes, 1999.

DWORKIN, Ronald. *Sovereign virtue.* The theory and practice of equality. Massachusetts: Harvard University Press, 2000.

DWORKIN, Ronald. *Uma questão de princípio.* São Paulo: Martins Fontes, 2000.

DZELZAINIS, Martin. Milton's classical republicanism. *In*: *Milton and republicanism.* Cambridge: University of Cambridge, 1995.

ELY, John Hart. *Democracy and distrust.* A theory of judicial review. Cambridge: Harvard University Press, 1980.

ENGELMANN, Wilson. A crise constitucional: a linguagem e os direitos humanos como condição de possibilidade para preservar o papel da Constituição no mundo globalizado. *In*: MORAIS, José Luís Bolzan (Org.). *O Estado e suas crises.* Porto Alegre: Livraria do Advogado, 2005.

ESPÍNDOLA, Ruy Samuel. *Conceito de princípios constitucionais.* São Paulo: RT, 1988.

ESPING-ANDERSEN, Gosta. As três economias políticas do Welfare State. *Revista Lua Nova*, São Paulo, n. 4, set. 1991.

ESTEVES, João Luiz Martins. *A vinculação hermenêutica ao sentido ideológico do comando político-jurídico da Constituição brasileira.* 2015. 268 f. Tese (Doutorado) – Faculdade de Direito, Universidade Federal de Santa Catarina, 2015.

FARIA, Bento de. *Repertório da Constituição nacional.* Lei de Segurança Nacional. Rio de Janeiro: F. Briguiet, 1935.

FARIAS, Talden. *Direito ambiental*: tópicos especiais. João Pessoa: Editora Universitária, 2007.

FASSÓ, Guido. *La democrazia in Grecia.* Milano: Giuffrè, 1999.

FAVOREAU, Louis *et al. Droit constitutionnel.* 8. ed. Paris: Dalloz, 2005.

FAVOREAU, Louis; LLORENTE, Francisco Rubio. *El bloque de la constitucionalidad.* Madrid: Civitas, 1991.

FERNANDEZ, Fernando Francisco Afonso. *Fidelidade partidária no Brasil*: análise sob a óptica da política jurídica. Florianópolis: Conceito, 2008.

FERRAJOLI, Luigi. *Il fondamento dei diritti umani.* Pisa: Servizio Editoriale Universitário, 2000.

FERRAJOLI, Luigi. *La sobranità nel mondo moderno.* Roma: Laterza, 1997.

FERRAZ JR., Tércio Sampaio. A economia e o controle do Estado. *O Estado de São Paulo*, 4 jun. 1989.

FERRAZ JUNIOR, Tercio Sampaio. *Introdução ao estudo do direito*. Técnica, decisão, dominação. 2. ed. São Paulo: Atlas, 1994.

FERRAZ, Anna Cândida Cunha. Inconstitucionalidade por omissão: uma proposta para a constituinte. *Revista de Informação Legislativa*, n. 89, 1986.

FERREIRA FILHO, Manoel Gonçalves. *Curso de direito constitucional*. 24. ed. São Paulo: Saraiva, 1997.

FERREIRA FILHO, Manoel Gonçalves. *Direitos humanos fundamentais*. 2. ed. São Paulo: Saraiva, 1998.

FERREIRA FILHO, Manoel Gonçalves. *O poder constituinte*. 3. ed. São Paulo: Saraiva, 1999.

FERREIRA, Olavo Alves. *Controle de constitucionalidade e seus efeitos*. São Paulo: Método, 2003.

FERREIRA, Pinto. *Código Eleitoral comentado*. 4. ed. São Paulo: Saraiva, 1997.

FERREIRA, Pinto. *Comentários à Constituição brasileira*. São Paulo: Saraiva, 1992.

FERREIRA, Pinto. *Comentários à Constituição brasileira*. São Paulo: Saraiva, 1998.

FERREIRA, Pinto. *Curso de direito constitucional*. 7. ed. São Paulo: Saraiva, 1995.

FERREIRA, Pinto. *Democracia, globalização e nacionalismo*. Recife: Edição da Sociedade Pernambucana de Cultura e Ensino Ltda., 1999.

FERREIRA, Pinto. *O impeachment*. 2. ed. Recife: Sopece, 1993.

FERREIRA, Pinto. O meio ambiente, os crimes e os danos ecológicos. *Revista do Instituto dos Advogados de Pernambuco*, Recife, v. 1, n. 2, 2000.

FERREIRA, Pinto. *Teoria geral do Estado*. 2. ed. Rio de Janeiro: Editor José Konfino, 1957.

FERREIRA, Pinto. *Teoria geral do Estado*. 3. ed. São Paulo: Saraiva, 1975.

FERREIRA, Wolgran Junqueira. *Direitos e garantias individuais*. São Paulo: Edipro, 1997.

FIGUEIREDO, Guilherme José Purvin de (Coord.). *Direitos da pessoa portadora de deficiência*. São Paulo: Max Limonad, 1997.

FIGUEIREDO, Marcelo. Ação declaratória de constitucionalidade – Inovação infeliz e inconstitucional. In: *Ação declaratória de constitucionalidade*. São Paulo: Saraiva, 1996.

FINER, Samuel E. *Governo comparado*. Brasília: Universidade de Brasília, 1981.

FIORILLO, Celso Antonio Pacheco. *Curso de direito ambiental brasileiro*. 2. ed. São Paulo: Saraiva, 2001.

FOUCAULT, Michel. *Microfísica do poder*. 15. ed. Rio de Janeiro: Edições Graal, 2000.

FREITAS, Gilberto Passos de. Tutela penal do meio ambiente. In: *Dano ambiental*: prevenção, reparação e repressão. São Paulo: RT, 1993.

FREITAS, Maria Cristina Penido. *A autonomia do Banco Central*. Disponível em: http://www.cnbcut.com.br/popup.php?chave=4600. Acesso em: 18 fev. 2004.

FRIEDE, Reis. *Curso de ciência política e teoria geral do Estado*. Rio de Janeiro: Forense Universitária, 2006.

FRIEDE, Reis. *Lições objetivas de direito constitucional*. São Paulo: Saraiva, 1999.

FURKEL, Gerald. *Law and society*. Critical approaches. Boston: Allyn & Bacon, 1996.

FURTADO, Zélio Silva. *Direito adquirido*. São Paulo: Editora de Direito, 2000.

GALDINO, Flávio. *Introdução à teoria dos custos dos direitos*. Direitos não nascem em árvores. Rio de Janeiro: Lumen Juris, 2005.

GALINDO, Bruno. As mudanças constitucionais no Brasil e na Alemanha em virtude da adaptação ao direito de integração. *Revista de Informação Legislativa*, Brasília, ano 39, n. 154, abr./jun. 2002. Separata.

GALINDO, Bruno. *Direitos fundamentais*. Análise de sua concretização constitucional. Curitiba: Juruá, 2003.

GARCÍA DE ENTERRÍA, Eduardo. *Justicia y seguridad jurídica en un mundo de leyes desbocadas*. Madrid: Civitas, 1999.

GARCÍA DE ENTERRÍA, Eduardo. *La constitución como norma y el tribunal constitucional*. 3. ed. Madrid: Civitas, 2001.

GARCÍA PELAYO, Manuel. *Derecho constitucional comparado*. 3. ed. Madrid: Alianza Universidad, 1991.

GARCÍA-PELAYO, Manuel. *Derecho constitucional comparado*. Salamanca: Alianza, 1999.

GARCÍA-PELAYO, Manuel. *Idea de la política y otros escritos*. Madrid: Centro de Estudios Constitucionales, 1983.

GARCÍA-PELAYO, Manuel. *Las transformaciones del estado contemporáneo*. Madrid: Alianza, 1996.

GARNER, Bryan A. *Black's law dictionary*. 70. ed. St. Paul: West Group, 2000.

GAY, Laurence. Le Principe Constitutionnel de Protection de la Santé Peut-Il Être au Fondement d'une Liberté? *In: Renouveau du Droit Constitutionnel*. Mélanges en l'honneur de Louis Favoreau. Paris: Dalloz, 2007.

GIANNETTI, D.; LAVER, M. Party cohesion, party factions and legislative party discipline in Italy. *European Consortium for Political Research*, 2005.

GIL DOMÍNGUEZ, Andrés. *Constitución socioeconómica y derechos económicos, sociales y culturales*. Buenos Aires: Ad-Hoc, 2009.

GILISSEN, John. *Introdução histórica ao direito*. 2. ed. Lisboa: Fundação Calouste Gulbenkian, 1995.

GIOVANNELLI, Adriano. *Dottrina pura e teoria della costituzione in Kelsen*. 2. ed. Milano: Giuffrè, 1983.

GOMES, Joaquim Barbosa. *Ação afirmativa*. Princípio constitucional da igualdade. Rio de Janeiro: Renovar, 2000.

GOMES, Luiz Flávio. Controle de convencionalidade: Valério Mazzuoli "versus" STF. *Migalhas*, 1º jul. 2009. Disponível em: http://www.migalhas.com.br/dePeso/16,MI87878,91041-Controle+de+Convencionalidade+Valerio+Mazzuoli+versus+STF. Acesso em: 13 jun. 2013.

GOMES, Orlando. *Direito de família*. 7. ed. Rio de Janeiro: Forense, 1993.

GORDILHO, Heron José de Santana. Direito animal: a legitimidade de ser parte. *Carta Forense*, n. 70, mar. 2009.

GORDILLO, Agustin. *Princípios gerais de direito público*. São Paulo: RT, 1977.

GRAU, Eros Roberto. *A ordem econômica na Constituição de 1988*. 4. ed. São Paulo: Malheiros, 1998.

GRAU, Eros Roberto. Comentários ao art. 170, inciso I, da CF/88. *In*: CANOTILHO, J. J. Gomes; MENDES, Gilmar Ferreira; SARLET, Ingo W.; STRECK, Lenio L. (Coord.). *Comentários à Constituição do Brasil*. São Paulo: Saraiva/Almedina, 2013.

GRAU, Eros Roberto. *Direito, conceitos e normas jurídicas*. São Paulo: RT, 1988.

GRECO, Leonardo. Efeitos da declaração *erga omnes* de constitucionalidade ou inconstitucionalidade em relação à coisa julgada anterior. *Mundo Jurídico*. Disponível em: www.mundojuridico.adv.br/html/artigos/documentos/texto167.htm. Acesso em: 7 jan. 2005.

GROPPALI, Alexandre. *Doutrina do Estado*. 8. ed. São Paulo: Saraiva, 1953.

GRÜN, Ernesto. *Una visión sistémica y cibernética del derecho*. Buenos Aires: Lexis Nexis, 1998.

GUARINELLO, Noberto Luiz. Cidades-Estados na Antiguidade Clássica. *In: História da Cidadania*. São Paulo: Contexto, 2003.

GUERRA FILHO, Willis Santiago. *Autopoiese do direito na sociedade pós-moderna*. Introdução a uma teoria social sistêmica. Porto Alegre: Livraria do Advogado, 1997.

GUERRA FILHO, Willis Santiago. Princípio da proporcionalidade e teoria do direito. *In: Direito constitucional*. Estudos em homenagem a Paulo Bonavides. São Paulo: Malheiros, 2001.

GUETZÉVITCH, Boris Mirkine. *Evolução constitucional europeia*. Rio de Janeiro: José Konfino, 1957.

GUNTHER, Gerald. *Constitutional law*. 11. ed. California: University Casebook Series, 1985.

HABERLE, Peter. *Hermenêutica constitucional*. A sociedade aberta dos intérpretes da Constituição: contribuição para a interpretação pluralista e procedimental da constituição. Tradução de Gilmar Ferreira Mendes. Porto Alegre: Fabris, 1997.

HABERLE, Peter. *La garantía del contenido esencial de los derechos fundamentales*. Madrid: Dykinson, 2003.

HABERMAS, Jürgen. *Direito e democracia*. Entre facticidade e validade. Tradução de Flávio Beno Siebeneichler. Rio de Janeiro: Tempo Brasileiro, 1997. v. I.

HAMILTON, Alexander; MADISON, James; JAY, John. *O federalista*. Campinas: Russel, 2003.

HARDT, Michael; NEGRI, Antonio. *Impere*. Tradução de Alessandro Pandolfi. Milano: Biblioteca Universale Rizzoli, 2003.

HAURIOU, Maurice. *Principes de droit public*. 12. ed. Paris: Recueil Sirey, 1916.

HELLER, Hermann. *La soberanía*. Contribución a la teoría del derecho estatal y del derecho internacional. 2. ed. Tradução de Mario de la Cueva. México: Fondo de Cultura Económica, 1995.

HELLER, Hermann. *Teoria do Estado*. Tradução de Lycurgo Gomes da Motta. São Paulo: Mestre Jou, 1968.

HERAS, Jorge Xifra. *Curso de derecho constitucional*. Barcelona: Bosch, 1957. t. I.

HESSE, Konrad. *Elementos de direito constitucional da República Federal da Alemanha*. Porto Alegre: Fabris, 1998.

HOBBES, Thomas. *Diálogo entre um filósofo e um jurista*. São Paulo: Lady, 2001.

HOBBES, Thomas. *El estado*. México: Fondo de Cultura Económica, 1998.

HOBBES, Thomas. *Leviatã ou matéria, forma e poder de um Estado eclesiástico e civil*. São Paulo: Martin Claret, 2001.

HOBSBAWM, Eric. *Era dos extremos*: o breve século XX. Tradução de Marcos Santarrita. São Paulo: Companhia das Letras, 2014

HÖFFE, Otfried. *Justiça política*. Barcelona: Paidós, 2003.

HORTA, Machado. Constituição e direito adquirido. *Revista Trimestral de Direito Público*, São Paulo, n. 1, 1993.

HORTA, Raul Machado. Constituição e direito adquirido. *Revista Trimestral de Direito Público*, São Paulo, n. 1, 1993.

HORTA, Raul Machado. Constituição e ordem econômica e financeira. *Revista de Informação Legislativa*, v. 28, n. 111, jul./set. 1991.

HORTA, Raul Machado. *Direito constitucional*. 2. ed. Belo Horizonte: Del Rey, 1999.

HORTA, Raul Machado. *Estudos de direito constitucional*. Belo Horizonte: Del Rey, 1995.

HOUAISS, Antônio. *Dicionário Houaiss da língua portuguesa*. Rio de Janeiro: Objetiva, 2001.

JABUR, Gilberto Haddad. *Liberdade de pensamento e direito à vida privada*. São Paulo: RT, 2000.

JAYME, Fernando G. *Tribunal constitucional*: exigência democrática. Belo Horizonte: Del Rey, 2000.

JELLINEK, Georg. *Teoría general del Estado*. Tradução de Fernando de los Rios. México: Fundo de Cultura Económica, 2000.

JHERING, Rudolf Von. *A finalidade do direito*. Tradução de Heder K. Hoffmann. São Paulo: Bookseller, 2002. t. I.

JOSINO NETO, Miguel. O bloco de constitucionalidade como fator determinante para a expansão dos direitos fundamentais da pessoa humana. *Jus Navigandi*, jan. 2003. Disponível em: http://www1.Jus.com.br/doutrina/texto.aspid=3619. Acesso em: 2 jan. 2003.

KANT, Emmanuel. *Da paz perpétua*. São Paulo: Cultrix, 1992.

KELSEN, Hans. *A democracia*. São Paulo: Martins Fontes, 2000.

KELSEN, Hans. A garantia jurisdicional da Constituição. *In*: KELSEN, Hans. *Jurisdição constitucional*. Tradução de Alexandre Krug. São Paulo: Martins Fontes, 2003.

KELSEN, Hans. *Teoria geral do direito e do Estado*. 2. ed. São Paulo: Martins Fontes, 1995.

KELSEN, Hans. *Teoria geral do direito e do Estado*. Tradução de Luís Carlos Borges. 3. ed. São Paulo: Martins Fontes, 1998.

KELSEN, Hans. *Teoria pura do direito*. Tradução de João Baptista Machado. 4. ed. Coimbra: Armênio Amado, 1976.

KMIEC, Douglas W.; PRESSER, Stephen B. *The American constitutional order*. History, cases and philosophy. Cincinnati: Anderson Publishing Co., 1998.

KRELL, Andreas J. Controle judicial dos serviços públicos básicos na base dos direitos fundamentais sociais. *In*: SARLET, Ingo Wolfgang (Org.). *A constituição concretizada*. Construindo pontes com o público e o privado. Porto Alegre: Livraria do Advogado, 2000.

KRELL, Andreas J. *Direitos sociais e controle judicial no Brasil e na Alemanha*. Os (des)caminhos de um direito constitucional "comparado". Porto Alegre: Sergio Antônio Fabris, 2002.

KRESALJA, Baldo; OCHOA, César. *Derecho constitucional económico*. Lima: Fondo Editorial PUCP, 2009.

KRIELE, Martin. *Introducción a la teoría del Estado*. Fundamentos históricos de la legitimidad del estado constitucional democrático. Buenos Aires: Depalma, 1980.

LABOULAYE, Édouard. *Questions constitutionnelles*. Paris: Charpentier, 1872.

LAFER, Celso. *A reconstrução dos direitos humanos*. Um diálogo com o pensamento de Hannah Arendt. São Paulo: Companhia das Letras, 2001.

LARENZ, Karl. *Metodologia da ciência do direito*. Tradução de José Lamego. 3. ed. Lisboa: Fundação Calouste Gulbenkian, 1997.

LASSALLE, Ferdinand. ¿*Qué es una constitución?* 4. ed. Buenos Aires: Siglo Veinte Uno, 1969.

LASSALLE, Ferdinand. *A essência da Constituição*. Rio de Janeiro: Lumen Juris, 1998.

LAUBADÈRE, André de et al. *Traité de droit administratif*. 13. ed. Paris: LGDJ, 1994. t. I.

LAUBADÈRE, André de. *Direito público econômico*. Tradução de Evaristo Mendes. Coimbra: Almedina, 1985.

LAURIA, Thiago. A crise do Estado de Bem-estar Social. *JurisWay*, 25 ago. 2006. Disponível em: https://www.jurisway.org.br/v2/dhall.asp?id_dh=39. Acesso em: 15 jan. 2010.

LEAL, Roger Stiefelmann. Direitos sociais e a vulgarização da noção de direitos fundamentais. *E-gov*, 4 mar. 2011. Disponível em: http://www.egov.ufsc.br/portal/conteudo/direitos-sociais-e-vulgariza%C3%A7%C3%A3o-dano%C3%A7%C3%A3o-de-direitos-fundamentais. Acesso em: 29 maio 2004

LEAL, Rogério Gesta. *Teoria do Estado*. Cidadania e poder político na modernidade. Porto Alegre: Livraria do Advogado, 2001.

LEITE, George Salomão. Autonomia das defensorias públicas. *In*: AGRA, Walber de Moura (Coord.). *Comentários à Reforma do Poder Judiciário*. Rio de Janeiro: Forense, 2005.

LEITE, George Salomão. *Interpretação constitucional e tópica jurídica*. São Paulo: Juarez de Oliveira, 2002.

LEITE, George Salomão; LEITE, Glauco Salomão. A abertura da Constituição em face dos princípios constitucionais. *In: Dos princípios constitucionais*. Considerações em torno das normas principiológicas da Constituição. São Paulo: Malheiros, 2003.

LEITE, Glauco Salomão. Coisa julgada inconstitucional: relativizando a "relativização". *Revista de Direito Constitucional e Internacional*, ano 14, n. 57, out./dez. 2006.

LENIN, V. I. *A doença infantil do esquerdismo no comunismo*. Obras escolhidas. Lisboa: Avante, 1986.

LENZA, Pedro. *Direito constitucional esquematizado*. 10. ed. São Paulo: Método, 2006.

LEVITSKY, S.; ZIBLATT, D. *Como as democracias morrem?* 1. ed. Rio de Janeiro: Zahar, 2018.

LEWANDOWSKI, Ricardo. O Tribunal Penal Internacional: de uma cultura de impunidade para uma cultura de responsabilidade. *Estudos Avançados*, São Paulo, v. 16, n. 45, maio 2002.

LEWANDOWSKI, Ricardo. *Pressupostos materiais e formais da intervenção federal no Brasil*. São Paulo: RT, 1994.

LICITAÇÕES. *Procuradoria da República em Sergipe*. Disponível em: http://www.prse.mpf.gov.br/acessibilidade/licitações. Acesso em: 22 jan. 2010.

LIEBMAN, Enrico Tullio. *Eficácia e autoridade da sentença*. 3. ed. Rio de Janeiro: Forense, 1984.

LIMA, Flávia Danielle Santiago. *Ativismo e autocontenção no Supremo Tribunal Federal*: uma proposta de delimitação do debate. Recife: O Autor, 2013.

LIMA, Martônio Mont'Alverne Barreto. Justiça constitucional e democracia: perspectiva para o papel do Poder Judiciário. *Revista da Procuradoria-Geral da República*, São Paulo, n. 8, p. 81-101, jan./jun. 1996.

LIMA, Ruy Cirne. *Princípios de direito administrativo brasileiro*. Porto Alegre: Sulina, 1954.

LLOYD, Gordon; LLOYD, Margie. *The essencial Bill of Rights*. Original arguments and fundamental documents. Boston: University Press of America, 1984.

LOBO, Paulo Luiz Netto. Constitucionalização do direito civil. *Revista de Informação Legislativa*, v. 36, n. 141, p. 99-109, jan./mar. 1999.

LOEWENSTEIN, Karl. *Teoría de la Constitución*. Tradução de Alfredo Ballego Anabitarte. Barcelona: Ariel, 1970.

LOEWESTEIN, Karl. *Teoría de la Constitución*. 2. ed. Tradução de Alfredo Gallego Anabitarte. Barcelona: Ariel, 1976.

LOPES, João Batista. Reforma do Poder Judiciário e efetividade do processo civil. *In: Reforma do Judiciário*. Primeiras reflexões sobre a Emenda Constitucional nº 45/2004. São Paulo: RT, 2005.

LOPES, Mauricio Antonio Ribeiro. *Comentários à reforma administrativa*. São Paulo: RT, 1998.

LOPES, Mauricio Antonio Ribeiro. *Poder constituinte reformador*. Limites e possibilidades da revisão constitucional brasileira. São Paulo: RT, 1993.

LOUREIRO, Lair da Silva; LOUREIRO FILHO, Lair da Silva. *Mandado de segurança e mandado de injunção*. São Paulo: Saraiva, 1996.

LUHMANN, Niklas. *Sociologia do direito I*. Tradução de Gustavo Bayer. Rio de Janeiro: Tempo Brasileiro, 1983.

LYON, David. *Pós-modernidade*. São Paulo: Paulus, 1998.

MAC CRORIE, Benedita Ferreira da Silva. *A vinculação dos particulares aos direitos fundamentais*. Coimbra: Almedina, 2005.

MACCORMICK, Neil; WEINBERGER, Ota. *An institutional theory of law*. New approaches to legal positivism. Hingham: Reidel, 1986.

MACHADO, Carlos Augusto Alcântara. *Mandado de injunção*. Um instrumento de efetividade da constituição. São Paulo: Atlas, 1999.

MACHADO, Hugo de Brito. *Curso de direito tributário*. 11. ed. São Paulo: Malheiros, 1996.

MAGALHÃES, Roberto Barcellos de. *A Constituição Federal de 1967*. Rio de Janeiro: José Konfino, 1967. t. II.

MALUF, Sahid. *Teoria geral do Estado*. 23. ed. São Paulo: Saraiva, 1995.

MANCUSO, Rodolfo de Camargo. *Recurso extraordinário e recurso especial*. 4. ed. São Paulo: RT, 1996.

MAQUIAVEL, Nicolau. *Comentários sobre a primeira década de Tito Lívio*. Tradução de Sérgio Bath. 4. ed. Brasília: UnB, 2000.

MAQUIAVEL, Nicolau. *O príncipe*. São Paulo: Cultrix, 1995.

MARINONI, Luiz Guilherme. *Teoria geral do processo*. São Paulo: Revista dos Tribunais, 2006.

MARINONI, Luiz Guilherme; ARENHART, Sérgio Cruz. *Processo de conhecimento*. São Paulo: Revista dos Tribunais, 2007.

MARIOTTI, Alexandre. *Medida provisória*. São Paulo: Saraiva, 1999.

MARQUES, Cláudia Lima. Solidariedade na doença e na morte: sobre a necessidade de 'ações afirmativas' em contratos de planos de saúde e de planos funerários frente ao consumidor idoso. *In*: SARLET, Ingo Wolfgang (Org.). *Constituição, direitos fundamentais e direito privado*. Porto Alegre: Livraria do Advogado, 2003.

MARTINES, Temistocle. *Diritto costituzionale*. 10. ed. Milano: Giuffrè, 2000.

MARTINS, Ana Maria Guerra. *Curso de direito constitucional da União Europeia*. Coimbra: Almedina, 2004.

MARTINS, Ives Gandra da Silva. A função social do advogado. *Revista do Advogado*, v. 4, n. 14, p. 94-99, jul./set. 1983.

MARTINS, Ives Gandra da Silva; MENDES, Gilmar Ferreira. *Controle concentrado de constitucionalidade*. São Paulo: Saraiva, 2001.

MARTINS, Ives Gandra Silva. *Constituição Federal 15 anos*. Mutação e evolução. Comentários e perspectivas. São Paulo: Método, 2003.

MARTINS, Ives Gandra Silva. Das cláusulas pétreas. *In*: *Constituição Federal* – 15 anos de mutação e evolução. São Paulo: Método, 2003.

MARTINS, Ives Gandra Silva. Das cláusulas pétreas. *In*: MARTINS, Ives Gandra Silva. *Constituição Federal 15 anos*. Mutação e evolução. Comentários e perspectivas. São Paulo: Método, 2003.

MARTINS, Leonardo (Org.). *Cinquenta anos de jurisprudência do Tribunal Constitucional Federal alemão*. Montevideo: Konrad Adenauer Stiftung, 2005.

MARTINS, Sergio Pinto. *Direito da seguridade social*. Custeio da seguridade social – Benefícios – Acidente do trabalho – Assistência social – Saúde. 19. ed. São Paulo: Atlas, 2003.

MARTINS, Sergio Pinto. *Direito do trabalho*. 20. ed. São Paulo: Atlas, 2004.

MARX, Karl; ENGELS, Friedrich. *O manifesto comunista*. Rio de Janeiro: Paz e Terra, 2000.

MASSUDA, Janine Malta. *Medidas provisórias*. Os fenômenos da reedição. Porto Alegre: Fabris, 2001.

MATHIEU, Bertrand. *La Protection du Droit à la Santé par le Juge Constitutionnel*. À Propos et à Partir de la Décision de la Cour Constitutionnelle Italienne nº 185 du 20 mai 1998. Les Cahiers du Conseil Constitutionnel. Nº 6. 1999. Disponível em: http://www.conseil-constitutionnel.fr/conseil-constitutionnel/root/bank_mm/pdf/pdf_cahiers/CCC6.pdf. Acesso em: 14 nov. 2008.

MAUS, Ingeborg. O Judiciário como superego da sociedade – Sobre o papel da atividade jurisprudencial na sociedade órfã. *Anuário dos cursos de pós-graduação em Direito*, Recife, n. 11, 2000.

MAXIMILIANO, Carlos. *Hermenêutica e aplicação do direito*. 9. ed. Rio de Janeiro: Forense, 1980.

MAZZEI, Rodrigo Reis. Mandado de injunção. *In*: *Ações coletivas*. Salvador: JusPodivm, 2006.

MAZZILI, Hugo Nigro. *Manual do promotor de justiça*. 2. ed. São Paulo: Saraiva, 1991.

MAZZONI, Cosimo Marco. I controlli sulle attività economiche. *In*: GALGANO, Francesco; GENGHINI, Riccardo (Dir.). *Trattato di diritto commerciale e di diritto pubblico dell'economia*. Padova: Cedam, 1977. v. 1.

MAZZUOLI, Valério de Oliveira. *Teoria geral do controle de convencionalidade no direito brasileiro*. São Paulo: RT, 2009.

MCLLWAIN, Charles H. *Costituzionalismo antico e moderno*. Bologna: Il Mulino, 1990.

MEDAUAR, Odete. *Direito administrativo moderno*. 2. ed. São Paulo: RT, 1998.

MEIRELLES, Hely Lopes. *Direito administrativo brasileiro*. 25. ed. São Paulo: Malheiros, 2000.

MEIRELLES, Hely Lopes. *Direito administrativo brasileiro*. 26. ed. São Paulo: Malheiros, 2001.

MEIRELLES, Hely Lopes. *Direito administrativo brasileiro*. 27. ed. São Paulo: Malheiros, 2002.

MEIRELLES, Hely Lopes. *Direito municipal brasileiro*. 10. ed. São Paulo: Malheiros, 1999.

MEIRELLES, Hely Lopes. *Direito municipal brasileiro*. 6. ed. São Paulo: Malheiros, 1993.

MEIRELLES, Hely Lopes. *Mandado de segurança*. Ação popular. Ação civil pública. Mandado de injunção. Habeas data. 15. ed. São Paulo: Malheiros, 1994.

MEIRELLES, Hely Lopes. *Revista do Ministério Público de São Paulo*, n. 123.

MEIRELLES, Hely Lopes; WALD, Arnaldo; MENDES, Gilmar Ferreira. *Mandado de segurança e ações constitucionais*. 34. ed. São Paulo: Malheiros, 2012.

MELLO, Afonso Arinos Franco de. *História e teoria do partido político no direito constitucional brasileiro*. Rio de Janeiro: [s.n.], 1945.

MELLO, Marcos Aurélio. *Princípio da anterioridade eleitoral*. Comentários à Constituição Federal de 1988. Rio de Janeiro: Forense, 2009.

MELO, Carlos Ranulfo Félix de. Partidos e migração partidária na Câmara dos Deputados. *Dados*, Rio de Janeiro, v. 43, n. 3, 2000.

MENDES, Gilmar Ferreira. Arguição de descumprimento de preceito fundamental: demonstração de inexistência de outro meio eficaz. *Revista Jurídica Virtual do Palácio do Planalto*, jun. 2000.

MENDES, Gilmar Ferreira. Declaração de inconstitucionalidade sem pronúncia da nulidade da lei, na jurisprudência da corte constitucional alemã. *Revista Trimestral de Direito Público*, São Paulo, n. 9, 1995.

MENDES, Gilmar Ferreira. *Jurisdição constitucional*. O controle abstrato de normas no Brasil e na Alemanha. São Paulo: Saraiva, 1996.

MENDES, Gilmar Ferreira. Mudanças no controle de constitucionalidade. *BUSCALEGIS.ccj.ufsc.br*. Disponível em: http://www.buscalegis.ufsc.br/revistas/files/anexos/14132-14133-1-PB.htm. Acesso em: 25 nov. 2002.

MENDES, Gilmar Ferreira; COELHO, Inocêncio Mártires; BRANCO, Paulo Gustavo Gonet. *Curso de direito constitucional*. São Paulo: Saraiva, 2009.

MERRIEN, François-Xavier *et al*. *L'État Social*. Une perspective internationale. Paris: Armand Colin, 2005.

MEZZAROBA, Orides. *Introdução ao direito partidário brasileiro*. 2. ed. Rio de Janeiro: Lumen Juris, 2004.

MILÍCIO, Gláucia. Sancionada a lei sobre Mandado de Segurança. *Consultor Jurídico*, 10 ago. 2009. Disponível em: http://www.conjur.com.br/2009-ago-10/sancionada-lei-disciplina-mandado-seguranca-individual-coletivo. Acesso em: 17 dez. 2009.

MILL, John Stuart. *O governo representativo*. 3. ed. São Paulo: Ibrasa, 1995.

MIRANDA, Francisco Cavalcanti Pontes de. *Comentários à Constituição de 1967 com a Emenda nº 1 de 1969*. 3. ed. Rio de Janeiro: Forense, 1987. t. II.

MIRANDA, Francisco Cavalcanti Pontes de. *Comentários à Constituição de 1967 com a Emenda nº 1 de 1969*. São Paulo: Revista dos Tribunais, 1971.

MIRANDA, Francisco Cavalcanti Pontes de. *Comentários à Constituição de 1967*. 2. ed. São Paulo: RT, 1970.

MIRANDA, Francisco Cavalcanti Pontes de. *Comentários ao Código de Processo Civil*. 5. ed. Atualização legislativa de Sergio Bermudes. Rio de Janeiro: Forense, 1997. t. I.

MIRANDA, Jorge. *Ciência política*. Lisboa: Pedro Pereira Editor, 1996.

MIRANDA, Jorge. *Contributo para uma teoria da inconstitucionalidade*. Coimbra: Coimbra Editora, 1996.

MIRANDA, Jorge. *Direitos fundamentais*. Introdução geral. Lisboa: Faculdade de Direito de Lisboa, 1999.

MIRANDA, Jorge. *Manual de direito constitucional*. 3. ed. Coimbra: Coimbra Editora, 2000. t. IV.

MIRANDA, Jorge. *Teoria do Estado e da Constituição*. Rio de Janeiro: Forense, 2002.

MIRKINE-GUETZÉVITCH, Boris. *Evolução constitucional europeia*. Tradução de Marina de Godoy Bezerra. Rio Janeiro: José Konfino Editor, 1957.

MOELLER, Oscarlino. A união estável e seu suporte constitucional. *Revista da Escola da Magistratura*, ano 1, n. 2, jan./abr. 1997.

MONTESQUIEU, Charles de Secondat. *Lo spirito delle leggi*. Tradução de Beatrice Boffito Serra. 5. ed. Milano: Universale Rizzoli, 1999. v. I.

MONTESQUIEU, Charles de Secondat. *O espírito das leis*. São Paulo: Saraiva, 1987.

MONTORO, André Franco. *Introdução à ciência do direito*. 23. ed. São Paulo: RT, 1995.

MORAES, Alexandre de. Comentários à Lei nº 9.882/1999 – Arguição de descumprimento de preceito constitucional. *In*: TAVARES, André Ramos Tavares; ROTHENBURG, Claudius (Org.). *Arguição de descumprimento de preceito fundamental*: análises à luz da Lei nº 9.882/1999. São Paulo: Atlas, 2001.

MORAES, Alexandre de. *Direito constitucional*. 11. ed. São Paulo: Atlas, 2001.

MORAES, Alexandre de. *Direito constitucional*. 17. ed. São Paulo: Atlas, 2005.

MORAES, Alexandre de. *Direito constitucional*. 24. ed. São Paulo: Atlas, 2009.

MORAES, Alexandre de. *Direitos humanos fundamentais*. 2. ed. São Paulo: Atlas, 1988.

MORAES, Alexandre de. *Jurisdição constitucional e tribunais constitucionais*. São Paulo: Atlas, 2000.

MORAES, Guilherme Braga Peña de. *Dos direitos fundamentais, contribuição para uma teoria*. São Paulo: LTr, 1997.

MORAIS, José Luis Bolzan de. *As crises do Estado e da Constituição e a transformação espacial dos direitos humanos*. Porto Alegre: Livraria do Advogado, 2002.

MORAIS, José Luis Bolzan de. Uma nova garantia constitucional. A razoável duração do processo e a celeridade processual. *In*: AGRA, Walber de Moura. *Comentários* à *Reforma do Poder Judiciário*. Rio de Janeiro: Forense, 2005.

MORAIS, José Luis Bolzan de; BRUM, Guilherme Valle. Estado social, legitimidade democrática e o controle de políticas públicas pelo Supremo Tribunal Federal. *A&C – Revista de Direito Administrativo e Constitucional*, Belo Horizonte, ano 16, n. 63, p. 107-136, jan./mar. 2016.

MORAIS, José Luis Bolzan de; STRECK, Lenio Luiz. *In*: CANOTILHO, J. J Gomes; MENDES, Gilmar Ferreira; SARLET, Ingo Wolfgang; STRECK, Lenio Luiz (Org.). *Comentários* à *Constituição do Brasil*. São Paulo: Saraiva/Almedina, 2013.

MORANGE, Jean. *Direitos humanos e liberdades públicas*. São Paulo: Manole, 1985.

MORBIDELLI, G. et al. *Diritto costituzionale italiano e comparato*. 2. ed. Bologna: Monduzzi, 1995.

MOREIRA NETO, Diogo de Figueiredo. Competência concorrente limitada. *Revista de Informação Legislativa*, Brasília, n. 100, out./dez. 1988.

MOREIRA, Vital. *A ordem jurídica do capitalismo*. Coimbra: Centelha, 1973.

MÓSCA, Hugo. *O Supremo Tribunal ontem e hoje*. Brasília: Gutemberg, 1986.

MOTTA FILHO, Sílvio; DOUGLAS, William. *Direito constitucional*. Rio de Janeiro: Impetus, 2002.

MÜLLER, Friedrich. *Métodos de trabalho do direito constitucional*. 2. ed. São Paulo: Max Limonad, 2000.

MÜLLER, Friedrich. *Quem é o povo*. A questão fundamental da democracia. São Paulo: Max Limonad, 1998.

NASCIMENTO, Amauri Mascaro. *Curso de direito do trabalho*. 13. ed. São Paulo: Saraiva, 1997.

NASCIMENTO, Amauri Mascaro. *Iniciação ao direito do trabalho*. São Paulo: LTr, 1998.

NAZAR, Nelson. *Direito econômico*. 3. ed. São Paulo: Edipro, 2014.

NERY JUNIOR, Nelson. *Princípios do processo na Constituição Federal*. 9. ed. São Paulo: RT, 2009.

NERY JUNIOR, Nelson; NERY, Rosa Maria Andrade. *Código Civil comentado*. 4. ed. rev., atual. e ampl. São Paulo: RT, 2006.

NERY JUNIOR, Nelson; NERY, Rosa Maria de Andrade. *Constituição Federal comentada e legislação constitucional*. 2. ed. São Paulo: RT, 2009.

NEVES, Marcelo. *A constitucionalização simbólica*. São Paulo: Acadêmica, 1994.

NEVES, Marcelo. Do pluralismo jurídico à miscelânea social: o problema da falta de identidade das esferas de juridicidade na modernidade periférica e suas implicações na América Latina. *Revista de Direito em Debate*, Rio Grande do Sul, 1991.

NEVES, Marcelo. Teoria do direito na modernidade tardia. *In*: *Direito e democracia*. Florianópolis: Letras Contemporâneas, 1996.

NIESS, Pedro Henrique Távora. *Direitos políticos*. Condições de elegibilidade e inelegibilidades. São Paulo: Saraiva, 1994.

NOBRE JÚNIOR, Edilson Pereira. *Medidas provisórias*. Controles legislativos e jurisdicionais. Porto Alegre: Síntese, 2000.

NÓBREGA, Francisco Adalberto. *Deus e Constituição*. A tradição brasileira. Rio de Janeiro: Vozes, 1998.

NÓBREGA, Marcos. *Curso de direito administrativo*. São Paulo: Juarez de Oliveira, 2004.

NÓBREGA, Marcos. *Lei de Responsabilidade Fiscal e leis orçamentárias*. São Paulo: Juarez de Oliveira, 2002.

NÓBREGA, Marcos; FIGUEIRÊDO, Carlos Maurício. *Lei de Responsabilidade Fiscal.* Rio de Janeiro: Impetus, 2001.

NOGUEIRA, Ruy Barbosa. *Curso de direito tributário.* 10. ed. São Paulo: Saraiva, 1990.

NOVAIS, Jorge Reis. *As restrições aos direitos fundamentais não expressamente autorizadas pela Constituição.* Coimbra: Coimbra Editora, 2003.

NOVELO, U. F. Estado keinesiano e estado neoliberal. *In*: LAURELL, A. C. (Org.). *Estado e políticas sociais no neoliberalismo.* São Paulo: Cortez, 1995.

NUNES, Castro. *Do mandado de segurança.* 8. ed. Rio de Janeiro: Forense, 1980.

NUNES, Rizzato. Comentários ao art. 170, inciso V, da CF/88. *In*: CANOTILHO, J. J. Gomes; MENDES, Gilmar Ferreira; SARLET, Ingo W.; STRECK, Lenio L. (Coord.). *Comentários à Constituição do Brasil.* São Paulo: Saraiva/Almedina, 2013.

OLIVEIRA, Germana Moraes de. *O controle jurisdicional da constitucionalidade do processo legislativo.* São Paulo: Dialética, 1998.

OLIVEIRA, José Anselmo de. *Direito à jurisdição.* Implicações organizacionais teóricas e políticas. Porto Alegre: Sérgio Antônio Fabris, 2003.

OLIVEIRA, Regis Fernandes de. Princípios gerais de direito comunitário. *In*: BAPTISTA, Luiz Olavo; FONSECA, José Roberto Franco da (Coord.). *O direito internacional no terceiro milênio.* São Paulo: LTr, 1998.

OPPENHEIM, Felix E. The judge as legislator. *In*: GIANFORMAGGIO, L.; PAULSON, S. P. (Ed.). *Cognition and interpretation of law.* Torino: Giappichelli, 1995.

OTERO, Paulo. *Ensaio sobre o caso julgado inconstitucional.* Lisboa: Lex, 1993.

OTTO, Ignacio de. *Derecho constitucional.* Sistemas de fuentes. 6. ed. Barcelona: Ariel, 1998.

PACHECO, José da Silva. *O mandado de segurança e outras ações constitucionais típicas.* São Paulo: RT, 1991.

PAESANI, Liliana Minardi. *Direito e internet.* Liberdade de informação, privacidade e responsabilidade civil. São Paulo: Atlas, 2000.

PALMA, Luigi. *Corso di diritto costituzionale.* Roma: Giuseppe Pellas, 1883.

PALU, Oswaldo Luiz. *Controle de constitucionalidade.* Conceitos, sistemas e efeitos. São Paulo: RT, 1999.

PASCOAL, Valdecir Fernandes. *A intervenção do estado no município.* O papel do Tribunal de Contas. Recife: Nossa Livraria, 2000.

PASUKANIS, E. B. *Introdução do direito e o marxismo.* Tradução de Paulo Bessa. Rio de Janeiro: Renovar, 1989.

PAUPERIO, Artur Machado. *Teoria geral do direito do Estado.* Rio de Janeiro: Forense, 1979.

PAUPERIO, Artur Machado. *Teoria geral do Estado.* 7. ed. Rio de Janeiro: Forense, 1978.

PECES-BARBA MARTÍNEZ, Gregório. *Curso de derechos fundamentales.* Teoría general. Madrid: Universidade Carlos III de Madrid, 1999.

PEDRA, Adriano Sant'Ana. *A Constituição viva.* Poder constituinte permanente e cláusulas pétreas. Belo Horizonte: Mandamentos, 2005.

PEREIRA, Áurea Pimentel. *Estudos constitucionais.* Rio de Janeiro: Renovar, 2001.

PEREIRA, Caio Mário da Silva. *Instituições de direito civil.* 10. ed. Rio de Janeiro: Forense, 1993.

PEREZ FRANCESCH, Juan Luis. *El gobierno.* 2. ed. Madrid: Tecnos, 1996.

PÉREZ LUÑO, Antonio-Enrique. *La seguridad jurídica.* 2. ed. Barcelona: Ariel, 1994.

PÉREZ ROYO, Javier. *Curso de derecho constitucional.* 6. ed. Madrid: Marcial Pons, 1999.

PERFETTI, Luca R. (Org.). *Corso di diritto amministrativo.* 2. ed. Milão: Cedam, 2008.

PERLINGIERI, Pietro. *O direito civil na legalidade constitucional.* Rio de Janeiro: Renovar, 2008.

PERRY, Richard L.; COOPER, John G. *Sources of our liberties.* Chicago: American Bar Foundation, 1978.

PESSINI, Leocir; BARCHIFONTAINE, Christian de Paul de. *Fundamentos da bioética*. São Paulo: Paulus, 2002.

PETTER, Lafayete Josué. *Princípios constitucionais da ordem econômica*: o significado e o alcance do art. 170 da Constituição Federal. São Paulo: Revista dos Tribunais, 2005.

PIKETTY, Thomas. *Às urnas, cidadãos!* 1. ed. Tradução de André Telles. Rio de Janeiro: Intrínseca, 2017.

PINASSI, Ayrton. *Direito municipal constitucional*. Campinas: Conan, 1995.

PINHEIRO, Tertuliano C. Fundamentos e fontes dos direitos humanos. *DH Net*, Natal, 26 set. 2001. Disponível em: http://www.dhnet.org.br/direitos/militantes/tertuliano/apostila01.html. Acesso em: 8 jan. 2010.

PIOVESAN, Flávia. *Direitos humanos e o direito constitucional internacional*. São Paulo: Max Limonad, 1996.

PIRES, Francisco Lucas. *Introdução ao direito constitucional europeu*. Coimbra: Almedina, 1997.

PITRUZZELLA, Giovanni; BIN, Roberto. *Diritto costituzionale*. 3. ed. Torino: Giappichelli, 2002.

POCAR, Valério. *Norme giuridiche e norme sociali*. Milano: Unicopli, 1988.

POLETTI, Ronaldo. *Controle da constitucionalidade das leis*. 2. ed. Rio de Janeiro: Forense, 1994.

POLETTI, Ronaldo. *Introdução ao direito*. 2. ed. São Paulo: Saraiva, 1994.

PORTO, Walter Costa. *Dicionário do voto*. São Paulo: Giordano, 1995.

POSNER, Eric A.; ADRIAN, Vermeule. Legislative entrenchment: a reappraisal. *Yale Law Journal*, New Haven, n. 111, 2001-2002.

POZZOLO, Susanna. Neoconstitucionalismo y Especificidad de la Interpretación Constitucional. *Doxa*, v. II, n. 21, 1998.

PRADO JR., Caio. *Evolução política do Brasil*. Colônia e Império. 16. ed. São Paulo: Brasiliense, 1988.

PRANDSTRALLER, Gran Paolo. *Valori e libertà*. Milano: Edizioni di Comunità, 1966.

PRÉLOT, Marcel; LESCUYER, Georges. *Histoires des idées politiques*. 12. ed. Paris: Dalloz, 1990.

PRIETO SANCHÍS, Luis. *Derechos fundamentales, neoconstitucionalismo y ponderación judicial*. Lima: Palestra, 2007.

QUEIROZ, Cristina M. M. *Direitos fundamentais (parte geral)*. Coimbra: Coimbra Editora, 2002.

QUEIROZ, Cristina M. M. *Direitos fundamentais sociais*. Funções, âmbito, conteúdo, questões interpretativas e problemas de justiciabilidade. Coimbra: Coimbra Editora, 2006.

QUEIROZ, Cristina M. M. *Interpretação constitucional e poder judicial*. Sobre a epistemologia da construção constitucional. Coimbra: Coimbra Editora, 2000.

QUEIROZ, Cristina M. M. *O princípio da não reversibilidade dos direitos fundamentais sociais*. Princípios dogmáticos e prática jurisprudencial. Coimbra: Coimbra Editora, 2006.

RABENHORST, Eduardo Ramalho. *Dignidade humana e moralidade democrática*. Brasília: Brasília Jurídica, 2001.

RÁO, Vicente. *O direito e a vida dos direitos*. 3. ed. São Paulo: RT, 1991. v. 1.

REALE, Miguel. *O projeto de Código Civil*: situação atual e seus problemas fundamentais. São Paulo: Saraiva, 1986.

REALE, Miguel. *Teoria tridimensional do direito*. 5. ed. São Paulo: Saraiva, 2003.

REBUFFA, Giorgio. *Nel crepuscolo della democracia*. Max Weber tra sociologia del diritto e sociologia dello stato. Bologna: Il Mulino, 1991.

RECASÉNS SICHES, Luis. *Tratado general de filosofía del derecho*. 7. ed. México: Porrua, 1991.

REGAUX, François. *A lei dos juízes*. São Paulo: Martins Fontes, 2000.

RÊGO, George Browne. Os princípios fundamentais e sua natureza estruturante na Constituição de 1988. *Anuário dos Cursos de Pós-Graduação em Direito*, Recife, n. 8, 1997.

REICH, Norbert. *Mercado y derecho*. Tradução de de Antoni Font. Barcelona: Ariel, 1985.

REIS, Antônio Carlos Palhares Moreira. *Cinco estudos sobre partidos políticos*. Recife: Editora Universitária – UFPE, 1999.

REIS, Clayton. O dano moral na Constituição Federal de 1988. *In*: *Constituição de 1988* – Dez anos (1988-1998). São Paulo: Juarez de Oliveira, 1999.

REZEK, José Francisco. *Direito internacional público*. 6. ed. São Paulo: Saraiva, 1996.

RIBEIRO, Fávila. *Direito eleitoral*. 4. ed. Rio de Janeiro: Forense, 1996.

RIVERO, Jean. *Le conseil constitutionnel et les libertes*. 2. ed. Paris: Universitaires D'Aix-Marseille, 1987.

RIVERO, Jean. *Les libertes publiques*. Paris: Universitaires de France, 1974.

ROCHA, Cármem Lúcia Antunes. Observações sobre o sistema eleitoral brasileiro. *Estudos Eleitorais*, Brasília, n. 3, set./dez. 1997.

ROCHA, Carmen Lúcia Antunes. *Constituição e constitucionalidade*. Belo Horizonte: Jurídicos Lê, 1991.

RODOTÀ, Carla. *Storia della Corte Costituzionale*. Roma: Laterza, 1999.

ROGEIRO, Nuno. *Constituição dos EUA anotada e seguida de estudos sobre o sistema constitucional dos Estados Unidos*. Lisboa: USIS, 1993.

ROMANO, Bruno. *Soggettività diritto e postmoderno*. Una interpretazione con Heidegger e Lacan. Roma: Bulzone, 1988.

ROMANO, Santi. *Princípios de direito constitucional geral*. São Paulo: RT, 1977.

ROSA, André Vicente Pires. *Las omisiones legislativas y su control constitucional*. Rio de Janeiro: Renovar, 2006.

ROSS, Alf. *Direito e justiça*. Tradução de Edson Bini. São Paulo: Edipro, 2000.

ROUSSEAU, Jean-Jacques. *Do contrato social*. Rio de Janeiro: Nova Fronteira, 2011.

RUIZ, Alicia E. C. La realización de los derechos sociales en un Estado de Derecho. *In*: *Constituição e Estado Social*. Os obstáculos à concretização da Constituição. Coimbra: Coimbra Editora, 2008.

RUSSOMANO, Rosah. *Curso de direito constitucional*. 5. ed. Rio de Janeiro: Freitas Bastos, 1997.

SÁ, Djanira Maria Radamés de. *Súmula vinculante*. Análise crítica de sua adoção. Belo Horizonte: Del Rey, 1996.

SABADELL, Ana Lúcia. *Manual de sociologia jurídica*. São Paulo: RT, 2002.

SAINT-PIERRE, Héctor Luis. 11 de setembro: do terror à injustificada arbitrariedade e o terrorismo de Estado. *Revista de Sociologia e Política*, v. 23, n. 53, mar. 2015.

SALDANHA, Nelson. *Formação da teoria constitucional*. 2. ed. Rio de Janeiro: Renovar, 2000.

SALDANHA, Nelson. O racionalismo moderno e a teoria do poder constituinte. *Revista da Esmape*, Recife, v. 8, n. 18, jul./dez. 2003.

SALDANHA, Nelson. *Ordem e hermenêutica*. Rio de Janeiro: Renovar, 1992.

SALOMÃO, George Leite. Competência do Conselho Nacional de Justiça. *In*: *Comentários* à *Reforma do Poder Judiciário*. Rio de Janeiro: Forense, 2005.

SALOMÃO, George Leite. Corregedoria do Conselho Nacional do Ministério Público. *Comentários à Reforma do Poder Judiciário*. Rio de Janeiro: Forense, 2005.

SAMPAIO, José Adércio Leite. *Direitos fundamentais*. Belo Horizonte: Del Rey, 2004.

SANTANO, Ana Claudia. *Candidaturas independentes*. Curitiba: Íthala, 2018.

SANTOS, Gustavo Ferreira. *O princípio da proporcionalidade na jurisprudência do Supremo Tribunal Federal*. Limites e possibilidades. Rio de Janeiro: Lumen Juris, 2004.

SANTOS, Moacyr Amaral. *Ordem e hermenêutica*. Rio de Janeiro: Renovar, 1992.

SANTOS, Moacyr Amaral. *Primeiras linhas de direito processual civil*. São Paulo: Saraiva, 1993. 3 v.

SARAIVA FILHO, Oswaldo Othon de Pontes. Arguição de descumprimento de preceito fundamental. *Revista Jurídica Virtual do Palácio do Planalto*, n. 19, dez. 2000.

SARAIVA, Paulo Lopo. *Manual de direito constitucional*. São Paulo: Acadêmica, 1995.

SARLET, Ingo Wolfang. Direitos fundamentais sociais e proibição de retrocesso: algumas notas sobre o desafio da sobrevivência dos direitos sociais num contexto de crise. *In*: TRINDADE, André Karan *et al*. (Neo) Constitucionalismo: ontem os Códigos, hoje, as Constituições. *Revista do Instituto de Hermenêutica Jurídica*, Porto Alegre, v. 1, n. 2, 2004.

SARLET, Ingo Wolfgang. *A eficácia dos direitos fundamentais*. 2. ed. Porto Alegre: Livraria do Advogado, 2001.

SARLET, Ingo Wolfgang. Algumas considerações em torno do conteúdo, eficácia e efetividade do direito à saúde na Constituição de 1988. *Revista Eletrônica sobre a Reforma do Estado*, Salvador, n. 11, set./nov. 2007.

SARLET, Ingo Wolfgang. *Dignidade da pessoa humana e direitos fundamentais na Constituição Federal de 1988*. Porto Alegre: Livraria do Advogado, 2001.

SARLET, Ingo Wolfgang. Direitos Sociais. *In*: *Dicionário brasileiro de direito constitucional*. São Paulo: Saraiva, 2007.

SARLET, Ingo Wolfgang; FIGUEIREDO, Mariana Filchtiner. Reserva do possível, mínimo existencial e direito à saúde: algumas aproximações. *In*: *Direitos fundamentais*. Orçamento e reserva do possível. Porto Alegre: Livraria do Advogado, 2008.

SASTRE ARIZA, Santiago. La ciencia jurídica ante el neoconstitucionalismo. *In*: *Neoconstitucionalismo(s)*. Madrid: Trotta, 2003.

SCAGLIONE, Danielle. Democrazia e diritti umani: um impegno per tutti e cittadini. *In*: *I diritti umani nel processo di consolidamento delle democrazie occidentali*. Brescia: Promodis, 1999.

SCALIA, Antonin. *A matter of interpretation*. Federal Courts and the law. New Jersey: Princeton University Press, 1997.

SCHAFRANSKI, Sílvia Maria Derbli. *Direitos humanos & seu processo de universalização*: análise da convenção americana. Curitiba: Juruá, 2003.

SCHAUER, Frederick. *Playing by the rules*. A philosofical examination of rule-based decision-making in law and in life. New York: Oxford University Press, 1998.

SCHAWARTZ, Bernard. *The Bill of Rights*: a documentary history. New York: Chelsea House Publishers, 1971. v. I.

SCHIER, Paulo Ricardo. *Filtragem constitucional*. Construindo uma nova dogmática jurídica. Porto Alegre: Fabris, 1999.

SCHIER, Paulo Ricardo. Novos desafios de filtragem constitucional no momento do neoconstitucionalismo. *In*: *A constitucionalização do direito*. Fundamentos teóricos e aplicações específicas. São Paulo: Lumen Juris, 2007.

SCHMITT, Carl. *Il custode della costituzione*. Tradução de Antonio Caracciolo. Milano: Giuffrè, 1981.

SCHMITT, Carl. *La defensa de la constitución*. Tradução de Manuel Sanchez Sarto. Prólogo de Pedro Veja. 2. ed. Madrid: Tecnos, 1998.

SCHMITT, Carl. *Sobre los tres modos de pensar la ciencia jurídica*. Tradução de Montserrat Herrero. Madrid: Tecnos, 1996.

SCHMITT, Carl. *Teoría de la constitución*. Tradução de Francisco Ayla. 2. ed. Madrid: Alianza, 1992.

SIEYÈS, Emmanuel Joseph. *A Constituinte burguesa*. Rio de Janeiro: Lumem Juris, 1997.

SILVA, Adalberto Prado e (Org.). *Novo dicionário brasileiro*. 3. ed. São Paulo: Melhoramentos, 1965. v. 1-2.

SILVA, Adalberto Prado e (Org.). *Novo dicionário brasileiro*. São Paulo: Melhoramentos, 1965. v. 3.

SILVA, Américo Luís Martins. *Do precatório-requisitório na execução contra a Fazenda estadual*. Rio de Janeiro: Lumen Juris, 1998.

SILVA, Evandro Lins e. Pena de morte. *In*: CALHEIROS BONFIM (Org.). *Pena de morte*. Rio de Janeiro: Destaque, 1998.

SILVA, Francisco Rodrigues da. *CPI's federais, estaduais e municipais*. Poderes e limitações. Recife: Bargaço, 2000.

SILVA, José Afonso da. *Aplicabilidade das normas constitucionais*. 3. ed. São Paulo: Malheiros, 1998.

SILVA, José Afonso da. *Comentário contextual à Constituição*. São Paulo: Malheiros, 2005.

SILVA, José Afonso da. *Curso de direito constitucional positivo*. 16. ed. São Paulo: Malheiros, 1999.

SILVA, José Afonso da. *Curso de direito constitucional positivo*. 19. ed. São Paulo: Malheiros, 2001.

SILVA, José Afonso da. *Curso de direito constitucional positivo*. 32. ed. São Paulo: Malheiros, 2008.

SILVA, José Afonso da. *Curso de direito constitucional positivo*. São Paulo: Malheiros, 2009.

SILVA, José Afonso da. *Ordenação constitucional da cultura*. São Paulo: Malheiros, 2001.

SILVA, Luís Virgílio Afonso da. *Sistemas eleitorais*. Tipos, efeitos jurídicos-políticos e aplicação ao caso brasileiro. São Paulo: Malheiros, 1999.

SILVA, Otacílio Paula. *Ministério Público*. São Paulo: Sugestões Literárias, 1981.

SILVA, Ovídio A Baptista da. *Curso de processo civil*. 3. ed. Porto Alegre: Sérgio Antonio Fabris, 1996. v. 1.

SILVA, Paulo Napoleão Nogueira da. *A chefia do Estado*. São Paulo: RT, 1994.

SILVA, Paulo Napoleão Nogueira da. *A evolução do controle de constitucionalidade e a competência do Senado Federal*. São Paulo: RT, 1992.

SILVA, Paulo Napoleão Nogueira da. *Curso de direito constitucional*. 2. ed. São Paulo: RT, 1999.

SILVA, Paulo Napoleão Nogueira da. *O controle da constitucionalidade e o Senado*. 2. ed. São Paulo: Forense, 2000.

SILVA, Volney Zamenhof de Oliveira. *Lineamentos do mandado de injunção*. São Paulo: RT, 1993.

SILVA, Zélio Furtado. *Direito adquirido*. São Paulo: Editora de Direito, 2000.

SILVEIRA, Paulo Fernando. *Devido processo legal*. 2. ed. Belo Horizonte: Del Rey, 1997.

SMEND, Rudolf. *Constitución y derecho constitucional*. Tradução de José M. Beneyto Pérez. Madrid: Centro de Estudios Constitucionales, 1985.

SOARES FILHO, José. Alguns aspectos da Reforma do Judiciário. *Revista CEJ*, v. 9. n. 28, jan./mar. 2005. Disponível em: http://www.jf.jus.br/ojs2/index.php/revcej/article/viewArticle/648. Acesso em: 1º abr. 2005.

SOARES, Guido Fernando Silva. *Direito internacional do meio ambiente*. São Paulo: Atlas, 2001.

SOARES, Marcelo. FHC editou 86% das medidas provisórias. *Folha de S. Paulo*, 7 jan. 2001.

SOARES, Orlando. *Comentários à Constituição da República Federativa do Brasil*. 5. ed. Rio de Janeiro: Forense, 1991.

SOUTO, Cláudio. *Ciência e ética no direito*. Uma alternativa de modernidade. Porto Alegre: Fabris, 1992.

SOUZA E BRITO, José. Jurisdição constitucional e princípio democrático. In: SOUZA E BRITO, José. *Legitimidade e legitimação da justiça constitucional*. Coimbra: Coimbra Editora, 1995.

SOUZA, Marcelo Rebelo de. Legitimidade da justiça constitucional e composição dos tribunais constitucionais. In: *Legitimidade e legitimação da justiça constitucional*. Coimbra: Coimbra Editora, 1995.

SOUZA, Percival de. Agora, uma Justiça mais forte. *Anamatra*. Disponível em: www.anamatra.org.br/reformaaj. htm. Acesso em: 28 dez. 2005.

SOUZA, Washington Peluso Albino de. *Teoria da Constituição econômica*. Belo Horizonte: Del Rey, 2002.

SOUZA, Washington Peluso Albino de. *Teoria da Constituição econômica*. Belo Horizonte: Del Rey, 2002.

SPERLING, Gene B. Judicial Right Declaration and Entrenchment Discrimination. *Yale Law Journal*, New Haven, n. 94, 1984-1985.

STERN, Klaus. *Derecho del Estado de la República Federal Alemana*. Madrid: Centro de Estudios Constitucionales, 1987.

STERN, Klaus. Global constitution movements and new constitutions. *Revista Latino-Americana de Estudos Constitucionais*, Belo Horizonte, n. 2, jul./dez. 2003.

STERN, Klaus. Global constitutionalism movements and new constitutions. *Revista Latino-Americana de Estudos Constitucionais*, Belo Horizonte, n. 2, jul./dez. 2003.

STOLZE, Pablo. A nova emenda do divórcio: primeiras reflexões. *JusBrasil*, 2011. Disponível em: https://arpen-sp.jusbrasil.com.br/noticias/2283887/artigo-a-nova-emenda-do-divorcio-primeiras-reflexoes-por-pablo-stolze-gagliano. Acesso em: 26 abr. 2011.

STORING, Herbert J. The Constitution and The Bill of Rights. *In*: *Essays on the Constitution of the United States*. Washington: Kennikat Press, 1978.

STRECK, Lenio Luiz. A hermenêutica filosófica e as possibilidades de superação do positivismo pelo (neo) constitucionalismo. *In*: *Constituição, sistemas sociais e hermenêutica*. Porto Alegre: Livraria dos Advogados, 2005.

STRECK, Lenio Luiz. As súmulas (vinculantes), a reserva constitucional e suas consequências em relação à admissibilidade recursal. *In*: *Comentários* à *reforma do Poder Judiciário*. Rio de Janeiro: Forense, 2005.

STRECK, Lenio Luiz. *Hermenêutica jurídica em crise*. Porto Alegre: Livraria do Advogado, 1999.

STRECK, Lenio Luiz. *Jurisdição constitucional e hermenêutica*. Porto Alegre: Livraria do Advogado, 2002.

STRECK, Lenio Luiz. Os meios de acesso do cidadão à jurisdição constitucional, a arguição de descumprimento de preceito fundamental e a crise de efetividade da Constituição. *Revista da Esmape*, v. 6, n. 13, jan./jun. 2001.

STRECK, Lenio Luiz; MORAIS, José Luis Bolzan de. *Ciência política e teoria geral do Estado*. Porto Alegre: Livraria do Advogado, 2000.

SUNSTEIN, Cass R.; HOLMES, Stephen. *The cost of rights*. Why liberty depends on taxes. New York: W.W. Norton & Company, 1999.

SÜSSEKIND, Arnaldo. *Direito constitucional do trabalho*. 2. ed. Rio de Janeiro: Renovar, 2001.

TALAMINI, Eduardo. *Coisa julgada e sua revisão*. São Paulo: Revista dos Tribunais, 2005.

TATE, C. Neal; VALLINDER, Torbjörn. The global expansion of judicial power: the judicialization of politics. *In*: TATE, C. Neal (Ed.). *The global expansion of judicial power*. New York: New York University Press, 1995.

TAVARES, André Ramos. A repercussão geral no recurso extraordinário. *In*: *Reforma do Judiciário*. Analisada e comentada. São Paulo: Método, 2005.

TAVARES, André Ramos. *Curso de direito constitucional*. 3 ed. São Paulo: Saraiva, 2006.

TAVARES, André Ramos. *Direito constitucional da empresa*. São Paulo: Método, 2013.

TAVARES, André Ramos. *Direito constitucional econômico*. São Paulo: Método, 2006.

TAVARES, André Ramos. *Fronteiras da hermenêutica constitucional*. São Paulo: Método, 2006.

TAVARES, André Ramos. *Teoria da justiça constitucional*. São Paulo: Saraiva, 2005.

TAVARES, André Ramos. *Tratado de arguição de descumprimento de preceito fundamental*. São Paulo: Saraiva, 2001.

TAVARES, José Antônio Giusti. O presidencialismo brasileiro contemporâneo. *In*: *Instituições políticas comparadas dos países do Mercosul*. Rio de Janeiro: Fundação Getúlio Vargas, 1998.

TAVARES, José de Farias. *Comentários ao Estatuto da Criança e do Adolescente*. 3. ed. Rio de Janeiro: Forense, 1999.

TEIXEIRA, José Horácio Meirelles. *Curso de direito constitucional*. Rio de Janeiro: Forense Universitária, 1991.

TEJO, Célia Maria Ramos. *Dos crimes de preconceito de raça ou de cor*. Comentários à Lei nº 7.716/1989. Campina Grande: ADUEP, 1998.

TEMER, Michel. *Elementos de direito constitucional*. 11. ed. São Paulo: Malheiros, 1994.

TEUBNER, Gunther. *O direito como sistema autopoético*. Tradução de José Engrácia Antunes. Lisboa: Fundação Calouste Gulbenkian, 1989.

THEODORO JÚNIOR, Humberto. *Curso de direito processual civil*. 13. ed. Rio de Janeiro: Forense, 1994. v. 1.

THOMPSON, Lawrence. *Mais velha e mais sábia*: a economia dos sistemas previdenciários. Tradução de Celso Barroso Leite. Brasília: Ministério da Previdência Social, 2000.

TOCQUEVILLE, Alexis. *A democracia na América*. Leis e costumes. Tradução de Eduardo Brandão. São Paulo: Martins Fontes, 1998.

TOMÁS Y VALIENTE, Francisco. Jurisprudencia del tribunal constitucional español en materia de derechos fundamentales. In: *Enunciazione e giustiziabilità dei diritti fondamentali nelle Carte Costituzionali europee*. Profili storici e comparatistici. Milano: Giuffrè, 1994.

TORRÉ, Aberlardo. *Introducción al derecho*. Buenos Aires: Abeledo-Perrot, 1981.

TORRES, Ricardo Lobo. *Curso de direito financeiro e tributário*. 10. ed. Rio de Janeiro: Renovar, 2003.

TORRES, Ricardo Lobo. *Curso de direito financeiro e tributário*. Rio de Janeiro: Renovar, 1993.

TORRES, Ricardo Lobo. O mínimo existencial e os direitos fundamentais. *Revista de Direito Administrativo*, v. 177, jul./set. 1989.

TORRES, Ricardo Lobo. O mínimo existencial, os direitos sociais e os desafios de natureza orçamentária. In: *Direitos fundamentais*. Orçamento e "reserva do possível". Porto Alegre: Livraria do Advogado, 2008.

TOURINHO, Arx. Aspectos processuais da denominada ação declaratória de constitucionalidade. In: *Ação declaratória de constitucionalidade*. São Paulo: Saraiva, 1996.

TOURINHO, Arx. O retalhamento da Constituição de 1988. *Revista de Direito Constitucional e Internacional*, ano 8, n. 31, p. 181-202, abr./jun. 2000.

TUCCI, José Rogério Cruz (Coord.). *Garantia do contraditório*. São Paulo: RT, 1999.

TUCCI, José Rogério Cruz e. Aspectos processuais da denominada ação declaratória de constitucionalidade. In: *Ação declaratória de constitucionalidade*. São Paulo: Saraiva, 1996.

TUSHNET, Mark; JACKSON, Vicki C. *Comparative constitutional law*. New York: Foundation Press, 1999.

UNGER, R. M. A constituição do experimentalismo democrático. *Revista de Direito Administrativo*, v. 257, p. 57-72, 2011.

VANDEVELDE, Kenneth J. *Pensando como um advogado*. São Paulo: Martins Fontes, 2000.

VELLOSO, Carlos Mário da Silva. O Superior Tribunal de Justiça – Competências originárias e recursal. In: *Recursos no Superior Tribunal de Justiça*. São Paulo: Saraiva, 1991.

VENOSA, Sílvio de Salvo. *Direito civil*: responsabilidade civil. 6. ed. São Paulo: Atlas, 2006. v. 4.

VERGOTTINI, Giuseppe de. *Diritto costituzionale comparato*. 5. ed. Padova: Gordini, 1999.

VIANA, Marco Aurélio S. *Curso de direito civil*. Direito de família. 2. ed. Belo Horizonte: Del Rey, 1998. v. 2.

VIANA, Oliveira. *Instituições políticas brasileiras*. Brasília: Senado Federal, 1999.

VIANNA, Luiz Werneck et al. *A judicialização da política e das relações sociais no Brasil*. Rio de Janeiro: Editora Revan, 1999.

VIEHWEG, Theodor. *Tópica y filosofía del derecho*. Tradução de Jorge M. Seña. 2. ed. Barcelona: Gedisa, 1997.

VIERA, Norman. *Constitutional civil rights*. St. Paul: West Group, 1998.

VIGLIAR, José Marcelo Menezes. *Ação civil pública*. 4. ed. São Paulo: Atlas Jurídica, 1999.

WAMBIER, Teresa Arruda Alvim; MEDIN, José Miguel Garcia. Relativização da coisa julgada. *Revista de Direito Constitucional e Internacional*, ano 14, n. 57, out./dez. 2006.

WEBER, Max. *Economia e società*: sociologia del diritto. Tradução de de Pietro Chiodi e Giorgio Giordano. Milano: Edizione di Comunita, 1995. v. 3.

WILKINSON, P. *Terrorism and the liberal state*. London: Macmillan, 1977.

ZAFFARONI, Eugenio Raúl. *Poder Judiciário*. Crise, acertos e desacertos. Tradução de Juarez Tavares. São Paulo: RT, 1995.

ZAGREBELSKY, Gustavo. *El derecho dúctil*: ley, derechos, justicia. Tradução de Marina Gascón. Madrid: Trotta, 1995.

ZAGREBELSKY, Gustavo. *Il diritto mite, legge, diritti, giustizia*. 2. ed. Torino: Einaudi, 1992.

ZAGREBELSKY, Gustavo. *La giustizia costituzionale*. Bologna: Il Mulino, 1988.

ZAGREBELSKY, Gustavo. *La giustizia costituzionale*. Bologna: Il Mulino, 1988.

ZIPPELIUS, Reinhold. *Teoria geral do Estado*. 3. ed. Lisboa: Fundação Calouste Gulbenkian, 1997.

ZOLO, Danilo. *Il principato democratico*. Milano: Feltrinelli, 1992.

Esta obra foi composta em fonte Palatino Linotype, corpo 10
e impressa em papel Offset 63g (miolo) e Supremo 250g (capa)
pela Gráfica Formato, em Belo Horizonte/MG.